O	A
P	B
Q	C
R	D
S	E
T	F
W	G
X	H
Y	J
Z	K
	L
付録	M
索引	N

中国語
文法用例辞典

現代漢語八百詞 増訂本
【日本語版】

呂叔湘 主編
牛島徳次・菱沼 透 監訳

東方書店

序

『現代漢語八百詞』は，主として虚詞を対象に（ただし一部の実詞も含む），それぞれの語について，意味・用法ごとに詳細な説明を加えたものである。本書は漢民族以外の人々の中国語（漢語）学習用に供されるものであるが，言語に関係する分野で働く人々や方言地区の人々の標準語学習にも役立つであろう。

1978年1月より本書の初稿（油印）を各方面に送って批判をあおいだが，多くの方々から貴重なご意見をいただき，感謝にたえない。

それぞれの語の用法については，これまで十分に研究されてきているとは言えず，我々の研究もまだ初歩の段階にあり，不適当なところもきっと数多くあると思う。今，本書を出版するのは，中国語（漢語）を第2言語として教える関係者の間で，本書のような参考書が強く求められているからであり，さらにはまた，多くの読者から批判・指摘を得て修正・補充を行いながら，本書をいっそう役立つものにしていきたいと願うからである。

本書は，いくつかの部門の協力によって作られた。中国社会科学院語言研究所の所員のほか，中央民族学院の史有為・馬樹鈞両氏，北京語言学院の李珠氏，北京印刷所の陶宝祥氏らが参加した。なお，商務印書館の張万起氏も本書編集の討論に参加した。

1979年4月

日本語版序

　本書は、『現代漢語八百詞』（呂叔湘主編，商務印書館，1980年）の日本語による全訳本である。

　呂叔湘氏（1904年〜）は、「漢語」つまり中国語、特にその文法研究者として世界的に有名で、現在でも中国の学界の最長老として活躍し、若い人たちの崇敬のまととなっている人である。その呂氏が蘊蓄を傾け、少壮の学者たちの協力を得て、中国で初めての「文法辞典」といわれる『八百詞』を編著、刊行したわけである。出版後、すでに10年以上たったが、その声価はますます増しこそすれ、いささかも衰えない。

　原書出版後まもなく、日本語版の刊行を要望する声が高まり、たまたま現代出版からその話があったので、私は即座に最適任者として菱沼透君を推薦、紹介した。この大役を快く承諾してくれた同君が、伊藤真佐子・上野由紀子・江田いづみ・平松正子・麦谷誠子の皆さんが分担執筆した訳文をまとめた。そして私が若干手直しして刊行したのが『現代中国語用法辞典』（1983年）である。

　原書がすばらしいうえに、（手前味噌になって恐縮だが）日本語訳が適切でわかり易いというので、国内の中国語学習者の方々の好評を博するとともに、中国の日本語学習・研究者たちの注目を浴びたとも聞いている。

　ところが、数年前から、現代出版の事情でこの『用法辞典』が絶版状態になり、読者の要望に応えられなくなった。結局、東方書店のご好意で、改めて中国側と新たに出版契約を結び、「新版」を出すことになった。

　今回は、菱沼君が何人かのネイティブと東方書店出版部の協力を得て全面的に手直しした。私も改めて全体に目を通し助言を行ったが、今回の手直しによりいくつかの旧訳の誤りを正したほか、用例・説明ともより平明な訳文に近付けることができたと思う。

　ここに、かつて手伝ってくださった上野恵司君および今回出版の御世話をいただいた東方書店の皆さんに、改めて心から謝意を表するとともに、この「新版」が、これから中国語を学ぶ人たちや、中国語の文法、特に常用の「虚詞」の意味・用法について、さらに一歩深く知りたいと思っている人たちに、少しでもお役に立てば、何よりうれしい。

　精いっぱい努力したつもりだが、まだまだミスや不十分な点が少なくないと思う。どうか忌憚なくご教示ください。

　　　　　　　　　　　　　　　　　　　　　　　　　1992年2月　牛島　徳次

増訂本序

『現代漢語八百詞』は1980年に出版された。主として虚詞を収録し，さらに一部の実詞も加え，意味と用法にもとづき個々の単語について詳細な説明を施したものである。15年来この書は読者の評価を得てきたが，これはこのような編集方法に参考とするに足るだけの価値があったためと言ってよいであろう。しかしながら，さまざまなルートを通してご意見やご提案もいただいたし，また，社会生活はたえず発展するものであるから，われわれ自身もこの書の例文の一部は改める必要があると感じていた。そこでこの書の編集執筆に加わった方々の一部に参加をお願いし，『現代漢語八百詞』に対して修正と増補を行い，本書（増訂本）ができあがった。本書の成立について，いくつか説明しておくべき点がある。

この15年間には多くの人事異動があったため，前書の編集執筆者全員が今回の修正増補作業に加わることは不可能であった。また今回作業に参加した人々もそれぞれ他の仕事を持っているため，前書の出版後なされた論評の文章すべてを収集したり，読者から寄せられたご意見を十分に汲み取ることは困難であった。われわれにできたことは，各人が力を尽くして各項目について修正を加えることである。例えば，"爱"には「ある活動・状態を好む」意味のほかに「…が起こりがちだ」の意味があり，後者の場合は「必ず動詞・形容詞の客語をともなう」（前書"爱"の項目を参照）。前書は「…が起こりがちだ」という意味とその用法を説明しているが，この意味の"爱"に加えられる客語は，ふつう話し手が発生することを望まない事柄であることは述べていない。今回の『増訂本』はこのような問題について修正と補充を行った。

もう1つ附言すべき点は，『現代漢語八百詞』出版後の十余年来わが国は改革開放という大きな変化を経験し，こうした変化は必然的に言語の用法に反映されるという問題である。この問題についてわれわれは次のように考える。「この種の言語の変化は重視し研究しなければならない。しかしながら同時に，変化を肯定しかつ本書の読者に推奨することには慎重でなければならない。」なぜなら本書編集の初志は「非漢民族の人々の中国語学習のため」であり，「言語に関係する分野で働く人々および方言地区の人々の共通語学習のため」であるからである。この原則に則り，将来においては社会一般の認めるところになる可能性があるとしても，本書においては現在まだ多くの人が賛同できないような用法を推奨することはしていない。

増訂本は，前書の見出し語の一部を削除したが，主としては200余りの新しい見出し語（多くは単音節語である）を増補した。この結果，削除しなかった従来の見出し語にこれらの語を加えると，見出し語は約1000項目になる。だが，増訂本の書名はこれまで通り『現代漢語八百詞』とした。前書の書名が既に読者に親しまれているためである。ただ，前書と区別するために「増訂本」の3字を加えた。今回増補した見出し語の意味

説明は基本的に『現代漢語詞典』に従った。

　増訂本の編集責任者は前書に同じく呂叔湘である。今回の作業に参加したメンバーは次の通りである。

　　蔡文蘭　李臨定　劉堅　孟慶海　沈家煊　王健慈　鄭懷徳

　本書の欠点や間違いについて引続き読者のご批判ご指摘を願うものである。

1995年10月

日本語版改訂にあたって

　本書は呂叔湘主編『現代漢語八百詞　増訂本』（商務印書館，1999年出版）の全訳である。この増訂本は1982年に出版された『現代漢語八百詞』（第1版）に修正，増補を行ったものである。

　『第1版』と『増訂本』の序にあるように，原書出版の目的は中国語（漢語）を母語としない人々および方言地区の人々のための中国語学習書を提供することにあった。第1版はこの新しい試みのために，呂叔湘先生のもとに社会科学院語言研究所，中央民族学院，北京語言学院の第一線の研究者・教育者が結集して執筆された。新しい形式による質の高い内容であったため，出版後は中国国内だけでなく全世界の中国語の教師と学習者に広く歓迎された。その結果第1版は『八百詞』の略称で親しまれ，中国語学習書として高い評価が確立されたのである。『増訂本』は収録語数を増やし，その後の研究成果を取り入れ，より充実した内容となっている。

　日本においては，第1版の訳書が『中国語用例辞典』の名称で出版され，原書の優れた内容のおかげで出版を重ねることができた。今回，増訂版にあわせて翻訳出版するにあたり書名にいささかの変更を加え，『中国語文法用例辞典』とした。牛島先生が第1版の「日本語版序」において「中国で初めての『文法辞典』」と述べられているように，本書は正真正銘の文法書である。「本文」の前におかれた「文法概説」は中国語の文法の特徴を説明し，文法学習の簡潔で要を得た手ほどきとなっている。文型，名詞と量詞の組合せ，形容詞の強調形などの表を用意し，厳密な意味での語形変化のない中国語において文法上注意すべき点を常時参照する便を図ってある。形容詞や動詞など実詞の説明を，一般の辞典のそれと比較してみれば，本書の説明の方法・意図を理解していただけるであろう。'了・着・過'などの機能語についての多くの用例と具体的で質の高い説明は，他の学習書の及ばぬ所であり本書の圧巻である。したがって本書は，一般の中国語辞典とともに使用し，文法学習の参考書として役立てるべきものである。その意味を明確にするため，訳書としてこれまで親しまれてきた『用例辞典』に「文法」の2字を加えた次第である。

　今回の翻訳は，旧版の見出し語の修正・増補部分については従来の訳者の方々に担当していただき，追加された見出し語の翻訳には新たにお1人加わっていただいた。これら訳者の方々のお名前は奥付に挙げた。前訳書同様多くの方に愛用されることを願い，訳者一同全力を尽くして翻訳に当たり，『増訂本』の修正・増補部分を訳出しただけでなく，全般にわたり見直しを行い修正を加えた。出版が遅れ多くの方にご迷惑をかけたことをお詫びするとともに，不十分な点について忌憚のないご指摘を願うものです。

2003年5月　菱沼　透

本辞典の内容と記述方法について

（注記）以下は原書の「凡例」を訳出したものであるが，「14. 記号」には本訳書において追加して使用した記号についての説明を加えてある。また，本訳書は原書の一部を修正した箇所があり，この点について「15. 翻訳について」を付し説明した。

1. 見出しは中国語ローマ字表記の順（アルファベット順）に排列し，巻末に部首索引を付した。
2. 収録語数は約1000項目で，虚詞[*1]を主とし，実詞[*2]は主に用法が比較的複雑か特殊なものについて収録した。量詞はごく一部のみを収め，別に「名詞・量詞組み合わせ一覧表」を付した。ただし，この表には度量衡を表す量詞は収めない。

    いくつかの項目は，単語とみなすことはできないかもしれないが，用法上注意すべき点があるので収録した（例：有点儿・差点儿・来不及）。
3. 本書の目的は，個々の語の用法を説明することにあり，できるだけ専門用語を避け，わかりやすい言葉を用いた。巻頭に「現代中国語文法概説」および「文型表」を置き，初学者の参考に供した。中国語の文法には見解の分かれる問題も多いが，本書はそれらについての議論は行わない。
4. 各見出しにはすべて品詞を明示した。1語がいくつかの品詞に属するときは，同一項目下に区分して示した。品詞の排列順は次の通りである。名詞・量詞・指示詞・代詞・数詞・動詞・助動詞・形容詞・副詞・介詞・接続詞・助詞。ただし，名詞で動詞・形容詞から派生したものは動詞・形容詞の後ろに，動詞で形容詞から派生したものは形容詞の後ろに置いた。
5. 各見出しには一定数の用例をあげ，いろいろの異なる用法を示した。語義によって区分した各項にはそれぞれ簡単な説明を付けたが，具体的な用法は用例によって明らかにした。
6. 用法の似たいくつかの語は1項目にまとめ，そのうちの1語を主見出しとし，その他は副見出しとした（例：省得・免得・以免）。
7. 1つの品詞の中では，❶❷❸…で大きな区分（主に語義または機能による区分）を示し，ⓐⓑⓒ…で細かい区分（用法または形式による区分）を示した。
8. 動詞の説明においては，'了・着・过'，重ね型，および客語について触れるが，可能な形のみを示し不可能な形は示さない。例えば'丢'の項では，「《付》了・过（'了・过'が付く）名詞の客語をともなえる」とのみ注記し，「《*付》着（'着'は付かない）《*重ね型》（重ね型をもたない）」とはしない。
9. 本書に用いた名，動，形は，単語と句を含む（例：名は名詞の単語と名詞句を含み，動は動詞の単語と動詞句のほか助動詞をも含む）。単語としてのみあるいは句としてのみ用いる場合は説明を付けた。
10. 見出しにはすべて中国語ローマ字表記で発音を示した。軽声には，その前に'・'を

付けた。

　趣向動詞の発音表記法はやや特殊で，前に付けた。印は，あるときは軽声，あるときは本来の声調になることを示す。例えば，'来' を「∥。lái」とした場合，'拿来' の '来' は軽声で読み，'拿得〈不〉来' の '来' は第2声で読んでもよいことを示す。また '起来' は「∥。qǐ∥。lái」とした場合，'拿起来' の '起来' は軽声で読み，'拿得〈不〉起来' の '起' は第3声，'来' は第2声で読んでもよいことを示す。

11. いくつかの見出しには 比較 の項をもうけ，類似あるいはまぎれやすい語句の用法を説明した。
12. いくつかの見出しには 慣用句 の項をもうけ，主に熟語的・固定的な形式の用法を説明した（例：想当然・彼此彼此）。
13. 動結形（例：打倒・丢掉）は一部の用例のみをあげ，すべてを列挙することはしない。動趣形の用例（例：拿来・送出去）も取捨選択してある。主に後置要素が派生的な意味になるもの，全体が熟語化したものをあげた。広く応用される要素はあげない。
14. 記号

　⊂　見出し漢字の別表記を示す。

　　　見出しの右（　）内の語は見出し語と同義・類義の関係にあり，当該見出しの説明の後ろに，関連して説明があることを示す。

　〖　〗　副見出し。見出し語と同義・類義の関係にある語を示す。凡例6．を参照。
　；　音形や語句の区切りを示す。同一の漢字表記や用法に対し，2つ以上の発音や形式が存在する場合に用いる。
　：　語句の区切りを示す。比較する語句を提示する際に用いる。
　．　見出しを語義で区分した各項について、語義説明と文法上の用法説明の区切りを示す。また、用例とその注の区切りを示す。
　☞　参照すべき見出しを示す。
　□　品詞，句，文の成分などの略称。

　例：

名 ………… 名詞／名詞性の語句	助動 ……… 助動詞
方位 ……… 方位詞	趣 ………… 趣向動詞
時間 ……… 時間詞	形 ………… 形容詞／形容詞性の語句
量 ………… 量詞	
動量 ……… 動作の回数を表す語句	副 ………… 副詞
時量 ……… 動作の継続時間を表す語句	介 ………… 介詞
物量 ……… 人・物・事柄に対して使う量詞	接 ………… 接続詞
指 ………… 指示詞	助 ………… 助詞
代 ………… 代詞	主 ………… 主語
数 ………… 数詞／数量を表す語句	客 ………… 客語
数量 ……… 数詞＋量詞／数量を表す語句	動結 ……… 動結形の語句例
指数量 …… 指示詞＋数詞＋量詞	動趣 ……… 動趣形の語句例
動 ………… 動詞／動詞性の語句	
動名詞句 … 文中で名詞として機能する「修飾要素＋動詞」	

~ 用例中の見出し語部分に替える。ただし，見出し語を用いないと不明瞭になるときは，見出し語を用いてある。
[ ] カッコの中の語句はあってもなくてもよいことを示す。
( ) カッコの中は注釈的な説明を示す。また用例の日本語訳の部分を示す。
〈 〉 カッコの中の語は前の語に代えて用いることのできる語（の例）。
…＋…＋… 複数の要素の組み合わせの順序を示す。
／ 相互に入れ換えられる要素を示す。例えば'那么＋形／動'は，'那么'が形容詞とも動詞とも組み合わせられることを示す。
▶ 用例を示す。
∥ 間に可能を表す'得・不'を挿入できることを示す。例えば'吃∥饱'は'吃得饱'とも'吃不饱'とも言える。
× ありえない例を示す。例：每个学校（×每学校）'每学校'とはいわない。
′ 強く発音する部分（ストレス）を示す。例えば'′他就学过法语，你可以問他'の最初の'他'は強く発音する。
↔ 反義語を示す。

文字または語を記号で表す場合は，A，B，Cを用いる。例えば「ABAB，AABBの2つの重ね型がある」という場合のA，Bはそこで論じている当の字または語に代わるものである。

《付》了・着 '了・着'を付けられる。
《×付》了・着 '了・着'を付けられない。
《少用》 まれに用いる。
《重ね型》 重ね型（反復形式）を用いる。
《×重ね型》 重ね型（反復形式）を用いない。
《儿化》 語尾が儿化する。
《派》 本来の語義から派生した意味とその用例が続くことを示す。
《口》 話し言葉に（多く）用いる。
《書》 書き言葉（文書）に（多く）用いる。

（8.には「動詞の説明においては，'了・着・过'，重ね型，および客語について触れるが，可能な形のみを示し不可能な形は示さない」とあるが，実際には本文の説明で不可能な形を示した箇所もある。訳書では「不可能な形」を示す記号も追加した。）

15. 翻訳について。本書は『現代漢語八百詞 増訂本』（1999年1月，商務印書館出版）の全訳であるが，一部に原書と対応しない箇所がある。それらは，原書の例文の削除，例文の位置の変更，および誤植の訂正などにより生じたものである。これらの修正は，すべて商務印書館の了承のもとに行った。また，商務印書館の了承を得られなかったものについては疑問点をそのまま残した。

なお，'往'の発音は「普通話異読詞審音表」（1985年12月）によって wǎng に統一されたが，介詞'往（望）'は原書どおり wàng として立項してある。

---

*1 概念を表さず文法上の機能をになう語。副詞・介詞・接続詞・助詞など。
*2 概念を表す語。名詞・動詞・形容詞など。

目　　次

序……………………………………………………　i
日本語版序…………………………………………　ii
増訂本序……………………………………………　iii
日本語版改訂にあたって…………………………　v
本辞典の内容と記述方法について………………　vi
現代中国語文法概説………………………………　1
　　動詞述語文文型表……………………………　19
　　動趨形動詞関連文型表………………………　25
　　動趨形のストレス・パターン………………　28
本文…………………………………………………　*1*
［付録1］名詞・量詞組合せ一覧表………………　*521*
［付録2］形容詞強調形一覧表……………………　*528*
部首一覧……………………………………………　*554*
部首索引……………………………………………　*555*

現代中国語文法概説

第1節　総　　論

①中国語の文法上の特徴

(1)語形変化（形態変化）がない　中国語の文法の最も大きな特徴は，厳密な意味での語形変化（形態変化）がないことである。中国のいくつかの少数民族の言語やヨーロッパの言語においては形態素によって表される概念が，中国語では表示されないか，または半自立的な語によって表される。

前者の例は，動詞の人称，単数複数，過去・現在・未来の区別，名詞・形容詞の男性・女性・単数複数などの別である。例えば，'你说，我说，他说，他们说'のように，主語の人称・単複の別にかかわりなく動詞は同じく'说'を用いる。また'他昨天说……，他现在还说……，他明天一定还说……'のように，時制に関係なく同じ形の'说'を用いる。'一个男学生，三个女学生'のように，'学生'という名詞自体は単複・性別による変化がまったくなく，'亲爱的妈妈，亲爱的爸爸，亲爱的同志们'のように，形容詞'亲爱'も何の変化も示さない。

後者は，例えば複数を表す'们'や完了を表す'了'である。これらの語の大きな特徴は拘束性をもたないことである。すなわち，ときには必ず用いなければならず，ときには用いても用いなくてもよく，場合によっては用いてはならないことさえある。例えば，'工人们和农民们，工人和农民们，工人和农民'はいずれも同じ意味であって，1人の労働者・農民を指すのではない。'他们是工人'の'工人'は複数であるが，'们'を付けてはならない（詳しくは265頁'们'を参照）。'你看见［了］没有？''我已经知道［了］，你甭说了'の［了］は付けても付けなくてもよい（詳しくは239頁'了'を参照）。

語形変化（形態変化）があれば，文法的の分析は比較的容易である。厳密な語形変化（形態変化）がない場合には，文法上の分析に問題が生じやすい。例えば，中国語における語と語以外のものの判定，品詞分類，品詞の転換，特に文の構造などに関して，現行の文法書にはかなり異なった見解が見られる。学習者は名称や定義にとらわれず，名称を超えて実質を把握すべきである。他の言語の文法に束縛されることさえなければ，中国語の文法はむずかしいものではない。

(2)虚詞を省略することが多い＊　中国語では人称代名詞を用いなくてよいときには省略する。そのために文が構造上整わなくなっても，型通りの文型に合わせる必要はない。

▶看了没有？——看了，还没看完▶她有一个儿子，去年上的大学▶失去了健康，才知道健康的可贵

第1の例文では'你'と'我'が省略されているが、面と向かって話しているため誤解が生じることはない。第2の例文では'去年'の前に'他'が省略されているが、前節の'儿子'を受けているのでこれも取り違えることはない。第3の例文では2つの節のどちらにも主語がないが、これはすべての人について述べているからである（こうした場合にのみ用いる人称代名詞をもつ言語もあるが、中国語にはそうした語はない）。

接続詞もしばしば省略される。

▶路不好走，最近下了几天雨▶你不写我写▶哪天去都行

第1例では中間に'因为'が略され、第2例では文頭に'如果'が、第3例では文頭に'不管'が省略されている。

介詞も省略されることがある。

▶他能左手写字▶我前头带路

第1例は'左手'の前に'用'が省かれ、第2例では'前头'の前に'在'が省略されている。

(3)語句の構成に対する音節数の影響　現代中国語は語句を構成するときに、音節数の影響を受けることが多い。その中で最も顕著なのが、2音節化の傾向である。単音節の語を2音節化する例をあげると、'张'という姓の人は'老张'あるいは'小张'と呼ばれるが、'欧阳'という姓なら単に'欧阳'と呼び、'老欧阳'や'小欧阳'とは呼ばない。また'大兴・顺义'と'通县・涿县'，'日本・印度'と'法国・英国'を比較して明らかなように、単音節の地名には必ず'县'や'国'などの類別名称を付けるが、2音節のものにはその必要がない。数字についても似たような状況がある。例えば月の最初の10日間は必ず'一号'……'十号'と言わなければならないが、'十一'以降については'号'を付けても付けなくてもよい。

また、2音節語を用いて複合語を作る場合、2音節が単音節に縮められることがある。

▶电影→影片▶地雷，水雷→布雷，扫雷▶黄豆→豆腐→腐乳

さらに、2音節の語はその後ろに組み合わされる語も2音節であることを求める。

▶进行学习（*进行学）▶共同使用（*共同用）▶打扫街道（*打扫街）▶严重事故（*严重事）

前の語が単音節に変わるときは、後ろの語も単音節となることが望ましい。例えば、'打扫街道'→'扫街'。

中国語には数多くの四字句が存在するが、そのほとんどは2つの2音節語を組み合わせてできたものである。

(4)語形に対する漢字の影響　中国語は漢字を使って表記するので、漢字が現代中国語の書き言葉の形式に一定の影響をもたらしている。

音声の歴史的変化によって、中国語の中には同音字（同音語素）が非常に多い。これ

＊ここでいう'省略'とは、用いることができても使用しないという意味で、用いるべきなのに使用しないという意味ではない。

らの同音字には，語として独立に使用できるもの，語の構成要素としてのみ用いられるもの，またしだいにあまり用いられず使用度の極めて低い字となって淘汰されつつあるものもある。しかし，これらの同音字も漢字として書き表せば識別することは可能である。また，漢字の一部はすでに簡略化されてはいるが漢字を書くのはやはり面倒なことである。そのため，話し言葉の中の多音節語が書き言葉では往々にして完全には書かれないことがある。例えば'但是'を'但'と書き，'如果'と'如同'を'如'とし，'的时候'を'时'とするなどである。また話し言葉では2文字のものを1文字で書く'千瓦'→'瓩''海里'→'浬'などの例もある。話し言葉で語尾に'儿'をつける語も，書き言葉では'儿'を表記しないことの方が多い。さらに，文章によってはふつう単独には用いない文字を（ときには使用度の極めて低い文字でさえ）語として用いることがある。こうした場合は，文章を見ずに聞いているだけではその内容は理解しがたい。これらの点で，初学者は中国語の語形を理解する上である程度困難を感ずるであろう。

②語素，語，句，文

(1)**現代中国語の語素の絶対多数は単音節**で，文字に表せば漢字1字である。自立的か非自立的かという観点からみると，語素は以下の4つに分けられる。

(a)自立的：単独で使うことができる。

书，我，高，红，飞，跑，不，哎

(b)非自立的：単独で使用できない。

牲，韭，鄙，啬，泌，沐

上記の例で明らかなように，(a)は語であるが，(b)は語ではなく，語を構成する要素にすぎない。

(c)ふつう非自立的であるが，特定の場合に限り自立的な語素として用いられる。

▶本报记者摄▶新华社五日讯▶京，津，唐，张地区

これらの例においては'摄・讯・京・津'などを語と認めざるをえないが，ふつうの場合これらは語ではない。

(d)半自立的：結合対象は語や語素に限らず，句や文の場合もある。例えば'我的，别的''姓张的，我认得的'の中の'的'がそれである。このほかに'第，万，个，了 (le)，着 (zhe)，又，还 (hái)，呢 (ne)'などがある。こうしたものにもいろいろ違いはあるが，大多数は語とすべきものである。いわゆる虚詞は，その大多数がこの類に属する。

(2)**中国語の語は大多数が単音節あるいは2音節**である。数量的には，2音節語の方が単音節語より多いが，最も常用する語の多くは単音節である。3音以上の語は少ない。

単音節語は原則として自立的だが，上述したように一部のものは半自立的か特定の場合にのみ自立的である。

2音節語の中の2つの語素は，2つとも自立的（「・」を付したもの）例えば'牛肉，生长'，どちらかが非自立的（「・」を付したもの）'人民，制造'，どちらも非自立的'植物，研究'，の3つの場合がある。

(3)**句（'短语'）とは語を組み合わせたもの**である。中国語においてよく用いられる句の

型を下にあげる。

　名詞句（修飾要素＋名詞）
　　▶钢铁工业▶幸福生活▶代偿机能▶管理体制
　方位句（名詞＋方位詞）
　　▶床前▶桌子上▶村东头儿▶长江以南▶今年之内
　数量句（数詞＋量詞）
　　▶三个▶两次
　指数句（指示代詞＋数詞＋量詞。数詞・量詞はどちらか１つでもよい）
　　▶这几本▶那一把▶那个▶这一
　動詞句（動詞＋付加要素）
　　▶打球▶看报纸▶打扫干净▶走出去▶正确对待▶分别处理▶明明知道
　動名詞句（修飾要素＋動詞，句全体は名詞として用いる）
　　▶家庭访问▶群众的创造▶图书的管理
　形容詞句（修飾要素＋形容詞，あるいは形容詞＋付加要素）
　　▶极其重要▶很高▶大两岁▶好点儿
　介詞句（介詞＋名詞）
　　▶在北京▶到明天▶给大家▶论份量

'的'句（'的'を末尾に付した句）。すでに例をあげたが，詳しくは87頁'的'を参照のこと。

句の中に句を含むこともある。
　　▶新编［小学（语文课本）］▶积极［进行（调查研究）］

また単語化した句や，句的な語と呼ばれる語がある。第２節⑥参照。

(4) **文**（'句子'）は言語を実際に使用するときの単位で，文末には語調が示され，書き言葉では句点（または疑問符・感嘆符）が置かれる。

最も簡単な文は１語で成り立つ。
　　▶谁？▶来！▶不！▶［可以用吗？——］可以

また複雑なものはいくつもの節（独立しない文）を含む。
　　▶你去最合适▶我不知道他会不会答应▶这房子虽然有点破，可大家已经心满意足了，因为它是现成的，不用兴建，而且还宽大，连办公室带宿舍都有了

文はその用途に応じて４つに分けられる。

(a) 平叙文（'陈述句'）
　　▶我懂了▶他是个先进工作者▶天空蓝得跟大海一样

(b) 疑問文（'疑问句'）　疑問詞疑問文・諾否疑問文・選択疑問文・反復疑問文に分けられる。

疑問詞疑問文は'谁・什么・怎么・哪'などの疑問を表す指示代詞を用い，文末に'呢'を付けることができる。
　　▶这是谁的帽子？▶你在那儿干什么呢？

諾否疑問文は単に語調によって表すか，文末に'吗・啊'などを用いる。

▶你已经答应他了？▶这间屋子大吗？

選択疑問文はいくつかの項目を並列し，それらを'还是'でつなぐことが多い。

▶你是去北京呢，还是去上海？▶和我谈还是和他谈？

反復疑問文は肯定形と否定形を用いて質問する。

▶你去不去天安门？▶你去天安门不去？▶你见过他没有？▶你见过他没见过？▶你见过没见过他？

(c)命令文（'祈使句'）

▶快走！▶你别急嘛！▶咱们进屋去谈吧！

(d)感嘆文（'感叹句'）

▶真好！▶精彩极了！▶这小孩儿多懂事呀！

(5)成語は，形式からみると，多くは前後２つの部分から成り，それぞれが１つの句あるいは節である。成語には往々にして古代語の文法が残っており，現代語では一般には語にならない文字が，成語中では語として用いられている例も多くある。

▶言简意赅▶身体力行▶豕突狼奔▶登峰造极▶矫枉过正▶瞻前顾后▶宁缺毋滥

第2節　品　詞

①名詞と名詞句

名詞と直接その名詞を修飾する名詞・形容詞・動詞が結びついて名詞句を構成する。

　名　詞＋名　詞：体育事业
　形容詞＋名　詞：普遍真理
　動　詞＋名　詞：学习方法

名詞句は短縮されて，略称となることがある。

▶中国语言文学系→中文系▶中央人民广播电台→中央台▶人民代表大会→人大▶初伏，中伏，末伏→三伏

名詞句の中には，略称化を経て単語として固定したものもある。

▶文化教育→文教▶语文文字→语文▶医疗效果→疗效

名詞と名詞句は指数句や'的'を用いた句の修飾を受けて，より大きな名詞句を構成する。

▶这一任务▶这项任务▶这一项战斗任务▶这个非常重要的任务

指数句や'的'を用いた句は前後関係によっては名詞と同等に用いられる。

▶大会开得很热烈，这一个刚说完，那一个马上接着发言▶他的两个孩子都参加了工作，大的在工厂，二的在农场

本書において'名詞'と言う場合，特に単独の名詞と指定しない限りは上述の各種名詞句を含めるものとする。

②方位詞

方位詞には単音節のものと２音節のものがある。２音節の方位詞は他の語（主に名

詞）や句の後ろに付いて方位句を構成することもできるし，1つの語として単独に用いることも可能である（少数の例外を除く）。単音節の方位詞は主として名詞その他の語句の後ろに付くもので，ふつう単独では用いられない。方位詞を以下に列挙する。

(1) 上，下，前，后，里，内，中，外，旁，左，右，东，南，西，北
(2) 上〈下，前，后，里，外，左，右，东，南，西，北〉＋边〈面・头〉 ˣ左头・ˣ右头は除く。
(3) 之〈以〉＋上〈下，前，后，内，中，外，东，南，西，北〉 ˣ以中は除く。
(4) 面前，跟前，头里，背后，底下，中间，当中，内中，旁边

方位詞は'在・从・到'などの介詞と呼応して用いることが多い。他の言語の「介詞＋名詞」は，中国語では時には必ず「介詞＋名詞＋方位詞」の形を用いて表さねばならない。例えば英語の 'in the room' は，中国語では'在屋子里'という形になる。

③ 数　詞

数詞には'一・二・三……'などの単純数詞と，単純数詞に'十・百・千・万'などの位を示す数詞（その性質は量詞に近い）を付けて構成される複合数詞がある。

数詞は量詞をともなわない限り名詞を修飾できない。成語や慣用句中にのみ数詞が直接に名詞を修飾する例がみられる。

数量を表すには数詞のほかに'多少・许多・好些・半・全'などの数量形容詞が使える。数量形容詞と名詞の間に量詞を必要とするか，また量詞を置きうるか否かは各々の語によって異なる。

④ 量　詞

量詞は次のように分類される。

(1) 個体量詞：根，面，粒，顶，只，个，条，枝，件，管，项

個体量詞の中には事物と結び付くだけでなく，その事物に関連する動作をも表す特殊なものがある。'下〈赢〉一盘棋'の'盘'はその1例である。

(2) 集合量詞：对，双，串，排，群，捆，包，种，类，套，批，伙，帮
(3) 部分量詞：些，把，卷，片，滴，剂，篇，页，层，点儿
(4) 容器量詞：杯，盘，碗，盆，篮，瓶，罐，缸，桶，车，口袋
(5) 臨時量詞：身，头，脸，手，脚，院子，地，桌子
(6) 度量衡量詞：丈，尺，里，米〈公尺〉，亩，斤，两，公分
(7) 自主量詞：国，省，区，县，科，系，年，月，星期，倍

自主量詞の後ろには名詞が付かない。自主量詞とは量詞を必要としない特殊な名詞とも言える。また少数ではあるが，'三年时间'のように名詞の前に用いられる自主量詞もある。

(8) 動量詞：次，遍，趟，下，步，圈，眼，口，巴掌
(9) 複合量詞：人次，吨公里，秒立方米

量詞の本来の機能は，数えられない事物を計数可能にすることにある。例えば布は数

えられないものだが，'尺・米・匹・段'を付ければ数えられる。また数えられるものでも，１つ１つ数を追って数えるのではない場合は，'一"群"人'，'一"屋子"人'のように量詞を用いることが必要である。こうした量詞（あるいはこのように用いられる名詞）は各種の言語の中に存在する。中国語の特徴はこうした量詞が普遍的に使用されるところにある。数えることのできる事物についても量詞を必要とするだけでなく，その数も多い。したがって漢民族以外の学生が量詞の使用に困難を感じるばかりか，方言地区の学生にも時として不適当な使い方がみられることがある。本書では常用される使用範囲の広い量詞をとりあげ，さらに「名詞・量詞組み合わせ一覧表」を付して検索の便を計った。

⑤指示代詞

指示代詞には指示詞（その機能は形容詞に近い）と代名詞（その機能は名詞に近い）の２種類があるが，多くの語がこのどちらにも属するため，合わせて１つとしてもよい。ここでは指示代詞を４つに分類する。

(1)人称代名詞：'你，我，他，自己，大家'など。代称の働きのみで指示の作用はない。
(2)特定指示代詞：'这，那'単独かその他の要素を付けて構成される。
(3)不定指示代詞：'谁，什么'，および'哪，多，怎［么］'単独か，その他の要素を付けて構成される。疑問に用いられることが多い。漠然と指したり総括的に指したりするときにも使われる。

特定指示代詞と不定指示代詞のいずれにも，指示の機能しかない場合，代称の機能しかない場合，およびこの２つの役割を兼ね備える場合と３つの場合がありうる。
(4)その他の指示詞：'某，每，各，另外，其余，其他'など。

⑥動詞と動詞句

動詞は他動詞と自動詞に分けることができる。他動詞の後ろには，動作の対象となる事物を表す名詞を置ける。これを客語と呼ぶ。自動詞の後ろにはこのような名詞を付けられないが，動詞との間に別種の関係をもつ名詞をともなうことは可能で，普通これも客語と呼んでいる。１つの動詞がいくつかの意味をもつ場合，ときには他動詞，ときには自動詞となることがある。

他動詞：去［皮儿］，笑［他］，赶［大车］，挖［洞］，考虑［问题］，赠送［礼品］
自動詞：去，笑，跑，跳，生长，休息，出发

中国語の動詞には「時（テンス）」の区別はないが，「態（アスペクト）」の区別は存在する。

進行態（持続態）：说着话 　　　　　　　完了態：说了三个字
経験態：说过这句话 　　　　　　　　　短時態（試行態）：你说说，我听听
可能態：说得清，听不懂

また，動詞の後ろに付く趣向動詞も'態'に似た意味を表す場合がある（'起来・下去'などの項を参照）。

動詞には客語，補語，状語の3つの付加要素がある。動詞とその付加要素は，動詞句を構成する。
　特に触れておく必要のある句的な構造をもつ動詞が2種類ある。1つは主要動詞に方向を表す動詞が付いた形で，動趨形と呼ばれる。もう1つは主要動詞に結果を表す形容詞あるいは動詞が付いた形で，動結形と呼ばれる。この動趨形・動結形に共通する特徴は，前後の2要素の間に可能態を表す'得・不'を挿入できることである。動趨形ではさらに完了態を表す'了'を間にはさむことも可能だが，動結形の場合，'了'は最後にしか置けない。

(1)**動趨形**　動趨形において趨向を表す動詞は，以下の通り（趨向動詞は文中で主要動詞となることができるが，ここでは動趨形の第2要素となっているものを扱う）。

上	上来	上去	过	过来	过去
下	下来	下去	起	起来	――
进	进来	进去	开	开来	――
出	出来	出去	到	到〈来〉*	到〈去〉*
回	回来	回去	―	来	去

　動趨形は受事客語（動作の対象となる客語）をともなうことができ，また場所を表す客語をともなうこともできる。この両者が同時に出現するときは'把'を用いて受事客語を動詞の前に出す。
　動趨形が'了'または'得・不'をともない，さらに客語をともなう場合，その語順は幾種類もの形が可能となる。詳しくは本概説の後ろに付けた「動趨形動詞関連文型表」（25頁）を参照のこと。
　動趨形中の趨向動詞は趨向を表す以外に，派生的な意味で用いられることが多い。それらは慣用句となっている場合が多く，中には'得・不'を挿入してのみ成り立ち，'得・不'をともなわない形式は存在しないものもある。

(2)**動結形**　動結形の第2要素となる動詞や形容詞の中で，最も重要なのは'了 (liǎo)，着 (zháo)，住，掉，走，动，完，好，成'などである。そのほかには次のようなものがある。

　　拉长，缩短，提高，长 (zhǎng) 大，吃饱，压扁，装满，伸直，磨光，打通，堵死，说清楚，洗干净

中には，臨時的結合によって作られた動結形動詞もある。それらは，1つのまとまった意味を表すことができず，客語がないと意味が理解しにくい。

　▶笑断了肚肠▶吓破了胆▶踏破铁鞋无觅处▶最近这阵子忙，把这件事给忙忘了

⑦**形容詞**
　形容詞と自動詞には文法上多くの共通点があるが，特に直接に文の述語となりうる

―――――――――――――――
＊'到'は場所を表す客語をともなう場合のみ'来・去'を付けることができる。

('是'類の動詞を必要としない)ことがあげられる。そのため,文法書の中には形容詞を動詞の下位区分に置いているものもある。

形容詞の一部には述語になれないものもあり,非述語形容詞と呼ばれる。

　　大型,初級,多項,巨額,二級,慢性,新式,特等,四方,五彩,万能,共同,个
　　別,天然,人为

この種の形容詞は'不'で否定することはできないが,'非'を用いて否定できるものもある。

非述語形容詞の多くは用途が極めてせまく,科学技術関係の名詞の構成部分(名詞句中の修飾要素)としてのみ用いられる。

　　▶高频电波▶侧吹转炉▶同步稳相回旋加速器

多くの形容詞は重ね型(反復形式)を作ったり,重ね型の接尾語を付けたり,あるいは他の方法を用いて,より具体的でリアルな表現形式をとることが可能となる。

　　▶黑:黑乎乎,黑压压,黑油油,黑洞洞,黑咕隆咚,黑不溜秋▶高兴:高高兴兴▶
　　糊涂:糊里糊涂▶乱:乱七八糟

なお本書ではよく見られるこのような形容詞の強調形を列挙し,一覧表にまとめ,巻末に付しておいた。

⑧副　詞

副詞の主な用途は状語となって,動詞・形容詞あるいは文全体を修飾することである。副詞の種類は多いが,主要なものは以下の通りである。

(1)範囲副詞:都,也,全,光,就
(2)語気副詞:才,可,却,倒,偏
(3)否定副詞:不,没[有]
(4)時間副詞:刚,正,恰好,一,老,总
(5)状態副詞:正,反,横[着],竖[着],一块儿,一起
(6)程度副詞:很,极,挺,真,更,更加,非常,尤其
(7)場所副詞:处处,到处
(8)疑問副詞:难道

⑨介　詞

名詞に付いて介詞句を構成する。介詞句の主な役割は動詞を修飾することにある。最もよく使われる介詞は'把,被〈叫,让〉,给,和〈跟,同〉,对〈对于〉,用〈以〉,为,在,从'などである。

介詞句はふつう動詞の前に置かれる。

　　▶把问题解决了▶被大家尊敬▶为人民服务▶从南方来▶按实际情况处理

'给,在,向'から成る介詞句は動詞の後ろに置くこともできる。'于,自'で構成される介詞句は必ず動詞の後ろでなければならない。

　　▶发给到会的代表▶挂在墙上▶奔向远方▶发源于青海▶集中于中央▶引自《史记》

動詞の後ろに付く'给・在・向'は，音声的には動詞に付着しており，そのため完了態を表す'了'も動詞の後ろには置けず，介詞の後ろにしか付けられない。したがって動詞に介詞を付けた全体を1つの複合動詞とみることも可能である。

▶送给了有关单位 ▶倒在了地下 ▶驶向了远方

介詞句は形容詞の後ろに付いて，形容詞を修飾することもできる。

▶好就好在这一点上 ▶热心于搞研究

介詞句は'的'を付けて'的'句を構成し，名詞を修飾することもできる。

▶朝南的平房 ▶在桌子上的书 ▶沿马路的商店

中国語の介詞のほとんどは動詞が虚詞化してできたものであり，現在でも動詞と介詞の両方にまたがる語もある。

叫，让，拿，在，给，替，比

また介詞と接続詞の2つにまたがるものもある。

和，跟，同

⑩接続詞と連結語句

接続詞の役割は，節をつないで文を構成することにある。2つの節を1つの接続詞で結ぶこともできるし，また互いに呼応する2つの接続詞で連結することもできる。

▶虽然年过七十，身体还那么健康 ▶文章不长，但是说理很充分

▶我和他虽然过去没见过面，但是一见面就谈得很融洽

2つの文をつなぐことのできる接続詞もある。

▶这无疑是一件坏事。但是坏事也可以转变为好事

'和・跟・同'は語・句のみを結び，節を連結することはない。

接続詞以外にも，ある種の副詞および句は節をつなぐ働きをもち，互いに呼応することも，接続詞と呼応することもできる。詳しくは第3節⑤(1)を参照。

接続詞と接続作用をもつ副詞・句を総称して連結語句と称する。

⑪助　詞

助詞は独立性の最も弱い語で，その機能の一部には他の言語にみられる語形変化（形態変化）に相当するものがある。

(1)動態助詞：着，了，过
(2)構造助詞：的，地，得
(3)語気助詞（語助詞）：吗，呢，啊，吧，罢了，似的

⑫感嘆詞

感嘆詞は文の構造に関与しない語で，一般に文の前に置かれることが多いが，文の中に挿入される場合もある。

感嘆詞は語調と呼応して機能するもので，同じ感嘆詞でも異なった語調で言えば異なった意味を表す。

啊（ā）▶爸爸，我也去，～？（同意を求める）

啊（á）▶～？你说什么？（追及する）

啊（ǎ）▶～？有这样的事？（驚き）

啊（à）▶～，是～（応答）▶～，原来是这样（気づく）▶～，多美～！（賛嘆）

感嘆詞の中には漢字の表記が固定していないものもある。例えば'哦，喔，噢'はどれも"o!"である。

⑬擬声・擬態語

擬声・擬態語は音声で実際の音を模したり，さまざまな状態を描写したりする語である。擬声・擬態語の形は形容詞の強調形によく似ており，形容詞の一類とみなしてもよい。

擬声・擬態語が文中に使われる場合の用法は次の通りである。

(1)文中に挿入されるが，文構造には組み込まれない。感嘆詞に近い。

　　▶忽然哗，哗，下起了大雨▶嗒，嗒，外面有敲门声

(2)文中に挿入され，他の語句（通常は数量句）と組み合わされる。

　　▶哗啦［的］一声，门推开了▶当当［的］两下，大钟敲响了

(3)動詞として用い，'了・着・起来'を付けられる。

　　▶嘴里叽咕了几句，听不清说的什么▶雨停了，房檐上的水还嘀哒着

　　▶安静了一会儿，又喊喊喳喳起来了

⑭品詞の転用と転成

単語をいくつかの品詞に分類したが，単語がすべてこの分類にきれいに納まるわけではない。1つの語がいくつかの品詞に属するということは，各種の言語において存在することである。中国語の場合，以下のような3つの状況が見られる。

(1)**品詞の転用**　ある品詞の語が臨時に別の品詞として用いられる。これは特殊な表現方法で，話し言葉に多い。

　　▶把眼光放远些，别那么近视眼！▶这就未免太官僚主义了

書き言葉においてもこうした用法がみられることがある。

　　▶……或者因为高等动物了的缘故罢，黄牛水牛都欺生，敢于欺侮我，……（鲁迅：《社戏》）

(2)**中間状態**　ある品詞の語が別の品詞のある特徴をもつことがあるが，完全にはその品詞に転成してはいない。例えば形容詞は主として状態や性質を表し，通常は態（アスペクト）を示す語はともなわないが，ときとしてこうした語が付くこともある。

　　▶地上湿了一大片▶前几天冷过一阵▶广场上顿时热闹起来了▶外头冷，进来暖和暖和▶兔子的尾巴，长（cháng）不了

これらの例文中の形容詞は動詞の特徴を備えてはいるが，完全に動詞に転成しているわけでなく，中間状態に置かれていると言える。

また，'家庭访问・图书管理'などの動名詞句中の動詞'访问・管理'は，文中で名詞の

役割を果たすが，完全に名詞となっているわけではない。
(3)品詞の転成　ある品詞の語が完全に別の品詞の特徴をもつ。
▶他把螺丝紧了又紧▶炉子上正热着饭呢▶端正学习态度▶丰富实践经验▶密切同人民群众的联系

例文中の形容詞はどれも「変化させる」意味をもち，動詞に転成している。言い換えれば，'紧・热・端正'などは形容詞・動詞の両方に属する。

第3節　構　文　法

①主語と述語
　文はふつう主語と述語の2つの部分をもつが，場合によっては主語がなくても文は成り立つ。
(1)質問と返答▶［你］给了他没有？——［我］给了▶他收下没有？——［他］收下了
(2)命令と提案▶［你］去吧！▶［咱们］走吧！
(3)主語が人一般▶活到老，学到老▶不经一事，不长一智
(4)自然現象など▶下雪了▶出了什么事儿了？
述語を欠く例は少ない。
　　▶我的笔［在哪儿］呢？▶谁末了(liǎo)一个走的？——老张［末了一个走的］
ときには主語を省略するばかりか，述語も不完全な場合がある。
　　▶我拣到一串钥匙——在哪儿？（＝你在哪儿拣到的？）
　述語には(a)動詞〈形容詞〉述語，(b)名詞述語，および'是'を用いた文，(c)節を述語とする，の3つの型がある。

②動詞述語文
　動詞を述語とする文型は最もその数が多く，またその内部構造も最も複雑である。この概説の後ろに付した「動詞述語文型表」を参照されたい。
(1)**客語**　動詞の後ろには客語を置ける。客語は3つの種類に分かれる。第1は動作の対象となる事物で，受事客語と呼ばれる。他動詞のみが受事客語をともなえる（「動詞述語文文型表」①参照）。
　動詞によっては2つの受事客語をともなえる（同表③参照）。
　受事客語は一般に名詞だが，動詞あるいは節の場合もある（同表④⑤参照）。
　通常，受事客語は動詞の後ろに置かれるが，介詞'把'によって前に移されることもある（同表⑧参照）。またときに'把'を用いずに客語を動詞の前に置くことも可能である（同表⑦参照）。
　動作の対象となる名詞が主語の位置に置かれることがあり，これは受身文である。受身文では動作の主体となる名詞は出さなくてもよいし，介詞'被・叫・让'によって導入されることもある（同表⑨参照）。

客語の第2は、動作の対象以外の動作に関連する事物、つまり道具・方式・場所などで、非受事客語と呼ぶ（同表①②参照）。

　客語の第3は数量客語で、(a)主語あるいは客語の表す事物の数量、(b)動詞の表す動作の回数、(c)動詞の表す動作時間の長さ（同表⑥参照）の3つがある。数量客語が動詞の前に置かれる場合、文法書によってはこれを状語とするものもある。

(2)補語　動詞の後ろに助詞'得'を用い、結果あるいは状態を表す語句を付けられる。これらの語句を補語と呼ぶ（同表⑩参照）。

　動詞に補語を付けたものと動結形動詞がよく似た意味を表すことがある。この2つの形式の使い分けは主として、後ろに付けられる部分の長さによって決まる。短いものは単純な動詞と組み合わせて句的動詞を構成し、長いものは'得'によって導かれ、単独で1つの要素となる。

　（動結形）　　　（動詞＋補語）
　▶长大了　　　　▶长得又高又大
　▶翻乱了　　　　▶翻得乱七八糟的

しかし、補語にも'跑得快，快得很，跑得快得很'など、短いものもある。

　形容詞の後ろの数量詞も一種の補語である。

(3)状語　状語とは動詞〈形容詞〉を修飾する語句をいう。最もよく見られる状語は副詞と介詞句である。副詞は常に動詞の前にあり、介詞句も主として動詞の前に置かれるが、'给・在・向'などの介詞で導かれる句は動詞の後ろに置くことも可能である。

　形容詞が状語となる場合は、重ね型やその他の強調形をとることが多い。

　▶清清楚楚地画了出来▶慢吞吞地说了个'好'字▶糊里糊涂地坐错了车

また'地'を付けただけのもの、'地'さえ付けないものもある。

　▶认真［地］学习▶慎重［地］处理

　名詞、及び名詞から生じた状語には次の3つがある。

(a)時間を表す名詞

　▶你现在就去？▶我去年就来了▶今天早晨有人来找你

(b)時間・場所あるいは派生的意味を表す方位句

　▶我城里有事▶你床上坐吧▶三天之内我一定给你回信▶他事实上早已离开了

(c)名詞＋'地'

　▶不要形式主义地看问题▶应该历史地评价一个人

(4)存在文　動詞述語文の中に事物の存在を表す文がある。その構造は特殊で、「存在文」と称される（「動詞述語文文型表」⑪参照）。他の動詞述語文と比較すると、存在文の動詞は'是・有'以外は'着'をともなうことが多いが、動作の進行を表すのではなく、動作によって生じた状態を表す。存在文では、普通の文の主語の位置に場所あるいは時間を表す語が置かれ、客語の位置には存在する事物を表す名詞が置かれる。この名詞の構文上の性質については、文法学者の見解は一致しておらず、倒置された主語（前にある場所を表す語は状語）とする考え方もあり、特殊な客語（前にある場所を表す語は主語）とする見方もある。

存在文の性質と近いものに事物の出現や消失を表す文がある。この種の文中の動詞には一般に動趨形の複合動詞が用いられる（「動趨形動詞関連文型表」②参照）。このような形式・意味とも似かよった2種類の文を合わせて「存現文」と呼んでもよい。

(5)**連動文** 連動文中の述語動詞は1つではなく複数個である。それらの動詞の意味関係は並列関係ではなく連続関係である（「動詞述語文文型表」⑫参照）。

(6)**兼語文** 兼語文の述語は1つの名詞を前後の2つの動詞がはさむ形で構成され、その名詞は前の動詞の客語であると同時に後ろの動詞の主語であるようにも見え、したがって兼語と呼ばれる。2つめの動詞の位置には形容詞あるいは節がくる場合もある（同表⑬参照）。

(7)**形容詞述語文** 形容詞を述語の主要な成分とする文は、一般に自動詞を主な述語成分とする文に近い。形容詞の後ろには客語をともなえないが、補語はともなえる。

形容詞の状語は主として程度あるいは比較を表す語句である。

▶很大▶相当远▶比较好▶非常积极▶十分具体▶比那一盏亮▶跟他一样坚决▶像北斗星那么明亮

数量句も形容詞の状語として用いられることが多い。

▶五尺长▶三寸宽▶两斤重

また数量句は形容詞の後ろに置かれて補語となり、比較しての差を示す。

▶这个比那个长五尺▶哥哥比弟弟高半头

③名詞述語文と'是'を用いた文

名詞を述語とする場合、一般に'是'を用いて主語とつなぐことが必要である。しかし'是'によって主語と述語が結ばれた文において、その述語がすべて名詞であるとは限らない。

(1)**名詞述語文** '是'によって結ばず、直接に名詞が述語となる文もある。述語となる名詞は一般に単純な名詞ではなく（例えば、'这－画报'、'我－张老三'のようには言わない）、句あるいは複合語であり、その性質は形容詞に近い。

▶我十九岁▶你哪儿人？▶这个人高个儿，近视眼▶这两篇文章一个内容，两种写法
▶老两口儿就这么一个儿子

上の例から、名詞述語は主に年令・本籍・容貌などを表す際に用いられることがわかる。名詞述語文の多くは上の第2・3・4例のように'是'を挿入することが可能で、第1・5例も絶対に加えられないものではない。

(2)**'是'を用いた文** '是'は特殊な動詞で、形式上は述語の一部であるが、実際には主要な部分ではない。述語の主要な成分は、名詞が最も一般的で、'的'句がそれに次ぎ、動詞（または動詞句）およびその他の形式の場合もある。

(a)**'是'＋名詞** この形式の文は同等や帰属関係を表す（これは各種の言語に共通する）以外に、述語動詞と主語名詞が対応せず、別種の関係を表すことも可能である（これは中国語の特色である）。

▶张老师是我们的数学老师（同等）▶槐树是豆科植物（帰属）▶这个字是什么意思

（＝这个字的意思是什么）▶他是个急性子，你不要计较（＝他的性子急……）▶这一种是五块，那一种是五块六（＝这一种的价钱是……）

上の例文の後ろの２例は並列された２つの節によって構成されていることに注意する必要がある。これらの文は単独では成り立たない。

(b) '是'＋'……的'　文によっては'……的'は名詞あるいは代詞が省略されたと解釈できる（実際にはこれらの名詞や代詞は言わないものだが）*。文によってはこのように解釈できないもの，つまり普通の文に'是……的'を付けて確認・認定の意味を表すだけのものもある。

▶我的词典是新的▶这封信不是给你的▶今天这件事是谁也意料不到的▶这个教训我是永远不会忘记的▶你这样做是很好的

(c) '是'＋動詞〈形容詞〉　この形の文は'是'のない文に比べ意味が強い。ときには弁明の意味をもつこともある。並列する２つの節で構成されることが多い。

▶我不是不管，我是管不了▶我好久没给你写信，一半是忙，一半是懒

▶这两遍都念得不太好，第一遍是太快，第二遍是太慢

(d) '是'＋介詞＋名詞；'是'＋接続詞＋節　この形の文は'是'の後ろの部分をきわだたせる。

▶我第一次认识他是在一个座谈会上▶他学英语是为了看技术资料▶我昨天没去是因为家里来了客

(e) '是'＋文　文全体が述語となり，'是'の前に主語は置かれない。この種の文は認定を強調する。意味の相反する２つの節が並列される場合も多い。

▶是谁把窗户打开的？▶是有人来过了，地下有脚印儿▶不是我不管，是我管不了

このように'是'の基本的役割は確認・認定を表すところにある。ところが名詞述語文には頻繁に'是'が使われるため，認定の意味が薄れて連結の機能だけのように見える。名詞述語文以外の文では，ふつう'是'を使って主語と述語を結びつける必要がないので，'是'を用いるとその認定の働きがきわだち，強められることになる。

④節を述語とする文

節を述語とする文は，中国語ではかなり一般的である。この形式の文は４つに大別される。

(1) 節の主語あるいは客語が同時に文全体の主語を示している場合。

▶老张嘛，他肯帮别人的忙，别人也肯帮他的忙▶春生和小青，谁也没见过谁▶这一次录取的新生，工学院的最多

(2) 節の主語が表す事物が，文全体の主語が表す事物に従属している場合。

▶你真记性坏▶道理都讲清楚了，谁还思想不通呢？▶任何文章，题目总是要有的

(3) 文全体の主語の前に'对于・关于'あるいは'无论'の意味があると考えられる場合。

▶无线电我是门外汉▶这个问题他心里有底▶什么事情她都抢在前头

*英語でこうした場合に不定代名詞 one を用いるのと比較せよ。

(4)文全体の主語が，論理的には述語の一部分である場合。

▶这件事我没听说（＝我没听说这件事）▶这位同志我好像在哪儿见过（＝我好像在哪儿见过这位同志）▶这个消息知道的人还不多（＝知道这个消息的人还不多）▶这件事他觉得比什么都重要（＝他觉得这件事比什么都重要）

⑤文の複雑化と文構造の改変

複雑な文を作るには2つの方法がある。1つはいくつかの節を組み合わせる方法，1つはある成分を拡大する方法で，前者を複文と呼ぶが，後者は単文のままである。成分の拡大にもいくつかの方法がある。第1は数個の並列する語句で，1つの成分を構成する。第2は比較的複雑な節あるいは動詞句を1つの成分（主語・客語など）とする。第3は名詞の前に複雑な修飾語を置くことであり，以上の3つの情況は同時に現われることが多い。このほかさほど複雑ではないが，文の基本構造にさまざまな変化をつける例もある。以下それぞれ例をあげて説明する。

(1)**節を組み合わせて文を作る**　2つの節の間に連結語句があってもなくてもよい。また，2つの節の両方に連結語句があってもいいし，どちらか一方にあるだけでもよい。主要な連結語句の併用と単用の情況は以下の通りである。「・」を付したのが接続詞，「。」を付したのが副詞。

(a)併用・単用ともに可能。

　　虽然……但是　　　因为……所以

(b)併用，または後のものだけを単用（前のものだけを用いることは少ない）

　　不但……而且　　　既然……就
　　要是……就　　　　如果……就
　　只要……就　　　　即使……也
　　与其……不如　　　也……也
　　又……又　　　　　既［不］……又［不］
　　或者……或者　　　还是……还是？（選択疑問文に用いる）
　　一方面……另一方面（2つの文を接続するのに用いることが多い）

(c)一般に併用しなくてはならないもの

　　越……越　　　　　一边……一边
　　一……就　　　　　不是……就是
　　不管……都　　　　尽管……还是
　　一则……二则（2つの文を接続するのに用いることが多い）
　　首先……其次（2つの文を接続するのに用いることが多い）

節の順序は一般に変更することができない。ただし'虽然・因为・只要・不管・尽管'によって導かれる節は，前節に'所以・就・都・还'などの語がない限り，他の節の後ろに置ける。'要是・如果'で導かれる節が後ろに置かれるときは，文末に'的话'をともなうことが多い。また'即使'の節が後ろにくる場合は，文末によく'也罢'をともなう。

2つの節の主語が同じであれば，2つ目の節ではふつう主語を繰り返す必要がない。
▶他虽然是第一回做这个工作，可是做得很好▶你只要坚持下去，一定学得会

まったく連結語句を用いずに，節を組み合わせて文を構成することもできる。こうした「意味による結合法」の文は，中国語には他の言語よりもよくみられる。特に並列関係を表す接続詞は，多くの言語では2つの語だけでなく2つの文をも結ぶことができるのに対して，中国語の'和'は2つの語（主に名詞）を結ぶのみで，2つの節を連結することはできない。下記の例文中[ ]で示した連結語句は意味上は含まれているが，口に出すとくどい印象を与える。

▶他［虽然］年纪小，［但是］胆子不小▶我［不但］看了,［而且］看了两遍了▶［要是］你不去，我［也］不去▶你［如果］要用,［就］自己去借▶我不知道,［因为］没有人通知我

接続詞を用いずに接続した節は，主語が同一であれば後節ではその主語を繰り返す必要がないのみならず，主語が異なっている場合でも，後節は前節の客語あるいは別の成分を借用して，その主語とすることができる。

▶工业生产就像一架机器，［机器］缺少一个螺丝钉也不能转动▶那地方，出了事儿，［事儿］就小不了▶他还说我表扬不得，［他］一表扬［，我］就翘尾巴，［他］净给我吃辣的

(2)**並列する語句を1つの成分とする**
▶做老实人，说老实话，办老实事，这是做人的起码标准

(3)**節あるいは動詞句を文の1つの成分とする**
▶每样东西，每件事情，由谁管，怎么管，都落实到每个人头上▶我这时又忽然想起，小林要我给他买一本《鲁迅小说选》，刚才在书店里忘了问了▶她看了看表，计算着乘哪一路汽车快，什么时候可以赶到幼儿园，什么时候可以接了女儿赶到家

第1の例文では，主語は節であり，節の主語は並列された2つの名詞句である。述語は並列された2つの動詞句である。第2例の'想起'の客語は複合節で，その中の第2節は第1節の'我'を借用して'忘了'の主語としている。第3例の'计算着'の客語は，並列された3つの動詞句とも3つの節と言えるもので，主語はすべて'她'であり，文全体の主語を受けて省略されている。

(4)**名詞の前に複雑な修飾語を置く**
▶胶合板是把原木旋切或刨切成单片薄板，经过干燥、涂胶，并按木材纹理方向纵横交错相叠，在加热或不加热的条件下压制而成的一种板材▶但那时我在上海也有一个惟一的不但敢于随便谈笑，而且还敢于托他办点私事的人，那就是送书去给白莽的柔石（鲁迅：《为了忘却的纪念》）

2つの例文とも非常に長い'的'句を名詞の修飾語としている。

(5)**文構造の改変**
▶要深入理解这项工作的意义，使自己，使别人都毫不动摇（＝……使自己毫不动摇，使别人毫不动摇）▶这是当教师的人都有过的经验，不过这个过程有人长有人短罢了（＝……有人这个过程长，有人这个过程短）▶巴扎是维语，汉语是集市的意思（＝

巴扎是维语词，它的意思跟汉语的'集市'的意思一样）▶她家养了一花一白两只大母鸡（＝她家养了两只大母鸡，一只是花的，一只是白的）▶广阔的平原底下，横的，竖的，直的，弯的，挖了不计其数的地道（＝……挖了不计其数的地道，有横的，有竖的，有直的，有弯的）

動詞述語文文型表

①他動詞文

	主　　語	状語	動詞	受事客語	非受事客語	助詞その他
A	你 她 你 她	从前 最近	学过 唱过 会写 吃	英语	女高音 这种笔 食堂	吗？ 吗？ 了
B	通县 这 晚上 这位客人	已经	属于 成为 不如 姓	北京市 制度 早晨 李		

(1) A類の動詞は一般に重ね型にでき，'了・着・过'をともない，動作の方式・道具・場所を説明する客語をともなうことができる。受事客語は条件によっては省略できる。

(2) B類の動詞は一般に重ね型にすることができず，'了・着・过'をともなわない。主語は厳密な意味での動作の主体ではなく，客語も厳密な意味での動作の対象ではない。客語は省略できない。頻繁に使われるB類の動詞には'像・叫・姓・兼・号称・等于・成为・不及・不如・不比・具有'などがある。

②自動詞文

	主　　語	状　語	動　　詞	非受事客語	助詞その他
A	马 象 你 我 他	 明天 今天晚上 这次又	走 飞 去 睡 跑了	日字 田字 ※ 上海 折叠床 三个第一	 吗？ 吧
B	工程 尘土	已经全部	完成 飞扬		了

(1) A類の動詞は受事客語をともなえないが，非受事客語をともなうことができる。

(2) B類の動詞は受事客語・非受事客語のどちらもともなえない。よく用いられるB類の動詞には'看齐・着想・指正・罢休・到来・相反'などがある。

※中国将棋の'马'は「日」の対角線に進む，'象'は「田」の対角線に進む，という意味。

③二重客語文

	主語	状語	動詞	客語1	客語2	助詞その他
A	张老师 我 他	以前	教过 请教 问	我们 你 我	数学 一个问题 明天去不去	好不好?
B	我 他	刚才	求 告诉	你 我	一件事 一个消息	
C	他 这件事		借了 费了	你 我	一本词典 不少时间	吗?
D	大家 他	都	称 叫	他 我	大老李 哥哥	

(1)A類は，客語1のみまたは客語2のみでよい。B類は客語1のみはよいが，客語2のみは成立しない。C類は客語2のみはかまわないが，客語1のみは成立しない。D類は呼称を表し，客語1のみあるいは客語2のみはどちらも成り立たない。
(2)客語1は一般に人を指し，客語2はD類を除いて物・事柄を指す。

④動詞客語文

	主　語	状語	動詞	動詞客語	助詞その他
A	你 大家 我们	一致 明天	喜欢 表示 开始	看小说 赞成 播种小麦	吗?
B	机器 我们	正在 已经	进行 给以	改装 详细说明	

(1)A類の動詞は動詞客語・名詞客語どちらもともなえる。
(2)B類の動詞は動詞客語しかともなえない。この種の動詞には'进行・从事・给以・予以・给予・装作'などの数語しかない。客語となる動詞は客語をともなえない。

⑤節を客語とする文

	主　語	状語	動詞	節		助詞その他
A	大家 指挥部	正在	相信 研究	他的建议 工程	能够实行 从哪儿开始	
B	你们 我们	都	希望 认为	谁 这个办法	当代表 很好	呢?

(1)A類の動詞は名詞を客語とすることもできる。このような動詞でよく使われるものには'看见・知道・庆祝・听见・报导・相信・记得・考虑'などがある。

⑥数量客語文

主語	状　語	数量客語	状語	動詞	数量客語	受事客語	数量客語	助　詞その他
我	以前		也	学过	一年	英语		
你	这个星期		已经	看了	三次	电影		了
他	近来	一天	只	上	半天	班		
我	曾经			问过		他	一次	
你			再	等		我	五分钟	好吗?

(1)数量客語は動量・時量を表すものでよい（物量でもかまわない。次表参照）。動詞は他動詞・自動詞どちらでもよい。

(2)数量客語は動詞の後ろに置いても前に置いてもよい。受事客語が代詞のときは，数量客語は代詞の後ろに置かねばならない。

⑦客語前置文

主語	状　語	数量客語	受事客語	数量客語	状語	動詞	数量客語	助　詞その他
我们			什么工作		都认真	干		
你			一样东西		也没	买		吗?
我			⎧米饭 ⎩馒头		也 也	吃⎫ 吃⎭		
我	最近	一次	电影		也没	看		
他	这个星期			一次	也没	来过		
你			这三本书	一本	也没	看过		吗?
我			这三本书		只	看过	一本	

(1)動詞の前に副詞'都・也'などが置かれることが多く，こうした副詞が付くと，客語は一般に動詞の前に置かなくてはならず，多少強調される。

(2)前置される客語は往々にして'无论'あるいは'一切'の意味を含む。第1，第2の例がそれである。

(3)この型の文は否定形のほうが肯定形より多い。

⑧ '把' を用いた文

主語	状語	'把'+客語1	状語	動詞	客語2	数量客語	助詞その他
你		把零钱		带			在身上
我	已经	把这本书		看了		三遍	了
你		把这本词典	再	借[给]	我	三天	
你		把写好的稿子	都	给	我		吧
老王		把炉子		生上了	火		

(1) '把' を用いて動詞の前に出される客語は，常に特定の事物を表している。
(2) 動詞は一般に単純な動詞ではなく，複合動詞あるいは動詞句，少なくとも後ろに '了' あるいは '着' の付いた動詞である。

 '把' を用いた文についての詳細は7頁 '把²' 項参照のこと。

⑨ 受身文

	主　語	状語	'被'[+名詞(動作の主体)]	状語	動　詞	受事客語	数量客語	助詞その他
A	衣服	全	被露水		浸透			了
	他		被石头		砸破了	脚		
	她	成天	被家务		捆住了	手脚		
B	旧城	已经	被	彻底	改造			了
	原计划		被		推迟了		三年	
	庄稼		被		淹了		一大片	
C	信			已经	发			了
	公共设施			一定	要爱护			
	这种书			照例	卖得			很快

(1) 受身文の主語は動作の対象で，常に特定の事物を表す。
(2) 動詞は一般に単純な動詞ではなく，複合動詞あるいは動詞句，少なくとも後ろに '了' あるいは '过' をともなう。

 A，B2つの受身文についての詳細は17頁 '被' の項を参照のこと。

⑩補語文

	主語	状語	'把'+客語	動〈形〉+'得'	客語	補　語	助詞その他
A	这孩子 我们 天气	现在		长得 跑得 冷得		挺高 都喘不上气来 连我都穿上皮袄	了 了 了
B	他 他 我	今天 一句话	把屋里 { 把他	收拾得 说得 问得 问得	大家 他	又整齐又干净 都乐 半天答不上来	了

1) '得' の前には動詞あるいは形容詞が置かれ，補語は形容詞・動詞・節いずれでも可能である。補語は状況を説明したり（A類の第1例），程度を述べたり（A類の第2・3例），結果を表したりする（B類の各例）。
2) B類が客語をともなうとき，客語は '把' を用いて前に出すことができる。
　補語文の詳細については92頁 '得¹' の項を参照。

⑪存在文

	場所〈時間〉	状　語	動　詞	名　詞	助詞その他
A	屋子里 古代 大门外面	曾经	有 有过 是	人 这么一个勇士 一个荷花池	吗？
B	门口 槐树底下	并排	站着 坐着	一个小孩 几位老大爷	
C	沿着水渠 东屋里 墙上	靠墙	栽着 放着 挂着	一排杨树 各种农具 一幅世界地图	

1) A類は単純な存在を表し，B・C類はいかなる状態で存在するかを示す。
2) B類の名詞は動作の主体を表し，C類の名詞は動作の対象を示す。
3) B・C類の動詞はその後ろによく '着' をともなうが，これは動作の進行を表さず，動作によって生じた状態を示す。
4) 動詞の後ろの名詞は一般に不特定の事物を表し，その前に '一个・几个' などの語句をともなうことが多い。ときにこの名詞が特定の事物（例えば固有名詞）を表すこともあるが，その場合にも '[一]个' などの語を付けることが必要である。

⑫連動文

	主語	動詞句1			動詞句2			助 詞
		状 語	動詞	客語	状 語	動 詞	客 語	その他
A	他 我 她 你	已经 快	推开 打 笑着 来	门 电话	大踏步 给我们	走进去 通知 答应了 帮	工厂 一声'是' 个忙	了
B	校长 他	紧紧地 老是	握着 赖着	我的手	不 不	放 走		
C	我 你	明天 何不	找 倒… 出来	个人 一杯		问问 尝尝	味道？	
D	他 老张		喝 抓	酒 工作		喝醉 抓得		了 很紧
E	我们 我 你	怎么	走 赶 吃	亏	也 也没 就	走 赶上 吃	亏	到北京 在这一点上

(1)連動文は構造の複雑な文型で，共通する特徴は動詞1と動詞2が同一の動作主体と結びつき，間にポーズを置けないことにある。

(2)A類の第1例では，動詞1と動詞2は相前後して続いて起こる動作を表し，第2例の動詞2は動詞1の目的である。第3例の動詞1は動詞2の方法を表し，第4例の動詞1は趨向を表す動詞である。これらの例文中には動詞句が2つずつしか見られないが，実際には3つ以上になる場合もある。例えば，'打电话叫汽车上医院看病'。

(3)B類は動詞1と動詞2が肯定・否定の2つの面から1つの事柄を説明している。動詞2は否定副詞'不'をともない，動詞1の動作が持続していることを表したり，動詞1の動作についての描写を行っている。

(4)C類では動詞1の動作の対象は，同時に動詞2の対象でもある。

(5)D類の動詞1と動詞2は同一の動詞で，動詞1は客語をともない，動詞2は動結形複合動詞か，'得'によって導かれる補語をともなう。

(6)E類は動詞1と動詞2が同じもので，動詞1は'即使・如果・无论・要讲'などの意味を含み，動詞2の前には常に'也・都・就'などの連結副詞が置かれる。

⑬兼語文

	主　語	状　語	'把'+客語	動詞1	兼語	動詞2〈形容詞〉〈節〉	助　詞その他
A	张老师 大家 学校	一致		叫 选 要求	你们 老王 大家	就去 当组长 努力学习	呢
B	我 领导上 他	一直 刚才还		喜欢 表扬 怪	这孩子 他们 我	懂事 干劲大 没有告诉他	呢！
C	我 小红	现在	把这支笔 把书	送给 交[给]	你 妈妈	用 保存	吧

(1)兼語の後ろにはポーズを置けるが，動詞1の後ろには置けない。これが兼語文と節を客語とする文との相違点である。

(2)A類の動詞1はふつう使役の意味をもつ他動詞で，動詞2は動詞1の結果または目的を表す。よく使われる動詞としては'派・留・使・叫・让・劝・逼・催・请・要・托・求・号召・组织・发动・阻止・命令・动员・禁止'などがある。

(3)B類の動詞1はふつう賞賛あるいは非難の気持ちを表す他動詞で，動詞2はその原因を表す。よく使われる動詞には'爱・感谢・佩服・夸奖・称赞・嫌・恨・气・怨・可怜・笑・骂・讨厌'などがある。

(4)C類の動詞1は授与を表す他動詞で，2つの対象（二重客語）をもつ。1つは'把'を用いて前に出し，1つは後ろに残して兼語とする。この型の文から主語と'把'を取り去ると受身文となる。⑨の表中C類例文参照。

動趨形動詞関連文型表
(趨は趨向動詞の略)

　動趨形動詞はいろいろな型の文に用いられる。動趨形動詞を動詞述語とする文が他の文より複雑なのは，動趨形動詞の後ろに事物を表す名詞がくる場合，その名詞が次の3つの位置をとりうるからである。(1)動趨形全体の後ろ，(2)趨₁と趨₂の間，(3)主要動詞の後ろ・趨向動詞の前。さらに'把'を用いて前置する形式を含めると，合計4つの形式が存在する。動趨形動詞の後ろの名詞が場所を表す場合，その位置は1つだけで，趨₁の後ろ，趨₂の前以外にない。以上に基づき，以下に動趨形動詞を述語動詞とする文を4つの表に分類した。「趨₁」は'上・下……'などを指し，「趨₂」は'来・去'を指す。また趨は両者を合わせたものか，そのうちの一方だけを指す。以下の点に注意して欲しい。

(1)すべての動趨形動詞がどの文型にも用いられるわけではない。それぞれの動趨形動詞

の使用範囲はまったく同じというわけではない。

(2)あらゆる文の動趨形動詞に完了態と可能態があるわけではなく、'了'をともない、かつ'得・不'をともなえるものもあり、そのうちどちらかしかともなえないものもあり、またどちらもともなえないものもある。

(3)いくつかの外国語と比較してみると、動趨形動詞の後ろが場所を表す名詞の場合、動趨形中の趨₁の機能は介詞に近い（'话说出口'、'走出门来'）。また後ろが事物を示す名詞の場合、趨向動詞の機能は副詞に似ている（'说出话来'、'走出一个人来'）。

(4)動趨形中の趨向動詞は軽声に発音するが、主要な動詞と趨向動詞が'得・不'で隔てられているときは、趨向動詞は軽声にならない。

①主語＋動趨形動詞

	主　語	状　語	動詞　＋　趨	助詞その他
A	你 一群男孩子 泉水 咱们 她 你	 迎面 从山上 就 [念到这里] 现在	记下 跑来 流［了］下来 走回去 念不下去 走得开走不开？	 吧！ 了
B	包裹 电话号码 说出去的话 这个题目	 还	取来 记下来 收不回来 做得出来	了 没有？

(1)A類の主語は動作の主体であり、B類の主語は動作の対象である。B類の動詞は他動詞に限られるが、A類にはそうした制限はない。

(2)動詞に直接'了'が付けられるのは、趨が趨₁＋趨₂の場合のみである。

②主語（場所）＋動趨形動詞＋客語（事物）

	主語(場所)	状　語	動詞＋趨₁[+2]	客語（物）	趨₂
A	天上 树上 胡同里	 忽然	飘过 掉下来［了］ 跑出	几朵白云 一个苹果 一群小孩儿	来
B	院子里 我后头 窗户眼儿里	 一连又 	种上了 爬上来［了］ 塞进	许多瓜果 两个男孩儿 一个字条儿	来

(1)A類の動詞は自動詞に限られ、B類の動詞は他動詞に限られる。

(2)動詞に直接'了'が付けられるのは、趨が趨₁＋趨₂の場合のみである。

③主語＋動趨形動詞＋客語（事物）

	主　語	状　　語	把＋客語	動詞	趨1	趨2	客　　語	趨1	趨2	助詞その他
A	小华 一个演员 他 他 我	 深深地 最后还是 		戴 牵 爱 说 学	上 出 上了 出 	 来 来了 不来	眼镜 一头大黑熊 音乐 一个名字 她的表情			了
B	我们 他 你 他	在这里 已经 又		安 做 画得 吃	下 出 出 下		家 点成绩 这么好的画儿 几个杏儿		来 来 来 去	了 了 吗？
C	你 你 我 他	[到了那里]就 怎么没先 已经 		写 打 发了 递了			个信 个报告 个电报 一本书	 上 过	来 去？ 去 来	 了
D	最后走的人 你 他们 这孩子 他	要 最好 终于 居然 又	把门 把这封信 把这个难关 把一桶水 把东西	锁 带 攻了 提了 退	上 下 上 	 去 来 来 回来				 了

(1)A類は趨向動詞が動詞のすぐ後ろに付き，B類は趨₁が動詞のすぐ後ろ，趨₂は客語の後ろに付く。C類では趨向動詞全体が客語の後ろに付き，D類は客語が前に出されているために，趨向動詞が動詞のすぐ後ろに付き，分離の問題はない。

(2)動詞に直接'了'が付くのは，趨が趨₁＋趨₂の場合に限られる。

④主語＋動趨形動詞＋客語（場所）

	主　語	状　語	把＋ 客語(物)	動詞＋趨₁	客語(場所)	趨₂	助詞 その他
A	运动员 两个人 他们 你	奋力 一前一后 终于		跑到 走进 登上了 跳得过	终点 屋 顶峰 那道水沟	来	了 吗？
B	两个球 孩子们 问题 这个话 这东西	都没有 已经 已经 怎么 〔太大，〕		踢进 送回 摆到了 说得出 放不进	球门 老家 桌面上 口 箱子里	去 去	了
C	他 你 他们 历史	 简直 〔无情，〕	把信 把我们 把她 把他们	投进 领到 捧上了 扔进了	邮筒 哪儿 天 垃圾堆	去	了 了？

(1)A類とC類の主語はともに動作の主体を表すが，A類には事物の客語はなく，C類は'把'を用いて事物の客語を前置する。B類の主語は動作の対象で，事物の客語はない。
(2)趨₁には'开・起'を含まない。
(3)動詞＋趨₁＋'了'の形は，趨₂のない場合に限られる。

動趨形のストレス・パターン

①動詞＋趨向動詞

動詞にストレスを置き，趨向動詞は軽声に発音する。

▶把帽子'戴・上▶把手'放・下▶东西已经'取・来▶你先'收拾・去▶'提・上・来▶'放・下・来▶'送・进・来▶'摆・出・来▶'还・回・来▶'借・过・来▶'抬・起・来▶'递・上・去▶'传・下・去▶'投・进・去▶'发・出・去▶'顶・回・去▶'流・过・去▶'散・开・来▶箱子'打・开了没有？▶大门'开・开了没有？

'进・出・回'が文末にくる場合はストレスが置かれる。それ以外の場合は軽声に発音する。

▶买'进▶取'出▶送'回▶'买・进了没有？▶'取・出了没有？▶'送・回了没有？

'起'は文末にくることは少ないが，文末にきた場合にはストレスが置かれる。

▶这话从何说'起？

'过・开'はふつう軽声に発音しない。

▶从桥上走'过▶坐'过了站▶拉'开距离▶我想'开了

動趨形のストレス・パターン　29

②動趨形が客語をともなう場合

趨向動詞は軽声に発音する。

(1)動詞＋趨向動詞＋客語　客語が名詞の場合には客語にストレスが置かれる。

▶穿・上′衣服▶摘・下手′套儿▶拿・出・来一本′书▶交・上・去一份报′告

客語が代詞のときはふつう軽声に発音し，動詞にストレスが置かれる。

▶′放・下・它！▶′看・上・他了▶同学们经常′提・起・你・们

数量詞の客語が不定の数を表すときには，動詞にストレスを置き，定数を表すときは数詞にストレスを置く。

▶再′来・上几个▶随便′说・上两句▶请您′送・回・去一些▶我只拿・来′一个▶放・进・去′两件

(2)動詞＋趨₁＋客語＋趨₂　客語が名詞の場合には客語にストレスを置く。

▶拿・出′办法・来▶看・出′门道・来▶扔・进一分′钱・去▶想・起一件′事・来▶把这些书送・回书′架・去

代詞の客語はふつう軽声に発音し，動詞にストレスを置く。

▶′想・起・你・来▶′放・出・它・来▶′送・出・他・们去

数量詞の客語が不定の数を表すときには動詞にストレスを置き，定数を表すときには数詞にストレスを置く。

▶′钓・上・几・条・来▶′写・出・一・些・来▶′种・下・三・五・颗・去▶′选・上・三・两・个・来▶迈・出′五步・去▶跳・过′两米・去▶逮′三只・来

(3)動詞＋客語＋趨向動詞　客語が名詞の場合には客語にストレスを置く。

▶打电′话・去▶他送′东西・来▶放点′盐・进・去▶寄一笔′款・回・去▶递一支′铅笔・过・来

代詞の客語は一般に軽声に発音し，動詞にストレスを置く。

▶您放心吧，天晚了我′送・他・回・来▶明天咱们′看・他・们・去▶他说他′找・我・来

趨向動詞にストレスを置くと，主要動詞となる。次の例を比較してみよ。

▶明天我′送・他・去：明天我送・他′去▶我′叫・你・去：我叫・你′去▶到时候我一定′请・你・们・来：到时候我一定请・你・们′来

数量詞が客語となって不定数を表すときには動詞にストレスを置き，定数を表すときには数詞にストレスを置く。

▶′寄几本・回・去▶′放几只・出・来▶′送一点儿・进・去▶买′五斤・回・来

③動詞＋得／不＋趨向動詞

(1)動詞＋得＋趨向動詞　'得'は軽声に発音する。趨向動詞は一般に軽声に発音し，動詞にストレスを置く。

▶二百斤我′扛・得・起・来▶书包里′放・得・下▶这几把椅子屋里还′摆・得・开▶几十块钱他′拿・得・出・来▶行，我自己′搬・得・上・去▶这几步路我′走・得・回・去▶今儿晚上′回・得・去

動詞＋得＋趨向動詞が条件を表すか強調される場合，趨向動詞にストレスを置く（2

音節の趨向動詞の場合は第2音節にストレスを置く)。

▶放・得′下，你再往里放▶搬・得・出′来，你就搬走▶我就不信你跳・得・过′去▶这么复杂你能背・得・下′来！▶我怀疑这么早他起・得′来吗？▶这么大年纪难得他爬・得・上′去

(2)動詞+不+趨向動詞　'不'は軽声に発音し，趨向動詞は一般にストレスを置く。

▶二百斤我可扛・不・起・′来▶院子里放・不′下▶栽了半天栽不・进′去

質問に答える，あるいは肯定・否定の2つの可能性に対して判断を下すとき，動詞にストレスを置ける。

▶你看我搬得起来吗？——我看你′搬・不・起来▶你吃得下去吗？——我怕我′吃・不・下・去▶我认为这几件事′进行・不・下・去

(3)諾否疑問文では動詞にストレスを置く。反復疑問文では第1の動詞にストレスを置き，趨向動詞は軽声に発音する。

▶这么宽你′迈・得・过・去吗？▶五点钟你′起・得・来起・不・来？▶这道题你到底′算・得・出・来算・不・出・来？

(4)客語をともなうとき，客語が趨向動詞の後ろに置かれるなら，趨向動詞にストレスを置く。

▶从远处看也看・得・出′来这是座房子▶我想・不・起′来他是什么模样▶他吃・不′下这碗面

客語が趨1と趨2の間にある場合は，ふつう客語にストレスを置くことができる。

▶我记・不・起他的′名字・来了▶想・不・出一个好′主意・来▶这件事总让我放・不・下′心・去▶琢磨一会儿就能写・出一篇′文章・来

④没+動詞+趨向動詞

(1)趨向動詞にストレスを置く。実現できなかったことを強調する。

▶写了半天没写・出′来▶一步没跳・过′去▶使了很大劲儿，就是没举・起′来▶三个人都去请也没请′来

(2)動詞にストレスを置き，趨向動詞を軽声に発音する。事柄の結果を客観的に述べ，強調の気持ちはない。

▶我想写可是没′写・出・来▶上次没′跳・过・去，这次再试试▶五十斤的杠铃没′举・起・来

(3)客語が趨向動詞の後ろに置かれるときは，趨向動詞は一般にストレスが置かれる。客語にストレスを置くときには客語を強調する。

▶没编・出′来故事▶没考′上北大：没考・上北大′，可是考上清华了▶这么多人会没研究・出・来・一个好′办法

客語が趨向動詞の前あるいは趨1と趨2の間に置かれるときは，ふつう客語にストレスが置かれる。

▶你怎么没请几位′客人・来？▶什么都送到了，就是没送一份′样本儿・去▶在家里没觉・出下′雨・来▶没想・起电话号′码・来

A

啊 ·a（呀・哇・哪）

【助詞】文や節の末尾に用いる。音や表記は，前の語の子音・母音との結合によって，主に次の2種に変化する。
呀 ya：母音 a,e,i,o,üの後ろにくる '啊'。
啊 a：上記以外のとき。ただし u と ao の後ろにくるときは '哇'，n の後ろにくるときは '哪' と書くこともある。

❶ 平叙文の末尾に用いる。説明したり，相手の注意を促す。▶咱们的胜利可是来之不易～（我々の勝利は簡単に手にすることができたわけではなかったんだよ）▶你说什么？我听不清～（なんて言ったの。はっきり聞こえないんだけど）▶光着脚走不了路～（はだしでは道を歩けないよ）
—ときにはうんざりした気分が込められる。▶不是我不肯管，我是管不了～（いやだと言うんじゃなくて，ぼくじゃ手におえないんだ）▶我也没说你全错了～（ぼくだってすべて君が悪いと言ってやしないさ）

❷ 命令文の末尾に用いる。要請・催促・命令・警告などの意を表す。▶请坐～，大伙儿（みなさん，どうぞおかけください）▶慢慢儿说，说清楚点儿～（ゆっくり言ってください，も少しはっきりとね）▶快走～（早く歩こう）▶你可小心，别上当～（気をつけるんだよ，だまされちゃだめだよ）▶你可得好好儿干～（まじめにやらなくちゃいかんよ）

❸ 感嘆文の末尾や呼びかけに用いる。▶这马跑得真快～（この馬はほんとうに走るのが速いねえ）▶这儿的风景多美～（この景色はなんて美しいんだろう）▶老李～，你这儿来！（李さん，ここにおいでよ）

❹ 疑問文の末尾に用いる。
ⓐ 疑問指示代詞を用いた疑問文あるいは選択疑問文では，'啊' は用いても用いなくてもよいが，'啊' を用いると口調がいくらかやわらぐ。▶是谁～？（誰なの）▶你是打哪儿来的～？（君はどこから来たんだい）▶是买苹果还买梨～？（リンゴにする，それともナシにしようか）▶这本书你还看不看～？（この本，まだ読むの）
ⓑ 平叙文形式の疑問文で，質問の目的が確認を得るためであるとき，ふつう文末に '啊' を用いる。'啊' を用いないときには，文末の1音節を尻上がりに読む。▶你不去～？（行かないんだね）▶你说的话是真话～？（君の話は本当のことだろうね）
ⓒ 反語文で '啊' を用いると口調がやわらぐ。▶客人来了，怎么不倒茶～？（お客さんがいらしたというのに，どうしてお茶を入れないの）▶你怎么不理人家～？（あなたはあの人をほうっておけるの）▶谁知道是怎么回事～？（どういうことか知るわけないでしょう）

❺ 文中でポーズを置く箇所に用いる。
ⓐ 話し手のためらいを示す。あるいは相手の注意を促す。▶去年～，去年这会儿～，我还在上海呢（去年ね，去年の今ごろはね，まだ上海にいたよ）▶今天请大家来～，是想多听听各方面的意见和建议（今日皆さんに来ていただいたのはですね，各方面の意見や提案をできるだけたくさん聞きたいと思ってのことなんです）▶你～，真傻！（君って，本当にばかだなあ）
ⓑ 列挙を示す。▶这里的山～，水～，树～，草～，都是我从小就非常熟悉的（このあたりは，山といい，川といい，樹といい，草といい，どれもこれも子供のころから

よく知ってるよ)▶他的思想作风～，文化水平～，工作能力～，哪样都比我强（彼は，態度・知識・仕事のどれひとつとってもぼくより上だ）▶这～那～说了一大堆（ああだこうだとよくしゃべった）

ⓒ仮定や条件を示す節の末尾に用いる。▶我要是自己会～，就不来麻烦你了（自分でできるなら，君をわずらわせはしない）▶你早说～，我不就早给你办了吗？（早く言ってくれてたら，とっくにやってあげたのに）▶要是一会儿下起雨来～，咱们可就走不成了（今に雨が降りだしたら，ぼくらは出かけられなくなる）

❻'動+啊'を重ねて用いる。動作の過程が長いことを表す。▶地质小分队找～找～，终于找到了铁矿（地質調査小分隊は探しに探して，ついに鉄鉱を探しあてた）▶他们追～，追～，追了半天也没追上（彼らは追って，追って，長い間追いかけたが追いつけなかった）

捱 ⊂挨 ái

【動詞】❶ひどい目にあう：《付》了・着・过 必ず客語をともなう。

ⓐ捱+名／量（殴打の意を表すことが多い）《˟付》着▶我在上私塾时，多次～过先生的板子（旧式の学校に通っていたときには，何度も先生に木の板でぶたれた）▶身上～了一脚（足げりをくった）▶～了一顿棍子（棍棒でひどく打たれた）▶～了一个耳光（びんたを1発くらった）

ⓑ捱+動／節▶～打受骂（たたかれたりののしられたり）▶～了一顿骂（ひどくののしられた）▶～了他好几回批评（彼に何度も批判された）▶格桑受着冻～着饿，还得给农奴主干活（コサンは餓えと寒さにさいなまれながらも農奴主のために働かなければならなかった）▶小心～狗咬！（犬にかまれないように気をつけろ）

❷苦しい生活をおくる：《付》了 あとに時間を表す語句がくることが多い。▶～日子（つらい日をおくる）▶那时候～一天算一天（あのころはその日暮らしだった）▶～了一年又一年（くる年もくる年も苦しい暮らしだった）

❸引き延ばす：あとに時間を表す語句がくることが多い。▶快唱吧，不要～时间了（早く歌えよ，ぐずぐずするなよ）▶今天能解决，干嘛要～到明天？（今日解決できるなら，何も明日まで引き延ばすことはないだろう）

動趨 捱//下去 辛抱し続ける。▶这种日子没法捱下去（こんなつらい暮らし，これ以上続けられない）▶那年月，我实在捱不下去啦，就离家闯了关东（あの当時，私はどうしても耐えきれなくなり，家を出て東北地区へ行った）

捱//过 のりこえる。▶好容易捱过了冬天（やっと冬をのりこえた）▶他这病恐怕捱不过春天（彼の病はおそらく春をこせまい）

捱//过去〈来〉 やりすごす。▶春天能捱过去，这病就容易好了（春をのりきったら，この病気は快方に向かうよ）▶多少年啊，总算捱过来了（なんと長かったことか，どうにかこうにかしのいできたというとだ）

矮 ǎi

【形容詞】低い。

ⓐ名詞を修飾する。▶～个子（低い背丈）▶～个头儿（小柄な人）▶～胖子（背が低くてふとった人）▶小～人（こびと）▶很～的姑娘（背の低い娘さん）▶～～的个子（低い背丈）▶～院墙（低い塀）▶～凳子（低い腰かけ）

— 並列構造の一部になる。▶又～又胖的姑娘（小柄で太った娘さん）▶又～又瘦的小男孩（背が低く瘦せた男の子）▶又～又丑的怪物（ちびで醜い怪物）

ⓑ述語・補語になる。《付》了▶小王高，小陈～（王さんは背が高く，陳さんは背が低い）▶身材比较～（わりと小柄だ）▶欧阳家的孩子最～了（欧陽家の子どもが一番背が低い）▶老李比老张～了一头

(李さんは張さんより頭1つ低い) ▶在他面前，我觉得～了一截（彼の前だと，自分の背が一段低く感じる）▶他家的老三跟老二比起来，显得～多了（彼の三男は次男と比べてみると，ずっと背が低く見える）▶那座楼盖得太～了（あのビルはずいぶん低く建ててある）

ⓒ（等級や地位が）低い：《付》了　数量句をともない比較を表すことができる。▶小王～我一班（王さんは私より1クラス下だ＝比我矮一班）▶在他面前，我觉得～了一截（彼の前では，自分が一まわり小さい人間のように感じる）

爱 ài

【動詞】❶人や事物に対して深い関心をもつ：名詞の客語をともなえる。▶～祖国（祖国を愛する）▶～科学（科学を愛する）▶父母～儿女（両親が息子や娘をかわいがる）▶夫妻相～（夫婦が愛し合う）▶～孩子～得要命（子供がかわいくてたまらない）

ⓐもっぱら男女間の愛情を指す。《付》着・过▶她深深地～着这个小伙子（彼女はこの青年を深く愛している）▶他曾经～过一个歌唱家（彼はかつてある声楽家に恋したことがある）

ⓑ兼語をともなえる。兼語の後ろは形容詞句が多く，原因を示す。▶我～他勤奋好学（彼は勤勉で勉強好きだから好きだ）▶他～这小孩老实（彼はこの子のおとなしいところが好きだ）

ⓒ客語をともなうとき程度副詞で修飾できる。▶小陈很～他（陳さんは彼をとても愛している）▶他最～他的小女儿（彼は末娘をいちばんかわいがっている）

❷ある活動・状態を好む：必ず動詞・形容詞の客語をともなう。▶～说～笑（よく笑いよくしゃべる）▶～干净（きれい好き）▶～热闹（にぎやか好き）▶～下象棋（将棋をさすのが好き）▶他～和群众接近（彼は大衆に接触するのが好きだ）▶你～不～听京戏？（君は京劇が好きかね）

― 客語をともなうとき程度副詞で修飾できる。▶小汪很～劳动（汪さんは働くことが大好きだ）▶他最～拉手风琴（彼はアコーディオンをひくのが何よりも好きだ）

❸爱A不A　「どちらを選ぼうとご自由に」の意を表す。不満の気分が含まれる。▶反正我通知到了，你～去不去（いずれにせよぼくは知らせたんだからね，行くか行かないかは君の勝手さ＝你爱去就去，不爱去就不去）▶车在那儿放着，～骑不骑，随你便（自転車はそこに置いてあるよ，乗ろうと乗るまいとお好きなように）

― 次のような例は否定のほうに傾いている。▶瞧他那～理不理的样儿（どうだい彼のあのそっけない態度は＝不爱理的样儿）

❹愛護する，大切にする：必ず名詞の客語をともなうが，いくつかの2音節の名詞に限られる。▶～公物（公共物を大切にする）▶～名誉（名誉を重んずる）▶～面子（体面を重んずる）

❺…しがちだ：必ず動詞・形容詞を客語とする。客語はふつう話し手が望ましくないと思う事柄。▶他老～发急（彼はとかくやきもきしがちだ）▶我～晕船（私は船に酔いやすい）▶铁～生锈（鉄はさびやすい）▶他是平足，走远路～累（彼は偏平足なので長い道を歩くとつかれやすい）

動趣 爱・上▶他从小就爱上了数学（彼は子供のころから数学が好きだ）

安 ān

【形容詞】❶安定している：述語になるのみ。ふつう否定形で用いる。▶这件事没办好，我心里一直不～（この件がうまく処理できなかったので，ずっと気持ちが安まらない）▶坐不～，立不稳（不安でいても立ってもいられない）▶心神不～（心が落ち着かない）

❷生活や仕事などに対して満足だ，順調だと感じる。心が安らかである。▶～于现状（現状に満足する）▶心～理得（行い

が理にかなっているため心が穏やかだ）
❸平穏無事である，安全だ。↔危▶转危为～（危険な状態から転じて安泰になる）
【動詞】❶安定させる：心情・神経に対して用いることが多い。▶～民告示（民心を安んじ和らげるために出す告示）▶这种药可以～神（この薬は神経を鎮める）▶使他们～下心来工作（彼らが安心して仕事ができるようにする）
❷適切な地位につける：《付》了 名詞の客語をともなえる。▶在他管辖的部门～了一名处长（彼が管轄する部門に処長が1人置かれた）▶～了自己的学生（自分の学生を配属した）
❸取り付ける，設置する：《付》了・着・过 名詞の客語をともなえる。▶～门窗（ドアや窓を取り付ける）▶这儿应该～个公用电话（ここに公衆電話を1つ設置すべきだ）▶～了两把锁（錠前を2つ取り付けた）▶～过电灯（電灯を取り付けたことがある）▶～天线（アンテナを取り付ける）
❹加える：《付》了・过 名詞の客語をともなえる。▶～罪名（罪を着せる）▶～了一个头衔（肩書きを1つ加えた）▶给他～过不少名誉职务（かつて彼に数多くの名誉職を与えた）
❺（心に）抱く，持つ：よくない考えのことが多い。▶你总在背后说他坏话，～的是什么心？（君はいつも陰で彼の悪口を言っているが，どういう下心があるんだ）▶你～的什么心？（君は何を企んでいるんだ）
[動結] 安//好▶安好了电话就方便了（電話をひいたら便利になる）
[動趨] 安//上▶螺丝安不上（ねじが入らない）▶这种罪名根本就安不上（そんな罪名を着せるなんて土台無茶な話だ）
安下…来〈安不下…来〉▶他老安不下心来（彼は落ち着いていることがない）▶你要安下心来学习（君は身を入れて勉強しなければいけない）

安出［来］▶你们这个月要安出十台机器［来］（君たちは今月10台の機械を据えつけなければならない）
安得〈不〉过来▶这么多用户都要安电话，两个人可安不过来（こんなに大勢の加入者が電話をひこうというのだから，2人ではとても取り付けきれない）
安开▶农村也普遍安开电话了（農村でも電話の設置が普及した）
安到▶路灯一直安到西郊（西の郊外までずっと街灯が設置された）▶安到五点才完（5時まで据えつけ作業をしてようやく終わった）
安到…来〈去〉▶把天线安到房顶上去（アンテナを屋上に取り付ける）

按 àn（按照）

【動詞】従う，遵守する：ふつう2音節の名詞を客語とする。▶办事情要有计划，要～制度（仕事をするには計画を立て規則に従ってやらねばならない）
【介詞】ある基準に応じてやることを示す。
ⓐ按+[名]▶～期举行（期日どおりに挙行する）▶～时完成（定時に完成する）▶～月上报（月々報告を提出する）▶～规定办事（規則に基づいて処理する）▶～年龄分组（年齢によって組分けする）▶～现在的速度，我们三点以前可到达（今の速度でいくと，ぼくたちは3時前には到着できる）
— 《付》着 ただし後ろに単音節の名詞がくるときは不可。▶～着计划执行（計画通り執行する）▶～着图纸施工（設計図に基づいて施工する）
ⓑ按+[動]／[節]▶时间尚未确定，先～明天一早出发做准备（時間はまだ確定していないが，とりあえず明日朝一番に出発することとして準備をしておく）▶～他前天离开昆明算来，现在已经到了桂林（おととい昆明を出立したとなると，彼は今ごろはもう桂林だ）▶～亩产八百斤计算（1ムーあたりの収穫800斤として計算する）▶～

毎人两张票分发（1人2枚のわりで切符を配る）
ⓒ按+名+说<讲>　名は道理・条件・法則といった類のものに限られ、話し手が何らかの根拠をもとに当然と思われる判断を下したことを示す。▶～理说，他不会不同意的（道理からいって、彼が同意しないはずはない）▶～节气来说，立秋以后应该比较凉爽了，可是这几天仍然闷热（暦のうえでは立秋を過ぎたら少し涼しくなるはずなのに、この数日は相変わらずむし暑い）▶～条件讲，人家比咱们差，可人家的成果反而比咱们多（条件からいえば彼らのほうがずっと悪いが、成果は我々よりかえって多くあげている）

慣用句 按说　道理にてらしていえば。▶按说这是老王办的事，既然他有困难，我就去一趟吧！（本来ならこれは王さんのやる事なんだが、彼が無理な以上、私が代わってやってあげよう）

比較 按：照　☞照 zhào

《按照》①動詞としての用法は，動詞'按'に同じ。
②介詞としての用法は介詞'按'に同じ。▶应该按照政策办理（政策に基づいて処理しなければならない）▶按照一磅等于九两折合，共计七斤六两五（1ポンド9両として換算すると合計7斤6両5分となる）

注意 '按'か'按照'かは，後ろにくる名詞の音節数による。▶按时完成（予定の時間に完成する）▶按期完成（期日どおりに完成する）▶按预定期限完成（予定の期限内に完成する）▶按照期限完成（期限どおりに完成する）▶按照预定期限完成（予定の期限内に完成する ×按照期完成）

按照 ànzhào　☞按 àn

B

巴不得 bā·bu·de

【動詞】切望する：動詞・節を客語にできる。▶～马上就回到故乡（すぐにも故郷に帰りたい）▶我真～能有机会系统地学习汉语（中国語を系統的に勉強する機会がぜひとも欲しい）▶他正～你去给他帮忙呢！（彼はちょうど君の手をかりたがっているところだ）▶你怎么不愿意呢？这样的事我还～呢！（どうしてしぶるんだい，ぼくだったら願ってもないことなのになあ）

比較 巴不得：恨不得 ① '巴不得'が望む内容は実現可能な事柄，'恨不得'は実現しそうにない事柄。▶我巴不得有人来帮帮忙（ぜひとも誰かに手伝ってもらいたい）▶快叫他来，我恨不得马上就见到他（早く彼を呼んでくれ，すぐにも会いたいんだ）▶我恨不得插上翅膀飞到北京（羽があったら北京に飛んでいけるのになあ）▶我恨不得马上就见到他，可是远隔千里，叫我怎么办？（すぐにも彼に会いたいが，千里も隔たっているんだもの，どうにもならないよ）

② '巴不得'は否定形を客語にできる。'恨不得'はできない。▶我巴不得不去（私はどうしても行きたくない ×我恨不得不去）▶我巴不得他不走（私はなんとしても彼に行って欲しくない ×我恨不得他不走）

③ 文脈によっては'巴不得'は 指数量 を客語にできる。'恨不得'はできない。▶爸爸说了一声'可以.'小华就巴不得这一句，扭头就跑（父は「いいよ」と一言言った。小華はこの一言を待ってましたとばかり，くびすをかえして駆け出した ×小华就恨不得这一句…）

④ '巴不得'は'的'を付けて名詞を修飾できる。'恨不得'はできない。▶这正是我巴不得的事情（これこそ私が願っていたことです ×…我恨不得的事情）

把¹ bǎ

【量詞】❶柄の付いた物や取っ手に類する物が付いた器物を数えるのに用いる。▶一～刀〈镰刀〉（1本の刀〈カマ〉）▶～锄头〈铁锹，镐头，铁锤，锅铲〉（すき1本〈スコップ・つるはし・かなづち・鉄べら〉）▶一～锯〈钳子，螺丝刀，扳子〉（のこぎり1本〈やっとこ・ねじまわし・スパナ〉）▶一～扫帚（1本のほうき）▶一～扇子（1本のせんす）▶一～伞（かさ1本）▶一～茶壶（きゅうす1つ）▶两～椅子（いす2脚）▶三～锁〈钥匙〉（錠前3個〈鍵〉）▶一～算盘（1ちょうのそろばん）

❷片手でつかむことのできる量（たばねた物を含む）を表すのに用いる。ときに《儿化》▶一～炒面〈小米，土，砂子〉（ひとにぎりのいった小麦粉〈アワ・土・砂〉）▶一～儿菠菜〈鲜花，小萝卜〉（ホウレン草1わ〈生花・カブ〉）▶一～香蕉（ひとふさのバナナ）▶两～柴禾（2束のたきぎ）▶三～筷子（3束の箸：店では10膳を1束にして売っている）

━《派》'骨头'（ほね）に用いて誇張の意味をこめる。数詞は'一'のみ。▶瘦得只剩下一～骨头了（やせて骨と皮だけになってしまった）▶我这～老骨头还想为人民干点儿事呢（わしのようなおいぼれでも，まだまだみんなの役に立ちたいと思っとる）

━《派》手を使う動作に関係ある物に用いる。数詞は'一'のみ。▶一～鼻涕一～眼泪，哭得眼睛都肿了（鼻みずと涙を手で

ふきながら，眼が腫れあがるほど泣いた）▶好容易一～屎一～尿地把孩子拉扯大了（手しおにかけてやっとのことで子供を育てあげた）

— '把'の前に'大・満・小'を付けて，数量の多少を強調できる。▶他抓了一大～,我抓了一小～（彼は大づかみに取ったが，ぼくはちょっとだけをつかんだ）▶抓了一満～[的]泥（泥をいっぱいつかんだ）▶大～大～地抓着吃（わしづかみにして食べる）

❸ある種の抽象物に用いる。数詞は'一'のみ。▶他倒有一～力气（彼はなかなか力がある）▶我这么一大～年纪还能说瞎话？（わしのような年をして，いいかげんなことが言えるもんかね）

❹「やり手」「働き手」などの語に対して用いる。数詞は'一'のみ。▶他是一～好手（彼は腕ききだ）▶养月季花他可是一～手（コウシンバラを育てることにかけては彼はたいした腕前だ）

— 指導的な職務について用いる場合，前にくる数詞は序数詞に限られる。▶老张是我们单位的第一～手，老徐是第二～手（張さんはぼくたちの職場の最高責任者で，徐さんは次席です）

❺…回：手に関係ある動作に用いる。数詞は'一'が多い。

ⓐ 動+数+把 ▶拉了一～（ぐっと引っぱった）▶推了一～（どんと押した）

— 動のあとに人を指す客語がくるときは必ず動の直後に置く。▶拉了我一～（私をぐいと引っぱった）▶推了小黄一～（黄くんをどんと押した）▶快帮我一～！（早く手伝ってくれ）

— 物を指す客語は'把'の後ろに置く。▶擦一～脸（顔をさっとひとふきする）▶擦了两～汗（汗を2度ふいた）▶再加一～劲儿（もうひとふんばりする）

ⓑ 数+把+動 動作が速くて短時間なことを示す。数は'一'のみ。▶一～把他拉住（さっと彼を引きとめた）▶我一～抱住了小华（華くんにぱっとだきついた）▶一～没拉住，掉下去了（さっと手を伸ばしたがつかめず，落としてしまった）

把² bǎ

【介詞】'把+名'の形で，動詞の前に置く。名詞の大多数は，あとにくる動詞の客語であり，'把'によって動詞の前に移されたもの。

❶処置を表す。名詞は後ろにある他動詞の（動作の）対象。▶～信交了（手紙を渡した）▶～技术学到手（技術をものにした）▶～衣服整理整理（服を整理する）▶～房间收拾一下（部屋をかたづける）

— '把'の後ろに動詞句あるいは節がきてもよいが，比較的少ない。▶～提高教学质量当作首要工作来抓（教育の質を高めることを重要な仕事としてしっかり取り組む）▶他～创作更多,更好的作品当作自己后半生的主要目标（彼はさらに多くのそしてすばらしい作品をつくる事を自分の後半生の主要な目的としている）▶大姉～春生是怎么走的详细说了一遍（春生がどうして出て行ったのか，おばさんは詳しく話した）

❷ある結果を招くことを表す。動詞の多くは動結形。▶～嗓子喊哑了（叫んで声をからしてしまった）▶～鞋都走破了（靴をすっかりはきつぶした）▶～问题搞清楚（問題をはっきりさせる）▶谁～这块毛巾弄脏的？（誰がこのタオルをよごしたんだ）

— 動詞や形容詞の後ろに'得'を用いて状態補語を付け加えることがよくある。▶～礼堂挤得水泄不通（講堂はぎゅうぎゅう詰めだった）▶～这马累得浑身大汗（この馬はへばって全身汗びっしょりだ）▶～我冻得直哆嗦（私は寒さにぶるぶる震えた）▶～个小王听得入迷了（王くんはすっかり聞きほれてしまった）▶～小宇高兴得手舞足蹈起来（宇ちゃんを踊りあがらせんばかりに喜ばせた）

❸動作の行われる場所や範囲を表す。▶

〜东城西城都跑遍了（東城も西城もくまなく回った）▶〜个北京城走了一多半（北京市内はだいたい歩き回った）▶你〜里里外外再检查一遍（中も外ももう1度点検したまえ）

❹好ましくない事態が発生したことを表す。後ろにくる名詞はその当事者を指す。▶偏偏〜老李给病了（あいにく李さんは病気になってしまった）▶真没想到，〜个大嫂死了（姉さんが亡くなるなんて，まったく思いもよらなかった）

❺…を，…に対して。▶他能〜你怎么样？（彼が君をどうこうできるわけないだろう）▶我〜他没办法（彼にはお手あげだ）

用法の特徴

ⓐ '把' の後ろの名詞について。

— 名詞の指す事物は，特定のもの，既知のもの，前に述べられたもの，それとわかるものである。名詞の前に '这・那' または他の限定を示す修飾語を付けることが多い。▶〜书拿来（本を持って来る：どの本かということはすでにわかっている）▶他〜两本书都看完了（彼は2冊とも読み終えた：どの2冊かはすでに述べられている）▶你〜这本书借给他（君，この本彼に貸してやれよ）▶〜书架上的书整理一下（書棚の本を整理する）

— 不定のものを表す名詞は '把' の後ろに置くことはできない。▶买了很多书（たくさんの本を買った ×〜很多书买了）▶他拿走了几支铅笔（彼は鉛筆を何本か持って行った ×他〜几支铅笔拿走了）

ⓑ '把' を用いた文の動詞について。

— 話し言葉や散文では '把' のあとの動詞は別の要素をともなわなければならず，一般に動詞を単独では用いない。ことに単音節の動詞は，特別の場合以外は，単独で用いることはない。韻文はこの限りではない。

— 動+了〈着〉▶〜茶喝了（お茶を飲んだ）▶〜介绍信拿着（紹介状をちゃんと持ってなさい）

— 重ね型▶〜桌子擦擦（テーブルをふく）▶〜院子也打扫打扫（庭もそうじする）

— 動結形・動趨形▶〜事情办完（仕事をやり終える）▶〜小鸡赶走（ヒヨコを追い払う）▶〜窗户关上（窓を閉める）〜他叫进来（彼を呼び入れる）▶〜用过的东西放回原处（使った物をもとの所に戻す）

— 動+動量・時量客語▶〜话又说了一遍（話をもういっぺん繰り返した）▶〜这件事压了几天（このことを何日かふせておいた）

— 動+介詞句▶〜书放在桌上（テーブルの上に本を置く）▶〜这封信带给小王（この手紙を王さんに持って行ってあげる）

— 動+得+状態補語 ☞❷

— 前に修飾要素を加える。▶别〜废纸满屋子扔（紙くずを部屋中にまきちらすんじゃない）▶〜被子往小孩身上拉（かけぶとんを引っぱって子供にかけてやる）▶小勇〜眉毛一扬…（勇くんは眉をぐっとあげると…）

— 若干の2音節の動詞は他の要素をともなわずに単独で用いる。これらの動詞の大部分は動結形の構造をもつもの。▶〜直线延长（直線を延長する）▶〜运动场扩大（運動場を拡張する）▶〜温度降低（温度を下げる）▶〜时间约定（時間を取り決める）▶建议〜这个约会取消（この面会の取り消しを提案する）

ⓒ 把+名₁+動+名₂という形式について。

— 名₂は名₁の一部であるか名₁に属するもの。▶〜杂志翻了几页（雑誌を何ページかめくった）▶〜衣服脱了一件（服を1枚ぬいだ）▶〜公鸡拔了毛（オンドリの毛をぬいた）▶〜他免了职（彼を免職にした）▶〜指头擦破了一点儿皮（指の皮をちょっとすりむいた）

— 名₁は動作の対象，名₂は動作の結果。▶〜他当作自己人（彼を仲間とみなす）▶〜事情的经过写了一篇报导（事の経過をルポにまとめた）▶〜衣服改了个样儿

（服を仕立て直した）▶～纸揉成一团儿（紙をまるめた）

―― 名₁と名₂は二重客語。▶～钢笔还你（君に万年筆を返す）▶～这件事告诉他（この事を彼に告げる）

―― 名₁は動作の行われる場所，名₂は動作に使う道具もしくは結果。▶～门上了锁（ドアに錠をかけた）▶～炉子生上火（ストーブに火をおこす）▶～瓶里装满水（ビンに水をいっぱい入れる）▶～伤口涂点红药水（傷ぐちにマーキュロを塗る）

ⓓ'我把你这个…'は動詞を用いず，とがめる気持ちあるいはもてあます気持ちを表す。《口》▶我～你这个小淘气鬼！（このいたずらこぞうめ）▶我～你这个胡涂虫啊！（このまぬけやろうが）

ⓔ否定詞'不・没'はふつう'把'の前に置く。▶没～衣服弄脏（服をよごさなかった）▶不～他叫回来不行（彼を呼び戻さなくてはいけない）

―― ただし，熟語的な動詞のときは'不'は'把'の前でもあとでもよい。▶不～我当人（私を人間あつかいしない＝～我不当人）▶不～它当一回事儿（そんなことは問題にしない＝～它不当一回事儿）▶简直不～这点困难放在眼里（これしきの苦労なぞまるで眼中にない＝～这点困难简直不放在眼里）

罢了 bà·le

【助詞】陳述文の末尾に用いる。「これだけのことにすぎない」という意味を表し，事を小さめに言う気分をこめる：ふつう'不过・只是・无非'などの語と呼応する。▶只不过写错几个字～，有什么可大惊小怪的（ただ字をいくつか書き間違えただけさ，なにもさわぎたてるほどのこともないよ）▶不必说这些客气话了，我不过做了我应当做的事情～（そんなお礼をおっしゃっていただくには及びません，私は当然のことをしたまでですから）▶你爸爸不会真的不理睬你的，无非吓唬吓唬你～（お父さんは本当に君を無視するはずはないよ，おどしているだけさ）▶我只是说说～，你可不要当真（ちょっと言ってみただけのことさ，そんな本気にするなよ）

吧 ⊂罢 ·ba

【助詞】❶命令文の末尾に用い，命令・要請・催促・提案などを表す。▶你好好儿想想～（君よーく考えてごらん）▶帮帮我的忙～（ちょっと手伝ってくれよ）▶快点儿走～（早く行こう）▶别说了～（もう言うなよ）

―― 疑問形式の後ろに直接用いられた場合は，その前に'你说'を補って考えればよい。相手の返事を促す気持ちを表す。これは一種の命令文で，疑問文ではない。▶你到底同意不同意～（あなたいったい賛成なの反対なの，どっちなのよ＝你到底同意不同意，你说～）▶快告诉我他上哪儿去了～（彼がどこへ行ったのか早く教えてくれよ）▶［你说］这样做行不行～（ねえ，こういうふうにやったらどうだろう）

❷疑問文の末尾に用いる。▶这座房子是新盖的～？（この家は新しく建てたものですね）▶你就是李师傅～？（あなたが李さんですね）▶这道题不难～？（この問題はむずかしくないでしょう）▶一班有三十人～？（1クラス30人なんでしょう）

―― 一般にこれらは単純な質問ではなく，推量の意味をもつ。▶这座房子是新盖的吗？（この家は新しく建てたものですか：単純な質問）▶这座房子是新盖的吧？（この家は新しく建てたものですね：たぶん新しく建てたのだろうと思っている）

―― したがって文中に'大概・也许'のような推量を表す副詞があるときは，文末には'吧'しか用いることができず，'吗'を用いることはできない。▶他大概已经走了～？（たぶん彼はもう出かけたんだろう）▶也许明天能见到他～？（ひょっとしたら明日彼に会えるかもしれないね）▶现在说不定已经过了十二点了～？（もう12時過ぎたんじ

❸'好・行・可以'など承認を表す語の後ろに付けて同意を表す。一種の応答語。▶好～, 就这么办 (よし, そうしよう) ▶行～, 咱们试试看 (いいでしょう, やってみましょう) ▶可以～, 就照原计划执行 (よろしい, 計画どおり進めよう)

❹文中でポーズを置く箇所に用いる。
ⓐ例をあげる。▶就拿我们的小王来说～, 他在各方面表现都挺不错 (我々の王くんを例にとれば, どの点でも彼のやり方態度は見上げたものだ) ▶说说废旧物资回收这一项～, 上个月就积累了上万元 (廃品回収ひとつとっても, 先月は1万元も積み立てた) ▶譬如你～, 你的普通话就比他讲得好 (例えば君だが, 君の標準語は彼よりうまいよ)
ⓑ譲歩を表す節に用いる。▶就算你正确～, 也该谦虚点儿 (君が正しいとしても謙虚でなくちゃいけないよ) ▶即使是一个螺丝钉～, 我们也不应该浪费 (たとえねじくぎ1本でも, 我々はむだにしてはならない)
ⓒ取捨選択を仮定していうときに用い, 「板ばさみになる」「どう判断していいかわからない」の意味をこめる。▶大伙儿选我当队长。当～, 能力有限; 不当～, 又不好推托 (みんなはぼくを隊長に選んだが, 引き受けるには力不足だし, ことわるのもとわりにくいし) ▶去～, 路太远; 不去～, 人家又来请了几次了, 实在不好意思 (行くには道が遠すぎるし, やめにするとすればもう何回も呼びに来ているから申しわけがないしなあ)

❺動+就+動の文末に用い, 「かまわない」「大丈夫」という意味を表す。▶丢了就丢了～, 我另外给你一个 (なくしたらなくしたでいいさ, 別のをあげるよ) ▶不去就不去～, 反正以后还有机会 (行かないなら行かないでいいさ, これからだって機会はあるだろうよ)

白 bái

【形容詞】❶霜あるいは雪のような色。↔黒
ⓐ名詞を修飾する。▶～纸 (白い紙) ▶～雪 (白雪) ▶～花 (白い花) ▶～房子 (白い家) ▶～布 (白い布) ▶～衬衫 (白いシャツ) ▶～裤子 (白いズボン) ▶～～的纸上 (真っ白な紙面) ▶挺～的桌布 (真っ白いテーブルクロス)
ⓑ述語・補語になる。《付》了▶他的皮肤～ (彼の肌は白い) ▶这只小狗的毛～, 那只黑 (この子犬の毛は白く, あっちのは黒い) ▶个子高高的, 脸蛋～～的 (背はすらりと高く, 顔は色白だ) ▶台布挺～ (テーブルクロスはとても白い) ▶他的脸一下子～了 (彼の顔はさっと青くなった) ▶屋子刷得挺～ (部屋は真っ白く塗ってある) ▶衣服变～了 (服の色があせた) ▶衬衣洗得～～的 (シャツは真っ白く洗ってある) ▶～了一大块 (かなり大きな部分が色あせている) ▶黑一块, ～一块 (黒いところと白いところがまだらになっている)
ⓒ'觉得・认为・以为'などの客語になる。主語になる。▶我觉得还不～ (まだ白くないと思う) ▶我认为已经挺～了 (もうずいぶん白くなったと思う) ▶我以为太～了 (白すぎると思う) ▶～点儿好 (もう少し白いほうがいい) ▶～点儿显得干净 (少し白いほうが清潔に見える)

❷はっきりしている, 明らかだ, はっきりさせる:《書》▶真相大～ (真相がすっかり明らかになる) ▶不～之冤 (晴らすことのできない冤罪)

❸何も加えない, 何もない。▶～开水 (白湯, さゆ) ▶一穷二～ (経済的な立ち後れと文化的に空白な状態)

【副詞】❶効果がない, むだである。▶～跑一趟 (むだ足をふむ) ▶～费力气 (むだ骨を折る) ▶～～地搭上一天时间 (1日の時間をむだにした) ▶你说也～说 (君が言ってもむだだ)

❷無料で, 無償で。▶～吃 (ただで食べる) ▶～干 (ただで働く) ▶～看两场电

影（ただで映画を2つ見る）▶你就～替他干了？（君は無償で彼の代わりに働いたのかい）▶你～教了他半年（君は無償で彼を半年教えた）▶～尽义务（無料奉仕する）

【動詞】白い目で人を見る，軽視や不満を表す。《付》了　単独では述語にならず，後ろに動量詞'眼'や'下儿'をともなうことが多い。▶～了他一眼（蔑むような目で彼をちらりと見た ×白了他）▶他用眼珠子～了小王一下儿（彼はきつい目つきで王さんを一睨みした）

摆 bǎi

【動詞】❶置く，並べる。《付》了・着・过《重ね型》名詞の客語をともなえる。▶～凳子（腰かけを置く）▶书架上～了好多书（本棚にたくさんの本が並んでいる）▶院子里～着几盆鲜花（中庭には花の鉢がいくつか置いてある）▶～过地摊（露店を出したことがある）▶你们几个～～桌子（君たち何人かはテーブルを並べなさい）▶任务～在面前（任務は目の前に置かれている）▶～窗台上（窓台に置く）▶～事实,讲道理（事実を列挙して道理を説く）❷はっきり示す，ひけらかす：《付》了・着・过《重ね型》必ず名詞の客語をともなう。▶～架子（もったいぶった態度をとる）▶～谱儿（偉そうにする）▶你不想干,也得～～样子（君はやりたくなくても，やりたいふりをすべきだ）▶你在我面前～什么老资格（私の前でベテランづらをするとは笑わせる）❸揺り動かす，揺れ動く：《付》了・着・过《重ね型》名詞の客語をともなえる。▶～手（手を振る）▶他向我～了一下儿头（彼は私に向かってちょっと頭を横に振った）▶她朝我～～手就上了汽车（彼女は私に手を振るとバスに乗り込んだ）

動結　摆//好　摆//齐　摆//完　摆得〈不〉了（liǎo）

動趨　摆//上▶摆上一盆鲜花（鉢植えの花を1つ置いた）

摆//下▶这儿摆不下这么多东西（ここにこんなたくさんの物は並べられない）

摆出▶摆出两本书（本を2冊並べる）▶摆出一副盛气凌人的架势（居丈高な態度をとる）

摆//出来▶样书全摆出来（見本の書籍を全部出して並べる）

摆出去▶把展品摆出去（展示品を陳列する）

摆回▶摆回原处（もとの場所に戻す）

摆//过去▶摆过去一点儿（少し移動させる）▶她的头又摆过去了（彼女はまた頭をむこうに向けてしまった）

摆起来▶摆起架子来（威張った態度をとるようになった）▶摆起谱儿来（偉そうにしだした）

摆//开▶东西太多,摆不开（品物が多すぎて，並びきらない）

摆//到▶一直摆到墙根底下（壁のすぐ下までずらっと並べる）▶摆到屋里去（家の中に置く）

败 bài

【動詞】❶戦争や競技で敗北する。↔胜：《付》了・过▶他们～了（彼らは負けた）▶排球队～过两场（バレーボールチームは2度負けたことがある）

ⓐ败＋给〈于〉▶～给对方（相手に負ける）▶～于山西队（山西チームに負ける）

ⓑ败＋在▶～在我们手下（我々に負けた）▶～在自己人手里（身内に負けた）

ⓒ動結形の結果を表す要素になる。▶战～了敌人（敵を打ち負かした）▶打～了国家队（ナショナルチームを負かした）

❷（相手や敵を）打ち負かす：《書》必ず客語をともなう。▶大～敌军（敵軍を大敗させた）▶大～侵略者（侵略者をさんざんに打ち負かす：意味は'大胜侵略者'に同じ）

❸（事が）失敗する。↔成：《書》▶不计成～（成功，失敗にこだわらない）▶

不顾成～（成功，失敗を顧みない）
❹（事を）しくじる：《書》必ず客語をともなう。▶成事不足，～事有余（事を成し遂げる力はないくせ，事を失敗させる能力はあり余っている）▶～家（家を没落させる）
❺取り除く，除去する：必ず客語をともなう。重ね型 ▶～毒（解毒する）▶多喝白开水可以～火（白湯をたくさん飲めば潜熱が治まる）▶给孩子吃点儿药，～～火（子供に少し薬を飲ませて，潜熱を静めよう）
❻ぼろになる，腐敗する，しぼむ：修飾語・補語になる。▶～絮（ぼろ綿）▶残枝～叶（枯れ枝枯葉）▶开不～的花朵（いつまでもしぼまない花）
動結 败得〈不〉了(liǎo) ▶我们绝对败不了（我々は絶対に負けることはない）
動趨 败下来 ▶蓝队很快败下阵来（青チームははやばやと敗退した）

半 bàn

【数詞】2分の1，半分。
ⓐ 半+量[+名] ▶～斤酒（酒半斤）▶～个西瓜（スイカ半分）▶写了～张纸（紙半分書いた）▶每次吃～片（毎回半錠服用する）▶～个月（半月）▶在上海住了～年（上海に半年住んだ）▶倒了小～瓶油（瓶に半分弱油を入れた）▶剩了～瓶多（瓶の半分余りを残した）
ⓑ 数+量+半[+名] 数は1桁の数，あるいは一の位（1から9）をともなう2桁以上の数。量は主に度量衡量詞・時間量詞・容器量詞，あるいは'倍'。'半'と名詞の間に'的'を置いてもよい。▶一米～花布（模様入りの布1メートル半）▶现在是五点～（今5時半だ）▶水泥还有两袋～（セメントがまだ2袋半ある）▶产量增加了四倍～（生産高が5倍半に増えた）▶吃了六十二斤～的大米（米を62斤半食べた）▶花了三天～的时间（3日半の時間を費した）▶还剩一瓶～的橘子汁（オレンジジュースがまだ1瓶半残っている）
— 量 が個体量詞のときは'个'がよく使われ，他はまれで，'半'と名詞の間に'的'を置けない。▶两个～小时（2時間半）▶一个～月（1か月半）▶三个～星期（3週間半）▶我家有五个～劳动力（わが家には5人半分の働き手がいる）▶我们组一共才七个～人，老王另外有兼职，只能算～个（我々の班は全体でわずか7.5人だ，王さんは他の仕事を兼ねているから半人分にしか勘定できない）▶这月烧了七十五块蜂窝煤，平均每天两块～（今月は煉炭を75個使った。平均すると毎日2個半になる）
ⓒ 半+量 否定を表す語句と常に組み合わせて用い，量が少ないことを表す。誇張の意味を含む。▶他连～句话都不说（彼は一言もしゃべらない）▶连～个影子都没见到（影かたちさえ見えなかった）▶老张一心为集体，～点儿私心也没有（張さんはひたすら集団のことを思い，少しの私心ももっていない）▶他说的全是实话，没有～点儿虚假（彼が話したことはすべて本当のことで，少しのいつわりもない）
ⓓ 一A半B A・Bは同義あるいは類義の単音節名詞または量詞。少ないことを表す。多くは固定形式の語句である。▶一鳞～爪（ほんの断片）▶一时～刻（ほんのしばらくの間）▶一年～载（1年か半年ばかり）▶一星～点儿（ほんの少し）▶一知～解（なまかじり）

【副詞】半分程度，不完全なさま。
ⓐ形容詞・動詞の前に用いる。▶一座～新的瓦房（古くはないかわらぶきの家）▶我有胃病，只能吃个～饱（私は胃病もちでせいぜい腹半分ぐらいしか食べられない）▶窗户～开着（窓が半開きだ）▶门～掩着（ドアがピタッとしまっていない）▶很多干部都是不脱产或～脱产的（多くの幹部は常に現場にいるか，半分の期間は現場にいる）
ⓑ 半A半B A・Bは語義が相反する単

音節の動詞・形容詞・名詞。相反する2つの性質あるいは状態が同時に存在することを表す。多くは熟語。▶～信～疑（半信半疑）▶～推～就（わざとことわるふりをする）▶～吞～吐（口ごもる）▶～明～暗（うす暗い）▶～中～西（中国風でもあり西洋風でもある）▶～文～白（文語と口語の入り混じった）

ⓒ半A不B　A・Bは語義が相反する単音節の形容詞・動詞・名詞。中途半端な性質や状態を表し，好ましくないという気持ちを含む。多くは熟語。▶～新不旧（まあまあ新しい）▶～生不熟（なま煮えの）▶～長不短（中途半端の長さ）▶～明不暗（うす暗い）▶～死不活（半死半生）▶～文不白（文語と口語の入り混じった）

ⓓ半A不A　意味は'半A不B'に同じ。《少用》▶～新不新（やや古びた）▶～懂不懂（わかったようなわからないような）

帮 bāng

【動詞】❶手伝う：《付》了・着・过《重ね型》名詞の客語をともなえる。▶我们～你（私たちがあなたのお手伝いをします）▶咱们～～张大爷（私たちで張おじさんの手伝いをしよう）▶～他一把（彼に手を貸してやる）▶你来～着抬一下箱子（君ちょっと箱を運ぶのを手伝って）▶～他复习功课（彼が復習するのを手伝う）

❷物を与える，援助する：《付》了・过　名詞客語・二重客語をともなえる。▶我也许能～他一点儿（彼を少しは援助してあげられるかもしれない）▶他们去年～过咱们一批蔬菜种子（彼らは去年私たちにたくさんの野菜の種を贈ってくれた）▶～个十块八块的（10元ほど援助する）

[動結] 帮得〈不〉了（liǎo）　手伝える〈手伝えない〉。▶他自己都忙不过来，哪里帮得了我（彼自身のことさえ手がまわらないのに，どうして私を手伝うことなどできるでしょうか）

[動趣] 帮得〈不〉上　助けるという目的を達成できる〈できない〉。▶干着急，就是帮不上（あせってばかりいて，助けられない）

[慣用句] 帮忙　他人の仕事を手助けする；間に他の要素を入れてもよい。▶请人帮忙（人に手伝ってもらう）▶找我去帮帮忙（私を呼んで手伝わせる）▶请你们帮忙解决运输问题（どうか貨物運送問題の解決に協力してください）▶帮了点儿忙（少し手伝った）▶帮了很大的忙（大いに助けた）▶这可帮了我的大忙了（これは本当に大助かりだ）

包 bāo

【動詞】❶紙・布その他の薄いもので物を包む：《付》了・着・过《重ね型》名詞の客語をともなえる。▶～衣服（服を包む）▶～了一抔黄土（ひとすくいの黄土を包んだ）▶书的外面～着书皮（本のおもてにはカバーがかかっている）▶你～～看（包んでごらんなさい）▶把大衣也～在里面（コートも中に包む）▶～得很紧（しっかりと包む）

❷取り巻く，取り囲む：《付》了・着　単独では述語にならない。▶把他们几个～中间了（彼ら数人を中に取り囲んだ）▶骑兵分两路～了过去（騎兵が二手に別れて包囲した）▶火苗～着锅底（炎が鍋底を包んでいる）▶所有的人全被～在里头了（全員包囲された）

❸中に含む，包括する。▶无所不～（すべてを包含する）▶你交2元钱就行了，所有的费用都～在里头了（君は2元だけ払えばいい，費用は一切中に含まれているから）

❹任務全体を引き受け，その遂行に責任をもつ：《付》了・过　名詞の客語・動詞の客語をともなえる。▶～产量（生産量を保証する）▶～了两天活儿（2日間の仕事を請け負った）▶～加工（加工を請け負う）▶～楼房维修（ビルの維持補修

を請け負う）▶这些事～在我身上了（これらの件は私が引き受けた）

❺保証する：動詞・形容詞・節の客語をともなえる。▶种的树～活（植えた木は必ず育つと請け合うよ）▶这西瓜～甜（このスイカは甘いこと請け合いだ）▶吃三剂药～好（薬を3服飲めば必ずよくなるよ）▶～你满意（君はきっと満足すること間違いない）▶～他能学会（彼は必ず習得できるよ）▶～大桥安全（大橋の安全を保証する）

❻貸し切り契約をする：《付》了・着・过 名詞の客語をともなえる。▶～三节车厢（列車を3輛借り切る）▶～五辆大轿车（大型乗用車を5台チャーターする）▶你～过房间吗？（部屋を長期に借り切ったことがありますか）▶这个会议室～给山西代表团了（この会議室は山西代表団の貸し切りになっている）

[動結] 包∥好　包∥结实　しっかり包む。

[動趨] 包∥上▶打开以后就包不上了（開いたら包めなくなってしまった）▶他们在那儿包上茶叶了（彼らはそこでお茶の葉を包んだ）

包上去▶包上去一张纸（紙に包んだ）

包∥下　収容できる。▶纸太小，二斤糖包不下（紙が小さすぎて，あめ2斤は包めない）▶这个饭店我们包下了（このホテルは我々が借り切った）

包下来▶那两个套房我们全包下来了（あの2つのスイート・ルームは私たちが借り切った）

包∥进▶每个粽子包进两个小枣儿（ちまきにはナツメの実を2つずつ入れる）

包∥进来▶把那两件衣服也包进来（その服2枚も一緒に包む）

包∥进去▶把这些馅都包进去（これらの具もみんな中に入れる）

包∥出▶今天要包出十斤饺子（今日は10斤のギョウザを作らなければならない）

包∥出来　包み終える。▶三点以前包出二十斤面的饺子来（3時までに20斤のギョウザを作る）

包∥回　用手绢包回一斤面条（1斤の麵をハンカチで包んで持ち帰る）

包∥回来▶他是用报纸包回来的（彼は新聞紙で包んで持ち帰ったのです）

包∥过来▶用布包过来，然后再缝上（布でくるんで，それから縫い合わせる）

包∥起来▶把东西包起来（品物を包む）▶他们又包起饺子来（彼らはまたギョウザを作り始めた）

包开▶他又包开书了（彼はまた本にカバーをかけ始めた）

包到▶包到纸里（紙に包む）▶包到六点（6時まで包む）

【名詞】❶包んだもの。▶衣服～儿（服の包み）▶打了两个～儿（2つの包みを作った）▶你带了几个～儿？（君は包みをいくつ持ったの？）

❷物を入れる袋：語構成に用いることが多い。▶书～（カバン）▶背～（リュックサック）▶钱～（財布）▶我的～呢？（私のカバンは？）

❸物体あるいは身体上に盛り上がった塊状のもの。▶山～（小山）▶土～（土の山）▶树干上有个大～（木の幹に大きなこぶがある）▶腿上起了一个～（足にできものができた）▶让蚊子咬了一个～（蚊にかまれてポツンとふくらんだ）

❹フェルト製の丸屋根のテント。▶蒙古～（ゲル）

【量詞】包んだ物に用いる。▶一～糖（あめ1包み）▶两～瓜籽（瓜の種2包み）▶拿走了两～书（本の包みを2つ持って行った）▶三～大米（米3包み）

包括 bāokuò

【動詞】含む：《付》了　名詞の客語をともなえる。▶这次选出的四十九名委员，～了各个方面的代表（今回選出された49名の委員には各方面の代表が含まれている）▶语文学习～听、说、读、写四个方面（語学は，聞く・話す・読む・書くの

4つの面を含む）▶计划很全面，大家提的主要内容都~了（計画は考慮が行き届き，みんなが提案した主な内容がすべて含まれている）▶全校人数，~教师、学生和职工，共计一千三百五十七人（学校全体の人数は，教師・学生・職員および労働者全部で1357人を数える）
— 前に'其中'を付けてもよい。また後ろに'在内〈里面〉''在…内〈以内・之内〉'などを用いてもよい。▶最近出版了一百多种新书，其中~一些外国文学名著（最近新しい本が100種余り出版されたが，その中には外国文学の名著がいくつか含まれている）▶亚洲面积为四千三百八十万平方公里，~附属岛屿在内（アジアの面積は周囲の島々も含めて4380万平方キロである）▶职工的业余学习问题也~在计划之内（職員・労働者の余暇の学習の問題も計画の中に含まれている）

[動趣] 包括 ∥ 进来▶总数一万七千五百元，所有的收入都包括进来了（総額17500元で，あらゆる収入がすべて含まれている）

包括 ∥ 进去▶初稿写好以后，发现还有一点意思没包括进去（初稿を書きあげたあとで，追加すべき点があることに気づいた）

薄 báo

【形容詞】❶平たい物体の上下両面の間隔が短い。↔厚 ❷❸も同様。前に程度副詞'很'などを置ける。

ⓐ名詞を修飾する。▶~棉被（薄い綿入れの掛け布団）▶~嘴唇（薄い唇）▶~板子（薄い板）▶小~片儿（小さく薄い1片）▶~~的一层纸（薄い1枚の紙）▶他带了一床很~的褥子（彼は薄い敷布団を1枚持った）

ⓑ述語・補語になる。▶这块玻璃~（このガラスは薄い）▶塑料薄膜很~（ビニール・シートは薄い）▶稍微~了一点儿（やや薄い）▶这块板子~得多（この板はずっと薄い）▶玻璃买~了，得另买一块厚的（買って来たガラスは薄すぎるから，

別に厚いのを1枚買わなくてはならない）▶镜片磨~了（レンズは磨いて薄くなった）▶饺子皮儿擀得太~了（ギョウザの皮は薄くのばしすぎた）▶他擀得~得多（彼がのばしたほうがずっと薄い）

ⓒ重ね型にして動詞句を修飾する。▶~~地涂了一层漆（漆を薄く1層塗った）▶~~地抹了一层油（油を薄くひいた）▶~~地盖了一层土（薄く土をかぶせた）

ⓓ'觉得・认为'などの動詞の客語になる。主語になる。▶我觉得太~了（私は薄すぎると思う）▶他认为不~（彼は薄くないと思っている）▶~点儿好（少し薄いほうがいい）

❷（感情が）冷淡である，親密でない：ふつう修飾要素にはならない。▶他们俩交往不多，感情并不~（あの2人はあまり行き来はないが，かなり親しい間柄だ）▶他们还有重男轻女的传统观念，待儿子厚，待女儿~（彼らにはまだ男尊女卑の伝統的な考えが残っていて，息子は大事にするが，娘のことは軽んじている）

❸濃くない，薄い：使用範囲は比較的狭い。▶酒味很~，跟水一样（この酒は薄くて，水と変わらない）

❹肥沃でない。▶变~地为良田（痩せた畑を肥沃な畑に変える）▶那儿的地太~了（あそこの土地はひどく痩せている）▶多年不好好施肥，地都变~了（長年ちゃんと肥料を入れなかったため，土地が痩せてしまった）

保 bǎo

【動詞】❶保護する，防衛する。▶~家卫国（家を守り国を防衛する）▶~边疆（国境を防衛する）▶~大城市（大都市を防衛する）▶~交通枢纽（交通の要衝を守る）▶~基础工业（基礎工業を守る）

❷維持する：語の構成要素に近い。客語をともなって修飾語となることが多い。▶~温杯（保温カップ）▶~暖（保温する）▶~墒（土壌に一定の水分を保たせる）

▶〜值储蓄（元金価値保証預金）
❸保証する，実行を保証する：単独で述語にならない。▶〜质〜量（品質と数量を保証する）▶旱涝〜收（旱魃洪水にかかわらず収穫を保証する）
❹（罪を犯さない，逃亡しない等を）保証する。▶〜释（保釈する）▶〜他出来（彼の保釈の保証をする）▶〜人（保証人）

[動結] **保得〈不〉了** (liǎo) ▶篱笆墙保不了温（木を編んだ塀では暖かさを保てない）

保//住▶孩子是保不住了，先保大人吧（赤ん坊のほうはだめだろうから，先に母親の命を助ける）

[動趨] **保//下来**▶这个部门一定要保下来（この部門は是非とも残しておきたい）

【名詞】保証人。▶作〜（保証人になる）▶交了个〜（被告を保証人に引渡した）

[慣用句] **保不住** 免れない，…かもしれない。▶这样的天气，保不住要下一场大雨（この空模様だと，おそらく大雨が来るだろう）

报 bào

【動詞】❶知らせる，通知する，報告する：《付》了・过《重ね型》名詞の客語をともなえる。▶他昨天〜了名（彼は昨日申し込んだ）▶他跟我〜过账（彼は私に支出の報告をすませた）▶你〜〜账（支出の報告をしなさい）▶〜菜单（メニューを知らせる）▶〜价钱（値段を知らせる）▶〜数（数を報告する）▶〜丧（死亡通知を出す）▶〜个信儿（消息を知らせる）
❷返答する：名詞の客語をともなえる。《書》▶〜友人书（友人の手紙に返事を出す）▶〜以热烈的掌声（熱烈な拍手で答える）
❸報いる：語の構成要素になることが多い。▶〜效（恩に報いるために力を尽くす）▶〜酬（金銭などでお礼をする）▶〜恩（恩返しをする）▶有恩必〜（恩を受けたら必ず報いる）
❹報復する：《付》了 名詞の客語をともなえる。▶〜怨（恨みを晴らす）▶总算〜了一箭之仇（なんとか一矢報いた）▶〜了二十年的仇和恨（20年ごしの深い恨みを晴らした）

[動結] **报得〈不〉了** (liǎo) 报完 报清楚

[動趨] **报//上**▶他们都报上名了（彼らはみんな申し込みをした）

报//上来▶月底前把账报上来（月末までに決算報告をする）

报//上去▶五号前把预算〜上去（5日までに予算を報告する）

报//到▶三号前把账单〜到会计室（3日までに勘定書を会計室に提出する）

抱 bào

【動詞】❶腕でかかえる：《付》了・着・过《重ね型》名詞の客語をともなえる。▶〜孩子（子供を抱きかかえる）▶〜头痛哭（頭を抱えて号泣する）▶〜了十分钟（10分間抱いた）▶〜着一口袋面（小麦粉を1袋抱えている）▶让奶奶〜〜（さあ，おばあちゃんが抱いてあげようね）
— 抱+在 ▶〜在怀里（懐に抱く）
❷初めて（息子あるいは孫が）できる：《付》了 名詞の客語をともなえる。▶听说您〜孙子了（お孫さんができたそうですね）▶〜了孙子（孫ができた）
❸養子にもらう：《付》了・过 名詞の客語をともなえる。▶她从儿童福利院〜了一个孩子（彼女は児童福利院から子供を1人養子にもらい受けた）▶他以前还〜过一个女儿（彼は以前にも女の子を1人養女にしたことがある）
❹まとまる，グルになる：《付》了 名詞客語は'团'が多い。マイナス評価の意味で用いることが多い。▶他们〜了团儿就不好办了（彼らがグルになると，面倒なことになる）▶几个人〜成团儿对付别人（数人がグループになって他の人に立ち向

かう)

❺ (考えや意見を)抱く。常に《付》着 ▶~着报效祖国的愿望(国家のために尽力したいという願いを抱いている) ▶~着远大的理想(遠大な理想を抱いている) ▶~着改造贫穷的决心(貧困状況を改善しようと決心している)

動結 抱 // 住 你抱住了,别松手(しっかり抱いて、手を緩めないように)

抱 // 动 ▶你肯定抱不动这摞书(こんなに重ねた本を抱えて運ぶなんて、君には無理だよ)

抱得〈不〉了(liǎo) 抱ける〈抱けない〉。▶他年老体弱,抱不了孩子了(彼は年のせいで体も弱り、子供を抱けなくなってしまった)

動趨 抱 // 上 抱ける〈抱けない〉。▶这次大赛,你们还抱得上奖杯吗?(今度の試合で、君たちはまたトロフィーを手にできるかい)

【量詞】両腕で抱えた量を表す。▶一~柴火(ひと抱えの薪) ▶一~旧衣服(ひと抱えの古着) ▶一~棉花(ひと抱えの綿) ▶抱了两~(ふた抱え分抱えた)

背 bēi

【動詞】❶ (人が)背中に背負う:《付》了・着・过《重ね型》名詞の客語をともなえる。▶~粮食(食糧を背負う) ▶肩上~着书包(カバンを背負う) ▶你帮我~~(背負うの手伝ってよ)

ⓐ 背 + 在 ▶商品篓~在肩上(商品のかごを背負う) ▶粪筐~在后面(糞のかごを背負う)

ⓑ 通常連動文を作る。▶他经常~着我去看病(彼はいつも私を背負って診察に連れて行ってくれる) ▶~孩子过河(子どもをおぶって川を渡る)

❷ 負担する:《付》了・着・过 名詞の客語は不本意な事柄が多い。▶~债(借金を背負う) ▶~了一辈子黑锅(一生無実の罪を背負う:'背黑锅'は人の代わりに咎めを受けること、広く「不当な取り扱いを受けること」を指す) ▶~过坏名声(悪評を立てられたことがある)

一 背 + 在 ▶全家的生计都~在他一个人身上(一家の生計が彼の肩にかかっている)

動結 背 // 动 背負う力がある〈ない〉 ▶我连二十斤粮食都背不动了(私は20斤の食糧でさえ背負えない) ▶这个口袋我背得动(私はこの袋を背負える)

背得〈不〉了(liǎo) ▶我背不了这么多(私はこんなにたくさん背負えない)

動趨 背上 ▶年轻时他就背上了这些不好听的名声(彼は若いころからこうした人聞きの悪い評判を背負い込んだ)

背得〈不〉起 引き受ける能力がある〈ない〉 ▶这个包袱我可背不起啊(私にこの重責は担えない)

被 bèi

【介詞】受身文に用い、動作の主体を導く。前にある主語は、動作の対象である。多くの場合、動詞のあとに完成あるいは結果を表す語句をともなうか、または動詞自身がその要素を含む。▶芦花~微风吹起(アシの穂が風にそよぐ) ▶我~一阵雷声惊醒(私は雷の音で目をさました) ▶歌本儿~人借走了(歌の本は誰かに借りていかれた) ▶小张~大家批评了一顿(張さんはみんなにひどく批判された) ▶我刚出门又~他叫了回来(私は外へ出たところをまた彼に呼び戻された) ▶夜空~五彩缤纷的焰火照得光彩夺目(夜空は色とりどりのきらびやかな花火で目もくらみそうなほど輝いている)

ⓐ '被…'の後ろの動詞が単独で用いられるのは、いくつかの2音節の動詞に限る。このとき'被'の前に助動詞か時間を表す語句が必要である。▶这句话可能~人误解(この言葉は人に誤解されるかもしれない) ▶你的建议已经~领导采纳(君の提案はすでに上層部に採用された) ▶这一点必

将～历史证明（この点は，必ず歴史によって証明されるだろう）▶清王朝于一九一一年～孙中山领导的辛亥革命推翻（清朝は1911年に孫中山の指導する辛亥革命により打倒された）

ⓑ次の場合に限って動詞のあとにさらに客語をともなえる。

━ 客語が主語の一部分か，主語に所属するものである。▶小鸡～黄鼠狼叼去了一只（ヒヨコが1羽イタチにさらわれた）▶我～他吃了一个'车'，这盘棋就输了（彼に'车'をとられてしまった。この将棋は負けた）

━ 客語が，動作によって主語の到達した結果である。▶他～大家选为小组长（彼はみんなからグループのリーダーに選ばれた）▶这些民间小调～我们改编成了一套器乐组曲（これらの民謡は，私たちによって器楽組曲に編曲された）

━ 主語が場所を指す。▶树梢～斜阳涂上一层金色（夕日でこずえが金色に染まった）▶窗台上～工人们刷上了绿漆（窓の台は労働者たちによってペンキで緑色に塗られた）

━ 動詞と客語が熟語的な動客句になっている。▶这话～你打了个折扣了吧？（この話，君はありのままに伝えていないでしょう）▶他～歹徒下了毒手，不幸牺牲了（彼は凶悪犯の手にかかり，不幸にも死亡した）

ⓒ被…所+動　'所'を用いると動詞は他の要素をともなえない。動詞が2音節のとき'所'は省略可。▶～歌声［所］吸引（歌声に引きつけられる）▶～好奇心［所］驱使（好奇心につき動かされる）

━ 動詞が単音節のときは'所'を省略できない。この場合，文語的色彩が濃い。▶～风雪所阻（風雪にはばまれる）▶～酷热所苦（酷暑に苦しめられる）

注意 '被…所+動'の'被'を'为'に換えてもよい。

ⓓ被…把+動　'把'の後ろの名詞は主語に属するものか，主語そのものを指すものである。▶牲口～套绳把腿绊住了（家畜が首の綱を足にまきつけてしまった）▶这调皮鬼～我把他赶走了（このいたずら者は私が追い払った）

【助詞】動詞の前に用い，受身の動作を表す。動作の主体は特に示さない。'所・给・把'などの語と共には用いない。▶大坝～冲垮了（堤防は水にくずされた）▶这支军队～称为'铁军'（この部隊は「鉄の部隊」と呼ばれる）

ⓐいくつかの単音節の動詞と結合し，固定した語句を作る。不利な内容を表す場合が多い。▶～迫（圧迫される）▶～捕（逮捕される）▶～围（取り囲まれる）▶～杀（殺される）▶～囚（拘留される）▶～控（コントロールされる）▶～盗（うばわれる）▶～窃（ぬすまれる）▶～告（被告＝～告人）

ⓑ '被+動'はいくつかの名詞と結合して名詞を形成する。▶～除数（被除数）▶～害人（被害者）▶～选举权（被選挙権）▶～剥削者（被搾取者）▶～压迫民族（被抑圧民族）

比較 被：叫²：让 ☞让 ràng

倍 bèi

【量詞】倍数を表す。自主量詞に属する。ふつう後ろに名詞を付けない。▶三的两～是六（3の2倍は6です）▶九是三的三～（9は3の3倍です）▶九比三大两～（9は3の3倍大きい）▶二百五十比一百多了一～半（250は100の2倍半多い）▶他的水平比我不知高出多少～（彼のレベルは私よりどれだけ高いかわからない）

呗 ·bei

【助詞】平叙文の末尾に用いる。意味合いはだいたい'吧'と同じだが，感情的な色彩がいくぶん濃い。

❶道理は簡単で多言を要さないという気持

ちを表す。▶靠什么完成任务？靠咱们集体的力量～（何によって任務を達成するのか。もちろん我々の集団の力によってだ）▶不懂就好好学～（わからないならしっかり学ぶことさ）▶没有车就用腿走～（車がないなら歩いていくまでさ）

❷ '動＋就＋動'の文の末尾に用いる。この型の文は「かまわない」「大丈夫」という意味を表す。▶下雨下～，咱们带着雨衣呢！（雨が降るなら降れ、ぼくたちはレインコートがあるさ）▶你愿意走就走～，没人拦你（行きたいなら行くんだね。誰も君を止めやしないから）▶有多少算多少～，总比空手回去强（これだけあればいいさ、なんといっても手ぶらで帰るよりましだ）▶他爱说就让他说去～！（彼が話したいなら彼に話させなさい）

❸ '就得了''就行了'などの後ろに用いる。▶人家改了就得了～！（あの人が改めたのなら、それでいいじゃないか）▶土块太多，再耙一遍不就行了～！（土のかたまりが多すぎるのなら、もう1回すけばいいじゃないか）

本¹ běn

【指示代詞】❶名詞の前に用いる。話し手が自分自身または自分の所属する集団・組織・場所を指して言う。▶～人（本人、当人）▶～工厂（わが工場）▶～校定于三月一日开学（わが校は3月1日から新学期が始まる）▶～市召开技术革新交流会议（わが市は技術革新交流会を開催する）

❷'本＋名' 直前の名詞あるいは代詞を指す。話し手あるいはその所属する集団などとは限らない。▶他～人已经同意做手术，再问问家属的意见（彼自身はすでに手術に同意しているが、さらに家族の意見を聞いてみよう）▶这事应该由你们～单位解决（この件は君たちの職場で解決しなければならない）▶你说话不像四川～地口音（君の言葉は四川なまりには聞こえない）

❸これ、この（それ、その）：製作者または責任者の立場で述べるときに用いる。

ⓐ本＋名 ▶～书共十章（本書は全部で10章からなる）▶～品为棕黄色片剂，每片重一毫克（本品はチョコレート色の錠剤で、1錠の重さは1ミリグラムである）▶～办法自即日起施行（この方法は即日実施する）▶～合同一式两份，双方各保存一份（本契約書は2部からなり双方が1部ずつ保存する）▶～片由以下单位协助摄制（この映画は以下の部門の協力によって製作された）

ⓑ本＋量＋名 ▶～次列车由北京开往西宁（この列車は北京発西寧行きです）▶～届篮球联赛已进入决赛阶段（今期バスケットボールリーグ戦はすでに決勝戦の段階に入った）

❹本＋時間 （話し手が）話をしている時を含む一定の期間を指す。▶～年（本年）▶～月（今月）▶～周（今週）▶～季度（今季）▶订于～星期三下午二时举行职工大会（今週水曜午後2時に従業員大会を開催する）▶现在距～世纪末只有两年的时间了（今や今世紀末まで2年の時間しかない）

【形容詞】もともとの：単音節の名詞の前にだけ用いる。▶～心（本心）▶～意（本来の考え）▶～题（この主題）▶～性（本性）

【副詞】もともと：《書》話し言葉はふつう'本来'。▶他～姓何（彼のもとの姓は何という）▶他～是山东人（彼はもともと山東省の人だ）▶～想不去（もとから行かないつもりであった）▶～已说定（もともと話は決めていた）▶～不足惜（もとより惜しむに足りない）▶～以为他会来的（彼は来るだろうともとから思っていた）

本² běn ☞本着 běn·zhe

本来 běnlái

【形容詞】もともとの：名詞を修飾する場

合にのみ用いる。▶～面目（本来の面目）▶这幅地图太旧了，～的颜色要明显得多（この地図はひどく古くなっているが、もとの色はずっと鮮やかだった）

【副詞】❶もとは，以前は：主語の前に置いてもよい。▶他们几个～不是一个单位的（彼ら何人かはもとは同じ職場の人間ではなかった）▶这地方～就低洼，不下雨也积水（ここは以前からくぼ地で、雨が降らなくても水がたまる）▶他～就不瘦，现在更胖了（彼はもとからやせているほうではなかったが、今はもっと太った）▶～这条路很窄，以后才加宽的（以前この道は狭かった。あとで広げられたのです）

❷道理からして当然そうあるべきことを表す。ⓐ本来＋就＋動　動には'应该・该・会・能'などの助動詞を必ず付ける。あるいは'動＋得〈不〉…'の形を用いる。▶当天的功课～就应该当天做完（その日の勉強はその日に終えなければならない）▶他的病没好，～就不能去（彼はまだ病気が治っていないのだから、もとより行けるはずがない）▶～就写不完，再催还是写不完（そもそも書くのは無理だったから、いくら催促したってだめだ）▶普通话他～就说得不错，还用辅导？（彼はもとから標準語がうまいのに、なんで教える必要があるの）

ⓑ'本来＋嘛〈嘛〉'の形で主語の前に用いる。ポーズを置く。▶～嘛，一个孩子，懂什么呀？（だいたいね、子供に何がわかるっていうの）▶～嘛，学习文化就得下工夫（いいかい、読み書きを身に付けようと思ったら努力しなくちゃいけないよ）

本着 běn·zhe（本²）

【介詞】何らかの基準に従うことを示す。'精神・态度・原则・方针・指示'などいくつかの抽象名詞とのみ組み合わされる。名詞の前にはふつう修飾語がある。▶两国政府～真诚合作的精神，签订了技术合作协定（両国政府は誠意ある協力の精神にのっとって技術提携協定を結んだ）▶我们～勤俭建国的方针，节约了大量资金（我々は勤勉節約して国家を建設するという方針に従い、多額の資金を節約した）
—'本着…'は主語の前に用いてもよい。ポーズが入る。▶～求同存异的原则，我们坦率地交换了意见（小異を残して大同につくという原則に基づいて我々は率直に意見を交換した）

〖本²〗'本着'と同じ。《書》▶～此进行，必能成功（このように行えば、必ずや成功するだろう）▶～此方针，采取如下措施（本方針に基づき以下の措置を講ずる）▶希～上述精神，妥为处理（上述の精神に従って適切なる処理をされるよう希望する）

甭 béng

【副詞】'不用'のつまった音。《口》

❶制止，禁止を表す。▶你～管（ほうっておけ）▶告诉他，～来！（彼に来ないように伝えてよ）▶［你］～废话！（くだらないことを言うな）▶我扶你走吧——～我自个儿能走（私につかまってお歩きなさい——いえ、ひとりで歩けます）

❷不必要であることを示す。▶这以后的事你都清楚，我就～讲了（この後のことは君が全部知っているから、ぼくが話すまでもない）▶人手已经够了，～派人去了（手はもう足りているから、人をやる必要はない）

慣用句 甭说　言わなくても明らかであることを示す。譲歩を表す節に用いることが多い。▶这种事甭说你了，连我这么大年纪也没经历过（こんなことおまえどころか私のような年寄りさえ体験したことがない）▶甭说你一个人，咱们都去也不见得能解决（君ひとりではもちろんのこと、我々全員が行ったって解決できるとは思えない）

甭提　言う必要がない：後ろに'［有＋］多＋形'の形がくる。程度がはなはだしく形容しがたいことを表す。▶昨天的联欢会甭提有多热闹了（昨日の交歓会はそのに

ぎやかさといったらなかった）▶这件事办得甭提多糟了（この件のやり方のまずさといったらない）

甭想〈打算〉 客観的にみて可能性がないことを示す。後ろに動詞がくる。ふつう前には条件を表す節が付く。▶这个问题不解决，任务就甭想完成（この問題が解決しないかぎり任務の完遂など不可能だ）▶雨下大了，你就甭打算回家了（雨がひどくなってきたから、君は家に帰れそうにないよ）

比較 甭：无须：不必 ☞无须 wúxū

逼 bī

【動詞】❶強要する，威嚇する：《付》了・着・过 名詞の客語をともなえる。▶～债（借金を無理やり取りたてる）▶～口供（供述を強要する）▶～了三天（3日間強要した）▶他是被～着去的（彼は無理やり行かされたのだ）▶我从来没～过他（私は今まで彼に無理強いしたことはない）— 兼語式を作る。▶他～我承认（彼は私に認めるようにと迫った）▶他～着爸爸答应他（彼は父親に承知するようにと迫った）

❷接近する：《書》場所客語をともなえる。単独では述語にならない。▶洪水已～城郊（洪水はすでに町の郊外まで迫っている）

動結 逼∥急▶别把他逼急了（彼を追い詰めて怒らせてはいけない）

逼∥疯▶他在旧社会走投无路，生给逼疯了（旧社会で彼は行き場を失い、追い詰められて気が狂ってしまった）

逼∥走▶是你把他逼走的（彼は君が追い詰めたから行ってしまったのだ）

動趨 逼∥上▶他最近又逼上我了（彼は最近また私に無理強いしだした）

逼∥下去 強要し続ける。▶再逼下去会出问题的（このまま強要し続ければただではすまない）

逼∥出来▶逼出人命来（追い詰めて、人命問題をひき起こした）

比 bǐ

【動詞】❶比較する，比べ合う：《付》了・过《重ね型》客語に名詞・動詞・形容詞・節をともなえる。▶～数量（数の多少を比べる＝就数量来～）▶～先进（先進的なものと比べる＝和先进相比）▶我和你～远，不～快（私は君とどこまで行けるかを比べているのであって、速さを比べているのではない）▶～象棋（将棋［の勝負］を競う）▶～下棋（碁［または将棋の勝負］を競う）▶不～吃，不～穿，就～谁干劲大（衣・食を比べるのではなく，誰の意気込みが大きいかを比べるのだ）▶看着他挺高，跟小刘一～就把他～下去了（見たところ彼はとても背が高いが，劉さんと比べてみたら及ばなかった）▶你不相信？咱们～～看（信じないっていうの。比べてみようじゃないか）

❷比較できる，肩を並べられる：名詞・動詞を客語にともなえる。ふつうは否定形で用いる。肯定形は若干の慣用句のみ。▶近邻～亲（隣人は肉親に等しい）▶出门不～在家，遇事要多加考虑（外に出たら家にいるようなわけにはいかない。何か起きたときはよく考えなくては）▶今年不～往年，用收割机几天就收割完了（今年は例年とは比べものにならない。コンバインを使って数日で収穫を終えてしまった）▶我不～你，你上过大学（私は君の相手じゃないよ。君は大学を出ているのだから）▶小孩不能跟大人～，应该早点睡（子供は大人と一緒にはできない，早く寝なさい）

❸手まねする：《付》了・着《重ね型》▶他用两个手指～了个'八'字（彼は2本の指で「八」の字を作った）▶他～着手势叫我进去（彼は手振りで私に中に入るよう促した）▶小芳又是说，又是～（芳くんは身振りを入れながら話した）▶他没说话，只用手～了～（彼は何も言わず，ただ手まねをしてみせた）

❹比べ合わせる：《付》着▶将心~心（心と心を合わせる）▶~着身材做衣服（体に合わせて服を作る）▶用尺子~着划了一道线（物差しを使って１本の線を引いた）

❺たとえる：ふつう'做・成'と組み合わせ，'把'を用いた文に使われる。▶把这种细致活~做绣花（こうした細かい仕事を刺繍にたとえる）▶把儿童~做花朵（子供を花にたとえる）▶你把我~成什么啦？（あなたは私のことを何にたとえているの）▶这样~，可以说是惟妙惟肖（このようなたとえ方は実に巧妙で真に迫っているといえる）

動結 比赢了　比输了

比得〈不〉了(liǎo)　比べられる〈比べられない〉。▶我哪能比得了你？（どうして私などがあなたと比べられましょうか）

動趨 比//上　…と比較する。▶能比上他的没有几个（彼と比べることのできる者は何人もいない）▶谁也比不上他（誰も彼にはかなわない）

比//下去　負ける。▶可不能让他们把咱们比下去！（やつらに負けてなるものか）

比//出来　要比出个高低来（比較して優劣の差をはっきりさせねばならない）

比起　…と比較する：必ず客語をともなう。▶比起过去，现在好多了（昔と比べると，今はずっとよくなった）

比起来 ⓐ試合を開始し，継続する。▶象棋你们俩不报名，倒在这儿自己比起来了（君たち２人は将棋の試合に参加しないでおいて，こんな所で自分たちだけでやっていたのか）
ⓑ…と比べる。▶比起老赵来，我差远了（趙さんと比べたら私はまだまだです）

【介詞】性状や程度の比較に用いる。
ⓐ２つの異なった事物の比較。'比'の前後は名詞・動詞・形容詞・節のどれでもよい。前後の品詞・構造はふつう同じ（ただし省略可）。▶他~你高（彼は君より背が高い）▶他的热情~年轻人还高（彼は若い人より情熱的だ）▶挑着~扛着轻（天秤棒でかつぐほうが肩でかつぐより軽い）▶快点儿~慢点儿好（速いほうがのろいよりいい）▶你别争，我去~你去合适（もう言うな，君が行くよりぼくが行ったほうが適当なんだから）▶他干起活来~谁都泼辣（彼は仕事を始めると誰よりもバリバリやる）

ⓑ同一事物の前後異なった時点における比較。'比'の後ろは時間を表す語句のみ。▶身体~过去结实了（以前より体が丈夫になった）▶他今天~哪一天都高兴（彼にとって今日ほどうれしい日はない）

ⓒ形容詞が述語のとき，形容詞の前後に数量または程度を表す要素を置く。▶小赵~我小五岁（趙くんはぼくより５歳下だ）▶他~你更快（彼は君よりもっと速い）▶他的汉语~我熟练得多（彼の中国語は私よりずっと熟練している）

ⓓ述語に動詞を用いるときは，能力・願望・好み・増減などを表す動詞または'有・没有'などに限る。▶他~我会下棋（彼は私より将棋が強い）▶妹妹~姐姐喜欢唱歌（妹は姉以上に歌が好きだ）▶产量~上个月增加百分之十（生産量は先月より10パーセント増加した）▶老张的发言~任何人都有说服力（張さんの言葉は誰よりも説得力がある）

ⓔ一般的な行為を表す動詞を用いるのは'得'を用いた文のみ。'比'は'得'の前でも後ろでもよく，意味は同じ。▶她唱得~她老师还要好（彼女は先生よりも上手に歌を歌う＝她~她老师唱得还要好）▶他的散文~诗写得好（彼の随筆は詩よりもよく書けている＝他的散文写得~诗好）

ⓕ一＋量＋比＋一＋量　程度が段々と進むことを表す。▶一个~一个积极肯干（１人また１人と積極さが増していく）▶生活一天~一天好（日々生活が向上していく）▶球赛一局~一局激烈（球技の試合は一試合ごとに激しさを増す）

注意 '不比…'と'没[有]…'は意味が異

なる。▶他不比我高（彼は私より高いわけではない＝他跟我差不多高）▶他没[有]我高（彼は私より低い＝他比我矮）

比方 bǐ·fang

【動詞】わかりやすい事物甲を用いてわかりにくい事物乙を説明する。《付》了　名詞の客語をともなえる。▶我们就拿他来～，如果当时参了军，现在会是怎么样呢？（彼でたとえてみると，もし当時彼が軍に入隊していたら，今はどうなっていただろう）▶小女孩的脸蛋用苹果来～，挺合适的（小さな女の子の頬をリンゴにたとえるのは，まさにぴったりだ）▶他～了半天也没说清楚（彼はしばらくあれこれたとえを挙げてみたが，はっきりとは説明できなかった）▶用辛勤的园丁来～老师是很贴切的（教師を勤勉な園丁にたとえるのはとても適切な表現だ）

【名詞】事物甲を用いて事物乙を説明すること。前にくる動詞は'打・是'が多い。ふつう主語にはならない。▶打～（たとえる）▶这是个～，没说你真会那么干（これはたとえだ，君が本当にそうするとは言っていない）▶你这个～不合适（君のこのたとえは適切ではない）

【副詞】'假如'の意味を表す。
ⓐ比方＋動▶他在这个时候，～说了一句气话，你就别太计较了（その時に，もし彼が怒りにまかせて何か言ったとしても，あまりこだわってはいけない）▶他在家，你老跟他斗气儿，～长期在外，你想不想他呢？（彼が家にいるとしょっちゅうやり合っているが，もし君が長い間どこかに出かけたとしたら彼のことが気になるんじゃないか）▶现在你当了处长就这个样，～当不上处长，你也这个样吗？（君は今处长だからそんなふうだが，もし处長になれなかったとしたらやはりそんなふうだろうか）
ⓑ比方＋節▶他来接你，你还不高兴，～他不来呢，你又怎么样？（彼が迎えに来ているのに君は面白くない，でももし彼が来なかったらどうなんだ）▶做事情不能总靠一个人，～他生病了，你还不办事了？（仕事は1人にばかり頼っていてはいけない，彼が病気になったら，君がやらないわけにはいかないだろう？）▶他是我的老同学，～求他办件事，他不会不答应的（彼は長年同級生としてつきあってきた男だから，何か頼んだら引き受けてくれないはずがない）

——'比方'はよく'说'と併用される，'(打个)比方＋说'は挿入句に近い。▶我们～说碰到一个陌生人求我们帮忙，会不会干呢？（例えば，知らない人に手伝ってくれと言われたら，手伝うだろうか）▶～说让他去了，没让你去，你会怎么想？（例えば，彼を行かせて君を行かせなかったら，君はどう思う）▶～说，你遇到了坏人在行凶，你是去制止呢，还是装没看见呢？（例えば，悪い奴が悪事を働いているのに出くわしたら，君は止めるかい，それとも見て見ないふりをするかい）

比较 bǐjiào（较・较为）

【動詞】異同や優劣を弁別する。《付》了・过《重ね型》名詞を客語にともなえる。▶～异同（異同を比べる）▶请～下边两组例句有什么不同（次の2組の例文はどこが違っているか比べてください）▶是好是坏，应该～～（いいか悪いか比較してみるべきだ）▶把这两篇文章一～，就看出高低来了（この2つの文章を比較してみればすぐに優劣がわかる）
ⓐ名詞を修飾する。▶～解剖学（比較解剖学）▶～宗教学（比較宗教学）▶用～的方法容易把问题说清楚（比較の方法を使えば問題をはっきり説明しやすい）
ⓑ名詞として用いる。▶经过粗略的～，区别已经很清楚了（大ざっぱな比較によってすでに相違がはっきりした）▶没有～就不能鉴别事物的好坏（比較なしに事物の善し悪しを見分けることはできない）

【副詞】一定の程度を具えていることを表

す：否定形には用いない。
ⓐ比較+形▶从这里走～近（ここから行けばわりあい近い）▶今天～冷（今日はわりに寒い）▶大汶口文化的晚期，阶级分化已经～明显（大汶口文化の末期はすでに階級分化が比較的顕著であった）
ⓑ比較［+助動］+動▶他～能动脑筋（彼はわりに頭がよく働く）▶我～爱看电影（映画を見るのがわりと好きだ）▶现在他也～会办事了（今では彼も比較的仕事ができるようになった）▶这个人～有办法（この人はなかなかやる）▶我～喜欢［打］篮球（バスケットボールがわりあい好きだ）

〖较〗副詞。用法は'比較'（副詞）と同じ。ふつう単音節の形容詞を修飾する。《書》▶本文内容较好（この文章は内容が比較的優れている）▶近日参观者较多（最近は参観者が比較的多い）

〖较为〗副詞。用法は'比較'（副詞）と同じ。2音節の形容詞を修飾する。▶环境较为清静（比較的静かな環境だ）▶那里条件较为优越（あそこは条件が比較的優れている）▶这个医院设备较为齐全（この病院は設備が比較的整っている）

比如 bǐrú

【動詞】以下に例を挙げることを示す語。
ⓐ文のあとに置き，後続する文の始めに用いる。▶我们县自改革开放以来，出现了一批先进青年，～张文林就是他们当中的一个代表（我が県では改革開放以来，一群の先進的な青年が現れた，例えば張文林がその代表格の1人だ）▶这儿很重视环境保护工作，～李家村这几年就种了几万棵树（ここでは環境保護の仕事を重視していて，例えば李家村ではこの数年で数万本の木を植えた）
ⓑ文中に置く。挿入句に近い。▶我们这儿很多离休的老同志，～王春来同志，仍然坚持为群众做好事（我々のところでは退職老人の多くが，例えば王春来さんだが，以前と変わらず人々のためになる事をやり続けている）▶目前不少学校，～光明小学，学生负担仍然过重（目下のところ多くの学校で，例えば光明小学校だが，依然として生徒の負担が重すぎる）
ⓒ仮定文に用いる。▶你在驾驶车辆的时候，～前面突然出现飞跑的孩子，你该怎么办？（車の運転中，突然前方に子供が飛び出して来たとしたら，君はどうする）▶他犯了错误，你这么整治他，～你的孩子也犯了同样的错误，你也这么对待他吗？（彼が間違いをやったことで，君はこんな厳しい処置をとったが，もし君の子供が同じ間違いをしてもこういう対処をするのかい）

比較 比如：例如 '比如'ⓒ項の用法は，'例如'では代用できない。

彼此 bǐcǐ

【代詞】あの人とこの人，双方。
ⓐ主語になる。指すものが前に述べられていることが多い。▶他们初次见面，～还不熟悉（彼らは初対面で，互いによく知らない）▶老朋友重新相见，～都很激动（昔の友人が再会し，どちらも非常に感激した）▶大家从四面八方走到一起，应该～互相关心（みなは各地から集まってきたのだから互いに心くばりすることが必要だ）▶～都一样，都是从头学起（2人とも同じで，どちらも最初から学び始めた）
ⓑ客語になる。▶不分～（分けへだてをしない）▶不要讲什么～了，需要什么就拿吧！（お互い遠慮なんかせず，必要なものをお取りなさいな）
ⓒ'的'または'［之］间的'を付けて名詞を修飾する。▶对一个问题，～的认识不同，这是完全可能的（1つの問題に対して互いの認識が異なるのは，まったくありえることだ）▶～的经历虽然不一样，奋斗目标却是相同的（互いの経歴は違っているものの，到達目標は同じだ）▶我们分手以后，～［之］间的联系少了（別れてから我々は互いに連絡し合うことが少なくなった）

彼此　笔　必定　必然　必须　25

慣用句 **彼此彼此** 挨拶用語。双方がそれほど違わない、双方とも同じである。▶咱们俩彼此彼此，我画的比你也好不了多少（我々は似たり寄ったりだ、ぼくの絵は君のに比べてそう上手というわけでもない）▶您辛苦啦！——彼此彼此！（お疲れさまでした——いやお互いさまですよ）

笔 bǐ

【量詞】❶ 1件，1口：金銭・帳簿の記載・商取引に用いる。▶一〜钱〈款，财产〉（1口の金〈額，財産〉）▶两〜收入〈支出〉（2件の収入〈支出〉）▶记上一〜账（勘定を1件記帳する）▶讨还这〜债务（この債務を返還させる）▶做了几〜生意（数回の商いをした）▶这〜交易已经谈妥（この取引はすでに合意に達した）▶军火商在这场战争中大捞了一〜（武器商人たちは今度の戦争で大儲けした）

❷漢字の画数を示す。後ろに他の名詞を付けない。▶'衣'字有六〜（「衣」の字は6画だ）▶你多写了一〜（君は1画よけいに書いたよ）▶字要一〜一〜地写（漢字は1画1画書かなければいけない）—《派》'一笔'は'文章'の意味を持つ。《書》▶对这项创造发明应大书一〜（この発明は特筆すべきである）

❸書画について用いる。相当な技巧を持っていることを指す。賞讃の意を含む。数詞は'一，几'のみ。▶他写得一〜好字（彼の書はなかなかのものだ）▶能写一〜魏碑（北魏の碑文体の字が書ける）▶能画几〜山水画（山水画を少々描ける）

必定 bìdìng ☞必然 bìrán

必然 bìrán（必定）

【形容詞】必ず：道理から言って確実で動かしようのないことを表す。単独では述語になれない。

ⓐ必然［+的］+名　名が単独の名詞のとき'的'はなくてもよい。名が名詞句のときは'的'を用いることが多い。▶〜［的］产物（必然の産物）▶〜［的］结果（必然の結果）▶〜［的］趋势（必然の趨勢）▶〜［的］联系（必然的なつながり）▶〜的因果关系（必然的な因果関係）▶〜的发展趋势（必然的な発展の趨勢）

ⓑ是+必然+的▶工作中会有困难，会有反复，这是〜的（仕事の上で困難ややり直しがあるのは避けられないことだ）

ⓒ必然+動/形▶水加温到了沸点〜变成水蒸气（水を沸騰点まで熱すると必ず水蒸気になる）▶看到孩子们的进步，家长〜高兴（子供たちの進歩の様を見てご父兄はきっとお喜びでしょう）▶不努力学习，〜落后（一生懸命学習しないと必ず落後する）

ⓓ必然+助動（'会・要・得 děi'などのみ）▶他听到这个消息，〜会感到惊讶的（彼はこのニュースを聞いて、きっと驚くに違いない）▶他〜得找你帮忙（彼は君に手をかしてもらいに来るに違いない）

比較 **必然：势必**　☞势必 shìbì

【必定】①動かしようがなく確実だと主観的に考えることを表す。用法は'必然'ⓒⓓに同じ。▶我想，坚持锻炼必定对身体大有益处（トレーニングを続けるのは健康によいに違いないと思います）▶从现有的资料来看，这个矿必定是个富矿（今までの資料から考えると、この鉱山は必ず埋蔵量豊かな鉱山に違いない）▶你见了必定会喜欢的（見たらきっと気に入るに違いない）▶要学习好必定得打好基础（習得しようと思うなら、ぜひとも基礎をしっかり固めなければならない）

②意志の固さを表す。'必然'にはこの用法はない。▶好，明天我必定来（わかりました。明日必ず参ります）▶你放心，东西我必定托人带到（安心したまえ、品物は必ず持っていってもらうから）

必须 bìxū

必须　毕竟　避免　边

【副詞】必ず…しなければならない：事実や感情・道理の上から必要であることを表す。

ⓐ動詞・形容詞を修飾する。あるいは主語の前に用いる。▶我们~坚持真理（真理を守りぬかねばならない）▶这件事别人办不了，~你亲自去（この事は他の人では処理できない，君みずから行く必要がある）

ⓑ否定を表すときは'不必'または'无须'を用いる。▶问题总能解决的，你不必着急（問題はどのみち解決できるから，あせる必要はないよ）▶我已经知道了，你无须再说了（もうわかった，これ以上言う必要はない）▶事情已经办妥了，无须你再去了（この件は処理ずみだ，君が行くまでもない）

毕竟　bìjìng

【副詞】続いて述べる内容が，いろいろ調べ考えた最後の結論であることを示す。結局，つまるところ，ついに：重要なあるいは確かな事実をはっきりと肯定し，他の重要でないあるいは間違った結論を暗に否定する。

ⓐ毕竟＋動　しばしば'不管・不论'などと呼応する。▶他~是个孩子（彼はしょせん子供だ）▶这些问题~不是重大的原则问题（これらの問題はしょせん重大な原則上の問題ではない）▶不论怎么说，他~还是来了（何はともあれ，彼は結局やって来た）▶~走了（結局出かけて行った）▶孩子~长大了（いずれにしろ子供はもう大きくなっているんだ）▶他~走得太远了（とにかく彼はあまりにも遠くに行きすぎた）

ⓑ毕竟＋形　形容詞は否定形式が多い。▶不管怎么说，这么做~不好（ともかく，こうするのはやはりよくない）▶先前的结论~［是］错了（以前の結論は結局間違っていた）▶情况~不怎么清楚（とどのつまり事情はさほどはっきりしていない）▶他的嗅觉~不太灵敏（彼の嗅覚は要するにあまり鋭くはないということだ）

ⓒ毕竟＋節▶~他还是个孩子，不懂得这些道理（彼はしょせんまだ子供だ，こうした道理はわからない）▶~他没出席，不知道这里边可能有什么问题（結局彼は出席しなかった，これに関しては何か問題があるのかもしれない）

注意 '毕竟'は主語の前後どちらに置くこともできる，意味的にまったく変わらない場合もある。▶他~是个孩子（彼はしょせん子供だ＝~他是个孩子）▶他~不是有意伤害你（要するに彼は意図的に君を傷つけたわけではない＝~他不是有意伤害你）

比較 毕竟：终究　☞终究　zhōngjiū

避免　bìmiǎn

【動詞】方法を講じてある状態の発生を回避する。防ぐ：《付》了　名詞の客語・動詞の客語をともなえる。少数の2音節形容詞を客語にともなえる。ふつう肯定文に用いる。▶~了一场战争（戦争を回避した）▶尽可能~各种交通事故（さまざまな交通事故をできるかぎり防ぐ）▶~造成重大的影响（重大な影響が出ることを防ぐ）▶说话要简炼，~重复（話は簡潔にし，重複を避ける必要がある）▶看问题要全面，客观，~主观，片面（問題を検討する場合，全体的・客観的に見，主観的な見方・偏った見方は避けなければならない）

動結 避免得〈不〉了（liǎo）▶矛盾总是要出现的，谁也避免不了（矛盾は必ず生じるもので，誰にも避けられない）

边　biān

【名詞】❶幾何の図形で一角を挟む直線あるいは多角形を囲む線。▶我们设∠A的一个~是a，另一个~是b（角Aの1辺をaとし，他の1辺をbとする）▶正方形、长方形和菱形都是四个~（正方形・長方形・ひし形はすべて4つの辺をもつ）▶直角三角形的斜~最长（直角三角形の斜辺は最も長い）▶对30°的直角~等于

斜~之半（30度の角に向かい合う直角辺は斜辺の半分に等しい）▶大角对大~（大きい角は長い辺と向かい合う）

❷ある物に密接した，すぐそばの所：被修飾語になるのみ，語の構成要素に近い。▶身~（身の回り）▶他们家就住在河~儿（彼らは川べりに住んでいる）▶厕所就在马路~儿（トイレは道路ばたにある）▶旁~总有一个孩子（そばにはいつも１人の子供がいる）▶老人坐在中间，这~儿是他的儿子，那~儿是他的儿媳妇（父親がまん中に坐っていて，こちら側が彼の息子，そちら側が彼の息子のお嫁さんだ）

❸へり，境界：ふつう被修飾語になるが，修飾語にもなれる。語の構成要素に近い。▶花~儿（縁飾り）▶镶了一个金~儿（金で縁取りをした）▶桌子~儿（テーブルのへり）▶地~儿（畑のへり）▶~区（いくつかの省が境界を接する地域に設けられた中国共産党の指導する農村根拠地）▶~疆（国境地帯）▶~防（国境の警備）▶~远地区（国境近くの辺境地域）▶无~无际（果てしがない）▶你说的话一点也不挨~儿（君の話はこれと少しも関係がない）

【副詞】…しながら…する，２つあるいはいくつかの'边'を動詞の前に用いて，いくつかの動作が同時に進行することを表す。▶~讲~写（話しながら書く）▶~学~干（学びながら行う）▶~收购，~打包，~入库（買い付けをしながら，梱包し，倉庫に入れる）

[比較] 边：一边

☞一边 yībiān【副詞】[注意]

扁 biǎn

【形容詞】図形や字体の上下の長さが左右の長さより短い。物体の厚さが長さや幅より小さい。

ⓐ修飾語になる。▶~柿子（平たい柿）▶~鼻子（ぺちゃんこな鼻）▶~坛子（平たい壺・かめ）▶~的东西放在一起（平たいものはひと所に置く）▶~~的脸（ひらべったい顔）▶~~的箩筐（ひらべったいかご）

ⓑ述語・補語になる。▶盒子~了，装不进去（箱がぺちゃんこになって，詰められない）▶字体太~不好看（書体が平たすぎると見栄えがよくない）▶把脸画~了（顔を平たく描いてしまった）▶把人挤~了（人をつぶれるほどぎゅうぎゅう押した）▶削~了（削って平たくした）

━ 語の構成要素に似たものもある。▶~体字（平たい書体）▶~平脸（扁平な顔）▶~圆形（楕円形）

变 biàn

【動詞】❶本来と異なり，変化し改まる：《付》了・过《重ね型》名詞客語をともなえる。▶天气~了，要下雨了（雲行きが変わった，雨が降りそうだ）▶他又~了主意了（彼はまた考えを変えた）▶饭菜可以多~~花样（食事はいくらでも内容を変えられる）▶这个办法不好，~个办法试试（このやり方はよくないから方法を変えてやってみよう）▶大家一努力，几天就把广场~了一个样儿（みんなの努力で数日で広場のようすをすっかり変えてしまった）▶村里的面貌~得都认不出来了（村のようすは見分けがつかないほど変わってしまった）▶几年不见，他完全~了（数年会わないうちに彼はすっかり変わった）

ⓐ次のそれぞれの構文の意味は同じ。▶他~了主意=他的主意~了（彼は考えが変わった）▶这块布~颜色了=这块布的颜色~了（この布地は変色した）

ⓑ客語をともなわないときには，前に'有点儿'を置ける。▶你的样子有点儿~了（君のかっこう，少し変わったね）▶激动得声音都有点儿~了（感動のあまり声までいささか常とは違っていた）

❷ある性質や状態が別の性質や状態に転化すること。変わって…となる，…に変化する：《付》了 必ず客語に名詞・動

詞・形容詞をともなう。▶一个～两个（1つが2つになる）▶少数～多数（少数が多数となる）▶落后～先进（あとの雁が先になる）▶几年不见，他好像～了另外一个人（数年会わないうちに彼は別人のように変わっていた）

— 《書》ふつう'变…为…'の形を用い，'使…变为…'（…を…に変える）の意味を表す。▶～废为宝（廃物を役立てる）▶～外行为内行（素人を玄人に変える）▶～水患为水利（洪水を治め水利の効を収める）▶～落后为先进（遅れをぬけ出し先進へと転化させる）▶～不利为有利（不利を有利に変える）

❸手品を使う，魔術を行う：《付》了・着・过《重ね型》名詞客語をともなえる。▶你会～戏法吗？（あなたは手品ができますか）▶戏法人人会～，各有巧妙不同（手品は誰でもできるが，腕前には差がある）▶叫他给你～一条金鱼看（彼に手品で金魚を出させるからね）▶鸡蛋～母鸡，还可以再把它～回来（タマゴをメンドリに変えて，次にそれをもとに戻すことができる）▶这个魔术～得不错（この手品はすばらしい）

動結 变//好　变//坏　变//红　变//大　变//小　变//年轻

变得〈不〉了(liǎo)　変えることができる〈できない〉。▶三十多岁的人了，性格变不了了（30過ぎだもの，性格を変えることはできないよ）

動趨 变//出・来▶她织毛衣能变出许多花样来（彼女はセーターをいろいろな模様に変わり編みできる）▶一张纸怎么变出两张来了？（1枚の紙がどうして2枚になったの）▶你变得出来，我变不出来（あなたは手品で出せても，私にはできない）

变//过来　思想可以逐渐变过来（思想はだんだんに変えていくことができる）▶他是死脑筋，一下子变不过来（彼は石頭だから，急には変わらない）

变起・来▶一个人要变起来，还是很快的（人間は変わり始めると，あとは早いものだ）

便 biàn ☞就¹ jiù

遍 biàn

【量詞】動作の開始から終了までの過程全体を指す。

ⓐ動+数+遍▶看了一～（ひととおり見た）▶问过两～（2度たずねた）▶这首诗我念了十几～（この詩は十数回読んだ）

— 動のあとに客語がくるとき，客語はふつう'遍'の後ろに置く。▶看过三～《红楼梦》（『紅楼夢』を3回続んだ）▶写了好几～草稿，都不满意（草稿を何回も書き直してみたが，満足できる出来ではない）

ⓑ数+遍+動　数は'一'のみ。数量句'一遍'はふつう重ねて用い，動作が何回も繰り返されることを表す。▶一～～地说个没完（何回も繰り返して言ってきりがない）▶一～一～朗读（繰り返し繰り返し朗読する）▶一～又一～地修改（何回となく修正する）▶我一～也没看过（1度も見たことがない）

注意 '这本书我看了一遍'は本の初めから最後まで読むことをいう。

标志着 biāozhì・zhe

【動詞】…の標識（目印）をなす：必ず客語（節か抽象名詞に限る）をともなう。ふつう主語は動名詞句。▶一九九七年七月一日～香港回到了祖国的怀抱（1997年7月1日は香港が祖国のふところに帰った日である）▶蒸汽机的发明～资本主义生产开始进入现代大工业的阶段（蒸気機関の発明は資本主義の生産が近代的な大工業の段階に突入し始めたことを示すものである）▶大庆油田的建成～中国人民艰苦创业精神的胜利（大慶油田の建設は中国人民の刻苦奮闘の創業精神の勝利を示している）

表示 biǎoshì

【動詞】❶言語によってある考え・感情・態度などを表す。名詞の客語・動詞の客語をともなえる。《付》了・过《重ね型》
▶〜决心（決心を表明する）▶〜了我们的心意（我々の気持ちを表明する）▶有所〜（いささか触れる所があった）▶他曾经向我〜过这个意思（かつて彼はそうした意図のあることを私に話した）▶对他们的到来，我们〜热烈地欢迎（我々は彼らの来訪に対し，熱烈な歓迎の意を表した）▶我们〜钦佩（我々は敬意を表した）▶〜反对（反対を表明する）

❷事物自身がある意味を表す，あるいは事物を借りてある意味を表す。動詞・形容詞・節を客語にともなえる。▶红灯〜停止，绿灯〜放行（赤信号は停止を表し，青信号は通行許可を表す）▶他不说话〜不同意（彼が話さないのは不同意を意味している）▶他对这个决定〜不高兴（彼はこの決定に不快感を示した）▶用沉默〜抗议（沈黙で抗議を表す）▶经常出虚汗〜身体不好（しょっちゅう汗をかくのは体の具合が悪い証拠だ）▶他使劲儿拍了一下儿桌子，〜决心已下（彼は力を込めてテーブルを叩き，決意を固めたことを示した）▶一言不发，〜他有不同看法（一言も発しないというのは，彼に違う考えのあることを示している）

[動趨] 表示∥出来 ▶大家的意思你已经给表示出来了（みんなの考えについては，君がもう述べてくれた）

表现 biǎoxiàn

【動詞】❶表す，表れる。《付》了・过 名詞の客語をともなえる。▶〜了他的大无畏精神（彼の何者をも恐れない精神を表している）▶〜了人民的创造性（人民の創造性を表している）▶〜了勇敢，机智和顽强（勇敢さ・機知・粘り強さが表れている）▶他的作品充分〜了农民的质朴，勤劳和善良（彼の作品は農民の素朴さ・勤勉さ・善良さをよく表現している）▶〜得淋漓尽致（余すところなく表されている）▶他对这个问题的处理〜过不满（彼はこの問題の処理について不満を表明したことがある）

―― 表现＋在 ▶他的崇高品质主要〜在这几个方面（彼の気高い品性は主としてこれらいくつかの点に表れている）▶〜在这些地方（こうしたところに表れている）

❷表现＋自己（'个人'なども可）故意に自分を顕示する（マイナス評価を含む）。▶他处处〜自己（彼はどんなところででも目立とうとする）▶有机会就要〜一下自己（チャンスがあればすぐに自分をひけらかす）▶他有意地突出自己，〜自己（彼は意図的に自分に注目を集めていいところを見せようとする）▶这是为了〜自己（これは自己顕示のためだ）▶从来没有〜过自己（今まで自分のいいところを人前で見せたことがない）

[動結] 表现得〈不〉了（liǎo）▶这些情节还表现不了他的思想境界（これらのエピソードだけでは彼の思想の境地は表せない）

[動趨] 表现〈不〉出 ▶表现出良好的修养（しっかりした素養を示す）

表现〈不〉出来 ▶他的特点已经充分表现出来（彼の特徴はすでに十分表れている）

表现起来 ▶小王又表现起自己来（王君はまたいいかっこうをしだした）

【名詞】行為ややり方の中に現れているもの。▶他最近的〜不好（彼の近ごろの態度はよくない）▶他的这些〜不是偶然的（彼のこうしたふるまいは偶然ではない）▶这种种〜说明了他的精神世界（こうした言動は彼の内心の世界を物語っている）▶他的一系列的〜已经给我们的工作带来了困难（彼の一連の言動は我々の仕事に面倒を引き起こしている）▶上课不注意听讲，下课后跟同学打架，这就是你孩子最近的〜（授業中にちゃんと聞かず，放課

後はクラスメートと喧嘩をする，これが近ごろのお宅のお子さんの態度です）▶这个问题怎么处理，就看你今后的～（この問題をどう処理するかは，今後の君の態度次第だ）

别 bié

【副詞】❶やめるよう注意すること，または禁止を表す。
ⓐ別＋動／形▶～笑（笑うな）▶～嚷（さわぐな）▶～怕（こわがるな）▶～着急（あせるな）▶～难过（悲しむな）▶～摔着（ころばないように）▶～碰了（ぶつかっちゃだめだよ）▶～挂上电话（電話を切らないでくれ）▶～麻痹大意（油断するなよ）▶～冒冒失失的（粗忽ではいけないよ）
ⓑ述語となる節（主述句）の前に用いる。この節はふつう熟語的なものである。▶～一个人说了算（1人で決めてしまってはいけない）▶～自作主张（独断的に判断してはいけない）▶～一条道儿走到黑（1つの事に固執するな）▶～整天张家长李家短的（日がな1日あちらがああだ，こちらがこうだとうわさ話ばかりしてはいけない）
ⓒ単独で用いる。相手の言葉にすぐ続けて言う。▶我先走啦！——～，～，咱们一块走吧（お先に！——イヤイヤ，私たち一緒に行きましょう）▶我提不出什么意见了——～，你还是多提提吧（私は何の意見も出せません——いや，どんどん出してくださいよ）▶我再也不去了——你～！你～！（2度と行かないことにしました——そんなこと言わないで）

❷推測を表す。推測の内容はしばしば自分にとって望ましくないこと。ふつう'是'と共に用いる。▶～又弄错了吧（また間違えたんだろう）▶天空乌云密布，～是要下大雨了吧（空には黒雲がたれこめていて，大雨になりそうだね）▶约定的时间都过了，～是他有事不来了（約束の時間はもう過ぎてしまった，彼は用事ができて来ないのではないだろうね）▶电话怎么老拨不通，～是电话机坏了（どうして何回かけても通じないんだ，電話器が故障したのかもしれない）

━ 推測を表す部分が節のときは'別'を単独で用いることはできず'別是'を用いる。

慣用句 別看 ある状況を提示し，続く文で相反する内容を示す。▶別看他头发白了不少，年纪可并不老（彼の髪はかなり白くなってはいるが，年をとっているわけではない）

別管 '无论 wúlùn'と同じ。▶別管是谁，一律按规章办事（誰にせよ一律に規則に従ってやるんだ）

别的 bié·de

【指示詞】ほかの：名詞を修飾する。▶～人（ほかの人）▶～事情（ほかの事）▶～办法（別のやり方）▶我还想去～地方看看（もっと違う所へ行ってみたい）

【代詞】名詞の代わりをする。▶说～吧！（ほかの話をしなさい）▶不会再有～了（これ以上ほかのことはないだろう）▶不买～，就买这些（ほかのはいらない，これを買おう）▶～，他从来没有对我说过（ほかの事は，彼はこれまで私に語ったことがない）

注意 '别'が'的'を付けずに名詞を修飾できるのは'别人''别处''别家'のみ。

别管 biéguǎn

【接続詞】…を問わず，…にかかわりなく。
ⓐ疑問の語句をともなう句，あるいは対立する語句を並列した句の前に用いる。▶～干什么，你只要好好儿干就行了（何をやるにしろ，しっかりやりさえすればそれでよい）▶～遇见谁，你都不要吱声（誰に出会っても，一言も口をきいてはいけない）▶～下雨还是刮风，你必须在十二点以前到达（雨が降ろうと風が吹こうと，君は必ず12時までに到着しなければならない）▶～好坏，你都要接受（善し悪しにかかわ

らず，君は引き受けなければならない）
ⓑ節の前に用いる。'别管'は節の主語の前に置く。▶～他参加不参加，你必须来（彼が出席しようがしまいが，君は必ず来なければならない）▶～别人说什么，你都要按照我说的办（人が何と言おうと，私が言ったとおりにやってください）▶～天好还是天坏，你都要坚持锻炼（天気がよくても悪くても，君はトレーニングを怠ってはいけない）▶～东西是好还是坏，都不应该浪费（品物の善し悪しにかかわらず，粗末にしてはいけない）

别是 biéshì

【副詞】…ではないだろうか：推測・推量を表す。しばしば'吧'と呼応する。▶他这时还没到，～不来了吧（こんな時間になっても彼はまだ着かない，もしかして来ないのではないだろうか）▶他没请假也没来，～生病了吧（彼は休暇をとってもいないのに来ていない，病気になったのではないだろうか）▶一言没发，～有什么想法吧（一言も言わない，何か考えがあるのではないだろうか）▶～出车祸了吧（交通事故が起きたのではないでしょうか）

别说 biéshuō（慢说）

【接続詞】譲歩を表す複文に用いる。ある人や事物を低く評価することによって別の人や事物をきわだたせる。
ⓐ文の前節に用いた場合は，後節にはふつう'即使〈就是〉…也…'あるいは'［就］连…也…'を用いる。▶～这么点小事，即使再大的困难，我们也能解决（こんなささいな事なんか問題じゃない，たとえもっと難しい問題でも我々は解決できるのだ）▶动物园的熊猫，～小孩子喜欢，连大人也都爱看（動物園のパンダは，子供に人気があるのはもちろん，大人にも喜ばれている）▶这几位专家，～在国内，就是在世界上也是很有名的（これらの専門家たちは，国内は言うに及ばず世界的にも有名だ）
ⓑ文の後節に用いたときは，文末に'了'を用いることが多い。前の節にはふつう'都・也'を用いる。▶［即使］再复杂的算术题他都能算出来，～是这么简单的了（彼は［たとえ］もっと複雑な算数の問題でも解ける。こんな簡単な問題は言うまでもない）▶这件事他连自己的亲人都没告诉，～是你我了（この事は自分の身内にも言ってないんだから，君やぼくに言わないのはあたりまえだよ）▶这种动物我连听也没听说过，～见过了（この動物は名前を聞いたことさえないんだもの，まして見たことなんて）

注意 '别说'は副＋動と解すべきときもある。そのときは'不要说［话］'（言ってはいけない）の意味で，接続詞ではない。▶别说了，我知道了（もうやめてくれ，わかったよ）▶别说这些事了，快上车吧（さあ話はそれまでにして，早くバスに乗ろう）

《慢说》用法は'别说'と同じ。初期の口語文学に多く見られる。▶慢说是你，连我都没见过（君はもちろんのことだ，ぼくさえ会ったことはないんだから）現在ではふつう'别说'を使い，'慢说'はあまり使わない。

别提 biétí

【動詞】詳しく述べるまでもないほど程度が高いことを表す。誇張を含む。文末に必ず'了'をともなう。
ⓐ别提＋多＋形／動＋了 ▶在桂花林里散步，～多香了（モクセイの林の中を散歩するとなんともいえないいい香りだ）▶这座楼盖得～多结实了（この建物はつくりが実にしっかりしている）▶这个人说起话来，～多罗唆了（この人はしゃべり出すと実にうるさいんだから）▶一张小嘴～多会说话了（小さな口して，そりゃあもうよく舌がまわるんだから）
ⓑ文末に用いられるとき，前に感嘆の語句がくる。▶他那个高兴劲儿啊，～了！（彼の喜びようといったら，たいへんなもん

だったよ）▶比赛开始后，那个激烈啊，～了！（試合が始まると，すごいったらなかったぜ）▶一看离开车还剩十分钟，这个赶啊，就～了！（発車まであと10分しかないとわかると，走ったのなんのって，そりゃあもう）

注意 次の例は，副詞'別'と動詞'提'とが結合した句'別+提'で「言ってはいけない」の意味を表し，動詞の'別提'ではない。▶这事你别提，让他自己说（このことは君が言うことはない，彼に自分の口から言わせよう）▶这点儿小误会以后就别提了（こんなつまらぬ誤解，これからはもうふれないでくれ）▶你问我吗？嘿，别提了，白跑一趟（ああ，あれかい。チェッ，話にならん，まったくのむだ足さ）

并 bìng

【副詞】❶ 2つ以上のことが同時に進行すること，あるいは 2つ以上のことに対し同等に扱うことを示す。いくつかの単音節の動詞の前だけに用いる。▶齐头～进（頭を並べて共に進む：互角である）▶这两件事不能相提～论（この2つの事柄は同列に論じてはならない）▶学习外语应当听、说、读、写～重（外国語を学ぶには，聞く・話す・読む・書く，いずれも重視しなければならない）

❷否定を強める。'不・没[有]・未・无・非'などの前に置く。ふつう逆接を表す文中に用いる。ある見方を否定して，真実・真相を示す意味あいがある。▶计划订得再好，可是～不实行，等于没订（計画ばっかりいくらきちんと立てても，実行をともなわなければ，計画を立てないのと同じだ）▶我们之间～没有什么分歧（我々の間にはべつに意見のくい違いはない）▶你说的这件事，他～没告诉我（君の言ったこの事，彼はべつにぼくに話してくれなかったよ）▶老林躺在床上，脑子～没休息（林さんはベッドに横になったが，頭は決して休めていなかった）▶试验多次，证明新农药～无副作用（何度もテストを繰り返し，新しい農薬には決して副作用がないことを証明した）▶我们沿河边走～非贪图路近，而是要顺路看看电站（我々が河沿いに行ったのは，近道をしようと思ったわけでなく，ついでに発電所が見たかったからだ）

【接続詞】「そのうえ」の意味を表す。並列された 2 音節の動詞を接続することが多い。節と節を接続するときは，後節の主語が前節の主語と同じで省略されたときに限る。《書》▶要继续保持～发扬优秀的民族传统（すぐれた民族の伝統を引き続き堅持し発揚しなければならない）▶会议讨论～通过了今年的工作计划（会議は今年の業務計画を討議，採択した）▶技术员找出了机器的毛病，～研究了修理的办法（技術者は機械の欠陥を見つけだしたうえ，修理の方法を研究した）▶他一九八五年大学毕业，～于同年留校任教（彼は1985年に大学を卒業し，同年母校に残って教員となった）▶他迅速地～准确地回答了问题（彼は迅速かつ正確に解答した）

并且 bìngqiě

【接続詞】「そのうえ」の意味を表す。並列された動詞・形容詞・副詞・節を接続する。《書》▶业余学习一定要组织起来，～坚持下去（余暇の学習をぜひとも組織し継続させなければならない）▶咱们可能～必须提前实现这个计划（我々はこの計画を予定より早めに実現することが可能であり，またそうしなければならない）

ⓐ '并且'のあとはふつう副詞の'也・还'を用いる。▶海面起风了，～天色也暗淡下来（海上に風が起こり，空も暗くなってきた）▶这种植物我们家乡也有，～还很多（こういう植物はぼくたちの故郷にもあるし，数も多いよ）

ⓑ 不但〈不仅〉…并且… ただ…ばかりでなくそのうえ…。「そのうえさらに」の意味をいっそう強調する。▶他不但嘴上这么

说，～行动上也这么做（彼は口でそう言っているだけでなく，行動でもそうしている）▶老林不但能使唤牲口，～还会给牲口治病（林さんは家畜を使えるばかりか病気も治せる）▶这里的橘子不仅产量高，～质量也很好（ここのミカンは収穫量が多いばかりでなく質もよい）

ⓒ 3 つ以上の事柄を接続するとき，'并且'は最後の項の前に置く。▶教室里干净，明亮～温暖（教室はきれいなうえに明るく暖かい）▶一年没见，你个子长高了，身体长壮了，～性格也好像更开朗了（1年会わないうちに，君は背ものびたし，体つきもがっしりして，性格もずっとほがらかになったようだ）

ⓓ あとにくる文が比較的長いとき，'并且'の後ろにポーズを置いてもよい。▶这项水利工程完工之后，可以使附近三个县的农田受益；～，因为利用水力建了几个小发电站，还可以为这一地区的小工业提供动力（この水利工事完成後，まわりの3県の田畑をうるおすことができた。そのうえ水力を利用して小型の発電所をいくつか作ったため，このあたりの小規模工業にも送電することができるようになった）

拔 bō

【動詞】❶ 手足あるいは道具などを使って横に力を加え，物を移動させる。《付》了・着・过《重ね型》名詞の客語をともなえる。▶～了～门栓（門のかんぬきをちょっと動かした）▶～电话（電話のダイヤルを回す）▶～了一点儿菜（料理を少し取り分ける）▶他给我～过刺儿（彼は刺をほじり出してくれたことがある）▶你把灯花～～（灯芯の燃えかすを落としててちょうだい）▶～了半天（しばらくほじった）▶～得太多了（ちょっと余計に取り分けすぎた）▶按顺时针方向～（時計の針の動く方向に回す）▶把足球往球门轻轻一～（ボールをゴールに向けて軽く蹴った）

━拔+在〈给〉▶～在碗里（おわんに取り分ける）▶～给奶奶一些菜（おばあさんに料理を少し取ってあげる）

❷ 全体から一部を取り分けて支給する，人・物を動かし分配する。《付》了・着・过　名詞の客語・二重客語・補語をともなえる。▶～救济粮（救援用食糧を分配する）▶～款（資金を支給する）▶～了一千万（1000万支給する）▶～他们三千斤化肥（彼らに化学肥料を3000斤支給する）▶政府正给灾区～着救灾物资（政府はいま被災地に救済物資を支給しているところだ）▶～过两次款（2回資金を支給した）▶～得不少（たくさん割り当てた）

━拔+给▶～给受灾地区（被災地に支給する）▶～给贫困地区（貧困地域に支給する）

[動結] 拔∥掉　拔∥完

拔得〈不〉了 (liǎo) ▶一年给学校拔不了多少钱（学校には1年間にたいしたお金を割り当てられない）

[動趨] 拔去▶拔去一批物资（ひとまとまりの物資を支給した）

拔∥上去▶把这颗算盘珠拔上去（ソロバンのこの玉を上にはじく）

拔∥下来▶月底前这笔款子拔得下来吗？（月末までにこの金額を支給してもらえますか）

拔∥下去▶尽快拔下去（できるだけ早く支給する）

拔∥出▶从泥土拔出一条蚯蚓（泥の中からミミズを1匹ほじくり出した）▶一时拔不出那么多钱（今すぐにはそんなに多額のお金は支給できない）

拔∥出去▶活动经费已经拔出去了（活動経費はすでに支給した）

拔∥过去▶电话拔不过去（電話がつながらない）▶粮食已经拔过去了（食糧はすでに支給してある）

拔回来▶你把表拔回来（時計の針を戻しなさい）

拔到▶拔到盘子里（お皿に取り分ける）▶拔到灾区（被災地区に支給する）

34 拔 补充 部

【量詞】(～子・～儿) 人のグループに用いる，'伙'に同じ。▶来了一～儿人（1団の人たちが来た）▶走了一～子（1群の人たちが去った）▶来的这～儿人挺多的（いま来た1団はずいぶん大勢だ）▶这～几年轻人才有闯劲儿呢（この青年たちにこそ先駆者としての意気込みがある）▶他赶上这一～儿啦（彼はこうした人たちの仲間に入れた）▶走了三～儿了（3グループが出かけた）

注意 '一拔儿一拔儿'はふつう状語になる。▶一～儿一～儿地出去了（1隊また1隊と出かけて行った）▶一～～儿地离开了家乡（1団また1団と故郷を離れた）

补充 bǔchōng

【動詞】不足しているか損失が生じたとき，一部を追加する。

ⓐ 名詞の客語・二重客語をともなえる。《付》了・着・过《重ね型》▶我再～两点意见（もう2点意見を補います）▶～了不少设备（多くの設備を補充した）▶～了一批新人（1団の新しい人材を補充した）▶不断地～着新生力量（絶えず新しい力を補充する）▶你来～～（君からちょっと補足してくれ）▶～了两次（2回補足した）

ⓑ '补充'は兼語文を導くことができる。▶我们再～两个人去参加（もう2人補充してメンバーに加えよう）▶你们尽快～人力去投入防汛（できるだけ早く洪水の防止にあてる人手を補充してください）

ⓒ '补充'は直接名詞を修飾できる。▶～材料（補充資料）▶～教材（補充教材）▶～意见（補足意見）▶～队员（補充隊員）

動結 补充 // 好　补充 // 足了　补充 // 完
补充得〈不〉了 (liǎo) ▶你们缺员，暂时补充不了（君たちの欠員は，しばらく補充できない）

動趨 补充 // 上 ▶原材料暂时补充不上（原材料は暫時補充できない）▶他们又补充上新设备了（彼らはまた新しい設備を補充した）

补充上去 ▶把这两点意见补充上去（この2点の意見をつけ加える）

补充进来 ▶补充进来一批新设备（1群の新しい補充設備が入った）

补充进去 ▶你修改的时候，别忘了把他的意见补充进去（改訂するときに，彼の意見を付け加えるのを忘れないように）

补充到 ▶剩下的人员都补充到进修班（残った人員はみんな研修班に加える）

【名詞】補充されるものを指す。▶这是我对你刚才发言的～（これは今の君の発言についての私からの補足だ）▶你的～很正确（君の補足はとても的確だ）

部 bù

【名詞】❶部分：前に修飾要素を必要とする。語の構成要素になれる。▶外～情况（外部の情況）▶胸～（胸部）▶内～有分歧（内部に不一致がある）▶四～合唱（四部合唱）▶身体的上～比较粗，下～比较细（上半身はわりと太いが，下半身はわりと細い）▶小学是二～制（小学校の授業は二部交替制だ）

❷部門。▶外交～（外交部）▶司令～（司令部）▶门诊～（外来診療部門）▶这两个～合并（この2部門は合併する）▶～里最近又开了专门会议（部内では最近また専門会議を開いた）▶～和～之间要搞好协调工作（部門間では協同歩調をとるようにすべきだ）

【量詞】書籍や映画などに用いる。▶买了五～书（本を5作品買った）▶拍了两～戏（劇映画を2本撮った）▶最近出了三～电影（最近3本の映画が封切りになった）▶他写了二十～著作（彼は20の著作を書いた）▶买了两～轿车（乗用車を2台買った）

一 書籍の量詞'本'と同様に用いる。'一本书'は'一部书'のこともあるが，'一部书'は'一本书'でない場合もある。

▶一～《二十四史》有多少本？（『二十四史』は１セット何冊ありますか）▶这部《水浒传》分上下两本（この『水浒传』は上下２巻に分かれている）

部分 bù·fen

【名詞】❶全体の中の一部。▶～应该服从整体（部分は全体に従わなければならない）▶这项工程有三个重要组成～（この工事には３つの重要な構成要素がある）▶展览会分这么几个～（展覧会は次のいくつかの部分に分かれている）
❷団体・機関あるいは軍隊を構成している一部分。▶你是哪个～的？（あなたはどの部門の方ですか）

【量詞】全体を構成する部分に用いる。《×重ね型》▶全馆分成十二～（全館は12の部分に分かれている）▶这个机器由三～组成（この機械は３つの部分からなっている）▶其中有这么两～人（その中に次の２種類の人がいる）▶有一小～人还没有赶到（一部の人たちがまだ到着していない）

【形容詞】部分的な、全体ではない。
ⓐ名詞を修飾する、'的'を加えられない。▶今年我省～地区遭受了旱灾（今年わが省の一部の地域がかんばつにみまわれた）▶～同志中有过这种想法（一部の人々はこのように考えていたことがある）ここでの'部分'は'一部分'ともいえる。
ⓑ少数の動詞を修飾する。▶机器设备已开始～更换（機械設備はすでに一部取り替えが始まっている）▶人员配备可作～调整（人員の配置は部分的に調整を行ってもよい）

不 bù

【副詞】❶質問の返答として、単独で用いる。質問内容を否定する。▶他知道吗？——～，他不知道（彼は知っていますか——いいえ、彼は知りません）▶他不知道吧？——～，他知道（彼は知らないんでしょう——いや、彼は知ってますよ）▶再聊一会儿吧——～了〈啦〉，我还有事呢（もう少しおしゃべりしていけよ——いや、まだ用事があるんだよ）
— 自分が言ったことを言い直す場合にも用いる。▶这个会改在明天开，噢，～，后天（会議は明日に、ああ、いや、あさってに変更だ）
❷動詞・形容詞・特定の副詞の前に用い、否定を表す。▶～去（行かない）▶～是（そうではない）▶这～可能（これは不可能だ）▶～会说英语（英語がしゃべれない）▶这帽子大了吧？——～大（この帽子は大きいでしょう——大きくありません）▶你去不去？——～一定（君行くかい——わからない）

ⓐA不A（Aは動詞か形容詞）反復疑問文に用いる。▶去～去？（行きますか）▶是～是？（そうですか）▶能～能联系一下？（連絡していただけますか）▶好～好？（いいですか）▶干净～干净？（清潔ですか）▶把车子弄成这样，人家还骑～骑？（自転車をこんなふうにしてしまって、これでも乗れると思うのか）
— Aが２音節以上のとき、しばしばはじめの音節だけを繰り返す。▶打球～打？（球技をやりますか）▶打～打球？（球技をやりますか）▶可～可以去？（行ってもいいですか）▶你知～知道这件事情？（この事をあなたは知っていますか）
ⓑ不管A不A（Aは動詞か形容詞）「そうであろうとなかろうと」の意を表す。▶不管来～来，你都打个电话给我（来るにしろ来ないにしろ電話をください）▶不管他画得好～好，我都要（彼がうまく描こうが描くまいが、ぼくは欲しいんだ）
— '管它〈他〉A不A'ともいう。（Aは名詞でもよい）▶管它好～好，先写出来再说；写得不好再修改（できばえは別にして、まず書きあげてからのことにしよう、まずければ手を入れることにして）▶管它来～来都应该通知他一下（来るかどうか、いず

ⓒ什么A不A[的](Aは動詞・形容詞・名詞)「意に介さない、なんということはない」の意を表す。▶什么谢~谢的,别提这个(お礼だなんてとんでもない)▶什么难~难,只要肯下工夫就不难(むずかしいかどうかなんて問題じゃない,努力しさえすればむずかしいことなんかないです)▶什么肥~肥的,我看穿着还可以(服が大きいなんてことはないさ,なかなか似合うじゃないか)▶[什么]钱~钱的,说它干嘛!(金なんぞどうでもいい,金のことは放っとけ)▶什么报酬~报酬[的],没有报酬也照样干!(報酬なんてどうでもいい,なくてもいつも通りやるだけだ)

ⓓ不A不B(1)(A・Bは同じ意味か近い意味の単音節の動詞もしくは文語体の語)'既不…也不…'(…でもなければ…でもない)の意を表す。▶~说~笑(しゃべりもしないし笑いもしない)▶~吃~喝(食べもしなければ飲みもしない)▶~言~语(一言もしゃべらない)▶~声~响(うんともすんとも言わない)▶~战~和(戦争もしなければ講和もしない)

ⓔ不A不B(2)(A・Bは意味が互いに対をなす単音節の形容詞・方位詞・文語体の語)「ちょうどほどよい」の意を表す。▶~软~硬(軟らかくもなく硬くもない)▶~肥~瘦(大きからず,小さからず)▶~多~少(多くも少なくもない)▶~前~后(先でも後でもない)

ⓕ不A不B(3)(A・Bは意味が互いに対をなす単音節の動詞・形容詞・名詞・方位詞・文語体の語) AでもなくBでもない,満足しかねる中途はんぱな状態を表す。▶~中~西(中国風でも西洋風でもない)▶~死~活(半死半生)▶~男~女(男のようでも女のようでもない)▶~人~鬼(人間らしいところがない)▶~上~下(上でも下でもない)この形式は,'中~中,西~西'の形にも言い替えられる。

ⓖ不A不B(4)(A・Bは互いに対をなすか互いに関連のある動詞または句)「もし…でなければ…でない」の意を表す。▶~破~立(古いものが破られなければ新しいものは建設できない)▶~见~散(会えるまで待つ)▶~打~成相识(けんかをしなければ仲良くなれない)▶~去~行(行かなきゃだめだ)▶~塞~流(塞がなければ流れない)

ⓗ半A不B(A・Bは意味が同じか,意味が対をなす単音節の動詞・形容詞でもよい。表す意味はⓕとほぼ同じ)▶半懂~懂(わかったようなわからないような)▶半生~熟(生煮えの,生半可な)▶半死~活(半死半生の,死にかかっている)

ⓘ不A而B(A・Bは単音節の文語体の語)ある条件や原因がなくてもある結果を生むことを表す。成語に用いる。▶~寒而栗(寒くないのにふるえる:思わずぞっとする)▶~劳而获(労せずして得る)▶~谋而合(期せずして意見が一致する)▶~约而同(期せずして一致する)▶~翼而飞(翼がないのに飛び去る:いつの間にかなくなる)▶~胫而走(足がないのに走る:あっという間に広まる)

ⓙ不是A就是B(A・Bは同類の動詞・形容詞あるいは節) A・Bのうちどちらかが事実であることを表す。▶~[是]刮风就[是]下雨(風が吹くか雨が降るかどちらかだ)▶他~是蒙族就是满族(彼は蒙古族でなければ満族だ)▶~是你去,就是我去(君が行くのでなければ,ぼくが行く)

ⓚ不…就〈オ〉… 「もし…でなければ,…だ」の意を表す。▶~做周密计划,工作就做不好(綿密な計画を立てなければ,仕事はうまくいかない)▶~刮风就好了(風がなければいいんだ)▶~生病才好(病気をしなければいいが)

【助詞】動結形・動趨形の複合動詞の中間に置き不可能を表す。可能を表す'得'

と対をなす。軽声に読む。▶拿～动（持てない）▶吃～了（食べきれない）▶装～下（つめきれない）▶运～出去（運び出せない）▶说～清楚（はっきりと言えない）

━ 肯定形と否定形を並べて疑問を表す。▶你看得见看～见？（あなた見えますか）▶洗得干净洗～干净？（きれいに洗えますか）▶装得进去装～进去？（つめ込めますか）

慣用句 爱A不A ☞爱 ài

不大〈**不怎么**〉**+**形/動　程度がそれほどでもないことを表す。これに対応する'大〈怎么〉+形/動'の形は一般にはない。▶不大好（あまりよくない）▶不大舒服（具合があまりよくない）▶不大满意（あまり満足しない）▶不大会（あまりできない）▶不大愿意（あまり気が進まない）▶不怎么忙（それほど忙しくない）▶不怎么明白（それほどよくわからない）▶不怎么重视（たいして重視しない）▶不怎么愿意（それほど気のりがしない）

不几+量　数量が大きくないことを表す。▶不几天就是春节了（いく日もしないうちに旧正月だ）▶走不几步又回过头来叮嘱几句（何歩も行かないうちにまたふりかえって言いきかせた）

不一会儿　時間が長くないことを表す。▶帮忙的人多，不一会儿会场就布置好了（手伝う人が多かったので、会場はほどなくしつらえられた）

不的话　'不然的话'（さもなければ）、'如果不这样的话'（もしもこうでなければ）と同じ。▶你一定得去，不的话，他会不高兴的（君はどうしても行かなくてはいけないよ、さもないと、彼、むくれてしまうよ）

比較 **不：没有〈没〉**
　　☞没有〈没〉méiyǒu

不比　bùbǐ

【動詞】及ばない、…と同じではない：必ず名詞の客語・節の客語をともなう。▶今年～往年（今年は例年とは異なる）▶北京～其他城市，它是首都（北京は他の都市とは異なり、首都である）▶论相貌她～小刘，可是她人品好（彼女は容貌では劉さんにかなわないが、しかし人柄がよい）

比較 **不比：不如**　'不比'と'不如'はともに比較の意味をもつが、用法上違いがある。

① '不比' は対比に用い、前後2項の間に強弱優劣があるとは限らず、相違のみを強調する。例えば▶今年不比往年（今年は例年とは異なる）は、今年がそれまでよりよい場合にも劣る場合にも成立する。'不如' は比較に用い、比較の前項の対象がつねに後項の対象より劣っている。例えば▶今年不如往年（今年は例年に及ばない）は、今年の収穫あるいは収入などは必ず例年より低い。

② '不如' は後ろに客語をともなわなくてもよい。▶连猪狗都不如（豚や犬にさえ劣る）。'不比' はそのようにはできず、後ろに必ず客語をともなう。

不必　bùbì

【副詞】「必要がない」「…するまでもない」という意味を表す。

ⓐ**不必+**動　▶～去（行く必要はない）▶～问他，我都知道了（彼にたずねるまでもない、私はすべて知っている）▶慢慢来，～着急（ゆっくりやりなさい、あわてることはない）▶事情已经很清楚了，～再争论了（事はすでに明らかだから、これ以上論争を続ける必要はない）

ⓑ**不必+**形　形の前には程度を示す修飾語が必要。▶～很长（それほど長くなくてもよい）▶～过早（そんなに早くなくてもよい）▶～太详细（詳しすぎる必要はない）▶～这么厚（こんなに厚くなくてもよい）▶～一样整齐（同じように整える必要はない）▶～那么周到（そんなに念入りにしなくてもよい）

━ 形が気分・態度などを表す場合は、直

接'不必'の修飾を受けられる。▶～紧张（緊張しなくてもよい）▶～高兴（喜ぶには及ばない）▶～悲观（悲観的になることはない）▶生活小事，～认真（生活のこまごましたことに，真剣になることはない）ⓒ '不必'の後ろの動/形は前にもってきたり，省略できる。▶这样做，我认为～（このようにする必要は，私はないと思う）▶他准备再去一次，我看～了（彼はもう1度行くつもりだが，私はそうする必要はないと思う）▶等我有空再详细告诉你――～了，我都知道了（ひまができたら，あなたに詳しくお話しします――けっこうです，みなわかっています）

比較 **不必：未必** 語形は似ているが意味はまったく異なる。'未必'は'必定'の否定で，「…とは限らない」の意。'不必'は'必须'の否定で，「必要がない」の意。▶他未必去（彼は行くとは限らない＝他不一定去）▶他不必去（彼は行く必要はない＝他用不着去）

不必：甭：无须 ☞无须 wúxū

不便 bùbiàn

【形容詞】不便だ：前にくる名詞（動作性の意味を含むものが多い）や動詞は多音節の語のみ。▶交通～（交通が不便だ）▶行动～（行動が不便だ）▶家里离学校太远，孩子上学很～（家から学校まで非常に遠いので子供は通学するのに不便だ）▶如果没有食堂，宿舍，吃住就非常～了（もしも，食堂・宿舎がなかったら，生活するのにたいへん不便だ）▶以前这里没有商店，想买东西十分～（以前ここには商店がなかったので，物を買おうにも非常に不便だった）

慣用句 **手头不便** 一時的に手元不如意のこと。

【動詞】具合が悪い：'不便于'ともいう。必ず動詞を客語にともなう。反対の意味を表す'便'という語形はなく，肯定形には'便于'を用いねばならない。▶他不往下说了，我也～再问（彼はそれ以上話さなかったので，私もさらにたずねるのは具合が悪かった）▶他不愿把她叫出来，自己更～走进去（彼は彼女を呼び出したくなかったし，自分から入っていくのはなおさら具合が悪かった）▶他有点不乐意，但又～马上拒绝（彼はあまり気が進まなかったが，かといってすぐさまことわるのも都合が悪かった）▶背包太大，～携带――背包轻巧，便于携带（リュックが大きすぎると，携帯に不便である――リュックが軽ければ，携帯が楽だ）

不曾 bùcéng

【副詞】'曾经'に対する否定。動詞の前にのみ用いる。動詞の後にはしばしば'过'がつく。ただし'过'がなくても意味は変わらない。《書》▶这种事在历史上也～出现过（この種の事は歴史上にもかつてなかった）▶过去～发生的问题今天也出现了（過去に発生したことのない問題も現在出てきている）▶～来过（かつて来たことがない）▶老张～提过他们兄弟失和的事（張さんは自分たち兄弟の不和については触れたことがない）

不成 bùchéng

【助詞】文末に用い，反語を表す。前にくる'难道・莫非'などの副詞と呼応する。代わりに'吗'を用いてもよい。▶难道我怕你～？（私があなたをこわがっていると思うの）▶莫非他不来，咱们就得呆着～？（彼が来なければ私たちは何もできないというのか）

不单［是］ bùdān［shì］

☞不但 bùdàn

不但 bùdàn

（不仅・不单［是］・不光・不只）

【接続詞】'而且・并且'と組み合わせて用い，並列関係の2つの節をつなぐ。（'不

但'の節で述べた事柄の)「ほかに」「そのうえ」「さらに」の意味を表す。並列の名詞的要素，あるいは介詞句も接続できる。

ⓐ文の前節に用いる。2つの節の主語が同じとき，'不但'は主語の後ろに置く。主語が異なるときは'不但'を主語の前に置くことが多い。後節に必ず'而且・并且・也・还・又'などを用いて呼応させる。▶水库～要修，而且一定要修好（ダムは建設しなければならない。しかも必ず立派に建設しなくてはならない）▶生活改善了，我家～不愁吃穿，并且还有富余（生活が向上し，わが家は衣食の心配がなくなったばかりか，余裕もできた）▶～产量增加了，人的精神面貌也改变了（生産量が増えただけでなく，人々の精神面でも変化が生じた）▶结婚以后，小吴～学会了做饭，还学会了服装裁剪（結婚してから呉さんは料理ばかりでなく裁縫の技術も習得した）▶我们尊敬他，～因为他是一位温和的长者，而且还因为他是一位很有学识的专家（私たちが彼を尊敬するのは，彼が温和な有徳者であるばかりでなく，さらに学識経験豊富な専門家であるためでもある）

ⓑ'不但…而且…'は名詞的要素あるいは介詞句を接続できる（共に述語の前に限られる）。▶～所有的工人，而且几乎所有的家属都参加了这次义务劳动（すべての労働者ばかりでなく，ほとんどすべての家族がみな労働奉仕に参加した）▶～在这个车间，而且在全厂都开展了生产劳动竞赛（この職場ばかりでなく，工場中で生産競争を展開した）

ⓒ後節に'连…也〈都〉…'‘甚至…也…'あるいは'即使〈就是〉…也…'を用い「そのうえさらに」の意味を表す。▶那山峰～人上不去，连老鹰也很难飞上去（あの峰は人が登れないばかりか，タカでさえも飛んでいくのがむずかしい）▶他～在国内是第一流的医生，就是在国际上也是闻名的（彼は国内において一流の医者であるばかりでなく，国際的にも名声が高い）

ⓓ文の前節を否定形，後節を肯定形にし，'反而'で接続する。▶困难～没有吓倒他，反而更加坚定了他的信心（彼は困難にくじけなかったばかりか，かえって信念を確固たるものにした）▶这样做～不会解决矛盾，反而会增加矛盾（このようにすると矛盾の解決にならないばかりか，ますます矛盾を増大させるだろう）

ⓔ'不但'を省略し，それを受ける'而且・又・也'などを単独で用いてもよい。しかし'而且・又・也'などを用いずに，'不但'を単独で用いることはできない。▶〔不但〕产量增加了，人的精神面貌也改变了（生産量が増えただけでなく，人々の精神面でも変化が生じた ×～产量增加了，人的精神面貌改变了）

《不仅》用法は'不但'と同じ。ふつう'是…'の前に用いる。'不仅仅'ともいう。《書》▶我们不仅要学会这门技术，而且要精通这门技术（私たちはこの技術を会得しなければならないだけでなく，精通しなければならない）▶这不仅〈不仅仅〉是你个人的事，也是大家的事（これは君個人のことであるばかりでなく，みんなのことでもあるのだ）

《不单〔是〕》基本的に'不但'と同じ。ⓓの用法はない。ⓒの用法のときは'不单单'ともいう。《口》

《不光》'不单'と同じ。

《不只》'不但'ⓐⓑと同じ。

不得了 bùdéliǎo

【形容詞】❶状況がひどくて収拾がつかないことを表す。

ⓐふつう無主語文に用い，前に副詞の'可'を付けることが多い。▶哎呀，～，出了大事啦！（これはたいへんだ！ えらいことになってしまった）▶这可～，发这么高的烧，还不快送医院！（これはたいへんだ。こんなに高い熱を出して，早く病院へ連れて行かなくては）

ⓑ前に状況を説明する節があるとき'不得

了'の前には，ふつう副詞の'可・更・就・才'を置く。▶粗心大意出了事故可～（不注意で事故を起こしたりしたらたいへんだ）▶要是让他知道了更～（もし彼に知られたら，なおさらたいへんだ）▶幸好发现得早，着起火来才～呢！（さいわい発見が早かったのでよかった，火事になっていたらたいへんだった）

❷'得'を用いた文に用い，程度がひどいことを表す。▶今年夏天热得～（今年の夏は暑くてたまらない）▶她急得～，快去劝劝她（彼女は非常にあせっているから，早く彼女をなだめに行きなさい）▶他们高兴得～（彼らはたいへんな喜びようだ）▶我后悔得～（私はすごく後悔している）

比較 不得了：了不得① '了不得'にはふつう名詞性の主語（人または物）がある。'不得了'にはふつう名詞性の主語がない。② '不得了'はふつう定語にならない。'了不得'は定語になれる（前に'什么'を置くことが多い）。▶这不是什么了不得的事，何必那么着急？（これはべつにたいしたことではない，なにもそんなにやきもきする必要はない）
③ '不得了'は'有〈没有〉'の客語になれない。'了不得'はなれる（前に'什么'を置くことが多い）。▶我看这没有什么了不得的，不必大惊小怪（これはべつにたいしたことではないのだから，大さわぎすることはないと思う）
④ '了不得'には'超过寻常'（並でない）の意がある。'不得了'にはない。▶这个人了不得＜˟不得了＞，只要他见过的人都能记得（この人はすごい。会ったことがある人は誰でも覚えている）
⑤大多数の形容詞は'得'を付けたあとに'不得了'あるいは'了不得'を付けられる。両者の意味は同じ。▶他高兴得不得了（彼はすごく喜んでいる＝他高兴得了不得）▶他后悔得不得了（彼はすごく後悔している＝他后悔得了不得）

不得已 bùdéyǐ

【形容詞】やむをえない，そうするよりほかない。

ⓐ名詞（いくつかの抽象的な意味のもののみ）を修飾する。'的'をともなうことが多い。▶～的时候（しかたのないとき）▶～的措施（やむをえない措置）▶～的办法（やむをえない方法）

ⓑ国＋是＋不得已▶他半夜动身也是～（彼が夜中に出発したのもしかたないことだ）▶这实在是～（これはまったくやむをえないのだ）▶我是～才这样做的（私はまったくやむをえずこうしたまでのことだ）

━'是'を用いないときには，あとに動詞性の語句か節が必要。▶半路上车坏了，我们～又回来了（途中で車が故障し，私たちはやむなくまた引き返した）▶屋里坐不下，～，我们只好站在外头（部屋の中はいっぱいで席がなかったので，しかたなくぼくたちは外に立っていた）

ⓒ由于〈出于・因为・迫于〉＋不得已▶父亲年轻的时候是由于～才飘泊在外的（父は若いころやむをえない事情で流浪生活を送ったのだ）▶出于～只好把孩子寄放在亲戚家（やむをえず子供を親戚の家に預けるほかしかたなかった）▶没有请您来也是因为～（あなたをお招きしなかったのもやむをえぬわけがあってのことです）▶迫于～才采取这样的非常措施（どうしようもなくて，こんな尋常ならぬ処置をとりました）

ⓓ到＋不得已 どうしようもない程度・状況に至ることを示す。否定形で用いることが多い。▶到～再采取措施就太晚了（どうしようもなくなってから手を打ったのでは遅すぎる）▶他不到～是不会求人的（彼は最後の最後まで人に頼まないだろう）

慣用句 万不得已 どうしてもやむをえない。▶不到万不得已，不准开枪（万やむをえない場合以外，撃ってはならない）

不定 bùdìng

【副詞】はっきりしないことを表す。後ろにしばしば疑問を示す語あるいは肯定と否定を重ねた句を置く。

ⓐ不定+動▶他~来不来呢（彼は来るかどうかわからないさ）▶~说什么呢（何を言うかわかったものじゃない）▶今天还~谁输了这场球呢（今日はこの球技の試合でどちらが負けるかまだわからないさ）▶~讲多长时间呢（話がどんなに長くなるか知れない）▶听了这话他~有多生气呢（この話を聞いたら、彼がどんなに腹を立てるかわからないよ）

ⓑ不定+形▶这个工程~有多大呢（この工事は、どれほどの規模になるのかわからない）▶这个楼~多高呢（このビルはどのくらい高さがあるのだろう）▶~好到哪去（どれほどよくなるかはっきりしない）▶~比前校长强多少（前の校長よりどれほどまさっているかはっきりしない）▶级别~比老陈低多少呢（職階は陳さんよりさほど低いわけでもなさそうだ）

ⓒ不定+節 節の主語は疑問の語句が多い。▶~谁来当厂长呢（誰が工場長として来るのかわからない）▶~谁参加呢（誰が参加するのか決まってない）▶~多少人出席呢（何人くらい出席するのかわからない）▶还~哪个人来收拾这个局面呢（誰が来てこの局面に収拾をつけるのかわからない）▶~什么人说话了（どういう人が話すことになったのかわからない）▶~他来不来呢（彼が来るかどうかわからない）

不独 bùdú

【接続詞】…ばかりでなく：'而且'と併用されることが多く、「その上に」の意味をもつ。《書》

ⓐ前節に用いる。前節と後節の主語が同じ場合、'不独'はふつう主語の後ろに置く。▶他的著作~具有创造性，而且也有科学性（彼の著作は創造性を備えているばかりでなく、科学性もある）▶他~是个经济学家，而且还是个政治家（彼は経済学者であるのみならず、政治家でもある）

ⓑ前節に用いる。前節と後節の主語が異なるとき、'不独'は主語の前に置く場合と主語の後ろに置く場合とでは意味が異なる。▶~他能写出高质量的论文，而且别人也能写出这种论文（彼が質の高い論文が書けるだけでなく、他の人もこの種の論文を書くことができる）▶这个厂里~他是个小发明家，而且还有一批像他这样的年轻人（この工場では、彼が小発明家であるだけでなく、他にも彼のような青年たちがかなりいる）▶~这个村富了，而且整个县都富了（この村が豊かになったというだけでなく、県全体が豊かになった）

不妨 bùfáng

【副詞】かまわない、なんのさしさわりもない。

ⓐ不妨+動（動は重ね型か動詞句）▶你~试试（試してごらん）▶我们~举几个例子来说明这个问题（いくつか例をあげてこの問題を説明しよう）▶你们虽然不熟悉，也~交换交换意见（親しい間柄ではなくても、意見の交換ぐらいかまわないさ）▶你~也一块儿去一趟（君も一緒に行ってかまわない）▶你~对他直说，不必客气（率直に彼に言ってくださってけっこうです、遠慮することはありませんよ）▶你对他~要求严格一些（彼にもっと厳しくしてください）

ⓑ動（重ね型か動詞句）+也+不妨▶不管是谁，见见也~（誰であろうと会うのに問題はない）▶你跟他谈谈也~，反正早晚得告诉他（あなたから話していただいてもけっこうです、いずれ彼に言わなければならないのですから）▶你的意见说出来也~（ご意見を述べてごらんなさい）

不管 bùguǎn

【接続詞】疑問代詞、あるいは並列句を含む句や節に用い、いかなる条件のもとでも結果・結論に変わりのないことを表す。あとに'都・也'などを置いて呼応させる。▶他～怎么忙，每天都要抽出一定的时间学习（彼はどんなに忙しくても毎日時間をさいて勉強している）▶～有什么困难，我们都不要气馁（どのような困難があろうと、我々は弱気になってはいけない）▶～哪一个人都要遵守法律，按法律规定办事（どのような人であっても法律を守り、法律に基づいて事をなすべきである）▶～你去还是我去，都要先把情况了解清楚（君かぼくか、どっちが行くにしてもまず状況をきちんと理解することが必要だ）

比較 不管：无论：不论 ① 《口》では'不管'、《書》では'无论・不论'を多く用いる。したがって'不管'のあとでは'如何・何・是否・与否'などの文語的色彩を持った語は使えない。'无论・不论'では使える。
② '形+不+形'を'不管'のあとに用いてもよい。'无论・不论'のあとではふつう'还是・跟・与'を間に加えて用いる。▶不管天气热不热，他总是穿这么多▶无论天气热还是不热，他总是穿这么多（暑かろうと寒かろうと彼はいつもそれくらい着込んでいる）

不管：尽管 ☞尽管 jǐnguǎn
不管：管 ☞管 guǎn
不管：任凭：无论 ☞任凭 rènpíng

不光 bùguāng ☞不但 bùdàn

不过 bùguò

【副詞】…だけ：範囲を示し、事柄を小さめに控えめに言う。ふつう前後に説明の語句がくる。主語の前では使えない。▶我不太了解，只～随便说说（私はよく事情がわからないので、思いつくままに言ってるだけです）▶他～翻了翻，没有细看（彼はめくってみただけで、詳しく読まなかった）▶我看他也～三十岁，不会太大（彼は30歳そこそこで、そんなに年ではないと思う）▶我～是知道有这么一回事，具体情况并不了解（私はそんな事があったのを知っているだけで具体的状況に通じているわけではない）
— しばしば文末に'罢了・而已・就是了'を用いて呼応させる。▶我～是问问价钱罢了，并不真想买（ただ値段を聞いただけで買うつもりではない）▶他打字打得还不错，只～打得慢一点就是了（彼はタイプを打つのが上手なほうだが、ただちょっと遅い）

【接続詞】逆接を表す。'但是'より軽い。《口》
ⓐただ…：前の節を補い修正する。▶他性子一向很急，～现在好多了（彼は以前ひどくせっかちだったが、今はだいぶよくなった）▶这人很面熟，～我一时想不起来是谁（この人の顔はよく知っているが、とっさに誰だか思い出せなかった）▶老张工作很积极，～，有时候比较主观（張さんの仕事ぶりはたいへん積極的だが、ただ、ときとしてひとりよがりのことがある）
ⓑ前節と相対立する事柄を補う。▶试验失败了，～他并不灰心（テストに失敗したが、彼は決してがっかりしてはいない）▶对于各种意见都要听，～听了要作分析（さまざまな意見を聞くことは必要だが、そのあとで分析するべきだ）

比較 不过：只是 ☞只是 zhǐshì

不及 bùjí

【動詞】❶及ばない、かなわない：必ず名詞の客語をともなう。《書》▶写字我～他（字の書き方では私は彼に及ばない）▶我们班的成绩～三班（私たちの組の成績は3組に及ばない）
— 客語の後ろに形容詞を置いて、比較する事物の性質を示せる。▶老张那时的思想～现在成熟（張さんのあのときの考え方は今ほど練れていなかった）▶《梅花三

弄》~《春江花月夜》幽雅动人（『梅花三弄』は優雅で感動的なことにかけて『春江花月夜』に及ばない）

❷間に合わない：いくつかの2音節の動詞と組み合わせる。《書》

ⓐ不及+動▶他~细问，匆匆离去（彼は詳しく聞く余裕もなく，あわただしく去って行った）▶时间太仓促，~准备（あわただしくて用意が間に合わない）

ⓑ動+不及▶一时躲避~，撞在车上（とっさには避けきれず，車にぶつかってしまった）▶出了问题就后悔~了（問題が起きてから後悔したのでは遅い）▶伤势太重，抢救~，终于死去（けががとてもひどく，手当ても間に合わず亡くなった）

比較 不及：不如 ① '不及'は異なった人や事物の比較にだけ使われる。前後にくるのは名詞のみ（☞❶）。'不如'は人や事物の比較に用いるほか，動作・行為の利害得失の比較が可能。前後には名詞のほかに動詞や節を置ける。

② '不如'には '不及' ❷の用法はない。

不见得 bùjiàn·dé

【副詞】必ずしも（…とは限らない）。

ⓐ不见得+動/形▶这雨~下得起来（雨は降りそうにないよ）▶药吃多了，对病~好（薬の飲みすぎはかえって病気によくないかもしれない）▶屋里开着灯，~就有人（部屋に明かりがついているからといって必ず人がいるわけではない）

ⓑ不见得+助動［+動/形］▶看样子，他~会来（どうやら彼は来そうもないようだ）▶明天~能动身（明日出発できるかどうか）▶把孩子送走，他妈~肯答应（子供を送り出すことに，母親は承知しないかもしれない）▶一个人走夜路，你~敢（夜道のひとり歩きを君ができるだろうか）▶大红大绿~会多么好看（赤や緑で派手に飾ることが美しいとは限らない）

ⓒ単独で質問に返答する，また文の客語となる。▶这棵树长不高——~（この木は大きく育たないよ——さあ，どうだか）▶他会同意的——~（彼は賛成するはずだ——いやわからないさ）▶你说他想回来，我看~（君は彼が帰りたがっていると言うが，ぼくにはそうとは思えないね）

注意 '不见得'は主観的な推測を表す。婉曲な言い回しであり，ふつう'我看・看样子'といった類の語句をともなう。事実が未確定であることを述べる場合は'不一定'を用いなければならない。▶事情的结果还不一定（事の結果はまだ不確定だ ×…不见得）

不仅 bùjǐn ☞不但 bùdàn

不愧 bùkuì

【副詞】'为・是'だけを修飾する。「…に恥じない」「…に値する」の意。▶她~为一个优秀教师（彼女はさすが優秀な教師だけのことはある）▶老刘~是新中国培养出来的大学生（劉さんはさすが新中国に育てられた大学生である）▶百货大楼~是信得过的单位（デパートは信頼するに足る組織だ）

不料 bùliào

【動詞】思いがけない：主語をとらない動詞で，意味上の主語は話し手。文の前節は本来の状況や考えを述べ，後節は逆接的内容を表す。ふつう'却・竟・还・仍・倒'などの副詞と呼応する。▶本来打算去动物园，~来了位朋友，没去成（動物園に行くつもりだったが，友人がやって来たので行けなかった）▶我原来想让孩子们在一起好好玩玩，~却闹出事来了（私は子供たちを仲良く遊ばせようと考えていたが，はしなくもさわぎを起こしてしまった）▶大家以为这么多人劝过了，小方情绪会好些，~她还是一脸的不高兴（みんなはこんなにたくさんの人がなだめたのだから，方さんの気持ちも少しは明るくなるだろうと思ったが，どうしたわけか彼女は依然として不機

嫌だった）▶春天随便栽了几棵杨柳，～竟都活了（春に適当に植えておいた何本かの楊柳が，意外にも全部根づいた）▶总以为他要反对的，～他倒同意了（彼はきっと反対すると思っていたが，なんと賛成したのだ）

不论 bùlùn ☞无论 wúlùn

不免 bùmiǎn

【副詞】免れない：ある原因で望ましくない結果を招くことを表す。文の後節に用いることが多い。肯定形の多音節の動詞か形容詞だけを修飾する。▶刚一见面，～说些寒暄的话（会ったばかりのときは時候の挨拶をするのはしかたのないことだ）▶时间快到了，事情还没做完，心里～着急起来（時間はせまったがやるべきことを終えていないので，どうしてもあせってくる）▶刚接手会计工作，有时～忙乱一些（会計の仕事を引き継いだばかりなので，ときにあわてふためくこともある）

比較 不免：难免：未免 ☞未免 wèimiǎn

不然 bùrán（要不然・要不）

【形容詞】そうではない。

ⓐ述語としてのみ用いる。ある種の副詞の修飾を受けられる。▶看上去他身体比较弱，其实～（見たところ彼は体がやや弱そうだが，実際はそうではない）▶表面上这些都是小事，实质上并～（表面的にはこれらはいずれもささいなことではあるが，実質的には決してそうではない）▶别看这条河现在水不多，一到夏天就～了（この川は現在は水が少ないが，夏になるとそうではなくなる）

ⓑ対話の最初に用い，相手の言葉を否定する。▶～，事情决不像你说的那么简单（いや，事は決して君の言うように簡単ではないよ）

慣用句 不尽然 完全にそうだというわけではない。▶你把人家说得一无是处，我看不尽然（君はあの人によいところがまったくないと言うが，そうとは言いきれないと思うよ）

【接続詞】❶そうでなければ，さもなくば：結果・結論を示す節を導く。後ろに'的话'をともなえ，仮定を強める。▶该写信了，～家里会不放心的（手紙を書かなければ，さもないと家で心配するよ）▶我们应该把工作做好，～就不能算是称职的干部（我々は仕事をきちんとやるべきだ。さもないとその職にふさわしい幹部ということはできない）▶他一定有事，～的话，为什么这么晚还不回来？（彼はきっと用事ができたんだ。そうでなかったらどうしてこんなに遅くなってもまだ帰って来ないのだ）

❷前節以外に考えられる状況を導く。前に'再'を付けられ，ふつう'就'をあとに用いて呼応させる。▶可以打电话去找他，～你就自己跑一趟（電話で話してもいいし，さもなければ自分で１度行ってみてもいいね）▶他不在办公室就在车间，再～就开会去了（彼は事務室にいなければ工場にいる。さもなければ会議に出ているよ）

〖要不然〗基本的には接続詞'不然'と同じ。仮定の意味がやや強い。'不'の字は軽声に読む。《口》▶幸亏来得早，要不然就赶不上车了（早めに来てよかった。さもなければ車に間に合わないところだった）

〖要不〗'要不然'に同じ。▶你快去给他解释解释，要不他要有意见了（すぐに行って釈明しておきなさい。さもないと不満を持つかもしれない）

不如 bùrú

【動詞】比較に用い，「及ばない」ことを表す。

ⓐ２つの事物を比較する。'不如'の前後は名詞・動詞・節のいずれでもよい。品詞・構造は，ふつう前後同じ。（質・量などの）何について比較したかはふれない。▶老大～老二，老二～老三（長男は次男に及ばず，次男は三男に及ばない）▶谁

说女同志～男同志？(誰が女性は男性に及ばないなどと言ったのか)▶这三篇作文一篇～一篇(この3つの作文は巧拙の差がある)▶看电视～看电影(テレビを見るより映画を見るほうがよい)▶走路～骑车(徒歩より自転車のほうがよい)▶你去～我去(君が行くよりぼくが行くほうがよい)▶一个人唱～大伙儿一块儿唱(1人で歌うよりみんなで一緒に歌ったほうがよい)
ⓑ 2つの事物を比較する。何について比較したかをあとに述べる。▶这个体育馆～那个体育馆大(この体育館はあの体育館ほど大きくない)▶我们厂～他们厂老师傅多(我々の工場は彼らの工場ほど熟練工が多くない)▶里间～外间亮堂(奥の部屋は表の部屋ほど明るくない)▶走路～骑车快(徒歩は自転車ほど速くない)▶你去～我去好(あなたが行くより私が行ったほうがよい)
— 比較の内容を文頭で述べてもよい。▶论手艺,谁也～张师傅(腕からいえば,誰も張さんにかなわない)
ⓒ 1つの事物を,前後する異なった時期において比較する。▶现在身体～十年以前[结实]了(現在は10年前ほど丈夫ではなくなった)▶那时候我们家的光景一年～一年(そのころわが家の暮らしむきは1年1年悪くなっていった)▶这个月的游客～上个月多(今月は先月ほど観光客が多くない)
ⓓ '得'を用いた文では,'不如'の位置は'得'の前でもあとでもよい。▶这张相片～那张照得好(この写真はあの写真ほどよく撮れていない＝这张相片照得～那张好)
ⓔ 连…都不如 …にさえ及ばない:'不如'の客語(…)は'连'によって前に移される。▶你这个人真傻,连小孩都～(おまえという奴はまったくばかだ。子供にも劣る)▶我的法语连他都～,怎么能跟你比？(ぼくのフランス語は彼にさえ及ばないのに,どうして君と比べられるものか)
ⓕ [与其…],不如… …するよりむしろ…したほうがよい。▶与其你去,～我去(君が行くよりむしろぼくが行ったほうがよい)▶与其花这么多时间打电话,～骑车去一趟(こんなに長いこと電話をかけるなら,自転車で出向いたほうがよい)
[慣用句] 牛马不如 牛馬にさえ及ばない。▶农奴们过牛马不如的生活(農奴たちは牛馬にさえ及ばない暮らしをしていた)
[比較] 不如：不及 ☞不及 bùjí
不如：莫如 ☞莫如 mòrú

不时 bùshí

【副詞】短い間隔で途切れずに繰り返し発生する。いつも,しばしば:'地'を加えられる。肯定文に用いて状語になる。▶远处～传来鸡叫声(遠くから絶えず鶏の鳴き声が聞こえてくる)▶会场里～地爆发出热烈的掌声(会場では繰り返し何度も熱烈な拍手が湧き起こった)▶他～用手扶扶鼻梁上的眼镜(彼はしょっちゅう鼻の上の眼鏡に手をやって上に押し上げている)▶这里是个小码头,～有船只来这里停靠(ここは小さな港で,立ち寄る船が絶えることがない)

不外 bùwài ☞不外乎 bùwài·hu

不外乎 bùwài·hu (不外)

【動詞】ある範囲を超えない:必ず客語をともなう。事柄を小さめに言うという意味合いがある。客語は名詞句・動詞句あるいは節でもよい。▶大家所关心的～质量问题(みんなが関心を持っているのは品質の問題にほかならない)▶处理这个问题,我看～两种办法(この問題を処理するには,2種類の方法しかないと思う)▶如果你不答应,其后果～有三种可能(もし君が承知しなければ,どういう結果になるかは3つの可能性しかない)▶如果需要面谈,～他来我这里,或者我去他那里(直接会って話す必要があるなら,彼が私のところに来るか,私が彼のところに行くか

だ)
〖不外〗'不外乎'に同じ。

不宜 bùyí

【動詞】(…するのは)よくない：ふつう動詞・形容詞(多くは2音節以上)を客語にともなう。《書》▶少儿～(子供にはよくない)▶年事已高,～远行(高齢のため遠出はできない)▶事关重大,～操之过急(事は重大であるから,処理を急ぎすぎてはいけない)▶孩子正在长身体,衣服～做得太瘦(子供はどんどん大きくなるから,衣服はきっちり作るべきではない)▶路途～太远(行程が遠すぎるのはよくない)▶冬天～喝凉茶(冬に冷たいお茶を飲むのはよくない)

ⓐ '宜…不宜…'の形の中で,'…'には意味の相反する単音節の語を用いることが多い。▶肾炎病人的饮食,宜淡～咸(腎炎の病人の飲食は,うす味がよく塩からいのはいけない)▶为了争取时间,速度宜快～慢(時間を切りつめる必要上,速度は速いほうがよく遅いのはいけない)

ⓑ 不宜+于 必ず多音節の語句を客語とする。▶大病初愈,～于操劳过甚(大病が治ったばかりのときは,働きすぎてはいけない)

注意 '不宜'の反対は'宜于'。'不宜'と対をなすとき以外は,'宜'を単独で用いることは極めてまれである。

不用 bùyòng ☞甭 béng

不在乎 bùzài·hu

【動詞】気にかけない,意に介さない。
ⓐ 不在乎+名詞の客語▶他既～名,也～利(彼は名声にも利益にも関心がない)▶王先生～你说话的方式,只要你的出发点是为搞好工作就行(王氏は君の話し方については気にしていない,君の動機が仕事を成功させることにあるならそれでよいのだ)▶我～这几件旧家具,你要就拿去用吧(この古い家具は私はどうでもいいんだ,君がいるなら持って行って使いなさい)
ⓑ 不在乎+動詞の客語 客語は疑問形式。▶只要能学到一技之长,我倒～学什么专业(技能を習得できるのであれば,どの専門を学ぶかは問題にしない)▶他只要能吃饱,～好吃不好吃(彼は満腹できれば,うまいかまずいかは気にかけない)
ⓒ 不在乎+節の客語 客語は疑問形式。▶我～他在背后说我什么(彼が陰で私のことを何と言っていようが気にしない)▶我～别人对我有什么看法(人が私をどう見ているかは気にかけない)▶我倒～他有没有钱,关键是为人得好(彼が金持ちかどうかはどうでもよい,肝心なのは人柄がいいことだ)

— '不在乎'の関わる対象は,ときに文頭に置いてもよく,その場合'对'を加えることができる。▶只要事情能办成,苦点儿累点儿我～(目的が達成できれば,多少苦労しようと疲れようとかまわない)▶吃好吃坏,他全～(食事がよくても悪くても,彼はまったく気にかけない)▶这套丛书很有用,定价高点儿他倒～(この双書は役に立つので,定価が多少高くても彼は気にしない)▶老师批评他,他却一点儿也～(先生が彼を叱責しても,彼はまったく意に介しない)▶对这事儿他根本～(彼はこの事についてまるで気にしていない)

— '不在乎'は程度副詞あるいは語気副詞の修飾を受けられる。▶满～(まったく気にかけない)▶一点儿也～(少しも気にしない)▶挺～的(まるで気にしない)▶很～(気にしない)▶才～呢(全然気にしてないわよ)

— '不在乎'は状語になることができる。▶他～地点了点头(彼は気軽にうなずいた)▶他～地说(彼は平気で言う)

不止 bùzhǐ

【動詞】❶止まらない：2音節の動詞の後ろに用いる。他の成分をともなえない。▶

大笑～（とめどなく大笑いする）▶咳嗽～（せきが止まらない）▶叫苦～（しきりに苦しみを訴える）▶流血～＝血流～（血が止まらない）

❷（一定の数量や範囲を）超過する。
ⓐ不止＋数量▶他恐怕～六十岁了（彼はおそらく60じゃきかないだろう）▶剩下的词典～五十本（余った辞典は50冊以上ある）▶身高超过一米八的～他们几个（背が1メートル80を超えるのは彼ら数人だけではない）▶本地所产水果～柿子一种（当地でとれる果物は柿だけではない）▶这口箱子～三十斤，怕有五十斤（この箱は30斤じゃきかないよ、おそらく50斤あるだろう）
ⓑ不止＋名▶去过北京的～我们（北京へ行ったことがあるのは我々だけではない）▶受到奖励的～老张（報奨をもらったのは張さんだけではない）
ⓒ不止＋節▶班里～我一个人会画画儿（クラスの中で絵が上手なのはぼくだけじゃない）
ⓓ動＋不止＋数量　動は'了・过'をともなうことが多い。▶这个问题他提过～一回了（この問題を彼が提起したのは1回にとどまらない）▶这部电影我看了～两遍了（この映画を見たのは2回やそこらではない）▶我们设计了～一种方案（私たちはいくつかのプランを立てた）▶我在桂林住了～一个月，前后一共有四十多天（私が桂林に滞在したのは1か月ではきかない。前後合わせて40日余りになる）

不只 bùzhǐ ☞不但 bùdàn

不至于 bùzhìyú

【動詞】ある程度にまで達し得ないことを表す。客語は動詞句で、ふつう話し手がその発生を望まない事柄を表す。▶他～连这点儿道理也不懂（彼にこんな道理もわからないはずがない）▶他是数学系毕业的，～连这种题目都做不出来吧？（彼は数学科を卒業しているのだから、こんな問題もできないはずはないでしょう）▶他已经答应了我们，～不来吧？（彼は来ると言ったのだから、来ないはずがないだろう）▶我的棋再不好，也～输给他（私の碁がもっと下手でも、彼に負けるようなことはない）▶他～连我的话都不听（彼が私の言うことさえ聞かないなどということはない）
── '不至于'は客語をともなわなくてもよい。▶要说她明知故犯，那倒～（彼女がわざとやったなんて、そんなはずはない）▶你说他一定要输，我看～（君は彼がきっと負けると言うが、私はそうはならないと思う）

不致 bùzhì

【動詞】ある結果を引き起こさないと判断する：《×付》了・着・过　動詞の客語のみともなう。動詞は話し手が望まない事柄を表す。前にしばしば副詞'才・就'が用いられる。▶要注意饮食，也要经常锻炼，才～发胖（飲食に気をつけ、日ごろ身体を鍛えていれば、太ったりはしない）▶在大森林中，每走一段路要做上记号，才～迷失方向（深い森の中では、一定の道のりを歩くごとにしるしをつけていけば方向を見失うことはない）▶按顺序放回原处，就～把东西弄乱（順番に元の場所に戻していけば、めちゃくちゃにはならない）

C

才 cái

【副詞】❶今さっき：事が今しがた発生したことを表す。

ⓐ単文に用いる。▶他~走（彼は出かけたばかりだ）▶我~从上海回来不久（私は上海から戻ったばかりです）

ⓑ文の前節に用い，後節の'就'と呼応する。2つの事態が引き続いてすぐ発生することを表す。▶你怎么~来就要走？（君は来たばかりなのにどうして行こうとするの）▶我~要去找你，你就来了（ぼくが君を訪ねて行こうとしたとたん，君のおいでだ）▶他~回到家里，老徐就来找他来了（彼が家へ戻ったとたん，徐さんが彼を訪ねて来た）

❷事態の発生，または終結のしかたが遅いことを表す。

ⓐ前に「時間が遅い」「時間の経過が長い」ことを示す語がくる。▶他明天~能到（彼は明日やっと着く）▶都十二点了，他~睡觉（12時にもなってから，彼はやっと寝た）▶催了几次他~走（何回も催促して，彼はやっと出かけた）▶跳了三次~跳过横竿（3回跳んでやっとバーを飛び越えた）

ⓑ前に原因を問う疑問の語句がくる。▶你怎么~来？（君，どうして今ごろやっと来たんだい）▶你为什么这会儿~说呢？（君はどういうわけで今ごろになって言うんだ）

❸「数量が少ない」「程度が低い」ことを表す：ただ…だけ。▶一共~十个，不够分配的（合わせてたったの10個だ，分けるには足りないよ）▶我~看了一遍，还要再看一遍（私は1度見ただけなので，もう1回見たい）▶这孩子~六岁，已经认得不少字了（この子はたった6歳なのに，もうかなりの字を知っている）▶他~比我早到一天（彼は私より1日早く着いただけだ）▶~星期二，还早呢（今日は火曜日だ，まだ早いよ）▶他一个人就翻译了五十页，我们几个人合起来~翻译了四十几页（彼は1人で50ページ訳したけれど，ぼくらは合わせてやっと40ページ余りだ）▶他~是个中学生，你不能要求太高（彼は中学生にすぎないのだから，厳しくしすぎてはいけないよ）

❹ある条件あるいは原因・目的の下でのみ，どうなるかを表す。文の後節に用いる。前節にはふつう'只有・必须・要・因为・由于・为了'がある。▶只有熟悉情况~能做好工作（状況を熟知してこそ仕事を成し遂げることができる）▶要多练习，~能提高成绩（多く練習してこそ，成績を上げられる）▶这样做~对全局有利（このようにしてこそ全体にとって有益である）▶正因为有困难，~派我们去（困難があるからこそ，我々を派遣するのだ）▶大家为了帮助你，~提这些意见（みんなは君を援助するために，これらの意見を提起するのだ）▶这种活儿非要他来~行（こういう仕事は彼でないとだめだ）

❺断定の気持ちを強調する。

ⓐ才+形+呢　程度がはなはだしいことを主に強調する。▶这~好呢！（こいつはいい）▶昨天那场球~精彩呢！（昨日のあの試合はすばらしかったよ）▶他不知道~怪呢！（あいつが知らないはずはないよ）

ⓑ才+[是]…　「ほかはそうではない」の意味を含む。▶这~是好样的！（それで

才 采取 采用 参加

こそ立派だよ)▶这~是名副其实的英雄!(それでこそ名実ともに英雄だ)▶你~[是]撒谎!(君こそでたらめ言って:自分はうそをついていないことを主張)▶你~[是]死心眼儿!(君こそ融通がきかない)

ⓒ才[+不]+動+呢　肯定文ではまれ。▶我~不去呢!(行ってなどやるものか)▶让我演坏蛋,我~不干[呢]!(私に悪役をやらせようとしたって誰がするものか)▶我~懒得管呢!(ぼくが面倒みるのはおことわりだ)

比較 才:再　☞再 zài
才:方才　☞方才 fāngcái

采取 cǎiqǔ

【動詞】ある方針・政策・措置・手段・形式・態度などを選択し実行することを表す。ふつう名詞・動詞・形容詞の客語をともなう。《付》了・过 ▶~正确的方针(正しい方針をとる)▶~行动(行動を起こす)▶对于协作单位,要~积极合作的态度(提携相手に対しては,積極的な協力体勢をとる必要がある)▶不能~高压手段(高圧的な手段をとってはならない)▶~有力措施制止犯罪行为(強力な措置をとって犯罪行為を防止する)▶在这件事上你应该~主动(この件では君が主動権をとるべきだ ×~被动)▶~了紧急措施(緊急措置をとった)▶~过灵活多样的形式(弾力的で多様なやり方をとったことがある)▶~过不合作态度(非協力的な態度をとったことがある)

— 定語になることができる。▶~的手段十分卑鄙(使った手段がとても卑劣だ)▶~的态度不卑不亢(態度は卑屈でもなく傲慢でもない)

比較 采取:采用　'采取'の対象は方针・政策・态度など抽象的な語句である。'采用'の対象は具体的な事物あるいは方法などが多い。'采取'は名詞の客語以外に,2音節からなる動詞・形容詞の客語もともなえる。'采用'は名詞の客語をともなうのみ。

采用 cǎiyòng

【動詞】適当であると判断して利用する。《付》了・过《重ね型》名詞の客語をともなえる。▶~新方案(新しいプランを採用する)▶~过新技术,新工艺(かつて新しい技術,新しい加工方法を採用した)▶~了灵活的战术(柔軟な戦術を採用した)▶~无记名投票的方式(無記名投票方式をとる)▶这一次比赛,我们队将~全新的打法(わがチームは今度の試合でまったく新しいプレー方法を取り入れる)▶在他的书里,~了不少新术语(彼の著書には,多くの新しい専門用語が使われている)▶也可以~~他的建议(彼の提案を採用してみてもよい)

比較 采用:采取　☞采取 cǎiqǔ

参加 cānjiā

【動詞】ある組織あるいは活動に加わる。▶~政党(政党に入る)▶~会议(会議に出る)▶我们都~明天的新年晚会(私たちはみんな明日の新年の夕べに出席する)▶弟弟~了武术培训班(弟は武術訓練班に入った)

— 動詞の客語をともなえる。▶~比赛(試合に出る)▶~了他们的讨论(彼らの討論に加わった)▶他~过几次竞选(彼は何度か選挙に出たことがある)

— 定語になることができる。▶~的人数比去年多(参加人数は去年より多い)

動結 参加得〈不〉了 (liǎo)

参加得〈不〉成　出席できる〈できない〉。▶这次学术会议,我参加得了(私は今回の学術会議に出席できる)▶明天的会,我恐怕参加不了啦(私はおそらく明日の会には出られないだろう)▶我要出差,你们的婚礼也参加不成啦(私は出張しなければならないので,君たちの結婚式も出席できなくなった)

参加 参与 层 曾经

[動趣] **参加起…来** ある活動に加わり，継続していく。▶他也参加起我们的活动来了（彼も我々の活動に参加し始めた）

[比較] **参加：参与** ☞参与 cānyù

参与 cānyù

【動詞】（仕事の計画・討論・処理などに）加わる：《付》了・过《×付》着 名詞の客語・動詞の客語をともなえる。▶那天的事情我没有～（私はあの日の件には関わっていない）▶～国际事务（国際的な仕事に参画する）▶他也～了这项工作（彼もこの仕事に関わっている）▶曾经～过盗窃活动（かつて窃盗行為に関わっていたことがある）▶他～了我们的调查（彼は我々の調査に加わった）▶～了公司的筹建（会社の設立計画に参与した）▶由于他的积极～，最后制订出来的计划充实多了（彼が積極的に関与したことで，最終的な計画はずっと充実したものになった）

[注意] '参预'とも書く。

[比較] **参与：参加** '参与'は仕事の計画・討論あるいは処理などの活動に参画することを指す。'参加'はある組織に加わる，あるいはある事柄について意見を出すことを指す。例えば▶他参加〈×参与〉了书法学会（彼は書道学会に入った）▶我在公司里从来没参与〈×参加〉过机密（私は今まで会社の機密に関与したことがない）

层 céng

【量詞】❶重なったあるいは累積した事物について用いる。序数を表す数字の前では'第'をつけなくてよい。▶三～院子（3部分で構成されている庭）▶这座楼有十五～，我住在第五～（このビルは15階あって，私は5階に住んでいる）▶再上一～楼（もう1階登る）▶我们研究所在六～（我々の研究所は6階にある）▶把他围了个里三～外三～（十重二十重に彼をとり囲んだ：この言い方は'三'のみ）▶远望去，山坡上是～～梯田（はるか眺めやると山の斜面に段々畑がいく重にも重なりあっている）▶一～～地传达下去（順次組織を通して下部へ伝達する）

— 数＋层＋的 '楼・宝塔'を修飾する。▶七～的宝塔（七重の塔）▶一座二十四～的大楼（24階建てのビル）

❷項目や段階に分けられる（主に思想・意味・理由などの抽象的な）ものに用いる。▶这句话有两～意思（この言葉には二重の意味がある）▶这里还有一～原因〈理由，道理〉（ここにもう1つの原因〈理由・道理〉がある）▶我可没料到这一～（私はここまでは予想しなかった）

❸物体の表面を覆う物に用いる。▶桌上蒙了一～灰（テーブルはほこりをかぶっていた）▶外面罩着一～塑料薄膜（外側にプラスチックのうすい膜がおおっている）▶窗户缝儿上糊了两～纸（窓のすき間に紙が二重に貼ってある）▶再铺上厚厚的一～棉花（さらに分厚い綿を敷く）▶河面上结了一～冰（川に氷が張った）▶盖上薄薄的一～土（うすく土をかける）▶外面包了好几～，先是一～布，然后是几～纸，要一～一～地打开（外側をいく重にも包んである。まず布，その次に紙が何枚もあるから，1枚1枚はがさなくてはならない）

曾经 céngjīng

【副詞】以前にある行為や状況があったことを示す。

ⓐ曾经＋動 ふつう動は後ろに'过'をともなう。'了'でもよい。▶我～跟他在一起工作过三年（私はかつて彼と一緒に3年間仕事をした）▶这位画家～到过西藏（この画家は昔チベットへ行ったことがあった）▶他又回到他童年时～住过的村子（彼は幼年時代を過ごした村へ，再び戻って来た）▶他～学过俄语，后来改学英语（彼は以前ロシア語を学んだが，のちに英語を学ぶようになった）▶我～为这件事费了很多时间（かつてはこのことに多くの時間

を費した)

━ 否定の形は'没［有］+動［+过］'▶我没有跟他一起工作过(彼と一緒に仕事をしたことがない)▶我没有到过西藏(チベットへ行ったことがない)▶他从来没有失信(彼はこれまで約束をたがえたことがない)

━ '不曾'あるいは'未曾'は口頭ではすでにまれにしか使われなくなっているが、文章ではまだ使われることがある。《書》▶除此之外,不曾发现其他可疑之处(このほかには疑うべき所が見当たらなかった)▶如此盛大的场面,我从来未曾经历过(かくのごとき盛大な場面にいまだかつてお目にかかったことがない)

ⓑ曾经+形 形の後ろに必ず'过'か'了'を付ける。▶前些天～热过一阵,这几天又凉快些了(先ごろは暑かったが、ここ数日また少し涼しくなった)▶为了做好准备工作,他～忙了几天(準備をきちんとするために、彼はここ数日間忙しかった)▶刚得病的时候,我也～悲观过,是大家的鼓励使我变得坚强了(病気にかかったときは悲観したこともあったが、みんなにははげまされて気持ちをもちなおした)

━ 否定の形はⓐと同じく'没［有］+形［+过］'▶我从来没有这么兴奋过(こんなに興奮したことは今までになかった)▶这条街从来没有像现在这样热闹(この通りが現在のようににぎやかであったことはかつてない)

ⓒ'曾经'のあとは、時間的な制限が付く場合を除いて、否定の形にできない。▶为了搞试验,～三个月不出门(テストを行うため、かつて3か月間外出しなかった ×为了搞试验…～不出门)

比較 曾经：已经① '曾经'はかつてある行為や状況があったことを表し、ふつう最近のことではない。'已经'は事の完成を表し、時間的には一般に少し前のことである。▶这本书我曾经买过好几回,都没买到(以前にこの本を何回も買おうとしたけれど、いつも買えなかった)▶这本书我已经买到了,不用你费心了(この本はもう買いましたので、ご心配いただくには及びません)

② '曾经'が表す動作や状況はすでに終わっている。'已经'の表す動作や状況はまだ継続していることもある。▶我曾经在这里住过三年(かつてここに3年住んだことがある：今はここに住んでいない)▶我已经在这里住了三年(私はここにもう3年住んだ：今もなおここに住んでいる)

③ '曾经'のあとの動詞は主に'过'をともなう。'了'でもよい。'已经'のあとの動詞は主に'了'をともない、'过'はまれ。

差不多 chà·buduō

【形容詞】❶ほとんど(の), 大多数(の)：後ろに'的'を付けて名詞を修飾する。▶～的农活儿他都会(彼はたいていの農作業はできる)▶～的人都知道这事,你还不知道?(ほとんどの人がこの事を知っているのに、あなたはまだ知らないの)

❷大差ない, 近似している：述語または補語となる。▶姐妹俩的长相～(姉と妹は顔立ちがそっくりだ)▶三班的水平跟二班大概～(3組のレベルは2組とだいたい同じだ)▶那麻袋很沉,你扛不动,我去还～(あの麻袋は重いから君にはかつげないよ、ぼくならまあなんとかなるが)▶麦子熟得～了,该收割了(麦がいいかげん色づいてきた、そろそろ刈り入れだ)

【副詞】大差ないことを示す：ほぼ。

ⓐ差不多+動 ふつう文中に数量や程度を表す語句を含む。▶快去,火车～要进站了(早く行きな、汽車はもうすぐホームに入ってくるよ)▶～等了两个小时(2時間ほど待った)▶～有两千人(およそ2000人いる)▶他的年龄～是我的一倍(彼の年は私のほぼ倍だ)

ⓑ差不多+形 ふつう文中に数量や程度を表す語句を含む。▶他俩～高(あの2人は背がほとんど同じくらいだ)▶头发～全白了(髪がほとんどまっ白になった)▶

两个箱子～一样重（2つの箱の重さはほとんど同じだ）▶你比我～高一头（君はぼくよりほぼ頭1つ分背が高い）

ⓒ差不多+数量［+名］▶这个工厂已经办了～六年了（この工場ができてからもう6年ほどになる）▶走了～十五里山路（約15里ばかり山道を歩いた）▶～一半同学都学过英语（およそ半数の学生が英語を勉強したことがある）

差点儿 chàdiǎnr

【副詞】ほとんど実現しそうで実現しなかった，あるいは実現できそうになかった事柄が結局は実現したことを表す。

ⓐ実現を望まないことが，実現しそうになりながらも実現しなかったことを表す。助かったという気分を含む。動詞が肯定形でも否定形でも同じ意味。▶～［没］闹笑话（あやうくもの笑いになるところだった：実際にはもの笑いになっていない）▶～［没］答错（もうちょっとで答え違えるところだった：実際には間違っていない）▶～［没］摔倒（あやうく転ぶところだった：実際には転んでいない）

ⓑ望んでいたことが，実現しそうになかったのに結局は実現したことを表す。よかった，うれしいという気分を含む。動詞は否定形を用いる。▶～没见着（もう少しで会えないところだった：実際には会えた）▶～答不上来（あやうく返事につまるところだった：実際には答えられた）▶～没买到（すんでのことで買えないところだった：実際には手に入った）

ⓒ望んでいたことが，実現しそうになりながら結局は実現しなかったことを表す。残念だという気分を含む。動詞は肯定形。動詞の前にはふつう'就'がくる。▶～就见着了（もうちょっとで会えるところだったのに：実際には会えなかった）▶～考上甲班（もう少しで優秀クラスに合格したのに：実際には合格しなかった）▶～就买到了（もうちょっとで買えたのに：実際には手に入らなかった）

比較 差点儿：几乎 '差点儿'は基本的には'几乎'❷と同じだが，話し言葉では'差点儿'のほうがよく使われる。

产生 chǎnshēng

【動詞】生まれる，出現する：抽象的な事物に用いることが多い。《付》了・着・过 名詞を客語にともなう。▶～问题（問題が発生する）▶～力量（力が生まれる）▶～困难（困難が生じる）▶我最近对象棋～了很大的兴趣（最近，将棋にたいへん興味がわいてきた）▶在中国几千年的历史中，～了极其丰富灿烂的文化（数千年にわたる中国の歴史において，極めて豊富で輝かしい文化が生み出された）▶当初我们没估计到会～这样多的矛盾（初めはこんなにいろんな矛盾が出てこようとは予測していなかった）

— 発生した事物を示す名詞は，しばしば主語となる。▶旧的问题解决了，新的问题又～了（古い問題が解決したら，新しい問題がまた発生した）▶这种情况还没有～过（そのような状況はまだ起きたことはない）

動趣 产生出 必ず客語をともなう。▶在实践过程中必然会产生出新的经验（実践していく中で必ず新しい経験が生み出される）

产生出来▶经过多次培育，新品种终于产生出来了（何度も栽培を繰り返し，ついに新種を作り出した）

长短 chángduǎn

【名詞】❶長さ：口語では《儿化》▶这条裤子～儿挺合适（このズボンは長さがちょうどよい）▶绳子的～儿不够，差两寸（縄の長さが足りない，2寸不足だ）▶这两根柱子的～儿一样（この2本の柱の長さは同じだ）▶你试试这件衣服～儿怎么样（この服の丈はどうか着てごらんなさい）
❷思わぬ出来事（生命の危険を指すこと

が多い）：しばしば'有'の客語になる。前に量詞'个'を用いる。▶你要有个～儿，我可怎么办（君にもしものことがあったら、私はいったいどうしたらいいんだ）▶万一他有个～儿，你就该后悔了（彼に万一のことがあったら、君はきっと後悔する）

慣用句 **三长两短** 思いがけない災い。人の死亡を指すことが多い。▶他要有个三长两短，我怎么向他的家人交代啊！（彼にもしものことがあったら、私は彼の家族に申しわけがたたない）

说长道短 人のことをあれこれ言う。

长期 chángqī

【形容詞】長期間の，長く，長期に及ぶ：定語・状語になる。単独で述語にはならない。'是…的'形式の中でのみ述語になる。

ⓐ定語になる。▶～贷款（長期貸付金）▶～任务（長期の任務）▶这是一个～的历史过程（これは長い歴史的な1過程である）▶作好～的打算（長期的な見通しを立てる）▶经过～的不懈努力，他们取得了最后的成功（彼らは長い間のたゆまぬ努力によって最終的な成功を手に入れた）

ⓑ状語になる。▶今后我们要～合作（今後我々は長期的に協力していく必要がある）▶～居住在郊外（長いこと郊外に住んでいる）▶各种细菌～生存在人的体内（人の体内ではさまざまな細菌が長期間生存している）▶他在西藏住了二十年，～地考察那里的地形地貌（彼はチベットに20年住んで，長期にわたって地形の実地調査を行った）▶这种病～地折磨着老人（この病気が長い間老人を苦しめている）

ⓒ是＋长期＋的 ▶这笔贷款是～的（この貸付金は長期のものだ）▶这种影响是～的（この種の影響は長期的なものだ）▶我们的计划是～的（我々の計画は長期的なものです）

长于 chángyú

【動詞】（ある事に）たけている，長じている：必ず名詞の客語をともなう。▶～书法（書道に秀でている）▶～音乐（音楽に長じている）▶～民歌（民間歌謡にたけている）▶～绘画（絵画にすぐれている）▶～诗歌朗诵（詩歌の朗唱が得意だ）▶王先生～写作七言律诗（王先生は七言律詩を作ることに長じている）

场 cháng

【量詞】ある事柄・現象が起こった回数を数える。

ⓐ風・雨・病気・災難・農作業などに用いる。▶下了两～雨〈雪、雹子〉（雨〈雪・ひょう〉が2回降った）▶刮了一～大风（ひとしきり大風が吹いた）▶生了一～病（しばらく病気をした）▶受了一～虚惊（ギクッとさせられた）▶发了一～大水（1度大水が起こった）▶这～大火整整烧了两天（今回の大火はまるまる2日間燃え続けた）▶发生了一～革命（革命が起こった）▶经过一～大战（大戦を1回経た）▶掀起一～风波（波瀾を巻き起こした）▶经受了这～大风浪的考验（今回の厳しい試練に耐えた）▶轧了一～麦子（麦の上にひととおりローラーをかけた）▶打了三～谷子（脱穀を3回やった）

ⓑ言動について用いる。後ろに名詞を付けない。▶大哭一～（ひとしきり大声をあげて泣く）▶闹了两～（2度さわぎを引き起こした）▶责备了我一～（ひとしきりぼくをしかった）▶这才不辜负父母辛辛苦苦培养你一～（これでこそ，両親が苦労してあなたを育てたかいがある）▶我决心在建设地铁的战斗中大干一～（地下鉄建設の部署で私は大いにやる決意だ）

慣用句 **一场空** 希望や努力がふいになることをたとえて言う。▶旧社会农民辛辛苦苦劳动一年，到头来往往是一场空（旧社会では農民は1年間苦労して働き通しても，

結局は多くの場合むだ骨だった)

常常 chángcháng

【副詞】行為・動作の発生する回数が多いことを表す。▶他～工作到深夜(彼はよく夜中まで仕事をする)▶早期的白话文中～夹杂文言成分(初期の白話文の中には,しばしば文語的要素がまじっている)▶他～一出去就很晚才回来(彼はいったん出かけたらいつも遅くならないと帰らない)

注意 否定形は'不常'を用いることが多い。ふつう'不常常'は用いない。▶他不常来(彼はちょくちょく来るわけではない)▶现在身体好些了,不常闹病了(今では体もだいぶよくなり,あまり病気をしない)

比較 常常:通常 ☞通常 tōngcháng

场 chǎng

【量詞】❶演劇の公演,スポーツ活動などを終わりまでひととおり行うことを'一场'という。▶三～戏〈电影・演出〉(3回の芝居〈映画・公演〉)▶这个星期只演出四～(今週は4回上演するだけだ)▶我看四点半的一～(私は4時半からの部を見る)▶这出戏公演以来～～都满座(この芝居は公演開始以来,毎回満席だ)▶这部片子星期天有早～、下午～、晚～、还有夜～(この映画は日曜には午前・午後・夜の部があり,さらに深夜の部がある)

❷芝居の「場」の数を言う。▶这出戏一共有五幕十～(この芝居は全部で5幕10場だ)▶这个话剧分几～?(この新劇は何場に分かれているんだね)

❸テストなどの回数を数える。▶昨天考了两～(昨日テストが2つあった)▶今天还要考～物理(今日はまだ物理のテストがある)

朝 cháo

【動詞】人や物がある方向に面していることを表す。必ず客語をともなう。▶仰面～天(仰向けにひっくり返る)▶这间屋子坐北～南(この部屋は南向きだ)▶这个人背～着我, 没看清是谁(その人は私に背を向けていたので,誰かはっきりわからなかった)

【介詞】動作が向かう方向を示す。'朝…'は動詞の前でのみ用いる。《付》着ただし単音節の方位詞と組み合わせるときは不可。▶～前看(前方を見る)▶大门～东开(正門は東側にある)▶应该～这方面想(この方向で考えなければならない)▶舰队～海岛驶去(艦隊は島に向かって進んで行く)▶～着确定的目标加倍努力(確定した目標に向かって一層努力する)▶他～我挥手, 我～他点头(彼は私のほうに手をふり,私は彼に向かってうなずいた)▶小丰进来, 大伙儿都～着他笑(豊くんが入ってくると,みんなは彼に笑顔を向けた)

比較 朝:向 ①'朝'を用いる文に'向'を用いてもよい。

②'向'は動詞の後ろに用いてもよい。'朝'は不可。▶奔向远方(遠くへ向かって行く)▶从胜利走向胜利(勝利から勝利に向かって進む)

③人を指す名詞と組み合わせるとき,'朝'は身のこなしや姿勢などの具体的な動作を表す動詞についてのみ用いられる。抽象動詞には用いない。以下の例はいずれも'朝'を用いない。▶向人民负责(人民に対して責任を負う)▶向群众学习(大衆に学ぶ)▶向老师借了一本书(先生から本を1冊借りた)

朝:往 ☞往 wǎng

趁 chèn(乘)

【介詞】条件や機会を利用することを表す。'趁…'は主語の前に置いてもよい。

ⓐ趁+图 图が2音節以上のとき《付》着▶～空儿把车修了一下(ひまをみて自転車を直した)▶天色不早了, 咱们～儿赶路吧!(日が暮れてきた。明るいうち

に道を急ごう）▶～着晴天抢收麦子（晴れているうちに急いで麦を刈り入れる）▶～着休息的时候他给我理了发（休み時間を利用して、彼が散髪してくれた）

ⓑ趁+形 形が2音節のとき《付》着▶～早准备（早めに準備する）▶姜汤要～热喝（ショウガ汁は熱いうちに飲まなくちゃいけない）▶咱们～黑摸过去（夜陰に乗じて進んだ）▶～着年轻多学点技术（若いうちに少しでもよけいに技術を身に付ける）

ⓒ趁+動《付》着▶～有劲儿多干点活儿（力があるうちにもっとたくさん仕事をする）▶～着还没到时间，再检查一遍（まだ時間があるのでもういっぺん点検する）▶～着走得不远，快把他追回来（彼が遠くへ行かないうちに、急いで連れ戻すんだ）

ⓓ趁+節《付》着▶～天还没有完全黑下来，快点儿赶路呢（日がすっかり暮れてしまわないうちに道を急ごう）▶他～我不注意，又把我的衣服拿去洗干净了（私がうっかりしていたスキに、彼はまたぼくの服を持っていってきれいに洗たくしてくれた）▶～着身子骨还结实，抓紧时间多做一些工作（体が丈夫なうちは、少しでもよけいに仕事をする）

〖乘〗'趁'に同じ。《書》《×付》着▶乘势（勢いに乗ずる）▶乘机破坏（スキに乗じて破壊する）▶乘胜前进（勝ちに乗じて前進する）▶乘人之危（人の災難につけ込む）

称 chēng

【動詞】（呼称を）呼ぶ，…と呼ぶ：《付》过　必ず客語をともなう。

ⓐ一般に名詞の客語をともなうとき，'称'を単独では用いない。前に副詞の要素を置く。▶～王～霸（自ら王と称して霸者を自認する）▶他自～多面手（彼は万能選手を自称している）▶古体诗又～古诗或古风（古体詩は「古詩」とも「古風」とも呼ばれる）▶李白与杜甫并～李杜（李白と杜甫を一緒にして李杜と呼ぶ）

ⓑ称+名₁［+为］+名₂▶我们都～他老李头儿（ぼくたちはみんな彼のことを李じいさんと呼んでいる）▶他们～那些为填补空白而辛勤工作的人为'拓荒者'（彼らは空白部分をうめるため一生懸命に励む人々を開拓者と呼んでいる）▶《水浒传》里～鲁智深为'花和尚'（『水滸伝』の中で魯智深は「なまぐさぼうず」と呼ばれている）

ⓒ称+为　'把'を用いた文に多い。▶食盐在化学上～为氯化钠（食塩は化学で塩化ナトリウムと呼ばれる）▶人们把他～为'活字典'（彼は「生き字引」と呼ばれている）

動趨 称得〈不〉上　称することができる〈できない〉。▶老张称得上文武双全（張さんは文武両道に通じていると言える）▶我做得很不够，称不上模范（私はまだまだ不十分で模範とは言えません）

称得〈不〉起　…と言われるだけの資格がある〈ない〉，称することができる〈できない〉。▶他称得起我们工厂的好管家（彼は我が工場のよき管理者と呼ばれるだけのことはある）

成 chéng

【動詞】❶成功する，完成する：《付》了・过▶大功告～（大きな仕事を成し遂げる）▶功到自然～（努力をすれば，自ずと成功する）▶事情已经～了（事はすでに成就した）▶你先去办，如果不～，咱们再商量（まずやってみなさい，うまくいかないならまた相談しよう）

❷（…に）なる，（…に）変わる：必ず名詞の客語をともなう。▶芳草遍地，松柏～林（香しい草が大地をおおい，松柏が林をなす）▶两个人～了好朋友（2人はなかよしになった）▶这一带已经～了住宅区（ここ一帯はすでに住宅地域になった）▶这事不～问题（これは問題にならない）

❸よろしい，けっこうだ：《付》了　文頭か

文末で用いる。▶～，就这么办（よろしい，ではそうしましょう）▶什么时候都～（いつでもよろしい）▶送到这儿就～了，请留步吧（ここまで送ってくれればけっこうです，お見送りには及びません）▶你不参加怎么～？（君が参加しないでいいものか）▶我同意了还不～？（私が賛成したのに，それでもだめだと言うのか）

❹能力がある：必ず'真'を前に付ける。《少用》▶这个球队可真～，这次又打赢了（この球技チームは本当に強い，今度もまた勝った）

❺成＋量 句を構成する。動詞を修飾できる。《重ね型》数量が多いことや時間が長いことを強調する。▶～年累月（長い年月）▶桌上文件一堆（机の上には書類が山と積まれている）▶～批生产（大量生产）▶～倍地增长（何倍にも増える）▶～天～夜地抢修大桥（何昼夜もぶっ通しで橋を修理する）▶草原上奔跑着～群～群的牛羊（たくさんの牛や羊の群れが草原を走りまわっている）▶各种化肥～吨～吨地运往农村（各種の化学肥料が何トンも何トンも農村へ運び込まれる）

❻動結形の後置要素となる。

ⓐ成功・完成・実現を表す。'得・不'をはさめる。▶筐编～了（かごをあみあげた）▶文章昨天才写～（文章は昨日やっと書きあげた）▶新品种试验～了（新種がテストに成功した）▶这个会开得～吗？（この会議は開けますか）▶下雨就去不～了（雨が降れば行けなくなる）▶缩手缩脚办不～大事（びくびくしていては大きな事はできない）

ⓑ（…に）なる，（…に）変わる：必ず客語をともない，ふつう'得・不'をはさめない。▶这些素材打算用来写～一个剧本（これらの素材を使って脚本に仕上げるつもりです）▶喊声连～一片（叫び声があたり一面にひびきわたる）▶把旧设备改造～新机器（古い設備を新しい機械に改造する）▶她的体型好，可以培养～一个舞蹈演员（彼女はスタイルがいいからバレリーナに育てることができる）

動結 成得〈不〉了(liǎo) 成し遂げられる〈成し遂げられない〉。▶这种人成不了大事（このような人は大きな事を成し遂げられない）

成为 chéngwéi

【動詞】…になる，…にする：単独では述語にならない。必ず客語をともなう。▶他～名演员了（彼は名優になった）▶我们已经～好朋友了（私たちはもうよい友だちだ）▶这已经～事实，无法更改了（これは既成の事実で，変えることはできない）
― 動＋成为 ▶我们要把他培养～一名好棋手（我々は彼を立派な棋士に育てなければならない）▶那里已经发展～一个新型城市了（あそこはすでに新しい都市に発展している）

诚然 chéngrán

【副詞】実際に，確かに：前にはしばしば'诚然'以下を先導する文がある。▶他很爱小动物，小动物也～讨人喜欢（彼は小動物が好きだ，小動物はまあ確かに可愛い）▶你说那里环境很好，我去看了一下，那里～不错（君が環境のいいところだと言うので行ってみたら，本当になかなかのものだった）▶他的性格长相，～如你说的那样（彼の性格・容貌は，確かに君が言うとおりだ）▶这里有山有水，护理条件也不错，～是个疗养的好地方（ここは自然の景観もよく，看護の条件も整っていて，確かに療養するにはよいところだ）

【接続詞】もとより：複文を結びつける。前節に用いて事柄甲が事実であると認めたあと，他の事柄に転ずる。後節にはしばしば'但是'など逆接の接続詞が用いられ，話し手の主眼は後節にある。▶我～严厉批评过他，可完全不是恶意的（私はなるほど彼を厳しく叱責したことはある，しかし悪意があってのこととはまったく違う）▶问题

～不少，但是我们总会想办法一个一个地解决（むろん問題は多い，しかしきっと何か方法を考えて1つ1つ解決してゆけるはずだ）▶他的看法～不够全面，但也不是一点道理都没有（彼の見方は確かに全面的な配慮に欠けてはいるが，しかしまったく理がないというわけでもない）

━ 主語の前に用いることができる。▶～，他的行为可疑，但是我们并没有掌握他的确切证据（確かに，彼の行為は疑わしい，しかし我々は確実な証拠を握っているわけではない）

程度 chéng·dù

【名詞】❶文化・教育・知識・能力などの水準。▶～参差不齐（レベルが不揃いだ）▶文化～很高（学歴が高い）▶他的中文～也就相当于小学毕业（彼の中国語のレベルは小学校卒業程度というところだ）▶通过培训，他们已经达到高中～（研修を受けた結果，彼らはすでに高校生のレベルに達している）▶他的英文已经有相当的～（彼の英語はもうかなりの水準に達している）

❷事物が変化し到達した状況。▶精密～很高（精度が高い）▶这个地区文物破坏的～相当严重（この地域は文化遺産の破壊がかなり深刻な状況になっている）▶他们厂的亏损已达到非常惊人的～（彼らの工場は人が驚くほどの欠損を出している）▶天气虽冷，还没有到上冻的～（寒いとはいえ，まだ氷が張るほどにはなっていない）

乘 chéng ☞趁 chèn

吃 chī

【動詞】❶口の中でかんで体内にとり入れる。《付》了・着・过《重ね型》名詞の客語をともなえる。▶～了饭再走（食事をしてから出かける）▶鱼让猫给～了（魚は猫に食われた）▶这种白兰瓜我～过（この種の白蘭瓜は食べたことがある）▶～得很饱（たくさん食べた）▶你把这药～了（君この薬を飲みなさい）

ⓐ客語の大部分は固体の食物を指す。液体は'奶'（お乳）と'药'（薬）のみ。
ⓑ非受事客語（動作の対象ではない客語）をともなう。

━（客語が）場所。▶～小馆（小さな食堂で食べる）▶～食堂（食堂で食べる）

━ 道具あるいは方法。▶～火锅（しゃぶしゃぶを食べる）▶～大碗，不～小碗（小さな茶碗でなく，大きな茶碗で食べる）▶～大锅饭（みんなで同じなべのめしを食べる：平均主義を言う）

━ 依存するもの。▶靠山～山，靠水～水（山に近いものは山で生活の道をたて，川に近いものは川で生活の道をたてる）▶～劳保（労働保険で暮らす）

❷消滅させる：戦争や将棋などに用いることが多い。《付》了・着・过 名詞を客語にともなう。▶～了敌人一个团（敵の1個連隊をやっつけた）▶他的'马'～着你的'车'呢（彼の'马'が君の'车'を食う位置にあるよ）

❸吸収する，吸い取る：必ず名詞を客語にともなう。▶道林纸不～墨水（ドーリングペーパーはインクを吸わない）▶小白菜很～油（小松菜は油をよく吸収する）

❹物体が別の物体に挿入あるいは切り込むことを表す。客語となるのはいくつかの単音節の名詞のみ。▶船身～水一米八（船体の喫水は1.8メートルである）▶这犁～土很深（このスキは土に深く入る）▶机床转速很快，～刀不要太深（この旋盤は回転がとても速いからバイトをあまり深く切り込まないように）

❺（被害を）受ける，耐えしのぶ：《付》了・着・过 必ず名詞を客語にともなう。▶～苦头（苦しみをなめる）▶腿上～了一刀（足にひと太刀くらう）▶～过几次败仗（何度も敗北を喫した）

❻受け入れる，認める：必ず名詞・形容

詞を客語にともなう。▶我不～这一套（私はその手はくわない）▶～软不～硬（やさしく来られると弱いが強く出られると抵抗する）

|動結| 吃//掉　吃//饱　吃//惯
　　吃得〈不〉了（liǎo）

吃好　食べ終わる。▶我已经吃好了，你收拾吧！（私はもう食べ終えましたから，かたづけなさい）

吃//好　満足に食べられる。▶发生这件事以后，他吃不好也睡不好（あれ以来，彼は食欲もないし，よく眠れない）

吃//透　はっきりと理解する。▶吃透文件的精神（文書の精神をのみこむ）▶我吃不透他的意思（彼の考えがはっきりのみこめない）

吃得〈不〉住　耐えることができる〈できない〉。▶支架很结实，上面再重一点也吃得住（ささえがしっかりしているから，上がもう少し重くても，もちこたえられる）

吃得〈不〉消　もちこたえられる〈もちこたえられない〉。▶蝶泳二百米我可吃不消（バタフライで200メートルは泳ぎきれない）

|動趨| **吃//上**　手に入れて食べられる。▶我们这里一年四季都能吃上新鲜蔬菜（私たちの所では1年中新鮮な野菜を食べられる）

吃//下去▶胃里难受，吃不下去（胃の具合が悪くて食べられない）

吃//出来▶辣椒本来我不吃，现在可吃出点味道来了（もとは唐辛子を食べなかったが，今では味も少しばかりわかるようになった）

吃起来▶这橘子看起来不怎么样，吃起来味儿挺好（このミカンは見たところどういうことはないが，食べてみると味はとてもよい）

吃得〈不〉开　人気がある〈ない〉。▶你这一套现在是吃不开了（君のこのやり方は今ではもうはやらないよ）

吃得〈不〉来　食べなれている〈なれていない〉。▶羊肉我吃不来（羊の肉は私の口には合わない）

充满　chōngmǎn

【動詞】❶埋める，広がる：《付》了　必ず場所を表す名詞を客語にともなう。否定形はない。▶欢呼声～了整个会场（歓呼の声が会場全体に満ち満ちていた）▶兴奋得泪水～了眼眶（興奮のあまり目にいっぱい涙があふれた）

❷すっかり埋められる，おおわれる：《付》了・着　主語は場所を表す名詞。否定形はない。▶整个会场～了欢呼声（会場全体が歓呼の声につつまれた）▶屋子里～着阳光（部屋の中は太陽の光でいっぱいだ）▶商场内外～着节日前的繁忙景象（マーケットの内外は祭日前のあわただしさにつつまれている）▶他的信中～了对新工作的热爱（彼の手紙は新しい仕事への情熱で満ちあふれていた）

重　chóng　☞重新 chóngxīn

重新　chóngxīn（重・从新）

【副詞】最初からやり直すこと：もう1度。

一　重新＋|動|　《付》了・过▶治疗一个多月以后，头发～长出来了（治療を始めて1か月余りたつと，髪の毛がまたはえてきた）▶你再～检查一次（改めてもう1度点検しなさい）▶我又把这篇文章～读了一遍（この文章をもう1度読み直した）▶～安排了一下（改めて手配し直した）▶计划已经～修改过了（計画はすでに新しく練り直された）

〖重〗'重新'に同じ。後ろは単音節の動詞だけをとる。▶这样写不对，请你重写一遍（この書き方はいけません。もう1度書き直して下さい）▶久别重逢（久し振りに再会する）

〖从新〗'重新'に同じ。

愁　chóu

【動詞】❶心配する：名詞・動詞・節を

客語にともなう。客語は原因を表すことが多い。'愁'の前には副詞の'正・还・就'などをしばしば用いる。名詞客語をともなうのは慣用的用法に多くみられる。▶不～吃不～穿（食べることや着ることを心配しない）▶我们就～孩子没人管（子供たちの面倒をみてくれる人がいないことだけが心配だ）▶计划完不成，他～得饭也吃不下去（計画を達成できないので，彼は心配でご飯ものどを通らない）▶～眉苦脸（愁いに沈んだ表情）

— 動詞や節が客語になるときは，ふつう否定形。▶学会了开车，还～没用处？（車の運転をマスターしたら，使いみちに困ることなどありはしないさ）▶你们这里老工人多，还～抽不出人来吗？（あなた方の所は熟練した労働者が多いんだから，ほかに回したっていいだろう）

❷心配させる：'愁死・愁坏'などの動結形のみ。▶～坏了（ひどく心配させた）▶秋风秋雨～煞人（秋風秋雨人を愁殺す）▶这件事该怎么办呢，真～死我了（この件はどうすればいいのだろう，本当に心配でたまらない）

出¹ ⊂鯛 chū

【量詞】劇などで（1つの）独立した演目を数える。▶一～京戏（京劇の1つ）▶这～戏很好（この劇はよい）

比較 出¹：台 ☞台 tái

出² chū 動; // ∘ chū 趣

【動詞】❶（中から外へ）向かう：'进'と対をなす。《付》了・过　場所を表す客語をともなう。▶他～国了（彼は外国へ行った）▶～了这条街，一拐弯就到（この通りを出て角を曲がるとすぐだ）▶一会儿～，一会儿进，忙什么？（出たり入ったり何をしているの）▶～～进进的，干什么呀？（出たり入ったり何をしているの）

❷物体を中から外へ移動させる。…を空にする：《付》了・着・过　客語は'煤・粪・猪圈'のみ。▶过去他们用铁镐～煤，现在用风镐了（昔はつるはしで石炭を掘ったが，今は空気さく岩機を使うようになった）▶那儿正在～粪呢（あそこでちょうど糞尿の汲み取りをしている）▶今天我们～了四个猪圈（今日は4つの豚小屋で糞尿を外に出した）

❸超える：《付》了　範囲・時間を表す名詞を客語にともなう。▶～圈儿（常軌を逸する）▶～格（人並みはずれている）▶球～了边线了（ボールがサイドラインを超えた）▶考题不会～这个范围（試験問題はこの範囲を超えることはない）▶不～一年他的外语一定能赶上你（彼の外国語は1年もたたないうちに必ず君に追いつく）▶期中考试没～过课本的范围（期末試験は教科書の範囲をこえたことがない）

❹外部に出す：《付》了・过《重ね型》名詞を客語にともなう。▶～布告（告示を出す）▶～专刊（特集号を出す）▶～大力，流大汗（思いきり力を出し，汗を流す）▶请你给我们～～主意吧（どうか私たちによい智恵を貸してください）▶这辆车～多少钱买的（この車はいくら出して買ったのですか）

❺生まれる，発生する，産出する：《付》了・过　名詞を客語にともなう。▶要早～人材，早～成果（早く人材を送り出し，早く成果をあげなくてはならない）▶我们家乡～铜（私たちの故郷は銅を産出する）▶从未～过任何事故（これまでいかなる事故も起こったことがない）▶要小心，别～事故啊！（事故を起こさないように注意しなさいね）

— 出+在〈于，自〉▶事情～在一九二七年（1927年のことでした）▶问题就～在他身上（問題はほかでもなく彼から生じた）▶他们这样做是～于什么目的？（彼らがこうするのは何の目的からか）▶这幅画一定～自名家之手（この絵はきっと有名な大家の手になったものだ）

❻発生する，出す：《付》了・着・过

《重ね型》名詞を客語にともなう。▶～了不少汗（汗をたくさんかいた）▶你～过麻疹吗？（はしかにかかったことがありますか）▶张着嘴呼哧呼哧地～着粗气（口を開けたままハァハァとあらい息を吐いている）▶～～汗，病就会好的（汗を出せば、病気はよくなる）▶他走路一点声音也不～（歩くとき彼は物音ひとつたてない）

動結 出尽 ▶这家伙出尽了洋相（こいつはとことん醜態をさらした）

出得〈不〉了 (liǎo) ⓐ出得了这个范围吗？（この範囲を超えられますか）
ⓑ出不了差错，你放心（間違いは起こりっこないから、安心しなさい）

動趨 出得〈不〉起　出せる〈出せない〉。▶这笔钱他出得起（この金を彼は出せる）

【趨向動詞】❶動＋出［＋名］　名はふつう動作の対象、ときに動作の主体のこともある。

ⓐ人あるいは事物が動作につれて中から外へ向かうことを表す。▶列车从北京开～了（列車は北京を出発した）▶电报已经发～了（電報はすでに打った）▶从银行取～了一笔存款（銀行から預金をいくらか引き出した）▶我们要为祖国贡献～全部的力量（我々は祖国のためにすべての力をささげなければならない）▶我们一下子运不～那么多矿石（1度にあんなにたくさんの鉱石を運び出せない）▶你们还派得～人吗？（さらに人を送り出せるか）▶老松树上渗～了厚厚的松脂（古い松の木からマツヤニがべっとりしみ出している）▶从屋里走～一个人（部屋の中から誰か出てきた）

ⓑ動作の完成を表す。隠れた状態が明白になったり、無から有になるという意味も同時に表す。▶挤～时间（時間をひねり出す）▶做～成绩（成果をあげる）▶腾～房间（やりくりして空き部屋を作る）▶生产～粮食（食糧を生産する）▶我看～了他的心事（私には彼の心配事が読みとれた）▶一定要找～地震的规律（必ず地震の法則を探し出す）▶到底为什么，谁也说不～（いったいなぜなのか、誰も説明できない）▶我怎么也想不～一个好办法（どうしてもよい方法を思いつかない）▶舞台上展现～当年的生活情景（舞台には当時の生活のようすが繰り広げられた）

❷動＋出＋名 (場所)　人あるいは事物が動作につれて、ある場所から外へ向かうことを表す。▶走～办公室（事務室を出て行く）▶他把客人送～了大门（彼はお客さんを表門の外まで送った）▶这种话我可说不～口（こんな話はとても口に出して言えない）

❸形＋出＋数量［＋名］　超過を表す。▶拖拉机耕地，比用牛的效率高～许多倍（トラクターで土地を耕せば、牛を使ってやるよりも何倍も効率がよい）▶这件衣服再长～一寸就合适了（あと1寸長ければ、この服はぴったり体に合う）▶他已经高～我好多了（すでに彼は私よりずっと背が高くなった）▶怎么屋里多～了一把椅子？（どうして部屋の椅子が1脚増えたのですか）

出来　chū // ∘ lái 動；// ∘ chū // ∘ lái 趨

出去　chū // ∘ qù 動；// ∘ chū // ∘ qù 趨

【動詞】❶内から外へ移行する。'出来'は動作が話し手の位置に向かって来ることを表す。'出去'は動作が話し手から遠ざかることを表す：《付》了・过　名詞を客語にともなって動作の主体を示す。▶他从屋里出来了（彼が部屋から出て来た）▶太阳出来了（太陽が昇った）▶群众的积极性出来了，生产就上去了（大衆の積極性が発揮されるや生産は高まった）▶你明天有空吗？出得来出不来？（明日ひまがあるかい、出て来られるか）▶从里面出来了几个人（中から何人か出て来た）▶你出去过没有？（出て行ったことがあるかい）▶我们出去散散步吧（外に出て散歩しようよ）▶门口人多极了，你出得去吗？

（玄関は黒山の人だかりだ，君出て行けるのかね）▶刚出去了一个学生（たった今，学生が1人出て行った）

— 《派》'出来'は「公衆の面前に顔を出す」の意味にも使える。▶这次音乐会很精彩，不少名演员都出来了（今回の音楽会はすばらしかったよ。有名な音楽家がたくさん出演したんだ）

— 出+名（場所）+来〈去〉▶妈妈出门去了（おかあさんは出かけた）▶你今天怎么有时间出城来呀？（今日はどうして町から出かけて来る時間があったの）

❷ '出来'は出現・発生を表す。《付》了 名詞を客語にともなう。▶旧的问题解决了，新的问题又出来了（前からの問題が解決したと思ったら，また新しい問題が起きた）▶只出来了一个化验结果，还有一个没有出来（1つの化学検査の結果が出ただけで，もう1つのほうはまだ出ていない）▶计算结果今天出得来出不来？（計算の結果は今日中にも出るでしょうか）

【趨向動詞】'動+出来'は動作が話し手の位置に向かうことを示す。'動+出去'は動作が話し手から遠ざかることを示す。

❶ 動+出来〈出去〉[+名] ふつう名は動作の対象。ときに動作の主体のこともある。

ⓐ 人や事物が，動作につれて内から外に向かうことを示す。▶我高兴得心都要跳出来了（うれしくて心がはずんだ）▶小伙子，拿点干劲出来！（君，もっと力を出せ）▶你拿出办法来嘛！（何か方法を考えてよ）▶树林里跳出来一只老虎（林から虎が飛び出してきた）▶今天运出去五十袋水泥（今日はセメント50袋を搬出した）▶别担心，水洒不出去（心配するな，水はあふれやしないよ）▶班长把他叫出来了（班長は彼を呼び出した）▶从屋里跑出去一个人（部屋から1人駆け出していった）

ⓑ 人や事物が，動作につれて隠れた状態から明白な状態へと移行することを表す。'出来'を多く用いる。▶我看出来了（見

えた，識別できた）▶群众的积极性都焕发出来了（大衆の積極性がみごとに発揮された）▶这几首诗把他的爱国热情表达出来了（これらの詩には彼の国を愛する情熱がほとばしっている）▶这篇文章还没有把老王的献身精神反映出来（この文章は王さんの献身的精神を十分に伝えていない）▶我认出他来了（彼を識別できた）▶能不能从他那儿打听出点消息来？（彼の所から何らかの情報を得られないだろうか）▶你猜得出来猜不出来？（君に当てられるかな）

— '出去'をともなう動詞は'说・讲・嚷嚷・透露・泄露'などわずか。名詞は前に出す（'把'を用いることが多い）。ふつう話し手がその行為に不満であることを表す。▶你把这件事说出去了？（君この事を話しちゃったの）▶没有最后决定的事嚷嚷出去不好（最終的な決定がなされていない事を人に言いふらすのはよくない）

ⓒ '出来'は動作の完成を示し，同時にある新しい事物の出現，無から有への転化も表す。名はふつう'出'と'来'の間に置く。▶办法已经研究出来了（方法はもう考えたよ）▶我担心闹出病来（病気になりはしないかと心配だ）▶你们厂一天能生产出多少辆汽车来？（君たちの工場では1日にどれだけの自動車を生産できますか）▶我们已经腾出两间房子来了（私たちはあと2部屋都合をつけましたよ）▶这两天我挤不出时间来（この2日間というものはまったく時間がとれない）▶一定想得出好主意来（きっといいアイデアが浮かぶに違いないよ）

— また，動作の結果，人や物がある面で何らかのよい能力や性能を獲得したことをも示す。▶我这两条腿走出来了（私の足は歩きなれている＝変得善于走路了）▶他的嗓子练出来了（彼は練習の結果，歌が上手になった）▶这镰刀已经使出来了（このカマはもう使いやすくなった）

❷ 動+出+名（場所）+来〈去〉 動作

の結果，人や物がある場所から出て来ることを表す。▶迎出村来（村から迎えに出る）▶一路走出城来（一緒に町を出て来る）▶急忙跑出屋去（あわてて部屋を出て行った）▶把行李搬出门去（荷物を門から運び出す）

初 chū

【接頭語】'一'から'十'の前に付けて，旧暦で1か月の初めの順序を表す。▶三月～一（旧暦の3月1日）▶五月～五（旧暦の5月5日）▶七月～十（旧暦の7月10日）

除 chú ☞除了 chú·le

除非 chúfēi

【接続詞】ある条件が唯一の先決条件であることを強調する。

ⓐ除非…，オ… …してこそはじめて…の結果が生まれる。▶～你答应我的条件，我才告诉你（君がぼくの条件をのまない限り，言わないぞ）▶～战胜上海队，北京队才有可能进入决赛（北京チームは上海チームに勝ってはじめて決勝戦に進める）▶～你去，他才会去（君が行ってはじめて彼も行くだろう）

ⓑ除非…，[否则…] 不… …しない限り…の結果が生まれない。▶～你去，否则他不会去▶～你去，他不会去（君が行かない限り，彼も行かないだろう）

ⓒ除非…[才…]，否则… …してはじめて…する，そうでなければ…だ。こうしてこそある結果が生じるが，もしそうでなければ別の結果になるだろう。▶～临时有事，否则八点一定动身（直前に変わったことがない限り，8時に必ず出発します）▶～得到上级指示，不然我决不离开这里（上の指示がないうちは私は絶対ここを離れません）▶～你去，他才会去，否则他不会去（君が行ってこそ彼も行くだろう，もしそうじゃなかったら，彼が行くわけないよ）

一 '否则・不然・要不'を用いないときには，文の後節を前に移せる。意味は同じ。▶八点一定动身，～临时有事（8時には絶対出発するよ，直前に変わったことがない限り）▶我决不离开这里，～工作确有需要（私は絶対にここを離れません，仕事上確たる必要性がない限り）▶他不会听的，～你亲自去劝他（彼はうんと言うわけないよ，君自身が行って説得しない限り）

ⓓ [如果] …要…，除非… もしある結果を獲得したいなら必ず…しなければならない。▶要想取得第一手资料，～你亲自去作调查（生の資料を得たいなら，自分で調査に出かけるしかありませんよ）▶如果你要得到他的同意，～找老何去跟他谈谈（彼の同意が欲しいなら，何さんに頼んで話してもらうしかない）▶如果要战胜困难，～把群众发动起来（困難に打ち勝つには，大衆を立ち上がらせなければならない）▶若要人不知，～己莫为（人に知られたくなくば，かくするなかれ）

ⓔ '除非'のあとで，同一の動詞の肯定形と否定形が続けて用いられるとき，'除非'は動詞の添えものにすぎない。▶他平时～不喝酒，喝起酒来谁也比不上他（彼はふだん酒を飲まないが，飲み始めると誰もかなわない）▶他～不出去，一出去就是一天（彼はめったに外出しないが，いったん出かけると1日帰って来ない）

比較 除非：只有 ① '除非' ⓐⓑは接続詞'只有'に同じ。'只有'は正面から唯一の条件を述べる。'除非'は逆の面からその唯一の条件を欠くことができないと強調する。意味は'除非'のほうが強い。

② '除非'は'是…'の前に用いられる。'只有'はできない。▶除非是你才那样想（君でなくちゃそんなふうに考えないだろうね）▶只有你才那样想（君だけがそんなふうに考えるんだ）

③ '除非…，才…'は'除非…，不…'と言い換えられる。しかし'只有…，才…'は'只有…，不…'とは言い換えられない。

除开 chúkāi ☞除了 chú·le

除了 chú·le （除开・除去・除）

【介詞】「範囲・考慮の中に入れない」という意味を表す。名詞・動詞・形容詞・節と組み合わせる。後ろに '外・以外・之外・而外' を添えてもよい。'除了…' は主語の前に置ける。そのとき主語の後ろにポーズを置く。▶这篇文章～附表和说明，不过二千五百字（この文章は表と説明を除くと、2500字しかない）▶～给他留一张，就剩下两张票了（彼にとっておく1枚を除くと切符は2枚残るだけだ）▶～稍小一点以外，这套房间还不错（ちょっと狭いことを除けば、この部屋はなかなかよい）▶～南极洲外，其余各大洲总面积约为一亿三千五百万平方公里（南極大陸を除いた各大陸の総面積は1億3500万平方キロメートルである）

ⓐ特殊な例を除いて、その他が一致していることを強調する。ふつうあとに '都・全' を用いて呼応させる。▶～老王，我都通知到了（王さん以外はみな知らせました）▶～这一间以外，所有的房间全住满了（この部屋以外、すべてふさがっています）▶～你去过，我们都没去过（君が行ったことがあるほかは、ぼくたちの誰も行ってないんだ）▶～下大雨，他每天坚持长跑（大雨の日以外、彼は毎日マラソンを続けている）

— あとに '不・没 [有]' を用いて、唯一の事物や動作であることを強調する。▶～小张，没人来过（張くん以外は誰も来たことがない）▶我晚上～自学外语，不做别的事（夜は外国語を独習するほかは何もしない）▶～这次特快以外，没有其他从北京直达重庆的客车（この特急のほかには、北京から重慶までの直通列車はない）▶上午～写了两封信，什么也没干（午前中は手紙を2通書いた以外、何もしなかった）

ⓑ既知のものを除き、新たなものを補う。ふつう、あとに '还・也' などを用いて呼応させる。▶这儿懂英语的，～他还有两个人（ここで英語がわかる人は彼のほかにあと2人いる）▶～以上几点而外，再补充一点（以上の点以外にもう1つ補っておく）▶新型油轮～航速加快以外，载重量也有增加（新型のタンカーは船足が速くなった以外にトン数も増えた）▶～到车站运行李之外，我还想顺路去看看老杨（駅に荷物を運びに行くついでに楊さんにも会ってこようと思う）

ⓒ除了…就是… …でなければ…だ：2つのうち必ず一方であることを表す。▶这几天～刮风，就是下雨（この数日間、風が吹かなければ雨が降っている）▶下午我～上课就是在图书馆（午後は授業のとき以外は図書館にいます）

〖除开〗〖除去〗 '除了' に同じ。

〖除〗 '除了' ⓐⓑに同じ。必ず後ろに '外・以外・之外・而外' を付ける。《書》▶中国是一个多民族国家，除汉族外，还有五十多个少数民族（中国は多民族国家であり、漢族以外に50余りの少数民族がいる）▶除一人因病请假以外，全体代表都已报到（1人が病気で欠席したほかは、すでに全代表がそろった）

除去 chú·qù ☞除了 chú·le

处于 chǔyú

【動詞】ある地位または状態にある。必ず名詞の客語をともなう。▶在技术方面，他们厂～领先地位（技術面で、彼らの工場は指導的立場にある）▶我们厂正～转型时期（我々の工場は今まさに経営方式を転換する時期にある）▶～劣势（劣勢にある）▶病人～昏迷状态（病人は意識不明の状態にある）

处处 chùchù

【副詞】いたるところ、動作行為の及ぶあ

らゆる範囲，あるいは情況・状態の現れているすべてのところ。▶这样的好人好事，在我们那里～可以看到（こうした立派な人物や優れた行いは，我々のところではどこでも目にすることができる）▶我～关心他，但是他还不满意（私は何につけ彼のことを気にかけているのだが，彼はそれでも不満だ）▶他～和我为难（彼はいちいち私を困らせる）▶祖国各地～呈现着繁荣向上的景象（わが国では各地で繁栄と進歩の様子が見られる）

比較 处处：到处 '到处'は具体的な場所を指すことが多いが，'处处'は抽象的な行為も表すことができ，広い意味でいろいろなところを指す。例えば上の第2例と第3例は'处处'を用いるほうがよい。第1例と第4例は'处处'と'到处'どちらを用いてもよい。

穿 chuān

【動詞】❶破る，突き通す：《付》了
ⓐ動結形あるいは動趣形の句を作る。名詞を客語にともなえる。▶子弹～过右臂（銃弾が右腕を撃ち抜いた）▶钉子～透了三层木板（釘が3枚の板を突き通した）
ⓑ非受事客語（動作の対象でない客語）をともなえる。動作の結果を表す。▶顶棚上～了一个大窟窿（天井に大きな穴があいている）▶为了装烟囱，在墙上～了一个洞（煙突を取り付けるため，壁に穴をあけた）

❷通過する，つらぬく：非受事客語（動作の対象でない客語）をともなえる。
ⓐ客語が場所を示す。熟語以外は'穿'の後ろに'过'を付けること。▶～山越岭（山を越え峠を越える）▶～过大街小巷（大通りや路地をぬける）▶阳光～过树叶的缝隙射进来（太陽の光が木の間からさし込んでくる）
ⓑ客語が道具を表す。《付》了 ▶～线（糸を通す）▶～一条铁丝把这些铁环连起来（針金を通してこれらの鉄の輪をつなぐ）▶在牛鼻子上～了一个铁圈儿（牛の鼻に鉄の輪を通す）
ⓒ主語が場所を表し，客語が'穿'の対象を示す。《付》了・着 ▶竹签上～山里红，再蘸上炒化的糖就是糖葫芦（竹串にサンザシをさして，熱くしたあめをかけたのが糖葫蘆だ）▶丝线上～着一串珍珠（絹糸に真珠が通してある）▶竹竿上～了两件洗干净了的衣服（きれいに洗った服が2枚竹ざおに通してある）
ⓓ穿+在▶算盘珠～在细竹棍儿上（そろばん玉は細い竹の棒に通してある）▶铜钱～在一根绳儿上（銅銭がひもに通してある）

❸（衣服・靴・靴下などを）身に付ける：《付》了・着・过　名詞を客語にとる。'穿'の後ろに'在'を付けてもよい。▶～鞋（靴をはく）▶～袜子（靴下をはく）▶上身～着一件灰呢大衣（上半身には灰色の毛織のコートを着ている）▶那件衣服我～过了，挺合身（あの服を着てみたが，ぴったりだった）▶～得很朴素（身なりが質素だ）▶给小丰做件新衣服～（豊くんに新しい洋服を作ってやろう）▶长大衣～在外面（長いオーバーを上に着る）
注意 '帽子・手套'には'穿'を使えない。'戴'のみ。

❹動結形の後置要素となる。
ⓐ破れる，あるいは突き抜けることを示す。▶鞋底磨～了（靴底がすりきれた）▶一箭射～靶心（一矢で的のまん中を射抜いた）▶不小心把麻袋戳～了（不注意で麻袋を突き破ってしまった）
ⓑすっかりあらわにすることを表す。いくつかの動詞のみ。▶看～了他的心思（彼の気持ちはすべてお見通しだ）▶说～了就是这么回事（はっきり言ってしまえば，こういう事なんです）▶戳～敌人的阴谋诡计（敵の悪だくみを余すことなくあばく）

動結 穿//透

穿//破 弹片穿破了甲板（弾の破片が甲板を突き破った）▶衣服穿破了（服を破

れるまで着た）

動趣 穿∥上ⓐ▶钥匙上穿上一根绳儿（鍵にはひもが通してある）
ⓑ▶穿上大衣（オーバーを着る）

穿∥出来〈去〉ⓐ▶枪弹从前窗穿进来又从后窗穿出去了（銃弾は前の窓から後ろの窓へと突き抜けていった）
ⓑ▶这衣服太难看，穿不出去（この服はみっともなくて，とても着ては歩けない）

穿∥过ⓐ▶这种炮弹穿得过那么厚的钢板（この砲弾はあんなに分厚い鋼板をつらぬける）
ⓑ▶火车穿过铁桥，向前疾驶（汽車は鉄橋を走り抜け飛ぶように進んでいる）

穿起▶穿起大衣往外走（オーバーを着て外に出て行く）

穿得〈不〉起　買い求めて着るお金がある〈ない〉。▶这衣料太贵，我可穿不起（この服地は高すぎてまったく手が出ない）

穿起来▶你也穿起裙子来了（あなたもスカートをはいたの）

此外 cǐwài

【接続詞】そのほかに：節・文・段落をつなぐ。▶他家住五间北房，～还有一间厨房（彼の所は5間の母屋に住み，ほかに台所が1間ある）▶他一生就写过这两部书，～没有别的著作了（彼は生涯にこの2冊の本を書いただけで，ほかに著書はない）▶小余会说北京话和上海话，～也懂点儿广州话（余さんは北京語と上海語を話せるほか，広東語も少しわかる）▶这次到上海，是去看望多年不见的大姐。～，还想去杭州玩玩（今回上海へ行くのは，長いこと会っていない長姉に会うためですが，杭州にも遊びに行こうと思っています）

比較 此外：另外　'此外'は接続詞の用法のみ。'另外'の接続詞としての用法は'此外'と同じだが，指示詞の用法も持つ。▶除了老陆，另外的人都去了（陸さんを除いて，ほかの人はみんな行ってしまった）

次¹ cì

【量詞】❶繰り返し出現することのある事柄・事物に用いる。▶一～机会（1度のチャンス）▶两～会议（2回の会議）▶取得了无数～胜利（数限りない勝利を獲得した）▶第二～世界大战（第2次世界大戦）▶九～特别快车（特別急行列車第9号＝第九～特别快车）

— '次'の後ろに'的'を付けてもよい。▶两～的调查报告都收到了（2回にわたる調査報告を受け取った）▶下～的会议在广州召开（次回の会議は広州で開く）▶第二～的电报你收到没有？（2本目の電報を受け取りましたか）

❷繰り返すことのある動作に用いる。
ⓐ動＋数＋次▶问了一～（1度たずねた）▶去过两～（2回行ったことがある）▶还要修改一～（さらにもう1度手をいれなければならない）▶这话我说过好多～了（この話を私は何回も話したことがある）

— 動が客語をともなうとき，'次'の語順には2つある。

— '次'の前に客語を置く（客語が人称代詞のときは必ずこの語順にする）。▶每周碰头一～（毎週1回打ち合わせをする）▶去过杭州两～（杭州へ2度行ったことがある）▶问过小李几～（李さんに何回かたずねた）▶找老白三～，都没找到（3回白さんを訪ねたが，いずれも会えなかった）▶我见过他一～（彼に1度会ったことがある）▶表扬了他们好几～（彼らを何度も表彰した）

— '次'の後ろに客語を置く（文意は上と同じ）。▶每周开一～会▶去过两～杭州▶问过几～小李▶找了三～老白，都没找到

ⓑ数＋次＋動▶一～解决（1回で解決する）▶多～试验（何回ものテスト）▶接连好几～都失败了（続けざまに何回も失敗した）▶一～、两～、三～、五～地修改（1度・2度・3度・5度と改めた）▶

～～都射中了靶心（毎回的のまん中を射当てた）▶一～～地解釈（繰り返し説明する）▶一～一～地調査（繰り返し調査する）▶一～又一～地研究（繰り返し検討する）

ⓒ'有一次'は文頭に用い，過去のある時を表す。後ろにポーズを置いてもよい。▶有一～，我去上海，特意在南京下车逛了一下玄武湖（以前上海に行ったときに，わざわざ南京で汽車を下りて玄武湖へ遊びに行った）▶有一～老王来，对我谈过这件事（あるとき王さんが来て，この事を話してくれたことがある）

次² cì

【形容詞】品質がやや劣る。

ⓐ名詞を修飾する。《 ×付》的 名詞はいくつかの単音節の語のみ。▶～品（2級品）▶～货（2級品）▶～等（2級）

ⓑ述語となる。ふつう前に程度を表す副詞を，後ろには'点儿・一点儿'をともなう。▶这钢笔很～，老不出水儿（この万年筆はよくない，しょっちゅうインクがつまる）▶昨天晚上的节目特～，我只看了一会儿就走了（昨日の夜の出しものはひどかったので，ちょっと見ただけで帰った）▶料子买～点儿的，不用太好（布地は少し安いのを買おう，それほどよいものでなくていいよ）▶这种酒虽好，到底还是比茅台～（この酒はよいことはよいが，やっぱり茅台酒よりは落ちる）

ⓒ次+于　否定文のみ用いる。▶他的法语并不～于小朱（彼のフランス語は決して朱さんに劣らない）▶春光牌收音机不见得就～于光明牌（春光マークのラジオが光明マークに劣っているとは思わない）

从¹ cóng

【介詞】❶起点を示す。ふつう'到・往・向'などと呼応させて使う。

ⓐ場所・来源を示す。場所や方位の語句と組み合わせる。▶～东到西（東から西まで）▶邮局～这儿往南去（郵便局はここから南へ行く）▶我刚～农村回来（私は農村から帰って来たばかりだ）▶前排～左起第四人就是他（前列左から4人目が彼だ）▶～本质上看问题（本質的に問題を考える）▶知识～实践中来（知識は実践の中からもたらされる）

ⓑ時間を示す。時間を表す語句や動詞句・節と組み合わせる。▶～早到晚（朝から晩まで）▶～古到今（いにしえから今日に至るまで）▶～今以后（今後）▶～明天起改为夏季作息时间（明日から夏季体制に切り換える）▶～开始上学到现在，小华一直成绩很好（華さんは入学してから現在までずっと成績がよい）▶～上回大家给我提了意见，我就经常注意改正（先回みんなが私に意見してくれて以来，常に改めるよう注意している）

ⓒ範囲を示す。名詞・動詞句・節と組み合わせる。▶～头到尾（初めから終わりまで）▶～小孩到大人都参加了植树活动（子供から大人までみんな植樹運動に参加した）▶～改良品种谈到加强田间管理（品種改良から作物管理の強化についてまで話が及んだ）▶今天～李自成攻克洛阳讲起（今日は李自成が洛陽を攻め落としたところから始めよう）

ⓓ発展・変化を示す。名詞・動詞・形容詞・数量詞と組み合わせる。▶～猿到人（サルからヒトへ）▶～无到有（無から有へ）▶～不了解到比较了解（無理解からかなり理解するようになるまで）▶～外行变成内行（素人から玄人へと変わる）▶～胜利走向胜利（勝利から勝利へと歩む）▶由浅入深，～简到繁（やさしい所からむずかしい所へ，簡単なことから複雑なことへ）▶耗煤量～五十吨降低到三十八吨（石炭消費量は50トンから38トンへと減少した）

❷経過する路線・場所を示す。場所・方位を表す語句と組み合わせる。▶～小道走（小道〈近道〉を行く）▶～空中运输

(空輸する）▶列车～隧道里穿过（列車はトンネルをぬけた）▶队伍刚～操场经过（隊列はグラウンドを通ったばかりである）

❸拠り所・根拠を示す。名詞と組み合わせる。▶～工作上考虑（仕事のうえから考える）▶～实际情况出发（実際の状況から出発する）▶～脚步声就能听出是你（足音からあなただということがわかった）▶～气象卫星云图看来，这次大面积降水即将过去（気象衛星の雲の状態から判断すると，この広域の降水はまもなく終了する）

从² cóng ☞从来 cónglái

从此 cóngcǐ

【副詞】言及された時以降。

ⓐ从此＋動▶通了公路以后，山里的土特产品源源运出山外。这里老百姓～告别了贫困（自動車道路が通じてから，山の特産品がどんどん外に出荷され，ここの人々は貧困からぬけだした）▶我们建立了大型语料库，科研人员～摆脱了手工搜集资料的传统方式（私たちが大型のデータベースを作ったので，研究員たちは手作業で資料を集める伝統的な方法に訣別した）▶他搬走后就没来信，我们～失去了联系（彼は引っ越してから手紙をよこさず，それ以来私たちの連絡はとだえてしまった）▶他十六岁下南洋，～离开家乡，直到去年才回来一趟（彼は16才で南洋へ行き，去年初めて帰ってくるまでずっと故郷を離れていた）

— '从此'はふつう動詞句を修飾する。発生・消滅・変化を表すいくつかの２音節の動詞を直接修飾できる。▶原始公社解体以后，阶级社会～产生（原始共同体が解体し，それ以来階級社会が生じた）▶经过两年的艰苦奋斗，这个村子的落后面貌～改变（２年間の刻苦奮闘があって，それ以来この村の遅れていた様相は改められた）▶事情已经查清，误解～消除（調べで事がはっきりしてから，誤解はとけた）

ⓑ从此＋形 ふつう形容詞句のみ。▶铁路通到山区，交通～方便了（鉄道が山間地方にまで延び，交通は便利になった）▶明白了在困难面前一定不能退缩的道理，小刘～加深了信心（困難に対して絶対退却してはいけないという道理を理解してから，劉さんは自信を深めるようになった）

ⓒ从此＋節▶发生了这次事故，～小张再也不敢麻痹大意了（今度の事故が起こってからというもの，張さんは２度と油断しなくなった）

从而 cóng'ér

【接続詞】その結果，それによって：文の後節の初めに用いる。主語は前節の主語を踏襲する。《書》▶通过调查研究发现问题，～找到解决问题的方法（調査研究を通じて問題を発見し，かつまた，これによって問題を解決する方法を見つける）▶经过多年的摸索，终于找到了这种病的起因，～为彻底战胜这种疾病创造了条件（長年の研究を経て，ついにこの病気の原因を発見し，完全に撲滅する条件を整えた）▶通过同志们的帮助，消除了隔阂，～达到了新的团结（人々の協力によって，隔たりをなくし，これによって新しい団結を生み出した）

比較 从而：进而 ☞进而 jìn'ér

从来 cónglái (从²・历来・向来)

【副詞】過去から現在に至るまでずっとこのようであったことを表す。

ⓐ否定文に多く用いる。▶～不吸烟（これまでタバコを吸ったことがない）▶～不骄傲（これまで傲慢になったことはない）▶～不隐瞒自己的观点（これまで自分の見方を隠しだてしたことはない）▶～没有听说过（これまで聞いたことはない）▶～没有灰心（これまで失望したことはない）▶～没有浪费一点粮食（これまでわずかな食料もむだ使いをしたことがない）

— 肯定文にも用いる。動詞句・形容詞句または節を修飾する。ふつう単独の動詞・形容詞は修飾しない。▶～就是如此（以前からずっとこうなんだ）▶我跟他下棋～都要輸的（彼と将棋をさすと，私のほうが負けるのが常だった）▶我们～支持山区的教育事业（我々は山地の教育事業を支持してきた）▶我的屋子～就很干净（私の部屋はいつでもきれいにしてある）▶他対工作～认真负责（彼は仕事に対して前からずっとまじめに責任を果たしている）▶川西平原～物产十分丰富（川西平原は一貫して物産が非常に豊かである）

ⓑ否定詞'没・没有'を用いるとき，単音節の動詞・形容詞は後ろに'过'を付けなければならない。▶～没去过（これまで行ったことがない）▶我～没有想过（私はこれまで考えたことがない）▶人数～没少过（人数がこれまで足りなくなったことがない）▶时间～没有晚过（今まで時間が遅くなったことがない）

— 2音節の動詞・形容詞，単音節の動詞・形容詞による句も'过'をともなえる。▶这事我～没考虑（この事をこれまで考えたことがない）▶她～没有落后过（彼女はこれまで落伍したことはない）▶我～没这么想（これまでこのように思わなかった）▶这问题～没有搞清楚过（この問題はこれまではっきりさせたことがなかった）

注意 '从来+没〈没有〉+形'という形のときは，形容詞の前に'这么・这样'などを付けると意味がまったく変わり，逆になることもある。▶情况从来没好过（状況はこれまでずっとよかったことがない；現在も依然としてよくない）▶情况从来没这么好过（状況はこれまでこれほどよかったことはない；現在は以前のどんな時よりもよい）▶他从来没有马虎过（彼はこれまでいいかげんにしたことはない；現在もいいかげんでない）▶他从来没有这样马虎过（彼はこれまでにこんないいかげんであったことはない；今度はかなりいいかげんだ）

〖从²〗意味は'从来'に同じ。'不'や'未'の前にのみ用いる。文語的なニュアンスを持つ。後ろに必ず2音節の動詞か動詞句を用いる。▶～不推辞（これまで辞退したことがない）▶个人问题～不考虑（個人の問題はこれまで考慮したことはない）▶～不向困难低头（これまで困難に屈服したことはない）▶工作认真负责，～未出过事故（仕事はまじめで責任感があり，これまで事故を起こしたことはない）

— 単音節の動詞には'从来'を用いる。'从'は用いられない。▶从来不想（これまで考えたことはない ×从不想）▶从来不问（これまでたずねたことはない ×从不问）▶从来不看（これまで読んだことがない ×从不看）

〖历来〗用法は基本的に'从来'と同じ。《書》否定文には'从来'を用い，'历来'を用いない。▶历来如此（これまでかくのごとくであった）▶我们历来提倡艰苦朴素，反对铺张浪费（我々はずっと苦労と質素を提唱し，見栄や浪費に反対してきた）▶这个人历来厚诚老实，可以信赖（この人は一貫して正直で温厚であり，信頼できる）▶我国西北地区历来雨量稀少（わが国の西北地区は古来雨量が少ない）

〖向来〗用法は基本的に'从来'と同じ。ただし否定文より肯定文に用いることが多い。▶向来如此（これまでこのようであった）▶小梅向来很老实（梅さんは昔からとてもおとなしかった）▶他向来心直口快，有什么说什么（彼はいつもざっくばらんで，何かあればすぐ口に出す）▶向来不喝酒（もともと酒を飲まない）▶向来不糊涂（昔から頭がさえている）

— 2音節の動詞・形容詞それ自体を修飾できる。▶对于老王，我向来放心（王さんに対して私は前からずっと心を許している）▶他说话向来直爽（彼は昔から率直に話す人だ）▶交通向来方便（交通は従来から便利だった）

从新 cóngxīn ☞重新 chóngxīn

催 cuī

【動詞】❶行動や仕事を急がせる：《付》了・着・过 《重ね型》名詞の客語や兼語をともなえる。▶别～他, 让他慢慢儿修理（せかさずにゆっくり修理させてやりなよ）▶～～他, 叫他快点儿（彼をせきたてて早くやらせろよ）▶他昨天又来～稿子, 真把我～烦了（彼は昨日また原稿を催促してきた，まったくうるさいったらないよ）▶你别～了, 我马上就去（そうせきたてるなよ，すぐ行くから）▶厂里～着要统计表（工場側から統計表を出せと矢の催促だ）▶学校来电话～我回去（私に早く帰るように学校から電話があった）

|慣用句| 催命 厳しく頻繁に催促することにたとえる。▶三番五次地催我, 就跟催命似的（何度もせきたてて，まるで地獄の使いのようだ）

❷成長を促す，変化を促す：《付》了《重ね型》名詞を客語にともなえる。▶～生（出産を促進させる）▶～奶（乳の出をよくする）▶～眠（眠らせる）▶一场雨就把庄稼～了起来（雨がひと降りして，作物の生長を促した）▶这块庄稼地还得用点化肥~~（この畑にはもう少し化学肥料をやって生長を早めなければならない）

|動趣| 催上 ▶老催咱们休息, 现在又催上了！（休憩するようにうるさく言ってたが，また休めと勧めるんだ）

催下去 催促を続ける。▶老这么催下去, 还不把他催急了？（こんなにやいのやいのと催促していたら，彼怒り出しちゃうぜ）

催∥出来 ▶催他好几次也没催出个结果来（何度も彼に催促したんだが，まだやってくれない）

催起来ⓐ ▶他又催起我来了（彼はまた私をせきたてにかかった）
ⓑ ▶追了肥, 又赶上一场好雨, 庄稼几天就催起来了（追肥をやったところへうまい具合に雨が降ってきたので，作物は何日もたたないうちにどんどん育ち始めた）

撮 cuō

【量詞】❶手や道具でつまめる粉末や粒状のものに用いる。《儿化》▶几～土〈灰・粉末〉（いくつまみかの土〈灰・粉〉）▶一小～盐（１つまみの塩）▶一一儿芝麻（ゴマ１つまみ）

❷ごく少数の悪人を指すのに用いる。《儿化》ふつう前に'小'を用いる。数詞は'一'のみ。▶一小～坏人（ひとにぎりの悪人たち）▶一小～儿搗乱分子（少数の攪乱分子）▶坏人只是一小～儿（悪党はほんのひとつまみだ）

☞撮 zuǒ

错 cuò

【形容詞】❶正しくない，間違っている。▶你对, 我～（あなたは正しい，私が間違っている）▶事情究竟～在哪儿呢？（いったいどこに間違いがあるんだね）▶东西拿～了（品物をとり間違えた）▶看～人了（人を見誤った）▶这个字～得不应该（この字をこんなふうに間違えてはいけないよ）▶这个答案是～的（この答は間違っている）▶有什么～的地方请指出来（何か誤りがあったら指摘してください）▶不～, 我是看过这本小说（間違っていやしないさ，ぼくはこの本を読んだことがあるんだ）

ⓐ動詞を修飾できる。▶～认了人（人違いした）▶～打了主意（思惑がはずれた）▶应该放糖, 可是～放了盐了（砂糖を入れるところを間違って塩を入れてしまった）▶～把好人当成坏人（いい人を悪い人だと思い違いする）▶～把东海当黄海了（東海のことを黄海だとばかり思っていた）

ⓑ '大错特错'（たいへんな間違い）のようないくつかの慣用句を除いては程度副詞の修飾は受けない。▶ ×很～ ▶ ×非常～ ▶ ×～极了

ⓒ《付》了・过・下去　アスペクトを表す。▶老师，我～了（先生、ぼくが間違っていました）▶赶紧改正，不要再～下去了（すみやかに改め、これ以上過ちを続けるな）

ⓓ错+在〈到〉▶事情～在什么地方？（どこが間違っているのか）▶这题～在公式上（この問題は式を間違えている）▶简直从头～到底（まったく初めからしまいまで全部間違っている）

ⓔ数量をともない、「どこが」「どれだけ」間違っているかを表す。▶～了两道题（2題間違えた）▶这儿～了几个字（ここのところ何字か間違っている）▶这话对一半，～一半（この言い方は半分正しく半分誤りだ）

❷悪い、劣る：否定形'不错'にしか用いない。▶他对同志很不～，总是热情帮助（彼の同志に対する態度はすばらしく、いつも誠意をもって援助している）▶味道不～（味は悪くない）▶周末晚会组织得不～（週末の夜の集いはたいへんうまく運んだ）▶我跟小江不～（私は江さんとうまくいっている：仲がよい）

— '不错'が名詞を修飾するときは'很・相当'などを前に、'的'を後ろに付ける。▶很不～的意见（なかなかいい意見）▶这是一篇相当不～的文章（これはかなりよい文章だ）

【動詞】❶位置・経路・時間を動かして、互いにかち合わないようにする：名詞を客語にともなう。▶～车（車がすれちがう）▶劳驾往里边～一～（すみませんが中へつめてください）▶见面的时间可以往后～（面会時間は遅らせてもよい）▶两场球赛～开进行（球技の2試合は時間をずらして行われる）

❷ふぞろいである：必ず趣向動詞をともなう。《付》了▶没排齐，这儿～进去了一点儿（きちんとそろっていない、ここの所が少しへっこんでいる）

動結　错得〈不〉了（liǎo）ⓐ間違えるに決まっている〈間違えっこない〉。▶这么办你看错得了错不了？（こうすれば間違いないと思うかね）▶信封上写清楚了还错得了？（封筒にはっきり書いたんだから、間違うはずないだろう）▶多核对几遍就错不了了（もう2，3度照らし合わせれば間違えっこないよ）

ⓑよいと考える。推量を表す。'错得了'は反語に用いるのみ。▶这种桃儿味道还错得了？肯定好吃（この手の桃が味が悪いはずないよ、おいしいにきまっているよ）▶今年的庄稼错不了（今年の作柄は悪くない）

動趣　错//进来〈去〉▶柜门错进去半公分（戸棚の戸が0.5センチほどへこんでいる）

错//出来〈去〉ⓐ▶后檐墙错出来一大块（家の裏側の壁が1か所大きく出っぱっている）

ⓑ▶事情太多，实在错不出时间来了（用事が多くて、本当に時間が捻出できない）

错//过［去］（機会を）逸する。▶这样好的学习机会可不能错过（こんないい勉強のチャンスは絶対逃すわけにはいかない）

错//开［来］▶你们几位错开坐（あなたたちは別々に座りなさい）▶上班的时间错开来一点可以减轻公共交通的负担（出勤時間を少しずらせば、公共交通事業の負担を軽減できる）▶地方小，错不开车（場所が狭いので、車がすれちがえない）

【名詞】過ち、間違い：《儿化》▶认个～儿，赔个礼儿（過ちを認めて、わびる）▶不要挑～儿（あらさがしをしてはいけない）▶没～儿，准是你哥哥来了（間違いないわ、きっとお兄さんがいらしたのよ）▶这是我的～（これは私の間違いです）

D

达到 dádào

【動詞】（目標もしくは程度に）達する：《付》了・过　名詞・動詞・形容詞・節を客語とする。▶日产量曾～过三十吨（1日の生産量が30トンに達したことがある）▶大家的意见最后～了一致（みんなの意見は最後には一致した）▶一年内争取～平均每位科研人员一台微电脑（1年以内に研究員1人平均1台のマイクロコンピュータを配置できるように努力する）▶我们的目的已经～了（我々の目的はすでに達成した）

ⓐ'达到'の間に'得・不'を挿入し，可能・不可能を表す。▶这个指标达得到（この目標は達成できる）▶要求太高，恐怕达不到（要求が高すぎて，おそらく達成できまい）

ⓑ疑問文には'达到没达到？''达得到达不到？'の形を用いてもよい．

注意 '到达'と'达到'はほぼ同じ意味。ただし，'到达'は客語に場所を表す語のみをともなうのに対して，'达到'は名詞・数量詞・動詞・形容詞・節を客語とするが，場所を表す語は客語にできない。▶本次列车明晨六点到达南京（この列車は明朝6時に南京に到着します ×达到）

打¹ dǎ

【動詞】❶たたく，打つ：《付》了・着・过《重ね型》名詞を客語にともなえる。▶～锣（ドラを打ち鳴らす）▶～门（ドアをたたく）▶钟～了十下（時計が10時を打った）▶一个敲着鼓，一个～着锣（1人が太鼓をたたき，1人がドラを打っている）▶把鼓～响一点儿（太鼓を少し強く打つ）▶玻璃窗被石头～得粉碎（窓ガラスは石で割られて紛々になった）

❷ぶつかってくだける：《付》了・过　名詞を客語にともなえる。▶～了一块玻璃（ガラスをわった）▶一失手把碗给～了（手がすべって茶碗をわった）

❸なぐる，攻める：《付》了・着・过　名詞を客語にともなえる。▶不能～人（人をなぐってはいけない）▶三～祝家庄（3たび祝家荘を攻める）▶两个人～了起来（2人はなぐり合いを始めた）▶这一仗～得很好（今回の戦いはみごとだった）

❹発射する，発する：《付》了・着・过《重ね型》名詞を客語にともなえる。▶～枪（銃を撃つ）▶～炮（大砲を撃つ）▶～雷（雷が鳴る）▶～信号（信号を送る）▶～了一个电话（電話をかける）▶这一枪没～中（この1発は命中しなかった）▶电报～了没有？——～了（電報は打ったかね——打ちました）

❺狩りをする，捕える：《付》了・过《重ね型》名詞を客語にともなえる。▶～鸟（鳥を撃つ）▶～老鼠（ネズミをとる）▶鱼～得不多，虾捞了不少（魚はたくさんとれなかったが，エビはかなりとれた）

❻特定の手段を経てしあげる：《付》了・着・过《重ね型》結果を示す客語をともなえる。▶～坝（堤防を作る）▶～井（井戸を掘る）▶～洞（穴をあける）▶～包裹（小包にする）▶～草稿（草稿を書く）▶～格子（罫を引く）▶～手印（拇印を押す）▶～介绍信（紹介状を書く）▶～了一个柜子（たんすを作った）▶要把基础～牢固（基礎をしっかり固めなければならない）▶这件毛衣～得不错（このセーターはうまく編んである）

❼ 手で差し上げる，かかげる：《付》了・着・过《重ね型》名詞を客語にともなえる。▶～伞（傘をさす）▶～着一面大旗（大きな旗をかかげている）▶灯笼我来～（提灯は私が持とう）

❽ 取り除く：《付》了・着・过《重ね型》名詞を客語にともなえる。▶～皮（皮をむく）▶～了杈棉花才长得好（枝ばらいをしなければ綿はよく育たない）▶叶子已经～过了（葉はもう摘んでしまった）

❾ 汲む，買う：《付》了・着・过《重ね型》名詞（液体のみ）を客語にともなえる。▶～水（水を汲む）▶你从这缸里～了几斤油？——～了五斤（このかめから油を何斤汲みとったの——5斤だよ）▶去～瓶酒回来（酒を買いに行ってくる）▶他把酱油～了就走了（彼は醤油を買うとすぐ帰った）▶酒～得不够，还要～一点（酒の買い方が足りん，もう少し買わねば）
注意 '打油・打酒'などの'打'は「汲む」「買う」の両義をもつ。ただし，「買う」の意味で'打'を使えるのは，大きな容器から汲み取って小売りにする場合のみ。その他の場合には'买'を用いる。▶打了一块钱的芝麻酱（芝麻醤を1円分買った）▶买了一瓶辣椒酱（辣椒醤を1瓶買った）

❿ 農作物を収穫する：《付》了・过 名詞を客語にともなえる。▶一亩地～多少粮食？（1ムーの土地からどれだけ穀物がとれますか）▶去年～了八百斤，今年能～一千斤（去年は800斤とったが，今年は1000斤とれる）▶今年麦子～得不少（今年の麦の収穫は多かった）

⓫ 計算する，見積る：《付》了・着 名詞・動詞・節を客語にともなえる。▶每班～五个人，三个班要十五人（各班5人として3班で15人必要だ）▶就～着下几天雨也不碍事（何日か雨が降ってもさしつかえない）▶～他不来吧，我们还有八个人呢！（彼が来なくても，ぼくたちはまだ8人いるよ）▶损耗已经～进去了（損失はすでに計算に入れてある）▶旅费～得够多的了（旅費は十分とってある）

⓬ ある種の行為・活動・遊戯などをする：《付》了・着・过《重ね型》非受事名詞を客語にともなえる。
ⓐ 客語が仕事を表す。▶～杂（雑役をする）▶～夜班（夜勤をする）▶～了几个月的短工（数か月，臨時工として働く）
ⓑ 客語が行為・活動の方法を表す。▶～赌（賭けをする）▶～官司（訴訟を起こす）▶～游击（ゲリラ戦をする）▶～埋伏（伏兵を置く）▶以前我从来没有跟他～过交道（以前は彼とつきあいはなかった）
ⓒ 客語が話し方・行為に関するやり方を表す。▶～官腔（役人風を吹かす）▶～比喻（たとえる）▶～了一个马虎眼儿（適当にごまかした）
ⓓ 客語が動作や状態を表す。▶～哈欠（あくびをする）▶～手势（手まねをする）▶～了一个喷嚏（くしゃみをした）▶～个盹儿（いねむりをした）▶他冷得浑身～着哆嗦（彼は寒さで全身をふるわせている）
ⓔ 客語が遊戯を表す。▶～牌（カルタ・マージャンなどをする）▶～扑克（トランプをする）▶～麻将（マージャンをする）▶～秋千（ブランコに乗る）▶他的牌～得好（彼はマージャンやカードに強い）

動結 打∥翻 打∥死 打∥破 打∥败 打∥掉 打轻了 打小了 打错了（'打'は動結形を多数作る）

動趨 打上 ⓐ ▶瓶里打上了一斤酒（瓶に酒を1斤買った）
ⓑ ▶刚做完被子，又打上毛衣了（かけぶとんを作りあげたばかりなのに，もうセーターを編み始めた）
ⓒ ▶没打[上]几枪，敌人就跑了（敵は何発も撃たないうちに逃げだした）
ⓓ ▶下雨了，快把伞打上（雨が降ってきたよ，はやく傘をさしなさい）
ⓔ 計算に入れる。▶连你打上，才三个人（君を入れてやっと3人だ）

打∥下 攻め落とす。▶打下一座县城

（県城を１つ攻め落とした）

打 // 出 必ず客語をともなう。▶这次一定要打出新水平（今度はぜひとも今まで以上のレベルを達成する）

打 // 出来 ▶这块地一定要打出一千斤粮食来（この畑は1000斤の穀物が収穫できるはずだ）

打 // 开 ⓐめくる，引き上げる，広げる。▶打开抽屉看看（引き出しを開けてみる）▶把窗户打开（窓を開ける）
ⓑ展開させる，転化させる。▶打开局面（局面を打開する）▶只有这样，才能打开僵局（こうしなければ硬直した局面を打開することはできない）

打 // 起来 ⓐ▶这一仗打不起来了（この戦争は起こせなくなった）
ⓑ▶你一定要打起精神来好好干（元気を出してちゃんとやらなくてはいけないよ）

打² dǎ

【介詞】…から：《口》

❶場所・時間・範囲の起点を表す。▶～这儿往东去（ここから東の方に行く）▶老郑刚～县里回来（鄭さんはたった今，県庁から帰って来た）▶清理仓库～明儿开始（倉庫の整理は明日から始める）▶～学习班回来，小芳就当上了讲解员（学習班から帰ると，芳さんは解説員になった）▶～组长起到每一个学员，都练了一遍（クラスの班長から１人１人の学生に至るまで，全員がひととおりの練習をやった）

❷通過するコース・地点を表す。▶～水路走，两天可以到（水路で行けば２日で着ける）▶阳光～窗口射进来（陽の光が窓からさし込んでくる）

注意 ① '打'は北方方言の色あいが強い。共通語ではふつう'从'を用いる。
② 単音節の方位詞の前（特に四字句の中）では'从'のみを用いる。▶从早到晚（朝から晩まで）▶从里到外（内から外まで）▶从东一直到西（東から西までずっと）

打算 dǎ·suan

【名詞】意見，考え。▶你有你的主意，我有我的～（君には君の考えがあり，私には私の考えがある）▶他的第一个～是争取考上大学（彼が第一に考えていることは，がんばって大学に合格することである）

【動詞】考える，計画する：《付》了・着・过《重ね型》動詞・節の客語をともなえる。▶一切要为群众～（何においても大衆のために考えなくてはならない）▶居家过日子，事事都得～～（生活していくには，何事も細かくやりくりしなければならない）▶你～怎么办？（君はどうするつもりなのか）▶他～一个人承担这项工作（彼は１人でこの仕事を引き受けるつもりだ）

大 dà

【形容詞】❶体積・面積・深さ・強さなどがふつうの程度を超える，あるいは比較の対象を超えている。２つの事柄の比較に用いられる場合を除いて，ふつう単独では述語にならない。▶～屋子（大きな部屋）▶～个子（大男）▶～～的眼睛（大きな目）▶昨天晚上下了场～雨（昨晩大雨が降った）▶出～力，流～汗（思いっきり力を出し，汗をたくさん流す）▶骆驼～，马小（ラクダは大きく，馬は小さい）▶这种鸡下的蛋特别～（この種のニワトリの生む卵はとりわけ大きい）▶工夫不～，他就办完事了（わずかな時間で彼は仕事をやり遂げた）▶她睁～了眼睛，惊奇地看着周围（彼女は目を大きく開けて，いぶかしげにあたりを見渡した）▶我总担心这只小牛养不～（この子牛が大きく育たないのではないかといつも心配している）▶这场秋雨下得真～（この秋雨はまったくひどい降り方だ）▶他比我～（彼は私より年上だ）▶这个瓜比那个～（このウリはそのウリより大きい）

ⓐ《付》了・起来 '大'になることを表

す。▶人长高了，力气也～了（背が伸びて，力も強くなった）▶说话之间雪～起来了（話をしているうちに，雪がはげしくなってきた）

ⓑ大［＋了・着］＋数量　比較に用いる。▶新的比旧的～了几公分（新しいのは古いのより数センチ大きい）▶哥哥比弟弟～着好几岁呢（兄は弟より何歳も年上です）▶这一间比原来的几乎～一半（ここは今までの部屋のだいたい1.5倍です）▶领子～了些（えりが少し大きい）

― '我比你～一岁' は '我～你一岁' とも言える。

ⓒ多［么］＋大　主に疑問文と感嘆文に用いる。▶这个小孩儿今年有多～？（この子供は今年何歳ですか）▶这块地有多～？（この畑はどのくらいの広さですか）▶谁也不清楚这个地方到底有多～（ここがいったいどのくらいの広さなのか誰もはっきり知らない）▶多么～的山洞啊！（なんと大きな洞窟だろう）

― 否定形は '没有＋多＋大' ▶他没有多～，才十五（彼はいくつにもなっていない，まだ15だ）

― '多大' には '无论多大'（どんなに大きくとも）の意味もある。▶多～的力气也举不起这块石头来（どんなに力があっても，この石を持ち上げることはできない）▶多～的车也装不下这台机器（どんなに大きな車でも，この機械を積み込むことはできない）

❷季節・天候・時間・祭日を表すいくつかの語の前に置く。強調。▶～热天〈～冬天〉的，到处跑什么！（こんなに暑い日に〈冬のさなかに〉あちこち何を走り回っているの）▶～晴天怎么下起雨来了！（こんな晴れた日にどうして雨など降ってきたのだろう）▶一～清早人就不见了（朝っぱらからあの人はどっかに行ってしまった）▶～年初一的，应该高兴高兴（正月なんだから楽しくやらなくては）

❸ '排行'（兄弟姉妹あるいはいとこまでを含めた長幼の順）でいちばん上の者であることを示す。▶～哥（いちばん上の兄）▶～姐（いちばん上の姉）▶～儿子（長男）▶他是老～，我是老二（彼が長男で私は次男です）

― 初めて会った人を呼ぶのに用いるときは長幼の順は表さず，単に尊敬を表す。▶～爷，您坐（おじさん，お座りください）▶～娘，马家桥还有多远？（おばさん，馬家橋までどのくらいありますか）

【副詞】程度がはなはだしいことを表す。

ⓐ大＋有＋名　名は2音節の語のみ。さらに修飾語をつけてもよい。▶～有问题（大いに問題がある）▶～有关系（大いに関係がある）▶～有希望（大いに望みがある）▶我看这里头～有文章（私はこれには，いわくがあると思う：隠された事情が存在することをたとえる）▶～有一触即发之势（一触即発の可能性が大きい）▶～有要打起来的架势（今にもけんかになりそうなようすだ）

ⓑ大＋動／形　動・形は単音節の語のみ。▶天已经～亮（空はもうすっかり明るくなった）▶～好河山（非常にすばらしい国土）▶病已～好（病気はもうすっかりよくなった）▶起了个～早（とても早く起きた）▶～骂一顿（こっぴどくののしる）▶～吼一声（大声でほえる）▶～笑一通（大笑いする）▶～开着门就走了（大きくドアを開けたまま，出て行った）

ⓒ大＋为＋動／形　動・形は2音節の語のみ。▶～为不满（非常に不満だ）▶～为高兴（とてもうれしい）▶～为赞赏（激賞する）▶～为惊讶（ひどく驚きいぶかる）▶～为改观（大きな変貌を遂げる）▶～为感动（非常に感動する）

ⓓ大＋不＋動／形　いくつかの動・形についてのみ。▶兄弟俩性格～不相同（兄弟2人の性格はまったく似ていない）▶身体～不如前（体は以前にはるかに及ばない）▶嘴里没说什么，心里可～不高兴（口では言わなかったが，心中はまったくお

もしろくない）▶学和不学～不一样（学ぶと学ばないのとは、まったく違う）

ⓔ不+大+形/動　程度が低いことを表す。'大'は'很'あるいは'太'と同じ。▶不～好（あまりよくない）▶不～高（あまり高くない）▶不～舒服（あまり気分がよくない）▶不～好看（あまりきれいでない）▶不～容易（あまり簡単ではない）▶不～听话（あまり言うことをきかない）▶这孩子这几天不～吃东西（この子はここ数日、あまり食べない）▶他们俩不～合得来（彼ら２人はあまりそりが合わない）▶我也不～想去（私もあまり行きたくない）

ⓕ不+大+動　「あまり…しない」の意味を表す。▶这两天他不～提这事了（ここ２～３日彼はこのことをあまり言い出さなくなった）▶我们家喜欢吃大米，不～吃面（うちは米飯が好きで、めん類はあまり食べない）▶我住在学校里，不～回家，也不～出去（私は学校内に住んでいて、あまり家に帰らないし、外へもあまり出かけない）

ⓖ動+不+大+形/動　動結形の動詞に'不+大'を挿入した拡張形。'大'の後ろの動/形は単音節が多い。▶这本书我看不～懂（この本は読んでもあまりわからない）▶站在这儿听不～清楚（ここに立っているとあまりはっきり聞こえない）▶对这个问题我始终想不～通（この問題に対しては終始あまり納得がいかない）▶他的脾气我摸不～透（私は彼の性格をあまりはっきりとつかんでいない）

ⓗ不+大+名（いくつかの時間を表す語のみ）　時間が短いことを表す。▶不～工夫（わずかな時間）▶你走了不～一会儿，他就来了（君が帰っていくらもしないうちに彼が来た）

慣用句　大A大B　A・Bは意味が近いか関連性のある単音節の名詞・形容詞・動詞。「規模が大きい」「程度がはなはだしい」ことを表す。▶～手～脚（見栄をはり，金使いがあらい；ぜいたく好き，浪費のたとえ）▶～鱼～肉（肉とか魚ばっかり）▶～红～绿（けばけばしい）▶～荤～素（肉料理ばかりか精進料理までも）▶～吵～闹（大さわぎする）▶～喊～叫（大声でわめきたてる）▶反对～吃～喝（ぜいたくな飲み食いに反対する）

大A［而］特A　Aは単音節の動詞。「規模が大きい」「程度がはなはだしい」ことを表す。誇張の意味合いを帯びる。▶～书［而］特书（特筆大書する）▶～讲［而］特讲（大いに語る）▶～睡［而］特睡（ぐっすりと眠る）

大概　dàgài（大约・约・约莫）

【形容詞】あまり詳しくない，だいたい；程度副詞の修飾を受けない。述語にはならない。▶这就是当时的～情况（これが当時のおおまかなようすだ）▶我只知道一个～数字（ただおおまかな数字を知っているだけだ）▶你给我们介绍一下～的内容（だいたいの内容を紹介してください）▶他～地谈了谈明年的规划（彼は来年の計画についてざっと話した）

【副詞】❶数・時間に関するおおまかな推定を表す。

ⓐ大概+数量▶小红～十六七岁（紅ちゃんはだいたい16～7歳ぐらいだ）▶这里离县城～十里左右（ここは県都から約10里ぐらいです）▶增加了～百分之十五（約15パーセント増加した）

ⓑ大概+時間を表す語句▶我～月底回国（たぶん月末に帰国する）▶期终考试～在下星期二举行（期末試験はたぶん来週の火曜日に行われる）

ⓒ大概+動+数量▶～讲了半小时（だいたい30分ぐらい話した）▶大娘～有五十多岁（おばさんは50歳ぐらいだ）▶这一箱～是二十五斤（この箱はおおよそ25斤ぐらいだ）▶我们厂女工～占百分之六十（私たちの工場は女子労働者がほぼ60パーセントを占めている）

❷状況に対する推測を表す。おそらく…だろう。

ⓐ大概＋動▶我想他～会同意（彼はおそらく賛成するだろうと思う）▶已经十点了，他～不会来了（もう10時だ，たぶん彼はやって来ないだろう）▶你的事～能办成（君の件はたぶんうまく処理できるだろう）▶这～没有问题（これはおそらく問題がないだろう）

ⓑ大概＋形▶这道题～不错，你再问问老师（この問題はたぶん間違っていない。もう1度先生にたずねてみなさい）▶长短～合适（おそらく長さは適当だ）▶进展～很快（進み具合はおそらく速いだろう）▶事情～不难（おそらくむずかしいことではないだろう）

ⓒ主語の前に用いられる。▶已经十点了，～他不会来了（もう10時だ，たぶん彼は来ないよ）▶～你还不了解（たぶん君はまだわからないだろう）

〖大约〗用法は副詞の'大概'にほぼ同じ。
ⓐおおまかな数・時間をいうのに用いることが多い。▶光速每秒大约三十万公里（光の速さは1秒間におよそ30万キロだ）▶房间面积大约六十平方米（部屋の広さはおよそ60平方メートルである）▶时间大约是三点半（だいたい3時半ぐらいだ）▶大约走了十多里地才到（およそ10里あまり歩いてやっと着いた）▶大约有一千二百人参加（およそ1200人が出席する）

ⓑまれに状況の推測を表す。《書》▶此事大约已成定局（この件はほぼ確定した）▶条件大约尚未谈妥（条件はいまだ合意に至らぬようだ）

〖约〗ほぼ：《書》数・時間に関する推定のみを表す。▶光速每秒约三十万公里（光の速さは1秒間におよそ30万キロだ）▶我厂女工约占百分之六十（我々の工場は女子労働者がほぼ60パーセントを占める）
━時間を表す語句の前に用いるときには，'在・于'などの介詞を付ける。▶我约在月底回国（たぶん月末に帰国する）▶期中考试约于下周举行（中間テストはおそらく来週行われる）

〖约莫〗だいたい：《口》数・時間に関する推定のみを表す。▶这一箱约莫有二，三十斤（この箱は20～30斤ぐらいある）▶走了约莫十多里地才到（およそ10里歩いてやっと着いた）▶这些活儿约莫天黑以前能干完（たぶん日暮れ前に仕事を終えられる）

大伙儿 dàhuǒr ☞大家 dàjiā

大家 dàjiā（大伙儿・大家伙儿）

【代詞】❶一定の範囲内のすべての人をいう。▶～都不是初次见面，彼此不必拘束（みんなは初対面ではないのだから，お互いかしこまることはない）▶～情绪很高（みんなの意気込みが極めて高い）▶科里已经把考核的事通知了～（科ではすでに能力審査のことをみんなに知らせた）▶～的事～关心（みんなのことはみんなが関心をもつ）
━人称代詞の複数形の後ろに置く。同一内容を再指示する。▶你们～（みなさん）▶他们～（彼らみんな）▶咱们～（私たちみんな）▶大娘，老李不在您身边，还有我们～呢！（おばさん，李さんがあなたのそばにいなくても私たちみんながいますよ）

❷特定の人（人々）以外の，ある範囲内のすべての人をいう。▶你去告诉～，气象预报说今晚有大风（君，みんなに言って来。予報では今晩大風だって）▶我决不辜负～的希望（私は決してみんなの期待を裏切らない）▶代表讲完了，～报以热烈的掌声（代表が話し終わるとみんなは熱烈な拍手で応えた）▶一心想着～，唯独不顾自己（ひたすらみんなのことを思い，自分のことはまったく気にかけない）

〖大伙儿〗〖大家伙儿〗'大家'に同じ。《口》

大家伙儿 dàjiāhuǒr ☞大家 dàjiā

大约 dàyuē ☞大概 dàgài

带 dài

【動詞】❶携える、連れる。▶～雨伞（雨傘を持つ）▶～证件（身分証明書を携帯する）▶多～点儿吃的（食べ物を多めに持つ）▶身上～了不少钱（たくさんのお金を持った）▶他走到哪儿，都把孩子～在身边（彼はどこに行くにも子どもを連れている）

❷ついでに物を買うあるいは何事かをする。介詞句'给…'をともなうことが多い。▶你给我～包火柴来（ついでに私にマッチを1箱買って来てください）▶给孩子～几本练习本回来（帰りに子供にノートを何冊か買って来てください）▶他托我从黄山～些好茶叶（彼はついでに黄山から上質のお茶を買って来てくれと私に頼んだ）▶这都是～给你的（これはみんなあなたに持って来たものです）

❸現れる、含んでいる：存現文を構成することが多い。▶脸上～着微笑（顔に微笑が浮かんでいる）▶话里～着脏字（話に汚い言葉が混じっている）▶他说话常～着'刺儿'（彼はいつも話にとげがある）▶这种糖～有酸味（このあめには酸味がある）

❹ついている、付随する。《付》了・着・过　ふつう客語をともなう。▶桌子上的茶杯，都～着盖儿（テーブルの上の湯のみ茶碗にはみんな蓋がついている）▶筐子里的菜上边～了不少土（かごの中の野菜には土がたくさんついている）▶买我们商店的大件商品，～送货上门（うちの店で大型商品を買うと、お届けサービスがついています）

❺案内する、指導する。《重ね型》▶我给你们～～路（私がみなさんの道案内をします）▶老师傅～了几个新徒弟（ベテランの職人は新しい弟子数人を指導している）▶好好～～这些年轻人（この青年たちを

しっかり指導してください）▶～大家游览长城（みんなを万里の長城の観光につれて行く）

動結 带得〈不〉了（liǎo）　携帯できる〈できない〉、指導する能力がある〈能力がない〉。▶我带不了这么多东西（私はこんなにたくさんの物を持てない）▶我身体不好，恐怕带不了研究生了（私は健康に問題があるので、大学院生の指導はできないだろう）

带成　（指導して）…にする、指導できる〈できない〉。▶你要把他带成有用的人才（君は彼を有用な人材に育てなければならない）▶我要退休了，带不成徒弟了（私はもうじき定年で、弟子はとれない）

動趨 带上　加える。▶把这些东西都带上（これらの品物をすべて持って行く）▶在信上也给我带上一笔问好的话（手紙に私からもよろしくと一筆書き添えてください）

带下去　指導を継続する。▶研究生我还要带下去（私はこれからも大学院生を指導して行くつもりだ）

带起来　指導を開始し継続する。▶他也带起徒弟来了（彼も弟子をとり始めた）

带开 ▶他上班也带开饭了（彼も会社にお弁当を持って行くようになった）

代¹ dài

【動詞】❶代わる。▶王老师给我～过几节课（王先生は何コマか私の代講をしてくれたことがある）

━しばしば連動文を構成する。▶你～我买一件衣服（私の代わりに服を1枚買ってください）▶谁～王先生去一趟？（誰が王先生の代わりに行ってくれますか）▶你～我办一件事（私に代わって用事を1つやってください）

━しばしば語の構成要素になる。▶～乳粉（代用粉ミルク）▶～用品（代用品）▶～词（代詞）

❷代理する：定語になるのみ。《×付》的▶～部长（部長代理）▶～所长（所長代

理）▶～主任（主任代理）

代² dài

【名詞】世代。▶一～伟人（一代の偉人）▶一～巨匠（一代の巨匠）▶青年一～（若い世代）▶下一～（次の世代）

【量詞】世代を数えるのに用いる：後ろの名詞は現れなくてもよい。▶第二～（第2世代）▶第三～传人（3代目の継承者）

代替 dàitì

【動詞】甲が乙に代わって、乙の役割を果たす。文中にはしばしば介詞句'用…'が用いられる。▶小王～小李（王さんが李さんの代わりをつとめる）▶新事物～旧事物（新しい事物が古い事物に代わる）▶机器～了人的体力劳动（機械が肉体労働に代わった）▶聋哑人用手势～语言（ろうあ者は言葉の代わりに手の動きを使う）▶用塑料～木材（木材の代わりにプラスチックを使う）▶你暂时～科长的工作（しばらくの間課長の仕事を代わりをつとめてください）▶以点点头～打招呼（ちょっと頭を下げて挨拶に代える）▶光明～了黑暗（光明が暗黒に取って代わった）

― しばしば連動文を構成する。▶我～他值了几个夜班（私は彼の代わりに数回夜勤をやった）▶彩色电视机～黑白电视机进入了千家万户（カラーテレビが白黒テレビに代わって多くの家庭に入った）

動結 **代替得〈不〉了**(liǎo) 代わる能力がある〈ない〉。▶他那么能干，我代替得了他吗？（彼はあんなに有能なのだから、私が彼の代わりなどできるはずがないでしょう）▶我代替不了小张（私は張さんの代わりはできない）▶他的作用是任何人也代替不了的（彼の役割は誰も代わることはできない）

单 dān

【形容詞】❶ひとつ：定語になるのみ。《×付》的▶～扇门（一枚戸）▶～兵操练（兵士の個別教練）

❷奇数の。↔双：定語になる。《×付》的▶～数（奇数）▶～号（奇数番号）▶～日子（奇数の日）

― '是…的'形式に用いる。▶马路东面的门牌号码都是～的，马路西面的门牌号码都是双的（大通りの東側の番地はすべて奇数で、西側の番地はすべて偶数だ）

❸ひとえのもの（衣服など）：定語になる。《×付》的▶～衣（ひとえの服）▶～裤（ひとえのズボン）▶～褂儿（ひとえの中国式上着）

― '是…的'形式に用いる。▶这件衣服是～的，那件衣服是夹的（この服はひとえで、あの服はあわせだ）

【副詞】範囲を限定する：…だけ、単に。
ⓐ 单＋動▶干什么事不能～靠别人，自己先要多努力（何事をやるにも人に頼るだけではいけない、自分がまず努力を重ねなければならない）▶～看他的外表，我就知道他不是本地人（外観を見ただけで、彼がこの土地の人間でないことがわかる）▶～说优点不说缺点，这就有点儿片面性（長所だけを言って欠点を言わないのはいささか偏っている）▶～凭热情，是做不好工作的（熱意だけでは仕事はうまくやれない）

ⓑ 单＋名▶在书目里，～文学方面的书，就有好几十种（図書目録には、文学関係の本だけで、何十種類もある）▶～你一个人，恐怕完不成任务（君1人だけでは、この仕事はやり遂げられないだろう）

担心 dānxīn

【動詞】心配する。：《付》了・着・过 名詞・動詞・節を客語にともなう。▶这样治疗我就不会～了（このように治療すれば私も心配ない）▶我真为〈替〉他～（本当に彼のことが心配です）▶他从来没有～过自己的安全（彼は自分の安全を気にかけたことなどない）▶你这么粗枝大叶，真让人～（君はやり方が粗雑で、まったく

人をはらはらさせる）▶他～到了新岗位不能胜任工作（彼は新しい職場での仕事に耐えられないのではないかと心配している）▶我～他通不过这次考试（彼は今回の試験に合格しないのではないか気がかりだ）
ⓐ程度を表す副詞を前に置ける。▶真～（とても心配だ）▶更～（もっと心配している）▶最～（いちばん気にしている）▶非常～（とても心配だ）▶实在～（本当に心配だ）▶听到春梅救火负了伤，人们都很～（消火のときに春梅がけがをしたと聞いて、人々は心配している）
ⓑ'了・着・过'を'担'と'心'の間にはさめる。'心'の前には数量その他の修飾成分も置いてよい。▶整天担着心（1日中気をもんでいる）▶从没担过心（これまで気にかけたことがない）▶除了自己的事以外，还为别人担了一份儿心（自分の事以外に他人の心配事までかかえ込んでいる）▶你知道我担着多大的心啊！（君はぼくがどんなに心配しているか知っているはずだ）▶你就别担这份心了（君、もうそんなに心配するなよ）

[動趣] **担上心**▶我自己不觉得怎么样，他倒替我担上心了（ぼく自身はどうってことないが、彼のほうがかえって心配している）

淡 dàn

【形容詞】❶ （味が）濃くない、塩辛くない。
ⓐ名詞を修飾する。▶早晨起来喝一杯～盐水（朝起きてから薄い塩水を1杯飲む）▶他有病，要吃很～的菜（彼は病気だから薄味の料理を食べなければならない）▶～～的饺子馅儿（薄味のギョウザの具）
ⓑ述語・補語になる。▶菜太～，再少加点儿盐（料理の味が薄すぎるから、もう少し塩を入れよう）▶这一盘炒西红柿有点儿～（このトマト炒めは味がちょっと薄い）▶这种酒味道很～（この酒は飲み口があっさりしている）▶沏到三遍水，茶味已经～了（3回入れたので、お茶がもう薄くなった）▶把馅拌～一点儿（具を薄目の味つけにする）▶菜做得挺～（料理がとても薄味にできている）
— 補語になるときは、ある基準にはずれている意味を表すことがある。▶今天的菜炒～了（今日の炒め物は薄味になってしまった）
ⓒ補語をともなう。▶菜～极了（料理の味が極端に薄い）▶～得一点儿味儿也没有（薄くて何の味もしない）

❷ （色が）薄い。
ⓐ名詞を修飾する。▶她喜欢～颜色（彼女は淡い色が好きだ）▶涂了些比较～的色彩（薄めの色を少し塗った）▶画面的背景是～～的蓝色（画面の背景は淡いブルーだ）
ⓑ述語・補語になる。▶这块布料颜色～，给你做件上衣挺合适（この布は色が薄くて、あなたの上着を作るのにぴったりだ）▶家具的颜色有点儿～，我不大喜欢（家具の色がちょっと薄くて、私はあまり気に入らない）▶底色涂～一点儿（地色は少し薄目に塗る）▶眉毛描得挺～（眉毛をとても薄く描いている）▶口红涂得～～的（口紅をうっすらと塗っている）
— 補語になるときは、ある基準にはずれている意味を表すことがある。▶颜色你调～了（君が調合した色は薄すぎる）
ⓒ補語をともなう。▶家具的颜色～极了（家具の色が薄すぎる）▶底色～得好像没有涂似的（地色は何も塗ってないみたいに薄い）

但 dàn ☞但是 dànshì

但是 dànshì（但・然而）

【接続詞】逆接を表す。前項と対立する内容、あるいは前項を限定・補充する内容を導く。節や文・語・句・段落をつなぐ。表現の重点は'但是'の後ろにある。'但是'の後ろにはふつう'却・也・还・仍然'などを置く。▶我很喜欢中国古典文学，

～没有系统地研究过（中国の古典文学が好きですが、系統的に勉強したことはありません）▶要充分肯定成绩，～也要指出缺点（成果は十分に評価する必要があるが、欠点を指摘することも必要だ）▶我们已经培养了不少人才，～还不能满足实际需要（すでに多くの人材を養成したが、まだ実際の需要を満たしきれない）
ⓐ文の前節にはふつう'虽然'か'尽管'を用いる。▶我虽然学了三年汉语，～听北京的相声还有困难（中国語を3年勉強したが、北京の漫才を理解するのはまだむずかしい）▶尽管我们花了很大的力量，～仍然没有收到预期的效果（ずいぶん力を尽くしたにもかかわらず、予期した効果が上がらなかった）▶声音虽然低沉，～坚强有力（声は低いが力強さがある）
ⓑ語・句をつなぐときは、その修飾語をつなぐことが多い。'而'に近い働きをする。▶要建立一个人数不多～坚强有力的领导班子（少数精鋭の指導グループを作らなくてはならない）▶我喜欢净～明朗的花色（派手でなくかつ明るい色柄が好きだ）
ⓒ文や段落をつなぐとき、前項には'虽然'を置けない。▶这里风景很好，还有一些名胜古迹，很值得看看。～你们要早点儿回来，进城的末班车是五点（ここは景色がよく名所旧跡もあり、一見に値する。だが町へ行く終バスは5時だから早めに帰らなくてはいけない）
〖但〗用法は基本的に'但是'と同じ。ただし以下の点が異なる。
① '但是'の後ろにポーズを置いてもよいが、'但'は置けない。▶这部影片的题材很好，编导也不错，但是，摄影的技巧差一些（この映画はテーマがよく脚本・演出ともに優れているが、撮影技術は少し劣っている）▶问题已经提出，但尚未加以解决（問題はすでに提起されたが、まだ解決をみていない）▶这是一般规律，但也不是没有例外（これは一般的な法則であるが、例外がないわけではない）

② '但'にはほかに副詞の用法があり、'只・仅仅'の意味を表す。《書》▶但愿如此（ただそう願うのみ）▶'不求有功，但求无过'这种思想是不对的（「功を求めず大過なきことのみを願う」という考え方は誤っている）
〖然而〗意味・用法ともに基本的に'但是'に同じ。《書》▶在试验中虽然多次失败，然而他们并不灰心（テストの段階で何度も失敗したが、彼らは決して落胆していない）▶工作是繁重的，条件也很差，然而，大家的情绪却始终很饱满（仕事は多くて楽ではないし、条件も厳しいが、みんなの気持ちは常にはつらつとしている）▶他是一个性格古怪而十分正直的人（彼は性格がへんくつだが、とても公正な人だ）▶小陈沉默地然而异常坚定地向前走去（陳君は黙ったまま、しかし非常に毅然として前に向かって歩いていった）

比較 但是：而 ☞而 ér

当 dāng

【介词】❶ 事件の起きた時間を示す。《書》'当'の後ろに'着'を付けることもある。
ⓐ当+﹝名﹞／﹝動﹞+的时候〈时〉　主語の前に用いることが多く、後ろにポーズを置く。《付》着▶～我回来的时候，他已经睡了（戻ったときには、彼はもう眠っていた）▶～他八岁的时候，父亲带着他来到北京（彼は8歳のとき、父親に連れられて北京にやって来た）▶汽车在公路上奔驰，～经过一片丛林时，突然停了下来（車は道路をとばしていたが、林を通りかかったとき突然止まった）▶～着市场的形势发生变化的时候，我们的对策也要跟着改变（市場の情勢に変化が生じたときは、我々の対策もそれに合わせて変えなければならない）
━ 前に'正'をつけて、何かが今起こりつつあることを強調する。▶正～村里欢庆丰收的时候，又传来了火车很快就要通到这里的消息（村が豊作を祝っているとき、汽車がまもなくここまで開通するというニュース

が伝えられた＝～村里正在欢庆丰收的时候…)
ⓑ 当＋節／動＋指数量＋時間を表す語句 ▶～我毕业那一年，哥哥从外地回来了（ぼくが卒業した年，兄が他郷から帰ってきた）▶～他走的那天上午，我还看见他的（彼が去ったその日の午前中にも彼を見かけた）▶～你在上海的这几个月，我到云南去了一趟（あなたが上海にいたこの数か月の間に，私は雲南に行ってきた）
ⓒ 当＋節／動＋以前〈之前〉／以后〈之后〉 ▶～洪水来临之前，一定要做好防汛工作（洪水が来る前に防災活動をしっかり行う必要がある）▶明年～春暖花开以后，我想去杭州重游西湖（来年暖かくなったら杭州へ行き西湖にもう一度遊びたい）
— ⓑⓒの場合，'当'より'在'を使うことのほうが多い。また'在''当'のどちらも用いなくてもよい。
❷事柄の起きた場所を示す。
ⓐ いくつかの単音節の名詞と組み合わせ，場所・位置を示す。▶～头一棒（いきなり痛棒をくらわす）▶～众表演（大衆の前で演ずる）▶～胸就是一拳（胸ぐらを1発なぐる）▶教练～场给我们做了示范动作（コーチがその場で模範演技をしてみせてくれた）
ⓑ 当＋面；当＋着＋名；当［＋着］＋名＋的＋面　面と向かい合うことをいう。'面'の前に修飾語を付けてもよい。'当'の後ろに'着'を付けることができ，その場合あとの'面'は省略できる。▶～面点清（目の前ではっきり数える）▶你有什么意见，可以～我的面说（意見があったら私に直接言ってかまわない）▶现在～着你们俩的面，我把情况介绍一下（今，君たち2人の前で状況を説明しよう）▶你要～着大伙儿说清楚（みんなの前ではっきりと言いなさい）

比較　当：在①時間を示すとき，'当'は，節あるいは動詞句で構成する語句（時間を表す）の前に用いる。単独の語の前に用いることはできない。'在'は制限されない。▶在一九七〇年（1970年において ×当一九七〇年）▶在那时（あのとき ×当那时）▶在以前（以前に ×当以前）
②場所を示すときは，'当'はいくつかの名詞とのみ組み合わされる。場所や方位の語とは一緒にできない。'在'は逆で，場所や方位を示す語とだけ組み合わされ，一般の名詞と共には使えない。▶当头泼冷水▶在头上泼冷水（真っ向から冷水を浴びせる ×当头上泼冷水 ×在头泼冷水）▶当我的面讲▶在我的面前讲（私の前で話す ×当我的面前讲 ×在我的面讲)

当然 dāngrán

【形容詞】このようであるべきだ：定語となるのはまれ。'很'は付けない。述語となるとき，主語には'这・那'が多い。あるいは'是…的'の構文で用いる。▶～代表（当然のこととして代表に選ばれた人）▶你说应该早做准备，那～（君が早めに準備しろというのは当然だ）▶生产受了损失，心情不好是～的（生産が被害をこうむったのだからショックはもっともだ）▶群众有不同的意见是～的（大衆の間に異なった意見があるのはあたりまえです）

慣用句　理所当然　道理から当然そうあるべきだ。▶立功受奖，理所当然（手柄をたてて褒美をもらうのはあたりまえだ）

【副詞】認定・断定を表す。強調の作用があり，疑う余地のないことを表す。▶我这样说，～有根据（私がこう言うのは，もちろん根拠があってのことです）▶你去吗？——～去（君行くの——もちろん行くさ）▶办法～很多（方法はもちろんたくさんある）▶我们～会等你的（私たちはもちろんあなたを待っています）
ⓐ 主語の前に置いてもよい。後ろにポーズを置くことが多い。▶～成绩是主要的（もちろん成果こそ主たる側面である）▶～，他也可以去试试（もちろん彼だって試してみてかまわないよ）▶～，厂里的大事得

由职工代表讨论决定（もちろん工場の重要事項は職員労働者の代表みんなで討論して決めなくてはなりません）

ⓑ前に理由を示す語句を置くことが多い。▶不练习～学不会（練習しなければ身に付くはずがない）▶我在他背后，他～没看见我（ぼくは彼の後ろにいたのだから彼から見えなかったのはあたりまえだ）▶刚洗过～干净（洗ったばかりだから、きれいにきまっている）▶橘子皮还是绿的，～不好吃（皮がまだ青いのだから、このミカンはおいしいはずがない）

— ときには前に'既然'や'因为'を用いる。▶客观形势既然有了变化，我们的主观认识～也应该跟上去（客観情勢に変化があったのだから、我々の認識も当然それに追いついていくべきだ）▶因为当时是战争时期，物资～不可能很充足（当時は戦争中であり物資が豊富であろうはずもなかった）▶既然他们不去，我们～也不去（彼らが行かないのなら、もちろんぼくたちだって行かない）

ⓒ'当然'は単独で用いたり、返答に用いてもよい。▶～！我一定写信给你（もちろんだ。絶対君に手紙を書くよ）▶你可要带我一起去呀！——～！（私も一緒に連れて行ってよ——もちろんだわ）

ⓓ当然…，[可是]… もちろん…だが…だ：逆接を表す。'虽然…但是…'に近いが、より軟らかい表現。▶狐皮的～暖和，可是太贵（キツネの皮は暖かいにきまっているが、なにせ高すぎる）▶我去～也可以，就是路不太熟（私が行くのはもちろんかまいませんが、ただ道をよく知らないのです）▶能升学～很好，升不了学做别的工作也一样（進学できればそれにこしたことはないが、進学できず仕事に就いても本来は同じだ）▶住二楼～很好，住五楼也没什么（2階に住むのはいいにきまっているが、5階だってかまわない）

ⓔ前述の文に対する補充を表す。挿入句として使われることが多い。省いてもよい。▶打太极拳对身体很有好处，～，要持之以恒（太極拳はとても体によい。もっとも長続きすればのことだが）▶～，我上面说的只是个别情形（当然ながら前に述べたのはほんの一部の状況です）

当中 dāngzhōng
☞中间 zhōngjiān

当 dàng ☞当做 dàngzuò

当做 dàngzuò（当）

【動詞】…とする，…とみなす：《付》了必ず名詞を客語にとる。'把'や'被'を用いた文に使うことが多い。

ⓐ把［+名₁］+ 当做 +名₂［+動］▶王成把学校～了自己的家（王成は学校を自分の家だと思っている）▶别把好心～恶意（好意を悪意にとってはいけない）▶他一向把我～亲兄弟看待（彼はずっと実の兄弟のように接してくれている）▶别把还可以用的材料～废料处理了（まだ使える材料を廃品として処分してはならない）

ⓑ被［+名₁］+ 当做 +名₂［+動］▶'人飞出地球去'曾经被人们～一种幻想，今天已经实现了（「人間が地球を飛び出す」ことは、かつては夢だったが、今日すでに現実のものとなった）▶这棵小树苗被～一件珍贵的礼物送到我手里（この木の苗は貴重な贈り物として私の所に贈られてきた）

ⓒ名₁+ 当做 +名₂［+動］▶两步～一步走（2歩を1歩として歩く：急ぎ足で歩く）▶这间房可以～仓库（この部屋は倉庫にできる）

《当》① '当做'に同じ。▶把我当亲兄弟看待（ぼくを実の兄弟のように考える）▶底稿被他当废纸扔了（下書きが彼に紙屑として捨てられてしまった）▶临时借了个书包当提包用（臨時にかばんを借りて手下げに使う）

② 匹敵する：必ず名詞を客語にともなう。▶以一当十（1が10に相当する）▶干农

活儿他一个人能当两个人（野良仕事なら彼1人で2人分やれる）
③…と思いこむ，考える：動詞あるいは節を客語とする。▶你在这儿，我还当你走了呢！（なんだここにいたの，もう出かけたと思ってたよ）▶我当是老徐，走近一看，不是（徐さんかと思ったが，近づいて見たら違った）

到 dào 動；//。dào 趨

【動詞】❶到達する，達する：《付》了・过 場所・数量を表す客語をともなえる。▶老王～了没有？（王さん，来た？）▶春天～了（春がやって来た）▶北京～了，请旅客们拿好行李下车（北京に着きました。お客様方，どうぞ忘れものをなさらぬようお降りください）▶他今年二十［岁］都不～（彼は今年20歳にもならない）▶我～过延安（延安に行ったことがある）▶～八点再开会（8時になったら会を始めよう）▶今年我们县的各类农作物产量分别提高了一成～四成（今年わが県の各農作物の生産量は，それぞれ1割から4割伸びた）

❷行く：必ず場所を表す客語をともなう。▶～历史博物馆参观去（歴史博物館へ見学に行く）▶～我那儿谈吧（うちへ行って話しましょう）▶你～哪儿去？（どちらへおでかけ）▶他是昨天～这儿来的（彼は昨日ここへ来ました）

動結 到得〈不〉了（liǎo）▶他今天到不了北京（彼は今日は北京には着けない）

【趨向動詞】❶動＋到［＋名（動作の対象）］ 動作が目的まで到達したことや，ある結果をもたらしたことを表す。▶好容易走～了（やっとのことで歩き着いた）▶我说～一定做～（言ったことは必ずやり遂げる）▶你要的那本书我已经找～了（あなたが欲しがっていたあの本はもう見つけましたよ）▶我今天收～了一封信（今日1通の手紙を受け取った）▶这个人好像在哪儿看～过（この人はどこかで見かけたことがあるようだ）▶响声很大，很远都能听～（音がとても大きかったので，遠い所でも聞こえた）▶我把话说～了，听不听随你（言うことは言った。受け入れるかどうかは君が決めることだ）▶你说的都办得～（君の言うことはみなやり遂げられる）▶想不～会出这样的事情（このようなことが起ころうとは思いもしなかった）

❷動＋到＋名（場所） 人または物が動作とともにある場所へ到達したことを表す。▶他回～了家乡（彼は故郷へ帰り着いた）▶他一直把我送～村口（彼は私を村のはずれまで送ってくれた）▶成绩单已经寄～学生家里去了（成績表はすでに学生の家庭へ郵送した）▶天黑前咱们赶得～县里吗？（暗くなる前に県都に着けますか）

— 場所を表す客語の後ろに，さらに'来・去'を付けられる。'来'は動作が話し手の方へ向かうことを示し，'去'は動作が話し手から離れていくことを示す。▶中学毕业后他又回～家乡来了（中学卒業後，彼は再び故郷へ戻って来た）▶你快点赶～我家里来（急いで私の家へ来てください）▶来，快把伤员抬～安全的地方去（さあ，早く負傷者を安全な場所にかついでいこう）▶你把文件塞～哪儿去了？（君は書類をどこへ突っ込んでしまったんだい？）▶你这是说～哪儿去了？（君はどこまで脱線する気なのだ？）

❸動＋到＋名（時間） 動作がいつまで継続するかを表す。名は時間を表す語句。動と'到'の間には，ふつう'得・不'を入れられない。▶等～明年暑假我再来看你（来年の夏休みになったらまたあなたに会いに来ます）▶大风刮～下午两点才停止（大風は午後の2時になってやっとやんだ）▶找～天亮还没有找着李强（明け方まで探したが，李強を見つけられなかった）

❹動／形＋到＋名 動作や性質・状態がある程度に到達したことを表す。名は数量や程度を表す語句が多い。▶他的视力已

经减退~零点一了（彼の視力はすでに0.1まで落ちた）▶这口井已经打~一百二十米深了（この井戸はすでに120メートルの深さまで掘られた）▶事情已经发展~十分严重的地步（事はすでに極めて深刻な事態にまで進んでいる）▶这里的冬天可以冷~零下二十度（冬，ここは零下20度にまで冷え込む）▶他坐了不~十分钟就不耐烦了（彼は座って10分としないうちにがまんできなくなってしまった）▶这种纸纵然好也好不~哪儿去（この手の紙はたとえよいとしたってたかが知れているよ）▶这个人真是坏~家了〈坏~极点〉（こいつは本当にとことん悪い奴だ）

❺|形|＋到＋|动|/|节|　状態が到達した程度を表す。'到'の機能は'得'（結果・情況を表す補語を導く助詞）に近い。多くは'得'に換えてもよい。▶船上平稳~跟平地上差不多（船上はおだやかで，平地の上と大差ない）▶声音高~不能再高了（声はこれ以上高くできないほど高かった）▶有些生物小~连眼睛都看不见（ある種の生物は肉眼では見えないほど小さい）

到处 dàochù

【副詞】あらゆるところ（すべて）：話し手が指す動作あるいは状態のすべての範囲を示す。▶他浑身上下~都是土（彼は全身上から下までほこりだらけだ）▶坡上坡下~站满了观众（坂の上から下まで観衆がぎっしり立っている）▶孩子的玩具扔得~都是（子供のおもちゃがあたり一面にころがっている）▶店内店外~挂满了灯笼（店の内外いたるところにちょうちんが下がっている）

|比較| 到处：处处　☞处处 chùchù

到底 dàodǐ

【副詞】❶疑問文に用いる。さらに一歩踏み込んで問いただすことを表す。結局：動詞・形容詞または主語の前に用いる。▶他~是谁？（あいつはいったい誰なんだい？）▶~事情怎么样了？（結局どうなったんだ）▶那里的气候~冷不冷？（あそこの気候はつまりは寒いということか？）▶火星上~有没有生命？（火星にはいったい生命が存在するのか）

— 主語が疑問代詞のとき，'到底'は主語の前でしか使えない。▶~谁去（いったい誰が行くの ×谁~去）▶~哪一个好？（いったいどれがいいのか ×哪一个~好）

— '吗'をともなう疑問文には'到底'を用いられない。'×你~去吗？'→'你去吗？'あるいは'你~去不去？'

❷比較的長い過程を経て，最後には結果に到達したことを表す。

— 到底＋|动|/|形|　必ず'了'または完成を表す語句をともなう。▶经过一番曲折，事情~成功了（曲折を経たが，ついに成功した）▶我们~战胜了风雪，到达了目的地（我々はついに風雪に打ち勝って，目的地に到達した）▶他沉默了半天，~开了口（彼は長い間黙っていたが，とうとう話し始めた）▶我想了好久，~明白了（長いこと考えてやっとわかった）▶过了几天，心情~平静下来了（何日かたって，やっと気持ちが落ち着いてきた）

❸原因や特徴を強調する：やはり，結局。
ⓐ動詞・形容詞あるいは主語の前に用いる。▶~没去过，问了很久才问到（要するに行ったことがないということが，何度も聞いてやっとわかった）▶他~有经验，很快就解决了（彼は何と言っても経験があるので，またたく間にかたづけた）▶孩子~小，不懂事（子供はやはり子供で，物事がわからない）▶他~还年轻，还请大家多帮助（彼は何と言ってもまだ若輩ですので，どうぞよろしくお願いします）▶~人手多，一会儿就弄完了（人手が多いものだから，たちまちやり終えた）▶~你有办法，很快就把机器修好了（さすが君は腕がいい。またたく間に機械を直してしまったね）

ⓑ［|名|］＋到底＋是＋|名|　2つの|名|は同じもの。▶［南方］~是南方，四月就插

快了（やはり南方である。4月には田植えだ）▶［小孩］〜是小孩, 这些道理他还不大懂（子供はやはり子供だ。こんな道理もまだわからない）

比較 到底：终于 ☞终于 zhōngyú

倒 dào（倒是）

【副詞】❶一般の事情・道理と相反することを表す：かえって, 反対に。▶妹妹〜比姐姐高（妹のほうが姉より背が高い）▶多年的老朋友, 他〜跟我客气起来了（長年の親友なのに, 彼は私に遠慮している）▶没吃药, 这病〜好了（薬を飲まないのに病気がよくなった）▶我的化学一直不行, 可是这回考得〜不错（化学はずっとだめだったが, 今回のテストはよかった）

❷事実と相反することを表す。'得'を含む文に用いる。動詞は'说・想・看'など, 形容詞は'容易・简单・轻松'などのみ。主語は第2人称・第3人称のみ。とがめるような気持を表す。▶你说得〜简单, 你试试看（君は簡単に考えているけれども, ためしにやってみろよ）▶他想得〜容易, 事情哪儿有那么好办！（彼は安易に考えているが, そうやりやすいものか）

❸予想外であることを表す。▶有这样的事？我〜要听听（そんな事があるんだって。聞かせてもらいたいね：信じない）▶你一说, 我〜想起来了（君が口に出したので, 思い出した：それまでは忘れていた）▶十个学员里头〜有七个是南方人（10人の学生のうち意外にも7人までが南方の出身者だった：そんなに多いとは予想してなかった）▶哪儿没找遍, 你〜在这儿！（あちこち捜しまわったのに, なんだ, 君はここにいたのか）

❹逆接を表す。'倒'の後ろには積極的な意味を表す語句を用いる。文の前節に'虽然'を付けてもよい。▶房间不大, 陈设〜挺讲究（部屋は大きくないが, 家具は非常にこっている）▶剧本的内容一般, 语言〜很生动（シナリオの内容は平凡だがセリフはいきいきしている）▶这篇文章引用的数据虽然不多, 结论〜还站得住（この文章の引用データは多くないが, 結論は確かだ）

❺譲歩を表す。文の前節に用い, 後節には必ず'就是・可是・但是・不过'などを用いて呼応させる。▶质量〜挺好, 就是价钱贵点儿（質はとてもいいが, 値段がやや高い）▶住这儿交通〜很方便, 可是人声太嘈杂（ここは交通は便利だが, ひどくやかましい）▶这个题目难〜不难, 不过做起来也还要费点儿脑筋（この問題はたいしたむずかしさではないが, やってみるとやはり多少頭を使わなくてはならなかった）▶我〜很想去一趟, 不过还要看有没有时间（とても行きたいが, 時間があるかないかが問題だ）

❻おだやかな口調にする。'倒'を用いないとやや強い。

ⓐ肯定文に用いる。後ろには積極的な意味を示す語句のみ。▶咱俩能一起去, 那〜挺好（我々2人が一緒に行ければ, それはたいへん結構だ）▶借这个机会去看看老朋友, 〜也不错（このチャンスを利用して旧友に会いに行くのも結構だ）▶在院子里养点儿金鱼儿, 种点儿花儿, 〜很有意思（中庭で金魚を飼ったり, 花を栽培するのは, なかなかおもしろい）

ⓑ否定文に用いる。▶你说他不肯去？这〜不见得（彼は行こうとしないんだって。そうとは限らないと思うよ）▶这个牌子的自行车就比那个牌子的好？那〜不一定（この商標の自転車はあの商標のに比べて優れていると言うの。そうとも限らないだろう）▶我〜不反对这么办, 只是说要考虑周到一点（こうすることに別に反対はしないが, ただもう少し綿密に考えなければいけないと思うよ）▶这〜不是故意的, 只是一时疏忽（これはべつにわざとではない, ただちょっとうっかりしたのだ）

❼追及したり催促するときに用いる。▶你〜说说看（おい, 言ってみろよ）▶你〜

说句话呀！（おい何か言えよ）▶你～去不去呀？（君、行くのか行かないのか）
比較 倒：却 ☞却 què
〖倒是〗'倒'に同じ。'这倒是个好地方'は副詞'倒'に'是个好地方'（動詞句）を加えたもので、'倒是'（副詞）ではないことに注意。

倒是 dàoshì ☞倒 dào

道 dào

【量詞】❶細長い形の物に用いる。▶一～河〈沟、山泉〉（1本の川〈みぞ・泉〉）▶一～虹（1つの虹）▶万～金光〈彩霞〉（無数の黄金色に輝く光〈夕焼け・朝焼け〉）▶冒出一～烟（煙がひとすじ立ち昇る）▶划了一～口子（ひとすじの傷がついた）▶裂了一～缝（さけ目が1本ついた）▶两～眉毛（2本の眉毛）▶好几～皱纹（何本ものしわ）▶一～山岗〈山岭、屋脊〉（ひとすじの岡〈峰・屋根のむね〉）▶一～拦河大坝（1つのダム）▶箱子上捆了好几～草绳（箱の外側は何本ものわらなわでくくってあった）▶衣服上红一～白一～的，沾了不少颜料（洋服に赤やら、白やら、絵具がいっぱいついてしまった）
❷出入り口・関所などのようなさえぎる物に用いる。▶一～门〈关〉（1つの門〈関所〉）▶一～水闸（1つの水門）▶一～墙〈防线、铁丝网、篱笆、屏风〉（1つの塀〈防禦線・鉄条網・まがき・屏風〉）▶头一～幕不要落，落二～幕（前面の幕はおろさないで、2番目の幕をおろしてくれ）
❸順序・項目・段階に分かれる事物に用いる。▶一～命令（1つの命令）▶来了一～公文（1通の公文書が届いた）▶两～算术题（2題の算数の問題）▶考了五～题（5つの問題について試験を受けた）▶这是第一～工序〈手续、菜〉，一共五～工序〈手续、菜〉（これは第1番目の工程〈手続・料理〉で、全部合わせて5つの工程〈手続・料理〉がある）
❹…回：段階に分かれるある種の動作に用いる。
ⓐ動+数+道▶洗了三、四～都没洗干净（3～4回洗ってもきれいにならない）▶水已经换了两～了（水をすでに2回も取り替えた）▶清漆还要上一～（ニスをもう1度塗らなければならない）
— 動詞が客語をあとにともなうとき、客語は'道'の後ろに置く。▶换了两～水（水を2度換えた）▶上过三～漆（3回ペンキを塗った）
ⓑ数+道+動 数詞は'一'のみ。▶一～一～地画（ひとすじひとすじ描く）▶漆一～还没上呢！（まだペンキをひととおり塗り終えてない）

得 dé

【動詞】許可を表す（規則法令などに多く用いる）：後ろに必ず動詞句をともなう。否定形にするときは前に'不'を付ける。《書》▶符合以上条件者～优先录取（以上の条件を満たす者は優先的に採用してよい）▶库房重地，不～入内（重要倉庫につき、立ち入り禁止）
— 不+得+不 「客観的な状況によってそうせざるをえない」という意味を表す。後ろには必ず動詞句か'这样・如此'のような語をともなう。▶由于工作调动，我们不～不暂时分手了（職場が変わったので、我々はしばらく別れるほかなかった）▶飞机票买不到，他们不～不改乘火车（飛行機の切符が買えなかったから、彼らは汽車にするよりほかない）▶他的话说得那么恳切，我不～不答应他了（彼が心を尽くして頼むので、承知せざるをえなかった）

得了 dé·le

【動詞】もういい：'得啦'とも書く。《口》▶～，甭跟他罗唆，叫他走吧（やめとけ、くどくど言ってもダメさ、帰しちまえよ）▶～吧，我才不信呢（いいかげんにしてくれ、

そんなことを信じるもんか)

【助詞】平叙文の末尾に用い，認定を表す。意味合いを強める働きがある。軽く読む。▶你放心,我明天一定去,绝不让生产受影响～(安心なさい，明日必ず行くよ。生産には決してひびかないようにするから)▶你走～,家里的事不用你操心(行きなってば，家の中のことは心配いらないから)

比較 得了：就是了 いずれも認定を表す。'得了'はときに不満の意味を多少含む。

得以 déyǐ

【助動詞】できる：単独では返答として用いることはできない。否定形はない。《書》▶必须尊重群众,让群众的意见～充分发表(大衆を尊重し，意見を十分に発表できるようにしなければならない)▶为科研人员创造条件,使科研工作～顺利进行(科学研究者のために便宜をはかり，科学研究が順調に進むようにする)▶由于有了这些条件,我们的愿望才～实现(これらの条件が整ったからこそ我々の願いは実現できたのだ)▶这次～圆满完成任务,全靠了你们的帮助(今回とどこおりなく任務を遂行できたのは，ひとえにあなた方のご支援のたまものです)

地 ·de ☞的 ·de

底 ·de ☞的 ·de

的 ·de (底・地)

【助詞】'的・底・地'はいずれも'·de'と軽声に読む。文章では用法に応じて異なる文字で書き分ける。'底'は五四運動のころから1930年代まで所属関係('我底母亲''作家底感情'など)に用いたが，今日では用いない。現在は動詞と形容詞を修飾するときは'地'，その他の場合はすべて'的'と書く。

❶他の語句に'的'を付けて'…的'句を構成し，名詞を修飾する。接続詞・助詞・感嘆詞以外のいろいろな語句の後ろに用いて名詞を修飾できる。

ⓐ 名+的+名▶你～票(あなたの切符)▶我～哥哥(私の兄)▶集体～力量(集団の力)▶府绸～衬衣(ポプリンのシャツ)▶牛皮纸～信封(ハトロン紙の封筒)▶下午～会(午後の会議)▶窗外～歌声(窓の外の歌声)▶队伍～前头(隊列の前方)

ⓑ 動+的+名▶走～人(歩く人)▶唱～歌(うたう歌)▶研究～问题(研究問題)▶战斗～一生(闘い続けた生涯)▶开往桂林～火车(桂林行きの汽車)▶管理～方法(管理方法)▶打电报～费用(電報料金)▶下车～地点(下車する所)

ⓒ 形+的+名▶聪明～人(聡明な人)▶幸福～生活(しあわせな生活)▶新鲜～空气(新鮮な空気)▶坚决～态度(断固とした態度)▶普通～劳动者(一般の勤労者)

ⓓ 副+的+名 副はいくつかの2音節の副詞のみ。▶历来～习惯(従来の習慣)▶万一～机会(めったにない機会)▶暂时～困难(しばしの困難)▶一贯～表现(一貫した態度)

ⓔ 介詞句+的+名 介詞は'对・对于・关于'のみ。▶对问题～看法(問題に対する見方)▶关于天文学～知识(天文学に関する知識)

ⓕ 擬声語+的+名▶当当～钟声(カーンカーンという鐘の音)▶嗖～一个箭步(パッと飛び出す)

ⓖ 節/四字句+的+名▶你寄来～信(あなたがくれた手紙)▶工业发展～速度(工業発展の速度)▶两全其美～解决办法(両方ともうまくゆく解決方法)

注意 ① 名詞・動詞・形容詞はしばしば直接に名詞を修飾でき，'的'を付けなくてもよいときがある。

ⓐ 意味がすでに熟して熟語化しているものは'的'を用いない。▶龙井茶(杭州の竜井産の茶)▶数学教员(数学の教師)▶

工业城市（工業都市）▶制药厂（製薬工場）▶流动资金（流動資金）▶装配车间（組立現場）▶重工业（重工業）▶清洁车（清掃車）▶绝对真理（絶対的真理）
ⓑ単音節の形容詞の後ろにはふつう'的'を用いない。ただし意味を強めるときは用いてもよい。▶一朵红花儿：我要那朵红的花儿（1輪の赤い花：あの赤い花がほしい）▶这是一个新问题：旧的问题解决了，又会出现新的问题（これは新しい問題だ：古い問題が解決されるとまた新しい問題が出てくるものだ）
ⓒ修飾する語句と修飾される名詞が特異な組み合わせのとき、'的'を用いなければならない。▶铁的纪律（鉄の規律）▶血的教训（血の教訓）▶化肥的事情（化学肥料の件）▶科学的春天（科学の春）
ⓓ修飾する語句と修飾される名詞の組み合わせが一般的な組み合わせのときは、'的'を用いても用いなくてもよい。▶我们［的］学校（ぼくたちの学校）▶历史［的］经验（歴史的体験）▶新鲜［的］空气（新鲜な空気）▶幸福［的］生活（しあわせな生活）▶驾驶［的］技术（運転の技術）▶开会［的］结果（会議の結果）
②名詞・動詞・形容詞が直接名詞を修飾するときは、これらの修飾語と被修飾語の名詞はかたく結合し、分離できない。1つの複合名詞に近い。名詞・動詞・形容詞が'的'をともなって名詞を修飾するときは、これらの修飾語と被修飾語の名詞の結合はゆるく、それぞれがほかの成分をともなえる。
ⓐ '名／動／形＋名₂'はさらにほかの形容詞に修飾されることがある。'的'句をともなう場合は修飾を受けられない。▶塑料床罩：大塑料床罩（ビニールのベッドカバー：ビニールの大型のベッドカバー ×大塑料的床罩）▶热牛奶：新鲜热牛奶（熱い牛乳：熱くて新鲜な牛乳 ×新鲜热的牛奶）▶炼钢工人：老炼钢工人（鉄鋼労働者：年輩の鉄鋼労働者 ×老炼钢的工人）

ⓑ '…的'と名詞との間に数量に関する語句を挿入できる。直接に名詞を修飾する場合には挿入できない。▶最要紧的一件事（最も大切なこと ×最要紧一件事）▶在那儿下棋的两个人（そこで将棋をさしている2人 ×在那儿下棋两个人）
ⓒ '形＋的＋名'の形は、重ね型にしたり、ほかの要素を前置・後置するなどの方法で、いろいろな形容詞句を作る。'形＋名'ではできない。▶蓝蓝的天（青い空 ×蓝蓝天）▶老老实实的态度（まじめな態度 ×老老实实态度）▶雄纠纠的队伍（勇ましい隊列 ×雄纠纠队伍）▶火热的心（火のように熱い心 ×火热心）▶很好的事情（よい事 ×很好事情）▶不太冷的时候（あまり寒くない時 ×不太冷时候）
ⓓ '動＋的＋名'の動は副詞に修飾されうる。'動＋名'はできない。▶不开会的时间（会議が開かれていない時間 ×不开会时间）▶已经巡逻的地区（すでにパトロールした区域 ×已经巡逻地区）
ⓔ '形＋的'は並列するいくつかの名詞を同時に修飾できる。また'形＋的'をいくつか並列して1つの名詞を同時に修飾できる。'形＋名'にはこの用法はない。▶正确的立场、观点、方法（正しい立場と観点と方法 ×正确立场、观点、方法）▶重要的，深远的意义（重要で深遠な意義 ×重要，深远意义）
③並列した'的'の句が1つの名詞を修飾することはかまわない（☞②ⓔ）。しかし'A的＋（B的＋名）'のように2つの'的'の句が重層的に名詞を修飾するのは音律上好ましくない。語義のうえでも修飾関係がはっきりしなくなるので避けたほうがよい。'A的＋[B的＋（C的＋名）]'のように3つ以上の'的'の句を重層的に用いたり、'(A的＋名) 的＋（B的＋名）'のような組み合わせは絶対に避けるべきである。以下の処理方法に従う。
ⓐ重層関係を減らす。すなわち一次結合を'的'を省いた名詞句に換える。▶高山

上的稀薄的空气→高山上的稀薄空气（高い山の稀薄な空気）▶小张的方案的主要的内容→小张方案的主要内容（張さんの草案の主な内容）

ⓑ文型を換える。▶我的房间的窗户朝南→我的房间, 窗户朝南（私の部屋の窓は南向きだ→私の部屋は, 窓が南向きだ）▶新盖的大楼的地下室的空气调节很好→新盖大楼的地下室, 空气调节很好（新しく建てたビルの地下室の空気調節はよい→新しく建てたビルの地下室は, 空気調節がよい）

❷'…的'は名詞の代わりになる。修飾される名詞がすでに前に出ていて重複を避けるときや, 前になくともそれと意味がわかるとき, '…的'が文中でしばしば被修飾語を含む全体の代わりをする。▶我~笔忘带了, 借你~使（ペンを忘れたので, ちょっと君のを貸してくれ）▶去参观~［人］在门口集合（見学に行く人は入り口に集合）

— '…的'が名詞の代替をするには一定の規則がある。

ⓐ 名₁+的［+ 名₂］　 名₂が不特定多数の人や具体的な品物を指すときは省略してよい。しかし特定の人や抽象的な事物のときは省略できない。▶二车间~［工人］来了没有？（第２現場［の労働者］は来ましたか）▶他~行李多, 我~很少（彼の荷物は多いが, ぼくのは少ない）▶我们~老师比你们~老师年纪大些（ぼくたちの先生は君たちの先生より少し年上だ）▶老王~意见明天去, 我~意见今天就走（王さんは明日行くという意見だが, 私は今日行くという意見だ）

ⓑ 形+的［+ 名］　 修飾句'形+的'が限定的もしくは分類的なもののときは 名 は省略可。▶两个小孩, 大~八岁, 小~三岁（２人の子は, 大きいほうが８歳, 小さいほうが３歳です）▶矛盾很多, 要抓主要~（矛盾はたくさんあるが, 主要な矛盾を把握しなければならない）▶给你一朵粉红~［花儿］（ピンクの［花］を

１輪あげる）

— 修飾句が描写的あるいは感情的な色あいを含んだもののときは 名 を省略できない。▶美丽~花朵（美しい花）▶朴素~服装（質素な身なり）▶光辉~形象（輝かしい人物像）▶宏伟~蓝图（雄大な未来図）▶热烈~场面（熱っぽい場面）

ⓒ 动+的［+ 名］　 名 が前の 动 の主語か客語になれるときは省略できる。そうでないときは不可。▶游泳~［人］很多（泳ぐ人は多い：人游泳）▶过去~［事情］就不谈了（すんだ事を言うのはもうよそう：事情过去了）▶唱~［歌］是《绣金匾》（歌っているのは「繡金匾」という曲だ：唱歌）▶原来安排~［时间］是星期三, 现在改到星期五（もともとは水曜日に組んであったのだが, 金曜日に変更した：安排时间）▶伴奏~声音太大, 唱~声音太小（伴奏の音が大きすぎて, 歌う声が小さすぎる ×唱声音）

— 动 に客語があるとき, 名 は動作の手段を示すものに限って省略できる。そうでないときは不可。▶你用这个杯子, 那个是吃药~（あなたはこのコップを使いなさい, それは薬を飲むためのものです：吃药用杯子）

ⓓ 节+的［+ 名］　 名 が 节 の中の動詞の客語となる場合は, 省略できる。そうでないものは不可。▶他说~［话］我没听清（彼の言葉ははっきり聞こえなかった：他说话）▶他说~办法可以试试（彼の言った方法を試してみるとよい ×说办法）

❸他の語句に'地'を付けて'…地'句を構成し, 動詞や形容詞を修飾する。

ⓐ 形+地+ 动 ▶兴奋地说（興奮して話す）▶爽朗地笑（ほがらかに笑う）▶谦虚地表示（ひかえ目に意見を述べる）▶顽强地战斗（ねばり強く戦う）▶严肃地处理（厳格に処理する）

ⓑ 动+地+ 动／形 《少用》▶雨不停地下（雨がひっきりなしに降る）▶说不出地高兴（言葉も出ないほど喜ぶ）▶着重地

谈谈这个问题（この問題を重点的に語り合う）

ⓒ 名+地+动　名詞はふつう動詞・形容詞を修飾しないが，いくつかの抽象名詞は'…地'の形にして動詞を修飾できる。▶科学地论证（科学的に論証する）▶历史地考察（歴史的に考察する）▶部分地解决（部分的に解決する）▶不能形式主义地看问题（形式主義的に問題を見てはいけない）

ⓓ 四字句などの語句+地+动/形　▶自言自语地说（ひとりごとのように言う）▶或多或少地有了一些进步（多かれ少なかれいくらか進歩した）▶哗啦啦地响（ガラガラと音をたてる）▶认识一步一步地深入（認識が一歩一歩深まる）▶像年轻人一样地矫健（若い人のように元気がよい）

注意 多くの場合さまざまな語句が直接に動詞・形容詞を修飾でき，必ずしも常に'…地'の句にしなくてもよい。

① 数量名詞句の重ね型といくつかの動詞は，動詞・形容詞を修飾するのに'地'を用いなくてもよい。▶一个字一个字［地］念（1字1字読む）▶拼命［地］干（死にものぐるいでやる）▶胜利［地］完成任务（成功裡に任務をなしとげた）

② 単音節の形容詞が動詞を修飾するときは'地'を用いない。▶远看（遠方から見る）▶深耕细作（深く耕し丹念に手入れをする）▶平放在桌上（たいらに机の上に置く）

— 2音節の形容詞はふつう'地'を用いる。しかし動詞と常時組み合わされるものは用いなくてもよい。▶详细［地］查问（細かく訊問する）▶随便［地］谈谈（自由におしゃべりする）▶认真［地］研究（まじめに研究する）▶彻底［地］解决（徹底的に解決する）

— 形容詞の前に程度を表す副詞があるときは'地'を用いなくてはならない。単音節の形容詞には若干の例外がある。▶很平地放在桌上（きちんとたいらに机の上に置く）▶很灵活地处理（とてもたくみに処理する）▶很热情地招待（たいへん親切にもてなす）▶很快［地］解决（非常に速く解決する）▶要很好［地］学习（一生懸命勉強しなければならない）▶很少提到（話題になることは極めて少ない）▶很难想像（まったく想像しがたい）

— 形容詞の重ね型は'地'を用いなくてもよい。▶好好［地］工作（ちゃんと仕事をする）▶高高兴兴［地］走了（喜び勇んで出かけた）▶痛痛快快［地］玩儿一天（思いきりゆかいに1日遊ぶ）

③ 副詞が動詞・形容詞を修飾するとき，ふつう'地'を用いない。いくつかの2音節の副詞については用いてもよい。▶渐渐［地］走远了（しだいに遠ざかっていった）▶偶然［地］想起（ふっと思い出す）▶非常［地］雄伟（非常に雄壮である）▶故意［地］开玩笑（わざと冗談を言う）

④ 四字句およびその他の語句が動詞・形容詞を修飾するときは'地'を用いなくてもよい。ⓓ の例文はいずれも'地'を省略できる。

❹'…的'は述語となる。'…的'はどれも文の前に'是'があるとき'是…的'の構文で述語となれる（☞是 shì）。▶书是他～（本は彼のだ）▶生活是幸福～（生活はしあわせだ）

— 文の前に'是'がなく，'…的'が単独で述語となるには一定の制約がある。

ⓐ 名/代+的　所属関係もしくは原料を表すもののみ。▶这帽子我～（この帽子はぼくのだ）▶你那提包真皮～吧？（あなたのあのハンドバッグは本物の革でしょう）

ⓑ 形+的　形は単音節。▶这苹果酸～（このリンゴはすっぱい）▶水缸满～（水がめはいっぱいだ）▶绳子松～（なわがゆるい）

— 形は強調形。▶井水冰凉～（井戸水はひんやりしている）▶眼睛大大～（眼がぱっちりしている）▶身上干干净净～（体がきれいさっぱりとしている）▶夜里静悄悄～（夜はひっそりと静まりかえっている）

—形が2音節だと前に'怪・挺・够'などの副詞か一部の助動詞を付けなければならない。▶你女儿怪能干～（あなたの娘さんは実に有能だ）▶心里挺高兴～（すごくうれしかった）▶这事够麻烦～（これはまったく面倒なことだ）▶他会冷静～（彼はそのうち冷静になるさ）

ⓒ動／節+的▶这本书借来～（この本は借りてきたものだ）▶电影票我买～（映画の切符は私が買ったんです）

ⓓ四字句+的▶桌上乱七八糟～（机の上はごちゃごちゃしている）▶大伙儿有说有笑～（みんなはしゃべったり笑ったりしている）

❺ '動'+'得'の後ろに'…的'を用いて動作の結果がどのようかを示す。

ⓐ形+的　形は形容詞句か強調形のみ。▶写得很清楚～（はっきりと書かれている）▶烧得通红～（赤々と燃えている）▶擦得亮亮～（ピカピカに磨きあげてある）▶玩得痛痛快快～（思いきりゆかいに遊んだ）▶晒得黑油油～（日に焼けてまっ黒になった）

ⓑ四字句+的▶笑得前仰后合～（体を大きくゆさぶりながら笑った）▶搞得晕头转向～（頭がくらくらするほどになった）

❻文末に用いて話し手の気持ちを表す。

ⓐ認定を表す。'的'を用いても用いなくても意味は同じ。'的'を用いると認定の気持ちが強調される。▶他要走（彼は出かける：それほど強い認定ではない）▶他要走～（彼は出かけるのだ：はっきりした認定）▶我问过老吴（私は呉さんにたずねたことがある：ふつうの陳述）▶我问过老吴～（私は確かに呉さんにたずねたことがあるんだ：強調）

ⓑすでに発生したことを表す。若干の文では、末尾に'的'を付けないと事柄がまだ発生していないことを表し、'的'を用いるとすでに発生したことを表す。▶我骑车去（私は自転車で行く：まだ行っていない）▶我骑车去～（私は自転車で行ったのだ：すでに行っている）▶他什么时候走？（彼はいつ出かけるの：まだ出かけていない）▶他什么时候走～？（彼はいつ出かけたの：もう出かけた）▶我们由二环路进城（我々は二環路から町に入る：まだ入っていない）▶我们由二环路进城～（我々は二環路から町へ入ったのだ：すでに入っている）

❼その他の用法。

ⓐ人を指す名詞・代詞と、職務や身分を表す名詞の間に'的'を置くときは、その人がある職務や身分を取得したことを表す。▶今天我的东（今日は私がごちそうするよ：つまり「私が主人となってごちそうする」の意＝我作东）▶排《白毛女》，小谢～喜儿，我～大春（「白毛女」をやるのだが、謝さんが喜児で、ぼくが大春だ＝小谢演喜儿，我演大春）

ⓑ若干の動客句で、間に人を指す名詞や代詞に'的'を付けたものを挿入したときは、その人が動作の対象であることを表す。▶别生我～气（おれに腹を立てるなよ）▶开小王～玩笑（王くんをからかう）▶你是不是要告我～状？（君はぼくを訴えようというのか）

ⓒある種の文で、動詞や客語の間に'的'を置くときは、すでに発生した動作の主語・客語・時間・場所・手段などを強調する。▶老马发～言，我没发言（馬さんが発言したので、私は言わなかった＝是老马发的言）▶回来坐～飞机，两小时就到了（飛行機で帰ったので、2時間で着いた＝回来是坐的飞机）▶我昨天进～城（私は昨日町に行ったんです＝我是昨天进的城）▶你在哪儿念～中学？（あなたはどこの中学で勉強したのですか＝你是在哪儿念的中学？）▶我们按规定作～处理（私たちは規定どおりに処理したのです＝我们是按规定作的处理）

ⓓ文頭の句の後ろに用い、原因・条件・状況などを強調することがある。《口》▶大白天～，还怕找不到路？（真っ昼間だ

ってのに，道が見つからないはずはないだろう）▶走啊走～，天色可就黑了下来啦（歩きづめに歩いているうちに，空が暗くなってしまった）

ⓔ並列した語句の後ろに用い，「…といった類」の意味を表す。'什么的'と同義。▶钳子、改锥～，放在这个背包里（ペンチだのドライバーだのは，このリュックに入れてある）▶老乡们沏茶倒水～，热情极了（村人たちはお茶を入れたりついだり，とても親切だ）

ⓕ話し言葉では，2つの数量詞の間に置いて，加算を表す場合がある。《口》▶一百二十五块～八十二块，一共二百零七块（125元に82元，全部で207元だ）

— または掛け算する（面積・体積のみ）ことを表す。▶两米～四米，是八平方米（2メートルに4メートルで8平方メートル）▶六平方米～三米，合十八立方米（6平方メートル掛ける3メートルで，18立方メートル）

的话 ·dehuà

【助詞】仮定を表す節の末尾に用いる。

ⓐ接続詞'如果・假如・要是'などと合わせて用いる。仮定を表す節は，文の後ろにあってもよい。▶如果服中药能稳定病情～，就不必动手术（もし漢方薬で病状が落ち着くなら，手術の必要はない）▶假如临时有事～，可以打个电话来（もし急用ができたら，電話をかけてよこせばよい）▶要是你认为有必要～，我一定设法去办（もし君が必要と考えるなら，必ずなんとかしてやる）▶今天该到了，要是昨天动身～（今日着くはずだ，もし昨日出発していれば）▶再让我试试，如果可以～（もう1度ためさせてください，もしかまわなければ）

— 仮定を表す接続詞は用いなくてもよい。▶明天没事～，我一定去（明日用事がなければ，きっとまいります）▶不够分配～，我就不要了（分けるほどなければ，私はいりません）

ⓑ前項を受ける。前項とは相反する条件を表す接続詞'否则・不然・要不然・要不'か副詞'不'の後ろに直接付けて，仮定節を作る。▶最好你去，否则～，只有叫老高去试试了（君が行くほうがいい。そうでないなら，高さんに行ってもらって，やってみてもらうしかない）▶必须进一步调查了解，不然～，情况无法核实（より突っ込んだ調査をしなければならない。でなければ，状況を確かめようがない）▶可以坐无轨电车去，要不～，坐地铁也行（トロリーバスで行けばよい。さもなければ地下鉄でもよい）▶他同意当然好，不～，就得另找旁人（彼が承知してくれるなら，もちろんよい。そうでなかったら，別に誰かを見つけねばならない）

得¹ ·de

【助詞】程度あるいは結果を表す補語をつなぐ。基本形は'動/形＋得＋補'《×重ね型》《×付》了・着・过

ⓐ動/形＋得＋形 ▶说～快（話し方が速い）▶写～清楚（きれいに書いた）▶雨下～急（どしゃ降りだ）▶来～早不如来～巧（早く来るより，タイミングよく来るほうがよい）▶建设～很漂亮（スマートに建てられた）▶进展～十分迅速（進度がとても速い）▶收拾～干净极了（とってもきれいに整頓されている）▶茶沏～酽酽的（お茶の入れ方がとても濃い）▶脸刮～光光的（顔がつるつるにそられている）▶动作快～出奇（動作が驚くほど速い）▶颜色绿～可爱（色は引きつけられるような緑だ）

— 否定を表すには'得'の後ろに'不'を付ける。▶字写～不清楚（字の書き方がきれいでない）▶雨下～不小（雨の降り方がひどい）

ⓑ動/形＋得＋動 '得'の後ろの動は動詞そのものだけではいけない。▶跑～一个劲儿地喘（走って来たので，ただもうハァハァ言っている）▶大厅里亮～如同白昼

（大広間は昼間のように明るく灯がともっている）▶墙上打～都是洞（壁は穴だらけだ）▶高兴～大声笑着（うれしくて大声で笑っている）▶团结～像一个人一样（1人の人間のように固く団結している）▶乱～理也理不清（かたづけようもないほどめちゃくちゃに乱れている）

ⓒ動/形+得+節▶累～气都喘不过来（疲れて息もつけないくらいだ）▶跑～满身都是汗（走ったので体中汗だらけだ）▶伤心～眼泪围着眼圈儿转（悲しくて涙がこぼれそうだ）▶气～手直发颤（怒りで手がしきりにふるえる）

ⓓ動+得+名+動 '得'の後ろの動は動詞そのものだけではいけない。名は前の動（使役の意味をもつ）の客語。この名はどれも'把'で動の前に出してもよい。▶忙～他团团转（彼は忙しくて、てんてこまいしている＝把他忙～团团转）▶逗～我们哈哈大笑（あまりのおかしさに私たちはハハハ…と大声をあげた＝把我们逗～哈哈大笑）▶乐～他跳了起来（彼はうれしくて飛び上がった＝把他乐～跳了起来）

ⓔふつうの動客句は'得'を付けるとき、動詞を繰り返して使わなくてはならない。▶他唱歌唱～好听极了（彼の歌はまったくすばらしい）▶我说话说～忘了时间了（私は話に夢中になって時間のたつのを忘れてしまった）▶孩子们听故事听～不想回家（子供たちはお話を聞くのに夢中になって家に帰ろうとしない）

ⓕ動/形+得+四字句▶讲～一清二楚（極めてはっきりと話す）▶说～头头是道（話はいちいちもっともだ）▶搞～乱七八糟（めちゃくちゃになった）▶忙～不亦乐乎（たまらなく忙しい）

ⓖ形+得+很▶好～很（とてもよい）▶糟～很（まったくだめだ）▶清楚～很（たいへんはっきりしている）

ⓗ動/形+得 '得'で言葉を打ち切ると、「形容しようがない、言いようがない」の意味になる。▶看把你美～！（あなたの得意そうなさまときたら）▶瞧你说～（何てことを言うんだ）▶这番话把他气～！（そんな言い方は彼をひどく怒らせるよ）

ⓘ以上のⓐ～ⓗの形式において、補語をとる動あるいは形の前に意味上否定詞を置くことが可能な場合、用いることができる否定詞はふつう'别・不要'のみ。▶别搞～乱七八糟（あまりむちゃくちゃにするな）▶别说～太过分了（あまり言いすぎてはいけない）▶不要弄～太响（あまり大きい音をたててはいけない）

得² ·de

【助詞】可能・許可を表す。

ⓐ動+得 動は単音節。否定形は、'得'の前に'不'を付け、動が単音節でなくともよい。▶用～（使える）▶吃～（食べられる）▶这东西晒～晒不～？（これは日に当ててもいいですか）▶这双鞋穿～（この靴は、はける）▶篮子里有鸡蛋，压不～（かごの中に卵があるので重いものをのせてはいけない）▶这件事放松不～（この件は手を抜いてはいけない）▶他这个人哪，简直批评不～（彼という男はね、批判などしたらたいへんなことになる）

—— これらの文型における動は一般に受身の意味をもち、客語をともなえない。しかし'顾得・顾不得・舍得・舍不得・怨不得'などは能動的な意味をもち、名詞・動詞を客語にともなえる。▶顾得这个，顾不得那个（1つのことにかまっていると、別のことに注意がいかない）▶舍得花时间就能学会（時間をかけることをおしまなければマスターできる）▶舍不得吃（食べるのがおしい）▶怨不得你（君のせいではない）

ⓑ動結形・動趨形の複合動詞が、間に'得'あるいは'不'を入れ、可能あるいは不可能を表す。▶看得清楚：看不清楚（はっきり見える：はっきり見えない）▶做得成：做不成（やり遂げられる：やり遂げられない）▶扯得断：扯不断（引きちぎれる：引きちぎれない）▶吃得了（liǎo）：

吃不了（食べきれる：食べきれない）▶睡得着：睡不着（寝つける：寝つけない）▶回得来：回不来（帰って来られる：帰って来られない）▶出得去：出不去（出て行ける：出て行けない）▶爬得上去：爬不上去（はい登れる：はい登れない）▶走得进：走不进（歩いて入れる：歩いて入れない）▶说得出：说不出（口に出して言える：口に出して言えない）

— ⓑの動詞は前のⓐと異なり，他動詞であれば，すべて客語をともなえる。▶看得清楚那几个字（そのいくつかの字がはっきり見える）▶我们拿得下这块大油田（我々はこの大油田を手に入れられる）▶扯不断这根绳子（このなわを引きちぎれない）▶这个东西，我叫不出名字（この品物の名をあげられない）▶你搬得动搬不动（搬不搬得动）这口大缸？（君はこの大がめを運べますか）

— この型のうち，あるものはすでに熟語化している。それらの熟語に対応する'得・不'のない形は語としてはない。あっても意味が異なる。▶对得起：对不起（申しわけがたつ：申しわけがたたない）▶称得起：称不起（…と称するに足る：…と称せられない）▶来得及：来不及（間に合う：間に合わない）▶吃得消：吃不消（たえられる：たえられない）▶×跟得过去：跟他过不去（彼を困らせる）▶这儿坐得下：那儿坐不下（ここは座る余地がある：あそこは座る余地がない：ふつうの'坐下（座る）'とは意味が異なる）これらの熟語は肯定形より否定形が多い。

注意 ① '记得・认得・晓得・觉得・显得・值得・省得・免得'の'得'は造語要素で，動詞に付いた助詞ではない。
② '使得'には２つの意味がある。
☞ 使得 shǐ·de

得 děi

【助動詞】❶（道理・事実あるいは意志から言って）必要である，当然…しなければならない，必ず…しなければならない：'得'のみで質問に答えることはできない。否定を表すときは'不用・用不着・甭'を用いる。'不得'は不可。《口》▶干什么都～有一股干劲（何をするにも，やる気がなくちゃ）▶遇事～跟大家商量（何かあったらみんなと相談しなければならない）▶要学会一门技术，就～刻苦钻研（１つの技術を習得するには，一生懸命努力しなければならない）▶你～快点儿，要不然就晚了（君，もう少し速くしなけりゃ。でないと遅れてしまう）▶我还～考虑考虑——我看你甭考虑了，就这么办吧（もっと考えてみなければならない——考えることはないと思うよ。こういうふうにやりなさい）▶这件事～〈不用，用不着〉请示上级（この件については上の指示をあおがねばならない〈～する必要はない〉）

ⓐ 得＋数量 ▶这个工作～三个人（この仕事は人手が３人必要だ）▶买个新的，至少～五十块（新しいのを買うには，少なくとも50元いる）

ⓑ 得＋节 ▶别人去不行，～你亲自去（ほかの人が行くのではだめだ，君が自分で行かなければ）▶这件事～你来做（この事は君がやるべきだ）

❷ありうる，きっとこのようだと推測する：単独では質問に答えられない。否定形はない。《口》▶他准～来（彼はきっと来るはずだ）▶别忘了带雨衣，要不然～挨雨淋（忘れずにレインコートを持っていきなさい，そうしないと雨にぬれてしまう）▶这么晚才回去，妈又～说你了（こんなに遅く帰ったら，またお母さんに叱られるぞ）

等¹ děng

【動詞】❶待つ：《付》了・着・过《重ね型》名詞・動詞・節を客語にともなえる。▶他正～着你呢！（彼はちょうど君を待ってるよ）▶～了你两个小时（君を２時間待った）▶我在那个路口～过几次车（あの街角で何度かバスを待ったことがある）

▶~着看电影（映画の上映を待つ）▶我~他给我带路（彼が道案内してくれるのを待つ）▶他~你~得不耐烦了（彼は君を待っていたが、待ちくたびれてしまったんだ）

— 重ね型にしたとき、後ろにはふつう人を表す名詞、あるいは代詞しかともなえない。▶你~~我（ちょっと待っていてください）▶~~小吴吧（呉さんを待ちましょう）

❷等+動/節[+的时候〈以后、之后〉]
節の前に用い、主要な動作が起こる時を表す。文の後節には'再・才・就'が呼応することが多い。▶~下了雨就追肥（雨が降ったら追肥を施す）▶~吃过饭再去（ご飯を食べてから出かける）▶~他来了再说（彼が来てからにしよう）▶不~他说完我就抢着说起来（彼が話し終わるのを待たずに私は急いで話し始めた）▶~我走到老张床前的时候，才发现他已经睡着了（張さんのベッドの前へ行ってみて、彼がもう眠っていることに気づいた）▶~她上班以后，你再把孩子接回去（彼女が仕事に行ったあと、あなたは子供を家につれて帰って来てください）▶~心情稍微平静之后，再继续往下写（気持ちが少し落ち着いてから続けて書く）

[動結] 等//着（zháo）▶昨天在车站没等着他（昨日駅で彼を待っていたが、来なかった）

等得〈不〉了（liǎo）待てる〈待てない〉。▶他十二点才能回来，你等得了吗？（彼は12時にならないと帰って来ないが、君は待てるか）▶等不了也得等啊！（待てなくても、待たなくてはいけない）

等得〈不得〉 待てる〈待てない〉。▶衣服后天才能做好，你等得等不得？（服はあさってにならないとできあがらないが、待てるか）

[動趨] 等//上▶等不上班车就坐电车去（通勤バスに間に合わなければ電車で行く）
等//下去▶再等下去就来不及了（これ以上待ち続けると間に合わなくなる）▶我可等不下去了（もうこれ以上待てない）

等得〈不〉起 待つ余裕がある〈ない〉。▶你等得起，我可等不起（君は待っていられるが、私はこれ以上待てない）

等//到 ⓐ 我等到两张退票（私は待ってキャンセルの切符を2枚手に入れた）
ⓑ▶我老了，怕等不到二十一世纪了（私はもう年だ、おそらく21世紀まで生きられない）

等² děng（等等）

【助詞】❶列挙すべきものがほかにもまだあることを示す。2つあるいは2つ以上並列した語句の後ろに置く。《書》▶本次列车开往成都，沿途经过郑州、西安~地（この列車は成都行きで、途中鄭州・西安などを通過する）▶唐代著名诗人有李白、杜甫、白居易~（唐代の有名な詩人には李白・杜甫・白居易らがいる）▶水、电、取暖~设备尚未安装就绪（水道・電気・暖房などの設備はまだ取り付けられていない）

❷列挙した事例をしめくくる。後ろに前の各項を合わせた数字がくることが多い。▶中国有长江、黄河、黑龙江、珠江~四大河流（中国には揚子江・黄河・黒竜江・珠江の四大河川がある）▶这学期我们学了语文、代数、几何、化学、英语~五门课程（今学期は国語・代数・幾何・化学・英語の5科目を勉強した）

〖等等〗'等'❶の用法に同じ。'等等'は一般に固有名詞の後ろには用いない。また'等等'の後ろにほかの語句がくることもない。繰り返してもよい。▶这个商店供应的货物有瓷器、竹器、小五金等等（この店で売っている商品は磁器・竹製品・金物などである）▶这次全运会的比赛项目有田径、体操、游泳、射击等等（今度の全国スポーツ大会の競技種目は陸上・体操・水泳・射撃などだ）▶这批货物品种不少，包括布匹、呢绒、手表、收音机、电视机等等，等等（今回の荷は布・ナイ

ロン・腕時計・ラジオ・テレビなどなど，種類が多い）

等等 děngděng ☞等² děng

等于 děngyú

【動詞】'等于'の前後の内容が同じ，あるいはだいたい同じであることを表す。必ず客語をともなう。否定形は'不'を用い'没'は用いない。

ⓐ数量について用いる。必ず数詞を客語にともなう。▶五加三〜八（5＋3＝8）▶三个五〜十五（5が3つで15）▶四的平方不〜八（4の2乗は8に等しくない）

ⓑ2つの事がほとんど同じであることを表す。必ず名詞・動詞・節を客語にともなう。▶不识字〜睁眼瞎子（字が読めないのは目が見えないのと同じだ）▶我在物理学方面的知识，几乎〜零（私の物理学関係の知識はほとんどゼロに等しい）▶你不说话就〜默认（何も言わなければ黙認したのと同じだ）▶这些话提了也〜白说，没用（そういうことは言ってもむだだ。何の役にも立たない）▶我错了并不〜他就正确（ぼくが間違ったといっても彼が正しいということにはならない）

的确 díquè

【副詞】完全に真実である。強く事実を認めることを示す。

ⓐ動詞・形容詞の前に用いる。単音節の動詞は必ずほかの要素をともなう。▶他〜来过，我看见的（彼は確かに来たよ，ぼくが見たのだから）▶这本书〜好（この本は本当にすばらしい）▶这种刻苦钻研的精神，我〜佩服（このような労苦をいとわず研究する精神は，誠に敬服に値する）▶问题〜重要，大家未必认识到了（問題は非常に重要だがみんながみんな十分に認識しているわけではない）▶他最近〜是有进步（最近彼は確かに進歩した）

ⓑ文頭に用いて意味を強める。後ろにポーズを置く。▶〜，他就是这样一个坚强的人（確かに，彼はこのように意志の強い人だ）▶〜，那时候我是有过这样的想法（確かにあのころ，ぼくはそんな考え方をしていた）

ⓒ重ね型は'的的确确'▶现在的生活的的确确比过去好多了（今の生活は確かに以前よりずっとよい）▶他的的确确为你的事忙了好几天（彼は本当に君のために何日も忙しい思いをしたんだよ）▶我的的确确是昨天才收到信的（本当に昨日やっと手紙を受け取ったんです）

比較 的确：确实 ☞确实 quèshí

第 dì

【接頭語】整数の前に置いて順序を示す。▶〜一天（第1日）▶〜二〈×两〉次（第2回）▶〜九（第9）▶〜十（第10）▶〜几排？（何列目？）▶《红楼梦》〜二十回（『紅楼夢』第20回）▶〜六十五中学（第65中学）▶〜一百二十个（120個目）▶〜三〜四两章（第3，第4の2章）

— いくつかの成分を並列したときも1つの'第'ですませられる。▶〜一，二次（第1, 2回）▶〜三，四两章（第3, 4の2章）

注意 ①序数は自主量詞および若干の名詞に直接つなげられる。▶第三年（3年目）▶第二十天（20日目）▶第十一区（第11区）▶第三代（第3世代）▶第五纵队（第5縦隊）▶第三人称（第3人称）

②時間・番号その他少数の場合，序数であっても'第'を用いないか用いなくてもよい。▶一九七八年二月十五日（1978年2月15日）▶一点二十分（1時20分）▶［第］七十八师［第］五十三团［第］二营（第78師団第53連隊第2大隊）▶［第］二卷［第］一期（第2巻1期）▶九路汽车（9番バス）▶三十八中（第38中学）▶二叔（2番目のおじ）▶二把手（2番目の実力者）▶二门（2番目の入口）▶二拇指（人指し指）

点 diǎn

【動詞】❶筆記具で点を加える:《付》了・着・过《重ね型》▶～小数点(小数点を打つ)▶在正中间～了一个点儿(真ん中に点を1個つけた)▶在馒头上～了一些红颜色(マントウに赤色の点を付けた)▶～在两边(両側に点を加える)▶标点～错了(句読点を付け間違えた)▶孩子的眉心处清清楚楚地～了一个红点儿(子供の眉間のところにくっきりと赤い点が付いていた)▶这一本书没标点, 也没有人～过, 你给～～(この本には句読点が打ってないし, まだ誰も句読点を付けていない。あなた句読点を付けてごらんなさい)

❷物体にふれてすぐに離れる:《重ね型》▶蜻蜓～水(とんぼが水面を打つ)▶他～着鼻子骂人(彼は相手の鼻をつつかんばかりにののしる)▶他～了一下篙, 船就离开了岸边(彼が竿でひとつきすると船はすぐに岸辺を離れた)▶你再给他～～穴位(もう1度彼のつぼをつついてみてください)

❸頭を下に動かしすぐもとの位置にもどす:《重ね型》▶他不停地～着头(彼はしきりにうなずいていた)▶～了一下头(ちょっとうなずいた)▶～了一头(うなずいた)――'点头'はふつう同意を表す。'头'が'点'の前に置かれた場合, '点'は自動詞となる。▶他的头不停地～着(彼の頭はしきりにうなずく動作をしている)

❹液体を1滴1滴落とす, たらす:《重ね型》▶～眼药(目薬をさす)▶给车轴～了几滴油(車軸に油を数滴さした)▶把药水～到有病的右耳里(薬を病気の右耳にさす)▶卤水～豆腐, 一物降一物(にがりをいれると豆腐になるように, どんなものにもそれを制するものがある)▶你给孩子～～眼药水(子供に目薬をさしてやってください)

❺種をまく:《重ね型》▶～种子(種子をまく)▶～花生(落花生をまく)▶在地边上～点儿芝麻(あぜ道にゴマをまく)▶你去帮他～～豆子(彼が豆をまくのを手伝いに行きなさい)

❻1つ1つ数を数える:《重ね型》▶～钱(お金を数える)▶～数儿(数を調べる)▶他们在仓库里～货呢(彼らは倉庫の中で商品の数をチェックしている)▶他们班正～着名呢(彼らのクラスはちょうど出席をとっている)▶～了两遍也没～对(2回調べても数が合わなかった)▶你再仔细～～(もう1度綿密に数えてください)▶别把钱～错了(お金を数え間違えないようにしてください)▶～到的人要回答一声'到'(名前を呼ばれた人は「はい」と答える)

❼多くの人あるいは事物の中から指名・指定する:《重ね型》▶～节目(演目・番組を選ぶ)▶～了一出戏(芝居の出し物を指定した)▶你替我～一段曲艺(私に代わって演芸の演目を決めてください)▶～一个折子戏《苏三起解》(《蘇三起解》の中の1段を指定する)▶你们先～～菜, 他们马上就来(彼らはすぐ来ますから, 君たち, 先に料理を注文してください)▶我们特意～一首歌祝贺你的生日(私たちは特に歌を1曲選んであなたの誕生日をお祝いします)

❽火をつける:《重ね型》▶～柴火(マッチの火をつける)▶～炉子(ストーブに火をつける)▶给客人～烟(客のためタバコに火をつける)▶从前的小油灯大多数～煤油(昔のランプはほとんどが石油を燃やした)▶桌子上～着一支蜡烛(テーブルの上にろうそくの火がともっている)▶小灯笼～亮了(小さなちょうちんに火がともり明るくなった)▶你替我～～火(私に代わって火をつけてください)

❾注意する, 教える。▶这个淘气鬼又被老师～了名(そのわんぱく坊主はまた先生に注意された)▶文章一定要～题(文章は必ずテーマの核心をつかねばならない)▶话不在多, ～到为止(言葉が多ければ

よいのではない、要点の指摘に止める）▶他一～，我就明白了（彼が指摘してくれると私はすぐにわかった）▶老王的话～出了问题的实质（王さんの言葉は問題の本質を教え示してくれた）

[動結] **点得〈不〉了** (liǎo) '点'する能力がある〈ない〉、'点'できる〈できない〉。▶给古文标点我点不了（古文に句読点をつけることは私にはできない）▶今天点得了豆子吗？（今日は豆をまくことができますか）▶保管员没在，点不了货了（保管員がいないので品物をチェックすることができない）

点得〈不〉成 ▶这几天没下雨，点不成豆子（ここ数日雨が降らなかったので豆をまくことができない）▶点名簿没带来，点不成名了（名簿を持ってこなかったので出席をとることができない）

[動趨] **点下去** 継続して'点'する。▶这段古文的标点，你接着点下去（この古文に引き続き句読点をつけなさい）▶你的眼病还没好，药水还得点下去（君の眼病はまだよくなっていないので目薬はまださし続けねばならない）

点起来 '点'し始め、継続する。▶他朝来客不停地点起头来（彼はお客さんに対してたえずあいさつをしていた）▶他拿过眼药水就点起来（彼は目薬を手にとるとさし始めた）▶会计坐在那里点起钱来（会計係はそこに座ってお金を調べ始めた）

点开 ▶他又点开钱了（彼はまたお金を数え始めた）

【量詞】❶意見・希望・内容などに用いる。▶三～意见（3つの意見）▶两～希望（2つの希望）▶作出三～保证（3つの点について保証する）▶内容大致有四～（内容はだいたい4点に及んでいる）▶还有一～需要说明（もう1点、説明を必要とすることがある）▶讲了好几～（多くの点について語った）▶在这一～上他是正确的（この点では彼は正しい）▶第三～是什么，我没听清（3番目は何ですか、はっきり聞こえませんでした）

❷少量であることを示す。必ず《儿化》数詞は'一・半'のみ。話し言葉では'一'は省略する。ふつう動詞の後ろに用いる。▶多做一～儿工作（仕事を少しよけいにする）▶出了一～儿毛病（多少の欠陥が生じた）▶去买～儿东西（ちょっと買い物に行く）▶有～儿事儿（ちょっと用事がある）▶上～儿水儿（少し水を補給する）▶半～儿声音也没有（少しも物音がしない）

━ 動詞・形容詞の前に用いてもよい。否定形に用いることが多い。▶这本书我一～儿还没看呢！（この本、まだ少しも読んでいないんだ）▶我一～儿都不要（ぼくはちっとも欲しくない）▶一～儿一～儿地挖，别碰伤了树根（少しずつ掘るんだよ、木の根を傷つけないように）

[注意] '有点儿'は形容詞・動詞の前に用いる。品詞は副詞で、「少し」「いささか」などの意味を表す。'有+点儿+[名]'とは違う点に注意。 ☞有点儿 yǒudiǎnr

❸程度・数量がわずかに増加したり、減少したりすることを表す。数詞は'一'のみで省略してもよい。

ⓐ [動]/[形]＋[一]＋点儿 ▶节省一～儿（少し節約する）▶烧退了一～儿（熱が少しひいた）▶防备着～儿（少し用心しなさい）▶小心一～儿（少し気をつける）▶简单～儿（少し簡単だ）▶我的表快了～儿（ぼくの時計はちょっと進んでいる）▶慢～儿走，小心摔倒（気をつけて行きなさい、転ばないように）

ⓑ [形]＋[一]＋点儿＋[名]＝[形]＋[名]＋[一]＋点儿 [形]は'大・小'、[名]は'声'のみ。命令文に用いる。▶大～儿声（音を大きめにしなさい＝大声一～儿）▶小～儿声（音を小さめにしなさい＝小声一～儿）

ⓒ [一]＋点儿＋[動]/[形] 否定形に用いる。▶一～儿没考虑（ちっとも考えていない）▶一～儿不能马虎（少しもいいかげんにはできない）▶一～儿不讲究（まったくかえりみない）▶我的表一～儿也不快（私

の時計は少しも進んでいない)
[比較] 点：些 ☞些 xiē

掉 diào

【動詞】❶離脱する，落ちる：《付》了・着・过　落下する事物は，主語・客語のどちらの成分にしてもよい。▶～眼泪（涙を流す）▶～雨点儿（雨粒が落ちてくる）▶衬衫扣子～了（シャツのボタンが落ちた）▶别出去了，外头正～着雨点儿呢（出かけないほうがいいよ，外は雨が降っているんだから）▶～下来几片花瓣儿（花びらがいく枚か散ってきた）▶害了这场大病，头发都～光了（大病を患って髪の毛がみんなぬけてしまった）▶墙上白灰～得差不多了，该粉刷了（壁の石灰がほとんど落ちてしまった。もう塗り直さなくてはならない）

— 掉+在　場所を示す語句を後ろに付ける。▶熟透了的杏儿都～在地上了（熟したアンズは全部地面に落ちた）▶水桶～在井里了（桶が井戸に落ちてしまった）▶跑了五十米他就～在后头了（50メートル走ると彼はビリになった＝落在后面）

❷なくす，もらす，落とす：《付》了　名詞を客語にともなえる。▶这句话～了一个字（この所は1字ぬけている）▶我的钢笔～了（万年筆を落としてしまった）▶别把钥匙～了（鍵をなくさないように）

— 掉+在　場所を示す語句を後ろに付ける。▶大衣～在路上了（道にオーバーを落としてしまった）▶钢笔～在操场上了（万年筆を運動場でなくした）▶钱～在外边了（お金を外で落としてしまった）

❸減少する，低下する：《付》了・过　いくつかの名詞を客語にともなう。▶药品普遍～了价儿（薬品が全般的に値下がりした＝降价）▶他喂的牲口从来没～过膘（彼の飼っている家畜はやせたことがない＝没瘦过）

❹回す，方向を変える：《付》了《重ね型》名詞を客語にともなえる。▶把天线～一个方向，电视就清楚了（アンテナの向きを変えればテレビがはっきり映る）▶你～～身子，我就能过去了（君が体の向きを変えてくれたら，ぼくは通れるようになるんだ）▶～回头来（振り向く）▶～过脸去（顔をそむける）▶汽车～了头，向东疾驶而去（車は向きを変えると東に向かって飛ぶように走り去った）

❺動結形の結果を示す要素になる。'得・不'を挿入できる。

ⓐ他動詞の後ろに置いて「除き去る」ことを表す。▶打～（打ち落とす）▶去～（取り去る）▶除～（除く）▶删～（省く）▶烧～（焼き尽くす）▶卖～（売り尽くす）▶忘～（忘れ去る）▶吃～（食べ尽くす）▶换～（交換する）▶消灭～（消滅する）▶反对～（反対してだめにする）

ⓑ自動詞の後ろに置いて「離れて行く」ことを示す。▶走～（歩いて行ってしまう）▶跑～（走り去る）▶逃～（逃げる）▶飞～（飛び去る）▶溜～（こっそり抜け出す）▶死～（死亡する）▶散～（散らばる）▶蒸发～（蒸発する）▶挥发～（揮発する）

[動結] 掉得〈不〉了 (liǎo) 落ちる〈落ちない〉。▶扣子缝得很结实，掉不了（ボタンはしっかりとぬいつけられているので取れることはない）

[動趨] 掉 // 下去 ▶花盆从阳台上掉下去了（植木ばちがベランダから落ちた）▶有绳子拴着，掉不下去（縄でしばってあるので落ちることはない）

掉 // 出来　苹果从网兜里掉出来了（リンゴが網袋から落ちた）

顶 dǐng

【副詞】❶程度が最も高いことを表す。用法は基本的に'最'に同じ。《口》

ⓐ 顶+[形] ▶我们三个当中他～小（ぼくたち3人の中では彼がいちばん年下だ）▶这种计算方法～简单了（この計算方法が最も簡単だ）▶小何是我们班里～活跃的

青年(何くんはクラスでいちばん活発な青年です)
— '先・后・前・末了・新式・老式'などの形容詞の前にはふつう'最'を用いる。'顶'は用いない。
ⓑ顶+[動]▶～爱爬山(登山がとても好きだ)▶～能抓紧时间学习(時間をやりくりして勉強するのがたいへん得意だ)▶这故事~吸引人(この話は非常に人を引き付ける)▶这小家伙~招人喜欢(この子は本当に人に好かれる)▶她是个~有出息的姑娘(彼女はとても前途有望な娘だ)▶～受欢迎的还是这个节目(いちばん人気があるのはやはりこの番組です)
ⓒ顶+[動]+得〈不〉… 使用範囲は'最・很'より狭い。～沉得住气(非常に落ち着きはらっている)▶～沉不住气(ひどく落ち着かない)▶～经不起考验(まったく試練に耐えきれない)▶～看不惯(まったく気にくわない)▶ ×～过得去

❷最大限度を示す。譲歩の気持ちを含む:'多・少・坏・快・慢・大・小・长・短・厚・薄・麻烦・复杂'などの形容詞の前に置く。▶～多再过两天就能结束(どんなに長くかかってもあと2日で終わるだろう)▶这堆煤~少也有五吨(この石炭の山は少なくとも5トンはある)▶这段路~快也要走半小时(この道のりはどれほど速く歩いても半時間かかる)▶~麻烦也不过如此,我们就再拆卸一次吧(面倒といってもたいしたことはない,もう1度分解してみよう)

❸方位詞とともに用い,その方位のいちばん端を示す。▶~上头(いちばん上)▶~下头(いちばん下)▶~前边(いちばん前)▶~后边(いちばん後ろ)▶~东头儿(東の端)▶~西头儿(西の端)▶~中间的一个座位(真ん中の席=正中間…)

[慣用句] 顶好 '最好'に同じ。話し手が最良と考える選択,あるいは話し手の希望を表す。▶顶好三个人一块儿走,省得迷路(3人一緒に行けば道に迷うこともなくていちばん好都合だ)▶顶好请老张讲讲该怎么操作(張さんに操作方法を教えてもらうのが最も望ましい)

[比較] 顶:最 ☞最 zuì

定 dìng

【動詞】❶固定する,固定させる:動詞句を作り述語となる。特定の単音節の名詞を客語にともなえる。▶两脚好像~住了,挪不动(両足が地にはえてしまったかのように,動けない)▶~睛一看,原来是小田(じっと目をすえて見ると田さんだった)▶相片显影之后还要~影(写真は現像のあと定着しなければならない)

— 定+在▶眼睛~在书上(本の上に目をとめる)

❷静かにさせる,安定させる:感情の動きに対して用いることが多い。《付》了《重ね型》客語は'心・神'などの数語のみ。▶～～神再说(気を落ち着かせてからにしなさい)▶孩子没出事,心才~了下来(子供が無事だったので,やっと落ち着いた)▶惊魂未~(驚いて心が静まらない)

❸決定する,確定させる:《付》了・过《重ね型》名詞を客語にともなえる。▶～案(案を決定する)▶～个规矩(規則を決定する)▶大局已~(大勢はすでに決まった)▶计划已经~了(計画はすでに決定した)▶先把原则~下来,再谈具体措施(まず原則を決めてから,具体的な措置について話そう)▶药价~得很便宜(薬の値段は非常に廉価に決められている)

— 定+在〈于〉▶讨论会~在每周星期五(討論会は毎週金曜に決まった)▶货物~于九月一日起运(荷は9月1日から運ぶことに決定した)

❹取り決める,予約する:《付》了・过《重ね型》名詞を客語にともなえる。▶～货(品物を注文する)▶在饭馆~了一桌菜(レストランで料理を1卓分頼んだ)▶

飞机票已经~了（飛行機の切符は、もう予約した）▶跟他商量一下，把时间~下来（彼と相談して、時間を決めましょう）

動趣 定//上▶去晚了一步，定不上座位了（遅く行ったら座席を予約できないよ）▶票已经定上了（切符はすでに予約した）

定//下▶时间、地点都定下了（時間と場所が決まった）▶定下三张卧铺票（3枚の寝台券を取る）

定//下来▶事情定下来了（事はすでに確定した）

定//出 必ず客語をともなう。▶还没有定出办法（まだ方法を決めていない）

定//出来▶定出一个原则来（1つの原則を決める）▶名单已经定出来了（名簿はすでに決定した）

【形容詞】安定した，落ち着いた，確定した，規定された。

❶述語にはならない。'的'をともなわずに名詞を修飾する（多くは1語とみなされる）。▶~理（定理）▶~局（確定した事態）▶~量（定量）▶~员（定員）▶~额（定数）

❷動結形の結果を示す要素となる。

ⓐ固定して動かないことを表す。ふつう'得・不'は挿入しない。いくつかの自動詞の後ろに用いる。▶立~（しっかりと立つ）▶站~（しっかりと立つ）▶坐~（じっと座る）▶过几天住~以后，再给他写信（何日かして落ち着いてから，彼に手紙を書こう）

ⓑ決定，確定を表す。'得・不'を挿入できる（ふつう2音節の動詞の後ろには挿入できない）。他動詞の後ろに用いる。▶下~决心（決心を固める）▶拿不~主意（考えが決まらない）▶我跟他说~了，明天动身（彼に明日出発すると約束した）▶办法已经商量~了（方法はすでに相談して決めた ×商量得定）▶时间还没有安排~（時間はまだ決まっていない）

ⓒ意志が固く，改める気持ちがないことを表す。'定'は強く読む。《付》了'得・不'を挿入できない。▶不管怎么说，我是走~了（どのように言おうとも，私は行く）▶我就当教师，当~了（先生になると固く決めた）

【副詞】きっと，必ず。《書》▶~能成功（必ず成功できる）▶~有原因（必ず原因がある）▶明日~来相会（明日必ず会いにまいりましょう）

慣用句 说不定 …とは限らない，…かもしれない。▶结局如何，目前还说不定（結末はどうか，今はまだ断言できない）▶说不定今天会来（彼は今日来るかもしれない）

丢 diū

【動詞】❶失う，なくす：《付》了・过 名詞の客語をともなえる。▶我~过一个钱包（さいふをなくしたことがある）▶票已经~了，找不到了（切符をなくして，見つからなくなってしまった）▶东西放好，别~了（品物はきちんとしまっておきなさい。なくしてはいけないよ）▶不小心把钢笔~了（不注意から万年筆をなくしてしまった）

ⓐ否定形はふつう'没'を用いる。▶我没~东西（私は物をなくしていない）▶雨伞没~，在这儿（かさはなくしていない。ここにあるよ）

ⓑ'不'を用いて否定するのは，'不'の後ろに助動詞があるか，'不'の前に'从来・向来'のような習慣性を表す副詞がある場合のみ。▶这封信可不能~（この手紙は決してなくしてはいけない）▶你放心，不会~的（安心したまえ，なくしっこないから）▶这孩子从来不~东西（この子はこれまで物をなくしたことがない）

❷投げ捨てる，ほうる：次の形のみ。

ⓐ丢+给▶把白菜叶儿~给小兔吃（白菜の葉を小ウサギに投げて食べさせる）

ⓑ丢+在▶我早把这事~在脑后了（この事を頭の奥にほうり込んでしまった：とっくに忘れた）

ⓒ一+丢▶他随手把外衣往床上一~（彼

は無造作にコートをベッドの上にポンとほうった)
❸置く，下に置く：《付》了 名詞の客語をともなえる。▶听见有人叫，小芳～下饭碗就往外跑(誰かが呼ぶのを聞いて，芳ちゃんは茶碗を置き，外へかけて行った)▶我的法语已经～了好些日子了(フランス語をほったらかしたままでもうずいぶんになる)

慣用句 丢人 面目を失う，恥をさらす。
動結 丢//光 丢//掉
丢得〈不〉了(liǎo) 丢得〈不〉起▶我可丢不起这个人(私は絶対この人を失うことはできない)

動趨 丢下 あとに残る。▶嫂子死后，丢下一个三岁的孩子(兄嫁が死んで，あとに3歳の子供が1人残された)
丢//下 下に置く。▶手里的活儿一时丢不下(この仕事からすぐに手を離すことはできない)
丢//开 下に置く。▶叫他把一切工作都丢开，好好养病(彼に仕事からいっさい手を引かせ，十分養生させよう)▶我心里有件事儿，老是丢不开(心の中に心配事があって，いつも気にかかっている)

动 dòng

【動詞】❶活動する，行動する，動く：《付》了・着・过《重ね型》▶风吹草～(風が吹いて草がゆれる)▶躺着别～(横になったまま動いてはいけません)▶他嘴唇～了一下，想说什么(彼の唇がわずかに動いて，何か語ろうとした)▶坐在那儿一～也不～(そこに座ったまま微動だにしない)▶心里一～，想起一个主意来(ふと胸によぎるものがあって，1つの考えが浮かんだ)▶我们厂里的生产搞得热火朝天的，你们那里～得怎么样？(我々の工場は熱気のみなぎる中で生産に取り組んでいるが，君たちの所はどうだい)▶别老在家呆着，也该出去～～(家にばかりいないで外に出かけなさい)

❷物の位置やようすを変える：《付》了・着・过《重ね型》名詞の客語をともなえる。
▶别～人家的东西(人様の品物をいじっちゃだめだよ)▶桌上的书有人～过(テーブルの上の本を誰かがいじった)▶这笔钱是个整数，我们暂时不～(このお金はまとまった金額なので，しばらく手をつけずにおきましょう)

❸使用する，用いる：《付》了・着・过《重ね型》名詞の客語をともなえる。▶～笔(筆をとる)▶～刀～枪(剣や銃を使う)▶不要打架，更不能～家伙(なぐり合いをするな，まして物騒なものを持ち出してはいけない)▶这个问题你～了脑筋没有？(この問題について君は頭を働かせたかい)▶这笔钱我还没～，你先拿去用(この金にぼくはまだ手をつけていない。君が先に持って行って使いたまえ)▶遇到问题要多～～脑子(問題にぶつかったら頭を大いに使おう)

一 特定の意味を表す熟語・句を多く作る。▶～身〈出发〉(出発する)▶～手〈做事或打人〉(仕事にとりかかる，あるいは人に手出しをする)▶～嘴〈说话〉(話をする)▶～武〈采取武力行动〉(武力行動をとる)▶～手术〈进行手术治疗〉(手術を行う，手術を受ける)

❹思想・感情を揺り動かす：《付》了・过 必ず名詞の客語をともなう。▶～气(腹を立てる)▶～怒(憤る)▶～心(感動する)▶～了感情(感情を揺り動かした)▶～了肝火(かんしゃくを起こした)▶从没～过心(これまで心が動いたことはない)

❺感動する：熟語に限られる。▶～人(感動させる)▶不为所～(心を動かされない)▶漠然不～(関心がなく気持ちを動かさない)

❻動結形の結果を示す要素となる。
ⓐ働き・移動を表す。《付》得・不▶吹～(吹かれて動く)▶抖～(ふるえる)▶挣扎不～(がんばりもちこたえてゆるがな

い)▶小芳走不〜,你抱抱她(芳ちゃんは歩けないから,おまえが彼女を抱いてやってくれ)▶太重了,一个人拿不〜(あまり重くて1人では持てない)

ⓑ考えを変えさせることを表す。《付》得・了▶一句话打〜了他(ひとことで彼の心をゆり動かした)▶他不同意,我说不〜他(彼は同意しない。私には彼を説得できない)▶我去劝劝他,看劝得〜劝不〜(私が彼を説得してみる。うまくいくかどうかわからないが)

[注意]'动不动'について。

①ふつうの疑問を表す。▶你还动不动我的东西了?(あなたはまだ私のものを使うのですか)

②熟語。ある反応や行動が起こりやすいことを表す。発生を希望しないことがらに多く用いる。▶他身体太弱,动不动就感冒(彼は体がとても弱く,ややもすればかぜをひく)▶这孩子动不动就爱打人(この子は何かというと人をたたく)

都 dōu

【副詞】❶すべてを総括することを示す。総括される対象は必ず'都'の前に置く(疑問文を除く)。また'全都'と言ってもよく,総括する意味がもっと明確になる。▶大伙儿〜同意(全員同意した)▶一天功夫把这些事〜办完了(1日でこれらの事をすっかりかたづけた)▶所有产品出厂前全〜要经过质量检查(出荷の前に製品はすべて品質検査をしなければならない)▶每个孩子〜长得很结实(どの子もみんなとても丈夫に育った)

ⓐ総括される対象に不特定を表す疑問指示代詞を用いてもよい。▶给谁〜行(誰にあげてもかまわない)▶怎么办〜可以(どんなふうにやってもかまわない)▶我什么〜不要(私は何もいらない)▶什么时候〜可以来找我(いつでも訪ねていらしてけっこうです)

ⓑ総括される対象の前に接続詞'不论・无论・不管'を用いてもよい。▶不论大小工作,我们〜要把它做好(仕事の大小を問わず,我々はしっかりとやらなければならない)▶无论干什么事情,他〜非常认真(どのような事をするときでも,彼はいつも実にまじめだ)▶不管刮风还是下雨,我〜坚持练习游泳(風が吹こうが雨が降ろうが,常に水泳の練習を怠らない)

ⓒ疑問文では総括される対象(疑問代詞)が'都'のあとへ置かれる。▶你〜去过哪儿?(君はどこどこへ行ったことがあるの)▶老王刚才〜说了些什么?(王さんはさっきどんな事を言ったの)

ⓓ'是'と共に用い,理由を説明する。非難の意味を持つ。▶〜是你,一个人耽误了大伙儿!(みんな君のせいだ,1人でみんなに迷惑をかけて)▶〜是他不好,你就没一点责任吗?(みんな彼が悪くて,君にはこれっぽっちの責任もないというのか)▶〜是你一句话把他惹翻了(君のひとことで彼を怒らせてしまったんだ)

[注意]'都'の総括の対象は1種類に限られない。また,特にその中の1種類のみを総括の対象とすることもあるが,そのときはそれを強く発音して区別する。▶这几天,我们〜忙着筹备会计人员培训班(この何日か,我々は会計士の養成講座を開く準備で忙しい)

— '这几天'を強く発音すれば,'都'は主に'这几天'(この数日ずっと)を総括する。'我们'を強く発音すると,主に'我们'(我々みんな)を総括することになる。

— '不都'と'都不'の意味は異なる。▶他们不都去(彼ら全員が行くのではない:行く人もいれば行かない人もいる)▶他们都不去(彼らは全員行かない)

❷はなはだしいことには:'都'は軽く読む。▶我〜不知道你会来(ぼくは君が来るなんて知らなかった)▶真抱歉,我〜忘了你的名字了(どうもすみません,あなたのお名前まで忘れてしまいました)▶把他〜吵醒了(さわいで彼まで起こしてしまった)

ⓐ '连'と呼応して用いる。意味を強める。▶连这么重的病～给治好了（こんなに重い病気でさえすっかり治った）▶连书包里的东西～淋湿了（カバンの中のものまですっかりぬれてしまった）▶连个人影儿～看不见（人影ひとつ見えない）

ⓑ '都'の前後に同一の動詞（前は肯定形で後ろは否定形）を用いる。▶我［连］动～没动（私は動くことさえしなかった）▶拉～拉不住他（彼をしっかりつかまえていることもできない）▶你怎么问～不问我一声？（あなたはどうして私にひとことたずねてくれないの）

ⓒ 一+量…都+动 动は否定形。▶一口～没喝（1口も飲んでいない）▶一个人～不见（1人も見えない）▶一声～不吭（ひとことも言わない）

ⓓ 譲歩を表す節に'都'を用いて主節を導く。▶为了营造绿化林带，家～不回，苦点儿累点儿算什么？（緑化森林帯を造成するために家にさえ帰らないんだ。苦しいだの疲れただの言っていられない。▶你～搬不动，我更不行了（君が運べないのに、ぼくではなおさらだめだよ）

❸すでに：文末にはふつう'了'を用いる。▶～十二点了，还不睡！（もう12時なのに、まだ寝ないのか）▶饭～凉了，快吃吧！（ご飯がさめてしまったよ，早く食べなさい）▶我～快六十了，该退休了（私はもうまもなく60歳だ。退職すべきだ）

比較 都：也 ☞也 yě

度 dù

【接尾語】名詞・動詞・形容詞の後ろに付いて名詞を構成する。

❶程度を表す。形容詞の後ろに付く。▶高～（高度）▶广～（広さ）▶深～（深度）▶长～（長さ）▶厚～（厚さ）▶宽～（幅）▶密～（密度）▶速～（速度）▶硬～（硬度）▶强～（強度）▶浓～（濃度）▶温～（温度）▶热～（熱さ）▶难～（難度）▶灵敏～（感度）▶能见～（可视度）

❷幅を表す。一部の名詞および若干の動詞の後ろに付く。▶角～（角度）▶坡～（勾配）▶弧～（弧度）▶光～（光度）▶经～（経度）▶纬～（緯度）▶跨～（柱・橋げたなどの距離）▶倾斜～（傾斜度）

❸時間の区切りを指す。付けるのは'年・季・月'の後ろのみ。▶年～（年度）▶季～（四半期）▶月～（月間）

端正 duānzhèng

【形容詞】❶整っている。《重ね型》'端端正正'。▶五官～（目鼻立ちが整っている）▶他的字写得很～（彼はとてもきちんとした字を書く）▶桌子上的东西摆得端端正正的（テーブルの上の品物は整然と並べられている）▶同学们都～地坐着听讲（学生たちはみんな姿勢正しく腰かけて授業を聞いている）

❷正しい，まじめだ。▶他为人正派，行为～（彼はまじめな男で品行方正だ）▶在学校里他是一个品行～的学生（学校では彼は品行方正な学生だ）▶批评别人时，自己也应该有个～的态度（他人を批判するときは，自分自身もきちんとした態度でなければならない）

【動詞】正しいものにする：《付》了・过《重ね型》'端正端正'。客語となるのは若干の抽象名詞のみ。▶～工作态度（仕事に対する態度を正す）▶应该～我们的学风（我々は学習態度を正さなければならない）▶你的服务态度应该认真～～（あなたは人に接する態度をきちんと正すべきだ）

動趨 端正 // 过来 正す。▶错误态度应该迅速端正过来（よくない態度はすみやかに正さなければならない）

短 duǎn

【形容詞】両端の間の距離が小さい。↔长

ⓐ 名詞を修飾する。▶～衣服（短い服）

▶很~的裙子（とても短いスカート）▶最~的距离（最短距離）▶他拿了一把~刀（彼は短いナイフを持っている）▶案子太复杂，~时间内调查不清楚（事件はひどく複雑なため、短期間の調査ではっきりさせることはできない）▶她头发~~的，显得挺精神（彼女はショートカットにしていて、はつらつとした感じがする）
ⓑ述語・補語になる。▶这根绳子~，绑不牢（この縄は短くてしっかり縛れない）▶时间太~，恐怕到时候做不完（時間が短すぎるから、予定どおりにはやり終えられないだろう）▶这一笔应该写~一点儿（この筆画は少し短めに書くべきだ）▶头发剪得太~了（髪を短く切りすぎた）
— 補語になるときは、ある基準にはずれている意味を表すことがある。▶这件衣服裁~了（この服は短く裁ちすぎてしまった）
ⓒ補語をともなう。▶她的头发~极了（彼女の髪はすごく短い）▶夏至以后，天渐渐地~起来（夏至のあとはだんだん日が短くなる）▶衣服~得没法穿了（服が短くて着られない）▶裤子~了一点儿（ズボンが少し短い）▶新布一下水，比原来~了一截儿（新しい布を水に漬けたら、少し縮んだ）

【動詞】足りない，借りがある：二重客語をともなえる。▶你理儿~，当然说不过人家（君の話は道理に欠けるから、人を言い負かせないのは当然だ）▶你还~我什么吗？（まだ私に何か借りがあるの）▶你来到我们家里，我~过你什么？（君がうちに来てから、何か不自由をさせたことがあるか）

動結 短得〈不〉了（liǎo）　欠かすことができる〈できない〉。▶你说，我短得了你吗？别人都给了，就不给你一个人？（私が君を抜かすはずがないだろ、ほかの人にあげたのに君ひとりにあげないなんて）▶不管在哪儿，谁也短不了水（どこにいようと，誰も水なしでは生きられない）

断 duàn

【動詞】❶長いものが２つあるいはいくつかに分かれる。▶绳子~了（縄が切れた）▶铅笔~成两截了（鉛筆が２つに折れた）▶三股线~了一股（３本の糸のうち１本が切れた）▶刮了一夜风，~了不少树枝（一晩中風が吹いて木の枝がたくさん折れた）▶牙根~在牙床里了（歯の根っこが歯茎の中で折れている）

❷断絶する，断ち切る，中断する：名詞の客語をともなえる。▶宿舍区又~电了（宿舎の区域でまた停電した）▶孩子大了，该~奶了（子どもが大きくなって，離乳する時期が来た）▶我跟她已经~了关系了（私と彼女はもう関係が切れている）▶十字路口那儿出事故了，~了交通了（交差点のところで事故が起きたため，交通の流れが止まっている）▶我们早已经~了来往了（私たちはとっくにつきあいがなくなっている）

動結 断得〈不〉了（liǎo）　切れる〈切れない〉。▶这条绳子粗，断不了（この縄は太いので切れることはない）▶连着几天暴雨，咱们的公路断得了断不了，真让人担心（何日か豪雨が続いていて，ここの道路が不通になってしまうかどうか，とても心配だ）

断//开　切れたことによって別々になる。▶柱子从中间断开了（柱が真ん中から裂けた）▶好几十个字的一段话，不用标点断开怎么念？（何十字もの長さの文なのだから，句読点で区切らなかったら読めないだろ）

注意 '断' は他動詞・自動詞ともに可能。次の第１例の '断' は他動詞であるが，第２例では自動詞で時間客語のみともなう。▶我们断了联系有好几年了（私たちは連絡を断って何年にもなる）▶我们的联系~了好几年了（私たちの連絡がとだえて何年にもなる）

段 duàn

【量詞】❶長いものを区切った部分について用いる。ときに《儿化》▶这~铁路需要修一下（この区間のレールは補修する必要がある）▶锯下来一~木头（ある長さに材木を切り取る）▶两~铁丝接起来就够长了（針金を2本つなぎ合わせれば十分足りる）▶把绳子剪成两~儿（なわを2本に切る）
❷一定の長さの時間・道のりに対して用いる。数詞は'一'が多い。▶过一~时间再来看你（しばらくしたらまた会いに来るよ）▶把前一~的工作总结一下（これまでの仕事を総括してみてくれ）▶这~路不太好走（ここの道はあまり歩きよくない）▶坐了一~火车，又坐了一~汽车（汽車にしばらく乗って，それからまたバスにしばらく乗った）▶他正好是在五十岁至六十岁这个年龄~（彼はちょうど50才から60才の年代である）
❸一区切りの音楽・戯曲・文章・話に用いる。▶这支曲子分三~（この曲は3つの部分に分かれている）▶我来唱一~京戏（京劇を1節歌いましょう）▶这首歌有四~歌词（この歌は4番まである）▶信里有一~谈到老周最近的情况（手紙には周さんの近況にふれたくだりがある）▶文章的第二~还要充实一下（文章の2段目の所はもう少し内容を足さなければいけない）
━若干の民間演芸については，出し物全体を指して用いてもよい。▶听了两~相声（漫才を2つ聞いた）▶一~快板儿（1席の「快板」）▶一~评书（講談1席）

堆 duī

【量詞】積み上げられた物・山なす物・およびひと固まりの人に対して用いる。尊敬すべき人には用いない。▶一~土〈肥料，垃圾，柴火〉（ひと山の土〈肥料・ごみ・たきぎ〉）▶外面生了好几~火（外では数か所でたき火がたかれている）▶山脚下生起~~篝火（山のふもとにかがり火が次々と燃えあがった）▶院子里围了一~人（庭に人垣ができた）▶还有一大~材料要看（まだ見なければならない資料が山ほどある）▶家里老的小的一大~（家の中には年寄りから子供までわんさといる）
━《派》抽象的な事物にも用い，数量の多いことを言う。数詞は'一'のみ。'堆'の前にはふつう'大'が付く。▶大伙儿提出了一~问题（みんなはたくさん問題を出した）▶一大~事情在等着他办呢！（山のような用事が彼を待っているんだ）▶啰里啰唆地说了一大~（くどくどとたくさんしゃべった）

对¹ duì

【量詞】性別・左右・正反などによって互いに対をなす人間・動物・物に対して用いる。ときに《儿化》▶一~夫妇（1組の夫婦）▶一~男女（1組の男女）▶一~儿鸟儿〈鸳鸯，鹦鹉，鸽子，喜鹊〉（ひとつがいの鳥〈オシドリ・オウム・ハト・カササギ〉）▶一~金鱼〈大虾，石狮子〉（ひとつがいの金魚〈車エビ・石像の獅子〉）▶一~翅膀（両翼）▶桌上摆着一~花瓶（テーブルに1対の花瓶が置いてある）▶买了两~枕头（まくらを2組買った）▶一~矛盾（1つの矛盾）
━ときには2つ1組になった同類の人や物に対しても用いる。▶一~电池（電池1組）▶他俩是一~儿活宝（あの2人はお笑い2人組だ）
[注意]2つの同じ部分よりなる1つの物に対しては'对'を使えない。▶一条裤子（1本のズボン ×一~裤子）▶一把剪刀（はさみ1丁 ×一~剪刀）▶一副眼镜（めがね1つ ×一~眼镜）
[比較] 对¹：双　☞双 shuāng

对² duì

【形容詞】合致する，正しい，正常である。

▶你说的都～（あなたの言うことはみんな正しい）▶这一点很～（この点は正しい）▶数目不～（数字が合わない）▶～，～，就这么办吧（そうだ，そうだ，そうしよう）▶坚守工作岗位是～的（職場をしっかり守ることは正しい）▶写～了（間違いなく書けている）▶走～了路（道を間違えなかった）▶孩子们做得～（子供たちのやり方は正しい）▶他的神色不～〈不正常〉（彼のようすはおかしい）▶味道～，可是颜色不～〈味道正常，颜色不正常〉（味はまともだが色が変だ）

ⓐ'了・过'を付けてアスペクトを表すことができる。▶这次～了（今度は当たった）▶猜了十回，我只～过一回（10回謎当てをやったが，1回しか当たらなかった）

ⓑ数量を付けられる。どこが，あるいはどれだけ正しいかを表す。▶我～了四道题（4題正解だった）▶这话～一半，错一半（この話は，半分正しく半分間違っている）

ⓒ对＋了　文頭に用い急に何かを思い出したことを表す。▶～了，有件事忘了告诉你（そうだわ，あなたに言うのを忘れていたわ）▶～了，还有件事要麻烦你（ああそうだ，ご面倒をおかけすることがまだあります）

对³ duì

【動詞】❶応対する，あしらう，対抗する：必ず客語をともなう。▶批评要～事不～人（批判は事柄に向けられるべきで，人に向けてはならない）▶刀～刀，枪～枪（刀には刀で，槍には槍で対抗する）▶男子排球赛：农机厂～学联队（男子バレーボール試合：農業機械工場チーム対学生連合チーム）

❷向いている，…に向かう，直面する：ふつう'着'やその他の後置要素をともなう。▶窗户～着马路（窓は道路に面している）▶两家大门正～着（両家の門はちょうど真向かいにある）▶枪口～准靶心（銃口を標的の中心にねらい定めた）▶图上画的箭头～得不准（図面上の矢印の指す所が違っている）

慣用句　对不起　人に対して恥じる。すまない気持ちを表す決まり文句。'对不住'ともいう。▶对不起，踩你脚了（ごめんなさい，あなたの足をふんでしまいました）▶是我错了，对不起（すみません，私がまちがっていました）

【介詞】❶動作の対象を示す：…に向かって，…の方に。▶小黄～我笑了笑（黄くんは私に笑いかけた）▶决不～困难低头（決して困難に屈しない）▶他～你说了些什么？（彼は君にどんなことを話したんだい）

❷…に対して：用法はだいたい'对于'に同じ。'对于'はすべて'对'に置き換えられる。しかし'对'は'对于'に置き換えられないときもある。

ⓐ人間関係を表すときに用いるのは'对'のみ。▶大家～我都很热情（みんなは私に親切だ）▶我们～你完全信任（私たちはあなたを全面的に信頼している）▶我～老张有一点意见（ぼくは張さんにちょっと文句がある）

ⓑ'对…'は助動詞・副詞の前後どちらに用いてもよく，主語より前に用いてもよい（ポーズを置く）。意味は同じ。▶我们会～这件事作出安排的▶我们～这件事会作出安排的▶～这件事，我们会作出安排的（我々はこの件についてはとりはからうことができます）▶大家都～这个问题很感兴趣▶大家～这个问题都很感兴趣▶～这个问题，大家都很感兴趣（みんなはこの問題にたいへん興味を持っている）

— '对于…'を助動詞・副詞の後ろに用いることはできない。（上記3例中）第2・3例の位置でのみ用いる。

ⓒ对…来说　…にとってみれば：ある人・事物の立場や位置から見ることを表す。'对…说来'とも言う。▶～我们的文艺创作来说，题材是很广泛的（我々の文芸創

作について言えば、題材の範囲は極めて広い）▶～我们说来，没有克服不了的困难（我々にとって克服できない困難はない）

对于 duìyú

【介詞】人・事物・行為の間の関係を示す。名詞との組み合わせが多い。動詞・節と組み合わせてもよい。主語のあとに'对于'を用いるが、主語より前に置いてもよい。そのときはポーズを置く。

ⓐ '对于…'の後ろの名詞が動作の対象を表す。▶我们～任何问题都要具体分析（我々はいかなる問題に対しても、具体的に分析しなければならない）▶广大侨胞～祖国都十分关心（大勢の在外同胞は祖国に非常に関心を寄せている）▶～好人好事，要及时表扬（よい人よい行いに対しては、適宜表彰しなければならない）▶～汉语虚词的用法，我还没有完全掌握（中国語の虚詞の用法についてまだ完全には理解していない）

— '对于…'が主語の前にあるとき、動詞の後ろに代詞を置いてもよい。代詞は動作の対象を再度示すものである。▶～那些生活有困难的残疾人，社会要热心帮助他们（生活に困っている身障者の人々に対して社会は心温かく援助をさしのべなくてはならない）▶～家庭琐事，又何必花费那么多的精力去管它！（家庭内のこまごましたことに、また何もあれほどたくさん精力を使って関わる必要はない）

ⓑ '对于…'の後ろの名詞・動詞は、影響の及ぶ事あるいは物を指す。▶这种气体～人体有害（この種の気体は人体に有害だ）▶～这件事，我不同意你的看法（この件については君の見方に反対だ）▶～工作，他一向非常认真（仕事に対して彼は、これまでずっとたいへんまじめだった）▶这样做，～解决问题起不了多大作用（このようにしても、問題の解決にとってたいして役には立たない）▶早晚散步，～养病很有好处（朝晩散歩をするのは療養によい）

ⓒ '对于…'に'的'を付けて名詞・動名詞を修飾できる。▶～一件事情的看法（ある事に対する見方）▶～改进工作的建议（仕事の改善についての提案）▶这是我们～开展科学研究的初步设想（これは科学研究の進展についての一応の構想だ）

比較 对于：关于　☞关于 guānyú

顿 dùn

【量詞】❶食事に用いる。▶一天三～饭（1日に3度の食事）▶这～饭吃了二十多块钱（今回の食事は20元あまりかかった）▶～～是大米白面（食事は3度3度白いお米に白い小麦粉だ）

❷…回（度）：叱責・殴打・罵倒・忠告などの動作に用いる。

— 動 + 数 + 顿 ▶骂了一～（ひどくののしった）▶打了两～（2～3度なぐる）▶批评了一～（こってりしぼった）▶揍过他好几～（彼を何度もぶんなぐったことがある）▶教训你一～（おまえにひとつ説教してやる）

— '打・骂'などを'顿'の後ろに置くこともできる。'捱・受'などの動詞の客語になる。▶捱了一～打（たっぷりなぐられた）▶挨了两～骂（2～3度手ひどくののしられた）▶受了一～批评（手厳しく批判された）▶这一～骂，直骂得他抬不起头来（ひどくののしられて、彼は頭をあげることができなかった）

多¹ duō

【数詞】数量詞の後ろに用いる。不定の端数を表す。

ⓐ 数 + 多 + 量 ［+ 名 ］　数は20とか100など端数のない数。'多'はその位に満たない端数を表す。▶十～封信（十数通の手紙）▶五十～张桌子（五十数卓のテーブル）▶一百～个人（100人余り）▶两千～斤大米（2000斤余りの米）▶走了二百

~里（200里余りを歩く）
— 量が度量衡量詞か容器量詞のとき，量と名の間に'的'を付けてもよい。▶买了三十~尺的蓝布（藍色の木綿30尺余りを買った）▶托运了二十~箱的图书资料（図書資料を二十数箱託送した）

ⓑ数+量+多［+名］　数は１桁の数または一の位（１から９）をともなう２桁以上の整数。量は主に度量衡量詞・容器量詞・時間量詞あるいは'倍'。'多'は１桁未満の端数を示す。▶六斤~菜（6斤余りの野菜）▶四尺~布（4尺余りの布）▶过了一个~月（1か月余りを過ごした）▶现在五点~钟（今5時過ぎだ）▶一共花了五十六块~（全部で56元余り使った）▶这包裹有三公斤~（この小包は3キロ以上ある）▶功效提高了一倍~（功率は倍以上に高まった）

— '多'と名の間に'的'を付けてもよい。▶买了三斤~的牛肉（牛肉を3斤余り買った）▶装了两口袋~的苹果（リンゴを2袋余り詰めた）▶这部小说写了三年~的时间（この小説を書きあげるのに3年余りの年月がかかった）▶要做好这件事，三倍~的人力都不够（この仕事をきちんと成し遂げるには3倍以上の人力をもってしても足りない）

— 個体量詞では'个'を時間に対してのみ用いる。そのときは名を省略できない。'多'と名の間に'的'を付けてはいけない。'个'以外の個体量詞はあまり用いない。▶三个~小时（3時間余り）▶一个~月（1か月余り）▶两个~星期（2週間余り）▶写了四张~稿纸（原稿用紙4枚余り書いた）

注意 数が'十'で量が度量衡量詞のとき，'多'が量の前にあるか後ろにあるかによって意味が大きく異なる。▶十多亩地（十数ムーの畑＝十几亩地）▶十亩多地（10ムー余りの畑：10ムー以上だが11ムーにはならない）

多² duō

【形容詞】❶数が多い。↔少

ⓐ名詞を修飾する。前に必ずほかの修飾語をともなう。数量を修飾する時は'多'の後ろに'的'を加えねばならない。▶很~人（たくさんの人）▶好~缺点（非常にたくさんの欠点）▶这么~的书（こんなにたくさんの本）▶那么~朋友（あんなに多くの友だち）▶他要~的一堆（彼は多めのほうをほしがっている）▶我要汤~的那一碗（私はスープが多いその碗のほうがほしい）

— 単独で名詞を修飾する場合もあるが，いくつかの熟語的な語句の中に限られる。▶~民族国家（多民族国家）▶~年的老朋友（長年来の親しい友）▶~种~样（多種多様）▶~才~艺（多芸多才）

ⓑ述語および補語になる。▶人~力量大（人が多いと力も大きい）▶他的著作很~（彼の著作は多い）▶这个图书馆藏书最~了（この図書館は蔵書が最も多い）▶我们这儿新鲜事儿~着呢（我々の所には目新しいことがとても多い）▶钱花得太~（お金の使い方が荒すぎる）▶四川省的人口比陕西省~得（四川省の人口は陕西省よりずっと多い）

ⓒ動詞を修飾する。若干の挨拶語では重ね型を用いてもよい。▶道理很清楚，不必~说（道理ははっきりしているから，多く話す必要はない）▶儿童读物里应该~加些插图（児童読物の中には，さし絵をもっとたくさん入れなければならない）▶明年一定~种棉花（来年は必ずたくさん綿を植える）▶我不能在这儿~住，两三天就得走（ここに長くいられない，2～3日したら行かなければならない）▶时间紧迫，不容你~考虑（時間は逼迫している。グズグズ考えている余裕はない）▶这一类词语~用于比较庄重的场合（この種の言葉は，比較的改まった場合に多く用いる）▶以后请你~~帮助（今後ともどうかよろし

くお願いします）▶请～～指教（どうぞよろしくご指導ください）

❷もとの数より増加している，数のうえで越えている。

ⓐ動詞の前に用いる。動詞の後ろには数量詞がくる。▶～吃了一碗（1杯よけいに食べた）▶比去年～收了上万斤粮食（去年よりも1万斤以上も多く穀物の収穫があった）▶工具革新后，十天～干了不少活儿（道具が改良されてから，10日間で予定よりたくさんの仕事ができた）▶他今天中午比往常～休息了半小时（彼は今日のお昼はいつもより30分多く休んだ）

ⓑ動結形の結果を示す要素になる。▶请你再算一遍，钱找～了（もう一度計算してみて下さい，おつりが多すぎます）▶酒喝～了对身体有害（酒の飲みすぎは，体に毒だ）▶话说～了反而说不清楚（しゃべりすぎると，かえって内容がはっきり伝わらない）

❸形+多+了；形+得+多　差が大きいことを表し，比較に用いる。▶好～了（ずっとよくなった）▶慢～了（ずっと遅くなった）▶新鲜～了（ずっと新鮮だ）▶简单～了（はるかに簡単だ）▶孩子胖～了（子供がずいぶん太った）▶有了这条铁路可方便～了（この鉄道ができてずいぶん便利になった）▶好得～（ずっとよい）▶简单得～了（ずっと簡単だ）▶我们走小路比你们近得～（我々は近道を来たから君らよりずっと近い）

【動詞】もとの，あるいは当然あるべき数量や限度を越えている。

❶多+的+名　▶～的钱怎么处置？（余ったお金はどう処理しますか）▶这是加工后～的材料（これは加工したあと余った材料だ）

❷'多'の後ろに数量詞や数量詞＋名詞をともない，どれだけ越えたかを表す。《付》了▶～了三个（3つ増えた）▶～了一倍（2倍になった）▶班上～了三个新同学（クラスに新しいクラスメートが3名増えた）

▶'玉'字比'王'字～一点（「玉」の字は「王」の字より点が1つ多い）▶分下来～的一份也归你（分けて余った分はそれもあなたのものです）

❸'多'の後ろに名詞客語'事・话・嘴・心'などをともない，ある種の行為が限度を越えたことを表す。熟語的に用いる。▶你干嘛又～事！（君はどうしてまたよけいなことをするのだ）▶别～话了！（よけいなことを言うな）▶都怪我～嘴（私がよけいなことを言ったのが悪いのです：言うべきでないことを言ってしまった）▶他是无意，你别～心（彼には他意はないのだから，よけいな気をまわさないように：疑いを抱くな）

❹自然現象を表すいくつかの名詞は'多'の後ろに置いて客語としても，'多'の前で主語としても，意味は同じである。▶这里的气候，春天～风，夏天～雨（ここの気候は，春はよく風が吹き，夏は雨が多い＝春天风～，夏天雨～）▶夏天～痢疾，吃东西要小心（夏は下痢しやすいから食事には気をつけないといけない＝夏天痢疾～）

注意　'多的一筐'という形式は2つの意味を持つ。1つは'多'は形容詞でかごの中の品物が多いことを指す。もう1つは'多'が動詞で多くなったという意味を表す。

動趣　多上　増加する：まだ実現していないことを表すことが多い。必ず客語をともなう。▶多上两天就不成问题了（2日多ければ心配ない）

多出　必ず客語をともなう。▶晚上结帐多出三块钱（夜に帳簿をしめたところ，3元多かった）

多出来▶钱多出来了（お金が増えてきた）

多³　duō（多么）

【副詞】❶疑問文に用い，程度・数をたずねる。

一　多+形　形は単音節の形容詞が多い。述語になるとき，ふつう'多'の前に'有'を

置く。文末に'呢'を用いてもよい。▶从这儿到天安门有～远？（ここから天安門までどのくらいありますか）▶前面那座楼有～高？（前のあの建物の高さは、どのくらいですか）▶你［有］～大岁数？（あなた、おいくつですか）▶这条铁路［有］～长？（この鉄道の長さは、どのくらいですか）▶～厚的木板才能做桌面呢？（どのくらいの厚さの板なら机の面にできますか）

❷無制限・任意の程度を表す。'无论〈不管〉…多…' '多…都〈也〉…' '多…多…'などの文型で用いる。▶无论工作～忙，他总要抽时间读书（仕事がどんなに忙しくても、彼はいつも時間をさいて勉強する）▶不管遇到～大的困难，我们也会想办法克服（どんなに大きな困難にぶつかろうとも私たちは何とかして克服するだろう）▶～复杂的算术题他都能作出来（どんなに複雑な算数の問題でも彼はすべて解くことができる）▶山有～高也要上，路有～远也要去（山がどんなに高くても登らなくてはならないし、道がどんなに遠くても行かなくてはならない）▶这店里鞋号很全，要～大号儿的就有～大号儿的（この店は靴のサイズがそろっているから、欲しいサイズが手に入る）▶有～大劲儿使～大劲儿（力をあるだけ出す）▶能拉～长就拉～长（長く引っぱれるだけ引っぱる）

❸程度が高いことを表す。誇張と強い感情の色彩を含む。感嘆文に用いることが多い。

ⓐ多+形/動 ふつう文末に'啊〈呀・哪・哇〉'をともなう。▶～好的老师啊！（なんとすばらしい先生だろう）▶瞧，这天～闷哪！（ねえ、今日の天気はなんてうっとうしいんだろう）▶瞧她的手有～巧啊！（彼女の手の器用なことといったら）▶你瞧他演得～逼真！（彼の演技の実に真に迫っていること）▶他要是知道了该～伤心哪！（もし彼が知ったら、どんなに悲しむだろう）▶这孩子～爱劳动啊！（この子は実によく働くね）▶这件事～说明问题呀！（この事実がはっきり証明している）▶～引人入胜啊！（本当に夢中にさせられるねえ）

ⓑ多+不+形/動▶～不简单（まったくたいしたもんだ ×～不复杂）▶～不容易呀！（本当に容易ではない ×～不难）▶～不好啊！（実によくない ×～不坏）▶～不好看！（本当にみっともない ×～不难看）▶～不讲理（まったく道理をわきまえない）▶～不讲卫生啊！（まるっきり衛生に注意しない）▶～不愿意离开这儿啊！（本当にここから離れたくない）▶～不懂事！（まったくわからず屋だ）

ⓒ動+不+多+形；没+多+形▶走不～远他又回来了（あまり遠くへ行かないうちに、彼はまた帰って来た）▶这种树能长～高？——长不～高（この種の木はどのくらいの高さまで生長しますか——あまり高くなりません）▶小桥没～宽，只能走一个人（その小さな橋は幅がいくらもないので、1人しか渡れない）

〖多么〗用法は'多'と基本的に同じ。おもに'多'❷❸の感嘆文に用いる。❸ⓒの用法はない▶多么伟大啊！（なんと偉大なことか）▶多么快的速度！（なんというスピードだ）▶多么有意思啊！（とってもおもしろい）▶多么不容易啊！（なんてむずかしいんだろう）

注意話し言葉では'多'は duó，'多么'は duó･me と発音してもよい。

多半 duōbàn

【副詞】❶ある数量内の半数以上を表す：大部分。《儿化》▶游览北京名胜古迹的～是外地人（北京の名所旧跡を観光しているのは大半がよその土地の人間だ）▶我的藏书～儿是自己买的，也有一部分是别人送的（私の蔵書は大半が自分で買ったものだが、人からもらったものも一部ある）▶参加长跑运动的～儿是男同志（マラソンに参加している人の大多数は男性だ）

❷ふつう，通常。▶休息日，我们～去父母家团聚（私たちは休日にはふつう両親の家に行って一緒に過ごす）▶过了立秋，天气～会变得凉爽起来（通常立秋を過ぎると涼しくなり始める）▶他有什么重要事情，～要先找我商量（彼は何か重要な事があると，ふつうはまず私に相談に来る）
❸情況についての推測を表す。可能性が高い。▶钱包找了半天没找到，～在外边丢了（財布をしばらく探したがみつからない，たぶん外で失くしたのだろう）▶他～不会来了，我们不必等了（彼は来ないようだから待たなくていい）▶我看，他们～会同意的，你不要着急（彼らはきっと同意すると思う，心配しなくていいよ）
〖多一半〗'多半'に同じ。

多会儿 duō·huir

【代詞】《口》❶いつ。▶你～到北京的？（君いつ北京に着いたの）▶～去庐山？（いつ廬山に行きますか）▶他来电话问我～动身（彼は電話で私がいつ出発するか聞いてきた）
— 反語に用いてもよい。相手の考えを否定する。▶他～说过假话啊？（彼がいつでたらめを言ったというの）▶我～不听你的话了？（ぼくが君の言うことを聞かなかったことがあるかい）
❷ある特定の，または任意の時を指す。後者では'都・也'と呼応したり，2つの'多会儿'を呼応させることが多い。▶～我休假，我就回来看你们（休暇のときには君たちに会いに帰って来るよ）▶～也没听到他叫苦叫累（どんなときでも彼が弱音を吐いたのを聞いたことがない）▶～有空～来（ひまができたときにはいつでもやって来る）
❸没［+動］+多会儿　時間の短いことを表す。▶没～，他就走了（間もなく彼は去って行った）▶没坐～，他就走了（彼はちょっとここにいただけで，すぐ行ってしまった）

注意 '不多会儿'は'不多＋会儿'で代詞'多会儿'の否定形ではない。▶不多会儿，人都到齐了（ほどなく人がみなそろった＝不多一会儿…）
比較 多会儿：几时　'多会儿'は《口》，'几时'は《書》。'多会儿'❸の用法は'几时'にはない。'几时'の後ろに'都・也'を用いることはできない。

多亏 duōkuī

【動詞】他人の援助のおかげで，意にかなわぬ事を免れたことを表す。感謝や幸運の意味あいを含む。《付》了　必ず名詞・動詞・節を客語にともなう。否定形はない。
▶这次～了你，要不我们连票也买不上（本当にあなたのおかげです。切符さえ手に入らないところでした）▶～没去，去了就赶不回来了（行かなくてよかった，もし行ったなら時間までに帰って来られなかっただろう）▶～他拉了我一把，要不就滑下去了（彼がぼくを引っぱってくれなければ滑り落ちていたに違いない）

多么 duō·me ☞多³ duō

多少¹ duōshǎo

【副詞】多少は，一定程度：しばしば'一点儿・一些'などと組み合わされる。▶对于这个人，我～了解一些（私はこの人について多少はわかっている）▶他的意见～有一点儿道理（彼の意見にはいくぶんかの道理がある）▶这筐苹果～分给我一点儿吧（このかごのリンゴをいくらか分けてください）
— ＡＡＢＢ形式の重ね型がある。▶法语我也多多少少懂一点儿（フランス語は，私もある程度わかる）

多少² duō·shǎo

【代詞】❶数量をたずねる。▶你们研究所有～人？（あなたがたの研究所には何人いますか）▶你带了～钱？（君はいくら

っている？）▶老王家今年收了～斤粮食？（王さんの家では今年は食糧を何斤収穫しましたか）▶他寄给我们～件货物？（彼は私たちに商品を何個送ってきましたか）▶每个月肉吃～，蛋吃～，她都有计划（彼女は毎月肉をどのくらい卵をどのくらい食べるかちゃんと計画を立てている）

❷不定の数量を指す。▶我知道～说～（私は知っていることはすべて話す）▶你给～我要～（あなたがくれるだけ欲しい）▶我没问过他买了～吨钢材（何トンの鋼材を買ったか彼にたずねたことはない）

多一半 duōyībàn ☞多半duōbàn

躲 duǒ

【動詞】❶避ける：《付》了・着・过《重ね型》名詞の客語をともなえる。▶～风（風をよける）▶～雨（雨宿りする）▶你别～，碰不着你（よけなくてもいいよ、ぶつかりっこないよ）▶往边上～一～，让汽车开过去（はじに寄って車を通しなさい）▶～得远远的（遠くへよける）

―後ろに'[一] 点儿'を付けてもよい。▶～着点儿（少しよけなさい）▶以后可要～着他点儿（これからは彼を多少避けなくてはならない）▶他正在生气，你可～他远点儿（彼はいま怒っているから、遠ざかっていたほうがいい）

慣用句 躲警报 警報によって逃れる。▶抗战时期，在后方常常躲警报，有时候一天躲几次（抗戦期、銃後では頻繁に警報が出され、ときには1日に何回も避難した）

躲债 借財を返済できず、借金取りから逃げる。▶那年头，哪年年三十儿不跑出去躲地主的债？（あのころ、大晦日には地主の取り立てから逃げ回らなかったことがあったろうか）

❷隠れる：《付》了・着・过《重ね型》▶他在朋友家里～了几天（彼は友人の家で何日か隠れていた）▶在这样不利的情况下，我们还是～～吧（状況がこんなに不利ではやはり隠れていよう）

ⓐ非受事客語をともなう。客語は動作の主体を表す。▶桌子底下～着一个人（机の下に人が隠れている）

ⓑ躲＋在▶他们都～在哪儿？（彼らはみんなどこに隠れているの）▶小鸡～在母鸡的翅膀下边（ヒヨコがメンドリの羽の下に隠れている）▶～在大树后边（大木の後ろに隠れる）

動結 躲得〈不〉及▶快！还躲得及，再耽搁，就躲不及了（速く、今ならまだ間に合う。これ以上遅れたらもう逃げられない）▶司机发现太晚，已经躲不及了（運転手が気づくのが遅すぎて、よけきれなかった）

躲得〈不〉了 (liǎo)▶躲得了初一，躲不了十五（ついたちには逃げられても15日は無理だ：逃げてもいずれはつかまる。慣用語）▶躲得了今天，躲不了明天（今日は逃げられても明日はだめだ）

動趨 躲上▶你在我这里躲上几天再说（まずぼくの所に何日か隠れてからのことだ）

躲∥下 隠れるのに十分な場所がある。▶这里躲得下十个人，再来几个，就躲不下了（ここには10人隠れることができる。あと何人か来たらもう入れない）

躲∥过▶躲过这阵雨再走（この雨をやり過ごしてから行こう）

躲∥过去▶躲来躲去，还是没躲过去（いろいろ逃げてみたが、やはり逃げきれなかった）▶想躲也躲不过去（避けたいとは思っても避けきれない）

躲起来▶快躲起来，别让他看见（早く隠れろ、彼に見つからないように）

躲∥开▶应该躲开这个地方（この場所は避けるべきだ）▶怎么躲也躲不开他（どう逃げても彼から逃げきれない）

E

儿 ér

【接尾語】名詞的要素やその他の要素の後ろに付けて名詞を作る。読むときには前の音と合わせて1音節となる。これを'儿化'と呼ぶ。表記上では書き表さないこともある。'儿化'現象は各地の方言によって大きく異なる。ここでは北京の一般市民の話し言葉を基準とした。

❶名+儿 小さいことを表す。
ⓐ単独では用いない要素に付ける。▶兔儿（ウサギ）▶穗儿（穂）▶帽儿（帽子）▶壳儿（から）
ⓑ単独でも用いる要素に付ける。▶刀儿（刃物）▶鱼儿（魚）▶洞儿（穴）▶球儿（ボール）

❷名+儿 小さいことを表さない。
ⓐ単独では用いない要素に付ける。▶味儿（味，におい）▶核儿（果物の芯）▶仁儿（果肉）▶末儿（粉末）▶汁儿（しる）▶手绢儿（ハンカチ）▶瓜子儿（ウリの種）
ⓑ単独でも用いる要素に付ける。▶山沟儿（谷間，山奥）▶树枝儿（木の枝）▶电影儿（映画）▶问题儿（問題）

❸名+儿 '儿'を付けると語の意味が変わる。▶皮儿（かわ：薄皮状のもの）▶腿儿（あし：器物の下の，足と同じように支える機能をもつ部分）▶头儿（はし：事物の先端または末端など）▶嘴儿（口：形や機能が口に似たもの）

❹名+儿+名▶猫儿眼（猫眼石：宝石の一種）▶片儿汤（すいとんの一種）▶灯儿节（灯節：元宵節）▶花儿市（花市）

❺量+儿 名詞を作る。▶块儿（かたまり）▶个儿（背丈，大きさ）▶片儿（薄片）▶把儿（取っ手，ハンドル）
― '儿'を付けても名詞とならず，量詞のままのものもある。▶一对儿枕头（1組のまくら）▶一捆儿菠菜（ホウレン草1束）

❻形+儿 名詞を作る。▶尖儿（物のとがった先，優れた人）▶单儿（書きつけ）▶空儿（ひま）▶方儿（処方箋）▶好儿（ほめ言葉，挨拶）▶亮儿（光）▶香儿（かおり）▶短儿（弱み）▶肥瘦儿（衣服の大小）▶长短儿（長さ）▶白干儿（白酒の一種）
― 特定の動詞の後ろにだけ用いるものもある。▶[打]杂儿（雑役夫）▶[包]圆儿（買い占め）

❼動+儿 名詞を作る。▶盖儿（ふた）▶杂耍儿（大道芸）▶扶手儿（手すり）▶围嘴儿（よだれかけ）▶提兜儿（手提げ袋）▶吸管儿（ストロー）▶我跟你作个伴儿（私がご一緒しましょう）▶打了一个滚儿（ぐるっと転がった）

注意①'儿化'する形は，しない形に比べて軽く，親しみがこもったようにひびく。
②ごくまれに'儿'が付いて動詞となるものもある。▶我不玩儿（私は遊ばない）▶他火儿了（彼が怒った）

比較 儿：子 ☞子・zi

而 ér

【接続詞】古代より使用されてきた接続詞。《書》

❶逆接を表す。
ⓐ並列された形容詞・動詞をつなぐ。用法は'然而・但是・却'に同じ。'而'の前後で意味は相対立し，後の部分が前を修正し補う。▶这种苹果大～不甜（この種のリンゴは大きいが甘味が少ない）▶幼

苗早管理，費力小～收效大（苗は早いうちに管理すれば，労力は少なく効果が大きい）
ⓑ節をつなぐ。2つの事柄が対照的あるいは対立的であることを表す。'而'は必ず文の後節の初めに置く。▶这里已经春暖花开，～北方还是大雪纷飞的季节（ここはもう花が咲くほど暖かくなっているというのに，北方はまだ吹雪の季節だ）▶饱食终日，无所用心，实在可耻；～克己奉公，埋头苦干，才值得学习（終日飽食し，何事もなさないことは非常に恥ずべきだ。自らの欲望を抑制し公のためにはげむ人こそ学ぶに値する）
ⓒ'而'の前後各部分の一方は肯定，他方は否定で，その対比によりある事柄を説明する。また1つの事柄を2側面について説明する。▶不应当把理论当作教条，～应当看作行动的指南（理論は教条とすべきではなく，行動の指針と見なすべきである）▶这里的气候有利于种小麦，～不利于种水稻（ここの気候は小麦を植えるにはよいが，水稲には不向きだ）▶这个问题不是一个小问题，～是一个关系到工程能不能按期完成的大问题（これは小さな問題ではなく，工事が期限どおりに完成できるか否かに関わる大問題である）
ⓓ意味上は相対立し，形式上は主語・述語に似た関係をもつ2つの部分の間に置く。'如果・但是'の2つの意味をもつ。あとには結論を示す別の節が必要である。▶作家～不为人民写作，那算什么作家呢？（作家でありながら人民のために著作を行わないなんて，作家と言えるか）▶科室干部～不能团结本部门的群众，那是不能做好工作的（管理部門の幹部でありながら所管の人々を団結させることができないということは仕事をきちんとできないということだ）

❷互いに補い合うことを表す。
ⓐ並列された形容詞をつなぐ。▶少～精（少量だが質が優れている，粒よりだ）▶严肃～认真（厳粛かつまじめだ）▶文笔简练～生动（文章が簡潔でいきいきとしている）
ⓑ動詞句・節をつなぐ。'而'の後ろが前を受ける，あるいは発展させる関係にある。▶战～胜之（戦って勝つ）▶取～代之（取って代わる）▶经验是宝贵的，～经验的获得又往往是需要付出代价的（経験は貴重だが，経験を得るには代償を支払わなければならないことが多い）▶各组都取得了良好的成绩，～以三组的成绩最为突出（各組ともよい成績を収めたが，なかでも第3組はずばぬけている）

❸目的・原因・根拠・方式・状態を示す語句を動詞につなぐ。
ⓐ前に'为了・为・为着・因为・由于・通过'などの語を置く。▶为培养青年学生～默默耕耘（若い学生を育てるため黙々と努力する）▶为建设祖国～努力学习文化（祖国の建設のため努力して知識を身につける）▶我们决不能因为取得了一些成绩～骄傲自满起来（多少功績をあげたくらいで，おごりたかぶってはならない）▶通过实践～发现真理，又通过实践来检验真理（実践によって真理を発見し，また実践を通して真理を検証する）
— 前に'随・依・因・就・对'などの語を置いたときは，ふつう後ろに単音節の動詞を用いる。▶工作不能完全随个人的兴趣～定（仕事は個人の興味のみによって決められない）▶农活的安排需要依季节～定（農作業の段取りは季節によって決めることが必要だ）▶治疗方案应该因人～异（治療の方法は人によって異なるべきだ）▶就我们小组～言，任务完成得还不够理想（ぼくたちのグループについて言うなら，任務の遂行状況は満足のいくものではない）
ⓑ前に動詞・形容詞を置いて，方式・状態を表す。▶不战～胜（戦わずして勝つ）▶顺流～下（流れに沿って下る）▶匆匆～去（あわただしく去って行く）▶江水滚

滚～来（川の水が滔々と流れてくる）▶水由氢和氧化合～成（水は水素と酸素が化合してできる）

❹…から…へ．ふつう名詞的語句（意味上段階に分けられる語句に限る）をつなぐ。ある段階（状態）から別の段階（状態）に移行することを表す。▶由春～夏，由秋～冬（春から夏へ，秋から冬へ）▶由童年～少年，～壮年（幼年から少年，壮年へ）

注意 単音節の形容詞を並列するときは'而'を用いなければならない（熟語的なものは用いなくてもよい）。▶这件衣服长～瘦（この服は長くて細身だ ×这件衣服长瘦）▶他个子矮～小（彼は背が低くて，小柄だ）

― 2音節の形容詞を並列するときは間に'而'を置いても置かなくてもよい。▶天安门广场庄严［而］雄伟（天安門広場は荘厳かつ雄大である）▶这条林荫路，宽阔、整洁［而］幽静（この並木路は広くて，手入れが行き届き，静かだ）

慣用句 一而二，二而一 形は異なるが，実体は同じ．'而'='就是'

一而再，再而三 何度も繰り返すことを表す。▶一而再，再而三地追问（いく度も問いつめる）

不得而知 わからない：詳しい事情や真相がわからないことを表す。▶他只给我透了点消息，详细情形不得而知（彼はちょっとニュースをもらしてくれただけなので，詳しい状況はわからない）

比較 而：但是 ① '但是'は'而'❶ⓐの用法に相当する。

② '而'と'但'はどちらも前の文に対立する意味を引き出すことができる。違いは'但'は前の文が常に'虽然''尽管'といった譲歩の意味を含むが'而'はこういった制限を受けない。▶这不是一个小问题而〈×但〉是一个大问题（これは小さな問題ではなく大きな問題だ）▶这不是一个大问题而〈×但〉是一个小问题（これ

は大きな問題ではなく小さな問題だ）

③ '但是'が2つの'的'をともなう形容詞の修飾語を接続できるが，'而'の前は'的'の付かない形容詞に限る。▶这是一项艰巨的但是很光荣的任务▶这是一项艰巨而光荣的任务（これは非常に困難だが名誉ある任務だ ×这是一项艰巨的而光荣的任务）

而：而且 '而且'の用法は'而'❷ⓐに基本的に同じ。

而况 érkuàng

【接続詞】いわんや，まして：反問する気持ちをともない，「それどころかさらに」という意味を強調する。文の後節の初めに用いる。《書》▶行政工作非其所长，～他又有病，还是另选别人吧！（行政の仕事は彼の得意とするところではないし，ましてや病気ではね，やはり別の人を選んだほうがいいよ）▶他本来就不善于言谈，～又在稠人广众之间，越发显得侷促不安了（彼はもともと口が重いのに，ましてや大勢の人の中とあっては，どうにも身の置き所に苦しむといったかっこうだ）

比較 而况：何况 2つの用法は基本的に同じ。上記の文例はどちらも'何况'に換えられる。ただし，'何况'の前には'更・又'を置いてもよいが，'而况'の前には置けない。

而且 érqiě

【接続詞】意味をさらに1つ付け加えることを表す。並列された形容詞・動詞・副詞・節をつなぐ。▶表面柔软～光滑（表面はやわらかで，そのうえなめらかだ）▶这些机器我们都能开，～还能修理（これらの機械を私たちは操作できるし，修理もできる）▶我们应该～能够完成这项指标（私たちはこの目標を絶対に完遂しなければならないし，そうすることができる）

ⓐ '而且'が節をつなぐとき，ふつう後ろに'还・也・又・更'などの副詞を置く。▶

这里不少人是我的老同学，～有的还是好朋友（ここの多くのメンバーは私の学友であり、しかも何人かは親友である）▶从陆路可以去，从水路也可以去，～更近一些（陸路から行くことができるが、水路からも行けて、しかもそのほうが近い）

ⓑ不但〈不仅・不单・不只・不光〉…而且 「…のみならず、そのうえ…」「さらに」という意味を強調する。▶他不但著译很多，～有很高的水平（彼は著作や翻訳が多いうえに質もレベルが高い）▶我们不仅要研究现在，～还要研究未来（私たちは現在ばかりでなく未来をも研究しなければならない）▶他不只非常聪明，～还很用功（彼は非常に聡明であるだけでなく、とても努力家だ）

ⓒ文と文をつないでもよい。後ろの文が比較的長いときは'而且'の後ろにポーズを置ける。▶在沙漠里行进是很困难的，那里风沙大，又缺水。～，因为沙地松软，人们走路都十分费力（砂漠を進んでいくのは非常に困難である。砂ぼこりがひどく水もない。そのうえ砂地はサラサラとやわらかく、歩くのに非常に骨が折れる）

比較 而且：而 ☞而 ér

而已 éryǐ

【助詞】平叙文の文末に用いる。事を小さめ（少なめ、低め）に表す。ふつう'不过・无非・只・仅仅'などと呼応する。《書》話し言葉では'罢了'を用いる。▶以上只是几个例子～，类似的情况还很多（以上はいくつかの例だけだが、類似の状況はもっと多い）▶我不过是说说～，你不必过于认真（ぼくはちょっと言ったまでで、君はあまり深刻に受け取るには及ばないよ）

慣用句 如此而已　ただこれだけに限る：単独で用いてもよい。▶如此而已，岂有他哉？（これだけで、ほかはない）

F

发 fā

【動詞】 ❶送る，出す，交付する：《付》了・着・过　名詞の客語'信・电・文件'などをともなえる。▶～了一封信（1通の手紙を出した）▶报务员正～着电报（通信員はちょうど電報を打っているところだ）▶货已经～了，月底可以收到（荷物はすでに発送したから，月末には受け取ることができる）▶你去把文件～了（書類を渡しに行きなさい）▶通知～得太晚了（通知が出るのがとても遅かった）

── 发+给▶文件全～给他们了（書類はすべて彼らに交付した）▶通知书～给本人（通知書は本人に交付する）

❷発する，表現する，言う：《付》了・着・过《重ね型》名詞の客語（多くは抽象的な事物）をともなえる。▶～命令（命令を出す）▶他正～着言呢！（彼がちょうど発言しているところです）▶老徐又～了一通议论（徐さんはまた議論を始めた）▶别老是～牢骚（しょっちゅうぐちをこぼすのはやめなさい）▶这个音你教我～～（この音の発音の仕方を私に教えてください）

❸発生する，生じる：《付》了・过《重ね型》名詞を客語にともなえる。▶～电（発電する）▶种子～了芽（種が芽を出した）▶有一分热，～一分光（熱があるだけ光を出す：力のあるだけ力を出す）▶她的病又～了（彼女の病気がまた出た）

❹現す，現れる：《付》了　動詞や形容詞を客語にともなうことが多い。'发'と客語の間にはほかの要素を挿入できない。不愉快な状況を指すことが多い。

ⓐ 发+動　動は単音節が多い。▶～笑（笑う）▶～问（質問する）▶～抖（ふるえる）▶～怒（怒る）▶～疯（発狂する）▶头～晕（頭がクラクラする）▶气得手直～颤（怒りで手がしきりにふるえた）▶吓得直～呆（驚きでぼんやりしてしまった）

ⓑ 发+形　形は単音節が多い。▶～亮（明るくなる）▶～白（白くなる）▶～痒（かゆくなる）▶～酸（すっぱくなる，もの悲しくなる，だるくなる）▶脸色～黄（顔は黄色味をおびていた）▶心里～慌（あわてる）▶你别～急（君，あせきなよ）▶眼睛～直（きょとんとした目つきになる）▶人到中年容易～胖（人間は中年になると太りやすい）

ⓒ 发+名▶～火（火を出す，怒る）▶～毛（恐れる，驚く）▶～脾气（かんしゃくを起こす）

❺食物が発酵する，水につかって膨脹する：《付》了《重ね型》名詞を客語にともなえる。▶～面做馒头（小麦粉を発酵させてマントウを作る）▶面已经～了（小麦粉はもう発酵した）▶干笋要先用水～～（干したタケノコはまず水でもどしておかなければならない）▶这面～得不好（この小麦粉はよく発酵しない）

動趨　**发上**▶你把面发上没有？（小麦粉を発酵させましたか？）

发下　必ず客語をともなう。▶省里发下一份文件（省から1通の文書が出された）

发//下来〈去〉▶文件已经发下来了（文書はすでに下りてきた）

发//出去　▶线路被切断，电报发不出去（回線が切断されて，電報が打てない）

发//起来▶天太冷，面发不起来（寒すぎて，小麦粉が発酵しない）

发来▶老赵发来一封急电（趙さんがウナ

電を打ってきた)

发生 fāshēng

【動詞】❶存在しなかった事柄が出現する。《付》了・过　名詞を客語にともなえる。▶～事故（事故が起こる）▶以前这里水灾、虫灾都～过（以前ここは水害も虫害も発生したことがある）

— 動作の主体を主語にはできない。場所あるいは時間を表す語句を動詞の前に置いてもよい。名詞が前でも後ろでも，文の意味は基本的に変わらない。▶～了問題（問題が起こった＝问题～了）▶以前也～过这种现象（以前にもこのような現象が発生したことがある＝这种现象以前也～过）▶事情～得很奇怪（事の起こり方は非常に奇妙であった）

❷生じる：《付》了・着・过　必ず名詞を客語にともなう。▶最近，我对围棋～了很大的兴趣（最近，私は囲碁に大いに興味を持つようになった）▶看来我的话没有～任何作用（私の言ったことは何の役にも立たなかったようだ）

番 fān

【量詞】❶気持ち・言葉・過程などに用いる。数詞は'一・几'のみ。▶一～心血（心のありったけ）▶讲了一～道理（道理を諄々と諭した）▶做了一～解释（ひととおり説明した）▶那是他的一～好意（それは彼の好意からだ）▶不要辜负了他对你的一～期望（彼の君に対する期待にそむいてはいけない）▶下了一～工夫（相当な修練を積んだ）▶费了几～周折（かなり手数がかかった）▶经过几～风雨（何回もの試練を経てきた）▶这一～经历我要把它详细写出来（この経験を詳細に書き表そうと思う）

❷…回：時間や労力を相当に要し，その過程も長い動作に対して用いる。数詞は'一'のみ（慣用句の'三番五次'などを除く）。

— 動＋一＋番▶调查研究一～（ひととおり調査研究する）▶把企业整顿一～（企業をしっかりと立て直す）▶嘱咐〈端详、考虑、检讨〉了一～（あれこれ言いつける〈ジロジロ見る・あれこれ考える・あれこれと思想や欠点などを点検する〉）▶受了伤的黑熊挣扎了一～，最后还是倒下了（傷ついた黒クマはひどくもがいていたが，最後にはやはり倒れた）▶他打量了我一～，似乎有点不认识了（彼は長いこと私をジロジロと見ていたが，どうも見覚えがないというようすであった）

— 動の後ろに客語がくるときは，客語は'番'の次に置く。▶出了一～力（かなりの力を出した）▶生了一～气（相当腹を立てた）

❸…倍：動詞'翻'の後ろにのみ用いる。▶产量翻一～〈两倍〉（生産量が倍になる）▶十年内研究人员的数量翻了两～〈四倍〉（10年間に研究員の数は4倍になった）

|注意|'翻几番'のもともとの意味は，2を何回か掛けることである。例えば，'一百翻三番'は100に2を3回掛けること（100×2×2×2＝800）であった。現在は「いくつかを掛ける」意味もある。例えば，'一百翻三番'は100に3を掛けることになる（100×3＝300）。

|慣用句| 三番五次　何回も続けて。▶三番五次来电报催我回去（何度も電報で，私に帰るように言ってきた）

几次三番　何回も続けて。▶几次三番劝他，他都不听（再三再四，彼に忠告したが，彼は聞こうとしない）

凡是 fánshì

【副詞】一定の範囲内で例外がないことを表す。主語の前に用いる。▶～跟他一起工作过的人，都称赞他良好的工作作风（一緒に仕事をしたことのある人はみんな，彼の仕事に対する立派な態度を賞賛している）▶～符合规定条件的，都可以报名

反¹ fǎn

【接頭語】❶さかさまであること、方向が反対であることを表す。
ⓐ名詞を作る。▶～话（反語）▶～面（物の裏側）▶～派（映画や劇・小説の中の悪役、反面人物）▶～义（反対の意味）▶～证（反証）▶～响（反響）▶～作用（反作用）▶～比例（反比例）
ⓑ動詞・形容詞を作る。▶～动（反動的な）▶～对（反対する）
❷「帰る」「返す」意味を表す。
ⓐ名詞を作る。▶～光（反射光線）▶～应（反応）
ⓑ動詞を作る。▶～照（照り返す）▶～问（反問する）▶～射（反射する）▶～攻（反攻する）▶～扑（反撃する）▶～咬（問いつめられて逆襲する）▶～击（反撃する）▶～省（反省する）▶～映（反映する）

反² fǎn ☞反而 fǎn'ér

反倒 fǎndào ☞反而 fǎn'ér

反而 fǎn'ér（反倒・反²）

【副詞】既述した内容に対して、意味が反対になる、あるいは予想外であることを示す。逆接の働きをする。▶他们不仅不厌烦，～热情欢迎他（彼らはいやがるどころか、暖かく彼を迎えた）▶这一不幸事件～使他更加坚强起来（この不幸な出来事によって彼はむしろいっそう強くなった）▶老杨住得最远，～先到了（楊さんの家はいちばん遠いのに、まっ先に着いた）▶风不但没停，～更大了（風はやむどころか、もっとひどくなった）▶经过这场大病，他的身体比以前～好了（今度の大病が治ってからは、彼の体はかえって丈夫になった）▶小华见大家都夸奖他，～很不好意思（華ちゃんはみんなにほめられて、かえってきまり悪くなった）

〖反倒〗'反而'と同じ。《口》
〖反²〗'反而'に同じ。《書》▶身体反不如前（体のほうは以前のようにはいかない）▶此计不成，反被他人耻笑（この計画がうまくいかなければ、ほかの人々の失笑を買う）▶文章过于冗长，反有损于主题的表达（文章が冗長すぎると、主題の明確な表現を損なう）

反正 fǎn·zheng

【副詞】❶どんな状況でも結論や結果に変わりがないことを強調する。前にはふつう'无论・不管'、ないしは互いに相反する内容を表す語句を置く。主語の前に用いることが多い。▶信不信由你，～我不信（信じるか信じないかは君の自由だが、いずれにせよぼくは信じないね）▶老王来不来还没定，～小张一定来（王さんが来るか来ないかはまだはっきりしていないが、いずれにせよ張くんは必ず来る）▶不管你怎么说，～事情很难办（君がどのように言おうとも、事は非常にやりにくい）▶这也好，那也好，～都一样（これでもよいし、それでもよい、いずれにせよどちらも同じだ）
❷状況や原因をはっきり指摘する。意味は'既然'に近いが、気持ちはやや強い。動詞・形容詞または主語の前に用いることが多い。▶～不远，咱们就走着去吧！（遠くないのだから、歩いて行こう）▶～你不是外人，我也就不客气了（君は他人ではないのだから、ぼくも遠慮はしない）▶我～要路过南京，可以顺便替你办这件事（ぼくはどうせ南京を通らねばならないのだから、ついでに君の代わりにこの件を処理してあげてもいいよ）

反之 fǎnzhī

【接続詞】逆の面から言うと：2つの節・文・段落の間に置く。逆接の意味で用い，前と反対の内容を導く。'反之'の後ろにはポーズを置く。▶天气热，根的吸水力强。～，天气寒冷，根的吸水力就弱（気候が暑いと根の吸水力が高まる。逆に，気候が寒いと根の吸水力は低下する）▶谁为大众服务，大众就欢迎他；～，谁只为自己打算，大众就不欢迎他（大衆のために奉仕する人は大衆に喜ばれる。反対に自分のためだけを考える人は大衆に喜ばれない）

— '反之也一样'は1つの法則や道理を相反する2つの面から説明する。▶金属体积和温度高低成正比，温度越高体积越大，～也一样，温度越低体积越小（金属の体積と温度の高さは正比例し，温度が高ければ高いほど体積は大きくなる。逆も同様で，温度が低ければ低いほど体積は小さくなる）

犯 fàn

【動詞】❶背く，犯す：《付》了・过 名詞の客語をともなえる。▶～法（法を犯す）▶～忌讳（タブーを犯す）▶三号队员～了两次规（3番の選手は2回反則を犯した）

❷侵犯する：名詞の客語をともなえる。《成語》《書》▶人不～我，我不～人（他人がこちらを侵さなければ，こちらも他人を侵さない）▶井水不～河水（井戸の水は川の水を侵さない：お互いに領分を侵さないこと）

❸発生する，起こす：病気・疑惑などに対して言う。《付》了・着・过▶腰疼又～了（また腰痛が起こった）▶他正～着气管炎，来不了（彼はちょうど気管支炎にかかっていて，来られない）▶心里直～嘀咕（心の中でしきりにためらう）

❹しでかす：《付》了・过 客語は'罪・错误'のみ。▶～过罪（罪を犯したことがある）▶～了一次错误（過ちを犯した）▶～下了滔天大罪（非常に大きな罪を犯した）▶谁也免不了～错误（誰でも過ちを犯すのは避けられない）

[動趣] 犯上▶又犯上病了（病気が再発した）

犯下▶犯下了严重的错误（重大な誤りを犯した）

犯//起来▶犯起病来（病気になる）▶这病犯不起来（この病気は，ぶり返すことはない）

[慣用句] 犯得〈不〉上 値する〈値しない〉。▶为这点小事犯不上生那么大的气（こんなわずかなことでそれほどひどく怒ることはないよ）▶犯得上冒这种风险吗？（こんな危険を冒すほどの価値があるの）

犯得〈不〉着 '犯得〈不〉上'に同じ。

方才 fāngcái

【形容詞】少し前（の時点），今さっき：定語・状語になるのみで，述語にはならない。▶你把～的情景再说说（さきほどの様子をもう1度話してみてください）▶他～的脸色很不好看，好像跟谁生气似的（彼のさっきの表情は険しかった，誰かに腹を立ててでもいるようだった）

— 以上の例文では定語になっており，次の例文では状語になっている。▶他～来找过你（今しがた彼が君をたずねて来た）▶我～在大街上遇到一位多年不见的老朋友（さっき大通りで長年会っていなかった友人にばったり出会った）▶他们～都在这里，现在都出去了（彼らはさっきまでここにいたのだが，今はみんな出かけてしまった）

【副詞】一定の時間の経過後またはある動作行為の後に結果が生じたことを表す。▶我们等了三天，～得到对方的答复（我々は3日待って，ようやく先方の返答を受け取った）▶经他反复解释后，我～恍然大悟（彼が繰り返し説明してくれたあと，私はようやくはっと悟った）▶得了病，～知

道健康的可贵（病気になって，初めて健康の大切さがわかった）

比較 **方才：才** '方才'の副詞用法は時間または条件を表し'才'と同じであるが，語調が多少強い。'才'は比較して数量が少ない，回数が少ない，能力が劣るなどの意味を表すが，'方才'にはこの用法はない。▶这个研究所创建的时候才〈×方才〉几十个人，现在已经二三百人了（この研究所は創立当初わずか数十人だったが，今では200〜300人になっている）

— '才'は述べる事柄を強調できるが，'方才'にはこの用法はない。▶我才〈×方才〉不去呢！（行くものか）

仿佛 fǎngfú

【動詞】だいたい同じ：単独で述語となる。前に'相'を付けてもよい。《書》▶两个孩子年纪相〜（2人の子の年齢はだいたい同じくらいだ）▶我的情况大致与前几年〜，没什么变化（私の状況はだいたい数年前と同じです，べつに変化はありません）

【副詞】…のように，あたかも：文末に'似的・一样'を付けてもよい。《書》

ⓐ仿佛+動 ▶看到这些活泼可爱的孩子，他〜看到了自己的童年（活発でかわいらしい子供たちを見て，彼は自分の幼いころを見たような気がした）▶读着这些有趣的故事，我〜也被引进了童话世界（これらのおもしろい物語を読んでいるうちに，私も童話の世界にすっかり引き込まれてしまった）▶我喊他一声，他〜没听见似的，还是低着头往前走（彼を大声で呼んだが，聞こえなかったらしく，あいかわらずうつむいたままで歩いて行った）

ⓑ仿佛+形　形の前にふつう程度副詞が付く。▶瞧他的样子，〜十分为难（見てごらん，彼は困り果てているみたいだ）▶他们俩〜很熟悉似的（あの2人はじっこんのようだ）

ⓒ仿佛+是+名 ▶远远望去，〜是一座古庙（遠くから見ると，古いお寺のようだ）▶小树摇来晃去，〜是个人影儿（小さな木がゆらゆらと揺れて，まるで人間みたい）▶来客〜是南方人（来客はどうやら南の地方の人らしい）

ⓓ主語の前に用いる。▶他四面点头，〜这里的人他都认得（彼はあちこちに挨拶している。ここにいる人はみんな顔見知りのようだ）▶他俩见面不打招呼，〜谁也不认得谁（2人は顔を合わせても挨拶もしない。お互いに面識がないらしい）

放 fàng

【動詞】❶拘束を解いて自由にしてやる：《付》了・过《重ね型》名詞の客語をともなえる。▶赶快〜了他（すぐに彼を自由にさせてやりなさい）▶把这只鸟儿〜了吧（この鳥を放してやりなさい）▶她紧拉着姐姐的手不〜（彼女は姉の手をぎゅっとにぎったまま放さない）

❷放牧する：《付》了・着・过《重ね型》必ず名詞を客語にともなう。▶我小时候〜过牛（小さいころ牛飼いをしたことがある）▶他曾在草原上〜了几年马（彼はかつて数年間草原で馬の放牧をしていた）▶到河边〜鸭子（川べりに行ってアヒルを放し飼いする）▶〜牛〜累了，就坐在草地上休息一会（牛の放牧に疲れ，草原に腰をおろしてしばらく休んだ）

❸放送する，上映する：《付》了・着・过《重ね型》名詞の客語をともなえる。▶〜收音机（ラジオをつける）▶〜音乐（音楽を放送する）▶幻灯已经〜过了（スライドはもう終わったよ）▶一天〜了两场电影（1日2回，映画を上映した）▶今天晚上〜不〜实况录像？（今夜実況録画を放映しますか）▶给我们〜两张唱片听听（レコードを2〜3枚聞かせてください）

❹決められた時間に仕事や学習を休む：《付》了・着・过　名詞の客語をともなえるが，'假・学・工'などに限る。▶国庆节〜了两天假（国慶節には2日間休みに

なった）▶暑假还没～（夏休みはまだだ）▶春节～假三天（旧正月の休みは3日間です）▶十二点～学回家（12時に学校がひけて家に帰る）▶今天～学～得晚（今日は学校が終わるのが遅かった）

❺花が咲く：ふつう四字句に用いる。▶花开～（花々が開く）▶百花齐～（多くの花がいっせいに開く）▶心花怒～（心が晴ればれとして愉快でたまらない）

❻（においを）放つ，出す，上げる，発射する，火をつける：《付》了・着・过《重ね型》名詞を客語にともなえる。▶满园的玫瑰～出阵阵芳香（庭いっぱいのバラの花がしきりに香る）▶瓶里的氨水～着刺鼻的气味（瓶のアンモニア水が鼻をつくようなにおいを放っている）▶十一月初开始～暖气（11月初めから暖房を入れる）▶孩子们都喜欢～风筝（子供たちはみなたこをあげるのが好きだ）▶往空中～了好些彩色气球（空に向かって色とりどりの風船を飛ばした）▶枪口朝上～了一枪（銃口を上に向けて1発撃った）▶男孩子们在院子里～花炮（男の子たちが庭で花火をしている）

❼拡張する，大きくする：《付》了・过《重ね型》ふつう動結形・動趨形・重ね型を構成する。名詞の客語をともなうことができる。▶他在暗室里～照片（彼は暗室で写真を引伸ばしている）▶这件衣服～～身长就能穿（この服は丈を伸ばせば着られる）▶～开眼界看未来（視野を広げて未来を見る）▶裤腿还可以～出一寸来（ズボン丈はまだ1寸出せる）▶腰身可以～肥一些（ウエストはもう少し太くできる）▶扩音机使声音～大好几倍（拡声器は声を何倍にも拡大する）▶相片不必～得太大（写真はそんなに大きく伸ばす必要はない）

❽ある位置に置く，入れる：《付》了・着・过《重ね型》名詞の客語をともなえる。▶这儿～桌子，那儿～柜子（ここに机を置き，あそこに戸棚を置く）▶门口～着一辆自行车（入口に自転車が置いてある）▶箱子大点儿好，东西～得多（箱は少し大きめがよい，品物をたくさん入れられるから）

― 放+在▶把花盆～在台阶上（植木鉢を入口の階段に置く）▶你的笔记本怎么～在我的桌子上了？（君のノートがどうしてぼくの机の上にあるんだろう）▶把自己的全部精力都～在工作上（自己の全精力を仕事に注ぎ込む）

❾もとの場所や状態のままにして，手をつけない。▶鲜肉不能～得太久（生の肉は長いこと放っておけない）▶这个问题先～一～再说（この問題は一応保留し，改めてとりあげよう）

― 放+着+宾+不+動…「やるべきことをやらずに，やらなくてもいいことをやる」という意味を表す。▶～着觉不睡，却到处乱跑（寝もしないでそこら中跳び歩く）▶～着正路不走，走邪路（正しい道を歩まずに間違った道を歩む）▶～着这么多好书不看，净想玩儿（こんなにたくさんのいい本を読もうともせず，遊ぶことばっかり考えている）

❿入れる，混ぜる：《付》了・着・过▶先给锅里～点水（まずなべに水を少し入れる）▶汤里多～点盐（スープに少し余分に塩を入れる）▶糖已经～过了（砂糖はもう入れちまったよ）▶正往池子里～着水（今，池に水をはっている）

⓫速度・態度などを抑制して，ある状態におさえる。▶汽车的速度～慢了（車の速度を落とした）▶声音～得很低（声をひそめる）▶做事～谨慎点（仕事は慎重にやらなければならない）▶说话～和气些（穏やかに話しなさい）

― 動結形を構成するときは名詞の客語をともなえる。▶～慢速度（速度を落とす）▶～低声音（声を低くする）

[動結] 放得 <不> 住ⓐ安置できる<できない>。▶桌子不平，花瓶放不住（テーブルが平らでないので，花瓶をちゃんと置けな

い）
ⓑ保存できる〈できない〉。▶天凉，饭菜放得住（涼しいから、ご飯やおかずをとっておくことができる）

[動趨] 放上ⓐ▶靠窗再放上两盆盆景（窓辺にもう2鉢盆栽を置く）▶汤里放上点胡椒面儿（スープにコショウを少し入れる）
ⓑ放送を始める。▶过了一会儿又放上音乐了（しばらくしてからまた音楽を流し出した）

放下ⓐ下ろす。▶把手放下，别老举着（手を下ろしなさい、いつまでも挙げてるんじゃありません）
ⓑ下に置く。▶刚拿起来又放下了（とりあげたと思ったらまた下に置いた）

放//下ⓐ収容する。▶书架已经满了，这几本书放不下了（本棚はもういっぱいだ、この何冊かはもう入らない）▶这儿能放下两把椅子（ここに椅子を2脚置ける）
ⓑ放ったらかしてかまわないでいられる〈いられない〉。▶他不愿意放下手头的工作（彼は今手がけている仕事を手放したがらない）▶孩子们走了以后，他的心总放不下（子供たちが出かけたあと彼はいつでも心配していた）▶放下架子，向群众学习（見栄を捨て、大衆に学ぶ）

放//下来ⓐ▶请你把绳子放下来（ロープを下ろしてください）▶从上游放下来一只木排（上流から筏を流す）
ⓑ▶我们现在很忙，工作放不下来（今ぼくたちは忙しくて仕事の手が放せないんだ）

放过ⓐ许す，勘弁する。▶这一次可不能放过他们（今度ばかりは彼らを許すわけにはいかない）
ⓑとり逃がす，失う。▶这个机会可不能放过（このチャンスを逃がしてなるものか）

放//开ⓐ解き放す，自由にしてやる。▶把小猫儿放开，别老用绳子套着（小猫を放してやりなさい、いつも綱でつないでばかりいないで）
ⓑ別の場所に置く。▶熟肉另外放开，别跟生肉搁一起（火を通した肉は離しておきなさい、生肉と一緒に置いてはいけません）
ⓒ相手にしない、かまわない。▶有些事情可以放开不管（放っておいてもよいこともある）
ⓓ拘束しない。▶把嗓子放开（思いきり声を出す）▶上台以后动作要放开（舞台にあがったら動作はのびのびとやりなさい）

放手 fàngshǒu

【動詞】❶仕事や物を手放し、人にまかせる。▶我要他交给小张去办，他就是不〜（ぼくは張くんにまかせるよう言ったのだが、彼が手放さないんだよ）▶刚到手的材料，怎么能随便〜呢（入手したばかりの材料なのに、おいそれと手放せるものか）▶孩子都大了，家里的事你也可以〜不管了（子供がみんな大きくなったから、あなたも家の中のことは手がかからなくなったわね）
❷おもんばかりを捨て、不必要な束縛を取り除いて行う：外の動詞と連用したり、あるいは動詞を修飾することが多い。▶既要谨慎，又要大胆〜（慎重に、そしてまた大胆に進めなければならない）▶你〜去做，不要缩手缩脚（思いきりやりたまえ、縮こまっていてはいけない）▶我们一定要〜地，大量地为国家选拔人才（我々は大胆かつ大量に国家のために人材を抜擢しなければならない）

放心 fàngxīn

【動詞】心が落ち着き、心配も気がかりもない：《付》了・过　名詞や節を客語にともなえる。客語をともなうのは否定文あるいは疑問文が多い。▶您〜，我会照顾他的（ご安心ください、私がきっと彼のお世話をいたしますから）▶虫害扑灭了，我就〜了（虫害を撲滅してしまったから、ほっとした）▶您怎么老不〜别人？（あなたはどうして、いつも人のことを信用しないのですか）▶同事们都不〜老许的病（同僚たちはみんな許さんの病気を心配している）

▶不～他到远处去（彼が遠くに行くのが心配だ）▶你～徒弟一个人开车吗？（あなたは安心して見習いに1人で車を運転させられますか）
ⓐ程度副詞の修飾を受けられる。▶很～（とても安心だ）▶十分～（まったく安心だ）▶非常～（非常に安心だ）▶稍微～了一点儿（いささかほっとした）▶你去我就更加～了（あなたが行けばますます安心だ）
ⓑ'放'と'心'の間に'了・过'など，そのほかの要素を挿入できる。▶这下我才放了心（これでやっとほっとした）▶一天也没放过心（1日として心配しなかったことはない）▶稍稍放了一点儿心（ほんのちょっとだけ安心した）

[動趣] 放心得〈不〉下▶他一个人去，我放心不下（彼1人で行かせるのは不安だ）

放∥下心▶收到回信，我才放下心了（手紙の返事をもらってやっと安心した）▶孩子回家晚了，她总是放不下心（子供の帰りが遅いと，彼女はいつも心配する）

放∥下心来▶万事具备，这才放下心来（準備万端整った，これでやっと安心できる）▶工作还没有一点头绪，你说我放得下心来吗？（仕事のめどがまったくついていないのに，安心できると思うの）

非¹ fēi

【動詞】…ではない：《書》大半は固定した形式で用いる。

ⓐ非…所…　'答～所问'（質問にまともに答えていない）▶这件事～你我所能解决（これは君やぼくで解決できるものではない）▶当时情景～言语所能形容（当時の状況は言葉で表せるものではない）

ⓑ非…非…　'既不是…又不是…'（…でないうえに…でもない）の意味：関連あるいは近似した意味をもつ2つの単音節の名詞と共に用いる。▶～亲～故（親戚でも知人でもない）▶～驴～马（ロバでもない馬でもない：どっちつかず）

ⓒ非…即…　'不是…就是…'（…でなければ…である）の意味：2つの同類の語句（単音節が多い）と共に用いる。▶～攻即守（攻めでなければ守り）▶～此即彼（これでなければあれ）▶两人很亲切，看来～亲即友（2人はとても親しそうだ，親類か友人だろう）

ⓓ似…非…　'又像又不像'（…のようであり…のようでもない）の意味：2つの同一の単音節の動詞・形容詞・名詞と共に用いる。▶似醒～醒（目が覚めているような，いないような）▶似醉～醉（酔っているような，いないような）▶似红～红（赤いような赤くないような）▶似懂～懂（わかったような，わからないような）▶似雾～雾（霧のようであって霧のようでない）

【副詞】❶非…不…　「必ずこうでなければならない」の意味を表す。'非'の後ろは動詞句が多い。節や人を表す名詞でもよい。'非'の後ろに'得'を付けるときもある。ふつう'不行・不可・不成'をあとに用いる。▶～说不可（しゃべらなくてはいけない＝一定要说）▶～看不行（ぜひ見なければならない）▶要学好一种语言，～下苦功夫不可（外国語をマスターしようとするなら，苦労しなければだめだ）▶这件事～得他来不行（この事は彼が来なければだめだ）▶要办成这件事～你不成（これをやり遂げるには君でなければだめだ）▶这样的坏人，必须坚决惩办，～如此不足以平民愤（このような悪人は断固きびしく処罰しなければならない。そうしなければ民衆の怒りをおさえきれない）

— 話し言葉では'非…'の後ろに'不可'などの語を用いなくてもよい。ふつう前文を受けるときや反語文に用いる。▶不让他去，他～要去！（行かせまいとしたが，彼はどうしても行こうとしている）▶干这活儿～得胆子大（この仕事をするには度胸がなければならない）▶他不来就算了，为什么～叫他来！（彼が来ないなら来ないでいい，どうして彼を是が非でも来させなくちゃならな

んのだ)

❷非…才… 「…の条件がそなわってこそ…できる」の意味を表す。▶～把事实摆出来我才相信（事実を示してもらわなければ信用しない）▶要修一条大水渠～几个村子联合起来才行（大きな用水路を作るには、いくつかの村が連合しなければならない）▶你～要经过一两年的锻炼才可以独立工作（君は1～2年の訓練を経てからなら独立して仕事ができる）▶～亲自去一趟才成（自分で行かなければだめだ）

注意 '非…不…'と'非…才…'の意味は基本的に同じ。'非…才…'は後ろに'可'を用いられない。

非² fēi

【接頭語】ある範囲に属さないことを表す。名詞を作る。
ⓐ非+名▶～会员（非会員）▶～党员（非党員）▶～晶体（非晶体）
ⓑ{非+名}+名▶～金属元素（非金属元素）▶～生物体（無機物）▶～条件反射（無条件反射）▶～匀速运动（不等速運動）▶～人生活（非人間的な生活）▶～武装斗争（非武装闘争）▶～对抗性矛盾（非敵対性の矛盾）
ⓒ{非+動}+名▶～卖品（非売品）▶～导体（不良導体）▶～生产开支（非生産的支出）
ⓓ{非+形}+名▶～正常情况（異常事態）▶～熟练劳动（非熟練労働）▶～经常开支（臨時支出）▶～一般事故（特殊な事故）

非常 fēicháng

【形容詞】ふつうでない，特殊な：名詞と直接に組み合わせることが多く，その場合は複合語に近い。▶～时期（非常時）▶～事故（特殊事故）▶～事件（特殊事件）
— '的'字句を構成し，名詞と結合できる。やや《少用》▶～的人物（並はずれた人物）▶～的举动（異常なふるまい）▶～的现象（異常現象）

【副詞】非常に。程度が極めて高いことを表す。
ⓐ非常+形/動▶～大（非常に大きい）▶情绪～好（気分が非常によい）▶～舒服（とても気持ちがよい）▶做得～及时（非常にタイミングよくやった）▶～会说话（とても話がうまい）▶～能吃苦（かなり苦労に耐えうる）▶～心疼（とてもかわいがる，おしい）▶～喜欢（非常に好きだ）▶～感谢（たいへん感謝する）▶～同意（まったく賛成だ）▶～解决问题（非常にたくみに問題を解決できる）▶～有意思（とてもおもしろい）▶～感兴趣（とても興味がある）▶～引人入胜（すっかりうっとりさせる）
ⓑ非常之〈地〉+形/動 意味をよりいっそう強調し，きわだたせる。▶西湖～之美（西湖はこのうえもなく美しい）▶问题～之复杂（問題はこのうえもなくむずかしい）▶天气～地热（とても暑い）▶～地感谢（とても感謝する）

慣用句 热闹非常 とてもにぎやかだ。《書》▶人来人往，热闹非常（人が行き来して、にぎやかなことこのうえない）

比較 非常：十分 用法がやや異なる。
①'非常'は重ね型にできる。'十分'はできない。▶非常非常精彩（とてもとてもすばらしい ×十分十分精彩）
②'十分'は前に'不'を用いて「程度が低い」ことを表せる。'非常'はできない。▶不十分好（あまりよくない ×不非常好）

分 fēn

【量詞】十分の一：抽象的な事物に多く用いる。▶七～成绩，三～错误（功績が七分で，誤りが三分）▶多了一～希望（望みが少し増えた）▶病好了几～（いくぶんか病気がよくなった）▶他已经有七、八～醉了（彼はすでに七～八分できあがっている）▶有一～热发一～光（熱があるだけ

光を放つ：力のあるだけ力を出す）
━前に来る数字が'十'を超えることもある。誇張した用法。▶我有十二～的把握（自信が十二分にある）▶万～想念（非常に恋しい、なつかしい）

[注意] ① '十分'は一般には程度副詞。形容詞や動詞句を修飾する ☞十分 shífēn
② '分'にはほかに計量単位としての用法もある。'1／10寸・1／10亩・1／10钱・1／60度・1／60小时'を示す。

分别 fēnbié

【名詞】違い。▶有些汉字字形相近，要注意它们的～（漢字には形が似ている字があるから、それらの違いに注意しなければならない）▶外表上乍看起来好像没有什么～（外見上はちょっと見ただけではべつに違わないようだ）

【動詞】❶別れる：《付》了▶～了不到一年又见面了（別れてから1年もたたないうちに再会した）▶～之前照了个像留念（別れる前に記念に写真をとった）

❷区別する：《重ね型》名詞・節、または一対の正反を表す形容詞を客語にともなえる。▶～主次（主要なものと二義的なものを分ける）▶～轻重缓急（大事なこと・急を要することと、そうでないことを分ける）▶要仔细～'的'字的各种不同用法（'的'のいろいろに異なった用法を細かく区別する必要がある）▶这一对双胞胎很难～谁是哥哥谁是弟弟（この双子はどちらが兄でどちらが弟か区別するのがむずかしい）

[動趣] 分别∥出 必ず客語をともなう。▶我分别不出这两个字的读音（この2つの字の発音を区別できない）

分别∥出来▶差别虽小，还是可以分别出来的（違いは小さいけれど、それでも区別できる）

【副詞】❶違った方法で。▶对他们应该～对待（彼らに対しては、それぞれに違った対応をしなければならない）▶根据情节轻重，～处理（事の軽重によって異なった処置をとる）

❷分かれて、各自で、別々に、それぞれ。
ⓐ1つの主体がいくつかの対象に別々に対応する。▶为了弄清问题，他～向老王、老李和老张作了调查（問題を明らかにするため、彼は王さん・李さん・張さんに対して個別に調査をした）
ⓑいくつかの主体が別々に1つの対象に対応する。▶会长和秘书长～接见了他（会長と秘書長は別々に彼を接見した）▶一班、二班、三班～讨论这个问题（1班・2班・3班がそれぞれこの問題を討論した）
ⓒ同数の主体と客体がそれぞれ順序通り対応する。▶电、化肥、水泥比去年同期～增产百分之四、百分之三、百分之八（電気・化学肥料・セメントの生産が昨年の同時期に比べそれぞれ4パーセント、3パーセント、8パーセント増加した）▶老周和老陈～当了主任和副主任（周さんと陳さんはそれぞれ主任と副主任になった）

[比較] 分别：分头 ☞分头 fēntóu

分配 fēnpèi

【動詞】❶基準あるいは規定に基づいて物を分配する：《付》了・着・过 名詞の客語・二重客語をともなえる。▶上个月给他～了新的住房（先月彼に新しい住宅を割り当てた）▶他正在给孩子们～着节日礼物（彼は今子供たちに祝日のプレゼントを配っているところだ）▶以前～过粮食（昔は食糧を配給していたことがある）▶～他一套住房（彼に住宅を支給する）
ⓐ分配＋给▶把这些营养品先～给孤寡老人（この栄養食品は孤児・寡婦・老人に優先的に支給する）▶东西两间宿舍准备～给新来的大学生（寮の東西2つの部屋は新しく来る大学生に割り当てることにしてある）
ⓑ客語になる。動詞は'停止・进行・负责'など2音節動詞に限られる。▶暂时停止～（一時配給を停止する）▶重新进

行~（新たに支給を行う）▶由管理处负责~（管理部門が責任をもって支給する）❷割り当てる、配属する：《付》了・着・过　名詞の客語・二重客語をともなえる。《重ね型》▶他给每人~了任务（彼は1人1人に仕事を割り当てた）▶车间主任正在给大伙儿~着工作（職場の主任は一同に仕事を割りふっているところだ）▶公司去年给北京的代办处~过两名职员（会社は去年北京事務所に職員を2人配属した）▶要合理~劳动力（労働力を合理的に配分しなければならない）▶~他两项工作（彼に2つの仕事を割り当てる）▶他如果认为这样分配不合理，让他来~~看（もし彼がこのような割りふりを不合理だと思うなら、彼に割りふりをやらせて見よう）ⓐ分配+在▶我们几个同学都~在钢铁公司（我々何人かの学友は鉄鋼会社に配属された）▶把我们俩~在一起（我々2人を同じ所に配属する）
ⓑ分配+给▶这两项工作~给你们小组（この2つの仕事は君たちのグループに割り当てる）▶新来的同志~给资料室（新しく来た人は資料室に配属された）
ⓒ兼语文に用いる。▶上级领导~他去西藏工作（上級部門の責任者はチベットへ行って仕事をするよう彼の配属を決めた）▶~你去五号操作台（君を5番操作台に配置する）
ⓓ客語になる。動詞は'停止・进行・负责・服从'など2音節動詞に限られる。▶上级让你们暂时停止~（上級部門が君たちは配属を一時中止すると言っている）▶结业合格者由教育局进行~（修了合格者は教育委員会によって配属が決められる）▶学生毕业以后由校方负责~（学生は卒業後、学校側によって就職先が決められる）▶应该服从~（配属の指示に従うべきだ）

[動結] 分配错了　分配光了　分配少了
　分配//好　分配//完
分配得〈不〉动　支給できる〈できない〉。▶这几间旧房没人要，还是分配不动（この古い数部屋は希望者がいないから、やはり配分できない）

分配得〈不〉了(liǎo)　支給できる〈できない〉。▶这个月的奖金暂时还分配不了（今月の賞与はまだしばらく支給できない）

[動趣] 分配//上　支給を受ける。▶这次分配住房，我也许能分配上（今回の住宅の配分で、私は割り当てを受けられるかもしれない）

分配//下来▶今年的植树任务还没有分配下来（今年の植樹についてはまだ割り当てができていない）

分配//出去▶三台仪器都分配出去了（3台の計器はすべて支給先に渡された）

分配得〈不〉过来　支給するのに十分な量がある〈不十分だ〉。▶东西太少，实在分配不过来（品物が少なすぎて、支給するにはどうにも足りない）

分配起来▶这么多物资分配起来很麻烦（こんなにたくさんの物資を配分するのはとても大変だ）

分配//到▶分配到每个人（1人1人に支給する）▶她被分配到山区当教师（彼女は山間地域に教師として配属された）

分头 fēntóu

【副詞】複数の行為主体が手分けして複数の事を行う：《口》▶我们几个博士生将~去广州、上海和南京等地作实地调查（我々博士課程の学生数人はまもなく手分けして広州・上海・南京などの土地へ行き実地調査を行う）▶姐姐和弟弟~去找爸爸和妈妈（姉と弟は手分けして父親と母親をさがしに行く）▶为了搞好这次活动，我们筹备组的几个人~到各个学校联系过了（今回の活動を成功させるために、我々計画準備班の何人かが手分けして各学校に出向き連絡をとった）

[比較] 分头：分别　'分头'と'分别'はふつうどちらも、複数の主体が複数の客体

に対処する場合，または複数の主体が同一の客体に対処する場合に用いられる。もし同一の主体が複数の客体に対処するのであれば，'分別'のみが用いられ，'分头'は用いることができない。▶我准备分别〈×分头〉找老李和小张了解有关情况（私は李さんと張さんを別々にたずねて事情調査をするつもりだ）▶市长分别〈×分头〉会见了外国贸易代表团和电子工业代表团（市長は外国貿易代表団と電子工業代表団に個別に会見した）

━'分头'には各自分かれて行動する意味がある。例えば▶你们几位去分头通知大伙儿（君たち数人は手分けしてみんなに知らせに行きなさい）。いくつかの非動作性動詞の前には'分头'を用いることができない。▶郑晓平和刘丽丽分别〈×分头〉当选了学生会主席和副主席（鄭曉平と劉麗麗はそれぞれ学生会主席と副主席に当選した）▶他们几个人分别〈×分头〉对这件事作了解译（彼ら数人は各自この件について説明した）

份 fèn

【量詞】❶全体を分割した各部分，または全体を構成する各部分に対して用いる。《儿化》▶分成三～，给他一～（3つに分けて彼に1つやる）▶拿了两～儿报酬（報酬を2つ手にした）▶这工作也有你一～儿（この仕事は君も分担する）▶为救灾贡献一～力量（被災者を救済するために自分の力をささげる）▶我也为他担了一～儿心（私も彼のために心配した）▶那～儿差使交给我吧！（あの仕事は私にまかせてください）

❷'个'に同じ：若干の抽象的な事物に用いる。必ず《儿化》ふつう'这・那'を付ける。▶瞧你这～儿模样！（君のこのかっこうときたら）▶我可没那～儿闲功夫（私には実際そんなひまはない）▶心里那～儿痛快就甭提了（心の中がスカッとしたことといったら，言うまでもない）

❸'件'に同じ：新聞・書類・雑誌・図表・報告などに用いる。ときに《儿化》▶订两～报纸〈杂志〉（新聞〈雑誌〉を2部予約する）▶一～文件〈材料、计划、记录、清单〉（書類〈材料・計画・記録・清算書〉1部）▶本合同一式两～，双方各执一～（本契約書一式は2部からなり，双方各1部を所持する）▶这文件我只有一～儿（この書類は1部しか持っていない）

❹レストランや商店での食べ物1人前。《儿化》▶一～菜（料理1人前）▶两～客饭（定食2人前）▶要一～儿腊肠（サラミを1人前注文する）▶再来一～儿点心（お菓子をあと1人前持って来てください）

丰富 fēngfù

【形容詞】種類が多い，数が多い。
ⓐ述語になる。▶我国幅员广大，物产～（わが国の領土は広大で，物産も豊富だ）▶他的实际工作经验很～（彼は仕事の実地経験が豊富だ）▶水利工程建成以后，农产品将更加～（水利工事が完成すれば，農産物はいっそう豊富になるだろう）▶这里的煤矿储藏量比别处～得多（ここの炭鉱の埋蔵量はほかよりもずっと多い）▶他的书本知识不少，可是工作经验没有你那么～（彼の書物上の知識はなかなかのものだが，仕事の経験は君ほど豊富ではない）

ⓑ定語になるときは必ず'的'をともなう。▶～的成果（豊かな成果）▶～的知识（豊かな知識）▶～的资源（豊かな資源）▶～而又深刻的内容（豊富かつ深い内容）

【動詞】豊富にする：《付》了《重ね型》必ず名詞を客語（抽象的な事物を指すものが多い）にともなう。▶我们要向各方面学习，～我们的知识领域（我々は各方面に学び，知識の領域を広げなければならない）▶学校安排了各种文化活动，～了学生的暑期生活（学校は文化活動をいろい

ろ計画して，学生の夏休み生活を豊かにした）

封 fēng

【動詞】封鎖する：《付》了・着・过 名詞の客語をともなえる。▶把洞口～了（穴の入口を塞ぐ）▶瓶口一直～着（瓶の口はずっと密封してある）▶他没有～过火炉子（彼はストーブの火をいけたことがない）▶～了两口井（2つの井戸を閉鎖した）

一封+在 後ろには場所を表す要素を置く。▶东西都被～在屋子里（品物はすべて室内に厳重に保管されている）▶没收的财产先～在地下室（没収した財産はひとまず地下室に保管しておこう）

【名詞】物を封入したあるいは物を封入するために使う紙包みまたは紙袋：必ず'封儿'と書き，'fēngr'と読む。▶我帮你做几个纸～儿（君に紙袋をいくつか作ってあげよう）▶不知道每个～儿里放了什么（それぞれの紙包みに何が入っているのかわからない）

【量詞】封筒に入れた物に用いる。しばしば数量句を構成して文の要素となる。▶收到一～家信（家からの手紙を1通受け取った）▶请你把这几～公函送到收发室（この公文書数通を文書受け付けに届けてください）

動結 封∥好 封∥严 封∥住 封∥结实 封∥死 密閉してある，隙間がない。▶瓶口一定要封死，不能漏气（瓶の口は必ず密封しなさい，空気が漏れないように）

封得〈不〉了（liǎo） 封鎖できる〈できない〉。▶没有水泥，洞口还封不了（セメントがないのでまだ穴の入口を塞ぐことができない）

動趨 封∥上▶先把火炉子封上（まずストーブの火をいける）

封∥起来▶那坛酒已经封起来了（その壺の酒はもう口を密封してある）

否则 fǒuzé

【接続詞】もしそうでないなら：節をつなぎ，文の後節の初めに置く。

ⓐ文の後節は前節から推論した結果を示したり，ほかの選択を示す。▶遇事要调查研究，～就会脱离实际（事が起きたら調査研究しなければならない，でなければ現実から遊離してしまうだろう）▶他一定有要紧事找你，～不会接连打三次电话来（彼はきっと大切な用事があって君をつかまえようとしているんだ。そうでなければ続けて3回も電話をかけてはこないだろう）▶最好下午去，～就明天一早去（午後に行くのがいちばんよい，でなければ明朝早く行きなさい）

ⓑ文の後節には反語文を用いてもよい。▶看来他已经离开上海了，～为什么没有回电？（どうも彼はすでに上海を離れたようだ，そうでなければなぜ返電がないのか）▶必须到基层去工作一段时间，～怎么能了解下情？（現場へ行ってしばらく働かなければ下部の事情をどうして理解することができようか）

ⓒ除非…，否则…（…してこそはじめて＝除非…，才…，否则…）▶除非有特殊情况，～原计划不可改变（特殊な事情がない限り，もとの計画を変えられない＝除非有特殊情况，原计划才可以改变，～不可改变）

ⓓ'否则'の後ろに'的话'をともなえる。前後にポーズを置く。▶看问题必须全面，～的话，就难免以偏概全（問題を見るには，あらゆる角度から見なくてはならない，そうでないとかたよった見方をしてしまいがちだ）▶最好让小兰去，～的话，只有你自己去一趟（蘭さんに行かせるのがいいが，そうでなければ，あなたが自分で行くしかない）▶他大概不同意，～的话，为什么一句话也不讲？（彼はおそらく賛成じゃないんだ。そうでないと言うなら，なぜ黙りこくっているのか）

副 fù

【量詞】❶対になった物,あるいは1組になった物に用いる。▶两～手套(手袋2組)▶一～对联(対聯1対)▶一～象棋〈扑克牌〉(1セットの将棋〈トランプ〉)▶两～铺板(板のベッド2組)▶四～碗筷(4組のはしと茶碗)▶一～假牙(入れ歯1つ)▶一～眼镜儿(メガネ1つ)
— 漢方薬に用いる。本来は'服 fù'と書いた。▶抓了三～中药(漢方薬を3服買った)▶这～中药有十二味药(この漢方薬には12種類の薬が含まれている)
❷顔つき,表情などに用いる。名詞の前には,ふつう修飾語を置く。数詞は'一'のみ。▶一～笑脸(笑顔)▶一～红脸膛(日焼けした顔)▶脸上显出一～惊喜的样子(顔に驚きと喜びの表情が現れた)▶一～伪善的面孔(善人をよそおった顔つき)▶一～惊异的神色(驚きの表情)

G

该¹ gāi

【動詞】❶当然…だ：必ず名詞・節を客語にともなう。▶十五斤分三份，每份～五斤（15斤を3つに分けると、それぞれ5斤だ）▶按岁数排，～老潘排第一（年からいうと、当然潘さんがいちばん年上だ）
❷…の番になる：必ず名詞・節を客語にともなう。▶今天值班～我了（今日の当番は私だ）▶下面就～你发言了（次は君が発言する番だ）▶现在～我们发球（今度は我々がサーブする番だ）
❸あたり前だ、ざまを見ろ：単独で用いる。▶～！～！谁让你淘气呢！（当然だ、いたずらするからさ）

该² gāi

【動詞】借りる、借りがある：《付》了・着・过　名詞の客語・二重客語をともなえる。客語が物を指すときは、ふつう金か借金。▶这钱是～您的（このお金はあなたに借りたものだ）▶东西拿走，钱先～着吧（品物は持って行け、お金はひとまず貸しにしておこう）▶这笔帐～了快一年了（このお金は、借りて間もなく1年になる）▶我还～你十五块钱（私はまだあなたに15元借りている）▶～账～多了，就不好还了（借金が重なると、返しにくくなる）▶～得不少了（たくさん借金をした）

该³ gāi

【助動詞】❶当然このようであるべきだ、当然…しなければならない：質問への返答に単独で用いられる。否定には'不该'を用いる。▶我～走了（もう行かなくては）▶～有个长远打算（長期的な計画がなくてはいけない）▶～三天办完的事，他两天就办完了（3日間でやる仕事を2日でやり遂げてしまった）▶你不～一个人去（1人で行ってはいけない）▶人家已经赶到前头去了，咱们～怎么办？～不～加把劲儿干？——～！（向こうはすでに先を行っている。我々はどうすべきか。ひとふんばりすべきだろうか——そのとおりだ）━'不该不'は'该'に同じ。▶他的话你不～不听（彼の言うことは聞かなくてはならない＝～听）▶昨天的会你不～不来（昨日の会に君は来なくてはならなかった）▶这些事他不～不知道（これらの事を彼は知っていなければならない）
❷きっと…だろう、…に違いない：質問への返答に単独で用いられない。否定形はない。▶他要是知道了，又～批评我了（彼がもし知ったら、また私を批判するだろう）▶这孩子今年～高中毕业了吧？（この子は今年高校を卒業するはずでしょう）
ⓐ '会・可以'と連用できるときもある。▶这么粗枝大叶，～会给工作造成多大的损失！（こんな大ざっぱなことでは仕事にどんな大きな損失をもたらすだろう）▶接到这封信，你～可以放心了吧？（この手紙を受け取って君も安心できるでしょう）
ⓑ 该+有+多…　感嘆文に用いる。▶等这些树木都长大成林，风景～[有]多美！（これらの木がみな成長して林になったらきっと美しい景色でしょう）▶这些能量要是都释放出来，～有多大的威力啊！（これらのエネルギーがもしすべて放出されたのなら、どれほど大きな力になるだろうか）▶再过十年，这里～有多么大的变化啊！（あと10年たつと、ここはどれほど大きな変化を遂げることだろうか）

―'有'の後ろが形容詞句のとき'有'は省略できる。名詞句のときは省略できない。

|比較| 该³：应该：应当 ☞应该 yīnggāi
|慣用句| 该不是 推定・推測を表し、不本意なことに用いられる。▶他从来没缺席过，该不是病了吧！（彼はこれまで欠席したことがない、病気になったに違いない）

改 gǎi

【動詞】❶変わる、変える：《付》了・过《重ね型》名詞の客語をともなえる。▶没想到他后来又～了主意（彼がその後また考えを変えるとは思いもよらなかった）▶她的发式从没～过样子（彼女はいままで髪型を変えたことがない）▶你能帮我～～这件衣服吗？（この服を作り変えてもらえませんか）▶怎么又～了章程了？（どうしてまた規則を変更したのですか）

❷修正する：《付》了・着・过《重ね型》名詞の客語をともなえる。▶那篇文章～了好几遍（その文章は何度も手直しした）▶老师正给我～着作文呢（先生はちょうど私の作文を直しているところです）▶这份计划已经～过两次了（この計画はすでに2回修正されている）▶我认为这篇新闻稿还得～～（このニュース原稿はまだ手を入れる必要があると思う）▶弟弟让我帮他～～作文（弟は私に作文をちょっと直してほしいと言った）

❸（誤りを）正す：《付》了・过《重ね型》名詞の客語をともなえる。▶有错误～了就好（誤りがあったら正せばよい）▶那道题～过，可是没～对（その問題の答えは訂正したのだけれど、正しく訂正できていなかった）▶你帮他～～错别字（彼の誤字当て字を直してあげなさい）▶他终于～了这个毛病（彼はついにその欠点を直した）

|動結| 改∥掉　改∥好　改∥完
改得〈不〉了（liǎo）　直せる〈直せない〉。▶你这个缺点怎么总～不了呢？（君のこの欠点はどうしていつまでも直らないんだ）
|動趨| 改∥过来▶先把写错的地方改过来（まず書き間違えたところを訂正しなさい）
改起来▶有些习惯改起来也不那么容易（改めようとしても簡単には改められない習慣がある）

赶 gǎn

【介詞】「ある時期が来たら」の意味を表す。《口》▶～明儿咱们去看看王老师（そのうち王先生に会いに行こう）▶～晌午我就走（昼になったら行くつもりだ）▶～春暖花开的时候去颐和园玩儿玩儿（春がきて花が咲くころ頤和園に遊びに行こう）▶我大约～年底就回来（たぶん年末には帰って来るつもりだ）▶车也许～星期天才能修好（車は日曜日でないと直らないかもしれない）

敢 gǎn（敢于）

【助動詞】❶事を行う勇気を持っていることを表す。質問への返答に単独で用いてもよい。否定には'不敢'を用いる。▶～想～干（大胆に考え思いきって行う）▶～作～为（思いきって行う）▶刀山～上，火海～闯（剣の山もいとわず、火の海もものともしない）▶过去连想都不～想的事，现在变成了现实（昔は考えようともしなかった事が今では現実のものになっている）▶你～不～去？――～！怎么不～？（行く勇気はありますか――もちろんさ、行くとも）

― '不敢不'は肯定を表し、「余儀なく、しかたなくやる」の意味を表す。'敢'と同じではない。▶你出来说话，他们不～不听（君が出て来て口を出せば彼らは聞かざるをえない）▶他本来不愿意去，可是又不～不去（彼はもともと行きたくないのだが、行かないわけにもいかない）

― '敢'の前に'没'を用いてもよい。▶这几天下雪，路太滑，我没～让他出去（ここ何日か雪が降って道がとてもすべりやすいので、彼を行かせる気になれなかっ

た）▶我们提过这个要求，他没～答应（我々はこの要求を出したが、彼は答えようとしなかった）

❷何らかの判断を下す自信のあることを表す。単独では質問への返答にできない。否定には'不敢'を用いる。▶我～说他一定乐于接受这个任务（彼は必ず喜んでこの役目を引き受けると思うよ）▶他明天能不能来，我不～肯定（彼が明日来られるかどうか、ぼくには何とも言えない）

〖敢于〗'敢'❶に同じ。《書》ふつう単音節の動詞の前には用いない。否定には'不敢'を用い'敢不于'は用いない。▶敢于斗争（勇敢に闘う）▶敢于承担责任（進んで責任を負う）▶因为得到广泛支持，我们才敢于这么办（広範な支持があったからこそ我々はこのようにできたのだ）

敢于 gǎnyú ☞敢 gǎn

感到 gǎndào

【動詞】❶感覚器官を通して感じる：一般に単独では述語とならない。ふつう動詞・形容詞・節を客語にともなう。客語をともなわないときは必ず'了・过'を付ける。▶我也～了他对我们很关心（彼が私たちにたいへん関心を寄せていると私も思います）▶从来没～过这么疲乏（これほど疲れたことはない）▶机器发动后，大家都～有点轻微的震动（機械が動き始めるとみんなはかすかな振動を感じた）▶昨天夜里有轻度地震，你～了吗？——～了（昨日の晩小さな地震があったけど気がついたかい——気がついたよ）▶坐在树荫下，大家都～很凉快（木陰に座って、みんなとても涼しく感じた）

ⓐ客語となる形容詞はふつう体や心で感じるもの（視覚・聴覚などは含まない）に限る。▶刚进针的时候我没～麻，现在～麻了（針を刺したばかりのときはビリッとも感じなかったが、今になってビリビリしてきた）▶大家都～高兴（みんなとても喜んだ）▶～非常舒畅（非常に愉快だ）▶ ×～红 ▶ ×～结实

ⓑ名詞の客語の前にはふつう数量詞がある。▶～一阵头晕（ひとしきり頭がくらくらした）▶～了几次强烈的冲击（いくど か強烈な衝撃を感じた）▶～一种由衷的高兴（心からの喜びを覚える）▶突然～一股寒气（突然寒気がした）

注意動結形はふつう'感得〈不〉到'とは言わず'感觉得〈不〉到'を用いる。

❷何らかの考えを持っていることを表す。'认为'に近いが、意味はやや軽い。節を客語にともなうことが多い。客語が長いときには'感到'の後ろにポーズを置いてもよい。▶大家～不能采取这个方案（誰もがこの案を採択すべきではないと思っている）▶同学们都～，这次全班取得好成绩是老师认真辅导的结果，也是同学们认真学习的结果（学生たちは、今回クラス全員が好成績を収めたのは先生が熱心に補習してくださった結果であり、みんながまじめに勉強した結果だと考えている）▶他～，游过这条河，爬过对面那座山，恐怕就没有力气再走十九里路了（この川を泳ぎ、正面の山を登ったあとではさらに十数里の道を歩く力はないだろうと彼は思った）

刚 gāng（刚刚）

【副詞】❶「ほんの少し前に起こった」という意味を表す。動詞や少数の変化を表す形容詞を修飾する。

ⓐ発話の少し前に起きたことを指す。▶我～来一会儿（ぼくはちょっと前に来たばかりだ）▶～出门儿（たった今出ていった）▶他～从这儿走过，骑车还能赶上（彼は今しがたここを歩いて通ったのだから、自転車ならまだ追いつける）▶伤口～好，还要多注意（傷口はよくなったばかりだから、まだ十分注意が必要だ）▶心情～平静下来（気持ちが静まったばかりだ）

ⓑ次の動作のすぐ前に起きたことを指す。ふつう後ろに'就・又'を用いて呼応させる。

また'刚一…'と言うこともある。▶天〜亮,社员们就下地了（夜が明けるや公社員たちは畑に出かけた）▶小沈〜要走又被老吴叫住了（沈くんが行こうとしたとたん呉さんに呼び止められた）▶〜一进屋,就有人来找（部屋に入ったとたん人が訪ねて来た）

❷ちょうどそこで：時間・空間・数量などを指す。「早すぎず遅すぎず」「前すぎず後すぎず」「多すぎず少なすぎず」「…でもなく…でもない」の意味を持つ。

ⓐ刚+動／形▶不大不小,〜好（大きくもなく小さくもなく,ちょうどいい）▶长短〜合适（長さがちょうどぴったりだ）▶十二份材料,一人一份〜够（12部の資料だから,1人1部でちょうど足りる）▶剩下的酒精〜装满一瓶（残ったアルコールはぴったり1瓶に入った）▶身高一米六,〜达到标准（身長1メートル60,ちょうど規準に達している）

ⓑ刚+数量▶行李〜二十公斤,没超过规定（荷物はちょうど20キロで,規定を超えていない）▶到剧场〜一点半,正好（劇場に着いたのが1時半きっかりで,ちょうどよかった）

❸やっと：「なんとかある程度に達する」という意味を表す。▶屋里挺黑,伸手〜能见到五指（部屋は非常に暗く,手を伸ばして5本の指がようやく見えるだけだ）▶声音很小,〜可以听到（音は小さく,聞き取るのがやっとだ）▶他身材高大,小明〜齐他肩头（彼は背が高く,明くんはやっとその肩に届く程度だ）▶人家快上山顶了,我才〜爬到半山腰（彼がもう山頂に着くころだというのに,ぼくはまだ半分登っただけだ）

[注意]'我刚来一会儿'と'我刚来没一会儿'は意味が同じで,どちらも来てからの時間が短いことを表す。

《刚刚》'刚'に同じ。▶刚刚散会,出来的人很多（集会が終わったばかりで,出て来る人が多い）▶我刚刚出门就碰见小梅（玄関を出たところで梅さんに出会った）▶材料刚刚够（材料はぎりぎり間に合う）▶行李刚刚二十公斤（荷物は20キロちょうどだ）▶声音很小,刚刚能够听到（音が小さくやっと聞き取れる程度だ）

[比較] 刚〈刚刚〉：刚才 ☞刚才 gāngcái

刚才 gāngcái

【名詞】発話の直前の時間を指す。

ⓐ動詞・形容詞や主語の前に用いる。▶〜发现了一个新情况（たった今新しい事態に気づいた）▶〜来过一个电话,不知道是不是她打来的（今しがた電話があったが,彼女からかどうかわからない）▶还不到一点,怎么现在已经两点半了？（さっき1時前だったのが,どうしてもう2時半になるの）▶〜很亮,现在不亮了（今しがた明るかったのに,もう暗くなってしまった）▶〜你干什么去了？（今,何をしに行ったの=你〜干什么去了？）

ⓑ'比・跟'などの語の後ろに用いる。▶吃了退烧药,现在比〜舒服些了（解熱剤を飲んだら,さっきより少し気分がよくなった）▶跟〜一样,水还是太烫（さっきと変わらず湯が熱すぎる）

ⓒ刚才+的+名▶他把〜的事儿忘了（彼はたった今しがたの事を忘れてしまっている）▶〜的消息可靠吗？（今のニュースは信頼できるだろうか）

ⓓ刚才+指+名▶这就是〜那个人（こちらが先ほどの方です）▶〜这句话很重要（今の言葉はとても重要だ）

[比較] 刚才：刚〈刚刚〉 ①'刚才'と'刚'は意味が近いが品詞が異なる。'刚'は副詞で動詞の前にのみ置き,そのほかの位置には用いない。

②'刚・刚刚'を用いた文は動詞の後ろに期間を表す語句を置く。'刚才'はできない。▶我刚〈×刚才〉来一会儿（私はちょっと前に来たばかりだ）▶他刚〈×刚才〉走了两天你就回来了（彼が出かけて2日にしかならないのに君が戻って来た）

③'刚才'の後ろには否定詞を用いてもよい。'刚'は不可。▶你为什么刚才〈×刚〉不说,现在才说?(君はどうしてさっき言わないで今になって言い出すの)

刚刚 gāng·gang ☞刚 gāng

刚好 gānghǎo

【副詞】ちょうど：時間・空間・数量などを指す。「早すぎず遅すぎず」「前すぎず後すぎず」「多すぎず少なすぎず」「…でもなく…ない」の意味。

ⓐ刚好+動 ▶我们顺便走进他家,他～在(私たちがついでに彼の家へ立ち寄ったところ,折よく家にいた)▶一枪～打在靶心上(1発撃つやちょうど的の中心に当たった)▶这两只花瓶～配成一对(この2つの花瓶はちょうど1対になっている)▶在我的窗口～能看见放礼花(ぼくの所の窓からうまい具合に花火が見られる)▶今天～没事,咱们去香山走走(今日は折よく何の用事もないから,香山へ遊びにいこう)

ⓑ刚好+形 ▶人数～够(人数がちょうど足りる)▶浓淡～合适(濃淡の具合がちょうどよい)▶我们去的时候,病人～清醒过来(私たちが行ったそのとき,病人は正気を取り戻した)▶这间屋的面积～比那间大一倍(この部屋の面積はあの部屋のちょうど倍ある)

ⓒ'刚好'を数量詞を含む文に用いる。▶体重～[是]一百斤(体重がぴったり100斤)▶不多不少,～[有]三张票(切符は多からず少なからず,ちょうど3枚ある)▶这根竹竿～[有]一米长(この竹ざおは1メートルちょうどだ)▶这一箱～装二十五斤(この箱にちょうど25斤詰められる)

ⓓ'刚好'を主語の前に用いる。▶正要找他,～他来了(彼に会いに行こうとしたところ,折よくやって来た)▶事情发生的时候,～我在现场(事件が起きたとき,私はちょうど現場に居合わせた)

高兴 gāoxìng

【動詞】❶楽しくて心がはずむと感じる：《付》了・过《重ね型》ABAB 形。▶白～了一场(ぬか喜びした)▶你给我们说说,也让我们～～(私たちに聞かせて喜ばせてちょうだい)▶小陈受到表扬,又～起来了(陳くんはほめられて,またうれしくなった)

❷楽しく行う,何かしたいと望む：別の動詞の前に用いる。助動詞に近い。

ⓐ否定形に多く用いる。▶路太远,我们不～去(遠すぎるから,ぼくたちは行きたくない)▶人家不～玩扑克,你别勉强他(彼はトランプなんてやりたくないんだから,無理じいしてはいけないよ)▶路那么远,谁都不～去(あんなに遠いんだから誰も行きたがらない)

ⓑ肯定形は反語文や連鎖文に用いることが多い。▶这本书那么枯燥,谁～看呢?(この本はとてもつまらない,誰が読みたがるだろうか)▶他自己～去,谁拦得住他?(彼が行きたがっているのに誰が引き止められよう)▶谁～去谁去(行きたい人が行く)

【形容詞】楽しくて心がはずむ。

ⓐ述語となる。▶看到孩子们有进步,心里很～(子供たちが成長したのを見てうれしい)▶听说第一口油井出油了,大家～极了(第1の油井から石油が出たと聞いて,みんな喜びにあふれた)▶小方比谁都～(方くんは誰よりも喜んでいる)▶这两天他不太～(この2日というもの彼は機嫌がよくない)▶听到这个消息,我～得几乎要跳起来(このニュースを聞いて私は飛びあがらんばかりに喜んだ)

ⓑ名詞を修飾するときには'的'を付ける。▶他平时话不多,～的时候才说上几句(彼は平生口数が少なく,うれしいときに少し口を開くぐらいだ)▶遇到～的事情,有时他也会唱上两句(うれしい事があれば彼でも歌が出ることがある)

ⓒ動詞を修飾するときは、ふつう《重ね型》AABB 型を用いる。▶他们高高兴兴地走了（彼らは喜び勇んで出かけた）
ⓓ補語となる。▶两个人谈得可～了（2人は非常に楽しく話をした）▶这一天玩得真～（この日はとても楽しく遊んだ）

搞 gǎo

【動詞】する，行う，やる：《付》了・着・过《重ね型》名詞の客語をともなえる。▶这事儿不好～（この件はやりにくい）▶我们～了一个初步方案（初歩的な案を作った）▶他～设计，我～施工（彼が設計し、私が施工する）▶要把问题～清楚（問題をはっきりさせねばならない）▶这事叫他～得一塌胡涂（この事は彼のおかげでめちゃめちゃになった）▶你在～什么名堂？（何をやらかしているのだ）
ⓐ '搞' は各種の異なった動詞に換えられる。客語の違いに応じて意味が変わる。▶～总务（総務の仕事をする＝担任总务工作）▶～对象（結婚相手を探す＝找结婚对象）▶～关系（関係を結ぶ＝拉关系）▶～一个方案（案を制定する＝制订方案）▶～科学工作（科学活動に従事する＝从事科学工作）▶不要～花架子（見かけだおしにならないようにしなさい＝不要华而不实）
ⓑ数量詞に具体的事物を示す名詞を付けて客語とする。'搞' は「手段を講じて獲得する」という意味を持つ。▶～几张票（切符を何枚か手に入れる）▶～一台电视机（テレビを1台手に入れる）▶～点儿东西吃（食べ物を調達して食べる）

[動結] 搞//好　搞//成　搞//通　搞//明白　搞糟了　搞丢了

搞得〈不〉了 (liǎo)　行う能力がある〈ない〉。▶他刚学英语，还搞不了翻译（彼は英語を勉強し始めたところで、まだ通訳は無理だ）

[動趨] 搞//上去▶把国民经济搞上去（国民経済を向上させる）

搞//下去　続けて行う。▶试验要搞下去，不能半途而废（実験は続けていくべきで途中でやめてはならない）

搞//出来　必ず客語をともなう。▶还没有搞出结果来（まだ結果が出ていない）▶一定要搞出个名堂来（必ず成果を生み出さなくてはならない）

搞//到▶票已经搞到了（切符はもう手に入れた）

告诉 gào·su

【動詞】意志を人に伝える：《付》了・过《重ね型》二重客語をともなえる，または人を指す客語のみをともなえる。▶我～你一个好消息（いいニュースをお知らせしましょう）▶大夫～病人应该吃什么药（医者は患者にどんな薬を飲むべきか告げる）▶～他们，说话小点儿声（彼らに小さな声で話すように言いなさい）▶～张老师，明天上午八点全体运动员在操场集合（張先生に、明日午前8時選手全員がグラウンドに集合すると伝えてください）▶把详细情况～我（詳しい状況をぼくに話してくれたまえ）▶事情的经过让老陈～您吧（事の経過を陳さんにご報告させます）

― '告诉' の後ろに '给' を付け，さらに人を指す客語をつなげる。▶情况全都～给我了（状況はすべて私に知らせてくれた）▶你把那消息～给他听听（あのニュースを彼に教えてやりなさい）▶我已经～给老王了（私はもう王さんに言ってある）

[動結] 告诉错了　告诉晚了

格外 géwài

【副詞】ふつうの程度を越えていることを表す。
ⓐ格外［地］+ 形 / 動 ▶这几天好像太阳～亮，天空～蓝（この数日、太陽はとりわけ明るく、空はとりわけ青いように思われる）▶最近他显得～[地] 高兴（最近彼はとりわけうれしそうに見える）▶脚步～[地] 坚定有力（足どりがとりわけしっかり

と力強い）▶比平时～爱说话了（いつもに比べていやにおしゃべりになった）▶～用功（特に勉強熱心だ）▶～感兴趣（このほか興味をもつ）▶～有意思（格別におもしろい）▶这一次比平时～努力（今回はふだんに比べて特に一生懸命だ）▶～做得好（格別立派にやった＝做得～好）▶问题～解决得彻底（問題はことのほか徹底的に解決された＝问题解决～彻底）

ⓑ格外＋不＋形／動（2音節の語が多い）▶～不容易（とりわけむずかしい）▶～不新鲜（わけても新鮮でない）▶～不可靠（特に頼りない）▶～不讲理（なんとも話がむちゃくちゃだ）▶～不愿意了（格別やるのをいやがっている）

ⓒ'格外'は'得〈不〉'をともなった動結形や動趨形の動詞を修飾する。▶～过意不去（誠に申しわけないことでございます）▶～沉得住气（とりわけ落ち着きはらっている）▶～沉不住气（格別, 腹にすえかねている）▶距离那么远，又赶上雾天，～看不清楚了（距離は遠いし, 霧も出ているし, ことのほか見通しが悪い）

个 gè

【量詞】❶個体量詞として広く用いる。独自の量詞をもたない事物に用いる。▶一～人（1人）▶一～影子〈人影〉（1つの影〈人影〉）▶两～西瓜〈苹果、萝卜〉（2個のスイカ〈リンゴ・大根〉）▶三～馒头〈包子〉（3個のマントウ〈パオズ〉）▶一～集团〈政党、团体、单位、机关、剧团〉（1つの集団〈政党・団体・職場・機関・劇団〉）▶一～国家〈社会、世界〉（1つの国家〈社会・世界〉）▶一～地方〈操场、战场〉（1つの場所〈運動場・戦場〉）▶一～村子〈院子〉（1つの村〈庭〉）▶一～季节〈冬天、月、星期、钟头、时期、阶段、时代、世纪〉（1つの季節〈冬・月・週・時間・時期・段階・時代・世紀〉）▶在北京过了好几～年〈中秋节、国庆节〉（北京で何回もお正月〈中秋節・国慶節〉を迎えた）▶一～字〈句子、词组、词、段落、声音〉（1つの文字〈文・句・単語・段落・音〉）▶一～号码（1つの番号）▶一～故事〈笑话、节目、游戏〉（1つの物語〈笑い話・出し物・遊戯〉）▶摔了一～跟头（もんどり打って転んだ）▶转了两～弯儿（2回曲がる）▶画了两～图样（2つの図案を描く）▶三～臭皮匠，合成一～诸葛亮（3人寄れば文殊の知恵）▶小伙子一～赛过一～（若者たちはいずれ劣らぬ者ばかりだ）▶～～儿都是英雄（1人1人どの人も英雄だ）▶地上放着一～～西瓜（地べたにスイカが1つ1つ置かれていた）▶一～一～走，别挤（1人ずつ行きなさい。押し合ってはいけません）

——一部の独自の量詞をもつ事物に用いてもよい。▶一～〈只〉耳朵（片方の耳）▶一～〈所〉学校（1つの学校）▶一～〈家〉工厂（1つの工場）▶一～〈张〉凳子（1つの腰かけ）

❷動作と関係する用法。

ⓐ'一个'をいくつかの名詞・動詞と組み合わせて述語動詞の前に用いる。「すみやかに」「突然に」の意味を表す。▶一～箭步窜了上去（パッと飛び上がった）▶一～跟头栽了下来（もんどり打って転んだ）▶一～失手，碗摔碎了（突然手がすべって, 碗を落として壊してしまった）▶一～不小心〈不留神、不注意〉，把手指划破了（ちょっと油断して, 指を切ってしまった）

ⓑ動＋个＋概数　'个'を用いない場合と比べて, 軽く, 自在な表現となる。▶哥儿俩才差～三、两岁（あの兄弟はわずか2～3歳離れているだけだ）▶每星期来～一、两趟（週に1回か2回来る）▶这本书我得看～四遍五遍的（この本は4回も5回も読まなくちゃ）▶一天跑～百儿八十里不算什么（1日に100里やそこら駆けたってたいしたことはない）

ⓒ動＋个＋賓　ふつうこの形を2つつな

げて用いる。さらに'的'または'什么的'を付けることもある。文全体が軽快で自在な感じを与える。▶他就爱画～画儿, 写～字什么的（彼は絵を描いたり, 字を書いたりするのが好きだ）▶他常在我这儿吃～饭, 喝～茶的（彼はよく私の所でご飯を食べたり, お茶を飲んだりする）▶洗～澡, 睡～觉, 休息休息（風呂に入ったり睡眠をとったりして, 休養してください）▶他就爱讲～卫生（彼はきれい好きだ）▶讨他～喜欢（彼の気にいるようにする）▶有～差错怎么办？（間違いでもあったらどうしたらいいだろう）

— '一次'という意味を表すこともある。▶我跟他见了～面（私は彼に1度会った＝见了一次面）▶上了～大当（1度ひどくだまされた＝上了一次大当）

ⓓ 動+个+形/動 '个'の機能は補語を導く'得'に近い。注意 動は《付》了▶看～仔细（詳しく見る）▶问～明白（はっきりたずねる）▶笑～不停（笑いが止まらない）▶他倒跑了～快（彼は意外にも速く走った）▶玩了～痛快（存分に遊んだ）

— '得'の後ろに用いてもよい。ただし動は'了'をともなえない。▶看得～仔细（詳しく見る）▶玩得～痛快（存分に遊んだ）▶把敌人打得～落花流水（敵をさんざんやっつけた）▶吵得～不亦乐乎（ひどく口げんかをした）▶闹得～满城风雨（町中, 大騒ぎになった）

ⓔ 没〈有〉+个+動/形 ある種の形は接尾辞'儿'をともなわねばならない。《口》▶大家齐心协力, 那没～打不赢的（みんな心を1つにして協力するなら, 必ず勝てるよ）▶他一说就没～完（彼はしゃべり出すときりがない）▶没～错儿, 就是这样（間違いない, この通りだ）▶这样做对你也没～好儿（こういうふうにすると君にとっても得にはならないよ）▶你有～正经没有？（君はもう少しまじめになれないのか？）▶他说话就没～正经（彼の話は, まともなところがない）

注意 '个个'を除く'个'は, 一般に軽く読む。

各 gè

【指示代詞】ある範囲内のすべての個体を指す。名詞または量詞の前に用いる。名詞は'人・机构・单位・组织・党团・阶级'などに限る。▶～人（めいめい）▶～家（各家庭）▶～县（各県）▶～区（各区）▶～村（各村）▶～省（各省）▶～地（各地）▶～工厂（各工場）▶～学校（各学校）▶～医院（各病院）▶～诊所（各診療所）▶～单位（各機関, 部門, 組織）▶～机关（各機関）▶～团体（各団体）▶～车间（各作業現場）▶～车厢（各車輛）▶～办公室（各事務室）▶～部委（各部と各委員会）▶～分局（各支局）▶～中队（各中隊）▶～派出所（各派出所）▶～国（各国）▶～党派（各党派）

— '各'と共に用いる量詞は, ふつう次のようなものである。▶～个［小组］（それぞれの［グループ］）▶～级［委员会］（各級の［委員会］）▶～位［家长］（［父兄]各位）▶～次［列车］（各［列車］）▶～类［文件］（各種の［書類］）▶～种［消息、人］（各種の［情報・人］）▶～项［工作］（各種の［仕事]）▶～式［糕点］（いろいろな［お菓子]）▶～期［杂志］（各号の［雑誌］）▶～条［战线］（各［戦線］）▶～门［功课、课］（各科の［科目・授業］）▶～路［大军］（各方面の［大軍］）▶～章［内容］（各章の［内容］）▶～界［人士］（各界の［人士］）▶～届［毕业生］（各期の［卒業生］）▶～方面［代表］（各方面の［代表］）▶～种～样［人物］（各種各様の［人物］）

【副詞】個別に行う, または個別に備えていることを表す。

ⓐ 各+動 ▶～尽所能, 按劳分配（各人がその能力を尽くし, 労働に応じて分配する）▶左右两侧～有一门（左右両側にそれぞ

れ1つずつ入り口がある）▶双方～执一词（双方がそれぞれ自分の意見を主張して譲らない）
ⓑ各…各［的］　それぞれが異なることを表す。▶这两样工具～有～的用处（この2種類の工具にはそれぞれ異なった用途がある）▶他们～有～的想法（彼らはそれぞれの考え方を持っている）▶下了班，他们就～回～的家了（仕事が終わると、彼らはめいめいの家へ帰った）
── ⓐはⓑよりやや古い用法である。次の例を比較してみよ。▶各有用处▶各有各的用处
ⓒ各＋数量▶精装本平装本～三部（上製本と並製本各3部）▶我们班男生和女生～一半（私たちのクラスは男の生徒と女の生徒がそれぞれ半分ずつだ）▶每组～三名组员（各組3名ずつの構成）
注意 若干の四字成句（下記参照）以外、'各'はふつう否定文には用いない。
慣用句 **各顾各**　それぞれわが身を考える。
各自为政　各自勝手に事を行う。
各就各位　それぞれ位置に付ける。
各行各业　各業種。
各不相同　それぞれ異なる。
各不相让　互いに譲らない。
各不相谋　互いに相談しない。
各不相扰　互いに干渉しない。
比較 **各：每** ① '各'と'每'はいずれもすべての個体を指すが、意味の重点が異なる。'每'は1個または1組を例として取り出すことに重点を置く。'各'は同時に全部を指すことに重点がある。次の例の'每'は'各'に置き換えられない。▶每一个人都有一辆车（どの人も車を1台持っている）▶每三年粉刷一次（3年ごとにしっくいを塗りかえる）
② '各'はいくつかの名詞の前に直接付けられる。'每'は量詞・数量詞と結合しないと名詞（'人・家・年・月・日・星期・周'などを除く）の前に付けられない。▶每个学校（どの学校も ×每学校）▶每个车间（どの作業現場も）▶每两个小组（2つのグループごとに）
③ '各'の後ろには一部の量詞しか付けられない。'每'は後ろにいろいろな量詞を付けられる。'每'は数量詞と結合できる。'各'は数量詞と結合できない。

各别 gèbié

【形容詞】❶それぞれ異なる、区別がある。
ⓐ述語になる。▶问题的性质～，应该用不同的方法解决（問題の性質がそれぞれ異なるので、違った方法で解決すべきだ）▶情况～，要区别对待（それぞれに事情が違っているので、区別して扱う必要がある）
ⓑ定語になる。▶～的问题（個別の問題）▶～的性质（個々の性質）
ⓒ動詞を修飾し、異なる方法をとることを表す。▶其他问题～对待（その他の問題は個別に対処する）▶对这类事情要～处理（この種の事柄については、個別に処理しなければならない）
❷風変わりだ、目新しい。▶这件衣服的式样很～（この服はデザインが奇抜だ）▶这些产品使用的材料很～（これらの製品に使ってある材料は変わっている）
❸特殊だ（マイナス評価を含む）。▶他的脾气很～，一点儿小事就生气（彼の気性は変わっていて、ほんのちょっとした事ですぐに怒る）▶他看问题的方法太～了（彼の問題のとらえ方はあまりにも特殊だ）

各个 gègè

【代詞】1つ1つどれも：複数の人または事物内のすべての個体を指す。
ⓐ主語になるとき、'各个'が指す具体的対象または範囲は前の文中に現れていなければならない。▶我几个同学，～都是劳动能手（私の学友たちは、それぞれすぐれた働き手だ）▶大家在运动场上～争先恐后（みんなはグランドでわれ先にと争っている）

ⓑ '各个'はその指す対象とともに同格の語句を形成し,主語になることもある。▶他们～都像运动员(彼ら1人1人がまるで選手のようだ)▶同学们～精神振奋(同級生1人1人が元気いっぱいだ)
ⓒ定語になるとき,直接名詞を修飾し,'的'を加えられない。▶当时,～分厂的生产任务各不相同(当時,支配下の各工場の生産目標はそれぞれ違っていた)▶应该考虑问题的～方面(問題の個々の面を考慮すべきだ)▶参赛者是来自～大学的高才生(競技会の参加者は各大学から来た優等生だ)

【副詞】1つ1つ:順を追って行うことを表す。▶对待这些同案犯,应该采取～击破的策略(これら同一事件の犯人たちについては,1人ずつ責め落とす作戦をとるべきだ)▶这些问题要～解决(これらの問題は1つ1つ順番に解決しなければならない)▶我们应该想方设法,克服工作中的～困难(我々はなんとか方策を講じて,仕事上の問題を1つ1つ克服していかなければならない)

各自 gèzì

【代詞】各人,いくつかの中で自分を表すもの。
ⓐ主語になるとき,'各自'が指す具体的範囲の中での具体的な対象は前の文中にはっきり述べられていなければならない。▶陈田和刘英都是代表,～代表不同的行业(陳田と劉英は2人とも代表で,それぞれ異なる業種を代表している)▶大家听完报告以后,～都有很多想法(一同は報告を聞き終わったあと,1人1人がみないろんな考えを抱いた)▶大家谁也不开口,～都在想自己的心事(みんなは誰も口を開こうとはせず,それぞれが自分の思いにふけっていた)
ⓑ '各自'はその指す対象とともに同格語句を形成し,主語になることがある。▶看完电影,他们～回到宿舍(映画を見終わると,彼らはそれぞれ寮に帰った)▶小明和小光自从吵架以后,他们～谁也不肯先跟对方说话(明くんと光くんは喧嘩をしてからというもの,どちらも自分から先に相手に話しかけようとはしない)▶把我的打算告诉你们以后,你们～先考虑一下,明天再答复我(私の考えをみなさんに話しますから,聞いたあと各自考えて,明日私に返答してください)
ⓒ定語になる場合,名詞を直接修飾できる。また'的'を加えることもできる。その指す対象とともに同格語句を形成し,定語になることもできる。▶他们从～不同的角度出发考虑问题(彼らはそれぞれの異なった角度から問題を考える)▶他们有～的朋友一起玩儿(彼らはおのおのいっしょに遊ぶ友だちがいる)▶由此可以看出他们～的态度(ここから彼らそれぞれの態度を見て取ることができる)

给 gěi

【動詞】❶相手に与える:《付》了・过
二重客語をともなえる。二重客語のうちの一方をともなうだけでもよい。▶那本书我～你了(その本は君にあげる)▶～了他一张票(彼に切符を1枚あげた)▶从来没有～过他钱(これまで彼に金を与えたことはない)▶把钢笔～我(ペンをぼくにくれ)▶材料～得相当齐全(材料はかなり十分に与えられた)
ⓐ2番目の名詞の客語の後ろにさらに動詞を付けてもよい。この場合,2番目の名詞は兼語に近い。▶～我一壶开水沏茶(お茶を入れるのでやかんに1杯お湯をください)▶～学校这块空地作操场(この空き地を運動場にするよう学校に寄付する)
ⓑ2番目の名詞の客語が後ろの動詞の対象となる場合。▶～我一杯水喝(私に水を1杯飲ませてくれ=给一杯水,喝水)▶～你一点儿尝尝(少し味をみてください=给一点儿,尝一点儿)
❷相手をひどい目にあわせる:《付》了・

过　一般的には二重客語をともなうが，2番目の客語だけでかまわないこともある。ただし1番目の客語だけではいけない。
ⓐ2番目の客語は動詞や形容詞であってもよい。ただし必ず数量詞を付ける。▶～你一点厉害（おまえを少し痛い目にあわせてやるぞ）▶～他一个不理睬（彼を相手にしない）
ⓑ'给'を一部の具体的な動作を示す動詞の代わりに用いる。▶～了他两脚（彼を2回けった＝踢他两脚）▶～他几句（彼を二言三言しかる＝说他几句）▶～敌人一排子弹（敵に掃射を加える＝射向敌人一排子弹）
❸許す，…させる：用法は'叫・让'に近い。▶城里城外跑了三天，～我累得够呛（町の内外を3日間駆け回って，へとへとにくたびれてしまった）▶～他多休息几天（彼を何日か余計に休ませる）▶你那本书～看不～看？（君のその本，見せてくれる）▶酒可是不～喝（酒は飲ませない）▶看着小鸟儿，别一飞了（小鳥を見張っていろよ。飛んで行かないようにな！）

[動結]　给∥全　给∥够　给多［了］
　　给少［了］　给错［了］

[動趨]　给∥出［来］　決める，提出する。科学技術文献に用いる。▶给出一定条件（一定の条件を決める）▶要把已知数都给出来，才能编制计算程序（既知数を全部出して，初めて計算の順序を組み立てられる）

给得〈不〉起　与える能力がある〈ない〉。
▶我们给不起这么多的钱（私たちはこんな大金を出せない）

【介詞】❶物や伝達を受け取る者を導く。
ⓐ動詞の前に用いる。▶～我来封信（私に手紙をください）▶～他去个电话（彼に電話する）▶家里～小刘寄来了一个包裹（劉くんに家から小包が1個届いた）▶教师～每个同学发了一份复习提纲（先生は1人1人の生徒に復習内容の要綱を与えた）
ⓑ動詞の後ろに用いる。▶留～你钥匙（君に鍵を置いていこう）▶交～我一封信（私に手紙を渡した）▶厂里发～他一套工作服（工場では彼に仕事着をひとそろい給付した）▶通知已经寄～他了（通知はすでに彼に郵送した）▶把文物献～国家（文化財を国に贈呈する）▶后卫把球传～了中锋（バックはボールをセンターに回した）
❷動作の受益者を導く。▶～黑板报写稿（黒板新聞のために原稿を書く）▶～病人治病（病人を治療する）▶我～你当翻译（ぼくが君の通訳になってあげよう）▶努力攀登科学高峰，～祖国争光（努力して科学の高峰へ登り，祖国に栄誉をもたらす）
❸動作の被害者を導く。▶对不起，这本书～你弄脏了（ごめんなさい，君のこの本よごしてしまったんだ）▶小心别把玻璃～人家碰碎了（人の家のガラスを割らないよう気をつけなさい）▶怎么把屋里～我搞得这样乱七八糟的？（私の部屋をどうしてこんなにめちゃくちゃにしたの）
❹'给我'に動詞を付けて命令文中に用いた場合，意味には2つの可能性があり，前後関係によって区別する。
ⓐ'为我''替我'に同じ。▶我的帽子不知哪儿去了，你～我找一找（ぼくの帽子どこかへいってしまった。ちょっと探してください）▶出去的时候～我把门关好（出かけるとき，ドアを閉めて行ってください）
ⓑ命令の口調を強め，話し手の意志を示す。▶你～我走开！（あっちへ行け）▶你～我小心点儿！（おい，気をつけろよ）▶瞧你一身泥，快～我把衣服换了！（体中泥まみれじゃないか。早く服を着替えなさい：話し手の洋服を着替えさせる意味ではない）
❺…に向かって，…に対して。▶～老师行礼（先生に礼をする）▶～他道歉（彼にわびる）▶～小朋友讲故事（子供たちにお話をする）▶他～我使了个眼色（彼は私に目くばせした）

❻受身を表す。…される。▶门～风吹开了（ドアが風で開いた）▶衣服～雨淋湿了（服が雨でぬれてしまった）

注意 '给…'を動詞の前に用いるときは2つの異なった意味を生じることがあるので、前後関係によって判断しなければならない。▶你给他打个电话，说他在我这儿有事（彼の代わりに電話して、彼は私の所で用事をしていると伝えてください：彼のために電話して第三者に知らせる）▶你给他打个电话，叫他马上到这儿来（あなたは彼に電話してすぐ来るように言ってください：彼自身に電話で知らせる）▶对不起，铅笔给你弄丢了（すみません。君の鉛筆をなくしてしまいました：君の鉛筆をなくした）▶你看，铅笔给你弄丢了吧！（ほらご覧、鉛筆を君になくされてしまったじゃないか：君によって鉛筆をなくされた）

【助詞】動詞の前に直接用いる。《口》
❶能動文に用いる。
ⓐ '把'を用いた文。▶他把衣服～晾干了（彼は服の陰干しをした）▶让我把杯子～打碎了一个（コップを1個割ってしまった）▶我们把房间都～收拾好了（私たちは部屋をすっかりかたづけた）
ⓑ '把'を用いない文。▶明天的事儿，你～记着点儿（明日の事は、おまえ、覚えておくのだぞ）▶水龙头坏了，我们～修（蛇口が壊れてしまったので、私たちが直してあげよう）▶我～洗，你～烫，咱俩一起干（ぼくが洗うから、君がアイロンをかけてくれ、一緒にかたづけようよ）▶劳驾，您～找一下老王同志（すみません、王さんをちょっと捜してください）

❷受身文に用いる。
ⓐ '被'を用いた文。▶衣服让他～晾干了（服は彼の手で陰干しされた）▶杯子叫我～打碎了一个（コップは私によって1個壊されてしまった）▶房间都让我们～收拾好了（部屋は私たちの手ですっかりかたづけられた）
ⓑ '被'を用いない文。▶杯子我～打碎了一个（コップを1個割ってしまった）▶房间我们都～收拾好了（部屋をすっかりかたづけた）

━ 動作の主体を出さなくてもよい。▶杯子～打碎了一个（コップが1個割れてしまった）▶虫子都～消灭光了（虫はすっかり退治された）▶房间都～收拾好了（部屋はすっかりかたづいた）

给以 gěiyǐ

【動詞】与える：必ず2音節の動詞から臨時に転化した名詞を客語にともなう。ふつう前には助動詞あるいは'一定・必须'などの副詞を用いる。《書》▶他有困难，我们应当～帮助（彼が困っているなら、我々が援助するのは当然だ）▶对于工作上作出成绩的同志，要～适当的鼓励（仕事で成果をあげた同志にはしかるべき励ましを与えなくてはならない）

━ 上の例のように、動作の対象は必ず主語あるいは'给以'の前に置く。動詞の後ろに置くときは'给以'を'给'に改める。▶他有困难，我们应当给他帮助（彼が困っているなら、我々が援助するのは当然だ）
━ あるいは'给…以…'を用いる。'给'に'了'が付いてもよい。▶兄弟院校给了我们以很大的支持（我々は姉妹校から多大な支援を受けた）▶演员们精湛的演技给我们以深刻的印象（俳優たちの深みのある演技は我々に強い印象を与えた）

根 gēn

【量詞】細長いものに対して用いる。《儿化》▶一～竹竿〈棍子、骨头、管子、筷子、树枝〉（1本の竹ざお〈棒・骨・パイプ・箸・枝〉）▶一～木头两个人抬（1本の丸太を2人でかつぐ）▶三～电线杆（3本の電柱）▶一～柱子（1本の柱）▶一～儿线〈铁丝儿、头发、火柴〉（1本の糸〈針金・髪の毛・マッチ〉）

根本 gēnběn

【名詞】事物の根源，最も重要な部分：前に数詞・量詞を付けられない。▶放弃品德教育就是放弃了〜（道徳教育を放棄することはすなわち根本を放棄することだ）▶水、土是农业的〜（水と土は農業の土台である）

━根本+上▶问题必须从〜上解决（問題は根本から解決しなければならない）

【形容詞】最も重要な，決定的影響を及ぼすほどの：前に副詞'最'を付けてもよい。▶〜原因（根本的な原因）▶〜保证（根本的な保証）▶〜措施（根本的な措置）▶〜问题（根源的な問題）▶事物发展的〜原因，要到事物内部去找（事物の発展の根源は，事物の内面に求めなくてはならない）

【副詞】❶徹底的に。▶问题已经〜解决（問題はすでに根本から解決した）▶要〜改造自然环境，还需要相当的时间（自然環境を徹底的に改造するにはまだかなりの時間がかかる）▶这种不良风气已经〜改变（こうしたよくない気風はすでにすっかり改められた）

❷初めから終わりまで，終始，まるきり：否定文に用いることが多い。あるいは否定に近い意味を含んだ動詞を修飾する。▶他〜不认识我（彼はぜんぜん私を知らない）▶他〜不住在这儿（彼ははなっからここに住んではいない）▶我〜没同意（私はぜんぜん同意なんかしていない）▶你〜不了解情况，怎么能把事情办好呢？（君はまるっきりようすをわかっていないんだから，うまく処理できるわけがないだろう）▶这个〜不成问题（これはてんで問題にならない）▶去年冬天〜不冷（去年の冬はぜんぜん寒くなかった）▶车子开得〜就不快（車はちっとも速く走らなかった）▶我〜怀疑这样做有什么好处（こんなふうにしたところで何の役にも立たないだろうと，ぼくは初めから疑問に思っていたんだ）

━'根本'はときには全文を修飾できる。'根本'と主語の間にはポーズを置かない。述語にはふつう副詞'就'を加える。▶〜你就不对么！（もともと君が間違ってるんじゃないか）▶〜我就没理他（私は最初っから彼なんか相手にしてやしないよ）

根据 gēnjù

【名詞】論を下す前提，あるいは言行の基礎となる事柄。▶理论〜（論拠）▶科学的〜（科学的根拠）▶说话要有〜（ものを言うには根拠がなくてはならない）▶我这话可是有根有据（ぼくのこの話はちゃんと根拠があってのことなんだ）▶你的〜是什么？（君の根拠は何だ）

【動詞】…をもって根拠とする：必ず客語をともなう。▶财政支出应该〜节约的原则（財政支出は，節約の原則に基づかなければならない）▶你作出这个结论是〜什么？（君がこういう結論を出すのは何を根拠にしてのことなんだい）

【介詞】ある事物あるいは動作を，前提・基礎とすることを表す。

ⓐ根据+名　主語の前に用いるときはポーズを置く。▶〜原著第三版翻译（原著の第3版に基づき翻訳した）▶〜民歌改编（民謡をもとにアレンジする）▶〜不同情况分别处理（それぞれの状況に基づいて別々に処理する）▶计划还要〜群众的意见加以修改（計画はさらに大衆の意見に基づいて改めなければならない）▶〜现有的材料，我们还不能作出最后的决定（手もとの資料では我々はまだ最終決定を出せない）

ⓑ根据+動　ふつう主語の前に用い，ポーズを置く。▶〜统计，产量比去年同期增加百分之十（統計によれば，生産量は去年の同期より10パーセント増加している）▶〜抽血化验，他的病情已经大大好转（血液検査によると，彼の病状はもうかなりよくなった）

━'根据'の後ろにくる動詞が名詞的に使われるとき，動詞は客語をともなえない。また動詞の前に動作の主体を示す名詞が

あるときは，名詞と動詞の間に '的' を入れることが多い。▶~我们[的]了解，这件事与他无关（ぼくたちの知るところでは，この事は彼と無関係だ）▶~专家[的]鉴定，这是恐龙的化石（専門家の鑑定によれば，これは恐竜の化石だ）

比較 根据：据 '根据' の介詞用法は基本的には '据' と同じだが，多少違いがある。
① '据' は単音節の名詞と組み合わせが可能だが，'根据' はできない。▶据实报告 ▶根据事实报告（事実に基づいて報告する）
② '据' は '说・报・闻・传' などと組み合わせが可能だが，'根据' はできない。▶据说他走了（聞くところによれば，彼は行ったそうだ ×根据说…）▶据报明天有雨（予報では明日は雨だということだ ×根据报…）
③ '据' はしばしば '某人说' '某人看来' のような節と組み合わせて用いる。'根据' を用いるときは，ふつうこれらの節を名詞句に換える。▶据他说，情况并不严重 ▶根据他的说法，情况并不严重（彼の話では，状況はそれほど深刻ではないということだ ×根据他说…）

▶据我看来，还需要进一步调查 ▶根据我的看法，还需要进一步调查（私の見るところでは，もう1歩突っ込んで調査する必要がある ×根据我看来…）

跟 gēn

【動詞】あとにぴったりとくっついて同じ方向に動く：単独では用いられず，必ず趨向動詞を付けるか，前後に介詞句を付けねばならない。▶你走慢一点，快了老太太~不上（君少しゆっくり歩きたまえ，速いとおばあさんがついて行けないよ）▶陈叔叔在前边走，小华在后面~着（陳おじさんが前を歩き，華さんが後ろに従っている）

【介詞】❶「共に」「一緒に」の意味を表す。人を指す名詞とだけ組み合わせる。▶你去~老王研究一下（行って王さんと検討しなさい）▶我~你一起去（君と一緒に行く）▶小莉~同学游泳去了（莉ちゃんは学校の友だちと泳ぎに行った）

ⓐ否定詞 '不' を '跟' の前に置くと，主観的な願望を表す。▶我不~他在一起（ぼくは彼と一緒にいたくない）▶我不~这个人见面（私はこの人に会いたくない）

— '不' を '跟' の後ろに置けば，客観的な事実を表す。▶我~他不在一起（ぼくは彼と一緒ではない）▶我~这个人不相识（私はこの人と知り合いではない）

ⓑ否定詞 '没' は前後どちらにあっても意味は同じ。▶我没~他在一起（ぼくは彼と一緒にはいなかった＝我~他没在一起）▶我没~这个人见面（私はこの人と会わなかった＝我~这个人没见面）

❷動作と関係のある相手方を指す。人を表す名詞とだけ組み合わせる。

ⓐ…に対して。▶把你的想法~大家谈谈（君の考えをみんなに話しなさい）▶要尽快~厂里联系（できるだけ早く工場当局に連絡しなければならない）▶他~谁都一样（彼は誰に対しても同じようだ）

ⓑ…のところから。▶这本书你~谁借的？（この本，誰に借りたの）▶我~你打听一件事（私はあなたに1つたずねたい）

❸ある事柄と関連があるかないかを表す。▶他~这事没关系（彼はこの事と無関係だ）▶这事~我有牵连（この事はぼくと関わりがある）▶他去不去~你什么相干！（彼が行くか行かないか，君には関係ないだろう）

❹比較の対象を導く。ふつうあとに '比・相同・不同・一样・差不多・相像' などの語を用いる。▶~昨天比，气温下降了五度（昨日に比べて気温は5度下がった）▶这种萝卜~梨一样甜（このダイコンはナシのように甘い）▶我的爱好~你差不多（ぼくの趣味は君とだいたい同じだ）▶女儿长得~妈妈一个样儿（娘は母親と瓜二つだ）▶我的看法~你不同（ぼくの見方

は君とは違う）▶我去～你去一样（ぼくが行こうと君が行こうと同じだ）▶写诗～写散文比较起来，更需要在用字上下功夫（詩は散文に比べ，言葉の使い方の習練がずっと必要だ）▶他说汉语就～说藏语那样流利（彼は中国語をチベット語とまったく同じように流暢に話す）

【接続詞】対等の結合関係を示す：…と。ふつうは名詞・代詞を接続する。《口》▶小李～我都是山西人（李さんもぼくも山西省の者です）▶铅笔～橡皮你都搁哪儿去了？（鉛筆と消しゴムはどこへ置いたの）

比較 跟：同：和：与 ①介詞として用いるとき，話し言葉ではふつう'跟'を用い，書き言葉では現在は'同'を用いる傾向にある。接続詞として用いるときは一般的には'和'を用いる傾向にあり，'跟'は比較的少ない。'同'はさらに少ない。
② '与'は書き言葉（特に書名・表題）に多く用いる。

跟前 gēnqián

【方位詞】かたわら，そば。

❶ 単独で用いる。前に名詞が付かない。▶他靠在沙发上，～有一大堆书报（彼はソファーにくつろいで座り，そばには本や新聞が山と積まれていた）▶这孩子爹娘不在～，全靠邻居们照管（この子は両親と別に暮らしていて，何から何まで近所の人に面倒をみてもらっている）▶你往～站站，让我仔细看看（そばに来て立っておくれ，私にとくとおまえを見せておくれ）▶走到～，才看清楚（そばまで行ってやっとはっきり見えた）

❷ 名+跟前 ▶您～有几个小孩？（一緒に住んでいるお子さんは何人ですか）▶纪念碑～站着不少人（記念碑の前に大勢の人が立っている）▶别到病人～去（病人のそばに行ってはいけない）

更 gèng（更加）

【副詞】程度が高まることを表す。比較に用いる。すでに一定の程度に達しているという意味を含むことが多い。

ⓐ 更+形 ▶学习是为了～好地工作（学習はよりよく仕事をするためである）▶迎接～艰巨的任务（今まで以上に困難な任務を迎える）▶他比你来得～早（彼は君よりももっと早く来た）▶还可以～详细一些（もっと詳しくてもよい）▶比起过去来，现在的产品～多～好了（昔と比べると，今の製品は数もずっと増えたし，質もずっとよくなった）

ⓑ 更+動 ▶比以前～懂得道理了（以前よりずっとものわかりがよくなった）▶～喜欢这个地方了（ますますこの土地が好きになった）▶这么做～联系实际（こうすればもっと実際と結びつけられる）▶～使我感动的是另一件事（私をもっと感動させたのは別の事です）▶比较起来，我～愿意到牧区去工作（どちらかと言えば，牧畜地域に行って仕事をしたい）▶这样做～能解决问题（こうすればなおさらうまく問題が解決できる）

— 動詞の後ろに'得'を付けて補語を導くとき，'更'を補語の中に移してもよい。▶～干得起劲了（ますますはりきって仕事をした＝干得～起劲了）▶～解决得彻底（さらに徹底的に解決した＝解决得～彻底）

ⓒ 更+不+形／動 ▶～不容易了（ますますむずかしくなった）▶～不对了（なおさら間違いだ）▶～不明白了（いっそうわからなくなった）▶～不愿意了（なおさらいやになった）▶她比我姐姐～不爱说话（彼女は私の姉よりずっと無口だ）

ⓓ 更+動+得〈不〉+… 否定形が多い。'得・不'の後ろにはふつう趨向動詞と'了 liǎo・住・着 zháo'などを用いる。▶～合得来了（いっそう気心が合うようになってきた）▶比过去～说不出口（以前より言いにくくなった）▶～沉得住气了（いっそう気持が落ち着いた）▶～抓不住〈着〉了（いっそうつかめなくなった）▶这一次～决定不了了（今回はなおのこと決定を下すの

がむずかしい）▶今天我～帮不了忙了（今日はよけい手伝えなくなった）▶～看不见了（いっそう見えなくなった）▶～说不清楚了（なおさらはっきり言えなくなった）

注意 ①'更'は「もともと一定の程度に達している」という意味を含まず、単に逆の場合と比較するだけのこともある。例えば'反而更快了'（それどころかかえって速くなった）は必ずしも「もとから速かった」とは限らず、遅かった可能性もある。'反而更说明问题'（むしろ問題をより明らかにする）は「もともと問題をよく明らかにしている」とは限らない。

②同じような事と比較して、「なおいっそうきわだっている」ことを表す。'尤其'に近い。▶我佩服他的学问，～敬重他的品德（私は彼の学問に敬服しているが、それにもまして彼の品格を高く買っている）▶他没去图书馆，也没去教室，～没在宿舍，不知去哪儿了（彼は図書館にも行ってないし、教室にも行ってない、宿舎にはもちろんいなかった。どこに行ったのだろう）▶我不喜欢下棋，～不喜欢打扑克，只喜欢打乒乓球（将棋は好きでないし、トランプはもっときらいで、卓球だけが好きだ）

〘更加〙'更'に同じ。ふつう2音節の形容詞・動詞の前に用いる。▶你这个主意比我的更加高明（君のこの案はぼくのよりずっと優れている）▶更加说明问题（問題をよりはっきり明らかにしている）▶更加不容易了（いっそうむずかしくなってきた）▶更加不明白了（ますますわからなくなってきた）▶更加听得进去（いっそう受け入れられるようになった）▶ ×更加好地工作

比較 更加：越发 ☞越发 yuèfā
更：再 ☞再 zài

更加 gèngjiā ☞更 gèng

供 gōng

【動詞】❶供給する：《付》了・过 二重客語をともなえる。またその一方をともなうだけでもよい。▶你上大学的那几年谁～你生活费？（大学に行っていたあの数年、誰があなたに生活費を出していてくれたのですか）▶你写吧，我～你纸笔（書きなさい。紙とペンを提供しよう）▶我砌砖，你～料（私がレンガを積むから、君はしっくいを作ってください）▶这种商品现在是～不应求（現在この商品は、供給が需要に追いつかない）

❷便宜を提供し利用してもらう：兼語をともなうことが多い。▶这套通俗读物可～具有初中文化程度的人阅读（これらの大衆的な読み物は、中学卒業程度の学力を持った人が読むのに適している）▶这是～旅客候车的地方（ここは旅客の待合室として設けられた場所です）▶以上意见～你参考（以上の意見を君の参考にしてください）▶这几种盐都可～食用（この数種類の塩はどれも食用にしてよい）

動趣 供得〈不〉上 時間的に供給する余裕がある〈ない〉。▶快点装车，快～不上了（早く車に積んでくれ、すぐに足りなくなる）▶你一个人～得上这么多人吗？（君1人でこんなにたくさんの人に供給できますか）

供得〈不〉过来 需要を満足させられる〈させられない〉。▶你太快了，我供料～不过来了（君が速すぎるので、材料の供給が間に合わなくなった）

供得〈不〉起 需要を満足させられる〈させられない〉。▶你们要这么多，我们可～不起（こんなにたくさん必要だと言われても、どうにも供給できない）

共 gòng

【形容詞】同じである、共に備えていることを表す。語の構成要素に用いることが多い。▶～识（共通の認識）▶～性（共通性）▶～通（共通する）

【副詞】❶いっしょに、共に。協同してやることを表す。▶他们同甘苦，～患难

（彼らは苦楽を同じくし，艱難を共にする）▶邀请客人～进晚餐（お客を招き共に晩餐をとる）▶这个人很难～处（この人とつきあうのはむずかしい）▶～商国家大事（共に国家の大事について相談する）▶这些成果我们应该～享（これらの成果は我々が共に享受すべきだ）

❷総計を表し，意味は'一共・总共'に同じ。動詞の後ろには必ず数量を表す語句が現れなければならない。▶两杯饮料～收八块八毛（飲み物2杯で合わせて8元8角いただきます）▶几批货～欠两千多元（数個口の商品で合わせて2000元あまりの未払金がある）▶全校～有两千多人（全校合わせて2000人余りいる）

注意 '共'はふつう単音節語の前に用いて，意味が比較的固定した2音節語を構成する。例えば'共事・共存・共鸣・共享・共识'など。

共通 gòngtōng

【形容詞】それぞれに通用する，あるいは適用できることを表す。単独では述語にならず，'是…的'形式の中でのみ用いられる。▶这些道理是～的（これらは共通する道理だ）▶处理方法可以不同，但原则是～的（処理方法は違ってよいが，原則は同じだ）▶我们的想法是～的（我々の考えには共通点がある）

— 名詞句を修飾する。▶～的道理（共通の道理）▶～的原则（共通の原則）▶这是两者～之处（これは両者に共通するところだ）

比較 共通：共同 ☞共同 gòngtóng

共同 gòngtóng

【形容詞】同じである，複数の事物が共通に備えている，または一致していることを表す。単独では述語にならず，'是…的'形式の中でのみ用いられる。▶我们的事业是～的（我々の事業は我々みなのものである）▶奋斗的目标是～的（奮闘の目標は同じだ）

— 名詞句の修飾要素に用いる。▶～的特点（共通の特徴）▶～的利益（共通の利益）▶～语言（共通の言語）▶～的节日（共通の祝日）▶～之处（共通するところ）▶～的财富（共同の財産）

【副詞】2つ以上の主体が協力して行動することを表し，'一同・一起'に相当する。後ろの動詞は2音節のものに限られる。▶～承担责任（共に責任を引き受ける）▶～商讨学术问题（一緒に学術問題を検討する）▶～克服困难（共に困難を克服する）▶～协商（一緒に協議する）

比較 共同：共通 '共同'は複数の事物が一致点を備えていることを言う。'共通'は複数の事物の間で共に通用することを言う。'共同'は動詞を修飾し，複数の主体が一致した行動をとることを表す。'共通'には副詞の用法がない。例えば▶大家共同努力，把报纸办好（みんなが一緒に努力して，新聞を成功させる ×共通努力）

够 gòu

【動詞】❶必要な数・基準・程度などを満たす。《付》了

ⓐ客語をともなわない。▶你带的钱～不～？（所持金は十分ですか）▶我们人数还不～（我々は人数がまだ足りない）▶材料已经～了（材料はもう十分ある）

ⓑ够+名 名は2音節の抽象名詞が多い。▶～时间了（必要な時間をかけた）▶你给的～不～份量？（君がよこしたのは決められた分量に達していますか）▶当总工程师我还不～条件（私は技師長になるだけの条件をまだ備えていない）▶身高一米六一不～标准？（身長1メートル60は規準に達していますか）▶他这个人～交情（彼という人間は友情に厚い）▶我学得并不好，当老师～资格吗？（私はまだ勉強が不十分ですが，先生になるだけの資格があるでしょうか）▶这篇论文不～水平（この論文は一定のレベルに達していない）

ⓒ够+動　動は単音節が多い。▶～用《十分足りる》▶～花了（使うお金はもう十分だ）▶一个面包就～吃了吗？（パン1個で足りますか）▶这点儿地方只～盖一间小房（これっぽっちの土地では，小さな家を1軒しか建てられない）▶他攒的钱已经～买一台电视机了（彼がためたお金はすでにテレビを1台買えるまでになった）

ⓓ够+囲▶这一盒铅笔～你用一年呢（この鉛筆1箱あれば君が1年使うのに十分だ）▶オ一间房，～谁住呢？（わずか1部屋で誰が暮らせるか）

ⓔ動結形の結果を示す要素となる。間に'得·不'を挿入できる（'得'の場合は比較的少ない）。「もうたくさんだ」という気持ちを含むことが多い。▶你们笑～了没有？（君たち，もう存分に笑ったでしょう）▶我还没睡～呢，让我再睡会儿（まだ寝足りない，もう少し寝かせてくれ）▶老朋友见个面，总也聊不～（昔なじみが顔を合わせたのだ。いつまでも話は尽きない）▶他这些话你还听不～？我早听～了（彼のこういう言い方，あなたはまだ聞き足りないって言うの。私もうたくさんだわ）▶带孩子我可带～了（子供の世話にはまったくあきあきしてしまった）▶那时候天天吃海带，大家都吃～了（あのころは毎日昆布ばかりで，みんな食べあきてしまった）

ⓕ動+个+够　動の後ろに'了'をともなうか，あるいは前に'要·可以·让'などを置く。▶星期日一整天，他们玩了个～（彼らは日曜日まる1日思う存分遊んだ）▶老朋友好不容易聚到一块儿，一定要说个～（昔なじみの友人がやっと集まれたのだから，思う存分語り合わなくては）▶等苹果树结了果，让你们吃个～（リンゴの木に実がなったら，あなた方に存分に食べてもらいます）

慣用句　够朋友　友人としての情を尽くすことができる。▶你这么说可太不够朋友了（そんな風に言うなんて友だちがいがない）

❷腕をまっすぐ伸ばして，あるいは長い道具で物を取る：《付》了·过　名詞の客語をともなえる。▶小克爬到树上～了一把枣儿（克ちゃんは木に登って腕を伸ばしナツメをひとにぎり取った）▶劳驾你给我把气球～下来（すみませんが，風船を取ってくれませんか）

動結　够//着（zháo）　（手を）ある高さまで伸ばし，触れたり手にとったりする。▶他个儿矮，上面的那扇玻璃够不着（彼は背が低いから，上のあのガラス窓に届かない）▶你够着了给我（取れたら私にください）

動結　够//到　'够着'に同じ。▶地道很矮，伸手就够得到顶（地下道の天井は低く，腕を伸ばすと，手が届く）▶墙上钉子钉得太高，不站在椅子上够不到（壁の釘はとても高く打ちつけてあって，いすの上に乗らないと，手が届かない）

【副詞】❶形容詞を修飾する。一定の規準に達していることを表す。積極的な意味の形容詞に限る。それと反対の語義の形容詞には使用できない。▶别接了，绳子已经～长了（もうつながなくていい，なわの長さはもう十分だ ×够短）▶你看～宽不～宽？——～宽了（幅はこれで十分だと思いますか——十分です ×够窄）

❷形容詞を修飾し，程度が高いことを表す。積極的な意味の形容詞でも消極的な意味の形容詞でもよい。文末に'的'か'了'を付けることが多い。▶天气～冷的（とても寒い）▶这件事～糟糕的（この件はまったくしくじった）▶如今的儿童～幸福的（近ごろの児童はとても幸せだ）▶炼钢工人可～辛苦的（製鉄労働者は本当にたいへんだ）▶老大爷待我们～好了（おじいさんは私たちにとても親切だ）▶他们已经～忙了，别再给他们加任务了（彼らはすでにとても忙しいのだから，これ以上仕事を与えるな）▶不要再说了，人家已经～为难的了（これ以上言わないほうがいい。

あの人はとてもつらいのだから)

股 gǔ

【量詞】❶細長い物，特に1本以上からなるものに対して用いる。▶两～线（2本の糸）▶这电线是双～的（この電線は2本でできている）▶走这一～儿小道上山（この小道を通って山へ登る）▶这趟列车走哪～道儿（この列車はどの線を走りますか）
❷空気・水の流れなどに用いる。▶一～冷风吹了进来（寒い風が吹き込んできた）▶一～热气（暖かい空気・湯気）▶两～浓烟（ふたすじの濃い煙）▶几～火光（いくつかの火の手）▶一～泉水（ひとすじのわき水の流れ）▶一～潮流（潮流）
❸におい・力・感情や態度などに用いる。数詞は'一'を用いることが多い。▶一～香味（よいにおい）▶屋里有一～味儿（その部屋には一種のにおいがあった）▶说起话来一～书生味儿（話にインテリくささがある）▶他有～冲劲儿（彼にはファイトがある）▶他们俩是两～劲儿，合不到一块儿（彼ら2人は気質が違うから合わない）▶姐妹俩见了面，那～亲热劲儿就甭提了（姉妹が会ったときのうれしそうなようすといったら言うまでもない）▶大家都有一～爱国热情（みんなが国を愛する熱い気持ちを持っている）
❹集団（多くは悪人や悪い勢力）に対して用いる。▶两～土匪（2派の匪賊）▶一小～敌军（小集団の敵軍）

固然 gùrán

【接続詞】❶事実を確認したうえで文の後節に転じる。前後の節が意味上対立するとき'固然'は'虽然'に近い。ただし'固然'は主語の後ろに用いることが多い。後節にはふつう'但是・可是・却'などを呼応させる。▶药～可以治病，但是服用过量也会产生相反的作用（薬はもちろん病気に効くだが，飲みすぎると副作用が出る）▶工作～很忙，但还是可以抽出一些时间来的（仕事はもちろん忙しいが，それでも少しは時間を捻出できる）
― 同じ形容詞述語を繰り返し，その間に'固然'を入れる。▶这样做，好～好，可就是太费时间了（こうするのは，よいにはよいが，時間をくいすぎる）▶这种机器，笨重～笨重，但用处还是很大的（この機械はかさばって重いことは重いが，大いに役に立つ）▶钢铁厂离我们这里远～是远点儿，不过交通还算方便（製鉄所は私たちの所から遠いことは遠いが，交通の便はまあよいほうだ）
❷ある事実を確認し，それに続けて同時に別の事実も認めるべきことをいう。前後の意味は対立しない。逆接関係は軽く，後節をきわだたせることに重点が置かれる。'也'と組み合わせて用いることが多い。ときには'但是・可是'とも組み合わせる。▶大米白面～好，高粱玉米也不错（米や小麦粉はもちろんいいが，コーリャンとトウモロコシも悪くない）▶考上了～很好，考不上也不必灰心（試験に合格すればもちろん結構だが，落ちてもがっかりすることはない）▶～每个画家都有自己的风格，但同时代的作品总还会有某些共同的特点（それぞれの画家は特有の画風を持っているが，同時代の作品には何といっても共通の特徴がある）

比較 固然：虽然① '固然'は事実の確認に重点があり，'虽然'は譲歩に重点がある。したがって'虽然'は'固然'❶の用法に近いが，'固然'❷の用法と'虽然'とは取り換えることはできない。
② '虽然'を主語の前に置くか後ろに置くかは比較的自由だが，'固然'を主語の前にはあまり置かない。

故意 gùyì

【副詞】当然・必ずしも…すべきでないのに…する，意識的に：ふつうマイナスのイメージを含む。▶～捣乱（故意に攪乱す

る) ▶说话之前，先~咳嗽两声（話をする前にわざと2～3度せきをする）▶做菜时~多洒上一把盐（料理を作るとき，わざとひとつかみ余分に塩をふりかけた）▶说到紧张的地方，~要歇口气，喝口茶（話が佳境に入ると，わざと一息つき一口お茶を飲む）▶他~不理睬我（彼はわざと私を無視する）

— '故意'は'是…的'の間に置ける。▶昨天迟到，我看你是~的（昨日遅刻したのは，わざとだろう）▶对不起，我不是~的（すみません，わざとやったんじゃないんです）▶别理他，他~的（あんな奴にかまうな，あいつはわざとああやってるのさ）

顾 gù

【動詞】❶見る：《書》▶四~无人（あたりを見回しても誰もいない）▶左~右盼（左右をきょろきょろ見る）▶瞻前~后（前後を見回す：用心深い，臆病な）▶环~四周（あたりを見わたす）▶相~一笑（お互い顔を見合わせて笑い合う）

❷面倒をみる，注意する：《付》了 名詞・動詞・形容詞・節を客語にともなえる。単独では用いない。

ⓐふつう相反する内容を並列した形で用いる。▶~了这头，丢了那头（こちらをかまえば，あちらがおろそかになる）▶只~别人，不~自己（他人のことばかりかまって，自分のことは気にかけない）▶~此失彼（一方に気をとられていると，他方が留守になる）

ⓑ'顾'を肯定形で用いるときは，ふつう前に'只・光・就・净'などの副詞を付ける。否定形はこの限りでない。▶光~说话，把事情忘了（話に夢中になって用事を忘れてしまった）▶就~你自己方便，这怎么行！（自分の便宜ばかりはかっていていいと思うのか）▶不~危险（危険をかえりみない）▶看他不怎么~家（あいつはたいして家のことに気を配らない）

動結 顾得〈不〉了 (liǎo) 面倒がみられる〈みられない〉。▶这些事情你一个人顾得了吗？（これらの事を君1人でかまいきれますか）▶办事情要快，顾不了这么多了（速く仕事をしなければならないなら，こんなにたくさんは面倒みきれない）

顾不得 ⓐ面倒みようがない。▶母亲远离在外，也顾不得我们（母は遠く離れて住んでいるので，私たちの面倒をみることができない）

ⓑ考えようがない。▶任务紧急，顾不得这许多了（任務が緊急を要することなので，こんなにたくさんの事まで気がまわらない）

動趨 顾∥上 面倒をみる，…する余裕がある〈ない〉。▶顾上这头，顾不上那头（こちらにかまっていたら，あちらの面倒がみられない）▶这事我还没顾上呢（この事にはまだとりかかる余裕がない）▶时间太紧，顾不上吃饭了（時間に迫られて，食事をしている余裕がなくなった）

顾得〈不〉过来 完全に面倒をみられる〈みられない〉。▶这一大堆行李，我一个人简直顾不过来（この荷物の山を私1人ではまったく面倒みきれない）

怪 guài

【動詞】とがめる，責める：《付》过 必ず名詞の客語あるいは兼語をともなう。▶这要~他（これは彼が悪い）▶我从来没有~过你（これまで君を責めたことはない）▶这事不能~老韩，~我没说清楚（この事は韓さんが悪いのではない，私がはっきり言わなかったのが悪いんだ）▶是我错~了你（私は間違ってあなたを責めてしまったのです）

動結 怪∥着 (zháo) ▶你怪不着老薛，是小刘忘了通知你了（薛さんを責められない，君に知らせるのを忘れたのは劉さんなのだから）

動趨 怪∥上 ▶这可怪不上我，我根本没去（これは私をとがめることではない，私はまったく行ってはいないんだ）

怪∥到 ▶是我弄错了，怪不到他头上（私

が間違った，彼が悪いのではない）
【形容詞】おかしな，正常でない。▶～人（変人）▶～事（不思議なこと）▶～现象（不思議な現象）▶～样子（おかしなようす）▶～得很（実に不思議だ）▶这事情很～,谁也不明白（このことはとても奇妙で，誰にもはっきりとはわからない）
【副詞】相当高い程度を表す：《口》後ろに必ず'的'が付く。
ⓐ怪+形+的▶～不容易的（とてもむずかしい）▶～脏的（とてもきたない）▶慢着点儿走，地下～滑的（ゆっくり歩きなさい，地面がとてもすべりやすいから）▶他心里～难受的（彼は心中とてもつらい）▶这孩子长得～可爱的（この子はとてもかわいい）▶他～亲热地说：'别客气，到这儿就是到了家了'（彼はとても親しげに言った「遠慮しないで，ここへ来たら家と同じです」）▶～聪明的一个小姑娘，手也勤，嘴也巧（とてもりこうな娘で，手先も器用だし弁も立つ）
ⓑ怪+動+的 動は主に心理状態を表すもの。▶～惦记［他］的（とても［彼のことが］気になる）▶～心疼的（たいへんおしい）▶～担心的（非常に心配だ）▶～想他的（とても彼が恋しい）▶湖面闪着光，几只白鹅悠闲地游着，～有诗意的（湖面がきらきらと光り，数羽の白鳥がゆっくり泳いでいて，とても詩的だ）▶这个人～有意思的（この人はほんとにおもしろい）▶这孩子～招人喜欢的（この子はとても人に好かれる）▶ ×～感谢的→很感谢（とても感謝している）▶ ×～希望他来的→很希望他来（彼に来てほしい）
ⓒ怪+不+形/動+的▶说去又不去了，这样～不好的（行くと言っておいてやめにするのは実によくない）▶这话说得～不好听的（こういう言い方はまったく聞くに耐えない）▶他～不耐烦地挥了挥手（彼はいかにも耐えられないというように手を振った）▶我心里～不高兴的（心中実に不愉快だ）▶～沉不住气的（まったく気が静

まらない）▶～说不出口的（とても口に出して言えない）▶～过意不去的（非常に申しわけない）

比較 怪：挺 ① '怪'の感情的なニュアンスは'挺'より強い。
② '怪'が修飾できる形容詞・動詞は'挺'より少ない。例えば'怪'が修飾できない'坏・对・耐烦・普遍・卑鄙・支持・拥护・说明（问题）・能够・愿意'を，'挺'は修飾できる。'很'を付けられる形容詞はふつう'挺'も付けられる。
③ '怪…'の後ろにはふつう'的'を付ける。'挺'は付けなくてもよい。

怪不得 guài·bu·de

【動詞】とがめることができない：必ず名詞を客語にともなう。▶这是我弄错了，～他（これはぼくが間違えたのであって，彼を責められない）▶这场球没打出水平，～场地，～天气，只怪咱们自己（今度のゲームは技術的な面で不振だった，場所が悪いのでも天候が悪かったのでもなく，我々自身に問題があるだけだ）
【副詞】ある事に気づいた（原因が明らかとなり不思議に感じなくなる）ことを表す。前後に原因を示す語句のくることが多い。▶下雪了，～这么冷！（雪が降ってきた，道理で寒いわけだ）▶～吐尔逊汉语说得这么好，原来他在北京住过三年（トルシンは中国語が上手なわけだ，北京で3年過ごしたのだもの）▶我说他怎么那么高兴，原来试验成功了，～！（彼がどうしてそんなに喜んでいるかといえば，実験に成功したからだ。無理もないさ）

关系 guān·xì

【名詞】❶事物間で互いに影響・作用し合っている状態。人または事物間でのつながり。▶要处理好工作和学习的～（仕事と学習のバランスをきちんととる必要がある）▶不会休息的人就不会工作，你得认清两者的～（休息をとることがへたな人は仕事

もうまくできない，君はこの両者の関係をはっきり理解しなければならない）▶我和他是朋友～（私と彼は友人の間柄です）
❷ある種の影響あるいは重要性を指す。しばしば'有・没有・没'の客語になる。▶我真怕这件事对她有影响，可她总说没～（私はこの事が彼女に影響するのではないかとひどく心配なのだが，彼女はいつも大丈夫だと言っている）▶面试时，主考老师对你的第一印象很重要，你不要认为没有～（面接試験のとき，主任試験官の先生の君に対する第一印象はとても重要だ，関係がないと思ってはいけない）
❸広く原因と条件を指す。▶由于经费～，这项研究工作暂时停止（経費の関係から，この研究はしばらく中止する）▶主要是语言不通的～，他最初在美国工作遇到不少困难（主として言葉が通じない関係で，彼は初めのころアメリカでの仕事で多くの問題にぶつかった）
❹ある種の関係を表す文書・書類。▶你的工资～还没有转过来（君の給料に関する書類はまだ回って来ていない）▶他的组织～仍在原单位（彼の所属に関する書類はまだもとの職場にある）

【動詞】関連する，波及する：ある事柄が別の事柄に直接的な影響を及ぼすことを表す。'关系'の後ろにはしばしば'着・到'をともない，客語はその後ろに置く。▶这～着国家的尊严（これは国家の尊厳に関わる）▶这场比赛～到我们能不能进入决赛（この試合には我々が決勝に残れるかどうかがかかっている）

[注意] '关系到'がもし対立する両面を備えた事柄に用いられるときは，これと関連するもう１つの事柄も対立する両面を備えていなければならない。例えば，▶他俩能不能参加我们的课题组，关系到我们这个课题能不能按期完成（彼ら２人が我々のプロジェクトチームに参加できるかどうかによって，この課題が期日どおりに完成できるか否かが左右される）▶这件事处理得好不好，直接关系到我们今后能不能合作的大问题（この件が適切に処理できるかどうかは，今後我々が提携できるかどうかという大問題に直接関係している）

关于 guānyú

【介詞】関連する事物を表す。
ⓐ关于+[名]▶最近看了一些～国际问题的材料（最近国際問題に関する資料を見た）▶～牛郎星和织女星，民间有个美丽的传说（牽牛星と織女星について，庶民の間に美しい伝説があります）▶～运输问题，我想再说几句（輸送問題に関してもう少しお話ししたいと思います）▶他写的小说不少，有～战争与和平的，也有～农村生活的（彼の書いた小説はたくさんあるよ，戦争と平和を主題としたものもあれば農村生活にまつわる物語もある）
ⓑ关于+[動]/[小]▶～兴修水利，县政府正在全面规划（水利建設に関しては現在県政府が総合計画を立てている）▶～学校增加招生名额，你们准备采取什么具体措施？（学生の定員を増やすことについて，どんな具体的な措置をとるつもりですか）
ⓒ'关于…的'+[名]▶～节约用煤的建议（石炭の節約についての提案）▶～唐山发生地震的消息（唐山で発生した地震のニュース）

[比較] 关于：对于①関連・関係する事物を示すとき'关于'を用いる。対象を示すときは'对于'を用いる。▶关于这个问题，我直接跟老王联系（この問題に関しては直接王さんと連絡をとる）▶对于这个问题，我们一定要采取积极的态度（この問題に対しては必ず積極的な態度をとる）
— 意味上のどちらも含むものについては'关于''对于'のどちらを用いてもよい。▶关于〈对于〉节约用煤的建议，大家都很赞成（石炭の節約についての提案には，みんな賛成している）
②'关于…'が状語になるときは主語の前に置く。'对于…'が状語になるときは前後

どちらでもよい。▶关于中草药，我知道得很少（漢方薬に関して，私はあまり知らない ×我关于中草药…）▶对于中草药，我很感兴趣（私は漢方薬に興味がある＝我对于中草药…）
③'关于…'は単独で文章の標題となる。'对于…'は名詞を加えなくてはならない。▶关于文风问题（文章を書く態度に関する問題について）▶关于提高教学质量（教育の質の向上をめぐって）▶对于文风问题的看法（文章を書く態度に関する問題についての考え方）▶对于提高教学质量的几点意见（教育レベル向上に対するいくつかの意見）

比較 关于：至于 ☞至于 zhìyú

管 guǎn

【介詞】…を（＝把）：'管…叫…'の形で人や事物の名前を呼ぶときに用いる。《口》▶古人～眼睛叫'目'（昔の人は「眼睛」を「目」と言った）▶他们～我叫老三（彼らはぼくを「老三」と呼ぶ）▶大伙儿～他叫'小钢炮'（みんなは彼を'小钢炮'と呼ぶ：'小钢炮'は「ずけずけとものを言う奴」の意）▶我们都亲切地～他母亲叫'老妈妈'（ぼくたちは親しみを込めて彼の母親を「かあさん」と呼んでいる）

【接続詞】行動が，示された条件の制限を受けないことを表す。'不管'に相当する。'管'が導く節は必ず'你'または'他'（具体的には何も指さないこともある）を主語とする。述語は肯定・否定を共に含むか，疑問代詞を1つ含む。あとに続く主節には副詞'都・也・就'などを置いて呼応させることが多い。《口》▶～你有事没事，你不能撂下工作就走（用事があろうとなかろうと仕事を放り出して行くなよ）▶～他是谁，不按制度办事就应该批评（誰であろうと制度に違反したなら批判すべきだ）▶～他下不下雨，足球赛都得马上开始（雨が降っても降らなくても，サッカーの試合はすぐ開始しなくてはならない）

比較 管：不管 '管'は反語の意味から否定の意味が生じ，'不管'と同義語となることがある。'管'の用法には制限が多く'不管'は制限が少ない。'不管'の後ろには直接疑問代詞を続けられる。'管'は'他〈它〉'を付けなくてはならない。▶不管什么人，不按制度办事就该批评▶管他什么人，不按制度办事就该批评！（誰であろうと，制度に違反したときは批判すべきだ）
━'管'は感情的な色あいが濃く，意味が強い。'不管'はより穏やか。

管保 guǎnbǎo

【動詞】自信があることを表し，'保证'に相当する。必ず動詞・節を客語にともなう。《口》▶他们～亏待不了孩子（彼らは絶対に子供を粗末に扱うことはないと請け合うよ）▶我～他们不会让你走（彼らが君を行かせるはずがない）▶你如果这样表示，～大家都满意（君がこのように言えば，みんなは必ず満足すると保証するよ）
━'管保'が関わる内容は肯定的な事実に対する保証が多く，'保管'と言い換えても意味が変わらない場合もある。もし起こって欲しくない事柄であれば，ふつう'管保'を用いることはあまりない。▶～出不了事故（事故は決して起こらないと請け合う ×～出得了事故）▶～误不了车（バスに遅れることはあり得ない ×～误得了车）▶～能得第一（必ず1位を取れると保証する ×～不能得第一）

惯 guàn（慣于）

【動詞】❶慣れる。述語になるときは'了'をともなうことが多い。▶住久了就～了（しばらく住むうちに慣れた）▶这种方式他已经～了，不容易改变了（こうしたやり方が彼にとってはもう習慣となっているから，簡単には変えられない）▶用圆珠笔写字我还不～（ボールペンで字を書くのにまだ慣れていない）
❷放任する（子供に対して用いることが多

い)：《付》着・过 名詞の客語をともなええる。▶你太~孩子了（おまえは子供を甘やかしすぎる）▶奶奶就~着他（おばあさんはすぐあの子を甘やかす）▶这些毛病都是你妈把你~的（こうした悪い癖はみなお母さんが君を甘やかしたせいだ）▶把个女儿~得不成样子（娘にわがまま勝手をさせてどうしようもない状態だ）

❸動結形の結果を示す要素となり，慣れたことを表す．'得・不'を挿入できる．▶看~（見慣れる）▶听~（聞き慣れる）▶用~（使い慣れる）▶住~（住み慣れる）▶夜晚走路走~了也没什么可怕的（夜道も慣れれば，何も恐いことはないさ）▶这么睡我可睡不~（こうやって眠るのは慣れていない）▶吃~了馒头吃不~米饭（マントウを食べ慣れたので米飯は食べにくい）

〚惯于〛…に慣れる：必ず動詞の客語をともなう．▶惯于夜间工作（夜間の仕事に慣れる）▶他惯于干这些讨人嫌的事情（彼はこんな人のいやがる仕事をするのに慣れている）▶他们惯于在有风浪的水面上划船（彼らは風波の中でこぐことにも慣れている）

惯于 guànyú ☞惯 guàn

光 guāng

【副詞】範囲を限定する：ただ，単に．
ⓐ光+動／形▶我~谈学习问题，不谈其他的问题（私は学習の問題についてのみ語り，ほかの問題には触れない）▶小孩~笑不说话（子供は笑っているだけで何も言わない）▶别~想玩（遊ぶことばかり考えるな）▶我们不需要~说不做的人（口だけ出して何もしない人はいらない）▶不能~看到成绩，看不见缺点（成果ばかり見て欠点が目につかないようであってはいけない）▶产品~好看不行，还得质量好（製品は見ばえがよいばかりではだめで，質もよくなくてはならない）▶~急躁是没有用的（あせるばかりではなんにもならな

い）
ⓑ光+名▶~我们班，报名参加冬季长跑锻炼的就有几十人（我々のクラスだけでも冬期マラソン訓練への参加申し込みは何十人もいる）▶~［是］小麦的产量，就达到去年全年的粮食总产量（小麦の生産量だけでも，去年の穀物総生産量に達する）▶~他们俩，就抬了八十筐土（彼ら２人だけで80杯もの土をかついだ）▶~发言的就有十几位（発言した人だけでも十数名いる）▶~这点吗？还有吧？（これだけですか．ほかにもあるでしょう）▶不~他一个人，还有别人（彼ばかりでなく，ほかにもいる）

归 guī

【動詞】❶…に属する：必ず客語をともなう．▶土地~国家所有（土地は国家の所有に帰する）▶哥哥走了，他的自行车就~你了（兄さんは行ってしまったから，自転車は君のものだ）

❷動作が誰の職務・責任に属するかを示す．兼語文に用いる．主語は兼語の後ろの動詞の対象である．▶车辆~你们解决，燃料~我们解决（車は君たちがなんとかし，燃料はぼくたちがなんとかしよう）▶整个七区都~这个管理所管辖（７区全体がこの管理所の統轄下にある）▶图片部分~制图组绘制（図版の部分は製図グループが作図する）

比較 归：由　介詞'由'にはいろいろの意味がある．後ろにくる名詞が動作の主体を指すときだけ'归'❷の用法に近い．'归'は職務や責任の範囲をはっきりさせるとき用いる．'由'はこれだけに限らない．'归'を用いた文はどれも'由'で置き換えられる．職務・責任の分担を表さないときは'由'を用い，'归'は用いない．▶专机由〈×归〉三架战斗机护航（専用機は３機の戦闘機に守られた）▶先由〈×归〉班长致欢迎词，再由〈×归〉我们演出几个节目（まず班長が歓迎の言葉を述べ，続

いて我々が出し物をいくつか演じる)

归于 guīyú

【動詞】❶…に属する：必ず名詞（多くは抽象的事物）を客語にともなう。▶光荣～伟大的祖国（栄光は偉大な祖国のものだ）▶荣誉～集体（栄誉は集団のものだ）▶应该把功劳～辛勤指导我们的老师（この功績は苦労して我々を指導してくださった先生に帰するべきだ）

慣用句 归功于 功労を…に帰す。▶这次试验成功应该归功于全体职工（今回の実験成功は職員・労働者全体の功に帰すべきだ）

归罪〈归咎〉于 （自分の）罪を…になすりつける。▶自己有错,不应归罪于别人（自分が過ちを犯したのなら、他人のせいにすべきではない）

❷…に向かう：必ず形容詞・自動詞を客語にともなう。▶经过讨论,大家的意见已经～一致（討論によって、みんなの意見はすでに一致の方向に向かっている）▶风停了,咆哮的大海也渐渐～平静（風がやみ、荒れ狂っていた大海もしだいに穏やかになった）

鬼 guǐ

【名詞】❶迷信で言うところの、人の死後の霊魂。▶～来了我也不怕（幽霊が出たって恐くない）▶我就不相信世界上有～（私はこの世に幽霊がいるなんて絶対信じない）▶谁真看见过～的样子？（幽霊の姿を本当に見たことがある人間なんているものか）

❷よくない行いをしたりよくない好みを持つ人に対する、マイナス評価を含んだ呼称あるいは罵りの語。嫌悪の感情を帯びる場合が多い。▶你看这个酒～又开始发疯了（見ろ、あの大酒飲みがまた暴れだした）▶这个缺德～干了不少坏事（このろくでなしは悪い事をたくさんやっている）▶你真是个胆小～（君はほんとに肝っ玉の小さい奴だ）▶他们几个赌～凑到一块儿就没正经事（彼らばくちの常習者が集まればまともなことはしない）▶他们俩都是烟～（彼らは2人ともヘビースモーカーだ）▶我心里暗暗骂他'讨厌～'（私は心の中でこっそり「いやらしい奴め」と彼を罵った）

❸人に言えない考え，行い：しばしば'搞・有'などの客語になる。▶这个人专门爱搞～（こいつはもっぱら悪だくみばかりする）▶他神色慌张,一看就是心里有～（彼はそわそわして落ち着かない，一見してよからぬ企みをしているのがわかる）▶不知道他又搞什么～（彼はまた何を企んでいるか知れたものではない）

【形容詞】❶よくない，ひどい，劣悪だ：定語にのみなる。《口》不平・不満の気持ちがある場合が多い。▶这个～地方我一天也不想呆（こんな所には1日たりともいたくない）▶今天又赶上个～天气（今日はまたひどい天気にぶつかった）▶你搞的什么～名堂！（君は何をやっているんだ！）

❷賢い，利口だ：子供や動物を指すことが多い。しばしば程度副詞の修飾を受けるか程度補語をともなう。《口》好感・賞賛の気持ちを帯びる。▶你还真～,幸亏没让他骗着（おまえはほんとに賢い，おかげであいつに騙されないですんだ）▶这个小家伙真～（この子はほんとに利発だ）▶我家小弟弟可～啦！很讨人喜欢（家の小さい弟はとっても利口でね、みんなにかわいがられているんだ）▶那只小花猫～极了（あの三毛猫の子はすごく賢い）

果然 guǒrán（果真）

【副詞】述べたことや予想したことが事実と一致したことを表す。述語の動詞・形容詞あるいは主語の前に置く。▶经过整顿,生产～上去了（組織・人事を立て直すと、生産は予想どおり上昇した）▶改用新稻种以后,产量～提高了不少（新しい稲の品種に変えてから、生産高は思ったとおり

大幅に伸びた）▶听说这部电影很好，看了之后～不错（この映画はよいと聞いていたが、なるほどすばらしかった）▶试用这种新药之后～病情有了很大好转（この新薬を試用したら、確かに病状は大きく好転した）▶我们都认为你不会迟到，～你准时到了（君が遅刻するわけないとみんな思っていたが、やはり時間どおりにやって来たね）

【接続詞】「述べたことや予想したことが事実と一致する」という仮定を立てる。仮定節に用いる。▶～你愿意参加，那我们就太高兴了（君が参加したいというなら、ぼくたちはとてもうれしい）▶那儿～像你所说的那么冷，我去的时候可得多带衣服（そこが君が言うほど寒いのなら、行くときには着る物をたくさん持って行かなくては）

〖果真〗'果然'に同じ。仮定を示すときはふつう'果真'を用いる。▶果真你愿意教我，那我太高兴了（あなたが私に教えてくださるなら、こんなにうれしいことはありません）▶这个消息果真是事实，那可太好了！（このニュースが事実だったら本当にいいのだが）

果真 guǒzhēn ☞果然 guǒrán

过¹ guò 動; //·guò 趨

【動詞】❶（場所を）通り過ぎる：《付》了・着・过 場所を表す客語または動作の主体を示す客語をともなえる。▶游行队伍正好从我家门前～（デモ行進がちょうど家の前を通っていった）▶大江大河我们都～了，这小河算什么？（大河をいくつも越えた我々だ、この小さな川が何だというのだ）▶爬雪山～草地，行军十分艰苦（雪山を登り草原を越え、非常に苦しい行軍だ）▶～了这条街就到了（この通りをぬければすぐに着くよ）▶路上正～着车队呢（道路を車の列が通っているところだ）

❷時間が過ぎる，時間を過ごす：《付》了・着・过 名詞の客語をともなえる。▶日子越来越好～了（生活がますます楽になってきた）▶这种苦日子我们也～过（こうした苦しい日々を私たちも送ったことがある）▶再～半年，这条水渠就完工了（あと半年したら、この用水路は完成する）▶你回广州～春节吗？（広州に戻って旧正月を過ごすの）▶我爷爷正～着幸福的晚年（祖父は今しあわせな晩年を送っています）▶日子～得真快（月日のたつのは本当に早い）

❸（ある範囲や限度を）超過する：《付》了 名詞の客語をともなえる。▶探望病人的时间已～（病人に面会する時間はもう過ぎた）▶～了明天，这张参观券就作废了（明日を過ぎれば、この入場券はむだになってしまう）▶我已经年～半百（私はもう50の坂を越えた）▶行程～万里（行程は万里を超える）▶有～之而无不及（優るとも劣らず：成句）

❹（ある処理を）経過させる：《付》了・着・过《重ね型》名詞の客語をともなえる。▶这篇课文我又～了一遍〈温习或阅读〉（このテキストにもう1度目を通した）▶把今天的事在脑子里又～了一下（今日の事を頭の中で再び振り返ってみた）▶～～数儿吧（数えてごらんなさい）▶把肉～遍油（肉にまんべんなく油を通す）

— 道具を表す客語をともなえる。▶这几件衣服已经～了好几遍水了（これらの服はもう何度も水を通してある）▶货物正～着秤呢（いま品物をはかりにかけているところだ）▶这豆子要～～筛子（この豆はふるいにかけなければ）

動結 过得〈不〉了(liǎo) 越すことができる〈できない〉。▶病势很重，看来～得了今天也～不了明天（病状は悪く、今日はもちこたえても明日は無理だろう）

動趨 过//上▶我们又～上好日子了（私たちはまたよい生活が送れるようになった）

【趨向動詞】❶ 動＋过［+名］ 名詞は一般に動作の対象となるもの。動作の主体のこともある。ふつう動詞と'过'の間に

'得・不'を挿入できない。
ⓐ人や事物が動作の結果ある場所を通過すること，ある場所から別の場所へ移ることを表す。▶从桥上走～（橋を渡る）▶我接～奖状走下台去（私は賞状を受け取ると台の下へ降りた）▶他递～一块热毛巾给我（彼は熱いタオルを渡してくれた）▶脑子里闪～了很多想法（頭の中をさまざまな思いがよぎった）
ⓑ物体が動作によって方向を変えることを表す。ふつう用いる動詞は'翻・转・扭・掉・回・侧'などいくつかのものに限る。▶他回～头看见了我（彼は振り向いて私を見た）▶他侧～身子一声都不吭（彼は横を向いて一言もしゃべらなかった）▶请再翻～一页（もう1ページめくってください）
ⓒ動作が時間その他の面で妥当な限界を超えることを表す。▶明天早晨六点钟的火车，你可千万别睡～了（明日朝6時の汽車だから，絶対に寝過ごさないように）▶他一不留神使～了劲（彼は不注意で力を入れすぎた）
ⓓまさっていることを表す。《付》得・不▶这一次比～他们了（今回は彼らよりよかった）▶这次修水库，我们一定要赛～二队（今回のダム建設では必ず第2隊との競争に勝たねばならない）▶一台机器的生产能力抵得～几十个人（1台の機械の生産能力は数十の人力にまさる）▶你能说～他？——我可说不～他（君に彼を説き伏せられるかい——ぼくにはとても無理だよ）▶你能跑～我——我怎么跑得～你呢？（君ならぼくより速く走れるよ——どうして君より速いものか）

❷[動]+过[+[名]]（場所）ⓐ動作がある場所を通過することを表す。▶走～天安门广场（歩いて天安門広場を通り過ぎる）▶飞机飞～了秦岭（飛行機が秦嶺山脈を通過した）▶警察把一位盲人送～了十字路口（警官が盲人を導いて交差点を渡らせた）▶我游不～这条河（ぼくにはこの川は泳いで渡れない）
ⓑ目的の場所を越えることを表す。動詞と'过'の間には'得・不'を挿入できない。▶哟！我们坐～了站了（あれ，乗り過ごしてしまいましたよ）▶咱们光说话，已经走～新华书店了（おしゃべりに夢中になって，新華書店を通り過ぎてしまったわ）

❸[形]+过［+[名]］　超過したことを表す。[形]は積極的意味（長い・高い・強いなど）をもつ単音節の形容詞に限る。▶向日葵已经长得高～人头了（ヒマワリがもう人の頭より高くなった）▶技术革新的浪潮一浪高～一浪（技術革新の波がどんどん高まっている）▶现在的技术比起以前来，不知要强～多少倍（現在の技術は，以前に比べ何倍優れているか知れない）

[注意]❶ⓐⓑの'过'は軽声に読んでもよい。そのほかの項の'过'は不可。

[慣用句] 信得〈不〉过　とても信用している〈していない〉。▶大家都信得过你（みなあなたを信頼しています）▶你信不过我吗？（ぼくが信じられないの）

过² ・guo

【助詞】アスペクトを示す。

❶動詞の後ろに用い，動作が完了したことを表す。この'[動]+过'の形は動結形の一種だが，普通の動結形とは異なる。間に'得・不'を挿入できない。否定の言い方もない。後ろに語気助詞'了'をともなえる。▶吃～饭再去（食事をすませてから行こう）▶赶到那儿，第一场已经演～了（駆けつけたときには第1場はすでに終わっていた）▶等我问～了他再告诉你（彼に聞いてから，君に知らせるよ）

❷動詞の後ろに用い「以前そのような事があった」ことを表す。動詞の前に副詞'曾经'を付けられる。▶这本小说我看～（この小説は読んだことがある）▶去北京的事他跟我提起～（彼は北京へ行くことを私に持ち出したことがある）▶我们曾经谈～这个问题（かつてこの問題について語り合っ

たことがある）▶我找～他不止一次（彼を訪ねたことは1度にとどまらない）▶我们走～不少地方，就是没有到～桂林（あちこち行ったが，桂林だけは行ったことがない）

ⓐこの種の'動+过'はいずれも過去の事柄を表すが，文中に時間を提示しなくてもよい。もし時間を提示するときは，必ず確実な時間を示す語句を用いなければならない。▶前年我去～长城（一昨年，万里の長城へ行ったことがある ×有一年，我去～长城）

ⓑ否定形は'没[有]+動+过'▶这本小说我没看～（この小説は読んだことがない）▶他一次也没找～我（彼は1度も私を訪ねたことがない）▶我没有听人说～这件事（この事について誰かがしゃべっているのを聞いたことがない）▶没敢浪费～一点儿粮食（わずかな食糧でもむだ遣いするなんてとてもできなかった）

ⓒ疑問形▶你问～他没有？（君は彼に聞いたことがあるかい）▶你问没问～他？（＝你问～他吗？）

❸形容詞が'过'をともなうとき，一般に時間を明示することが必要。「現在と比較して」の意味がある。▶他小时候胖～（彼は小さいころ太っていた）▶前几天冷～一阵，这两天又热起来了（数日前はひとしきり寒かったが，この2日ばかり，また暑くなった）

━ 否定形は'没[有]+形+过'。'没[有]'の前には必ず'从来・过去'などを付け，形の前には必ず'这么'を付ける。▶这孩子从来没这么安静～（この子はこれまでこんなにおとなしくしていたことがない）▶我过去没有看见他这么高兴～（私はかつて彼がこんなに喜んでいるのを見たことがない）

注意①いくつかの動作性の弱い動詞は'过'をともなえない。'知道・以为・认为・在・属于・使得・免得'など。

②動作の完了を表す'过'と「かつて（…したことがある）」ことを表す'过'は類似してはいるが，同じではない。否定形によって見分けられる。▶吃过饭了：还没吃呢（ごはんを食べた：まだ食事を終わってない：完了を表す）▶吃过小米：没吃过小米（粟を食べたことがある：粟を食べたことがない：「かつて」を表す）

比較 过：了①形式上の相違。

ⓐ'動+了'と'動+过'の否定はどちらも'没[有]'を用いる。'过'は否定形の中にそのまま残る。'了'は消える。▶去过：没去过（行った：行ったことがない）▶去了：没去（行った：行かなかった）

ⓑ動詞の重ね型が「試みる」ことを表すとき，間に'了'を付けてもよい。'过'は付けられない。▶看了看（見てみる ×看过看）▶尝了尝（味をみる ×尝过尝）

②意味上の相違。

ⓐ'動+过'は過去の経験を表すので，必ず過去という時間と関連をもつ。'動+了'は完了を表し，必ずしも過去との関連はない。過去に用いてもよいし，現在・未来に用いてもよい。▶去年我们游览过长城（去年長城に遊びに行ったことがある：すでに経験したことを表し，過去に属する）▶昨天我们游览了长城（昨日，長城に遊びに行った：完了を表し，過去について言う）▶我们已经游览了长城（すでに長城を見終わった：完了を表し，現在について言う）▶明天的计划是游览了长城再去参观水库（明日の予定はまず長城に行き，それからダムを見学する：完了を表し，未来について言う）

ⓑ'動+过'で表す動作は現在まで持続しない。'動+了'の表す動作は現在まで持続することもありうる。▶他当过班长（彼は班長になったことがある：今はもう班長ではない）▶他当了班长了（彼は班長になった：今もなお班長である）▶这本小说我只看过一半（この小説を半分だけ読んだことがある：今は読んでいない）▶这本小说我看了一半了（この小説を半分読ん

だ：現在まだ読んでいる）
ⓒ '動＋了' は一定の結果をともなうことを表す。'動＋过' は必ずしもそうではない。▶他学了英语（彼は英語を学んだ：マスターした意味が含まれる）▶他学过英语（彼は英語を学んだことがある：マスターした可能性も，マスターしてない可能性もある）

过：来着 ☞来着 lái·zhe

过来 guò// ·lái 動； // ·guò// ·lái 趣

过去 guò// ·qù 動； // ·guò// ·qù 趣

【動詞】❶ '过来' はほかの地点から話し手（あるいは叙述の対象）のいる場所へ来ることを表す。'过去' は話し手（あるいは叙述の対象）のいる場所を離れるかまたは経由してほかの地点へ向かって行くことを表す：《付》了　動作の主体を表す客語をともなえる。▶他们从对面过来了（彼らは向かい側からやって来た）▶车过来了，上车吧（車が来たよ，乗りましょう）▶水挺深，你过得来吗？（水はとても深い，渡って来られますか）▶前面过来了一个人（前方から1人の人がやって来た）▶台风刚过去（台風は通り過ぎたばかりだ）▶车过不去，前面在施工（前方が工事中で，車は通れない）▶门口刚过去一辆车（たった今，戸口を1台の車が通り過ぎて行った）
❷ある時期または試練を通過したことを表す：必ず《付》了▶大风大浪我都过来了，这点小风波算什么？（大きな試練もすべて乗り越えてきた，これぐらいの小さな波風などたいしたことはない）▶过去那种苦日子我都过来了，还怕这点苦？（昔のあの苦しい生活を経験してきたのだから，これっぽっちの苦しみを恐れるものか）▶这一回考试我总算过了（今回の試験はどうやら乗りきった）
❸ '过去' はある期間を経過し終わったことを表す：《付》了▶半年过去了（半年が過ぎた）▶过去好几天了，事情还是没办成（何日もたったが，事はまだやり遂げていない）▶又过去了两个钟头（また2時間が過ぎた）
❹ '过去' はある時期ある状態がすでに消滅したことを示す。《付》了▶危险期算是过去了（危険な時期は通り過ぎたと言える）▶黑暗已经过去，曙光就在前头（暗黒はすでに去り，暁はすぐ目の前だ）▶头有点儿晕，一会儿就会过去的（頭が少々くらくらするが，しばらくしたら治るはずだ）
❺ '过去' は死亡を表す（婉曲に）。必ず '了' を付ける。▶他祖父昨天晚上过去了（彼のおじいさんが昨晩死去した）
注意 ❶ 以外は '过' と '来〈去〉' の間に '得・不' を挿入できない。

【趣向動詞】'動＋过来' は動作が話し手のいる場所に向かってなされることを表す。'動＋过去' は動作が話し手のいる場所から離れていくことを表す。

❶ 動＋过来〈过去〉［＋名］　名はふつう動作の対象，主体のときもある。
ⓐ人または事物が，動作の結果ある場所から外の場所へ移動することを表す。▶一群孩子跑过来（一団の子供たちが駆け寄ってきた）▶你跑过来跑过去干什么？（君はなんで行ったり来たり走り回っているんだ）▶他走过来，从我手里把茶杯接过去（彼は歩み寄って，私の手からカップを受け取っていった）▶你把书给我拿过来（私に本を取ってきてくれないか）▶护士端过来一杯水（看護師は水を1杯持って来た）▶乘务员给旅客递过几本杂志去（乗務員は旅客に数冊の雑誌を手渡した）▶喂，扔根绳子过来！（おーい，なわをほうってくれ）▶锦标赛奖杯下次我们一定夺得过来（選手権大会のトロフィーは，次回はぼくたちが必ずいただくぞ）▶河再宽，我们也游得过去（川幅がもっと広くても，泳いで渡れるよ）▶迎面窜过来一匹脱了缰的马（真正面からたずなを切った馬が1頭駆けて来た）▶天上飞过去几架飞机（飛行機が何機か空を飛んで行った）

ⓑ 物体が動作の結果，方向を変えることを表す。名詞は必ず'过'と'来〈去〉'の間に置く。動詞はふつう'翻・转・扭・弯・掉・回・侧'などのいくつかの動詞に限られる。▶整整一夜翻过来又翻过去，总是睡不着（まる一晩輾転反側してどうしても眠れなかった）▶他转过脸来，我才认出他是谁（彼が振り返ったので，初めて誰だかわかった）▶他让我回过身去，看着前边（彼は私に向きを変えさせて前方を見させた）▶这管子弯得过去弯不过去？（この管は曲がるかい）
ⓒ '过来'は本来の正常な，あるいはより良好な状態に戻ることを表す。ふつう動作の対象は'把'を用いて前に出す。▶他醒过来了（彼は意識を取り戻した）▶不少人觉悟过来了（多くの人が自覚してきた）▶医生把他救过来了（医者が彼を救った）▶把坏习惯改过来了（悪い習慣を改めた）▶爬到山顶，我们都累得喘不过气来（山頂に登りついたときには全員疲れて息もつけないほどであった）▶他虽然固执，但还是劝得过来的（彼は自分の考えに固執しているが，説得できないわけではない）
ⓓ '过去'は正常な状態を離れることを表す。好ましくない意味に用いることが多い。ふつうには'晕・昏迷・死'などいくつかの動詞に限る。動詞と'过去'の間にはふつう'得・不'を挿入できない。▶病人昏迷过去了（病人は意識を失った）▶他死过去了（彼は死んだ）
ⓔ '过去'は事柄の経過・動作の完了を表す。▶我现在记性不好，什么书都是看过去就忘（最近物覚えが悪くて，どんな本でも読んですぐ忘れてしまう）▶这点小事，说过去就算了（こんな小さな事，言っておくだけでいいよ）▶他们把我骗过去了（彼らは私をあざむいた）▶你把一个重要数据忽略过去了（君は重要なデータを1つ見過ごしてしまった）▶他想瞒我，怎么瞒得过去？（彼は私をごまかそうとしているが，どうしてごまかし通せるものか）

❷ 動+得〈不〉+过来　「十分にやり終えることができる〈できない〉」ことを表す。一般に時間・空間・数量などの条件に関連して言う。ふつう動作の対象は前に出す。▶这么大的林场，你三天怎么跑得过来（これほど大きな造林地を，3日でどうして見て回れるんだ）▶活儿不多，我一个人也干得过来（仕事は多くないから，私1人でも十分やりきれるよ）▶你给我这么多有趣的书，我都看不过来了（君がこんなにたくさんのおもしろい本をくれて，もう読みきれないよ）▶人太多，我恐怕照顾不过来（人が多すぎて，世話が行き届かないのではと心配だ）

❸ 形+得〈不〉+过+名［+去］　超過することを表す。形は積極的な意味を表す形容詞が多い。▶这山再高，能高得过喜马拉雅山吗？（この山がどんなに高くても，ヒマラヤより高いはずはないだろう）▶天气再热，也热不过抢险队员的心去（どんなに暑くても，救助隊員の心ほど熱くない）▶这天再冷，也冷不过三九天去（いくら寒いといっても，真冬ほど寒いことはないだろう）

❹ 動+过+名（場所）+来〈去〉　人または事物が動作につれて，ある場所を経過することを表す。▶汽车开过桥来（自動車が橋を渡って来る）▶孩子们跳过沟来（子供たちは溝を飛び越えた）▶他把小车推过桥去了（彼は手押し車を押して橋を渡って行った）▶你游得过这条河去吗？（君はこの川を泳いで渡れるかね）

[慣用句] **说得过去**　比較的話のすじが通っていて，どうにか申し開きができる：ふつう反語や推測を表す文に用いる。▶你年纪最大，不带个头，说得过去吗？（君は一番年上だ，先頭に立たないですむと思うのか）▶这么做还说得过去吧！（こうしておけば，まあすじが通るだろう）▶你这么做才说得过去（君はこうしてこそすじが通せるのだ）

说不过去　話のすじが通らず，申し開きの

しようがない。▶工作这么忙，我再请假，实在说不过去（仕事がこんなに忙しいのに、そのうえ私が休みをとっては、申しわけない）

看得过去 だいたい気に入る。▶这东西还看得过去, 你就买了吧（この品物はまあまあだ、買いたまえ）

看不过去 見るに忍びない、容認できない。▶他这样为难, 我们都看不过去（彼がこのように困っているのを、見過ごしにできない）▶这个人胡搅蛮缠, 大家都看不过去（この人がすじの通らないことを言うので、みんなはがまんできない）

过于 guòyú

【副詞】程度あるいは数量が一定の限度を超えていることを表す。ふつう2音節動詞・形容詞・動詞句を修飾できる。主語の前に現れることはできない。▶你的身体不好, 不能～劳累（君は体の具合がよくないのだから、過労にならないようにしなさい）▶孩子的病能治好, 你不要～着急（お子さんの病気は治りますから、あまり心配しすぎないように）▶这件事不能都怪你一个人, 不必～责备自己（この件は君1人のせいではないのだから、自分を責めすぎることはない）▶对这种人不要～亲热（こういう人には打ち解けすぎてはならない）▶别把问题想得～简单（問題を簡単に考えすぎないように）▶你不要～感情用事（あまりに感情にまかせて物事を処理してはいけないよ）

H

还 hái

【副詞】話し手の気持ちを表し、ときには文の前節と後節をつなぐ働きを兼ねる。'还'の表す内容は、普通・強調・抑制の3つに大別できる。ほかに感情表現を主とする用法もある。

❶ふつうの気持ちを表す。強調・抑制の意味を含まない。

ⓐ動作や状態が持続して変わらないことを示す：依然として。▶他～在图书馆（彼はまだ図書館にいる）▶老赵～没回来（趙さんはまだ帰って来ない）▶他们的英雄事迹至今～在人们中间传诵着（彼らの英雄的な事績は今もなお人々の間に語り伝えられている）▶天～不很冷（まだそんなに寒くない）▶你今后的路～长着呢（君の前途はまだ先が長い）

ⓑ虽然〈尽管、即使〉…, …还… …にかかわらず,たとえ…でも,それでも：状況に変化があっても動作や状態が変わらないことを表す。▶演出虽然已经结束, 人们～不愿散去（すでに上演は終了したにもかかわらず人々はまだ立ち去ろうとしない）▶即使有了一些成绩, 也～要继续努力（よしんばいくらかの成果があったとしても, これからもやはり努力を続けなければならない）▶别看我身体不好, 做这个工作～行（いくら丈夫でないといっても, このくらいの仕事はできるさ）

— 文の前節に'虽然'などの語がなくてもよい。▶他已年过七十, 精神～那么饱满, 步子～那么轻快（彼はもう70歳を過ぎたというのに, 相変わらず元気いっぱいで, 足どりもあんなに軽い）▶离市区远一些, 可是交通～挺方便的（市街地から少し遠いとはいえ, 交通はとても便利だ）

❷強調を表す。事柄を大きめ・高め・強めに言う。

ⓐ程度の違いを表す。なおいっそう：比較の文に用いる。▶场上的麦子堆得比小山～高（穀物干し場の麦は小山よりも高く積まれている）▶二勇比他哥哥大勇～壮（二勇は兄の大勇よりもがっしりしている）▶新车间比旧车间～要大一百平方米（新しい作業場は古い作業場より100平方メートルぐらい大きい）▶那种微型电池比这颗钮扣～略小一些（そのミニ電池はこのボタンよりやや小さい）▶他比你～小好几岁呢（彼は君よりも何歳も若いよ）

ⓑ項目・数量の増加・範囲の拡大を表す。'仍然'（依然として）の意味を含むときもある。▶你把他的书包, ～有衣服, 都给他带去（彼のカバン, それに服も持って行ってあげなさい）▶除了他们三个以外, 小组里～有我（ぼくらの班は, 彼ら3人と, それにぼくだ）▶旧的矛盾解决了, 新的矛盾～会产生（古い矛盾が解決したら, また新しい矛盾が生まれてくるだろう）▶往背后一看, 山底下～有不少游客（背後を見ると山のふもとにまだ多くの観光客がいた）▶这么几个人哪儿够哇, ～得再来几个（これっぽっちの人数で足りるもんかい, もう何人か来てもらわなくては）▶这个节目八点钟～要重播一次（この番組は8時にまた再放送される）▶气象预报说明天风力～要增大, 气温～要下降（天気予報では明日は風がもっと強くなり, 気温はさらに下がるだろうと言っている）

ⓒ不但〈不仅、不光〉…还… …のみならず, そのうえ…：一段と程度が深まることを表す。意味はⓑに近いがより強調される。

▶不但要把这种病的患者治好，～要在本地区消灭这种疾病（この病気にかかった患者を治すだけでなく，この病気をこの地域から一掃しなければならない）▶小伙子不仅会开拖拉机，坏了～会修理（若者はトラクターを運転できるだけでなく，故障の修理もできる）▶光说不行，～得干（口先ばかりではだめだ，やっぱりやらなくちゃ）▶我们厂不但增产了，～降低了百分之二十的成本（我々の工場は増産したばかりか，コストも20％削減した）

❸抑制を表す。小さめ・低め・弱めに言う。

ⓐ「どうにか…と言える」「なんとか…できる」という気持ちを表す。称賛の意味をもつ形容詞を修飾することが多い。▶最近身体怎么样？——～好，～好（近ごろお体の具合はいかがです——まあまあです）▶这根绳子～比较结实（このなわはわりと丈夫だ）▶这张画儿画得～可以（この絵はまあまあよく描けている）

— ときには形容詞の前に動詞'算'を用いる。'还'は'算'を修飾する。▶～算不错，电话最后打通了（まあまあいいほうだ，電話は最後には通じたもの）▶～算好，你没出门，要不然我又找不着你了（まずはよかった，君が出かける前で。でないとまた君をつかまえそこねるところだった）

ⓑ「数量が少ない，ある時間に到達しない」などの意味を表す。▶人～太少，编不成队（人数が少なすぎてチームが組めない）▶这块布～不够（これだけの布ではまだ足りない）▶那年我～只有五岁（当時，私はまだたったの5歳だった）▶～只有九点钟，不算晚（まだ9時だ，遅いとは言えない）▶现在～早，可以再等等（まだ早いから，もうしばらく待ってもかまわない）

ⓒ还…就… まだ…のときに。▶～不过五点钟，他就已经起床了（まだ5時前なのに，もう彼は起きていた）▶我～上小学的时候，我姐姐就已经上大学了（私がまだ小学生の時分に姉はもう大学に入っていた）

ⓓ还+没〈不到〉…就… まだ…しないうちに。▶我～没说话，他就说'知道了'（私がまだ何も言わないうちに，彼は「わかったよ」と言った）▶月亮～没升起，孩子们的故事会就开始了（月はまだ昇っていなかったが，子供たちのお話し会は始まった）▶～不到半年，大楼就盖好了（半年足らずでビルはもうできあがった）

ⓔ…さえ：文の前節に'还'を用い，これをもとに後節で推論を述べる。これらの文は'还'の代わりに'都'を用いてもよい。▶小车～通不过，更别提大车了（手押し車さえ通り抜けられないのに，大八車ならなおさらだ）▶这些书一个月～看不完，不用说一个星期了（これらの本は1か月かかっても読みきれないってのに，1週間なんてとんでもない）

— '还'はよく'连'と共に用いる。▶连你～不能跑完一万米吧，我更不行了（君ですら1万メートルを走破できないのだもの，ぼくならなおさらだめだ）▶连平面几何～没学过，何况解析几何？（平面幾何学だって勉強したことがないのに，まして解析幾何学だなんて）

❹おもに感情を表現する。❶～❸の意味に解釈されるときもあるが，それは二義的な意味である。

ⓐ予想を越えたことを表す。賛嘆の感情を込める。▶下这么大雨，没想到你～真准时到了（こんなどしゃ降りなのに，君が時間かっきりに来ようとは思いもかけなかったよ）▶～亏了你们来得早，要不然，这么些活儿我一个人怎么干得完呢？（君たちが早く来てくれて助かった，そうでなければこんなにたくさんの仕事を1人ではやりきれなかったよ）

ⓑ当然そうあるべきだが，そうではない，有名無実である：詰問や皮肉の気持ちを込める。▶亏你～是大哥哥呢，也不让着点妹妹！（これでも兄さんかい，少しも妹に譲らないなんて）▶亏你～上过大学呢，

这个字也不认得（君はそれでも大学に行ったことがあるのか，こんな字さえも知らないなんて）
ⓒ反語に用いる。▶都十二点了，你～说早！（もう12時なのに，それでも早いって言うんですか）▶他要能来～不早来啦！（彼は来られるんだったらどうして早く来ないんだ）▶我们吃这种人的亏～少吗？（こんな連中にこれほどひどい目にあわされてもまだ足りないって言うのか）▶这～能假！（うそなもんか）▶这～用问！（聞くまでもないだろう）▶～不快进屋去！（さっさと部屋に入らんか）

[比較] 还：又 いずれも動作の繰り返しを表せる。'还'は主にまだ実現していない動作を表す。'又'はすでに実現した動作を主に表す。▶他昨天来过，明天还来（彼は昨日来た，明日もまた来る）▶洗了一次还想洗一次（1度洗ったがもう1度洗いたい）▶他昨天来过，今天又来了（彼は昨日来た，今日もまた来た）▶洗了一次又洗一次（1度洗ってもう1度洗った）

还是 hái·shì

【副詞】❶行為・動作・状態が変わらないことを示す。あるいは前に述べた状況によっても変化が生じないことを表す。やっぱり，依然として。
ⓐ動詞・形容詞あるいは主語の前に用いる。▶今天咱们～装运木料（やっぱり今日も材木を積み込もう）▶洗完一看～脏，又洗了一遍（洗ってから見てみるとまだ汚れているので，もう1度洗った）▶这次～他做向导（今度もやっぱり彼に案内してもらおう）▶跟去年一样，今年～新稻种产量高（去年同様，今年も新種の稲の収穫高は多い）
— 動詞・形容詞の前の'还是'は省略して'还'としてもよい。主語の前の'还是'は'还'と省略できない。
ⓑ虽然〈尽管，即使〉…，还是… …ではあるものの，それでも…。▶虽然走了一些弯路，试验～获得了成功（少しばかり回り道はしたが，実験はやはり成功した）▶尽管雪大路滑，我们～按时到达了（雪がひどく，道がすべりやすかったにもかかわらず，時間どおりに着いた）
— 文の前節に'虽然'などの語がなくてもよい。▶多年不见，他～那么年轻（長年会わなかったが，彼は相変わらず若々しい）▶已经立秋了，～那么闷热（もう立秋だというのに，相変わらずむし暑い）
❷比較・考慮をへて選択したことを表す。選択したものを'还是'で導く。
ⓐ動詞あるいは主語の前に用いる。▶我看～去颐和园吧，十三陵太远（やっぱり頤和園にするよ，十三陵は遠すぎるもの）▶～你来吧，我在家等你（やはり君が来いよ，ぼくは家で待っている）
ⓑ还是+[動/節]［+的］+好 比較したうえで「こうしたほうがいい」という気持ちを表す。▶～用前一种方案［的］好（やはり前の案でやるほうがよい）▶想来想去，～亲自去一趟［的］好（いろいろ考えたが，やはり自分で行って来たほうがいい）▶我看～你来办理一下［的］好（やはり君がやったほうがいいと思うな）

【接続詞】選択に用いる（＝或者）。
ⓐ［是］…，还是…；［还是］…，还是… …か，それとも…か。▶你［是］同意～不同意？（あなたは賛成ですか，それとも反対ですか）▶［是］坐九路车～坐二十路车，一时拿不定主意（9番のバスに乗るか20番に乗るか，すぐには決めかねた）▶［还是］先修这个，～先修那个，咱们商量一下（先にこれを修理するか，それともあれにするか，みんなで相談しよう）▶［还是］老张去，～老刘去？（張さんが行くのかい，それとも劉さんかい）
ⓑ无论〈不论，不管〉…还是…，都〈总〉… …であろうと…であろうと，いつも…: あげた条件の影響を受けないことを表す。▶无论［是］上班，～休息他都在琢磨新的设计方案（出勤しても，休みの

ときでも，彼はいつも新しい設計プランを研究している）▶不管［是］刮风～下雨，不管［是］冬天～夏天，他都坚持锻炼（風が吹こうと雨が降ろうと，冬だろうと夏だろうと，彼はトレーニングを欠かさない）

害 hài

【名詞】❶災い，災害（語構成に用いることが多い）。▶邻县发生了虫～（隣の県で害虫の被害が発生した）▶近期要防止风～（近いうちに風害の防止をしなければならない）▶我们一定要为民除～（我々は人々のために害となるものを取り除かねばならない）▶对大自然不合理的利用就会造成公～（合理的でない大自然の利用は公害を生み出す）
❷害がある。↔益▶这种农药对某些～虫无效（この農薬はある害虫には効果がない）▶你能分出哪些是益鸟？哪些是～鸟吗？（君はどれが益鳥でどれが害鳥か区別できますか）▶饮酒过量对身体有～（お酒の飲みすぎは身体によくない）
【動詞】❶損害を与える：《付》了・过 必ず名詞の客語をともなう。兼語として用いることができる。▶你这样做～了别人也～了自己（こんなことをすると人に損害を与え，自分もそこなうことになる）▶我从来没有～过别人（私はこれまで人に損害を与えるようなことはしたことがない）▶这家伙干了不少～人的勾当（こいつは人に危害を加えるようなことをたくさんやった）
— 害＋得＋節 ▶～得我们全家不得安宁（ひどい目にあってわが家全員が安らかな生活が送れない）
❷殺害する。《付》了・过 名詞の客語をともなえる。▶他被歹徒～了（彼は悪者に殺害された）▶这个心狠手辣的家伙～过好几条人命（この残酷無情な奴は何人もの人命を奪った）
❸病気にかかる：《付》了・着・过 必ず名詞の客語をともなう。▶～了一场大病（大病をした）▶他正～着病呢（彼は病気にかかっている）▶我就不相信你没～过病（君が病気をしたことがないとはとても信じられない）
❹不安定な気持ちが生じる：単音節の心理動詞とともに意味的に固定した語句を構成することが多い。▶～羞（恥ずかしがる）▶～怕（恐れる）▶～臊（恥じる）
動結 害苦了 害惨了 害死了
動趨 害∥上 ▶没想到我也害上了这种怪病（私もこの奇病にかかるとは思わなかった）

害∥起来 ▶他最近也害起病来了（彼も最近病気になった）

好 hǎo

【形容詞】❶優れた所が多い，人に満足を感じさせる。
ⓐ名詞を修飾する。▶～人（善人）▶～事（立派な行い）▶～姑娘（いい娘）▶～办法（よい方法）▶～脾气（いい性格）▶～的歌曲（すばらしい歌）▶～的图书馆（立派な図書館）▶～～的天突然下起雨来（よいお天気だったのに突然雨が降りだした）
ⓑ述語や補語になる。述語になるときは'了・过・起来'などをともなってアスペクトを表せる。▶这本小说很～（この小説はよい）▶质量明显地～了起来（質は明らかによくなってきた）▶成绩从来没有这么～过（これまで成績がこんなによいことはなかった）▶她比我唱得～（彼女は私より歌がうまい）▶这话说得太～了（これは実にいい話だ）
— 疑問の形式で相手の意見を求めるときは「相談する」または「耐えきれない」という気持ちを表す。▶等我一会儿，～吗？（少し待ってくれませんか：相談）▶明天上午我去找你，～不～？（明日の午前中あなたの所に行きましょうか：相談）▶你们安静一点～不～，吵死了！（ちょっと静かにしてくれないか，やかましくてかなわない：耐えられない気持ち）

ⓒ好+在　なぜよいかを説明する。▶他～就～在对人诚恳（彼の何よりいいところは、人に誠実な点だ）▶这首诗～在什么地方？（この詩はどこがよいのですか）
ⓓ还是+[動]/[節][+的]+好　2つを比べて「…するほうがよりよい」ことを表す。▶还是咱们一起去[的]～（やはり一緒に行くほうがよい）▶你还是别答应[的]～（あなたはやはり承知しないほうがよい）▶我看还是采纳这个建议[的]～（やはりこの提案を受け入れたほうがよいと思う）
❷健康だ，病気が治る：《付》了・过・起来など▶他身体一直很～（彼はずっと健康だ）▶昨天还～～的, 今天就病倒了（昨日まで元気だったのに，今日になって病気で倒れた）▶我去年一冬天没有～过（去年の冬中体の調子が悪かった）▶天暖和以后, 病就会～起来的（暖かくなったら，病気もよくなるだろう）▶老张, 你～吗？（張さん，お元気ですか：挨拶）▶你～啊, 许先生！（こんにちは，許先生：挨拶）
❸親しい，仲がよい：《付》了・过・起来など▶～朋友（仲のよい友だち）▶他俩从小就～（彼ら2人は幼いときから仲よしだ）▶刚吵了架, 又～起来了（たった今, 口げんかしたばかりなのに，また仲直りした）▶这两个孩子, ～了两天, 又闹翻了（この2人の子は2〜3日仲がよかったと思ったら，またけんかした）
❹完成する：動結形の結果を示す要素になる。▶馒头蒸～了（マントウが蒸しあがった）▶你的毛衣还没打～, 得再过两天（君のセーターはまだ編みあがっていない，あと2〜3日かかる）▶家具做～了, 可是还没有上漆（家具はできあがったが，まだペンキを塗っていない）
— 動詞を省略して，ただ'好了'あるいは'没好'とだけ言うこともできる。▶馒头[蒸]～了▶上衣[补]～了（上着はきちんとつくろった）▶午饭[做]～了没有？——还没～（昼ご飯はできましたか——まだできない）

❺…しやすい：動詞の前に用いる。'好'の機能は助動詞に近い。▶这条路还算～走（この道はまだ歩きやすいほうだ）▶那篇文章～懂（その文章はわかりやすい）▶这问题～解决（この問題は簡単に解決できる）
❻効果（姿かたち・音・におい・味・感覚など）がよいことを表す。'看・听・闻・吃・受・使・玩儿'などの動詞の前に用いる。動詞との結び付きは緊密で1つの単語に近い。▶～看（きれいだ）▶这歌很～听（この歌はきれいだ）▶茉莉花儿真～闻（ジャスミンの花は本当によい香りがする）▶新买的笔～使着呢！（新しく買ったペンはとても使いやすい）▶身上不大～受（体の具合があまりよくない）
— この'好'の反対は'难'。例えば'难看・难听・难闻・难吃・难受'。ただし'好玩儿'はあるが，'难玩儿'はない。
❼話し手の気持ちを表す。単独で用いる。感嘆詞に近い。
ⓐ同意を表す。▶～, 就依你说的办（わかった，君の言う通りにする）▶劳驾找一下田先生——～, 您等一下（すみませんが，田先生を呼んでくれませんか——わかりました，しばらくお待ちください）
ⓑ終了を表す。▶～, 今天就讲到这里（それでは，今日の話はここまでにします）▶～了, 别玩了, 该睡了（さあ，もう遊ぶのはやめて，おやすみなさい）
ⓒ反語。不満あるいは人の災難を喜ぶ気持ちを表す。▶～, 这下可糟了！（くそ，今回はまったくメチャクチャだ）▶～啊！摔倒了吧？看你还乱跑不乱跑！（ほら見なさい，転んだでしょう，まだあちこち走りまわるつもり？）

【副詞】❶数が多い，時間が長いことを強調する。数量詞や時間を表す語，あるいは形容詞'多・久'の前に用いる。数詞は'一・几'のみ。▶外头来了～几个人（そとに何人もの人が来た）▶你怎么才来, 让我等了～一阵子（どうして今ごろ来たの，

長い間待たせて）▶他念了〜几年外语（彼は何年も外国語を勉強した）▶〜多事情我都不知道（本当に多くの事を私は知らない）▶过了〜久，他才醒过来（ずいぶんたって彼はやっと目が覚めた）

❷程度がはなはだしいことを表す。感嘆の気持ちを含むことが多い。

ⓐ好＋形　〜深的一口井（とても深い井戸）▶〜黑的头发（真っ黒な髪）▶眼睛〜大〜大的（目がとっても大きい）▶今天街上〜热闹！（今日町はとってもにぎやかだ）▶你这个人〜糊涂！（おまえって奴はなんてまぬけなんだろう）▶他昨天晚上〜晚才回家（彼は昨晩は相当遅く帰宅した）

ⓑ好＋不＋形　形は一部の2音節の形容詞に限る。肯定の意味を表す。▶市场上〜不热闹（市場はとてもにぎやかだ＝〜热闹）▶他哭得〜不伤心（彼はとても悲しそうに泣いている＝〜伤心）

— ただし'好容易'と'好不容易'は共に'很不容易'の意味。上例とは逆。▶找了半天，〜不容易〈好容易〉才找到了他（長い間捜してやっと彼を捜しあてた）

ⓒ好＋動　ふつう動量詞をともなう。▶原来你在这儿，让我们〜找（なんだ君はここにいたのか，私たちにえらく捜させて）▶我们几个〜找了一通（私たち何人かでずいぶん捜した）▶前些时候〜忙了一阵（このところかなり忙しかった）▶捱了〜一通骂（ひどくののしられた）

【助動詞】できる：文の後節に用い，前節中の動作の目的を表す。▶别忘了带伞，下雨〜用（かさを忘れないで，雨が降ったときに困るから）▶多去几个人，有事〜商量（何人か多めに行きなさい，何かのときに相談するのに都合がよいから）▶你留个电话，到时候我〜通知你（電話番号を書いておいてください，必要なときに連絡できるように）

【名詞】《儿化》hǎor

❶称賛の言葉・かっさいの声を指す。▶本想讨个〜儿，没想倒捱了顿骂（ご機嫌をとろうとしたんだが，ののしられてしまった）▶观众连声叫〜儿（観衆はしきりにかっさいを送った）

❷挨拶の言葉。▶你见着徐老师，别忘了给我捎个〜儿（徐先生にお会いしたら，私からよろしく，と忘れずに伝えてください）

好比 hǎobǐ

【動詞】…と同じだ：たとえを表す。必ず名詞・動詞・節を客語にとる。▶他的劝说〜治病的灵丹妙药，我思想上一下子轻松多了（彼の説得は霊験あらたかな妙薬と同じで，私はすぐに精神的にずっと楽になった）▶这次打击对他来说〜生了一场重病，一直难以康复（彼にとって今回のショックはちょうど重病にかかったのと同じで，これまで回復のきざしがない）▶我在人生的道路上奋力拼搏，〜大海中的浪花永不歇息（私は人生の道程で力の限りを尽くす，あたかも大海の波が永久に休むことのないように）

— '好比'の後ろに'是'を置いてもよい，やはりたとえを表す。▶她那优美的舞姿〜[是]随风摆动的杨柳（彼女の優美な舞い姿は風に揺れる柳のようだ）▶他坐在那里一动不动，〜[是]一尊雕像（彼はあそこに座ってじっと動かない，まるで彫像のようだ）▶你这样做难度太大，真〜[是]蚂蚁啃骨头（君のこのやり方はむずかしすぎる，蟻が骨をかじろうとするのと同じだ）

好不 hǎobù

【副詞】程度が高いことを表し，感嘆の気持ちを帯びることが多い。2音節形容詞のいくつかを修飾するのみで，肯定を表すことが多い。'好・多么・很'に同じ。▶人来人往，〜热闹（人の往来が繁くとてもにぎやかだ）▶我为他上大学花费了不少心血，可他一点儿不努力，叫人〜伤心（彼が大学に入れるよう私は心血を注いだのに，彼は少しも努力しなくて，ほんとに悲しい）▶大家一听这话，真像火上加油，〜愤慨

（みんなはその話を聞くと、火に油を注いだように、ひどく憤慨した）▶她们姐俩一见面～亲热（姉妹2人は顔を合わせるとなつかしくてたまらなかった）

[注意]ふつう'好不'は2音節形容詞を修飾し、肯定を表すことが多い。このような'好不'はすべて'好'と言い換えても意味は変わらない。例えば'好不热闹'と'好热闹'の意味は共にとても賑やかなことを表す。しかし、'好不容易'と'好容易'はどちらも否定を表し、共に'很不容易'であることを表し、前の例とは反対である。例えば、▶好不容易才把他说通（やっとのことで彼を説得した＝好容易才把他说通）

—しかし、述語として用いるときは、'好不容易'としか言えない。▶办成这件事好不容易啊（この件を成功させるのは容易ではない ×好容易）

—さらにいくつかの語句は'好不'で修飾した場合意味が確定せず、前後の文脈によって肯定を表す（好不＋A）ことも否定を表す（好＋不A）こともある。▶她吃得饱饱的，喝得足足的，好不自在（彼女はお腹いっぱい食べ、十分飲んで、とても気分がよい＝很自在）▶听到大家对我的批评，心中好不自在（みんなの私に対する批判を聞いて、内心とても気分が悪かった＝很不自在）▶他一口气说完自己的想法，心中好不痛快（彼は一気に自分の考えを話し終え、心中とても痛快だった＝很痛快）▶他得知自己落选的消息，心中好不痛快（彼は自分が落選した知らせを聞いて、心中とても不愉快だった＝很不痛快）

好歹 hǎodǎi（好赖）

【名詞】❶善し悪し：主語・客語になることができる。《口》▶他这个人～不分（彼という人間はものの善し悪しが分からない）▶这孩子真不懂得～（この子は本当に善し悪しを知らない）

❷危険（生命の危険を指すことが多い）：口語では《儿化》ふつう'有'の客語になるのみである。客語になるときは'好歹'の前に量詞'个'を置くことが多い。▶这孩子要是有个～儿，可怎么去向她父母交待？（この子に万一のことがあったら、両親にいったいどう説明したらいいんですか）▶万一她有个～儿，咱们心里也不安（もし彼女に万が一のことがあったら、私たちだって不安だ）

【副詞】❶条件の善し悪しにこだわらないことを表す。何とか間に合わせて（何事かをする）。無理にでも、何とかかんとかの意味を含む。《口》▶这支笔尖儿有点秃，～先凑合用吧（この筆は穂先が少し減っているが、とりあえず我慢して使おう）▶饭菜虽不可口，～能吃饱就行（食事は口に合わないが、とにかく腹一杯になれればいい）

❷どのような条件であっても、どうでもこうでも：《口》▶要是老张在身边，～也能出个主意（もし張さんがそばにいたら、なんとかアイデアを出すことができただろう）▶作为朋友，～会帮你说几句（友人として、何はともあれ君のために口添えしよう）▶你答应过的事，～都应该兑现（君が承知した事なら、何があってもすべて実行すべきだ）

〖好赖〗'好赖'は'危险'の意味は表さないが、その他の用法は'好歹'の用法に相当する。

好多 hǎoduō（好些）

【数詞】数が多い。

ⓐ好多［＋量］＋名▶～人（とてもたくさんの人）▶～话（とてもたくさんの言葉）▶～问题（とても多くの問題）▶～位同志（とても大勢の同志）▶～种民族服装（非常に多種類の民族衣裳）▶～项新技术已经推广（たくさんの新技術がすでに広く使われている）

ⓑ好多＋［＋量］ 名詞のように用いる。

▶这里的技术人员～都是他的学生（ここの技術者の多くは彼の教え子だ）▶这些人有～我不认识（この中には私の知らない人がたくさんいる）▶晚会上的灯谜，～条我都猜着了（夜のつどいに出されたなぞなぞをたくさん当てた）▶北海公园我去过～次（北海公園には何度も行ったことがある）

ⓒ 動+好多+動量　動の後ろにふつう'了・过'を付ける。▶试验了～次（何回もテストした）▶去过～趟北京（ずいぶん何度も北京へ行ったことがある）▶告诉他～遍了（彼に何度も何度も言った）

ⓓ 重ね型の'好多好多'は数の多さを強調する。名詞と同じように用いたり、あるいは名詞を修飾できる。▶他说了～～（彼は本当にたくさん話した）▶～～问题都没有研究（実に多くの問題が研究されていない）▶来了～～人（とても多くの人が来た）▶听到了～～新鲜事（とてもたくさんのめずらしい話を聞いた）▶屋里挂着～～纸花和灯笼（部屋の中にはたくさんの造花と灯籠がかけてある）

ⓔ 動／形+好多　程度や数がはなはだしいことを表す。▶改了～（大幅に変えた）▶瘦～了（ひどくやせた）▶大了～（とても大きくなった）▶减少了～（ずいぶん減った）▶里边还有～呢！（中にはまだたくさんある）▶这儿放着～呢！（ここにたくさん置いてある）

注意 次の例の'好多'は 形+形 で程度を示し、数量は表さない。▶今天我觉得好多了（今日は体調がずいぶんよくなったように思う＝今天我觉得好得多了）▶情况已经好多了（状況はすでにかなりよくなった＝情况已经好得多了）

〖好些〗'好多'に同じ。▶好些人（たくさんの人）▶好些书（たくさんの本）▶好些同志（たくさんの同志）▶好些位朋友（たくさんの友だち）▶这些人有好些我不认识（この中には私の知らない人がたくさんいる）▶试验了好些次（いく度もテストした）▶来了好些人（とてもたくさんの人が来た）▶你的表快了好些（君の時計は相当進んでいる）

注意 次の'好些'は'好+[一]些'で、数詞ではない。▶他的病好些了（彼の病気はいくぶんよくなった＝他的病好了一些了）▶今天天气比昨天好些（今日の天気は昨日よりいくぶんよい＝比昨天好一些）

好赖 hǎolài ☞好歹 hǎodǎi

好像 hǎoxiàng

【動詞】…と同じ：たとえを表す。必ず名詞・動詞あるいは節を客語とする。'真'に修飾され、強調を表すことがある。▶那优美的风景真～一幅山水画（あの美しい風景はまるで一幅の山水画のようだ）▶他的动作十分机械，看上去～机器人（彼の動作はまるで機械のようで、見たところロボットのようだ）▶他俩又说又笑，～好久没见面的老朋友（あの２人は喋っては笑い、まるで長いこと会っていない旧友のようだ）▶看他那副不知羞耻的样子，真～吃了苍蝇那么恶心（彼の恥知らずなありさまを見ると、まるで蝿でも呑み込んだかのように不愉快だ）

—— '一样'や'似的'と組み合わせて用いることもできる。▶运动员们～离弦的箭[一样]，冲上跑道（選手たちはまるで弓を離れた矢のようにトラックを突進した）▶那颜色鲜亮极了，～一块蓝色的宝石[一样]（その色はなんとも鮮やかで、まるで青い宝石のようだ）▶他～泄了气的皮球[似的]，打不起精神来（彼はまるで空気の抜けたボールのようだ、元気を奮い起こすことができない）

【副詞】まるで、…のようだ：あまり確実でない推測的判断や感覚を表す。主語の前後どちらに置いても意味は変わらないこともある。'一样''似的'と組み合わせて用いることもできる。▶他～只通知了小王一个人（彼は王さん１人だけに知らせたようだ

=～他只通知了小王一个人 ▶他说得那么真切，～事情就发生在眼前［一样］（彼の話は実に真に迫っていて、まるで事が目の前で起こったかのようだ）▶到这儿就～到了自己的家［一样］（ここへ来るとまるで自分の家へ来たようだ）▶她～有点儿不舒服［似的］（彼女はどうも気分がすぐれないようだ）

━ある状況や事物の様子，ある人物の考え方が，実際の状況や話し手の考えとは異なることを示す。▶这些问题～挺复杂，实际上并不难解决（これらの問題は複雑に見えるが，実際には解決はむずかしくない）▶从表面上看～也有人拥护他，那只不过是极少数别有用心的人（表面的に見れば彼の味方をする人もいるようだが，それはごくわずかの下心のある輩にすぎない）▶这箱东西～挺有份量，其实并不重（この箱の中身はとても重そうに見えるが，実際にはたいして重くない）

━'好像'は'好像是'と言うこともあり，同じくあまり確定的でないことを示す。▶这个人我～是在哪儿见过（この人に私はどこかで会ったことがあるような気がする）▶记不太清楚了，～是他先离开的（あまりはっきり覚えていないが，彼は先に去ったようだ）

好些 hǎoxiē ☞好多 hǎoduō

好意思 hǎoyì·si

【動詞】はずかしくない，気まり悪く思わない：単独で述語になれる。しかし助動詞のように後ろに動詞句をともなう用法が多い。反語文・否定文のみに用いる。

ⓐ反語文に用いる。非難の意味を持つことがある。▶人家求我们支援，我们～拒绝吗？（人が我々に支援を求めているのに，拒絶するのは具合が悪くないか）▶主人热情挽留，我怎么～立刻就走？（主人側が熱心に引き止めてくれるのに，すぐ帰るわけにはいかない）▶亏他～说出这种话来！（彼はよくまあおめおめとこんなことが言えるね）▶看你还～要！（君はまだ要求するつもりなのか）

ⓑ否定文に用いる。▶他也想说几句，可是不～开口（彼も何か言おうと思ったが，口に出すのはきまりが悪かった）▶人家几次三番来请，我也不～再推辞了（彼が何度も何度もさそってくれたので，私ももうこれ以上はことわりにくくなった）▶老李没～笑出来（李さんは間が悪くて笑えなかった）▶我看他有些为难，就没～再追问（彼が少々困っているようなので，それ以上たずねるのをはばかった）

ⓒ単独で述語になる。▶小红看见生人怪不～的（紅ちゃんは初めての人にはとてもはずかしそうにする）▶脸上有点不～（少しきまり悪そうな顔をしている）▶人家一鼓掌我就不～了（人々が拍手をしたので，きまりが悪くなった）▶小孩让客人们逗得不～起来（子供はお客さんたちにからかわれてはずかしくなった）

好在 hǎozài

【副詞】有利な条件・状況が備わっていることを表す：主語の前に用いることが多い。

ⓐ好在＋動／節 ▶～相互了解，他不会生我的气的（幸い互いをよく分かっている仲なので，彼が私に腹を立てることはない）▶对方提了不少意见，～我早有思想准备（先方から数多くの批判が出されたが，幸い私は早くから心の準備をしていた）▶～他懂英语，我们可以直接交谈（都合のいいことに彼は英語がわかるので，我々は直接話し合うことができる）▶她那时常来照看我，～我们住得不远（彼女はそのころよく私の世話をしに来てくれたが，都合よく私たちは近くに住んでいた）▶那里的生活十分艰苦，～我的身体还顶得住（そこの生活はひどく苦しかったが，幸いなことに私の身体はそれでも持ちこたえられた）

ⓑ好在…，否则〈要不，不然〉▶～有他帮忙，否则我更吃不消了（彼の助けがあ

って幸いだった，そうでなければ私はもっと堪えがたかった）▶～我的身体棒，要不非感冒不可（身体が丈夫でよかった，そうでなければ絶対風邪をひいていた）▶～路程比较近，不然拿这么重的东西可够呛（ありがたいことに距離が近かった，そうでなければこんな重いものを持って行くなんて大変だった）

ⓒ前文を受ける場合，もし意味が明らかなときは，結果を表す後節は表現しなくてもよい。▶我们要去的地方很远，～借到一辆车［否则够咱们走的］（我々の目的地はとても遠いが，幸いなことに車を1台借りられた［そうでなければずいぶんと歩くとこるだった］）▶忽然间下起大雨来，～路边有个可以躲雨的草棚［要不非挨浇不可］（急に大雨が降ってきたが，都合よく道端に雨宿りのできる小屋があった［そうでなければびしょ濡れになったにちがいない］）

比較 **好在：幸亏** ‘幸亏'は偶然現れた有利な条件によって運よく悪い結果を免れたことを指す。それに対して，‘好在'が表す有利な条件のほうはもとから存在していたものである。次の例文中の‘好在'と‘幸亏'はふつう置き換えて用いることはできない。▶我每天都要去医院照顾他，好在〈×幸亏〉离得不远（私は毎日病院に彼の世話をしに行かねばならなかったが，幸いなことに遠くなかった）▶当时情况十分危急，幸亏〈×好在〉遇到警察才转危为安（そのとき危険が目の前に迫っていたが，おりよく警官に出会って難を逃れた）

何必 hébì

【副詞】反語を表す：…する必要はない。
ⓐ何必+［動］/［形］▶路又不远，～坐车呢？（遠いわけじゃないし，車で行くこともないんじゃない？）▶原则问题大家都同意了，又～在个别字句上争论不休？（原則的な問題でみんな同意したのだから，一部の字句でいつまでも争うことなんてないんじゃない？）▶都是老同学，～客气（みんな昔からの学友なんだ，遠慮することなんかないんじゃない？）
ⓑ何必+［名］［+［動］］+呢▶～明天［动手］呢？今天就可以动手（なにも明日でなければいけないということはないだろう，今日とりかかればよい）▶～他［来安装］呢？我自己来吧（何も彼に取り付けてもらうことないんじゃない。ぼくがやるよ）
ⓒ何必+呢▶为这点小事儿就不高兴，～呢！（こんな小さな事で怒っているの，くだらないね）▶你亲自去？～呢，叫小孩去就行啦！（君が行くって。なんでわざわざ。子供に行かせればよい）
ⓓ'何必'の前に'又'を用いて，強めることができる。▶这又～呢？（なんでまたわざわざ）▶事情已经解决了，又～再提？（すでに解決したのに，またなんでわざわざ持ち出すのか）

比較 **何必：何苦** ☞何苦 hékǔ

何不 hébù

【副詞】なぜそうしないのか：反語の表現。「…すべきだ」「…すればよい」の意味を表す。▶～问问老郑？他去过那儿，对那儿的情况一定很熟悉（どうして鄭さんに聞いてみないの。彼なら行ったことがあるし，きっとあそこの事情に詳しいのに）▶你～大胆试一试？（なぜ思いきって試してみないんだ）▶～理直气壮地说呢？（どうして筋道立ててしっかりと言わないのか）▶既然不愿意，～早说？（いやならなぜ早く言わないの）▶他明天进城，～托他代办一下？（彼は明日町へ行くんだ。代わりにやってもらえばいい）

何尝 hécháng

【副詞】反語の表現。否定または肯定を表す。《書》
ⓐ肯定形の前に用いて否定を表す。▶我～说过这样的话？（ぼくがそんなこと言ったことあるかい＝我没有说过这样的话）▶历史的教训人们～忘记？（歴史の教訓

を人々は忘れられようか）▶在那艰苦的条件下，我们～叫过一声苦？（あの苦しかったころ、我々は弱音を吐いたことがあっただろうか）

ⓑ否定形の前に用いて肯定を表す。▶我～不想去？只是没有工夫（私が行きたくないなんて。ただ時間がないだけなのです＝我很想去，只是没工夫）▶生物都有新陈代谢，细菌又～不是如此？（生物すべてに新陳代謝がある。細菌がその例外でありえようか）▶你的建议我～没有考虑？可是目前还不能实行（君の提案を検討しなかったわけではない。ただ今のところは実行不可能だ）

ⓒ形容詞の前に用いるのはまれ。▶这又～不好呢？（これがなぜ悪いのか）

何苦 hékǔ

【副詞】反語の表現。「…するに値しない」ことを意味する。

ⓐ何苦＋動（否定形でもよい）　文末に'呢'を付けることが多い。▶你～为这点鸡毛蒜皮的事跟他吵［呢］？（こんなさいな事で彼と口論することないんじゃないの）▶你～跟他赌气［呢］？（彼に対して腹を立てるなんて）▶你又～不去试一试呢？（どうせなら、試してみたら）

ⓑ何苦＋呢▶生孩子的气，～呢？（子供に腹を立ててどうなるのだ）▶你这是～呢？一个人着急有什么用？（どうしたと言うの。1人であせって何になるの）

比較　何苦：何必　どちらも「不必要」「値しない」ことを意味する。'何苦'は'何必'よりも意味が強い。ふつう'何苦'は'何必'に代えられる。'何必'を'何苦'に代えられるとは限らない。▶何苦〈何必〉在这些小事上伤脑筋？（こんな小さなことで頭を悩ますことないんじゃないの）▶他根本不会唱歌，你何必〈×何苦〉难为他？（彼は歌はまったくダメなのになぜ困らせるの）

何况 hékuàng

【接続詞】❶反語の表現。「比較の結果，より程度が高い」ことを意味する。文の後節の頭に置く。後節の述語が前節の述語に同じときは省略する。'何况'の前には'更・又'を，後ろには'又'を付けられる。また文の前節に'尚且''都'や'连…都〈也〉…'を用いて呼応させることも多い。

ⓐ何况＋名▶他是专门学这一行的都不懂，更～我呢？（専門にこの分野を勉強した彼でさえわからないのに私にわかるわけがないだろう）▶再大的困难我们都克服了，～这么一点儿小事（我々はもっと大きな困難をも克服したのだから、こんな小さな事は案ずるまでもない）

ⓑ何况＋動▶在沙漠里行走本来就够艰难的了，～又碰上这么大的风（砂漠を歩くこと自体たいへんなのに、ましてこのひどい風とあっては）▶学好本民族的语言尚且要花许多力气，～学习另一种语言呢（自民族の言語を身に付けるにも大きな努力が必要なのだ，まして外国語を学ぶとなれば）

❷さらに深く理由を説明する、あるいは理由の追加を表す。用法はほぼ'况且'に同じ。▶你去接他一下，这儿不好找，～他又是第一次来（彼を迎えに行ってあげなさい。ここは捜しにくいし、まして彼は初めて来るのだから）

比較　何况：况且　'况且'には'何况'❶の用法がなく，'何况'❷とのみ等しい。

何况：而况　☞而况　érkuàng

和 hé

【介詞】❶「相手と共通に，一緒に」の意味を表す：…と。▶有事情～群众商量（何かあれば大衆にはからねばならない）▶我～他经常在一起（ぼくと彼はいつも一緒にいる）▶他～老王见过几面（彼と王さんは何回か会ったことがある）

❷動作の対象を示す：…に向かって、…

に対して，…と。▶我很愿意～大家讲（ぜひみなさんにお話ししたいと思います）▶我～你谈谈，好不好？（君と話がしたいが，いいですか）

❸何かと関係あることを示す。▶我～这事没关系（私はこの事と関係ない）▶他去不去～你有什么相干？（彼が行こうと行くまいと君に何の関係があるんだ）

❹比較の対象を導く：…と。▶这种肥料～豆饼差不多（この肥料は大豆のかすと同じようなものだ）▶他～我弟弟的年龄相同（彼とぼくの弟は同い年だ）▶前面讲的～这里讲的是一致的（前で述べたことと，ここで述べていることとは矛盾していない）▶他的手艺简直～他师傅不相上下（彼の腕前は師匠に優るとも劣らない）

【接続詞】❶対等な連合関係を表す。品詞または構造の近い並列成分をつなぐ。▶工人～农民（労働者と農民）▶老师～同学都赞成这么做（先生と生徒，共にこうすることに賛成だ）▶他的话是那样明确～有力（彼の話はとても明快で説得力がある）▶我还要说明～补充几句（もう少し説明しいくつか補っておく必要がある）

ⓐ 3つ以上のものをつなぐ場合，'和'は最後の2つの間に置き，前の部分は'、'で結ぶ。▶北京、天津、上海～广州（北京・天津・上海それに広州）▶一切事物都有发生、发展～消亡的过程（すべての事物に発生・発展そして消滅の過程がある）

ⓑ 多数の並列成分にレベルの違いがある場合，'和'であるレベルを表し，'、'や'与・同・以及・及'で別のレベルを表すことができる。▶爸爸、妈妈～哥哥、姐姐都不在家（父母それに兄・姉は共に外出している）▶要弄清理论～实践，政治～经济之间的关系（理論と実践，政治と経済の関係をはっきりさせる必要がある）

ⓒ 述語の動詞・形容詞をつなぐ場合，動詞・形容詞は2音節のものに限る。述語の前か後ろに必ず共通の成分が加えられなければならない。▶事情还要进一步调查～了解（この事についてはさらに突っ込んだ調査と理解を必要としている）▶会议讨论～通过了明年的财务预算（会議は来年の財務予算を討論し採択した）▶泰山的景色十分雄伟～壮丽（泰山の景色は非常に雄大で壮麗だ）

❷選択を表し，'或'に相当する。ふつう'无论・不论・不管'の後ろに使われる。▶无论在数量～质量上都有很大的提高（質量共に大きく向上した）▶不管是现代史～古代史，我们都要好好地研究（現代史であろうと古代史であろうと，しっかりと研究しなければならない）▶去～不去，由你自己决定（行くか行かないか，自分で決めなさい）

比較 和：跟；同：与 ☞跟 gēn
和：以及；及 ☞以及 yǐjí

很 hěn

【副詞】❶形容詞の前に置き，程度の高いことを表す。▶～好（たいへんよい）▶～幸福的生活（とても幸せな生活）▶～仔细地看了一遍（非常に注意深く見た）▶表现得～积极（態度はとても積極的だ）▶情况～严重（状況はたいへん厳しい）▶在～远～远的地方（遠い遠い所に）

注意 ①形容詞によっては'很'の修飾を受けないものもある。▶ˣ～紫▶ˣ～灰▶ˣ～广大▶ˣ～错▶ˣ～真正▶ˣ～共同▶ˣ～永久▶ˣ～温▶ˣ～亲爱

②形容詞の強調形は'很'の修飾を受けない。▶ˣ～雪白▶ˣ～红红的▶ˣ～白花花的▶ˣ～酸不溜秋的

③'很+形'が名詞を修飾するときはふつう'的'をともなう。'很多'の場合は'的'を付けなくてもよい。▶～深的井（とても深い井戸）▶～热的水（非常に熱い湯）▶～茂密的森林（うっそうとした森林）▶～普通的劳动者（ごくふつうの勤労者）▶～多人（たくさんの人）▶～多房子（たくさんの家）▶～多问题（たくさんの問題）

❹単音節の形容詞の前には'很'を付けて2音節にすることが多い。▶~多人（たくさんの人 ×多人）▶这间屋子~大（この部屋は大きい：'这间屋子大'は対比の意味を含んでいる。暗に'另一间屋子小'（もう1つの部屋は小さい）ことを指している）

❷助動詞や動詞句の前に用いて，程度の高いことを表す。

ⓐ很+助動　次に示す助動詞は単独で'很'の修飾を受けられる。▶~应该（しごく当然である）▶~应当（まことに当然である）▶~可能（大いに可能性がある）

— 次の助動詞は動詞をともなわないと'很'の修飾を受けられない。▶~敢说（大いに勇気をもって話す）▶~肯干（たいへんやる気がある）▶~会唱（とても歌が上手だ）▶~能讲故事（物語を語るのにたけている）▶~能够说服人（人を説得するのが上手だ）▶~可以试试（試してみる値打ちが十分にある）

— 以下の助動詞は動詞をともなっても'很'の修飾は受けられない。▶ ×~要写▶ ×~应该做▶ ×~得去▶ ×~配说

ⓑ很+動　動詞は一部の情緒・態度・理解・評価・状態を表すものに限る。▶~喜欢（とても好き）▶~感激（非常に感激する）▶~愿意（心から望む）▶~负责（責任感が強い）▶~用功（よく勉強する）▶~成功（非常に成功した）▶大家都~支持（みんな心から支持している）▶她们俩~接近（彼女ら2人はとても親しくしている）▶当地的情况我~了解（私はそこの状況をよく理解している）

ⓒ很+動客句　動詞によっては単独では'很'の修飾を受けられないが，客語をともなうと動客句全体が'很'の修飾を受けられる。▶~伤我的心（私の心をひどく痛めた）▶~有礼貌（たいへん礼儀正しい）▶~讲道理（非常に道理を重んじる）▶~掌握政策〈情况〉（政策〈状況〉をよく把握している）▶~说明问题（問題をよく説明している）▶~感兴趣（たいへん興味をもつ）▶~有意思〈兴趣，可能，必要〉（おもしろみ〈興味・実現性・必要性〉がある）▶~没劲（まったく力がない）▶~占地方（とても場所をとる）▶~受欢迎〈鼓舞，排挤〉（歓迎〈鼓舞・排除〉される）▶~受尊敬〈重视，委屈〉（尊敬〈重視・圧迫〉される）▶~叫我为难（とても私を困らせる）▶~使人生气（人を非常に怒らせる）

ⓓ很+'得・不'をともなった動結形・動趨形　若干の態度・情緒・感覚・評価などを表す動詞に限る。▶~看得起（とても尊敬する）▶~看不起［人］（ひどく見くだす）▶~过意不去（とても申しわけない）▶~沉得住气（非常に落ち着いている）▶~拿不定主意（なかなか考えが決まらない）▶~靠不住（まったく頼りにならない）▶~合得来（とてもうまが合う）▶~经不起考验（まったく試練に耐えられない）

ⓔ很+動+数量　動詞の後ろに'了・过'を置くことが多い。数詞は'一・两・几'に限る。▶~花了些〈点儿〉钱（だいぶ金を使った）▶~认识几个人（何人かをよく知っている）▶~费了一番心血（心血を注いだ）▶~有两下子（なかなかの腕前を持つ）▶~去过几回（何回も行ったことがある）▶~找了一阵子（さんざん捜した）

❸'不…'の前に置く。▶~不好（とても悪い）▶~不坏（とてもよい）▶~不小（とても大きい ×~不大）▶~不轻（とても重い ×~不重）▶~不简单（まったく複雑である，とても能力がある ×~不复杂）▶~不仔细（まったく大ざっぱだ ×~不粗心）▶~不认真（まったく不まじめだ ×~不马虎）▶~不赞成（まったく賛成できない ×~不反对）▶~不讲理（まったくわからずやだ）

注意 '不很…'は程度が軽いことを表し，'很不…'とは異なる。▶很不好（とても悪い＝很坏）▶不很好（あまりよくない＝有

点儿坏，但还可以）▶很不好受（とてもつらい＝很难受）▶不很好受（ちょっとつらい＝有点儿难受）

❹四字句の前に用いる。一部の描写的な成语や態度・情绪・评价を表す成语に限る。▶～平易近人（とてもおだやかで親しみやすい）▶～心安理得（行いが道理にかない心安らかである）▶～提心吊胆（とてもびくびくしている）▶～耐人寻味（味わうほど味が出る）▶～引人入胜（人をうっとりさせる）▶～孤陋寡闻（学識が浅く見聞が狭い）

❺'得'の後ろに用いて程度の高いことを表す。▶好得～（とてもよい）▶糟得～（まったくひどい）▶仔细得～（とても細かい）▶粗心得～（非常に不注意だ）▶热闹得～（とてもにぎやかだ）▶喜欢得～（非常に好きだ）▶受欢迎得～（たいへん歓迎される ×帮忙得～・ ×说明问题得～）

— 共通語において'得很'の前に用いられる形容詞・動詞の数は多くない。

恨 hèn

【動詞】うらむ，仇敵視する：名詞を客語や兼語にともなえる。▶我好～哪！（私がどれほどうらんでいるか）▶～他不成材（彼がひとかどの人物になれないのがいまいましい）▶～铁不成钢（鉄が鋼にならないのを残念に思う：より進歩するよう高い要求を出す）▶我～我自己没把事情办好（自分がちゃんと処理しなかったことが悔やまれる）▶大家～得咬牙切齿（みなくやしさに歯ぎしりした）

— 客語をともなえば程度副詞の修飾を受けられる。客語がないときには後ろに'极'を付けて程度を表すことができる。▶非常～他（非常に彼がにくい）▶特别～他（ことさら彼をうらむ）▶我最～对工作不负责的人（私は仕事に無責任な人間を最もにくむ）▶～极了（とてもにくい）

動結 恨透〈了〉▶恨透了这种小人（こうしたふとどき者をうらみぬく）

恨死〈了〉 ひどくうらむ。▶恨死你了（おまえがたまらなくにくい）

動趨 恨起来▶恨起他来咬牙切齿（彼がにくくて歯ぎしりする）

恨得〈不〉起来 にくみうる〈にくみえない〉。▶对她就是恨不起来（彼女はどうもにくめない）

恨不得 hèn·bu·de

【動詞】「あることを成し遂げたいと切に望む」ことを表す（実際は成し遂げられないことに用いることが多い）。'恨不能'ともいう。必ず動詞を客語にともなう。▶～插上翅膀飞到爸爸妈妈身边（翼があったらとうさん，かあさんのところまで飛んで行けるのになあ）▶当时实在把我弄得很窘，～找个地缝钻进去（そのとき私は本当に困って，穴があったら入りたい気持ちだった）

ⓐ'恨不得'と客語の動詞との間にはふつう'马上・立刻・即时・赶快・统统・都・就・全'などの副詞または'一'をともなった動量詞を置く。▶我～马上就见到他（私はすぐにも彼に会いたいのに）▶～一口吞下去（一口でのみ込んでしまいたいものを）▶～一下子都解决了（すぱっと全部解決したくてたまらなかった）

ⓑ介詞句'对…'はふつう'恨不得'の前に置く。▶对朋友他～把心都掏出来（彼は友に心を取り出して見せたかった）

比较 恨不得：巴不得
☞巴不得 bā·bu·de

后 hòu（后边・后面・后头）

【方位詞】人や物の背に当たる方向，順序や時間の終わりに近いほう。

❶名詞のように用いる。

ⓐ単独に用いる。'前'と呼応させる。対称的な形をとる慣用表現に多い。▶前不着村，～不着店（前には村もなし，後ろに宿屋もない：人里遠く離れた形容）▶前怕狼，～怕虎（前の狼もこわいし，後ろの虎も恐ろしい：気が小さく決断力のな

い形容）▶前有大河，～有高山（前に大河，後ろに高山がある）

ⓑ介+后 介は'向・朝・往・在・由'に限る。▶他朝～看了看（彼は後ろをちょっと見た）▶向～转，齐步走！（回れ右！前へ進め！）▶由～往前数，第三排（後ろから数えて第3列目）

ⓒ前に'最'を付けられる。▶老孙走在最前头，我走在最～（孫さんは先頭を歩き，私はしんがりを歩く）

❷名+后ⓐ場所を指す。▶屋～（部屋の後ろ）▶大树～（大木の後ろ）▶高楼～有一个小花园（ビルの裏手には小さな庭がある）▶书前有序言，书～有附录（本の前には序があり，後ろには付録が付いている）▶背～跟着两个人（後ろに2人が付いている）

ⓑ時間を指す。ある事またはある時よりややあと。▶新年～（正月よりあと）▶晚饭～（夕食のあと）▶几个月～我又见到了他（何か月かのちまた彼に会った）▶这是几年～的事情（何年かのちの事である）

❸动/简+后 時間を指す。▶参观～请提意见（見学後，ご意見をお聞かせください）▶文章写好～，至少要认真读两遍（文章を書き終わったら，少なくとも2回は真剣に読んでみるべきだ）▶同学们离开教室～，老师还要把教室门锁上（生徒たちが帰ったあと，先生は教室のドアに鍵をかけなくてはならない）

❹后+名/数量 形容詞に近い。

ⓐ場所や順序を指す。▶～门（裏門）▶～院（裏庭）▶～街（裏通り，小路）▶连～排也坐满了人（後ろのほうの列でさえ，人がいっぱい座っていた）▶前几个我见过，～几个不认识（前の何人かは会ったことがあるが，後ろの何人かは知らない）▶～一封信昨天才收到（あとの手紙は昨日やっと届きました）

ⓑ時間を指す。数量句と組み合わせるときのみ。▶～半夜（夜半すぎ：真夜中から夜明けまでの間）▶～三天（あとの3日）▶～半周（1週間の後半）▶～两年（あとの2年）

— ⓐⓑで'后'の後ろが数量句（'半…'を除く）のとき，前に'最'を付けてもよい。'最'を付けないときは'后'は'前'に対して「2つのうちの第2番目の」という意味になる。'最'を付けると'最后'は前のものすべてに対して「最後のもの」の意味になる。▶最～几排坐的全是我们单位的人（最後の何列かに座っているのはみんな私たちの職場の人だ）▶能不能打赢这场球，就看最～五分钟了（この試合に勝てるかどうかは最後の5分にかかっている）▶这页的最～一行有错字（このページの最後の1行に誤字がある）

〖后边〗①単独で用いる場合'后'より制約が少ない。▶前边已经坐满了，后边还有座位（前のほうはもういっぱいだが，後ろのほうにまだ席がある）▶他走在前边，后边跟着我们几个（彼は前を歩き，後ろには私たち数人が従った）▶我在后边怎么追也追不上（後ろからどんなに追っても追いつけなかった）▶他从后边推了我一下（彼は後ろから私をポンと押した）▶后边的人往前边挤，都想看个清楚（後ろの人が前のほうへ押してきてよく見ようとした）▶我就坐在老王的后边，你怎么没看见？（私は王さんの後ろに座っていた，君はどうして気づかなかったの）

②'后'❷ⓐの用法に同じ。前に'的'を付けてもよい。

③'后'❹ⓐの用法に同じ。ただし単音節の語とは用いない。後ろに'的'を付けてもよい。▶ ×后边院▶后边院子▶后边的院子（裏庭）

〖后面〗〖后头〗'后边'に同じ。話し言葉では'后头'を用いることが多い。

比較 后：以后 ☞以后 yǐhòu

后边 hòu·bian ☞后 hòu

后悔 hòuhuǐ

后悔 后面 后头 忽 忽而 忽然 互 互相

【動詞】事がすんでから悔やむ :《付》了・过 数量補語をともなえる。動詞・節を客語にともなえる。▶你以后会～的(君はあとで後悔するはずだ)▶他从来没～过(彼はこれまで後悔したことがない)▶事后我～了半天(終わってから私はさんざん悔やんだ)▶～来得太晚(来るのが遅すぎたことを悔やむ)▶我～不该跟他吵架(彼と口げんかをすべきでなかったと後悔した)▶我～我没能及时帮助她(すみやかに彼女を手助けしなかったことを悔やむ)▶他～自己说话不检点(彼は自分の言葉が不注意だったことを後悔した)

━ 程度副詞の修飾を受けられる。▶很～(とても後悔する)▶非常～(非常に後悔する)▶十分～(ひどく後悔する)▶最～的事情(最も悔やむ事)▶事后有点～(あとで少々悔いが残った)

后面 hòu·mian ☞后 hòu

后头 hòu·tou ☞后 hòu

忽 hū ☞忽然 hūrán

忽而 hū'ér ☞忽然 hūrán

忽然 hūrán（忽・忽而）

【副詞】状況の発生のしかたが迅速かつ意外なことを表す。

ⓐ忽然＋動/形 ▶说着说着,～不说了(しゃべっているうちに,突然黙ってしまった)▶老陈～大笑起来(陳さんは突然大笑いし始めた)▶也没吃什么药,病～就好了(何の薬も飲まないのに,病気が突然よくなった)

ⓑ主語の前に用いてもよい。後ろにポーズを置ける。▶说话之间,～小孟推门进来(話の最中に孟くんが突然ドアを開けて入って来た)▶～,机器发生了故障(突然機械が故障した)

慣用句 忽然间 忽然之间 基本的に '忽然' に同じ。▶我走着走着,忽然间想起了一件事(歩きながら突然ある事を思い出した)▶忽然之间,狂风大作,雷雨交加(突然,強風が吹き荒れ,雷と雨とが加わった)

〚忽〛〚忽而〛①基本的には '忽然' に同じ。《書》 '忽' は単音節の動詞の前に用いてもよい。▶忽见有人飞奔而来(誰かが飛ぶように走って来るのがふと目に入った)▶忽听得林中沙沙作响(突然,林の中でざわざわと音がするのが聞こえた)▶脸上忽而现出惊恐的神色(顔に突然,おびえた表情が浮かんだ)

②忽…忽…；忽而…忽而… 前後に意味の相反する形容詞を用い「しばらく…であり,しばらく…である」意味を表す。'忽' の後ろには単音節の語だけを用いる。'忽而' は制限がない。▶声音忽高忽低(音は高くなったり低くなったりした)▶灯火忽明忽暗(明かりが明るくなったり暗くなったりする)▶天气忽而冷忽而热(天気は寒くなったり,暑くなったりした)▶心情忽而紧张,忽而平静(気持ちが急に緊張したり,急におさまったりした)

比較 忽然：突然 ☞突然 tūrán

互 hù ☞互相 hùxiāng

互相 hùxiāng（相互・互）

【副詞】甲は乙に対し,乙は甲に対して同一の動作を行う,あるいは同様の関係にあることを表す。▶～关心(互いに心を配り合う)▶～影响(互いに影響し合う)▶大家～在纪念册上签名留念(みんなはアルバムに記念の署名をし合った)▶物质的运动形式都是～依存的,又是～区别的(物質の運動の形式は互いに依存し合うと同時に,互いに区別している)

━ ふつう単独の単音節の動詞は修飾しない。▶～拍了拍〈×～拍〉肩膀(互いに肩をたたき合った)▶～看了〈×～看〉半天(互いにしばらくの間見つめ合った)

《相互》'互相'に同じ。'相互'は一部の名詞を修飾できる。▶相互关心（相互に関心をもち合う）▶相互照顾（互いに面倒を見合う）▶相互怀疑（互いに相手を疑う）▶相互信任（互いに信任し合う）▶相互作用（相互作用）▶相互关系（相互関係）

《互》'相互'に同じ。《書》一般に単音節の動詞を修飾する。動詞との間にはほかの要素を挿入できない。▶互谅互让（互いに了解し合い，譲り合う）▶互通有无（互いに便宜・品物を融通し合う）▶互致问候（互いに挨拶する）▶比赛双方互赠队旗（対戦チームが隊旗を贈り合う）

— 2音節の動詞を修飾するのは否定形のときのみ。▶互不信任（互いに信任し合わない）▶互不退让（互いに譲り合わない）▶互不干涉内政（互いに内政に干渉しない）

慣用句 相互间 相互之间 互相之间
'互相'に同じ。ただし名詞を修飾できる。▶相互间的感情（相互の感情）▶相互间的交往（互いの行き来）▶相互之间并不认识（お互いに知らない）▶相互之间的关系十分融洽（相互の関係は非常にうちとけている）▶互之间的友谊（互いの友情）▶两国互相之间交往日益密切（両国間の交際は日ましに親密なものとなった）

比較 互相：相 ☞相 xiāng

化 huà

【接尾語】ある性質・状態に変わることを表す。

❶ほかの要素の後ろについて動詞を作る。

ⓐ形+化 他動詞を作る。▶丑~别人（人を茶化す）▶美~校园（校庭を美しくする）▶简~汉字（漢字を簡略化する）▶绿~祖国（国土を緑化する）▶净~废水（汚水を浄化する）

ⓑ名／形／動+化 自動詞を作る。▶钙~；肺结核病灶已经钙~了（カルシウム化する。肺結核の病巣はすでに固まった）▶儿~（儿化する）▶欧~（ヨーロッパ化する）▶大众~（大衆化する）▶现代~（現代化する）▶工业~（工業化される）▶电气~（電化される）▶水利~（水利がよくなる）▶公式~（公式化される）▶一元~（一元化される）▶知识~（知的レベルを高める）▶系统~（系統化される）▶硬~（硬化する）▶僵~（硬直化する）▶腐~（腐敗する）▶恶~（悪化する）▶深~（深化する）▶激~（激化する）▶老~（老化する）▶具体~（具体化される）▶简单~（単純化される）▶多样~（多様化する）▶庸俗~（卑俗化する）▶尖锐~（激烈になる）▶绝对~（絶対化される）▶退~（退化する）▶转~（転化する）▶自动~（自動化する）▶合作~（協同化する）

ⓒ一部の'…化'は'为・成・到'を付けてもよい。さらに客語をともなえる。▶精神转~为物质（精神が物質に転化する）▶'糧'简~为'粮'（「糧」の字は「粮」と略す）▶人类绝对不会再退~到原始社会去（人類は決して2度と原始社会に戻ることはない）▶你把别人丑~成什么样子了！（君，いったいどこまで人を愚弄する気だ）

❷ {名／動／形+化}+名 名詞を作る。▶硫~橡胶（硫化ゴム）▶氧~铝（酸化アルミニウム）▶电~教育（視聴覚教育）▶催~剂（触媒）▶软~剂（軟化剤）

注意 ①程度副詞を付けられるものもある。▶很腐化（ひどく腐敗している）▶很现代化（大いに現代化している）

②ある事物を広く推し広めることを表すとき，いくつかの名詞には'化'を付けてもよい。▶集装箱化（コンテナにする）▶园林化（緑地化する）

坏 huài

【名詞】悪い考え，悪い手段。▶我知道是谁使的~（誰がこんなワルをやったのか私にはわかっている）▶这家伙一肚子~

(こいつは実に腹黒い奴だ)
【形容詞】❶よくない,人に不満を抱かせる。▶〜人(悪人)▶〜事(悪事)▶〜话(悪い言葉)▶〜主意(悪だくみ)▶〜孩子(悪い子)▶〜思想(よくない思想)▶〜习惯(悪習)▶很〜(たいへん悪い)▶特別〜(特別悪い)▶〜透了(まったく悪い)▶〜极了(極めて悪い)▶小林脾气〜,心眼儿不〜(林くんはかんしゃくもちだが,気立てはいい)
ⓐ'起来・下去'などをともなってアスペクトを表す。▶这孩子看起来很老实,可是〜起来也挺气人的(この子は見た目はおとなしいが,いったん悪くなりだすと本当に腹の立つつ子だ)▶天气再〜下去,咱们就走不成了(天気がこれ以上悪くなったら,もう行けなくなる)
ⓑ坏+在▶他坏就〜在为人不诚实(彼の悪いところは誠実でないところだ)▶这事就〜在他手里(これがだめになったのは彼のせいだ)
❷破壊された,変質した,故障した:程度副詞を加えることは極めて少ない。▶〜鸡蛋(腐ったタマゴ)▶我的牙比前两年〜多了(私の歯は2年前に比べてずっと悪くなった)▶这一带的路〜得厉害(このあたりの道はいたみがひどい)▶馒头有点〜了,别吃了(このマントウはちょっといたみかかってるから,食べちゃだめだよ)
一'了・过・起来・下去'などをともない,アスペクトを表す。▶机器〜了(機械がこわれた)▶西红柿〜起来可快呢(トマトはいたむのが実に早い)▶这颗牙再下去只有拔掉了(この歯はこれ以上悪くなったら,ぬくしかない)
❸動結形の結果を示す要素になる。
ⓐよくない変化を引き起こす。▶钢笔弄〜了(万年筆をだめにした)▶这孩子从小叫大人惯〜了(この子は小さいときから大人に甘やかされてだめになってしまった)▶吃的东西都放〜了(食べ物は放っておいたのでみな腐ってしまった)▶不要看〜眼睛(目をいためてはいけないよ)▶别担心,摔不〜(心配しないで,落としゃしないから)
ⓑ程度がはなはだしいことを表す。心理状態を表す動詞もしくは形容詞の後ろに多く用いる。'得・不'を挿入できない。▶乐〜了(有頂点になる)▶饿〜了(ひどくお腹がすく)▶我可急〜了(気が気でない)▶这两天把我忙〜了(この2日ばかりえらく忙しい目にあったよ)▶真折腾〜了他们几个人了(あの人たちは本当にひどい目にあったなあ)

换 huàn

【動詞】❶物と物を交換する:《付》了・着・过《重ね型》名詞の客語・二重客語をともなえる。▶〜了不少东西(たくさんの品物を交換した)▶你的玩具可以和我〜着玩儿吗?(君のおもちゃとぼくのを取り換えて遊ぼうよ)▶我用大米〜过鸡蛋(私は米と鶏卵を交換したことがある)▶〜他两本书(彼の本2冊と取り換える)
一换+给▶把这本书〜给他(この本を彼に交換してあげよう)▶我〜给他一支好笔(私はよいペンを1本彼に交換してあげた)
❷代える,取り換える:《付》了・着・过 名詞の客語・兼語をともなえる。《重ね型》▶桌布太脏了,该〜了(テーブル掛けがあんまり汚れたから取り換えなくてはいけない)▶他俩刚刚〜了座位(彼ら2人はさっき席を取り換えたばかりだ)▶我正〜着衣服呢(私はいま服を着替えているところです)▶床单昨天〜过了(シーツは昨日取り換えた)▶〜六号队员上场(6番の選手を交替に出場させる)▶你应该〜〜姿势(君は姿勢をちょっと変えるべきだ)
❸兑换する:《付》了・着・过 名詞の客語・二重客語をともなえる。《重ね型》▶把一种货币〜成另一种货币(貨幣を他の種類の貨幣に交換する)▶他正〜着钱呢(彼はちょうど両替しているところだ)▶请你帮我〜〜零钱(小銭にくずしてくれま

せんか)
━ 换+给▶我一次就～给他一千多元零钱（彼に1度に1000元あまりをくずしてやった）▶我把手里的零钱都～给别人了（私は手元にあった小銭をすべて他の人に交換してあげた）

[動結] 换错了　换多了　换光了　换完了
换得〈不〉了(liǎo)　交換できる〈できない〉。▶他的房子暂时还换不了（彼の家はまだしばらくは交換できない）
换得〈不〉着(zháo) ⓐ交換して手に入れることができる〈できない〉。▶你现在换得着零钱吗？（君はいま小銭にくずすことができるかい）
ⓑ交換すべきかどうか。▶他让我把这支好笔换给小明，我跟他换得着吗？（彼は私のよいペンを明くんに交換してやりなさいと言うけど、彼と交換すべきなのだろうか）
换好　交換し終える。▶衣服还没换好呢（まだ服の着替えが終わっていない）

[動趨] 换∥来▶他用一头牛换来一匹马（彼は牛1頭を馬1頭と交換した）
换上▶换上一层包装纸（包装紙を取り換えた）
换∥下来▶把3号球员换下来（3番の選手を他の選手と交替させて引っ込める）
换∥下去▶怎么把主力队员换下去了？（どうして主力選手を引っ込めてしまったんですか）
换∥回来▶换回来不少好东西（交換してたくさんのよい品物を持ち帰った）
换得〈不〉起　交換する能力がある〈ない〉。▶八斤大豆才换半斤油，我可换不起（大豆8斤でたった半斤の油にしか換えられないなら、私は交換できない）
换∥开　大きいお金を小銭にくずせる〈くずせない〉。▶您能帮我把这张100元钱换开吗？（この100元をくずしてもらえませんか）
换∥到▶他拿两间平房换到一间楼房（彼は2間ある平屋を2階の1間の部屋と取り換えた）

慌 huāng

【形容詞】❶あわてる。▶心里很～（気がせく）▶沉住气，不要～（落ち着いて、あわててはいけない）

❷[動]／[形]+得+慌　'慌'は軽く読む。状況・状態の程度が非常に高いことを表す。《口》次の語の後ろによく用いる。闷・闲・困・累・急・渴・愁・咸・闹・烦・干・涩・苦・挤・呛・憋・气・热・堵・难受・憋闷▶闹得～（ひどくうるさい）▶累得～（ひどく疲れている）▶饿得～（お腹がすいてたまらない）▶乱得～（ごったがえしている）▶闲得～（たいくつでやりきれない）▶难受得～（つらくてたまらない）▶憋闷得～（たまらなくうっとうしい）▶嘴里干〈涩、苦〉得～（口がかわいて〈しぶくて・にがくて〉しょうがない）▶这里闹得～，咱们到别处去吧！（ここはやかましくてかなわん、よそへ行こう）▶抽烟呛得～（たばこを吸ってひどくせきこむ）

【動詞】あわてたためにある状態になってしまう。'神儿・手脚'などいくつかの名詞を必ず非受事客語にともなって結果を示す。▶～了神儿了（うろたえて顔色が変わる＝慌张而使神色改变）▶～了手脚（あわてふためいて、てんてこまいをする＝慌张而使手脚忙乱）

回¹ huí

【量詞】❶度，回（動作の回数）。
ⓐ[動]+[数]+回▶去了一～（1度行った）▶说了两～（2回話した）▶问过好几～（何度もたずねた）
━ 動詞のあとに客語があるとき、語順に次の2つがある。
━ 客語が前にくる（客語が人称代名詞のときは必ずこの語順）。▶去过北京一～（北京に1度行ったことがある）▶看过他三～（彼に3回会ったことがある）▶问了小王两～（王さんに2回たずねた）
━ 客語が後ろにくる。▶去过一～北京

(北京に1度行ったことがある)▶问过两～小王(王さんに2回たずねたことがある)
ⓑ 数+回+動▶杭州我一～也没去过(杭州は1度も行ったことがない)▶好几～出门都忘了带雨衣(何度も外出のたびにレインコートを持っていくのを忘れた)▶别让人一～一～地来催(そのつど人に催促させるもんじゃない)
ⓒ '有一回'を文頭に用いて過去のあるときを表す。後ろにポーズを置いてもよい。▶有一～,我在路上碰到他(前に1度,道で彼に出会った)
ⓓ 重ね型にして1度だけでないことを示す。▶他来过我们家几回,～～都带礼物来(彼は何回か家に来たが,そのつど手みやげを持って来た)

❷ 件:事柄に用いる。ふつう前に'这么・那么・怎么'を付ける。▶这是怎么～事?(これはどうしたことか)▶原来是这么～事(こういう事だったのか)▶看着很像～事儿(見たところとてもシャンとしている)▶这～事我不知道(今度の事は,ぼくは知らない)▶你们俩说的是两～事,不是一～事(君たち2人の言ってる事は別々の事だ,同じではない)

❸ (章回小説あるいは講談の)章。▶《红楼梦》一共有一百二十～(『紅楼夢』は全部で120回ある)▶我才看到第十～(私はやっと第10回まで読んだ)▶这一～评书讲的是武松打虎(今度の講談は武松の虎退治だ)

回² huí 動; //∘huí 趣

【動詞】❶ 別の場所からもとの場所に戻る:《付》了・过 必ず場所を示す客語をともなう。▶他～上海了(彼は上海に帰った)▶我今年出来还没～过家呢(今年出てきてからまだ郷里に帰ったことはない)▶哥哥下午就～学校了(兄は午後には学校に戻った)

❷ 返事をする,返す:《付》了・过 二重客語をともなえる。あるいは事物を指す客語のみをともなう。▶我已经～过信了(もう返事を出したよ)▶他～了我一封电报(彼が返電を打ってよこした)▶他送了礼给我,我得～他一份礼(彼が贈り物をくれたので,お返しをしなくては)▶晚上给他～个电话(夜,彼に電話の返事をしよう)

動趣 回过 必ず客語をともなう。▶他过头看了看(彼はふりかえってちょっと見た)▶我回过身子跟他打了个招呼(ふり向いて彼に挨拶をした)

回过来〈过〉▶把头回过来(こうべをめぐらす)▶回过身子去(くるっと向きをかえる)

【趣向動詞】❶ 動+回[+名(動作の対象)] 人あるいは事物が動作にともない別の場所からもとの場所に戻ることを表す。▶余款已经退～(剰余金はもう返却された)▶已将行李送～(すでに荷物を送り返した)▶收～发出的文件(送付した文書を回収する)▶从邮局取～一个包裹(郵便局から小包を受け取って来た)▶车队运～了大批木材(輸送部が大量の木材を運んで来た)▶货物运得～运不～?(品物を運んで来られますか)

—《派》不利な状態から有利な状態になることを表す。いくつかの動詞の後ろにのみ用いる。▶救～了一条命(命をとりとめた)▶捞～一把(元手を取り戻す)▶现在的比数是一比一,我们刚扳～一局(今のスコアは1対1だ。たった今,我々が1セット奪回したところだ)

❷ 動+回+名(場所) 人や事物が動作にともない別の場所からもとの場所に戻ることを表す。▶书报阅后,请放～原处(本や新聞を読んだら,もとの所へ戻してください)▶汽车已经开～车库(車はもう車庫に戻った)▶你能把他送～家吗?(彼を家まで送ってあげられますか)▶把煤运～了工厂(石炭を工場に運び込んだ)▶飞机出了故障,今天飞不～北京(飛行機が故障したため,今日は北京に戻れな

い)

— '動+回'の後ろに'到'を付けることもあるが、意味は変わらない。ただし間に'得・不'を入れられない。▶玩具玩儿过了，要放～到原处（おもちゃは遊んだあともとの場所に戻しておかなきゃ）

回来 huí∥˚lái 動; ∥˚huí∥˚lái 趨

回去 huí∥˚qù 動; ∥˚huí∥˚qù 趨

【動詞】別の場所からもとの場所に戻る：'回来'は動作が話し手のいる場所に向かってなされる。'回去'は話し手から遠ざかることを表す。《付》了・过 動作の主体を客語にともなえる。▶他刚从天津回来（彼は天津から帰って来たばかりだ）▶我回来了才一个钟头（帰って来てからまだ1時間にしかならない）▶你九点以前回得来回不来？（9時前に帰って来られますか）▶我家在峨嵋，已经十多年没回去过了（私の家は峨嵋ですが、もう10年以上帰っていません）▶你今天回不去了（君、今日は帰れないよ）▶已经回去了两批人（すでに2組帰って行った）

— 回+名（場所）+来〈去〉 ▶哥哥回家来了（兄さんが家に帰って来た）▶代表团回国去了（代表団が帰国した）

【趨向動詞】'動+回来'と'動+回去'の区別は次の通り。前者は動作が話し手のいる場所に向かってなされること，後者は話し手から遠ざかることを表す。

❶動+回来〈回去〉[+名] 人または事物が動作にともない，別の場所からもとの場所に戻ることを表す。名詞はふつう動作の対象。ときには主体のこともある。▶他从对岸游回来了（彼は向こう岸から泳いで帰って来た）▶借的东西都还回去没有？（借りた品は全部返しましたか）▶可把你盼回来了（あなたの帰りをずいぶん待ってたのよ）▶买回来一台电脑（コンピュータを1台買ってきた）▶到了那里就写封信回来（向こうに着いたら手紙をくれよ）▶飞回来一只信鸽（伝書バトが1羽戻ってきた）▶叫他送你回去（彼に君を送って行かせよう）▶运回去三件行李（荷物を3つ送り返す）▶今天还赶得回去赶不回去？（今日まだ間に合うように帰れますか）▶月底前先回去两个人（月末前にまず2人帰る）

注意 '接你回来''送他回去'などにおける'回来''回去'は，軽く読まれるときは趨向動詞，強く読まれるときは動詞。

❷動+回+名（場所）+来〈去〉 人または事物が動作にともない別の場所からもとの場所に戻ることを表す。▶叔叔把我带回北京来了（おじさんはぼくを北京に連れ帰った）▶把箱子拿回家来（箱を家に持ち帰る）▶到了秋天燕子就飞回南方去（秋になるとツバメは南方に帰って行く）▶信退回原处去了（手紙は差出人に戻された）▶太晚了，赶不回去了（遅くなりすぎて，もう帰れない）

会 huì

【動詞】習熟している，精通している：名詞の客語をともなえる。▶他～汉语（彼は中国語ができる）▶你～什么？（君は何ができますか）

【助動詞】❶やり方がわかっている，…する能力がある：単独で質問の返答に用いられる。否定は'不会'。▶他不但～作词，也～谱曲（彼は作詞がやれるばかりでなく，作曲もできる）▶我根本不～踢足球（私はまったくサッカーができない）▶以前他不怎么～说普通话，现在～［说］了（以前彼は共通語があまりうまく話せなかったが，今では話せるようになった）▶你～不～唱这个歌？——～（このうた歌えますか——歌えます）

❷あることをするのが得意である：ふつう前に'很・真・最'などを付ける。単独では質問の返答にできない。否定は'不会'。▶精打细算，～过日子（計算が細かくて，やりくりが上手だ）▶他很～演戏（彼は芝

居がとても上手だ）▶你真～说（君はまったく話がうまい）▶他这个人哪，最～看风使舵（あいつはね，風向きを見て舵を取るのがうまいんだ：八方美人，風見鶏）
❸可能性がある：ふつう未来の可能性を表す。過去・現在の可能性を示してもよい。単独で質問の返答になる。否定は'不会'。▶四个现代化的目标一定～实现（四つの近代化はきっと実現できるだろう）▶不久你就～听到确实消息的（間もなく君は確かな知らせを受け取るだろう）▶他一定～成功的（彼は必ず成功するに違いない）▶他怎么～知道的？（彼はどうして知っているんだろう）▶没想到～这么顺利（こんなにうまくいくとは思わなかった）▶现在他不～在家里（いま彼は家にいるはずがない）▶他～不～去？——～（彼は行くだろうか——行くはずだ）
ⓐときには'要・肯'と共に用いてもよい。▶现在还不太清楚，情况～要向什么方向发展（状況がどのような方向に発展していくか，今はまだはっきりわからない）▶条件如果起了变化，结果也～要发生变化（条件が変化すれば，結果も変化するだろう）▶你叫他别去，他～肯吗？（君が彼に行くなと言っても，彼は承知するだろうか）
ⓑ'不会不'は可能性が極めて大きいことを表す。'一定'の意味に近い。▶他知道了，不～不来的（彼は知っていれば来ないはずがない）▶他们以前是同班同学，见了面不～不认识的（彼らは以前クラスメートだったから，顔を合わせて見分けがつかないはずはない）

比較 会：能 ☞能 néng

活 huó

【動詞】生きる，生きている：《付》了・着▶我还想多～几年呢（私はもう何年か生きたい）▶爷爷～了一辈子也没见过这种新鲜事（おじいさんはこれまでにこんなめずらしいことを見たことがない）▶那只小鸟还～着（その小鳥はまだ生きている）▶这样才～得有意义（これでこそ生きていて意義がある）
ⓐ否定形はふつう'没'を用いる。'不活了'は'不想活了'に同じ。▶这花儿没～（この花は枯れている）▶小猫儿生下来没～三天就死了（子猫は生まれてから3日で死んでしまった）
ⓑ活＋在▶敬爱的周总理永远～在我们心中（敬愛する周総理は永遠に我々の心の中に生きている）

動結 活得〈不〉了（liǎo） 生きられる〈生きられない〉。▶没有水，庄稼怎么活得了呢？（水がなければ，作物はどうして育つだろうか）

活得〈不〉成▶动物没有空气是活不成的（動物は空気がなければ生きられない）

動趨 活下来 運よく死を免れる（過去のことに多く用いる）。▶在大家的细心照料下，秧苗总算活下来了（みんながまめに世話をしたので，苗はなんとか育った）

活 // 下去 生き続ける。▶一定要让它们活下去（必ずそれらを生存させ続けなければならない）

【形容詞】❶生きている：名詞のみを修飾する。▶～人（生きている人）▶～鸡（生きているニワトリ）▶～鲫鱼（生きているフナ）▶～老虎（生きている虎）
❷いきいきとしている。▶这一段文章描写得很～（ここの所は描写がいきいきしている）▶群众口头上的语言是～的（大衆の話す言葉はいきいきしたものだ）
❸動く，固定していない。▶～页（ルーズリーフ）▶～塞（ピストン）▶～水（流れる水）▶～火山（活火山）▶这抽屉拉不开，好容易才有点～了（この引き出しは引っぱってもあかない，やっとのことで少し動いた）▶听了这话，他心里也有点～了（この話を聞いて彼も心が少し動いた）▶几句话就把他说～了（少し話しただけで彼は心が動揺した）

【副詞】とても。▶这人～像周（この人はとても周さんに似ている）▶简直是～受

罪！（本当にひどい目にあった）

活动 huó·dòng

【動詞】❶しっかりと固定していない，ぐらぐらする，動く。▶沙发的扶手有些～（ソファーのひじ掛けが少しぐらぐらする）▶门牙～得厉害（前歯がひどくぐらつく）▶这树根刨了半天才～了一点儿（この木の根っこはかなり掘ってやっと少し動いた）
❷運動する，体を動かす，動かす：《付》了・着・过《重ね型》名詞の客語をともなえる。▶别老呆在屋里，出去～一会儿（いつも家にじっとしていてはいけない，少し外に出て体を動かしなさい）▶～了一下四肢（手足を少し動かした）▶刚吃完饭不宜～得过于剧烈（食事の直後ははげしい運動をしてはいけない）▶你～～胳膊，看是不是脱臼了（脱臼したかどうか腕をちょっと動かしてみなさい）▶把闸门～了一下（水門の扉を少し動かした）▶刚才我们出去～过（私たちは今しがた外で運動してきたばかりだ）▶他不停地～着（彼はたえず体を動かしている）
❸目的をもった社会的交際を行う：《付》了・过《重》▶书法小组今天下午～（書道グループは今日の午後活動する）▶汉语研究会上半年～了两次（中国語研究会は上半期に2回活動した）
❹特に「人にとり入る」「贈賄する」「情実を利用する」などを意味する：《付》了・过▶这事也托人去～过，没有成功（この事については人に働きかけてもらったこともあるが，成功しなかった）▶被告曾利用欺骗、贿赂等手段进行～，以达到其目的（被告はその目的を遂げるため，詐欺や賄賂などの手段を使った）

[動趨] 活动上　活動を開始する。▶惊蛰过后，各种昆虫又活动上了（啓蟄を過ぎると，さまざまな昆虫がまた活動を始めた）

活动开［了］▶一清早小伙子们就在操场上活动开了（早朝から若者たちは運動場で元気よく体を動かしている）

活动 // 开 ⓐ筋肉や骨・血管などの働きがよくなる〈よくならない〉。▶这样才能把全身都活动开（このようにしてこそ体中の働きをよくすることができる）
ⓑ場所の広さが動き回るのに十分だ〈不十分だ〉。▶院子不小，活动得开（庭は広いので，十分動き回れる）▶这么多人，简直活动不开（人がこんなに多くては，まったく身動きできない）

活像 huóxiàng

【動詞】❶比較の対象と多くの共通点があることを表す。名詞の客語をともなう。《口》▶这孩子长得～他爹（この子は父親に生き写しだ）▶她的动作和神态～她妈妈（彼女の動作と表情は母親そっくりだ）▶小芳说话的声音～阿华姐（芳ちゃんの話し声は阿華姉さんにそっくりだ）
❷たとえを表す。必ず客語として名詞・動詞・節をともなう。《口》▶你看他涨红着脸，～一只好斗的公鸡（ほら，彼は顔を赤くして，まるで闘鶏の鶏みたいだ）▶她的身体极胖，走起路来一摇一晃的，～一只大狗熊（彼女はひどく太っていて，歩くときにはゆっさゆっさと体が揺れる，まるで大きな熊みたいだ）▶一切都改变得那么快，～在做梦（すべてがこんなに早く変わってしまって，夢でも見ているみたいだ）▶灵活的小猴子在树枝间跳来跳去，互相追逐着，～小孩子捉迷藏（すばしこい小猿たちが木の枝の間を飛び回って追いかけっこしている，まるで子供がかくれんぼうをしているみたいだ）

—'活像'の後ろには'是'を置いてもよく，同じくたとえを表す。▶远处的山峰，～是一枝笔（遠くの山の頂は，まるで筆のようだ）▶他那生硬的样子～是一具成衣店里的木头人儿（彼のぎこちない様子は仕立て屋のマネキンみたいだ）

—'活像'は'一样'や'似的'と組み合わせて用いることができる。▶远处又出现一片房子，～真的一样（遠くにまた建

物の並びが現れた，まるで本物のようだ）▶他胆小得~兔子见了鹰似的（彼は気が小さくてタカににらまれたウサギみたいだ）

活跃 huóyuè

【形容詞】（行動が）積極的で活発だ，（雰囲気が）勢いがあり盛んだ：プラス評価に用いることが多い。
ⓐ単独で述語または補語になれる。▶市场经济~（市場経済は活況を呈している）▶学习气氛~（学習意欲が旺盛だ）▶我们班的学习讨论会开得很~（我がクラスの学習討論会は活発に進められた）▶他的思想变得~了（彼は積極的に考えるようになった）
ⓑ名詞を修飾できる。▶~分子（積極分子）▶~的气氛（活気のある雰囲気）▶~的边疆贸易（活発な辺境地域の貿易）
ⓒ程度副詞の修飾を受けられる。程度補語をとることができる。▶他在学校一直很~（彼は学校ではいつも活発だった）▶学术空气十分~（学術研究の面で非常に活気がある）▶会场气氛~极了（会場の雰囲気は活気にあふれている）

【動詞】行動が積極的である，活発化させる：プラス評価に用いることが多い。《付》了　名詞の客語をともなえる。《重ね型》▶我们要想办法~学生的课余生活（生徒が余暇を活発に過ごせるよう方法を考えなければならない）▶大力~农村经济，提高农民的生活水平（農村経済を大いに活発化させて，農民の生活レベルを向上させる）▶这样做不仅~了气氛，也调动了大家的积极性（こうして活気づけただけでなく，みんなの積極性を引き出した）▶讲个笑话~~（笑い話をして盛り上げよう）

━活跃+在　後ろに場所を表す要素を置く。▶他的身体还没有完全康复，就又~在生产第一线了（彼はまだ身体が完全に回復しているわけではないのに，また生産の第一線で積極的に働きだした）▶我们小分队一直~在附近林区（我がグループはずっと付近の林野地域で活躍している）

或 huò ☞或者 huòzhě

或许 huòxǔ （兴许）

【副詞】はっきりとは肯定しないことを表す，可能性がある。《書》
ⓐ或许+動▶我们俩~去~不去（我々2人は行くかもしれないし行かないかもしれない）▶下午他~来不了（彼はもしかしたら午後は来られないかもしれない）▶凭你的能力和水平~可以得第一（君の能力とレベルなら1位をとれるかもしれない）▶小张今天没上班，~是生病了（張さんは今日出勤していない，ひょっとしたら病気になったのかもしれない）
ⓑ或许+形▶我也说不好什么时候去，~早~晚（私にもいつ行くかはっきりとは言えない，早いかもしれないしあるいは遅れるかもしれない）▶这件衣服的大小~合适（この服の大きさはちょうどぴったりかもしれない）▶我估计他们~能满意（彼らは満足してくれるのではないかと思う）
ⓒ主語の前に用いることができる。▶~我们这样处理是正确的（我々のこうした処理は正しいのかもしれない）▶~她下午要去医院（彼女は午後に病院に行くかもしれない）

《兴许》'或许'に同じ。口語的な色彩が強い。▶兴许老李和我一起去（李さんと私は一緒に行くかもしれない）▶他兴许什么也不会说的（彼は何も言わないかもしれない）

或则 huòzé

【接続詞】❶節や動詞句を結びつけるのに用いる。2つあるいはそれ以上の節や動詞句をつなげることができ，いずれも選択関係を表す。▶当时我面临两种选择：~去报社当编辑；~去学校当教员（当時私の前には2つの選択肢があった。新聞社に行って編集者になるか，または学校に行

って教員になるか）▶他认为这篇文章~修改，~让别人另写（彼はこの文章は手直しするかあるいは他の人にあらためて書いてもらおうと考えている）▶~两人结伴而行，~各走各的（2人で一緒に行くか，あるいはそれぞれ別々に行くか）

❷ 2つあるいは2つ以上の動詞句を結びつけるのに用い，いくつかの状況が併存することを表す。意味は'有的…，有的…'に相当する。▶让他表演不外三个：~叫他唱小调，~叫他讲笑话，~叫他表演小品（彼に演じてもらうのは他でもない次の3種類の出し物だ。俗謡を歌ってもらうか，笑い話をしてもらうか，寸劇を演じてもらうか）▶我在广东，就目睹了同是青年，而分成两大阵营，~投书告密，~助官捕人的事实（鲁迅）（私は広東にいたとき，同じ青年でありながら2大陣営に分かれ，あるいは密告書を出し，あるいは官憲が人を逮捕するのを手伝うという事実を目の当たりにした：魯迅）

比較 **或则：或者** '或则'は比較的初期の書き言葉に多く用いられたが，現代中国語でも使用されている。その用法は'或者'の接続詞の用法❶，❷とだいたい同じであるが，'或则'は1つだけで用いられることは稀である。ふつうは名詞を接続しない。▶问张先生或者〈×或则〉王先生都可以（張さんあるいは王さんのどちらに聞いてもかまわない）▶叫他老杨或者〈×或则〉大杨都行（彼を老楊と呼んでも大楊と呼んでもよい）

或者 huòzhě（或）

【副詞】もしかしたら…かもしれない：《書》▶这个办法对于解决问题~能有帮助（この方法は問題の解決にあるいは有効かもしれない）▶你赶快走，~还能搭上末班车（急いで行けば，まだ最終バスに乗れるかもしれない）

【接続詞】❶選択を表す：'或者'1つを用いることもあれば，'或者…或者…'を用いることもある。▶同意~反对（賛成か反対かのどちらか）▶男孩子~女孩子（男の子か女の子）▶~放在外面，~放在屋里（外に置くか，部屋の中に置くか）▶~问他~问我都可以（彼に聞いても，私に聞いてもどちらでもよい）

ⓐ次の場合は'或者'1つしか使えない。

— 2つの客語をつなぐ。▶问老赵~小张都可以（趙さんでも張さんでもどちらに聞いてもよい）▶叫他老杨~杨老大都行（彼を「老楊」と呼んでも「楊老大」と呼んでもどちらでもよい）

— 2つの成分の前に'的'をともなった共通の修飾句があるとき。▶数量上的扩大~缩小（数のうえでの拡大あるいは縮小）▶指挥的正确~错误（指揮が正しいか間違っているか）▶受到表扬的单位~个人（表彰された単位あるいは個人）

— '的'をともなった2つの修飾句をつなぐとき。▶暴躁的~忧郁的性格都不好（興奮しやすい性格も自閉的性格も，どちらもよくない）

ⓑ次の場合はふつう'或者'を2つ用いなくてはならない。

— 2つの節をつなぐとき。主語が異なれば必ず主語の前に'或者'を置く。ふつう最後には2つの節をまとめる節がくる。▶~你同意，~你反对，总得表示个态度（賛成するか反対するか必ず態度をはっきり示さねばならない＝你~同意，~反对…）▶~你来，~我去，都行（君が来ても，私が行ってもどちらでもよい）▶~升学，~参加工作，由你自己决定（進学するのか，就職するのかは自分自身で決めなさい）

— たくさんの項目をつなぐとき，各成分の前に用いてもよい。また最後の成分の前にだけ用いてもよい。▶~赞成，~反对，~弃权，你必须选择一项（賛成なのか，反対なのか，棄権なのか，必ず1つを選ばなくてはならない）▶必须去一个人，你，我，~小程，都行（どうしても1人行かなくてはならない。君でも私でも程くんで

もかまわない)
ⓒ '无论・不管'のあとに用い,あらゆる状況を包括することを表す.▶无论城市～乡村,到处都是一片兴旺景象(都市も農村も至る所活況を呈している)▶不管刮风～下雨,他从没缺过勤(風が吹こうが雨が降ろうが,彼はこれまで欠勤したことがない)
❷いくつかの事が交互に行われることを表す.動詞をつなぐ.'或者'をいくつか用いて「あるものは…,あるものは…=有的…有的…」の意味を表す.▶每天清晨都有许多人在公园里锻炼,～跑步,～打拳,～做操(毎朝たくさんの人が公園で体を鍛えている.駆け足をする人もあれば,太極拳をする人,体操をする人もいる)
❸等しいことを表す.▶人们对整个世界的总的看法叫做世界观,～宇宙观(人間の世界全体に対する見方を世界観あるいは宇宙観という)
注意 2つの単音節の客語を'或者'でつなぐときは必ず動詞を繰り返して用いる.より簡潔に述べるには'或者'を用いず,動詞を繰り返し用い直接つなぐ.多音節の客語をつなぐときは動詞を繰り返さなくてもよい.▶有事找他[或者]找我都可以(用事があるときは,彼を訪ねても私を訪ねてもよい ×有事找他～我都可以)▶有事找老徐[或者]老刘都可以(用事があれば徐さんか劉さんを訪ねればよい)

比較 或者:或则 ☞或则 huòzé
或者:要么 ☞要么 yào•me

〖或〗'或者'に同じ.しかし,(四字句のような)固定形式の中では,'或'のみを用い,'或者'は用いない.《書》▶或快或慢(速かったり遅かったり)▶或前或后(前だったり後だったり)▶或多或少地增加了收入(みな多かれ少なかれ収入が増えた)▶人固有一死,或重于泰山,或轻于鸿毛(人間はいつか死ぬものだが,その死に方には,泰山より重いものもあれば,鳥の毛より軽いものもある)

J

几乎 jīhū

【副詞】❶非常に接近していることを表す：ほとんど。
ⓐ几乎+動(数量を表す語句をしばしば含む)▶高兴得～跳了起来(うれしさのあまり飛びあがらんばかりだ)▶声音太小,～听不见(声が小さすぎて,ほとんど聞こえない)▶～等了两个钟头(ほぼ2時間待った)▶～有十万人参加长跑活动(10万人近くがマラソンに参加した)▶～查遍了所有的资料,才找到当时的数据(ほぼすべての資料を調べて,やっと当時のデータを見つけた)▶意见～是完全一致(意見はほとんど完全に一致している)
ⓑ几乎+形(数量を表す語句をしばしば含む)▶头发～全白了(髪がほとんど真っ白になった)▶你比我～高了一头(君は私よりほぼ頭1つ分背が高い)▶他的汉语发音很好,～跟汉族人一模一样(彼の中国語の発音はすばらしい,ほとんど漢族の人と同じだ)
ⓒ几乎+名▶～每一家都盖了新房(だいたい各家が住居を新築した)▶～全体青年都参加了献爱心活动(ほぼ全青年がボランティア活動に参加した)
❷今にも起ころうとして結局起こらなかったことを表す。もう少しで…するところだった：動詞の前に用いる。
ⓐ肯定形は,起こって欲しくないことを言う場合が多い。起こって欲しいことを指すのはまれ。▶脚下一滑,～摔倒(足もとがすべって,もう少しで転ぶところだった)▶一个浪头打来,小船～翻了底(波が打ち寄せて,小船はもう少しでひっくり返るところだった)▶事情～就要办成了,最后又起了变化(もう少しでうまくいくところだったのに,最後にまた状況が変わった)
ⓑ否定形に否定詞'没・没有'を用いた場合,起こって欲しくないことを言うときには意味は肯定形と同じである。▶～没摔倒＝～摔倒(もう少しで転ぶところだった：いずれも転ばなかったことを表す)▶船～没翻了底＝船～翻了底(船はもう少しでひっくり返るところだった：いずれもひっくり返らなかったことを表す)
━起こって欲しいことを言うときは意味が肯定形と逆になる。▶事情～没办成(事はあやうくうまくいかないところだった：実際には成功した)▶事情～办成了(事はもう少しでうまくいくところだった：実際には成功しなかった)

比較 几乎：简直 ☞简直 jiǎnzhí
几乎：差点儿 ☞差点儿 chàdiǎnr

及 jí

【接続詞】並列を表す。並列する名詞的成分を接続する。3項目以上の成分を接続するとき,'及'は最後の成分の前に用いる。《書》
ⓐ接続した語句のうち,意味の重点が'及'の前にある場合。▶人员、图书、仪器～其他(人・図書・器具およびその他)▶主机～备用件(ホストコンピュータと備品)▶联合全市的医护人员～社会各界人士,为孤残儿童献爱心(市内の医療関係者および各界関係者は連合して孤児と身体障害児に愛の手を差し伸べよう)▶钢铁、煤炭、石油、电力～其它工业的生产计划完成较好(鉄鋼・石炭・石油・電力およびその他の工業の生産計画はほぼ達成された)

— '及其'は'和他〈他们〉的'（…およびその〈それらの〉）に相当する。▶职工及其家属（従業員とその家族）▶句子的主要成分及其语法功能（文の主要な成分とその文法の役割）

ⓑ接続した前後の語句に軽・重の差がない場合。▶工人、农民〜士兵（労働者・農民・兵士）▶一九五六年，我国对个体经济〜资本主义经济进行了社会主义改造（1956年，わが国は個人経営と資本主義的経営に対して社会主義的改造を行った）

比較 及：以及：和 ☞以及 yǐjí

及至 jízhì

【接続詞】「ある状況になってから」の意味を表す。《書》意味は話し言葉の'等到・直到'などに相当する。しばしば前節の文頭に用いられ、名詞・動詞・節を結びつけ、状況変化が生じる時間的な条件を説明する。後節ではしばしば'还・才'などが呼応する。▶〜夜间，火车还没有开出车站（夜になっても、汽車はまだ駅を出発していない）▶〜到了后山，他才渐渐记起原来那间草屋的位置（彼は後ろの山まで来て、ようやくもとわらぶき小屋があった場所を少しずつ思い出してきた）▶他们一直没有严格的安全检查，〜车间出了严重的事故，方才引起注意（彼らは厳しい安全検査を行ってこなかった、仕事場で重大な事故が起きてから、ようやく注意が向けられるようになった）

— '及至'は後節に用いてもよい。同じく前の文中で示された状況に変化が生じる時間を表す。▶B公司表示决不改变原来的条件，〜G公司答应赔款（G社が賠償金の支払いを承知するまで、B社は絶対にはじめの条件を変更しないと表明した）▶他说什么也不肯让步，〜对方先承认错误（相手がまず間違いを認めるまで、一切譲歩する気はないと彼は言う）

极 jí（极其・极为）

【副詞】❶形容詞（一般に単音節）の前に用いて程度が最高であることを表す。▶〜好（極めてよい）▶〜快（このうえもなく速い）▶〜慢（極めて遅い）▶〜重要（このうえもなく重要だ）▶〜平常（非常に平凡だ）▶〜普通（極めてふつうの）▶〜少的例外（ごく少数の例外）▶〜快地看了一遍（さっとひととおり見た）▶车子开得〜慢（車がひどくのろい）

注意①いくつかの形容詞は'极'の修飾を受けない。▶ ×〜斜▶ ×〜密▶ ×〜新▶ ×〜亲爱▶ ×〜永久

②形容詞の強調形は'极'の修飾を受けない。▶ ×〜鲜红▶ ×〜黑黑的▶ ×〜亮闪闪的▶ ×〜苦唧唧的

③'极+形'が名詞を修飾するときは一般に'的'をともなう。▶〜大的空间（非常に広い空間）▶〜薄的一层纸（とてもうすい紙）▶〜普通的装束（まったくふつうの服装）▶〜聪明的孩子（非常にりこうな子）

❷助動詞や動詞句の前に置いて程度が最高であることを表す。

ⓐ极+助動 助動は'能・肯・会・敢'などいくつかの助動詞のみ。▶〜能说明问题（ポイントを突き、たいへん説得力がある）▶〜肯学习（非常に学習意欲が高い）▶〜会烹调（とても料理が上手だ）▶〜敢冒险（平気で冒険をする）▶〜不愿意去（まったく行きたくない）

ⓑ极+動 '极'の使用範囲は'很'より狭い。動詞の後ろにはふつう客語が必要。動客句全体が'极'の修飾を受ける。▶〜有成效（たいへんな成果を収めた）▶〜耐人寻味（味わうほど味わい深い）▶国家〜需要这种钢材（国家はこの種の鋼材を非常に必要としている）▶〜不希望这种情况发生（こうした状況が生まれるのはまったく望ましくない）▶〜受鼓舞（大きな励ましを受ける）

ⓒ'得・不'をともなう動結形・動趨形の前に用いる。'极'の使用範囲は'很'より狭い。▶〜靠得住（非常に頼りになる）

▶〜靠不住（まったく頼りにならない）▶〜过意不去（まったく申しわけない）

❸ '不…' の前に用いる。'不' の後ろの形容詞・動詞は積極的意味を持つ2音節語，あるいは '好・稳・准' などいくつかの単音節の形容詞のみ。▶〜不安全（非常に危険だ ×〜不危险）▶〜不清楚（まったくはっきりしない ×〜不模糊）▶〜不喜欢（ひどくきらいだ ×〜不讨厌）▶〜不好（まったくよくない）▶〜不稳（まったく落ち着かない）

❹ 形/動＋极＋了 《口》▶精神好〜了（ものすごく元気です）▶菠菜新鲜〜了（ホウレン草はとても新鮮だ）▶这话对〜了（この言葉は極めて正しい）▶屋里收拾得整齐〜了（部屋がたいへんきれいにかたづいている）▶有意思〜了（とてもおもしろい）▶我对他的才干简直佩服〜了（彼の才能にはまったく敬服するよりない）▶这么久不来信，让人惦记〜了（こんなに長い間手紙をよこさないで，まったく心配させる）▶他对你满意〜了（彼はあなたに満足しきっている）

〚极其〛 '极' に同じ。多音節の形容詞・動詞のみを修飾する。《書》▶极其安静（非常に静かである）▶极其贵重（非常に貴重だ）▶极其腐朽（腐りきっている）▶极其重视（たいへん重視する）▶极其感动（とても感動している）▶极其厌恶（きらいきっている）▶态度极其严肃诚恳（態度が非常に厳粛で誠実である）▶极其艰苦的环境（劣悪な環境）▶极其详尽地介绍了经验（こと細かく体験を紹介した）

〚极为〛 '极其' に同じ。《書》語に重みがある。'极为＋形/動' は述語になることが多い。▶意义极为深远（意義が非常に深い）▶这项决定极为正确（この決定はまったく正しい）▶对待工作极为认真（仕事に対してこのうえなくまじめだ）▶上级对此极为重视（上部はこれを極めて重視している）

极其 jíqí ☞极 jí

极为 jíwéi ☞极 jí

即 jí

【動詞】判断を示す：すなわち…である。《書》

ⓐ 名＋即＋名　'即是' とするときもある。▶暹罗〜今之泰国（シャムとは現在のタイである）▶周树人〜鲁迅（周樹人すなわち魯迅）▶红药水〜汞溴红溶液（マーキュロ液とはマーキュロクロムの溶液である）▶山后〜是我军驻地（山の背面はわが軍の駐屯地である）

ⓑ '即…' を挿入句として用いる。前の部分を解釈または説明する。'即' の前後は名詞的成分が多い。'即' のあとがやや複雑なときは '即是' としてもよい。▶建国的头一年，〜一九五〇年，我们乡办了第一所中学（建国の次の年，つまり1950年，我々の村で最初の中学が創られた）▶我们一定要发扬已有的优良传统和优良作风，〜〈即是〉群众路线，实事求是，批评和自我批评以及民主集中制的传统和作风（我々はぜひともこれまでの優れた伝統と優れた作風，すなわち大衆路線，実事求是，批評と自己批判，および民主集中制といったものを発揚しなければならない）

ⓒ 非〈不〉…即…　選択を表し '不是…就是…'（…でなければ…だ）に相当する。'非…即…' には単音節語や文言の語が組み込まれることが多い。▶非此〜彼（これでなければあれ）▶非打〜骂（なぐるかののしるかのどちらかだ）

【副詞】用法は '就' に同じ。《書》

❶ 即刻，すぐさま：動作がごく短時間のうちに，あるいはある条件の下に，すぐさま発生することを表す。

ⓐ '即' の前にふつう時間や願望を表す語句を用いる。▶考试结束后，我〜赶回家中（試験が終わったら，すぐに急いで家

帰る）▶服药两三天后～可见效（服用後2～3日で効果が現れる）▶大雨凌晨～止（大雨は明け方にはやんだ）▶此文望～印发（この文章を即刻印刷・配布されたし）▶以上问题盼～答复（以上の問題につき即時回答されたし）

ⓑ後項が前項にすぐ引き続いて起こることを表す。ふつう'一…即…'の形式をとる。▶知错～改（過ちに気がついたらすぐ改める）▶一触～发（ちょっとふれればすぐ爆発する）▶一拍～合（たちまち同調する）▶略一观察～可明了大概（一瞥しただけで大方理解できる）▶我跟他一说～妥,没有费很大力气（ぼくが彼に話したらすぐ了解が成立し,たいして手間どらなかった）

❷ある条件の下である結果が生まれうることを表す。推量の意味を含む。▶还是面谈为好,如有误会～可当面解释清楚（やはり会って話し合ったほうがよい。もし誤解があれば直接釈明できるから）▶稍加修改～可使用（ちょっと手直しすれば使える）▶呼之～来（呼べばすぐに来る）

❸認定を強める。▶问题症结～在于此（問題の難点はまさにここにある）

即便 jíbiàn ☞即使 jíshǐ

即使 jíshǐ（即便）

【接続詞】❶たとえ…でも：仮定兼譲歩を表す。

ⓐ即使…也［还］… 前後2つの部分は、関連ある2つの事柄を表す。ふつう前項で仮定を表し,後項はその仮定する状況に影響されない結果や結論を示す。▶～下雨也去（雨が降っても行く）▶～你说错了也不要紧（言い間違っても気にするな）▶～条件再好,也还要靠自己努力（たとえ条件がどんなによくても,自分の努力を欠いてはならない）▶他们可能不来帮忙了,～这样,明天也能把麦子割完（彼らはおそらく手伝いに来ないだろうが,たとえそうでも,明日には麦の収穫を終えることができる）▶理论如果不结合实践,～学得再多,也没有用处（理論が実践に結びつかないなら,いくら学んでも役に立たない）▶～再晚一小时出发,也还来得及（もう1時間遅く出発したとしても,まだ間に合う）

ⓑ即使…也［还］… 前後2つの部分は同一の事柄を表す。後項は一段低い見積りを示す。▶～下雨也不会太大（雨が降ってもそうひどくはないだろう）▶电影票～有也不多了（映画の切符は,あるとしても数は少ないだろう）▶今年的粮食～不能增产,也还能维持去年的水平（今年の穀物の収穫は増産できないにしても,去年のレベルは維持できる）

❷極端な状況を表す。

一 即使［是］…也〈都〉… 前後2つの部分は合わせて1つの主述構造をなす。前項は名詞または介詞句（'在…・对…・跟…'のみ）。▶～一口水也好（水一口でもよい）▶～很细微的情节,我现在都记得清清楚楚（どんなささいなすじもいまだにはっきりと覚えている）▶～在隆冬季节,大连港也从不结冰（厳寒期にも大連港は結氷したことがない）▶～跟我没有关系,我也要过问（たとえ私と関係がなくても放ってはおけない）

〚即便〛'即使'に同じ。《書》

比較 即使：哪怕 ☞哪怕 nǎpà
即使：任凭 ☞任凭 rènpíng
即使：尽管；虽然①'即使'は仮定としての状況を表す。'尽管・虽然'は事実を表す。▶即使条件再差,我们也要搞（たとえ条件がもっと悪くても,我々はやらねばならない）▶尽管〈虽然〉条件很差,我们还是搞了起来（条件は悪かったが,それでも我々はやり始めた）

②'尽管・虽然'のあとに接続詞'可是・但是・然而'などを置いて呼応させることができる。'即使'はできない。▶尽管〈虽然〉很晚了,可是〈但是〉他还不肯离开（もう遅いというのに,彼はまだ帰ろうとし

即使　几　几时　计

ない）▶即使再晚，他也不会离开（たとえ遅くなっても彼は帰りはしないだろう ×…可是他也不会离开）

几 jǐ

【数詞】❶数をたずねる。'几'の指す数は2から9までに限る。ただし'十・百・千・万・亿'などの前および'十'の後ろに用いてもよい。▶三加二等于～？（3たす2はいくつ）▶你种了～棵树？（君は木を何本植えたの）▶这孩子十～啦？（この子は十何歳になったの）▶去了～十个人？（何十人行ったのか）▶种了～百亩棉花？（綿は何百ムー植えたんですか）▶来了～千人？（何千人来たか）▶太平天国起义在一八～～年？（太平天国の蜂起は千八百何年ですか）

❷不定の数を表す。用法は❶に同じ。後ろに量詞を必要とする。▶咱们～个一道去（私たち何人かは一緒に行く）▶一共只有十～个人（合わせて十数人しかいない）▶经过～百次上千次的试验才获得成功（数百回から千回にも及ぶ実験を経て，やっと成功した）▶已经印了～万份了（すでに何万部か印刷した）▶来了十～二十个人（十数名から20名くらいの人が来た）▶他不小了，已经二十～了（彼は子供じゃない，もう二十いくつだ：年齢を示すときに限り量詞は不要）

ⓐ'好几・几十几百・几千几万…'は数量の大きいことを強調する。▶他好～个月没来信了（彼は何か月も手紙をよこさない）▶有好～百人参加了营火晚会（何百人もの人々がキャンプファイヤーに参加した）▶编辑部每天要处理～十～百封读者来信（編集部は毎日何十通何百通の読者からの手紙を処理しなければならない）▶缴获的枪支总有～千～万支（敵から捕獲した銃が何千挺何万挺にものぼる）

ⓑ没有〈不〉＋几＋量　数量の小さいことを表す。'几'の前にほかの数詞を置けない。▶村子很小，没有～户人家（村は小さく人家は何軒もない）▶都游泳去了，屋里没剩下～个人（みんな泳ぎに出かけて部屋には何人も残っていない）▶过不了～天就回来的（何日もしないうちに戻って来るはずだ）▶麦子都黄了，不～天就能收割了（麦が黄色くなった。2～3日のうちに刈り入れられるだろう）

❸文の前後関係から，はっきりとした数を把握することができるとき。▶商店门口有'顾客之家'～个大字（商店の入り口には「お客様の家」という文字が書かれてあった）▶当时只有老张、老王、小李和我～个人在场（その時，張さん，王さん，李くん，私の数人しかその場にいなかった）▶调查时应注意以下～点：第一…第二…第三…（調査時には以下の点に注意すること。第1は…第2に…第3に…）

慣用句　三几　五几　'三四''五六'にほぼ同じ。▶东西不多，去三几个人就拿回来了（品物は少なく，3～4人行って持ち帰った）▶老周上天津去了，要过个五几天才回来（周さんは天津へ行ってしまった。5～6日しないと帰って来ない）

几时 jǐshí

【代詞】❶いつ。▶你～回来的？（いつ帰って来たの）▶他～走？（彼はいつ出かけるのですか）▶你们～看见他马虎过？（君たち，いつ彼がいいかげんだったことがあったかね）▶不知～进来一个人（いつのまにか人が1人入って来ていた）▶他们～把我的衣服洗干净了？（彼らはいつぼくの服を洗ったのだろう）

❷任意のあるとき。▶你～有空～来（君がひまなときにいつでもいらっしゃい）▶你们～见到他代我问好（彼に会ったら私の代わりによろしく言ってください）

比較　几时：多会儿　☞多会儿 duō·huir

计 jì

【名詞】方策・方法・計画：成語や熟語に用いることが多い。▶调虎离山之～

（敵をおびき出し，そのすきに陣地を攻略する戦術）▶脱身之～（脱出の計）▶眉头一皱，～上心来（眉間にしわを寄せてちょっと考えれば，計略が浮かんでくる）▶一～不成，又生一～（ひとつの策略が失敗すると，引き続いて次の手を考える）▶百年大～（百年の大計）

【動詞】❶計算する：前にふつう'按・以'を用いた介詞句がくる。'计'の後ろにほかの語句を用いられないことが多い。《書》▶按时～价（時間に応じて値段を決める）▶以每人一百元～，共约三千余元（1人100元として計算すると，全部でおよそ3000元余りとなる）▶长安街上数以千～的街灯一齐放出了光芒（長安街には何千もの街灯がいっせいに光を放った）

❷（数量が）ある：総数をあげたり，列挙するのに用いる。▶买进的新书，～中文二百三十种，外文五十七种（買い入れた新刊書は，中国文230種，外国語が57種ある）▶寄去衣服一包，～：毛衣两件，绒衣一套，棉衣一身（衣服の小包1つ郵送，中身は次の通り。セーター2枚，メリヤス合着上下1組，綿入れ1着）

— '计'の後ろに'有'を置いてもよい。意味は同じ。▶～有毛衣两件，绒衣一套…（セーター2枚，メリヤス合着上下1組…）

注意 '共计'は1語。'总计'にほぼ同じ。

❸考慮に入れる，問題にする：否定に多く用いる。▶仗义直言，不～个人得失（義に従って直言し，個人の損得を問題にしない）

❹考える，もくろむ：'为…计'の形でのみ用いる。主語の前に置く。▶为提高教学质量～，首先必须抓好师资培训工作（教育の質を高めるために，まず教員の養成・訓練をしっかりやらねばならない）▶为国家利益～，为个人前途～，青年都不宜早婚（国家の利益のために，また1人1人の将来のために，青年の早婚は望ましくない）

既 jì

【副詞】❶すでに：固定した形式の中に用いる。▶～往不咎（既往はとがめず）▶～得利益（既得利益）▶～成事实（既成事実）

❷ある面のみに止まらないことを表す：'又・且・也'と組み合わせて，並列成分をつなぐ。

ⓐ既…又… 2つの性質や状況を同時に具えていることを表す。動詞または形容詞（ふつう構造・音節数の同じもの）を接続する。▶～生动又活泼（いきいきしてしかも活発である）▶锅炉改装以后，～节约了用煤，又减少了人力（ボイラーを取り換えてからは，石炭が節約され人手も減った）▶应该做到～会工作又会休息（仕事も休息もうまくできなくちゃ）

ⓑ既…且… ⓐに同じ。いくつかの単音節の形容詞を接続するときのみ。《書》▶～高且大（高いうえに大きい）▶～醉且饱（酔ったうえに満腹する）▶～杂且乱（乱雑だ）▶～深且广（深いうえに広い）

ⓒ既…也… 後項は，一歩突っ込んだ補充説明。構造が同じか類似した語句を接続する（音節数もふつう同じ）。▶～肯定成绩，也指出缺点（成績を認めたうえで欠点も指摘する）▶～要有革命干劲，也要实事求是的科学态度（革命への気迫も持たなければいけないし，実事求是の科学的態度も必要だ）▶他～没来过，我也没去过（彼が来たこともないし，私も行ったことがない）▶他～懂英语，也懂日语（彼は英語がわかるうえに，日本語もわかる）

注意 主語が異なり，述語が同じ節は'既…又〈且，也〉…'を用いない。'不但…也…'を用いる。▶他也去了，我也去了（彼も行ったし，私も行った）▶不但他去了，我也去了（彼が行っただけでなく，私も行った）▶ ˟他既去了，我也去了

【接続詞】…する以上：基本的に'既然'

に同じ。文の前節の主語の後ろにのみ用いる。《書》▶他〜如此堅决, 我也不便多说（彼がこのように意志が固い以上、ぼくもこれ以上は言いにくい）▶〜要写, 就要写好（書くからには、立派に書かなければならない）▶〜来之, 则安之（来た以上は、ここに落ち着く）

比較 既：既然　接続詞'既'は主語の前に使えない。'既然'よりも書き言葉の色あいが濃い。'既然'は主語の前にも後ろにも使える。'既'の副詞的用法は'既然'にはない。▶既然他有事, 我就不等他了（彼が用事がある以上、彼を待たないことにする ×既他有事…）

既然 jìrán

【接続詞】文の前節に用いる。すでに現実となった、あるいはすでに認定された前提を提示する。後節はこの前提に基づいて結論を下す。ふつう'就・也・还'を用いて呼応させる。▶〜矛盾已经暴露了, 就不应该回避（矛盾がすでに表面化した以上、回避すべきでない）▶〜你一定要去, 我也不反对（君がどうしても行くというからには、私も反対はしない）

ⓐ前後の節の主語が同じときは'既然'をふつう主語の後ろに置く。▶他〜有病, 就好好休息吧！（彼は病気なのだから十分静養させるように）▶你〜来了, 就别走了（来たからには、ここにいなさい）▶你〜同意我们的意见, 那也签个名吧（ぼくらの意見に賛成だというなら、君も署名したまえ）

ⓑ後節の結論は疑問文や反語文を用いて表してもよい。▶事情〜已经这样了, 后悔有什么用呢？（事がすでにこうなった以上、後悔しても何の役に立とうか）▶〜时间还早, 何不顺便去看看老冯？（時間がまだ早いのだから、ついでに馮さんに会いに行かない手はない）

比較 既然：因为　両者とも因果関係を示す文に用いられる。'既然'を用いた文は後半の推断に重点があり、主観を含む。'因为'は実際の原因を提示することに重点があり、主観を含まない。▶既然（×因为）派我来, 那就是相信我（私を派遣したからには、私を信頼してのことだ）

既然：既　☞既 jì

继续 jìxù

【名詞】ある事柄と連続関係をもつ別の事柄：ふつう'是'を用いた文に用いる。▶这两个过程互相连结, 后一过程是前一过程的〜（この２つの過程は互いに連結していて、後の過程は前の過程の継続である）

【動詞】（活動を）続けていく、延長していく、絶やさない：ふつう動詞の客語をともなう。また名詞の客語をともなったり、単独で述語となる。

ⓐ继续+動▶〜前进（前進をし続ける）▶〜奋斗（奮闘し続ける）▶〜工作（仕事を続ける）▶〜不停（継続してやめない）▶〜干下去（やり続ける）▶〜提高质量（引き続き質を向上させる）▶把工作〜进行下去（仕事を引き続き進めていく）

ⓑ继续+名（多くは時間を表す）《付》了▶这种情况又〜了很长一段时间（このような状況がまた長いあいだ続いた）▶大雨〜了三昼夜（大雨が３日３晩続いた）▶明天还要〜我们的试验（明日もまだ我々は実験を続けなければならない）

ⓒ単独で述語となる。《付》了　まれに《付》着▶手术还在〜着（手術はまだ続いている）▶谈判不能再〜了（交渉はそれ以上継続が不可能となった）

加以 jiāyǐ

【動詞】ある事物に対してある動作を加えることを表す。必ず２音節の動詞を客語にともなう。'加以'は形式動詞で、実際に動作を表すのはその後ろの動詞。後ろの動詞の対象はふつう前のほうにある。

ⓐ介+名+加以+動▶把整个过程〜总结

(全過程を総括する)▶对于任何问题都要~具体分析(いかなる問題に対しても具体的に分析を加えなければいけない)▶对各项工作~认真的讨论(それぞれの仕事に対し真剣の討論を行う)▶根据实际情况~解决(実際の状況に基づいて解決をする)

ⓑ動+名+加以+動▶选取典型经验~推广(典型的な経験を選び出して推し広める)▶有两个问题必须~说明(次の2つの問題はどうしても説明をしなければならない)

ⓒ名+助動/副+加以+動▶这些困难应该~解决(これらの困難は解決すべきだ)▶这些缺点必须~克服(これらの欠点はどうしても克服しなければいけない)▶大家的建议我们一定~认真考虑(みんなの意見を必ず真剣に考慮するつもりだ)

注意 '加以'の前に用いる副詞は必ず2音節。単音節の副詞の後ろは、'加'を用い、'加以'は不可。▶不加研究(研究をしない)▶多加注意(よく注意をする)

家 jiā

【接尾語】❶学問の研究または諸活動において、成果をあげた人を表す。名詞を作る。'家'は軽くは読まない。

ⓐ名+家▶政治~(政治家)▶哲学~(哲学者)▶数学~(数学者)▶文学~(文学者)▶音乐~(音楽家)▶军事~(軍事専門家)

ⓑ動/形+家▶作~(作家)▶画~(画家)▶革命~(革命家)▶教育~(教育者)▶旅行~(旅行家)▶作曲~(作曲家)▶社会活动~(社会活動家)▶专~(専門家)

❷ある仕事を営む者。初期の白話文に多く見られる。▶农~(農家)▶船~(船頭)▶店~(宿屋)

❸春秋戦国時代の学術上の諸派を指す。▶儒~(儒家)▶法~(法家)▶道~(道家)▶墨~(墨家)

❹人を指す名詞の後ろに用いる。その類に属する人を表す。'家'は軽く読む。ふつう弱音化して・jieとなる。▶老人~(おとしより)▶闺女~(むすめ)▶姑娘~(むすめ)▶学生~(学生)▶小孩子~(子供)

假如 jiǎrú ☞如果 rúguǒ

假使 jiǎshǐ ☞如果 rúguǒ

架 jià

【量詞】❶支柱のあるもの、あるいは支柱状のものに用いる。▶两~梯子(2本のはしご)▶井口有一~辘轳(井戸の口に滑車が1つある)▶一~葡萄〈丝瓜、葫芦、藤萝〉(1棚のブドウ〈ヘチマ・ヒョウタン・フジ〉)

❷支柱と関係がある若干の機械・楽器などに用いる。▶一~望远镜〈显微镜〉(1台の望遠鏡〈顕微鏡〉)▶两~照相机(2台のカメラ)▶三~钢琴〈风琴〉(3台のピアノ〈オルガン〉)▶一~纺车(1台の糸操り車)▶一~~飞机接连起飞(飛行機が1機ずつ続けざまに飛び立った)

架次 jiàcì

【量詞】飛行した飛行機数の総和を表す。名詞の前には用いない。▶二十~(延べ20回の飛行、延べ20機:20回飛行すること、あるいは数機の飛行機の飛行回数の合計が20回、または20機の飛行機が1回飛行すること)▶我军出动飞机五百二十~(わが軍は飛行機延べ520機出動した)▶ˣ出动五百二十~飞机

坚持 jiānchí

【動詞】❶あくまでも守りぬき、放棄しない:《付》了・着・过 名詞・動詞・節を客語にともなえる。客語は2音節以上のもの。▶~原则(原則をしっかりと守りぬく)▶~真理,改正错误(真理を貫き通し、過

ちを改める）▶～自己的看法（自分の見方を堅持する）▶他～要走（彼はあくまで行こうとしている）▶他～大家一块儿照相（彼はどうしてもみんなで一緒に写真をとると言ってがんばった）▶这一点我不～（この点にはこだわらない）

❷ある行為を断固として続ける：《付》了・着・过　動詞の客語をともなえる。▶～不懈（がんばり続けて怠らない）▶～工作（仕事をやり通す）▶～跑长跑（長距離走を走り続ける）▶～学外语（外国語の勉強を続ける）▶他们在机房里已经～了一天一夜（彼らは機関室の中ですでに一昼夜がんばり続けている）▶他～着练习书法有十多年了（彼は10年以上書道の練習を続けている）

[動結] 坚持 // 住 ▶他身体不好, 时间长了恐怕坚持不住（彼は健康がすぐれないので、時間が長びくとおそらくもちこたえられないだろう）

坚持得 〈不〉了 (liǎo)　堅持しきれる〈しきれない〉。▶再走三十里, 你坚持得了吗？（まだ30里ある、がんばりきれるかい）

[動趨] 坚持 // 下来 ▶连续操作六个小时, 怕你坚持不下来（続けざまに6時間も操作したら、おそらく君はもちこたえられないだろう）

坚持 // 下去 ▶每天早晨锻炼半小时, 坚持下去必有好处（毎朝30分トレーニングを続けていけば、きっと効果がある）

简直　jiǎnzhí

【副詞】「まったく（と言ってよいくらい）…だ」と強調するのに用いる。誇張を含む。▶徐先生画的马～像真的一样（徐先生の描いた馬はまったく実物そっくりだ）▶船晃得利害人～站也站不住（船の揺れがひどくて、立つにも立っていられないくらいだ）▶和前几年相比, 体力～差多了（数年前と比べると、体力がめっきり落ちた）▶那年夏天, 雨下得～少极了（あの年の夏はほとんどと言っていいほど雨が降らなかった）

ⓐ '简直'の後ろに '地' を付けてもよい（書き言葉だけに限らない）。▶两条腿疼极了, ～地站不起来（両足がひどく痛んで、まったく立ち上がることさえできない）▶卡车一辆接着一辆, ～地没有个完（トラックはひっきりなしに続き、いつ果てるともしれない）▶我～地不知道怎么才好（まるでどうしていいかわからない状態だ）

ⓑ '简直'は '是' を用いた文にも用いられる。後ろに名詞がきてもよい。動詞・形容詞でもよい。▶我对这个工作～是外行（この仕事に関してはズブの素人だ）▶雪山上也长出了蔬菜, ～是奇迹！（雪山にも野菜が育つなんて、まったく奇跡だ）▶他不是在走, ～是在跑（彼は歩いてるなんてもんじゃなく、まるで走ってるみたいだ）▶～是胡闹！（まったくでたらめだ）

ⓒ '得' を用いた文では '简直' を動詞の前に置ける。また '得' の後ろに置いてもよい。▶他～听得入了神〈听得～入了神〉（彼はうっとりと聞き入った）▶他～忙得喘不过气来〈忙得～喘不过气来〉（彼は息つくひまもないほど忙しい）

[比較] 简直：几乎　'简直' は「ほとんどまったく」の意味。'等于' に近い。'几乎' は「ほとんど」で程度が '简直' よりやや弱い。▶嗓子简直不行了, 没法唱下去了（まったく声が出なくなってしまい、歌い続けることができなくなった）▶嗓子几乎不行了, 可总算是勉强唱完了（声がほとんど出なくなったが、どうにか無理して最後まで歌った）

间接　jiànjiē

【形容詞】第三者を通して関係を生じる。↔直接：《書》単独では述語になれない。
ⓐ名詞を修飾する。▶那是～关系（それは間接的な関係だ）▶多少获得一些～经验（いくらか間接的な経験を得ることができた）▶这只是～原因（これは間接的な

原因にすぎない）
ⓑ動詞を修飾する。▶有关他的消息，我只是～知道一点儿（彼に関する情報は，私は間接的に少し知っているだけだ）▶我们费了好大的劲儿，才～打听到你的地址（我々は大変な苦労をして，間接的な手立てでやっと君の住所を知った）▶他～传染上了这种病（彼は間接的にこの病気に感染した）
ⓒ是+间接+的 主語に対する説明を表す。▶那时我们之间的联系一直是～的（そのころ，我々はいつも間接的に連絡をとっていた）▶当时两国之间的贸易活动还只是～的（当時両国間の貿易活動はまだ間接的なものだけだった）

鉴于 jiànyú

【介詞】ある状況を前提として考慮することを表す。《書》▶～群众反映，我们准备马上开展质量大检查（大衆からの意見にかんがみ，我々はすぐに大規模な品質検査を行うつもりだ）▶～这种条件，还是别在那儿过夜为好（こうした条件を考えると，やはりそこで夜を過ごすのはやめたほうがよい）▶～你的身份，不宜过早出面（君の身分を考えると，あまり早く表面に出るのはよくない）

【接続詞】…を見て，…を考えて：因果関係を表す複文中の従属節の文頭に用い，主節の行為の根拠・原因・理由を示す。《書》▶～他多次违反工作纪律，公司决定让他停职反省（彼が何度も仕事上の規律に違反したため，会社は彼を停職の上，反省させることに決めた）▶～目前市场疲软，咱们也得赶紧想办法给产品找出路（目下のところ市場が不景気なため，我々も早期に方法を講じて生産品の販路を探さなければならない）▶～他的身体还需要恢复一段时间，我们只好请别人先代替他的工作（彼が健康を回復するにはまだある程度の時間が必要なため，やむなく他の人にしばらく彼の仕事をやってもらうことにした）

注意 '鉴于'は因果関係の従属節に用いる場合，文頭にのみ現れ，ふつう主語はその前に置けない。

见 jiàn

【動詞】❶見る，目に入る：《付》了・过 名詞客語をともなえる。ふつう単独では述語にならない。▶只～树木不～森林（木を見て森を見ず）▶这几句诗好像在哪儿～过（この詩はどこかで見たことがあるような気がする）▶这种事儿我～得多了（こうした事はずいぶん見てきた）

❷会う，面会する：《付》了・过《重ね型》名詞客語をともなえる。▶他要～张主任（彼は張主任に会いたいと言っている）▶这个人你～不～？（この人に会うかね）▶明天到我家去，大家～～（あしたぼくの家においでよ，みんなで会おう）

❸触れる，当たる：《付》了 必ず名詞の客語をともなう。▶冰～热就融化（氷は熱にあえばとける）▶胶卷不能～光，～了光就失效了（フィルムを光に当ててはならない，たちまち感光してしまう）

❹現れる：必ず名詞・形容詞を客語にともなう。《書》▶工作已初～成效（働きかけの効果がぼつぼつ現れてきた）▶祖国日～繁荣昌盛（祖国は日１日と繁栄に向かっている）▶他的病开始～好了，你就放心吧！（彼の病気は快方に向かい始めたから，ご安心ください）

❺出典や参照すべきところを明示する。必ず名詞の客語をともなう。《書》▶鸿门宴的故事～《史记・项羽本纪》（鴻門の会の話は『史記・項羽本紀』に見られる）▶人体的血液循环系统～右图（人体の血液循環系統は右図のとおり）

注意 この場合の'见'は'见于'の意味。受身。能動の意味ではないから，'请见《史记・项羽本纪》'とは言えない。

❻動結形の結果を示す要素となる。感じとることを表す。視覚・聴覚・嗅覚などに関

することが多い。間に'得・不'を挿入できる。▶看～（見える）▶望～（はるかに見える）▶瞧～（見える）▶瞅～（見える）▶听～（聞こえる）▶闻～（におう）▶梦～（夢に見る)

[動結] 见//着（zháo）▶他前天回山东去了，你见不着了（彼はおとといに山东へ帰ってしまったから、君はもう会えないよ）

[動趨] 见//上▶我要能跟他见上一面才好（あの方に1度お目にかかりたいと思っている）

见//到▶见到他，替我问个好（彼に会ったらよろしく言ってください）

[慣用句] 不见①会っていない。▶一年不见, 你长这么高了（1年会わないうちに、ずいぶん背が伸びたねえ）

②なくす：必ず《付》了▶钢笔不见了（万年筆が見あたらない）

见不得 触れてはならない。▶汽油见不得火，见火就燃烧（ガソリンに火を近づけてはならない、近づけたらとたんに燃えてしまう）

见〈不〉得人 （人に）見られてよい、知られてよい〈よくない〉：否定形に多く用いる。▶我没有做过见不得人的事（人に顔向けできないようなまねはしたことがない）

件¹ jiàn

【量詞】❶衣服（上衣の類）に用いる。《儿化》▶两～上衣〈背心、毛衣〉（上着〈チョッキ・セーター〉2着）▶一～大衣〈长袍、披风、雨衣〉（オーバー〈長衫・マント・レインコート〉1着）▶换～儿衣服〈衣裳〉（服〈着物〉を着がえる）▶一～一～地叠好（1着ずつきちんとたたむ）▶ ×一～裤子→一条裤子（ズボン1本）

❷個々の器物（総称名が多い）に用いる。《儿化》▶两～东西（2つの品）▶一～艺术品（1つの芸術品 ×一～国画）▶三～家具（家具3点 ×三～柜子）▶几～首饰（いくつかのアクセサリー）▶十～行李〈货物〉（手荷物〈商品〉10個）

❸事柄・事件・公文書・手紙などに用いる。▶一～大事（一大事）▶一～案子（1つの事件）▶上午收到三～公文（午前中に3通の公文書を受け取った）▶处理了一百多～群众来信（大衆から寄せられた100通余りの手紙を処理した）

— '事件・案件・文件・信件'などのように'件'の字がある名詞に、さらに量詞'件'を用いることはできない。▶ ×两～文件→两个文件（書類2通）

件² jiàn

【接尾語】ほかの要素の後ろに付け、名詞を作る。

ⓐより大きな物の一部となる物に対して用いる。▶元～（エレメント、素子）▶器～（能動素子）▶部～（アセンブリ）▶组～（パッケージ、モジュール）▶零～（パーツ）▶铸～（鋳物）▶构～（組み子）▶制～（加工物）▶配～（組み立て部品）▶备～（スペア部品）▶标准～（基準ユニット）

ⓑ関連をもった1組の事物に用いる。▶案～（事件）▶事～（出来事）▶文～（書類）▶稿～（原稿）▶信～（手紙）▶证～（証明書）▶邮～（郵便物）

ⓒ書類に用いる。▶要～（重要書類）▶急～（緊急書類）▶密～（秘密書類）▶抄～（文書のコピー）▶附～（付属文書）

ⓓ輸送用の荷物・貨物に用いる。▶大～（大型貨物）▶小～（こまごました荷物）▶快～（速達便）▶慢～（普通便）

渐渐 jiànjiàn

【副詞】程度・数量が時間とともに徐々に増減することを表す。《書》

ⓐ渐渐［地］+[動] [動]は《 ×付》着・过▶走了半天，～接近铁路了（何時間も歩いてしだいに鉄道に近づいた）▶歌声～停止了（歌声はしだいにやんでいった）▶过了一些日子，我对新环境～地习惯了

（何日かたって少しずつ新しい環境に慣れてきた）▶由近到远，声音～听不见了（音は遠ざかり，だんだんに聞こえなくなった）
ⓑ渐渐［地］＋形 ふつう形の後ろには'了・起来・下去'などのアスペクトを表す語をともなう。▶风～小了（風はしだいに弱くなった）▶声音～地大了起来（声がだんだん大きくなってきた）▶天～地暖和起来（少しずつ暖かくなってきた）▶歌声～低了下去（歌声はしだいに小さくなっていった）▶孩子又～地不安静起来（子供はまただんだんやかましくなってきた）
ⓒ'渐渐'を主語の前に用いてもよい。必ず'地'をともない，ポーズを置く。▶～地，我了解了他的脾气（だんだんと私は彼の気性がのみこめてきた）▶～地，天黑下来了（しだいに空が暗くなってきた）▶～地，太阳从山后出来了（ゆっくりと，太陽が山の向こうから昇ってきた）

将 jiāng（将将）

【副詞】《書》❶動作あるいは状況が間もなく発生しようとしていることを表す：もうじき…しそうだ，やがて。▶竞赛～分区同时进行（競争は地域別に同時に進められる）▶火车～进站了（汽車はもうすぐホームに入って来る）
❷ある時間に近づくことを表す。《書》▶天～黄昏（そろそろたそがれだ）▶时间已～深夜，路上行人稀少（もう真夜中近いので，通行人はほとんどいない）▶离开杭州不觉已～十年（杭州を離れていつのまにか間もなく10年になる）
❸将来の状況に対する判断を表す。「確かに」「必ず…に違いない」の意味を含む。▶如不刻苦努力，则～一事无成（刻苦勉励しなければ何事も成し遂げられぬ）▶随着农业生产的发展，农民的收入～不断增加（農業生産の発展にともない，農民の収入も増え続けるに違いない）▶您的教导～永远铭刻在我们的心中（あなたの教えは，いつまでも私たちの胸に深く刻みつけられることでしょう）
━'是'の前に用いる。▶保持生态平衡，～是我们首先遇到的问题（生態の均衡を保つことは，我々がまずぶつかる問題である）▶在我们的社会里，劳动～永远是光荣高尚的（我々の社会では労働は永遠に光栄かつ高尚である）
❹どうにか一定の数量に達したことを表す：やっと。▶买来的面包～够数儿（買ってきたパンはどうにか足りる）▶这间屋子～能容十个人（この部屋はどうにか10人入れる）
【介詞】❶…を（＝把）：《書》▶～科学试验继续进行下去（科学実験を引き続き行う）▶他～钱和药方交给了我（彼は金と処方箋を渡してくれた）
❷…で（＝拿），…を用いて（＝用）：成句・熟語に見られる。▶～功折罪（手柄を立てて罪を償う）▶恩～仇报（恩を仇で返す）▶～心比心（心で心をはかる）▶～鸡蛋碰石头（タマゴを石にぶつける：失敗が目に見えていることのたとえ）
〖将将〗'将'【副詞】❹に同じ。▶这块布将将够做一件上衣（この布では上着1枚作るのがやっとだ）▶做出来的饭将将够吃（できあがった料理はどうにか足りる）▶箱子不大，将将装下几套衣服（箱が大きくないので，服を数組つめるのがやっとだ）

将将 jiāngjiāng ☞将 jiāng

交 jiāo

【動詞】❶交叉する：後ろには，ふつう'于'が付く。ときには前に'相'を付ける。▶两条线［相］～于一点（2本の線が1点で［互いに］交わる）
❷（十二支で表す時刻や節気に）至る：▶已～子时（もうすでに子の刻だ）▶节气～了立冬（立冬になった）
❸（友だちと）交わりを結ぶ：《付》了・

过▶～了几个好朋友（何人か仲のよい友だちができた）▶我没～过这样的朋友（このような人と友だちづきあいをしたことがない）

❹ものを関係方面に渡す：《付》了・过《重ね型》名詞の客語，二重客語をともなえる。▶徒弟一出师, 师傅就可以～班了（弟子が一人前になれば，師匠は仕事を引き継がせることができる）▶～过一张登记表（登記票を1枚渡した）▶报告已经～了（報告はすでに渡した）▶先把介绍信～我（まず紹介状を私にください）▶他～我几块钱, 让我替他买本书（彼は私に数元渡し，本を買って来てくれといった）▶公粮～得很快（政府に穀物を納めるのがとても早い）▶～差（[役目を果たして]復命する）▶～底儿（手の内を見せる）

― '交'の後ろに'给'を付けるときは，ふつう二重客語をともなう。人を表す客語のみでもよい。ただし物を表す客語だけをともなうことは不可。▶昨天他～给我一把钥匙（昨日彼は私に鍵を1つ渡した；～给我；×～给一把钥匙）▶我～给他两张票（私は彼に2枚切符を渡した）▶把试卷～给老师了（試験の答案を先生に渡した）▶作业已经～给老师了（宿題はもう先生に出した）

❺任务を配分する：ふつう兼語をともなう。また'交'の後ろに'给'を付けることが多い。▶这件事～[给]你办吧（この件は君にやってもらおう）▶住房问题～给行政部门去解决（住宅問題は行政部門に回して解決してもらう）

[動趣] 交∥上ⓐ▶我在那儿交上了几个朋友, 常在一起讨论各种问题（そこで何人かの友人ができ，よく一緒にいろいろな問題を討論した）

ⓑ咱们的公粮全合格, 都交上了（我々の上納用穀物はすべて合格で，全部納めた）

交∥下去〈来〉▶任务已经交下去〈来〉了（任務はすでに配分した）

交回▶阅后请立即交回（読んだあとは，すぐ返却してください）

交得〈不〉起 支払う能力がある〈ない〉。▶交不起昂贵的医疗费（高額な医療費が払えない）

【名詞】❶交わる時点・地点。▶春夏之～（春から夏の変わり目）

❷交際している人，友だち：固定した形に用いる。▶一面之～（ただ1度だけの交わり）▶布衣之～（平民の交わり，貧しかったころからの交友）▶忘年之～（年齢の違いを超えた親しい交わり）

交互 jiāohù

【副詞】❶互いに関連・対応しあう関係を表す。おおむね'相互'と同じであるが，交互に動作を行うことに重点がある。2音節動詞を修飾することが多い。▶运动员们～签名留念（選手たちは互いに記念のサインを交わした）▶老师把答案写在黑板上, 让同学们～批改（先生は答えを黒板に書き，生徒たちにお互いに直させた）▶我方球员～配合, 打得对方乱了阵脚（我が方の選手は互いに力を合わせて，相手側を混乱に落とし入れた）▶他们通过～学习, 达到～促进的目的（彼らはお互いに学び合うことで，お互いの向上を促進するという目的を達成した）

❷かわるがわる，順番にある活動を行うことを表す。'交替'に同じ。▶中小学生的身体正在发育阶段, 学习和娱乐必须～进行（小中学生はちょうど身体の発育段階にあるから，学習と娯楽はかわるがわる行うべきだ）▶他的双手～抓住绳索向楼顶爬去（彼は両手を交互に使って綱を握り，屋上に向かって登っていく）

教 jiāo

【動詞】知識あるいは技能を人に伝える：《付》了・过《重ね型》名詞・動詞を客語にともなえる。二重客語をともなえる。▶～书（勉強を教える）▶～数学（数学

を教える）▶~唱歌（歌を教える）▶他没~过我（私は彼に習ったことがない）▶我不会，你~~我好吗？（私にはできません，ちょっと教えてくれませんか）▶~小学生得要有一套不同于成人的办法（小学生を教えるには，大人とは違う方法が必要である）▶他~语文~得不错（彼の国語の教え方はうまい）

ⓐ二重客語をともなえる。あるいはその中の一方の客語のみでもよい。▶张老师现在~我们化学（張先生はいま私たちに化学を教えている）▶张老师现在~我们（張先生はいま私たちを教えている）▶张老师现在~化学（張先生はいま化学を教えている）

ⓑ非受事客語をともなえる。学校を指すことが多い。▶我~了十年大学（私は大学で10年教えた）▶~小学不见得比~中学容易（小学校で教えるのは，中学校で教えるより簡単とは限らない）

— 客語が道具を指すこともある。▶他在音乐学院~大提琴和小提琴（彼は音楽学院でチェロとヴァイオリンを教えている）▶他能~好几种中国乐器呢（彼は何種類もの中国の楽器を教えられる）

ⓒ教+给 物を表す客語はふつう'把'によって前に置かれる。▶老师傅把技术都~给了徒弟（熟練した労働者は弟子に技術をすべて教えた）▶他~给我一种新的算法（彼は新しい計算方法を教えてくれた）

[動結] **教对了　教错了　教会了**

教 // 好▶法语我没教过，怕教不好（私はフランス語を教えたことがないので，うまく教えられないのではないかと心配だ）

教得〈不〉了（liǎo）▶你教得了化学吗？——教不了，我一直是教物理的（あなたは化学を教えられますか——教えられません，私はずっと物理を教えていましたから）

[動趨] **教上**▶先教小学，今年才教上中学的（まず小学校で教え，今年になってやっと中学校で教えるようになった）

教出　必ず客語をともなう。▶他一辈子就教出这么几个徒弟（彼は生涯でこれら何人かの弟子を育てた）

教出来▶这孩子已经教出来了（この子にはもう教えることは教えた）

教起来▶这个班淘气的孩子多，教起来比较吃力（このクラスはいたずらっ子が多いので，教えるのになかなか骨が折れる）

叫¹ jiào

【動詞】❶叫ぶ，ほえる，鳴く：《付》了・着・过《重ね型》▶大喊大~（大声で叫ぶ）▶疼得~了起来（痛さのあまり叫ぶ）▶鸡~过两遍了（ニワトリが2度鳴いた）▶汽笛声~得人耳朵都快聋了！（汽笛の鳴る音で耳が破れそうだ）

❷呼ぶ，呼び寄せる，声をかける：《付》了・着・过《重ね型》名詞の客語をともなえる。

ⓐ客語が呼ばれる人であるとき。▶小刘，老张~你（劉くん，張さんが君を呼んでいるよ）▶把我们~来干什么？（私たちを呼び寄せて，どうするのか）▶~你~得嗓子都哑了，你怎么没听见？（のどがかれるほど君を呼んだのに，どうして聞こえなかったのか）

ⓑ客語が人に要求された物であるとき。▶~了一辆出租汽车（タクシーを1台呼んだ）▶~了三个菜（料理を3つ頼んだ）

❸…させる：必ず兼語をともなう。▶~人为难（人を困らせる）▶这么晚才得到通知，~我怎么办？（こんなに遅くなってやっと知らせを受け取っても，どうしようもない＝使我没办法）▶厂里~我到上海去一趟（工場は私を1度上海に行かせた）

❹姓名は…である：必ず名詞の客語をともなう。▶我~国柱（私は国柱といいます）▶他有个女儿，~张玉兰（彼には張玉蘭という娘がいる）

❺（…を…と）呼ぶ：必ず二重客語をともなう。▶他~我大姐（彼は私をお姉さんと

呼ぶ）▶大家都～他大老李（みんなは彼を「大老李」と呼ぶ）

__動結__ 叫∥惯　叫∥动　叫∥齐　叫∥醒

__動趨__ 叫∥上ⓐ▶时间太晚，出租汽车叫不上了（時間がとても遅いので，もうタクシーを呼べない）

ⓑ▶叫［上］一辆车送你们走（車を1台呼んで，あなたがたを送らせよう）

叫∥上来　覚えているので，名前を呼べる。▶见过面，可是名字叫不上来了（会ったことはあるが，名前が出てこない）

叫下▶锅炉房已经叫下四十吨煤（ボイラー室はすでに40トンの石炭を注文した）

叫∥出　必ず客語をともなう。▶这种花儿我叫不出名字（この花の名前を私は言えない）

叫∥出来▶嗓子哑了，叫不出声来（のどがかれて声が出ない）

叫得＜不＞过来▶这么多人的名字我怎么叫得过来呢？（こんなにたくさんの人の名前をどうして覚えきれようか）

叫起来ⓐ鳴き始める。▶鸟儿叫起来了（鳥がさえずりだした）

ⓑなくときには。▶这种动物叫起来怪可怕的（この動物の鳴き声はとても恐ろしい）

叫² ⊂教　jiào

【介詞】…に（…される）：動作の主体を導く。動詞の前あるいは後ろには完了・結果を表す語句が必要。あるいは動詞自身がこの要素を含む。《口》ふつう'叫'と書くが，'教'と書くこともある。▶墨水瓶～弟弟打翻了（インク瓶を弟にひっくり返された）▶小张～我批评了几句（張さんは私に何言か批判された）

ⓐ動詞の後ろには，さらに客語をともなえる。次の場合のみ。

— 客語が主語の一部分か主語に属するもののとき。▶手指～刀子划破了皮（ナイフで手の指の皮を切った）▶三张票～他拿走了两张（3枚の切符のうち彼に2枚持って行かれた）

— 客語が，動作の支配を受けて主語が到達した結果であるとき。▶屋里～你搞成什么样儿了（部屋は君のおかげでめちゃくちゃだ）

— 主語が場所を指すとき。▶窗口～大树挡住了阳光（窓は大きな木で陽の光をさえぎられた）

— 動詞と客語が固定した動客句を構成するとき。▶我～他将了一军（私は彼に王手をかけられた）

ⓑ叫…给+__動__　'给'を付けなくとも意味は同じ。▶烟盒～我给扔了（タバコ入れなら私が捨てておいた）▶小鸡～黄鼠狼给叼去了一只（イタチにヒヨコが1羽さらわれた）

ⓒ叫…把…+__動__；叫…把…给+__動__　'把'の後ろの名詞は主語に属するものか主語を再指示する成分。▶钢笔～我把笔尖摔坏了（万年筆を落として，ペン先を壊してしまった）▶相片～小妹妹把它给撕了（写真を下の妹に破られた）

【助詞】…される：動詞の前に用いる。受身を表す。《少用》▶好大的雨，衣服都～淋透了（ひどい雨で，服がすっかりずぶぬれになった）

__比較__ 被：叫²：让　☞让 ràng

叫做　jiàozuò

【動詞】❶名前は…である。▶这种药～红霉素（この薬は「紅霉素」という）▶工业革命也～产业革命（工業革命は産業革命ともいう）▶通常把中秋节～八月节（ふつう中秋節を八月節と呼ぶ）▶北京人管蕃茄～西红柿（北京の人はトマトを「西紅柿」という）

❷事物に名称を与える。▶吸墨纸吸水，灯芯吸油，都～毛细现象（吸取紙が水を吸ったり，ランプの灯心が油を吸ったりすることを，共に毛細管現象と呼ぶ）▶雨后阳光透过空气中的小水点，反映出七种颜色，～虹（雨があがったあと太陽の光が空気中の水滴を通し七色に反射したものを虹

と呼ぶ)▶天文学家把银河围绕成的空间～银河系(天文学者は銀河が取り囲む空間を銀河系と呼んでいる)

❸成句を引いて事の道理を説明する。▶中国有句谚语,～'路遥知马力,日久见人心'(中国に「道遠くして馬の力を知り,月日を重ねて人の心がわかる」という諺がある)▶你这样搞法,～'舍近求远'(君のようなやり方を「近きを捨てて遠きに求む」という)

── ❶❷❸は話し言葉では'叫'とも言う。

较 jiào ☞比较 bǐjiào

较为 jiàowéi ☞比较 bǐjiào

界 jiè

【接尾語】名詞を作る。

❶境界線を指す。

ⓐ 名＋界▶边～(境界)▶省～(省の境界)▶国～(国境)▶地～(土地の境界)

ⓑ 動＋界▶分～(境目)▶交～(境界)▶临～(臨界)

❷範囲を指す。

ⓐ 名＋界▶眼～(視界)▶境～(境界,境地)

ⓑ 動＋界▶射～(射程)▶管～(管轄地域)▶租～(租界)

ⓒ 方位＋界▶外～(外界)

❸ある社会の構成員全体を指す。

ⓐ 名＋界▶政～(政界)▶军～(軍人社会)▶报～(新聞界)▶外交～(外交界)▶新闻～(マスコミの世界)▶音乐～(音楽界)▶宗教～(宗教界)▶知识～(知識人の世界)▶学术～(学術界)▶教育～(教育界)▶体育～(体育界)▶文教～(文教関係者)▶科技～(科学技術関係者)▶语言学～(言語学関係者)

ⓑ 動＋界▶出版～(出版界)

❹大自然の範囲あるいは動・植物の大類別を指す。▶自然～(自然界)▶动物～(動物界)▶植物～(植物界)▶生物～(生物界)▶有机～(有機界)▶无机～(無機界)

借 jiè

【動詞】❶借りる:《付》了・过　二重客語,または物を指す客語だけをともなう。▶我～了他十块钱(ぼくは彼に10元借りた)▶我在图书馆～了一本《宋词选》(私は図書館で『宋詞選』を借りた)▶这本书我～过,前天已经还了(この本は借りたが,すでにおととい返した)▶～你的钢笔使一下(あなたの万年筆をちょっと使わせてください)▶自行车让小陈～走了(自転車は陳くんに貸してしまった)▶你把这些东西～来干吗？(君こんな物を借りて来てどうするの)

❷貸す:《付》了・过　特定の前後関係がある場合にのみ「貸す」という意味となる。そうでない場合はすべて「借りる」に解釈される。

ⓐ '给'によって借りる人を示す。'给'は客語の前か後ろに置く。▶当时下大雨,亏得他～了一件雨衣给我(あの時,大雨が降ったが,ありがたいことに彼がレインコートを貸してくれた)▶我～给你课本,～给你词典,你要好好学习(テキストと辞書を貸してあげるから,しっかり勉強するんだよ)▶自行车我已经～给小黄了(自転車はもう黄くんに貸してしまった)

ⓑ その他の場合。▶图书馆今天不～书(本日図書館は本の貸し出しをしない:一般に図書館は貸し出すのみ)▶我向你借你不～,小英向你借你～不～？(ぼくが貸してくれと言っても君は貸してくれないが,英くんが借りるとしたら貸してやるかい)▶二十块钱够不够了？要不够,我再～你十块钱(20元で足りますか,もし足りないようならもう10元お貸ししましょう)

❸利用する,頼る:連動文の前項に用い,ふつう'着'をともなう。必ず名詞・動詞の

客語をともなう。▶～题发挥（何かにかこつけて自分の意図を示す）▶我～这个机会和大家谈谈（この機会を利用してみんなと語り合おう）▶～着回家探亲，顺路到桂林去了一趟（帰省の際に桂林へ立ち寄った）

[動結] 借//成　借//着〈zháo〉
[動趨] 借进　必ず客語をともなう。▶从兄弟厂借进两吨原料（姉妹工場から原料を2トン借りた）

借出　必ず客語をともなう。▶今天借出图书三百多册（今日300冊余りの図書を貸し出した）

借//出来〈去〉▶资料借不出来，只能到那儿去复印（資料は借り出せないから、行ってコピーするしかない）▶这份图纸可以借出去吗？（この図面を借りて行ってかまいませんか）

借来▶把他设计的图样借来看看（彼の設計した図面を借りてきて見よう）

借去▶我的车老赵借去了（私の車は趙さんが借りて行った）

借//到▶借到一本刚出的《诗刊》（出版されたばかりの『詩刊』を借りた）▶这东西我怕借不到（これは借りられないのではないかと思う）

禁不住　jīn·buzhù

【動詞】❶支えきれない：名詞・動詞・節を客語にともなえる。▶竹竿细了一点，～多大的份量（竹ざおは細いから、あまり重い物を支えることはできない）▶没有信心和决心，就～考验（信念と決意がなくては試練に耐えられない）▶再结实的鞋也～你这么折腾（もっと丈夫な靴でも君のように扱ってはもたないよ）▶箱子太沉，这个架子恐怕～（箱が重すぎて、この棚では無理だろう）

❷抑制できない，耐えられない：必ず動詞・節を客語にとる。主語は人を指すものに限る。▶听他这么一说，大伙儿～笑了起来（彼がこう言うとみんなはがまんできず笑い出した）▶～深深地叹了一口气（思わず深くため息をついた）▶～鼻子一酸，泪珠儿滚了下来（思わず鼻がジーンとして涙がこぼれ落ちた）▶一阵冷风吹过，～打了个寒噤（冷たい風が吹きつけると，覚えず身ぶるいした）

禁得住　jīn·dezhù

【動詞】耐えきれる：名詞・動詞・節を客語にできる。▶再熬两夜我也～（あと2晩徹夜しても大丈夫だ）▶他身体很弱，哪儿～这样的大风（彼は体が弱いから，こんな大風に耐えられるものか）▶不怕，这东西～压（心配いらない，これは押されても大丈夫だ）▶这座木桥～卡车通过？（この木橋はトラックが通過しても大丈夫だろうか）

[注意] '禁得住' には '禁不住' ❷に相当する用法がない。

尽管　jǐnguǎn

【副詞】何ら条件・制限がなく，心おきなく行えることを表す：後ろにくる動詞は一般に否定形が使えない。《×付》了・着・过▶你有劲～使（力があるなら存分に出しなさい）▶你有什么困难～对我说（何か困ったことがあれば遠慮せずに私に言ってください）▶你～来住吧，这儿有的是地方（かまわないからお泊まりなさいよ。ここは広いのだから）

【接続詞】讓步を表す：…だけれども。
ⓐ文の後節に'但是・可是・然而・可・还是・仍然・却'などを用いて呼応させる。▶他～身体不好，可是仍然坚持工作（彼は具合が悪いにもかかわらず仕事を続けている）▶～跟他谈了半天，他还是想不通（長いこと話し合ったが，彼はまだ納得していない）▶～大家都赞扬这部影片，然而各人的侧重点却不尽相同（共にこの映画を賞讚しても，各人の注目している点は異なっている）
ⓑ'尽管'を文の後節に用いる。《書》▶

这个问题到现在还没有解决，～已经想了不少办法（この問題解決のために数多くの方法が考えられたが，今に至ってもまだ解決されていない）▶同志们都坚守岗位，～风雪很大（ひどい吹雪にもかかわらず，人々は自分の持ち場を守り続けている）▶这种句子并不是问句，～句中有疑问词（この文は文中に疑問詞があっても決して疑問文ではない）

|比較| 尽管：不管　'尽管'は事実を提示するものであって，後ろに不定を表す語句を使えない。これに対し'不管'は仮定を表し，後ろに不定を表す語句や選択を表す語句を置く。▶尽管下这么大的雨，我还是要去（こんな大雨でもやはり行かなくてはならない）▶不管下多么大的雨，我都要去（どんな大雨が降ろうと必ず行く）

尽管：即使：虽然　☞即使 jíshǐ

尽量 jǐnliàng

【副詞】最大限努力することを表す。

ⓐ尽量+動▶只要我能办到的，～办到（私にできることがあれば，できる限りやりましょう）▶要～学习对方的长处（できる限り相手の長所を学ばねばならない）▶看得出来，他是在～克制自己（彼は極力自分をおさえていることがよくわかる）

ⓑ尽量+形▶～早一点去（できる限り早く行く）▶～慢些（極力ゆっくりと）▶说话写文章都要～简明扼要（話をしたり文章を書くときにはできる限り簡潔でなければならない）

进 jìn 動; // ○jìn 趨

【動詞】❶外から内へ向かう。↔出：《付》了・过　場所を示す客語や，動作の主体となる客語をともなえる。▶请～（どうぞお入りください）▶工程重地，闲人免～（重要工事現場につき，関係者以外立ち入り禁止）▶～中央民族大学学习（中央民族大学に入って学ぶ）▶叫他别～那屋子（彼があの部屋に入らないようにしてくれ）▶礼堂里又～了一大批人（講堂にまた多くの人が入って行った）

❷前方に移動する。↔退：《付》了▶向前～（前進する）▶～两步，退一步（2歩進み1歩さがる）▶不～则退（進まなければ退くことになる）▶棋盘上红'车'向前～了一步（盤上の赤の'车'が1歩前に進んだ）

一《派》前に発展することを表す。▶通过这次访问，我们两国的关系又向前～了一步（今回の訪問を通して我々両国の関係はさらに1歩前進しました）▶这一段文章的意思比上面那几段又～了一层（ここで述べられていることは前の数段落よりさらに深まっている）

❸受け取る，受け入れる：《付》了・过　必ず動作の主体を客語にともなう。▶昨天商店里刚～了一批货（昨日店に品物が入ったばかりだ）▶我们厂又～了一批新工人（我々の工場にまた新しい労働者が入った）▶我们单位去年没有～过人（我々の職場は去年は1人も人が入らなかった）

|動結| 进得〈不〉了▶我没带钥匙，进不了屋子（ぼくは鍵を持っていないから部屋に入れない）

【趨向動詞】❶動+进［+名］　人や事物が動作によって外から内に入ることを表す。名は一般に動作の対象だが，ときに動作の主体であることもある。後者の場合，動と'进'の間に'得・不'を挿入できない。▶买～一批图书（図書を購入する）▶调～不少技术人员（多くの技術者を集める）▶引～国外的新技术（外国の新しい技術を導入する）▶他作风民主，听得～不同的意见（彼は民主的で，異なった意見に対しても聞く耳を持っている）▶从外边跑～几个小男孩（外から数人の男の子が駆け込んできた ×跑得进）

❷動+进+名（場所）　人や事物が動作によってどこかに入ることを表す。▶走～教室（教室に入る）▶又有许多人住～了楼（また多くの人が新しい建物に入った）

▶把这几本书也一块儿放～柜子吧（これらの本も一緒に戸棚に入れておきなさい）▶我挤不～会场（会場が混んで入れない）▶这些器材暂时还搬不～仓库（これらの器材はまだしばらく倉庫に入れられない）

进而 jìn'ér

【接続詞】すでにある基礎のうえに，さらに1歩進むことを表す。文の後節に用いる。前節ではまずある事が完了していることを述べる。'进而'の前には'又・再・才・并'などを用いてもよい。▶新的教学法先在个别班级进行试验，～在全校推广（新しい教育方法はまず校でいくつかのクラスで実験し，それから全校に広める）▶这项设计完成以后，他们又～致力于另一项工程的设计（その設計が完成すると，彼らは別の工事の設計に力を尽した）▶我们先在一所学校进行了教学改革试点，并～推广到全市的中学（我々はまず1校で教育改革を試験的に実施し，それから全市の中・高校に広げる）▶先学好第一外语，再～学习第二外语（まず第1外国語を身に付け，それから第2外国語を勉強する）▶弄懂这个问题之后，才能～研究其他问题（この問題を究明した後にはじめて他の問題を研究できる）

比較 进而：从而　'进而'は行動を1歩進めることを強調する。'从而'はそれに加え前文との条件や因果関係を示す。▶我们进行了合理的分工，进而建立了岗位责任制（我々は合理的な分業を行い，さらに職場責任制を確立した）▶我们进行了合理的分工，从而大大提高了工作效率和产品质量（我々は合理的な分業を行った結果，仕事の効率と製品の質が大きく向上した）

进来
进去

jìn//·lái 動；//·jìn//·lái 趣
jìn//·qù 動；//·jìn//·qù 趣

【動詞】外から内へ向かう。'进来'は動作が話し手のいる場所に向かうことを示し，'进去'は話し手から離れて行くことを表す：《付》了・过▶请进来吧！（どうぞお入りなさい）▶窗户一开，阳光和新鲜空气都进来了（窓を開けるや，日の光と新鮮な空気が入ってきた）▶你先进去，我在外面等一等他们（君先に入りなさい，ぼくは外で彼らを待っているから）▶快叫他进来，外面挺冷的（彼を早く中に入れなさい，外はとても寒いから）▶洞口太小，我进不去（洞穴の入り口は小さすぎて私は入れない）

ⓐ動作の主体を表す客語をともなえる。▶从外面进来了一位维吾尔族姑娘（外からウイグル族の娘が入って来た）▶刚进去一个人，没认出是谁（今しがた1人入って行ったが誰かわからなかった）▶门开了，进来一股冷风（ドアが開くと冷たい風が吹き込んできた）

ⓑ进＋名（場所）＋来〈去〉▶外面冷，你进屋来吧（外は寒いから部屋にお入りなさいよ）▶明天我进城去（明日町へ行きます）

【趨向動詞】'動+进来'と'動+进去'の違いは，前者は動作が話し手の位置に向かい，後者は話し手の位置から離れて行く点にある。

❶動＋进来〈进去〉［＋名］　人や物が動作に従って外から内へ移動することを表す。名は動作の対象か主体である。▶水从洞口流进来（水が穴から流れ込んでくる）▶他因为熬夜，两眼都凹进去了（徹夜したので彼は眼がくぼんでしまった）▶研究所要把有真才实学的人员吸收进来（研究所は本物の才能と学識のある人物を採用しなければならない）▶从外面拿进来两把椅子（外からいすを2脚持って来る）▶他探头进去看了一看（彼は首を突っ込んで見回した）▶卡车开得进来开不进来？（トラックは入って来られるだろうか）▶隔壁房间住进来两位留学生（隣の部屋

に留学生が2人入った）▶从窗口飞进来一只燕子（窓からツバメが飛んで入って来た）▶从旁门走进几个人去（通用門から何人か入って行った）
—《派》'听进去'は「喜んで受け入れる」ことを表す。▶我的话他还能听进去（ぼくの話なら彼はまあ聞いてくれるだろう）▶别人的意见他也听不进去（他人の意見には彼は聞く耳を持たない）

❷動+进+名（場所）+来〈去〉　人や物が動作に従ってある場所に入ることを示す。▶有个人从外面跑进车间来（人が外から仕事場へ駆け込んで来た）▶先把器材搬进楼去（先に器材を建物の内へ運ぶ）▶兔子把树叶衔进洞里去（ウサギは木の葉を口にくわえて穴の中へ入れた）▶粮食都已经运进库里来了（食糧はすでに倉庫に運んである）▶还剩下几件仪器装不进箱子去（まだ箱に入りきらない器具がいくつか残っている）

进行 jìnxíng

【動詞】持続性のある活動を行う：《付》了　一般に《×付》着・过　動詞の客語をともなえる。

ⓐ客語が，行われる活動を表す。▶～讨论（討論を行う）▶～详细的调查（詳細な調査を行う）▶对两种方案～了比较（2つのプランについて比較を行った）

ⓑ主語が，行われる活動を表す。▶会议正在～（会議がちょうど進められている）▶工程已经～了三个月了（工事はすでに開始されて3か月になった）▶今后的工作如何～，另行通知（今後の仕事をどのように進めるかは別に通知いたします）▶事情～得很顺利（事は非常に順調に進んだ）'正在进行'はまた'正在进行中'とも言える。

注意①行われる活動を表す語は単音節ではいけない。▶×～查▶×～比▶×～谈
②客語となる動詞は客語をともなえない。もし意味上動作の対象を表す語を必要とするときは，その名詞を'对'を用いて導く。▶对预算～审查（予算を審査する ×～审查预算）▶我们要对他～帮助（私たちは彼を援助しなければならない ×我们要～帮助他）
③正式で重々しい活動についてのみ用い，正式でない，または一時的な活動に対しては用いない。▶～谈判（交渉をする ×～说话）▶～反抗（抵抗する ×～反对）▶～干涉（干渉する）

[動趣] 进行//下去　引き続き行う。▶按目前速度进行下去，月底以前就能完成（今の速度で進めていけば，月末以前に完成できる）

进行//到　必ず場所や程度を表す名詞客語をともなう。▶进行到底（とことんまでやる）▶工作已经进行到了这一步，就应该考虑下一阶段的安排了（仕事はすでにここまで進んだのだから，次の段取りを考えるべきだ）

比較 进行：举行 ☞举行 jǔxíng

经 jīng

【動詞】❶経過する：必ず名詞の客語をともなう。《書》▶这次列车～沈阳、长春开往哈尔滨（この列車は瀋陽・長春を経てハルビンに行く）

❷過程や手続きを表す。連動文または複文の前節に用いることが多い。《書》

ⓐ经+動▶现金帐～核对无误（現金出納帳は照合の結果過ちなし）▶～再三催问，他才表示同意（再三再四せきたてられて，彼はやっと同意した）▶～反复考虑，决定暂缓处理（数次にわたる検討の結果，処理を一時延期することに決定した）

ⓑ经+名▶计划已～上级批准执行（計画はすでに上部の同意を得て実施された）▶单据未～主管人员签字，不得付款（証書に係のサインがなければ，現金を支払うことができない）▶房间～他这么一收拾，整齐多了（部屋は彼がかたづけると，ずっときちんとした）

经　经常　经过　净

❸遭遇する，経験する：必ず客語をともなう。▶～风雨，见世面（世の荒波にあい，世間を知る）▶我这一辈子可～了不少大事（私はこの一生で多くの大事を経験した）

❹耐える：ふつう'住・起'と動結形を作る。▶～住了考验（試練に耐えた）▶这点小病，我还～得起（これぐらいの病気，なんということないさ）▶温室里的花草，～不住日晒雨淋（温室の草花は日に当たったり雨にぬれたりするとだめになる）

经常 jīngcháng ☞时常 shícháng

经过 jīngguò

【名詞】過程，経緯。▶我方发言人向记者们介绍了达成协议的～（わが国のスポークスマンは記者に合意に至るまでの経過を説明した）▶他把谈判的～告诉了大家（彼は交渉の経過をみんなに報告した）

【動詞】❶ある場所を通過する。
ⓐ经过+名（場所）▶从北京坐火车到广州要～武汉（北京から汽車で広州に行くには武漢を通る）▶本次列车～郑州的时间是六点零五分（この列車が鄭州を通過する時間は6時5分です）▶往南走～西单才能到宣武门（南へ行くなら西単を通ってから宣武門に着きます）
ⓑ从〈打〉+名（場所）+经过▶再过五分钟还有一趟船从这儿～（あと5分たつとここを通る船がまだ1便ある）▶晚秋以后一群一群的大雁打上空～（晩秋を過ぎるとガンの群が次々と上空を通過する）

❷継続する：《付》了　必ず時間を表す語句を客語としてともなう。▶穿过这个山洞整整～五分钟（このトンネルを通過するのにまる5分かかった）▶～漫长的岁月，地下的古代生物遗体变成了化石（長い長い年月をかけて，地下の古代生物の死体は化石になった）▶他们到西藏去考察，～一年零五个月才返回北京（彼らはチベットへ視察調査に行き，1年5か月後やっと北京に戻った）

❸（活動・事件を）経験する，経る：《付》了　必ず客語として名詞・動詞・節をともなう。
ⓐ经过+名▶～这次会议，大家的看法一致了（今回の会議の結果，みなの見解が一致した）▶～这道手续后就可以出境（この手続きをすませると出国できる）▶～了这次挫折，增长了不少见识（今回の挫折のおかげで，たくさんのことを知った）
ⓑ经过+動▶～调查，了解了事情的真相（調査の結果，事の真相がわかった）▶～了充分酝酿，各个小组都提出了候选人名单（十分な下準備を経て，それぞれのグループは候補者名簿を提出した）▶～仔细讨论之后，我们才做出这一决定（綿密な討論を経て，私たちはやっとこの決定をした）
ⓒ经过+節▶～大家讨论，决定采用第一个设计方案（みんなの討論を経て第1番目の設計プランを採用することに決定した）▶体育学校的学员们～教练指导，成绩提高很快（体育学校の学生たちはコーチの指導を受けて，成績が非常にすみやかに向上した）▶这是～领导批准的（これは指導部が認めたものだ）

净 jìng

【副詞】❶ただ…だけ：净+動▶～顾着说话，忘了时间了（すっかりおしゃべりに夢中になって，時間を忘れてしまった）▶前排票已经卖完，～剩下后排的了（前列の切符はすでに売りきれて，後列が残っているだけである）▶不能～听你一个人的，还要听听别人的意见（君1人の意見だけでなく，ほかの人の意見も聞かなくてはならない）

❷いつも，しょっちゅう：净+動▶这些日子～刮大风，没个好天（この数日しょっちゅう大風が吹いていて，よい天気は1度もない）▶你太粗心，～写错字（君はあまりにも不注意だ。しょっちゅう字を書き間違

える）▶他这个人呀，～爱开玩笑（あの人はね，しょっちゅう冗談を言うのだから）▶气管炎犯了，晚上～咳嗽（気管支炎がぶり返して，夜しきりにせきをする）

❸全部，すっかり。▶书架上～是科技书刊（書棚の上は科学技術関係の書籍や雑誌ばかりだ）▶这一带～是稻田（このあたり一帯はどこも田んぼだ）▶他说的～是废话（彼はくだらない話しかしない）

— 話し言葉では'是'は省略することが多い。'净'の後ろに'都是'を付けることができるが，意味は同じである。▶书架上～都是科技书刊（書棚の上は全部，科学技術関係の書籍や雑誌ばかりだ）▶他说的～都是废话（彼はくだらない話しかしない）

竟 jìng（竟然）

【副詞】予想外であることを表す：意外にも。

ⓐ 竟+動▶他真大意，～忘了地址（彼は本当にそそっかしくて，あろうことか住所を忘れた）▶找你半天，～在这儿碰上了（君を長い間探していたんだ。ここでばったり会えるとは）▶没想到老刘～答应了（劉さんが承知するとは意外だった）

ⓑ 竟+形▶～如此简单（こんなに簡単だとは）▶速度～快得惊人（速さはびっくりするほど速い）

〚竟然〛'竟'に同じ。▶这样大的工程，竟然在两年内完成了（こんなに大規模な工事が意外にも2年のうちに完成した）▶他的计算竟然如此准确（彼の計算はこんなにも正確だ）▶我们的设想竟然能够成为现实（私たちの構想が意外にも現実となった）▶问题就在眼前，竟然没有发现！（問題がすぐ目の前にあっても，案外見つからないものだ）

竟然 jìngrán ☞竟 jìng

究竟 jiūjìng

【副詞】❶疑問文に用い，より一歩追求することを表す。意味を強める働きを持つ。《書》話し言葉では'到底'のほうを多く用いる。

ⓐ動詞や形容詞の前に用いる。主語の前に用いてもよい。▶问题～在哪儿呢？（問題はいったいどこにあるのか）▶～室内温度有多高？（いったい室内の温度はどれぐらいあるのだろう）▶这台机器～好用不好用？（この機械はいったい使いやすいのか）

ⓑもっぱら主語について疑問を提起する。'究竟'は主語の前にのみ用いられる。▶～谁干？（いったい誰がやるのだ）▶～你去还是他去？（いったい君が行くの，それとも彼が行くの）

ⓒ'吗'をともなう疑問文には'究竟'を使えない。

❷結局のところ，つまりは：意味を強める働きがある。評価の意味を含む平叙文に用いられることが多い。

ⓐふつう動詞・形容詞の前に用いる。▶谎言～代替不了事实（デタラメは結局事実をおおい隠すことはできない）▶孩子～还小，不能像大人那样去要求他（子供は結局のところまだ小さいのだから，大人と同じように扱うことはできない）

ⓑ'是'を用いた文に用いる。事物の特性を強調する。▶她～是农村来的，懂得农活儿（彼女はさすがに農村出身だけあって，農作業には詳しい）▶这本书虽然旧，～是珍本（この本は古ぼけているけれどもなんといっても珍本だ）▶他～是老教师，教学有经验（彼はさすがベテラン教師だけあって，教育経験が豊かだ）▶孩子～是孩子，哭了一会又玩儿去了（子供はやっぱり子供だ。しばらく泣くとまた遊びに行ってしまった）

救 jiù

【動詞】❶危険や災難から逃れさせる：《付》了・过《重ね型》名詞目的語をともなえる。▶～人（人を救う）▶～～他吧

（彼を救ってください）▶亏你～了他（君が彼を救ってくれてよかった）▶中国的草药～过他的命（中国の生薬が彼の命を救った）▶病人终于被～活了（病人はついに命をとりとめた）▶把失足落水的小孩～上岸来（足を踏みはずして水に落ちた子供を岸に救いあげた）▶小孩掉水里去了，快去～！（子供が水に落ちた，早く助けてくれ）

— 動詞'有・没・得'の客語にしてもよい。▶医生采取了紧急措施，病人才得～（医師が応急置置をとって，病人はようやく救われた）▶您看这病人还有～没～？（この病人はまだ治る見込みがあるとお考えですか）

❷危険・災難・危機などを防いだり，あるいは排除する：《付》了・着・过　必ず名詞客語をともなう。▶～火（火事を消す）▶～荒（餓饉から人々を救う）▶～死扶伤（瀕死の者の命を救い，負傷者を治療する）▶生产～灾（生産を発展させ自然災害から立ち直る）▶这些先借给你～～急（これは急場しのぎにあなたにお貸ししましょう）

[動結] 救//活　救晚了
[動趨] 救//出　必ず客語をともなう。▶消防队员把妇女和儿童～出了火海（消防隊員が女性と子供を火の海から救い出した）

救//出来 ▶冲进火海，救出几个人来（一面の火の中に飛び込んで，何人か救い出した）

救//起来 ▶把小孩从水里救起来（子供を水の中から救いあげた）▶救起一个险球来（あやうい所でゴールを守った）

救//过来　危篤の病人を危険な状態から脱け出させる。▶经过多方努力，总算救过来了（いろいろな方面の努力によって，どうやら危険状態を脱した）▶时间太长了，恐怕救不过来了（時間が長引いたので，助けられないのではないかと思う）

就¹ jiù（便）

【副詞】❶短時間で発生することを表す。
ⓐ就＋[動]▶我～去（私はすぐ行きます）▶这～走（今すぐ行く）▶你等会儿，他马上～回来（少しお待ちください。彼はすぐ戻って来ます）▶足球联赛明天～开始（サッカーのリーグ戦は明日から始まる）
ⓑ就＋[形]▶天很快～亮了（夜はまもなく明ける）▶我这头痛一会儿～好（私のこの頭痛はしばらくしたらよくなる）▶麦子眼看～熟了，赶紧准备收割吧（麦はまもなく実るから，急いで刈り入れの準備をしよう）

❷ずいぶん前にすでに起こった事を強調する。'就'の前には必ず時間を表す語句またはその他の副詞がくる。
ⓐ就＋[動]▶他十五岁～参加了工作（彼は15歳で就職した）▶早在儿童时期我们～认识了（子供のころ私たちはすでに知り合いだった）▶这问题以前早～研究过了（この問題は以前とっくに検討されている）▶小黄从小～肯学习（黄ちゃんは小さいときから勉強熱心だった）
ⓑ就＋[形]▶事情早～清楚了（事はとっくに明らかになっている）▶他的表现一直～很好（彼の態度はずっとよい）

❸2つの事柄が相接して発生することを表す。
ⓐ[動]＋就＋[動]　2つの動作が連続して発生することを表す。'就'の前には必ず動詞句を用いる。'就'の後ろは単独の動詞でもよい。▶说完～走（話し終わるとすぐ行ってしまう）▶说干～干（やるといったらすぐやる）▶扭头～跑（ふり向きざまに逃げ出す）▶放下背包～到地里干活（リュックサックを置くとすぐ畑へ仕事に行く）▶送他上了火车，我～回来了（彼が汽車に乗るのを見送ったあと，私はすぐ帰った）
ⓑ[動]＋就＋[形]　[形]は動作の結果を表す。▶再加一点～满了（あと少し加えるといっぱいになる）▶看见你～高兴（君に会うと喜ぶよ）▶看完～明白了（最後まで見ればわかる）

ⓒ一〈剛,才〉…就… ▶一看～会（ちょっと見ればすぐできる）▶一听～明白（ちょっと聞けばすぐわかる）▶天一亮～走（夜が明けるとすぐ出かける）▶一干起活来～什么都忘了（働き始めると何もかも忘れてしまう）▶刚出门～碰上老李（外へ出たとたん李さんに出くわした）▶怎么才来～要走？（来たばかりなのに，もう帰るって言うのかい）

[注意]前後の2つの事柄は，主語が同一のこともあれば，主語が異なることもある。

— 主語が同一。▶一看～会（ちょっと見ればすぐできる）▶听完～明白了（最後まで聞けばわかる）

— 主語が異なる。▶一教～会（ちょっと教えるとすぐできる）▶讲完～明白了（最後まで話せばわかる）

❹認定・判断を強める。

ⓐ就+是〈在〉▶这儿～是我们学校（ここが我々の学校だ）▶他家～在这胡同里头（彼の家はこの横町にある）

ⓑ就+動 '就'は強く読む。意志が確固としていて簡単に変わらないことを表す。▶你不让干,我～要干（君がさせまいとしても私はやる）▶不去,不去,～不去（行かない，行かない，絶対行かない）▶我～不信我学不会（私は自分が習得できないなんて絶対信じない）

ⓒ就+動/形 主語を強く読み，'就'は軽く読む。主語がすでに述語の求める条件に合っていて，他に探し求める必要がないことを表す。▶老赵～学过法语,你可以问他（趙さんがフランス語をやったことがあるから，彼にたずねてみればいい）▶你要的书,我手头～有（君が欲しがっている本は私の手もとにある）▶这个花色～好（この色や柄がとてもよい）▶这儿～很安静（ここがとても静かだ）▶那种规格～合适（あの規格がちょうど適当だ）

❺範囲を確定する：ただ…だけ。

ⓐ就[+有]+名 ▶老两口～[有]一个儿子（老夫婦には息子が1人いるだけだ）▶书架上～[有]那么几本书（本棚には本が何冊かあるだけだ）

ⓑ就+動+客 '就'は強く読み，動作が客語だけに適用され客語以外の事物には当てはまらないことを表す。▶老赵～学过法语（趙さんはフランス語を学んだことがあるだけだ：ほかの外国語を学んだことがない）▶我～要这个（私はこれだけが欲しい：ほかのはいらない）

ⓒ就+節 '就'は強く読み，主語が指す以外の事物を排除する。▶昨天～他没来（昨日は彼だけが来なかった：他の人はみんな来た）▶～我一个人去行了（私1人が行けばよい：ほかの人は誰も行く必要がない）

ⓓ就+这样 そのほかの事情がないことを表す。▶～这样,我们来到了延安（このようにして我々は延安にやって来た）▶～这样,他离开了我们（このようにして彼は私たちの所から去った）

❻数の多い少ないを強調する。

ⓐ就+動+数量 '就'は強く読み，話し手が数が少ないと思っていることを表す。動はときに省略することができる。▶他～要了三张票,没多要（彼は切符を3枚とっただけで，多くは求めなかった）▶老周～讲了半个小时,下边就讨论了（周さんが30分話しただけで，あとは討論した）▶去的人不多,我们班～[去了]两个（行った人は多くない。我々のクラスからは2人だけだ）▶我～[有]一本,你别拿走（私は1冊しか持っていないから，持って行かないでくれ）

ⓑ就+動+数量 '就'は軽く読み，前の語句を強く読む。話し手が数が多いと思っていることを表す。動はときに省略することができる。▶他～要了三张票,没剩几张了（彼だけで切符を3枚もとったので，もう何枚も残っていない）▶老周～讲了两小时,别人都没时间谈了（周さんが2時間も話したので，ほかの人は話す時間がなくなってしまった）▶去的人不少,我们班～

[去了]七、八个（行った人は多い。私たちのクラスだけで7〜8人も行った）▶一天～［跑］两趟车站，够累的（1日に2回も駅まで往復したから、とても疲れた）▶咱俩才抬一百斤，人家一个人～［挑］一百二十斤（我々2人でやっと100斤をかついで運べるだけなのに、あの人は1人で120斤もかついで運ぶ）

ⓒ一＋動＋就＋数量　'就'は軽く読み、動は強く読む。話し手が数が多いと思っていることを表す。▶一′干～半天（やり出すとずいぶん長い間やる）▶一′讲～一大篇（話し出すとずいぶん長い話になる）▶一′买～好些（買うときはたくさん買う）

— ときには数量詞がなくても数量を表すことがある。▶他就是爱下棋，一下～没完没了（彼はとても将棋が好きで、やり出すとなかなか終わらない）

❼前文を受け、結論を下したことを表す。ⓐ如果〈只要、既然、因为、为了…〉…就…▶如果他去，我～不去了（もし彼が行くなら、私は行かない）▶只要努力钻研，～能学会（努力して深く学びさえすれば、身につけることができる）▶他既然不同意，那～算了（彼が反対ならしかたがない）▶因为临时有事，～在长沙逗留了两天（急に用事ができたので長沙に2〜3日逗留した）▶为了赶时间，～少休息一会儿（時間に間に合わせるために休息時間を短くする）▶不是刮风，～是下雨（風が吹かなければ、雨が降る）

— 文が比較的短いときには2つの節の間にしばしば接続詞を用いず、ポーズも置かない。▶下雨～不去（雨が降れば行かない）▶不同意～算了（反対ならしかたがない）▶没事～多坐一会儿（用事がないならもう少しゆっくりしていきなさい）

ⓑ不A就A　「もし…しないなら、必ず…しない」の意味を表す。▶他不干～不干，要干就真像个干的样子（彼はやらないときは本当にやらないが、やるとなると働きっぷりは実に見事だ）▶不说～不说，一说就没完没了（話さないときはまるで話さないが、話し出すとなかなか終わらない）

ⓒA就A［吧］　容認あるいはかまわないの意味を表す。▶丢～丢了，着急也没用（なくしたらなくしたまでのことさ、やきもきしたってしかたがない）▶大～大点儿，凑合穿吧！（大きいことは少し大きいが、がまんして着なさい）▶去～去，怕什么？（行くんなら行け、何を恐れているのか）▶比赛～比赛吧，输了也没关系（試合をするならしよう、負けたってどういうことはない）

ⓓ相手の話を受けて同意を表す。▶运输的事～这么办吧！（輸送については、そうしよう）▶～这样吧，你先去和他商量商量（ではそうしよう、君がまず行って彼と相談しなさい）

《便》副詞'就'❷ⓐ、❸、❹ⓐ、❼ⓐの用法に同じ。《書》▶上午九时起程，下午三时便能到达（午前9時に出発すれば、午後3時には着ける）▶大雨如不停止，施工便有困难（大雨がもしやまなければ、工事に困難をもたらす）▶只要经常锻炼，身体便会好的（常に鍛えてさえいれば、体は健康になる）▶不是刮风，便是下雨（風が吹かなければ、雨が降る、そのどちらかだ）▶要来便来，要去便去（来たいのなら来ればよいし、行きたいのなら行けばよい）

就² jiù

【介詞】❶動作の対象、あるいは範囲を導く。'就…'は主語の前に置くことができ、ポーズを置く。▶～事论事（事実に即して論じる）▶大家～创作方法进行了热烈的讨论（みんなは創作方法について熱っぽく討論した）▶～手头现有的材料，我们打算先订出一个初步方案来（手もとにある材料に基づいて、我々はまず暫定的な案を決めるつもりだ）▶这部作品～语言看来，不像宋朝的（この作品は言語の面から見ると、宋朝のものではないようだ）▶昆明

〜气候而论是最适宜不过的（昆明は気候という点から言えば、これ以上快適な所はない）▶〜技巧而言，我们厂的篮球队比你们强（テクニックについて言うと、我々の工場のバスケットボールチームは君たちより優れている）▶〜专业知识来说，我远不如你（専門的知識という点から言うと、私はあなたにはるかに及ばない）

❷…について言うと：他人と比較することが多い。▶〜我来说，再走二十里也行，可是体弱的同志该休息一会儿了（私なら、あと20里歩いても大丈夫だが、体の弱い人はしばらく休息すべきだ）▶〜我们来讲，抗旱是份内的事情，没想到同学们也一大早就赶来帮忙了（我々について言えば、かんばつ対策は我々自身の仕事だが、学生の人たちが朝早くから手助けに来てくれるなどとは思いもよらなかった）

❸…の近くで，手近の物やついでを利用して：後ろが単音節のとき，ふつう固定的な語句を作る。後ろが多音節のときは'就'の後ろに'着'を付けなければならない。▶〜地取材（その土地で材料を求める）▶〜近入学（近くの学校に入る）▶出去的时候，〜手关一下门（出て行くとき、ついでに戸を閉めてください）▶〜着桌子写字（机で字を書く）▶〜着灯亮儿看书（電灯の明かりで本を読む）▶〜着宿舍周围砌了几个花坛（宿舎のまわりに花壇をいくつか作った）

❹（機会に）乗じて，利用して：'就'の後ろには'着'を加えることが多い。▶〜着这场雨，咱们赶快把苗补齐（この雨を利用して、みんなで急いで苗を植え足そう）▶小李〜着医疗队进村的机会，学了不少医学基本知识（李さんは医療隊が村にやって来た機会を利用して医学の基本的な知識をたくさん学んだ）

就³ jiù

【接続詞】たとえ…であっても：仮定兼讓歩を表す。文の前節の主語の後ろか，動作動詞あるいは形容詞の前にしか用いられない。後節はふつう'也'で呼応する。《口》▶你〜赶到车站也来不及了（君がたとえ駅へ急いで行ったとしても、もう間に合わない）▶你〜说得再好听，我也不信（君がいくらうまいことを言っても、私は信じない）▶这东西他〜拿去了也没用（この品物は彼がたとえ持って行っても、役に立たない）▶他〜不参加，也没关系（彼が参加しなくても、どうということはない）▶他〜不来，我们也有办法（彼が来なくても、我々には策がある）▶我〜再胖，也赶不上你（私がこれ以上太っても君には及ばない）これらの'就'はいずれも'就是'と言うことができる。

就是¹ jiù·shì

【副詞】❶単独で用い，同意を表す：そのとおりだ。▶〜，〜，你说的很对（そうです、そうです、君の言う通りです）

❷認定・確認を強調する。

ⓐ就是+動　確固としていて、変えることができないことを表す。'就'❹ⓑの用法に同じ。いかなる条件も排除するという文に多く用いられる。▶不管怎么说，他〜不同意（どう言おうとも、彼はまったく賛成しない）▶随你怎么劝，我〜不愿意（君がどんなに勧めても、いやなものはいやだ）

—ときには動詞の代わりに'这样'を用いる。▶我〜这样，你爱怎么办就怎么办吧！（私はこのような気性だから、君はやりたいようにやりなさい）

ⓑ不A就是不A，　'不'の後ろは単音節動詞であることが多い。「もし…しないなら、必ず…しない」を意味し、'就'❼ⓑの用法に同じ。▶他不干〜不干，要干就干得很好（彼はやらないときはやらないが、やるとなると立派にやる）▶不懂〜不懂，不要装懂（わからないことはわからないのであり、わかったふりをしてはいけない）▶他不写〜不写，一写〜一大篇（彼は書かないときは書かないが、書くとなると長いも

のを書く)
ⓒ就是+形/動　ある性質・状態を強く認定する。相手に対する反発の意味を含む。▶他的身体～好(彼は実に健康だ)▶他分析得～清楚,道理讲得～透彻(彼の分析は実にはっきりしているし,述べた道理も実に明快だ)▶这孩子～招人喜欢(この子供は本当に人に好かれる)▶那家伙～让人讨厌(あいつは実にいやな奴だ)
ⓓ動+就是+動量　動作が迅速果断なことを強調する。▶走过去～一脚(近寄ってひとけり)▶对准了靶子～一枪(標的にねらいをつけて1発撃ち込む)▶伸手～两巴掌(手を伸ばすや平手打ちを2～3発)
ⓔ一+動+就是+数量　話し手が数が多いと思っていることを表す。'就¹'❻ⓒの用法に同じ。▶一坐～半天(座るとずいぶん長く座る)▶一病～半个月(病気になると半月もふせる)▶一谈～半个小时(話し出すと30分も話す)▶一跳～六米远(ひとっ飛びで6メートルも飛ぶ)▶一来～好几个人(来ると何人もやって来る)
❸範囲を確定し,その他を排除する。
ⓐ就是+名▶我们家～这两间屋子(わが家はこの2間だけだ)
ⓑ就是+動▶这孩子挺聪明,～有点淘气(この子はとてもこうだが,ただ少しいたずらだ)▶这些课程里边他～喜欢数学(これらの授業の中で彼は数学が特に好きだ)▶～因为我们不认真听取群众意见,才出现了这些问题(我々がまじめに大衆の意見を聞き入れなかったからこそ,こうした問題が出てきた)
ⓒ就是+節　'就¹'❺ⓒの用法に同じ。▶别人都不这样,～你傻(誰もこんなことはやらない,君だけがバカだ)▶你们都看上这部电影了,～我没买上票,没看上(君たちはみんなこの映画を見たが,私だけが切符が買えなくて見ることができなかった)
ⓓ就是+这样　'就¹'❺ⓓの用法に同じ。▶～这样,小梅终于学会了开车(このようにして梅さんはついに車の運転を習得した)▶～这样,我们再也没有见面(こんなわけで我々はその後1度も会っていない)

就是² jiù。shì

【接続詞】❶たとえ…であっても:仮定兼譲歩を表す。ふつう後ろに'也'を用いて呼応する。▶～遇到天大的困难,我们也要想办法克服(たとえどんなに大きな困難にぶつかろうとも,我々はなんとかして克服しなくてはならない)▶～我不在,也还是会有人接待的(たとえ私が不在でも,誰かきっと応対してくれる人がいるはずです)▶你～说错了,那也没有什么关系(君がたとえ言い間違えたとしても,かまやしないよ)▶工程量很大,～三、四百人也不够(工事量が膨大なので,300～400人でも足りない)▶～三岁孩子也不会干这种莫明其妙的事!(3歳の子供でもこんなわけのわからないことはやらないよ)
❷極端な状況を表す:たとえ…であっても。▶他们哥儿俩长得一模一样,～家里人有时也分不清(あの兄弟は瓜二つで,家族でさえもときどき見分けがつかないほどだ)▶这个孩子～在伤心的时候,也从来不哭(この子はたとえ悲しいときでも,泣いたことがない)

就是了 ·jiu·shi·le

【助詞】❶平叙文の末尾に用い,ためらったり疑ったりする必要がないことを表す。▶我一定按期完成,你放心～(必ず期日までに仕上げるから,君は安心していればいい)▶要知道个究竟,你看下去～(結果が知りたければ,続けて読んでいけばいい)▶你放心,我认真去做～(安心したまえ,真剣にやるからさ)
❷平叙文の末尾に用い,「こうするだけのことだ」の意味を表し,事柄をひかえめに言う気分が含まれる。通常'不过・只是'などと呼応させる。'罢了'に同じ。▶这事

谁不知道，我不过不说～（こんなこと知ってるさ、ただ私は言わないだけさ）▶我和他只不过认识～，说不上有什么深交（ぼくと彼とはただの知り合いにすぎない、それほど親しい仲ではない）▶你可别当真，我只是随便说说～（むきになるなよ、ぼくは軽い気持ちで言ってるだけなんだから）

比較 就是了：得了 ☞得了 dé·le

就算 jiùsuàn

【接続詞】仮定の譲歩を表す。'即使・即便'に同じ。《口》

ⓐ '就算'は'也・还・总'などと呼応する。前後2つの節は同一の事柄について述べ、後節は一歩ゆずった上での結論を表す。▶～这道题有点儿难度，也难不到哪儿去（たとえこの問題が少しむずかしいにしても、とんでもなくむずかしいということはない）▶～他不讲理，你也不该发这么大火儿（たとえ彼が無礼だとしても、君もそんなに怒ることはない）▶～他的研究能力不如你，也还是比刚来的那位研究生强（彼の研究能力が君に及ばないとしても、来たばかりのあの大学院生よりはましだ）▶这点儿作业～写两个小时，总不至于写到天黑呀！（こんな宿題はやるのに2時間はかかるとしても、日が暮れるまでかかるなんてことはないさ）

ⓑ '就算'が'但是・难道・可是'などと組み合わされる場合、後節は譲歩を前提とした逆説を強調する。▶退一步说，～他这篇文章写得不大好，但是也还有些可取的地方（一歩ゆずって言えば、たとえ彼のこの文章があまりよく書けていないとしても、いくらか採るべきところはある）▶～她有错误，难道主要责任不应该由领导承担吗？（彼女に間違いがあったにしろ、主要な責任は上司がとるべきではないのか）▶～我没跟你说过，可是你自己怎么就想不明白呢？（私が君に言わなかったとしても、自分で考えて分かるはずだろ）

居然 jūrán

【副詞】予想外であることを表す。

❶本来起こってはならない事が思いがけず起こったことを表す。▶事情过了才几天，他～忘了（あの事があってからまだ何日もたっていないのに、なんと彼は忘れてしまっている）▶我们都认为他会去的，可他～不肯去（みんな彼はきっと行くと思っていたのだが、意外にも彼はいやだと言った）

❷本来起こりえないような事が思いがけず起こったことを表す。▶～有这样的事？我不信（こんな事があるなんて、ぼくには信じられない）▶这么大声音，～你没听见（あんな大きな音が君に聞こえなかったとは）▶医生都说他的病没有希望治好，可他～好了（医者は誰も彼の病気は治る見込みがないと言ったのに、彼はよくなった）

❸本来なかなかできない事が思いがけずできたことを表す。▶俩人性格完全不同，～成了好朋友（2人の性格はまったく違うのに、意外にもすっかり仲よしになった）▶～所有的困难问题都解决了，真不容易！（驚いたことにあらゆる難問がことごとく解決されてしまった、これはまったくたいしたもんだ）▶他本来是个急性子，这回～也冷静起来了（彼はもともとせっかちな男だが、今度ばかりは意外にも落ち着きはらっている）

局限 júxiàn

【動詞】狭い範囲に限定する：ふつう介詞'于'あるいは'在'をともなう。▶学习不应～于书本知识（学習は書物の上だけの知識にとどまってはならない）▶这些大科学家从来不把自己～在一个单一的研究领域里（これらの大科学者たちは、自分をただ1つの研究分野に限定するようなことはなかった）▶目前讨论仍然～在一些抽象原则上（現在討論は依然として若干の抽象的な原則の範囲を出ていない）

ⓐときには'局限'を'被局限'ともいう。▶

大家的思路不要被～住（みんなの思考は制限されてはならない）
ⓑ客語とすることができる。動詞は'有・受・受到'などに限られる。▶发言不要受～（発言は制限されてはならない）▶由于受到自然条件的～，人类还不能大力开发南极（自然条件の制約もあり、人類はまだ大々的に南極開発を推し進めることができない）

— '局限+性'は名詞を作る。制約という性質を表す。▶手工业生产具有很大的局限性，生产效率不可能很高（手工業生産には大きな限界があり、生産効率を高めることはできない）▶由于历史的局限性，当时的人们无法科学地解释这一自然现象（歴史的制約のゆえに、当時の人々はこの自然現象を科学的に説明することができなかった）

举行 jǔxíng

【動詞】行う，挙行する：《付》了・过
ⓐ名詞客語をともなえるが，'集会・儀式'の類に限る。▶周末～婚礼（週末に結婚式をあげる）▶这里～过重要的会议（ここで重要な会議が開かれたことがある）▶大会定于三月二十日～（大会は3月20日に行うことに決定した）▶展览会在中山公园～（展覧会は中山公園で行われる）
ⓑ動詞客語をともなえるが，'比赛・游行・会谈'の類の2音節の動詞に限る。
▶～足球比赛（サッカーの試合を行う）▶双方～了认真会谈（双方とも真剣に会談を進めた）▶庆祝游行改在明天～（祝賀パレードは明日行うことに変更した）

比較 举行：进行 ① '举行'は後ろに名詞を客語にともなえるが，'进行'はできない。
▶这里要举行一个展览会（ここで展覧会を開く ×进行）▶明天举行毕业典礼（明日卒業式を行う ×进行）
② 若干の2音節語は'进行'の後ろにのみ用いられ，'举行'の後ろには用いられない。
▶我们对这件事进行了调查（私たちはこの事について調査を行った ×举行了）▶招生的问题正在进行研究（学生募集の問題は現在検討を進めている ×举行）

具 jù

【接尾語】道具を表す。多くの場合単音節の造語要素の後ろについて名詞を作る。
ⓐ 名+具▶家～（家具）▶雨～（雨具）
▶烟～（喫煙具）▶茶～（茶道具）▶刀～（切削工具）▶衣～（農具）▶文～（文房具）▶器～（器具）▶模～（鋳型）▶刃～（切削工具）▶面～（マスク，おめん）▶刑～（刑具）
ⓑ 動+具▶玩～（玩具）▶用～（用具）
▶教～（教具）▶焊～（溶接用具）▶量～（計量器具）▶餐～（食器）▶臥～（寝具）▶炊～（炊事用具）▶渔～（漁具）

具体到 jùtǐdào

【動詞】特定の人あるいは事物に結びつける。《付》了　必ず名詞を客語にともない，その後ろに必ず語句が続かなければならない。否定形はない。▶保护妇女权益，～我们厂，都应该采取哪些措施？（女性の権益を守ることを我々の工場で実際に行おうとすると，どういった措置をとるべきなのだろう）▶这班同学的学习成绩一般说来都不错，但～不同的人，成绩也还有一定差别（このクラスの学習成績は全体的にいえばよいのだが，1人1人個別に見ると，やはり格差がある）

据 jù

【介詞】（…に）よる，基づく。
ⓐ 据+名《書》▶～理力争（正論で押し通す）▶～实报告（ありのままに報告する）▶～同名小说改编（同名の小説から脚色した）▶～地质勘探的资料，这个煤矿的蕴藏量很丰富（地質調査資料によればこの炭鉱の埋蔵量はたいへん豊富だ）
ⓑ 据+動▶～估计，今年小麦的产量比去

年要高（予想では今年の小麦の生産高は去年より増える見込みだ）▶～报导，襄渝铁路已经建成通车（報道によれば，襄渝鉄道はもう完成して開通したそうだ）
ⓒ据+圙▶他的病～医生说很快会好的（医者の話では彼の病気はじきによくなるだろうということだ）▶这问题～我看不难解决（この問題は私が見たところでは解決しにくいものではない）▶～气象台预报，二十四小时以内台风将在福建沿海登陆（気象台の予報では，台風は24時間以内に福建省沿岸地方に上陸するとのことだ）▶～大会秘书处统计，参加本届运动会的选手共计一千零八十二人（大会本部の統計によれば，今度のスポーツ大会に参加した選手は合計1082名である）
比較 据：根据 ☞根据 gēnjù

据说 jùshuō

【動詞】人の言うところによれば，うわさによると（出所がはっきりしていても明言したくない場合も含む）：'据说'それ自身は主語をもつことができず，挿入句として用いることが多い。
ⓐ文頭に用いる。▶～最近要举行国际桥牌邀请赛（聞くところによると，近々国際ブリッジ招待試合があるそうだ）▶那里夏天的气候怎么样？——～很凉爽（あちらの夏はどうですか——涼しいそうですよ）
ⓑ文中に用いる。▶这个人～很有学问（この人はとても学問があるそうです）▶这种新药～疗效很好（この新薬はよく効くそうだ）
比較 据说：听说 ☞听说 tīngshuō

觉得 jué·de

【動詞】❶…と感ずる：必ず動詞・形容詞・節を客語としてともなう。▶～热（暑さを感じる）▶～难受（つらい）▶我～实在走不动了（私はもうどうにも歩けそうもない）▶病人～两腿发麻（病人は両足がしびれたような感じがした）▶他这样客气，我～很不好意思（彼にこんな丁寧にされると，私は気がひける）
━ 若干の名詞を客語にともなえる。しかし，前に数量詞を付けなければならない。▶～一阵头晕〈恶心〉（ちょっと目まい〈吐き気〉がした）
❷…と考える：'认为'に近いが，意味はやや軽い。必ず動詞句あるいは節を客語とする。▶我～应该去一趟（1度行って来なくちゃあな）▶大家都～这个计划很全面（みんなはこの計画はあらゆることを考慮に入れて作られていると思った）▶我想再找他商量一次，你～怎么样？（私はもう1度彼と会って相談しようと思うのですが，あなたはどう思いますか）

决 jué

【副詞】必ず，まったく：否定詞'不・无・非・没'などの前に用い，断固否定することを表す。状語となる。動詞句の前にのみ用いる。▶遵守交通规则，～不闯红灯（交通規則を遵守し，絶対に赤信号を無視して突っ切らない）▶每个人都应该按规定办事，～无例外（それぞれが規則に従って事を処理すべきで，例外は断じてあり得ない）▶像你这么混日子，～非长久之计（君のようにいいかげんに日を送るというのは，ずっと続けられるものでは決してない）▶我这样做～没有恶意（私がこうしたのは決して悪気があってのことではない）
比較 决：绝 ☞绝 jué

绝 jué

【形容詞】❶唯一無二である，誰もかなわない。▶～技（他に比類のない妙技）▶～活儿（他人にはまねのできない特技）▶看他的表演，人人称～（彼の演技を見て，みんながすばらしいと誉め称えた）
❷尽きる。▶别把话说得太～了（余地をまったく残さずとことん言い切ってはいけない）

【副詞】❶絶対：否定詞 '不・无・非' などの前に用いて，完全に否定する。いかなる例外も排除することを表す。状語になる。▶利用业余时间学习外语的人在我们单位～非少数（余暇を利用して外国語を学ぶ人は，我々の職場で決して少なくない）▶他说我另有图谋，其实～无此事（彼は私に他の企みがあると言うが，実際はそんなことは決してない）▶这种不负责任的决定，我～不同意（こんな無責任な決定には，私は絶対に賛成しない）▶那笔钱～没有讨回的希望（そのお金を取り戻す望みは全然ない）
❷極めて，最も：いくつかの限定された形容詞の前に用い，程度が強いことを表す。これらの形容詞と反義の語句の前に用いることはできない。状語になる。▶他这个比喻堪称～妙（彼のこの比喩は絶妙だといえる）▶这类活动她～少参加（このような活動には，彼女はめったに参加しない）▶～大部分同学都参加过夏令营活动（ほとんどの学生が夏季キャンプに参加したことがある）

比較 绝：决 '决' の意味は '绝'【副詞】❶に近いが，'决' には '绝'【副詞】❷の意味と用法がない。

绝对 juéduì

【形容詞】無條件の，いかなる制限も受けない↔相对：完全である。
ⓐ名詞の前に用いて，定語になる。▶占有～（的）优势（圧倒的な優勢を占める）▶反对～（的）平均主义（絶対的な平等主義に反対する）▶没有～（的）真理（絶対の真理は存在しない）▶～高度（絶対高度）
ⓑ述語になる。'绝对' の前にはしばしば '太・很' などの程度副詞を加える。▶你这么说未免太～了（そんなふうに言うのは断定的すぎるでしょう）▶他看问题很～，好像真理永远在他手里（彼は問題の考え方が独断的だ，まるで真理が永遠に彼の手の中にでもあるみたいだ）▶他说人都活不了一百岁，这也太～了吧（人間は100歳までは生きられないと彼は言うが，そうも言い切れないでしょう）
ⓒ補語になる。▶话说得过于～，恐怕不太好（話が独断にすぎるのはよくないだろう）▶这一点你说得太～了（この点について君は断定的すぎる）
ⓓ '是…的' 形式に用いることができる。▶运动是～的，静止是相对的（運動は絶対的なもので，静止は相対的なものだ）▶不许参观是不～的（絶対に見学を許可しないというわけではない）▶纯是相对的，不纯是～的（純は相対的なもので，不純は絶対的なものだ）

【副詞】事柄を認めること，堅く信じていることを表す。
ⓐ肯定文に用いる。しばしば助動詞と組み合わせて使われ，状語になる。▶他既然说来，～会来（彼が来ると言ったからには，必ず来る）▶不懂装懂的人～要露馅儿的（知らないのに知っているふりをする人は必ずぼろが出るものだ）▶这～是个误会（これは絶対に誤解だ）
ⓑ動詞・形容詞の前に用いて，状語になる。▶～服从指挥（指揮には絶対服従する）▶～禁止买卖人口（人身売買を絶対に禁止する）▶～干净（絶対に清潔だ）▶～正确（絶対に正確だ）▶在这里休息～舒服（ここで休息するのは快適にちがいない）▶～没蚊子（絶対に蚊がいない）
ⓒいかなる可能性をも排除する。否定詞の前に用いて否定を強める。状語になる。▶我～不会胡说（私は決してでたらめは言わない）▶伤势不重，～没有生命危险（傷は重くない，命の危険は絶対にない）▶你不去，他也～不来（君が行かないなら，彼も絶対に来ない）▶路窄人多，行车时你～不能和司机讲话（道が狭いのに人通りが多いから，車で通るとき決して運転手と話してはいけない）

K

开 kāi 動; //。kāi 趨（开来）

【動詞】❶閉じているものを開く，開ける：《付》了・着・过《重ね型》名詞を客語にともなえる。▶～了门（ドアを開けた）▶～着窗户（窓を開けておく）▶箱子好像有人～过（誰かが箱を開けたようだ）▶我～不了，你帮我～～看（私には開けられないから，ちょっと開けてみてくれない）▶闸门～得太大（水門が開きすぎている）

❷通す，開く：《付》了・着・过 名詞の客語をともなえる。▶～路（道を開く）▶～山（山を切り開く）▶～矿（鉱山を掘る）▶小院旁边～了一道小门（庭のわきに小さな門ができた）▶我们在这儿～过水渠（我々はここで用水路を掘ったことがある）▶把荒地都～了（荒地をすべて開墾した）▶今年我们～荒～得很多（今年我々は多くの荒地を開墾した）▶烟筒口～在南墙上（煙突の口は南面の壁にある）

❸（合わさっている物の）結びつきが弱まる，ゆるむ，（つながっている物が）離れる：《付》了・着・过 名詞の客語をともなえる。▶七九河～，八九雁来（'七九'には川の氷がとけ，'八九'にはガンがやって来る：'七九'は冬至から63日目，'八九'は72日目）▶千年古树～了花（千年の古木が花を咲かせた）▶这棵树从来没～过花（この木は今まで花を咲かせたことがない）▶衣服～了线（着物がほころびた）▶扣子也～了（ボタンもはずれた）▶信封没粘好，又～口了（封筒がきちんとのり付けされていないから，また口が開いた）▶这花～得真好看（この花はなんてきれいに咲いているんだろう）

❹（封鎖・禁令・制限などを）解除する：《付》了・过《重ね型》必ず客語（少数の名詞に限る）をともなう。▶～戒（絶っていたものを再び始める）▶～禁（禁を解く）▶～荤（精進落としをする）▶～斋（精進落としをする）

❺（機械を）動かす，（車・船が）動き離れていく：《付》了・着・过《重ね型》名詞を客語にともなえる。▶我～拖拉机（トラクターを運転する）▶～汽车～了三年（自動車を運転して3年になる）▶司机正～着车，你就别跟他闲聊天啦（運転中のだから，運転手とおしゃべりしてはいけない）▶火车～了（汽車が発車した）▶我没～过枪（ぼくは銃を撃ったことがない）▶把汽艇～走了（モーターボートを動かして行ってしまった）▶汽车让小黄给～到郊外去了（車は黄くんが郊外へ運転して行った）▶汽车～得真快！（なんて速い車だろう）▶本次列车由北京～往长春（この列車は北京から長春へ向かう）

❻（部隊が）移動する：客語が付くときは動趨形に限る。▶昨天～来了一个师，今天又～走了（昨日1個師団やって来たが，今日行ってしまった）▶队伍～到山里去了（部隊が山中へ移った）

━ 开+往▶部队已～往前线（部隊はすでに前線に向かった）

❼開く，経営する：《付》了・着・过 名詞を客語にともなえる。▶～医院（病院を開く）▶最近又～了三个工厂（最近また工場を3つ作った）▶街口～着一家小饭馆（通りに1軒小さな料理屋が店を開いている）▶新商场～得很多（新しいデパートがたくさん店開きした）

━ 开+在▶百货店就～在十字路口（デパ

❽始める：《付》了　必ず名詞客語をともなう。▶工厂~了工以后，生产一直很忙（工場創業以来，生産はずっと忙しい）▶你先发言，~个头吧（君がまず発言して口火を切りなさいよ）▶不能~这种先例（こうした前例を作ってはならない）▶这篇文章~头~得好，结尾差一点（この文章は書き出しはいいが，結末がちょっとまずい）

❾行う，挙行する（会議など）：《付》了・着・过《重ね型》名詞の客語をともなえる。▶~了个会（会合を開いた）▶屋里正~着会（部屋の中では会合が行われている）▶会已经~过了（会はもうすんでしまった）▶没有准备的会不能~（準備していない会議は開いてはいけない）▶一定要把这次运动会~好（必ず今回の運動会を成功させなければ）

❿書く，出す（証書類・書類に対して用いることが多い）：《付》了・着・过《重ね型》名詞客語をともなう。▶~发票（領収証を出す）▶~药方（処方箋を書く）▶~清单（明細書を書く）▶~介绍信（紹介状を書く）▶~了一张收据（領収証を書いた）▶账单~得很清楚（計算書が明確に書かれている）

⓫（液体が）熱されて沸騰する：《付》了・着・过　若干の名詞を客語にともなえる。▶水~了（お湯が沸いた）▶~了一壶水（やかん1杯の湯を沸かした）▶水还~着呢！（お湯がまだ沸騰している）▶屋里闹得像~了锅一样（部屋の中は煮立ったなべのようににぎやかだ）▶饺子汤已经~过三次了（ギョウザのスープはもう3度も煮立てた）

⓬比率によって配分したり評価したりする：前にくるのは2つ合わせて10になる数字だけである。▶三七~（3分7分）▶二八~（2分8分）▶四六~（4分6分）ふつう'五五开'とはせず'对半开'と言う。

⓭（料理などを）食事のために並べる，出す：《付》了・着　名詞客語（'饭'を表すものが多い）をともなう。▶~饭了（食事ですよ）▶先~四桌（まず4卓分の料理を出す）▶食堂正~着饭呢！（食堂はいま開いているよ）▶晚饭早~过了（夕食はとっくに終わった）

⓮開設する，設立する：《付》了・过　名詞客語をともなえる。▶~了五门基础课（基礎課を5つ設けた）▶去年~过这门课（昨年この課目を設けた）▶到银行~个户头（銀行で口座を開く）

[動趨] 开//起来ⓐ▶要下大雨，运动会恐怕开不起来了（大雨が降ったら，運動会はおそらく開けないだろう）

ⓑ小陈开起飞机来了（陳くんは飛行機を操縦し始めた）

开//开▶把门开开（ドアを開ける）▶这门关得真紧，怎么也开不开（このドアはひどくかたく閉まっていてどうしても開かない）

【趨向動詞】❶動＋开［+名］　名詞は動作の対象となるものに限る。

ⓐ人や事物が動作の結果，分離することを表す。客語がないとき，'开'は'开来'に変えることが可能だが，意味は同じである。▶幕布已经拉开［来］了（すでに幕が開いた）▶把箱子打开［来］（箱を開ける）▶我好容易把他俩劝开了（私はやっとのことで彼ら2人をなだめて引き離した）▶翻开课本（教科書を開く）▶推开了门（ドアを推し開けた）▶睁不开眼睛（目が開かない）▶你解得开解不开？（君，解けたかい）

ⓑ人や事物が動作の結果，距離・へだたりが大きくなることを表す。▶请站开一点，留出条路来（もう少し離れて，通り道を開けてください）▶要坚守工作岗位，不能随便走开（仕事の持ち場は守るべきであり，勝手に離れてはいけない）▶你躲也躲不开了，还是出去见见他吧（避けようとしても避けられやしないよ，やはり出て行って彼に会いなさい）▶你抛开这件事别去想它

吧（この事はもう手を引いて考えないようにしなさいよ）
ⓒ事物が動作の結果広がることを表す。客語がないときには'开'は'开来'に変えることができ，意味は変わらない。▶这首动听的民歌很快传开［来］了（この感動的な民謡はすぐに口から口へと広まった）▶流行性感冒在这里蔓延开［来］了（流行性感冒がこの地で蔓延した）▶他抡开铁锤，大干起来（彼はハンマーを振り上げ大いに働きだした）▶迈开大步朝前走（大股に前に向かって歩く）▶不打开局面不行（局面を打開しなければいけない）
ⓓはっきりすること，開けっぴろげにすることの比喩。'说・想・看'など若干の動詞とのみ組み合わされる。'开'は軽声に読まない。▶还是把事情说开了好（やはり包み隠さず言ったほうがよい）▶看得远，想得开（遠く将来を展望し，視野を広げて考える）
ⓔ動作の開始を表すと同時にそれを抑制するもののないことを表す。動詞と'开'の間に'得・不'を挿入できない。▶一见到亲人他就哭开了（肉親に会うや彼はわっと泣きだした）▶冻得他哆嗦开了（彼は寒さのあまりふるえだした）▶掉开雨点啦（雨粒が落ちてきた）▶我一听到这个情况，心里就打开了鼓（この状況を聞くやぼくは胸が高鳴りだした）
❷動+开+数量（長さ）　物体が動作の結果，一定程度距離が伸びることを表す。動詞と'开'の間に'得・不'を挿入できない。▶运动员队伍拉开一二百米长（選手の列は100～200メートルに広がった）▶这儿裂开了一寸多宽（ここが1寸余り裂けた）
❸動+得〈不〉+开［+数量+名］　一定の数量を収容できる〈できない〉ことを表す。動詞は'坐・站・睡・放・住・铺・划・种'などが多い。▶这个运动场站得开几千人（このグラウンドには数千人が入れる）▶这张桌子十个人哪儿坐得开呀？（このテーブルに10人もの人が座れるものか）▶这儿放不开四张床（ここに4台のベッドは置ききれない）
━場合によっては'得'を付けないこともあるが，やはり可能を示す。▶这间屋子十个人也住开了（この部屋には10人でも泊まれる）▶书摆开了，还要不要书架？（本は全部入れることができたけれど，まだ本棚がいりますか）

比較　動+得〈不〉+开：動+得〈不〉+下　共に一定の数量を収容できることを表す。その違いは，後者はぎりぎり収容できるということのみを表すが，前者は収容する平面が十分にあり，相互の間に一定間隔が保たれている意味を含み，空間は一般にあまり小さすぎてはならない。したがって，'这口袋装得下五十斤面'（この袋は50斤の小麦粉がつめられる）は'装得开'とは言えない。次の例から両者の違いを比較せよ。▶这儿放不开四张床――挤一挤就放下了（ここに4台のベッドは置けない――つめれば置けるよ）

开来 //◦kāi◦lái

【趨向動詞】動+开来　☞开【趨向動詞】❶ⓐⓒ

开始 kāishǐ

【動詞】❶最初（ある時点）から始める，始まる：《付》了　名詞を客語にともなえる。▶从此我们～了新的生活（このときから我々は新しい生活を始めた）▶新的学期～了（新学期が始まった）▶二十一世纪快～了（21世紀がもうすぐ始まる）
❷行為に着手する：動詞を客語にともなえる。▶一切准备就绪，可以～了（すべての準備が整った。これで始めることができる）▶他刚～学习写作（彼は文章を書く勉強を始めたばかりです）▶游泳比赛下周～报名（水泳競技の参加受け付けを来週より始めます）

开外 kāiwài

【方位詞】数量詞の後ろに付け、実際の数量はそれより多めであることを表す。多くは年齢を表すのに用いるが、距離についても使う。

ⓐ年齢を表す。20以上の10単位の数に限られる。▶这个人大约四十～（この人はおおかた40過ぎだろう）▶他虽然年纪已经七十～了，可是还是很硬朗（あの人はもう70を過ぎているというのにまだかくしゃくとしている）

ⓑ距離を表す。10単位の数か5に限る。▶漫天大雾，五步～，什么都看不见（あたり一面の霧で5歩も離れれば何も見えない）▶水库不算远，大约在二十米～的树林旁边（ダムは遠くない，およそ20メートル離れた林のかたわらにある）

看 kàn

【動詞】❶見る、読む：《付》了・着・过《重ね型》名詞・動詞・節を客語にともなえる。▶～球赛（球技の試合を見る）▶～赛球（球技試合を見る）▶～两队赛球（両チームの球技試合を見る）▶我～过他们下棋（彼らが将棋をさすのを見たことがある）▶因为太忙，我一本书也没～（忙しくて，1冊の本さえ読んでない）▶给我借本小说～～（読んでみたいので小説を1冊貸してください）▶他～着～着笑了起来（彼は見ているうちに笑いだした）▶书叫他一脏了（本は彼によごされてしまった）▶把目录先～一遍（まず目録をひととおり見よう）▶他～得很仔细（彼は非常にたんねんに見た）

— 看＋在 ▶～在眼里，记在心上（しっかりと見て，心にとどめる）

— 動量詞として‘一〈两・儿〉眼’を加えられる。▶小王回过头来，～了他两眼（王くんは振り向いて彼をちょっと見た）▶一眼就～明白了（ひと目ではっきりわかった）

❷会う，見舞う：《付》了・过《重ね型》必ず名詞の客語をともなう。▶下次再来～你（また会いに来ます）▶我去年回母校～了～老师（昨年母校に帰って，恩師に会った）▶他住院的时候，我去～过他（彼が入院していたとき，彼を見舞いに行ったことがある）▶医院规定，今天不能～病人（病院は今日は患者との面会を禁止にしています）

❸病人が診察を受ける，医者が病人を診察する：《付》了・过《重ね型》名詞の客語をともなえる。▶有些低烧，你到医院～～去（少し熱があるから，病院へ診てもらいに行きなさい）▶他上午去～病还没回来（彼は午前に診察を受けに行ってまだ帰っていない）▶我的病叫他～坏了（私の病気は彼に診てもらって悪くなった）▶郑大夫把我的病～好了（鄭先生はぼくの病気を治してくれた）▶老大夫～病～得很仔细（老先生が非常にたんねんに診察された）

— 類概念を表す客語をともなえる。▶～急诊（急診で診てもらう）▶李大夫今天～门诊（李先生は今日は外来の診察をする）▶你～什么科？——内科（あなたは何科で診察を受けるの？——内科で診察を受けます：‘你’は患者）

❹観察する：《重ね型》名詞や節を客語にともなえる。抽象的な意味の名詞，疑問の形の節が多い。単独では述語にならない。▶～问题要全面（問題を見るとき，あらゆる面から見なければいけない）▶现在不好说，还得再～～（今は何とも言えない。さらに観察しなければならない）▶要～情况如何变化再作决定（状況がどのように変化するか見てから決定しなければいけない）▶一定要把方向～准了（必ず方向を見きわめなければいけない）▶这个形势大家～得很清楚（こういう情勢については，みんなよくわかっている）

❺…と考える：ふつう動詞や節を客語にともなう。‘看’の後ろにポーズを置く。主

語は1人称（平叙文）と2人称（疑問文）に限る。▶我～不会下雨，你～呢？（雨は降らないと思うけど，君どう思う）▶我～，老袁的建议很好（ぼくは袁さんの提案は非常によいと思うよ）▶你～他会来吗？（彼が来ると思いますか）

❻…によって決まる：必ず名詞・動詞・節を客語にともなう。しばしば，肯定・否定を重ねる形の疑問文を主語とする。'看'の前に'就・全・要'などを用いることが多い。▶三年～头年（3年の計は1年目で決まる）▶整个比赛就～这一局了（試合全体が，このセットで決まる）▶这件事全～你了（この事はすべて君しだいだ）▶明天能不能去香山，要～下雨不下雨（明日香山へ行けるかどうかは，雨が降るか降らないかで決まる）▶是否动手术，要～病人退不退烧（手術をするか否かは，病人の熱が引くかどうかで決まる）

❼気をつける，注意する：命令文に用いる。相手に注意を促す。名詞・動詞を客語にともなえる。客語をともなわないときは必ず'着'をつける。▶别跑，～车！（走ってはいけない，車に気をつけて）▶～摔着！（転ばないようにしなさい）▶过马路时，～着点儿！（通りを渡るとき，気をつけなさいよ！）

[動結] 看//懂　看//清　看花了眼　看红了眼

看得〈不〉了(liǎo)　見終わることができる〈できない〉。▶这么多资料，你半天看得了吗？（こんなにたくさんの資料を，半日で見終われますか）▶看不了也得看（見きれなくても見なければならない）

看//中　意にかなう。▶他在这么多幅画里就看中了这一幅（こんなに多くの絵の中で，彼はこの1枚だけを気に入った）

看//透　見破る。▶大家已经看透了他的心事（みんなはすでに彼の心配事を見抜いていた）▶这里面的奥妙，谁也看不透（この辺の微妙なところは，誰も見抜けない）

看//惯　何回も見て慣れてしまい，奇妙であるとか違っているとか思わない。▶这种装束我可看不惯（こんなファッションは気にくわない）▶这种服装看惯了也还不错（こういう服装も見慣れればまあまあだ）

看穿　見破る。▶一眼就看穿了他的心事（ひと目で彼の心配事を見破った）

看扁了　他人をみくびる。▶别把别人看扁了！（人をみくびってはいけない）

看//死　人や事柄を固定的に見る。▶任何事情都不能看得太死（どんな事もあまり固定的に見てはいけない）

[動趨] **看//上**　意にかなう。▶你想跟他学点手艺，他看得上你吗？（あなたは彼に技術を学ぼうとしているが，彼はあなたに教える気持ちがあるだろうか）

看上去ⓐ▶从底下看上去，山亭只能看出个轮廓（下から見上げると，あずまやのわずかにその輪郭だけが見えた）

ⓑ挿入句。外面から推測する，おしはかる。▶他看上去也不过十八、九岁（彼は見たところせいぜい18～9歳であった）

看//下去ⓐ从井口看下去，足有几十丈深（井戸の口から見おろすと数十丈の深さはたっぷりある）

ⓑ継続して見ていく。▶你先别问，看下去就明白了（まあ，だまって見ていなさい。そのうちわかるから）

看//进去ⓐ从门外看进去，屋里一个人也没有（ドアの外からのぞくと，部屋の中には誰もいなかった）ⓑ▶精神不集中，看书看不进去（精神が集中しないと，本を読んでも本の中に入っていくことができない）

看//出　はっきり見分ける，気がつく：必ず客語をともなう。▶看出问题（問題を見つける）▶一眼就看出是他（ひと目で彼だとわかった）

看//出来　はっきり見分ける，気がつく。▶年代太久了，字迹已经看不出来了（年代が古くて，字形もすでに見分けられなくなった）

看得〈不〉过来 間に合うように読み終えることができる〈できない〉。▶资料这么多，他一个人看得过来吗？（資料がこんなに多くて，彼1人で読み終えられますか）

看得过去 比較的気にいる。▶这块地毯还看得过去，就买了吧（このじゅうたんはまあまあだ，買うことにしよう）

看不过去 容認できない。▶这太不合理了，大家都看不过去（これはひどく理屈に合わないので，みんなは見過ごせなかった）

看得〈不〉起 重視する〈軽蔑する〉。▶他能看得起我吗？（彼は私を認めてくれるでしょうか）▶我就是看不起这种人！（私はこんな人を軽蔑する）

看起来 挿入句：推量する，おしはかる。▶看起来这件事情还没了结（見たところこの事はまだ片づいていないようだ）

看//开 心が広く，とやかくとがめだてしない。▶我劝你看开些，不要太死心眼儿（心をもう少し広くもちなさい。あまり融通がきかないようではだめだよ）

看来 挿入句。客観的な状況に基づいて推測する。▶这事看来他不会反对（この事は私の見るところ彼が反対するはずない）

【助詞】動詞（重ね型か動量詞，期間を表す語をともなうもの）の後ろに用いて，試みることを表す。▶你先尝尝～（あなたがまず味見をしてください）▶让我想想～（私にちょっと考えさせてください）▶大家再动动脑筋～（みんなもっと頭を働かせてごらんなさい）▶你给我量一下～（ちょっと計ってみてください）▶先喝一点～（まず，少し飲んでみる）

慣用句 **看着办** あらかじめ規則を設けることなく，具体的状況に基づいて処理する。▶需要买点什么，你看着办吧（何か買う必要があるなら，君が見はからってやりなさい）

注意 '看'と'看见'は用法が異なる。
①'看'は動作そのものを表す。'看见'は動作の結果を表す。両者は入れ換えられない。▶他看了半天，什么也没看见（彼はしばらくながめていたが，何も見えなかった ×…什么也没看）

②'看'は持続動作動詞。前に'在・正在'を付けられる。動作が正に進行中であることを表す。'看见'は非持続動作動詞であるから，このような用法はない。▶我进去的时候，他正在看（×看见）书（私が入っていったとき，彼はちょうど本を読んでいた）

可¹ kě（可是²）

【助動詞】❶許可や可能を表す。'可以'に同じ。《書》話し言葉では相反する内容を対にして挙げるとき。▶～望丰收（豊作の見込みがある）▶不～分割（分割できない）▶～望而不～即（遠くから見るだけで，近づけない）▶～大～小（大きくてもよし，小さくてもよし）▶～有～无（あってもよし，なくてもよし）▶～去～不去（行っても行かずともよし）

❷「…する価値がある」の意味を表す。'可+動+的'という形で用いв ことが多い。▶我没什么～介绍的了，就说到这儿吧（説明すべきことがなくなってしまったので，ここまでで話をやめましょう）▶北京～游览的地方不少（北京には見るべき場所が多い）▶这个展览会～看的东西真多（この展覧会は見る値打ちのあるものが実に多い）

【副詞】❶強調を表す。その程度は軽いものから重いものまでさまざま。《口》
ⓐ一般の平叙文に用いる。意外だという気持ちをやや含むこともある。
―可+動+他～没说过这话（彼がこんなことを口にしたことはない）▶这一问～把我给问住了（こう問われて返答に窮した）▶枣儿大不一定甜，～不能只看外表（ナツメは大きくても甘いとは限らない，外面だけを見てはいけない）▶我～知道他的脾气，要么不说，说了一定去做（彼の性格

はよく知っている。口では言わないのかもしれないが、言ったら必ずやるよ）
— 可+不+形▶他跑得〜不快（彼は決して走るのが速くはない）▶这问题〜不简单, 得好好研究一下（この問題は決して簡単ではない、よく検討しなければならない）▶这些种籽〜不寻常, 是从千里之外带来的（これらの種は決してただの種ではない、はるか遠くから持ってきたものだ）

ⓑ反語文に用いる。▶都这么说, 〜谁见过呢？（みんながそんなふうに言っても、誰が見たことあるものか）▶你一个小孩儿〜怎么搬得动那么大的石头！（おまえのような子供１人で、どうしてあんなに大きな石が運べるだろうか）▶这么大的地方, 〜上哪儿去找他呀？（こんな広い場所でどこへ行って彼を探したらいいのか）

ⓒ命令文に用いる。「必ずこのようにしなければいけない」と強調する。ときには懇切丁寧に勧告する意味を持つ。ふつう後ろに'要・能・应该'が付く。文末に語気助詞を用いることが多い。▶咱们〜要说话算数的！（我々は言ったことに責任を持たなければいけない）▶你〜不能粗心大意啊！（君、いいかげんな態度ではだめだよ）

ⓓ感嘆文に用いる。文末に語気助詞を用いる。▶他汉语说得〜好啦！（彼は中国語を話すのが上手だね）▶这鱼〜新鲜呢！（この魚は新鮮だ）▶你这副担子〜真不轻啊！（君のこの責任は実に重いなあ）▶这〜真成了问题了！（こいつはまったく問題だ）▶这〜是一件大事啊（これは確かに一大事だ）▶你〜回来了, 真把人急坏了（やっと帰って来たね。本当に気をもんでしまったよ）▶这下我〜放心了（これでぼくも安心したよ）

❷疑問を表す。現代語の比較的初期の著作に多く見られる。現在は《少用》▶一向〜好？（その後お元気ですか）▶杭州你〜曾去过？（杭州へは行ったことがありますか）

慣用句 可不是吗 可不是 可不 相手の言葉に同意することを表す。▶咱们该去看看老赵了——可不是吗〈可不是、可不〉, 好久没去了（ぼくらは趙さんに会いに行かなければ——そうだとも、長いこと行ってないね）

— 次の文の'可不是'と'可不'は慣用句ではない。副詞'可'の一般的な用法。▶我可不是开玩笑（決して冗談を言っているのではないよ）▶你去跟他商量商量——我可不（君は彼に相談に行きたまえ——ぼくは行かないよ＝我可不去）

〚可是²〛副詞'可'に同じ。反語文に用いることは少ない。▶他可是没说过这话（彼はこんなことを言ったことはない）▶这问题可是不简单（この問題はそう単純ではないよ）▶说话可是要算数的（言葉には責任を持つべきだ）▶这鱼可是新鲜呢！（この魚は新鮮だね）

可² kě ☞可是¹ kěshì

可³ kě

【接頭語】❶可+動 「…してもよろしい, 〜しなければならない」意味を表す。形容詞を作る。

ⓐ心理状態を表す単音節の動詞に付く。
▶〜喜（喜ばしい）▶〜悲（悲しい）▶〜气（腹立たしい）▶〜恼（腹立たしい）▶〜叹（なげかわしい）▶〜怕（恐ろしい）▶〜惊（驚くほどである）▶〜耻（恥ずべきだ）▶〜恶（にくらしい）▶〜惜（おしい）▶〜疑（疑わしい）▶〜怪（あやしい）▶〜怜（かわいそうである）▶〜爱（かわいい）▶很〜笑（とてもおかしい）▶〜恨极了（非常ににくたらしい）▶不怎么〜乐（あまり楽しくない）

ⓑその他のいくつかの単音節の動詞に付く。
▶〜靠（頼りになる）▶〜取（とるべきだ）▶〜行（実行してさしつかえない）

❷可+名 適合することを表す。形容詞を作る。▶〜意（意にかなう）▶〜口（口

に合う）▶～身（体に合う）▶～体（体に合う）▶天气十分～人（天気は非常によかった）

可见 kějiàn

【接続詞】前を受けて，判断や結論を下せることを示す。複文に用いる。▶既然没有回电，～他已经离开昆明了（返電がない以上，彼はもう昆明を発ったとみえる）▶连基本公式都弄错了，～没有认真学（基本的公式さえ間違えているところを見ると，まじめに勉強してなかったことがわかる）▶接连来过几个电报，～情况十分紧急（電報があいついで届いているところを見ると情勢は相当緊迫しているようだ）

— 長文や段落を受ける場合は，しばしば'由此可见'を用いる。▶…由此～，只有实践才是检验真理的唯一标准（…以上のことから，実践こそが真理を検証する唯一の基準だということがわかる）

可能 kěnéng

【形容詞】実現できる。

ⓐ名詞を修飾する。名詞は'范围・条件・情况・机会・事情・事'などの若干のものに限る。'范围・条件'を修飾するときは肯定形があるのみで，'事・事情'を修飾するときは必ず'的'をともなう。▶在～［的］范围内帮助解决（可能な限り解決に手を貸す）▶在～［的］条件下给予照顾（条件が許す限り面倒をみる）▶我看这是根本不～的事情（こんなことはどだい無理だと思う）

— 前に数量を表す修飾語句があるとき，'可能'の後ろに使用できる名詞は比較的多い。その中に動詞から転成した名詞を相当数含む。▶两种～的结果（2通りの可能性のある結果）▶唯一～的途径（唯一可能な道）▶用一切～的办法来挽救（尽くせるだけの手を尽くして救助する）▶各种～的援助〈支援〉（種々の可能な援助〈支援〉）▶唯一～的解释〈回答、答复〉（唯一可能な解釈〈回答・返答〉）▶几种～的选择（いくつかの可能な選択）

ⓑ述語となる。▶他早就知道了？——这很～（彼はとっくに知ってたのか——それは十分ありうる）▶他会同意？——不大～（彼は賛成するだろうか——それはどうかな）▶他临时改变计划，这完全～（彼がそのときになって計画を変更することは十分ありうる）

【副詞】推量を表す：…かもしれない，ひょっとすると。

ⓐ動詞の前に用いる。▶团结一切～团结的力量（団結できるすべての勢力と団結する）▶他～知道这事儿（彼はたぶんこの事は知っているだろう）▶老蔡～住在他亲戚家（蔡さんはたぶん親戚の家に泊まっているだろう）▶他们～还在半路上呢（彼らはたぶんまだ途中だろう）▶问题～得到解决（問題は解決できるだろう）

ⓑ助動詞の前に用いる。▶我想他～会同意的（彼はきっと賛成するだろうと思う）▶～要下雪了（おそらく雪になるだろう）▶他～得住院治疗（彼はたぶん入院しなくてはならないだろう）

ⓒ主語の前に用いる。▶～大家还记得这件事（みんなはこの事をまだ覚えているだろう）▶很～他还不知道（彼はまだ知らないはずだ）

— '很可能'は推量を強く肯定する。主語の前に用いられる。'不可能'は推量の否定を表し，主語の後ろに用いる。▶很～他已经到家了（彼はきっともう家に着いたに違いない）▶他不～这么快就到家（彼はこんなに早く家に着けるはずはない）

可是¹ kěshì（可²）

【接続詞】逆接を表す。しかし：主語の前あるいは後ろに用いられる。▶这篇文章虽然不长，～内容却很丰富（この文章は長くはないが，内容は豊富だ）▶嘴里不说，他心里～想着呢！（彼は口には出さないが，心の中では思っているんだよ）▶

看上去不怎么样，～吃起来挺不错（見たところどうってことはないが，食べてみるとなかなかいける）▶厦门我虽然住过，～时间不长（アモイには住んだことはあるが，期間は短かった）

〚可²〛'可是'に同じ。▶我倒愿意，可他又不肯（私の方はしたいのだが彼がウンと言わないんだ）▶嘴里不说，心里可想着呢！（口には出さないが，心の中では思っているのだ）

可是² kěshì ☞可¹ kě

可惜 kěxī

【形容詞】おしい。
ⓐ述語となる。主語はふつう動詞句あるいは節である。▶这块碎布扔了～，留着还能用（このはぎれを捨てるなんてもったいないよ，とっておけばまだ使えるよ）▶昨天没看这个电影真～（昨日この映画を見なかったのは本当に残念だった）▶半途而废，实在太～了！（中途でやめるなんて実におしいことだ）
ⓑ名詞を修飾する。多くの場合，前に程度副詞がくる。必ず'的'をともなう。▶这是一件十分～的事情（これはたいへん残念な事だ ×一件～的事情）

【副詞】おしいことには：主語の前に用いる。▶他写的诗不少，～大部分散失了！（彼はたくさん詩を書いたが，おしいことに大部分散逸してしまった）▶～我去晚了一步，他们已经走了（残念なことにぼくが一足遅かったため，彼らが行ってしまったあとだった）▶～精装本已经卖完了（残念ながら上製本は売り切れだ）

可以 kěyǐ

【助動詞】❶可能を表す：質問の返答に単独で用いられる。▶这间屋子～住四个人（この部屋には4人住める）▶你明天～再来一趟吗？——～（あなた明日もう1度来られますか——来られます）

ⓐ否定を表すにはふつう'不能'と言い，'不可以'とは言わない。▶我明天有事，不能来了（明日は用事があるので，来れない）

ⓑ主語の前に用いられる。▶一个人来不及抄，～两个人抄（1人で書き写すのが間に合わなければ，2人でやってもよい）▶两个人抬不动，～三个人抬（2人で動かせなければ，3人で持ってもよい）▶他去，也～你去（彼が行ってもよいし，あなたが行ってもよい）

❷ある用途を持つ：質問の返答に単独で用いられる。▶棉花～织布，棉籽还～榨油（綿花からは布を織ることができ，種子からは油をしぼることができる）▶废纸做成纸浆，～再造纸（紙くずはパルプにして，再度紙を作ることができる）

― 否定を表すにはふつう'不能'を用い'不可以'とは言わない。▶木材不经过防腐处理，就不能做枕木（木材は防腐処理を施さずに枕木にすることはできない）▶大白菜可以生吃，小白菜不能生吃（白菜は生で食べられるが，小松菜は生では食べられない）

❸許可を表す：質問の返答に単独で用いられる。▶我～进来吗？——～（入ってもいいですか——いいです）▶他～去，你也～去（彼が行っても，君が行ってもいい）▶这项工作我没有经验，不过我～试试（この仕事は私は経験はありませんが，やってみてもいいです）▶颜色太浅了，～再深一些（色が薄すぎる，もう少し濃くしなさい）▶你们先到车间去参观也～（あなたたち先に作業現場に行って見学してもいいですよ）

― 否定は'不可以'あるいは'不能'を用いる。単独で質問に返答することはあまりなく，そういう場合はふつう'不行・不成'と言う。▶我们决不～因为取得一点点成绩就骄傲起来（私たちは少しばかり成果をあげたからといって決して思いあがってはならない）▶颜色不能再深了（これ以上色を濃くして

はいけない）▶我～跟他谈谈吗？——不行，他正开会呢（彼とお話してもいいですか——だめです，いま会議中ですから）
❹値打ちがある：単独で質問に返答できない。ふつう前に'很・倒'を用い，後ろの動詞は重ね型か，あるいは動量詞を付ける。▶这个问题很～研究一番（この問題は研究する価値がある）▶美术展览倒～看看（美術展は見ておいたほうがいい）
― 否定を表すには'不可以'とは言わず'不值得'と言う。▶他觉得路远，不值得去，我倒觉得还～去看看（道は遠いし，行くほどの価値はないと彼は思っているが，私は見に行くだけの値打ちはあると思う）
注意 二重否定形は'不可不'で，「必ず…しなければならない」の意。'不可以不'を用いることはめったにない。
【形容詞】❶まあまあだ，悪くない，なんとかなる：述語や補語にしか用いない。ふつう前に'还'を置く。▶这篇文章还～（この文章はまあまあだ）▶他篮球打得还～（彼のバスケットボールの腕はまあまあだ）
❷ひどい：程度がかなり高いことを表す（話し手があまり望まないことを表す場合が多い）。前に'很'を付けることはできないが，'真'を置ける。▶天气热得真～（ひどい暑さだ）▶这孩子真是调皮得～（この子は相当なわんぱくだ）
― 上の❶❷にはいずれも否定形はない。
比較 可以：能 ☞能 néng

肯 kěn

【助動詞】「望んで，喜んでする」ことを表す。質問の返答に単独で用いてもよい。否定には'不肯'を用いる。▶只要你～下功夫，总可以学会的（あなたが本気でやる気さえあれば，きっとマスターできる）▶怎么追问，他也不～讲下去（どんなに彼を問いつめても，彼はそれ以上話を続けようとはしなかった）▶～不～来？――～（来る気があるのか――行くとも）
ⓐ単独で用いる場合は，前に'很'を付けることはできない。若干の動詞句と連用するときは'很'を付けられる。▶很～动脑筋（頭を使うことが好きだ）▶很～卖力气（進んで力仕事をする）▶很～干（喜んでやる ×很～来）
ⓑ形容詞句と連用するときは反語文と否定文に用いることが多い。▶你～安静一会儿吗？（少し静かにせんかい）▶他对工作向来不～马虎，总是那么严肃认真（彼はこれまで仕事をいいかげんにしたことはなく，いつでも真剣そのものである）
ⓒときには'会'と連用できる。▶把好房子让出来，他们会～吗？（いい家を人に渡すなんて，彼らはウンと言うだろうか）▶只要你把道理说清楚，我想他们会～的（あなたがはっきり事を分けて話しさえすれば，彼らはきっと承知すると思うよ）
ⓓ'不肯不'は「ぜひともやる」の意を表し，'肯'と同じ意味ではない。《少用》▶劝他别去，可是他不～不去（彼に行くなと言うんだが，彼はどうしても行くと言って聞かない）

口 kǒu

【量詞】❶家庭・村落の人数・人口に用いる。▶一家五～（一家5人）▶我家有四～人（ぼくの家は4人家族です）▶这个村子有多少～人？（この村の人口はどれだけですか）
❷家畜，主として豚に用いる。▶一～猪（豚1頭）▶现有生猪二百～（現在，豚が200頭います）
❸口や刃のある若干の器物に用いる。▶一～铜钟（銅製の鐘1つ）▶两～井（2つの井戸）▶一～箱子（1つの箱）▶一～宝刀（1ふりの宝刀）
❹言語や方言に用いる。数詞は'一'に限る。▶说一～漂亮的北京话（とてもきれいな北京語を話す）▶讲一～流利的英语（りゅうちょうな英語を話す）
❺口を使った動作の回数に用いる。
ⓐ 動 ＋ 数 ＋口 ▶被蛇咬了一～（ヘビにひ

と口かまれた）▶咬了他两～（彼に2回かみついた）

ⓑ数+口+動▶一～吞下（ひと口に飲み込む）▶一～吃一个饺子（1つのギョウザをひと口で食べる）▶一～一～地吃（ひと口ひと口食べる）

快 kuài（快要）

【形容詞】❶速度が速い。▶～马（速い馬）▶～车（急行列車）▶他进步很～（彼は進歩が速い）▶你走得太～，我跟不上（君があんまり速く歩くので，ぼくはついていけない）

❷急ぐ，急いで。▶你～点儿！怎么老坐着不动？（早くしろよ，どうしてずっと座り込んでいるんだ）▶～来替我拿一下，我拿不住了（早く替わってくれ，もう持っていられないよ）

❸すばやい，はしこい：述語としてのみ使う。▶眼明手～（目が利き手が早い）▶小英脑子～，理解能力很强（英ちゃんは頭が切れるし理解力がすぐれている）

❹鋭利である：'刀・剑'に限る。▶一把～刀（1本のよく切れる刀）▶这把刀很～（この刀はよく切れる）

【副詞】時間が迫っていることを表す。もうすぐ…になる：ふつうは文末に'了'を用いる。

ⓐ快+動▶大楼～落成了（ビルはもうすぐ完成する）▶国庆节～到了（もうすぐ国慶節だ）▶火车～到站了（汽車は間もなく駅に着く）▶这座化肥厂～建成投产了（この化学肥料工場は間もなく完成して操業を始める）

ⓑ快+形▶饭～熟了（ご飯はもうすぐ炊きあがる）▶他的病～好了（彼の病気はじきによくなる）▶到了十月底，天气就～冷了（10月の末になると，ぼつぼつ寒くなりだす）

ⓒ快+数量▶我们相处～一年了（私たちはつきあい始めてからそろそろ1年になる）▶～九点了，汽车还不来（もうすぐ9時だというのに車はまだ来ない）▶老大爷，您～七十了吧？（おじいさん，おじいさんはもうじき70になるんでしょう）

ⓓ快+名（時間・季節）▶～国庆啦，大家都忙着准备文艺节目呢（もうじき国慶節だ，みんなは催し物の準備に大わらわだ）▶～半夜了，还在学习（もう真夜中だというのに，まだ勉強している）▶～立春了，天气要转暖了（やがて立春だから気候も暖かくなる）

ⓔ'快…'を時間を表す節に用い，後節を導く。後節がすぐ続く場合は'了'をともなわなくてもよい。▶一直等到～十二点，我们才走（私たちは12時近くまで待ってから，出かけたのです）▶天～黑他才回到家（日が暮れるころ，彼はやっと家に帰った）▶认识他～一年还不知道他住在哪儿（彼と知り合いになってかれこれ1年になるというのに，いまだにどこに住んでいるのか知らない）▶冬至了还这么暖和（もうじき冬至だというのにまだこんなに暖かい）

ⓕ'快…的'は間に'了'を挿入しない。▶～入学的学生们挤满了文具店，选购各种文具（入学間近の学生が文房具店につめかけ，いろいろな文房具をあれこれ選んで買っている）▶天～亮的时候，他才离开实验室（明け方近くになってようやく彼は実験室を出た）▶～三十岁的人还这么孩子气！（30近くにもなって，まだこんな子供っぽいとは）▶～'五一'节的时候已经完成了上半年的生产计划（メーデーの直前にすでに上半期の生産計画を完遂した）

《快要》副詞'快'に同じだが，ⓒの数量の前にはふつう'快'だけを用い，'快要'は用いない。

快要 kuàiyào ☞快 kuài

块 kuài

【量詞】❶固まり，あるいは若干の平らな形のものに用いる。▶一～砖〈肥皂，石头，土疙瘩，图章〉（1つのレンガ〈石け

ん・石・土くれ・印鑑〉）▶两～糖〈肉、蛋糕、小骨头〉（2つのあめ〈肉・カステラ・小さい骨〉）▶两～手表〈腕時計2つ〉▶几～木板〈玻璃、木料、铁板、黑板、招牌、匾〉（数枚の板〈ガラス・木材・鉄板・黒板・看板・額〉）▶一～布〈绸子、料子、毯子〉（1枚の布〈絹布・布地・毛布〉）▶三～手绢儿〈头巾〉（3枚のハンカチ〈スカーフ〉）▶一～水田〈棉花地、荒地〉（1枚の田〈綿畑・荒地〉）▶一～云彩（雲1片）▶一～黑疤（1つのあざ）
❷金货・银货・纸币に用いる，'元'に同じ。《口》▶两～钱〈银元、金币〉（2元〈銀貨・金貨〉）▶总共花了十五～六〈十五元六角〉（全部で15元6角使った）▶一～钱一斤（1斤で1元）▶十斤一～钱（10斤で1元）

况且 kuàngqiě

【接続詞】より一歩突っ込んで理由を述べたり、理由を追加したりすることを表す。ふつう'又・也・还'などと組み合わせて用いる。▶路不算太远，～还是快车，准能按时赶到（距離もそんなに遠いわけでもないし、それに急行だし、間違いなく時間通りに着けるよ）▶这一带地旷人稀，～你又不知道详细地址，还是打听清楚再去的好（このあたりは土地が広く人が少ない、そのうえ君は詳しい住所を知らないときている、やっぱりよく聞いてから行ったほうがいいよ）▶这种录音机音质好，携带方便，～也不贵，可以买一个（このテープレコーダーは音もいいし携帯にも便利だ。おまけに値段も高くない。1台買ってもいい）
比較 况且：何况 ☞何况 hékuàng

亏 kuī

【動詞】❶損失を受ける，当然得るべき利益を失う，してやられる：《付》了・过▶～了不少（ずいぶん損をした）▶他从来没～过本（彼は今まで元手を失ったことがない）▶这次～得太厉害了（今度はひどい損害だった）
❷欠乏する，不足する：《付》了・过 名詞を客語にともなえる。▶身大力不～（体が大きく力にも不足はない）▶大夫说是气血两～（医者は血と気の両方とも足りないと言う）▶自知～了理，也就不吱声了（自分でも理屈が通らないとわかると、声もたてなくなった）▶～什么就买什么（足りないものを買う）
❸損をさせる：《付》了・过 必ず名詞を客語にともなう。否定文に多く用いる。▶什么时候～过你？（君にいつ損をさせたか）▶既不能～了群众，也不能～了集体（大衆に損害を与えてはならないし、集団に損害を与えてもならない）▶你别担心，～不了你（心配するなよ、損はさせないから）
❹幸いにも…だ，おかげである：《付》了 必ず名詞・節を客語にともなう。
ⓐ 亏+名 '亏'の後ろにはふつう'了'を付ける。▶今年计划能够提前完成，全～了大家（今年の計画が予定より早く完成したのはすべてみなさんのおかげです）▶这回可～了你，不然我会空跑一趟（今回はまったく君のおかげだよ、さもなければむだ足を踏むところだった）
ⓑ 亏+節 '亏'の後ろに'了'を付けなくてもいい。▶～他机灵，才躲过去（彼の機転のおかげで、なんとか逃げることができた）▶～你来了，我们的问题才算解决了（あなたが来てくれたおかげで、我々の問題はどうやら解決できた）▶～了那些小树挡着，才没有滑下山坡去（あの小さな木があったおかげで、山をすべり落ちないですんだ）
❺「あつかましいことをする，ぬけぬけと…する」意味を表す：皮肉を言うときに用いる。よく見る文型として'亏+你〈他〉+動+得…'とか、'亏+你〈他〉+还…'がある。▶这话～他说得出口（彼はよくもこんなことが言えたものだ）▶这点道理都

不懂，～你还是个中学生（この程度の道理すらわからないで、おまえはそれでも中学生か）▶大栅栏也不知道？～你还在北京住过（大柵欄も知らないんだって。それでも北京で暮らしたことがあるのかい）

亏得 kuī·de

【副詞】❶幸いにも、おかげで。
ⓐ前提条件として、複文の前節に用いる。しばしば接続詞'不然・否则・要不然'などと呼応して、その前提条件があってはじめてあるよくない状況の出現が避けられたことを表す。前後2つの節の主語が同じなら、'亏得'は主語の前後どちらに置いてもよい。2つの節の主語が異なるときは、'亏得'は主語の前にしか置けない。▶你～早走了，不然就赶不上末班车了（君は早く帰ってよかった、そうでなければ最終バスに間に合わなかったよ）▶～你提醒，要不然我就忘了（君が注意してくれたおかげだ、そうでなければ忘れてしまうところだった）▶我～今天去了，否则就见不到他了（私は今日行ってよかった、そうでなければ彼に会えなかった）▶～抢救及时，要不然就危险了（応急措置が早くて幸いだった、そうでなければ危いところだった）
ⓑ副詞'才'と呼応して、そこに述べられた前提条件があったからこそ、状況が好転したことを表す。▶～大家热诚相助，才使我渡过了难关（みんなが熱心に誠意をもって助けてくれたからこそ、私は難関を切り抜けることができた）

❷逆説の言い方で不満を表す。軽視や皮肉の意味が含まれる。文の前半と後半の意味の間に「情理にかなわない、予想外だ」という意味がある。▶～你在北京呆了那么多年，连个东西南北都分不清（君は北京にそんなに長くいて、東西南北でさえわからないのか）▶这种话，～他还说得出口（こんなことを、彼が口にするなんて）▶鸡毛蒜皮的小事，～你还记得那么清楚（取るに足らないようなことを、君はまだそんなにはっきり覚えているのか）▶～你那么大块儿，连这么点儿东西都拿不动（君はそんなにいい体格をしていて、こんな物も持てないのか）

L

拉 lā

【動詞】❶力を加えて人または物を自分の方に移動させる、あるいは自分に合わせて移動させる：《付》了・着・过《重ね型》動量・時量をともなえる。名詞の客語をともなえる。▶～锯（のこぎりを引く）▶他～着车走在前面（彼は車を引いて前を歩いている）▶他以前～过洋车（彼は以前人力車を引いていたことがある）▶你帮我～～绳子行吗？（縄を引っぱるのを手伝ってくれませんか）

ⓐ拉＋了＋名＋動量▶～了我一把（私をぎゅっと引っぱった）

ⓑ拉＋了＋時量＋名▶～了一天车（1日車を引いた）▶～了一会儿锯（少しのあいだのこぎりで引いた）▶～了一下儿绳子（縄をちょっと引っぱった）▶～了一把门帘（入口のカーテンをさっと引いた）

ⓒ拉＋在〈到、向〉＋場所▶他把小王～到一边，悄悄说了几句话（彼は王さんを片側に引っぱって行くと，二言三言ささやいた）▶把那只破船～向岸边（その壊れた船を岸に引いて行く）

ⓓ把＋名＋拉＋場所＋来〈去〉▶你把车～外面去（車をおもてに引いて行きなさい）▶把孩子～屋里来（子供を部屋に引っぱって連れて来なさい）▶小马，你把土箱～门外去（馬さん，ごみ箱をおもてに引っぱって行ってください）

❷運搬手段を使って運ぶ：《付》了・着・过　動量・時量をともなえる。名詞の客語をともなえる。▶明天到密云县～桃（明日密雲県に桃を取りに行く）▶用大轿车～着他们去八达岭（大型車で彼らを八達嶺まで乗せて行く）▶小李，你的车明天～煤（李さん，君の車は明日石炭を運んでくれ）▶快过节了，给大家～了点儿黄花鱼（まもなく祭日だから，みんなにキグチを少し運んできた）▶昨天刚～过西红柿（昨日トマトを運んできたばかりだ）▶～几趟水泥（セメントを何回か運ぶ）▶～了几天白菜（何日か白菜の運搬をやった）▶李师傅往乡下～了三次农药（李さんは田舎に3度農薬を運んで行った）▶给他～了半天西瓜（彼のために半日スイカ運びをした）

ⓐ拉＋给…▶这批钢材～给三二〇一工地（この鋼材を3201現場に運ぶ）▶救灾物资三天之内要～给灾民（救済物資を3日以内に被災者のところに運ばなければならない）

ⓑ把＋名＋拉＋場所＋来〈去〉▶把大家～公园去（みんなを公園へ乗せて行く）▶把农副产品～城里来（農業副産品を町に運んで来る）▶把该运的货～车站去（輸送しなければならない荷物を駅に運んでいく）▶是这些师傅～生活日用品～工地来的（この運転手たちが日用品を現場に運んで来たのです）

❸楽器の一部分を引いて音を出す：《付》了・着・过《重ね型》名詞の客語をともなえる。▶～小提琴（ヴァイオリンを弾く）▶璐璐给大家～了一支舒伯特的曲子（璐璐はみんなにシューベルトの曲を演奏してくれた）▶在月光下，他独自～着《二泉映月》（月光の下で彼は1人で『二泉映月』を弾いている）▶他给梅先生～过二胡（彼は梅氏のために二胡で伴奏したことがある）▶～～手风琴（アコーデオンをちょっと弾く）

— 拉＋给…▶挑一首抒情的曲子～给大

家听听（抒情的な曲を1つ選んでみんなに弾いて聞かせる）
❹長引かせる，引き伸ばす：《付》了・着・过《重ね型》名詞の客語をともなえる。▶他说话总爱~长音（彼は声を引きのばして話すのがくせだ）▶~了一会儿扩胸器（しばらくエキスパンダーをやった）▶双手~着橡皮筋（両手で輪ゴムを引っぱっている）▶我也~过面，就是~不好（私も麺を引っぱったことがあるが，残念ながらうまく作れなかった）▶每天都~~扩胸器（毎日エキスパンダーを少しやっている）
❺足手まといになる，巻き込む：《付》了・着・过　名詞の客語をともなえる。▶好汉做事好汉当，绝不~别人（立派な男は自分の責任を人になすりつけない，決して他人を巻き添えにしない）▶他犯事以后~了不少人（彼は犯罪が発覚したあと，多くの人を巻き添えにした）▶错误是你犯的，~我干什么？（間違いは君が犯したのだ，なんで私を巻き込むんだ）▶这些事都是他一个人承当，没~过别人（これらの事はみんな彼1人で責任を負った，他人を巻き込んだことはない）
❻自分の味方に引き入れる，つながりをつける：《付》了・着・过《重ね型》名詞の客語をともなえる。▶他想和我~关系（彼は私にコネをつけようと思っている）▶~了半天近乎（近しくなろうとしばらくの間ご機嫌とりをした）▶这些人到处~着关系（これらの人たちはあちこちにコネをつけようとしている）▶~我下水（私を悪事に引っぱり込む）▶他从来都是公事公办，没跟人家~过交情（彼は今までずっと公の事を公正に行ってきて，私情から人を特別扱いしたことはない）▶我想和他~~近乎儿（私は彼と仲良くなりたい）

[動結] 拉//直　拉//走　拉//长　拉//完
拉//好▶璐璐小提琴拉得好（璐璐はヴァイオリンが上手だ）
拉得〈不〉动▶四匹马也拉不动（馬4頭でも引っぱれない）

拉//着（zháo）　運べるかどうか。▶昨天没拉着黄花鱼（きのうのキグチを運ぶことができなかった）
拉得〈不〉了（liǎo）▶胳膊没劲儿，拉不了弓（腕に力が入らなくて，弓を引けない）

[動趨] 拉//来▶拉来一辆车（車を1台引いてくる）
拉//去▶我的板车让谁拉去了？（私の手押し車は誰が引いて行ったのだい）
拉上　弾き始める。▶下班刚回来就拉上二胡了（仕事が退けて家に帰るとすぐに二胡を弾き始めた）
拉//上来　弾けるかどうか。▶《二泉映月》我拉不上来了（私は『二泉映月』は弾けなくなった）
拉//下来　弾き終われるかどうか。▶再复杂的曲子他也拉得下来（もっと複雑な曲でも彼は最後まで弾き通せる）
拉起来　弾き始める。▶掌声还没落，他又拉起第二个曲子来了（拍手がおさまらないうちに，彼はまた2番目の曲を弾き始めた）
拉//开▶别让他们吵，把他们拉开算了（彼らの言い争いをやめさせろ，彼らを引き離せばすむ）
拉开▶他又拉开小提琴了（彼はまたヴァイオリンを弾き出した）
拉到（里边）去▶没想到这件事把我也拉到里边去了（この件が私まで巻き添えにするとは思わなかった）

来¹ lái [動]；// · lái [趨]

【動詞】❶ある場所から話し手のいる場所に至る。《付》了・过▶老赵已经~了（趙さんはもう来た）▶他今天~过两次（彼は今日2度来た）▶昨天谁也没~（昼日は誰も来なかった）▶你~得正是时候（あなたはちょうどいいところへ来た）
ⓐ［名（場所・時間）+］来+名（動作の主体）　多くの場合，後ろの名詞の前に数量詞を置く。▶~客了（お客さんだ）▶

来¹ 235

~汽车了（車が来た）▶家里~了客人（家に客が来た）▶远处~了一条小船（遠くから小船が1そうやって来た）▶昨天~过三个人（昨日3人来た）

ⓑ 名(動作の主体)＋来＋名(動作の対象)　多くの場合，後ろの名詞の前に数量詞を置く。▶他~过两封信（彼は手紙を2通くれた）▶有的班级班长自己~了，有的只~了个代表（あるクラスはクラス委員自身が来，あるクラスは代表だけを派遣した＝派来了一个代表）▶我们可以~两个人帮忙，你们能~几个人？（私たちは2人手伝いを出せますが，あなたたちは何人出せますか）

ⓒ 名(動作の主体)＋来＋名（場所）▶老郑明天~北京（鄭さんは明日北京に来る）▶我~这儿看看（私はここに見に来る）

ⓓ 来＋名　命令，要求に用いる。▶~人！（誰か来い）▶快~杯水！（早く水をくれ）▶~一碗肉丝面（肉うどんを1つください）

❷（問題・事柄が）発生する，到来する。▶问题~了，就得解决（問題が起こったら解決しなければならない）▶任务~了，要努力完成（仕事を与えられたら，がんばってやり遂げなければならない）▶这事儿怎么~的？（どうしてこんな事になったんだ）▶你们的支援~得ं及时（あなたがたの援助はまことに時宜を得ている）

❸ある動作をする(具体的な動詞の代用)：'了・过'が付くことは比較的少ない。▶你拿那个，这个我自己~（君はそれを持ってくれ，これはぼくが持つ＝自己拿）▶唱得太好了，再~一个（うまい，もう1曲歌って＝再唱一个）▶老头儿这话~得痛快（年寄りが言ったことは胸がすくような話だった＝说得痛快）

❹ほかの動詞の前か後ろに用いる。

ⓐ 来＋動　何かをやろうという意志を表す。'来'がなくても意味に変わりはない。▶我~说两句（一言お話しいたします＝我说两句）▶你去打水，我~收拾屋子（君は水

をくみに行ってくれ，ぼくは部屋をかたづけるから）▶尽一切力量~完成计划（ありったけの力を出して計画を完遂する）▶大家想办法~解决（みんなで方法を講じて解決しよう）

ⓑ 動＋来　動が来る目的を示す。▶我们支援你们~了（私たちはあなたがたを支援しに来ました）▶他回家探亲~了（彼は家族に会いに帰って来た）

動結 来∥成 ▶大雪封山，他来不成了（大雪が山を埋めたため，彼は来られなくなってしまった）

来得〈不〉了 (liǎo) ▶他家里有事，来不了啦（彼は家に用事があって来られなくなった）

慣用句 越来越… 　時間の推移につれて程度が進むことを表す。▶越来越好（ときがたつにつれてますますよくなる）▶越来越坏（いよいよ悪くなる）▶越来越快（どんどん速くなる）▶问题越来越严重（問題はますますむずかしくなってきた）

【趨向動詞】❶ 動＋来［＋名］　名は動作の対象を示すものがふつうだが，ときとして動作の主体を示すものもある。動作が話し手の方向に向かうことを示す。▶一架飞机从远处飞~（飛行機が1機，遠くから飛んでくる）▶到底把你盼~了（待ちに待ったがとうとうやって来たね）▶他给我送~一部《希腊神话》（彼は私に『ギリシャ神話』を1部届けてくれた）▶我借了几本小说~（私は小説を何冊か借りて来た）▶那些资料今天拿得~拿不~？（あの資料は今日持って来られますか）▶四面八方都传~了喜讯（あちこちから吉報が伝わってきた）▶前面走~一群学生（前方から学生の1団がやって来る）

❷ 動＋得〈不〉＋来　融和できる〈融和できない〉：動詞は'谈・合・处'などの若干のものに限る。▶他们俩很谈得~（あの2人は話が合う）▶这两个人恐怕合不~（この2人はおそらくうまくいかないだろう）

—ある動作をなし遂げる能力がある〈ない〉ことを表す。名詞を客語にともなえる。▶这个歌我唱不～（この歌は私には歌えない）▶这道题我做得～（この問題は私にもできる）▶我吃不～这种菜（私はこういう料理はどうも食べられない）

❸ 動₁＋来＋動₂＋去　動作が何度も繰り返されることを表す。動₁と動₂は同じ動詞であるか、ときに類義・同義語である。慣用句になっているものもある。▶孩子们在操场上跑～跑去（子供たちはグラウンドをかけまわっている）▶蜜蜂在花丛中飞～飞去（ミツバチは咲き乱れる花の中を飛び交っている）▶想～想去，也想不出个好办法来（あれこれ考えたが、いい方法が思いつかない）▶研究～研究去，终于找出原因来了（繰り返し検討した結果、ついに原因を見出した）▶你说话怎么颠～倒去的？（どうして君は同じ事を何べんも繰り返ししゃべるんだね）▶翻～覆去，怎么也睡不着（何度も寝返りをうってみたがどうしても眠れない）

❹ '看来・说来・想来・听来・算来'を挿入句とする。推量あるいはある面に着目するという意味を表す。ここでの'来'はいずれも'起来'に置き換えられる。▶说～话长（話せば長いことになる）▶这个人看～年纪不小了（この人は見たところかなりの年齢だ）▶他的话听～很有道理（彼の言うことは聞いてみるともっともだ）▶春节想～你们一定过得非常愉快（たぶんあなたたちは旧正月を楽しく過ごしたことでしょう）▶据我看～，他会同意你的意见的（私の見るところでは、彼はきっとあなたの意見に賛成するよ）▶算～时间已经不短了，快有十年了（数えてみるともうだいぶになる、じき10年になるよ）

注意 すでに起こった事を表す助詞'来'（='来着'）と趨向動詞の'来'とは区別しなければならない。次の例文は助詞の'来'である。▶这话我多会儿说来？（私そんなこといつ言ったのかしら）▶你到哪里去来？（君はどこへ行ってたんだ）

来² ·lai

【助詞】概数を表す。ふつうその数に達しないことを表すが、ときにはやや上下の幅のあることを表す場合もある。

ⓐ 数詞の後ろ、量詞の前に用いる。数詞は10あるいは末位が10の2桁以上の数に限る（10以上の整数に使うことはできない）。▶二十～个人（20人前後）▶十～天时间（10日間ほど）▶四十～岁（40歳そこそこ）▶一共一百五十～件行李（全部で150ばかりの荷物）

ⓑ 度量衡を表す量詞の前に用いる。数詞は1桁でも2桁以上でもよい。'数＋来＋量'の後には必ず関連のある形容詞または名詞を置く。▶七斤～重（7斤ぐらいの重さ）▶五丈～高（5丈ほどの高さ）▶二尺～长（2尺ぐらいの長さ）▶三里～地（3里ほどの道のり）

注意 '十来斤重'と'十斤来重'は意味が異なる。前者は10斤より1～2斤多いか少ない場合だが、後者は10斤より1～2両少ない場合にのみ言える。

来³ ·lai　☞来着 lái·zhe

来⁴ lái　☞以来 yǐlái

来不及 lái·bují

【動詞】時間が切迫しているため、かまっていられない、もしくは手遅れである：後ろには動詞のみをともなう。▶时间晚了，～通知他了（もう遅いから今さら知らせても間に合わないよ）▶今天你～回去了，就在我这儿住一夜吧（君は今日はもう帰れないよ、ぼくんとこへ泊まりたまえ）▶要三思而行，将来后悔可就～了（よく考えてやらないといけないよ、あとで後悔しても追いつかないからね）

—前後に同じ動詞を繰り返せる。そのとき、'也・都'と組み合わせなければならない。

▶看也～看（見る間もない）▶想都～想（考えるひまさえない）▶说都～说（話す間もない）▶研究都～研究（研究する間もない）

注意 '来不及'と'没来得及'はいずれも'来得及'の否定型である。現在の状況を言うときは'来不及'を用いるが、'还没来得及'を用いてもよく、その場合は、まだ補いがつくという意味である。過去の状況を言うときは'没来得及'を用いるが、続けて叙述するときは'来不及'を用いてもよい。▶他已经动身，来不及问他了（彼はもう出発してしまったので、もう聞くわけにはいかなくなった）▶这件事我还没来得及问他呢（この事は彼にはまだ聞く間がなかったんだよ）▶那天走得急，没来得及告诉你（あの日は急いでいたので、君に言うひまがなかったんだ）▶他一看时间不早，来不及细问，骑上车就走了（彼は時間が遅く、詳しく聞くまもないとみると、すぐ自転車に乗って行ってしまった）

来的 lái·de ☞来着 lái·zhe

来得及 lái·dejí

【動詞】時間的にゆとりがあるので、…する余裕がある、…するのに間に合う：後ろには動詞のみをともなう。前にはふつう'还・都・也'を置く。▶不要着急，还～讲（あわてなくてもいい、まだ話す時間はある）▶这些问题都～处理（これらの問題を処理するだけの時間はある）▶～吗？――～，别着急（間に合うかい――間に合うよ、あわてなくていい）

注意 ☞来不及 lái·bují

来着 lái·zhe（来的・来³）

【助詞】文末に用いて、過去に何が起こったかを表す。《口》《×付》了・过▶你都忙什么～？（あなたは何がそんなに忙しかったんです）▶别告诉他我去游泳～（私が水泳に行っていたってこと、彼には言わないでね）▶他刚才还在这儿～，怎么一转眼不见了（彼は今しがたここにいたのに、あっという間にいなくなった）▶上个星期你是不是去香山～？（先週香山へ行きましたか）▶原来我有支这样的钢笔～，后来送给朋友了（ぼくは前にこういう万年筆を持ってたんだが、その後友だちにあげちゃったんだ）▶你忘了小时候爸爸怎么教育咱们～（子供のころ、父さんがぼくたちをどんなふうに教育したのか、おまえは忘れちまったんだな）

〘来的〙〘来³〙'来着'に同じ。'来'を単独で用いる用法は、近代中国語あるいは一部の方言の用法である。▶昨天老师怎么跟你们说来的？（昨日先生はあなたたちにどう言ったのですか）▶这话我多会儿说来？（ぼくそんなこといつ言ったかなあ）

比較 来着：过① '来着'は文末だけに用いられ、文全体を認定する。'过'は動詞の後ろにだけ用い、動詞の時間的範疇を示す。▶刚才老何找你来着（今しがた何さんが君を捜していたよ）▶刚才老何找过你（今しがた何さんが君を捜していたよ）② '来着'はすでに発生した事柄だけに用いるため否定形はない。'过'は発生していない事にも用いるため否定形がある。▶我没去过兰州（私は蘭州に行ったことはない ×我没去兰州来着）③ '来着'は文中に'谁・什么'を用いる疑問詞疑問文にしか使えず、ふつうの疑問文には使えない。'过'にはそういう制約はない。▶谁发言来着？（誰が発言していたんですか）▶他说什么来着？（彼は何て言ってたんですか）▶ ×他发言来着吗？▶ ×他说话没有来着？▶谁发过言？（誰が発言しましたか）▶他说过什么？（彼は何と言いましたか）▶他发过言吗？（彼は発言しましたか）▶他说过话没有？（彼は話をしましたか）④ '来着'を用いた文は述語動詞に動結形・動趣形を用いられないし、動詞の前に状態修飾句も置けない。'过'にはそうい

う制約はない。▶我拿书来着（私は本を持っていたんだ）▶ ×我拿走来着▶ ×我拿出去来着▶ ×我偷偷地拿来着▶我拿过书（私は本を手に取ったことがある）▶我拿走过（私は持って行ったことがある）▶我拿出去过（私は持ち出したことがある）▶我偷偷地拿过（私はこっそりと手に取ったことがある）

⑤文中に時間を表す語句がないときは，'来着'を用いた文はふつう近い過去に発生した事を指す。'过'を用いた文はずっと以前のことを表せる。▶我去天津来着（私は天津に行っていた：数日前）▶我去过天津（私は天津に行ったことがある：数年前のことでもよい）

懒得 lǎn·de

【動詞】（…することが）気がすすまない：必ず動詞客語をともなう。▶～问人（人にたずねる気がしない）▶～动笔（書くのがおっくうだ）▶天太热，实在～上街（暑いので，街に出るのがひどく大儀だ）▶嗓子疼，连水也～喝（のどが痛くて水も飲みたくない）▶这些闲事，我～管（こんなつまらない事に関わりたくない）

老¹ lǎo（老是）

【副詞】❶ずっと，いく度も。

ⓐ老+動▶别～开玩笑，说点儿正经的（いつまでも冗談言ってないで，少しまじめな話をしなさい）▶～给您添麻烦，真过意不去（いつもご面倒をおかけして，本当に申しわけございません）▶多好玩的地方，～去也就没多大意思了（どんなにおもしろい所でも，しょっちゅう行ってたらつまらなくなる）▶他～呆在家里，也不出去走走（彼はいつも家に閉じこもっていて出歩こうとしない）▶有话好好说，～嚷嚷干嘛？（話があるならちゃんと言いなさい，なぜわめいてばかりいるんです）

ⓑ老+形▶小芬的脸蛋儿～这么红（芬ちゃんのほっぺたはいつも赤い）▶山村的早晨，空气～这么新鲜（山村の朝はいつも実にすがすがしい）▶他对人～那么亲切，和蔼（彼は人に対していつも親しく接し，ものやわらかだ）▶这几天胃里～难受（ここ数日ずっと胃の具合がよくない）▶他～闲不住（彼はいつでもひまなときがない）

ⓒ老+四字句+的▶～喜气洋洋的（いつでもうれしそうな顔をしている）▶～红光满面的（いつも血色がいい）▶～愁眉苦脸的（いつも愁いを漂わせている）▶～嘻嘻哈哈的（しょっちゅうゲラゲラ笑ってばかり）▶你怎么～慢慢腾腾的？（君はなぜいつものろのろしているんだ）

ⓓ老+不〈没〉+動　期間が長いことを強調する。▶我跟他～没见了（彼とはずいぶん長いこと会っていない）▶早就想去拜访你，可是～没时间去（ずいぶん前からお訪ねしようと思っていたのですが，時間がありませんでした）▶这屋子～不住人，有股霉味儿（この部屋は長いこと人が住んでいないのでかびくさい）

❷老+形+的　程度が高いことを表す。形は単音節で積極的な意味を表すもののみ。▶～长的胡子（とても長いひげ）▶～大的年纪（かなりの年齢）▶河～宽～宽的（広い広い川）▶胳膊～粗～粗的（実に太い腕）▶太阳都～高的了，还不起来？（お日様がとっくに高く昇ったというのにまだ起きないのかい）

比較 老：总　☞总 zǒng

《老是》'老'に同じ。ただし'老'❷の用法はない。

老² lǎo

【接頭語】❶人あるいは動物を指す名詞の前に用いて，名詞を作る。この'老'には年齢が高いという意味はない。▶～虎（トラ）▶～鼠（ネズミ）▶～鹰（タカ）▶～鹏（ワシ）▶～百姓（民衆）

❷単音節の姓の前に置き，呼称として用いる。呼び捨てより親しみが加わる。▶～王（王さん）▶～李（李さん）▶～张（張さ

ん) ▶～徐（徐さん）

❸2から10までの数字の前に置いて，兄弟の長幼の順序を表す。'大'の前に置けば長子を表し，'幺（yāo）'の前に置けば末子を示す。▶～大（いちばん上の子）▶～三（3番目の子）▶～幺（末子）

老是 lǎoshì ☞老¹ lǎo

乐得 lèdé

【動詞】ある状況が自分の希望にちょうどかなっており，喜んですることを表す。必ず動詞・形容詞を客語にともなう。複文の中の後節に多く用いる。否定形と疑問形はない。▶人家一再留他，他也～多住几天（何度も引きとめられたし，彼も喜んで何日か余計に泊めてもらうことにした）▶你邀我郊游去，我正～一块儿去呢（ピクニックに誘ってくださるとは，喜んでご一緒しますよ）▶他不来，我～清静（彼が来ないなら，静かで私も具合がよい）

了 ·le

【助詞】¹'了'には2種類ある。'了₁'は動詞の後ろに用い，主として動作の完了を表す。動詞が客語をとるとき，'了₁'は客語の前に置く。'了₂'は文末に置き，主として事態に変化が起きたこと，あるいは今にも変化が起きることを認め，文を完結する働きを持つ。動詞が客語をとるとき，'了₂'は客語の後ろに置く。

❶動＋了₁＋客

ⓐふつう動作の完了を表す。▶我已经问～老汪（私はもう汪さんにたずねた）▶蔡老师早就看出～问题（蔡先生はとっくに問題点を見抜いていた）▶他接到电话，当时立即通知～小王（彼は電話を受けるとすぐその場で王さんに知らせた）▶我买～三张票（私はチケットを3枚買った）▶老陈来～一封信（陳さんが手紙を1通くれた）▶会议通过～关于加强精神文明建设的决定（会議は精神文明建設の強化に関する決定を採択した）

ⓑ文が完結せず，後節が続く場合。前の動作が完了してから，あとの状況が発生すること，あるいは前の状況があとの状況の仮定条件であることを表す。▶看～电影我就回家了（映画を見てからすぐ家に帰った）▶才换～衣服，你又弄脏了！（着替えたばかりだというのにおまえはまた汚しちまったのか）▶你吃～饭再去吧（食事をすませてから行きなさい）▶你做完～功课，我才让你替我去办这件事儿（勉強をすませたら私の代わりにこの用事をしに行ってもらう）

ⓒ文中に期間を表す語句があるときには2通りの状況がある。単文の場合は動作の開始から完了までの時間の長短（断続的な時間を加算した場合でもよい）を表す。▶他睡～一个钟头（彼は1時間寝た：すでに目を覚ましている）▶这段路我们走～四十分钟（この道のりを歩くのに私たちは40分かかった：すでに歩き終えている）▶这本书我大概看～四天（私はこの本を読むのにおよそ4日かかった：すでに読み終えた。続けて4日あるいは全部で4日かけて読んだ）▶他一共才念～两年大学（彼は大学では全部で2年しか勉強していない）

— こうした場合の期間を表す語句は動量詞あるいは物量詞（部分量）に置き換えてもよい。▶这课书我念～三遍（この課を私は3回読んだ：4回は読んでいない）▶这出戏我［只］看～一半（私はこの芝居は半分しか見てない：全部は見ていない）

ⓓ文が完結せず，後節が続くとき，前の動作が若干の時間続いたのち，あとの動作が始まったこと，あるいは何らかの状態が形成されたことを表す。動詞の前には，ふつう'刚・才'を付ける。▶你走～十分钟他就来了（彼はあなたが行って10分たってから来た）▶才吃～不到半个钟头就吐了（食べ終わって半時間とたたないうちにもう

吐いてしまった）▶她休息～两个月才上班（彼女は2か月も休んでから出勤した）▶她才唱～一句就唱不下去了（彼女はどうにか1節歌っただけでもうあとを続けることができなかった）▶我刚看～五分钟书你又来找麻烦了！（5分ほど本を読んだところだというのに，また君はじゃましに来たのか）

— ここでの期間を表す語句も動量詞あるいは物量詞（部分量）に置き換えてもよい。▶这课书我才念～三遍，还背不下来（この課は3回しか読んでいないので，まだ暗誦できない）▶这出戏我刚看～一半就让人叫走了（この芝居を半分見たところで，呼び出されてしまった）

ⓔ'是・姓・好像・属于・觉得・认为・希望・需要・作为…'のような，変化を示さず，したがって動作の完了を問題にする必要のない動詞に'了₁'を付けることはできない。▶ ×他已经属于～老一辈 ▶ ×我曾经希望～你去的

ⓕ動詞が経常的な動作を表すとき，'了₁'を付けることはできない。▶ ×我以前每天早上六点钟起～床

ⓖ動詞が客語となる場合，前にくる動詞に'了₁'を付けられない。▶ ×他答应～比赛→他答应比赛～（彼は試合に応じた）▶ ×他决定～明天动身→他决定明天动身～（彼は明日出発することに決めた）

ⓗ連動文・兼語文における'了₁'は，ふつう後にくる動詞に付ける。▶我去图书馆借～两本书（私は図書館で本を2冊借りた）▶刚才他打电话叫～一辆车（彼は今しがた車を呼ぶために電話をかけた）▶昨天请张老师给大家辅导～一次（昨日張先生にお願いしてみんなに補習をしてもらった）▶我已经叫他找来～一份参考材料（私はもう彼に参考資料を探して来てもらった）

— 連動文において前の動作が完了したのちに，やっとあとの動作が始まることを強調するときや，兼語文で前の動作の完了を強調するときには，'了₁'を前の動詞に付けられる。▶我们也找～一个旅馆住～一夜（私たちも旅館を見つけて1晩泊まった）▶临时组织～一些人去支援五车间（臨時に何名か組織して第5作業現場を支援しに行った）▶前天请～一位老专家来作～一个报告（おととい先輩の専門家を招いて話をしてもらった）

ⓘいくつかの動詞に付く'了₁'は動作によってある結果が生じたことを表す。これは動詞の後ろに付く'掉'とよく似ている。これらの動詞には次のようなものがある。'忘・丢・关・喝・吃・咽・吞・泼・洒・扔・放・涂・抹・擦・碰・砸・摔・磕・撞・踩・伤・杀・宰・切・冲・卖・还・毁' ▶卖～旧的买新的（古いのを売り払って新しいのを買う）▶扔～一个又一个（1つまた1つと捨てた）▶这一页我涂～两行（このページは2行塗りつぶした）

— この意味の'了₁'は命令文や'把'を用いた文に用いてもよい。また動詞の前に助動詞を付けられる。▶你饶～他吧！（彼を許してやれよ）▶你可以把它扔～（それ捨てていいよ）▶你应该忘～这件事（こんな事忘れてしまったほうがいいよ）

❷動+客+了₂ 事態に変化が起こった事を認める：客語は名詞でも動詞でも節でもよい。▶刮风～（風が吹き出した）▶小明也喜欢跳舞～（明さんもダンスが好きになった）▶他同意我去～（私が行くことに彼は賛成してくれた）

— 事態に間もなく変化が起こることを表すときにもよく用いる。前にはふつう副詞'快'あるいは助動詞が付く。▶吃饭～（ご飯ですよ）▶要下雨～（雨が降りそうだ）▶快放假～（もうすぐ休暇だ）▶你该回家～（君，もう帰らなくては）▶现在可以通知他来～（もう彼に来るように知らせていいよ）

❸動+了₁+客+了₂ 動作が完了し，また事態にも変化のあったことを表す（両者は本来密接な関係を持つ）。

ⓐ一般的な用例。▶我已经写～回信～

(私はもう返信を書いてしまった)▶这件事情我托～我们组长～(この件はぼくはもう組長に頼んじまったよ)▶我已经买～车票～(私はもう乗車券を買った)▶她两个女儿都进～大学～(彼女の娘は2人とも大学に入った)

ⓑ文中に期間を表す語句があるときは動作の開始から現時点までの経過時間を表すだけで,動作全体の完了は表さない。その動作はこれから継続していくかもしれないし,しないかもしれない。▶这本书我看～三天～,[还得两天才能看完/不想看下去了](私はこの本を3日読んだ[あと2日で読み終えることができる/もうこれ以上読みたくなくなった])▶我来～两年～,[已经很习惯了/该换换地方了](こちらに来てから2年になる[もうすっかり慣れた/そろそろ場所を換えなくては])▶他病～好些日子～,[老不见好](彼は病気になってからだいぶになる[が,一向によくならない])▶这块地种～三年棉花～,[明年该换种别的了](この畑には3年間綿を栽培した[来年はほかのものを植えなくては])
— ここでの期間を表す語句を動量詞あるいは物量詞に置き換えてもだいたい同じ意味を表す。▶已经念～三遍～,[再念两遍就行了/可以不再念了](もう3回読んだ[あと2回読めばよい/もう読まなくてもよい])▶已经看～一半～,[何不看完呢？/何必非看完不可呢？](もう半分読んだ[どうして読み終えないのだ/どうして読み終える必要があろうか])
ⓒ動詞が非継続的な動作を表すものである場合,'了₁'はふつう省略される。▶他已经报［～］名～(彼はもう申し込んだ)▶老何已经有［～］对象～(何さんにはもう恋人がいる)▶他已经到［～］北京～(彼はもう北京に着いた)▶去年我就满［～］三十岁～(私は去年満30才になった)▶关［～］收音机～吗？(ラジオは切ったかい)

❹動+了(客語をともなわない) この

'了'はふつう'了₂'あるいは'了₁₊₂'であるが,ときには'了₁'のこともありうる。

ⓐ動+了₂ 事態の変化のみを表す。動作の完了を表さない(未完了あるいは完了・未完了が問題とならない)。▶休息～(休んでいる；すでに休み始めた)▶他又哭～(彼はまた泣き出した；まだ泣いている)▶这道题我会做～(ぼくはこの問題ができるようになった)
— 事態がまもなく変化を生じることを表すときにもよく用いる。前にはふつう'快'あるいは'要・该・可以'などの助動詞を置く。▶休息～！(休憩だ：休憩してもよくなった,休憩の時間になった)▶来～！来～！(行くよ,行くよ：ぼく今すぐ行くよ)▶他们要走～(彼らはこれから行くところだ)▶水快开～(もうすぐ湯がわく)▶衣服快要破～(服がもう破れそうだ)

ⓑ動+了₁₊₂ 動作の完了を表すと同時に事態にすでに変化があったことを表す。前に'快・要'などを用いる事はできない。'已经'は用いてもよい。▶我已经吃～,别给我做饭了(もう食事はすませましたから,したくはなさらないでください)▶他已经来～,不用打电话了(彼はもう来たから,電話する必要ないよ)▶他把自行车骑走～(自転車は彼が乗って行ってしまった)▶这本书借出去～(この本は誰かが借りて行った)▶衣服洗干净～(服はきれいに洗った)

ⓒ動+了₁ 文が完結せず,後ろに節が続くとき,その動作の完了後,別の動作,あるいはある状態が現われることを表す。▶我听～很高兴(私はそれを聞いてとてもうれしかった)▶这张纸可以裁～糊窗户(この紙は切って窓の目張にできる)
— あとの状況に対する仮定条件も表せる。▶把衣服穿好～再走(身づくろいをすませたら出かける)▶工作做完～心里才踏实(仕事を終えてこそ安心できる)▶他看见～该多高兴！(彼が見たらさぞかし喜ぶことだろう)▶你早来～就好了(早く来れば

よかったのに）

❺ 形+了　形の後ろの'了'はある変化がすでに完了し新しい状況が出現したことを表すことができ，'了₁₊₂'と解すべきである。ただし，当面の状況にだけ着目しているときは'了₂'と解してもよい。▶孩子大～，做父母的也就轻松多～（子供が大きくなったので，両親もずっと楽になった）▶人老～，身体差～（年をとって体が弱くなった）▶头发白～，皱纹也多～（髪が白くなり，しわも増えた）▶这地方比以前热闹多～（ここは以前よりずっとにぎやかになった）

―ときには'形+了₂'は出現した状況を認めるのみで変化を表さないことがある。▶这个办法最好～（このやり方がいちばんいい）▶这双鞋太小～（この靴は小さすぎる）▶这出戏可好～（この劇は本当にすばらしい）

―'形+了₂'はこれから出現する状況を表すこともある。▶一会儿天就亮～（もうじき夜が明ける）▶头发快全白～（髪はじきに真っ白になるだろう）

❻ 動詞・形容詞述語文内に数量を表す語句（直接名詞を修飾するものは除く。多くが時量か動量を示す）を含む。これには2つのパターンがある。

① '了₁'のみをともない，動作（変化）の開始から完成までの時間・回数・分量を示し，一般に現在の状況とは関連がない。動作は終了し継続しない。ふつう節が後に続く。

② '了₁'と'了₂'の2つをともない，現在まで動作（変化）が連続あるいは重複した時間・回数・分量を示す。内容は現在に関わり，動作は継続することができ，独立した文となり，文中に'已经'を用いることが多い。

ⓐ 動／形+了₁+数量 ▶我在北京只住～半个月（私は北京に半月しか住んでいない）▶这本书我才看～一半（この本は半分しか読んでない）▶钟敲～三下，信号灯也亮～三下（鐘が3回鳴って信号も3回光った）▶这个月只晴～三天（今月は3日しか晴れていない）▶头发白～许多（髪がずいぶん白くなった）

―文が独立せず，節が後続する場合，前の動作が若干の間続いてから，後の動作が始まるか，ある状態が形成されることを示す。文中に'刚〈才〉…就'を用いることが多い。▶我才住～半个月她就催我回家了（半月だけ過ごしたところで，彼女に家に帰るよう催促された）▶刚练～一回他就来捣乱了（1回練習しただけで彼に邪魔された）▶我只唱～一句就忘了词儿了（1節歌っただけで歌詞を忘れてしまった）▶她休息～两个月才上班（彼女は2か月休んでようやく出勤した）

―いくつかの形容詞の場合，変化を示すのではなく，物の性質が基準からはずれていることを表す。▶这双鞋大～一号（この靴は1サイズ大きい）▶这件衣服短～点儿（この服はちょっと短い）

ⓑ 動／形+了₁+数量+了₂　動詞（特に終了の意味を含むもの）の後ろの'了₁'は省略できる。▶我在北京已经住［～］半个月～，［再过几天就要走了］（私は北京でもう半月過ごした［あと数日したら離れる］）▶已经念［～］好几遍～，［再念两遍就可以不念了］（もう何回も読んだ［あと2回読んだらもう読まなくてよい］）▶已经晴～三天～（もう3日晴れが続いている）▶他现在头发白～许多～（彼も今では髪がずいぶん白くなった）▶这孩子又高～一寸～（この子はまた1寸背が伸びた）

―終了の意味を含む動詞が時間を示す語をともなうときは，動作の完了から現在までに経過した時間を示す。動作の構造が 動+客 であれば，'了₁'は省略することが多い。▶他来～两年～（彼が来て2年になる）▶他爷爷已经死～几十年～（彼の祖父が亡くなってもう何十年もたつ）▶春节过去［～］半个月～（春節が過ぎて半月になる）▶大会结束［～］好几天～（大会が終わって何日もたった）▶他们结婚三

年～（彼らは結婚して3年になる）▶他出国两次～（彼は2回出国した）
ⓒ動+了₁+数量+客 我一共才念～两年大学（私は合わせても2年間しか大学で勉強していない）▶我叫～几声老王，没人答应（何回か王さんを呼んだが，誰も返事をしない）▶我说～他几句，就走了（私は彼をちょっとばかり叱ってすぐ帰った：この文の客語は数量詞の前に出る）
ⓓ動+了₁+数量+客+了₂ ▶我教～二十年书～（私は教鞭をとって20年になる）▶我已经说～他好几回～（彼にはもう何回も言っているのに：客語は前に置かれる）
ⓔ動+客+動+了₁+数量 ▶我教书教～二十年，深知其中甘苦（私は教師になって20年，その苦楽は知り抜いている）▶我排队排～好几次才买到这本书（何回も並んでやっとこの本を買った）
ⓕ動+客+動+了₁+数量+了₂ ▶我教书教～二十年～，这种情况还是第一次遇到（私は教師になって20年になるが，こんなことは初めてだ）▶我排队排已经排～三次～，可还是没买上（もう3回も並んだがそれでも買えなかった）
ⓖ客+動+了₁+数量+了₂ ▶你英语已经学～三年～，这点儿事情还难得倒你？（君はもう3年も英語を勉強しているのに，こんなことで困るなんて）▶冷水澡我已经洗～十年～（冷水浴はもう10年続けている）

❼名詞や数量詞に'了₂'を加え，すでに起こった，あるいはもうすぐ出現する新たな状況を表す。
ⓐ名+了₂ 変化を表す動詞が文中に隠れている。▶春天～（春だ＝已经是春天了）▶中学生～，还这么淘气（中学生になったのに，まだこんなにいたずらなの＝已经当上中学生了）▶快月底～，报表该汇总了（もうすぐ月末だから，报告表を取りまとめなければ＝快到月底了）
ⓑ数量+了₂ 動詞'有'が文中に隠れている。▶半个月～，还没来回信（半月たったのにまだ返事が来ない＝已经有半个月了）▶四十岁～（40歳になった＝已经有四十岁了）▶已经一百个～（もう100個になった＝已经有一百个了）▶五十斤～，够了（50斤になった，十分だ＝已经有五十斤了）

❽'了'に関係のある否定形と疑問形。
ⓐ否定'没'。
― '了₁'の否定には動詞の前に'没'を置く。▶采取～措施：没采取措施（措置を採った：措置を採らなかった）▶我喝～点儿酒：我没喝酒（少し酒を飲んだ：酒を飲まなかった）▶吃～饭就去：没吃饭就去了（食事をしたらすぐ行く：食事をせずに行った）
― '了₁'と'了₂'が同時に存在する場合，否定形は'没…呢'を用いることが多い。▶买～词典：还没买词典呢（辞書を買った：まだ辞書を買ってない）▶我已经问～老曹～：我还没问老曹呢（もう曹さんに尋ねた：まだ曹さんに尋ねてない）
― 新たな状況が出現したことを示す'了₂'を否定するときには'没…［呢］'を用いる。▶休息～：还没休息［呢］（休憩している：まだ休憩していない）▶老～：没老（老けた：老けてない）
― もうすぐ出現しそうな状況を示す'了₂'を否定するときには'不…［呢］'を用いる。▶我想走～：我还不想走［呢］（帰ろうと思う：まだ帰るつもりはない）▶他快去上海～：他还不去上海呢（彼はもうすぐ上海に行く：彼はまだ上海に行かない）
― 数量を表す語句（物の量・動作の回数・時間）がある場合，動作全体を否定するには'一……也〈都〉没…'を用いる。▶生～三天病：一天病也没生（3日間病気をした：1日も病気をしていない）▶买～三本小说：一本也没买（小説を3冊買った：1冊も買っていない）
― 数量のみを否定するには'没'あるいは別の語を用いる。▶走～三天［了］：走～没有〈不到，不止〉三天（出かけて

3日になる：出かけて3日たっていない)
▶我买～三本：我没买三本，只买～一本（3冊買った：3冊は買っていない，1冊しか買っていない)

— 連動文や兼語文の'了₁'を否定するには，最初の動詞の前に'没'を置く。▶打电话叫～一辆车：没打电话叫车（電話をかけて車を1台呼んだ：車を呼ぶための電話はかけなかった)▶叫他找来～一份材料：没叫他找材料（彼に資料を探させた：彼に資料を探させなかった)

— '没'を用いた否定文の動詞の後ろには'了'を置けないのが普通だが，'掉'の意味に近い'了₁'の場合，置くことができる。▶幸亏没扔～它，今天又用上了（それを捨てなくて幸いだった，今日また役に立った)

— '没'があり'了'もある文は，ほかに'没+動'の後に'了₂'を置くものがある。▶好些天没见到张老师～（何日も張先生に会っていない)

ⓑ否定'不'。

— 文中に'了'と'不'が共存することがあり，2つの場合がある。1つは'不+動'の後ろに'了₂'を置いて，もとの計画や傾向を変えたために新たな状況が生まれたという意味を含む。▶任务紧，明天不休息～（仕事が忙しいから明日は休まないことにした)▶进了工厂了，不上学～（工場に入ったから学校は辞めた)

— もう1つは'不'で'了₁'を否定するが，事実の否定ではなく，仮定上の否定にすぎず，'如果不…'の意味である場合。こうした文の'了₁'は省略できる。▶事情不讲清楚［～］不行（物事ははっきり話さなくてはだめだ)▶功课不做完［～］心里不踏实（勉強を終えないと安心できない)

ⓒ否定'别'。

— 文中に'了'と'别'が共存する場合があり，次の2つに分けられる。1つは'{别+動}+了₂'で，相手が今やっている動作を止めさせる意味を表す。もう1つは'别+{動+了₁}'で，相手にあることをさせないようにする意味を表す（この場合の'了₁'は'掉'に近い)。

— {别+動}+了₂▶别想～（もう考えるな)▶扔够～，别扔～（十分捨てたんだ，もう捨てるな)▶你喝了不少了，别喝～（君ずいぶん飲んだんだよ，もう飲むな)

— 别+{動+了₁}▶别忘～（忘れないで)▶有用，别扔～（役に立つんだから，捨てないで)▶这酒是给老白的，你别喝～（この酒は白さんのだ，飲むなよ)

— ちなみに，'形+了₂'の否定に'不'を用いることもできる。たとえば人が'我老了'と言った場合，多くの場合'不老，不老'と返事をするであろう。

ⓓ疑問 '…没有？'

— '了'を用いた文を疑問文にするには，原則としてもとの文末に'没有'を加え，文中の'了'はそのままにしておく。しかしもとの文に2つ'了'がある場合には通常'了₁'か'了₂'のどちらかだけ残す。もとの文に'了'が1つしかなくても，その位置を変えることが多い（動詞が別の要素を伴わない場合)。▶买～词典～：买～词典～没有？（この形は少ない）（辞書を買いましたか）=买～词典没有？=买词典～没有？=［词典］买～没有？▶发～通知：发～通知没有？（通知を出しましたか）=发通知～没有？=［通知］发～没有？▶休息～（休憩しました／休憩だよ)：休息～没有？（休憩しましたか）

【助詞】² 同類の並列成分の後ろに'了'を付け，列挙を表す。'啊'に相当する。'啦'と書くことが多い（発音は le のまま)。▶什么菱角～、莲蓬～、荸荠～、藕～，那里应有尽有（ヒシの実や，ハスの実，クロクワイ，レンコンと，あそこには何でもある)▶花～草～他都喜欢（花や草などは彼は何でも好きだ)▶什么吃～，喝～，玩～，他一概不感兴趣（食べたり，飲んだり，遊んだりなどには，彼はまったく興味

がない)

注意 '了'を動趣形に用いる場合については、「動趣形動詞関連文型表」参照。

比較 了：过 ☞过² ・guo

类似 lèisì

【動詞】比較する２項がだいたいにおいて似通っている：述語になる。名詞的あるいは非名詞的客語をともなえる。▶这道题和书中的例题～（この問題は本の例題に似ている）▶太原的柳巷～北京的大栅栏（太原の柳巷は北京の大栅欄と似ている）▶这种动物的生活习性～水獭（この動物の生活習性はカワウソに似ている）▶他刚才说的话～开玩笑（彼がさっき話したことは冗談のようなものだ）

━ 类似＋于　比較する事項を導く。▶这里的气候～于昆明（ここの気候は昆明に似ている）▶这里的街道格局～于西安（ここの通りの構造は西安に似ている）

【形容詞】だいたい似ている。

ⓐ述語になる。２つの事物を比べるのに用いる。'和〈跟、与〉＋客'の後ろに用いる。程度副詞の修飾を受けられる。▶这次洪水和50年前的那次洪水有些～（今回の洪水と50年前のとはいくらか似たところがある）▶这里住宅的格局与北京的四合院非常～（ここの住宅の構造と北京の四合院とはとてもよく似ている）▶两座庙宇的建筑风格相～（２つの廟の建物の風格は互いに似通っている）

ⓑ名詞の前に置き，名詞を修飾する。▶～事件不能再发生（類似の事件を再び起こしてはならない）▶避免～情况发生（類似の状況の発生を避ける）▶～的现象还不少（似たような現象はまだ多い）▶不要再犯～的错误（似たような間違いを繰り返してはならない）

离 lí

【動詞】❶離れる，分かれる：《付》了・过　必ず名詞客語をともなう。▶～职回乡（退職して故郷に帰る）▶已经～了婚了（すでに離婚した）▶他长这么大没～过家（彼はこんなに大きくなってもまだ家を離れたことがない）▶拳不～手，曲不～口，非勤学苦练不可（拳を習えば常にこぶしを握り，歌を学べば常に口を動かすというほどに，絶えず刻苦勉励しなければならない）

❷…を欠く，…がない：必ず《付》了　必ず名詞客語をともなう。文頭に'离＋客'を用いると仮定の意味を持つ。▶～了钢铁，工业就不能发展（鉄鋼なくして工業の発展はない）▶～了眼镜，我简直跟瞎子一样（めがねがないとまったく目が見えないも同然なんです）▶别以为～了你就不行（君がいなくてはだめなんて思ってはいけない）

❸へだたる，かけ離れる：《付》着　必ず非受事客語（動作の対象とならない）をともなう。

ⓐ場所を示す。名詞客語をともなう。▶～学校不远了（学校に近づいた）▶他俩只～着两三步（あの２人は２〜３歩離れているだけだ）▶天津～北京近，石家庄～北京远（天津は北京から近い，石家荘は北京から遠い）▶天津～北京一百二十公里（天津は北京から120キロある）

ⓑ時間を示す。名詞・動詞を客語にともなう。▶～中秋只有两天了（中秋節まであと２日しかない）▶～开车还有两小时（発車までまだ２時間ある）▶～出发不到十分钟了（出発の時刻まであと10分足らずだ）

ⓒ目的を示す。名詞客語をともなう。▶我们的工作～实际需要还差得远（私たちの活動はまだまだ現実の要求からかけ離れている）▶我的成绩～老师的要求还有距离（ぼくの成績は先生の要求にはまだほど遠い）

動結 离得〈不〉了（liǎo）離れることができる〈できない〉，欠かすことができる〈できない〉。

ⓐ▶孩子才两岁，哪儿离得了大人？（子供はわずか2歳だ，どうして大人の手を離れられよう）
ⓑ▶我的英语还不行，～不了字典（私の英語はまだまだです，字引きが手放せないんですから）

里 lǐ（里边・里面・里头）

【方位詞】一定の範囲内。
❶名詞と同じように用いる。
ⓐ単独で用いる。いくつかの固定形式に限る。▶～应外合（内外呼応する）▶由表及～（表面から内面へ）▶人群～三层，外三层，围得水泄不通（人垣は内側に3重，外側にも3重と，水ももらえないほどだった）
ⓑ介+里　介は'往・朝・从・由・向'のみ。▶往～走（中の方へ行く）▶朝～看（中を見る）▶从～到外（中から外まで）▶由～往外推（中から外へ押す）
❷名+里
ⓐ場所を示す。▶城～（市中）▶树林～（林の中）▶房间～有人（部屋の中に誰か人がいる）
ⓑ時間を示す。▶夜～（夜中）▶假期～（休暇中）▶上个月～他来过一次（彼は先月1度来た）
ⓒ範囲を示す。▶话～有话（言外に意味がある）▶他的发言～有这方面的内容（彼の発言には，その点も含まれている）▶主席团成员～有老周（議長団には周さんも入っている）
ⓓ機関・機構を表す単音節の名詞に付くときは，機関・機構を指す場合と，その所在地を指す場合とがある。'家'に付くときは，その家族またはその場所を指す。▶向县～汇报情况（県に状況を報告する：機関）▶从县～来（県から来る：場所）▶厂～要我马上去厂～一趟（工場から私にすぐに工場に来いと言ってきた：前の「工場」は機関，後の「工場」は場所）▶他住在机关～（彼は事務所で寝泊まりしている：場所）▶家～来信了，叫你回去（帰るようにって家から手紙が来たよ：人）▶我从家～来（私は家から来ました：場所）
ⓔ人体の部分を表す若干の名詞に付く。具体的な部分を指す場合と抽象的なものを指す場合とがある。▶手～拿着一封信（手に1通の手紙を持っている：具体的）▶手～收集了一些材料（手もとに少しばかり資料を集めた：抽象的）▶嘴～含着药片（口に錠剤を含んでいる：具体的）▶嘴～不说，心～有数（口には出さないが，心の中ではよくわかっている：抽象的）
❸形+里　方向・方面を示す。形は若干の単音節の形容詞のみ。▶朝斜～拉（はすに引っぱる）▶往好～想（いいほうに考える）▶往少～说，也有七、八次（少なくとも7～8回はある）▶横～看，竖～瞧，总觉得有点不合适（横から見ても，縦から見ても，どうもぴったりしない）
❹里+名　形容詞に近い。名は単音節の名詞のみ。▶～圈（内側の輪）▶～屋（奥の部屋）▶～院（中庭）

〖里边〗①基本的には'里'❶❷の用法に同じ。単独に用いることも比較的自由である。▶里边有人（中に誰か人がいる）▶打开抽屉，里边全是画片（引き出しを開けると，中は絵のカードばかりだった）▶到里边坐（中に入って腰を降ろす）▶向厂里边汇报工作（工場に仕事の報告をする）▶心里边非常高兴（とてもうれしい）▶里边房间比较小（奥の部屋はやや小さい）
—ふつう単音節の語とは組み合わせない。後ろに'的'を付けられる。▶里边屋子▶里边的屋子（奥の部屋 ×里边屋）
②前に'最・更・稍微'などの程度副詞を付けられる。位置の遠近を表す。▶一进大院门就是我家，稍微里边一点儿是老张家，最里边是老陈家（中庭の門を入ったところが私の家で，ちょっと奥が張さん，いちばん奥が陳さんの家です）

〖里面〗〖里头〗'里边'に同じ。話し言葉では'里头'を多く用いる。

里边 lǐ·bian ☞里 lǐ

里面 lǐmiàn ☞里 lǐ

里头 lǐ·tou ☞里 lǐ

理想 lǐxiǎng

【名詞】未来の事物に対する想像あるいは希望（根拠のある，合理的な内容を指す場合が多く，空想や幻想とは異なる）。
ⓐ主語になる。▶~终于实现了（理想がついに実現した）▶他的~是当一名艺术家（彼の理想は芸術家になることだ）▶我的~已成为泡影（私の理想ははかなく消えてしまった）▶我们共同的~是成为对国家有用的人才（私たち共通の理想は国家に役立つ人材になることだ）
ⓑ客語になる。▶每一个人都应该有崇高的~（1人1人が崇高な理想を持つべきだ）▶从小就要树立远大的~（小さいときから遠大な理想を抱くべきだ）▶当一名人民教师是我的~（人民のための教師になることが私の理想だ）▶为国家贡献全部力量是他的~（国家にすべての力を捧げるのが彼の理想だ）

【形容詞】希望に合致する，人を満足させる：程度副詞または否定の副詞の修飾を受けられる。▶~世界（理想の世界）▶这是最~的地方（ここは最も理想的な場所だ）▶这是通往~境界的必由之路（これは理想の境地に至るには避けて通ることのできない道だ）▶他是张小姐~中的白马王子（彼は張さんの理想の王子様だ）▶这个设计方案还不很~（この設計案はまだ満足できる内容ではない）▶如果他们都来参加，那就更~了（もし彼らがみんな出席するならより望ましい）▶这次展览十分~（今回の展示会は十分満足のいくものだ）▶这项研究工作要是由他来主持那就太~了（この研究は彼が中心になって進めてくれるなら願ってもない）

ⓐ述語になる。▶今年的销售情况很~（今年の販売状況はとても理想的だ）▶近几年的身体状况不太~（ここ数年，身体の調子があまり思わしくない）
ⓑ定語になる，しばしば'的'をともなう。▶北戴河是个比较~的避暑地方（北戴河は理想的な避暑地だといえる）▶找个~的学习环境很不容易（理想的な学習環境を見つけるのは容易ではない）▶这是个~的方案（これは理想的な計画だ）▶要完成任务，小李是~的人选（任務を成功させるには，李くんは最適な人選だ）
ⓒ'感到・觉得・认为'など感覚・知覚を表す動詞の客語となる。▶不管怎样修改，这项设计他总觉得不太~（どう手直しするにしろ，彼はこの設計をあまり満足できるものではないと思っている）▶这里的条件不错，张总也认为比较~（ここの条件は悪くない，張社長もかなり理想的だと思っている）▶全班的学习成绩提高了很多，但王老师总感到还不~（クラス全体の成績はずっとよくなったが，王先生はまだ満足できる状態ではないと思っている）
ⓓ補語になる，しばしば'得'を用いる。▶今年的研究生招得还比较~（今年の大学院生の応募状況はかなり理想的だ）▶这幅画儿画得还算~（この絵はわりとうまく描けている）▶今年期末孩子考得不~（うちの子の今年の学期末試験の成績はあまりよくなかった）
ⓔ是+理想+的▶这个方案是最~的（このプランが一番理想的だ）▶祥子这个角色由他担任是非常~的（祥子の役は彼がやるのが理想的だ）

立即 lìjí ☞立刻 lìkè

立刻 lìkè （立即）

【副詞】ある時間にすぐ引き続いて起こることを表す：ただちに。
ⓐ立刻+動▶接到命令~出发（命令を受けたらただちに出発する）▶铃声响过，教

室里～安静下来（ベルが鳴ると，教室の中はたちまち静かになった）▶请他～来（彼に今すぐに来てもらう）▶听到这句话，同学们～鼓起掌来（学生たちはこの話を聞くとすぐさま拍手をした）

ⓑ立刻＋状態変化を表す形容詞▶一提到结婚，他的脸～红了（結婚のことを言い出すと，彼はたちまち顔を赤くした）▶会场上～活跃起来（会場はすぐに活発になった）

[注意]'立刻'と'立即'は共に副詞で，意味と用法は基本的に同じである。違いは'立刻'は書き言葉・話し言葉共に用いるが，'立即'は書き言葉に多く用いるところにある。

历来 lìlái ☞从来 cónglái

例如 lìrú

【動詞】例をあげるときに用いる。次に述べることが，前に述べた人や事柄の例であることを表す。

ⓐ文の後ろのほうに列挙する。▶田径运动的项目很多，～赛跑、跳高、跳远、掷铁饼、掷标枪等（陸上競技の種目は多い。例えば徒競走・走り高跳び・走り幅跳び・円盤投げ・槍投げなどがある）▶有的动物感觉灵敏，～，蝙蝠就能在黑暗中辨别方向（ある動物は感覚が非常に鋭い。例えばコウモリは暗闇の中で方向を識別できる）▶这几年他学会了不少手艺，～修手表，安装收音机等等（ここ数年の間に彼はいろいろな技術を身に付けた。例えば腕時計の修理やラジオの組み立てなどである）

ⓑ文の途中で例をあげる。挿入句とする。▶许多危害人民健康最严重的疾病，～血吸虫病，现在也有办法对付了（人々の健康を損なう数々の難病，例えば住血吸虫病なども，現在では対処できるようになった）▶参加设计工作的，～张平光、王利华等，都是有经验的工程师（設計にたずさわった人たち，例えば張平光・王利華らはいずれも経験豊かな技師である）▶兴修水利，～建筑水库或者开凿运河，都有大量的土方工程（水利事業，例えばダムとか運河を通すといった工事には，いずれも大がかりな掘削工程がある）

[比較] 例如：比如 ☞比如 bǐrú

俩 liǎ ☞两 liǎng

连 lián

【副詞】続けて，繰り返し：ふつう動詞の後ろには数量を表す語句がある。▶词儿～写（単語を続けて書く）▶老张一面听，一面～～点头（張さんは聞きながらしきりにうなずいていた）▶我们～发了三封信去催（私たちはたて続けに3通手紙を出して催促した）▶这个剧～演了五、六十场，很受欢迎（この劇は50～60回連続公演し，たいへんな人気を博した）

— 単音節の動詞のみを修飾する。2音節の動詞の前には'接连・连着・一连'を用いる。▶接连〈连着〉演出了一个月（1か月連続公演した）▶一连整理了三天（3日間続けて整理した）

【介詞】❶関連のあるほかのものも排除せず包含することを表す。▶～根拔（根こそぎ抜く）▶苹果不用削，～皮吃（リンゴは皮などむく必要はない，皮ごと食べられる）▶干脆～桌子一起搬走（いっそのこと机も一緒に運んでしまおう）

❷包括する，勘定に入れることを表す。

ⓐ文中には必ず数量を表す語句をともなう。ときには動詞を省略できる。▶这次～我有十个人（今回はぼくも入れて10人いる）▶～今天是五天（今日で5日目だ）▶～皮一共十斤（風袋ぐるみ10斤）

ⓑ'连…'は主語の前に置ける。ポーズを置く。▶～刚才那一筐，我们一共抬了四筐（さっきの1かごも入れて，我々は全部で4かごかついだ）▶～新来的小张，我们才五个人（新しく来た張さんを入れてや

っと5人だ)

❸連…帯…

ⓐ前後2つの項目を包括することを表す。名詞や動詞と組み合わせる。主語の前に置ける。ポーズを置いてもよい。▶~人带马都来了(人も馬も全部そろった)▶~皮带卖差不多一百斤(風袋ぐるみでおよそ100斤です)▶~洗澡带理发，总共花了十五元钱(入浴から理髪まで、全部で15元かかった)▶~种子带口粮带储备粮，你们一共留了多少？(種用から日常消費用や備蓄用の食糧まで入れて、全部でどのくらいとっておきましたか)

ⓑ2つの動作が同時に発生することを表す。2つの動作の前後関係は問わない。性質のよく似た2つの単音節の動詞と組み合わせて用いる。▶他~说带唱地表演了一段(彼は歌を入れたり語りを入れたりしながら、ひとくさり演じた)▶孩子们~蹦带跳地跑了进来(子供たちはぴょんぴょん飛びはねながら駆け込んできた)

❹強調を表す：'连…'のあとに'都・也・还'などを用いて呼応させる。'连'の前にさらに'甚至'を付けてもよい。

ⓐ连+名 ▶~我都知道了，他当然知道(私でさえ知っていたんですから、彼はもちろんわかってるよ)▶门前有棵桂花树，~里屋都香了(門の前にモクセイの木があり、奥の部屋までいい香りがする)▶他~饭也没吃就走了(彼はご飯も食べずに行ってしまった)▶甚至~荒山野岭上都种满了果树(人気のない深山にも果樹がびっしりと植えられていた)

注意 '连'の後にくる名詞は、主語であっても、前置客語であっても、その他の成分であってもよい。そのため、文全体の動作の主体主語あるいは動作の対象の受事客語が省略されると、文に両義性を生じる可能性がある。▶连我也不认识(私でさえ彼を知らない＝连我也不认识他；彼は私らも知らない＝他连我也不认识)

ⓑ连+动 述語は否定形のみ(前後が同じ動詞のときもある)。▶~下象棋都不会(将棋さえもできない)▶~看电影也没兴趣(映画を見る気さえしない)▶这么大的工程，过去我~见都没见过(こんな大きな工事はこれまで見たこともない)

ⓒ连+节 节は疑問代詞あるいは不定数詞で構成する節に限る。▶~他住在哪儿我也忘了问(彼がどこに住んでいるかさえも聞き忘れた)▶~这篇文章改动了哪几个字他都记得(この文章のどの字を直したかを彼は覚えている)

ⓓ连+数量 数詞は'一'のみ。述語は否定形に限る。▶最近~一天也没休息(最近は1日も休んでいない)▶屋里~一个人也没有(部屋には1人もいない)▶你见了他怎么~一声都不吭？(君、彼に会ったのにどうして声もかけないんだ)▶他家我~一次都没去过(彼の家には1度も行ったことがない)

连忙 liánmáng (忙)

【副詞】人の行為・動作が迅速である、あるいは差し迫っている、急いで、あわただしく：ふつう平叙文と描写文の中にのみ用いられる。▶看到客人已经坐下，她~端上茶来(客がもう腰かけているのを見て、彼女は急いでお茶を運んで来た)▶他~从床上爬了起来(彼は急いでベッドから身を起こした)▶他~跑过来，紧紧握住了爸爸的手(彼は急いで走ってくると、父親の手を固く握り締めた)▶听到这里，他~点头，表示同意(そこまで聞くと、彼は急いでうなずき、同意を表した)

〘忙〙用法は'连忙'に同じ。

连同 liántóng

【接続詞】「内に含む、中に数え入れる」意味を表す：…も一緒に、…と。

ⓐ文中にはふつう数量句を含む。▶今年~去年下半年，公司赢利一千八百万元(今年と去年の下半期を合わせて、会社は1800万元の利潤をあげた)▶一班全体~

二班的部分同学，一共去六十五人（1組の学生全員と2組の一部，合わせて65人が行く）▶存款～利息共有多少钱？（預金は利息と合わせていくらですか）▶上月～本月第一个星期，我一共出勤三十二天（私は先月と今月の第1週で，全部で32日出勤している）
ⓑ'连同'は主語の前に置くが，主語との間にはポーズを置く。▶～刚才那一碗，他一共吃了三碗（今の1杯を入れて，彼は全部で3杯食べた）▶～上月结余，你手里现在有多少钱？（先月の残高を含めて，君の手元には今いくらありますか）▶～那几个女同志，我们共来了一百人（あの数人の女性を含めて，我々は全部で100人来た）▶～路那边的树，我们一共栽了五百棵树（道の向こう側の木も入れて，我々は全部で500本の木を植えた）

两 liǎng（倆）

【数詞】❶数字の2：'两'と'二'の用法は次の点で異なる。
ⓐ1桁の数に一般の量詞が付くときは'两'を用いる。▶～个人（2人）▶～本书（2冊の本）▶增加～倍（2倍増）▶去了～次（2度行った）▶一年零～个月（1年2か月）
— 2桁以上の数の一の位には'二'を用いる。▶三十二（32）▶一百零二次（102回）▶五千八百六十二元（5862元）
ⓑ中国旧来の度量衡の単位には'两''二'どちらを用いてもよい。'二'のほうが一般的。重量単位'两'の前では'二'のみ用いる。▶～亩〈二亩〉（2ムー）▶～升〈二升〉（2升）▶～尺〈二尺〉（2尺）▶～丈〈二丈〉（2丈）▶～斤〈二斤〉（2斤）▶二两酒（2両の酒 ×两两酒）
— 外来の新度量衡の単位にはおおむね'两'を用いる。▶～吨（2トン）▶～公里（2キロメートル）▶～英尺（2フィート）▶～米〈二米〉（2メートル）

ⓒ'十'の前は'二'のみを用いる。'百'の前ではふつう'二'を用いる。▶二十（20）▶一百二十五（125）▶二百五十块〈两百五十块〉（250元）
— '千・万・亿'の前では'两'を多く用い'二'は少ない。▶～千元〈二千元〉（2000元）▶～万四千八（2万4800）▶～亿人民币（2億人民元）
— 位の大きい数で首位より下の'百・千・万'には'二'を用いる。▶四亿二千万（4億2000万）▶三万二千人（3万2000人）▶五千二百元（5200元）
ⓓ序数・小数・分数には'二'しか用いない。▶第二（第2）▶二哥（次兄）▶二月（2月）▶零点二（0.2）▶三十六点二（36.2）▶二分之一（2分の1）▶三分之二（3分の2）
— '半［儿］'の前では'两'を用いる。▶分成～半儿（半分に分けた）
ⓔ数字として読む，および数字に使い，量詞と連用しないときは'二'を用いる。▶一，二，三，四（1，2，3，4）▶一加一等于二（1＋1＝2）▶一元二次方程（一元二次方程式）
❷いくつかの対を成す親族関係を指す。▶～夫妻（夫と妻）▶～弟兄（兄と弟）▶～姐妹（姉と妹）▶～兄妹（兄と妹）▶×～父母
❸「両者」「双方」の意味を表す。《書》または固定した形式に多く用いる。▶～便（双方共に都合がよい）▶～利（双方に利益がある）▶～全其美（両方とも何もかもうまくいく）▶～相情愿（双方合意である）▶势不～立（2者並び立たず）▶～～相对（2つずつ相対する）
❹2から9までの不定数を示す。'几'にあたる。▶过～天再说（2～3日してからのことにしよう＝过几天再说）▶我说～句（少しお話しします＝我说几句）▶你真有～下子（君は本当に腕がいい＝你真有几下子）

〘俩〙'两个'に同じ。北京語の話し言葉で

は'两个'の音がつまって'俩 liǎ'となることが多い。▶俩人〈两个人〉（2人）▶俩馒头〈两个馒头〉（マントウ2つ）▶弟兄俩成绩都很好〈弟兄两个…〉（兄弟2人とも成績がよい）

了 liǎo

【動詞】❶終了する，終結する：《付》了(·le) 名詞客語をともなえる。▶这件事已经~啦（この件はもうケリがついた）▶这才~了一桩心事（これでやっと心配事がかたづいた）▶我们得抓紧把这案子~了（私たちは早くこの事件に決着をつけなければならない）
ⓐ客語は'事情・事儿・心事・活儿・工作・差事・案子・公案'などのいくつかの名詞に限る。
ⓑ否定には'没'を用いる。▶这事儿还没~（この事はまだ終わっていない）
━ '不'を用いるときには次の固定形式に限る。▶不~~之（うやむやに処理してしまう）▶这事儿不~不行（この件はかたづけてしまわないといけない）
❷動補形の結果を示す要素となる。必ず'得・不'をともなう。
ⓐ動詞の後ろに置き，動作実現の可能性に対する推測を表す。▶吃得〈不〉~（食べきれる〈食べきれない〉）▶赢得〈不〉~（勝てる〈勝てっこない〉）▶去得〈不〉~（行ける〈行けない〉）▶跑得〈不〉~（走り通せる〈走りきれない〉）▶发现得〈不〉~（発見できる〈発見できない〉）▶这事儿了得~了不~？──了不~了(·le)！（この仕事はやりおおせるかね──やりおおせないだろう）
ⓑ形容詞の後ろに置き，性状の変化に対する推測を表す。否定形・肯定形ともに用いる。▶这病好得〈不〉~（この病気は治るだろう〈治らないだろう〉）▶衣服干得〈不〉~（服は乾くだろう〈乾かないだろう〉）▶半小时内饭熟得〈不〉~（ご飯は半時間以内に炊きあがるだろう〈炊きあがらないだろう〉）
ⓒ形容詞の後ろに置き，性状の程度に対する推測を表す。ふつう否定形で用いる。肯定形は疑問文だけに用いる。▶这箱子轻不~（この箱は軽いはずがない）▶小河的水深不~（小川の水は深いはずはない）▶真的假不~，假的真不~（本物はあくまで本物だ，にせものはしょせんにせものだ）▶走大路远不~多少（大通りを行ってもたいして遠くはない）▶这样的衣料还便宜得~？（この手の生地は安いはずがあるもんか）

了不得 liǎo·bu·de
（了不起・了得）

【形容詞】❶並々ならぬ，ずば抜けている。
ⓐ名詞を修飾する。必ず'的'を付ける。▶用肉眼发现了一颗新星，这可是一件~的事情（肉眼で新星を発見したとは，実にすばらしいことだ）
ⓑ述語となる。ふつう前に'真'を付ける。▶他能说好几种方言，懂七、八种外语，真~！（彼は何種類もの方言を話せるし，7～8種類の外国語がわかる，まったくたいしたものだ）▶建筑宏伟壮丽，真~！（建物は雄壮華麗で，本当にすばらしい）
ⓒ補語となる。▶别把这么一件小事看得多么~（こんなちっぽけなことをそれほど大げさに受け取ってはだめだ）
ⓓ'以为・觉得'などの客語となる。▶自以为~（みずからたいしたものだと思い込む）▶学了这一点儿本事就觉得~了？（この程度の技術を身につけて，もういい気になるなんて，とんでもない）
━ '有〈没，没有〉什么…［的］'の型に用いる。▶这有什么~的！（何もたいしたことなんかないじゃないか）▶那没什么~（そんなの知れたものさ）▶有什么~？失败了再来（どうってことないよ，失敗したらまたやるさ）▶这项工作看起来很困难，实际上并没有什么~（この仕事はみかけはむずかしそうだが，実際にはたいしたことはない）

❷状況が厳しく,手に負えないことを表す。
ⓐ述語となる。ふつうは無主語文に用いる。前にしばしば副詞'可'を置く。▶～,着火啦！(たいへんだ,火事だ)▶～啦！大堤決口了！(たいへんだ,堤防が決壊したぞ)▶可～啦,小赵晕过去了！(えらいこった,趙くんが気絶しちまった)
— 前に状況を説明する句・節がある。▶您这么大岁数,摔了可～(あなたの年で転んだら,それこそたいへんだ)
ⓑ'有〈没,没有〉什么…[的]'の型によく用いる。▶我看这没有什么～的,不必大惊小怪(たいしたことないじゃないか,何も大さわぎすることはないよ)▶丢了就丢了吧,有什么～,下次注意点儿就是了(なくしたらなくしたまでのことさ,そうさわぎたてることはないよ,これから気をつければいい)

❸程度が著しいことを表す。補語としてのみ用いる。▶高兴得～(うれしくてたまらない)▶来客多得～(来客が多いのなんのって)▶虽然是五月初,天气可已经热得～了(5月の初めだというのに,もうひどい暑さだ)

比較 **了不得：不得了** ☞不得了 bùdéliǎo

【**了不起**】'了不得'❶に同じ。

【**了得**】'了不得'❷に同じ。もっぱら反語文に用いる。▶大堤决口了,那还了得！(堤防が決壊したら,それこそたいへんだ)

了不起 liǎo·buqǐ
☞了不得 liǎo·bu·de

了得 liǎo·de
☞了不得 liǎo·bu·de

临 lín

【動詞】❶…に近い位置にある：必ず客語をともなう。▶背山～水(山を背にし水に臨む)▶我家房子～街(わが家は通りに面している)

❷訪れる：必ず客語をともなう。《書》▶亲～其境(自分からその場に出向く)▶双喜～门(2つの喜び事が同時に訪れる)▶亲～现场指挥(みずから現場へ出かけて指揮する)

【介詞】今にも…しそうになる：'临…'は主語の前に置ける。
ⓐ临+動▶～行匆匆,来不及向他告别了(出発まぎわであわただしく,彼にいとまを告げるひまがなかった)▶他～走给你留了一张字条(彼は出がけにあなたにメモを置いて行った)▶～散会他才通知我明天八点出发(彼は散会まぎわになってやっと明日8時に出発すると私に告げた)
ⓑ临+動+时〈的时候〉(…のとき)；临+動+前〈之前,以前〉(…の前)▶老张～走的时候要我向你们问好(張さんは出かけるとき,君たちによろしくって言ってたよ)▶～出发前,他说了一下旅行路线(出発に際して彼は旅行のコースを説明した)▶病人～睡之前吃了安眠药(病人は寝る前に睡眠薬を飲んだ)

零 líng

【名詞】端数,整数以外の小数：話し言葉では《儿化》▶年纪七十有～(齢70有余)▶总数一百挂～儿(全部で100組ちょっと)▶十块钱全买了书,只剩了点儿～儿(10元はたいて本を買い,小銭が少し残っただけだ)

【形容詞】こまごました,ばらばらの：↔整 ▶～食(間食)▶～用(小遣い銭)▶～售(小売り)▶～存整取(小口で預け一括して受け取る)▶～敲碎打(少しずつ処理する)▶～卖～买(ばら売り)

【数量詞】❶数字のゼロ。▶五减五等于～(5-5=0)▶我在这方面的知识几乎等于～(この方面の知識はゼロに等しい)

❷桁数の空位を表す。
ⓐ末位がゼロ：書き言葉では'0'と書く。話し言葉ではふつう年号や番号のほかは言わない。▶40斤《書》→四十斤《口》(40斤)▶一九八〇年(1980年)▶车号三八五〇(車のナンバー3850)

ⓑ桁数の多い数の中の空位：書き言葉では空位の数だけ'0'を書く。話し言葉では空位がいくつあっても'零'を1度言うだけでよい。▶108《書》→ 一百〜八《口》▶1008《書》→ 一千〜八《口》▶10008《書》→ 一万〜八《口》▶10080《書》→ 一万〜八十《口》

ⓒ重量・長さ・時間・年齢に用いる。間に空位がないときも'零'を用いてよい。端数を強調する意味を含む。▶二十斤〜一两（20斤と1両）▶一斤〜一两→ 一斤一两（1斤1両）▶一尺〜一寸→ 一尺一寸（1尺1寸）▶五点〜一分（5時1分）▶五点〜十分→五点十分（5時10分）▶五点〜一刻→五点一刻（5時15分）▶三分〜十五秒→三分十五秒（3分15秒）▶一年〜八个月（1年と8か月）▶一个月〜一天（1か月と1日）▶一岁〜五个月→ 一岁五个月（1歳5か月）

ⓓ'半'の前では'零'を用いない。▶十斤半（10斤半 ×十斤〜半）▶五点半（5時半 ×五点〜半）▶一年半（1年半 ×一年〜半）

❸いくつかの度量衡の単位について計数の起点を示す。▶最高气温十摄氏度，最低气温〜下四摄氏度（最高気温は10℃，最低気温は−4℃）▶六十一次京昆直快〜点二十分开车（第61次北京昆明間直通急行列車は0時20分に発車する）

另外 lìngwài

【指示代詞】前の文で述べた範囲外の人や事柄を指す。ふつう'的'を付ける。名詞または数量を表す句の前に用いることが多い。

ⓐ另外+的［+名］▶你们几个人先坐车走，〜的人坐船走（君たち何人かは先に車で行き，そのほかの人は船で行く）▶今天先谈这些，〜的事情以后再说（今日はまずこれらのことについて話し，そのほかの事は日を改めて話そう）▶就这几间屋子还空着，〜的都住人了（このいくつかの部屋だけがまだ空いているが，そのほかはみな人が入っている）

ⓑ另外［+的］+数量［+名］▶总经理到〜的几个分公司去看了看（社長はいくつかの他の支社を見に行った）▶那是〜一个问题，这里可以不谈（それはまた別の問題で，ここではもち出さなくてよい）▶今天的报纸我们只拿了一份儿，〜一份儿不知谁拿去了（今日の新聞は私たちは1部取っただけで，あとの1部は誰が持って行ったのか知らない）

【副詞】前の文に述べた範囲外を表す。▶别着急，我〜送你一个（あわてなさんな，君にあげる分は別にあるよ）▶〜找人有困难，你就别推辞了（ほかに人が見つからないんだ，断らないで欲しい）▶大家〜想了个办法（みんなはほかに方法を考えた）

― ふつう'还・再・又'などの副詞と共に用いる。▶这件衣服你拿去穿吧，我〜还有一件（この服は君が持って行って着なさい，まだほかに1着あるから）▶你〜再画一张给他（君，もう1枚絵を描いて彼にあげてくれ）▶你再〜画一张给他（もう1枚絵を描いて彼にあげてくれ）▶他们又〜找了几个人帮忙（彼らはまた別に何人かを集めて，手伝ってもらった）▶我〜又补充了几点意见（私はこのほかにまたいくつか意見を付け足した）

【接続詞】このほか：節・文あるいは段落をつなぐ。▶讲义我已经写完，〜还附了一篇参考书目（講義の原稿をすでに書き終え，そのほかさらに参考文献の目録も付けた）▶电话上已经告诉他了，〜我又写了一封详细的信去（電話ではすでに彼に話したが，別にまた詳しい手紙を書いて出した）▶你去通知老魏，请他明天下午三点在家等我，有事跟他商量。〜，你顺便叫小朱现在到我这儿来一下（魏さんの所へ行って相談したいことがあるから，明日の午後3時に家で待ってるよう言ってください。それからついでに朱さんに，今ちょっと

私の所へ来るよう言ってください）▶我打算由重庆沿江而下,经武汉转车回北京。这样可以看看三峡的风景,坐船也比较舒服。~,在武汉还可以逛逛东湖（重慶から揚子江を下り,武漢で列車に乗り換え,北京へ帰るつもりです。こうすれば,三峡の景色を見られるし,船の旅は快適だしね。それに漢漢では東湖を散策できる）

比較 另外：此外 ☞此外 cǐwài

留 liú

【動詞】❶とどまる,移動しない。▶你去,我~下看家（君は行きなさい,私は残って留守番をする）▶你不能多~几天吗？（あといく日かご滞在できませんか）
ⓐ留+在▶~在基层（現場にとどまる）▶~在这儿（ここにとどまる）▶这件事情深深地~在我的记忆中（この事は深く私の記憶に残っている）
ⓑ留+名（場所） 名は若干の名詞のみ。▶~校（学校に残る）▶~厂（工場に残る）▶~农村（農村にとどまる）

❷残す,とどめおく,とっておく：《付》了・着・过 名詞客語をともなえる。▶我给你~了两张电影票（あなたに映画の切符を2枚とっておいた）▶他~了一个条儿就走了（彼はメモを残してすぐ行ってしまった）▶把信~着,别撕了（手紙を残しておきなさい,破らないで）▶这点钱你~着自己用（このお金はとっておいて,自分で使いなさい）
ⓐ兼語をともなえる。▶学校~他当会计（学校は彼を会計として残すことにした）▶他~我吃晚饭（彼は私を夕飯に引き止めた）
ⓑ留+在〈给〉▶把孩子~在这儿,我替你照顾（子供はここに置いて行きなさい,私が見てあげるから）▶把方便让给别人,把困难~给自己（便宜は他人に譲り,困難はみずからに残す）

❸留学する：必ず単音節の国名をともなう。▶~美（アメリカに留学する）▶~日（日本に留学する）▶~英（イギリスに留学する）

動結 留//住 引き止める。▶把小田留住（田さんを引き止める）▶下雨也留不住我（雨も私を引き止められない）

動趨 留//下 残る,とどめる。▶让他去,我留下（彼を行かせなさい,私が残る）▶留下一个好印象（よい印象を残した）

留//下来 残る,とどめる。▶留下来继续工作（残って仕事をする）▶留下来一个伤疤（傷跡を残した）

留//出 とっておく：必ず客語をともなう。▶留出小孟的份儿,别的你们分了吧（孟さんの分を残して,ほかはあなた方で分けてください）

留//出来 とっておく。▶把人家的票先留出来（人の切符をまず残しておく）

留//起来 残しておく。
ⓐ信你留起来,以后有用（手紙はとっておきなさい,あとで役に立つから）
ⓑ留起胡子来了（ひげをたくわえた）

慣用句 留后路 留后步 留后手 留一手 あとで手を打つことのできる余地を残しておくことを表す。

留神 liúshén

【動詞】❶気をつける,注意する：危険を防ぐ意味に用いることが多い。名詞・動詞・節を客語にともなえる。ふつう命令文に用い,危険があることを示す。▶他什么时候走的,我可没~（彼がいつ出かけたのか,まったく気がつかなかった）▶过马路要~（大通りを横切るときは気をつけなくてはならない）▶~摔下来！（転ばないように注意して）▶~开水烫着！（お湯はとても熱いから気をつけて）▶~后面的车撞了你（気をつけて,後ろの車が君にぶつかるぞ）

— '留'と'神'の間にほかの要素を挿入できる。'点儿'は'留'と'神'の間,'留神'の後ろのどちらに用いてもよい。▶这回我也留了神了（今回は私も用心した）▶走

路留点儿神（道を歩くときは，気をつけて）▶下次我也留点儿神（この次は私も注意します）▶过马路留神点儿（大通りを横切るときは，気をつけて）

|慣用句| ━[个]不留神　油断する。▶一个不留神，手里的蝴蝶飞了（ちょっと油断したすきに，つかまえていたチョウが飛んで行った）

❷細かく，真剣に：動詞の前に用いる。▶～一看，原来是他（気をつけて見ると彼だった）▶不～观察就看不出来（気をつけて観察しないと見えない）

留心 liúxīn

【動詞】注意する，気をつける：知識を高めることに関して用いることが多い。《付》了・过　名詞・動詞・節を客語にともなえる。ふつう命令文に用いる。▶～时事（時事に注意する）▶不要只～自己的事（自分のことだけを気にかけてはいけない）▶他一向～儿童读物（彼はずっと児童読物に注意を払ってきた）▶上写生课的时候我们要～老师怎么用笔（写生の授業では，先生がどのように筆を使うかに注意しなければならない）

━ '留'と'心'の間にほかの要素を挿入できる。'点儿'は'留'と'心'の間，'留心'の後ろのどちらに用いてもよい。▶留了心（注意した）▶留留心（ちょっと用心する）▶要留点儿心（少し注意しなければならない）▶要留心点儿（少し注意しなければならない）▶以前没有注意，现在可留上心了（前は気にも止めなかったが，今は注意するようになった）

|動趨| 留心上了　関心を持ち始める。▶现在他又留心上集邮了（今，彼はまた切手収集に関心を持ち始めた）

留心起来〈留起心来〉　関心を持ち始める。▶经大夫提醒，他对身体也留心起来了（医者に注意されて，彼も体に気をつけるようになった）

轮 lún

【動詞】1人（1つ）ずつ順番にある動作をする（動作の内容は言わなくてもよい）：《付》了・着・过

ⓐふつう動量詞をともなう。▶大伙儿挨着～一遍（みんな順番に1通り回った）▶我～过两回了（私は2回番が回ってきた）▶值班每月～一次（当直は毎月1回回って来る）

ⓑ《付》了・着・过　後ろに名詞客語をともなえる。▶这月我～过两次夜班（今月は2度夜勤が回ってきた）▶大会发言上午才～了五个人（大会での発言は午前中にやっと5人目まで回っただけだ）

ⓒ《付》着（zháo，結果を示す）　後ろに名詞客語や兼語をともなえる。▶下个节目～着你了（次の出し物は君の番だ）▶今天～着我们小组做值日（今日は我々の班が当番だ）

ⓓ《付》着（方法を示す）　動詞を修飾できる。▶几种不同的作物～种（数種類の異なった作物を順繰りに作付けする）▶两班人～着干活儿（2つの班のメンバーが交替で働く）

|動結| 轮遍　ひと回りする。

轮∥着（zháo）　番が回ってくる。▶这次没轮着（今回は番が回ってこなかった）▶发言还轮不着你（発言の順番がまだ君に回ってない）

|動趨| 轮∥上　番が回ってくる。▶下个月就轮上我了（来月は私の番だ）▶这么多人，轮得上你吗？（こんなに人がたくさんで，君に番が回ってくるか）

轮∥下来　交替でやる。▶一个月轮下来，我们正好一人值一天班（1か月順番でやっていくと，ちょうど1人が1日ずつ当番に当たる）

轮∥下去　交替で続けていく。▶照这样轮下去，直到每人都唱一遍为止（こんなふうに順番にやって，全員がひとわたり歌い終わるまで続ける）

轮//过来　番が回りきる。▶估计一个月之内能轮过来（たぶん1か月以内に全員に番が回りきるだろう）

轮//到　番が回ってくる。▶明天轮到他当会议主席（明日は彼が会議の議長をする番だ）▶人太多，一下子哪能轮得到你们呢（人がとても多いから，すぐに君たちにまで番が回ってくるものか）

论 lùn

【介詞】 ❶量詞とともに用いる。ある単位を基準とすることを表す。▶～斤卖（斤単位で売る）▶～件计价（1件ずつに値段を付ける）▶～天数计算工资（日数で給料を計算する）▶～钟点儿收费（時間単位でお金を取る）▶水果～筐出售（果物をかごで売る）

❷ある面について論じることを表す。'论…'はふつう主語の前に置き，主語の後ろにポーズを置く。主語の後ろにも置けるが，そのときは'论'の前にポーズを置く。

ⓐ论+名▶～产量，改良稻种比一般稻种高两成左右（生産高で言うと，改良した稻は，ふつうの稲より2割ほど多い）▶～气候，这里属温带地区（気候について言えば，ここは温帯に属する）▶这位先生，～年纪也有四十好几了（この人は年を言うなら40をだいぶ超えている）

ⓑ论+動▶～干活儿，他数第一（働きぶりを言えば，彼がいちばんだ）▶～下棋，你还差得远呢！（将棋について言えば，君はまだまだだ）▶这个剧场，～采声和采光都达到了先进水平（この劇場は音響と照明の効果の面ではトップレベルに達している）

慣用句 **论理**　一般の道理に基づいて言えば：次に続く文ではそれに反する結果を述べる。▶论理这个任务应该由我们承担，可是别的班却主动替我们完成了（道理から言えば，この任務は我々が引き受けるべきだが，別のグループが自発的に我々に代わってやり遂げてくれた）▶论理他可以派别人来，不知为什么亲自来了（道理から言えば，彼は他人をさし向けてもいいのだが，なぜかみずからやって来た）

M

马上 mǎshàng

【副詞】「すぐに発生する」あるいは「あることにすぐ続いて起こる」意味を表す。

ⓐ動詞・形容詞の前に用いる。ふつう後ろに副詞'就'をともなう。▶〜集合！（ただちに集合）▶有错就应该〜改（間違いがあれば，すぐ改めなければならない）回来以后，我们〜就向大家传达了（帰ってから，我々はすぐみなに伝えた）▶再等会儿，我〜就去（もう少し待って，すぐ行きます）▶听到这个喜讯，全体人员〜就欢腾起来了（この吉報を聞くと，全員がたちまち喜びで沸き立った）

ⓑ主語の前に用いる。▶〜我就去办（すぐ私がやりに行く）▶〜火车就要进站了（すぐに汽車が駅に入って来る）

ⓒ否定文に用いる。▶〜还不会走（すぐに行くはずがない）▶〜还办不了（すぐにはできない）

比較 马上：立刻 '马上'が表す即刻性には幅が比較的大きいことがある。'立刻'にはその幅はなく，すべて「すぐに起こる」意味を表す。したがって次の各例の'马上'はどれも'立刻'に換えられない。▶'五九'都快完了，马上就立春了（'五九'が間もなく終わる。もうすぐ立春だ：'五九'は冬至から数えて45日目）▶人家的进度马上就要超过咱们了，咱们得加劲儿干啊！（彼らの進度ではすぐに我々を追い抜くぞ。我々はいっそう精を出してがんばらなくては）

吗 ·ma

【助詞】疑問を表す。

❶諾否疑問文の文末に用いる。

ⓐ肯定形でたずねる。▶明天走〜？（明日行きますか）▶你到过杭州〜？（杭州へ行ったことがありますか）▶小王，找我有事〜？（王さん，私に何か用ですか）▶我送你的那支钢笔，还好使〜？（君にプレゼントしたあの万年筆は使いやすいですか）

ⓑ否定形でたずねる。肯定形より婉曲に聞こえる。▶他不吃辣椒〜？（彼はトウガラシは食べませんか）▶你们不上俱乐部去〜？（あなたたちはクラブへ行かないのですか）▶五婶，你不喜欢看京剧〜？（おばさん，あなたは京劇を見るのがきらいですか）

❷反語に用いる。詰問・非難の気持ちをともなう。副詞'难道'などと呼応すると，いっそう強くなる。

ⓐ形式は肯定で意味は否定のとき。▶这像话〜？（これはなっていないじゃないか）▶你们愿意这样稀里糊涂地生活下去〜？（君たちはこんないいかげんな態度で生活をしていくつもりか）▶这样的事情能办成〜？（このような事をやり遂げられるだろうか）▶你难道还有什么话说〜？（まだ言うことがあるというのか）

ⓑ形式は否定で，意味は肯定のとき。▶这些道理不是很明白〜？（こうした道理は，はっきりしているではないか）▶这两句话不是前后矛盾〜？（この２つの言い方は前後で矛盾してはいないか）▶难道你们就没有一点办法〜？（まさか君たちにまったく方法がないことはあるまい）▶你难道不知道我现在很忙〜？（まさか私がいま忙しいことを知らないのではあるまい）

中にははっきりした反語ではないが，完全に中立ではなく，いくぶん反語の傾向を持

つものもある。特に否定形のときはそうである。

比較 吗:嘛 ☞嘛・ma

嘛 ・ma〔嚜〕

【助詞】ある種の意味・気分を表す。

❶本来こうあるべきだ，あるいは事情・理屈がはっきりしていることを表す。

ⓐ平叙文の文末に用いる。▶人多力量大～（人が多ければ，力も大きいじゃないか）▶谁说我迟到了？我早就来了～（誰が私が遅刻したと言った，とっくに来ているではないか）▶他本来就不愿意去～（彼はもともと行きたくないんだ）

ⓑ'嘛'の節の前または後ろに反語文を用いる。▶有意见就提～，你怎么不提呀？（意見があれば出せばいいじゃないか，どうして出さないのか）▶他自己要走的～，我有什么办法？（彼自身が行く気になっているんだ，私にどうしろと言うのか）▶他不是老李吗？让他进来～（彼は李さんでしょう，入ってもらえばいいじゃないか）▶你怎么连他也不认得了？他就是老梁的儿子～（君，彼がわからないのか，彼は梁さんの息子じゃないか）▶队长～，还能不知道？（隊長じゃないか，知らないことがあろうか＝他是队长～，他还能不知道？）

ⓒ'嘛'の節の前または後ろに原因を表す節，またはその他の状況説明の節を用いる。▶你去问他～，他一定知道的（彼に聞きに行けばいいじゃないか，きっと知っているはずだ）▶冷就穿上～，不要冻着了（寒ければ着ればいいじゃないか，かぜをひかないように）▶人家是工作多年的老编辑了，经验就是丰富～（あの人は長年やってきたベテラン編集者だ，経験は豊富だよ）

❷希望や忠告を表す。▶老姜，汽车开慢一点～！（姜さん，車のスピードを少し落としたらどうだ）▶不让你去，就别去～（行くなと言われたら，行くことないじゃないか）

❸文中でポーズを置くところに用いる。続く文に対して聞き手の注意を喚起する。

ⓐ主語の後ろに用い，主語を強調する。意味は'论到'（…について言うと），あるいは'至于说'（…について言うと）である。

▶科学～，就得讲实事求是（科学というものは，実事求是の態度を重視しなければならない）▶这个问题～，很简单（この問題は簡単だ）▶集体财产～，大家都应该爱护（集団の財産というものは，みんなが大切にしなければならない）▶他喜欢住在郊外，理由～，主要是因为郊外空气新鲜（彼は郊外に住むのを好んでいる。理由は，空気が新鮮だからだ）

ⓑ仮定の節の文末に用いる。▶有意见～，大家好好商量（意見・不満があるのなら，みんなでよく相談しよう）▶再要添上两台拖拉机～，那就方便了（トラクターがもう２台増えれば，便利になる）▶这个问题要是回答不出来～，就算了（この問題が答えられないなら，それでいい）▶不让他去～，他又有意见；让他去～，他又不去了（彼に行くなと言うと文句を言うし，行けと言うと今度は行こうとしない）

ⓒ若干の副詞・接続詞・応答語の後ろに用いる。▶其实～，这种方法也不难学（実際は，このような方法も学ぶのはむずかしくない）▶他确实有急事，所以～，这么晚还来打扰您（彼は確かに急用があったんだ，だからさ，こんなに遅く君を訪ねて来たんだ）▶好～，那就快找他去吧（いいとも，それじゃ早く彼の所へ行こう）▶对～，邻居有困难，当然应该帮助啦（そうだとも，隣近所の人が困っているなら，当然助けなくちゃ）

比較 吗:嘛　'嘛'は疑問の気持ちを表さないが，'吗'は表す（ただし区別をせず，共に'吗'と書くこともある）。

〚嚜〛'嘛'に同じ。

买 mǎi

【動詞】金銭を物品に換える。↔卖：《付》了・着・过《重ね型》名詞の客語をとも

なえる。▶昨天他～了一套西装（昨日彼はスーツを1着買った）▶从来没给孩子～过零食（子供におやつを買ってやったことがない）▶我见他的时候，他正在商店里～着结婚用的东西呢（私が会ったとき，彼はちょうどお店で結婚のための品物を買っているところだった）▶帮隔壁的大娘～～粮食（隣のおばさんが食糧を買うのを手伝う）▶我上街～～去（私は街へちょっと買い物に行く）▶他们～了一条狼狗看仓库（彼らは倉庫の見張りをさせるためにシェパードを1匹買った）▶我想～一套休闲装穿（私はカジュアルな服を1着買いたい）▶～几条观赏鱼养着（鑑賞用の魚を数匹買って飼っている）

一 买＋给… ▶这是～给妈妈的（これは母に買ったものだ）▶那是～给妹妹的礼物（それは妹に買ったプレゼントだ）

動結 买∥光　买∥够　买∥完　买亏了
买得〈不〉了（liǎo）ⓐ買う経済力がある〈ない〉。▶钱不够，现在还买不了房子（資金が足りず，今はまだ家は買えない）
ⓑ買う必要がある〈ない〉。▶我家人口少，两天也买不了那么多菜（わが家は家族が少ないので，2日分でもそんなにたくさんの食品は買う必要がない）。

买∥着（zháo）ⓐ▶摩托车～着了（オートバイは買った）
ⓑ買う値打ちがある。▶这台电冰箱可买着了，便宜了一百多块钱（この冷蔵庫はお買い得で，100元余り安かった）

买∥成 ▶钱花光了，衣服也买不成了（お金を使い果たして，服さえ買えなくなった）
买得〈买不得〉　買ってよい〈いけない〉。▶街上摆摊的药可买不得（露店の薬は買ってはいけない）

买∥通　金銭の賄賂を使って手に入れる。▶用不正当手段买通了关系户（不正な手段でコネをつけた）

動趨 买∥来 ▶买来不少食品（たくさんの食品を買って来る）
买去 ▶剩下的苹果全让他买去了（残ったリンゴはみんな彼が買っていった）

买∥下来　買える〈買えない〉。▶这个柜子200块钱可买不下来（この戸棚は200元では買えない）

买∥回来 ▶机器零件肯定买不回来（機械の部品を買って帰って来ることは絶対できない）

买得〈不〉起　買う経済力がある〈ない〉。▶高级轿车我买不起（高級車など私には買えない）

买∥到 ▶空调器买到了（空調機は買った）

卖 mài

【動詞】❶物品を金銭に換える。↔买：《付》了・着・过《重ね型》名詞性の客語をともなえる。▶今天～了不少西瓜（今日はスイカをたくさん売った）▶他迁往北京时～过不少家具（彼は北京に引っ越したときたくさんの家具を売った）▶我见到他的时候，他正在市场～着菜呢（私が彼と会ったとき，彼はちょうど市場で野菜を売っているところだった）▶经常帮他～～东西（よく彼の商売を手伝っている）

ⓐ卖＋[给]＋[名]▶～给谁不一样（誰に売るかによってちがう）▶～给古玩店了（骨董屋に売った）▶把车～给外地人了（車をよその土地の人に売った）▶～河北了（河北に売った）▶～海南岛了（海南島に売った）

ⓑ卖＋[给]＋二重客語 ▶～他几斤鱼（彼に魚を数斤売る）▶～给隔壁老张家一张床（隣の張さん一家にベッドを1つ売る）▶～了我几本旧书（私に数冊の古本を売ってくれた）▶～商店几张古画（商店に古い絵画を数枚売る）

ⓒ卖＋数量＋数量（'数量'＋'数量'は物の価値を表す）▶～一毛钱一斤（1斤を1毛で売る）▶～五十块钱两件（2枚を50元で売る）▶～二十四块钱一箱（1箱を24元で売る）▶～一千块一吨（1トンを1000元で売る）

ⓓ卖+得…▶布~得太便宜了（布がとても安く売られている）▶最近空调~得很快（最近空調機の売れ足が早い）▶这次~得亏本了（今回は元手を割ってしまった）
❷自分の利益のために，祖国や親族友人同僚の利益を売り渡す：《付》了・过 名詞性の客語をともなえる。▶~友求荣（友人を売って自己の栄達を求める）▶~国（国を売る）▶~身投靠（自分自身を売り渡す）▶他把老朋友都~了（彼は古くからの友人をすべて売り渡した）
❸惜しまずに使う，ケチらない：《付》了・过《重ね型》名詞性の客語をともなえる。単独では述語にならない。▶这个小伙子干活很~力气（この若者は骨身を惜しまず仕事をする）▶他为朋友~了不少力气（彼は友人のためにずいぶん力を尽くした）▶为别人干活，他从来没~过劲儿（彼はこれまで人のための仕事には身を入れたことがない）▶今天我也~~力气（今日は私もがんばるぞ）
❹わざと人の目にとまるようにする，ひけらかす：《付》了・过《重ね型》抽象名詞を客語にともなえる。単独では述語にならない。▶给朋友办事没~过一次好儿（友人のために仕事をしても恩を着せるようなことはなかった）▶~了半天人情，事情也没办成（しばらく親切ごかしを続けたものの，事は成功しなかった）▶他这样做，不就是想在你面前~~好儿吗？（彼がこんなふうにするのはあなたに対して自分をよく見せたいからですよ）
[動結] 卖//完 卖//光 卖//没 卖贵了 卖贱了
卖得〈不〉了（liǎo） ⓐ売れる〈売れない〉。▶这种旧货卖不了大价钱（こういう古い商品はたいした値段では売れない）ⓑ売りきることができる〈できない〉。▶这批货一个月也卖不了（この商品は1か月かかってもさばききることはできない）
卖//成▶他送来的那批货一件也没卖成（彼が届けてきたあの品物は1つも売れなかった）
卖得〈不〉动 売れる〈売れない〉。▶去年还是热门货，今年就卖不动了（去年は人気の商品だったが，今年は少しも動きがなくなった）
卖得〈卖不得〉 売りに出されることが許される〈許されない〉。▶国家的文物可卖不得（国家の文化財は売ってはならない）
[動趨] 卖//出去▶青菜今天全卖出去了（今日は葉物は全部売れてしまった）
卖起来▶经理到柜台亲自卖起货来（店長はカウンターに行き自分で商品を売りはじめた）
卖//到▶最高价卖到一百块一斤（最高1斤100元まで値がついた）
卖到…去▶我们这里产的水果有许多卖到北京去了（我々のところでできた果物の多くは北京に売られていった）

满 mǎn

【形容詞】❶全体が満ちている，容量の最大限に達する。
ⓐ名詞を修飾する。▶那一~杯是我的（そのいっぱい入ってるコップは私のだ）▶那两~缸水是刚挑的（そのいっぱいの2かめの水は今運んだところだ）▶坐了~屋子人（部屋は人でいっぱいだ）▶~仓的稻谷（倉庫いっぱいのもみ）
ⓑ述語になる。前に程度副詞をともなえる。《付》了・过▶杯里的酒太~了（杯には酒がなみなみと入っている）▶粮仓特别~，一点儿也放不下了（穀物倉庫はぎっしりつまっていて，入れる場所がまったくない）▶车里~~的，没有一点儿空隙（車中はぎゅうぎゅうづめで，少しのすき間もない）▶碗里~了，再也盛不下了（お椀の中はいっぱいでこれ以上盛れない）▶稍微~了点儿，下次少倒点儿（ちょっと入れすぎたから，次は少なめに注ごう）▶电视普及以后，这家电影院的观众就没~过（テレビが普及してから，この映画館は客が満員になったことがない）

ⓒ動結形の結果を示す要素になる。間に'得・不'を入れることができる。▶书架上放～了,有的书只好放在箱子里（本棚がいっぱいになって,しかたなく箱に入れてある本もある）▶车一时还装不～（車はまだしばらく満載にはならない）▶口袋装得～吗？（袋はいっぱいに詰められますか）▶屋里坐～了人（部屋は人でいっぱいだ）
ⓓ重ね型にすると動詞を修飾することができ,名詞を修飾する場合は単独のままより重ね型のほうが自由である。▶～～地装了一车（車に目いっぱいつんだ）▶～～地斟了一杯酒（杯になみなみと注いだ）▶～～的一车水果（車に満載の果物）▶～～的一箱衣服（箱いっぱいの服）
ⓔ'是＋满＋的'形式を構成する。▶暖壶是～的（魔法瓶はいっぱいだ）▶我们来到农村,见家家的粮仓都是挺～的（私たちは農村にやってきて,家々の穀物倉庫がみんないっぱいになっているのを見た）▶每一只箱子都是～的（箱はそれぞれ満杯になっている）
❷すべて（の）：単独では用いない。
ⓐ名詞を修飾する。▶～屋子都是书（部屋中本でいっぱいだ）▶～身都是泥（体中どろだらけだ）▶～地都是垃圾（床一面ごみだらけだ）▶～目苍郁（見渡すかぎり草木が鬱蒼としている）▶～坑～谷（地に満ちみちている）
ⓑ動詞を修飾する。▶～打～算,每人平均年收入也不过两千块（すべてを計算に入れても,1人の平均年収は2000元を越えない）▶～不在乎（まったく気にかけない）

【動詞】❶満たす：名詞の客語をともなえる。▶给他～上了一杯酒（彼の杯になみなみと酒を注いだ）
❷期限に達する：《付》了　数量補語をともなえる。▶假期已～（休暇はもう終わった）▶明天就～了二十岁（明日で20歳になる）▶到现在他调来还不～一年（彼が転勤して来てからまだ1年にならない）

動趣　满//上▶把面前的酒杯都给满上（目の前の杯をすべて満たす）

满足 mǎnzú

【動詞】❶要求などを実現させる：《付》了・过　ふつう'要求・需要'などの語を客語にともなう。▶技术室～了小许的要求,批准他参加试验小组（技術室は許さんの要求を受け入れ,テストグループに加わることを彼に許可した）▶要大力支援农业,～农民的需要（大いに農業を支援し,農民の需要を満たさねばならない）
❷すでに十分であると感じる：《付》了・过　客語をともなわない。程度副詞の修飾を受けられる。▶能有这样的工作条件,我已经很～了（このような仕事上の条件があれば,私はもうそれで満足だ）▶只要能这样,大家就非常～了（こういうふうにできさえすれば,みんなはとても満足だ）▶这个人,从来也没有～过！（この人は,満足したということがない）▶观众对当前的电影并不～,希望能看到更多更好的影片（昨今の映画に対して観衆は決して満足していない。さらに多くのよい映画が見られるように望んでいる）
❸満足＋于　ある事に対して,すでに満足していることを表す：必ず抽象的事物を表す名詞を客語にともなう。▶不应该～于已经达到的水平,应该不断提高（すでに到達した水準に満足していてはいけない。絶えず向上しなければならない）▶学习不能～于一知半解（勉強は生半可な理解で満足してはいけない）
— 最近はこの'于'を省略することがある。▶我们决不～已有的成绩,我们要不断进步（我々はすでに得た成果に満足していてはいけない。絶えず進歩すべきだ）

慢 màn

【形容詞】❶速度が遅い,歩行や仕事をやるのに時間がかかる。↔快
ⓐ述語になる。補語をともなえる。単独で

述語になるときは、ふつう後節の形容詞と対比の形式をとる。例えば'慢'と'快'を対比させる。▶汽车～，火车快（バスは遅い，汽车は速い）▶坐火车太～，还是坐飞机好（汽车は遅いから，やはり飛行機に乗るほうがよい）▶老张办事太～，经常耽误事（張さんは物事の処理が遅すぎて，いつも仕事に支障をきたす）▶他的动作非常～，让别人看着急（彼の動作はひどくのろくて，はたの人をいらいらさせる）▶汽车～得利害（バスはおそろしくのろい）

ⓑ定語になる。▶～车（普通列車）▶～性子（のろま）▶那辆特别～的旧车堵在前面（まったくスピードの出ないあの古い車が前を塞いでいる）▶开得最～的那辆汽车是小刘的（一番遅いあの車は劉さんのだ）

ⓒ補語になる。'得'をともなえる。▶走～点儿（少しゆっくり歩く）▶讲得很～（話し方がゆっくりしている）▶小黄抄稿子抄得太～（黄さんは原稿を写すのがひどく遅い）▶在崎岖不平的山路上汽车开得很～（でこぼこで険しい山道では車は速度を落として走る）

ⓓ状語になる。《重ね型》▶～走（ゆっくり歩く）▶～跑（ゆっくり走る）▶你～～儿说（ゆっくり話してください）▶～～地往前挪（ゆっくりと前の方に動かす）

ⓔ趨向動詞'下来'と組み合わせて，速度の遅い状態に移ることを表す。▶车速～下来了（車の速度は遅くなった）

❷ゆっくりする，あとにする：ふつう'着・点儿・些'などの語と組み合わされる。

ⓐ述語になる。▶你先～着，我还有话说（まあ待ちなさい，私はまだ話すことがある）▶你～点儿，我的话还没说完呢（まあ待って，私の話はまだ終わっていない）▶你先～些，再带上点儿干粮（ちょっと待って，携帯食をもう少し持っていきなさい）

ⓑ状語になる。《重ね型》▶你先～点儿走，让有急事的先走（あなたは少しあとから出ることにして，急用のある人を先に行かせなさい）▶这事不能着急，得～～地解决（この件は急いではいけない，時間をかけて解決しよう）▶她爱人出了车祸，你先别跟她说，过几天再～～地告诉她（彼女の夫が自動車事故を起こしたが，彼女には今すぐ伝えないで，数日おいてからゆっくり話そう）

慢说 mànshuō ☞别说 biéshuō

忙 máng

【形容詞】用事が多い，暇がない。↔闲

ⓐ述語になる。▶他的工作太～（彼の仕事はひどく忙しい）▶春节期间，数消防队最～了（旧正月の期間は，消防隊が一番忙しい）▶董事长最近非常～（理事長は最近多忙だ）▶每天他都～得不可开交（彼は毎日忙しくててんてこまいしている）▶这几天，大家都～得利害（この数日，みんなは恐ろしく忙しい）▶他们每天确实～极了（彼らは確かに毎日大忙しだ）

ⓑ定語になる。単音節名詞を修飾するとき，ふつう'的'はともなわない。2音節名詞を修飾するときはふつう'的'をともなう。▶厂长是个大～人（工場長は極めて多忙な人だ）▶～时，马不停蹄；闲时，无所事事（忙しいときは休む暇もないが，暇なときは何もすることがない）▶～[的]时候再加两个人也不够用（忙しい時期にはもう2人くらい増やしてもまだ足りない）▶秋季是我们最～的季节（秋は私たちの一番忙しい季節だ）▶这个月是全年最～的月份（今月は1年で一番忙しい月だ）

ⓒ《付》了・着・过▶小王可～了（王さんはほんとに忙しい）▶我们这里的事情太多，每天都～着呢（我々のところは仕事が多くて，毎日忙しい）▶从来没这样～过（今までこんなに忙しかったことはない）

【動詞】せわしなく急いでやる：《付》了・着・过《重ね型》名詞および非名詞性の

客語をともなえる。▶白天～工作，晚上～家务，真够辛苦的（昼間は仕事に忙しく，夜は家事に忙しくて，ほんとに大変だ）▶最近～了几天稿子（この数日間原稿書きに追われていた）▶正～着儿子的婚事（息子の結婚の件で忙しくしている）▶我到他家的时候，他正～着刷房呢（私が彼の家に行くと，彼はちょうど家の壁塗りに忙しいところだった）▶谁没为他的事情～过？（彼のことで誰もがみんな忙しかった）▶放假以后也该～～自己的事了（休みになっても今度は自分の事をかたづけなければならない）▶客人来了以后，她一直～着做饭，根本没顾得上说话（彼女はお客が来てからずっと食事の支度に追われ，話をする暇などまったくなかった）▶大家又～了一个星期（みんなはまた1週間忙しく過ごした）

[動結] 忙 // 完
[動趨] 忙得〈不〉过来　時間までにやり終えることができる〈できない〉。▶事情多，人手少，我们几个人忙不过来（仕事は多いのに，人手が少なく，我々数人では手が回らない）

忙起来　忙しい状態になる。▶真要忙起来，连家也顾不上了（本当に忙しくなったら，家のことさえかまっていられなくなる）

忙到▶那天，他一直忙到晚上十二点（その日，彼は夜の12時までずっと忙しかった）

【副詞】急いで，慌ただしく。
☞连忙 liánmáng

噢 ·me ☞嘛 ma

没 méi ☞没有 méiyǒu

没有 méiyǒu（没）

【動詞】'有'の否定形。
❶所有・具備の否定。▶我～多余的录音带（私はカセットテープの余分を持っていない）▶他在音乐方面～什么培养前途（彼は音楽の方面では，たいしてものになりそうにもない）▶电影票早～了（映画の切符はとっくになくなったよ）▶一时吓得他～了主意（とたんに彼は驚いて，どうしてよいのかわからなくなった）

ⓐ '没有＋图' は '很・最・太' などの副詞の修飾を受けることもある。▶最～意思的是这最后几段（最もつまらないのはこの最後の何段落かだ）▶你的话太～道理了（あなたの話はまったくすじが通らない）

ⓑ '没有＋图' の形で連動文の前部になる。▶我～时间管这些事（私はこれらのことにかまっているひまがない）▶你～办法让他也去吗？（彼にも行かせる方法はないのか）▶我～书看，你给我找一本吧！（私には読む本がない。1冊探してください）▶我～什么东西送给你（何もあなたにあげるものがない）

❷存在の否定：ふつう文頭には時間・場所を表す語句を用いる。存在しないその主体はふつう後ろに置く。▶今天～风（今日は風がない）▶怎么～电了？（どうして停電したんだ）▶外面～人（外には誰もいない）▶明天～课（明日は授業がない）▶柜子里什么也～（戸棚には何もない）▶屋里连一把椅子都～（部屋の中には椅子1脚さえない）▶你说的这种事我们那儿是～的（君が話したこういった事は我々の所にはない）

ⓐ兼語をともなう。▶～人告诉我这件事（この事について言ってくれた人は誰もいない）▶昨天～客人来（昨日は来客がなかった）

一 '没有' の後ろの名詞が動作の対象であるとき。▶这儿～什么东西可吃（ここには何も食べるものがない）▶那些年～好电影看（あの当時はよい映画がなかった）

ⓑ兼語が不定の指示代詞のとき。▶～谁会像你这样处理问题的（あなたのように問題を処理する人はいない）▶～什么人来过我们这里（我々の所に来たことのある人は誰もいない）▶～什么事情值得注意的（注意に値するようなことは何もない）

❸没有+数量 数の不足を表す。▶这间屋子～十平方公尺（この部屋は10平方メートルもない）▶他走了还～两天呢（彼が出発してまだ2日もたたない）▶跑了～几步就站住了（何歩も走らないうちに立ち止まった）

❹比較して「及ばない」ことを表す。

ⓐ没有+那么+形▶问题～那么严重（問題はそれほど深刻ではない）▶这里从来～这么冷过（ここがこれまでこんなに寒かったことはない）

ⓑ没有+名+形▶我弟弟～他聪明（私の弟は彼ほど賢くない）▶谁都跑得～他快（誰も彼ほど速く走れない＝谁都～他跑得快）

— '没有'を動詞の前に用いてもよい。▶～跑几步就站住了（数歩も走らないうちに立ち止まった）▶在北京～住几天（北京にいく日もいなかった）▶他～说几句话就走了（彼はほとんど何も言わないで行ってしまった）

【副詞】動作・状態の発生を否定する。

ⓐ没有+動▶他走了，我～去（彼は行ったが，私は行かなかった）▶～收到回信，可能他出差了（返事の手紙をもらっていないから，彼はたぶん出張中なのだろう）▶我～看见你的钢笔（あなたの万年筆を見かけなかった）

ⓑ没有+形 形は状態の変化を表す形容詞のみ。▶衣服～干（服はかわいていない）▶天气还～暖和（気候はまだ暖かくない）▶我～着急，只是有点担心（私はあせってはいない，ただ少し心配しているだけだ）

ⓒ疑問文には，2つの形式がある。

— '動/形+没有'は単なる質問。推測の気持ちはない。▶去了～？（行きましたか）▶看见～？（見ましたか）▶讨论～？（討論しましたか）▶衣服干了～？（服はかわきましたか）

— 反問を示す'没有+動/形+吗'は疑いや驚きを表し，確認を要求している。▶老王～去。——～去吗？（王さんは行かなかった——行かなかったんですか）▶我们讨论过了，你们～讨论吗？（我々はもう討論しました。君たちは討論しなかったんですか）

ⓓ単独で質問の返答に用いてよい。▶他走了吗？——～（彼は出かけましたか——いいえ）▶你听说～？——～（君は聞きましたか——いいえ）

〖没〗'没有'に同じ。話し言葉では'没'を多く用いる。後ろに'了'をともない，さらに客語があるときは特に'没'を用いる。しかし疑問文の文末，あるいは単独で質問に返答するときは必ず'没有'を用いる。

比較 没有〈没〉：不 ① '没有'は客観的叙述に用いる。過去あるいは現在のみを指し，未来を指すことはできない。'不'は主観的意志に関して用い，過去・現在・未来を指せる。

— 客観的叙述。▶以前他没有去过（これまで彼は行ったことがない）▶前天他没有去（おととい彼は行かなかった）▶今天他没有来（今日，彼は来なかった）

— 主観的意志。▶前天请他他不来，现在不请他他更不来了（おととい彼を呼んだのに彼は来なかったんだから，今彼を呼ばなければ彼はなおさら来ないだろう）

② '不'はどんな助動詞の前でも用いられる。'没有・没'は'能・能够・要・肯・敢'などいくつかの助動詞に限る。以下の各例とも'没有・没'を用いることはできない。▶不会讲（話がうまくない）▶不该去（行くべきではない）▶不可以用（使ってはいけない）▶不应该问他（彼に聞くべきではない）▶不愿意走（出かけたくない）

— '不'と'助動+動'の組み合わせ方は5通りある。▶不能去（行けない）▶能不去（行かなくていい）▶能不能去（行かないわけにはいかない）▶能不能去？（行けるか）▶能去不能？（行けるか）

— '没有・没'と'助動+動'の組み合わせ方は1通りしかない。▶没能去（行けな

かった）

每 měi

【指示代詞】全体の中の不特定の個体を指し、それによって全体を代表させる。個体の共通点を強調する。

ⓐ每＋[数量] [数]が'一'のときはよく省略する。▶～[一]个（それぞれ）▶～[一]件（各件）▶～[一]家（各家庭）▶～[一]年（毎年）▶～[一]次（毎回）▶～两周集会一次（2週間に1回集まる）▶～五米种一棵树（5メートルごとに木を1本植える）

ⓑ每＋一＋[名] 量詞を省略する。数詞は'一'のみ。[名]は2音節が多い。《書》▶～一事物都有自己的特点（それぞれの事物はみな自己の特徴を持っている）▶人的概念的～一差异都是客观矛盾的反映（人の概念のそれぞれの差異はみな客観的矛盾の反映である）

【副詞】同じ動作が規則的に繰り返し現れることを表す。

ⓐ每＋[動]＋[数量] 後ろには必ず別の数量が呼応する。▶～隔五米种一棵树（5メートルごとに木を1本植える）▶～演出三天，休息一天（公演を3日やって、1日休む）▶入秋以后～下一场雨，天气就凉一些（秋になって一雨くるたびに少しずつ涼しくなる）

ⓑ'每'の後ろに'当・逢・到'などの動詞がくる。後ろには数量をともなわない。▶～当提起卖菜的老张，街坊们都称赞不止（野菜売りの張さんのことが話題になると、隣近所の人たちはみんな限りなくほめ讃える）▶～逢春节我们都举行联欢活动（旧正月を迎えるたびに、私たちは祝賀活動を行う）▶～到暑假过后，新生就入学了（毎年夏休みが終わると、新入生が入学してくる）

[比較] 每：各 ☞各 gè

们 ·men

【接尾語】人称代名詞と人を表す名詞の後ろに用いる。多数であることを表す。▶我～（我々）▶你～（君たち）▶他～（彼ら）▶咱～（私たち）▶人～（人々）▶同志～（同志たち）▶工人～（労働者たち）▶战士～（兵士たち）▶女士～（ご婦人がた）▶先生～（紳士たち）

ⓐものを表す名詞の後ろに'们'を付ける。擬人的な用法で文学作品に多く見られる。▶月亮刚出来，满天的星星～眨着眼睛（月は出たばかりで、空一面に星がまたたいている）▶春天一到，鸟兽鱼虫～都活跃了起来（春が来ると、鳥や動物・魚・虫たちがみな活動し始める）

― 比喩の中に用いることもある。▶奶奶管我们叫小燕子～（おばあさんは私たちのことを小ツバメたちと言う）

ⓑ人名に'们'を付けると「…などの人」の意味になる。▶雷铁柱～打了一天夯，到晚上才回家（雷鉄柱たちは1日土台の突き固め作業をして、夜になってやっと家に帰った）▶王大爷爱说笑话，一路上逗得小强～笑个不止（王おじさんは笑い話をするのが好きで、強ちゃんたちは途中ずっと笑い通しだった）

ⓒ並列した、いくつかの要素の後ろに付ける。▶弟兄～（兄弟たち）▶老爷爷、老奶奶～的心里乐开了花（おじいさん、おばあさんたちの心はうれしさで花が咲いたようだ）▶大哥哥、大姐姐～热情地招待我们（お兄さん、お姉さんたちが親切にもてなしてくれるよ）

ⓓ'们'を付けた名詞がさらに一般の数量詞に修飾されることはない。ただし数量を表す形容詞'许多・好些'などに修飾されることがある。▶好些孩子～在空地上你追我赶地跑着玩（たくさんの子供たちが空地で追いかけっこをして遊んでいる）

免不得 miǎn·bu·de
☞免不了 miǎn·buliǎo

免不了 miǎn·buliǎo（免不得）

【動詞】避けられない：動詞・節を客語にともなえる。動詞の前には，ふつう'要・会'などを用いる。▶老朋友相会，～多谈几句（なじみの友だちどうしが会えば，どうしても話に花が咲く）▶在前进的道路上，～会遇到一些困难（前進途上で困難にあうのは避けられないことだ）▶如果处理不当，～人家会有意见（もしもうまく処理できなければ，人から文句が出るのは避けられない）▶这种事儿～（こういった事は避けられない）

免得 miǎn·de ☞省得 shěng·de

勉强 miǎnqiǎng

【動詞】人に望まないことをさせる：《付》过 ふつう人称代詞を客語にとる。兼語もともなえる。否定文に多く用いる。▶你不愿意去，我们决不～你（君が行きたくないのなら，我々は決して無理じいしない）▶在这件事情上我可没有～过他（この件で彼に無理じいしたことはない）▶他不来就算了，不要～（彼が来ないのならいい，強制してはいけない）▶不应该～一个人去做他不愿意做的事情（その人がいやがるようなことを無理じいしてはいけない）

【形容詞】❶能力不足だが，なんとかがんばってやる：《重ね型》動詞のみを修飾する。▶在这些困难的日子里我们总算～坚持下来了（この苦しい日々を私たちはなんとかがんばってきた）▶小张食欲不振，只～吃了一点（張さんは食欲がなくて，ただほんの少し無理に食べただけだ）▶对于这样的工作，我还勉勉强强能够对付（私はこのような仕事をなんとかこなせる）
❷心から望むのではない：《重ね型》述語になるとき，その主語は名詞的に用いる動詞であることが多い。名詞を修飾しない。動詞を修飾できる。▶他的回答实在很～（彼の答えはまったくいやいやだ）▶他笑得很～（彼は無理に笑った）▶他总算勉勉强强地同意了（彼は結局いやいやながらも同意した）▶他不高兴，很～地把我让到屋子里去（彼は不愉快そうに，しぶしぶ私を部屋へ通してくれた）
❸かろうじて間に合う，なんとかあるレベルに達する：《重ね型》述語になったり，動詞を修飾したりする。名詞は修飾しない。▶这样的产品算在二等已经很～了（このような製品を2級品にするのはかなり無理をしているのだ）▶你说的理由都很～（君の言う理由はまったくこじつけだ）▶这些原料勉勉强强能用到月底（この原料はどうにか月末までもつ）▶因为没有合适的人，只好～让我来作（適当な人がいないので，私がなんとかやるよりしかたない）

面 miàn

【量詞】❶平たいもの，広げられるものに用いる。▶一～镜子（鏡1面）▶两～铜锣（ドラ2つ）▶一～鼓（太鼓1つ）▶一～琵琶（琵琶1面）▶一～旗子（旗1枚）
❷顔を合わせる回数を表す。動詞は'见'のみ。▶我跟他见过一～（彼に1度会ったことがある）▶很想再见他几～（彼にもっと会いたい）▶一～之交（1度会っただけのつきあい）
❸自主量詞。それ自身名詞性をおびていて，後ろに名詞を必要としない。《儿化》▶这本书有多少～？（この本は何ページありますか）▶一张纸有两～儿（1枚の紙には裏表がある）▶一个立方体有六～（立方体には6面ある）

面对 miànduì

【動詞】❶面と向かい合っている：《付》着 必ず名詞の客語をともなう。▶我们单位～着海关大楼（我々の職場は税関のビルの真向かいにある）▶在关键时刻，我们更应该～现实（一番肝心なときには，よりいっそう現実を直視しなければならない）▶～这突然的打击，他没有一丝一毫的畏惧（この思わぬ打撃に直面しても，彼

はいささかも恐れなかった）▶敢于～现实的人决不会是懦夫（現実と向き合う勇気のある人は、臆病者であろうはずがない）
❷《派》…を前にして：主語の動作行為がどのような状況のもとで発生したかを示す。必ず客語をともなう。機能と用法は介詞に近い。▶夏令营的营员们～高山大声叫喊："我们来了！"（キャンプの仲間たちは高い山に向かって大声で叫んだ「おーい、来たぞー！」）▶～死亡也毫不畏惧（死に直面しても少しも恐れない）▶～地震后悲惨的景象，大家禁不住失声痛哭（地震の悲惨な光景を目のあたりにして、みんなは思わず声をあげて泣いた）▶隧道工人信心十足，～塌方和漏水也没有丝毫畏难的表现（トンネル工事の労働者たちは自信に満ちあふれており、崩壊や漏水という困難に出会ってもいっこうに怯む様子はなかった）

面临 miànlín

【動詞】（問題・情勢などに）当面する、向き合う：《付》着　必ず客語をともなう。▶我们～着十分繁重的任务（我々は繁雑かつ重大な任務と向き合っている）▶大家十分清醒地认识到，我们～着复杂而又严峻的形势（みんなは自分たちが複雑で厳しい情勢に直面していることをはっきりと知っている）▶他们～的问题是同行间激烈的竞争（彼らが当面しているのは、同業者間の激烈な競争という問題だ）▶加强管理，提高效益，是每一位管理人员～的任务（管理を強化し、効率を上げ利益を高めることは、すべての管理者が当面している任務である）▶他们～仓库里易燃品发生爆炸的危险，可是谁也没有后退（倉庫内では引火しやすい物品が爆発する危険があったが、誰１人退くものはいなかった）

面前 miànqián

【方位詞】向かい合った、距離が近い所。

❶名詞のように用いる。▶走出狭谷，～是一条大河（峡谷をぬけると、目の前は大きな川だ）▶我觉得头发晕，～直冒金星（頭がくらくらして、目がチカチカするように感じる）

❷名/代＋面前　名は人を指す名詞のみ。▶我走到他～，他才认出来（彼の目の前まで行って、彼はやっと私だとわかった）▶一大堆问题摆在我们～（我々の前には問題が山と積まれている）▶小明急急忙忙跑到爸爸～（明ちゃんは大急ぎでお父さんの所へかけて行った）▶ ×大礼堂～

— 在＋名＋面前　名は抽象的意味の名詞でもよい。▶在事实～，他也不得不相信了（事実を前にして、彼も信じざるをえなくなった）▶在伟大的社会主义建设事业～，我们要做出应有的贡献（偉大な社会主義建設事業に対し、我々なりの貢献をしたい）▶在成绩～，谁也没有理由骄傲自满（成果を前にしてうぬぼれてよい理由はない）

❸面前＋的＋名　《派》当面。'当前'（当面）の意味になる。▶～的这些活儿就够我做的了！（今の仕事だけでも私には荷が重すぎる）

名 míng

【量詞】❶ある身分の人を指す。▶我们车间有五十多～工人（我々の作業場には50名余りの労働者がいる ×五十多～人）▶这次参观名额分配如下：教员三十～，行政人员十～，学生每班五～（今回の見学に行く者の内訳は次のとおり。教員30名、事務職員10名、学生各クラス５名ずつ）▶当一～乐队指挥（楽団の指揮者になる）

—《 ×重ね型》▶ ×一～一～工人→一个一个工人（１人１人の労働者）▶ ×～～都是英雄→个个都是英雄（１人１人がみんな英雄だ）

❷席次を表す。▶这次比赛，我们学校获得了第二～，白河小学是第一～（今回の

試合で，わが校は2位，白河小学校が1位だった）

明明 míngmíng

【副詞】明らかに…である：'明明'を用いた節の前または後ろには，ふつう反語あるいは逆接を表す節がくる。▶哪里是小陈，～是小王（なんで陳さんなものか，王さんだということは，はっきりしている）▶你～知道下午有事，为什么还出去？（午後用事があることをよく知っているくせに，どうして出て行くのか）▶他～醒了，却装睡不吭声（彼は明らかに目が覚めていたが，寝たふりをして声をたてなかった）▶这件事～很重要，他却不当一回事（この事が重要なことは明らかなのに，彼は真剣に考えようとしない）

ⓐ主語の前に用いる。▶～他说过这句话，怎么能不认账呢！（彼がこのように言ったのは明らかだ，どうしてシラを切れようか）▶～屋里很干净，他还嫌脏！（誰が見ても部屋の中はきれいなのに，彼は気持ち悪がっている）

ⓑ反語の単文に用いる。▶这不～是给我出难题吗？（これは明らかに私に難題を突き付けているのだ＝这不是～给我出难题吗？）

明确 míngquè

【形容詞】はっきりとしている，確固として動かない。

ⓐ名詞を修飾し定語になる。ふつう必ず《付》的▶～的指导思想（明確な指導思想）▶～的主题（明確な主題）▶非常～的观点（非常に明確な観点）▶要有～的学习目的（はっきりした学習目標が必要だ）▶制定了十分～的发展目标（充分に明確な発展目標を設定した）

ⓑ述語になる。主語にはふつう抽象的な意味の名詞。▶主管领导的态度很～（責任者の態度ははっきりしている）▶办学的方针十分～（学校経営の方針は非常に明確である）▶我们对学生的要求很～（我々の学生に対する要求ははっきりしている）▶刚才李先生阐述的观点非常～（李先生がいま説明された観点はとても明確だ）▶大家的奋斗方向比较～（みんなの努力目標は比較的にはっきりしている）

ⓒ補語になる。動詞の後ろにはふつう'得'を必要とする。▶讲得十分～（説明がたいへんはっきりしている）▶任务布置得很～（仕事の配置のしかたが明確である）▶条例上写得非常～（規定にははっきりと書いてある）▶对学生的要求提得很～（学生に対する要求は明確に提示されている）

ⓓ状語になる。▶～提出了今后五年的科研任务（今後5年間の科学研究面での任務が明確に提示された）▶大家都～表示赞成你的意见（みんなはあなたの意見にはっきりと賛意を表明した）▶很～地讲了四点要求（4つの要求をはっきりと話した）▶非常～地写在了黑板上（とてもはっきりと黒板に書いてある）

ⓔ心理活動を表す動詞の客語になる。▶这份计划我认为很～（私はこの計画は明確だと考える）▶我觉得非常～（私は非常に明確だと思う）

ⓕ否定形は'不＋明确'▶他讲得不～（彼は話の内容が不明瞭だ）▶任务不～没办法干好（任務がはっきりしないのでうまくやる方法がない）

【動詞】明瞭・明白かつ確固とした状態にする。《付》了・过《重ね型》名詞・動詞・節を客語にともなえる。▶～前进的方向（進む方向を明確にする）▶～了自己的责任（自己の責任を明確にした）▶任务已经～过了，我们在这里就不多讲了（任務についてはすでに明確にされているので，ここでは多くは語らない）▶现在大家已经～了应该怎样加工（どう加工すべきか，みんなにはすでにはっきりわかっている）▶同学们～了这一课的重点是什么（クラスメートたちはこの課の重点が何である

かをはっきりさせた)▶请王科长给大家~ ~任务(みんなの任務を明確にしてくれるよう王科長に頼む)▶你给我~一下儿任务(私のやるべき仕事をはっきりさせてください)

[動趨] **明确下来**▶先把各自的任务明确下来(まず各自の任務を明確にする)

明确起来▶这几个学生的学习目的逐渐明确起来(この学生たちの学習目標はしだいにはっきりしてきている)

莫不是 mòbùshì ☞莫非 mòfēi

莫非 mòfēi(莫不是)

【副詞】❶懐疑あるいは推測を表し、口語の'别不是'に相当する:文末の'不成'と呼応することが多い。《書》▶已经这么晚了他还不回来,~出事了不成?(もうこんなに遅くなったのに彼はまだ帰って来ない、何か事故でも起きたのではないでしょうね)▶眼前这个人,~就是大名鼎鼎的公司总经理?(ひょっとして目の前のこの人は、かの名声赫々たる社長なのだろうか)▶~家里有事,否则她不会不来(家で用事ができたのではないだろうか、そうでなければ彼女が来ないはずがない)

— 莫非+是▶昨天谁来电话了呢,~是小王?(昨日誰が電話してきたのですか、もしかして王さんじゃないですか?)

❷反語を表し、意味は'难道'に相当する:状語になるときは、主語の前・後どちらにおいてもよい。▶这筐水果谁也不管,~要让它烂掉不成?(このかごの果物はみんなが放っておくけど、まさか腐らせるつもりじゃないでしょうね)▶只有一两个人反对,~大家就都不干了?(1人2人が反対しただけで、まさか全員がやめてしまうわけではないだろうね)▶人们~都没有进步?我看是你太主观了(みんなが進歩していないということはないでしょう、あなたは主観的すぎると思いますよ)▶~要让我们亲自登门去请你?你的架子是不是太大了?(私たちが参上してあなたにお願いしろというんじゃないでしょうね、それはちょっと態度が大きすぎはしませんか)

〖莫不是〗基本的な意味と用法は'莫非'に同じ。▶你莫不是不同意吧?(あなたはよもや不同意なのではないでしょうね)▶莫不是要让他跪下来求你不成?我想事情过去就算啦!(彼に膝をついてあなたにお願いしろというんじゃないでしょうね、終わったことはもういいじゃないですか)

[比較] **莫非:难道** ともに語気副詞。'难道'は主として反語を表し、'莫非'は主として懐疑・推測を表す。

莫如 mòrú

【動詞】…に及ばない:物事に対する異なる処理方法を比較し選択する。

ⓐ '莫如'の前後は動詞性の語句でも節でもよい。▶去了生气~不去(行けば腹が立つから、行かないに越したことはない)▶登门拜年~打电话问安(年賀の挨拶に出向くより電話で挨拶するほうがいい)▶你来~我去(あなたが来るより私が行くほうがいい)▶你一个人唱~大家一起唱(あなた1人で歌うよりみんなでいっしょに歌うほうがいい)

ⓑ [既然…],莫如…▶既然来到家门口,~进去看看(玄関まで来たのだから、中に入ってあいさつしたほうがいい)▶既然不能坚持工作,~把病养好了再说(仕事を続けられないのなら、病気を治してからにしたほうがいい)▶既然已经开了个头,~说个痛快(話し始めた以上すっかり話したほうがいい)

ⓒ [与其…],莫如…▶与其你去,~他来(あなたが行くより、彼が来るほうがよい)▶与其请医生,~上医院(往診を頼むより、病院に行ったほうがよい)▶与其租房,~买房(家を借りるよりは、買ったほうがよい)

[比較] **莫如:不如** '莫如'は異なる方法の優劣の比較・選択に限定されるため、

その前後はふつう動詞性の語句あるいは節に限られる。'不如'は使用範囲がより広く、異なる方法の比較・選択のほか、2つの事物の比較もできるため、名詞の客語をともなえる。'莫如'には後者の用法はない。▶这件衣服不如那件（この服はあっちのに及ばない）▶我的梨不如你的大（私のナシはあなたのほど大きくない）

某 mǒu

【指示代詞】単独では用いない。主に修飾語になったり、あるいは姓の後ろに置く。《書》

❶不確定あるいは明言しにくい人や事物を表す。名詞の前に用いる。

ⓐ某+名 ▶～人（ある人）▶～工厂（ある工場）▶解放军～部（解放軍の某部隊）▶～年（某年）▶～月（某月）▶～日（某日）▶～市（某市）▶～处（某所）▶～地区（某地方）▶～事（ある事）

— 人・団体や機構を指すときは、重ね型にしてもよい。指す内容は単数。▶～～人（ある人）▶～～兄（ある友人）▶～～同学（ある学友）▶～～工厂（某工場）

ⓑ某+甲〈乙、丙…〉　2つ以上併用したときは2人以上の不定の人をそれぞれ指す。'某甲'は単独で用いてもよく、まだ姓名をあげていない人を指して言う。▶～甲比～乙重1公斤，两人体重之和是125公斤，问各人体重多少？（甲は乙より1キロ体重が重い。2人の体重の合計は125キロである。それぞれの体重は何キロか）▶～甲，山东青岛人（甲は山東省青島の人である）

ⓒ某+数量+名　数詞は'一・几'のみ。▶～［一］个人（ある人）▶～［一］个时期（ある時期）▶～［一］个地方（ある場所）▶～几个问题（あるいくつかの問題）▶～种力量（ある種の力）▶～件事情（ある事柄）▶～些特点（あるいくつかの特徴）▶～几项产品（あるいくつかの製品）

❷姓の後ろに用いる。特定の人あるいはみずからを指す。

ⓐほかの人を指す。名前をあげるのが都合が悪いか、あるいは名前を知らないとき。▶邻居张～也曾听说此事（近所の張某も、かつてこの事を聞いたことがある）

ⓑみずからを指す。以前は謙遜した言い方だったが、現在はあまり用いない。▶赴汤蹈火，杨～在所不辞（熱湯の中であれ、火の中であれ、この楊めはいとわず参ります）▶有我赵～陪同前往，你还不放心？（私趙めがお供して参ります。それでもまだご心配ですか）

N

拿 ná

【動詞】❶手やその他の方法によって、つかんだり運んだりする：《付》了・着・过《重ね型》名詞の客語をともなう。▶他从我这儿～了几本书去（彼は私の所から本を数冊持って行った）▶自己～，别客气（遠慮しないで、自分で取りなさい）▶工具不用～了，那儿有（道具は持って行かなくてよい、向こうにある）▶把剪子～过来（はさみを持って来なさい）▶手里～着几本书（本を何冊か手にしている）

ⓐ拿+来〈去〉+動▶这种草药～来治高血压比较有效（この種の薬草を高血圧の治療に使うと比較的効果がある）▶猪皮可以～来制革，猪骨头可以～来制胶（豚の皮はなめし革を作るのに使えるし、豚の骨はニカワを作るのに使える）▶把这些菜籽～去种上（このナタネを持って行って植えなさい）

ⓑ拿+在…▶干嘛老把茶杯～在手上？你喝啊！（どうしていつまでも湯のみを手に持っているの、飲んだら）▶常用的～在外头，不用的收在里头（よく使うものは外へ出しておき、使わないものは中にしまっておく）

❷捕える、攻めて奪い取る：比喩的にも用いる。▶～贼（泥棒をつかまえる）▶～下全场比赛中关键的一局（試合の中で鍵となる1セットを奪い取る）▶这样艰巨的工程半年也就～下来了（このように困難な工事も半年でやり遂げた）

❸人を困らせる、おどす。▶等咱们掌握了这种技术，他就～不住咱们了（我々がこの技術を身に付けたら、彼は我々を困らせられなくなる）▶说话算话，到时候你可

别～我一把（言ったことは守って、そのときになって決して私を困らせないでもらいたい）

動結 拿//光　拿//错　拿//乱　拿//齐　拿//完

拿得〈不〉了（liǎo）▶这么多东西一个人拿不了（こんなにたくさんのものを1人では持てない）

拿得〈不〉动▶这点儿粮食我拿得动（これくらいの穀物なら持って行ける）

拿//准　正確に把握する。▶他住哪条街我知道，可是住几号我拿不准（彼がどの通りに住んでいるか知っているが、何番地かは、はっきりわからない）

拿//走　持ち去る。▶那本书他早拿走了（あの本は彼がとっくに持ち去った）▶没有借条你拿不走（借用書がなければ持って行けない）

拿//跑　同意を得ないで持ち去る。▶留神东西别让人拿跑了（品物を誰かに持って行かれないように気をつけなさい）

拿//住ⓐしっかりつかむ。▶拿住，别掉了！（落とさないように、しっかり持ちなさい）▶快帮我一把，我快拿不住了（早く手を貸して、落としてしまいそうだ）

ⓑつかまえる。▶螳螂拿住一只苍蝇（カマキリが1匹のハエを捕えた）

拿//着（zháo）ⓐ手が届く。▶太高了，孩子拿不着（高すぎて、子供には手が届かない）

ⓑつかまえる。▶大花猫拿着一只耗子（三毛猫がネズミをつかまえた）

動趨 **拿//上**　手に入れる。▶等了好几天才拿上这本书（何日も待ってやっとこの本を手に入れた）▶售票处下班了，车票上午拿不上了（切符売り場が閉まってしま

ったので，切符は午前中に手に入らない）
拿得〈不〉起 払う能力がある〈ない〉。▶这几个钱还拿得起（このくらいのお金なら，まだ出せる）▶我可拿不起这么多钱（こんなにたくさんのお金は払えない）
拿//开 わきへ移す。▶不用的东西全拿开（使わないものはすべてどける）
拿//到 ▶旅游车票已经拿到了（旅行の列車の切符はもう手に入れた）▶拿不到精密仪器作不了这种试验（精密な計器が手に入らなければ，このようなテストはできない）

【介詞】❶ …を，…に対して：後ろにくる動詞は'当・没办法・怎么样・开心・开玩笑'などに限る。▶他简直是～黑夜当白天，永远不知道疲劳（彼はまるで夜も昼のように働き，いつまでも疲れを知らない）▶你别～我当小孩（子供扱いしないでくれ）▶我简直～你没办法（君にはお手上げだ）▶你能～他怎么样？（彼をどうにかできると思うのか）▶他故意～我开心（彼はわざと私をおもちゃにしてふざける）▶别～他开玩笑（彼をからかうな）

❷ 拿+名+来〈去〉+動 ある方面について話題を提起することを表す。動は'说・讲・看'あるいは'比・比较・衡量・分析・观察・检验'などに限る。▶～产品质量来说，最近有了很大的提高（製品の質について言いますと，最近大きく向上しました）▶～全年平均成绩来看，小张比小王好（通年の平均成績からみると，張さんは王さんよりいい）▶～这个标准来〈去〉衡量，差距还不小（この基準からはかると，差はまだ大きい）▶～老眼光来〈去〉观察新事物，是不行的（既成の目で新しいものを観察することはよくない）▶就～这一点来〈去〉做结论，恐怕站不住脚（この点だけから結論を出すなら，おそらく成り立たないだろう）

哪 nǎ；něi

【指示詞】疑問・不確定・任意の指示を表す。'数量[+名]'の前に用いる。数詞が'一'のときは，ふつう省略する。

❶ 疑問を表し，同類の事物の中で特定することを求める。▶我是小张，您是～位呀？（私は張ですが，あなたはどなた様ですか）▶～本书是你的？（どの本があなたのですか）▶老魏～天走？（魏さん何日に出かけますか）▶您找～一家？（あなたはどの家をお訪ねですか）▶长江流经～几省？（揚子江が流れているのは，どことどこの省ですか）

❷ 不定の指示。不確定の中の1つを表す。▶～天有空我还要找你谈谈（いつかひまができたら，また君を訪ねて話したい）

❸ 任意の指示。任意のどれか1つを表す。後ろにふつう'都・也'が呼応する。また2つの'哪'が前後で呼応する。▶～种花色都行（どんな色柄でもよい）▶这几件衣服～一件也不合适（この何枚かの服はどれも合わない）▶～样的机器适合咱们山区就买～样的（我々の山間区に適した機械を買う）

【代詞】疑問を表す。同類の事物の中で特定することを求める。▶这里边～是你的？（この中で，どれが君のですか）▶～是你家？（どれが君の家ですか）

一 節の中で主語として2つあるいはそれ以上連用する。前の述語動詞は否定形。▶大雾弥漫，看不清～是水，～是岸（霧が立ち込めて，どこが川で，どこが岸か見分けられない）▶游客第一次走进迷宫，分不出～是活道，～是死道（観光客が初めて迷路に入ったときは，どの道が先に進めて，どの道が行き止まりか，見分けがつかない）

【副詞】反語に用いる。否定を表す。動詞の前に用いる。'哪儿'に同じ。něi とは読まない。▶我不信，～有这样的事（私は信じない，どうしてこんな事があろうか）▶人们全到地里去了，村里～还找得到他们？（みんな畑へ行ってしまったのだから，村でどうして彼らに会えよう）▶一个

铁钉、一段铅丝都是国家财富，～能随便浪费？（釘1本，針金1本でも国の財産であるから、どうしてむだ遣いをしていいものか）

哪 ·na ☞啊 ·a

哪里 nǎ·li（哪儿）

【代詞】❶場所をたずねる。
ⓐ主語になる。▶身上～不舒服？（体のどこが具合が悪いんですか）▶～有这种花色的布料？告诉我（どこにこのような柄の布地があるの。教えて）
ⓑ客語になる。動詞の後ろに用いる。▶在～？（どこですか）▶住～？（どこに住んでいますか）▶现在到了～了？（今どこに着きましたか）▶他上～去了？（彼はどこに行きましたか）
ⓒ介詞の後ろ、あるいは動詞の直前に用いる。▶从～来？（どこから来たか）▶往～去？（どこへ行くのか）▶在～住？（どこに住んでいるのか）▶这道题错在～？（この問題はどこが間違っているのか）▶你～去？（どこへ行くの）▶～来的？（どこから来たのか）
ⓓ名詞を修飾する。'的'を付けることが多い。▶您是～人？（あなたはどこの方ですか）▶他说的是～方言？（彼の話しているのはどこの方言ですか）▶这是～的产品？（これはどこの製品ですか）
❷不定のものを指す。▶昨天你没有到～去过吗？（昨日，君はどこかへ行かなかったですか）▶不知从～刮来一阵清风，使他精神一振（どこからかさわやかな風がひゅうっと吹いてきて彼に元気を奮い起こさせた）▶我好像在～看见过这幅画儿（どこかでこの絵を見たことがあるような気がする）
❸任意のものを指す。
ⓐ後ろにふつう'都・也'が呼応する。前には'无论・不论・不管'などを用いる。▶干工作～都一样（仕事をするのはどこで

も同じだ）▶无论到～，都不忘学习（どこへ行っても学習を忘れない）▶我今天要等人，～也不去（私は今日，人を待たなくてはならないのでどこへも行かない）
ⓑ前後2つの'哪里'が呼応して条件関係を表す。▶～有水，～就有生命（水のある所には生命がある）▶县里委托代培的学生，从～来，毕业后还回～去（県から養成を委託された学生は，卒業後も元のところへ戻る）▶～困难就到～去（困っているのならどこへでも行く）
❹反語に用いる。否定を表す。場所の意味はない。'怎么'に換えてもよいが，'哪里'の方が強い。▶他～是广东人？他是福建人（彼がどうして広東人なものか，彼は福建人だ）▶这么些人一辆车～坐得下？（こんな大勢で1台の車にどうして乗れようか）▶我～有你劲儿大呀！（私にあなたほどの力があると言うのですか）
❺単独あるいは重ね型で質問の返答として用いる。否定を表す。丁寧な言い方。▶同志，麻烦您了！——～！这是应该的（あの，ご迷惑をおかけしました——どういたしまして，当然のことです）▶你一人干了不少——～！～！都是大伙儿一起干的（君1人でたくさんやったね——とんでもない，みんなで一緒にやったんですよ）
〖哪儿〗❺以外は'哪里'に同じ。《口》

哪儿 nǎr ☞哪里 nǎ·li

哪怕 nǎpà

【接続詞】仮定兼譲歩を表す。後ろは多く'都・也・还'などと呼応させる。▶～天气不好也要去（たとえ天気が悪くても行かなければならない）▶～工作到深夜，他都要抽出点时间学习（たとえ仕事が深夜に及ぶようなときでも彼は時間を捻出して勉強する）▶～一根铁丝也应该捡起来（たとえ針金1本でも拾うべきだ）▶～在非常困难的条件下，我们也继续坚持工作（たとえ非常に苦しい条件の下でも，我々は仕

事を続ける）▶我们一定尽全力抢救病人，～只有一线希望（我々は病人の緊急治療に必ず全力を尽くす，たとえ一縷の望みしかなくても）

比較 哪怕：即使　用法は基本的に同じ。'哪怕'《口》

哪些 nǎxiē；něixiē

【指示代詞】'哪'の複数。'哪一些'のこと。疑問にのみ用いる。▶～人参加比赛？（試合にはどういった人が参加しますか）▶今天晚上有～节目？（今晩どんな出し物がありますか）▶～是借来的工具？（どれが借りて来た道具ですか）▶你到过～地方？（どういった所へ行きましたか）▶你知道坚持长跑有～好处？（マラソンを続ければどのような利点があるか知っていますか）

— 時間をたずねるとき'哪些'の後ろに'天・年・日子・月份'などを付けられる。'日・月・星期'などは不可。▶～天？（どれだけの日数）▶～年？（何年ぐらい）▶～日子？（どのくらいの日数 ×～日？）▶～月份？（何か月？ ×～月？）

那 nà

【指示詞】❶比較的遠くにいる人や事物を指す。

ⓐ名詞・数量詞の前に用いる。▶～孩子（あの子）▶～晚上（あの晩）▶～远方的朋友（あの遠方の友）▶～广阔的原野（あの広々とした原野）▶他决定亲自去找～人（彼はみずからあの人を訪ねて行くことにした）▶～一群妇女在荷塘里边唱歌边采莲（あの一群の女たちはハス池の中で歌を歌いながら，ハスをとっている）▶～幢楼房就是遵义会议的会址（あの建物は遵義会議の会場跡だ）▶你看～几棵松树，长得多挺拔啊！（あの松を見てごらんなさい，本当に高くまっすぐ伸びています）▶～一次咱俩是在苏堤碰见的（あのとき私たち2人は蘇堤で遇然会ったのです）

ⓑ'那[+数量]+名'をほかの語句の後ろに用い，その語句の指す事物を再度示す。▶老黄～个人真是一个善于思考的聪明人（黄さんという人はまったく物事をよく考える聪明な人だ）▶他们～几个班的课堂纪律都不错（彼らのあの数クラスの教室の規律はなかなかいい）▶我说的就是日光、空气和水～三种东西（私の言っているのはつまり日光・空気・水という3種類のものだ）この種の文では'那・这'のどちらを用いても意味はあまり変わらない。ただし'那'より'这'を用いるほうが多い。

— 名詞の前に'那'があり，さらに所有を表す修飾語（ふつう'的'が付かない）があるときは'那'を修飾語の後ろに置く。▶他～本书（彼のあの本）▶印刷厂～位同志还没来（印刷工場のあの人はまだ来ていない）

— 名詞の前に'那'があり，さらに所有を表すのでない修飾語（ふつう'的'が付かない）があるときは'那'は修飾語の前に置く。▶～木头房子（あの木の家）▶～玻璃窗户（あのガラスの窓）▶～聪明孩子（あのりこうな子）

❷那+一+動／形　必ず後ろに節が続く。'那'は意味を強める。'那么''那样'に同じ。▶你～一嚷不要紧，可把那几个孩子吓坏了（君がわめきたてるものだから，あの何人かの子供たちは肝をつぶしてしまった）▶剧场门口～一乱，他俩就走散了（劇場の入り口でひとさわぎあったので，2人はたちまちはぐれてしまった）

❸動詞・形容詞の前に用いて誇張を表す。《口》'那个'に同じ。▶他跑得～快呀，简直像阵风（彼の走る速さときたら，まるで風のようだ）▶他闷着头～干啊，壮小伙子也赛不过他（彼の黙々と働くことといったら，元気いっぱいの若者も彼にはかなわない）

【代詞】❶比較的遠い所にいる（ある）人と事物の代わりに用いる。

ⓐ人の代わりとして。'是'を用いた文の主

語になるときのみ。▶～是谁？――～是我们厂的李师傅（あの人は誰ですか――あの人は我々の工場の熟練労働者の李さんです）▶～是我哥哥（あれは私の兄です）
ⓑ事物の代わりとして用いる。ふつう主語に用いる。▶～是天安门广场（あれは天安門広場です）▶～都是我们学校的宿舍（あれらはみんな我々の学校の宿舎です）▶～我知道（それは知っている）
― 客語になるとき，'这'と対にして用いる場合を除き，ふつうさらに語句が続く。▶买～干嘛？（それを買ってどうするの）▶农民们捡～当肥料（農民たちはそれを拾って肥料にする）
ⓒ事物の代わりとして用いる。2音節の方位詞の前に用いる。▶～上面写得很清楚（そこにはっきり書いてある）▶～里面都是古代医书（その中はすべて古代の医学書である）▶这些树苗全栽在～四周（これらの苗木はすべてあのまわりに植える）
ⓓ節の始めに用いる。前文（節）の内容を再度示す。▶水渠快修到咱们村了！――～敢情好！（間もなく用水路が俺たちの村まで引かれるぞ――それは願ったりかなったりだ）▶你还没说你的学习成绩呢，～是他最关心的（君はまだ自分の成績のことを言ってない，それが彼が最も知りたがっていることなんだ）▶讲到这件事，～可真有年头了（この件について言えば，まったくずいぶん年月がたったものだ）この種の文では，'那''这'のどちらを用いても意味はほぼ同じ。ただ'那'より'这'を用いるほうが多い。
❷'这'と対にして用いる。事物が多いことを表す。特定の人や物を指さない。▶这也不错，～也挺好，不知挑哪个好了（どれもこれもすばらしくって，どれを選んだらいいのかわからない）▶看看这，看看～，真有说不出的高兴（あれこれ見て，本当に言葉にできないほどうれしい）▶这一句，～一句，说起来没完（あれからこ

れへと話が尽きない）
❸'那些'に同じ。▶～是我的几个堂兄弟（彼ら数人は私の方の従兄弟だ）▶你看，～都是去年放养的鲫鱼（見て，あれはみんな去年放流したフナだ）
❹結果を表す節を導く。接続の機能を果たす。'那么'に同じ。▶你要是不肯一点一滴从小事做起，～就什么事也做不成（もし小さな1つ1つの事から始めようとするのでなければ，何も成し遂げられない）▶他要不来给我们当翻译，～我们就得另外找人了（彼が通訳をしてくれないなら，ほかの人を捜さなくては）

那点儿 nàdiǎnr
☞那么点儿 nà·mediǎnr

那个 nà·ge；nèi·ge

【指示詞】❶比較的遠くにいる（ある）人や事物を指す。
ⓐ名詞の前に用いる。▶～人是谁？（あの人は誰ですか）▶我喜欢～地方（私はあそこが好きだ）▶你还是三年前～样儿（君は今でも3年前と同じだ）
ⓑ'那个＋名'をほかの語句の後ろに置き，その語句の指す事物を再度示せる。▶他～人脾气太倔（彼という人はとても強情だ）▶打扑克～玩意儿对他有极大的吸引力（トランプというものは彼にとって，とても魅力あるものだ）
ⓒ名詞の前に'那个'と所有を表す修飾語（ふつう'的'が付かない）がくるときは'那个'を修飾語の後ろに置く。▶他～意思是希望你去陪他住几天（彼の言っている意味は，あなたが行って彼と一緒に何日かいて欲しいということだ）▶昆明～地方四季如春（昆明という所は1年中春のようだ）
― 名詞の前に'那个'と所有を表すのでない修飾語がくるとき，修飾語が2音節の形容詞（'的'が付くことも付かないこともある）なら，ふつう'那个'を修飾語の前に置く。▶～特殊的情况（あの特殊な状況）▶～热烈的场面（あの熱烈な場面）▶～

精致的牙雕（あの精巧な象牙の彫りもの）▶～重要问题还没讨论（あの重要議題はまだ討論していない）▶～调皮小鬼跑到哪儿去了？（あのいたずら小僧はどこへ行ったのか）
— 修飾語が動詞句あるいは比較を表す形容詞句（必ず'的'が付く）のとき，区別を強調しないなら'那个'を修飾語の前に置く。区別を強調するなら後ろに置く。
— 区別を強調しない。▶～打电话的人是谁？（あの電話をかけている人は誰ですか）▶～大点的茶杯是我自己的（あの大きめのコップは私自身のだ）
— 区別を強調する。▶戴眼镜儿的～人姓徐，不戴眼镜儿的姓宋（眼鏡をかけている人は徐さんで，かけていない人は宋さんだ）▶大点的～杯子是我的，小的是王先生的（大きめのあのコップが私ので，小さいのが王さんのだ）
❷動詞・形容詞の前に用い，誇張を表す。《口》▶听说要去黄山旅游，大伙儿～高兴啊！（黄山に旅行に行くと聞いてみんなのうれしそうなようすときたら）▶河水～清啊，小鱼儿，河底的石子儿都看得清清楚楚（川の水のきれいなことといったら，小魚や川底の石まではっきり見える）▶瞧你～嚷嚷，谁听得清你说的什么！（君は何をわめきたててるんだ。何を言っているのかわかりゃしない）
【代詞】❶名詞の代わりに用いる。事物・状況・原因などを言う。▶～你不用担心，我去想办法（あの件は君は心配することはない，私が方法を考えよう）▶别提～了（それを言わないでくれ）▶就因为～，他才生这么大的气（ほかでもなくそのために，彼はこんなに怒っているのだ）
❷'这个'と対にして用い，事物が多いことを表す。特定の人や事物は指さない。▶姑娘们这个穿针，～引线，几天就绣好了一幅花鸟画（娘たちは針に糸を通したり，縫ったりして数日できれいに花鳥の絵を刺繍した）▶他摸摸这个，动动～，哪样东西都觉得新鲜（彼はあれこれなでたり，さわったりして，どの品もめずらしげだった）▶他这个～地买了一大堆东西回来（彼はあれこれの品物を山ほど買って帰って来た）
❸述語になる。はっきり言いたくない形容詞の代わりに用いる。▶你刚才的态度真有点太～了（君のさっきの態度は本当にちょっと何だよ）▶老陈呢，人倒是好人，就是脾气～一点（陳さんはね，人はいいが性格はちょっと何なんだ）

那会儿 nàhuìr；nèihuìr

【代詞】過去あるいは将来のある時間を言う。
ⓐ状語になる。動詞の前に用いる。▶你～还是个小学生呢（君はあのころまだ小学生だった）▶～当农民，现在当工人（あのころは農民だったが，今は労働者だ）▶等毕业以后，他～可以独立生活了（卒業したら，彼は1人で生活できるようになるはずだ）
ⓑ主語の前に用いる。▶～我还小，不懂事（あのころまだ幼くてものの道理がわからなかった）▶再过几年我们老了，～你们在各方面就要负起责任来了（あと数年して私たちが年をとったころには，君たちが各分野で責任を負わなくてはならない）
ⓒ主語になる。▶～是解放前，跟现在可不一样（あのころは解放前で今とはまったく違っていた）
ⓓ名詞を修飾する。'的'が付く。▶～的事我至今还记得很多（あのころの事は今でもまだたくさん覚えている）
ⓔほかの語句の後ろに用いる。話し手の指す時をより明確にする。▶上班～（出勤のとき）▶晚饭～（夕飯のとき）▶傍晚～下了一阵小雨（夕方ごろ，ちょっと小雨が降った）▶我结婚～你还在幼儿园呢（私が結婚したころ君はまだ幼稚園に行ってたよ）

那里 nà·li（那儿）

【代詞】比較的遠い場所を指す。
ⓐ主語・客語になる。▶～是天安门广场（あそこは天安門広場だ）▶～长着许多高大的松树（あそこには大きな松の木がたくさんある）▶～有呼伦和贝尔两个大湖（あそこにはフルンとブイルの2つの大きな湖がある）▶～热，这里凉快（あそこは暑いが，ここは涼しい）▶～谁也没去过（あそこへは誰も行ったことがない）▶我们参观过～好几次了（我々は何度もあそこを見学したことがある）▶请注意看那边，北京猿人的遗址就在～（あのあたりを注意してご覧ください，北京原人の遺跡があそこにあります）
ⓑ直接人称代詞あるいは名詞の後ろに置く。本来場所を表さない語を場所を表す語にする。▶我哥哥～（私の兄の所）▶老张～（張さんの所）▶宝塔～风景好（宝塔のあたりは景色がよい）▶我们～有五台联合收割机（我々の所にはコンバインが5台ある）▶你～有狄更斯的著作吗？（あなたの所にはディケンズの著作がありますか）▶他的眼睛紧紧地盯住舞台～（彼の目はじっと舞台を見つめている）
ⓒ名詞を修飾する。ふつう'的'を付ける。▶～的乡亲们对我们热情极了（あそこの村人たちはとても親切だ）▶我家在胶东，～的水果是有名的（私の家は膠東ですが，そこの果物は有名です）
ⓓ介詞の後ろに用いる。▶朝～走五里地就是桥东村（あの方向に5里行くと，橋東村だ）▶从～跑过来一个小男孩（向こうから小さな男の子が走って来た）▶由～往南就看见孤山了（あそこから南へ行くと孤山が見える）▶打～移栽了两棵松树（あそこから松の木を2本移植した）▶在～站着（あそこに立っている）▶站在～（あそこに立っている）▶到～去（そこへ行く）▶送到～（そこまで届ける）▶向～奔去（そこに向かって走る）

〖那儿〗用法は'那里'に同じ。《口》とりわけ次の①②には，ふつう'那儿'を用い，'那里'を用いない。
①直接，動詞の前に用いるとき。▶请那儿坐（そこにお座りください）▶咱们那儿谈好不好？（あそこで話しませんか）▶那儿写文章呢，你别去捣乱（あそこでは書きものをしているから，行ってじゃまをしてはいけない）▶你老不来信，那儿都快想死你了（君から長い間手紙が来ないもんだから，向こうじゃもう待ちこがれているよ：'那儿'はある人を指す）
②打〈从、由〉…＋那儿＋起〈开始〉時間あるいは場所を表す。▶打那儿起，我们搞农业科学实验的劲头更高了（そのときから，我々の農業科学実験をやろうという意気込みはいっそう高まった）▶由那儿开始，他每天晚上都观察天体的活动（あのときから彼は毎晩いつも天体の活動を観察している）▶打第一个同学那儿开始，每人报一下自己的姓名（1番目の学生からそれぞれ，自分の姓名を告げる）▶从那儿起，往南走二百米就有商店（あそこから南へ200メートル行くと商店がある）

那么 nà·me；nè·me

【指示詞】❶程度を指す。
ⓐ有〈像〉…＋那么＋形／動　前に比較する事物がくる。▶那两棵枣树有碗口～粗（あの2本のナツメの木はお椀ほどの太さだ）▶这种葡萄有糖～甜（このブドウは砂糖のように甘い）▶我上中学的时候，个子像他现在～高（私が中学生のころ，背丈は今の彼くらいだった）▶做起来并不像说的～容易（やってみると口で言うほど簡単ではない）▶身板像铁铸的～结实（体は鉄でできたように丈夫だ）▶我如果能像你～经常锻练，身体就不会像现在这样子了（もし君のようにいつも体を鍛えていたら，私の体はこんなふうにはならなかっただろう）
ⓑ那么＋形／動　前に比較する事物がない。相手に手ぶりで示さないときは'那么'は特に何かを指すわけではない。いくぶん

誇張をおび，言葉をいきいきとさせる働きをもつ。▶真的，就是~大（本当さ，こんなに大きいんだ）▶屋子里的一切都是~干干净净的（部屋の中の何もかも実にきれいだ）▶既然你~喜欢它，就送给你吧（あなたがそんなに気にいっているなら，さしあげましょう）

— '那么'は比况の程度を表さないときもある。単に話し手の感嘆の気持ちを強調する。この用法は'多么'に近い。▶北京的秋天，天空~晴朗！阳光~明亮！（北京の秋は空があくまで晴れわたり，太陽の光は実に明るい）▶果然下雪了，下得~大！（案の定雪が降った，本当に大雪だ）

ⓒ '那么'の強調作用は，積極的な意味を表す形容詞'大・高・多…'に対しても消極的な意味を表す形容詞'小・低・少…'に対しても，同様に適用される。しかし文中に'只・就・才'などの副詞があるときは，'那么+積極的意味の形容詞'と'那么+消極的意味の形容詞'の意味に違いはない。つまり'只有那么大'='[只有]那么小'

ⓓ那么+形／动[+的]+名 ▶~好的稻种（とても優れたイネの種子）▶~深的水（あんなにも深い水）▶~热的茶（とても熱いお茶）▶~高的个儿（あんなにも高い背）▶~肥的衬衫（あんなにも大きいシャツ）▶~浅显的道理（そんなにやさしくてわかりやすい道理）▶~漂亮的裙子（とてもきれいなスカート）▶~感动人的场面（あのように人を感動させる場面）

— '大・长・多・短'などの単音節の形容詞の後ろでは'的'をときに省略できる。▶~大[的]岁数（かなりの年）▶~大[的]份量（かなりの量）▶~短[的]时间完成了~多[的]工作（あんなに短い時間であれほどたくさんの仕事を成し遂げた）▶我~长[的]时间没见着你了（本当に長い間あなたに会えなかった）▶他走了~大[的]功夫，想必已经到了（彼が行ってもうずいぶんになる。きっともう着いただろう）

ⓔ否定形は'没[有]''不'どちらを用いてもよい。後ろの動詞は心理的活動を表すものに限る。

— ⓐに対する否定には'没[有]'を用いる。▶没~高（そんなに高くない）▶没~困难（それほど苦しくはない）▶没~复杂（それほど複雑ではない）▶没~喜欢（そんなに好きではない）▶这种葡萄没有糖~甜（このブドウは砂糖ほど甘くはない）▶这段路没有去天津~远（この道のりは天津へ行くほど遠くない）

— ⓑに対する否定には'不'を用いる。形容詞の前に程度副詞を置いてもよい。後ろには補語を置ける。本来のⓑにはこのような用法はない。▶不~累（それほど疲れていない）▶不~酸（そんなにすっぱくない）▶不~高兴（それほどうれしくない）▶屋子里不~干净（家の中はそんなにきれいではない）▶问题不~太严重（問題はそれほど深刻でない ×问题是~太严重）▶底肥不是~足极了（基肥は十分すぎるほど十分なわけではない ×底肥是~足极了）▶路不是~难走得了不得（歩きにくくてたまらないというほどの道ではない）

❷方式を指す。

ⓐ那么+动 ▶像青蛙一样在地上~跳（カエルのように地面を跳びはねる）▶夜深了，他还在书桌前~坐着，不愿离开（夜もふけたが，彼はまだ机の前でああしてすわり続け，動こうとしない）▶我也想~学习几年（私もあのように何年か勉強したい）

ⓑ那么+一+动 '那么'は意味を強める。▶头~一扬就走了（頭をさっとあげると行ってしまった）▶胸脯~一挺就迎上去了（胸をぴんと張ると向かって行った）▶双手~一按，越墙而过（両手をぐっとかけて，塀を飛び越した）▶他~一犹豫，结果没赶上车（彼はちょっとためらったばかりに車に間に合わなかった）

ⓒ动+那么+动量 '那么'は动量を強調する。▶比划了~一下（ちょっと身ぶりで

示した）▶看了～一眼（ひと目ちらっと見た）▶我就去过～两次（私は2度行ったことがある）

❸数量を指す。数の多いこと，または少ないことを強調する。または，何も強調しない（中性）こともあるが，文脈から判断できる。☞❶ⓒ

— 多いことを強調する。▶估计到终点站得走～五、六个钟头（おそらく終点までは5～6時間かかるだろう）▶我们农场今年一胎两羔的母羊有～好几十只（我々の農場には今年，双子を生んだ母羊が何十頭といる）

— 少ないことを強調する。▶这个厂建厂时只有～一台像样的机器，现在已发展成有几条流水线的大厂了（この工場はできたころ，機械らしい機械はわずか1台しかなかったが，今では生産ラインを何本か持つ大きな工場に発展した）▶这些花里，我只喜欢～一种——就是兰花（この花の中で私はただの1種類だけが好きです，それは蘭です：'一'を強く読む）▶～点儿面子是肯给的（あれっぽっちのことなら何とか顔を立ててくれるでしょう）

— 何も強調しない。▶他的身上有～一股劲，～一种拼命精神（彼はファイトと一生懸命にやる精神を身に付けている）▶咱们也要栽上～几种树（我々も木を何種類か植えなければならない）

【代詞】ある種の動作あるいは方式に代えて用いる。この種の用法は'那么'より'那么着'のほうが多い（☞那么着nà・me・zhe）。▶～好不好？（そんなふうにどうですか）▶～不行（それではよくない）▶只许这么，不许～（こういうふうにするのはいいが，そうするのはいけない）▶别～，留神弄坏了（そんなふうじゃだめだ，壊さないように気をつけて）▶好，就～吧！（よし，そうしよう）▶我认为～不妥当（そんなふうにするのは不適当だと思う）▶这只手表这么走是，～就停（この腕時計はこんなふうにすると動くが，こうすると止まる）

注意 '那么不妥当'には2つの意味がある。1つは「まったく適当ではない」（＝很不妥当）の意味で，'那么'は程度を指す。もう1つは「ある種の方式は不適だ」の意味で，'那么'はある方式あるいは動作を指す。'那么合适''那么麻烦'などにも同様に2つの意味がある。

【接続詞】前節を受ける。結果あるいは判断を表す節を導く。▶既然理解了这项工作的重要意义，～就让我们全力以赴地干吧（この仕事の重要な意義を理解したわけだから，我々は全力でがんばろう）▶如果海上风不大，～船是一定要起锚的（もし海上の風が強くなければ，船は必ず出航するだろう）▶要是咱们小组决定不了，～就请上级决定（もし我々の小グループで決定できなければ，上部に決定をゆだねよう）

比較 那么：那么着：那样　用法の共通点と相違点は'这么：这么着：这样'と同じ。☞这么 zhè・me 比較

那么点儿 nà・mediǎnr
（那点儿）

【指示詞】❶比較的小さな数量を表す。名詞を修飾するときには'的'を付けても付けなくてもよい。▶～年纪懂这么多事，真不简单（あの年でこんなにたくさんのことがわかっているなんて，まったくたいしたものだ）▶～原料居然生产出这么多东西来（あれっぽっちの原料でこんなにたくさんのものを作り出す）▶～的事儿还用找人帮忙吗？（あれぐらいのことで人の助けが必要なのか）

❷比較的小さな個体を指す。名詞を修飾するとき'的'を付けることが多い。▶～的厂子造出了这么好的机器（あんなにちっぽけな工場がこんなに立派な機械を作り出す）▶～的个儿跑得还真快（あんなに小さい体で，走るのは実に速い）

【代詞】比較的少量の事物の代わりに用いる。▶～你留着吧（あれっぽっち，君がとっておきなさい）▶木材只剩～了，明天还

得派车去运（木材はほんのちょっとしか残っていない。また明日車を出して運ばせなければならない）▶～不够，再给点儿（あれっぽっちじゃ足りない，もう少しください）

〚那点儿〛基本的に'那么点儿'と同じ。名詞を修飾するとき'的'をともなえない。比較的小さな個体を指すことはできない。▶那点儿事一会儿就完（あれっぽっちのことはすぐ終わる）▶那点儿太少了（あれっぽっちでは少なすぎる）▶就剩那点儿了（ほんの少し残っただけだ）

[注意]'那点儿'は以上のほか，数量と無関係の意味があり，'那地方'に同じ（同様に'这点儿'は'这地方'を指し，'哪点儿'は'哪地方'を指す）。'那么〈一〉点儿'にはこの用法はない。▶那点儿是我们学校（あそこは我々の学校です）▶我每天上班都路过那点儿（私は毎日の出勤のときにあそこを通る）▶窗台那点儿放着一盆花（窓の台の所に花が１鉢置いてある）▶东郊那点儿又添了许多新工厂（東の郊外の所にまた，たくさんの新しい工場が増えた）

那么些 nà·mexiē

【指示詞】比較的遠い所の人，あるいは事物を指す。名詞の前に用いる。名詞の前には量詞を置ける。文脈によって多いことを強調したり，少ないことを強調したりできる。前者が主で，後者は'那么点儿'あるいは'那么几+[量]'を多く用いる。「多い」「少ない」を強調しないときはふつう'那些'を用いる。

— 多いことを強調。▶～书你看得完吗？（あれだけの本を君は読みきれますか）▶～天不照面，你上哪儿去了？（何日も顔を見なかったが，どこへ行っていたのか）▶站台上挤满了～人来欢送的人，敲锣打鼓好不热闹（プラットホームは見送りの人で込み合っていて，ドラや太鼓の音がとてもにぎやかだった）

— 少ないことを強調。▶壶里才有～水呀？（水筒の中には，たったあれだけしか水がないの）▶白菜就剩一筐了，再运点儿来吧（白菜は，わずか数かごしか残っていない。もう少し運んで来て）

【代詞】比較的遠くの人や事物に代えて用いる。主語・客語となる。後ろに量詞をともなえる。「多い」「少ない」の強調については指示詞と同じ。

— 多いことを強調。▶～人足够了，人多了也难免窝工（あれだけいれば十分だ，人手が多くてもやることがない）▶场上还有～呢，今天运得出去吗？（脱穀場には，まだあんなにある。今日運搬できますか）

— 少ないことを強調。▶就～？我看不够（あれっぽっち？　足りないと思うよ）▶我只有～了，都送你吧（私にはあれだけしかないが，みんな君にあげよう）

那么样 nà·me·yang; nè·me·yang

☞那样 nàyàng; nèiyàng

那么着 nà·me·zhe; nè·me·zhe

【指示詞】方式を指す。動詞を修飾する。この用法では'那么着'より'那么'のほうを多く用いる。▶你～看就看清楚了（そんなふうに見れば，はっきり見える）▶～想就越想越想错了（そんな考え方では，考えれば考えるほどおかしくなる）

【代詞】ある動作あるいは状況に代えて用いる。この用法では'那么'より'那么着'のほうが多く用いる。

ⓐ主語・客語になる。▶～好不好？（あんなふうではどう）▶～怕要出错儿（あれでは，おそらく問題を起こすだろう）▶我不喜欢～（そんな状態は好まない）

ⓑ述語になる。▶行，就～吧！（よろしい，そうしよう）▶别～！人家讨厌（そんなふうにしてはいけない，みんなにきらわれるぞ）

ⓒ節相当になって，前節〈文〉を受けて次の節を導く。▶别把我当客人，～，我

就不来了（私をお客さん扱いにしないでください，そんなふうにするともう来ないから）▶要～，一切都好办了（そんなふうなら，すべてがやりやすくなる）▶～，我去找小田，你通知老刘（それじゃ，私は田さんの所へ行くから君は劉さんに連絡してください）

[比較] 那么着：那样：那么
☞这么 zhè·me [比較]

那些 nàxiē；nèixiē（那些个）

【指示詞】比較的遠くの2つ以上の人や事物を指す。▶～人在干吗？（あの人たちは何をしているのですか）▶～姑娘都是舞蹈班的新学员（あの娘たちは全員，ダンスクラスの新入生です）▶把门口的～东西搬开（入り口のあれらのものをどかしなさい）▶我永远忘不了在北京度过的～日子（北京で過ごしたあの日々をいつまでも忘れられない）

— '那些+名'は前の事物を受ける。'那些'と他の修飾語の位置関係は'那个'と同じ。　☞那个 nà·ge

【代詞】名詞に代わって主語・客語になる。▶～都是新入厂的工人（彼らはみな新しく工場に入って来た労働者だ）▶～是什么？（あれらは何ですか）▶这些我留着，～都给你（こっちを私が取って，そっちはみんな君にあげる）▶我不要这些，我要～（こっちのはいらない，あっちのが欲しい）▶事情早过去了，别再提～了（とっくに過ぎ去ったことなんだから，もうあれこれ言うな）

[注意] '那些'が主語として疑問文に用いられるときは，ふつうものを指し，人を指さない。例えば'那些是什么？'は事物をたずねている。人をたずねるときは'那些是谁？'とは言わない。'那些人是谁？'あるいは'那些人是什么人？'と言う。

〖那些个〗'那些'に同じ。《口》

那些个 nà·xiē·ge；nèi·xiē·ge
☞那些 nàxiē；nèixiē

那样 nàyàng；nèiyàng（那么样）

【指示詞】❶性質・状態を指す。'的'を付けて名詞を修飾する。名詞の前に数量詞があるときは'的'を省略してもよい。▶～的机会可不多（あのような機会は決して多くない）▶我们也用～的图纸（私たちもあんな設計図を使う）▶哪有～的事情？（どうしてそのような事があろうか）▶有～一种人（あのような人がいる）▶～几间破房没人要（あんなボロ家には住み手がいない）

❷程度と方式を指す。用法は'那么'に同じ，'那么'を参照。話し言葉では'那么'を多く用い，書き言葉では'那样'を多く用いる。

【代詞】ある動作あるいは状況に代えて用いる。各種の文成分として用いる（☞那么着 nà·me·zhe）。▶这样不好，～才好（こんなふうじゃよくない，ああしなくては）▶～是对的（あのようにするのが正しい）▶当然应该～（もちろんあのようにすべきだ）▶只有～坚持不懈，才能学好外语（あのようにたゆむことなく続けさえすれば，外国語をマスターできる）▶就～，他把一台废机器修理好了（あのようにして彼は壊れた機械を1台ちゃんと修理した）▶你先做示范动作，再讲述一遍，～，他就明白了（あなたがまず模範演技をして見せ，それからひと通り説明すれば彼はわかるだろう）

〖那么样〗'那样'に同じ。

[比較] 那样：那么：那么着
☞这么 zhè·me [比較]

那阵儿 nàzhènr；nèizhènr

【代詞】過去あるいは将来のある時間を指す。'那会儿'に同じ。'那阵子'とも言う▶我现在才知道～闹头晕是因为血压高（あの時めまいがしたのは血圧が高かったためだと今になってやっとわかった）▶我上大学～，你还是小学生（私が大学に通って

いたころ，君はまだ小学生だった）▶～的女孩儿都梳长辫子（あのころの女の子はみんな長いおさげに結っていた）▶等到放暑假～，咱们就天天去游泳（夏休みになったら毎日泳ぎに行く）

乃至 nǎizhì （乃至于）

【接続詞】強調を表す。ふつう，並列した語・句・節の最後の1項の前に置いて最後の項の指す内容をきわだたせる。《書》現代中国語でよく使われる文言の虚詞である。▶这起案件引起全市人民～全国人民的震惊（この事件は全市民および全国の人々を驚愕させた）▶我国人民的生活水平要普遍达到小康水平，还需要十年～更长的时间（わが国の国民の生活水準が総じて安定したレベルに達するまでには，まだ10年ないしはもっと長い時間が必要だ）▶在城市，在乡村，～最偏僻的山区都广为传颂他的英雄事迹（都市でも，農村でも，さらには最も辺鄙な山間地区においても，彼の英雄的な事績が広く称えられた。）

— '乃至于' とも言える。

〖乃至于〗意味と用法は '乃至' に同じ。

难 nán

【形容詞】❶やっかいだ。↔容易

ⓐ述語となる。主語は名詞でもよいが，動詞のほうが多い。▶这道题～，那道题容易（この問題はむずかしく，あの問題はやさしい）▶说起来容易，做起来～（言うは易く行うは難し）▶学草书很～（草書はむずかしい）▶学会这套拳不～（この拳法はむずかしくない）

ⓑ难+動　'难' の働きは助動詞に近い。▶这事情～办（これはやりにくい）▶他的话～懂（彼の言葉はわかりにくい）▶那条路～走（あの道は歩きにくい）▶这道题～做（この問題は難解だ）▶草书～学（草書はむずかしい）▶他的心情不～想像（彼の心は想像するに難くない）▶这件事我很～插手（この件には私は手を出しにくい）

— これらの '难' の対語は '容易' '好' のどちらでもよい。そのうちの一方しか使えないこともある。▶法语难学（フランス語はむずかしい＝不好学，不容易学）▶这道题不难做（この問題は簡単だ＝好做，容易做）▶那条路不难走（あの道は歩きやすい＝好走，×容易走）▶他的心情不难想像（彼の気持ちは容易に想像がつく＝容易想像，×好想像）

— '的' を付けて後ろの名詞を修飾する。▶这一课里～认的字不多（この課は読みにくい字が少ない）▶越是～做的题目越要多做（むずかしい問題ほど数多くこなさねばならない）

注意 2音節の動詞の前で '难' '难以' のどちらを用いるかは，その動詞の文体的性格による。話し言葉によく用いる動詞には '难' を多く用い，主として書き言葉に用いる動詞には '难以' を用いる。▶这种锁难修理（このような錠は修理がむずかしい）▶这个人难对付（この人は扱いにくい）▶疼痛难以忍受（痛みが耐えがたい）▶其后果难以想像（その結果は想像もつかない）▶这个问题暂时难［以］解决（この問題はすぐには解決がむずかしそうである）

ⓒ难+在　なぜ困難かを説明する。▶这件事～在双方都不让步（この件は双方が譲らないからやっかいなのだ）▶这个棋难就～在只许走两步，不许走三步（この手がむずかしいのは，2歩進めるだけで3歩は進めないからだ）

ⓓいくつかの動詞の後ろに付いて補語となる。▶你把这件事看得太～了（君はこれをむずかしく考えすぎている）▶这题出得太～了（この問題はむずかしすぎる）

ⓔ '难' が修飾する名詞は，ごく若干の単音節の名詞のみ。'的' を付けない。▶～字（むずかしい字）▶～题（難題）▶～关（難関）▶把水引上山是一件～事（水を山の上に引くのはむずかしいことだ）

― 2音節の名詞を修飾するときは‘困难[的]・艰难[的]’などを用いるか，‘难＋動＋的’の形に変えて用いる。
⑥動＋难　熟語的な2例のみ。▶不怕～(困難を恐れない)▶不应该知～而退, 要知～而进(困難を知って退くのではなく, 困難と知っても進まねばならない)
― 名詞として用いるべき所には'困难'を用いる。▶克服困难(困難を克服する)▶把困难留给自己(困難をみずからに課する)▶困难还是不少(困難は少なくない)
❷人に与える印象(形・音・におい・味・感覚など)がよくない：'看・听・闻・吃・受'などの動詞の前に置く。動詞との結びつきが固く, 1語に近い。▶这种花色太～看了(この色柄はまったくみっともない)▶这个话传出去多～听啊！(この話が広まったらみっともない)▶身上有点儿～受(ちょっと体の具合が悪い)
注意 '难看・难听'などの対語は'好看・好听'など。'容易看・容易听'などではない。▶这件衣服难看, 那件衣服好看(この服はかっこ悪いけど, あの服はすてきだ)▶中药一般比西药难吃(漢方薬は一般に西洋薬より飲みにくい)

【動詞】人に困難を感じさせる：《付》过《重ね型》必ず人を指す客語をともなう。▶你这是故意～我们(君はわざとぼくたちを困らせているんだ)▶咱们出个题目～～他(問題を出して彼を悩ませてやろうじゃないか)▶我几时～过你？(私がいつあなたを困らせたというのだ)

動結 难//倒　人を困難により屈服させる。▶任何困难也难不倒我们(いかなる困難も我々を打ち負かせはしない)

难//住　人を困難な状態におとしいれる。▶这个谜语真把我难住了(この謎にぼくは頭をかかえてしまった)

难坏[了]　人に大きな困難を感じさせたり, きまり悪く思わせたりする。▶这下儿可把从来没跳过舞的小宋难坏了(このとき踊ったことのない宋さんは弱りきってしまった)

难道　nándào（难道说）

【副詞】反語を強める。ふつう文末に'吗・不成'がくる。
ⓐ動詞の前に用いる。▶你～一直不知道吗？(ずっと知らなかったとでも言うのか)▶我们连死都不怕, ～还怕这点困难吗？(我々は死さえ恐れないのだ, これくらいの困難にびくともするものか)▶这～是偶然的吗？(これが偶然ということがあろうか)▶这种事情～见得还少吗？(こうした事がまだ少ないと言うのか)
ⓑ主語の前に用いる。▶～这是偶然的吗？(まさかこれが偶然だと言うのか)▶～男同志做得到的事, 我们女同志就做不到吗？(男性ができることを私たち女性ができないということがあるでしょうか)
ⓒ难道…不成▶～让我们看一下都不成？(我々に見せることさえできないと言うのか)▶～就这样罢休不成？(これで終わりだと言うのか)
〖难道说〗'难道'に同じ。ふつう主語の前に用いる。▶难道说我们就被这点儿困难吓倒啦？(まさか我々がこんなささいな困難にへこたれるとでも言うのか)▶难道说这些事一件都做不了吗？(まさかこれらのうち1つもできないというわけでもなかろう)

难道说　nándàoshuō
☞难道 nándào

难怪　nánguài

【副詞】「原因を知り, 当然だと思う」という意味を表す。この'难'には'不应该'の意味がある。ふつう'难怪'を含む節の前か後ろには真相を説明する節がくる。
ⓐ难怪＋形／動　形／動の前にはふつう程度を表す語句を置く。▶好几个月没下雨了, ～这么旱(何か月も雨が降っていないのだから, こんなにかわききっているのも当然だ)▶这扁豆～这么新鲜, 原来是刚从地里摘下来的(このインゲン豆は新鮮

なはずだ、畑からもいできたばかりなのだから）▶他演过许多次了，～演得这么好（彼は何回も演じているから、こんなに上手なのもうなずける）
ⓑ主語の前に'难怪'を用いる。▶他是新调来的，～大家都不认识他（彼は新しく転任して来たのだからみんなが知らないのも無理はない）▶～教室这么干净，他们打扫了一下午（教室がとてもきれいなはずだ、彼らが午後いっぱいかけて掃除したのだから）

[注意]述語となる'难怪'は'难+怪'。'怪'は'责怪'（とがめる）の意味。「とがめることはむずかしい」すなわち「了承する」という意味を表す。ふつう前かあとに状況を説明する節がある。▶这〈那〉也难怪，刚到一个新地方，哪能一下子就习惯呢？（無理もない、新しい土地に来たばかりでどうしてすぐに慣れることができよう）

— 後ろに客語をともなえる。▶这也难怪他，因为他不太了解情况（これも彼を責められない。事情をよく知らないのだから）▶这也很难怪你妹妹，她毕竟还小嘛！（君の妹をとがめるなんてとてもできないよ、まだほんの子供じゃないか）

难免 nánmiǎn

【形容詞】免れがたい、避けがたい。
ⓐ主に動詞の前に用いる。ふつう後ろに'要・会'が続く。▶粗枝大叶，就～把事情搞坏（雑にやると物事を失敗に導きやすい）▶不努力学习，～要落后（努力して勉強しなければ、落ちこぼれることを免れない）▶工作中～会有缺点，但成绩还是主要的（仕事にミスは避けられないが、やはり成果が主要な面である）

— 動詞の前に'不'を付けることもあるが、意味は同じ。否定を表さない。▶一个人～不犯一些错误（人間が過ちを犯すことは免れえない＝～犯一些错误）▶我没有说清楚，～不被人误会（私がはっきり言わなかったので、誤解されてもしようがなかった＝～被人误会）
ⓑ主語の前に用いてもよい。▶朋友之间，～看法有时不一致（友人の間でもときには見解が異なるのはしかたがない＝看法～有时不一致）▶你不能按时完成任务，～大家要批评你（予定通りに任務を遂行できなければ、みんなから批評されてもしようがない＝大家～要批评你）
ⓒ単独で述語に用いるときは、ふつう'是…的'の間に置く。主語はふつう動詞句・節・'这・那'。▶由于经验不足，走一些弯路是～的（経験が足りないのだから回り道するのは避けられない）▶他跟你初次见面，说话不多，这也是～的，决不是故意冷淡你（君と彼は初対面なので話がはずまないのもしかたがないことだ。決してわざと君に冷たくしているわけじゃない）
ⓓ名詞を修飾するときは必ず'的'を付ける。'现象・事情・情况'などいくつかの名詞に限る。▶这是～的事情（これはのがれがたいことだ）▶这也是～的现象（これも避けがたい現象です）

[比較] 难免：不免：未免　☞未免 wèimiǎn

难说 nánshuō

【動詞】言いにくい、言いづらい、判断を下しにくい：'难说'の前の事物が指す内容はふつう特定あるいは既出のものである。疑問のある事物が'难说'の後ろに置かれる。動詞・節を客語にともなえる。程度副詞'很'の修飾を受けることができる。
▶这场球赛，～谁输谁赢（この球技の試合は、どっちが負けてどっちが勝つか何とも言えない）▶在这场纠纷里，很～谁对谁错（この紛争で、どちらが正しくどちらが間違っているのかは判断はむずかしい）▶车是按时开了，但是很～能不能准时到达（バスは定刻に出発したが、時間どおりに到着できるかどうかはわからない）▶钱已经准奋好了，但是很～准能买到（お金はもう準備できたが、必ず買えるとは限らない）

一 疑問の部分が選択疑問・疑問詞疑問あるいは反復疑問の場合は，'难说'の前における。《付》了　程度副詞'很'などの修飾を受けられる。▶邀请信已经发了，但是他来不来就很～了（招待状はすでに出したが，彼が来るかどうかはわからない）▶去是可以去，但是能不能见到他就～了（行くことは行けるが，彼に会えるかどうかはわからない）▶在这次事故中，谁负主要责任现在很～（今回の事故では，誰に主な責任があるのか今のところ何とも言えない）▶到底是谁打的第一枪确实很～（果たして誰が第1発目を打ったのか判断は確かにむずかしい）▶他什么时候回来很～（彼がいつ帰って来るかはっきりとは言えない）▶他参加不参加很～（彼が参加するかどうかはわからない）▶究竟是谁去现在很～（結局誰が行くのか今のところはっきりしない）▶是我去还是他去现在很～（私が行くのか彼が行くのか今のところどっちとも言えない）

难为 nán·wei

【動詞】❶人を困らせる：《付》了・过《重ね型》名詞性の客語をともなえる。▶他不会唱歌，你就别～他了（彼は歌がへたなんだから，困らせるのはやめなさい）▶我没因为这类事情～过他（私はこのたぐいの事で彼を困らせたことはない）▶关于调工作的事他～了人家半天（仕事の配置について彼はかなりのあいだ人を困らせた）▶我非想办法～～他不可（私はなんとしても彼を困らせてやる）▶人家有困难，你就别～他了（彼は困っているのだから，意地悪するのはやめなさい）

❷…のおかげである（むずかしい事をやったことを指す）：《付》了　名詞性の客語をともなえる。▶一个人带好那么多孩子，真～了她（こんなにたくさんの子供がみんな立派に育ったのは，ひとえに彼女のおかげです）▶经济那么紧张，家务又那么重，实在～你了（経済的にこんなに苦しく，家事もずいぶん大変な中，あなたには本当によくやってもらっている）▶这次能按时完成任务，真～大家了（今回期日どおりに仕事をやり遂げられたのは，まったくみんなのおかげだ）▶这么短的时间就送来了，真～他了（こんなに短時間で届いたのは，彼がよくやってくれたおかげだ）

❸決まり文句。自分のために何かしてもらったことに対する感謝を表す。名詞・節を客語にともなえる。《付》了▶替我想得那么周到，真～你呀（私のためにこんなにゆきとどいた配慮をしていただき，本当にありがとうございました）▶车票也替我买好了，真～你（車の切符まで買ってくださって，本当にお手数をおかけしました）▶我不在的时候，～你照顾了我的家（留守中，わが家の面倒を見ていただき，たいへんお世話になりました）▶～你为我带来了这么多东西（こんなにたくさんの品物を持って来てくださって，どうもありがとうございました）

难以 nányǐ （难于）

【副詞】簡単には（いかない）：主に動詞の前に用いる。《書》▶资料不够，～下笔（資料が不足で，なかなか書き出せない）▶此人品行恶劣，实在～形容（この人物は品行が下劣で，まったく形容しがたい）▶这样的事真叫人～启齿（こういう事は本当に口に出しにくい）▶事情太复杂，目前还～下结论（事情が複雑すぎて，目下のところはまだ結論を出すのがむずかしい）▶此情此景，叫在场的人们心情～平静（この光景に，その場の人たちは平静を保つのがむずかしかった）

〖难于〗比較の対象を導入する用法がある。例えば▶今年的考题难于往年（今年の試験問題はこれまでのよりむずかしい）

一'难以'にはこの用法はない。

难于 nányú ☞难以 nányǐ

闹 nào

【形容詞】騒がしい，静かでない：程度副詞の修飾を受けることができる。《付》了・着・过　補語をともなえる。▶我家的孩子白天睡觉晚上～（うちの子は昼間寝ていて夜になると騒ぐ）▶我的家临街，晚上～得睡不好觉（わが家は通りに面していて，夜間騒々しくてよく寝られない）▶这里～得很，实在没法儿工作（ここはひどく騒がしくて，まったく仕事にならない）▶这孩子～极了，谁的话都不听（この子はひどく騒々しくて，誰の言うことも聞かない）▶在都市的一角修了个花园，好处是～中取静（都会の一角に庭園ができたが，そのいい点は喧騒の中にも静寂が得られることだ）▶他们俩～着玩呢，没什么事（あの2人はふざけているだけだから何も問題ない）▶楼前施工，实在太～了（ビルの前が工事中でほんとにうるさい）▶我嫌商店里～得慌，一般不愿去（商店はうるさくて，行く気がしない）▶课堂从没这么～过，不知道今天怎么了（教室がこんなに騒がしかったことはない，今日はどうしたのだろう）

― 定語・客語になれる。▶一直～个不停的孩子不多（ずっと騒ぎ続けている子は少ないものだ）▶他爱～（彼はよく騒ぎを起こす）▶小孩喜欢～（子供はじっとしていないものだ）

【動詞】❶喧嘩する，騒ぐ：《付》了・过　受事客語・場所客語をともなえる。▶这孩子真～人（この子はうるさくてたまらない）▶孙悟空大～天宫（孫悟空天界を騒がす）▶听了这些闲话，他回家跟爱人大～了一场（彼はそうした悪口を聞いた後家に帰って奥さんと一騒動やらかした）▶一些不法分子乘机大～会场（一部の無法者たちが機に乗じて会場を混乱させた）▶他跟主任～过别扭（彼は主任と意見が合わなくてもめたことがある）

❷発散する（特に感情の発散を指す）：《付》了・着・过　'情绪・脾气'などの名詞性の客語をともなえる。▶几句话不称她的心，她就～脾气了（言い方が気に入らなかったので，彼女は癇癪を起こした）▶因为不准外出就～情绪，这实在不应该（外出を許されないからといってゴテるなんてもってのほかだ）▶在工作单位他也经常和别人～气（職場でも彼はよく人といさかいを起こす）▶～了几天脾气（数日のあいだ腹を立てていた）▶别理他，他正～着脾气呢（彼はへそを曲げているのだから，かまわないでおけ）▶在家里刚和老伴～过脾气，所以说话特别难听（ついさっき家でつれ合いに癇癪を起こしたばかりだから，口の利き方が特に乱暴なのだ）

❸病気になる，（災害やよくないことが）起こる：《付》了・着・过　必ず名詞性の客語をともなう。▶前些日子，我～了一场大病（しばらく前私は大病をした）▶近几年，南方的几个省连续～水灾（この数年，南方のいくつかの省では，毎年水害が発生している）▶水灾过后又～了蝗虫（水害のあと今度はイナゴの害が発生した）▶最好你别去他家，因为他正～着眼睛呢（できれば彼の家に行かないほうがいい，彼はいま目を患っているから）▶他们俩曾经～过矛盾（彼ら2人は過去に衝突したことがある）▶他昨天～了一个大笑话（彼は昨日大恥をかいた）

❹やる，する，行う：《付》了・过　名詞の客語をともなえる。補語をともなえる。▶聚众～事，破坏社会秩序是绝对不允许的（大勢集まって騒ぎを起こし，社会秩序を乱すことは絶対に許されない）▶问题～了半天也没结果（その問題についていろいろやったが，なかなか結果は出なかった）▶这件事谁也～不明白（この件は誰にもはっきりわからない）▶用了三个月的时间，才把案情～清楚（3か月かけて，ようやく事件をはっきりさせた）▶我就～不明白，这种违背社会公德的事情为什么没人管（社会道徳に反するこのような事をなぜ放っ

[動結] 闹∥翻　闹∥急　闹∥完　闹∥清楚　闹∥明白　闹∥懂

闹得〈不〉了 (liǎo)▶案子那么复杂，我一个人可闹不了（事件は複雑で、私1人の手では処理できない）

闹∥着 (zháo)　手に入れる。▶费了半天劲，才闹着两张票（いろいろ苦労して、やっと2枚の切符を手に入れた）

闹着　努力の結果（幸運を）獲得する。▶这回你可闹着了，分到了一套三居室住房（今回あなたはやりましたよ、リビングルームが3つの住居が割り当てられました）▶他可闹着了，两个小时钓了五十斤鱼（彼はやったね、2時間で50斤の魚を釣り上げた）

闹∥崩〈翻〉　関係が壊れる。▶两个人闹崩了，谁也不想见谁（2人は喧嘩別れをして、どちらも相手と顔を合わせようとしない）▶别看吵得很凶，他们肯定闹不崩（彼らは激しく言い争ってはいるが、絶対に喧嘩別れすることにはならない）

[動趨] **闹上**　騒ぎ始める。▶这两个孩子又闹上了（その2人の子供はまた騒ぎ出した）

闹得〈不〉过▶要说闹，谁也闹不过他（ゴネることにかけては、彼の右に出るものはない）

闹出来▶因为一点儿小事，闹出矛盾来了（つまらない事が原因で、対立が持ち上がった）

闹起来▶一个孩子闹不起来（子供1人では騒げない）▶不知道什么原因，他又闹起情绪来了（どうしたわけか、彼はまたふさぎこんでいる）▶闹起水灾来损失太大了（水害が起これば、損害は重大だ）

呢 ·ne

【助詞】'呐'とも書く。

❶疑問を表し，諾非疑問文以外の疑問文に用いる。

ⓐ疑問詞疑問文に用いる。文中に'谁・怎么・什么・哪'などの疑問詞を含む。▶你问谁～？（誰に聞いているの）▶我怎么一点儿也不知道～？（私がどうして全然知らないのかしら）▶老魏究竟说了些什么～？（魏さんはいったい何を言ったのだ）▶你到哪儿去了～？（君どこに行って来たの）

― 文脈によっては'呢'の前は名詞的成分のみでもよい。そのうちあるものは「どこにあるのか」をたずねる（＝在哪儿）。▶我的帽子～？（ぼくの帽子は？）▶老高～？好多人都在等他（高さんはどこ？たくさんの人が待っていますよ）▶你们都回来了，小卫～？（君たちみんな戻って来たけど衛くんはどこにいるの）

― また「どうなのか」をたずねることもある（＝…怎么样？）。▶后来～？（それから？）▶我明天回上海，你～？（ぼくは明日上海へ帰るけれど、君はどうする）

ⓑ選択疑問文の各選択項目（2つまたは3つ）の後ろに用いる。最後の1項には'呢'を欠くこともある。前後2項はふつう'还是'でつなぐ。▶明天是你去～，还是我去～？（明日は君が行く？　それともぼくが行く？）▶你对这件事情是赞成～？还是反对～？（あなたはこの事に賛成なの、反対なの）▶对群众生活是热情关怀～，还是漠不关心～？（大衆の生活に暖かく配慮するのか、それともまったく無関心でいるのか）

― 次の例文においては選択項目は1つの事柄に関する肯定・否定の2面である。'还是'でつなぐ必要はない。▶这样说对不对～？（こういう言い方は正しいのだろうか）▶你认［得］不认得他～？（君、彼を知っているの）▶他肯来不肯～？（彼は来るでしょうか）▶食堂办起来没有～？（食堂は営業を始めたろうか）

ⓒ反語に用いる。ふつう'哪里・怎么・何必'と呼応させる。▶没有平地，哪里会有高山～？（平地がなければ、高山のありようもない）▶我告诉你有什么用处～？

(君に言って何の役に立つのか) ▶我怎么不记得~？(ぼくがどうして忘れていようか) ▶你们何必大惊小怪~？(つまらぬ事に何を驚く必要があろう)
❷事実を指摘し、やや誇張を加える。
ⓐ可+形+呢▶这塘里的鱼可大~ (この池の魚は本当に大きい) ▶今天可冷~ (今日はとても寒い) ▶王府井可热闹~ (王府井はとてもにぎやかだ)
ⓑ才+动+呢▶老师，北京才好~ (先生、北京は本当にすばらしいですね) ▶我倒没什么，你们才辛苦~ (私は何でもありません、あなたがたのご苦労こそたいへんなものでした) ▶晚场电影八点才开始~ (夜の部の映画は8時にならないと始まりません)
ⓒ还+动+呢▶他还会做诗~ (彼は詩を作るのも得意だ) ▶亏你还是个大学生~，连这个都不懂 (それでも君は大学生なのか、こんな事もわからないなんて)
❸平叙文の文末に用いる。持続を表す。ふつう'正・正在・在〔那里〕'や'着'などと組み合わせて用いる。▶他睡觉~ (彼は眠っています) ▶他们都在干活儿~ (彼らは仕事をしている) ▶他正在房檐下站着~ (彼はいま軒下に立っています) ▶我正念叨着你~ (ちょうど君のことが気になっていたんだ) ▶外边下着雨~ (外は雨が降っている)
❹文中のポーズを示す。
ⓐ主語の後ろに用いる。'至于'(…について)や'要说'(…について言えば)の意味を持つ。列挙や対比的に示す場合に用いることが多い。▶我们几个都喜欢体育运动：老马~，喜欢篮球，小张~，喜欢足球，我~，就喜欢打羽毛球 (ぼくたちはみんなスポーツが好きだ。馬さんはバスケットボール、張くんはサッカー、そしてぼくはバドミントンが好きだ) ▶如今~，可不比往常了 (昨今は、昔とは大違いだ) ▶伤是治好了，身体~，还有些虚弱 (傷は治ったが、体のほうはまだ少々衰弱している)
ⓑ仮定節の末尾に用いる。▶你要是非走不可~，我也不留你 (君がどうしても行くというならぼくも止めない) ▶你要是饿了~，就自己做点吃 (お腹が空いているのなら自分で何か作って食べなさい) ▶这件事，办~，就得办好，不办~，索性搁下来 (この件はやるなら成功させなければならないし、やらないならいっそ放っておくべきだ)
ⓒほかの成分の後ろに用いる。▶其实~，他不来也好 (本当は彼が来なくてもかまわない) ▶明天~，我又要出门 (明日また出かけなくてはならない) ▶这次去杭州，没有游西湖，一来~，时间实在太紧，二来~，西湖我已经去过多次了 (今回杭州へ行ったが西湖へは足を向けなかった。1つには時間がなかったし、2つには西湖にはもう何度も行ったことがあるからだ)
注意 '哩 ・li'は方言。'呢'❷❸に同じ。

内 nèi

【方位词】内部，内。
❶名詞のように用いる。書き言葉と少数の固定形に限る。
ⓐ単独で使う。▶请勿入~ (中に入らないでください) ▶~外有别 (内と外では区別がある) ▶寄上图书一箱，~附清单 (図書1箱郵送、中に明細書添付いたしました)
ⓑ介+内▶由~而外 (内から外へ) ▶对~政策 (対内政策) ▶所有的数字要计算在~ (すべての数字を計算に含めなければならない)
❷名+内ⓐ場所を指す。名は単音節が多い。▶室~ (室内) ▶校~ (校内) ▶市~交通 (市内交通) ▶厂~设备 (工場内設備) ▶剧场~禁止吸烟 (劇場内禁煙)
ⓑ時間を指す。▶本月~组一次郊游 (今月中にピクニックを計画している) ▶最近几天~气温将下降八到十度 (数日のうちに気温が8度から10度下がるだろう)

ⓒ範囲を指す。图は単音節が多い。▶校～通讯（校内通信）▶军～生活（軍隊内の生活）▶校～活动（校内活動）▶在学术团体～应该经常开展各种讨论（学術団体内部では常に各種の討論を行うべきだ）
❸内+图/动 形容詞に近い働きをする。造語要素としてのみ用いる。▶～室（奥の部屋）▶～河（内地河川）▶～分泌（内分泌）▶～出血（内出血）

能 néng（能够）

【助動詞】❶事を行う能力や条件があることを表す。単独で質問の返答に用いてよい。否定には'不能'を用いる。▶我们今天～做的事，有许多是过去做不到的（我々が今日できることの中には、過去に不可能だったものがたくさんある）▶他的腿伤好多了，～慢慢儿走几步了（彼の足の傷はずっとよくなり、ゆっくりと何歩か歩けるようになった）▶因为缺教员，暂时还不～开课（教員が足りないので、しばらくは開講できない）▶这些困难你不～克服？――～，一定～！（こうした困難を君は克服できるか――できる。絶対できます）
―'能'の前に'没'を置ける。▶他的这个愿望始终没～实现（彼のこの願いはついに実現できなかった）
❷上手に行うことを表す。前に'很'を付けられる。単独で質問の返答に用いることは少ない。否定には'不能'を用いる。▶我们三个人里，数他最～写（ぼくたち3人の中では彼がいちばん筆がたつ）▶这个人真是～说会道（この人は本当に弁がたつ）▶他很～团结同志（彼は同志を団結させるのにたけている）
❸ある用途があることを表す。単独で質問の返答に用いてもよい。否定には'不能'を用いる。▶橘子皮还～做药（ミカンの皮から薬を作ることもできる）▶大蒜～杀菌（ニンニクは殺菌効果を持つ）▶芹菜叶子也～吃（セリの葉を食べられる）▶这支毛笔～画画儿吗？（この筆で絵を描くことができるだろうか）
❹可能性のあることを表す。単独で質問の返答となることは少ない。否定には'不能'を用いる。▶天这么晚了，他～来吗？我看他不～来了（こんなに遅くなって彼は来るだろうか。ぼくは来ないと思うが）▶这件事他～不知道吗？（この件を彼が知らないことがあろうか）▶满天星星，哪～下雨？（満天の星空だ、雨なんて降るはずないよ）
ⓐ可能を表す'得'と共に用いることが多い。▶只要认真读下去，就～读得懂（まじめに読んでいきさえすれば理解できる）
ⓑ'应该'の後ろや'愿意'の前に使える。▶这本书写得比较通俗，你应该～懂（この本は比較的わかりやすく書いてあるので君は理解できるはずだ）▶搬到这么远的地方，他们～愿意吗？（こんな遠くに引っ越すのを彼らが喜ぶだろうか）
ⓒ'不能不'は「必ず…しなければならない」「…すべきだ」の意味を表す。'能'と同じ意味ではない。▶因为大家不了解情况，我不～不说明一下（みんなが事情を知らないので、私は説明せざるをえなかった）▶为了提高效率，我们不～不改变原来的计划（能率を高めるために我々はもとの計画を変えるべきだ）▶这件事他不～不知道吧？（この件を彼が知らないはずはないでしょう）
❺情理から許されることを表す。疑問や否定に用いることが多い。肯定には'可以'を使う。▶我可以告诉你这道题该怎么做，可是不～告诉你答案（この問題をどう解くかは教えてあげてもいいが、答えは教えられない）▶我们不是发起单位，这个会～参加吗？（我々は発起人ではないが、この会に参加できるだろうか）▶我们～看着他们有困难不帮助吗？（彼らが困っているのを見て手助けせずにいてよいだろうか）▶不～只考虑个人，要多想集体（個人のことだけ考えないで、なるべく集団のことを考えなくてはならない）

❻状況から許されることを表す。疑問や否定に用いることが多い。肯定は'可以'を使う。▶公园里的花怎么～随便摘呢（公園の花を勝手に摘んでよいものか）▶这儿～不～抽烟？——那儿可以抽烟，这儿不～（ここでタバコを吸ってもいいですか——あそこではかまいませんが、ここではだめです）▶你～不～快点儿？（君もう少し速くできない？）▶这衣服不～再瘦了，再瘦就没法穿了（この服はこれ以上細身にできないよ、これ以上細くしたら着られなくなる）

〖能够〗'能'❶❷❸に同じ。《書》'能'❹❺❻は'能够'を使うことが少ない。▶ ×你看能够不能够下雪？

比較 能：会①初めて何らかの動作や技術を学び取ったとき、'能''会'どちらも用いる。'会'のほうが一般的。ある能力を回復したときには'能'を用いる。'会'は不可。▶以前他不会游泳，经过练习，现在会〈能〉游了（以前彼は泳げなかったが、練習したので今では泳げるようになった）▶他会〈能〉开这台机器了（彼はこの機械を動かせるようになった）▶我病好了，能〈×会〉劳动了（ぼくは病気が治り、働けるようになった）

②ある能力をそなえている場合、'能''会'どちらも用いる。ある程度に達したことを表すときには'能'を用いる。'会'は使えない。▶小李能〈会〉刻钢板，一小时能〈×会〉刻一千多字（李くんはガリ板を切れる。1時間に1000字余り切れる）

③可能性を表す（☞❹）場合は'能''会'どちらも使える。▶下这么大雨，他能〈会〉来吗？（こんな大雨が降って彼は来るだろうか）▶早晨有雾，今天大概能〈会〉放晴了（朝方、霧が出ていたから今日はおそらく晴れるだろう）こうした文は、北方の話し言葉では'能'を使うことが多い。他地区の方言では'会'を用いることが多い。

能：可以①'能'は主に能力を表す。'可以'は主に可能性を表す。'可以'はときに、ある事を行う能力のあることを表すが、「上手だ」という意味にはならない。▶他很能〈×可以〉吃，一顿可以吃四大碗饭（彼はよく食べる。1回に大きなどんぶり4杯も食べてしまう）▶他很能〈×可以〉写，一写就是一大篇（彼はものを書くのが得意で、いったん書き出したら大作を仕上げる）

②'能'は客観的可能性を表せる。'可以'はできない。▶这么晚他还能〈×可以〉来吗？（こんなに遅くなって彼はまだ来るだろうか）

③'能'は'愿意'と共に用いてよい。'可以'は不可。▶你不让他报名，他能〈×可以〉愿意吗？（君は彼に申請させないと言うが、彼が納得するだろうか）

④'不能不'はよく使う。'不可以不'は《少用》。'不可不'は《書》。

⑤主語が節・動詞句のとき、'可以'を述語に用いてよい。'能'は不可。▶这本书你送给他也可以（君はこの本を彼にあげてもかまわないよ）▶这样分析也是可以的〈×也是能的〉（このように分析することも可能だ）

能够 nénggòu ☞能 néng

你 nǐ

【代詞】❶相手（単数）を指して言う。▶我好像见过～（君と会ったことがあるようだ）▶～在哪儿工作？（あなたはどちらにお勤めですか）

ⓐ所有を表すときは'你'の後ろに'的'を付ける。▶这是～的计算尺（これはあなたの計算尺です）▶画展上有好几幅都是～的作品（展覧会にあなたの作品がたくさん展示されている）▶～的要求我不能答应（君の要求には応じられない）▶这要看～的表现如何（これは君の態度いかんにかかっている）

— ただし次のようなとき、話し言葉ではふつう'的'を付けない。

— 親族や親密な関係にある人の名称の前。▶～姐姐（あなたのお姉さん）▶～师傅（あなたの師匠）▶～同学（君の同級生）
— '家・家里・这里・那里'や方位詞の前（'这里・那里'の前には絶対付けない）。▶～家里有几口人？（あなたの家は何人家族ですか）▶～这里有昨天的报纸吗？（君の所に昨日の新聞あるかい）▶～那儿还有多少？（あなたの所にあとどのくらいありますか）▶～前头是谁？～旁边是谁？（君の前は誰，横にいるのは？）
— '这〈那〉+数量'の前。▶～这件衣服是新做的？（君のこの洋服は新しく作ったものですか）▶～那三本书我明天还你（あなたのあの3冊の本，明日お返しします）
ⓑ相手の名前や相手の身分を表す名詞と共に用いる。'你'の位置はその前後いずれの場合もある。ある種の感情が加わる。▶～老张真是有办法（張さん，あなたはたいしたものだ）▶～这个人怎么这么不讲理！（君って人はどうしてそうむちゃくちゃを言うんだ）▶这就全在于小组长～了（あとはすべて組長である君しだいだ）
❷工場・人民公社・生産隊・機関・学校などが相互間の呼称として用いる。単音節の名詞の前に用いる。《書》話し言葉では'你们'を用いる。▶这一任务由～厂承担（この任務は貴工場が請け負う）▶这次数学比赛请～校选派三名学生参加（今回の数学コンクールに貴校から3名の学生を出していただきたい）▶你们学校参加不参加？（おたくの学校は参加されますか）
❸人一般を指す。▶～要想做好工作，～就得好好学习（仕事を立派にしようと思ったら，よく勉強しなくてはならない）▶～如果故步自封，骄傲自满，～就永远不会进步（旧習にこだわったり傲慢であったりすれば，絶対に進歩するはずがない）▶他的苦干精神叫～不能不佩服（彼の刻苦奮闘の精神は人を敬服させずにおかない）

— 実際には'我'を指すときもある。▶这个人不喜欢讲话，～问他十句，他才答～一句（この人は口が重く，人が十言聞いてやっと一言答えが返って来る）
❹'你''我'，'你''他'，'你''我''他'を，並列の句・節に用いる。
ⓐいずれも主語または述語となる。多くの人が加わることを表す。▶大家～一句，我一句，议论纷纷（それぞれ意見を述べ，議論が沸騰した）▶～一言，我一语，发言很热烈（我も我もと熱のこもった発言が行われた）▶分～一把，分他一把，一会儿就分完了（みんなで少しずつ分けたら，すぐになくなった）▶～也来，我也来，他也来，弄得主人应接不暇（続々と客が来て，主人は休む間もなく応対している）
ⓑ交互に主語と客語になり，多くの人が互いにどうするかを表す。▶三个人～看着我，我看着～，都不说话（3人とも互いに顔を見合わせて誰も口をきかなかった）▶～推给他，他推给～，都不愿意接受（お互いに押しつけ合って誰も引き受けようとしない）

你们 nǐ·men

【代詞】複数の相手または相手を含む複数の人を指して言う。▶～都是先进工作者（あなたがたはみんな先進的な働き手です）▶借书证已经发给～了（本の貸し出し証はもう君たちに発行した）
ⓐ所有関係を表すときは'你们'の後ろに'的'を付ける。▶～的书（君たちの本）▶～的责任（あなたがたの責任）▶～的意见（あなたがたの意見）▶～的顾虑（君たちの心配）
— ただし話し言葉では，相手の親族名称や相手に関係のある人・団体・場所の名称の前にふつう'的'を置かない▶～奶奶（君たちのおばあさん）▶～姐姐（あなたたちの姉さん）▶～二叔（君たちの2番目のおじさん）▶～二姑娘（あなたがたの2番目の娘さん）▶～主任（君たちの主任）

▶～王师傅（君たちの王師匠）▶～小崔（君たちの崔くん）▶～厂（おたくの工場）▶～队（あなたがたのチーム）▶～组（おたくのグループ）▶～车间（おたくの仕事場）▶～仓库（おたくの倉庫）
— '家・家里・这里・那里'や方位詞の前，および'这〈那〉+ 数量'の前に関しては'你'❶ⓐの用法に同じ（☞你❶ⓐ）。
ⓑ '你们'の身分を示す名詞と共に用いるときは'你们'を前に置く。▶～服务员的工作够辛苦的（あなたがたサービス員の仕事はとてもたいへんですね）▶～理论工作者一定要注意理论联系实际（あなたがた理論家は理論を実際と結びつけることに注意しなければならない）
— ときには数量を表す句（名詞と直接結合するものも，しないものもある）と共に用いる。▶你回去把～三个人的作业本都拿来（君戻って君たち3人の宿題帳を持って来なさい）▶～几位组长考虑一下，看谁负责任这项工作最合适（組長のみなさんにこの仕事の担当者は誰が最適かご一考願います）

您 nín

【代詞】'你'の敬称。複数にするときは後ろに数量詞を付ける。書き言葉では'您们'を用いることもあるが，話し言葉では言わない。▶～不是马师傅吗？（馬さんではございませんか）▶～家里都好吗？（お宅のみなさまお元気でしょうか）▶～几位上哪儿去？（みなさまがたどちらにお出かけですか）▶要论年纪，这儿就数老师～最大了（年のことをいうなら，ここでは先生がいちばん年上ということになります）

宁 nìng ☞宁可 nìngkě

宁可 nìngkě（宁肯・宁愿・宁）

【副詞】利害得失を比較し，行動を選択することを表す。ふつう動詞の前に置くが，主語の前に用いてもよい。

ⓐ 宁可…也不… たとえ…しても，…はしない。▶～我多干点，也不能累着你（ぼくがよけいに働くことはあっても，あなたをわずらわすことはできない）▶作为母亲，～自己吃苦受累，也不委屈孩子（母親として自分がどんな苦労をしても子供にはつらい思いをさせたくない）

ⓑ 与其…宁可… …より，むしろ…だ。▶与其你去，～我去（君が行くよりはぼくが行ったほうがいい）▶对待任何工作，与其看得容易些，～看得困难些（どんな仕事に対しても，簡単だと見るより，たいへんだと思っていたほうがいい）

ⓒ 宁可…也要… たとえ…しても，…する：文の後節はその行動を選んだ目的を表す。▶～少睡点儿觉，也要把这篇文章写完（睡眠時間を削っても，この文章を書き終えねばならない）▶他～自己不睡，也要想法把大伙的生活安排好（彼はたとえ自分が眠らなくてもなんとかみんなの生活の面倒をみようとする）

ⓓ その他の例。▶我看～小心点儿的好（ぼくは気をつけたほうがいいと思うが）▶只要觉得这段话没多大意思，我就～全部删去（あまり内容がないと思えば，その部分は全部削ってしまう）

〖宁肯〗〖宁愿〗'宁可'に同じ。行動の選択が主として人の意志・願望によって行われるときに用いる。そうでないときには'宁可'を用いる。▶我们宁愿〈宁肯〉自己辛苦点儿，也不能让别人受累（自分がつらい思いをしても，ほかの人に苦労をさせない）▶宁可〈×宁愿〉长年无灾情，不可一日不防备（長い間災害がなくても，1日たりとも防備はおこたれない）

〖宁〗成句や格言に用いる。▶宁死不屈（死んでも屈服しない）▶宁缺毋滥（量より質）▶宁吃鲜桃一口，不吃烂杏一筐（腐ったアンズをかごにいっぱい食べるより，新鮮なモモを1口食べるほうがいい）▶我们宁要少而精，也不要多而杂（雑多なものよりは，少なくても良質のものを望む）

宁肯 nìngkěn ☞宁可 nìngkě

宁愿 nìngyuàn ☞宁可 nìngkě

弄 nòng

【動詞】❶する、やる：《付》了・着・过《重ね型》名詞の客語をともなえる。
ⓐ他の動詞の代わりに用いる。▶～车（車を修理する：'修理'）▶～鱼（魚をさく・洗うなど：'剖・洗'など）▶～饭（食事を作る：'做'）▶～了不少菜（たくさんおかずを作った：'做'）▶你看把这里～成什么样子了（なんてひどいありさまにしちまったんだ：'糟踏・破坏'）▶这件事非～个水落石出不可（この事の真相をあばかずにおくものか：'清查'）
ⓑ弄+得… …にする：マイナスの結果に対して用いることが多い。▶这孩子把衣服～得这么脏（この子ったら服をこんなによごしてしまった）▶［这件事］～得老李无话可说（［この事で］李さんは言葉もなかった）▶～得我毫无办法、只好亲走一趟（ぼくはなんともいたしかたなく、もう1度行くしかなかった）▶屋子里～得挺干净的（部屋はとてもきれいにかたづいている＝收拾得…）
❷方法を講じて手に入れる：《付》了・过 ふつう後ろに数量を表す語句がくる。▶我～来了一辆新车（新しい車を1台手に入れて来た）▶去～点水来（行って水を取って来る）▶你给我～两张电影票吧（君、映画の切符を2枚手に入れてくれないか）
❸あしらう、いじる、からかう：《重ね型》▶在家里～孩子（家で子供をお守りする）▶别～土！（土をいじってはだめ）▶你一天到晚就知道～～无线电！（おまえは朝から晩までラジオをいじってばかりいる）▶～～花呀草的、也是一种休息（草や花を世話するのも休養のうちだ）

動結 弄惯了　弄错了　弄糊涂了　弄颠倒了　弄∥明白

弄∥好ⓐ▶这个收音机怎么弄也弄不好（このラジオはどうやっても直らない）
ⓑ▶我早就把饭弄好了（私はとっくに食事のしたくを終えました）

弄∥成ⓐ▶你的脸怎么弄成这样（君の顔はどうしてそんなになったの）
ⓑ▶我怎么也弄不成原来的样子（どうしてももとの通りにはできない）

弄∥着 (zháo)　手に入れる。▶我弄着了一本好书（よい本を1冊手に入れた）

弄得〈不〉了 (liǎo)　世話できる〈できない〉。▶这孩子太闹，我弄不了他（この子はいたずら好きで面倒をみきれない）▶这个家我弄不了（この家は管理しきれない）

動趨 弄∥上▶他退休之后闲不住，又弄上一个看自行车的工作（彼は退職後のんびりしていることができず、自転車番の仕事を見つけた）

弄∥出来▶塞子掉到瓶子里面了，怎么也弄不出来（栓が瓶の中に落ちてしまいどうやっても取れない）▶他差点儿弄出病来（彼はもう少しで病気になるところだった）▶这件事到现在还弄不出结果来（この件は今に至るまで結果が出ていない）

弄∥起来　作り始める：名詞客語は'起'と'来'の間に置く。▶他在家里弄起电视机来了（彼は家でテレビを組み立て始めた）

弄∥开▶把门弄开（扉を開ける）▶瓶盖弄不开（瓶のふたが開かない）

弄得〈不〉来；弄得〈不〉转　修理电灯我还弄得来，修理收音机我就弄不来了（電灯の修理はなんとかなるが、ラジオとなると手に負えない）

努力 nǔlì

【動詞】すべての能力を出しきる：《付》了《重ね型》▶他很～，在家里自学高等数学（彼はとても努力家で、家で高等数学を独習している）▶今年没考好，明年再～～〈再努努力〉（今年合格しなかったが、

来年もう1度がんばろう）▶完成这项计划要大家共同～（この計画を実現するにはみんなが一丸となって努力しなくてはならない）▶这说明我们～得还不够，还要再努一把力（これは我々の努力がまだたりず，もっとがんばる必要のあることを物語っている）
ⓐほかの動詞の後ろに置く。程度副詞の修飾を受けられる。▶他学习很～（彼はたいへん努力して学ぶ）▶他工作十分～（彼は仕事のうえで非常に努力する）
ⓑ動詞の前に置く。▶～工作（一生懸命に働く）▶～学习（努力して勉強する）▶～钻研技术（技術の向上に努める）
ⓒ名詞として用いる。▶我们必须尽一切～来完成这个任务（我々はあらゆる努力を払ってこの任務を遂行しなくてはならない）▶为了抢救病人，医生作了种种～（病人を救うため，医者はさまざまな努力を重ねた）

O

偶尔 ǒu'ěr

【副詞】ときたま，ときに。▶山区人烟稀少，沿途～能见到几处炊烟（山地には人家が少なく，道沿いにときおりいく筋かかまどの煙が見えるだけだ）▶他擅长山水画，～也画几张花卉（彼は山水画にたけているが，草花を描くこともある）▶我们不大往来，昨天～在公园遇见（ぼくたちはあまり往き来していない。昨日たまたま公園で会ったんだ）▶已经夜深人静，～听见一两声婴儿啼哭（夜もふけて人々も寝静まり，ときおり赤ん坊の泣き声が聞こえるだけだ）

比較 偶尔：偶然 '偶尔'は'经常'と対をなす。頻度の低いことを表す。'偶然'は'必然'と対立し，意外であることを表す。

偶然 ǒurán

【形容詞】必然的ではない。
ⓐ名詞を修飾する。'的'を付けることが多い。▶～现象（偶然の現象）▶～事件（偶然の事件）▶～的事儿（偶然の出来事）▶～的巧合（偶然の一致）▶这是～的错误（これはたまたま間違ったのです）▶一个很～的机会（偶然の機会）
ⓑ述語になるときは必ず程度を表す副詞を前に付ける。または'是…的'の形式中に用いる。▶事情的发生也很～（事の起こったのも偶然だった）▶没想到在船上碰见一个老同学，太～了（船の上で昔のクラスメートに会うとは夢にも思わなかった，まったく偶然だ）▶这样好的成绩，绝不是～的（こんなによい成績は決してまぐれではありませんよ）

【副詞】必然的にではなく：単音節の動詞は修飾しない。▶～相遇（偶然出会う）▶～想起（偶然思い出す）▶～犯了个错误（たまたま誤りを犯した）▶隧道施工的时候，～在这里发现了一座古墓（トンネル工事のときに偶然ここで昔の墓が発見された）

比較 偶然：偶尔 ☞偶尔 ǒu'ěr

P

怕 pà

【動詞】❶恐れる：《付》过　名詞・動詞・節を客語にできる。▶老鼠～猫（ネズミは猫を怖がる）▶我～挨骂（ぼくはしかられるのが怖い）▶我～妈说我（私は母にしかられたくない）▶这事儿我不～（こんな事怖くない）▶下面是悬崖绝壁，真～人（下は断崖絶壁で本当にぞっとする＝使人害怕）▶一个人摸黑路你～不～？（暗闇をたった1人で歩くとしたら君怖いかい）— 程度を表す副詞の修飾を受けられる。▶他很～热（彼はとても暑がりだ）▶我最～小孩儿闹（子供が騒々しいのがいちばんたまらない）▶～得很（ひどく恐れる）▶～极了（おびえきっている）
❷耐えられない：必ず動詞の客語をともなう。▶这种蓝布～晒（この種の藍染木綿は日光をきらう）▶病人～着凉（病人に冷たい外気は禁物だ）
❸憂慮・心配を表す。必ず動詞・形容詞・節の客語をともなう。▶他～迟到，六点就动身了（彼は遅刻するのを心配して6時には出発した）▶不～慢，就～站（ゆっくりなのはかまわないが，立ち止まってはだめだ）▶我～人手不够，把小刘也叫来了（人手が足りないといけないと思って劉くんも呼んできた）▶小张～你不知道，要我告诉你一声（張くんは君が知らないのではと気をもんで，ぼくに一声かけるようにと言ったのだ）
❹予想・見積りを表す。'我怕'や'怕'を述語の前に置く。挿入句的に用いる。▶这么大的雨，我～他来不了（こんな大雨では彼は来ないのではないだろうか）▶这一箱～有五十斤（この箱は50斤はありそうだ）

派 pài

【動詞】❶割り当てる，派遣する。
ⓐ二重客語をともなえるが，その中の一方だけでもよい。《付》了・着・过▶我～你们每人一个任务（君たち1人1人に仕事を割り当てる）▶已经～了两个人了（もう2人送り出した）▶队长正～着活儿呢！（隊長は今，仕事の分担を決めているところだ）▶他被～到外地去了（彼は地方に派遣された）▶你就把我～去吧，保证完成任务（私に行かせてください，絶対やり遂げてみせますから）▶哪能～得那么公平？（どうしてそんなに公平に割り当てられようか）
ⓑ兼語をともなえる。《付》了・过▶已经～了两个人去买了（すでに2人買いにやった）▶就～他去值夜班（彼を夜勤に回そう）▶从来没～过他（彼を派遣したことはまだない）
ⓒ派＋给〈往〉▶把小李～给你当助手（李くんをやってあなたの助手にしましょう）▶一〇五队已～往秦皇岛（第105隊はすでに秦皇島に派遣された）
[動趨] 派//上▶这次没派上我（今回ぼくは仕事の割当てを受けなかった）
派//下来▶任务已经派下来啦（任務はすでに下りてきている）
派//下去▶早点儿把工作派下去（早めに仕事の分担を決めてしまおう）
[慣用句] 派不是　他人の過失をとがめる。▶现在又派我的不是了！（またぼくの失敗が槍玉にあがった）

旁 páng（旁边）

【形容詞】その他の,別の:名詞だけを修飾する。'人'は直接修飾できるが,ほかの名詞を修飾するときには必ず'的'を付ける。▶这是你的意见,～人对这事怎么看？(これは君の意見だが,ほかの人はこの件についてどう思っているのか)▶除此之外,还有没有～的事情？(これ以外にまだ別の用事がありますか)▶～的问题都解决了吗？(ほかの問題はみな解決しましたか)

【方位詞】かたわら,付近。

ⓐ 名+旁 ▶车～(車のわき)▶身～(体のかたわら)▶丛林～(林の付近)▶院～、村～、路～都种上了树(庭や村の周囲と道端すべてに木を植えた)

ⓑ 旁+名 この場合'旁'は形容詞に近い。《少用》▶～门(通用門)▶～院(建物の横の庭)

〚旁边〛意味は方位詞'旁'に同じ。ただし用法に違いがある。

①単独で用いられる。▶中间是正式代表,旁边是列席代表(まん中は正式の代表でそのわきはオブザーバーです)▶他的话音未落,旁边又站起一个人来抢着发言(彼の話が終わらないうちに,横にいた1人が立ち上がり強引に発言した)▶急忙往旁边一躲(急いでわきへよけた)▶从旁边过去(横を通り過ぎる)

②名詞の後ろに用いる。'旁边'のあとに'的'を付けてよい。'旁'は不可。▶池塘旁边＝池塘旁(池のそば)▶池塘的旁边(池のそば ×池塘的旁)

③'旁边'の後ろに'的'や数量を表す句を付けて名詞を修飾できる。'旁'は不可。▶旁边的门通后院(わき門は裏庭に通じている)▶旁边的房间没人住(隣の部屋には誰も住んでいない：'旁的门''旁的房间'は「その他の門」「その他の部屋」の意味。'旁'は形容詞である)▶旁边那个人好面熟(横にいるあの人ならよく顔を知っている ×旁那人好面熟)▶旁边这两家是谁？(隣のこの2軒はどんなかたですか ×旁这两家是谁)

④'旁'は単独では用いないが形態素と組み合わせることが可能だが,'旁边'はできない。▶桌旁(机のわき ×桌旁边)▶身旁(体のかたわら ×身旁边)▶枕旁(まくらもと ×枕旁边)

旁边 pángbiān ☞旁 páng

跑 pǎo

【動詞】❶速く進む:《付》了・着・过《重ね型》▶快～(速く走る)▶～了两圈(2周走った)▶一边～着一边喊着(走りながら叫ぶ)▶他～过一万米(彼は1万メートル走ったことがある)▶火车～得真快(汽車は非常に速く走る)

ⓐ非受事客語をともなえる。

— 客語は結果を表す。▶这次百米赛跑,他～了第一(今回の100メートル競走で彼は1位になった)

— 客語が方式・範囲を表す。▶四百米接力赛跑,他～最后一棒(400メートルリレーで彼はアンカーを走る)▶他是～中距离的(彼は中距離ランナーだ)▶这些卡车专～长途(これらのトラックは長距離専用です)

— 客語が動作の主体を表す。▶公路上～过去十几辆汽车(道路を十数台の車が走って行った)

ⓑ跑+在 ▶小宁～在最前头,我～在最后边儿(寧くんはいちばん前を走り,ぼくはいちばんあとを走る)

❷仕事のために奔走する:《付》了・过《重ね型》▶～了这么多天也没～出个结果来(何日も奔走したというのにまだ結果を見ずにいる)▶采购员为了买这种材料～过多次(物資調達員はこの材料を購入するために何度もあちこちに出向いた)

— 非受事客語をともなえる。

— 客語が目的を表す。▶～了房子再～设备(建物のために奔走し,それから設備のために走りまわる)▶他以前～买卖(彼は昔,商売をやっていた)▶你去～～零件

怎么样？（君ひとつ部品を工面してもらえまいか）▶把修实验室所要的东西都～来了（実験室の修理に必要な物をすべて集めてきた）

━ 客語が場所を表す。▶～码头（都市を往来しつつ商売する）▶他～上海，我～天津（彼は上海で，ぼくは天津で奔走する）▶你～哪条路？水路还是旱路？（君はどの道を行くの，水路か陸路か）

❸逃げる：《付》了・过《重ね型》▶别让兔子～了（ウサギを逃がさないように）▶松鼠～了（リスが逃げた）▶～过两次，都给抓回去了（2回逃亡したが2回ともつかまって連れ戻された）

━ 非受事客語をともなえる。客語は動作の主体を表す。▶～了和尚～不了庙（坊主は逃げても寺は逃げない）▶笼子里又～了一只鸟（かごからまた鳥が1羽逃げた）

❹もれる，（液体が）揮発する：《付》了・过　名詞の客語をともなえる。▶轮胎～气（タイヤの空気が抜ける）▶我的油箱从来没～过油（私の油缶からは油がもれたことがない）▶这块地～水，不适合种水稻（この土地は水持ちが悪く水稲を植えるには適さない）▶瓶子没盖严，汽油～了不少（瓶のふたをしっかり閉めてなかったので，ガソリンがかなり揮発した）

動結 跑得〈不〉了 ⓐ别说三千米，一千米我也跑不了（3000メートルなんてとんでもない，1000メートルだって走れやしないのだから）

ⓑ这家伙跑不了（こいつ，逃げられやしないさ）

動趨 跑 // 下来 ⓐ楼上跑下来两个人（2階から2人かけ降りてきた）

ⓑ走りきることができる。▶一万米我实在跑不下来（1万メートルなんてとても走りきれない）

跑 // 出　必ず客語をともなう。▶跑出院子（庭を走り出る）▶跑出虎口（虎口を脱する）▶这次运动会上，他跑出了新水平（今度のスポーツ大会で彼は新記録を出した）

跑 // 过 ▶跑过山腰，转眼就不见了（山腹を走り過ぎて，あっという間に見えなくなった）▶他跑得那么快，我跑不过他（彼は走るのがとても速い，私は彼にかなわない）

跑 // 过来 ▶小孩儿跳跳蹦蹦地跑了过来（子供は飛びはねながら走って来た）▶这么多地方一天跑不过来（こんなにたくさんの所を1日では回りきれない）

跑 // 开 ⓐ走り始める。▶孩子们一出大门就跑开了（子供たちは門を出るや走りだした）

ⓑ飛びのく。▶快跑开，汽车来了（よけろ，自動車が来たぞ）

ⓒ何の制限も受けずに走る。▶路太窄，汽车简直跑不开（道が狭すぎて車はまったく走れない）

配　pèi

【助動詞】資格がある。…するに足る：否定には'不配'を用いる。肯定文では'配'の前にふつう副詞'只・才・最'などを置く。主語は人間に限る。《口》▶只有这样的人才～称为先进工作者（こうした人物こそが先進工作者と称するに足る）▶我～当主角吗？（私は主役にふさわしいかしら）▶他～说这样的话吗？——他不～！（彼にこんな事を言う資格があるだろうか——ありはしない）

━ '配'のあとには否定の語を置かない。

注意①'配'は反語や否定の文に用いることが多い。

②主語が物であるときは'能'を用い，'配'は用いない。▶这些碎布头儿只能〈×配〉补补衣服（こんなボロはあて布ぐらいにしか使えない）

碰　pèng

【動詞】❶動いている物体が他の物体と突然接触する：《付》了・着・过《重ね

型》名詞の客語をともなえる。▶鸡蛋～石头（鶏卵が石にぶつかる：身のほどを知らないたとえ）▶不小心～了他一下（うっかりしていて彼にぶつかってしまった）▶头上～了一个包（ぶつかって頭にこぶができた）▶屋里一片漆黑，他一不小心就～墙上了（室内が真っ暗だったので，彼はうっかり壁にぶつかってしまった）▶新郎和来宾不断地～着杯（新郎と来賓はしきりに杯を合わせている）▶我学骑车也～过人（自転車を練習していたときに人にぶつかってしまったこともある）▶来！咱们～～杯（さあ！ 乾杯しよう）
━ 碰 + 在 + 名 + 上 ▶ ～在树上了（木にぶつかった）▶小宝的头～在桌子角上立刻起了一个大包（宝ちゃんは机の角に頭をぶつけて，あっというまに大きなこぶができた）

❷ 出会う，ぶつかる，会う：しばしば'见・到・着 (zháo)' と組み合わされる。《付》了・过《重ね型》受事客語をともなえる。▶两个人约定在哈尔滨～面（2人はハルビンで会おうと約束している）▶上个星期我们～过头儿（私たちは先週会った）▶一个月只～了一次头儿（1か月に1度顔を合わせただけだ）▶经常～～头儿，交流一下信息（しょっちゅう会って情報交換しましょう）▶今天我在街上～着一个熟人（今日私は街で知人に出会った）▶没想到在北京～到老朋友了（北京で昔なじみの友だちに出くわすとは思わなかった）▶足足有一年的时间没～见过小李了（まる1年，李くんに会っていない）
━ 碰 + 在〈到〉+ 一起 ▶ 三十年没见面的老朋友～在一起，真有说不完的话（30年間会っていなかった昔なじみが集まると，本当に話がつきない）▶他们俩～到一起经常吵架（あの2人は会うとしょっちゅう喧嘩をする）▶没想到这次我们又～在一起了（私たちが今回また会おうとは思わなかった）

❸ やってみる，ぶつかってみる：《付》过《重ね型》'机会・运气' などの客語をともなえる。▶关于调动的事，得～机会（人事異動に関することは，運にまかせるしかない）▶考试不能～运气，需要平时努力和扎实的基础（試験は運に頼ってはいけない，日ごろの努力と着実な基礎が必要だ）▶我也～过运气，但是都没成功（私も運にまかせてやってみたことがあるが，成功したことはない）▶～～运气，也许能中奖（運をためしてみよう，当たるかもしれない）▶你去～～，也许有你喜欢的款式（行ってみてごらん，君の気に入ったデザインがあるかもしれない）

動結 碰//碎 碰//伤 碰//倒 碰//见 碰//着 (zháo) ▶骑车要小心，别碰着人（自転車に乗るときは気をつけて，人にぶつからないように）▶如果碰着机会，你可以跟他说一下（機会があったら，彼にちょっと話してみたらいい）▶这两天我没碰着他（この2～3日彼に会っていない）
碰得〈碰不得〉▶这种花娇气，一点儿也碰不得（この花はひ弱だから，ちょっとでも触ってはいけない）▶学习碰不得运气，要靠平时努力（勉強の成果は運まかせではダメだ，日ごろの努力が物を言う）

動趨 碰//上▶脚碰上石头了（石につまずいた）▶我们俩总碰不上面（私たち2人はいつもすれちがいだ）▶这种好机会我老是碰不上（私はついぞこうしたチャンスに恵まれない）▶他又～上好运了（彼はまた幸運に恵まれた）
碰出来▶碰出来一片火星（ぶつかって火花が出た）
碰起来▶在他的提议下，大家举起酒杯碰起杯来（彼の音頭で，みんなは杯をあげて乾杯を始めた）▶心里没把握，我只好碰起运气来（私は自信がなかったので，しかたなく運にかけてみることにした）
碰//到▶两辆车碰到了一起（2台の車がぶつかった）▶昨天我碰到你的老师了（昨日君の先生に出会ったよ）▶这样的好机会我怎么碰不到？（どうして私はこうし

たチャンスに恵まれないんだろう)

批 pī

【量詞】比較的数量の多い品物・書信・書類や共に行動する人々に用いる。ふつう「さらに多くの分量が続く」の意味を含む。▶昨天来了一～货，今天还要到一～(昨日ひと荷届いたが、今日また届くはずだ)▶这一～来稿什么时候处理？(これらの投稿原稿はいつ処理しますか)▶厂里来了一～新工人(工場に新しい労働者がたくさんやって来た)▶最近要运来两～彩色电视机，第一～三百台，第二～五百台(まもなくカラーテレビが2度にわたって搬入されるはずで、1度目は300台、2度目は500台です)▶一大～青年干部正在成长(たくさんの青年幹部が育ちつつある)▶艰苦的环境锻炼了一～～的有为青年(苦しい環境が次々と有為の青年たちを鍛えあげた)

比較 批：群　☞群 qún

偏 piān (偏偏)

【形容詞】かたよっている，真ん中にない，公正でない。
ⓐ名詞を修飾する。'的'は付けない。▶～心(えこひいき)▶～见(偏見)▶～向(一方に偏する，偏向)▶汉字的～旁部首(漢字のへん・つくりと部首)
ⓑ述語・補語となる。ふつう前後に付加要素をともなう。▶太阳已经～西了(太陽はもう西に傾いた)▶你的看法未免太～了(君の考え方はひどくかたよっていると言わざるをえない)▶这一笔写得太～(この1画はかたよりすぎている)
ⓒ偏+于　一方にかたよることを表す。▶他们～于教学，我们～于理论研究(彼らは教育を重んじ，ぼくたちは理論研究に力を入れている)
ⓓ動結形の結果を表す要素となる。▶镜框挂～了(額縁が曲がってかかっている)▶笔画写～了(筆画が曲がってしまった)

▶这一枪打～了一点儿(この1発はちょっとそれてしまった)
【副詞】意図的に要求や客観的状況に逆うことを表す。'倒・反・却'より強くその気持ちを表す。ふつう'要・不'と共に用いる。
ⓐ2つの節からなる文の後節に用いる。▶不叫我去，我～去(行くなと言われてもぼくは絶対に行く)▶事情没成，你怎么～说成了呢(うまくいかなかったのに、どうしてうまくいったなんて言い張ったの)▶你爱做的事，～不给你做，你不爱做的，倒非做不可(君の好きなことは絶対にやらせない，君の嫌いなことは何が何でもやらせる)
— 文脈上明らかなときには前節を省略して'偏'を含む節だけですませることもある。▶～不告诉你，～不，～不(君には教えない，どうしても教えない)▶不去，～不去(行かないったら絶対に行かない)▶我～要走(何としても行くぞ)
ⓑ2つの節からなる文の前節に用いる。▶你们～不走，看他怎么说(君たちがどうしても行かないと言ったら，彼は何と言うだろう)▶老韩～不答应，你有什么办法(韓さんがどうしても承知しないのに，君にどんな方法があるというの)

〖偏偏〗①副詞'偏'に同じ。この用法では主として'偏'を用いる。▶不叫他去，他偏偏要去(行くなと言っても，彼は何としても行かずにはすまない)▶你为什么偏偏要钻牛角尖？(君はなぜつまらないことをいつまでも追求しなければ気がすまないの)②事実と願望が一致しないことを表す。▶好容易找到了他，偏偏又碰上小李拉他去办事(やっとのことで彼をつかまえたのに，あいにく彼は李くんの用事で引っぱって行かれてしまった)▶偏偏赶这阵儿他在闹病，这事你看怎么办(あいにくこの折に彼が病気とは。この件はどうしたらよいでしょう)▶我昨天找了你好几次，偏偏你都不在家(昨日は何度もあなたの家を訪ねましたが，運悪くいつもお留守でした)この用法には

主として'偏偏'を用いる。動詞の前では'偏'に換えてもよい。主語の前には'偏'を使えない。
③範囲を示す：ただ，…だけ。不満の意味合いを含む。▶小朋友都认真听老师讲课，偏偏他一个人搞小动作（みんなは熱心に授業を聞いているのに彼だけがいたずらをしている）▶偏偏你知道这些道理，我就不知道？（君だけがこの道理を心得ていて、ぼくが知らないって？）▶大伙都准备好了，偏偏老杨一个人磨磨蹭蹭的（全員用意ができているというのに楊さん1人がぐずぐずしている）

偏偏 piānpiān ☞偏 piān

偏巧 piānqiǎo

【副詞】❶ちょうどよい〈悪い〉ことに（偶然の一致を指すことが多い）：動詞の前に直接置くことができる。また後節の主語の前に置いてもよい。状語になる。▶正想通知他，～在路上碰到了（彼に知らせようと思っていたら、折よく道で彼とばったり出会った）▶他想坐一会儿，～有坐位（彼がちょっと座りたいと思っていたら、いいあんばいに腰掛けがあった）▶我正找他，～他来了（私が彼を探しているところに、都合よく彼がやって来た）▶我们想去看老安，～他要出门（私たちは安さんに会いに行こうと思ったのだが、彼はあいにく出かけることになっていた）▶我去给老师拜年，～他不在家（私が先生のところに年賀の挨拶に行くと、先生はたまたま不在だった）
❷〖偏偏〗②に同じ。事実が願望や期待と一致しないことを表す。動詞あるいは後節の主語の前に用いる。状語になる。▶我找他好几次，～都不在家（私は彼を何度もたずねたが、あいにくいつも不在だった）▶好容易找到了他，～他又有急事（ようやく彼をみつけたのに、彼は折あしくまた急用ができてしまった）▶～赶上月底，你说任务完不成怎么办？（あいにく月末にぶつかっているんですよ、仕事が間に合わなかったらどうしたらいいんですか）▶你要的资料，～让老李借走了（あなたが必要な資料は、あいにく李さんが借りて行った）▶病人急需输血，～血库没有适合他用的血（病人にはすぐにも輸血が必要だというのに、運悪く血液貯蔵庫には彼に適合する血液がない）

片 piàn

【量詞】❶平らで、うすいものに用いる。ときに《儿化》▶一～树叶（1枚の木の葉）▶几～花瓣儿（数枚の花びら）▶一～瓦（1枚のかわら）▶两～面包（パン2枚）▶天边飘着两三～白云（空に2ひら3ひら白い雲が漂っている）▶止痛片还有两～儿（痛み止めがまだ2錠ある）
❷比較的大きな面積や範囲に用いる。地面や水面を指すことが多い。数詞は'一'が多い。▶一～草地〈荒地〉（一帯の野原〈荒れ地〉）▶一～树林（一帯の林）▶前面有一～高粱地（前方は一面に広がるコーリャン畑だ）▶这一～新楼房有好几十幢（この一群の新しい建物は何十棟もある）▶这～菜园子可不小（この菜園はとても広い）▶那一～地由你们播种（あの畑は君たちに種まきをしてもらう）▶一～大水（一面の大水）▶远处一～红光（遠くに赤い光が光っている）▶黑压压的一大～人（黒山の人だかり）▶大水冲掉了一大～庄稼（洪水が広範囲にわたって作物を押し流した）
❸様相・音・言葉・気持ちなどに用いる。数詞は'一'のみ。名詞の前にはふつう修飾語を置く。▶一～丰收景象（豊作を示す情景 ×一～景象）▶一～欢乐的歌声（楽しげな歌声）▶家乡一～新气象（故郷の新しい様相）▶到处是一～欢腾（あらゆる所、喜びにわきかえっている）▶四周一～沉寂（あたりは静まりかえっている）▶一～胡言乱语（でたらめな話）▶他可

是一~真心〈好心〉哪！（彼は真心の人だ）▶辜负了我的一~好心（ぼくの好意にそむいた）

品 pǐn

【接尾語】名詞を作る。

❶動／名＋品　原料・性質・用途・制作方法によって分類した物を表す。▶食~（食品）▶果~（くだもの類）▶蛋~（卵製品）▶奶~（乳製品）▶药~（薬品）▶商~（商品）▶毒~（毒物）▶木制~（木製品）▶豆制~（豆製品）▶印刷~（印刷物）▶展览~（展示物）▶麻醉~（麻酔薬）▶调味~（調味料）▶宣传~（宣伝物）▶体育用~（スポーツ用品）▶生活必需~（生活必需品）

❷方位／形／動＋品　品質や規格によって分類した物品を表す。▶上~（上等品）▶下~（下等品）▶中~（中等品）▶极~（最上等品）▶小~（短篇）▶正~（規格品）▶次~（2級品）▶废~（不良品）▶成~（完成品）▶半成~（半完成品）

❸名＋品　品格・風格を表す。▶人~（人柄）▶书~（書の風格）▶画~（絵の風格）▶棋~（棋風）

平 píng

【形容詞】❶表面に高低差やでこぼこがない，傾斜していない。

ⓐ述語になる。前にはよく副詞がつく。▶操场很~（グラウンドは平らだ）▶铺上水泥砖以后，院子更~了（セメントブロックを敷いてから，中庭は前よりもっと平らになった）▶那块地很~，浇水十分方便（この土地は平坦で，灌漑するのに都合がいい）▶别看是新房，可是地面不~，坑坑洼洼的（新築とは言うものの，床面が平らでなく，でこぼこしている）

ⓑ定語になる。▶那是一块~地（あそこは平地だ）▶山西农村的平房大都是~顶（山西省の農村の平屋はほとんどが平らな屋根だ）▶走出山路，前面是一片很~的水面（山道を抜けると，前方に平らな水面が現れた）▶根本找不到绝对~的场地（完全に真っ平らな用地など絶対見つからない）

ⓒ補語になる。▶派人把路上的坑洼填~（人を派遣して道路の穴を平らに埋める）▶路面轧得特别~（路面はローラーでならされて真っ平らになっている）▶操场修得很~（グラウンドは平らに修復された）▶桌面刨得非常~（テーブルは平らに削られている）

ⓓ状語になることもある。▶双手~举（両手を水平に上げる）▶盆里装满了水，你们必须~着抬（鉢にはいっぱい水が入っているから，君たちは平らにして運ばなければいけない）▶缝隙太小，手一定要~着伸进去（隙間がとても狭いので，手はどうしても平らに広げて差し入れなければならない）

ⓔ'显得・是'などの客語になる。▶修整以后，球场显得更~了（修理してから，球場はいっそう平らに見えるようになった）▶广场的地面是那么~（広場の地面はとても平らだ）▶你认为不~，我觉得挺~了（あなたは平らとは思わなくても，私はとても平らだと思う）

ⓕ補語をともなえる。▶湖水~得像一面镜子（湖は鏡のように平らだ）▶新修的道路~极了，也宽极了（新しくできた道路は真っ平らだし，とても広い）▶现在墙壁比以前~多了（壁面は前よりずっと平らになった）

ⓖ《重ね型》重ね型は述語（'平平+的'）・定語・補語になれる。▶广场~~的（広場は平らだ）▶柏油路~~的，很好走（アスファルト道路は平坦で，歩きやすい）▶~~的空地（平らな空き地）▶~~的屋顶（平らな屋根）▶衣服熨得~~的（服はしわ1つなくアイロンがかかっている）▶板材刨得~~的（板材は平らに削られている）

❷他の物と高さが同じ，差がない。
ⓐ述語になる。前にはふつう程度副詞をおかない。▶经过顽强拼搏，现在两队的比分已经～了（粘り強い戦いが続き，いま両チームの得点は同点になっている）▶东墙再砌两砖，两面的墙就～了（東側の塀にもう2枚レンガを積めば，両側の塀は同じ高さになる）▶只差两分，两队的得分就～了（あとたった2点で，両チームの得点は同点になる）▶只要他稍微跷起脚跟，你俩的肩膀就～了（彼が少しつま先立てば，君たち2人の肩は平らに並ぶ）
ⓑ定語になる。間にはふつう他の要素を挿入できない。▶两队打成～局（両チームの戦いは引き分けになった）▶这几个人的名字最好～列（この数人の名前は同列に扱ったほうがいい）▶他和我～辈，只不过长我几岁（彼は私と同世代で，私より何歳か年上なだけだ）
ⓒ動結形の結果を表す要素となる。▶把两面墙都～以后就收工（両方の壁の高さが同じになるまで積んだら仕事を切り上げる）▶两根杠子不平，调～以后才能练习（2本の棒の高さがちがうから，同じ高さに調節しないと練習できない）▶男子团体赛现在打～了（男子団体戦は今のところ同点だ）▶现在我和你拉～了，今后井水不犯河水，各走各的路（今や私とあなたは同等の立場になったんだから，今後は互いに干渉せず，それぞれの道を行こう）

❸安定している：ふつうは四字句に用いるのみ。▶风～浪静（風はなぎ，波も静かだ）▶心～气和（心が穏やかで気持ちが落ち着いている）

【動詞】❶平らにする：名詞の客語をともなえる。《付》了・过《重ね型》▶～了几亩菜地（野菜畑を数ムー平らにならした）▶开学之前把操场～一下（学校が始まる前にグラウンドを平らにならす）▶上个月才～过的路面，一场大雨又给冲得坑坑洼洼（先月やっと路面を平らにならしたのに，大雨に降られてまたでこぼこになってし

まった）▶抽时间把院子～～，免得下雨积水（雨で水が溜まらないように，時間をつくって中庭を平らにならす）▶农闲的时候～～地，来年播种就方便多了（農閑期に畑をならしておけば，来年の種まきがずっと楽になる）
❷他の物と高さを同じにする：名詞の客語をともなえる。▶差一点就～了全国记录（あと少しで全国記録と並ぶ）
❸平定する，武力で鎮圧する，（怒りを）抑える：名詞の客語をともなえる。《付》过《重ね型》▶很多年以前，他在那个地方参加过～乱（何年も前，彼はその地で反乱の平定に加わったことがある）▶你先把火气～下去再说（まず冷静になりなさい，それから話そう）▶这种情况应该冷处理，先让他～～气再说（こうした情況には冷静に対応すべきだ，まず彼を落ち着かせてからにしよう）

[動結] 平得〈不〉了▶这帮学生太小，连操场也平不了（この生徒たちが年が小さすぎて，グラウンドをならすこともできない）

平 // 完▶再等几天，平完地以后我去看你（もう数日して，畑をならし終えてからあなたに会いに行く）

[動趨] 平 // 下去▶我心里的气平不下去，非找机会和他谈清楚不可（私の憤懣はおさまらない，どうしても彼とはっきり話し合う機会を設けなければならない）

评 píng

【動詞】❶評論する，批評する：《付》了・过《重ね型》名詞・節を客語にともなう。▶～奖（審査し表彰する）▶～质量（品質を判定する）▶～茶叶的好坏（茶の善し悪しを判別する）▶今年～劳模，把小周～上了（今年の労働模範審査では周くんが選ばれた）▶他们的分数～得很高（彼らの点数は高い）
ⓐ[被]+评+为+[名]小黄被～为先进生产者（黄くんは先進の生産者に選ばれた）▶老魏～为一等奖（魏さんが1等に選ば

ⓑ節を客語にともなう。重ね型にすることが多い。▶你们～～谁对（誰が正しいか判定してください）▶你～～他这话有道理没道理（彼の話が道理にかなっているか考えてごらん）

❷点数を付ける：《付》了・过《重ね型》二重客語または事物を指す客語をともなえる。▶这次作文～不～分？（今度の作文は点を付けるのだろうか）▶老师～了我一个优（先生はぼくに優をくれた ×老师～了我）▶把数学卷子～完了，再～作文（数学の答案を採点し終わった，次は作文の採点だ）▶前面两份试卷可能～得不合适（前の2人分の答案は点数の付け方が適当でないかもしれない）

[動趣] 评∥上▶这个月他评上了二等奖（今月彼は2等になった）

凭 píng

【動詞】❶…に体を寄りかからせる：必ず客語をともなう。《書》▶～窗远望（窓に寄りかかって遠くをながめる）▶～栏沉思（手すりにもたれてもの思いに沈む）

❷…に頼る，すがる：必ず客語をともなう。▶刊物能办好，全～大家的力量（出版がうまくいったのもすべてみんなの力によるものです）

【介詞】「基づく，頼る，拠り所とする」意味を表す。ふつう名詞と組み合わせる。主語の前に用いてポーズを置いてもよい。▶～常识判断（常識で判断する）▶单～这一点还下不了结论（この点だけからでは結論を出しかねる）▶劳动人民～自己的双手创造了物质财富（勤労人民はみずからの手で財貨を創造する）▶～闪电的亮光，我就能认出方向（稲妻の光によって方向を知ることができる）

ⓐ後ろの名詞句の音節が比較的長いときは'着'を付けてもよい。▶～着多年的经验，老艄公顺利地绕过了一个又一个的暗礁（長年の経験によって，老船頭は次々に現れる暗礁を難なくよけた）▶我们就～着这一点线索，打听到了他的地址（このちょっとした糸口から私たちは彼の住所をたずねあてた）

ⓑ凭+[動]／[節] 《少用》▶旧社会遇到荒年，穷人经常～吃野菜过日子（旧社会においては貧乏人は凶作に見舞われると野草を食べてしのぐのが常であった）▶光～师傅教是不够的，还要自己动脑筋（師匠の指導に従うだけでなく，自分の頭も働かせなくては）

[慣用句] 凭什么 詰問に用いる。▶你凭什么不让我去？（君は何を理由にぼくを行かせないのか）▶凭什么他要管咱们的事？（なんでまた彼は私たちのことにおせっかいをやこうとするのだろう）

【接続詞】たとえ…でも，どんなに…でも'凭'の後ろには必ず不特定を表す語句がくる。《口》▶～乡亲们怎么劝，他都不听（村人たちがどんなに勧めても彼はがんとして聞かないんだ）▶～你跑多快，我也能赶上（君がどんなに速く走ったって，追いつけるよ）▶～你有多大的本事，离开了群众就一事无成（君の力がどんなに大きくても大衆から離れては何ひとつできやしない）

破 pò

【動詞】❶完全なものが傷つけられる：《付》了・鞋～了（靴が破れた）▶玻璃～了（ガラスが割れた）▶顶棚～了（天井がくずれた）▶窗户上～了一块玻璃（窓ガラスが1枚割れてしまった）

ⓐ非受事客語をともなえる。客語は結果を表す。▶袜子～了一个洞（靴下に穴が開いた）▶衣服袖子～了一条口子（服の袖口がほころびた）

ⓑ動結形の結果を表す要素となる。▶衣服穿～了（服が破けた）▶划～了手指（指を引っかいて切った）▶磨～了鞋底（靴底がすり切れた）▶膝盖擦～了（ひざをすりむいた）

—誇張の表現で、実際には破損を表さないこともある。▶嘴都说～了，他也不听（口をすっぱくして言ったのに彼は聞こうともしない）▶喊～了嗓子也没人答应（声をからさんばかりに叫んでも何の返事もない）▶一声怪叫就把你们吓～了胆（奇妙な声で君たちはすっかり驚いてしまった）

❷ そこなう、分裂させる、割る：《付》了・过 ▶～个西瓜吃（スイカを割って食べる）▶把那块板子～开（あの板を割る）▶人家怎么说咱们就怎么做，别～了人家的规矩（彼らの言うとおりにやるんだ。彼らのやり方に反してはいけない）

— (熟語・成語など) 固定的な語句に用いる。▶～釜沉舟（決死の覚悟でやる）▶牢不可～（しっかりしていて破れない）▶势如～竹（破竹の勢い）▶～门而入（戸を破って入る）▶乘风～浪（勢いよく進む）▶～天荒（破天荒だ）

❸ まとまっているものを細かいものに変える：'开・成'と動結形を構成するときのみ。▶把这张五块钱的票子～开好找钱（おつりが出しやすいようにこの5元札をくずしてください）▶十块钱～成两个五块的（10元札を5元札2枚にくずす）

❹ 打破する、突破する：《付》了《重ね型》名詞の客語（規定・習慣・思想・制度を表すものが多い）をともなえる。▶不～不立（破壊しなければ打ち建てることはできない）▶今天我也～～戒，喝点喜酒（今日は私も禁を破って、祝い酒を飲もう）▶百米赛跑～了纪录（100メートル競走で記録が破られた）

❺ 打ち負かす、攻め落とす：《付》了・过 名詞の客語をともなえる。▶大～敌军（敵軍を大いに打ち破る）▶两道防线给～了（2つの防衛線が突破された）

❻ 費す：《付》了・过 必ず名詞の客語をともなう。▶～点儿功夫早些来（何とか時間をやりくりして早めに来なさい）▶我自己去买，不能让你～费（自分で買いに行きます。あなたに散財はさせられません）▶索性～点时间亲自跑一趟（いっそ時間をさいて自分で1度行って来よう）

❼ 成否を問わずやる、他をかえりみない：必ず《付》着 必ず名詞の客語（'性命・脸皮'のみ）をともなう。連動文の前部となる。▶～着性命去救人（自分の命もかえりみず人を救う）▶我不愿意～着脸皮去求人（なりふりかまわず人に助けを乞うのはいやだ）

❽ 真相をあらわにする：《付》了・过《重ね型》名詞の客語をともなう。▶～案（事件の真相を暴く）▶～谜儿（なぞを解く）▶～密码（暗号を解読する）▶盗窃案当天就～了（窃盗事件はその日に解決した）

— 動結形の結果を表す要素となる。動詞は'看・道・揭・说'などが多い。▶彼此心里明白，不必说～（お互いに腹の底はわかっているのだから口に出して言う必要はない）▶一语道～真相（真相を一言で喝破する）▶阴谋已被揭～（陰謀はすでに暴かれた）▶看～了其中的奥秘（その中の秘め事を見抜いた）

[動趨] **破上** 費す：必ず客語をともなう。▶破上几块钱买一支新笔（何元か払って新しい万年筆を買う）

破//出[去] 費す：必ず客語をともなう。▶破出几天功夫从头到尾仔细读一遍（何日かかけて始めから終わりまで、こと細かに読む）

【形容詞】❶ 損傷を受けた、ぼろの。▶～衣服（オンボロの服）▶～手表（壊れた腕時計）▶这书皮已经很～了（この表紙はもうボロボロだ）▶房子年久失修，～得没法住人了（家は長い間修理してなく、人が住めないほど荒れている）

❷ くだらない、好感のもてない：名詞の前に用いる。▶谁爱看这个～戏（誰がこんな田舎芝居を見たがるものか）▶这种～玩艺儿没人要（こんなちゃちなものは誰も欲しがらない）▶我就讨厌他那～嘴（あいつの口の利き方が気にくわない）

Q

齐 qí

【形容詞】❶そろっている、両端がそろっている、あるいは一直線に並んでいる。
ⓐ述語になる。▶队形不～（隊形がきちんと整っていない）▶这头也不太～（こちら側もあまりきちんとそろっていない）▶他写的字大小不～（彼の書いた字は大きさが不ぞろいだ）▶只要你们两个向后退半步，整排队伍就～了（あなたたち２人が後ろに半歩下がれば、隊列全体がきちんとそろう）▶这两条线不～（この２本の線は長さがそろっていない）
ⓑ補語になる。▶架子上的书本摆得挺～（棚の上の本はきちんと並んでいる）▶队伍排得特别～（隊列は特に整然と並んでいる）▶砖码得很～（レンガはきちんと積まれている）▶两条线画得都不～（線は２本ともまっすぐに描かれていない）▶头发剪得不～（髪の毛の切り方が不ぞろいだ）
❷同じである、一致している：述語になる。▶人心～，泰山移（心が１つになれば、泰山でも移すことができる）▶步伐特～（歩調がとりわけよくそろっている）▶服装不～（服装がばらばらでそろっていない）▶全室人员的水平比较～（室員のレベルがわりとよくそろっている）▶讲课进度不～（授業の進度がそろわない）
❸完備している、すべてそろっている：述語・補語になる。▶人～了，咱们开会吧（人がそろったから、会議を始めよう）▶料已经～了，就等施工队了（材料はもうすっかりそろっている、あとは施工隊を待つだけだ）▶人来得比较～（人はわりとよく集まった）▶东西全备～了（品物はすべて準備が整った）▶等人到～了，咱们就出发（みんなそろったら、出発しよう）

【動詞】同じ高さに達する。《付》了・过名詞の客語をともなえる。▶荒草都～了腰了（草が腰の丈になった）▶向日葵都～房檐了（ヒマワリが軒の高さにまでなった）▶马路上的水～了台阶了（通りの水が玄関の石段のところまで来た）▶水深～膝，冰凉刺骨（水は膝のところまであり、骨を刺すように冷たい）

【副詞】一緒に、同時に。▶大家～动手，一天就收割了二百亩小麦（みんなはいっせいに仕事を始め、１日に200ムーの小麦を刈り取った）▶百花～放，百家争鸣（あらゆる様式・内容の芸術作品がそろって出現し、さまざまな学派が競って意見を発表する）▶草原上万马～奔，万众欢腾，一派节日的景象（草原をたくさんの馬がいっせいに疾駆し、人々は喜んで沸きたち、祭の情景に満ちている）▶男女老少～动员，干干净净迎新年（老若男女をいっせいに動員し、すっかりきれいにして新年を迎える）▶一声令下，万炮～鸣，北京的夜空被礼花映得如同白昼一般（号令一下、たくさんの花火がいっせいに音をたてて打ち上げられ、北京の夜空は祝賀の花火に照らされて真昼のようだ）▶运动员刚一进场，全场立刻鼓号～鸣（選手が入って来たとたんに、会場中の太鼓とラッパがいっせいに鳴り響いた）▶爬上山顶，大家～声高喊：'我们胜利啦！'（頂上に登ると、みんなはいっせいに「やったぞー！」と声高く叫んだ）

【介詞】ある１点またはある直線にそろえる：しばしば '着' と組み合わされて、「…に沿って、…に従って」の意味を表す。▶～

墙根画一条直线（塀の下側に沿って直線を1本描く）▶～根截断（根に沿って切断する）▶～着马路边栽上冬青树（通りの端に沿ってモチノキを植えた）▶～着房檐搭个葡萄架（軒に沿ってブドウ棚を架ける）▶～着地边儿拦起一道铁丝网（地面の境界に沿って鉄条網を張る）

其次 qícì

【指示詞】順序が後ろの，あるいは主要でない人や事物を指す。'的'を付けて名詞を修飾する。名詞の前に数量詞があれば'的'は省略できる。▶首要的问题已经解决，～的问题比较好办了（主要な問題はもう解決したので，ほかの問題がやりやすくなった）▶开头是男子百米蝶泳比赛，～［的］一个项目是女子百米蛙泳（最初は男子100メートルバタフライ競技で，その次の種目は女子100メートル平泳ぎです）

【代詞】順序が後ろの，あるいは主要でない人や事物の代わりに用いる。▶会上老孙先发言，～是小白（会では孫さんがまず発言し，次は白くんでした）▶这部影片最大的缺点是缺乏艺术感染力，摄影技术差还在～（この映画の最大の欠点は芸術的に感動させるものがないことで，撮影技術が劣っていることは主要な問題ではない）▶首先改革管理制度，～再考虑人选问题（まず先に管理制度を改革し，それから人選の問題を考える）

其实 qíshí

【副詞】「次に述べることのほうが事実に合致している」意味を表す。動詞または主語の前に用いる。

ⓐ前文と相反する意味を導く。訂正の役割を持つ。▶这些花儿看起来像真的一样，～是绢做的（この花は見たところ本物そっくりだが，本当は絹で作ったものだ）▶古人以为天圆地方，～不然（昔の人々は天は丸く地は四角いものと考えたが，実際はそうではない）▶听口音像北方人，～他是广州人（なまりから判断すると北方の人のようですが，実は彼は広州の人です）

ⓑ前文を修正あるいは補う。▶都说这儿离县城二十里，～只有十五里（ここは県城から20里はあるとみんなは言うが，実際は15里しかない）▶你们只知道他会说汉语，～他的日语也挺好（君たちは彼が中国語を話せることしか知らないが，実は彼の日本語もすばらしいものだ）▶我说有家，～我家里就我一个人（1軒家を構えているとはいえ，家にはぼく1人です）

其他 qítā

【指示詞】一定範囲外の人または事物を指す。ふつう単音節の名詞を修飾するときには'的'を付ける。2音節の名詞の修飾には'的'を付けない。▶先办完这件事，再办～的事（まずこのことをかたづけて，ほかのことはそれからやる）▶除了小冯以外，～的人都去了（馮くん以外の人はみんな行った）▶我同意老汪的建议，没有～意见（汪さんの提案に同意します。別に意見はありません）▶昨晚的音乐会，小提琴独奏非常好，～节目也不错（昨夜の音楽会はバイオリンの独奏が特にすばらしかったし，ほかのプログラムもよかった）

― 代詞'一切'を修飾する。'的'は付けない。▶这个问题解决了，～一切都不难解决（この問題が解決したら，ほかのすべてはもう解決しやすい）▶先讨论招考办法，～一切下次再讨论（まず志願者の募集方法について討論し，そのほかはいっさい次回に検討しよう）

【代詞】一定範囲外の事物の代わりに用いる。▶旅游路线已经决定，～另作安排（旅行のルートはもう決まっており，それ以外のことは別に手配します）▶先拣重要的说，再说～（まず重要なことを話し，それからそのほかについて話す）

― 文章の標題として'…及其他'（…およびその他）のように用いることがある。

其余 qíyú

【指示詞】残りの人や事物を指す。名詞を修飾するときは'的'が必要。名詞の前に数量詞があれば'的'を省略してよい。▶老张一马当先，～的人也不落后（張さんが先頭をきているが，ほかの人々も負けてはいない）▶北极星我找得着，～的星我也认得几个（北極星も見つけられるし，ほかの星だっていくつかわかるよ）▶你先走，我跟～几个人后走（君，先に行ってよ，ぼくは残った何人かとあとから行くから）▶这几个提包随身带走，～的行李全部托运（これらのカバンは手に持ち，残った荷物はみな托送にします）

【代詞】残りの人や事物の代わりに用いる。▶来客当中我只认识两位，～没见过（客のうち2人だけは知っているが，ほかは会ったことのない人だ）▶只有一间屋亮着灯，～都是黑的（1部屋だけに明かりがともり，あとは真っ暗だ）▶我只认识这几种花，～都不认识（ぼくはこの2～3種類の花を知ってるだけで，ほかはどれも知らない）▶攻其一点，不及～（この1点を攻め，ほかはほうっておく）

其中 qízhōng

【方位詞】その中：場所・範囲を示す。特殊な方位詞。単独で用いられるだけで，名詞の後ろには付けられない。▶这一班四十个学生，～有一半是从别的班转来的（このクラスは学生が40名いる，うち半分はほかのクラスから移ってきたものだ）▶这份报告我已经看过，～提出的问题值得重视（この報告はすでに読んだが，この中で提起している問題は重視するに値する）▶这种草药对胃溃疡有一定疗效，但是～的道理还不清楚（この薬草は胃潰瘍の治療にある程度効果があるが，その理由はまだはっきりしない）

奇怪 qíguài

【形容詞】普通のものと異なる，尋常ではない，特殊である。

ⓐ名詞を修飾するにはふつう'的'を付ける。《重ね型》▶～的声音（おかしな音）▶～的表情（奇妙な表情）▶～的事情（不思議な事）▶一种很～的病（珍しい病気）▶这些奇奇怪怪的现象目前还无法解释（この奇々怪々な現象については今のところ説明がつかない）

ⓑ述語・補語となるときは，ふつう前に副詞を付ける。▶这很～（これはおかしい）▶这就～了（これは奇妙だ）▶那倒～了（それは変だ）▶这可是～（これはなんとも奇妙だ）▶那不～（それはおかしくない）▶萤火虫很～，身体能发光（ホタルはとても不思議だ，体から光を出せるのだから）▶这问题提得很～（この問題は出し方がおかしい）▶他的话说得有点儿～（彼の話し方はいささか奇妙だ）

ⓒ反語文では'有什么'の後ろに，否定文では'没什么'の後ろに用いてもよい。▶我有事回来得晚一点，这有什么～？（ぼくは用事があって帰りが少し遅くなったんだ，何が変だと言うんだ）▶日食，月食都是自然现象，有什么可～的？（日食・月食は共に自然現象です，何の不思議なことがありますか）▶各有各的爱好，没什么～（誰にもそれぞれ好みがあるのだ，何もおかしくはない）

【動詞】不思議に感ずる：主語は第1人称か第3人称複数に限る。ふつう疑問を表す節が客語となる。▶我～他怎么不来（彼がどうして来ないのか不思議だ）▶我们都～为什么这点小事就是办不了（みんなこんな小さなことができないのを奇妙に思っている）▶大家都～你为什么突然决定要走（君がなぜ突然帰ることにしたのか，みんながいぶかっている）▶你不同意，我很～（君が同意しないことは解せない）

━挿入句に用いることが多い。▶～，三九天这么暖和（おかしいな，'三九'なのに，こんなに暖かいなんて：'三九'は冬

至から3番目の9日間，大寒のころ）▶分别不过三年，真～，他连口音都变了（まだ別れてから3年たっていないのに，何とも不思議なのだが彼はなまりまで変わってしまった）

起 qǐ 動; //·qǐ 趨

【動詞】❶起床する，立ち上がる：《付》了▶早睡早～身体好（早寝早起きは体によい）▶都九点了，你还不～？（もう9時だよ，さっさと起きなさい）▶这皮球怎么不～了？（このボールはどうしてはずまなくなったんだろう＝弹不起来）

❷もとの位置を離れる：必ず名詞・動詞の客語をともなえる。あるいは'开'を付ける。▶～身（出発する）▶飞机～飞了（飛行機が離陸した）▶货物已经～运（貨物はすでに運搬を開始した）▶～开点儿，让我过去（ちょっとどいて，ぼくを通してくれ）

❸（はれもの・あせもなどが）できる：《付》了・过　必ず名詞の客語をともなえる。▶一见风，身上就～疙瘩（風にあたると体にぶつぶつができる）▶头上～了个包（頭にこぶができた）▶天热，小孩子爱～痱子（暑くなると子供はあせもができやすい）

❹しまってあるもの，はめ込んであるもの，または中のものを取り出す：《付》了・着・过　名詞の客語をともなえる。▶把钉子～下来（釘を抜く）▶昨天刚～过猪圈（昨日豚小屋のそうじをしたばかりだ：糞やゴミを取り出すことを指す）▶你也去～菜窖吗？（あなたも野菜置場に取りに行くの）▶～了许多钉子（釘をたくさん抜いた）▶那几个小伙子正～着猪圈（あの若者たちはいま豚小屋の掃除をしている）

❺発生する，発揮する：《付》了・着・过　名詞の客語をともなえる。▶～风了（風が起きた）▶你是老同志，应该～表率作用（あなたは古くからの同志だから模範的役割を果たすべきだ）▶腹泻是现在～着作用（下痢をするのは薬の効果が表れているのだ）▶你别～疑心（疑いを持ってはいけない）▶中国的面貌～了很大的变化（中国の様相は大きく変化した）▶从来没～过好作用（よい役割を果たしたことがない）

❻（草稿を）作る，（名前を）付ける：《付》了・过　名詞の客語をともなえる。▶你先～个草稿（まず草稿を作りなさい）▶～过三次草稿，都不满意（草稿を3度書いたが，どれも気に入らない）▶给孩子～名儿了没有？——～了（お子さんに名前を付けましたか——付けました）

❼建てる：《付》了　必ず名詞の客語をともなう。▶平地～高楼（平地にビルが建つ）▶他们家新～了三间房（あのうちは3間の家を新築した）

❽手続きをして（証明書を）受け取る：《付》了・过　必ず名詞の客語をともなう。▶～护照（パスポートを受け取る）▶～个路条（通行許可証をもらう）▶到行李房～了个行李票（荷物取扱所に行って荷物券を受け取った）

❾…から〈より〉始める：開始を表す。▶从1995年5月1日～实行五天工作日的制度（1995年5月1日から週5日制を実施する）▶从明天～我们一块儿练长跑（明日からぼくたち一緒にマラソンをしよう）▶由这儿～就都是柏油路了（ここからはずっとアスファルトの道です）▶本条例自公布之日～实行（本条例は公布の日から施行される）

動結 起得〈不〉了 (liǎo)　発揮できる〈できない〉。▶我在这里也起不了什么作用（私がここにいても何の役にも立たない）

動趨 起//出来▶这几个钉子你起得出来吗？（この釘を抜けるかい）▶起出来了好些钉子（たくさんの釘を抜いた）

【趨向動詞】❶動＋起＋名　ふつう後ろに名詞がくる。名はふつう動作の対象で，動の前に出せない。ただし，ときに名が動作の主体の場合もある。動と'起'の間にはふつう'得・不'をはさめない。

ⓐ人や物が動作によって下から上に向かうことを表す。まれに動と'起'の間に'得・不'をはさめることもある。▶搬〜石头（石をかかえ上げる）▶举〜红旗（赤旗を掲げる）▶我捡〜了几块雨花石（私は雨花石をいくつか拾った）▶他抬〜头看了看（彼は顔をあげて見た）▶他举〜超过体重一倍的杠铃（彼は体重の倍をこえるバーベルを持ち上げる）▶我可抬不〜这个箱子（ぼくはとてもじゃないがこの箱を持てない）▶湖面上扬〜无数白帆（湖面に無数の白い帆が上がっている）

— 次の文では'動+起'の後ろに名がない。しかし代わりに必ず動詞句を用いる。▶他站〜又倒下了（彼は立ち上がってまた倒れた）▶那只鸟才飞〜又落下了（あの鳥は飛び立ったばかりでまたとまった）▶他把石头捡〜放在口袋里（彼は石を拾ってポケットに入れた）

ⓑ事物が動作の結果, 出現することを表す。併せて持続の意味も表す。▶乐队奏〜了国歌（楽隊が国歌を演奏した）▶点〜了一堆堆的篝火（次々とかがり火をつけた）▶会场里响〜了一片掌声（会場に拍手が響いた）

ⓒ動作の開始を表す。ふつう'从…''由…'と組み合わせて用いる。後ろに名をともなわない。▶一部二十四史从何说〜（二十四史については, さてどこから話し始めたらよいものやら）▶队伍由这儿排〜（ここを起点に隊列を組め）▶这事儿从哪儿谈〜呢？（この事については何から話し始めたらよいやら）

ⓓ動作があることに及ぶことを表す。動は'说・谈・讲・问・提・回忆'などいくつかの他動詞に限る。▶他来信问〜你（彼が手紙をよこして君について聞いている）▶我想〜一个笑话（笑い話を1つ思い出した）▶他没有提〜这件事（彼はこの件について何も触れなかった）▶回忆〜童年时代的情景（幼いころの事を回想する）

ⓔ動作の完成を表す。▶收〜你那一套吧！（その古くさい手はやめとけ）

❷動+得〈不〉+起［+名］ 「ある能力がある〈ない〉, 耐えられる〈耐えられない〉」意味を表す。▶要降低定价, 让大家都买得〜（定価を下げてみんなが買えるようにしなくては）▶我惹不〜你, 只好离你远点儿（君にはとてもかなわないから, 君から離れているしかない）▶经得〜艰苦斗争的考验（厳しい闘争の試練に耐えられる）

— 基準にかなうか否かを表すこともある。▶老张两口子真称得〜是模范夫妻（張さん夫婦は本当に夫婦のお手本と言うに値する）

起来 qǐ //・lái 動 ; //・qǐ //・lái 趨

【動詞】❶坐卧的状态から立ち上がる, 横卧的状态から身を起こし座る, 起床する：《付》了・过 動作の主体を客語にできる。▶你该〜了（もう起きる時間ですよ）▶他六点就〜了（彼は6時には起きた）▶一上午就这么坐着, 没见他〜过（彼は午前中は座りっぱなしで, 立ち上がったところは見かけなかった）▶别老躺着, 〜活动活动（ごろごろ横になってばかりいないで, 起きて体を動かしなさいよ）▶快叫他〜, 有急事商量（早く彼を起こしてくれ, 急ぎの相談があるんだ）▶才〜了一个人, 别的都没〜（1人起きただけで, ほかの人はまだ起きて来ない）▶这么早, 他起得来起不来？（こんなに早いけど, 彼起きられるかな）

❷静止した状態から積極的に動き出す：《付》了▶群众〜了, 事情就好办了（大衆が動き出せば, うまくやれる）

【趨向動詞】❶動+起来［+名］ 名はふつう動作の対象, ときには主体。

ⓐ人・事物が動作によって下から上へ向うことを表す。▶五星红旗升〜了（五星紅旗が掲げられた）▶捡〜一块石头（石を1つ拾い上げる）▶抬起头来（顔をあげる）▶我得了关节炎, 右胳膊有点儿抬

不～（関節炎にかかったため，右腕が少ししか上がらない）▶从后排站～一个人（後列から誰か立ち上がった）
ⓑ動作の完成を表す。併せて「集中する」「目的・結果に達する」意味を表す。▶集中～（集中する）▶统一～（統一する）▶火车是一节一节连～的（汽車は1両ずつ連結してあるのだ）▶他藏了～（彼は隠れてしまった）▶要把开创精神和求实的态度结合～（創立精神と真実追求の姿勢とを結合させなければならない）▶我们已经建立～了一批大型工业生产基地（我々はすでにいくつもの大型工業生産基地を建設した）▶培养起一支高水平的科技队伍来（優れた科学技術者たちを養成する）▶我想不～了（ぼくは思い出せない）▶你们那儿的工作开展得～吗？（あなたがたのところの仕事はうまく進んでいますか）
ⓒ動作の開始を表す。併せて持続の意味も表す。ふつう動と'起来'の間には'得・不'を差しはさめない。▶欢呼～（歓呼の声がわき起こった）▶说起话来（話し始めた）▶大伙儿唱起歌来（みんなは歌を歌い始めた）▶飞轮旋转～了（はずみ車が回転し出した）▶一句话把屋子里的人都逗得笑了～（その一言で部屋中の人が笑い出した）▶讨论不～（討論が続かない）
ⓓ挿入句または文の前部になる。推測，あるいは「ある面に着眼すれば」の意味を表す。'得・不'は入れられない。▶看～，这件事他不会同意的（どうやらこの件には彼は同意しそうもない）▶算～，他离开我们已经三年了（数えてみると，彼がぼくたちと別れてからもう3年になる）▶这种收音机携带～很方便（このラジオは携帯に便利だ）▶这篇文章读～很耐人寻味（この文章は読めば読むほど味が出てくる）▶论起成本来，这种电视机是最低的（コストについて言えば，このテレビ受像機が最も低い）▶他说起话来，总那么不慌不忙的（彼は話すとなると，あわてずさわがず実に悠々としている）

❷形+起来 ある状態が現れ始め，程度が強まりつつあることを表す。形は積極的な意味のものが多い。▶坚强～（ますますしっかりしてきた）▶紧张～（緊張し始めた）▶他的身体正一天天好～（彼の体はいま日増しによくなってきている）▶参加冬季长跑锻炼的人多了～（冬季マラソンの参加者はしだいに増加してきた）▶天气渐渐暖和～（だんだん暖かくなってきた）▶天冷～了，得多加点衣服（寒くなってきたので，もう少し服を重ねなくては）▶我这个人随便吃什么滋补品，也胖不～（ぼくなんかどんなに栄養をつけても，ちっとも太らない）▶他本来就理亏，怎么硬得～？（もともと彼のほうが間違っているのだから，がんばり通せるはずがない）

比較 動+起来：動+下去 前者は動作の開始とその継続を表し，開始のほうに重点がある。後者は動作がすでに進行しており，その後も継続することを表し，継続のほうに重点がある。▶这个实验室既然已经搞起来了，就要坚持搞下去（この実験室はすでにスタートした以上，これからもしっかりと続けていかなければならない）
— 動作の方向の違いを表すだけのこともある。▶太阳升起来又落下去（太陽は昇り，そして沈んだ）

形+起来：形+下去①前者は状態の出現とその発展を表し，出現のほうに重点がある。後者は状態がすでに存在しており，これからも発展し続けることを表し，発展に重点がある。▶天热起来了（暑くなってきた）▶再这么热下去可怎么得了！（この調子で暑くなっていったら，まったくたまったもんじゃない）
②'起来'は積極的な意味の形容詞に付くことが多い。'下去'は消極的な意味の形容詞に付くことが多い（例外もある）。▶好起来：坏下去（よくなる：悪くなっていく）▶胖起来：瘦下去（太る：やせる）▶硬了起来：软了下去（硬くなる：軟らかくなる）▶紧张起来：松懈下去（緊張

し始める：のんびりとする）▶富裕起来：貧困下去（豊かになりだす：貧しくなっていく）▶亮起来：暗下去（明るくなり始める：暗くなっていく）

──状態がすでに存在していることだけを表すときは'下去'は消極的な意味の形容詞だけに付く。もし状態がこれからも引き続き発展することを表すときは、この限りではない。▶他已经瘦下去〈×胖下去〉很多了（彼はひどくやせてしまった）▶再这样瘦下去〈胖下去〉可不行（これ以上こんなふうにやせて〈太って〉いったらたいへんだ）

起码 qǐmǎ

【形容詞】最低限度の：前に副詞'最・顶'を付けてもよい。▶～条件（最低条件）▶～的知识（最少限の知識）▶最～的需要（最少限の必要）▶修建一万平方米的宿舍，这是最～的（1万平方メートルの宿舎を建てるということは、最低限のことだ）

【副詞】最低限度、少なくても。
ⓐ起码＋動＋数量▶《红楼梦》我～看过五遍（『紅楼夢』は少なくても5回は読んだ）▶他在这儿～等了两个钟头（彼はそこで少なくとも2時間は待った）▶参加数学比赛的～有二百人（数学コンクールに参加した人は少なくとも200人はいる）
ⓑ起码＋数量▶这一箱～一百斤（この箱は少なくとも100斤ある＝至少有一百斤）▶骑车去颐和园～一小时（自転車で頤和園に行くには最低1時間はかかる＝至少要一小时）▶到工地去的车一天～两趟（工事現場に行く車は1日最低2往復する＝至少开两趟）
ⓒ起码＋動▶他大概误会了我的话，～是没听清楚（彼はぼくの話をとり違えたんだろう、少なくともちゃんと聞いてなかったんだ）▶这事我不能随便决定，～要取得老陈的同意（これは私が勝手に決められない、少なくとも陳さんの同意を得なくては）
ⓓ'起码'を主語の前に用いる。▶别人听说没听说我不知道，～我没听说（他の人が聞いているかどうかは知らないが、少なくともぼくはまだ聞いていない）▶～你能说几句日常用的汉语吧？（少なくとも中国語で日常会話ぐらいはできるでしょう）
ⓔ前に'最・顶'を置ける。あとにはふつう'也'を呼応させる。▶塔顶离地面最～也有十丈（塔の尖端は地上から少なくとも10丈はある）▶今天写信去，顶～也要星期六才能收到回信（今日、手紙を出せばどんなに早くても返事は土曜日になる）

岂 qǐ

【副詞】反語を強める。'难道・哪・哪里・怎么'などの意味に相当する。《書》
ⓐ肯定形式の反語文に用いて、否定の意味を表す。ふつう'是・有・能・敢・容'などの語と組み合わせて用いる。▶人非完人，～能无过？（人は完全ではない、間違いを犯さないことがあろうか）▶见人落水，～可见死不救？（人が水に落ちたのを目にしながら、見殺しにできるものだろうか）▶如此而已，～有他哉？（それだけのことで、他に何もない）▶你是权威，我～敢说三道四（あなたはオーソリティだから、私にはとてもとやかく言えない）▶我国内政～容外国干涉（わが国の内政に関して、外国の干渉を許せるものか）
ⓑ否定形式の反語文に用いて、肯定の意味を表す。ふつう'不・不是・非'など否定の語句と組み合わせて用いる。▶他做出这样的蠢事，～不等于自暴自弃（彼はこんな愚かな事をしでかして、まるで自暴自棄に等しいではないか）▶这样解释～不是自相矛盾？（このような説明は、矛盾ではないか）▶～非咄咄怪事？（驚くべき奇怪なことではないか）▶你只说他有本事，～不知他人品极坏（あなたは彼の能力だけを強調するが、彼の人柄が極めて悪いことを知らないはずはないだろう）

慣用句 岂但 反語を表し、'不但・不只・不仅'の意味に相当する。後節では

つう'就是…也…・即使…也…・连…也…'が呼応して，累加関係を表す。▶这道题岂但你们学生做不出，就是老师也未必会做（この問題は君たち学生が解けないばかりでなく，先生でさえ解けるとは限らない）▶关心和支持教育事业是全社会的事，岂但是教育部门一家的事（教育事業に関心をよせ，これを支持することは社会全体の仕事であり，単に教育部門だけの仕事ではない）▶这种产品岂但是国内第一，即使在国际上也是数一数二的（この製品は国内第1であるばかりでなく，国際的に見ても1〜2位に入る）

气 qì

【動詞】❶腹を立てる，怒る。▶又〜又急（腹が立つやらいらいらするやら）▶一〜之下转身就走了（かっとなって，身をひるがえして行ってしまった）▶〜得眼睛都瞪圆了（怒って目をむいた）▶他正在〜头儿上（彼は今かんかんに怒っている）

❷…のせいで腹を立てる：兼語文に用いることが多い。▶我〜他学习太不努力（彼があまりにも勉強しないので腹が立つのです）▶我不〜别的，〜他事先不通知我一声（ほかのことで怒っているのではない，彼が前もって知らせてくれなかったから怒ってるんだ）

❸怒らせる：(付)了・过 《重ね型》必ず名詞の客語をともなう。▶故意〜了他一下（わざと彼を怒らせてやった）▶他就是想〜〜我（彼はぼくを怒らせようとしている）▶你别〜人了（人を怒らせるもんじゃない）▶把他〜得直跺脚（じだんだ踏むほど彼を怒らせた）▶小珠让小明给〜哭了（珠ちゃんは明ちゃんに腹を立てて泣いた）

❹うっぷんを晴らす（ための言葉）。▶他不过说了一句〜话，你不必太认真（彼は腹立ちまぎれにひとこと言っただけだ。あまり気にすることはない）

動結 气∥急了　气∥病了　气∥坏了　气∥跑了

气∥死 ⓐ憤死する。▶剧中这个人物是气死的（ドラマのこの人物は憤死したのだ）ⓑひどく腹を立てる。▶把我气死了！（腹が立つったらありゃしない）

動趣 气∥出来　怒りのあまりある結果をもたらす（多くは病気）：必ず客語をともなう。▶气出一场病来（怒りのあまり病気になってしまった）

气不过　腹が立ってたまらない。▶心里气不过，不免说了他几句（あんまり腹が立ったので，つい彼をなじってしまった）

恰 qià ☞恰好 qiàhǎo

恰好 qiàhǎo（恰巧・恰恰・恰）

【副詞】ちょうどいい具合に。時間・空間・数量などに関して言う。「早からず遅からず，前すぎずあとすぎず，多からず少なからず，ちょうどよく」の意味。▶你要的书我〜有（君の欲しい本は，ちょうど持っているよ）▶你们来得真巧，今天我〜在家（君たち，いいときに来たよ，今日は具合いいことに家にいる日なんだ）▶八个人一桌，十六个人〜坐两桌（8人で1卓だから16人でちょうど2卓だ）

ⓐ恰好+数量［+名］▶距离〜五十米（距離はちょっきり50メートルです）▶不多不少，〜十公斤汽油（ガソリンは多くも少なくもなく，ちょうど10キロある）▶在青岛住了〜一个月（青岛できっかり1か月暮らした）

━ 数量の前に'是・有'を置いてもよい。意味は同じ。▶距离〜是五十米▶不多不少，〜有十公斤汽油▶在青岛住了〜有一个月

ⓑ恰好+形▶宽度〜够（幅はちょうどいい）▶大小〜合适（ぴったりの大きさだ）▶高矮〜相同（高さがまったく同じだ）▶性格〜相反（性格が正反対だ）

ⓒ主語の前に'恰好'を用いる。▶你去上海，〜老吴跟你同路（君は上海に行くが，

ちょうど呉さんも行くんだ) ▶我正要出去，~老程来找我（私が出かけようとしているところへ、程さんがちょうど訪ねて来た)
[比較] 恰好：正好 ☞正好 zhènghǎo

〖恰巧〗'恰好'に同じ。主に時間・機会・条件などが都合よく〈または都合悪く〉合致することを表す。▶同学们正在争论，老师恰巧走了进来（学生たちが言い争っているところへ、折よく先生が入って来た）▶路上恰巧碰上大雨，淋得一身湿透（途中であいにく大雨にあい、ずぶぬれになってしまった) ▶我毕业后，恰巧他们厂需要一个技术员，就把我调来了（卒業したとき、ちょうど彼らの工場で技術者を1人欲しがっていて、私を呼んでくれたんです）▶恰巧今晚老周不在家，让你白跑一趟（今晩はあいにく周さんは不在なんです、むだ足を踏ませてしまいましたね）

〖恰恰〗① '恰好'に同じ。《書》▶前面一棵大树，恰恰挡住了视线（前方の大きな木が、あいにく視界をさえぎっている）▶正不知如何是好，恰恰队长赶了回来（まったくどうしていいかわからず困惑しているところへ、折よく隊長が帰って来た）
② 恰恰 [＋就] ＋是　相反する内容を対比的に述べる文に用い、認定を強調する。▶家长对子女的严厉，恰恰是对他们的疼爱，是为了他们将来能够成材（親が子供に厳しくするのはまさに愛情にほかならず、子供たちを1人前に育てあげるためなのである）▶把事情搞糟的不是别人，恰恰就是你自己（事をだめにしてしまったのは誰でもない、まさしく君自身なのだ）

〖恰〗'恰好'に同じ。《書》のみ。▶恰到好处（ちょうどよい所にあたる）▶恰如其分（まさに分相応だ）▶左边锋疾射入网，恰在此时鸣笛终场（レフトが猛烈なシュートを決めたとたん試合終了のホイッスルが鳴りひびいた）

恰恰 qiàqià ☞恰好 qiàhǎo

恰巧 qiàqiǎo ☞恰好 qiàhǎo

恰如 qiàrú (恰似)

【動詞】まさに…のようだ。:《書》
❶比喩の文に用いることが多い。
ⓐ名詞の客語をともなう。▶桂林山水~一幅水墨画（桂林の山水はあたかも一幅の水墨画のようだ）▶他的处境~笼中之鸟（彼の境遇はさながらかごの中の鳥だ）▶他的话~一阵春风，使人感到温暖（彼の話はまるで一陣の春風のようで、聞く人の心を暖かくする）
ⓑ動詞・節を客語にともなう。▶磕头~鸡啄米（頭を打ちつける旧式のおじぎのしかたは、まるで鶏が米をついばむみたいだ）▶~风卷残云，一桌酒菜顷刻间吃光了（テーブル上の酒と料理はまるで疾風が雲を吹き払うかのように、あっという間にすっかり食べ尽くされた）▶研究学问好比~逆水行舟，不进则退（学問研究は流れに逆らって舟を進めるのに似て、努力しなければ後退する）
ⓒ恰如…一般▶~天女下凡一般（あたかも天女が下界に降りたかのようだ）▶风景~水墨画一般（風景はまさに水墨画そっくりだ）▶道理没有说透，~隔靴搔痒一般（筋道がすっきりと説明されていないので、まさに隔靴搔痒といった感じだ）
❷比喩の文には用いない用法もある。節の先頭に用い「ちょうど…と同じだ」の意味を表す。▶~古人所说，兼听则明，偏听则暗（いにしえの人が言っているのと同じで、双方の意見を聞けば正しい判断を下せるが、片方の意見を聞くだけでは正しい判断が下せない）▶事情的结果果然如此，~先生所见（事態の結果は案の定このようになった、まさに先生のご判断のとおりだ）

〖恰似〗用法は'恰如'❶と同じ。

恰似 qiàsì ☞恰如 qiàrú

千万 qiānwàn

【数詞】❶何千何万という：数量の多いことを形容する。▶~盏彩灯（おびただしい数の飾りちょうちん）▶~颗星星在夜空闪烁（夜空に無数の星がきらめいている）▶~朵牡丹竞相开放（何千何万というボタンの花が咲き競っている）
— 重ね型はAABB形式をとり，述語になる。▶世界上的物种［有］千千万万（地球上の生物学上の種は何千何万とある）▶何止千千万万（何千何万には止まらない）▶千千万万个家庭得到了幸福和安宁（何千何万という家庭が幸福と安らぎを得た）
❷実数を表す。▶全市人口约一~（全市の人口は約1000万である）▶电视机厂今年的产值是三~（テレビ工場の今年の生産額は3000万である）

【副詞】必ず，決して：よく言い含めることを表す。命令文にのみ用いる。肯定文より否定文に用いることが多い。否定文ではふつう'别・不可・不能・不要'と共に用いる。肯定文の場合はふつう助動詞'要'と共に用いる。▶~不要泄露出去（決して外に漏らしてはならない）▶你~不要露面（あなたは決して顔を出してはならない）▶~不可大意（くれぐれも油断しないように）▶~不能动武（絶対に暴力をふるわないようにしなさい）▶~别听信谣言（決してデマを信じてはいけない）▶这件事你~［要］记在心里（この事はぜひとも心に刻んでおきなさい）▶~［要］提高警惕（ぜひとも警戒心を高めなさい）▶妈妈叮嘱小芳过马路~要小心（母親は芳ちゃんに大通りを渡るときにはくれぐれも注意するようにと言いふくめた）

比較 **千万：万千**　両者は共に副詞となり，意味は近い。ただし，
①'万千'は否定文にのみ用いるが，'千万'にはこの制限はない。
②'千万'は命令文にのみ用いるが，'万千'はこの制限を受けない。
③'万万'は'千万'よりやや口調が強い。

前 qián（前边・前面・前头・头里）

【方位詞】人・事物の正面が向いている方向。順序や時間の初めのほう。
❶名詞のように用いる。
ⓐ単独で用いる。'后'と呼応し，対にして用いる。慣用的な言い方に多い。▶~怕狼，后怕虎（前は狼が恐ろしく，後ろは虎が恐ろしい）▶~不着村，后不着店（前方に村もなく後方に宿もない：旅に行き暮れる）▶~有大河，后有高山（前に大河，後ろに高山）
ⓑ介＋前　介は'向・朝・往・在・由'に限る。▶他迈开大步向~走去（彼は前に向かって大股に歩んで行った）▶他朝~看看，又朝后看看（彼は前を見，そしてまた後ろを見た）▶你由~往后数，我由后往~数（君は前から数えてくれ，ぼくは後ろから数えるから）▶要往~看，要充满信心（前向きに考え，信念を持たねばならない＝展望未来）
ⓒ前に'最'を付けられる。▶我坐在最~，他坐在最后（私はいちばん前に座り，彼はいちばん後ろに座った）
❷名＋前ⓐ場所を指す。▶村~村后都种上了树（村の前も後ろもすっかり植樹された）▶人民英雄纪念碑矗立在天安门~（人民英雄記念碑は天安門の前にそびえ立っている）▶胸~戴着大红花（胸に大きな赤い花を付けている）▶书桌横放在窗~（窓ぎわに沿って机が置いてある）
ⓑ時間を指す。ある時間・ある事に先立って。▶事~你告诉他了吗？（事前に彼に話しましたか）▶新年~我要回家一趟（正月前にぼくは1度家に帰るつもりだ）▶几个月~他就去上海了（彼はもう何か月か前に上海に行ったよ）▶这个故事发生在五百年~（これは500年前の話である）
❸動／節＋前　時間を指す。ある動作・

事件が発生する前。▶临出发~, 我已通知了他们（出発前に彼らには知らせておいた）▶正片放映~, 先放映纪录片（メインの上映に先立ってまず記録映画を上映する）

❹前+名 形容詞に近い。
ⓐ場所あるいは順序を指す。▶~门（前門）▶~院（前庭）▶~街（前の通り）▶我住~楼, 他住后楼（私は前の建物に、彼は後ろの建物に住んでいる）▶这次比赛~三名是哪几个国家？（今度の試合のベスト3はどこの国だ）▶~几排先走, 后边的再等一等（前の数列は先に行きなさい、後ろの列はもう少し待ちなさい）
ⓑ時間を指す。数量詞との組み合わせに限る。▶~半年学平面几何, 后半年学三角（学年の前期には平面幾何学を学び、後期は三角法を学ぶ）▶~半夜他睡得很好, 后半夜就差了（彼は夜半まではよく眠れたが、あとはあまり眠れなかった）

— '前几天・前几年・前些时候'は'这几天・这几年・这些时候'に対して言うものであるが、後者を出す必要はない。▶~几天我还看见他的（数日前にはまだ彼を見かけたんだが）▶他~几年还偶尔来信, 后来就没有消息了（数年前には彼はときたま手紙をくれたが、その後たよりがなくなった）

ⓒ名称や機関を表す名の前に用いるときは接頭語に近い。「以前の」の意味を表す。▶现在的校长姓刘, ~校长姓李（今の校長は劉という名で、前校長の名は李だった）▶张家口是~察哈尔省省会（張家口は旧チャハル省の省都である）

〘前边〙① '前'❶の用法に同じ。比較的自由に単独で用いる。▶前边有座位, 请到前边坐（前のほうに席がありますから、どうぞ前のほうへおかけください）▶前边来了一个人（前方から人が1人来た）▶他在前边跑, 我在后边追（彼が前を走り、私は後ろから追いかけた）▶后边没路, 得从前边绕过去（後ろには道がないので、前のほうから回って行かなくてはならない）▶我的前边是老方, 老方的前边是老郑（私の前は方さんで、方さんの前は鄭さんだ）▶他坐在最前边, 我坐在最后边（彼はいちばん前に座り、私はいちばん後ろに座った）▶走在队伍最前边的是军乐队（隊列の先頭を行くのは軍楽隊だ）

② '前'❷ⓐの用法に同じ。ただし単独では単語とならない漢字とは、組み合わせられない。▶ ×窗前边▶ ×胸前边▶树前边（木の前）

③ '前'❹ⓐの用法に同じ。ただし、単音節の語とは組み合わせられない。間に'的'を入れてもよい。▶ ×前边楼▶前边大楼（前のビル）▶前边的大楼（前のビル）

〘前面〙〘前头〙〘头里〙'前边'に同じ。'头里'には方言の色合いがある。

比較 前：以前 ☞以前 yǐqián

前边 qián·bian ☞前 qián

前后 qiánhòu

【方位詞】❶空間に対して用いる。事物の前と後ろを指す。
ⓐ単独に用いる。《重ね型》▶~相连（前後がつながっている）▶~照应（前後が照応する）▶~夹攻（前後からはさみ撃ちにする）▶~有三栋楼房（前後に建物が3棟ある）▶前前后后都是山丘（前も後ろもすべて丘だ）
ⓑ名+前后▶大楼~（ビルの前後）▶学校~（学校の前と後ろ）▶房屋~都是草地（家の表も裏も原っぱだ）
ⓒ前后+名▶~次序（前後の順）▶~关系（前後関係）▶~座位（前後の席）▶~车厢都坐满了（客車は前も後ろも満員だ）

❷時間に対して用いる。
ⓐ単独に用いる。一定の時間内の始めから終わりまでを指す。《重ね型》▶~放映三个小时（全部で3時間上映した）▶

招收了三批学员（前後合わせて3回学生を募集した）▶~来了好几次电话（相前後して何度も電話があった）▶这次旅游,前前后后共一个半月（今回は都合1か月半旅行した）

ⓑ 名+前后　ある時間の少し前から少しあとまでの期間を指す。▶春节~（旧正月前後）▶清明~（清明節前後）▶大约一九七〇年~, 他来过北京（1970年ごろ, 彼は北京に来たことがある）

ⓒ 動/節+前后　ある事件の少し前から少しあとまでの期間を指す。▶解放~（解放前後）▶天亮~（夜明けごろ）▶毕业~我们聚会过几次（卒業の前後に私たちは何度か集まった）▶这是大军渡江~的一个真实故事（これはわが方の大軍が揚子江渡河のころ, 実際にあった話である）

ⓓ 前后+数量+名　一定時間内に同類の事物がいくつか存在することを表す。▶~两位校长（前後2代の校長）▶~三种版本（前後合わせて3種類の版本）▶~几封信都已收到（前後合わせて数通手紙を受け取った）

比較 前后：先后 ① '前后'は空間に対して用いてよい。'先后'は不可。

② ある期間全体を指すには'前后'を用いる。'先后'は不可。ある期間内に事件が発生した順序を示すには'先后'を用いる。'前后'は不可。

▶前后放映三个小时（全部で3時間上映する ×先后放映三个小时）▶春节前后（旧正月前後 ×春节先后）▶天亮前后（夜明けの前後 ×天亮先后）

▶老汪、老余先后发言（汪さんと余さんは相前後して発言した ×老汪、老余前后发言）▶去年我先去过桂林和杭州（去年私は相前後して桂林と杭州に行った ×去年我前后去过桂林和杭州）▶我先后找过他两次（私は前後2回彼を訪ねた ×我前后找过他两次）

— 順序をはっきり示さない文では'前后' '先后'どちらを用いてもよい。▶前后招收了三批学员（前後3回学生を受け入れた＝先后招收了三批学员）

③ '先后'は動詞を修飾する。名詞を修飾することは極めてまれ。'前后'にはそういう制限はない。▶前后两位校长都姓李（前後2代の校長はいずれも李という名だ ×先后两位校长都姓李）

前面 qián·mian ☞前 qián

前头 qián·tou ☞前 qián

欠¹ qiàn

【動詞】体の一部を少し前方あるいは上方へ移動させる：《付》了・着・过　名詞の客語をともなえる。動量詞をともなえる。▶他稍微朝前~了一下身子（彼は体を少し前の方へ動かした）▶他~着脚儿朝前张望（彼はつま先立って前方を眺めた）▶我可没~过脚（私はつま先立ちをしたことがないんだ）

動結 欠得〈不〉了 (liǎo) ▶你看这么点儿地方, 哪欠得了身呀？（こんな狭いところだよ, 体なんか伸ばせるものか）▶车厢太矮, ~不了身（車両の天井が低くて, 体をまっすぐに伸ばすことができない）

動趣 欠起 ▶他欠起身子, 稍微活动了一下（彼はぐっと伸びをすると, 体を少し動かした）

欠² qiàn

【動詞】❶ 人から借りた金銭や物品などを返していない, あるいは人に与えるべき事物をまだ与えていない：《付》了・着・过　名詞の客語をともなえる。二重客語をともなえる。▶~债（負債がある）▶~账（借金がある）▶~人情（義理を欠く）▶他还~着我的钱呢（彼はまだ私に借金がある）▶他~了一身的债（彼は借金だらけだ）▶我不~他的（私は彼に借りはない）▶我从来没~过账（私はこれまで商売上の借りをつくったことがない）▶~他

人情·（彼に恩がある）▶～人钱财（人から借金している）
❷不足している，乏しい：単独では述語になれない。名詞・動詞・形容詞を客語にともなえる。▶这篇文章～说服力（この文章は説得力に欠ける）▶～火候（火加減が足りない）▶办事～考虑（物事の処理に思慮が欠けている）▶考虑问题～周到（問題を考えるときに周到さが足りない）▶身体～佳（体調が思わしくない）▶又～批评你了（あんたはまだ叱られ足りないようだね）

[動結] 欠得 〈不〉了 (liǎo) ▶你过日子要是好好计划，怎么会欠得了账呢？（計画的に暮らしていれば，借金などできるはずがない）▶一年也欠不了这么多钱呀（1年かけたってこんなにたくさんの借金はつくれない）

欠不得 ▶这债可欠不得（この借りはつくってはならない）

[動趨] 欠下 ▶又欠下一笔债（また負債をつくってしまった）

欠下去 ▶这笔账不能再欠下去了（この借金はこのままにしておいてはならない）

欠到 […去] ▶这笔钱要欠到什么时候去呀？（この金はいつまで借りているつもりだ）

且 qiě

【副詞】❶暫時，しばらくの意味を表す。▶我这儿还有些钱，你～用着，不必急着还我（私のところにはまだいくらかお金があるから，とりあえずあなたが使いなさい，急いで返さなくていいですよ）▶你～安心养病，工作不用操心（当分の間落ち着いて療養しなさい，仕事のことは心配いりません）▶他一时回不来，咱们～回去吧（彼はすぐには帰って来られないから，我々はひとまず戻ることにしましょう）▶他过会儿就回来，你～等一下儿（彼はじきに戻って来るから，しばらくお待ちなさい）

❷「長く」の意味を表す。ふつう語気助詞'呢'と共に用いる。▶买支钢笔～使呢（長く使えるペンを買う）▶这种布料很结实，～穿呢（この生地は丈夫で，長持ちする）▶他说起话来～没完呢（彼は話し出すときりがない）

❸…さえなお：譲歩を表す。《書》▶这道题老师～答不好，怎么让学生做？（この問題は教師でさえうまく解答できないのに，どうして生徒にやらせようとするのか）▶任务重，～不说它，问题是时间太紧（任務の重大さについてはひとまずおくとして，問題は時間的に切迫していることだ）▶自己的表现～不怎么样，更何谈为人师表？（自分の言動さえ大したことはないのに，人の模範となるなど論外だ）

[慣用句] 且不说 ひとまずふれない：譲歩を表す。▶且不说买不起，就是有钱也不能花在这上面（高価で買えないのはともかく，もしお金があったとしてもこういうものには使えない）▶且不说产量大幅度提高，单是品种就增加了不少（生産量の大幅アップについてはおくとして，種類だけでもかなり増加している）

【接続詞】しかも，その上。
ⓐ 2つの語・句をつなぎ，並列関係を表す。▶既高～大（高くて大きい）▶大～全（大きくかつ欠けるところがない）
ⓑ 節をつなぎ，累加関係を表すことが多い。▶计划很周全，～已经多方协商通过，不宜再作变动（計画は周到なうえに，すでに多方面で協議を経ているのだから，変更すべきではない）▶他天生睿慧，～有名师指教，自然学业有成（彼は生まれつき賢いうえ，優秀な教師の指導を受けているから，当然学業の成果はあがる）
ⓒ …しながら…する：2つの単音節動詞をつなぎ，2つの動作が同時に進行することを表す。▶且战且走（戦いながら進む）▶且干且学（仕事をしながら学ぶ）▶且弹且唱（弾きながら歌う）

亲 qīn ☞亲自 qīnzì

亲自 qīnzì（亲）

【副詞】動作・行為をみずから直接行うことを強調する。動詞を修飾する。▶～动手（みずから手を下す）▶～拜访（みずから訪問する）▶你～去一趟，和他当面谈谈（あなたが自分で行って、彼とじかに話し合いなさい）▶他～带领我们参观博物馆（彼がみずから私たちをつれて博物館見学をする）▶保险柜由他～开关，别人从不经手（金庫の開閉は彼が自分でやっていて、これまで他の人がやったことはない）

〖亲〗副詞。意味は'亲自'と同じ。
①いくつかの単音節動詞のみを修飾する。▶亲临指导（みずから指導に臨む）▶亲赴现场（みずから現地に赴く）▶大家好像亲历了过去的苦难（みんなはまるでかつての苦難をみずから体験したかのようだ）
②'口・耳・手・眼'など身体部分を表す語と結びつき、動作をみずから行うことを強調する。▶亲口对我说（自分の口から私に話す）▶亲手种了两棵松树（自分の手で2本の松の木を植えた）▶这是我亲眼看见的（これは私が自分の目で見たことだ）

轻易 qīngyì

【形容詞】❶簡単でたやすい。
ⓐ主として状語になる。ふつう'地'をつける。▶就这么～地连丢三局（こうしてあっさりと3局失った）▶很～地通过了初试和复试（1次試験と2次試験を簡単に通った）▶赢得太～了（やすやすと勝った）▶胜利不是～得来的（勝利はたやすく手に入るものではない）▶很难～到手（簡単に手に入れることはむずかしい）▶想～取得成功是不可能的（簡単に成功を納めようなどというのは不可能だ）
ⓑ'的'をつけて名詞を修飾することもできるが、名詞は'事'のみに限る。▶这可不是一件～的事（これは決して容易なことではない）▶这是件～不过的事（これはきわめて簡単な事だ）

❷気軽だ：状語となることが多い。ふつう否定を表す'不・不肯・不要・不可'などと共に用いる。▶他就这么～地在协议上签了字（彼はそんなふうに無造作に合意書にサインをした）▶没有调查，不要～下结论（調査をしていないなら、軽々しく結論を出してはならない）▶他从不～表态（彼はこれまで軽々しく態度を表明することはなかった）▶不肯～放弃（そう簡単に放棄しようとはしない）▶这类镇痛药不可～服用（この種の鎮痛剤は軽々しく服用してはならない）

注意 '不'は'轻易'の前後どちらに置いても意味は変わらない。ふつう'地'はつけない。▶他～不表态＝他不～表态（彼は軽々しく態度を表明することはしない）▶～不调动工作＝不～调动工作（簡単には配置換えをしない）

情愿 qíngyuàn

【動詞】心から望む。
ⓐ単独で述語になる。副詞の修飾を受けられる。▶我没有强迫她，是她～的（私は彼女に強制してはいない、彼女のほうから望んだことだ）▶这件事我们两相～（この事は私たち2人がお互いに望んでいる）▶帮助山区建设我很～（山岳地域の建設を手助けすることは私の望むところです）▶借钱给他我不～（彼にお金を貸すのは気が進まない）
ⓑ動詞の客語をともなえる。▶他自己～到边疆工作（彼自身が国境地帯に仕事に行きたいと望んでいる）▶我～为大家多做点儿事情（私は喜んでみんなのために多くのことをやりたいと思っている）▶我～多花点儿钱买件好些的衣服（私はいい服が買えるなら喜んで多めにお金を出す）

【助動詞】…するより、むしろ…する：ふつう動詞の前に用いるが、主語の前に用いてもよい。

ⓐたとえ…しても…しない。▶他～受处分也不写检讨（彼はたとえ処分を受けても，自己批判書を書くつもりはない）▶～牺牲，也不向敌人低头（たとえ命を落としても，敵には屈服しない）▶～我一人受苦，也不连累大家（自分1人が苦しい目にあっても，人を巻き添えにはしない）
ⓑ…するよりも…する。▶与其让你为难，～我来出面解决（あなたに辛い思いをさせるくらいなら，私が自分で表に出て解決する）▶～自己吃亏，也不让别人受损（たとえ自分が損をしても，人には損害を与えない）

请 qǐng

【動詞】❶頼む，お願いする。
ⓐ兼語文に用いる。▶～人帮忙（人に手伝ってもらう）▶～大家想想办法（みなさん方法を考えてください）
ⓑ名詞'假'を客語にともなう。《付》了・过《重ね型》▶～假（休暇を取る）▶我～了三天假（私は3日間休みを取った）▶他从来没～过假（彼はこれまで休暇を取ったことがない）▶你替他～～假（君，ひとつ彼に休みを取ってやってくれ）
❷招く，招聘する：《付》了・过
ⓐ名詞の客語をともなう。《重ね型》▶～教员（教師を招聘する）▶～医生（医者を呼ぶ）▶～了他几次，他就是不肯来（彼を何回も招いたが，彼は来ようとしない）▶你再去～～他，我想他会来的（君，もう1度彼を呼んでごらん，きっと来ると思うよ）
ⓑ兼語文に用いる。▶～他担任顾问（彼に顧問になってもらう）▶～你参加大会（大会に参加してください）▶我～了一位教师教汉语（ある先生に中国語を教えてもらうことにした）
❸宴を開いてもてなす，接待する：《付》了・过　名詞の客語あるいは兼語文をともなえる。▶～客（客を招く，おごる）▶～了三位客人（3人の客を招待した）▶

他～过我（彼は私をもてなしてくれたことがある）▶他～你看过两次电影（彼はあなたに2度映画をおごってくれた）
❹敬語。相手に何かするよう勧めたり希望するときに用いる。単独で用いる。または動詞の客語をともなう。▶～坐（どうぞおかけください）▶～进（お入りください）▶～！別客气！（どうぞ。ご遠慮なく）▶您～这边儿来（どうぞこちらへ）▶里边儿～（中へどうぞ）▶～准时出席（定刻にご出席願います）▶～勿吸烟（タバコはご遠慮ください）

動趣 **请得〈不〉起**　招待する能力がある〈ない〉。▶请你们几个人看戏，我还请得起（あなたたちをお芝居に招待するぐらいのお金は，私だって持っていますよ）

求 qiú

【動詞】❶頼む，求める：《付》了・着・过《重ね型》
ⓐ二重客語あるいは人を表す客語をともなう。▶他从来没有为个人的事～过人（彼はこれまで個人的なことで人にものを頼んだことはない）▶我有件事～～你（君に頼みたいことがある）▶我～你一件事（ひとつお願いしたいのですが）
ⓑ兼語文に用いる。▶我～你帮帮忙（ちょっと手伝ってください）▶～他别再这么干下去了（これ以上こんなふうにやらないよう彼に頼む）
❷求める：必ず2音節の動詞あるいは節を客語にともなう。
ⓐ若干の動詞を客語とする。'求'の前後に付加要素はいらない。▶～进步（進歩を求める）▶～团结（団結を願う）▶～生存（生きる道を求める）▶～解放（解放を求める）
ⓑ動詞・動詞句・節を客語とする。'求'の前後に付加要素を置いて，2音節とする。▶力～改进（極力改善につとめる）▶力～控制局势（懸命に局面を統御しようとする）▶抓紧工作，以～按时完成计

划（時間を切りつめて仕事をし，期日までに計画を完遂するようつとめる）▶文章～其内容充实，语言～其生动活泼（文章は充実した内容を必要とし，言語はいきいきとした表現が求められる）

❸追求する，探求する，追究する：必ず名詞の客語をともなう。▶～知（知識を求める）▶～值（値を求める）▶～学问（学問を探求する）▶～答案（答えを出す）

[動趣] 求//出 必ず客語をともなう。▶求出答案（答えを出す）▶我怎么求不出 x 的值（ぼくはどうして x の値を出せないのだろう）

求//出来▶求出百分比来（パーセンテージを出す）▶答案已经求出来了（もう答えはできた）

取决于 qǔjuéyú

【動詞】ある面・状況によって決定される：必ず客語をともなう。

ⓐ客語が名詞のとき。▶消费的增长～生产的增长（消費の増加は生産の増加によって決定される）▶粮食产量的提高不仅仅～化肥的用量（糧食生産高の向上は化学肥料の使用量ばかりで決まるものではない）▶战胜疾病在很大程度上～身体素质和精神状态（病気に打ち勝つかどうかはおおかたその人の体力と気のもち方によって決まる）

ⓑ客語が疑問文の形をとるか対立的な語義の語を含むとき。▶生物的存在和发展～它能否适应自然环境（生物の存在と発展はそれが自然環境に適応できるかどうかで決まる）▶种子发芽还～空气湿度如何（種子の発芽は空気中の湿度の具合によってもだいぶ違う）▶放养鱼苗的数量～水库蓄水量的多寡（放流する稚魚の数は貯水池の蓄水量の多寡によって決定される）

ⓒ主語が疑問文の形をとるか対立的な語義の語を含み，客語が名詞句のとき。▶谈判是否成功，不仅～我方，还～对方（会談が成功するかどうかは，当方ばかりでなく先方の出方にもよる）▶成绩的大小～我们努力的程度（成果の大小は我々の努力いかんによって決まる）

ⓓ主語と客語が共に疑問文の形をとるか対立的な語義の語を含むとき。▶病好得快还是好得慢～你是否认真疗养（病気が早くよくなるかどうかは，あなたがまじめに養生するかどうかによる）▶茶叶质量的好坏～原料的优劣和加工的粗细（茶の葉の善し悪しは原料の優劣と加工の良否によって決まる）

去 qù [動]；//。qù [趣]

【動詞】❶話し手のいる場所から別の場所へ行く：《付》了・过▶他已经～了（彼はもう行ってしまった）▶～过好几趟，都没碰到他（何度も行ったが，彼には1度も出会わなかった）▶你～得不是时候（君はまずい時に行ったものだ）

ⓐ[名]（場所・時間）+去+[名]（動作の主体）　後ろの[名]は前に数量詞を付けることが多い。▶昨天已经～了三个人（昨日すでに3人行った）▶刚～了一辆车运行李（たったいま，1台の車が荷を運びに行った）

ⓑ[名]（動作の主体）+去+[名]（動作の対象）　後ろの[名]の前に数量詞を付けることが多い。▶我给他～过两封信（私は彼に手紙を2通出したことがある）▶我们只～了个代表（我々は1人だけ代表を送った＝派去一个代表）

ⓒ[名]（動作の主体）+去+[名]（場所）▶我～车站接人（駅に出迎えに行く）▶他想～一趟长春（彼は長春に1度行って来たいと思っている）

❷取り除く：《付》了《重ね型》名詞の客語をともなえる。▶～了皮再吃（皮をむいて食べる）▶劳动能～百病（労働は百薬の長）▶喝点绿豆汤～～火（緑豆のスープを飲んでのぼせをとる）▶这一来我们都～了一层顾虑（これで私たちは不安をひと

つ取り除いたことになる）▶可~了我一块心病（やっと心配事がなくなった）

❸別の動詞句の前か後ろに用いる。

ⓐ去+動　進んである動作を行うことを表す。'去'を用いなくても基本的な意味は同じ。▶这件事我~办吧（この仕事は私がやりましょう）▶你们~研究研究，看该怎么解决（どう解決したらいいか，あなたたちで検討しなさい）▶你别管，让他自己~想办法（放っときなさい，彼自身に方法を考えさせよう）

ⓑ動+去　動詞は'去'の目的を表す。▶咱们看电影~（映画を見に行こう）▶他上街买东西~了（彼は町に買い物に行った）

動結　去//成▶他去中国去成了吗？（彼は中国に行けましたか）▶飞机票不好买，恐怕去不成（飛行機の切符がなかなか買えないので，おそらく行けないのではないかな）

去得〈不〉了 (liǎo)▶今天有事，去不了你那儿了（今日は用事ができて，あなたの所へ行けなくなってしまった）

【趨向動詞】❶ 動+去[+名（動作の対象）]　'去'は名詞（動作の対象）の後ろにおくことができる。ふつう'得・不'を付けられない。

ⓐ人・事物が動作と共に話し手の位置から遠ざかることを示す。▶车队向远方开~（車の列は遠方に向けて出発した）▶一群孩子向河边跑~（子供たちが川べりめざして駆けて行く）▶谁把我的笔拿~了（誰かが私のペンを持って行ってしまった）▶刚派~一个人（さっき1人さし向けた）▶我们给图书馆送~不少新书（我々は図書館に大量の新しい本を届けた）▶他从我这儿借了几本书~（彼は私の所から本を数冊借りて行った）▶我们给幼儿园送了不少玩具~（私たちは幼稚園にたくさんのおもちゃを贈った）

ⓑ人・事物が動作の結果，もとの場所から離れることを表す。しばしば，その人・事物にとって不利な意味を含む。▶那一年，他父母都相继死~（その年，彼の両親は相次いで亡くなった）▶疾病夺~了他的生命（病が彼の生命を奪った）▶拍~身上的尘土（体のほこりをはたき落とす）▶他从设计室拿~了三份图纸（彼は設計室から設計図を3部持って行った）▶把多余的枝叶剪~（余分な枝葉を切り落とす）

❷動+去+名（動作の対象・数量を含む）　完成を表す。何かを失う意味を含む。動は'用・占・吃・花'など若干の動詞に限る。▶这些琐碎事情占~了他不少时间（これらのこまごましたことが彼の時間をかなり奪った）▶已经用~了好几吨水泥（すでに何トンものセメントを使い果たした）

❸随〈让〉+節+去　'任凭'（勝手にさせておく）の意味を含む。▶随他说~，别理他（彼に言わせておけ，かまうのじゃない）▶让他玩~（遊ばせといてやれ）

❹'看去・听去'は「推測する」「ある面に着眼する」意味を表す。挿入句として用いる。《書》（話し言葉では'看上去・听上去'を用いることが多い）▶他看~还是一个不到二十岁的青年（彼は見たところまだ20歳前の青年のようだ）▶这声音听~像是有人走动（これは誰かが動き回っている物音のようだ）

全　quán

【形容詞】❶完全である，整っている：述語・補語となる。▶品种很~（品種がそろっている）▶这套杂志~不~？——不~，差几本（この雑誌はバックナンバーがそろっていますか——いいえ，何冊か欠けています）▶零件一时还没配~（部品はすぐにはそろえられなかった）▶这一回资料收集得还比较~（今回は資料がかなり整った）

❷全部の，あらゆる：名詞を修飾する。'的'を付けない。▶~中国（全中国）▶~世界（全世界）▶~人类（全人類）▶~书共分八章（この本は全部で8章から

なる）▶这条公路～程五百四十多公里（この幹線道路は全長540キロ余りだ）

【副詞】❶示された範囲の中で例外がないことを表す：すべて。'全'の範囲を示す語はふつう'全'の前に置く（主語とするか'把'を用いて前に出す）。ふつう'都'と共に用い，'全都'と言う。▶稻子～收完了（稲はすべてとり入れをすませた）▶这里陈列的～是新出的书刊（ここに陳列してあるのはすべて新刊の本と雑誌です）▶孩子们～都很健康（子供たちはみな健康そのものだ）▶大树把阳光～遮住了（大木が日光をすっかりさえぎっている）▶把他说的这些话～都记录下来，就是一篇很好的文章（彼が語ったこれらの話をそっくり記録すれば，まさに一篇の名文となる）

ⓐ'全'の範囲を示す語は不特定を表す疑問代詞を用いてもよい。▶给谁～可以（誰にあげてもいい）▶怎么说～行（どう言ってもいい）▶我什么～不要（何もいらない）▶什么时候～可以来找我（いつしてもいいですよ）

— 疑問文のときは疑問代詞を'全'の後ろに置く。▶刚才他～说了些什么？（彼はさっきどんなことを言ったの）▶你把书～借给谁了？（誰に本を1冊残らず貸してあげたの）

ⓑ'全'の範囲を示す語の前に接続詞'不论・无论・不管'を用いてもよい。▶不论诗歌还是小说，我～爱读（詩であろうと小説であろうと，何を読むのも好きだ）▶无论干什么工作，他～很认真（彼はどんな仕事でもまじめにやる）▶不管大人孩子～喜欢跟他在一起（大人，子供を問わずみんな彼と一緒にいたがる）

注意 '不'を'全'の前に置くか後ろに置くかで意味が異なる。▶他们全不是维族（彼らは全員ウイグル族ではない：1人としてウイグル族はいない）▶他们不全是维族（彼らは全部が全部ウイグル族というわけではない：ウイグル族もいるし，別の民族もいる）

❷100パーセントの程度を表す。▶～新的设备（真新しい設備）▶一心为集体，～不想自己（ひたすら集団のためを思い，自分自身のことはまるきり考えない）

全部 quánbù

【名詞】個々の部分の総和，全体。

ⓐ客語になる，あるいは'是'の後ろに用いる。▶要看～，不能只看局部（全体を見るべきで，部分だけを見てはいけない）▶我们要了解所有过程的～（我々はそれぞれの過程のすべてを知りたい）▶这还不是～，只是一部分（これはまだ全部ではなく，一部にすぎない）

ⓑ名詞を修飾する。'的'をともなえる。▶请把～过程说一遍（経緯のすべてをひととおり話してください）▶动员～力量（力になるものすべてを動員する）▶没收～财产（全財産を没収する）▶这是我～的想法（これが私の考えのすべてだ）▶他把～身心放在工作上了（彼は心身のいっさいを仕事に打ち込んだ）

【副詞】あらゆる部分を包括することを表す：すべて。▶问题已～查清（問題はすっかり調べあげた）▶考试～结束了（試験は全部終わった）▶蟑螂～消灭了（ゴキブリは残らずやっつけた）▶～作废（いっさい無効にする）▶～释放（全員釈放する）▶～出席（全員出席する）

注意 副詞'全部'の使用範囲は'全'より狭い。'全'は単音節語・2音節語とも修飾できる。'全部'はふつう2音節語のみを修飾する。▶刚才他全〈×全部〉说了些什么？（さっき彼は全部でどういうことを話したのか）▶一心为集体，全〈×全部〉不想自己（ひたすら集団のために専念し，個人的なことはいっさい考えない）▶我什么全〈×全部〉不要（私は何もかもいっさいいらない）

缺 quē

【動詞】❶欠乏する，不足する：《付》

了・着・过 名詞の客語をともなえる。▶～人（人が足りない）▶～钱（お金が不足している）▶～材料（材料が不足している）▶这一带～水（このあたり一帯は水が不足している）▶～吃～穿（衣食にこと欠く）▶～了他办不成事（彼を欠いてはやり遂げられない）▶地里还～着肥呢（畑にはまだ肥料が足りない）▶公司～过会计（会社には会計がいないことがあった）

ⓐ単独で述語になれる。'很'を前に置くことができる。否定にはふつう'不'を用いる。▶原材料很～（原材料が不足している）▶市面上特体服装很～（市場では特殊サイズの服が不足している）▶管理人员很～（管理者が足りない）▶家里吃的用的～不～？（家で食料や日用品は不足していませんか）▶我什么也不～（私には足りないものはない）

ⓑ存現文に用いる。▶这儿～一把椅子（ここに椅子が1脚足りない）▶家里～个帮手（家には人手が足りない）▶墙上～幅画（壁には絵が足りない）

❷破損する，欠けている：《付》了・着・过

ⓐ缺+数量+名▶这把壶～个把儿（この急須は取っ手がとれている）▶这本书～了两页（この本は2ページ落丁している）▶这把椅子还～着一条腿呢（この椅子はまだ脚が1本とれたままだ）▶这扇窗～过一块玻璃，后来安上了（この窓はガラスが1枚なかったが，あとで入れた）▶那件衬衣～一个扣子（そのシャツはボタンが1つとれている）

ⓑ補語になる。▶谁把扑克弄～了几张？（トランプが数枚足りない，誰がなくしたのだ）▶这只碗也摔～了一个口儿（この碗も落として欠けができた）▶他摔～了一颗牙（彼は転んで歯が1本欠けた）

ⓒ'缺口・完好无缺・缺员'などの語句に用いられる。

❸欠席・欠勤する：客語は'课・勤・工・席・编'など若干のものに限られる：《付》了・过 ▶上星期我～了一堂课（先週私は授業を1回休んだ）▶上半年就～过两次勤（上半期には2回欠勤しただけだ）▶每次开会他都没～席过（彼は会議に毎回欠席したことがない）▶你的课～得太多了（君は授業に欠席することが多すぎる）

動結 缺//得〈不〉了（liǎo） 欠かすことができる〈できない〉。▶过日子缺得了油盐酱醋吗？（日々の暮らしに油・塩・醬油・酢が欠かせますか）▶这个月我保证缺不了勤（今月私は絶対欠勤しない）

動趨 缺//起▶你怎么又缺起课来了？（あなたはどうしてまた授業を休んだのですか）

注意 '填缺'・'补缺'の'缺'は名詞で，欠員・空いているポストを表す。

却 què

【副詞】逆接を表す。▶想说～说不出来（言いたいけれど言い出せない）▶应该来的人没有来，不该来的人～来了（来るべき人は来ていないが，来てはならない人が来ている）▶人小志气～不小（年は若いが気概はなかなかのものだ）▶话不多～很有份量（言葉数は少ないが重みがある）▶天气不冷，他～穿着棉袄（寒くはないのに彼は綿入れを着ている）▶他在我面前发脾气～是第一次（彼が私の前で癇癪を起こすなんてこれが初めてのことだ）

ⓐ却+偏〈偏偏〉▶我不想去，他～偏叫我去（私は行きたくないのだが，彼はむりにも行かせようとする）▶明明是他不对，～偏不认错（明らかに彼がよくないのに，あくまでも認めようとしない）▶不叫他说，他～偏偏要说（言わせまいとするが，彼はどうしても言おうとする）

ⓑ却+反而〈反倒〉▶老张住得最远，～反而先到了（張さんはいちばん遠くに住んでいるのに，先に着いた）▶补药吃了不少，身体～反倒不如从前（栄養剤をたく

さん飲んだのに，身体の調子はかえって前よりよくない）▶小李见大家夸奖他，～反而有点儿不好意思（李さんは目の前でみんなが彼を誉めるので，かえって少しきまりが悪くなった）
ⓒ虽然〈尽管〉…却…▶虽然学了三年汉语，听相声～有困难（中国語を3年間勉強したのだが，漫才を聞くのはむずかしい）▶尽管想了很多办法，～没有一个见效的（いろいろな方法を考えてはみたが，効果があったのは1つもない）▶漫画虽然要夸张，～还是要真实（漫画は誇張が必要だとはいうものの，やはりリアルでなければならない）
ⓓ但［是］+却▶我们已经培养了许多人才，但～不能满足需要（我々はすでに多くの人材を育ててはいるが，需要を満たすことはできない）▶这个编辑部人数不多，但～个个很能干（この編集部は人数は少ないが，それぞれみんな有能だ）
比較 却：倒 ① '却'が表す逆接の気持ちは比較的軽いため，咎める意味の'倒'は'却'の代わりに用いることはできない。▶你说得倒〈×却〉容易，你自己试试看（あなたは簡単そうに言うけど，自分でやってみなさい）
② '倒'の後ろには積極的な意味を持つ語句が置かれることが多い。'却'はその限りではない。▶这篇文章论点很新，却〈×倒〉站不住（この論文は論点は目新しいが，通用しない）
③ '却'には'倒'❺❻❼の用法はない。

确实 quèshí

【形容詞】真実で信頼できる：名詞のみを修飾する。《重ね型》
ⓐ定語になる。▶～［的］情况（確実な状況）▶～［的］消息（信頼できるニュース）▶～的报导（確かな報告）▶～的保证（確実な保証）▶这是个确确实实的消息（これは確かな根拠のあるニュースだ）
ⓑ述語・補語になる。▶消息～（このニュースは間違いない）▶这件事～吗？（これは確かなことですか）▶这是传闻，并不～（これはうわさで，確かなことではない）▶事故原因查得～不～？（事故原因の調査は信頼できますか）▶他讲的情况确确实实（彼の話した状況はまったく本当のことです）▶他说得确确实实（彼の話は真実です）

【副詞】客観的状況が真実であることを肯定する。状語になる。文頭に用いてもよい。重ね型はAABB形式。▶这部电影～不错（この映画は確かによい）▶这一年他～进步很大（この1年，彼は確かに大きく進歩した）▶这种药～有效（この薬は確かに効果がある）▶他～是这样说的（彼は間違いなくこう言ったのだ）▶这种场合我～不便表态（この場合，私には態度を明らかにすることは確かに都合が悪い）▶～，他的能力是比我强（確かに，彼の能力は私より高い）▶这种事确确实实发生过（これは本当に起こったことなのだ：真実であることを強調する）

比較 确实：的确 '的确'は副詞になるだけで，形容詞にはならない。

群 qún

【量詞】1か所に集まった人・動物・その他の物に用いる。▶前面走来两～人：一～学生，一～工人（前方から2つの集団がやって来る。学生の1団と労働者の1団だ）▶一～羊〈马、牛、狼、狗、蚂蚁、蜜蜂、鸽子〉（一群れの羊〈馬・牛・狼・犬・アリ・ミツバチ・ハト〉）▶一～小岛（小さい島々）▶一～～的鸭子在湖面上游来游去（アヒルの群れがいくつか湖面を泳ぎまわっている）

比較 群：批 '批'は回数の意味を含む。集合の意味はない。▶门口聚集了一群人（戸口に大勢の人が集まった）▶昨天又来了一批新同学，已经是第四批了（昨日また新入生が1組来た，これで4組目だ）

R

然而 rán'ér ☞但是 dànshì

然后 ránhòu

【接続詞】ある事柄に引き続いて、別の事柄が発生することを表す。前節に'先・首先'などを用い、後節に'再・又・还'などを用いることがある。▶先讨论一下，～再作决定（まず討論して、それから決定する）▶代表团定于今日离京前往上海，～赴广州参观访问（代表団は今日北京を発って上海に行き、それから広州参観に行くことになっている）▶我们准备先在试验田里试种，～再推广到大田（まず試験田で試してみて、しかるのち一般の田に広げるつもりだ）▶先是刮了几天风，～又下了几天雨（数日風が吹いていたが、その後、今度は雨が何日も降り続いた）

让 ràng

【動詞】❶争い・競争などの中で、有利な条件を相手に与え、自分が不利益をこうむる、譲る：《付》了・着・过《重ね型》名詞の客語、二重客語をともなえる。▶～步（譲歩する）▶～价（値をまける）▶妹妹小，你～着她点儿（妹は小さいんだから、譲ってやりなさい）▶上次下棋，我～过你两个'马'，这次又～了你一个'车'（この前、君と将棋をさしたときは'马'を2つ落としたが、今度はまた'车'を1つ落としてやった）▶你～～他吧（君、彼に譲りなさい）▶谁都～他三分（彼には誰もが負けてやっている）▶你就～他这一次吧（今度だけは彼に譲ってやりたまえ）

❷譲る、人に勧める：《付》了・着《重ね型》名詞の客語をともなえる。《口》▶～座（席を譲る，席を勧める）▶～茶（お茶を勧める）▶你推我～的，谁也不肯先走（互いに譲り合って誰も先に行こうとしない）▶一边往屋里～着客人，一边说：'请进'（客に部屋を示しながら「どうぞお入りください」と言った）▶把客人～了进去（客を中へ招じ入れる）

❸わきへよける：《付》了《重ね型》名詞の客語をともなえる。▶给他～了一条路（彼に道を開けてやった）▶车来了，大家～一～（車が来たよ、みんなよけてよけて）

❹所有権あるいは使用権を譲り渡す：《付》了・过 名詞の客語をともなえる。▶这套书你打算～人吗？（このセットの本を人に譲るのですか）▶你能不能～点地方给我（私に席を譲ってくれませんか）

❺…させる、許容する、勝手にさせる：必ず兼語をともなう。▶谁～你把材料送来的？（誰が君に材料を届けろと言った）▶来晚了，～您久等了（遅くなりまして、たいへんお待たせしました）▶别～集体受损失（集団に損害を与えてはならない）▶～我仔细想一想（とくと考えさせてくれ）▶～他闹去，看他能闹成什么样（好きなようにさせておけ、何ができるか見せてもらおうじゃないか）▶如果～事情这么发展下去，会出大问题的（もしもこの調子で進んでいったら大問題を引き起こすだろう）

━ 願望を表すのに用いることが多い。《書》▶～我们永远生活在一起！（いつまでも共に暮らそう）▶～我们继承他们的未竟之业，继读前进吧！（我々で彼らの未完成の事業を受け継ぎ、引き続き前進しよう）

動結 让不及 身をかわす間もない。▶一时让不及，被自行车撞了（とっさによけき

れず自転車とぶつかってしまった）

動趣 让//出 売る：必ず客語をともなう。▶让出一辆自行车（自転車を1台売った）

让//出去 売り渡す。▶那套住房我让出去了（あの住宅は人手に渡した）

让//开 快让开！（早くどきな）▶看见他来了，马上让开了一条路（彼が来たのが見えたので，急いで道を開けた）

【介词】…に（…される）（＝被）：動作の主体を導く。ふつう動詞の前後に完成・結果を表す語句がくる。あるいは動詞自体がこのような意味を含む。《口》▶活儿都～他们干完了（仕事は彼らの手ですっかりかたづけられた）▶他们的脸～灯光照得通红（彼らの顔は明かりに照らされて真っ赤だった）

ⓐ次の場合には動詞の後ろにさらに客語をともなえる。

— 客語が主語の一部であるもの。▶窗户～大风吹坏了一扇（大風で窓を1枚壊された）

— 客語が，主語が動作を受けて到達した結果であるとき。▶衣服～树枝挂破了一条口子（服を木の枝に引っかけて穴を開けてしまった）

— 主語が場所を指すとき。▶地上～人泼了一滩水（地面にびしゃびしゃに水がまかれている）

— 動詞と客語が固定的な動客句を構成するとき。▶我～他将了一军！（彼に王手をかけられた）

ⓑ让…给＋動 '给'がなくても意味は同じ。▶我七岁那年，爸爸～急病夺去了生命（私が7歳の年に父は急病で命を失った）

ⓒ让…把…＋動；让…把…给＋動 '把'の後ろの名詞は主語に所属するもの，あるいは主語を再指示する成分である。▶我～树枝把衣服挂破了（木の枝に引っかけて服を破ってしまった）▶好好的一张画儿～墨水把它给染了（せっかくのいい絵をインクでよごしてしまった）

比较 让：被：叫²① '叫・让'の介詞用法は基本的には'被'に同じ。'叫・让'は話し言葉に用いる。比較的正式のとき・重々しく言うとき・厳粛な言い方をするときには'被'を用い，'叫・让'は用いない。▶一九八八年，我被中国书法家协会吸收为正式会员（私は1988年，中国書道家協会に正式会員として迎えられた）▶一九三二年我父亲同时被两所大学录取（1932年，父は2つの大学に入学を許可された）

②介词'叫・让'の後ろに人を表す名詞があるときは動詞用法と区別がつかなくなり，誤解を生じる事がある。'被'にはこうした問題はない。

▶桌子没叫他搬走＝没命令他搬走（彼に机を運び出すよう言いつけなかった）＝没容许他搬走（彼が机を運び出すのを許さなかった）＝没被他搬走（机は彼に運び出されなかった）

▶我让他说了几句＝请他说了几句（彼に話をしてくれと頼んだ）＝容许他说了几句（彼に話をさせた）＝被他说了几句（彼にちょっとしかられた）

③ '被'はしばしば動詞の直前に置き，受身を表す助詞となる。▶被打（打たれる）▶被接受（受け入れられる）▶被发现（発見される）▶钱包被偷了（財布が盗まれた）▶这一点已经被证明了（この点はすでに証明された）

— '叫'にはこの用法は少なく，'让'にはこの用法がない。

人次 rénci

【量词】同じ活動に参加した延べ人数を表す；後ろに名詞を付けられない。▶观众达到五十万～（観客は延べ50万人に達した；1人1回あるいは1人で何回かを合計して50万回）▶参观人数共计一百二十万～（見学者は延べ120万名だった）▶这三天看了这部影片的人大约有五万～（この3日間にこの映画を見た人はおよそ延べ5万人になる）

人家 rén·jia

【代詞】❶話し手と聞き手以外の人を指し，'自己'と対をなす。ほぼ'別人'に相当する。▶玉梅这姑娘最热心，～的事就是她自己的事（この玉梅という娘は誰よりも思いやりがあって，人のことでも自分のことと同じように考えている）▶话是说给～听的，文章是写给～看的（話は人に聞かせるものであり，文章は人に読ませるために書くものだ）▶这两张图，一张是我们自己设计的，一张是～设计的（この2枚の図面のうち，1枚はぼくたち自身が引いたもので，もう1枚は別の人が引いたものだ）

❷話し手と聞き手以外の人で，すでに前に現れた人を指す。ほぼ'他'あるいは'他们'に相当する。▶小高正在写工作小结呢，～哪儿有时间陪你出去（高さんはいま中間総括を書いているところだ，彼に君のおともをするひまなんてあるものか：高さん）▶我问过好几个大夫，～都说这个病不要紧（私は何人もの医者に聞いたが，みんなこの病気は大したことはないと言った：医者）▶这几个片子拍得真是不错，咱们应该好好向～学习（これらの映画は実によく撮れている。我々は彼らを見習わなくてはならない：映画製作所）▶他这样关心我，我要不努力，怎么对得起～呢（彼はこんなに私に気を配ってくれるのだもの，こちらが努力しなかったら，先方に申しわけが立たないよ：彼）

— 名詞的要素の前に'人家'を付けると，いきいきとした表現になる。▶～姑娘说话办事总站在理上（あの娘は言うこともやることもなかなか筋が通ってる）▶～五车间不单生产好，文化体育活动也搞得热火朝天（第5作業場の人たちは生産ばかりでなく，文化・スポーツ活動にも非常に熱心だ）

❸話し手自身を指す。'我'に相当する。やや不満の気持ちが含まれる。▶你跑慢点儿行不行，～跟不上啊！（もう少しゆっくり走ってくれんかね，人がついて行けないじゃないか）▶你让我给你借小说，～借来了，你又不看（君が小説を借りて来てくれって言うんで，人が借りて来てやったのに，君ったら読みもしないんだから）

[注意]話し言葉では'人家'を'人'と省略できる。ただし文末に'人家'があるときは不可。▶秀英的入学通知来了，快给人［家］送去（秀英の入学通知が来た，早く届けてあげなさい）▶经过评比，人［家］刘光华的算法最好（判定・比較の結果，劉光華の計算法がいちばんよかった）▶ ×用了好多天了，快还人！（何日も使っていて，早く返しなさい：人→人家）

认为 rènwéi

【動詞】ある観点から，人・事物に判断を下す：動詞・形容詞・節を客語にともなう。▶我～应该采取第一个方案（最初の案を採用すべきだと思う）▶这篇文章经修改后，大家都～很好（手を入れた結果，この文章はみんながすばらしいと認めた）▶大家一致～老赵的意见是对的（みんなは一致して趙さんの意見が正しいと認めた）

ⓐ動詞の客語はふつう'应该・必须・可以・一定・能・会'などを含む。▶我～应该去（行くべきだと思う）▶大家都～可能成功（みんなは成功の可能性があるとみている）▶他～可以推迟几天（彼は何日か延ばしてもいいと思っている）

ⓑ客語が長めのときには'认为'の後ろにポーズを置いてもよい。▶大家都～，在科学上是没有平坦的大道可走的，只有不畏艰险的人才能攀登到科学的顶峰（みんなこう思っている，科学に平坦な道はない，困難を恐れない者だけが頂上を極めることができるのだ，と）

ⓒ '认为'の客語を主語の前に置いてもよい。客語の後ろにポーズを置く。▶人类社会总是向前发展的，我～（人類社会は常に発展している，と私は思う）

ⓓ客語の代わりに'认为'の前に'这样'を

おいてもよい。▶他能翻译好这部小说,我不这样~(彼がこの小説をきちんと訳せるかについては、私はそうは思わない)

比较 认为:以为 ☞以为 yǐwéi

任 rèn ☞任凭 rènpíng

任何 rènhé

【形容詞】いかなる…も:述語にはならない。名詞を修飾するとき'的'を付けない。'人・事'以外は単音節名詞を修飾しない。▶未经许可,~人不得入内(何人といえども許可なくして入るべからず)▶我们能够战胜~困难(我々はいかなる困難にも打ち勝つことができる)▶兴奋之下,~倦意都没有了(興奮していたため、少しの疲れも感じなかった)▶他没有~不良嗜好(彼にはこれといった悪癖はない)▶今天不安排~活动(今日は何の計画もありません)▶不做~表示(何の反応も見せない)▶不管~人,~事,他都不关心(たとえ誰であろうと、どんな事であろうと、彼はまるで関心がない)

— 後ろに'都'か'也'を置いて'任何'と呼応させることが多い。▶~成果,都只有通过艰苦的努力才能获得(いかなる成果もすべて刻苦勉励を通してこそ手に入れることができるのだ)▶~困难也吓不倒我们(いかなる困難も我々をたじろがすことはできない)▶~解释都消除不了他的疑团(いかなる弁明も彼についての疑念を除くことはできない)▶~国家,~民族都有自己的文化艺术(どんな国もどんな民族も固有の文化・芸術を持っている)

任凭 rènpíng (任)

【動詞】勝手に…させておく、…にまかせる:2人称の代名詞を客語あるいは兼語としてともなうことが多い。▶这件事如何处理,~你自己作主(この件をどう処理するかは、君にまかせるよ)▶要去要留,~你们,反正我的主意不变(行くかとどまるかは君たちの自由だ。いずれにせよぼくの考えは変わらない)▶如果有半点虚假,~你们处理(これっぽっちでもうそがあったら、君たちの好きなように処分してくれ)

【接続詞】❶どんなに…でも、…であるかどうかおかまいなしに:主語の前に用いる。後ろに疑問代詞がくることが多い。▶~什么样的风浪,也挡不住我们永远向前(どんな波風といえども決して我々の前進をはばめない)▶~你是谁,都不应该违反制度(誰であろうと、きまりに反してはならない)▶~你三番五次地催他,他就是不动(君が何度催促しようと、彼は絶対やらないぜ)

❷たとえ…でも:主語の前に用いる。▶~他跑到天涯海角,我们也要找到他(彼が地の果てまで逃げようとも我々は見つけ出してみせる)▶~江水冷得钻心,工人们仍然坚持下水操作(川の水が骨にしみるほど冷たいというのに、労働者たちは依然として川の中で作業を続けていた)

〖任〗動詞の用法は'任凭'に同じ。《書》▶任其自然(自然の成り行きにまかせる)▶任你选择(あなたの選択にまかせる)▶不能任人摆布(人の言いなりになるわけにはいかない)

— 接続詞用法には方言の色合いがあり、あまり用いない。▶任他怎么表白,我们也不信(彼がどう言おうと、我々は信用しない)

比较 任凭:无论:不管 接続詞'任凭'❶は後ろに選択すべき成分を列挙しない。'无论・不管'の後ろには、ふつう列挙する。▶无论<×任凭>会话还是笔译,他的成绩都是优秀(会話だろうと翻訳だろうと彼の成績は優秀だ)

任凭:即使 接続詞'任凭'❷は後ろに極端な条件を挙げる。'即使'にはそのような制限はない。▶即使<×任凭>条件还不够好,我们也要想办法完成任务(たとえ条件が不十分でも我々はなんとか方法を考えて任務をまっとうしなければならぬ)▶即

使〈×任凭〉我们已经取得了很大的成绩，也不应该骄傲（たとえすでに立派な成績をあげたからといって思いあがってはいけない）
② '即使' の後ろは介詞句でもよい。'任凭' の後ろには介詞句を置けない。▶即使〈×任凭〉在遇到挫折的时候，他们也从不气馁（たとえ挫折にみまわれようと，彼らは決して落胆したことはない）

仍 réng ☞仍然 réngrán

仍旧 réngjiù ☞仍然 réngrán

仍然 réngrán（仍旧・仍）

【副詞】❶ある状況が変わらないで続いていることを表す：依然として。動詞・形容詞を修飾する。《書》話し言葉では '还是' を使うほうが多い。▶下班以后他～在考虑工作中的问题（勤めがひけたあとも彼はまだ仕事のことを考えている）▶商场里～像往常一样热闹（マーケットの中はいつもと同じように相変わらずにぎわっている）▶谈了多次，他～不愿放弃自己的主张（何度も話し合ったが，彼はやはり自分の考えを捨てようとはしなかった）
— '仍然' は逆接を表す節（文の後節）に多く用い，その前には '可是・但是・却' を置く。▶他虽然年过半百，却～精力充沛（彼は50過ぎとはいえ，相変わらず元気いっぱいだ）▶老黄在工作中遇到了许多挫折，可是～那样坚定、那样充满信心（黄さんは仕事の上で何度も挫折したが，それでもひるまず，強い信念を持っている）
❷もとどおり，再び。▶伤愈出院之后，他～担任车间主任（彼はけがが治って退院すると，もとどおり現場主任を務めた）▶报纸看完后，～放回原处（新聞を読み終えたらまたもとの所へ戻すこと）
〖仍旧〗'仍然' に同じ。
〖仍〗 基本的には '仍然' と同じ。やや《書》音節の組み合わせの関係上，後ろにくる語句と共に2音節となる必要がある。▶仍在考虑之中（引き続き考慮中だ ×仍正在）▶仍像往常一样（相変わらずこれまでと同じだ）▶上述情况，仍当继续研究（以上述べた状況は，やはり引き続き検討すべきだ）▶仍不灰心（依然としてくじけない）

容易 róngyì

【形容詞】事を行うのに手数がかからない。↔难
ⓐ述語に用いる。主語は名詞でもよいが動詞のほうが多い。▶这件事～（この仕事はやさしい）▶蛙泳比较～（平泳ぎはわりとやさしい）▶说起来～，做起来难（言うのはやさしいが，やってみるとむずかしい）▶她一个人照管五个孩子，可不～了（彼女1人で5人の子供を見ているんだから，まったくたいへんだよ）▶看着简单，实际上没那么～（見た目には簡単だが，実際にはそんな生やさしいもんじゃなかった）
ⓑ容易+動 '容易' は助動詞に似た働きをする。▶汽油～挥发（ガソリンはすぐ揮発する）▶象棋比较～学（将棋はわりと覚えやすい）▶这句话不～懂（この言葉はわかりにくい）▶青年人～接受新事物（若者は新しいものを受け入れやすい）
— '的' を付けて名詞を修飾する。▶～做的题先做（やさしい問題から先にやる）▶～变质的药品要放在冰箱里（変質しやすい薬品は冷蔵庫に入れておかなければならない）▶～感冒的人要注意天气变化（かぜをひきやすい人は気候の変化に注意をするように）
ⓒ若干の動詞の後ろに置いて補語とする。▶你说得太～了，实际上困难很多（君そりゃあまいよ，実際にやるといろいろたいへんなんだから）▶今天的幸福来得不～啊！（今日の幸福を手に入れるのは生やさしいことではなかった）
ⓓ名詞を修飾するときは必ず '的' を付ける。▶～的题先做，难的后做（やさしい問題

を先にやり，むずかしい問題は後からやりなさい）▶挖掉一座山可不是一件～的事情（山を1つ掘りくずすということはまったく生やさしいことではない）

慣用句 **好容易　好不容易**　意味は同じ。いずれもたいへんむずかしいことを表す。動詞を修飾するときはどちらを用いてもよい。▶好〔不〕容易才见到你，你明天又要走了！（やっとあなたに会えたというのに，明日また出かけてしまうなんて）▶好〔不〕容易糊成的风筝，才玩儿了一天就让风吹跑了（苦労して作りあげたたこが，1日あげただけで風に吹き飛ばされてしまった）

— 述語には '好不容易' しか用いない。▶能找到你，好不容易啊！（君をつかまえるのは本当にたいへんだ ×好容易啊）▶修好这辆车好不容易！（この車を修理するのはやっかいだ ×好容易）

— いくつかの動詞に対しては補語となり「たやすい」意味を表す。▶说得好〔不〕容易，你来试试看！（そんなに簡単に言うなら，やってみろよ）

如¹ rú

【動詞】❶思い通りになる：《付》了　必ず客語（'愿・意'などのみ）をともなう。▶这一次能去北京上学，可～了愿了（今回北京の学校に上がることができて，本当に願いがかなえられた）▶非要这样做才～他的意（こうしないと彼の気に入らない）

❷…のごとくである，ちょうど…と同じだ：必ず客語をともなう。

ⓐ熟語に用いる。▶湖水～镜（鏡のような湖水）▶心乱～麻（心が千々に乱れる）▶亲～一家（家族のように親密だ）▶行走～飞（飛ぶように行く）▶兵败～山倒（山がくずれるごとく敗れる）▶泪～雨下（雨のように涙を流す）▶～梦初醒（夢から覚めたようである）▶～狼似虎（虎狼のごとく凶暴・残忍である）▶～醉～痴（すっかり心をうばわれる）▶吓得面～土色（あんまり驚いて顔が土気色だ）▶数十年～一日（数十年1日のごとく変わらない）▶翻山越岭～履平地（山々を越えて行くこと平地を行くがごとし）▶～饥似渴地学习（むさぼるように学ぶ）▶～火～茶（火のように盛んだ）

ⓑ如＋…的＋那样〈那么〉＋形　前に '不' を付けて否定形にできる。'那样' のときは，形を省いたり，あるいは用いなくてもよい。▶事情并不～他们所想的那样简单（事は決して彼らが考えているほど簡単ではない）▶情况并不～你们估计的那么严重（状況は決してあなたがたが思うほど厳しくはない）▶正～以上所说的那样，我们很快就完成了那项工作（以上述べたように我々は迅速にその仕事をやり遂げた）

— 書き言葉では '如…所…' '如所…' の形を用いてもよい。▶正～以上所述（以上述べたごとく）▶～前所述（前述したごとく）▶～所周知（周知のごとく：公文書や正式の書類に多く用いる）

❸及ぶ，比べられる：否定形のみを用いる。☞不如 bùrú

❹例えば：例をあげるときに用いる。▶唐朝有很多大诗人，～李白，杜甫，白居易等（唐代には多くの大詩人，例えば李白・杜甫・白居易などがいた）▶洗涤剂在工业上用途也很广，～毛纺厂用它清洗羊毛；又～翻砂时加入洗涤剂，可以大大减轻劳动强度（洗浄剤は工業においても用途は広い。例えば毛織物工場では羊毛の洗浄に用いるし，鋳物を作るときには，洗浄剤を加えると仕事がぐっと楽になる）

如² rú ☞如果 rúguǒ

如此 rúcǐ

【指示代詞】前に述べた状況を指す。《書》

ⓐ述語になる。▶他总是闲不住，天天～，年年～（彼はいつでものんびりなどしていられない人です。来る日も来る日もそうだし，

毎年こんなふうだ) ▶要言之有物, 写文章~, 作报告也~(言論には内容がなければいけない。文章を書くのも, 報告をするのもしかりだ)
ⓑ若干の動詞あるいは助動詞の後ろに用いる。▶朋友之间互相帮助, 理当~(友人の間の相互援助というものは, 当然そうあるべきだ) ▶他也许会回来吧? 但愿~(彼は帰って来るかもしれないんだろう。そうだといいんだがね)
ⓒ'不但・虽然'などの後ろに用いる。▶他对病人总是那么耐心。不但~, 还经常鼓励他们增强信心, 战胜疾病(彼は病人に対していやな顔ひとつしない。そればかりかいつでも病人に自信を持たせ, 病気に打ち勝つようはげましている) ▶困难是很多的, 虽然~, 也要想法完成任务(困難は確かに多い。そうは言っても, やはりなんとかして任務をやり遂げなければならない)
ⓓ動詞・形容詞を修飾する。▶想不到海底世界竟然~有趣(海底の世界がこんなにもおもしろいものだとは思いもよらなかった) ▶大家对我~关心, ~爱护, 使我深受感动(みんなの心遣いやいたわりに, 私は深い感銘を受けた) ▶他想的跟我们想的竟~的不同(彼の考えと我々の考えとがこんなにも違うとは) ▶他来得~之快, 完全出乎所料(彼がこんなに早く来るとは, まったく予想外だった)

如果 rúguǒ
(假如・假使・倘若・如²)
【接続詞】❶仮定を表す。
ⓐ文の前節に用い, 後節では前節の仮定に基づく結論または問題提起を述べる。'那么・那・则・就・便'と呼応する。'如果'は省略できる。▶~有什么问题, 可以随时来找我(何かあったらいつでも私の所へいらしてください) ▶你~能来, 就把图纸一起带来(あなた, 来てくれるんだったら, 図面も一緒に持って来てください) ▶~小张回来了, 叫他到我家来一趟(張くんが帰って来たらぼくの家に1度来るよう言ってください) ▶~你不来, 那谁来?(君が来ないなら, 誰が来るの)
── '如果…'の末尾に助詞'的话'を付けてもよい。▶~来得及的话, 我想先去一趟青岛(もしも間に合うようなら, 青岛に先に行ってきたい) ▶当时~左边锋能赶上射门的话, 肯定能够得分(あのときレフトウィングのシュートが間に合ってたら, 間違いなく得点できたのになあ)
ⓑ'如果…[的话]'は文の後節に用いてもよい。そのときはふつう'如果'を省略できない。《書》▶我明天再来, ~你现在有事(明日また来ます, もしもあなたが今, 用事があるようでしたら) ▶他今天该到了, ~昨天动身的话(彼は今日着くはずだ, もしも昨日出発したとするならば)
ⓒ対話の中で前文を受けて言うときは'如果…呢'を単独で問いかけに用いてもよい。▶最好先征求他的意见。──~他不同意呢?(前もって彼の意見を聞いておくのがいい──彼が賛成しなかったらどうする=~他不同意, 那怎么办?)
ⓓ後節が, 前節の仮定自体に対する評価を述べる。ふつう'这・那'を主語として'就・便'を呼応させる。▶~你再推辞, 这〈那〉就不合适了(もしもあなたがこれ以上辞退したらまずいことになりますよ) ▶~只看到这一面, 看不到那一面, 那〈这〉就是片面性(この面だけ見て別の面を見ることができないようなら, それこそ一面的だ)
❷如果[说]…[的话]ある事実を説明する, あるいは判断を下す。前節は後節を対比的にきわだたせる。'如果…'の節を後ろにすることはできない。▶~说, 十年前他参加工作之初还完全没有经验的话, 那么, 现在他的工作经验就丰富多了(10年前, 彼は仕事についたばかりでまったく経験がなかったとするなら, 今はずいぶん経験豊かになった)
〖假如〗〖假使〗'如果'に同じ。《書》

〖倘若〗基本的には'如果'に同じ。'如果'❷の用法はない。《書》▶虽是小病,倘若不吃点药,也许会拖成大病的(たいした病気でないからといって薬を飲まないでいると、大病を引き起こすかもしれない)▶倘若都不同意,我愿放弃所提建议(みんなが賛成しないなら、私は提案を引っ込めてもいい)

〖如²〗'如果'に同じ。ふつう後節は'則'で呼応させる。'如果'❷の用法はない。《書》▶以上各点,如有不妥之处,请批评指出(以上の各点についてもしも不適当な所がありましたらご批判ご指摘ください)▶如采用此项新技术,则可提高效率三倍以上(この新技術を採用すれば効率を3倍以上高められる)▶如不能按期离开上海,务请尽早电告(期日どおりに上海を出発できないときは、必ずすみやかに電報でお知らせいただきたい)

如何 rúhé

【指示詞】❶如何+動　質問の形式。《書》▶这个问题~解决?(この問題はどう解決しますか)▶下一步~做?(次はどうやりますか)▶~当一个合格的教师?(どのようにして立派な教師になるか)▶这件事你~解释?(この事をあなたはどう説明しますか)▶这可~是好?(これはいったいどうすればよいのか)

❷不確定の指示に用いる。《重ね型》▶他把~选题~铺叙向大家细说了一遍(彼はテーマをどう選び、叙述はどのようにするかをみんなに詳しく語った)▶不要老说自己~~好,别人~~不好(自分がいかによくて、人がいかに悪いかなんてことをいつも言っていてはいけない)▶不知~一来,他就变出一条大鱼来(どうやったのかわからないが、彼は手品で大きな魚を1匹出してみせた)

❸前後に2つの'如何'を呼応させ、条件関係を表す。▶他~说我~办(私は彼が言うとおりにやる)▶该~办就~办(やるべきようにやる)

【代詞】❶述語・客語・補語になり、状況をたずねる。《書》▶近来身体~(近ごろお体はいかがですか)▶实际情况究竟~?(実際の状況は結局のところどうなのですか)▶现在感觉~?(今どんなふうに感じていますか)▶你意下~?(どのようにお考えですか)▶你自己做得~?(ご自分でおやりになってどんな具合ですか)

❷文末に用いて、意見を求める。話し言葉では'怎么样'を用いる。▶你来写一篇,~?(あなたが1篇書いてみてはどうですか)▶你来谈谈这个问题~?(この問題についてあなたから話してみてはどうでしょう)▶我们开个座谈会~?(我々は座談会を開いたらどうだろう)

比較 如何:怎么 ① '如何'は書き言葉に用いることが多い。
② '如何'には、指示代詞'怎么'の❷❸❻の用法がない('为何'を用いる)。
③指示代詞として用いるとき、'怎么'は文頭に置いて「驚き怪しむ」意味を表し、'如何'(あるいは'怎么样')は文末に置いて意見を求めることができる。

S

伤 shāng

【動詞】❶傷つける：《付》了・着・过
ふつう名詞の客語をともなう。▶老虎～人
（虎は人を傷つける）▶躺着看书～眼睛
（横になって本を読むと目を悪くする）▶只
～了皮肉，没～骨头（皮膚が傷ついただ
けで，骨に異状はなかった）
— 動結形の結果を表す要素になる。▶打
～（なぐって負傷させる）▶烧～（やけど
をする）▶碰～（当たってけがをする）▶
撞～（ぶつかってけがをする）▶扭～了踝
骨（足首をねんざした）▶烫～了右手
（右手をやけどした）
❷傷つける（比喩的に）：《付》了・过
必ず名詞の客語をともなう。程度副詞の修
飾を受けられる。▶～了心（心を傷つけ
た）▶很～感情（非常に感情を傷つけた）
▶太～脑筋（非常に頭を痛める：解決し
にくい）▶颇～体面（ひどく体面を傷つけ
る）▶有～风化（風紀をそこなう）
❸度が過ぎて耐えきれない，あるいは続け
られない：動結形の結果を表す要素にな
るときに限る。必ず《付》了 ふつう前に
'得・不'を付けられない。一部の動詞に
対してのみ付く。▶吃白薯吃～了，再也
不想吃了（サツマイモを食べすぎて，もう
食べたくない）▶这几年老在外头跑，简
直把我跑～了（この数年ずっと外を走り回
って，まったく疲れ果てた）
【名詞】人・物体が受ける傷・被害。▶
他的～不重（彼の傷は重くない）▶花瓶
上有一块～（花瓶に傷が1つある）

上¹ shàng（上边・上面・上头）

【方位詞】位置が高い。

❶名詞のように用いる。
ⓐ単独で用いる。'下'と呼応させる。対句
的な慣用表現が多い。▶～有天堂，下有
苏杭（天上に極楽世界があるごとく，地上
には蘇州・杭州がある）▶～不着天，下
不着地（足が地に付かずふわふわしてい
る）▶～有老，下有小（上には両親，下
には子供たちがいる）▶我家从前是～无
片瓦，下无立锥之地（昔わが家は上には
一片の瓦なく，下は身を置く場所すらなか
った：家も土地もなかった）
ⓑ介＋上▶朝～看（上を見る）▶向～拉
（上へ引っ張る）▶河水往～涨（川の水が
増えてくる）▶从～往下看（上から下を見
る）
❷名＋上ⓐ物体の最上部あるいは表面を
指す。▶山～（山，山の頂上）▶脸～
（顔，顔の表面）▶门～（ドアの表面，ド
アの上のほう）▶房子～（屋根）▶桌子
～（机の上）▶地～〈地下〉（地面）▶
窗台～摆着几盆月季花（窓の台の所に，
バラの花が数鉢並べてある）▶墙～站着
一个人（塀の上に人が1人立っている＝
墙顶～）▶墙～挂着一张地图（壁に地図
が1枚かけてある＝墙面～）
— 身体部分を表す名詞と組み合わせて用
いる。実質的な意味はあまりない。▶不要
把这些小事放在心～（こんな小さな事を
気にかけてはいけない）▶这几天我手～
有点儿紧（ここ数日手もと不如意だ：使う
お金が足りない）▶这样办，面子～也过
得去（こうすれば面子も保てる）
ⓑ範囲を示す。'里'の意味のこともある。
▶书～（本，本の中）▶报～（新聞紙
上）▶世界～（世界において，この世に）
▶课堂～的秩序一直很好（教室内の秩序

はずっとよい）▶村～只有十来户人家（村には10戸ほどしかない）
ⓒ方面を指す。前にはふつう介詞'在・从'を置く。▶他在音韵研究～下了很大功夫（彼は音韻研究において非常な努力を払った）▶事实～问题并不难解决（実際は問題は決して解決しにくくはない）▶要真正从思想～解决问题，不能只停留在口头～（口先だけでなく本当に思想面から問題を解決しなければならない）▶他在庄稼活～是个能手（彼は農作業にかけては腕ききだ）▶在这个问题～我们的意见完全一致（この問題では我々の意見は完全に一致している）▶问题可能就出在这～了（問題はおそらくここから出ている）▶我可没往那～想（まったくそんなふうには考えなかった）
— 前に介詞がないときは'上'がなくてもよいことが多い。▶领导［上］已经同意了（指導部では，すでに同意した）▶他思想［上］早已通了（彼は頭ではとっくにわかっている）▶组织［上］正在研究解决（組織では，ちょうどいま解決策を研究中である）
ⓓ年齢を表す語句の後ろに用いる。'…的时候'に同じ。▶我十七岁～来到了北京（私は17歳のときに北京にやって来た）▶他五岁～死了父亲（彼は5歳のとき父親を失った）▶张大爷六十岁～得了个孙子（張おじさんは60歳のときに孫ができた）
❸上+名 形容詞に近い。
ⓐ場所を表す。▶～肢（上肢）▶～风（風上）▶～游（上流）▶～半截（上の半分）▶《辞海》在书架的最～一层放着（『辞海』は本棚の最上段に置いてある）
ⓑある時間の前半分，あるいは過ぎ去ったばかりの時間を指す。▶～半夜（夜の前半分）▶～半个月（月の前半分）▶～半年（1年の前半）▶～星期二（先週の火曜日）▶～两个月（ここ2か月）▶～一季度（前四半期）▶～个世纪（前世紀）
— '上'を2つ重ねて用い，前よりさらに1つ前を表す。▶～星期天我在家，～～星期天不在家（先週の日曜日は私は家にいたが，先々週の日曜日はいなかった）
ⓒ順序が時間的に前寄りであることを表す。量詞は'回・次・遍・趟・批・遭'などに限る。▶～一次我去你们那儿怎么没看见你？（この前，君たちの所へ行ったとき，なぜ君を見かけなかったのだろう）▶这一批参观的人比～两批都多（今度の見学者は前の2回より多い）
ⓓ等級や質が高いことを表す。造語要素としての用法に限る。▶～将（大将）▶～校（大佐）▶～级（上級機関，上の人）▶～等（上等）▶～品（高級品）▶～策（上策）あとの3例では，程度が高いことを強調するとき'最上等・上上等'と言える。

《上边》①'上'❶の用法に同じ。比較的自由に単独で用いられる。▶上边印着'中华人民共和国制造'几个字（上に「中華人民共和国製造」という文字が刻んである）▶这东西应该放在上边，不应该放在下边（この品物は上に置かなければならない，下に置いてはいけない）▶大家都仰着头看上边的人（みんなが上のほうの人をあおぎ見ている）▶上边（上級機関を指す）来人了没有？（上から人が来ましたか）
②'上'❷ⓐの用法に同じ。しかし本来の意味がうすれた用法はない。❷ⓑⓒのうち，あるものは'上边'を用いてもよいが，'上'を用いるほうがふつうである。
《上面》《上头》'上边'に同じ。

上² shàng 動；// shàng 機

【動詞】❶低い場所から高い場所へ行く，ある所から別の所へ行く:《付》了 場所を表す客語や動作の主体を表す客語をともなえる。▶～山（山に登る）▶我刚才～楼去了（さっき2階へ行って来たところだ）▶～了车才想起忘了带件毛衣（車に乗ってからセーターを忘れたことに気がついた）▶沿江溯流而～，船过三峡，两岸奇峰绝

壁，极为壮观（揚子江の流れをさかのぼり，船が三峡にかかると，両岸は奇峰や絶壁で実に壮観だ）▶车到下一站又~了几个人（車が次の停留所に着くと，また何人か乗って来た）

❷前に向かって進む。▶五号快~，接球！（5番速く前へ，ボールを受けろ）▶见困难就~，见荣誉就让（困難には向かって行き，栄誉は人に譲る）

❸加える，増加する，ほどこす：《付》了・着・过　名詞の客語をともなえる。▶这台机器该~油了（この機械は油をささなければならない）▶魏师傅正给卡车~着油呢（魏さんは今トラックに油をさしているところだ）▶今天~了不少货（今日は品物がたくさん増えた）▶每亩地平均~十公斤化肥（畑1ムーあたり平均10キログラムの化学肥料をほどこす）

❹出場する，登場する。▶上海队的九号~，四号下（上海チームの9番が入り，4番が退場する）▶这一场戏你从中门~，我从旁门~（この場面は君が中門から登場し，私が横の門から登場する）

❺ある部品を物に付ける，2つの部品を1つに組み合わせる：《付》了・着　名詞の客語をともなえる。▶枪上都~了刺刀（銃にはすべて銃剣を取り付けた）▶我正~着螺丝呢（私はいまネジを付けているところだ）

❻塗る，付ける：《付》了・着・过《重ね型》名詞の客語をともなえる。▶~了药再走（薬を塗ってから行く）▶刚用铅笔画了个草稿，还没~颜色（鉛筆で下書きを描いたばかりでまだ色を塗っていない）

❼掲載する：《付》了・过　必ず場所を表す客語をともなう。▶他的名字~光荣榜（彼の名前が栄誉者表彰掲示板に載った）▶老张的事迹~了报了（張さんの行った立派な行為が新聞に載った）

❽（ゼンマイを）きつくねじる：《付》了・过《重ね型》名詞の客語（ゼンマイ・ネジに限る）をともなえる。▶闹钟已经~过了（目覚まし時計のネジはもう巻いた）▶这表~了弦没有？（この時計はネジを巻きましたか）▶发条~得太紧了（このゼンマイは巻きすぎだ）

❾決まった時間に日常の仕事あるいは勉強などを始める：《付》了・着・过　名詞の客語をともなえる。▶~班（出勤する）▶~了两堂课（2コマの授業をした）▶语文课还~不~？（国語の授業はまだありますか）

❿（ある数量・程度に）達する，足りる：《付》了・过　必ず'年纪・岁数'など数を表す客語をともなう。▶~了年纪（年をとった）▶~了岁数（年をとった）▶走了~百里路（100里も歩いた）▶人数已~了一万（人数はすでに1万人に達した）▶全校学生最多的时候~过两万（全校の学生は最も多いときで2万人に達したことがある）▶不~几天，花就开了（何日もたたないうちに花が咲いた）

[動結] **上得**<不>**了**（liǎo）▶这堂课你上得了上不了？（この授業に君は出られますか）

[動趨] **上 // 上**▶把窗户上上（窓をちゃんと取り付ける）▶橱门上得上吗？（戸棚の戸を取り付けられますか）

上 // 到▶今天的课就上到这里吧（今日の授業はここまでにしましょう）▶这门课上不到年底就结束了（この科目は年末までかからずに終わる）

【趨向動詞】❶[動]＋上［＋名］　名はふつう動作の対象であるが，ときには動作の主体のこともある。

ⓐ動作の結果を表す。ときには「合わせる，くっつく」という意味も持つ。▶窗户关~了（窓は閉めた）▶你把门锁~！（ドアに鍵をかけなさい）▶门关不~了（ドアがちゃんと閉まらなくなった）

━ときには「存在する，ある所に加える」意味を合わせ持つ。▶戴~手套（手袋をはめる）▶值夜班把我也算~（宿直には私も数に入れてください）▶衣服镶~一

道花边（服に縁飾りが付いている）▶池塘里已经养~鱼了（池にはすでに魚を飼うようになった）▶在这儿写~年月日（ここに年月日を書きなさい）▶纸太光滑了，不吃墨，写不~字（紙がつるつるで墨を吸わないので字が書けない）▶连走廊也站~人了（廊下までも人が立っている）
— ときには一定の目的・規準に達する意味を合わせ持つ。▶录音机、电视机我们家也买~了（わが家でもテープレコーダーやテレビを買った）▶他们都住~了新房子（彼らはみな新しい家に住めるようになった）▶他评~了三好学生（彼は学習・健康・活動の3方面で優れた学生として選ばれた）▶我可比不~你（君にはかなわない）▶他说不~聪明，可是很用功（彼は頭がよいとは言えないが、よく勉強する）
ⓑ動作の開始と継続を表す。開始に強調がある。[動]と'上'の間に'得・不'をさしはさめない。一部の形容詞にもこのような用法がある。▶会还没有开，大家就议论~了（会議はまだ始まっていないのにみんなはもうそれぞれ議論を始めている）▶孩子们又嚷嚷~了（子供たちがまたさわぎ出した）▶病人又折腾~了（病人はまた苦しみ出した）▶大家劝你休息一会儿，怎么又看~书了（みんなが少し休むように勧めたのに、どうしてまた本を読み始めたのか）▶他俩聊~天了（彼ら2人は世間話を始めた）▶外边飘~雪花了（外には雪が舞い始めた）▶最近又忙~了（最近また忙しくなった）

❷[動]+上+[数量] 一定の数に達したことを表す。'上'を省いても文の意味には影響はしない。一部の形容詞にもこのような用法がある。▶这回我要在北京多住~几个月（今回私は北京に何か月か長くいたい）▶最近失眠，每天只能睡~三、四个小时（最近不眠症気味で、毎日3～4時間しか眠れない）▶比现在的规模应该再大~两倍（今の規模の3倍に拡大しなければならない）▶没说~几句话车就开了（ち

ょっとおしゃべりしているうちに車は出発した）▶走不~半里路就走不动了（半里も行かないうちに歩けなくなった）

❸[動]+上+[名]（場所） 人・事物が動作と共に低い所から高い所へ移動することを表す。▶雄鹰飞~了蓝天（タカが青空に飛びあがった）▶汽车开~了盘山公路（車は曲がりくねった山道に入って行った）▶一口气跑~三楼（一気に3階まで駆けのぼる）▶跨~马背飞奔而去（馬の背にまたがると飛ぶように駆け去った）▶中国登山队把五星红旗插~了珠穆朗玛峰顶峰（中国の登山隊は五星紅旗をチョモランマ山の頂上に立てた）
— 低い所から高い所へ移動するのではなく、ただある目的に達したことを表すだけのこともある。▶考~大学（大学に合格する）▶送~门的东西还不买吗？（お宅まで届けたものを買わないというのですか）

上边 shàng·bian ☞上¹ shàng

上来 shàng //。lái [動]; //。shàng //。lái [趣]

上去 shàng //。qù [動]; //。shàng //。qù [趣]

【動詞】'上来'は話し手のいる場所に向かう動作を表す。'上去'は話し手のいる場所から離れる動作を表す。
❶低い所から高い所へ行く，ある場所からほかの場所へ行く：《付》了・过▶他在楼下，没上来（彼は1階にいて、上がって来ていない）▶月亮上来了（月が昇った）▶我们上去看看（上のほうへ上がって見よう）▶大家都上去跟他握手（みんなは近寄って彼と握手をした）▶他上得来吗？（彼は上がって来られますか）▶楼太高，我上不去（建物が非常に高いので、登って行けない）
ⓐ動作の主体を客語とする。▶从山下上来了几个人（山のふもとから何人か登って来た）▶上去一个人瞧瞧（1人を上に見に行かせる）

ⓑ上+名（場所）+来〈去〉▶张老师上楼来了（張先生が2階に上がって来た）▶你什么时候上北京来呀？（君はいつ北京へ来ますか）▶工人们上山伐木去了（労働者たちは山へ伐採に行った）▶你上哪儿去？（どこへ行くの）
❷人・事物が低い部門（層）から高い部門（層）へ行く：《付》了▶下面的意见都已经上来了（下部の意見はもうすべて上がってきた）▶他是刚从基层上来的干部（彼は現場から上がってきたばかりの幹部だ）▶下面的情况上得来上不来？（下部の状況は上がってきますか）▶提的这些意见上得去吗？（提出したこれらの意見は上へ行きますか）
【趨向動詞】'動+上来'は動作が話し手のいる場所に向かうことを表す。'動+上去'は動作が話し手のいる場所から離れることを表す。
❶動+上来〈上去〉[+名] 名はふつう動作の対象だが、動作の主体のこともある。
ⓐ人・事物が動作と共に低い所から高い所へ行くことを表す。▶跳上来了（飛び上がって来た）▶把箱子抬上来（箱をかついで上がって来る）▶钓上来一条鲤鱼（コイを1匹釣り上げた）▶从矿井里爬上一个人来（縦坑の中から人がよじ登って来た）▶快跑上去！（今すぐ駆け上がれ）▶把行李搬上去（荷物を運び上げる）▶从下边扔了一根绳子上去（下から綱を1本ほうり上げた）▶跳上去好几个消防队员（たくさんの消防隊員が飛び登った）▶河水漫不上来（川の水はあふれない）▶我们俩抬得上去（私たち2人でかつぎ上げられる）
ⓑ人・事物が動作と共にある場所に近づくことを表す。名は動作の主体。名をともなうとき、動と'上来〈上去〉'の間にふつう'得・不'を挿入できない。▶参加野营的同学分两路向山顶攀登上来（キャンプに参加した学生たちは二手に分かれ山頂に登ってきた）▶又围上来一群人（また一群の人が取り囲んだ）▶从这儿爬上去（ここからはって近づく）▶我爬得上去（私は登ることができる）▶他再也追不上来了（彼はもうこれ以上追って来られない）
ⓒ人・事物が動作の結果、低い部門（層）から高い部門（層）へ行くことを表す。▶他是刚从基层提拔上来的干部（彼は現場から抜擢されたばかりの幹部だ）▶你是什么时候调上来的？（君はいつこの部署へ上げられて来たのか）▶你们把意见搜集上来没有？（君たちは下部の意見を集めて来たか）▶国家体操队又从广东选拔上来两名选手（体操のナショナルチームはまた広東省から選手を2名抜擢した）▶计划已经交上去了（計画はすでに上部に提出した）▶一定要把国民经济搞上去（必ず国民経済を高めなければならない）▶意见反映不上去怎么行？（意見が上部に届かないようなことでいいだろうか）
ⓓ'上去'は添加または合併を表す。▶又铺了一层桑叶上去（さらに桑の葉を1層しいた）▶螺丝拧上去了（ネジを締めて取り付けた）▶你把这棵小树也画上去吧（この小さな木も描き入れなさいよ）▶方法不对，劲儿怎么使得上去呢（方法が誤っていれば、どうして力をうまく注げようか）
ⓔ'上来'はある動作が期待どおりに行われることを表す。動と'上来'の間にはしばしば'得・不'がはさまれる。動は'说・唱・学・答・背・回答・叫・念'など若干の動詞に限る。▶念了几遍就背上来了（数回読んだだけで、すぐ覚えられた）▶究竟为什么，我也说不上来（いったいどうしてなのか、私にも言えない）▶这个问题你不一定答得上来（この問題に君が答えられるとは限らない）▶这种花你叫得上名字来吗？（この花の名を言えますか）
❷形+上来 状態が進むことを表し、範囲がだんだん拡大する意味を含む。形は'热・凉・黑'など若干の形容詞に限る。▶暖气片慢慢热上来了（スチームがだん

だん熱くなってきた）▶眼看着天一点儿一点儿黑上来了（みるみるうちに空がだんだん暗くなってきた）

❸[動]＋上＋[名]（場所）＋来〈去〉 人・事物が動作につれて低い所から高い所へ移ることを表す。▶一群孩子跑上山来（子供たちの一群が山へかけ登って来た）▶河水漫上岸来了（川の水が岸まであふれてきた）▶一纵身跳上马去（ぱっと馬に飛び乗った）

— 必ずしも低い所から高い所へ行くのではなく，話し手のいる場所に向かう（あるいは離れる）ことも表す。▶商店把油盐酱醋都送上门来了（店は油・塩・醤・みそ・酢などをすべて家まで届けてくれた）

上面 shàng·mian ☞上¹ shàng

上头 shàng·tou ☞上¹ shàng

上下 shàngxià

【方位詞】❶空間に対して用いる。「事物の上部と下部」「以上と以下」「上から下まで」を指す。

ⓐ単独で用いる。

— 事物の上部と下部を指す。▶这段木头好，～一般粗（この木材はよい。上と下の太さが同じだ）▶这种窗帘好看，～都有花边（このカーテンはきれいだ。上下にレースが付いている）

— 事物の上と下を指す。▶这一行用斜体字排印，～各空一行（この行はイタリック体で組み，上下をそれぞれ1行あける）▶我住第五层楼，～两层也是我们订的房间（私は5階に住んでいる。その上と下の階もわが家が借りている部屋だ）

— 事物の上から下までを指す。▶他把来客～打量一番（彼は来客を上から下までジロジロ見た）▶浑身～都淋湿了（体中上から下までびしょびしょだ）▶新盖的大楼，～共二十四层（新築のビルは上から下まで24階ある）

ⓑ上下＋[名]▶～文（前後の文）▶～游（上流，下流）▶～空白（上下の空白）▶～宽度（上下の幅，たて）▶～位置（上下の位置）

❷数量について言うときは，ある数量よりやや多めか少なめであることを表す。数量詞の後ろのみに用いる。▶年龄在三十岁～（年齢は30歳ぐらいだ）▶亩产八百斤～（1ムーあたりの生産量は800斤ぐらいだ）

❸人事・人間関係について用いる。地位・世代の上下を指す。《重ね型》▶～一条心（上も下も心は1つ）▶～要通气（上と下の間は風通しがよくなければならない）▶家里上上下下都兴高采烈的（家中大人から子供までみな愉快そうだ）

[比較] 上下：左右 '上下'は年齢を指すことが多く，時間や距離を指せない。'左右'にはこのような制限がない。▶晚上九点左右（夜の9時ごろ ×九点上下）▶长度大约一百米左右（長さは100メートルくらいだ ×一百米上下）

尚且 shàngqiě

【接続詞】文の前節の述語動詞の前に用い明白な事実を例としてあげる。後節は，程度の違う同類の事例をあげ比較して当然の結果を結論として示す。

ⓐ後節が推論。▶我阅读唐诗宋词～有困难，诗经，楚辞就更看不懂了（唐詩や宋詩を読むのさえ，むずかしく感じるほどだから，詩経・楚辞になると，なおさらわからない）▶他的英语很好，文学作品～能翻译，一般函件当然不成问题（彼の英語力はすばらしく，文学作品ですら翻訳できるのだから，普通の手紙はまったく問題ない）

ⓑ後節が反語。しばしば'何况'と呼応する。▶思路要清楚，条理要分明：说话～如此，何况写论文？（考えとその筋道は，はっきりしていなければならない。話でさえこうなのだから，ましてや論文を書くときは言うまでもない）▶言教不如身教，自己的言行

〜不一致，如何能教育子女？（言葉で教えるより身をもって教えたほうがよいと言う。自分自身の言行すら一致せず，どうして子供たちを教育できようか）▶这种现象科学家〜无法解释，我怎么知道呢？（このような現象は科学者ですら説明しようがないというのに，どうして私にわかろうか）
ⓒ後節がすでに起こった事実に対して評価を出す。▶如此重大的事情连厂长〜不能个人决定，他竟然违背原则，擅自作主！（かくも重大なことは工場長でさえ個人では決められないのに，彼はなんと原則にそむき勝手に判断を下した）▶父亲对我们讲话〜采取商量口吻，你在我面前居然如此放肆！（父が私たちに話すときでさえ相談するような口ぶりで話すのに，あなたはよくもこのように言いたい放題言えますね）

稍 shāo ☞稍微 shāowēi

稍稍 shāoshāo ☞稍微 shāowēi

稍微 shāowēi（稍稍・稍）

【副詞】数が多くない，あるいは程度がはなはだしくないことを表す。'稍为'とも書く。
ⓐ稍微+動 ふつう動は重ね型。あるいは前に副詞'一'をともなったり，後ろに'一点儿・一些・一下'をともなう。▶这桌子可不可以〜挪动挪动？（このテーブルは少し動かしてもいいでしょうか）▶厂长马上就来，请你〜等一等（工場長はすぐ参りますから少々お待ちください）▶只要〜一松劲就会落后（少しでも気をぬくと遅れてしまう）▶我想〜休息一下（少しばかり休みたい）▶汤里〜放了一点盐（スープにほんの少し塩を入れた）
ⓑ稍微+形+一点儿〈一些〉▶他比你〜高点儿（彼は君より少し背が高い）▶你来得〜晚了一点儿（君は来るのが少し遅かった）▶我的心情〜平静了一些（私の心は少し平静になった）
ⓒ稍微+不+形/動 形/動は'留神・

注意・小心'などに限る。▶汉语的虚词比较复杂，〜不注意就可能用错（中国語の虚詞は相当複雑で，ちょっと注意を怠ると用法を間違えてしまう）▶路很滑，〜不小心就会摔倒（道がすべるから，ちょっと油断すると転んでしまう）▶最近感冒流行，〜一不留神就可能感染（最近かぜがはやっているから，少し油断するとうつるかもしれない）
ⓓ稍微+有点儿+動／形 ▶学习〜有点儿吃力（勉強はいささか骨が折れる）▶对于新的环境〜有点儿不习惯（新しい環境には少々慣れにくい）▶脸色〜有点儿苍白（顔色が少し青い）▶晚上〜有点儿疲倦（夜は少し疲れる）
〖稍稍〗'稍微'に同じ。
〖稍〗'稍微'に同じ。《書》
①単音節の形容詞や動詞を修飾することが多い。後ろに'一点儿・一些・一下'などの語をともなわない。▶雨已稍停（雨はすでにいくらかやんだ）▶来客请稍等（お客様，少々お待ちください）▶路程稍远（道のりは多少遠い）▶光线稍暗（光線はいくらか暗い）▶稍一不慎，即将招致失败（少し油断すると，すぐに失敗を招くであろう）
②若干の単音節方位詞の前に用いられる。▶稍前（少し前）▶稍后（少し後ろ）▶稍左（少し左）▶稍右（少し右）

烧 shāo

【動詞】❶燃える，燃やす：《付》了・着・过《重ね型》名詞の客語をともなえる。▶〜煤（石炭を燃やす）▶〜柴（まきを燃やす）▶〜煤气（石炭ガスを燃やす）▶信已经〜了（手紙はもう焼いてしまった）▶那片森林一连〜了四五天（あの森は4〜5日ずっと燃え続けた）▶炉子里的火〜得正旺（ストーブの火が勢いよく燃えている）
❷火で熱を加え，物体を変化させたり，ある形にしたりする：《付》了・着・过《重

ね型》名詞の客語をともなえる。
ⓐ客語が対象を表すとき。▶～水（お湯をわかす）▶～肉（肉料理を作る）▶～菜（野菜料理を作る，おかずを作る）
ⓑ客語が結果を表すとき。▶～火（火をたく）▶～砖（レンガを焼く）▶～炭（炭を焼く）▶我～过石灰（石灰を作ったことがある）
ⓒ客語が場所を表すとき。▶～窑（かまどで焼く）▶～炕（オンドルに火を入れる）▶～炉子（ストーブをたく）▶他～了几年锅炉，有些经验（彼は何年かボイラーをたいてきたので，一応の経験がある）

❸体温が高くなる，発熱する。:《付》了・着・过▶孩子连～了两天（子供は2日続けて熱を出した）▶现在还～着呢（まだ熱があるよ）▶脸蛋儿～得通红（熱でほっぺたが真っ赤だ）

❹肥料のやり方が不適切で植物が損害を受ける。:《付》了　名詞の客語をともなえる。▶小心～了庄稼（肥料をやりすぎて作物をだめにしないように気をつけて）▶这几棵苗全～了（この何本かの苗はすべて肥料のやりすぎでだめになった）▶上的肥料太多，把根儿都～坏了（肥料をやりすぎて根までだめにした）

[動結] 烧∥死　烧∥掉　烧∥焦
[動趨] 烧下去ⓐ▶剩下的这些煤可以接着烧下去（この残った石炭は続けて燃やしてよい）
ⓑ▶再烧下去，身体可吃不消了（これ以上熱が続けば，体がもたなくなる）
烧∥出　必ず客語をともなう。▶这些木柴能烧出多少斤炭？（これらのまきで炭を何斤くらい作れますか）
烧∥出来▶一天可烧不出这么多石灰来（1日でこんなにたくさんの石灰はとても作れない）▶连着烧了几天，嘴唇都烧出泡来了（何日かずっと熱が続いたので，唇にブツブツが吹き出した）
烧起　必ず客語をともなう。▶宿营地烧起了一堆堆的篝火（宿営地にはかがり火がいくつもたかれた）▶架起锅灶烧起了热水（かまどを作ってお湯をわかした）
烧∥起来▶快去救火，稻草烧起来了（早く火を消しに行きなさい，稲わらが燃え出した）▶烧起火来，暖和暖和（火をおこして，あたたまろう）▶昨天刚退烧，今天又烧了起来（熱が昨日引いたばかりなのに，今日また熱が出た）

【名詞】正常より高い体温。▶这孩子发～了（この子供は熱がある）▶昨天发了一天高～，今天退～了（昨日は1日中高い熱を出していたが，今日は引いた）▶现在～还没退（今はまだ熱が下がらない）

少　shǎo

【形容詞】❶数が少ない。
ⓐ名詞を修飾しない。'少数・少量'は1語で，'少+名'ではない。
ⓑ述語や補語になる。▶这儿人很～，比较安静（ここは人が少なくて，わりあい静かだ）▶钱～也能办事（お金が少なくても仕事はやれる）▶～得不能再～了（これ以上少なくならないほど少ない）▶你呀，说得多，做得～！（君はよくしゃべるけど，やることは少ないね）
ⓒ動詞を修飾する。▶～说废话（くだらぬことを言うな）▶病刚好，～活动（病気が治ったばかりだから，あまり動かないように）▶～放盐，太咸不好吃（あまり塩を入れないように，からすぎるとおいしくない）▶明年要多种粳稻，～种籼稻（来年は茎の長い品種を多く植え，茎の短い品種を減らそう）▶～花钱，多办事（お金はあまり使わずにたくさん仕事をする）▶你～来这一套！（その手にのるものか）

❷もとの数に比べて減っている。数が不足している。
ⓐ動詞の前に用いる。動詞の後ろには数量詞がくる。▶你就～说几句吧（少し黙っていろ）▶～吃了一碗饭（ご飯を食べるのを1杯減らした）▶这个字～写了一笔（この字は1画欠けている）

ⓑ動結形の結果を示す要素になる。▶这种药吃～了不见效(この薬は飲み方が足りないと効果がない)▶今天穿～了，有点儿冷(今日は薄着なので，少し寒い)▶饭做～了，恐怕不够吃(ご飯を少なめにたいたので，足りないかもしれない)
【動詞】❶不足の分量を表す。《付》了・过　後ろには数量詞をともなう。▶这本旧书～了两页(この古本は2ページ欠けている)▶他管帐管得好，从来没～过一分钱(彼は帳簿をきちんとつけている。これまで1銭でも足りなかったことがない)▶该来的都来了，一个不～(来るべき人はみんな来た，1人も欠けていない)
❷借金がある：必ず二重客語をともなう。▶我还～他五毛钱呢(私はまだ彼に5角借りている)
― 次のような変化形もある。▶一分钱也不～你的(1銭のお金も君からは借りていない)
❸なくす，失う。《付》了・过　名詞の客語をともなえる。▶家里没～任何东西(家からはいかなる物もなくなっていない)▶打开提包一看，～了一件毛衣(手下げカバンを開いてみるとセーターが1枚なくなっていた)
[動結] **少得**〈不〉**了** (liǎo) ⓐ欠くことができる〈できない〉。▶改装机器的事还少得了你吗？(機械の改造にはぜひとも君が必要だ)
ⓑ避けることができる〈できない〉。▶以后有事少不了麻烦你(今後何かあったときはきっと君にやっかいになるだろう)
少不得　欠くことができない。▶办这种事一定少不得你(こういう仕事をするには，ぜひとも君が必要だ)▶天气特别冷，少不得要多烧点煤(とても寒いのでどうしても石炭をたく量が増える)

舍不得　shě·bu·de

【動詞】❶別れることに耐えられない：名詞・動詞を客語にともなえる。▶远离故乡，我心里真有点儿～(故郷を遠く離れるのは，何ともつらいことだ)▶两个人你～我，我～你(2人は互いに別れがたい気持ちだ)▶相处久了，～离开(長く一緒にいたので離れがたい)
❷捨てたり使ったりするのが惜しい：名詞・動詞を客語にともなえる。▶～钱买东西(買い物をするお金がもったいない)▶这块花手绢小芳一直～用(芳ちゃんはずっと，このきれいなハンカチを使うのが惜しくて使えない)▶把它扔了我可～(それを捨ててしまうのは惜しい)
[注意] '舍不得'の肯定形は'舍得'だが，'舍不得'ほど多くは用いない。用いるとすれば，ふつう疑問文や対比的な文中である。▶你舍得把这个送给他吗？(君はこれを彼にあげても惜しくないのか)▶你舍得，我可舍不得(君が惜しくなくても，私は惜しい)

深　shēn

【形容詞】❶上から下あるいは外から内までの隔たりが大きい。↔浅
ⓐ定語・述語・状語・補語などになる。程度副詞の修飾を受けられる。《重ね型》▶～水(深い水)▶～井(深い井戸)▶很～的峡谷(深い峡谷)▶湖水很～(湖は深い)▶山洞不～(洞窟は深くない)▶～耕(深く耕す)▶电缆要～埋(ケーブルは深く埋めなければならない)▶根扎得很～(根は深く張っている)▶埋得～～的(深く埋めてある)
ⓑ深＋了［＋数量］　深くなることを表す。▶已经很～了(もう相当深くなった)▶水库一放水就～了(ダムが放水すると水面が上がる)▶～了许多(ずっと深くなった)▶～了一尺(1尺深くなった)
― 予期した深さを越えていることを表す。▶小孩游泳水～了(子供が泳ぐには水が深い)▶这盘子～了些(この皿は少し深い)
ⓒ深さを表す。'深＋数量'と'数量＋深'

の2形式がある。▶这屋子宽一丈，～一丈四（この部屋は広さ1丈，奥行き1丈4尺ある）▶河水有三尺～（川の深さは3尺ある）

❷深奥な，むずかしい：程度副詞の修飾を受けられる。

ⓐ定語・述語・補語になる。▶很～的道理（深奥な道理）▶这本书很～（この本は内容が奥深い）▶教材编得太～（教材はとてもむずかしく作られている）▶教授讲得太～，学生听不懂（教授の講義は難解で，学生は聞いても理解できない）

ⓑ深＋了［＋数量］ 難解すぎることを表す。▶教材编～了（教材はひどくむずかしく作られている）▶考题出得～了些（試験問題が少しむずかしすぎる）▶这本书～了点儿，小孩读不懂（この本はちょっとむずかしすぎて，子供には読んでもわからない）

❸深く強い，深く入りこむ。

ⓐ定語・述語・状語・補語になる。▶很～的含义（奥深い含義）▶很～的影响（強い影響）▶矛盾很～（矛盾が深刻だ）▶印象很～（印象が強い）▶～谈（突っ込んで話し合う）▶他們俩谈得很～（彼ら2人は突っ込んだ話し合いをした）

ⓑ深＋了［＋数量］▶矛盾太～了（矛盾が大きすぎる）▶道理讲得比原来～了些（道理についてこれまでよりやや突っ込んだ説明がなされた）▶印象～了许多（印象がずっと深くなった）

ⓒ重ね型で状語になる。'地'をつけられる。▶您的话～～［地］打动了我的心（あなたの話は強く私の心を打った）▶这个故事～～［地］感动了我（この物語は私を深く感動させた）

❹（感情が）強い，（関係が）親密である。

ⓐ定語・述語・補語などになる。▶很～的感情（強い感情）▶很～的交往（親密な交際）▶他们俩交情很～（彼ら2人は親密な間柄だ）▶关系处得相当～（関係は相当密接だ）

ⓑ重ね型で定語・状語になる。▶请接受我～～的敬意（私の深い敬意をお受けください）▶他在心里～～地爱着她（彼は心中深く彼女を愛している）

❺（色が）濃い。

ⓐ定語・述語・補語・状語などになる。▶～［的］颜色（濃い色）▶～红（濃い赤）▶～绿（濃い緑）▶这件衣服的色儿太～（この服の色は濃すぎる）▶底色涂得太～不好（地の色を濃く塗りすぎるのはよくない）

ⓑ深＋了［＋数量］ 色が濃くなる，あるいは予期した濃さを越えることを表す。▶这一下颜色～了（こうしたら色が濃くなってしまった）▶颜色又～了点儿（色がさらに少し濃くなった）▶颜色～了不行（色が濃すぎてはいけない）

ⓒ重ね型で補語・状語になる。▶底色涂得～～的（地の色は濃く塗られている）▶～～地涂上一层色儿（濃く色を塗った）

❻開始から長い時間が経過する：述語・定語になる。▶夜已经很～了（もう夜が更けた）▶年～日久（長い年月を経る）▶～夜（深夜）▶～秋（秋たけなわ）

【副詞】とても，十分：程度の高いことを表す。状語になる。《重ね型》▶～知（よく知っている）▶～信（固く信じている）▶～表同情（強く同情を表す）▶～感遗憾（大変遺憾に思う）▶～有体会（身にしみて体得する）▶～～地感到内疚（深く心がとがめる）▶～～地表示感谢（深く感謝しております）▶～～［地］吸引了我（私を強く魅了した）

什么 shén·me

【指示詞】❶疑問を表す。物や人を指す名詞の前に置き，事物の性質や人の職業・身分などをたずねる。▶这是～地方？（ここはどんな所ですか）▶你有～要紧事？（どんな重要な事があるのですか）▶～时候啦？（何時になりますか）▶他喜欢～工作？（彼はどんな仕事が好きなのです

か）▶你找~人？（どんな人を捜しているのか）▶她是你~人？（彼女は君とどういう関係ですか）▶你们这儿需要~人员？（おたくではどのようなことをする人間が必要か）▶这出戏里你担任~角色？（この劇で君はどういう役をやるのですか）
― '什么'は名詞の前に置くとき，'的'を付けない（'谁'とは用法が異なる）。'什么人'は'谁'より不遠慮な聞き方である。
❷不明確な事物・人を指す。'什么'を省いても意味は変わらないが，よりぶしつけな言い方になる。
ⓐ名詞の前に置き諾否疑問文に用いる。▶在本地你有~亲戚吗？（この土地に誰か親戚がいますか）▶你最近看过~新片子没有？（最近何か新しい映画を見ましたか）▶附近盖了~新房子没有？（付近に新しい家が何か建ちましたか）▶你读过他的~作品吗？（彼の作品を何か読んだことがありますか）
ⓑ名詞の前に置き否定文に用いる。▶甭说~客气话了，有困难就提出来吧（遠慮はやめて，困った事があるなら言いなさい）▶我的故事讲出来也没~新鲜的（私の話は別に目新しいものではない）▶你去办这件事，我没有~不放心的（君がこの件を処理するなら，私は何の心配もない）▶跟大家在一起，我从来不感觉~孤单（みんなと一緒なので，これまでべつに孤独だと感じたことはない）
ⓒ名詞の前に置き肯定文に用いる。▶他们正在谈论~事情（彼らは何かについて議論しているところだ）▶窗户外头好像有~声音（窓の外で何か物音がしたようだ）
❸否定を表す。▶这是~玩意儿！一用就坏了！（この品物はいったいどうなっているんだ，ちょっと使っただけで壊れるなんて）▶你说的是~话！一点道理都不讲！（君は何てことを言うのだ，全然すじが通らんじゃないか）
ⓐ人の言葉を引用するとき，'什么'を加えると不同意を表す。▶~'不知道'，昨天我还提醒你来着（何が「知らない」だ。昨日君に注意したじゃないか）▶~'你'呀'我'的，何必分得这么清楚（何が「君だ」「私だ」だ，そんなにははっきり分ける必要はないじゃないか）▶看~电视，还不赶快做功课（テレビなんか見てないで，早く勉強したらどうなの）▶还散~步呀，你看看都几点了（散歩なんかしている場合じゃないぞ，何時だと思っているんだ）
ⓑ有+什么+形［+的］ 「…とは思っていない」という意味を表す。▶这事有~难办（何のやりづらいことがあろうか）▶听听音乐有~要紧（音楽を聞くぐらい何をかまうことがあろうか）▶说两句话有~不好意思的（二言三言話すぐらい何が言いにくいものか）▶白开水有~不好喝的（さゆがどうして飲みにくいものか）
❹不定を表す。
ⓐ'都・也'の前に用い，例外がないことを表す。▶只要大家齐心协力，~困难都能解决（みんなが心を合わせて協力しさえすれば，どんな困難もすべて解決できる）▶紫檀比~木头都珍贵（紫檀はどんな木よりも貴重だ）▶我工作的时候，~人也不见（仕事中は誰にも会いません）▶他~嗜好也没有（彼は何の道楽もない）
ⓑ２つの'什么'が前後で呼応し，前者が後者の内容を決定する。▶你想去~地方就去~地方（行きたい所へ行けばよい）▶~地方种~庄稼，要根据自然条件而定（どんな所にどんな作物を植えるかは自然条件に基づいて決めなければならない）▶准备了~节目就演~节目（用意してあるプログラムを演じる）
❺列挙に用いる。
ⓐいくつかの並列成分の前に用いる。▶~缝缝补补，洗洗涮涮，都是奶奶的事儿（針仕事や洗い物はみなおばあさんの仕事だ）▶~花儿呀草呀，种了一院子（草花を庭中に植えた）
ⓑ'什么+的'を１つの成分あるいはいくつかの並列した成分の後ろに用いる。'等

等'に同じ。《口》▶他不喜欢下棋～的,就爱打篮球(彼は碁や将棋なんかはきらいで,バスケットボールだけが好きです)▶桌子上摆着一碟菜,还有酒杯、酒壶～的(テーブルの上には料理が1皿と,それにさかずき・とっくりなどが並んでいる)▶货架子上放满了白菜、萝卜、柿子椒～的(商品棚には白菜・ダイコン・ピーマンなどがいっぱい並べてあった)

【代詞】❶疑問を表す。事物をたずねる。
ⓐ主語になる。'是'を用いる文に限る。▶～是你的理想?(何が君の理想か)▶～是你最急需的?(あなたが今いちばん必要なのは何か)▶～是最可贵的?(何が最も大切なのか)▶～是微波?(マイクロウェーブとは何か)
ⓑ客語となる。▶你找～?(何を探しているの)▶你想～呢(何を考えているの)▶你买了些～?(どんな物を買ったの)▶你想看～?(何を見たいの)▶～?你大声点儿,我听不见(ええ 大きな声で言ってくれ,聞こえないよ:電話で)

❷不明確な事物の代わりに用いる。ふつう客語になるのみ。
ⓐ諾否疑問文に用いる。▶你想不想吃点～?(君は何か食べたいか:食べたいかどうかをたずねていて,何を食べるかを聞いているのではない)▶还有～没有?赶快抓紧时间说(まだ何かある? 急いで言って)▶最近你看过～没有?听说出了几本新小说(最近何か読んだか。小説が何冊か新しく出たそうだけど)
ⓑ否定文に用いる。▶没有～,甭客气(どういたしまして,遠慮なさらないでください)▶见了面就全明白了,我就不说～了(顔を合わせただけですべてわかった,もう何も言わない)▶天气太热,用不着穿～(とても暑いから,べつに何も着る必要はない)
ⓒ肯定文に用いる。▶我想吃点儿～(何か食べたい)▶她手里好像攥着个～(彼女は手に何かをにぎっているようだ)▶他们聚在一起像是在议论～呢(彼らは集まって何かとりざたしているようだ)

❸否定を表す。
ⓐ動詞の後ろに用いる。不満などを表す。▶你跑～,还有事跟你说呢!(逃げるな,まだ君に言う事がある)▶你在这儿乱翻～!(君はここで何をひっかきまわしているのか)▶他整天瞎嚷嚷～!(彼は1日中何をやたらと叫んでいるんだ)▶挤～!按次序来(押すな。順番を守りなさい)▶你知道～!(君が何を知っているというのか)
ⓑ形容詞の後ろに用いる。▶重～!オー百来斤(重いものか,やっと100斤そこそこだ)▶一点儿小事罢了,麻烦～!(たいした事じゃない,何がわずらわしいものか)▶年轻～啊,我都五十了(何が若いものか,私はもう50歳になった)

❹不定を表す。'都・也'の前に用い,例外がないことを表す。▶休息的时候,最好～都不想(休憩のときは何も考えないのがいちばんだ)▶这孩子～都不怕(この子供は何も恐れない)▶这种金属比～都硬(この金属はどんなものよりも固い)▶他在家里,～也不管(彼は家では,何事もかまわない)▶紧闭着嘴,～也不说(口を固く閉ざして,何も話さない)

❺'什么'を単独で用いる。驚きを表す。▶～!都九点了,咱们得马上动身了(なに,もう9時だって,我々はすぐ出発しなければ)▶～!你已经五十八岁了,真看不出来(えっ,君はもう58になったって,まったくそうは見えないね)

甚而 shèn'ér ☞甚至 shènzhì

甚而至于 shèn'érzhìyú ☞甚至 shènzhì

甚至 shènzhì
(甚至于・甚而至于・甚而)

【副詞】とびぬけた例を強調する:後ろにはふつう'都・也'が呼応する。主語の前に置いてもよい。▶这块大石头～四、五

个小伙子也搬不动（この大きな石は若者が4～5人かかっても運べない）▶他胖多了，～有的人都说他变样了（彼はひどく太った，見違えてしまうほどだと言う人もいる）

【接続詞】❶並列した名詞・形容詞・動詞・介詞句・節の最後の1項の前に置き，その項をきわだたせる。▶那时候，他们还受着封建制度～奴隶制度的束缚（当時彼らはまだ封建制度，さらには奴隷制度の束縛さえも受けていた）▶在城市，在农村，～在偏僻的山区，到处都流传着这个动人的故事（都市・農村，はてはへんぴな山間地区に至るまで，いたる所でこの感動的な物語が伝えられている）

❷'甚至'を文の後節に用い，前節には'不但…'を用いる。▶这个地方以前不但没有水浇地，～吃的水也得从几十里外挑来（この地方は昔は灌漑用の水がなかったばかりか，飲み水さえ数十里も先からかついで来なければならなかった）▶我们这儿，不但大人，～连六七岁的小孩儿都会游泳（私たちの所では，大人ばかりでなく6～7歳の子供までみんな泳げる）

〖甚至于〗〖甚而至于〗'甚至'に同じ。
〖甚而〗基本的には'甚至'に同じ。《書》▶时间久了，我甚而连他的名字都忘了（ずいぶん時間がたったので，彼の名前さえも忘れてしまった）

甚至于 shènzhìyú
☞甚至 shènzhì

生¹ shēng

【動詞】❶子供を産む，生える：《付》了・着・过　名詞の客語をともなえる。▶～孩子（子供を産む）▶～了一头小牛犊（子牛が1頭生まれた）▶她～了没有？（彼女は子供を産みましたか？）▶～根（根が生える）▶盆里～着豆芽（鉢にモヤシが生えている）▶米里没～过虫子（米の中に虫がわいたことはない）

❷生じる，発生する：《付》了・着・过▶～了不少锈（さびがたくさん出た）▶他正～着病呢，别打扰他（彼は病気だから，静養のじゃまをしてはいけない）▶他从没～过病（彼はこれまで病気にかかったことがない）▶头上～疖子（頭におできができた）▶这个人专门爱～是非（この人はもっぱらいざこざばかり起こす）▶从明天开始～效（明日から発効する）

❸薪や石炭などを燃やす：《付》了・着・过　客語は'火・炉子'などに限られる。▶这个炉子不好用，～了半天也没～着（zháo）（このストーブは使いにくい，たきつけようとしたけどなかなか火がつかない）▶～炉子（ストーブに火をつける）▶屋里～着火（部屋の中には火がたいてある）▶河边～起了篝火（川辺でたき火をたいた）▶从来没～过炉子（これまでかまどに火をたいたことがない）

動結 生满　生完

生∥着（zháo）　火をたきつけられる〈たきつけられない〉。▶炉子生着了吗？（ストーブには火がつきましたか）▶你怎么连个火都生不着（おまえはどうして火をたきつけることもできないのか）

生得〈不〉了（liǎo）　産出できる〈できない〉。▶大熊猫都这么老了，还生得了吗？（このパンダはもうこんなに年を取っているけど，まだ子供が生めるんですか）▶我生不了病（私は病気になどなりっこない）

動趨 生上▶怎么又生上病了？（なんでまた病気になったの）

生下▶生下一对儿双胞胎（双子を産み落とした）

生出▶生出一个新芽（新芽が出た）

生起来▶把火炉子生起来（ストーブに火をたきつける）

【形容詞】生きている，生命力がある：いくつかの固定的な語句の中でのみ用いる。▶～物（生物）▶～龙活虎（活力に満ちあふれている）▶～气勃勃（生気はつらつとしている）

生¹ shēng

【名詞】❶生存，生命：固定的な語句に用いる。▶贪～怕死（命を惜しむ）▶起死回～（起死回生）▶舍～忘死（生死を度外視する）▶丧～（命を落とす）

❷暮らし：固定的な語句に用いる。▶谋～（生計の道をはかる）▶营～（生活を営む）

❸一生：固定的な語句に用いる。▶一～一世（一生涯）▶今～今世（この一生）

生² shēng

【形容詞】❶果実が熟していない。↔熟：定語・述語になることが多い。▶～柿子（熟していない柿）▶～［的］瓜（熟れていない瓜）▶这瓜我觉得不～（この瓜は熟れていると思う）▶这西瓜也太～了（このスイカも全然熟れていない）

❷（食物に）火が通っていない，あるいは火の通し方が足りない：定語・述語・状語・補語になる。▶饭～了（ご飯が生煮えになった）▶我不吃～鱼（私は生の魚は食べない）▶～吃瓜果要洗净（果物を生で食べるときはきれいに洗わなければならない）▶花生米炒～了（落花生炒めが半生にしあがった）

❸加工あるいは鍛冶されていない：定語になるのみ。▶～铁（銑鉄）▶～石膏（生石膏）▶～土（熟化していない土）

❹よく知らない：定語・述語・補語などになる。▶～人（見知らぬ人）▶～字（知らない字）▶活儿很～，做不快（仕事に慣れていないので，やり方が遅い）▶人～地不熟（知人もいなければ土地にも不案内である）▶这么客气反而把关系弄～了（そんなに遠慮してはかえって関係をよそよそしいものにしてしまう）

生³ shēng

【副詞】❶程度が高いことを表し，「非常に・とても・極めて」の意味を表す。若干の消極的な意味の形容詞のみ修飾する。▶西北风刮得脸～疼（西北の風に吹かれて顔がひどく痛い）▶这水～冷的，游一会儿就上岸来（ここの水はとても冷たいから，少し泳いだらすぐ岸に上がりなさい）

❷「ぎこちない・無理に」の意味を表す。固定的な語句に用いる。▶不要～造词语（言葉を無理に創り出してはいけない）▶不能～搬硬套（機械的にあてはめてはいけない）▶～拉硬拽（無理矢理こじつけてはならない）

❸「意志が固い」意味を表す。後ろにふつう'不'を用いる。▶叫他喝点儿酒暖暖肚，他～不肯喝（彼にお酒を飲んでちょっとおなかを暖めるよう勧めたが，彼は断固として飲もうとはしなかった）▶叫他改过来，他～是不改（彼に改めるように言ったが，彼は頑として改めようとしない）

生怕 shēngpà（生恐）

【動詞】ひどく恐れる：心配や懸念を表す。否定の用法はない。

ⓐ動詞の客語をともなえる。▶小宝把作业又重看了一遍，～弄错了（宝ちゃんは間違いがないようもう一度宿題を見直した）▶她学习很努力，～落后（彼女は後れを取るまいと，一生懸命勉強している）▶她到医院反复检查，～得了癌症（彼女はガンにかかったのではないかと心配して，病院で繰り返し検査を受けた）

ⓑ節を客語にともなえる。▶他吃东西特别小心，～胃病复发（彼は胃病の再発を恐れて，食べ物に特に気をつけている）▶她～你又批评她（彼女はまたあなたに叱られるのではないかと恐れている）▶～坏人跑了，他们在后面紧紧追赶（悪者が逃亡するのを恐れて，彼らはぴったりと後を追いかけた）

ⓒ'生怕'は単独では述語にならない。《˟付》了・着・过 名詞の客語・時量客語はともなえない。▶˟山洞里黑乎乎的，他～▶˟他～父亲严厉的目光▶˟～了一阵子

【副詞】おそらく：推測と心配の2つの意

味を兼ね具えている。▶这些瓜～都长虫了（これらの瓜はおそらくみんな虫がついているだろう）▶这个要求～他不会同意（彼はおそらくこの要求には同意しないだろう）▶～她今天不会来了（彼女はおそらく今日は来ないだろう）

〖生恐〗'生怕'の動詞の用法に同じ。《書》

生恐 shēngkǒng ☞生怕 shēngpà

省得 shěng·de（免得・以免）

【接続詞】望ましくない状況の発生を避けることを表す。文の後節の初めに用いることが多く，主語をよく省略する。▶自己的事尽量自己做，～麻烦别人（自分の事はできるだけ自分でする，そうすれば他人に迷惑をかけずにすむ）▶把水龙头开小一点儿，～浪费（蛇口はあまり開かないように。水をむだにしてはいけないから）▶有事可以打电话来，～你来回跑（用事があれば電話をかけなさい。君がわざわざ来なくてもすむから）

〖免得〗'省得'に同じ。▶任务完成后要及时和厂里联系，免得同志们担心（任務が完了したら，すぐに工場に連絡しなさい。みんなが心配しなくてすむように）▶你最好提醒他一下，免得他忘了（彼が忘れるといけないから，君にちょっと注意してもらうのがいちばんだ）

〖以免〗基本的には'省得'に同じ。後ろに動詞・形容詞の基本形を続けることはできない。《書》▶应该及时总结教训，以免再发生类似问题（今後，似たような問題を起こさないためには，教訓をそのつど総括しなければならない）▶大脑炎流行季节，小孩少到公共场所去，以免传染疾病（脳炎が流行する季節は，病気がうつらないように子供をあまり公共の場所に行かせないほうがよい）

剩 shèng

【動詞】❶残る。ある数から一部減らしたのち，一部分を残す：《付》了・过　名詞・数量詞・節を客語にともなえる。▶我没～钱，他～了四块钱（私にはお金が残っていないが，彼は4元残った）▶大家都走了，只～了他一个人在那儿站着（みんな行ってしまって，ただ彼1人があとに残され，あそこに立っている）▶别的事都做完了，就～信没写了（ほかのことはすべてやってしまって，手紙を書くことだけが残っている）▶全拿去吧，别～（残らず持って行きなさい）▶我自己一本也没～（私自身は1冊も残っていない）▶除了寄走的，～得不多（郵送するものを除くと，あまり残っていない）

ⓐ客語の多くは数量詞をともなう。▶文具盒里还～了两枝铅笔（筆箱にはまだ鉛筆が2本残っている）▶大部分人都走了，只～他们几个人（おおかたの人はみな行ってしまい，彼ら数人が残っているだけだ）

ⓑ一部の名詞を直接修飾できる。▶～饭（残飯）▶～菜（残った料理）▶～货（売れ残りの品）▶ ×～钱

❷これ以外ほかの物がない：若干の動詞を必ず客語にともなう。'剩'の前には'只・净・就'などを，文末には'了'を用いることが多い。▶他一句话也说不出来，就～了哭（彼は一言も話せず，ただ泣くだけだった）▶到了山顶，只～喘气了（山頂へ着いたときは，ただハアハア息をつくだけだった）

動結 剩得〈不〉了（liǎo）　残る可能性がある〈ない〉。▶就是一下子卖不完，也剩不了多少（たとえ1度に売りさばけなくても，そうたくさん残ることはない）

動趨 剩//下▶离春节还剩下几天？（春節まであと何日ですか）▶再过一会儿，一个也剩不下（あともう少しで，1つ残らずなくなってしまう）▶剩下的都归我（残ったのはみんな私の物だ）

剩下来▶剩下来的都是次品（残ったのはみな二流品だ）

胜¹ shèng

【動詞】❶勝利する，(人を)負かす：《付》了・着・过　名詞の客語をともなえる。▶北京队~了（北京チームは勝った）▶我方还~着一场球呢（われわれはまだ1試合勝っている）▶一次也没~过（1度も勝ったことがない）▶北京队~广东队（北京チームが広東チームに勝った）▶以少~多（少数をもって多数に勝つ）▶连~三局（3局続けて勝つ）

— 動結形の結果を表す要素になることができる。▶战~敌人（敵に打ち勝つ）▶我们打~了（われわれは勝った）▶这场球我们又踢~了（サッカーの試合にわれわれはまた勝った）

— 客語あるいは定語になる，固定的な語句の中に用いられることが多い。▶取~（勝ちを収める）▶不计~负（勝敗にこだわらない）▶打~仗（戦いに勝つ）▶稳操~券（勝利の確信がある）

[注意]名詞の客語をともなうとき，'北京队大胜联谊队'と'北京队大败联谊队'は同じ意味である。

❷一方に比べて優れている：後ろにしばしば'于・过・似'などをともなう。単独では述語にならない。▶事实~于雄辩（事実は雄弁に勝る）▶实际行动~过空洞的言词（実際の行動は空虚な言葉に勝る）▶这种酒不是茅台，~似茅台（この酒はマオタイではないが，マオタイより優れている）

【形容詞】優れて美しい（風物，境地など）：少数の固定的な語句の中に用いられる。▶~地（景勝地）▶~迹（有名な古跡）▶~境（名勝）▶~景（勝景）▶引人入~（人を引きつけて夢中にさせる）

胜² shèng

【動詞】引き受けられる，あるいは耐えられる：成語または熟語に用いられることが多い。▶~任（任に堪える）▶不~枚举（枚挙にいとまがない）▶数不~数（数え

きれない）

实际 shíjì（实际上）

【名詞】客観的に存在する事物あるいは情況。▶理论联系~（理論を現実と結びつける）▶~不是这么回事儿（実際はこういう事ではない）▶你也该讲点儿~（君も少し現実的に話すべきだ）▶一切从~出发（すべては実際の状況から出発する）

【形容詞】❶実際の，具体的な。

ⓐ定語と状語になる。▶谈谈~情况（実際の状況について話し合おう）▶有~困难（実際に困ることがある）▶举一个~的例子来说明（具体的な例を挙げて説明しましょう）▶应该~调查一番再作决定（1度実際に調査してから決めよう）▶措施必须~解决问题（措置は実際の問題を解決できるものでなければならない）

ⓑ述語と補語になる。▶你举的这个例子很~（君の挙げたこの例は具体的だ）▶这计划不太~（この計画は現実的ではない）▶存在的困难他谈得很~（存在する困難な問題について彼は具体的に語った）▶讲得精微~点儿，不要光说空话（空論ばかり語っていないで少し現実的に話してください）

❷事実と符合する。

ⓐ定語になる。▶人口增长过快，这是个~问题（人口の増加が速すぎるというのは現実の問題だ）▶这是一种不~的想法（これは実態にそぐわない考え方だ）

ⓑ述語と補語になる。▶他的话虽然很尖锐，但非常~（彼の言葉は厳しいが，言っていることは非常に現実的だ）▶脱离开现实问题就不~了（現実の問題から離れてしまっては事実に即さなくなる）▶计划要订得~才能完成（実態に即した計画を立ててこそ実行が可能なのである）

[注意]'实际'が述語あるいは補語になって「実質に重きを置く」の意味を表すときもある。▶现在的年轻人比我们年轻的时候~多了（今の若者はわれわれの若いときと比

べてずっと現実的だ）▶农民才～呢！（農民はとても現実的だ）▶多次失败后他才变得～了一点儿（何度も失敗を経験したあと，彼はようやく少し現実的になった）

【副詞】その実：述べられた事態が真実であることを表すが，逆説の意味を含む。動詞あるいは主語の前に用いる。▶听口音像北方人，实际他是上海人（発音は北方の人のように聞こえるが，その実彼は上海の人だ）▶他说是大学毕业，实际连高中也没念完（彼は大学卒業だと言っているが，実は高校さえ卒業していない）

〖实际上〗用法は'实际'【副詞】に同じ。

实际上 shíjìshàng ☞实际 shíjì

实行 shíxíng

【動詞】（綱領・政策・計画などを）行動で実現する。《付》了・着・过　名詞・動詞・節を客語にともなえる。

ⓐ实行＋名　～了新的管理办法（新しい管理方法を実施した）▶目前正～着新的计划（目下新しい計画を実行しているところだ）▶～过八小时工作制（8時間労働制を行ったことがある）▶～包修制度（修理保障制度を実施する）▶～优抚政策（軍人の家族に対する特別待遇政策を実施する）

ⓑ实行＋動　～按劳分配（労働に応じて配分する原則を実行する）▶～包产到户（生産請負制を実施する）▶～同工同酬（同一労働同一報酬を実行する）▶～轮流值班（順番に当直を行うことにする）

ⓒ实行＋箇　～经费包干（経費一括請負制を実施する）▶～文责自负（筆者文責制度を実施する）▶～人才交流（人材の交流を行う）

ⓓ客語にできる。▶这种办法大家都反对～（この方法の実行にはみんなが反対だ）▶新的规章制度近期内还不打算～（新しい規則と制度は今のところまだ実行する予定がない）

動結　实行得〈不〉了（liǎo）　实行できる〈できない〉。▶这样不切实际的计划根本实行不了（実態にそぐわないこうした計画はまったく実行不可能だ）

動趨　实行∥下去▶好的办法要继续实行下去（よい方法は引き続き実行する必要がある）

实行∥起来▶这些条文实行起来有困难（これらの条文は実行してみると問題がある）▶他们也实行起自产自销来（彼らも自分で作り自分で販売することを始めた）

实行∥到▶这种办法要实行到哪年哪月为止？（この方法はいつまで行うのですか）

实在 shízài

【形容詞】真実である，偽りでない。

ⓐ述語・補語になる。▶老张待人很～（張さんは誠実に人に接する）▶心眼儿～（正直だ）▶他这番话说得很～（彼は真実を話している）▶小李比他哥哥～多了（李さんはお兄さんよりずっと正直だ）

ⓑ定語・状語になる。▶他是个～［的］人（彼は正直な人だ）▶他有一身很～的功夫（彼は確かな腕を持っている）▶他很～地说（彼はうそ偽りなく話した）

ⓒ重ね型はAABB形式。▶学点实实在在的本领（確かなわざを学ぶ）▶他待人实实在在，从不要滑（彼は人との接し方が誠実で，これまでずるいことをしたことがない）▶实实在在为人家办点儿事（人のためにまじめに仕事をする）▶他说得实实在在，没有任何夸张（彼の話はまったくの本当で，いかなる誇張もない）

【副詞】❶本当に，確かに：事柄の真実性を強調する。▶大伙待我～太好了（みんなは私に実によくしてくれる）▶他病了，～坚持不住（彼は病気になり，どうしても頑張りきれない）▶我～不知道（私は本当に知らない）▶这～不是我的错（これは本当に私の間違いではない）

━ 重ね型はAABB形式。▶这实实在在不是我的错（これは本当に私の間違いで

はない）▶不是我想隐瞒，我是实实在在不知情（私は隠そうと思っているのではなく，本当に知らないのだ）

❷実は：前文を受けて逆接を表す。▶看上去很难，～不难（見たところむずかしそうだが，実はむずかしくない）▶要价很高，～没那么贵（値段をふっかけてはいるが，本当はそんなに高くはない）▶他说他懂了，～没有懂（彼はわかったと言っているが，実際はわかっていない）

十分 shífēn

【副詞】程度が高いことを表す：非常に。《書》

ⓐ十分＋形▶～复杂的问题（非常に複雑な問題）▶这些经验～宝贵（これらの経験はどれも非常に貴重だ）▶态度～亲切而又严肃（態度は非常にやさしく，かつまた威厳がある）

ⓑ十分＋動▶～喜欢（非常に好きだ）▶～感动（非常に感動する）▶～有意思（非常におもしろい）▶～伤脑筋（非常に頭を痛める）▶～沉得住气（非常に沈着冷静だ）▶～过意不去（まったく申しわけない）

比較 十分：非常 ☞非常 fēicháng

时常 shícháng（经常）

【副詞】事柄が1度ならず発生し，かつその間の時間的隔たりが短いことを表す。状語になる。▶他工作积极，～受到表扬（彼は仕事に積極的で，しばしば表彰されている）▶他身体很弱，～感冒（彼は身体が弱く，よく風邪をひく）▶这里的夏天～有台风（ここは夏よく台風がやってくる）▶我们～交换意见（我々はしょっちゅう意見を交換している）

〘经常〙副詞。'时常'と同じように使えるが，'经常'は恒常性を強調する。例えば▶房子要经常打扫才不会积满灰尘（部屋は常に掃除をしていないとほこりがたまってしまう）。'经常'にはそのほか形容詞の用法がある。定語のみに用い，日常的で，臨時ではないことを表す。▶经常费用（経常費）▶经常工作（日常の仕事）▶经常性（経常性）

时而 shí'ér

【副詞】時間的に一定せず繰り返し起こることを表す。《書》

ⓐ状語になる。▶楼下～有叫卖声传来（ビルの下からときどき物売りの声が聞こえてくる）▶～有几只天鹅在湖中栖息（時折数羽の白鳥が湖の中で休んでいる）▶夜空中～有彗星出现（夜空に彗星が現れることがある）▶～飘过来一阵花香（時折花の香りが漂ってくる）

ⓑ…したり…したりする。2つの異なる事柄が，一定の時間内に交互に起こることを表す。▶病人～清醒～昏迷（病人は意識がはっきりしたり，また遠のいたりしている）▶～高亢～轻柔的歌声（ときに高らかに響き渡りときに軽く柔らかく聞こえる歌声）▶孩子～老师～阿姨地叫个不停（子供は先生と呼んだり保母さんと呼んだりしきりに呼び続けている）▶老人变得～烦躁～麻木（老人はいらだったり無感動になったりするようになった）▶那盏灯～急速～缓慢地旋转着（その明かりは速く回ったりゆっくり回ったりしている）

时刻 shíkè（时时）

【名詞】時のある一点：主語・客語になる。▶幸福的～来到了（幸福な時がやってきた）▶严守～，准时到会（時間を厳守し，定刻に会議に出る）▶焰火在规定的～一齐发射（花火は決められた時間にいっせいに打ち上げる）▶在生命的最后～他安祥地微笑着（命の最後の時，彼はおだやかに微笑んでいた）

【副詞】時々刻々，たえず：状語になる。▶我们～准备着，拿起武器保卫祖国（我々は武器をとって祖国を防衛する用意を常に怠らない）▶他～不忘自己的职责

（彼は片時も自分の職責を忘れることはない）▶母亲的嘱咐他～记在心里（彼は母親の言いつけを心に銘記している）
━重ね型はAABB形式。▶他时时刻刻提醒自己要谦虚谨慎（彼は謙虚で慎み深くあれと常に自分に言い聞かせている）▶时时刻刻记在心里（いつも心に留めておく）

〖时时〗副詞。しょっちゅう，折につけの意味。'时刻'と同じに用いることもある。▶时时不忘自己的职责（片時も自分の職責を忘れない）▶时时记在心里（いつも心に留めておく）
━ただし，'时时'には「時々刻々」の意味はない。▶医生时时＜×时刻＞察看病人输血后的反应（医師はたびたび患者の輸血後の反応を注意深く観察した）▶这样的事情时时＜×时刻＞发生（このような事はたびたび起こっている）

时时 shíshí ☞时刻 shíkè

使 shǐ

【動詞】❶（人を）使う，用事を言いつける：《付》过《重ね型》人を指す名詞を必ず客語にともなう。▶这些事情都是我自己做，没有～过人（これらの事はみな私自身がしている，人を使ったことはない）▶他～人～惯了，自己什么也不会做（彼は人を使うことに慣れてしまって，自分では何もできない）

❷使う：《付》了・着・过《重ね型》名詞の客語をともなえる。▶你的笔借我～～（君のペンを私に貸して使わせてください）▶钳子我正～着呢！（ペンチは私がちょうど使っているところだ）▶我～锹，他～锄（私はシャベルを使い，彼はクワを使う）▶把劲儿都～完了（力をすべて使いきってしまった）▶～拖拉机耕地（トラクターを使って畑を耕す）

❸…せしめる，…に…させる，…に…してもらう：必ず兼語をともなう。▶他的技术～我佩服（私は彼の技術に感心させられた）▶这样才能～群众满意（このようにして初めて大衆を満足させられる）▶～落后变为先进，～先进的更加先进（遅れたものを先進的なものに変え，先進的なものはいっそう先進的なものにする）▶这话并不～人感到意外（人はこの話を決して意外だとは感じない）
━書き言葉では'使'を動詞の前に直接用いることがある。▶严格掌握政策，不～发生偏差（政策を厳格に実行し，偏向が生じないようにする）▶保证质量，～合于规定标准（品質を保証し，定められた規準に合わせる）

[動結] **使得**＜不＞了（liǎo）　使いきれる＜きれない＞。▶做一件上衣使不了这么多布（上着を1着作るのに，こんなに多くの布は使いきれない）▶这么多纸，我哪儿使得了？（こんなに多くの紙をどうして使いきれるだろうか）

使得　使うことができる。▶这支笔使得使不得？（このペンは使えますか）

使不得 ⓐ使うことができない。▶情况变了，老办法使不得了（状況が変わったのだから古いやり方はもう使えない）
ⓑいけない，だめだ。▶你一个人去可使不得（君1人で行ってはいけない）

[動趨] **使//上**▶有劲使不上（力があるのに使えない）▶我们早就使上天然气了（我々は早くから天然ガスを使っていた）

使出　必ず客語をともなう。▶使出了浑身的力气也搬不动（全身の力を出しても運べない）

使//出来▶劲儿还没使出来（力はまだ出していない）▶有劲儿使不出来（力があるのに使えない）

使起来　看着不起眼，使起来挺好使（見かけは悪いが，使ってみるととても使いやすい）

使得 shǐ·de

【動詞】❶ある結果を引き起こす。…に…

させる：必ず節を客語にする。▶他的一席话～我深为感动（彼の話に私は深く感動した）▶紧张的工作～他更加消瘦了（厳しい仕事に彼はさらにやせ細った）

― …が原因で、…を…させる。'使得'は無主語動詞。前に主語を置いてはならない。▶由于气候突然变化，～班机起飞时间推迟了三个小时（天候の急変で、飛行便の出発時間が定刻より3時間遅れた）

❷ 使ってもよい：否定形は'使不得'。▶这录音机～使不得？――～（このテープレコーダを使ってもよいですか――よろしい）

❸ よろしい，大丈夫だ：否定形は'使不得'。▶这办法倒～（この方法は案外いける）▶没人照顾小孩，那可使不得（子供の世話をする人がいないなんて、それはだめだ）

始终 shǐzhōng

【副詞】最初から最後までずっと変わらないことを表す。▶正确的意见我们～支持（正しい意見は終始支持する）▶从春种到秋收，农村干部～在生产第一线劳动（春の種まきから秋の収穫まで、農村の幹部は常に生産の第一線で働く）▶我～认为，还可以节省一些人力（もう少し人力を節約できるといつも思っている）▶开工以后，机器运转～很正常（工事を開始して以来，機械の作動はずっと正常だ）

― 否定形に対してよく用いる。▶～不屈服（終始屈服しない）▶～不脱离群众（常に大衆から遊離しない）▶～不明确（終始不明確だ）▶～看不见（終始見えない）▶～没来（ずっと来たことがない）▶～没请过假（ずっと休暇を取ったことがない）▶～没有丧失信心（終始信念を失わなかった）

[比較] 始终：一直 ① '始终'はふつうすべて'一直'に置き換えられる。

② '一直'の後ろの動詞は時間を表す語句をともなえる。'始终'の後ろの動詞は不可。▶大雪一直下了三天（大雪は3日間も降り続いた ×大雪始终下了三天）▶我一直等到十二点（12時までずっと待っていた ×我始终等到十二点）▶从他走后一直到现在，都没来过信（彼が行ってからずっと今に至るまで手紙がこない ×从他走后始终到现在）

③ '一直'は未来を指せる。'始终'は不可。▶我打算在这儿一直住下去（私はここにずっと住み続けるつもりだ ×我打算在这儿始终住下去）

势必 shìbì

【副詞】情勢に基づいて「必ず…となるはずだ」と推量する。《書》

ⓐ 势必＋動／形 ▶原材料涨价～提高成本（原材料が値上がりすれば必然的に原価が上がる）▶人口增长过快～影响生活水平的提高（人口の増加が速すぎると必然的に生活水準の向上に影響する）▶一出兵，局势～紧张（ひとたび出兵すれば、情勢は必ず緊張する）▶不严格规章制度～酿成事故（規則と制度に厳格でなければ、必ず事故を引き起こすことになる）▶结果～如此（結果は必然的にかくのごとくなる）

ⓑ 势必＋助動　助動は'会・要・得(děi)'などに限られる。▶背后议论～会影响团结（裏であれこれ言うと必ず団結に影響する）▶包围这个据点，敌人～得派兵增援（この拠点を包囲すれば、敵は必ず増援の兵を出すはずだ）▶看样子你～得亲自去一趟了（どうやらあなたがみずから行かざるをえないようだ）

[比較] 势必：必然 ① '势必'を用いる箇所にはすべて'必然'を用いることができる。その逆はできない。'势必'は'必然'のⓒⓓの用法のみ。

② '势必'は情勢が発展した必然的な結果で、社会生活の面に用いることが多い。▶水加温到了沸点必然〈×势必〉变成水蒸气（水は加熱して沸点に達すると必然的に水蒸気に変化する）

是 shì

【動詞】主に認定と結びつけの機能をにない，あわせてさまざまな関係を表せる。述語の主要部分は'是'の後ろである。否定には'不'のみを用いる。

❶ 主+是+名　主になれるのは名詞・動詞・'的'を用いた句および節である。

ⓐ 等しいことを表す。ふつう'是'の前後は互いに入れ替えられる。意味は変わらない。▶《阿Q正传》的作者～鲁迅（『阿Q正伝』の作者は魯迅である）▶鲁迅～《阿Q正传》的作者（魯迅は『阿Q正伝』の作者である）▶他最佩服的～你（彼の最も敬服しているのは君だ）▶你～他最佩服的（君は彼が最も敬服している人だ）▶现在半斤不～八两了（今では半斤が8両ではなくなった）

ⓑ 分類を表す。名は類を表す。'是'の前後を入れ替えることはできない。▶我～北京大学中文系的学生（私は北京大学の中国文学科の学生です）▶鲸鱼～哺乳动物（クジラは哺乳動物だ）▶你说的～将来的事（君が言っているのは将来の事だ）▶他们俩～好朋友（彼ら2人は親友だ）

ⓒ 特性・材料を表す。主語は名詞に限る。'是'の後ろの名はふつう修飾語を必要とする。ときには'是'を省略してもよい。▶这小孩［是］黄头发（この子供は赤毛だ）▶他［是］山西人（彼は山西の人だ）▶阳历七月～最热的天气（太陽暦の7月が最も暑い気候だ）▶他们队的马～这种枣红色儿的，我们队的也～［枣红色儿的］（彼らの隊の馬はこの栗毛で，我々の隊のもそうだ）▶人家～丰年，我们～歉年（あちらさんは豊作，こっちは不作だ）▶那两套茶具都～唐山瓷（あの2セットの茶器はどちらも唐山製の磁器だ）▶围墙不～砖墙，而～密密的柏树（囲いはレンガべいではなく，密生させたコノテガシワだ）

ⓓ 存在を表す。主語はふつう場所を表す語である。この'是'は'有'に近い。▶山坡上全～栗子树（山の斜面はすべて栗の木だ）▶靠墙一排书架（壁ぎわは本棚が1列になっている）▶他满身～泥（彼は全身泥だらけだ）▶遍地～鲜花（いる所花ばかりだ）▶屋里屋外全～人（部屋の中も外も人があふれている）▶这叫杜鹃花，一到春天，这儿遍地都～（これはツツジと言って，春になるとここら一面がこれでいっぱいです：名詞はすでに前に出ているので，'是'の後ろには繰り返さない）

—'净'があるとき，'是'を省略できる。▶身上净［是］泥（体中泥だらけだ）▶山上净［是］酸枣树（山はどこもかしこもヤマナツメの木だらけだ）

ⓔ 所有を表す。主語は名詞に限る。'是'は'有'に近い。省略してもよい。▶这张桌子［是］三条腿（このテーブルは3本脚です）▶我们［是］一个儿子，一个女儿（私たちの家は息子1人と娘1人だ）▶老王［是］一只胳臂（王さんは片腕だ）

ⓕ その他の関係を表す。▶人～铁，饭～钢（人は鉄，めしは鋼：たとえ）▶角色就这么定吧，你～大春，她～喜儿（配役はこうしよう，君が大春，彼女が喜児：配役）▶他还～一身农民打扮，跟原先一样（彼はまだ農民の身なりをしている，昔と同じだ：身なり）▶一份客饭～五块钱（定食1人前5元：費用）▶火车从北京开出～早上五点（汽車が北京を出発するのは午前5時だ：時刻）▶我们两个村子，一个～河东，一个～河西（私たちの2つの村は1つは川の東，もう1つは川の西にある：位置。必ず2つの節を並列する）▶民主和科学～社会发展的总趋势（民主と科学は社会が進むべき根本の方向である：評価）▶以前手提肩扛，现在～水运陆运一起上（昔は手で提げたり肩にかついだりしていたが，今では水陸両方で運送している：手段。必ず2つの文を並列する）

ⓖ 主+是+動+的+宾　すでに実現した状況を認定する。'是'を省略できる。▶我

[是] 昨天买的票（私は昨日切符を買ったのです）▶他［是］用凉水洗的脸（彼は冷たい水で顔を洗ったのです）▶我们～看的话剧，不～看的电影（我々は新劇を見たのであって、映画を見たのではない）

❷主＋是＋…的 以下の@ⓑⓒの多くは'的'の後ろの名詞を省いていると理解してよい（実際には言わないことが多い）。

ⓐ主＋是＋名＋的 所有や材料を表す。▶这本书～谁的？（この本は誰のですか＝谁的书）▶《琵琶行》～白居易的（『琵琶行』は白居易の作品だ＝白居易的作品）▶这房子～木头的（この家は木造だ＝木头的房子）

ⓑ主＋是＋動／形＋的 分類を表す。▶我～教书的（私は教師だ＝教书的人）▶那个骑自行车的不～送信的（あの自転車に乗っている人は郵便配達の人ではない＝送信的人）▶马路两边～看热闹的（大通りの両側は野次馬だ＝看热闹的人）▶这批货～新出厂的（この製品は新しく工場から出荷したものだ＝新出厂的产品）▶今天做的都～好吃的（今日作ったものはすべておいしいものばかりだ＝好吃的食品）▶衣服～旧的（服は古いものだ＝旧的衣服）▶这条鱼～新鲜的（この魚はきのいいやつだ＝新鲜的鱼）

ⓒ主＋是＋節＋的 分類を表す。主は節中の動詞の動作の対象である。▶这本书～他前年写的（この本は彼がおととし書いたものだ＝他前年写的书）▶香蕉～他最爱吃的（バナナは彼が最も好きなものだ＝他最爱吃的水果）▶那封电报～家里发来的（あの電報は家から打ってきたものだ＝家里发来的电报）

ⓓ主＋是＋動＋的 主についての描写や説明を表す。強調する意味合いがある。ふつう否定文には用いない。動詞の前にはふつう修飾語がある。'是'は一般に省略できる。▶我［是］不会开这种拖拉机的（私はこの手のトラクターは運転できない）▶他［是］一定愿意去的（彼はきっと行きたいんだ）▶书～有的（本はある）

ⓔ主＋是＋形＋的 主についての描写あるいは説明を表す。強調する意味合いがある。ふつう否定文には用いない。形はふつう前に修飾要素をとるか、あるいは重ね型になる。一般に'是'を省略できる。▶他的手艺［是］很高明的（彼の腕はすばらしい）▶鱼［是］挺新鲜的（魚はとても新鮮だ）▶里面外面全［是］闹哄哄的（中も外もすべてさわがしい）▶天空［是］湛蓝湛蓝的（空は青くすみわたっている）—— 形は修飾要素をとらない場合もある。▶身上虽冷，心里～暖的（体は寒いが、心の中は暖かい）▶他的交往～广的（彼の交際範囲は広い）▶事先提醒～必要的（事前に注意を促すことが必要だ）

ⓕ是＋{節＋的} 節の主語を強調する。動詞は非継続的な動作を表すものを用いる。'是'の前には主語を置けない。否定文には用いない。▶～谁告诉你的？（誰が君に言ったのか）▶～我关掉收音机的（私がラジオを切ったのです）▶～你把车子摔坏的吗？（君が自転車を倒して壊したのか）

❸…的＋是＋名／動／節 述語を強調する。▶说的正～你（話しているのはまさに君のことだ）▶批评的就～他（批判しているのはまさしく彼のことだ）▶麻烦的～他生病来不了（面倒なことに彼が病気にかかって来られない）▶他活着为的～关心别人（彼の生きる目的は他人に思いやりをかけるためだ）▶可惜的～把时间全浪费了（おしいことに時間をすべてむだにしてしまった）▶可恨的～在别人困难的时候，他却抱这样的态度（腹が立つのは人が困っているときに、彼がこんな態度をとることだ）▶值得庆幸的～在这次事故中没有伤人（幸いなことに今度の事故で負傷者は出なかった）

❹主＋是＋動／形／節 弁明の気持ちを含む場合がある。

ⓐ等しいことを表す。後ろが動のとき、主

はさまざまの形式をとれる。後ろが形のとき，ふつう主は'这・那'になる。▶我们的任务～守卫大桥（我々の任務は橋を守ることだ＝守卫大桥～我们的任务）▶她最喜欢的不～当运动员（彼女が最も望んでいることは選手になることではない）▶这～演戏，不～真的（これはお芝居であって本当のことではない）▶这～鲁莽，不～勇敢（これは無謀というもので勇気ではない）▶那～大错，不～小错（それは大きな間違いであって，小さなミスではない）

ⓑ説明をする。弁明の気持ちを含むことがある。'是'はときに省略可。▶你不表态就～同意（あなたが態度を表明しないのは賛成ということだ）▶李大夫看这种病～看一个好一个（李医師はこのような病気を診ては次から次へと治していく）▶屋子里不～太冷而～太热（部屋の中は寒すぎるのではなく，暑すぎるのだ）▶我～逼上梁山，没别的办法（追いつめられてやったのだ。ほかに方法がなかった）▶这眼睛已经画了两回，头一回～太小，第二回～太大（この目はすでに2回描いたが，最初は小さすぎ，2度目は大きすぎた）▶我～有事，不～偷懒（私は用事があるのであって，怠けるのではない）▶他今天～真生病，不～假生病（彼は今日は本当に病気なんだ，仮病ではない）

ⓒ原因や目的を表す。'是'の後ろには'因为・由于・为了'を付けてもよい。▶字写成这样，～［因为］钢笔不好使（字を書いたらこのようになったのは，万年筆が使いにくいせいだ）▶他犯错误～［因为］平时太骄傲了（彼が間違いを起こしたのはふだんから傲慢だからだ）▶好好的一次郊游搞成这样，都～你！（楽しいピクニックがこうなったのは，みんな君のせいだ）▶开这个会不～［为了］走走形式，～要真正解决问题（この会を開くのは体裁をつくろうためではなく，真に問題を解決するためだ）▶我之所以要再三重复这个问题，～想引起大家重视（この問題を再三繰り返して言うのは，みんなに重視してもらいたいからだ）

ⓓ認定を表す。'是'を強く読むときは省略できない。'的确'（確かに），'实在'（本当に）の意味を含む。▶昨天´冷，一点不假（昨日は実に寒かった，まったく本当だ）▶他手艺´很高明，做出来的东西就是不一样（彼は腕がいいから，彼の作るものは違う）▶我们的战士´是很英勇（わが兵士は非常に勇敢だ）▶没错儿，他´是走了（そのとおり，確かに彼は行ってしまった）

——'是'を強く読まないときは省略してもよい。ふつうの認定を表す。▶我［是］问问，没有别的意思（たずねてみただけです，他意はありません）▶一路上，大家［是］又说又笑，毫无倦意（道中みんなはペチャクチャおしゃべりをし，少しも疲れを見せない）▶这么干我［是］一百个拥护，一千个赞成（こうすることについては，私は何といっても断固擁護し，賛成する）▶他笑得［是］那样甜，那样可爱（彼のほほえみはとてもあどけなくてかわいい）形が修飾要素をとらないときは，ふつう'是'をすべて強く読む。

❺主＋是＋介… よく用いる介は'在・冲着・按照・依照・为了'などである。▶我最后一次见到他～在上海（最後に彼に会ったのは上海だった）▶你这样做～按照谁的意图？（君がこうするのは誰の意図によるものか）▶我这样做决不～为了我自己方便（私がこのようにするのは決して自分の都合からではない）

❻是＋節 事柄の真実性を強調する。'是'の前にはしばしば'都・正・就'などの語を用いる。▶～我们解决了这个难题（我々がこの難題を解決したのだ）▶正～劳动群众创造了人类历史（まさに労働者大衆が人類の歴史をつくったのだ）▶都～我不好，把他惯成了这样（彼を甘やかしてこのようにしてしまったのは，すべて私が悪い）▶不～我讲错了，～他记错了（私

が言い間違えたのではなくて彼の記憶違いだ）▶不～衣服太瘦，～你太胖了（服が小さすぎるのではなくて，君が太りすぎなんだ）

—'是'の後ろは無主語文でもよい。▶～下雨了，不骗你（ほんとに雨が降ってきた，うそじゃない）▶～要换季节了，树上都出芽了（季節がもうじき変わるんだ，木の芽がもう出ている）

—'是'の前に'这・那'を主語として置いてもよい。指示の働きをするが，実質的には'这・那'があってもなくても同じである。▶［那］～谁来了？——［那］～小华来了（向こうから来るのは誰かな——華さんです）▶［这］～谁这么乱扔西瓜皮？（スイカの皮をこんなに投げ散らかしたのは誰だ）▶［这］都～我不好，把他惯成了这样（彼を甘やかしてこのようにしてしまったのは，すべて私が悪い）

❼ '是'の前後に同じ語句を用いる。

ⓐ A 是 A(1)　対にして用いる。2つのものが違っていて一緒に論じられないことを強調する。▶我哥～我哥，我～我，两码事儿（兄は兄，私は私で別だ）▶往年～往年，今年～今年，不会年年一个样儿（以前は以前で今年は今年だ，毎年同じであるはずがない）▶这个人言行不一，说～说，做～做（この人は言行不一致で，言うこととすることが違う）

ⓑ A 是 A(2)　並列。'地道'（本物だ），'不含胡'（立派だ，見事だ）を表す。▶他演得真好，眼神儿～眼神儿，身段～身段，做派～做派（目の表情といい，身のこなしといい，身ぶりといい，彼の演技はまったくすばらしい）▶你想吃什么就有什么，四川味儿～四川味儿，广东味儿～广东味儿（四川風の味といい，広東風の味といい，君の食べたい物は何でもある）

—ときには前に動詞を置くことがある。最初のAはその客語になる。'是'の前には'就'を付けてもよい。▶这孩子画得好，画老虎～老虎，画大象～大象〈…画个老虎，就像个老虎…〉（この子供は絵を描くのが上手だ，虎を描けば虎にそっくりだし，象を描けば象にそっくりだ）▶他说话是算数的，说什么就～什么（彼の話は確かなもので，言ったことは何でも実行する）

ⓒ A 是 A(3)　単独で用いる。事物の客観性を強調する。'是'の前にしばしば'总・就・到底'などの語を用いる。▶事实总～事实，那是否认不了的（事実は何といっても事実であって，それは認めないわけにはいかない）▶不懂就～不懂，不要装懂（わからないことはわからないこととし，わかったふりをしてはいけない）

—さらに文頭に'是'を付けて，2つの節に変えられる。▶～什么问题，就～什么问题，不夸大也不缩小（問題の内容はありのまま出し，誇張も縮小もしない）

ⓓ A 是 A(4)　単独で用いる。譲歩を表す。'虽然'（…ではあるが）の意味を含む。後節にはふつう'但是・可是・就是'などの語がくる。▶亲戚～亲戚，可是原则不能不讲（親戚には違いないが，原則を重視しないわけにはいかない）▶他们俩吵～吵，但是从来不动真火（彼ら2人は口げんかはするが，これまで本気で怒ったことはない）▶东西好～好，就是价钱太贵（品物の質はいいが，値段が高すぎる）▶他瘦～瘦，可从来不生病（彼はやせてはいるが，これまで病気をしたことがない）

ⓔ A_1 是 A_2　A_1とA_2の中心部分は同じ。譲歩を表し，'虽然'（…ではあるが）の意味を含む。逆接を表す文に用いる。▶你呀，心～好心，就是话说得过头些（君はね，善意からなんだろうが少し言いすぎだ）▶听～听清楚了，可是记不住（はっきり聞いたことは聞いたんだが，覚えられない）▶睡～睡下了，可是怎么也睡不着（横になるにはなったが，どうしても寝つかれない）▶便宜倒～挺便宜，只是颜色不好看（安いことはとても安いんだが，ただ色がよくない）▶意见嘛，有～有一点，但是不想说（意見は少しあるにはあるが，

言いたくない）▶他早走了，赶～赶不上了（彼はとっくに行ってしまって，今では追いつこうにも追いつけない）

ⓕ動＋A＋是＋A　Aは数量詞。「無理強いできない」意味を表すことが多い。▶走一步～一步，慢慢来（1歩歩いたらそれだけ進んだことだ，ゆっくりやりなさい）▶种一块～一块，总比不种强（多少の面積でも植えれば植えたことになる。何といっても植えないよりましです）▶过一天～一天这种混日子思想可不对呀！（毎日その日暮らしで何となく過ごしていくといった考えはまったく正しくない）▶给多少～多少，决不计较（くれる分をもらうだけで，決してとやかく言わない）

━ 積極的な意味を持つこともある。じっくり着実に実行することを表す。▶走一步～一步，离目的地近一步（1歩進めばそれだけ目的地に1歩近づく）▶种一棵～一棵，十年以后你瞧！（1本でも植えればそれだけ植えたことになる。10年後を見ていてくれ）

❽是＋图,…　'是'は'凡是'（…であるものはすべて）の意味。文の前節に用いて条件を表す。後節は結果を表す。ふつう'就'を用いてつなぐ。名詞が1音節または2音節のときはポーズを置かない。▶～学生都应该学习（学生たるものはすべて勉強しなければならない）▶～青草都可以做饲料吗？（緑の草であれば，すべて飼料になりますか）▶～什么种子，就开出什么花（種はそれぞれそれなりの花を咲かせる）▶～什么样的老师，就教出什么样的学生（教師は，みずからの資質に応じて学生を育てるものである）

━ 次の例は文型に多少の変化があり，意味もいくぶん異なる。▶～什么就说什么，不要有顾虑（何でも言いなさい，気がねしなくてもよい）

❾問いと答え。

ⓐ諾否疑問文には以下のような形式がある。▶你～工人［吗］？（あなたは労働者ですか）▶你不～工人吗？（あなたは労働者ではないのですか）▶你～工人不～？（あなたは労働者ですか）▶你～不～工人？（あなたは労働者ですか）▶你～明天去游泳［吗］？（あなたは明日泳ぎに行くのですか）▶你～不～明天去游泳？（あなたは明日泳ぎに行くのですか）▶你明天去游泳～不～？（あなたは明日泳ぎに行くの）▶～不～你明天去游泳？（あなたは明日泳ぎに行くの）

ⓑ選択疑問文の形式は'还是…还是…？''是…还是…？''…还是…？''是…是…？'。▶今天谁去？还～你去还～小王去？（今日は誰が行くの，君が行くの，それとも王さん？）▶你现在～学英语还～学法语？（君はいま英語を勉強しているの，それともフランス語？）▶你的表走得快还～慢？（あなたの時計は進むほうですか，それとも遅れるほうですか）▶这件事～真～假，谁也搞不清（この事が本当かうそかは誰もはっきりわからない）

ⓒ諾否疑問文に対する答えは，'是［的］'あるいは'不是'を用いる。▶你是司机吗？——～（あなたは運転手ですか——はい）▶你是新来的吗？——～的（あなたは新しく来た人ですか——そうです）▶那是图书馆吗？——不～（あれは図書館ですか——いいえ）▶你是不是去游泳？——不～（あなたは泳ぎに行くのですか——いいえ）

ⓓ選択疑問文に答えるときは疑問文の一部を繰り返す。ふつう'是'を用いない。▶你现在～学英语还～学法语？——学英语（あなたはいま英語を学んでいますか，それともフランス語ですか——英語です）▶你的表走得快还～慢？——快（あなたの時計は進むほうですか，それとも遅れるほうですか——進むほうです）

━ '是'を用いた完全な文で答えることもある。▶你～上海人还～苏州人？——我～苏州人（あなたは上海の人ですか，それとも蘇州の人ですか——私は蘇州の人間で

す)
━ 答えが疑問文の質問内容を越えることもある。▶你现在～学英语还～学法语？——学日语(あなたはいま英語を勉強しているのですか、それともフランス語ですか——日本語を勉強しています)▶你的表走得快～慢？——不快也不慢(あなたの時計は進むほうですか、それとも遅れるほうですか——進みも遅れもしません)
ⓔ'是'を用いた疑問文に答えるほか、'是'はその他の応答に用いられる。例えば'是'を用いない疑問文や相手の話を受けて言うときなどである。▶你明白了吧？——～，明白了(わかりましたか——はい、わかりました)▶你为什么要离开呢？——～啊，我当初要是不走该多好！(あなたはなぜ離れなければならなかったのか——そうなんだ、あのとき、もし離れなければどんなによかったか)
━ 否定を表すには'不'を用いる。'是'を用いた疑問文に答えるとき以外は'不是'は用いない。▶你就走吗？——不，我还要住几天(あなたはすぐ行ってしまうの——いやまだ何日か泊まるつもりだ)▶你要去找他！——不，我不去(彼に会いに行くのか——いいえ、行きません)

[慣用句] **有的是** 数が多いことを表す。▶钱有的是，但是不能乱用(金はいくらでもあるが、めったやたらに使ってはいけない)▶我们村里有的是壮劳力(我々の村には丈夫な働き手がたくさんいる)

多的是 '有的是'に同じ。▶像他这样的技术能手还多的是！(彼のように腕のいい人はまだたくさんいる)

一是一，二是二 「まじめだ」「いいかげんでない」意味を表す。▶他处理任何问题，都一是一，二是二，绝不马虎(彼はいかなる問題を処理する場合でもきちんとしていて、決していいかげんではない)

丁是丁，卯是卯 '一是一，二是二'に同じ。

是否 shìfǒu

【副詞】…ではないか、…かどうか：《書》
ⓐ疑問文に用いる。'是否'は一般に動詞の前に置く。主語の前に用いてよいこともある。文末に'呢'を置ける。▶你的身体～比以前好些了？(以前に比べて体の具合が少しよくなったのではありませんか)▶他～也来参加？(彼も参加するんですか)▶～他也来参加？(彼も参加するのですか)▶这个结论～有科学根据呢？(この結論には科学的な根拠がありますか)
ⓑ客語節や主題節に用いる。これらの文は疑問文ではない。▶我不知道他～同意我们的意见(彼が我々の意見に同意するかどうか知らない)▶他～已经认识到并～愿意改正错误，我还不清楚(彼がすでに過ちを認めたのか、そしてそれを改めようとしているのか、まだよくわからない)▶这个意见～正确，还需要通过实践来检验(この意見が正しいか否かは実践を通じて検証するべきだ)

[注意] '是不是'は後ろに名詞的要素を置けるが'是否'は不可。▶是不是他？(彼ではないか ×是否他？)

似的 shì·de

【助詞】名詞・代詞・動詞の後ろに用い、比喩あるいは状況が似ていることを表す。《書》'是的'とも書く。前にはふつう'像・仿佛・好像'などの語を用いる。
ⓐ [名]＋似的 ▶小张一阵风～跑回来(張さんは風のように駆け戻って来た)▶人群海潮～涌了过来(群衆は潮のようにどっと押し寄せてきた)▶他的话像利刀～刺伤了我的心(彼の言葉は鋭い刃物のように私の心を突き刺した)▶碎纸飞得雪片～(細かい紙切れが雪のように舞った)▶他们像老朋友～交谈着(彼らは古くからの友人のように語り合っている)▶这种材料像棉花～又白又软(この材料は綿花のように白くて軟らかい)▶一个个淋得像落汤

鸡～（誰も彼もスープの中の鶏のようにずぶぬれだ）
ⓑ代＋似的　ふつう「互いに似ている」ことを表し、比喩は表さない。不確定なものを指す疑問代詞'什么'に'似的'を加えると比喩の意味を持ち、ふつうは補語になる。疑問代詞の場合を除いて、前には'像'を必要とする。▶你怎像他～满口脏话（あなたはなぜ彼のように下品な言葉ばかり使うのか）▶他也像我～常开夜车（彼も私と同じようにしょっちゅう徹夜する）▶你看他目中无人的样子，［像］谁～（眼中人なしといった彼の態度を見てごらんなさい，まるで誰かさんみたいだこと）▶你看他急得［像］什么～（ほら、彼のあの慌てている様子ったら）▶珍珍高兴得什么～，连饭也顾不得吃了（珍珍はうれしくてたまらず、ご飯を食べることさえ頭になくなっている）
ⓒ動／形＋似的　主として，状況が似ていることを表す。「…のようだ」が，実際は「そうではない」または「そうとは限らない」ことを表す。▶他像喝醉了酒一跌跌撞撞（彼は酒に酔ったかのようによろめいている）▶哥儿俩都着了魔～（兄弟2人はまるでものに憑かれたかのようだ）▶他十分痛苦～闭上了眼睛（彼はひどくつらいかのように目を閉じている）▶他惊恐万状，好像就要大祸临头～（彼はまるで大きな災いでもふりかかってきたかのようにひどく驚き取り乱している）▶他仿佛刚醒过来～（彼はまるで目覚めたばかりのようだ）
注意 '似的'が単音節の語（前に'像'を持たない）の後ろにつく場合，間にふつう'也'を置く。▶他飞也～跑过来（彼は飛ぶように駆けてきた）▶鸟儿一展翅箭也～飞去了（鳥は羽を広げると矢のように飛んで行った）

首先 shǒuxiān

【副詞】❶時間的に一番早く，一番早く：動詞を修飾する。▶参军他～报名（軍隊には，彼が一番先に志願した）▶开会他～发言（彼は会議で最初に発言した）▶～到达工地（最初に工事現場に到着した）▶～要办的事情（最初に処理すべき事）

❷1番目に挙げる。ふつう事柄を列挙するのに用いる。後ろには'其次・第二・然后'などが呼応することが多い。
ⓐ首先＋動▶他～是个科学家，其次才是个文学家（彼はまず第1には科学者であり，次に文学者である）▶这本书适宜广大教师阅读，～适宜文科教师阅读（この本は広範な教師が読むのに適しているが，まず第1には文科の教師に適している）▶批评是针对我们的，～是针对我的，然后才是你们（批判は我々に向けられているのだ，まず第1には私を，その次があなたがただ）
ⓑ文頭に用いる。後ろにはふつう'第二・其次'などが呼応する。▶～，要品德好，第二，要有才能（まず第1に人徳にすぐれていること，第2に能力のあることが必要だ）▶～，事实还不清楚，其次，证据还不充分（まず，事実がまだはっきりしていない，次に証拠がまだ不充分である）

手 shǒu

【接尾語】ある特技や技術を持っている人を指す。名詞を構成する。
ⓐ名＋手▶水～（水夫）▶舵～（舵取り）▶机枪～（機関銃手）▶坦克～（戦車兵）▶拖拉机～（トラクター運転手）▶多面～（多方面の能力を持つ人）
ⓑ形＋手▶好～（腕のたつ人）▶副～（助手）▶老～（ベテラン）
ⓒ動＋手▶选～（選手）▶打～（用心棒）▶能～（腕きき）▶射击～（射撃手）▶操作～（操作員，オペレーター）▶吹鼓～（婚礼・葬儀の楽隊員，おべっか使い）

受 shòu

【動詞】❶受ける：《付》了・过　客語に

名詞・動詞・節をともなえる。▶～礼（贈り物を受ける）▶～气（いじめられる）▶新华社～权发表声明（新華社は権限を委ねられ声明を発表する）▶～了夸奖（ほめられた）▶～过多次表扬（何度も表彰された）▶我们组～老王领导（我々の組は王さんの指導を受けている）▶他一定是～坏人指使（彼はきっと悪い奴にそそのかされているんだ）

― '受'の後ろが'欢迎・鼓舞・感动・称赞・教育・启发'などのとき'很'を'受'の前に加え修飾できる。▶听了这个消息，大伙很～鼓舞（このニュースを聞いて、みんなは大いにふるいたった）▶这种新产品很～群众欢迎（この新製品は大衆から歓迎されている）

❷被害を受ける：《付》了・着・过　名詞・動詞を客語にともなえる。兼語文に用いてもよい。▶～灾（災いをこうむる）▶～罪（つらい目にあう）▶～压迫（圧迫される）▶财产～了一些损失（財産がいささか損害をこうむった）▶～人埋怨（人のうらみをかう）▶他～了老师批评（彼は先生にしかられた）

[動結] 受得〈不〉了 (liǎo)　耐えられる〈耐えられない〉。▶风沙太大，出去受不了（風とほこりがひどくて、外出はつらい）

受得〈不〉住　耐えられる〈耐えられない〉。▶病人太虚弱，动手术恐怕受不住（病人はひどく弱っており、おそらく手術にはもちこたえられまい）

[動趣] 受得〈不〉起　耐えられる〈耐えられない〉。▶既要受得起表扬，也要受得起批评（賞讃を受けるのみでなく、批判にも耐えなくてはならない）▶你怎么一点儿委曲也受不起？（君はどうして少しの不満もがまんできないの）

受到▶商店送菜上门，受到群众欢迎（商店は食料を家庭まで届けて大衆から喜ばれている）

数
shǔ

【動詞】❶数や順序を数える：《付》了・着・过《重ね型》名詞の客語をともなえる。▶小明～着天上的星星，怎么～也～不清（明ちゃんは空の星を数えていますが、どうやっても数えきれません）▶行李我～过了，大小二十三件（荷物はぼくが数えたが、大小合わせて23個ある）▶你～～，有几张单据（数えてみてください、書き付けが何枚ありますか）▶从东往西～，第四个门就是他家（東から西に数えて4番目の入口が彼の家だ）▶你把来信～一～，记个总数（君、来た手紙を数えて総数を書いておきなさい）▶你～得很准确，一点不差（君はまったく正確に数えたね、間違いなしだ）

❷順序としていちばん先になるもの、あるいは最も優秀なものを指す。

ⓐ数＋序数▶要说吹笛子，小刘～第一（笛なら劉くんが第一人者だ）▶小陈的成绩，在班上不～第一，也～第二（陳くんの成績はクラスで1，2を争うほどだ）

ⓑ数＋[名]　'数'の前に'要'を付けることが多い。▶这几种动物中，最有趣的要～小松鼠，爬在树上眼睛直转（これら数々の動物のうちいちばんおもしろいのはリスだろう。木に登って目をくりくりさせている）▶小华想，最可爱的要～熊猫了（華ちゃんはいちばんかわいいのはパンダだと思っている）

ⓒ数＋[節]▶论年龄，～我大：论个子，要～老周最高（年齢なら私がいちばん上だが、背丈について言えば周さんが最も高い）▶英语～他好（英語は彼が最もよくできる）▶吹笛子～小刘第一（笛なら劉くんがいちばんだ）▶这几个孩子里头，要～小芳最有出息（この何人かの子供たちの中で芳ちゃんがいちばん見込みがある）▶在班里，成绩～他最差（クラスで彼が最も成績が悪い）

[注意] '数＋[名]＋序数'は'[名]＋数＋序数'としてもよい。意味は同じ。▶吹笛子～小刘第一（笛を吹くことなら劉くんがいちばんだ

=吹笛子小刘～第一）

— '数'の後ろが'名+動／形'のときは名を'数'の前に移せない。▶要～小芳最有出息（芳ちゃんがいちばん見込みがある ×小芳要～最有出息）

— 動／形に'的'をつければ、名詞を'数'の前に移して主語としてもよい。意味は同じ。▶要～小芳最有出息（芳ちゃんがいちばん見込みがある、いちばん見込みがあるのは芳ちゃんだ＝最有出息的要～小芳）

動結 **数错了** **数少了**

数//清▶草原上一群群数不清的牛羊（草原には数えきれないほどの牛や羊が群をなしている）▶你说，天上的星星数得清吗？（君、空の星が数えきれると思うかい）

数好 数え終わる。▶查汉字笔画索引，要先数好字的笔画，再按起笔顺序查找（漢字を画数索引で調べるには、まず画数を数えて、それから起筆の形の順に従って探す）

数得〈不〉着（zháo） 比較的優れている〈優れていない〉。▶班其他是数得着的篮球选手（クラスでは彼はバスケットボールの屈指の選手である）▶论下围棋，可数不着我（囲碁では私などとるに足りません）

動趨 **数下来**▶从最初的母本数下来，这是第五代杂交品种（最初の雌株から数えれば、これは雑種第5代ということになる）

数//下去 数え続ける。▶小张耐心地，一页一页地数下去（張くんは忍耐強く1ページずつ数え続けた）▶心里烦躁，数不下去了（心が動揺して数え続けられなくなった）

数//出来 列挙する。▶他把知道的事情一件一件都数了出来（彼は知っていることを1つ1つ並べあげた）

数得〈不〉过来 数えて結果を出すことができる〈できない〉。▶经常来的就这几个人，扳着指头也数得过来（しょっちゅう来るのはこの数人だけだから、指を折って数えきれるくらいだ：とても少ないことを示す）▶小红刚学数数儿，到'十'以上就数不过来了（紅ちゃんは数の数え方を覚えたばかりで、10以上になるとわからなくなってしまう）

双 shuāng

【形容詞】❶2つで対をなす、2種の：一般に単音節の名詞を修飾する。《×付》的まれに動詞を修飾することもある。▶～手（両手）▶～脚（両足）▶～人床（ダブルベッド）▶～方谈判（双方が交渉する）▶～季稻（2期作米）▶粮食、棉花～丰收（穀物・綿花どちらも豊作だ）

❷偶数の：単音節の名詞を修飾する。▶～数（偶数）▶～号（偶数番号）

❸2倍の：単音節の名詞を修飾する。▶～料（材料をふつうの量の倍使った製品）▶～份儿（2人前）

【量詞】左右対称をなす体の部分や器官、対で使われる物（身につける物が多い）に用いる。▶一～手〈脚、眼睛〉（両手〈両足・両眼〉）▶一～鞋（1足の靴）▶两～袜子（2足の靴下）▶还要一～筷子（はしがもう1膳いります）

注意 2つの同じ部分がつながって1つになっているものには'双'を使えない。▶一条裤子（ズボン1本 ×一双裤子）▶一副眼镜（眼鏡1つ ×一双眼镜）▶一把剪刀（はさみ1つ ×一双剪刀）

比較 双：对¹①体や器官に関係のないものには'对'を用い、'双'は使えない。▶一对金鱼（1つがいの金魚 ×一双金鱼）▶一对花瓶（1対の花瓶 ×一双花瓶）▶一对矛盾（1つの矛盾 ×一双矛盾）

②'眼睛・翅膀'には'双''对'のどちらを用いてもよい。▶一双〈对〉眼睛（両方の目）▶一双〈对〉翅膀（1対の翼）

③'对'には名詞用法がある。《儿化》'双'にはない。▶这两只手套可以配成一对儿（この片方ずつの手袋は1組になる ×配成一双）

谁 shuí;shéi

【代词】❶どの人かを問う。単数でも複数でもよい。

ⓐ主語となる。▶～是你们的班长？（誰が君たちのクラス委員ですか）▶刚才～来找我了？（いま、誰が私を訪ねて来たの）▶你们当中～见过陨石？（君たちの中で隕石を見たことがあるのは誰か）▶昨天晚上～没关灯就走了？（昨日の夜、電灯を消さずに帰ったのは誰だ）

ⓑ客語となる。▶你们知道他是～？（君たち彼が誰だか知っている？）▶这么多人只能去一个，你打算选～？（こんなにたくさんのうち行けるのは1人ですが、あなたは誰を選ぶつもりですか）▶这次去庐山游览的都有～？（今回誰と誰が廬山旅行に行くのですか）

ⓒ名詞を修飾する。《付》的 親族の呼称の前に用いるときは'的'を付けなくてよい。▶这是～的意见？（これは誰の意見ですか）▶～的书？（誰の本なの）▶比一比～的贡献大？（誰の貢献が大きいか比べてごらんなさい）▶他是～[的]哥哥？——我哥哥（彼は誰のお兄さんですか——私の兄です）

❷不明確な人を指す。知らない人や姓名を言う必要がない人、言えない人を含む。▶在院子里你没碰见～吗？（庭で誰かに会わなかったかい）▶不问～是～非就乱批评是不对的（誰が正しく誰が間違っているかをはっきりさせずに人を批判するのは正しくない）▶今天没有～给你打电话（今日どなたからも電話がありませんでした）▶会场里好像有～在抽烟（会場で誰かタバコを吸っているようだ）

❸不定を表す。すべての人を指す。

ⓐ'也・都'の前や'不论・无论・不管'の後ろに用いる。言及の範囲で例外のないことを表す。▶～也不知道他哪儿去了（誰も彼がどこに行ったのか知らない）▶全组十个人，干起活儿来～都不甘落后（1組全員10人、仕事をさせては誰1人遅れをとるような者はいない）▶～也不知道雨是什么时候下起来的，～也不知道是什么时候停的（誰も雨がいつ降って、いつやんだのかわからなかった）▶不论＜无论，不管＞～都得遵守制度（誰であろうと制度は守らなければならない）

ⓑ2つの'谁'を前後で呼応させる。2つの'谁'は同じ人を指す。▶～先到～买票（先に来た人から切符を買う）▶大家看～符合条件，就选～当厂长（みんなは誰が条件にかなっているかを見て工場長に選出する）▶～想好了～回答我的问题（答えがわかった人から答えなさい）

—ときには2つ目の'谁'を'他'にしてもよい。▶～能力强，就让他做班长（能力が優れている者に班長をやらせる）▶大家看～符合条件，就选他当车间主任（みんなは条件の適している人を職場主任に選ぶ）

ⓒ2つの'谁'が異なる人を指す。否定文に用いることが多い。▶他们俩～也不比～差（彼ら2人はどちらも劣る所がない）▶他们几个人过去～也不认识～（彼らは以前はお互いに知らなかった）

|慣用句| **谁知道** 意外であることを表す。（＝不料）▶看样子他并不强壮，谁知道却得了举重冠军（彼はちっとも頑強そうには見えないのに、重量挙げで優勝するなんて）

顺 shùn

【形容詞】方向が同じ，条理にかなっている。▶～水（流れに沿う）▶风是～风，帆船疾驰而下（風は追い風，帆かけ船は走るように下って行く）▶文章内容不错，只是字句不～（文章の内容は立派だが語句が整っていない）

【動詞】❶方向を同じにする，秩序・筋道を持たせる：ふつう《重ね型》▶把这些竹竿～一～，不要横七竖八的（これらの竹ざおをそろえなさい、バラバラに置いてはだめだ）▶书架上的书全乱了，得～一～

（本棚の本がごちゃごちゃになっている，整理しなくては）▶这一段文字还要～～（この段落はもっと文章を整える必要がある）

❷従順に振る舞う，従う：必ず'着'を付けて用い，客語をともなう。▶别什么都～着他（何でもかんでも彼の言う通りになってはいけない）

❸かなう，順調にいく：大半が単音節の名詞と共に固定した動客句を構成する。▶看着～眼（見た目がよい）▶吃着很顺口（とても口あたりがよい）▶工作很～手（仕事がとても順調に進んでいる）▶这事儿办得不～他的心（この件は彼の気にいるように行われていない）

【介詞】通過する道筋を示す。ふつう'着'をともなう。▶～墙爬（壁を登る）▶～河边走（川べりを歩く）▶～着大路一直往东（大通りに沿ってずっと東へ向かう）▶雨水～着帽沿直流（雨が帽子のへりからしたたる）

ⓐ後ろにくる名詞句が長いときは必ず'着'を付ける。▶～着一排红砖大楼走到头，就是我们学校（1列に並んだ赤レンガの建物に沿って行くと，その先が私たちの学校です）▶雪橇～着冰雪覆盖的山坡飞快地滑行（そりが雪におおわれた山の坂道を飛ぶようにすべって行く）

ⓑ後ろが単音節の名詞のときは大半が固定した語句である。▶～口而出（口をついて出る）▶～手关门（出がけ・入りがけに戸を閉める）▶～路去看看老刘（道すがら劉さんに会いに行く）

注意 '顺口・顺手'はどちらも2通りの意味を持つ。【動詞】❸と比較せよ。'顺路去看老刘'の'顺'は介詞。'要先去你家再去找老刘就不顺路了'（先に君の家へ行ってから劉さんを訪ねると道順が逆になる）の'顺'は動詞。

比較 顺：沿 '沿'は抽象的意味の「道」にも用いる。'顺'は不可。▶沿着改革的方向前进！（改革に向かって前進しよう）

说 shuō

【動詞】❶言葉で意志を伝える：《付》了・着・过《重ね型》客語に名詞・動詞・形容詞・節をともなう。▶我已经～过了，不～了（すでに言ったから，もう言いません）▶你也～～（君も言いなさいよ）▶他～得很有道理（彼の言うことはもっともだ）▶你还～不～？你不～我～（君はまだ話さないの，君が言わないならぼくが話そう）

ⓐ '话'またはその同類の語を客語とする。▶～话（話をする）▶～实话（本当のことを話す）▶～空话（絵そらごとを言う）▶～大话（ほらを吹く）▶～真心话（本心を述べる）▶～俏皮话（皮肉を言う，からかう）▶～漂亮话（きれいごとを言う）▶～话算话（言ったことに責任を持つ）从来没～过一句假话（これまで一言もうそを言ったことがない）▶～了这话可是要兑现的（こう言った以上実現させなければならない）▶一边儿～着话，一边儿收拾东西（おしゃべりしながら，かたづけものをする）

ⓑある言語や方言を客語とする。それらの言語や方言を使って話すことを表す。▶～英语（英語で話す）▶～日语（日本語で話す）▶～外语（外国語で話す）▶～普通话（標準語で話す）▶～上海话（上海語で話す）

ⓒ客語が，話される人や事物を指す。▶～一件事（ある出来事を話す）▶～一个故事（物語を話す）▶～一段相声（漫才をする）▶～几个笑话（いくつか笑い話をする）▶正～着你，你就来了（君のうわさをしていたところに君が来た）▶我们在～老陈，没～你（ぼくたちは陳さんのことを話していたんだ，君のことなんか言っちゃいないよ）

ⓓ客語が話の内容を指す。▶我～去，他～不去（私は行くと言い，彼は行かないと言う）▶他～～太甜了，不好吃（彼は甘す

ぎておいしくないと言っている)▶老李~小黄已经考上大学了(李さんが言うには黄くんはすでに大学に合格したそうだ)▶气象预报~,明天有六七级大风(天気予報では明日風速15メートル前後の大風が吹くと言っている)▶联合公报~,两国政府将进一步加强科学技术合作(共同コミュニケは,両国政府が科学技術の協力をよりいっそう強化することを表明している)
ⓔ说+在〈给〉▶这话简直~在我的心坎儿上了(この話はとても胸にしみた)▶咱们先把话~在头里,往后可不能翻悔(まず話を頭の中に入れておこうじゃないか,あとでそんな事なかったなんて言いっこなしだよ)▶有什么好消息,~给我们听听(何かいい知らせがあったら私たちにも話して聞かせて)

[慣用句] 说是　他人の言葉を伝えることを表す。▶说是同学,不知道他们是哪儿的同学(同じ学校の学生だというが,彼らがどこの学生だかわからない)▶他要请几天假,说是有急事要回家一趟(彼が何日か休みをとるのは,急用で1度帰省しなければならないためだそうです)

说的是　相手の話に同感したことを表す。その通り。▶她可是个好姑娘——说的是呀!(彼女は本当によい娘だ——まったくだよ)

我说呢　「突然わかった,にわかに悟った」の意味を表す。▶我说呢,他好像有什么事儿,原来是这样!(そうだったのか,彼は何かわけありげだったが,こういうことだったのか)

❷責める,批判する:《付》了・着・过《重ね型》必ず名詞の客語をともなう。▶我已经~过他了(ぼくはもう彼をしかった)▶爸爸~他几句(お父さんは彼を二言三言たしなめた)▶你明知道他这么做不对,也不~~他(君は彼のこんなやり方が間違っているのをよく知っていながら,何も言わないなんて)▶把他~了一顿(彼を1度しかりつけた)▶他正~着她呢,你别过去(彼はいま彼女をしかりつけているところだから行ってはいけない)

[動結] 说//清　说//明白　说//清楚

说不得　言ってはいけない〈言えない〉。口に出せない。▶这种话可说不得!(こんなことは口にしてはいけない)

[動趨] 说//上▶还没说上两句话,火车就开了(一言言ったか言わないうちに汽車は発車した)▶问他的人太多,我一句话也说不上(彼に聞こうとする人が多すぎて,ぼくは一言も口を出せなかった)

说得〈不〉上ⓐ(よく知っているかどうかによって)言える〈言えない〉。▶我跟他认识多年了,在他面前还说得上话(ぼくは彼とは長いつき合いだから,彼の前でもものを言える)▶他是哪个学校毕业的我可说不上(彼がどこの学校を出ているか私は知らない)▶这东西说不上是好是坏(この品がいいか悪いかわからない)
ⓑある程度に達している〈達していない〉:必ず動詞・形容詞を客語にともなう。▶我跟他认识,可说不上熟悉(ぼくは彼を知っているが,親しいとまではいかない)

说//上来▶跑得直喘气,一句话也说不上来(走って息を切らして言葉が出てこない)

说//下去　続けて話す。▶我听着,你接着说下去(聞いているから続けて話しなさい)

说//出　必ず客語をともなう。▶话一说出口,他就觉得不太妥当(言葉が口をついて出るや,彼は適切でないと感じた)▶亏你说得出这样的话!(君ともあろう人がこんなことを言い出すとは)

说//出来▶有什么想法就直截了当地说出来(何か思うところがあったらざっくばらんに言ってください)▶你怎么说出这种胡涂话来(なぜこんなばかげたことを言い出すんですか)

说//出去　人に話す,言いふらす。▶这件事你可别说出去(このことは絶対に人にしゃべらないように)

说回来　話を戻す,1歩退いて言う。▶

话又说回来了，就是你接到电报马上动身，也来不及了（1歩譲って君が電報を受け取ってすぐ出発したとしても，やはり間に合わなかっただろう）

说起 ▶说起这事儿，我还有意见呢！（この件について言うなら，まだ言いたいことがあるんだ）

说起来 ▶他说起话来声音有些沙哑（彼は話すとき，やや声がしわがれる）▶怎么又说起这件事情来了？（どうしてまたこの事を言い出したの）

说开 ⓐ言い始める。▶他又滔滔不绝地说开了（彼はまた次から次へとしゃべりまくった）

ⓑ意見をはっきり述べる。▶有什么话当面说开了好，别存在心里（何か言いたいことがあったら面と向かって言ったほうがよい，腹の中に残しておいてはだめだ）

说到 ▶上次说到刘备三请诸葛亮，今天接着往下说（前回は劉備が諸葛亮に三顧の礼を尽くしたところまでお話ししました。今日はその続きをお話ししましょう）▶句句话都说到我心坎上了（1つ1つの言葉が私の胸にこたえた）

私下 sīxià（私自）

【副詞】❶裏で，内密に：状語になる。'私下里'とも言う。

ⓐ動詞の前に用いる。▶咱们～商量一下（我々は内密にちょっと相談しよう）▶他～跟我说过（彼はひそかに私に話した）▶有话当面说，不要～乱说（話があるなら面と向かって言いなさい，陰であれこれ言ってはならない）▶他想～里解决，我看不行（彼はこっそり解決しようとしているが，それはよくないと思う）

ⓑ主語の前に用いる。'私下里'と言うことも多い。▶～里他跟我透露了真情（彼は私にこっそり本心を漏らした）▶～里他俩交情很深（彼ら2人は個人的に親密な間柄だ）▶～里他常常暗自叹息（彼はよく陰でこっそりため息をついている）

❷個人的に行う，関係部門や大衆の討議などを経ないこと：ふつう動詞の前にのみ用いる。▶是打官司还是～调解？（裁判にかけるのかそれとも示談にするのか）▶这件事咱们～了结了吧（この件については，我々が個人的に決着をつけよう）▶买卖外汇不能～进行（外貨の売買は個人的にやってはならない）▶这笔钱他们～分了，那怎么成？（彼らはその金を自分たちで勝手に分けてしまったが，そんなことが許されるか）

〖私自〗'私下'の❷の用法に近い。'私自'には個人的に行う事柄が違法である，または規則や制度に違反するという意味がある。▶他不该～收下现金（彼は裏で現金を受けとるべきではない）▶这是公物，不能～拿走（これは公のものだ，勝手に持ち去ってはならない）▶我国法律规定不能～携带枪支（わが国の法律では個人的に銃器を携帯してはならないと決められている）

私自 sīzì ☞私下 sīxià

丝毫 sīháo

【量詞】極めて少ない量を表す：ふつう抽象名詞あるいは2音節動詞を修飾する。否定文にのみ用いる。▶不受～［的］影响（いささかも影響を受けない）▶不出～［的］差错（少しの間違いも起こさない）▶没有～［的］防备（少しの防備もない）▶不见～踪影（影も形もない）▶不许有～［的］改变（いささかの変更も許されない）▶没有～［的］松动（わずかの緩みもない）▶不能有～［的］大意（いささかの不注意もあってはならない）

【副詞】いささかも，すこしも，ちっとも：否定文にのみ用いる。

ⓐ丝毫+動▶财产～不受损失（財産はいささかも損失を蒙らなかった）▶～不能说明问题（問題を少しも説明できない）▶～不受影响（少しも影響を受けない）▶～

不见动静（少しも動きが見えない）▶～不隐瞒（いささかも隠しだてをしない）
ⓑ 丝毫＋形▶我的表走得很准，～不快（私の時計は正確で，少しも進んでいない）▶办事～不马虎（物事の処理をいささかもいいかげんにしない）▶～不差（わずかの差もない）

比较 丝毫：一点儿①'丝毫'は否定文にのみ用いる，'一点儿'はこの限りではない。②'丝毫'はふつう具体名詞を修飾しない，'一点儿'はこの制限を受けない。▶没一点儿水（少しの水もない ×丝毫的）

死 sǐ

【動詞】❶生命を失う，死亡する：《付》了▶他母亲～了（彼の母親が死んだ）▶这棵桃树～了（この桃の木は枯れてしまった）▶为人民利益而～，就比泰山还重（人民の利益のために死ぬことは泰山よりもさらに重い意味を持つ）
ⓐ死んだ人・物を表す名詞を'死'のあと，または介詞'把'の後ろに置ける。▶村里～了一条牛（村で牛が1頭死んだ）▶我七岁就～了父亲（7歳のときに父が亡くなった）▶她去年把个独生子～了，非常伤心（彼女は去年たった1人の子供を亡くし非常に悲しんでいる）
ⓑ死＋于；死＋在 後ろに時間や場所を表す語を置いてもよい。'于'は文章に限る。▶生于一九〇三年，～于一九七八年（1903年に生まれ，1978年に死んだ）▶因病～于广州（病気のため広州にて死す）▶他父亲～在海外（彼の父親は国外で亡くなった）
❷消失・消滅・死滅化・出口のないことなどをたとえて言う。《付》了 名詞の客語をともなえる。▶心还没～（まだあきらめてはいない）▶还没～心（まだ断念していない）▶你就～了这条心吧（そういう考えは捨てなさい）▶拉丁语是一种已经～了的语言（ラテン語はすでに死語となった言語である）▶你这棋已经～了（君のこの駒はもう死んでいる）
動結 死掉 死得〈不〉了 (liǎo)
動趨 死过去 気絶する。▶痛得死过去了，好一会才苏醒过来（痛みのあまり気絶し，しばらくしてやっと意識が戻った）
死去 すでに亡くなった。▶怀念死去的亲人（すでに亡い身内をしのぶ）

【形容詞】❶すでに亡くなった：名詞のみを修飾する。▶～人（死人）▶～狗（死んだ犬）▶～老虎（死んだ虎）
❷活動・流通・発展・移動を停止した：名詞のみを修飾する。▶～火山（死火山）▶一潭～水（深くてよどんだ水：変化がないたとえ）▶～胡同（袋小路）▶～路一条（出口なし）▶～面（水でこねただけの小麦粉：発酵しないパン種を指す）
❸相和することのない：名詞のみを修飾する。▶～敌（不俱戴天の敵）▶～对头（和解しえない相手）
❹しゃくし定規だ，固定的，融通がきかない。▶～结（こま結び）▶～心眼儿（固執してあきらめない）▶～功夫（必死の努力）▶～记硬背（まる暗記）▶～盯着我干嘛？（じっと私を見つめて，何だっての）▶你的脑筋太～了（君の頭は固すぎる）▶不要把问题看得太～（問題をしゃくし定規にとらえすぎてはいけない）
❺生命を捨ててかかる：単音節の動詞のみを修飾する。▶～战（決死の戦い）▶～守（死守する）▶～拼恶斗（生命をかえりみず勇猛に戦う）
❻断固として：動詞の否定形のみを修飾する。▶～不承认（絶対に承認しない）▶～不认输（何としても負けを認めない）▶～不开腔（死んでも口を割らない）▶～不认错（どうしても過ちを認めようとしない）
❼動結形の結果を表す要素となる。
ⓐ死亡したことを示す。'得・不'を挿入できる。▶打～（打ち殺す）▶杀～（殺す）▶烧～（焼け死ぬ）▶病～（病死する）▶饿～（飢え死にする）▶庄稼全给糟蹋

~了（作物がみんなだいなしにされてしまった）
ⓑ「動かない」「改まらない」「働きを失う」などの意味を表す。大半は'得・不'を挿入できる。▶水沟已经填~了（溝はもう埋めてしまった）▶要把漏洞堵~（穴をふさがなくては）▶后窗已经钉~，打不开了（裏窓はもう釘づけにしてしまったので開かない）▶开会的时间要定~（会議の時間を固定してしまおう）▶别把话说~了（決めつけるように話をしてはいけない）
ⓒ極限に達したことを表す。'得・不'を挿入できない。文末に助詞'了'をともなうことが多い。▶忙~了（最高に忙しい）▶闹~了（非常にさわがしい）▶高兴~了（非常にうれしい）▶笑~人了（何ともおかしい）▶气~我了（まったくしゃくにさわる）▶恨~他了（彼がにくくてたまらない）
注意ⓐⓒ両方の意味を持つ動結形の例もある。▶他爹是在旧社会做长工，活活地累死的（彼の父親は解放前は作男をしていたが、無惨なことに疲労の余り死んだ＝因累而死）▶一口气游了一千米，累死了（一気に1000メートル泳いだので疲れ果ててしまった＝累极了）▶这盆花儿干死了（この鉢植えの花は枯れた＝因干而死）▶嘴里干死了（口の中がかわききってしまった＝干极了）

慣用句 要死 「極限に達する」意味を表す。'得'を用いた文の中で補語となる。▶忙得要死（忙しくてたまらない）▶急得要死（ひどくあせる）▶恨得要死（にくみきっている）▶高兴得要死（たまらなくうれしい）

该死 憤りやにくしみを表す。▶该死的孩子，又把屋里搞得乱七八糟的！（しょうがないガキだ、また部屋中めちゃくちゃにして）▶真该死，把钥匙锁在屋子里了（何てこった、鍵を部屋に置いたまま閉めてしまった）

送 sòng

【動詞】❶運送する，届ける：《付》了・过　名詞の客語をともなえる。▶~货上门（品物を家まで届ける）▶给他~了个信儿（彼に手紙を届ける）▶今天~了两车煤进城（今日車2台分の石炭を町へ運んだ）▶把小孩儿~走（子供を送って行く）▶把东西~到他家里去（品物を彼の家に送り届ける）

ⓐ送＋给▶把报表~给老陈汇总（統計報告表を陳さんに渡して集計する）▶文件~给秘书室（書類を秘書室に届ける）▶~文件给秘书室（書類を秘書室に届ける）
ⓑ送＋往▶钢筋~往一〇五工地（鉄筋を第105作業現場に運ぶ）▶名单已经~往学校（名簿はもう学校に渡した）

❷贈る，プレゼントする：《付》了・过　二重客語またはその中の一方の客語をともなえる。▶我~你一首诗（君に詩を1首贈ろう）▶钢笔我~小华了（万年筆は華くんにあげてしまった）▶舅舅把手表~我了（おじさんが腕時計をぼくにくれた）

— 人を指す客語は'给'を用いて導入してもよい。▶我~给他一首诗（彼に詩を1首贈った）▶钢笔我~给小华了（万年筆は華くんにあげてしまった）▶舅舅把手表~给我了（おじさんが腕時計をぼくにくれた）▶我~了一套茶具给他（彼に茶器を1セット贈った）

❸見送る，別れる人を送って行く：《付》了・过《重ね型》名詞の客語をともなえる。▶大娘要走，你去~~她（おばさんがお帰りになるから、おまえ送って行きなさい）▶~了客人回来，已经十一点了（客を送って戻ると、もう11時だった）▶他把我一直~到了家（彼は私を家まで送ってくれた）

— 兼語をともなえる。▶~他上火车（彼が汽車で行くのを見送る）▶我要~小孩进幼儿园（子供を幼稚園に連れて行かなければならない）

動結 送//走　送多了　送少了
動趨 送//上▶送上拙作两篇，请指教

（拙作2篇お送りいたします。よろしくご教示願います）

送下▶这种丸药要用黄酒送下（この種の丸薬は老酒と共に服用する）

送∥到▶电报已经送到了（電報はもう届いた）▶把这封信送到他家里（この手紙を彼の家に届ける）

算 suàn

【動詞】❶計算する：《付》了・着・过《重ね型》名詞の客語をともなえる。▶～账（勘定する，けりをつける）▶～钱（お金を数える）▶～了几道算术题（算数の問題を何題か解いた）▶多难的题他也会～（どんなにむずかしい問題でも彼には解ける）▶已经把房钱～清了（もう部屋代は清算した）▶这笔账咱们得跟他～（このあと始末は，いつかきっとあいつにつけさせてやらなくちゃ）▶他～题～得快（彼は問題を解くのが速い）

— '算'が「金を取る」意味を表すこともある。二重客語をともなえる。また金銭を指す客語をともなう。▶只～茶叶钱,不～水钱（お茶の葉代は取るが，お湯代は取らない）▶光～你们的车费, 别的全免了（君たちの交通費だけ取り，あとは全部免除しよう）▶这个～五块钱吧（これは5元もらおう）▶这点东西～了我十八块钱（こんな物に18元も取られた）

❷数に入れる：名詞の客語をともなえる。▶～上我,一共是十个人（ぼくも入れると全部で10人だ）▶他没参加, 不能把他～在里边（彼は参加しなかったから，数の中に入れられない）▶不～利润, 光成本是五块（利潤を含めずコストだけで5元だ）

❸推測する：名詞・節を客語にともなえる。▶～命（運命を占う）▶～卦（八卦を見る）▶能掐会～（占いにたけている）▶我～准了你今天要来, 专门给你准备了一瓶茅台（今日君が来ることを見越していたから，君のために茅台酒を1本用意しておいたよ）

❹…とみなす，…とする：後ろに'是'を用いてもよい。

ⓐ算+名▶我～什么模范, 比人家差远了（ぼくが何の模範なものか，ほかの人よりずっと劣っているのに）▶谁做的～谁的（作った人のものとする）▶这一大堆～两斤吧（この1山は2斤としておこう）▶这点外伤不～回事（これっぽっちの傷など取るに足りない）▶老王应该～是一个好同志（王さんはいい人だと言うべきだ）▶从今天起, 咱们～是一家人啦（今日からはぼくらは身内みたいなものだ）

ⓑ算+動▶有板有眼才～是唱（拍子がとれていてこそ歌っていると言えるのだ）▶怎能说偷书不～偷呢？（本を盗むことは盗みのうちに入らないなどとどうして言えようか）▶这件事总～办得不错（この件はどうやらうまくいったようだ）▶这回～是弄明白了（今度ははっきりしたと言える）▶你～是打听对了, 你问的这个人我很熟（私に聞いたのは正解だ，この人を私はよく知っているんだ）

ⓒ算+形▶年纪虽然大了, 身体还～结实（歳はとったが体はまだ丈夫だと言ってよい）▶这里不～太冷（ここはそんなに寒くないほうだ）▶杜鹃鸟在四川不～稀奇（ホトトギスは四川ではめずらしくない）▶鲥鱼才～是又鲜又嫩呢！（ヒラコノシロこそおいしくてやわらかい魚だと言える）

ⓓ算+節▶今天～我请客, 你们都别客气（今日はぼくがおごるから，君たちは遠慮するな）▶～我糊涂, 竟自忘了送送他（私はうっかりしてたよ，彼を送るのを忘れるなんて）▶这回可～你们走运, 没碰上下雨（今回は君たちの運がよかったのだ，雨に降られなかったんだからね）

❺就+算［是］+節 譲歩を表す。たとえ…でも。▶就～是你很细心, 恐怕有时候也不免要出点差错（あなたがどんなに注意を払っても，ときには間違いを避けられないだろう）▶就～你事先知道, 又有什么用呢？（君が事前に知っていたとしても，

それが何になるだろうか）▶就～下上三天雨，那又有什么关系呢？（たとえ雨が3日続くにしても，それが何だと言うのだ）
❻（効力を持つことを）認める：客語は'话・数'などの若干の語のみ。▶说话～话（言ったことは守る）▶说一句～一句（言ったことは守る）▶不能说了不～（言っておいてホゴにしてはいけない）▶大伙儿决定了～，不能听一个人的（みんなで決定したことならそれでよい。1人だけの意見に左右されてはいけない）
❼算+節 「比較してみて…がいちばんだ」の意味を表す。▶我们班里，～他年纪最小（私たちのクラスでは彼がいちばん年下です）▶周围几百里，～这一带土地最肥（周囲数百里のうちこの一帯の土地が最も肥えている）
❽算+了 やめにする。▶你真是想去呢，还是说说～了？（君は本当に行きたいの？ それとも言ってみただけなの？）▶我看～了吧，别往下说了（そこまでにしておきなさい。もう言いなさんな）
動結 算∥好 算∥清 算∥清楚
算得〈不〉了 (liǎo) 数のうちに入る〈入らない〉。▶这点小毛病算不了什么（これっぽっちの欠陥どうってことないよ）
動趨 算上 加える。▶算上你也不过八个人（君を入れてもたった8人さ）
算得〈不〉上 …とみなすことができる〈できない〉。▶他算得上一个人材（彼は有能な人材だと言える）
算∥上来 結果を算出する。▶那道四则应用题到底让我算上来了（あの四則の応用問題はやっと答えを出すことができた）
算下来 計算し終える。▶一个月收支算下来略有盈余（1か月の収支を計算すると少し黒字が出た）
算∥出 結果を算出する：必ず客語をともなう。▶算不出结果（結果が出ない）
算∥出来▶这题我算出来了（この問題の答が出ました）
算起来ⓐ計算を始め，かつ続けて行う。

▶他又算起账来了（彼はまた金勘定を始めた）
ⓑ計算を行う。▶他算起账来真是一清二楚（彼が計算をすると少しもあいまいな所がない）
算［起］来 文頭にのみ用いる。▶算起来在这儿已经住了二十五天了（数えてみるともうここに25日もいることになる）▶算来还不到立春，怎么就这么暖和？（考えてみるとまだ立春にもなっていないのに，どうしてこんなに暖かいんだろう）

虽 suī ☞虽然 suīrán

虽然 suīrán（虽・虽然・虽说是）

【接続詞】譲歩。一方の事実を認めながら，それゆえに他方が成り立たないわけではないことを表す。
ⓐ文の前節に用いる。主語の前でも後ろでもよい。後節はふつう'但是・可是・还是・仍然・可・却'などを呼応させる。▶～他说确有其事，但是我不相信（彼は事実だと言うが，ぼくは信じない）▶我～很喜欢诗词，可是不会写（ぼくは詩が好きだが書くことはできない）▶～是盛夏季节，山上还是很凉爽（真夏だといっても山の上はとても涼しい）▶这孩子～年龄不大，懂得的事情可不少（この子は年端もゆかないのに物事がよくわかっている）▶事情本身～不是什么大事情，但是因为带有普遍性，所以还是值得重视（この事自体はたいしたことではないが，普遍性を持っていることなので，やはり重視すべきだ）
ⓑ'虽然'を文の後節に用いる。必ず主語の前に置く。前節に'但是・可是'を用いてはいけない。《書》▶太原尚无回信，～我已经三次去电催问（太原からまだ返事がない，私が3回も電報を打って催促したのに）▶我仍然主张尽快动手术，～保守疗法也有一定疗效（私はやはり早急に手術を行うことを主張します。薬などによる治療法にも多少の効果はありますが）

〖虽〗 '虽然'に同じ。主語の後ろにのみ用いる。《書》 ▶事情虽小，影响却极大（事は小さかったが、波紋は極めて大きかった）

〖虽说〗〖虽说是〗 '虽然'に同じ。《口》 ▶虽说他有些不愿意，可还是去了（彼はいささか気が進まなかったが、やはり出かけた） ▶虽说是房间小一点，可是挺干净（部屋は少し狭いが、とてもきれいだ）

比較 虽然：尽管：即使 ☞即使 jíshǐ
虽然：固然 ☞固然 gùrán

虽说 suīshuō ☞虽然 suīrán

虽说是 suīshuōshì ☞虽然 suīrán

随 suí

【動詞】❶つき従う：《付》着　必ず名詞の客語をともなう。▶他们已经～大伙儿一起走了（彼らはもうみんなについて行ってしまった） ▶～着经济建设高潮的到来，必将出现文化建设的高潮（経済建設の高まりにつれて文化建設の高まりも訪れるに違いない）

❷任せる、…しだいだ：必ず名詞の客語をともなう。無主語文によく用いる。'随'の前に動詞句や節を置くことが多い。▶去不去～你（行くか行かないかは君しだいだ） ▶他愿意要哪本，～他（どの本が欲しいかは彼が決めることだ） ▶这几样～你挑（この中から好きなものを選びなさい） ▶不要理他，～他说去（彼にかまうな、言いたいように言わせておけ） ▶五块钱一张票，～你坐多少站（切符1枚5元です、どこまで乗ろうとご自由です）

随便 suíbiàn

【形容詞】❶範囲や数量の面で制限がない。▶咱们～谈谈（我々は気楽に話し合おう） ▶买什么，买多少，你～（何をどのくらい買うかは、あなたのいいようにしなさい） ▶你～吃～拿（ご自由に食べたり取ったりしてください） ▶你参加不参加～（参加するかしないかはあなたの自由です） ▶不能～表态（軽率に態度を表明してはならない） ▶这种谈话方式很～（こういう話し合いのやり方は制約がなくて気楽だ）

— ある人の行為に制限を加えないことを'随某人[的]便'と言う。▶参加不参加随你[的]便（参加するかしないかはあなたの自由だ） ▶谈不谈，谈什么，都随赵教授的便（話をするかどうか、何を話すかは趙教授におまかせする）

❷都合のよいようにやる、あまり深く考えない。▶婚姻大事，你也太～了（結婚という大事について、君はあまりにも簡単に考えすぎている） ▶到我家～一点儿，不要太拘谨（そう堅苦しくならず、うちでは気楽になさってください） ▶我说话很～，请你不要见怪（私はざっくばらんに話す人間ですから、気を悪くしないでください） ▶上课时怎么能～走出走进（授業中に勝手に出たり入ったりしてはならない） ▶别在书架上～乱翻（本棚の中をむやみにいじりまわしてはならない）

— 重ね型はAABB形式。前にはふつう'这么·那么'を用いる。▶跟别人谈话他总是那么随随便便（彼はいつもあんなふうに気軽に人と話をする） ▶开玩笑也要有分寸，哪能这么随随便便（冗談にも程度というものがある、こんな言いたい放題が許されるものですか） ▶正式场合不许这么随随便便（改まった場面でこんな気ままな態度は許されない） ▶他这种随随便便的态度要改一改（彼のこういう勝手な態度は改める必要がある）

【接続詞】…を問わず、…にかかわりなく：必ず名詞あるいは節を客語にともなう。《口》いかなる条件のもとでも結果や結論が変わらないことを表す。文中にはふつう選択関係を示す並列成分がある。文中にはふつう'也·都·总'などの語が呼応して用いられる。▶真也好，假也好，～你说什么，我一概不信（本当だろうと嘘だろう

と，あなたが何を言っても私はいっさい信じない）▶~你去还是不去，她都不在意（あなたが行こうが行くまいが，彼女は気にかけない）▶芭蕾舞也好，民族舞也好，~什么舞蹈他都爱看（バレエでも民族舞踊でも，彼は踊りなら何でも見るのが好きだ）▶有不懂的地方，~什么时候来问我都可以（わからないところがあれば，いつ聞きにおいでになってもかまいません）▶~你怎么批评他也不生气（あなたがどう彼を批判しても彼は怒らない）

随后 suíhòu（随即）

【副詞】ある事柄が別のもう1つの事柄のあとに続いて発生する：後ろにはふつう'就・又・也・再・才'などの語が共に用いられる。

ⓐ随后+動▶你先走一步，我~就到（一足お先に行ってください，私はあとからすぐ行きます）▶先解决他的事，你的事~再说（まず彼の件を解決して，あなたのことはそのあとにしましょう）▶他唱了两支歌，~又表演了口技（彼は歌を2曲歌い，そのあとまた声帯模写を演じた）▶我送生病的同学上了医院，~才来上课的（私は病気の友人を病院に送ってから，授業に出たのです）▶~发生的事情出乎意料（そのあとに起こったことは思いもよらないものだった）▶张院长~也发表了意见（引き続いて張院長も意見を発表した）

ⓑ前後2つの節の間に用いる。'又'と呼応することが多い。▶五月十日坐火车到达重庆，~，他又乘船沿长江而下（彼は5月10日に汽車で重慶に着き，その後，船で長江を下った）▶北方的旱情刚缓解，~，南方又发生水灾（北方の旱魃状況が緩和すると，今度は続いて南方で水害が発生した）

《随即》ある事柄が別のもう1つの事柄にすぐ引き続いて発生する。'随后就'に同じ。'一・刚'と組み合わせて用いることが多い。▶他一听到发令枪响，~往跑道终点冲去（彼はスタートのピストルの音を聞くやいなやゴールに向かって走った）▶灯光一熄灭，电影~开演（明かりが消えるとすぐに映画が始まった）▶我刚躺下，电话铃一响起（私が横になったとたん電話のベルが鳴りだした）

随即 suíjí ☞随后 suíhòu

随时 suíshí

【副詞】❶いつでも。

ⓐ随时+動▶电路抢修，~停车（電気回路を応急修理するため，随時停車する）▶~都有生命危险（いつでも生命の危険がある）▶大火中几个油桶~都会发生爆炸（大火の中で，何本かのドラム缶がいつ爆発を起こしてもおかしくない状態にある）

ⓑ'随时'の位置は主語の前でも後でもよく，また助動詞の前に置いても後に置いてもよい。▶有事你~都可以来电话（用があったらいつでも電話をしてください＝~你都可以来电话）▶出租车~可以叫到（タクシーはいつでも呼べます＝可以~叫到）▶出门在外要~注意卫生（外出したらいつでも衛生に注意していなければならない＝~要注意卫生）▶他的病~会出危险（彼の病気はいつ危険な状態になってもおかしくない＝会~出危险）

❷可能な，または必要な状況においては。▶你有事可以~跟我通电话（用があったらいつでも私に電話してください）▶~通报工程进度（工事の進み具合を随時報告する）▶对好人好事要~给以表扬和奖励（りっぱな人や優れた行いに対してはその時々に表彰し奨励しなければならない）

慣用句 随时随地 いつでもどこでも▶这孩子随时随地离不开人（この子はいつでもどこでも人にくっついている）▶登山队员随时随地和大本营保持联系（登山隊員はいつでもどこにいてもベースキャンプとの連絡を保っている）

所 suǒ

【助詞】他動詞の前に用いる。'所+[動]'を名詞相当句にする。《書》

❶[名]+所+[動]ⓐ'的'を付けて名詞を修飾する。修飾される名詞は、意味上その前の動詞の動作の対象である。▶我~认识的人（私の知っている人）▶他~了解的情况（彼の知っている状況）▶他是广大观众~熟悉的一位老演员（彼はたくさんの観衆に知られたベテラン俳優だ）▶本厂~生产的'冰山'牌涤纶已经远销国外（この工場で生産している氷山ブランドのテトロンはすでに遠く国外へも売られている）

ⓑ'的'を付けて名詞の代わりとする。▶我~知道的就是这些（ぼくの知っているのはこれくらいです＝我~知道的事情）▶他~说的未必确实（彼の言うのが確かだとは限らない＝他~说的话）▶实验结果同我们~预期的完全一致（実験の結果は我々の予想と完全に一致した）▶现代科学的飞跃发展，是前人~梦想不到的（現代科学の飛躍的な発展は昔の人が夢にも考えなかったものである）

— 上のⓐⓑは話し言葉では'所'を用いなくてもよい。意味は同じ。

ⓒ'的'を付けずに名詞の代わりとして用いる。▶据我~知（私の知るところでは＝我所知道的情况）▶果然不出我们~料（果たして我々の思った通りであった）▶不为人~知（人に知られていない）▶尽我~能（自分にできる限りのことをする）

❷所+[動]ⓐ'的'を付けて名詞を修飾する。▶~谈的道理（話して聞かせた道理）▶~用的方法（用いた方法）▶~需的费用（必要とする費用）▶~产生的结果（生じた結果）▶~耗费的燃料（消費した燃料）

ⓑ'的'を付けて名詞の代わりとして用いる。▶他~谈的不过是些生活琐事（彼が話したのは日常のささいなことにすぎない）▶~用的还是老方法（使っているのは相変わらずの方法だ）▶~考虑的正是这一点（考えているのはまさにこの点だ）

ⓒ'的'を付けず名詞の代わりとして用いる。動詞は単音節に限る。固定的な語句に用いることが多い。▶~见~闻（見聞したこと）▶~知不多（知識が少ない）▶~论甚详（話の内容が非常に詳しい）▶各取~需（それぞれ必要なものを取る）▶~剩无几（残りはわずか）▶这正是问题~在（これこそ問題のありかだ）▶每月~得大约多少？（毎月だいたいどのくらいもらうんですか）

❸为+[名]+所+[動]ⓐ受動を表す。▶为好奇心~驱使（好奇心にかられる）▶为表面现象~蒙蔽（表面的な現象にあざむかれる）▶结论已为实践~证明（結論はすでに実践によって証明された）

ⓑ受動を表さない。▶这一点为前人~未知（この点は昔の人は知らなかった）▶这部作品早为观众~熟悉（この作品は早くから観衆によく知られていた）

❹'所+[動]'が'有'または'无'の客語となる。

ⓐ有+所+[動]▶若有~思（何事か考えているようだ）▶有~发明（発明したものがある）▶有~创造（創造したものがある）▶有~准备（準備してある）▶产量每年都有~增加（生産高は毎年増加を見ている）

ⓑ无+所+[動]▶无~作为（何らなすところがない）▶无~不包（包括されないものはない）▶无~不知（知らないものがない）▶无~不为（どんな悪事でもやってのける）▶无~准备（用意がない）▶无~用心（何事にも心を動かさない）

|慣用句| **闻所未闻** 今まで聞いたことのないような。

为所欲为 思うままにやる。
各有所长 それぞれ長所を持つ。
大失所望 ひどく失望する。
众所周知 誰でも知っている。
无所不用其极 どんな極端な手段でもとる。

所答非所问 答えがとんちんかんだ。

所谓 suǒwèi

【形容詞】❶通常言うところの、いわゆる：ふつう説明を必要とする語句を出すときに用い、続けて説明を加えることができる。名詞・動詞・節を修飾する。述語にはならない。▶～'阳春白雪'，就是指那些高深的、不够通俗的文学艺术（いわゆる「陽春白雪」とは、高尚な通俗的でない文学芸術を指している）▶这就是～'一夫当关，万人莫开'的地方（これこそいわゆる「一夫関にあたれば、万人も開くことなし」という要害の地だ）

❷人の言葉を引用するときに用いる。その内容に不満の気持ちを込める。引用する語句には引用符号を付けることが多い。▶古人的～'天下'实在小得很（古人言うところの「天下」とは実際には非常に小さなものだった）▶如果过分强调个人的～'兴趣'，那就不合适了（個人のいわゆる「興味」を強調しすぎることは不適当である）▶难道这就是～'革新'？（これが「革新」だと言うのか）

所以 suǒyǐ

【接続詞】因果関係を表す文に用い、結果や結論を表す。

ⓐ文の後節の初めに用いる。ふつう前節に'因为・由于'を置いて呼応させる。▶因为猫头鹰是益鸟，～要好好保护它（フクロウは益鳥だから大切に保護しなければならない）▶由于临行匆忙，～来不及通知你了（出発まぎわであわただしかったので、君に知らせることができなかった）▶这里气候凉爽，风景优美，～夏天游人很多（ここは涼しくて景色がよいので、夏には観光客が多い）

ⓑ…［之］所以…，是因为〈是由于〉……であるわけは…の理由による：原因や理由を強調する。《書》▶这部小说之～语言生动，是由于作者深入生活，熟悉群众语言的缘故（この小説の言葉が生気はつらつとしているのは、作者が大衆の生活に入り、その言語を熟知しているがためである）▶我们[之]～赞成，是因为它反映了群众的迫切愿望（我々が賛成するのは、それが大衆の切実な願望にかなっているからだ）▶案情[之]～能很快弄清楚，是因为在现场发现了一个重要的物证（事件がすみやかに解決したのは、現場で重要な物証が発見されたからである）

— 文頭に置くときは'其所以'の形を用いる。▶其～大受欢迎，是因为故事情节复杂，感人至深（大きな人気を博したのは物語が複雑で人に与える感銘が大きかったからだ）

[比較] **所以：因此・因而** ①'所以'は'因为'あるいは'由于'と組み合わせて用いる。'因此・因而'はふつう'由于'とのみ組み合わされる。
②'因此・因而'にはⓑの用法がない。

所有 suǒyǒu

【形容詞】全部、いっさい：名詞のみを修飾する。▶～的人都来了（すべての人がやって来た）▶～问题都解决了（あらゆる問題が解決した）▶教室里～的眼睛都盯着新来的老师（教室の全員の瞳が新しく来た先生を見つめていた）▶我们这里的～图书仪器你都可以使用（ここの本や計器はどれでも使ってけっこうです）

[比較] **所有：一切** ①'所有'は形容詞で、'一切'は指示詞の用法を持つ。どちらも名詞を修飾するが、'所有'は'的'を付けても付けなくてもよい。'一切'が名詞を修飾するときは直接名詞に付いて'的'を付けない。▶所有[的]问题（すべての問題）▶一切问题（いっさいの問題）
②'所有'は一定範囲内の同種の事物の総数を指す。'一切'はある事物に含まれるすべての種類を指す。▶所有的困难都解决了（あらゆる困難はすべて解決した：特定の数量を指す）▶一切困难都不怕（どん

な困難も恐れない：さまざまな困難を指す）③'一切'は分類できる事物のみを修飾する。分類できない事物は修飾できない。'所有'にはこのような制限はない。▶一切生物都有生有死（どんな生物にも生があり死がある）▶ ˟一切桃花都开了▶一切流体都没有固定的形状（あらゆる気体・液体には決まった形態がない）▶ ˟一切开水都喝完了▶所有生物都有生有死（あらゆる生物に生があり死がある）▶山上所有桃花都开了（山上のすべての桃の花が咲いた）▶所有流体都没有固定的形状（気体・液体は決まった形態がない）▶所有开水都喝完了（お湯は全部飲んでしまった）

T

它 tā（它们）

【代詞】❶書き言葉では人間以外の事物を指して用いる。話し言葉では'他・她'と区別はない。▶煤炭是燃料，又是重要的工业原料，很多工业离不开～（石炭は燃料であると同時に重要な工業原料であり、それは多くの工業に欠くことができない）▶有个东西在黑影里蹲着，我也看不清～到底是猫还是狗（何かが暗がりの中にうずくまっているが、それがいったい猫なのか犬なのかはっきり見えない）

― 最初にある事物について言及するときは'这・那'しか使えず、'它'は使えない。人間を指しては'他是谁?'とは言えるが、物に対しては'这是什么?'あるいは'那是什么?'である。

― '它'はふつう単数の事物に用いるが、複数に対しても用いることがある。▶这些画报我不看了，你把～拿去吧（これらの画報をぼくはもう見ない、君、持って行きたまえ）

❷不明確なものを指す。'他'と書くことが多い。▶今年先种～几亩试验田，取得经验再逐步推广（今年はまず数ムーの試験田に植え、経験を積んでから徐々に推し広める）▶这件事一定要搞～个一清二楚（この件は必ず黒白をはっきりさせなくてはならない）▶打～一个冷不防（不意撃ちをくらわせる）

〖它们〗'它'の複数形。2つ以上の事物について用いる。《書》▶猿、猴子、猩猩这些动物，虽然是高等动物，但它们都不会制造工具（類人猿・サル・オランウータンなどの動物は高等動物ではあるが、道具を作ることはできない）▶钢笔、铅笔、橡皮、尺子、讲义夹、笔记本等等都是学习用具，我们把它们叫做文具（万年筆・鉛筆・消しゴム・ものさし・ファイル・ノートなどはすべて学習の道具であり、これらを文房具と呼ぶ）

它们 tā·men ☞它 tā

他 ⊂她 tā

【代詞】❶自分と相手以外の第三者を指して言う。単数。書き言葉では男性には'他'、女性には'她'を用いる。性別が不明であったり区別する必要のないときは'他'を用いる。▶他刚参加工作，请多帮助他（彼は就職したばかりです、よろしくお願いします）▶她是儿童医院的大夫（彼女は小児病院の医者だ）▶浓雾中看不清他是男是女（濃霧でその人が男か女か見分けられない）▶一个人如果不学习，他就永远不会进步（学習しなければ、その人は永久に進歩しない）

ⓐ所有・所属関係を表すときは'他'の後ろに'的'を付ける。▶～的大衣是灰的（彼のオーバーは灰色のものだ）▶墙上是～的照片（壁のは彼の写真だ）▶这是～的特长（これは彼の特殊技能です）▶要注意～的情绪（彼の気持ちを気遣ってあげるべきだ）

― ただし以下の場合、話し言葉ではふつう'的'を付けない。

― 親族や親しい間柄の人の名称の前。▶～哥（彼の兄）▶～丈夫（彼女の夫）▶～同事（彼の同僚）

― '家・家里・这里・那里'および方位詞の前（'这里・那里'には決して付けてはいけない）。▶～家是新搬来的（彼の家

は新しく引っ越して来たのだ）▶～那里可能有节目单（彼の所にプログラムがあるだろう）▶钥匙在～那儿呢（鍵は彼の所です）
— '这〈那〉+ 数量'の前。▶～这几句话可是真心话（彼の言葉は本心だ）▶他就爱卖弄～那两句英语（彼ときたらあの片言の英語をひけらかしたがる）
ⓑ人の名前やその身分を表す名詞に付けて用いる。'他'は名詞の前後どちらに置いてもよい。感情的色合いを含む。▶这事儿成与不成就看～老张了（この事が成功するかしないかは張さん次第だ）▶郑刚～也提前到了（鄭剛も早めに着いた）
❷ '他・你'を含む句・節を並列して用いる。多くの人が共同にあるいは相互に行うことを表す（☞你 nǐ❹）。▶你也唱，～也唱，大伙儿都唱（君も歌い，彼も歌い，みんなが歌う）
❸ほかの事物・別の分野・別の場所：《書》▶毫无～求（ほかの要求は1つもない）▶留作～用（残して別途に用いる）▶如此而已，岂有～哉（かくあるのみで，ほかに何があろうか）▶此人已经～调（この人はすでにほかへ移った）
【指示詞】ほかの：《書》古代中国語の用法が残ったもの。▶～乡遇故知（異郷で旧知の人に会う）▶～日再来看望（後日また会いに来る）▶事必躬亲，不假手～人（仕事は必ず自分で行い，他人の手を借りない）

他们 ⊂她们 tā·men

【代詞】自分と相手以外の複数の人を指して言う。▶他们是足球场上的新手（彼らはサッカー場の新人たちだ）▶她们都是女飞行员（彼女たちはみな女性飛行士です）
— 男性女性両方を含むときは書き言葉では'他们'と書く。'他（她）们'と書く人もいるが，その必要はなくまた読みようもない。▶他们夫妇都积极要求进步（彼ら夫婦はどちらも積極的に進歩を求めている）▶他们班有十九个男同学，二十个女同学（彼らのクラスには19名の男子学生と20名の女子学生がいる）
ⓐ所有関係を表すときは'他们'の後ろに'的'を付ける。▶～的猫（彼らの猫）▶～的音乐会（彼らの音楽会）▶～的兴趣（彼らの興味）▶～的活动（彼らの活動）
— ただし話し言葉では，親族の名称や，関係ある人物・団体・場所の名称の前に'的'を付けないこともある。'的'を付けるか付けないかの割合はほぼ半々である。▶～［的］母亲（彼らの母親）▶～［的］奶奶（彼らのおばあさん）▶～［的］二姐（彼らの2番目の姉）▶～［的］邻居（彼らの隣人）▶～［的］经理（彼らの経営者）▶～［的］班长（彼らのクラス委員）▶～［的］王老师（彼らの王先生）▶～［的］托儿所（彼らの託児所）▶～［的］厂子（彼らの工場）▶～厂（彼らの工場）▶～［的］学校（彼らの学校）
— '家・家里・这里・那里'および方位詞の前，'这〈那〉+ 数量'の前については'他'❶ⓐに同じ（☞他 tā）。
ⓑ人名や身分を表す名詞に直接つなげて用いる。'他们'は名詞の前後どちらに置く。▶～弟兄都喜欢音乐（彼ら兄弟はみな音楽好きだ）▶～湖南人是喜欢吃辣的（彼ら湖南の人々はからいものを好んで食べる）▶赵师傅，钱师傅～都下班走了（趙師匠も銭師匠もどちらも仕事を終えて帰られた）▶二姨、表姐～在里边说着话呢（おばさんと従姉は中でおしゃべりをしている）
— '他们'の前に名前が1つしかこないことがある。そのときは「その人および他の人々」の意味を表す。▶小三儿～到河边儿看赛船去了（三ちゃんたちは川岸へボートレースを見に行った）
— 数量を示す語句（名詞が続くものも続かないものもある）と連用することもある。▶～俩（liǎ）都回欧洲去了（彼ら2人はヨ

ーロッパへ帰った)▶~三位科学家都是国际知名的(彼ら3人の科学者はみな国际的に有名である)

台 tái

【量詞】❶ある種の機械に対して用いる。▶一~车床(1台の旋盤)▶两~拖拉机〈插种机〉(2台のトラクター〈田植え機〉)▶三~发电机〈收音机、电视机、发报机、计算机〉(3台の発電機〈ラジオ・テレビ・発信機・計算機〉)▶要使每一~机械设备都能充分发挥它的作用(1台1台の機械設備が十分にその機能を発揮できるようにしなくてはならない)▶一~一~的抽水机正运往农村(1台また1台と吸水ポンプが農村に運ばれて行く)▶上回运来的车床,~~都很合格(前回運んで来た旋盤はどれも合格だ)

❷完結した1つの出し物を'一台'と言う(いくつかのプログラムが組み合わされたものでもよい)。▶一~话剧(新劇1本)▶看了一~歌舞(歌と踊りの舞台を1つ見た)▶两~戏对唱(伝統劇のデュエット2つ)

比較 台：出¹ '出'は伝統劇にのみ使い、1つの独立して演じられる演目を'一出'とする。'台'は歌や踊り・新劇などにも用いる。'一台戏'は1つだけの演目でもよいし、いくつかの短い劇や種類の異なる演目から構成されたプログラムでもよい。

太 tài

【副詞】❶程度が過ぎることを表す。不満を表すときに用いることが多い。ふつう文末に'了'を付ける。

ⓐ太+形▶~大了(大きすぎる)▶文章不能~长(文章は長すぎてはいけない)▶~薄的纸不行(うすすぎる紙はだめだ)▶写得~简单了(書き方が簡単にすぎる)▶车开得~快了(車が走るのが速すぎる)

ⓑ太+動▶你~相信他了(君は彼を信じすぎている)▶您~夸奖了(あなたはほめすぎですよ)▶他~坚持己见了(彼は自分の意見にこり固まっている)

❷程度が高いことを表す。

ⓐ太+形／動 贊嘆を表すとき用いることが多い。形・動の多くはプラスの意味のもの。ふつう文末に'了'を付ける。▶~好了!(すばらしい)▶最近我~忙,去不了你那里(最近ぼくはとても忙しくて君の所へ行けない)▶我~感激你了(あなたのこと心からありがたいと思っています)▶哥儿俩长得~像了(兄弟2人はたいへんよく似ている)▶你来得~及时了!(君,本当にいいときに来たね)▶这件事~让人高兴了!(これは何と喜ばしいことだろう)▶这本小说~吸引人了(この小説は非常に人を引き付ける)

ⓑ太+不+形／動 否定の程度を強める。形・動の多くはプラスの意味のもの、または中立的なものである。▶~不好了(ひどく悪い)▶~不虚心(あまりにもおごっている)▶你风格~不高了(君は品格がまったくない)▶你~不照顾他了(あなたはちっとも彼の面倒をみない)▶~不讲道理了(理屈も何もない)▶~不应该了(まったくあってはならないことだ)

ⓒ不+太+形／動 否定の程度を弱める。婉曲な表現。▶不~好(あまりよくない：'不好'より婉曲な表現)▶不~满意(いささか不満だ＝有点不满意)▶不~解决问题(あまり問題を解決することにならない)▶这件事你做得不~合适吧(この件に関して君のやり方はあまり適切ではない)▶他不~愿意住在这儿(彼はここにあまり住みたがっていない)

倘若 tǎngruò ☞如果 rúguǒ

趟 tàng

【量詞】❶往復動作に対して用いる。1往復が'一趟'である。

ⓐ動+数+趟▶去了一~(1度行って来た)▶跑了两~(2度足を運んだ)

ⓑ 動が客語をともなうとき客語はふつう'趟'の後ろに置く。▶运了两～煤（石炭を2回運んだ）▶昨天进了[一]～城（昨日1度町へ行った）▶想回[一]～家（1度家へ帰りたいと思う）
— 客語が場所を表す語句のときは客語を'数+趟'の前に置いてもよい。▶他想回家一～（彼は家に1度帰りたいと思っている）▶他打算去天津一～（彼は天津へ1度行くつもりだ）▶ ×运煤一～
ⓒ[数+趟+動]这一～来,是专给你们送好消息的（今回やって来たのは, もっぱら君たちによい知らせを伝えるためだ）▶左一～右一～地跑火车站（駅を何回も走り回る：回数の多いことを表す）
❷到着・出発する列車について用いる。出発または到着する列車1本が'一趟'である。▶刚开出一～列车（たったいま, 列車が1本出た）▶一下子到了好几～车,站台上挤满了旅客（1度に何本もの汽車が到着してホームは旅客でうずまった）▶坐上了最后一～火车（最終列車に間に合った）
❸武術の1組または一連の所作を指す。▶练了一～拳（拳法をひとわたりけいこした）▶玩了一～剑（剣術を1段やった）

套 tào

【量詞】組み合わせて1組になる物に対して用いる。
ⓐ器物に用いる。▶两～衣服（2組の服）▶一～茶具〈家具, 机器, 模子〉（ひとそろいの茶器〈家具・機器・型〉）▶三～课本〈唱片、画片〉（3セットの教科書〈レコード・絵カード〉）▶好几～桌椅〈锣鼓〉（何組もの机といす〈ドラと太鼓〉）▶一～房间（ひと続きの部屋）▶一整～设备（設備一式）▶全～《鲁迅选集》（『魯迅選集』全巻そろい）▶画片一～十张, 每～五元（絵カードは10枚1組で, 1組5元だ）▶玻璃柜里陈列着一～一～的邮票（ガラスケースに, 何セットもの切手が並べてある）
ⓑ機構・制度・方法・能力・言語などに用いる。▶一～机构（1つの機構）▶两～班子〈人马〉（2つのセクション〈部隊〉）▶一～章程（一連の規定）▶有好几～办法（いく通りもの方法がある）▶他有一～本领〈技术, 经验〉（彼には1つの技能〈技術・経験〉がある）▶你这～把戏, 我们早就识破了（おまえの手管はぼくらはとっくに見破ったよ）▶讲了一大～为人处事的道理（人として行うべき道理について大いに述べたてた）
ⓒ[这、那]+一套 ある種の能力・方法があることを表す。プラスまたはマイナスの意味を帯びることが多い。
— プラスの意味で。▶修理钟表他很有一～（時計の修理にかけては彼はいい腕を持っている）▶真看不出, 你还有这么一～（まったく見かけによらない, 君にこんな才能があったなんて）
— マイナスの意味で。▶现在不兴这一～了（今ではこんなやり方ははやらない）▶另搞一～（裏で手を打つ）▶别来这一～（その手にはのらない）▶嘴里一～, 心里一～, 这样不好（口で言うことと腹で思っていることが裏腹なのはいけない）▶我不听你那一～（君のそういう話にはのせられないよ）

特别 tèbié

【形容詞】普通でない, 特異な。
ⓐ名詞を修飾する。'的'を付けないことが多い。▶～快车（特別急行）▶～会议（特別会議）▶老许有一种～[的]本领, 见一面就能记住对方的名字（許さんには特殊な才能があって, 1度会っただけでも相手の名前を覚えてしまう）▶她也没有什么～的地方（彼女にはこれといって変わった所があるわけではない）
ⓑ述語となる。▶犀牛的样子怪～的（サイの姿はとても奇妙だ）▶这个人的名字可～了（この人の名前はとても変わっている）

▶他的脾气很~（彼の性格はひどく変わっている）▶任何人都不应该~（いかなる人も特別であるべきでない）

【副詞】❶非常に，普通と違って：形容詞や動詞句を修飾する。▶他今天早上起得~早（彼は今朝，特に早く起きた）▶节日的早晨，天安门显得~壮丽（祝日の朝，天安門はことさら壮麗に映った）▶这部影片~使我喜欢（この映画は特に気にいった）▶这个节目~吸引观众（この演目は特に観衆を引き付けている）

❷特に，重点的に：動詞を修飾する。▶下课的时候，老师~让我留下来（授業が終わると，先生は特にぼくを残した）▶把这问题~提出来是应该的（この問題を特に出して来たのは当然のことだ）▶这些我是~为你准备的（これはわざわざあなたのために用意したのです）▶应该~指出，节约用水任何时候都必须注意（特に指摘すべきはいかなる時にも節水に心がけることが必要だということだ）

❸同類の事物から，ある1つを取り出して説明を加える。ことに：'特別'の後ろに'是'を付けることが多い。前には類の名や同類の事物が列挙される。

ⓐ特别［是］+名▶工业，~是重工业，在发展生产中非常重要（工業，特に重工業は生産を発展させるうえで非常に重要だ）▶广大工人，~是青年工人，学习科学技术的积极性很高（多くの労働者，ことに青年労働者の科学技術を学ぼうとする積極性はたいへんなものだ）▶古典小说中他最喜欢的是《水浒传》，《儒林外史》，~是《红楼梦》（古典小説の中で彼が最も好きなのは『水滸伝』や『儒林外史』だが，なかでも『紅楼夢』である）

ⓑ特别［是］+動／節▶他非常喜欢文艺作品，~喜欢近代的（彼は文芸作品がとても好きだが，なかでも近代のものを特に好んでいる）▶因为增加了新的技术设备，~是群众的积极性调动起来了，生产很快就搞上去了（新しい技術設備が増え，ことに大衆の積極性が奮い起こされたことから生産は急速に向上した）

— '特别是'が節を導くとき，その節の述語が前節の述語と同じなら省略できる。▶老师们喜欢他，~是教语文的老师们［更加喜欢他］（先生たちは彼を気に入っているが，国語の先生は特にそうだ）▶大家玩得很痛快，~是小红她们（みんな思う存分に遊びました。紅ちゃんたちは特にそうです）▶孩子们喜欢吴大伯，~是那些喜欢听故事的孩子（子供たちは呉おじさんが好きです。お話を聞くのが好きな子はことにそうです）

特地 tèdì（特意）

【副詞】もっぱらある事のために：ふつう連動文の最初の動詞の前に用いる。▶他~打来电话表示问候（彼は挨拶のためにわざわざ電話をかけてきた）▶这些好吃的东西都是~为你准备的（このおいしいものはみんなあなたのために特別に準備したのです）▶听说你病了，他~来看你（彼はあなたが病気になったと聞いて，わざわざお見舞いに来た）▶为了这件事，他~去了一趟上海（彼はこの事のためにわざわざ上海に出かけて行った）

〚特意〛'特地'に同じ。

特为 tèwèi

【副詞】もっぱらある事のために，わざわざ。▶他亲自出马~来请你，没想到你不愿意见他（彼がみずから乗りだしてわざわざあなたに頼みに来たというのに，あなたが彼に会いたくないとは思いもよらなかった）▶这些都是现成的，不是~给你准备的（これらはみんなありあわせのもので，特にあなたのために用意したのではありません）

特意 tèyì ☞特地 tèdì

替 tì

【動詞】代わる：《付》了・过《重ね型》

名詞の客語をともなう。▶你歇歇, 我～你干会儿（君休みなさい, 私が代わってしばらくやろう）▶有事你就走吧, 我～你值班（用事があるなら帰っていいよ, 代わりに当直してあげるから）▶张师傅家里有急事, 你去～他吧！（張師匠の家で急用ができた。君行って代わってあげなさい）

[動結] **替得〈不〉了**(liǎo) 代わることができる〈できない〉。▶谁也替不了谁（誰も人に取って代わることはできない）▶你怎么替得了我呢？（どうして君がぼくに代われるの）

[動趨] **替下** 必ず客語をともなう。▶三号上场, 替下五号（3号が入り, 5号に代わる）

替∥下来▶他身体不好, 快去把他替下来（彼は体が弱いのだから, 早く代わってやりなさい）

替∥回来▶先叫小周去替回他来再说（先に周くんを行かせて彼が戻ってからのことにしよう）

【介詞】…のために：名詞と組み合わせる。▶大家都～你高兴（みんな君のために喜んでいる）▶我们要设身处地地～他想想（我々は彼の身になって考えてあげねばならない）▶他倒真～你找到了这份材料（彼は本当に君のためにこの材料を探し出してくれた）▶你能～小王也画一张像吗？（王くんにも肖像画を描いてもらえますか）▶全班同学都～他送行（クラス全員が彼を見送った）

条 tiáo

【量詞】❶細長い形をしたものに用いる。▶一～街〈路、公路、铁路〉（ひと筋の町並み〈道・道路・線路〉）▶一～河〈江、沟、渠、小溪〉（1本の川〈大きな川・溝・用水路・谷川〉）▶一～山脉（1つの山脈）▶一～裤子〈裙子〉（1本のズボン〈1枚のスカート〉）▶两～绳子〈带子、鞭子、电线〉（2本のひも〈帯・むち・電線〉）▶在纸上画了三～线（紙の上に3本の線を引いた）▶几～口袋〈麻袋〉（いくつかの袋〈麻袋〉）▶一～床单〈毯子、被子、被面、被里〉（1枚のシーツ〈毛布・ふとん・ふとんの表布・ふとんの裏布〉）▶一～毛巾〈围巾、头巾〉（1本のタオル〈1本のマフラー・1枚のスカーフ〉）▶一～枪（1丁の銃）▶一～鱼〈蛇、龙、毛毛虫、蚕〉（1尾の魚〈1匹のヘビ・竜・毛虫・蚕〉）▶一～牛〈狗、毛驴〉（1頭の牛〈1匹の犬・1頭の小さなロバ〉）▶一～黄瓜〈丝瓜〉（1本のキュウリ〈ヘチマ〉）▶一～尾巴（1本のしっぽ）▶两～腿走路（2本の足で歩く）▶两～胳臂（2本の腕）▶一～锁链（1本のくさり）▶一～板凳（1つの長いす）▶一～好汉〈汉子〉（1人の偉丈夫〈男子〉）▶一～大路通北京（北京に通じる1本の道）▶一～肥皂（1本の石けん）▶纸上画满了一～一～的线（紙の上は線が何本も引かれている）

一 《派》人体について用いる。▶一～人命（1つの命）▶一～好嗓子（1つのよいのど）▶要跟群众一～心, 不要两～心（大衆と心を1つにせよ, 心が通わないようではいけない）

❷抽象的事物に用いる。▶一～计策〈妙计〉（1つの計略〈妙案〉）▶一～正确路线（1つの正しい路線）▶两～意见〈建议〉（2つの意見〈提案〉）▶十～罪状（10か条の罪状）▶只有一～出路（ただ1つの脱出口しかない）▶这一版共有九～新闻〈消息〉（この面には全部で9項目のニュース〈消息〉がある）▶操作规程一共有五～（操作規則は全部で5項目ある）▶对群众所提的意见应该～～有交代（大衆が出した意見には1つ1つに説明を行うべきだ）▶措施要一～一～落实（施策は1項目1項目着実に実行しなければならない）

听 tīng

【動詞】❶耳で音を聞く：《付》了・着・

过《重ね型》名詞・動詞・節を客語にともなえる。▶～电话（電話を聞く）▶～弹琴（琴の演奏を聞く）▶～了一会儿相声（漫才をしばらく聞いた）▶我没～过这样好的音乐（私はこんなによい音楽は聞いたことがない）▶别闹，～她唱（うるさくするな。彼女の歌を聞こう）▶这一句我没～清（その言葉は，私ははっきり聞こえなかった）▶打开收音机～～（ラジオをつけて聞いてみよう）▶把话～完再发表意见（話を聞き終わってから意見を発表しなさい）▶～音乐～得出了神（音楽を聞いてうっとりした）▶～，好像有人敲门（聞いて，誰かがドアをたたいている）▶你～着，我在给你讲呢！（聞いていなさい，私はおまえに話をしているのだ）

❷従う。《付》了・过　名詞・動詞・節を客語にともなえる。▶说得对，我就～；不对，我就不～（正しければ，私は従う。正しくなければ，私は従わない）▶你要～了我的话，哪儿会有今天（私の言うことを聞いていれば，こんなありさまになるはずはない）▶你从来也没～过我一句话（あなたはこれまで少しも私の言うことを聞いたことがない）▶～我的话，别去了（私の言う通りにして，行くのをやめなさい）▶老了，胳膊腿几不～使唤了（年だな。足腰が言うことをきかなくなった）▶工地上一切都～老郑指挥（工事現場ではすべて鄭さんの指揮に従う）

❸まかせる：いくつかの熟語に用いる。▶～便（自由にさせる）▶～其自然（自然にまかす）▶～之任之（成り行きにまかせ，自由にする）

[動結]　听∥见　听∥懂　听∥清
　　　　听∥清楚　听∥明白

[動趨]　听∥下去▶他罗唆了半天，我实在听不下去了（彼は長いことあれこれ言っていたよ。もうとても付き合いきれない）

听∥进去　喜んで従う。▶我劝了他很久，他就是听不进去（彼を長いこと諫めたが，どうしても聞こうとはしない）

听∥出　必ず客語をともなう。▶这句话我没听出有什么特殊的意思（この言葉に何か特別な意味があるのか聞き分けられなかった）▶我听不出他有外地口音（彼に他国のなまりがあるというが，聞き分けられない）

听∥出来▶这两个元音的区别我听不出来（この２つの母音の差を聞き分けられない）

听起来ⓐ聞き始める。▶小杨打开收音机，听起音乐来（楊さんはラジオをつけ，音楽を聞き始めた）

ⓑ聞いてある印象を持つ。▶这个话听起来倒也有些道理（この話は聞いてみると多少道理がある）

听来　耳にする。▶这事我是从老周那儿听来的（この事は周さんの所で聞いたのだ）

听去　音のするほうに耳を向ける。▶仔细听去，树林里有轻微的沙沙声（注意して耳を傾けると，林の中で軽くカサカサという音がする）

听∥到▶听到一个新的消息（新しいニュースを１つ耳にした）▶你成天在家里坐着，这些事你哪儿听得到呢？（１日中家にこもっていて，こういうニュースが入るわけがない）

听说　tīngshuō

【動詞】人が…について言うのを耳にする：《付》了・过　名詞・節を客語にともなえる。

ⓐ述語になる。▶你～过张国维这个人没有？（君は張国維という人のことを聞いたことがあるか）▶孩子们都～过孙悟空大闹天宫的故事（子供たちはみんな「孫悟空天宮をさわがす」のお話を聞いたことがある）▶这事我已经～了（この事はもう聞いた）

ⓑ挿入句として用いる。「聞くところによると」の意味を表す。

一　文頭に用いる。▶～他已经去成都了（聞くところによると彼はもう成都に行ったそ

うだ）▶～老李这两天就要来这里（李さんが2～3日中にここに来るそうだ）
一 文中に用いる。▶老许这个人～很能干（許さんという人はとても腕ききだそうだ＝～老许这个人很能干）▶展览会～已经结束了（展覧会はもう終わったそうだ）
[比較] 听说：据说 '据说'には '听说' ⓑの用法しかない。

停 tíng

【動詞】❶停止する：《付》了・过《重ね型》▶雨～了（雨がやんだ）▶工作一分钟也没～过（仕事は1分でも停止したことがない）▶大风刚一～，船队就出海了（大風がやむと、船隊は出航した）▶蟋蟀叫个不～（コオロギがひっきりなしに鳴く）
ⓐ停+[名] 「…を停止させる」意味を表す。▶～战（停戦する）▶～火（休戦する）▶赶快～车（急停車させる）▶考试之前，有一段时间～课复习（テストの前に先の課に進まず復習を行う期間がある）
ⓑ停+[動] 1語に近い。[動]は '办・开' などの若干の動詞のみ。▶这个学校已经～办了三年了（この学校が廃校になってもう3年になる）▶那一台旧机器早已经～开了（あの古い機械はとうに使っていない）▶天气太坏，班机～飞了（天気が悪いので、飛行機は運航を停止した）
ⓒ不+停+地 動詞を修飾する。▶不～地前进（休まず前進する）▶不～地说（とめどなくしゃべる）▶不～地走来走去（絶えず歩きまわる）
❷とどまる：《付》了・过《重ね型》▶在桂林～了两天（桂林で2泊した）▶这次去广州，中途想在武汉～～再走（今回広州に行く際に、途中で武漢に泊まってから行こうと思う）▶这些小站都只～一分钟（これらの小さな駅はどれも1分停車だ）
❸駐車する，停泊する：《付》了・着・过 後ろに名詞を置いて，停留する物を示せる。▶轮船在港口已经～了三天了（汽船は港にすでに3日停泊している）▶门口～着一辆轿车（門の所に乗用車が1台駐車している）▶码头上～了不少船（埠頭にたくさんの汽船が停泊している）▶刚才这里～过不少车（さっきまでにここにたくさんの車がとまっていた）
[動趣] 停 // 下来 ▶把工作先停下来（まず仕事の手を休めよう）▶司机停下车来检修（運転手が車をとめて点検修理する）▶一时半晌停不下来（すぐにはとまれない）

挺 tǐng

【副詞】程度がかなり高いことを表す。'很' よりは程度が低い。《口》'挺' に修飾される形容詞・動詞の後ろには '的' を置くことが多い。
ⓐ挺+[形]［+的］▶分量～轻［的］（重さはとても軽い）▶衣服～干净［的］（服はとても清潔だ）▶～大的个儿（とても大きい体）▶讲得～生动［的］（話し方がとてもいきいきしている）▶～兴奋地走了进来（とても興奮して入って来た）
ⓑ挺+[動]［+的］▶～喜欢我（私のことを大好きだ）▶对我们～照顾（私たちの面倒をとてもよくみてくれる）▶～赞成［这个计划］（［この計画に］大いに賛成だ）▶他～想去（彼はすごく行きたがっている）▶他写得～有意思［的］（彼はとてもおもしろく書いている）▶一位～爱说笑的司机（とても愉快な運転手）▶老张～关心我们［的］（張さんはとても私たちを気づかっている）▶这孩子～讨人喜欢［的］（この子はとても人に好かれる）▶你倒～会说［的］（あなたはけっこう口がうまい）▶这个同志～能吃苦［的］（この同志はとても辛抱強い）▶～顾全大局（たいへんよく全体を見通している）▶～沉得住气（よく落ち着いていられる）
ⓒ挺+不+[形]／[動] この用法には制限がある。ⓐⓑの形をⓒの形に応用できないことが多い。▶～不平［的］（とても不公平だ）▶～不好的（とても悪い）▶～不安

全［的］（たいへん危険だ）▶～不高兴地看着他（とても不機嫌そうに彼を見ている）▶谈得～不痛快（話し方がすっきりしていない）▶～不自在的样子（とても気づまりなようす）▶～不懂事的孩子（とても聞き分けの悪い子）▶他对这件事～不满意（彼はこの事についてたいへん不満だ）▶ ×～不干净▶ ×～不关心▶ ×～不能吃苦▶ ×～不会说

比較 挺：怪 ☞怪 guài

通常 tōngcháng

【形容詞】ふつうの，ふだんの。
ⓐ名詞を修飾する。▶在～情况下，火车是不会晚点的（ふだんの状況下なら，汽車は定刻に遅れないものだ）▶最～的研究方法是进行比较（最もふつうの研究方法は比較を行うことだ）▶先拟提纲，后写初稿，这是最～的写作步骤（まず要綱をつくり，それから初稿を書くというのが，文章を書く最もふつうの段取りだ）
ⓑ通常＋動 ▶周末他～是去父母家（彼はふだん週末には両親の家に行く）▶～要由三个人担保（通常3人を保証人に立てる）▶谈恋爱男孩子～比女孩子主动一些（恋愛ではふつう男の子のほうが女の子より少し積極的だ）
ⓒ通常＋節 ▶～我们单位每星期四开碰头会（我々の職場では通常毎週木曜日に会合を開く）▶～他早晨六点半起床（ふだん彼は6時半に起きる）

比較 通常：常常 '通常'は規則性のある動作・行為を指すことが多く，'常常'はあまり長くない時間内にある動作・行為が1度ならず発生することを指す場合が多い。例えば▶我们通常星期四下午开碰头会（我々は通常木曜日の午後に会合を開く ×我们常常星期四下午开碰头会）▶他工作积极，常常受到表扬（彼は仕事に積極的で，たびたび表彰されている ×通常受到表扬）

通共 tōnggòng（统共）

【副詞】数量の総計を表し，'总共・一共'に相当する。主語の後ろに用いる。'通共'の後ろには必ず数量詞を組み合わせて使う。▶我们公司全年的广告费～五十万元（わが社の年間広告費は総計50万元である）▶课题组～有七个人（プロジェクトチームには全部で7人いる）▶他一天～也吃不了几两饭（彼は1日数両のご飯も食べきれない）▶我们村～七百来人（我々の村は全部で700人弱である）
〘统共〙'通共'に同じ。

通过 tōngguò

【動詞】❶端あるいは片側からもう一方の端・側へ移動する。:《付》了・过 場所を表す客語をともなえる。▶火车～大桥向南奔去（汽車は大鉄橋を通過し南へ疾駆して行った）▶翻修路面，汽车不能～（道路工事のため，自動車は通行止です）
❷議案などが法の規定する人数の同意を得て成立する。▶大会～了三项决议（3項目の議案が大会で採択された）▶提案已经～（提案はすでに通った）

【介詞】動作の媒介または手段を導く。'通过…'を主語の前に用いてもよい。そのときは'通过…'のあとにポーズを置く。
ⓐ通过＋名 ▶～不同的渠道了解情况（異なるルートを通して状況を把握する）▶我们～译员交谈了半小时（我々は通訳を通して30分ほど話をした）▶～什么方式我才能见到他？（どういう方法で彼に会えるのか）▶向您并～您向贵国人民表示良好的祝愿（先生のご多幸と先生を通して貴国の方々のご多幸をお祈りいたします）
ⓑ通过＋動 後ろにポーズを置く。▶～学习，加深了认识（学習を通じて，認識を深めた）▶～摆事实，讲道理，问题进一步明确了（事実をあげ，道理を語ることを通じて，問題はより明確になった）
ⓒ通过＋節 ▶～老张介绍，我认识了他

（張さんの紹介で，私は彼を知った）▶植物～阳光照射，把水和二氧化碳制成有机物质（植物は日照によって，水と二酸化炭素を有機物に変える）

通知 tōngzhī

【動詞】なすべきこと・知るべきことを人に伝える：《付》了・过　名詞・節を客語にともなえる。二重客語をともなえる。▶我已经事先～了他（事前に彼に連絡した）▶你～过哪些人？（誰と誰に通知しましたか）▶我～一件事（1つ知らせる事がある）▶我～你们一个好消息（よいニュースを教えてあげよう）▶赶快广播～全县明晨有霜冻（明朝霜の害があることを急いで放送で全県に知らせよう）▶把各家都～到（各家すべてに通知した）▶～得太晚了（知らせが遅すぎた）

ⓐ事物を表す客語が長めのときは，その前にポーズを置ける。節が客語になるときは必ず節の前にポーズを置く。▶学校～，八月十五日在大操场开全校大会（8月15日にグラウンドで全校大会を開くことが学校から通知された）▶合唱团～各团员，明天晚上七点到团里集合（合唱団は各団員に明晩7時に団に集合するように連絡した）▶办公室～，班车五点半开（通勤バスが5時半発であることが事務室から通知された）

ⓑ兼語をともなう。▶～他们赶快派车（彼らに早く車を出すよう連絡しろ）

ⓒ通知＋说▶县里派人～说，师范学校八月里招收第一期学生（県政府から人が来て通知するには，師範学校が8月に第1期の学生を募集する）▶你昨天不是～说那个会开不了吗？（昨日君は，あの会議は中止になったと連絡しなかったかい）

ⓓ通知＋给▶请把你们的地址～给我（あなたたちの住所を知らせてください）▶咱们的行踪必须不断～给家里（私たちの行く先は絶えず家に知らせなければならない）

[動趨] **通知 // 下去**▶赶紧把出发的时间通知下去（急いで出発時間を通知しなさい）

通知 // 过来　通知をゆきわたらせる。▶人太多，我通知不过来（人が多すぎて連絡しきれない）

通知起来　通知するうえで。▶住得太分散，通知起来很麻烦（住まいが分散しすぎているので，通知するのが面倒だ）

通知 // 到▶已经通知到我这儿了（もう私の所まで通知が来た）▶时间还富余，这几个人通知得到（まだ時間はある，この人たちには連絡できる）

【名詞】通知の内容を書いた文字や口上。▶昨天接到一个～（昨日ある通知を受けた）▶黑板上出了个～（黒板に通知が出た）▶～已经及时发出去了（通知は時を移さず発せられた）

同 tóng

【動詞】❶同じである：肯定形は必ず名詞の客語をともなう。▶～岁（年が同じ）▶～类（同類である）▶～一个时期（同じ時期である）▶哥俩儿性格不～（兄弟2人は性格を異にする）

❷指示する事物に同じである：必ず名詞の客語をともなう。▶～上（上に同じ）▶～前（前に同じ）▶'外头'的用法～'外边'（'外头'の用法は'外边'に同じ）

❸共にする，一緒に…する。《書》▶三人～行（3人共に行く）▶～来北京（共に北京に来る）▶～甘苦，共患难（甘苦を同じくし，患難を共にする）▶我们在中学～过三年学（我々は中学で3年間一緒に学んだことがある）

【介詞】❶共同・協同を表す：…と。▶我去年～小王住在一起（私は去年王さんと一緒に住んだ）▶我们～当地科研机构协作，取得了很大的成绩（私たちはその地方の科学研究組織と協力し，大きな成果をあげた）

❷動作の対象を導く：…に向かって，…と。▶他上午已经～我告别了（彼は午前中もう私に別れを告げた）▶～坏人坏事做斗

争（悪人悪事と戦う）

❸関係の有無を表す。▶我〜这件事情无关（私はこの事とは無関係だ）▶这事〜他有些牵连（この事は彼に若干かかわりがある）

❹比較の対象を導く：…と。▶〜去年相比，产量增加了百分之二十（生産量は去年と比較して20パーセント増加した）▶湖面〜明镜一样清澈（湖面は鏡と同じくらい透き通っている）▶学汉语〜学任何语言一样，要多听，多说（中国語を学ぶにはどの言語の場合とも同様、多く聞き話すことが必要だ）

【接続詞】平等な結合関係を表す。名詞・代詞をつなぐ。用法は接続詞'和'と同じ。▶化肥〜农药已运到（化学肥料と農薬はもう運ばれて来た）▶我、小张、小李〜他都住在学校（私・張さん・李さんと彼はみな学校に住んでいる）

比較 同：跟：和：与　☞跟 gēn

同时 tóngshí

【副詞】動作・行為が同一時間に発生することを表す。

ⓐ状語になり、動詞の前に置かれる。主語は単一ではない意味を持つ名詞相当成分。▶我和她〜到达终点（私と彼女は同時にゴールに到達した）▶母女俩〜走出家门（母娘2人は同時に家を出た）▶他们仨〜参加的工作（彼ら3人は同じときに就職した）▶这两个技术员〜被录用了（この2人の技術者は同時に採用された）

ⓑ'在…同时'の形式で用い、この形式全体で状語になる。'在'は省略できる。▶在提高的〜也要搞好普及工作（レベルを向上させると同時に普及の仕事もうまくやらなければならない）▶在抓数量的〜一定要注意质量（数量に重点を置くと同時に品質にも注意を払わなくてはならない）▶在吃药的〜也要注意休息（薬を飲むと同時に休息をとることにも気をつけねばならない）▶肯定成绩的〜，也指出了缺点和错误（成果を認めると同時に、欠点や間違いについての指摘もなされた）

慣用句 与此同时　ある事柄と同時に発生することを表す。▶与此同时，还发生了三次交通事故（これと時を同じくして、さらに3つの交通事故が発生した）▶与此同时，他还采访了王教授（これと同時に、彼は王教授にもインタビューを行った）

【接続詞】さらに一歩進めることを表す：そのうえ。

ⓐ'也・又'などと組み合わせて用いる。'同时'が後節にある場合、前後2つの節は並列関係を示す。▶他是一位严师，〜又是一位慈父（彼は厳格な師であり、同時にまた優しい父でもある）▶他是医生，〜也是病人，他是一直抱病工作的（彼は医師であるが、同時に病人でもあり、ずっと病気を抱えながら仕事をしているのだ）▶他是作曲者，〜也是演唱者（彼は作曲者であり、同時に歌い手でもある）

ⓑ'不但…也〈又、还〉'などと組み合わせて用いた場合、前後2つの節は累加関係を示す。▶文章不但列举了大量材料，〜还作了精辟的分析（その文章は、大量の材料を列挙しただけでなく、さらに透徹した分析も行っている）▶打太极拳不但能强身，〜也能治病（太極拳は体を丈夫にするだけでなく、病気を治すこともできる）▶他不但热爱本门专业，〜也搞些业余的文学创作（彼は自分の専門に非常に熱心であるだけでなく、アマチュアの創作文学も少し手がけている）

同样 tóngyàng

【形容詞】❶同じ、差がない：修飾語になるだけで、述語にはならない。

ⓐ名詞を修飾する。ふつう'的'をともなう。▶两部小说采用〜的题材，表现手法却很不一样（2つの小説は同じ題材を扱いながら、表現方法がまったく違う）▶咱俩干〜的活儿（私たち2人は同じ仕事をする）▶这是〜的道理，难道还不明白？（これ

は同じ道理だ。まだわからないと言うのではあるまいね）

━ 名詞の前に数量詞があるときは'的'を省いてもよい。▶～［的］一件事儿，各有各的看法（同一の事柄にも，それぞれの見方がある）▶～［的］几句话，他说出来比我有分量（同じ言葉でも，彼が言うと私より重みがある）

ⓑ動詞を修飾する。ふつう'地'を付けない。▶这个原则对你们～适用（この原則はあなたがたにも同様に適用する）▶这两件事情性质不同，不能～处理（この２つの事は性質が異なるから，同じようには処理できない）

❷前に述べたことと同じ：節と節の間に用いて前節を受ける。接続詞に近い。後ろにポーズを置く。▶第一车间超额完成计划百分之十，～，第三车间也超额完成计划百分之十（第１現場は計画を10パーセント上回って達成し，同様に第３現場も計画を10パーセント超過達成した）▶教材内容是全新的，～，教学方法也跟过去的很不一样（教材の内容は全部新しくなり，同様に教授法も以前とまったく違う）

统共 tǒnggòng ☞通共 tōnggòng

通 tòng

【量詞】❶回：ある種の楽器を演奏する動作に用いる。▶打了三～鼓（太鼓を３回打った）▶唢呐已经吹过两～（スオナはもう２回吹いた）

❷ひとしきり：マイナスの意味の動作・行為に用いることが多い。数詞は'一'が多い。

ⓐ動+数+通▶胡说一～（ひとしきりでたらめを言う）▶乱讲了一～（でたらめにひとしきりしゃべった）▶奉承了一～（ひとしきりおべっかを言った）▶闹了一～（ひとしきりさわいだ）

ⓑ動+数+通+名▶发了一～牢骚（ひとしきり不平を言った）▶发表了一～谬论（誤った議論を展開した）▶借机大做了一～文章（機を見てたくらみを行った）▶挨了一～骂（ひとしきりののしられた）

头¹ tóu

【量詞】❶ある種の家畜に対して用いる。▶一～牛〈驴、骡子、羊、猪〉（１頭の牛〈ロバ・ラバ・羊・豚〉）▶好几～牲口（たくさんの家畜）

❷ニンニクに用いる。▶一～蒜（１個のニンニク）

❸縁談に用いる。数詞は'一'のみ。▶那一～亲事怎么样了？（あの縁談はどうなった？）

头² tóu

【形容詞】最も前の：数量詞の前に用いることが多い。

ⓐ头+数量［+名］▶～［一］个（いちばん最初）▶～两节［课］（初めの２コマ［の授業］）▶～十辆［车］（先頭の10台［の車］）▶～几排坐的都是优秀学生代表（いちばん前の何列かに座っているのはみな優秀な学生の代表だ）

━ '头等'は形容詞。'一等'とも言う。'二等・三等・次等'と共に用いることが多い。▶头等人才（１級の人材）▶头等大事（いちばんの大事）▶头等重要的任务（いちばんの重要な任務）▶头等奖是金牌，二等是银牌（１等賞は金メダル，２等賞は銀メダル）

ⓑ头+时量▶～几天有点不习惯，过些日子就好了（初めの何日かは少しとまどったが，日がたつと慣れた）▶～两个星期集中学习语音（初めの２週間は集中的に発音を学ぶ）▶～一年实习，第二年开始正式工作（初めの１年は実習で，２年目から正式に仕事を始める）

ⓒ名詞を直接修飾する。▶～奖（１等賞）▶今天出～榜（今日１番目の合格発表が出る）

注意 '头天・头个星期・头个月・头年'に

は「第1の」と「つい先の」の2つの意味がある。後者は方言の色彩が濃い。▶我们回国后，头个月〈第一个月〉住在上海，以后就到了北京（私たちは帰国後，最初の1か月上海に住み，それから北京に行った）▶头个月〈上个月〉你上哪儿去了？（先月君はどこに行った）

头³ ·tou

【接尾語】名詞・動詞・形容詞的要素の後ろに付いて名詞を作る。

❶ 名+头 馒~（マントウ）▶石~（石）▶木~（材木）▶舌~（舌）▶罐~（缶詰）▶砖~（レンガのかけら：軽声に発音しない）▶窝~（トウモロコシ粉やコーリャン粉をまぜて蒸したもの：軽声に発音しない）

❷ 動/形+头 抽象的な事物を表すことが多い。《儿化》▶念~[儿]（考え）▶准~[儿]（確かさ）▶尝到甜~[儿]（うまみを味わう）▶吃到不少苦~[儿]（たくさんの苦しみを味わった）

— いくつかの動詞は'头'を加えて抽象名詞になる。その動作をする価値があることを表す。すべて《儿化》▶吃~儿（食べがい）▶玩~儿（遊びがい）▶听~儿（聞きがい）▶嚼~儿（かみがい）▶这个戏有个看~儿（この劇は観る価値がある）

❸ 方位+头 方位詞を作る。▶上~（上のほう）▶下~（下のほう）▶前~（前のほう）▶后~（後ろのほう）▶里~（中側）▶外~（外側）

注意 '左・右・内・中・旁'の後ろには接尾語'头'は付けられない。'东头儿・西头儿・南头儿・北头儿'の'头儿'は「いちばん端」の意味。軽声に発音しない。

头里 tóu·li ☞前 qián

透 tòu

【動詞】❶しみ込む，突きぬける：《付》了《重ね型》名詞の客語をともなえる。▶屋里~风（部屋の中に風が入る）▶风雨不~（雨風を通さない）▶打开窗户~~空气（窓を開けて空気を通す）▶血从绷带上~了出来（血が包帯ににじんできた）▶爱克斯光能~过肌体检查病变（X線は人体を透視して病痕を検査できる）▶研究问题要善于~过现象找出本质（問題を研究するときには現象を通して本質に迫ることが求められる）

— 動結形の結果を示す要素になる。'得・不'を挿入できる。▶全身都被雨浇~了（全身が雨でずぶぬれになった）▶这个手钻钻不~这种钢板（このハンドドリルでは，この鋼板に穴を開けられない）

❷もらす，内々に言う：《付》了・过 ニュースや状況を表す名詞の客語をともなうことが多い。▶听到什么给我~个信儿（何か耳にしたら私に知らせるように）▶一点情况也没~出来（少しも状況がもれてこない）▶只听他~了一句半句的，详细情况还不清楚（彼が一言二言もらすのを聞いただけで，詳しい状況はまだはっきりしない）

❸現れる：いくつかの熟語に用いる。▶白里~红（白に赤みを帯びる）▶软里~硬（下手に出ながらすごみをきかせる）

【形容詞】❶透き通った，はっきりした：'得'を用いた文の補語となることが多い。前に程度副詞を付けられる。また動結形の結果を表す要素となり，'得・不'を挿入できる。▶跟他说话，问题一点就~（彼と話してみたが，問題点を指摘したらすぐわかってくれた）▶道理讲得很~（道理が非常にはっきり語られている）▶摸~了他的脾气（彼の性格をすっかりつかんだ）▶这人我看~了（こいつの腹はお見通しだ）▶猜不~他在想什么（彼が何を考えているのか見当がつかない）▶话说~了，事情就好办了（はっきり言っておけば，事はやりやすい）▶吃~文件的精神（この文章の精神をよく理解する）

❷徹底した：動結形の結果を表す要素と

なる。主観的な力によって動作が結果を得られるかどうかを表す場合は動結形に'得・不'を挿入できる。さもなくば'得・不'は挿入できない。▶雨下〜了（雨はざんざん降った）▶煤还没烧〜（石炭はまだ燃えきっていない）▶煤矸石烧不〜（ぼたは完全燃焼できない）▶衣服湿〜了（服がずぶぬれになった）▶天已经黑〜了（空はもうすっかり暗くなった）▶庄稼还没熟〜（作物はまだ育ちきっていない）
❸程度が極めてはなはだしいことを表す。動詞・形容詞といくつかの否定形の動客句の後ろに用いる。必ず《付》了 '得・不'を挿入できない。▶情况糟〜了（状況はまったくひどい）▶这家伙坏〜了（こいつはとことん悪い）▶把他恨〜了（彼をとことんにくむ）▶我简直火〜了（すっかり頭にきた）▶事情麻烦〜了（まったく面倒くさい）▶这孩子不懂事〜了（この子はひどく聞き分けが悪い）

突然 tūrán

【形容詞】状況が発生するのが急で、しかも意外であることを表す。'很・太・十分・非常・特別'などに修飾される。
ⓐ突然［+的］+名▶〜事变（突然の事変）▶〜事件（突然の事件）▶〜情况（急な事態）▶〜的事故（突発事故）▶有准备就不怕发生〜的变化（備えあれば、突発的な変化が生じても心配ない）
ⓑ述語になる。ふつう前に'很・不'などを付ける。あるいは後ろに'极了・得很'を付ける。▶事情很〜（事はまったく突然に起こった）▶事情并不〜（決して突然の事ではない）▶这场冰雹〜极了（今度の雹はまったく突然だった）▶事情的变化〜得很（事の変化はとても突然だ）
ⓒ動+得+突然 ふつう'突然'の前に他の要素がくる。▶情况来得〜（状況の変化は突然起きた）▶他问得有点〜（彼の聞き方は少しとっぴだ）▶病得太〜了（病気になったのがあまりにも突然だ）
ⓓ'突然'はいくつかの動詞の客語になれる。▶感觉〜（突然であると感じる）▶感到〈觉得〉〜（突然さを感じる）▶并不认为〜（決して突然だとは思わない）▶不算〜（突然とは言えない）
【副詞】急でしかも意外であることを表す。修飾する動詞・形容詞の前か後ろにはほかの要素が必要。ときには後ろに'地'を付けてもよい。▶他跑着跑着〜停住了（走っている際中、彼は突然立ち止まった）▶心里〜［地］一沉（心は突然くもった）▶汽车〜［地］来了个急转弯（自動車は突然急ハンドルを切った）▶〜［地］喊了一声（突然一声叫んだ）▶电灯〜亮起来了（電灯が突然明るくなった）
ⓐ主語の前に用いる。ふつう後ろにポーズを置く。▶〜，人们都站了起来（突然，人々は立ち上がった）▶我们都睡下了，〜电话响了（みな眠りについたとき，突然電話が鳴った）
ⓑ'突然'を'不+動''没有+名'の前に用いてもよい。'没有+動'の前には用いない。▶收音机〜不响了（ラジオが突然鳴らなくなった）▶〜没有一点响声了（突然，何の音もしなくなった）▶ˣ〜没有响了

慣用句 突然间 '突然'に同じ。状況が発生するその瞬間をより強調する。主語の前に用いることが多い。▶突然间，天空响起了一阵春雷（突然，空にひとしきり春の雷がとどろきわたった）▶黑暗中，突然间发现远处有一点灯光（暗闇の中で，突然遠くに灯の光を見つけた）

比較 突然：忽然① '忽然'は副詞の'突然'に同じ。一般に入れ替えて用いてよい。ただし'突然'は'忽然'よりも状況の発生の速さと意外性をより強調する。
② '忽然'を主語の前に用いるのはまれ。

推 tuī

【動詞】❶外側に向かって力を加え，物体やその一部を力の向かう方向に移動させる：

名詞の客語をともなえる。《付》了・着・过《重ね型》補語をともなえる。▶～车（车を押す）▶～磨（ひき臼を回す）▶请帮我～一下门（門を押すのを手伝ってください）▶～了两天磨，胳膊都累肿了（2日もひき臼を回したので，腕が腫れてしまった）▶他～了孩子一个大跟头（彼が押すと子供はもんどりをうって転がった）▶他～了我一把（彼は私をぐいと押した）▶～着小车送货来了（手押し車を押して商品を届けに来た）▶人多的时候，只能～着自行车走（人ごみでは，自転車を押して歩くしかない）▶我在农村～过碾子（私は農村でひき臼を回したことがある）▶你用力～～～才能推得动（力を入れて押さなければ動かない）▶我～了～，没推动（ちょっと押してみたが，動かなかった）▶这扇门怎么～不开（この扉はどうして押しても開かないのだろう）▶不小心把车子～到沟里去了（車を押していてうっかり溝にはまってしまった）
❷ひき臼でひく：名詞の客語をともなえる。客語はふつう穀物類である。《付》了・着・过《重ね型》補語をともなえる。▶用碾子～玉米（ひき臼でトウモロコシをひく）▶～了十斤黄豆（大豆を10斤ひいた）▶王大妈正～着麦子呢（王おばさんはいま麦をひいているところだ）▶我在农村～过麦子（私は農村で麦をひき臼でひいたことがある）▶得空把那袋麦子～～（ひまができたらあの麦を1袋ひき臼でひいておきなさい）▶把麦子～成面粉（麦をひき臼にかけて粉にする）
❸道具を使って削る，切る，すくい取る：名詞の客語をともなえる。《付》了・着・过《重ね型》▶～头（頭をバリカンで刈る）▶～推子（バリカンを使う）▶～刨子（かんなをかける）▶～了一个光头（坊主頭に刈った）▶他给孩子～着头呢（彼は子供の頭を刈っているところだ）▶我也～过寸头（私は頭を五分刈りにしたこともある）▶你帮我～～头（私の髪を刈ってくれませんか）
❹事を発展させる：ふつう'把'を用いた文に用い，'把＋图＋推＋向…'の形式を構成する。▶把扶贫工作～向深入（困窮者援助の仕事をより確実に展開する）▶把技术革新活动～向新高潮（技術革新活動を新しいクライマックスへと推し進める）
❺推＋出　大量の，あるいは高品質の製品を提供する。▶电视台下周将～出一部四十集连续剧（テレビ局は来週から全40回の連続ドラマを放送する）▶本公司即将～出更新换代的制冷机械（わが社はまもなく新型冷凍庫を発売する）
❻（責任を）人に押しつける，辞退する：単独で述語になれる。《付》了・过　補語をともなえる。▶把责任都往别人身上～是不对的（責任をすべて人に押しつけるのは間違いだ）▶那件事我～了半天才推掉（私は長いことかかってようやくその件を断ることができた）▶这种工作我已经～过几次了（こういう仕事は私はもう何度も辞退している）▶他把责任都～在我身上了（彼は責任を全部私に押しつけた）▶把孩子～给了老人（子供を年寄りに押しつけた）

慣用句　推三阻四　いろいろ口実をもうけて辞退する。

❼あとに延ばす：'往后'と組み合わせて用いることが多い。
ⓐ名詞・数量の客語をともなえる。《重ね型》▶时间只能提前，不能往后～（時間を繰り上げるのはよいが，先へ延ばしてはならない）▶往后～假期（休暇を先へ延ばす）▶个人的事再～两天（個人的なことはもう2～3日あとにする）▶探亲的事可以再往后～一下（帰省はもう少し遅らせてもよい）▶咱们的婚事再往后～～（我々の結婚はもう少し先に延ばそう）
ⓑ推＋的＋图▶会期往后～的次数太多了（会期を先に延ばす回数が多すぎる）▶～的时间太长了（延ばす時間が長すぎる）
ⓒ推＋了／过＋数量▶竣工日期～了一个

月（竣工期日が1か月延びた）▶小李的婚期～过三次（李さんの結婚式の日取りは3度繰り延べになった）
ⓓ補語をともなう。▶研讨会～在下个月了（研究討論会は来月に繰り延べになった）▶手术～到下午两点才开始做（手術は遅れて午後2時にようやく始まった）
❽推薦する，推挙する：名詞・節の客語をともなう。《付》了・过▶选三好学生，大家一致～王莹（学習・健康・活動の3方面で優れた学生を選ぶとき，全員一致で王瑩さんを推薦した）▶职工都～李先生担任经理（従業員はみんなが李さんを支配人の任に当たるよう推挙した）▶刘先生被～为董事长（劉さんは社長に推された）▶工人中～了三位代表（労働者の中から3人の代表が推挙された）
❾人に譲る，辞退する：'推让・推辞'のように語の構成要素となることが多い。▶一个位子两个人～来～去，谁也不好意思坐（1つの席を2人で譲り合って，どちらも座るのを遠慮している）▶工作互相抢，荣誉互相～（仕事は互いに先を争って引き受け，栄誉は互いに譲り合う）▶这是你们应该得到的荣誉，别互相～了（これはあなたがたが当然受けるべき栄誉だから，お互いに譲り合うのはやめなさい）

[動結] 推翻▶别把车推翻了（車をひっくり返してはいけない）▶推翻三座大山（帝国主義・封建主義・官僚資本主義という3つの敵を打ち倒す）

推得〈不〉了 (liǎo)▶这一车东西我推得了（私はこの手押し車1台の品物を押して動かすことができる）▶磨太小，推不了这么多麦子（このひき臼は小さいので，こんなにたくさんの麦はひけない）

推细▶把玉米推细点儿（トウモロコシを少し細かくひく）

推坏▶他头一回学理发，把我的头推坏了（彼は初めて理髪を習ったとき，私の頭を刈るのに失敗した）

推掉▶我把各种名誉头衔都推掉了（私はさまざまな名誉職の肩書きをすべて辞退した）

[動趨] 推上▶把车推上坡儿（手押し車を坂の上まで押して上げた）▶他自己推上豆子了（彼は自分で豆をひき臼にかけはじめた）▶今天人太多，我没有推上头（今日は人が多くて，私は頭を刈れなかった）

推∥上来▶把车推上来（手押し車を上のほうへ押して来てください）

推∥上去▶把沙土从坡下推上去（砂を坂の下から押し上げる）

推∥下来▶把石头从山坡儿上推下来（石を山の斜面から押しておろす）▶推下来很多麸子（ひき臼にかけたらたくさんのふすまが出て来た）

推∥进去▶把东西推进仓库里去（品物を倉庫の中へ押して入れる）

推出▶新推出的一台地方戏（新しく上演される地方劇）

推出来▶我们公司推出来十名代表（わが社から10名の代表を出した）

推∥出去▶请帮我把自行车推出去（自転車を押して出すのを手伝ってください）

推∥回来▶今天他推回来一辆新自行车（今日彼は新しい自転車を押して帰って来た）

推∥回去▶先把煤推回家去（まず石炭を手押し車で押して家にもどる）

推∥过来▶沙子推过来了（砂が押して運ばれて来た）▶用小车推过来一筐石头（手押し車で石を1かご押して来た）

推∥过去▶除草机慢慢地推过去（除草機がゆっくりと草を刈って行く）

推起▶他推起车子就走了（彼は自転車を押してすぐに行ってしまった）

推∥来▶推来一车砖（手押し車1台のレンガを運んで来る）

W

哇 ·wa ☞啊·a

外 wài（外边・外面・外头）

【方位詞】ある境界を越えている。
❶名詞のように用いる。
ⓐ単独で用いる。いくつかの熟語に限る。▶出門在〜（家を出て他郷にいる）▶古今中〜（古今内外）▶内〜有別（内と外では違いがある）▶〜強中干（見かけ倒し）▶人群里三层，〜三层，围得水泄不通（水ももらさぬほど，十重二十重に人がきが囲む）
ⓑ介＋外▶往〜走（外に向かって歩く）▶朝〜拉（外側に引っぱる）▶对〜开放（外部に開放する）▶从〜向里推（外から中へ押す）
❷名＋外ⓐ場所を指す。▶城〜（城壁の外）▶大門〜（門の外）▶村〜是一片竹林（村の外は一面の竹やぶである）
ⓑ範囲を指す。▶会〜交談（会議のあい間に話をする）▶课〜活动（課外活動）▶党〜人士（党外の人士）▶编〜人员（定員外職員）
ⓒ…を除いて。▶中国除汉族〜，还有五十多个兄弟民族（中国には漢民族のほかに，50いくつの少数民族がいる）
❸数量＋外 距離を指す。▶走出三十里〜（15キロ外に出る）▶离门口五十米〜是一个鱼塘（戸口から50メートル外は養魚池である）
❹外＋名 形容詞に近い。▶〜国（外国）▶〜地（ほかの地域）▶〜省（ほかの省）▶〜县（ほかの県）▶〜屋（戸口寄りの部屋）▶〜单位（ほかの部門）
〖外边〗①'外'❶，❷ⓐに同じ。より自由に単独で用いる。▶外边很冷（外はとても寒い）▶外边有人敲门（外で誰かが戸をたたいている）▶往外边走（外に向かって歩く）▶在外边上学（よその土地で勉学する）▶围墙外边就是大街（塀の外は大通りだ）
②物体の表面を指す。▶外边捆了两道绳子（外側を2本のひもでしばってある）▶铁管外边涂了一层红漆（鉄管の外側に赤いペンキが塗ってある）
③'里'と対にして用い，中心の位置より離れていることを表す。前に'最・稍微'などの程度副詞を付けてもよい。▶他在里圈儿，老刘站得稍微外边一点儿，我在最里边儿（彼は中の輪にいて，劉さんはちょっと外側で，私はいちばん中側にいる）
〖外面〗〖外头〗'外边'に同じ。

外边 wài·bian ☞外 wài

外面 wài·mian ☞外 wài

外头 wài·tou ☞外 wài

玩儿 wánr

【動詞】話し言葉では《儿化》。
❶遊ぶ，もてあそぶ：《付》了・着・过《重ね型》客語をともなえる。▶我们在颐和园〜了一天（頤和園で1日遊んだ）▶他想去杭州〜〜（彼は杭州に遊びに行きたいと思っている）▶去年我去青岛〜过（去年，青島に行って遊んだことがある）▶这孩子〜得忘了回家了（この子は家に帰るのを忘れるほど遊びほうけた）
ⓐ玩＋名▶不要让孩子〜火柴（子供にマッチをいたずらさせてはいけない）▶小孩

儿都喜欢～土（子供はみんな泥んこ遊びが好きだ）
ⓑ玩＋動／節　客語は遊戯の名称が多い。▶～捉迷藏（かくれんぼをする）▶～堆雪人（雪だるま遊びをする）▶～老鹰捉小鸡（鬼ごっこをして遊ぶ）
ⓒ動［＋名］＋玩　動詞は'玩'の内容を表す。▶逗孩子～（子供をからかって遊ぶ）▶堆雪人～（雪だるまを作って遊ぶ）▶孩子们在屋里搭积木～呢（子供たちは部屋で積み木をして遊んでいる）▶他闹着～，你倒当真了（彼はふざけているのに、君は本気にした）
❷いろいろな娯楽活動（スポーツ・音楽など）をする。▶～扑克牌（トランプをする）▶篮球我没～过（バスケットボールはやったことがない）▶退休以后，他也～～鸟啊鱼啊什么的（退職してから、彼は鳥や魚を飼ったりしている）▶从前春节期间南方讲究～龙灯，北方喜欢～高跷（昔、旧正月には、南方では竜灯を盛んにやり、北方では高足踊りを好んだ）
❸（不正な手段を）使う：客語はいくつかの決まったものに限る。▶你又在～什么花招儿！（君はまた策なんか弄して！）▶靠～手段处世为人，是行不通的（手練手管で世を渡ろうなんてとんでもない）▶别～邪的！（悪だくみするんじゃない！）
❹挨拶の言葉に用いる。▶有空请到我家来～（おひまな折は遊びにお出かけください）

動結 玩儿得〈不〉转　対応できる〈できない〉。▶最近生产上出了不少问题，他有点玩不转了（最近仕事上、多くの問題が起き、彼はいささかお手上げだ）

動趨 玩儿上 ⓐ遊び始める。▶这孩子不做功课，怎么又玩儿上了？（この子は勉強もせずにどうしてまた遊びだしたのだ）
ⓑ好きになる：必ず客語をともなう。▶你怎么又玩儿上半导体了？（君はどうしてまたトランジスタを好きになったんだ）

玩开 ⓐ遊び出す。▶刚打架，这会儿又玩儿开了（さっきけんかしたばかりなのに、今度は遊び出した）▶这些孩子前些天玩儿弹弓，这些天又玩儿开小足球了（この子らは数日前にはゴムパチンコで遊んでいたが、この２～３日はサッカーをやり始めた）
ⓑある種の遊びが広まる。▶打桥牌在我们那儿早玩儿开了（ブリッジは私たちのところでは、前からはやっている）

万万　wànwàn

【副詞】絶対に、どんなことがあっても：否定文にのみ用いる。極めて強い否定あるいは禁止の気持ちを表す。'没・不・不可・不能'などの語と組み合わせて用いる。▶这件事我们～没有预料到（こんな事は夢にも予想しなかった）▶小孩子～不能养成说假话的习惯（子供には決して嘘をつく習慣をつけてはならない）▶传闲话可～要不得（決して陰口を人に言うものではない）▶～想不到我会得这种病（私がまさかこんな病気にかかろうとは夢にも考えなかった）▶～不可掉以轻心（決して油断をしてはならない）▶～不能伤了她的心（絶対に彼女の心を傷つけてはならない）

【数詞】❶１万の１万倍、億：１から10までの数と組み合わされる。主語・客語・定語になる。▶四～同胞团结起来（４億の同胞が団結する）▶我们有十～人口（我々には10億の人口がある）▶他们公司的财产有一～（彼らの会社の財産は１億ある）

❷'千千'と共に用いて、数量が大きいことを表す。述語・客語・定語になる。▶好人好事千千～（素晴らしい人物、素晴らしい事が無数にある）▶这样的英雄，我们有千千～（我々にはこのような英雄が何千何万といる）▶新中国是千千～先烈流血奋斗建成的（新中国は数え切れない革命烈士の尊い犠牲によって成立したのである）

比較 万万：千万　☞千万 qiānwàn

万一 wànyī

【名詞】可能性の極めて低い不利な状況。▶以防～（万一を防ぐ）▶不怕一万，就怕～（多数を恐れず、万に１つの危険を恐れる）

【副詞】発生する可能性が極めてうすいことを表す。発生を望まない事柄に用いる。▶你最好多帯几件衣服，以免～天气变冷（万一寒くなったときのために、何枚か服をよけいに持ったほうがよい）▶河堤还要加固，防止～发生意外（川の土手をもっと強化して、万が一にも災害が発生しないようにする）▶你倒想得挺美，～他不来呢？（君は考えが甘い。万一彼が来なかったら？）

【接続詞】可能性がごく少ない仮定を表す。起こって欲しくないことを言うときに用いることが多い。▶～計算错误，就会影响整个工程（万一計算を間違えようものなら、工事全体に影響する）▶～他不能及时赶到，怎么办？（万一彼が間に合わなかったならどうしよう）▶～下雨，还去不去？（万一雨が降っても、行きますか）

— ほかの仮定を表す接続詞と並用してよい。▶即使～发生意外，也不要手忙脚乱（たとえ万一のことが起きても、とり乱してはいけない）▶要是～住不上旅馆，你可以去找小刘（もし万一旅館に泊まれなければ、劉さんを訪ねればよい）

— 対話のとき'万一…呢'の形で問いかけができる。▶～他不同意呢？（万一彼が同意しなければどうしよう＝～他不同意，那怎么办？）

往 wǎng

【動詞】行く。▶人来人～（人が行き来する）▶一同前～（そろって出向く）▶一个～东，一个～西（１人は東へ行き、１人は西へ行く）

【介詞】❶動作が向かう方向を表す。場所を表す語句と組み合わせて、介詞句を構成し、動詞の前に用いる。▶～东边走（東へ行く）▶～南边飞（南の方へ飛ぶ）❷介詞句を構成し、動詞の後ろに用いる。動詞は'开・通・迁・送・寄・运・派・飞・逃'などに限られる。▶车队开～拉萨（車の隊列はラサに向かった）▶公路通～山区（道路は山間部に通じている）▶本店迁～路南二〇一号营业（本店は道の南側201号に移転し営業します）▶大庆石油源源不断地运～全国各地（大慶の石油は脈々と絶えることなく全国各地へ運ばれる）❸往+形／動+里　形／動はいくつかの単音節のものに限る。《口》wàng とも発音する。▶白杨树喜欢～高里长（ポプラは高く成長したがる）▶这一箱东西～少里说也有五十斤（この箱には少なくとも50斤は入っている）▶打蛇要～死里打（ヘビをやっつけるときは死ぬまでやれ）

往往 wǎngwǎng

【副詞】ある状況がたびたび出現することを表す。▶小刘～学习到深夜（劉さんは深夜まで勉強することがよくある）▶这里大都是原始森林，～四五十里不见人烟（ここは大部分が原生林で、20～30キロ行っても人家がないことが多い）▶煤层下面～是不透水的粘土层（石炭層の下はしばしば水を通さない粘土層である）▶短文～比长篇大论效果更好（往々にして短い文は長い大論文より効果的だ）

比較 往往：常常① '往往'は現時点までに発生した状況に対する総括で、一定の規則性がある場合に用い、主観的な願望には用いない。'常常'は単に動作が繰り返されることを指し、必ずしも規則性はなく、主観的な願望にも用いる。したがって'常常'は未来の事柄についても用いられるが、'往往'は使えない。▶请你常常来（たびたびいらしてください）▶我一定常常来（きっとしょっちゅう来ます）▶他希望常常去（彼はたびたび行きたいと望んでいる）以上の'常常'は'往往'に換えることができ

ない。
②'往往'を用いた文は動作に関する状況・条件・結果を明らかにしなければならない。'常常'にはこのような制限はない。
▶每逢节日或星期天，我们往往到厂矿去演出（祝日や日曜には，たいてい工場や鉱山へ公演に行きます ×我们往往演出）
▶我们常常演出（しょっちゅう公演します）
▶小刘往往一个人上街（劉さんはよく1人で町に出る ×小刘往往上街）▶小刘常常上街（劉さんはよく町に出る）

忘 wàng〔忘记〕

【動詞】忘れる：《付》了・过 名詞・動詞・節を客語にともなえる。▶～了一件事（ある事を忘れた）▶～跟他们说了（彼らに話すのを忘れた）▶哪件事也没～过（どの事も忘れたことがない）▶一辈子也不会～（一生忘れない）▶我～了他是哪一天来的了（彼がいつ来たのか忘れてしまった）▶偏偏把他给～了（よりによって彼を忘れてしまった）▶～得一干二净（きれいさっぱり忘れた）

ⓐ肯定文では名詞・節を客語にともなうとき，必ず'了'を'忘'の後ろに付ける。動詞を客語にともなうときは，話し言葉では'了'を'忘'に付けなくてもよい。ただし文末には必ず'了'を付ける。▶我～了他的名字（彼の名前を忘れた）▶刚才～了说，现在告诉你吧（先ほどは言い忘れました，いま申し上げましょう）▶～了通知他了（彼に通知するのを忘れた）▶～通知他了（彼に知らせるのを忘れちゃった）▶我～了他姓什么了（彼は何という姓だったか忘れた）▶你～了我们那天一起看篮球赛了？（私たちがこの間一緒にバスケットボールの試合を見たことを忘れたの）

— 熟語では'了'を付けない。▶得意～形（得意の絶頂）▶～恩负义（恩知らず）

ⓑ忘＋在▶把钥匙～在家里了（鍵を家に忘れた）▶作业本～在学校了（宿題ノートを学校に忘れた）

ⓒ質問するときは'A没A'の形を用い，'A不A'とは言わない。▶他的电话号码你～没～？（彼の電話番号，あなた忘れた？ ×…～不～）

動結 忘得〈不〉了 (liǎo) ▶这事我一辈子也忘不了（この事を私は一生忘れない）

忘没了▶过去学过一点拉丁文，早忘没了（以前少しラテン語を学んだが，とうに忘れてしまった）

《忘记》基本的には'忘'に同じ。
①'忘记'は《書》，'忘'は《口》。
②'忘'は必ず後ろに'了'を付ける。'忘记'はふつう'了'を付けない。
③'忘'は'得'を用いた文に用いられる。'忘记'はあまり用いない。

忘记 wàngjì ☞忘 wàng

往ᶜ望 wǎng

【介詞】動作の方向を表す。方位詞・場所を表す語と組み合わせ，動詞の前に用いる。ふつう'往'と書くが，'望'と書くこともある。▶～前看（前方を見る）▶～外走（外のほうへ歩く）▶～上拉（上へ引っぱる）▶水～低处流（水は低いほうへ流れる）▶～报社寄稿件（新聞社に原稿を送る）▶～我这儿瞧（私のほうを見る）▶麦田从村口一直～东延伸，望不到头（麦畑は村の入口からまっすぐに東へ延び，果てしなく続いている）

ⓐ往＋下　動作の方向を表す。▶～下跳（下へ飛び降りる）▶～下扔（下へ投げる）▶从三千公尺上空～下滑翔（3000メートルの上空から下へ滑空する）

— 動作の継続を表す。▶～下说（続けて話す）▶～下写（続けて書く）▶时间不早了，你快～下准备吧！（もう遅い。早く準備を続けなさい）

ⓑ往＋后　動作の方向を表す。▶～后靠（後ろに寄りかかる）▶～后退一下（後ろにさがる）

— 現在より以後を表す。▶〜后要听老师的话（今後は先生の言うことを聞きなさい）▶〜后日子越过越好啦！（これからの暮らしはますますよくなるだろう）

— '往后'はよく用いられるため、すでに一語化している。

比較 往：朝　'往'の基本的な意味は「移動する」であるが、'朝'は「面と向かっている」である。

①ある方向に向かって移動するには'往''朝'のどちらを用いてもよい。▶汽车往〈朝〉南开（自動車は南へ向かう）▶往〈朝〉前看（前方を見る）

②「面と向かう」という意味だけで、移動の意味がないときは'朝'しか使えず、移動の意味だけで「面と向かう」の意味がないときは'往'しか使えない。▶大门朝南开（門は南向きだ ×大门往南开）▶往报社寄稿件（新聞社に原稿を送る ×朝报社寄稿件）

③'往'は必ず方位・場所を表す語句と組み合わせる。人物やものを指す名詞とは直接組み合わせられない。'朝'にはこのような制限がない。

▶朝我这儿看（私のほうを見る＝朝我看）
▶朝野猪身上打了一枪（イノシシをねらって1発撃った＝朝野猪打了一枪）

▶往我这儿看（私のほうを見る ×往我看）
▶往野猪身上打了一枪（イノシシをねらって1発撃った ×往野猪打了一枪）

为 wéi

【動詞】古代の常用語であるが、現在は《書》。

❶する：四字句に用いることが多い。▶我一定尽力而〜（必ず力の限り行います）▶事在人〜（事の成否は人のやり方しだいである）▶敢作敢〜（思いきって事をなす）▶切莫〜非作歹（決して悪事を働くことなかれ）

— 有＋所＋为▶我们要在次要的方面有所不〜，然后才可以在主要的方面有所（我々は副次的な方面では手を抜くべきだ。そうしてこそ主要な方面に力を注ぐことができる）

❷…にあてる，…にする，…とする：必ず客語をともなう。兼語文の2番目の動詞として用いるか，一方の動詞の後ろに用いる。▶拜他〜师（彼を師とあおぐ）▶选他〜出席全国科学大会的代表（彼を全国科学大会に出席する代表として選出する）▶他前年当选〜人民代表（彼は一昨年選ばれて人民代表になった）▶当时的盛况有诗〜证（当時の繁栄ぶりを証明する詩がある）

— 以…为…▶班上以他的个子〜最高（クラスでは彼の身長が最高だ）▶以雷锋同志〜榜样（雷鋒同志を模範とする）▶北方以面食〜主（北方では小麦を主食とする）▶以团结〜重（団結を重視する）▶并不是说任何文章都以短〜好（いかなる文章も短きをよしとすると言うのではない）▶山的高以珠穆朗玛峰〜最（山はチョモランマ峰をもって最高とする）

❸…に変わる，…になる：必ず客語をともなう。兼語文の2番目の動詞として用いるか，一方の動詞の後ろに用いる。▶化消极因素〜积极因素（消極的な要因を積極的な要因に変える）▶变沙漠〜良田（砂漠を良田に変える）▶改重庆市〜直辖市（重慶市を直轄市に改める）▶大家都转忧〜喜（みんなは悲しみが喜びに変わった）▶在一定条件下，主要矛盾可以转化〜非主要矛盾（一定の条件の下では，主要な矛盾を主要でない矛盾に転化させられる）▶由于劳动和直立行走，类人猿最终进化〜人（労働と直立歩行によって，類人猿はついに人に進化した）

❹…である：《書》▶鲁迅〜浙江绍兴人（魯迅は浙江省紹興の人である）▶北京〜中国首都（北京は中国の首都である）▶学习期限〜三年（学習期間は3年である）▶建筑总面积〜一万三千平方米（建築総面積は1万3000平方メートルである）

▶他在大会上作了题～《如何改进外语教学》的发言（大会で彼は「外国語教育の改善について」と題する発表をした）▶龙门石窟被称～石刻艺术宝库（竜門石窟は石刻芸術の宝庫と呼ばれている）

❺比較文の述語動詞となる。後ろの形容詞は単音節が多い。▶他真正做到了关心群众比关心自己～重（彼は自分より大衆に関心を寄せることを本当に実行した）▶他的成绩比同班同学～优（彼の成績は同じクラスの学生よりも優れている）▶甲方损失比乙方～小（甲の損失は乙より小さい）▶我看还是这样～好（私はやはりこのほうがよいと思う）▶在这一点上他比他哥哥更～突出（この点では彼は兄よりずっと秀でている）

❻接尾語に近い。いくつかの単音節の副詞・形容詞は'为'をともない，2音節の形容詞・動詞を修飾する。▶两人关系甚～亲密（2人の関係は極めて親密だ）▶意义更～深远（意味はさらに深遠である）▶心中极～不满（心中極めて不満に思う）▶这个故事在民间早已广～流传（この物語は古くから民間に広く伝わっている）▶收入大～增加（収入は大いに増加した）▶广～宣传（広く宣伝する）▶深～感动（深く感動する）▶颇～得意（すこぶる得意だ）▶甚～特殊（はなはだ特殊だ）▶极～遥远（極めて遠い）

【介詞】为+名+所+動　…される：《書》▶～风雪所阻（風雪に阻まれる）▶～歌声所吸引（歌声に魅せられる）▶这一论点已～无数事实所证明（この論点はすでに多くの事実によって証明されている）▶看问题要看本质，不要～表面现象所迷惑（問題を見るには本質を見るべきで，表面の現象に惑わされてはいけない）

为止　wéizhǐ

【動詞】打ち切る，やめる（時間・進捗状態などに用いることが多い）：必ず'到…'と組み合わせて用いる。▶抚恤金给到孩子参加工作～（補償金は子供が仕事に就くまで支給される）▶统计数据到1993年年底～（統計のデータは1993年年末までのものである）▶这件事就到此～，以后别再提了（この件はこれで打ち切りとして，今後は二度と持ち出さないように）▶到目前～，我们还没有发现工程质量问题（現在までのところ，我々はまだ工事の質についての問題は見つけていない）

唯恐　wéikǒng

【動詞】あることだけをひたすら心配する：必ず動詞・節を客語にともなう。▶～落后于别人（他人に遅れをとりはしまいかとひたすら恐れる）▶他～对我们照顾得不周（彼は私たちへの世話が行き届かないかとひたすら心配している）▶有些人就是～天下不乱（一部の人たちは社会の混乱のみを願っている）▶他～到时候任务完成不了，这些天想方设法往前赶（彼は時期までに任務をやり遂げられないのではないかと心配で，ここ数日なんとか早めに進めようとしている）

为　wèi

【介詞】❶動作の受益者を導く：…のために。

ⓐ为+名▶～人民服务（人民に奉仕する）▶～报社写文章（新聞社のために原稿を書く）▶我在这儿一切都好，不用～我担心（こちらはすべて順調ですから私のために心配しないでください）▶请～我向主人表示谢意（主催者に私の謝意をお伝えください）

ⓑ为+動／節▶这次试验～新产品的研制找到了新的途径（今回の実験は，新製品開発のために新しい方法をもたらした）▶电视大学～职工业余进修提供了良好条件（テレビ大学は勤労者の時間外研修に好条件を用意した）

❷原因・目的を表す。《付》了・着 '为了…''为着…'は主語の前に置き，ポー

ズを置ける。
ⓐ为+名▶大家都~这件事高兴（みんながこの事を喜んでいる）▶~人类的和平进步作贡献（人類の平和と進歩のために貢献しよう）
ⓑ为+動/形▶~避免差错，最好再检查一遍（間違いをなくすためにもう１度検査するほうがよい）▶~了职工能安心工作，机关办起了托儿所（労働者職員が腰をすえて働けるよう，職場は託児所を設けた）▶~了培育下一代，我愿意终身从事教育工作（次の世代を育てるため，私は一生教育事業に身をささげたい）▶~着适应生产力的发展，企业的经营管理方法需要相应地改革（生産力の発展に対応するため，企業の経営管理方法もそれにふさわしく改革する必要がある）
ⓒ为+動/形+起见　主語の前に用い，ポーズを置く。《×付》了・着▶'为'の後ろに名詞を用いてはいけない。▶~慎重起见，再让技术员检验一下（慎重を期するために，再度エンジニアに検査させる）▶~方便读者起见，书末还附了一个年代表（読者の便宜のために，巻末に年表を付けた）
ⓓ为…而…　《×付》了・着▶~开设新课程而积极备课（新しいカリキュラムのために積極的に授業準備にとりくむ）▶~人民而死，虽死犹荣（人民のために死ぬことは名誉である）▶~开发新的油田而努力（新しい油田を開発するために努力する）
ⓔ为了…而…　反義の動詞を前後に用い，逆接を表す。必ず'为'の後ろに'了'を付ける。▶~了前进而后退，~了向正面而向侧面，~了走直路而走弯路，这是许多事物在发展过程中所不可避免的现象（前進のための後退，正面に向かおうとして側面に向かう，まっすぐ行こうとして曲がる，これは多くの事物の発展過程において避けられない現象である）

为什么 wèishén·me

【副詞】原因あるいは目的をたずねる。
ⓐ为什么+動/形▶~哭了？（どうして泣いたの）▶~不说话？（なぜ黙っているの）▶孩子~总爱生病？（この子はどうして病気がちなのだろう）▶她~那么烦燥？（彼女はなんであんなにいらいらしているんですか）▶今年夏天~这么热？（今年の夏はどうしてこんなに暑いのだろう）
ⓑ为什么+節▶~小王这几天老迟到？（王さんはこの数日どうして遅刻ばかりしているんですか）▶~你又没完成作业？（どうしてまた宿題をやり終えなかったのですか）▶~他最近经常萎靡不振？（最近どうして彼はいつも元気がないんだろう）
ⓒ '为什么'を文末に用いてもよい。▶你这是~？（あなたこれはどういうことですか）▶小李今天没来上班，~？（李さんは今日出勤していないけど，どうしてですか？）▶你为什么不去？——不~（あなたはどうして行かないの？——べつにどうという理由はない）
注意 '为什么+不'は反語の口調を用いて，「…すべきだ」あるいは「…したほうがよい」ことを表し，忠告の意味を持つ。'为什么+没'は反語の口調を用いて，「そのようにすべきではなかった」ことを表し，非難の意味を持つ。▶你为什么不亲自去一趟（あなたはなんで自分で行かないのですか）▶你为什么不多睡一会儿？（あなたはどうしてもっと睡眠時間をとらないのですか）▶你为什么没去上班？（あなたはどうして出勤しなかったのですか）▶你为什么没完成作业？（あなたはどうして宿題をやり終えなかったのですか）

未必 wèibì

【副詞】必ずしも…ではない，…とは思わない：主語の後ろ，動詞の前に用いる。
ⓐ未必+動/形　文は全体で婉曲に否定

する意味を表す。単独で答えに用いることができる。▶你的话他～听（あなたの言うことを彼はおそらく聞かないでしょう）▶下午小李～在家（李さんは午後家にいるとは限らない）▶这个季节荔枝～上市了（この季節にライチが店頭に出ているとは思えない）▶这篇文章你～看得懂（この文章はあなたが読んでもおそらくわからないでしょう）▶这样的预测～准确（こうした予測が必ずしも正確だとは限らない）▶他说的话～可靠（彼の言うことが信頼できるとは限らない）▶这个消息他肯定知道——～（彼はきっとこのニュースを知っています——そうとは限りませんよ）

ⓑ未必+不/没+動/形　文は全体で婉曲に肯定する意味を表す。▶老师～不知道（先生がご存じないことはないでしょう）▶他的话～没有道理（彼の話が道理にかなっていないとは言えない）▶丢这么多钱，他～不着急（こんなにたくさんのお金を失くして、彼が焦っていないとは思えない）▶她～没那个意思（彼女にその意図がないとはいえない）

比較　未必：不必　☞不必 bùbì

未曾　wèicéng

【副詞】ある行為あるいは状況がそれまでに存在しなかったことを表す。《書》'未曾+動'の形式は動詞の後ろに'过'をともなえる。▶县志上～记载（県誌にこれまで記載がない）▶他们虽然～相见，但彼此都知道对方的名字（彼らはこれまで会ったことはないが、互いに相手の名前を知っている）▶父亲病危的时候，孩子们～离开一步（父親が危篤状態になったとき、子供たちは1歩もそばを離れなかった）▶这样的事情，我～经历过（こんな事は、私はこれまで経験したことがない）▶三十年来这里～发生过水灾（30年来ここでは水害が発生したことがない）

未尝　wèicháng（未始）

【副詞】❶かつて…したことがない：主語の後ろに用いる。動詞・動詞性の語句を修飾する。▶他们～见面（彼らはこれまで会ったことがない）▶我～参加他们的婚礼（私は断じて彼らの結婚式には出ていない）▶整个暑假小李～到过一次我家（李さんは夏休み中1度もわが家に来なかった）▶他～到过此地（彼はこれまでこの地に来たことがない）

❷…ではない、まったく…ではない：否定詞の前に用い、二重否定を構成する。文全体の口調は比較的婉曲である。'未尝'は主語の後ろに置く。▶他～不知道这件事，只不过从来不说就是了（彼はこの事を知らないのではなく、これまで口にしなかったというだけだ）▶他这样做～不是好意，咱们应该理解他（彼がこうするのは決して親切心がないからではない、我々は彼を理解してやるべきだ）▶张先生的话～没有道理（張先生の話は理にかなっていないわけではない）▶我～不想上大学（私は大学に行きたくないわけではない）▶这样做也～不可（このようにするのも悪くはない）

〚未始〛用法は'未尝'❷に同じ。《書》

未免　wèimiǎn

【副詞】「そうとは思わない、同意しかねる」意味を表す。否定を表すが婉曲である。程度副詞'太・过分・过于・不大・不够・有点・有些…'および数量詞'一点・一些'と併用することが多い。

ⓐ未免+形▶内容不错，只是篇幅～太长（内容はよいが、ただページ数が多すぎるきらいがある）▶情况很复杂，你的想法～过分简单（状況は複雑だよ、どうも君の考えは単純すぎるようだね）▶这房间～小了一点（この部屋が小さいのは確かです）▶你也～太激动了吧（ちょっと興奮しすぎたようだね）

ⓑ未免+動▶这事～欠考虑（この事は考慮を欠いているきらいがある）▶同志们～

过分夸奖了（同志たちはどうもほめすぎてしまったようだ）▶老陈～太不会表达了，根本没有把问题讲清楚（陳さんはあまりにも口べただ，全然問題をはっきりと話せなかった）
ⓒ未免+动+得…；动+得+未免…▶原料～用得多了一些（どうも原料を多く使いすぎたようだ＝用得～多了一些）▶你～把他说得太好了（あなたは彼をよく言いすぎるきらいがあります＝说得～太好了）▶这些手续～规定得过分繁琐（これらの手続きは面倒すぎる＝规定得～太过分繁琐）
比較 未免：免：难免 '未免'は度を越した状況に対して同意できないことを表し，評価を加えることに重点がある。'不免・难免'は客観的に避けがたいことを表す。したがって'未免'と'不免・难免'は置き換えられない。

未始 wèishǐ ☞未尝 wèicháng

问 wèn

【動詞】❶わからないことを人にたずねる：《付》了・着・过《重ね型》二重客語またはその一方をともなえる。事物を指す客語は名詞でも疑問節でもよい。▶我～你一件事（１つ伺います）▶他～你呢（彼は君に聞いてるんだよ）▶我～个问题（質問があります）▶一边～着，一边在小本子上记着（質問しながら手帳にメモする）▶买东西之前先～～价（物を買う前にはまず値を聞いてみる）▶他～我什么时候动身（彼は私にいつ出発するのか聞いた）▶他～你小黄还来不来（彼があなたに黄くんはまだ来るのかどうかと聞いていますよ）▶老胡～行不行（よろしいですか，と胡さんは聞いた）▶他被～得张口结舌，回答不上来（彼は問いつめられてしどろもどろになり，答えられなかった）
❷審問する，判決を下す：《付》了・过 名詞の客語をともなえる。▶唯你是～（おまえ１人に責任を問う）▶～了罪（罪を責める）▶正在～案（いま事件を審理している）
❸問題にする，かかわる：単独では用いない。否定に用いることが多い。▶不闻不～（知らん顔をする）▶只顾数量，不～质量不行（量ばかり気にして質を問わないのはだめだ）▶不～能力大小，都可以有所贡献（能力の大小にかかわりなく，誰もがそれなりに貢献できる）
动结 问明 问//明白 问//清楚
问好▶我已经问好了，旅馆就在前边（もうちゃんと聞いといたよ，旅館はすぐこの先にあるってさ）
动趋 问//出 必ず客語をともなう。▶我看问不出什么结果（何も聞き出せないと思う）
问//出来▶这事儿已经问出来了（この件はもう調べがついた）
问起▶他在病中还问起组里的工作（彼は病気だというのに，仕事のようすをしきりに聞きたがった）
问起来▶这是他的事儿，怎么问起我来了？（これは彼の担当ですよ，なんで私に聞くんです）
问到▶问得真仔细，各方面都问到了（何から何まで実に詳しくたずねた）
【介詞】…に向かって，…に対して：取得の意味を表す動詞があとにくることが多い。▶～老张借本小说（張さんに小説を借りる）▶你没～他借过钱？（君は彼から金を借りたことはないのかい）▶你～我要，我～谁要去？（君はぼくにくれと言うが，ぼくは誰に頼めばいいんだ）
慣用句 问路 人に道順をたずねる。▶到一个生地方，要勤问路，才不至于走错路（見知らぬ土地へ行ったときは，まめに道順をたずねたほうが道に迷わずにすむ）
问…好 心遣いを表す。挨拶言葉。▶向伯父问好（おじさんによろしくお伝えください）▶代我问大家好（みなさんによろしく）

问题 wèntí

【名詞】❶答えあるいは説明を必要とする主題。
ⓐ主語・客語になる。▶他提的〜很多（彼が提起した問題は数多い）▶这个〜由财政部长来回答（この問題は財政部長から返答する）▶聪明的孩子爱提〜（賢い子供は質問したがる）▶从不同的角度来考虑〜（異なる角度から問題を考える）
ⓑ定語をともなう。▶法官提出的〜（司法官が提起した問題）▶他答复了我的〜（彼は私の質問に解答した）▶三个〜（３つの問題）▶一大堆〜（山ほどの問題）
ⓒ問題+的　修飾成分になる。▶〜的数量（問題の数）▶〜的主要方面（問題の主要な面）▶〜的提出总有一定的根据（問題提起には一定の根拠があるものだ）
❷研究・討論を経て解決すべき矛盾・疑問。
ⓐ主語・客語になる。▶〜相当棘手（この問題はなかなか手ごわい）▶〜成堆（問題が山積している）▶妇女〜是这次大会的主题（婦人問題は今回の大会のテーマだ）▶光靠吃药解决不了〜（薬だけに頼っていたのでは問題は解決できない）▶控制人口是主要〜（人口抑制は主要な問題だ）▶充分就业是一个世界性的〜（雇用の充足は世界的な問題の１つだ）
ⓑ定語をともなう。▶儿童〜（児童問題）▶道德〜（道徳問題）▶住房〜（住宅問題）▶生活〜（生活の問題）▶作风〜（態度の問題）▶棘手的〜（手ごわい問題）
ⓒ問題+的　修飾成分になる。▶〜的本质（問題の本質）▶〜的性质（問題の性質）▶〜的暴露（問題の暴露）▶〜的出现（問題の発生）
❸かなめ、重要な点。
ⓐ主語・客語になる。▶〜是能不能深入实际去做工作（問題は実情に深く入り込んで仕事ができるかどうかだ）▶〜在于你对她是不是真心实意（問題はあなたが彼女に対して誠実であるかどうかだ）▶这才是关键性的〜（これこそ肝心かなめの問題だ）▶这篇文章没有抓住主要〜（この文章は主要な問題をとらえていない）▶绕来绕去到底还是个资金的〜（あれこれ考えてみたが結局はやはり資金の問題だ）
ⓑ定語をともなう。▶主要〜（主要な問題）▶关键的〜（肝心な問題）▶实质的〜（実質的な問題）▶本质的〜（本質的な問題）
ⓒ問題+的　修飾成分になる。▶〜的症结（問題のむずかしい点）▶〜的关键（問題のポイント）
❹事故、突発事件。
ⓐ主語・客語になる。▶〜终于暴露出来了（問題がついに露見した）▶意想不到的〜发生了（思いもかけない問題が起こった）▶电线老化引起的〜（電線の老化が引き起こした問題）▶手术中出了〜（手術の最中に問題が起こった）▶他的心脏又出了〜（彼の心臓にまた問題が起きた）
ⓑ定語をともなう。▶严重的〜（深刻な問題）▶大〜（大問題）
ⓒ問題+的　修飾成分になる。▶〜的出现完全是因为责任心不强（問題が起こったのはまったく責任感の欠如による）

我 wǒ

【代詞】❶自分のことを指して言う。▶〜不认识他, 他是谁？（私はあの人を知らない。あれは誰ですか）▶晚上你来找〜吧（晩にぼくの所へおいでよ）
ⓐ所有関係を表すときは'我'の後ろに'的'を付ける。▶〜的钥匙（私の鍵）▶〜的书（私の本）▶这是〜的行李（これは私の荷物です）▶我有〜的爱好（私には私の好みがある）▶这是〜的建议（これは私の提案です）
—ただし次の場合は話し言葉ではふつう'的'を付けない。
—親族あるいは親密な間柄の者の名称の前（☞我们 wǒ·men ❶ⓐ）。▶〜哥哥

(私の兄)▶~邻居(私の隣人)▶~同学(私の学校友だち)

━'家・家里・这里・那里'および方位詞の前('这里・那里'の前には絶対に'的'を付けない)。▶你走过~家怎么不进来坐坐?(ぼくんちの前を通りながらどうして寄らないんだい)▶~这里很安静(私の所は静かですよ)▶~那儿还有没用完的纸,回头给你送来(ぼくんとこにまだ使い残しの紙があるから,あとで届けよう)▶~背后那个人老咳嗽(私の後ろの人はせきばかりしている)

━'这〈那〉+数量'の前。▶~这个玩具是花了一个星期工夫才做得的(このおもちゃは1週間がかりでやっと作りあげたんだ)▶~那点本事你还不知道!(ぼくの腕前ぐらい,君知っているだろう)▶~那个孩子够我操心的(ぼくのあの子供はまったく気をもませるよ)

ⓑ自分の名前や身分を表す名詞に直接結びつけて用いる。'我'は名詞の前か後ろに置く。感情的色あいが含まれる。▶~张华坚决服从组织分配(この張華は組織の人員配置に断固従うぞ)▶孩子出了错儿,~做父亲的也有责任(子供が間違いをしでかしたら,父親である私にも責任がある)▶你做得对,大叔~赞成(おまえのやったことは正しい,おじのわしも賛成だ)

❷工場・人民公社・生産隊・機関・学校などが外に対して自組織を指して言う。あとにくる名詞は単音節に限る。《書》話し言葉では'我们'を用いる。▶~校已迁往和平街三号,来信请寄新址(本校は和平街3号に移転しました。郵便物は新住所へお願いします)▶这是~厂新产品(これはわが工場の新製品です)▶~厂不做这路活儿(うちの工場ではこんな仕事はしない)

━自組織の構成員についても用いる。▶~校新生一律于九月五日至七日报到(本校新入生は全員9月5日から7日までの間に到着の届け出をすること)▶~厂工人出入大门应出示工作证(当工場の従業員は正門出入の際,必ず従業員証を提示すること)

❸'我方'を指す。敵と対峙しているときに用いることが多い。《書》▶敌疲~打(敵が疲弊したところを突く)▶走私集团已全部被~活捉(密輸団は,すべて我々の手で捕えられた)

❹'你'と'我',あるいは'你''我''他'を並列して用いる語句や文に用いる。多勢の人が「一緒に」,または「互いに」という意味を表す(☞你 nǐ ❹)。▶你打扫这间,~打扫那间,一会儿就都打扫干净了(君がこの部屋を掃除し,ぼくがあの部屋を掃除すれば,すぐにきれいになるさ)▶你也想唱,~也想唱,他也想唱,好多人都想唱(君も歌いたい,ぼくも歌いたい,彼も歌いたがっている,大勢の人がみな歌いたがっている)▶这几个人你让~,~让你,让个没完(この人たちはお互いに譲り合っていてきりがない)

我们 wǒ·men

【代詞】❶自分を含めた複数の人を指して言う(☞咱们 zán·men 注意)。▶~大家一起干(私たちみんなで一緒にやる)▶任务已经交代给~了(任務はすでに我々に引き継がれた)▶~的一切工作都要向人民负责(我々の仕事はすべて人民に責任を負わなければならない)

ⓐ所有関係を表すときは'的'を'我们'の後ろに付ける。▶~的环境(我々の環境)▶~的成绩(私たちの成果)▶~的友谊(ぼくらの友情)

━ただし話し言葉では自分と関係のある人・団体・場所の名称の前にはふつう'的'を付けない。▶~张老师(ぼくたちの張先生)▶~班主任(私たちのクラス担任)▶~总务科长(我々の総務課長)▶~队长(我々の隊長)▶~通信员(我々の通信員)▶~学校(ぼくらの学校)▶~教室(私たちの教室)▶~厂(私たち

の工場) ▶〜组（我々のグループ）

━ 親族名称に対しては、'我'か'我们'か、'的'を付けるか付けないか一定していない。▶我奶奶（私の祖母）▶我妈（私の母）▶我［的］母亲（私の母）▶我［的］姐姐（私の姉）▶我［们］［的］二叔（ぼく［たち］の2番目のおじさん）▶我［们］［家］老二〈第二个孩子〉（わが家の2番目の子）

━ '家・家里・这里・那里'および方位詞の前や'这〈那〉+数量'の前での用法は、'我' ❶ⓐに同じ（☞我 wǒ）。

ⓑ '我们'の身分を表す名詞と共に用いるときは'我们'を前に置く。▶〜新工人没经验，不能跟你们老工人比（私たち新参の者は経験がないので、みなさんのようなベテランの労働者とは比べものになりません）▶〜人民教师肩负的责任是很重的（我々人民教師が負っている責任は極めて重い）▶〜两国人民在历史上早就友好往来了（我々両国国民は歴史的に早くから友好的な交流があった）

━ 数量を表す句（名詞が続くときも続かないときもある）と共に用いるときもある。▶〜三个对你们五个（ぼくたち3人対君たち5人）▶〜这几个人还去不去？（ぼくたち何人かも行くのですか）

❷ '我'を指す。
ⓐ 感情的な色あいが含まれる。《口》▶〜那口子最近又出差去了（うちの人はまた数日前に出張してしまった：'〜那口子'は夫あるいは妻を指す）▶你这么不讲理，让〜怎么办？（おまえったらそんなわからんことを言って、俺にどうしろって言うんだ）
ⓑ 個人的な物言いをするときには用いない、もしくは用いないほうがよい。報告・科学論文などに用いる。▶这就是〜对地质工作者提出的要求（これが、私どもの地質関係の方に対する要求です）▶本文只谈十年前的成果，近年来的新发展〜准备另文介绍（ここでは10年前の成果についてのみ述べることとする。ここ数年の新たな発展については別の論文で紹介する予定である）

❸ '你们'もしくは'你'を指す。'你们''你'より親しみを込めた言い方になる。▶我相信，〜每个青年同志一定不会辜负老一辈对〜的期望（私は君たち青年同志諸君が1人として我々の世代の君たちに対する期待にそむくことは絶対にないと信ずる：指導者的立場の人の話）▶你要记住，〜是学生，〜的主要任务是学习（いいかね、君、君らは学生なんだよ、君たち学生の本分は勉強することだ：教師が学生の1人に向かって言う）

无 wú

【接頭語】ⓐ{无+名}+名　名詞を構成する。▶〜产者（無産者）▶〜产阶级（プロレタリアート）▶〜底洞（底なし穴）▶〜缝钢管（シームレスパイプ）▶〜轨电车（トロリーバス）▶〜花果（イチジク）▶〜机盐（無機塩類）▶〜名指（薬指）▶〜脊椎动物（無脊椎動物）

ⓑ {无+名}+動　名詞を構成する。▶〜痛分娩（無痛分娩）▶〜效分药（無効分薬）▶〜形损耗（設備の歴史的価値低下）▶〜性杂交（無性生殖）▶〜条件刺激（無条件刺激）▶〜效劳动（むだ働き）

━ '无条件'は動詞を修飾できる。▶我〜条件同意（ぼくは無条件に賛成だ）

无非 wúfēi

【副詞】ただ、…にすぎない、…にほかならない：範囲を明示する。物事を小さめ、軽めに言う。文末に'罢了・而已'を用いることが多い。'无非是'とも言う。▶她们〜谈了谈孩子教育问题（彼女たちは子供の教育問題についてちょっと話していたにすぎない）▶他〜想买一台家用电脑（彼はただパソコンを1台買いたいと思っているだけだ）▶我的话〜是给你提个醒，听不听就在你自己了（私の話はあなたへ

のアドバイスにすぎないので、受け入れるかどうかはあなたしだいです）▶我来〜是想安慰安慰你（私はちょっとあなたを慰めようと思って来ただけなんです）▶说了半天〜闲聊而已（長い時間話してはいたがただのおしゃべりにすぎなかった）▶业余时间〜下象棋,看小说罢了（仕事の余暇には将棋をさしたり、小説を読んだりしているだけだ）▶〜你不同意罢了（あなたが不賛成なだけだ）▶他〜说了几句怪话而已,也没什么了不起的（彼はおかしなことを言ったにすぎない、何も驚くにはあたらない）

无论 wúlùn（不论）

【接続詞】不定を表す疑問代名詞または選択関係を示す並列成分を含む文に用いる。いかなる条件のもとでも結果や結論が変わらないことを表す。あとには'都'や'也'が呼応する。

ⓐ '无论'が節を導く。前節と後節の主語が同じときは主語を前節・後節のどちらに置いてもよい。▶大伙儿〜有什么事,都愿意找他（みんなはどんな事についても、彼の所へ来たがる）▶〜做什么工作,他都非常认真（どんな仕事をするときも、彼はたいへん真剣に取り組む）▶〜困难有多么大,也吓不倒他们（どんなに大きな困難でも、彼らは恐れない）▶〜是工厂还是农村,到处都呈现出一片欣欣向荣的景象（工場・農村を問わず、あらゆる所に活気があふれている）▶群众的意见〜正确与否,领导都应该认真听取（大衆の意見が正しいかどうかにかかわらず、指導者は真剣に耳を傾けなければならない）

ⓑ '无论'が句を導く。▶〜哪一门功课都要好好学习（どんな科目であろうとしっかり勉強しなければならない）▶〜在什么情况下我们都要坚持原则（いかなる状況の下でも我々は原則を貫くべきだ）▶〜大事还是小事,大家都愿意找他商量（問題の大小にかかわらず、みんなは彼に相談したがる）▶〜成与不成,后天一定给你回话（成否にかかわらず、あさってには必ず返事をするよ）▶这条意见,〜对你,对我,都是很重要的（この意見は君にとってもぼくにとっても極めて大切なものだ）

|慣用句| 无论如何 いかなる条件の下でも、どうしても。▶这问题无论如何要赶快解决（この問題は何が何でも早急に解決しなければならない）▶无论如何你也不能不管（何はともあれ、放っといてはいけないよ）

|比較| 无论：不管：任凭 ☞任凭 rènpíng
无论：不论：不管 ☞不管 bùguǎn

〖不论〗'无论'に同じ。

无所谓 wúsuǒwèi

【動詞】❶「…と言えるものはない、言うほどのことはない」意味を表す。必ず名詞・動詞・形容詞を客語にともなう。▶没有上,〜下,没有下,〜上（上がなければ下はなく、下がなければ上はない）▶都是一家人,〜你的,我的（みんな仲間じゃないか、俺のだ、おまえのだ、の区別なんかないよ）▶这里的天气全年都差不多,〜春夏秋冬（ここの気候は1年中ほとんど変化がない、春夏秋冬の別なんてありゃしません）

— '无所谓'の客語は'A不A'でもよい。Aは名詞でもよい。▶这种花色只是一般,〜好看不好看（こんな色柄はごくありふれたものだ、べつにきれいでも何でもない）▶搞研究工作〜假期不假期（研究の仕事には休暇もへちまもない）

❷意に介さない、関係がない：単独で返答に用いることができる。名詞を修飾できる。▶去不去,我〜（行こうと行くまいと、私はどちらでもかまわない）▶别的倒〜,供水问题得马上处理（ほかのはともかくとして、給水問題はすぐに処理しなければならない）▶袜子小点儿〜,鞋小了可不行（靴下は少々小さくてもかまわないが、靴が小さくてはどうにもならない）▶放不放假我都〜（休みになろうとなるまいと、ぼくはどうってことない）▶我住哪一间都〜

(どの部屋でもかまいません）▶你的意见呢？——～（君の意見は？——別にない）▶他这个人,对什么都抱着～的态度（彼という男は何に対してもどうでもいいという態度をとる）

无须 wúxū

【副詞】…の必要はない、…するには及ばない：'必须'の否定。動詞の前または主語の前に用いる。▶这件事已十分清楚,～再讨论了（この件は極めてはっきりしている、これ以上論議する必要はない）▶这点小事～找领导（こんなささいな事で指導者の所へ行くことはないよ）▶～你多嘴（よけいなことに口を出すんでない）

— '无须'はしばしば'无须乎'とも言う。▶行政琐事～乎你操心,我会妥善安排的（行政上の雑事はご心配なく。私がちゃんとしておくから）

比較 无须：甭：不必 ① '无须'は単独で用いない。'甭・不必'は単独で用いてもよい。

② '无须'は主語の前に置ける。'不必・甭'は置けない。

物 wù

【接尾語】事物の比較的大きな類別を表す。名詞を構成する。

ⓐ 名+物 ▶人～（人物）▶事～（事物）▶药～（薬物）▶矿～（鉱物）▶器～（器物）▶衣～（衣類）▶文～（文化財）▶景～（景観）▶谷～（穀物）▶财～（財貨）▶赃～（贓品）▶礼～（贈り物）▶絮状～（綿状のもの）▶环状～（輪状のもの）

ⓑ 形+物 ▶怪～（怪物、変わり者）▶静～（静物）▶古～（骨董品）▶公～（公共物）▶有机～（有機物）▶无机～（無機物）

ⓒ 動+物 ▶动～（動物）▶玩～（玩具、おもちゃ）▶植～（植物）▶食～（食物）▶猎～（えもの）▶遗～（遺物）▶刊～（刊行物）▶障碍～（障害物）▶附属～（付属物）▶化合～（化合物）▶分解～（分解物）▶凝聚～（凝集物）▶碳化～（炭化物）▶放射性散落～（放射性降下物）

误 wù

【動詞】❶遅れて支障をきたす：《付》了・过 名詞・動詞を客語にともなえる。▶～了事（仕事に支障をきたした）▶～了两天（2日遅れた）▶我没～过一次工（1度だって仕事に遅れたことはありません）▶生产学习两不～（生産も学習もおろそかにしない）▶农业生产的季节性很强,别把农时～了（農業生産は季節性が強いので、農期を逸してはならない）▶事情都让你给～了（おまえさんのおかげで何もかも時期を逸した）▶快走吧,别～了参观（早く行こう、見学に遅れちゃうよ）▶他家离学校很远,可从来没～过上课（彼の家は学校から遠いが、いまだかつて授業に遅れたためしがない）

— 误+在 ▶事情就～在他身上（事が手遅れになったのは彼のせいだ）

❷そこなう：名詞の客語をともなえる。慣用句に用いることが多い。▶～人子弟（人の子弟に間違った考えを持たせる）▶聪明反被聪明～（策士、策におぼれる）▶～人不浅（人に与える悪影響が極めて大きい）▶切勿自～（くれぐれも間違った方向に踏み込まぬように）

動結 误得〈不〉了 (liǎo) 支障をきたす可能性がある〈ない〉。▶误得了事吗？——误不了（しくじらないだろうか——しくじるはずがない）

動趣 误得〈不〉起 損失に耐えられる〈耐えられない〉。▶生产是大事,哪个生产队也误不起（生産は何よりの大事である、どの生産隊も過ちがあったらたいへんなことになる）

【副詞】❶不確かな知識のため過ちをおかすことを表す。▶～吃了毒蘑菇（誤って毒

キノコを食べてしまった）▶把哥哥～认为弟弟了（兄のほうを弟だと思い込んでしまった）▶我～以为他是来找我的，其实不是（彼は私を訪ねて来たとばかり思ったが，実はそうではなかった）
❷故意ではなく過失であることを表す。▶～伤了好人（誤って罪なき人を傷つけてしまった）

X

喜欢 xǐ·huan

【動詞】❶喜ぶ，うれしい：《重ね型》▶你找到了失散多年的亲人，我们都替你～(あなたが長年離ればなれになっていた肉親を探し出せて，私たちとしてもうれしい)▶她～得一句话也说不出来(彼女はうれしさのあまり口もきけないほどだった)▶快告诉我，让我也～～(早く聞かせてよ，私も喜ばせてください)

❷人や事物を好む：客語をともなえる。
ⓐ喜欢+名　《付》过　程度副詞の修飾を受けられる。▶他～数学，我～文学(彼は数学が好きで，私は文学が好きだ)▶这些玩具我都不～(こんなおもちゃはどれもきらいだ)▶我什么时候～过这样的衣料呢？(私がいつこんな生地を好きだと言ったね)▶我特别～北京的秋天(私は北京の秋が特別好きだ)▶这种式样她一定很～(こういうデザイン，彼女はきっと好きだよ)

ⓑ喜欢+動/形　程度副詞の修飾を受けられる。▶他～去，就让他去吧(彼が行きたがっているなら行かせてやろう)▶我最～打乒乓球(ぼくはピンポンが大好きだ)▶他这个人就～热闹(彼って男はにぎやかなことが何より好きなのだ)▶我就～干脆利落，不～拖拖拉拉的(私はてきぱきやるのが好きだ。もたもたしているのはきらいだ)

ⓒ兼語をともなえる。兼語の後ろの動詞・形容詞は'喜欢'の原因を表す。▶我～你老实(あなたはまじめだから好きだ)▶我～他肯努力学习(彼は一生懸命勉強するから好きだ)▶我～这篇文章写得简练，生动(この文は簡潔で，しかもいきいきしているので好きだ)

— 主語の前に'把'を用いるときは'喜欢'は使役の意味を持つ。▶瞧把你～得这个样儿(どうだい，この喜びようは)▶把他～得什么似的(彼をすっかり有頂天にさせちまった)

動趣 喜欢上　興味を覚え始める。▶你是搞工程的，怎么也喜欢上文学了？(君は技術畑の人なのに，どうしてまた文学に興味など持ち始めたのですか)

下¹ xià (下边・下面・下头)

【方位詞】位置の低いことを表す。

❶名詞のように用いる。

ⓐ単独で用いる。'上'と呼応させ，対にして用いる慣用的な用法が多い。▶上不着天，～不着地(上は天に届かず，下は地に届かない。宙ぶらりん)▶上有天堂，～有苏杭(天には極楽あり，地上に蘇州・杭州あり)▶上有父母，～有儿女(両親から子供までかかえている)

ⓑ介+下　往～看(下のほうを見る)▶他把帽沿向～拉了拉(彼は帽子のふちをちょっと下に引っぱった)▶自～而上地开展批评(下から上へ批判運動を盛り上げる)

❷名+下ⓐ場所を指す。▶楼～(階下)▶车～(車の下)▶窗～(窓の下)▶在月光～散步(月光の下で散歩する)▶坐在树～乘凉(木の下に腰をおろして涼をとる)▶小鸡藏在母鸡的翅膀～(ヒヨコはメンドリの羽の中に隠れた)

ⓑ特定の数詞に'下'を付け，複数の場所・方向を表す。ふつう後ろに'里'が付く。▶往四～里看了看(あたりを見まわした)▶一家人分几～里住，很不方便(家族が

あちこちに分散して住むのは，すこぶる不便だ）▶他们两～里说不到一块儿去（彼ら2人は意見が一致しなかった）
ⓒ節気を表す語の後ろに付ける。▶节～（節句どき）▶快到年～啦，得给孩子们做件新衣服（もうじき正月だ，子供たちに服を新調してやらなくては）
ⓓその他。▶连地～〈地上〉都坐满了人（床にまで人がびっしり座っている）▶他手～还有多少人？（彼のもとにはまだ何人いますか）▶这件事眼～还不能作结论（この件は今のところ結論は出せない）▶有意见应该当面提出，不要私～议论（意見があるなら面と向かって言うべきだ，かげでこそこそ言うんじゃない）▶他是去年才从乡～搬到城里的（彼は去年田舎から町に引っ越して来たばかりだ）

❸下+名　形容詞に近い。

ⓐ場所を示す。▶～腹（下腹部）▶～游（下流）▶～半段（後半の部分）▶你要的那本书，在书架的最～一层放着（君が必要な本は本棚の最下段にある）
ⓑある期間の後半あるいはごく近い将来の時間を指す。▶～半夜（夜半すぎ）▶～半个月（月の後半）▶～半年（1年の後半）▶～星期三（来週の水曜日）▶～两个月（次の2か月）▶～一年（次の年）▶～一季度（次の四半期）▶～个世纪（次の世紀）

― 2つの'下'を重ねて用いてもよい。「次のまた次」の意味を表す。▶～星期三开始大考，～～星期三放寒假（来週水曜日から期末テストが始まり，再来週の水曜日から冬休みに入る）
ⓒ順序のあとのほうを指す。必ず数量詞と組み合わせて用いる。▶这是小王，～一个是小张，再～一个是小李（これは王さん，次が張さん，そのまた次が李さんです）▶这一批去参观的人已经够数了，你们等～一批吧（今回の見学者はもういっぱいだ，君たちは次回まで待ちなさい）▶～一趟车是几点钟到达？（次の列車は何時に到着しますか）
ⓓ等級が劣ることを示す。語の構成要素になる場合に限る。▶～等（下等）▶～级（下级）▶～策（下策，拙策）▶～品（下級品，三流品）

― '最'を付けたり，'下'を重ねて用いることができる。▶最～等（最下等）▶最～策（最愚策）▶～～等（下の下）▶～～策（下の下の策）

❹在+名［+之］+下　条件を示す。名は修飾要素を必要とし，抽象的な事柄を表すものに限る。▶在非常困难的条件～，他们还是出色地完成了任务（極めて困難な下で，彼らは立派に任務をまっとうした）▶在全班同学的帮助之～，他进步很快（クラスメート全員に助けられて，彼はとても早く進歩した）▶在先进生产者的带动～，工作有了很大的起色（先進的な労働者にリードされて，仕事に活気が出てきた）

《下边》①'下'❶の用法に同じ。かなり自由に単独で用いられる。▶你别只看上边，不看下边（上のほうばかり見て，下のほうを見ないのはいけないよ）▶下边什么也没有（下には何もない）▶你成天呆在上边，怎么能了解到下边的情况呢？（君は年中上部にいるんだから，下部の状況なんてわかるものか）▶从下边爬上一个人来（下のほうから1人よじ登って来た）
②'下'❷ⓐの用法に同じ。前に'的'を付けられる。▶书［的］下边（本の下）▶车［的］下边（車の下）
③'下'❸ⓒの用法に同じ。後ろに'的'を付けられる。単独で用いてもよい。▶这是小王，下边［的］一个是小张，再下边［的］一个是小李（これは王さん，次が張さん，そのまた次が李さんです）▶这个问题我下边还要谈（この問題はあとでまた話します）

《下面》《下头》'下边'に同じ。

下² xià

【量詞】❶動作の回数を示す：《儿化》

ⓐ 動+数+下 ▶钟敲了三～（時計が3時を打った）▶树枝摆动了几～（木の枝が何度かゆれた）

— 動が客語をともなうとき，次の2通りの語順がある。

— 代詞や人名を表す語は前に置く。▶推了我一～（ぼくをひと押しした）▶打了孩子几～（子供を何度もたたいた）

— その他の名詞は後ろに置く。▶拍了一～大腿（ひざをポンと打った）▶摇了两～头（2度首をふった）▶敲了几～门（ドアを何度かノックした）

ⓑ 動+一下　1回の短い動作を表す。▶等一～，我就来（ちょっと待ってて，すぐ行くから）▶给我看一～（ちょっと見せて）▶你去问一～老陈（陳さんにちょっと聞いてごらん）▶你帮～忙吧！（君ちょっと手伝ってくれ）

ⓒ 数+下+動　動作の時間が速いことを表す。数詞は'一'が多い。'一下子'と言ってもよい。▶三～两～就做完了（さっさとやってのけた）▶一～把我问住了（たちまち返答に窮した）▶一～子想不起来了（度忘れした）▶那几棵树一～子就叫台风刮倒了（あの数本の木は，台風であっという間に倒れた）

❷ 能力・技能を表す；数詞は'两・几'のみ。'下'の後ろに'子'を付けてもよい。あるいは《儿化》。▶他真有两～子〈儿〉（彼はまったく大したものだ）▶我就会这么几～子〈儿〉（これぐらいのことしかできない）▶想不到他还有几～子〈儿〉（彼にこんな腕があろうとは思いもかけなかった）

下³ xià 動；//。xià 接

【動詞】❶高い所から低い所へ移る：《付》了・过　場所を表す語句や動作の主体を客語にともなえる。▶～山（山を下る）▶～船（船を下りる）▶他今天还没～过楼（彼は今日はまだ階下に下りて来ていない）▶从重庆乘船，顺流而～，两天就可到武汉（重慶から乗船して流れを下れば，2日で武漢に着ける）▶这一站只～了两个人（この駅では2人しか降りなかった）

❷（雨・雪が）降る：《付》了・着・过　動作の主体を客語にともなえる。▶～了雨就凉快了（ひと雨くれば涼しくなるのだが）▶去冬～过几场大雪（去年の冬は何度か大雪が降った）

❸（上から下に向かって）通達を出す，発送する：《付》了・过　名詞の客語をともなえる。▶～了一道命令（命令を下した）▶我们早～过通知了（我々はとっくに通知を出した）

❹（場所へ）入る：《付》了・过　必ず場所を表す語句を客語にとる。▶他～乡去了（彼は農村に行った）▶厂长～车间了（工場長が現場に入った）▶主任～工地去了（主任は工事現場に行った）

❺退場する：▶北京队的五号～，九号上（北京チームの5番が退き，9番が入った）▶这一场戏你从右边的旁门～（この場面では君は下手のそでから退場する）

❻投入する：《付》了・着・过　名詞の客語をともなえる。▶～面条（うどんを入れる）▶～本钱（元手をつぎ込む）▶棉花昨天刚～了种（昨日やっと綿の種をまいた）▶在这儿～过几网，没网到鱼（ここで何回か網をうったが魚はかからなかった）▶他在数学方面，功夫可是～得不少（彼は数学にはずいぶん力を入れている）

❼（将棋などの）試合をする：《付》了・着・过　名詞の客語をともなえる。▶～了一盘棋（碁を1局打つ，将棋を1局指す）▶我没～过国际象棋（チェスをやったことがない）▶他正～着棋呢（彼はいま将棋を指しています）

— 碁石や将棋の駒を打つことも'下'と言う。▶又在左下角上～了一子（また左下角に1目置いた）

❽解除する，取りはずす：《付》了・过　名詞の客語をともなえる。▶把他的枪～了（彼を武装解除した）▶～了一扇窗户（窓を1枚はずした）

❾(結論・決斷などを)下す:《付》了・过 名詞の客語をともなえる。▶~注解(注釈を付ける)▶不要匆忙~结论(あわてて結論を出すな)▶给词~了个定义(言葉の定義づけをする)▶你怎么能~这样的狠心(君はどうしてそんなに薄情になれるんだ)▶决心~定了(決意を固めた)▶我从来没~过这种结论(私はこれまでこういう結論を下したことはない)

❿使用する:《付》了・过 必ず名詞の客語をともなう。▶他不敢~笔(彼は筆をとる気になれなかった)▶这坏蛋竟敢~刀子杀人(こいつはとうとう刀で人をあやめた)▶从来没~过这样的毒手(いままでこんな悪辣な手を使ったことはない)

⓫(動物が)生む:《付》了・过 必ず名詞の客語をともなう。▶~小猪了(子豚を生んだ)▶~了两窝兔子(ウサギが2回子を生んだ)▶这只母鸡~过几十只蛋(このメンドリは卵を数十個生んだ)

⓬決められた時刻にその日の仕事や学習などを終える:《付》了 名詞の客語をともなえる。▶~了班了(仕事がひけた)▶你~了课到我办公室来一趟(授業が終わったら私の部屋へちょっと来なさい)▶课早~了(授業はとっくに終わった)

[動結] 下得〈不〉了(liǎo)▶他怎么下得了这样的狠心!(彼がそんなむごいことをするはずないよ)

[動趋] 下∥下来▶把窗户下下来(窓をはずしなさい)▶这扇窗下得下来吗?(この窓ははずせますか)

下∥起来ⓐ▶这雨下得起来下不起来?(雨は降るかな)

ⓑ▶他也下起棋来了(彼も将棋をやりだした)

下开 降り始める。▶外面下开雪了(雪が降り始めた)

【趋向動詞】❶[動]+下[+名][名]はふつう動作の対象だが,主体のこともある。[動]と'下'の間にはだいたいにおいて'得・不'を挿入できない。

ⓐ人あるいは事物が動作と共に高い所から低い所に向かうことを表す。▶你坐~(おかけなさい)▶把书包放~(カバンを下ろせ)▶他激动得流~了眼泪(彼は感動のあまり涙を流した)▶地里播~了种子(畑に種をまいた)▶树上掉~了几片红叶(紅葉した葉が数枚木から散った)

ⓑ動作の完成を表す。離脱の意味も含む。▶他从路旁摘~了几朵野花(彼は道端の花をいくつかつんだ)▶卸~机器的零件(機械の部品をはずす)▶脱~皮鞋,换上拖鞋(皮靴をぬいでスリッパにはきかえる)

━動作の結果を固定する意味を持つこともある。▶发~誓(誓いを立てる)▶定~计策(計略を立てる)▶攻~了最后一道难关(最後の難関を攻め落とした)▶打~基础(基礎を固める)▶犯~罪行(犯罪をおかしてしまう)▶留~地址(住所を書き残す)▶写~了光辉的诗篇(すばらしい詩を書いた)▶记者拍~了这个珍贵的镜头(記者はこの貴重なシーンをカメラに収めた)▶拿不~这个大油田,我们誓不罢休(この大油田を手に入れるまで我々は決して引き下がりません)

❷[動]+得〈不〉+下[+数量+名] 一定の数量を収容できる〈できない〉ことを表す。[動]の多くは'坐・站・睡・躺・停・装・容・盛・放・住'などである。▶这间屋子八个人也住得~(この部屋は8人でも泊まれる)▶这盒子装得~装不~三斤糖?(この箱は砂糖を3斤入れられますか)▶这间大厅坐得~百十来个人(この大広間には100人ぐらい座れる)

━'得'を付けないこともあるが,やはり可能を表す。▶不就二十斤吗?这个口袋装~了(たった20斤じゃないですか,この袋に入りますよ)▶这屋子大,再来几个人也睡~了(この部屋は大きいから,あと数人寝られるよ)

❸[動]+下+[名](場所を表す) 人あるいは事物が動作と共に高い所から低い所へ

移ることを示す。
— 名が高い所を指すときは動と'下'の間に'得・不'を挿入できる。▶走～楼（階上から下りる）▶滚～山坡（山の斜面をころげ落ちる）▶跳～电车（電車から飛び降りる）▶这些木材月底前运得～山运不～山？（これらの材木を月末までに山から運び下ろせますか）
— 名が低い所を指すときは'得・不'を挿入できない。▶跳～水（水に飛び込む）▶沉～河底（川底に沈む）

比較 動+得〈不〉+下：動+得〈不〉+开 ☞开 kāi

下边 xià·bian ☞下¹ xià

下来 xià //· lái 動；//· xià //· lái 趨

下去 xià //· qù 動；//· xià //· qù 趨

【動詞】両者の違いは、'下来'は動作が話し手のほうに向かってなされ、'下去'は話し手から離れて行く点にある。

❶高い所から低い所へ移る：《付》了・过 ▶他在楼上没下来（彼は上にいて下りて来なかった）▶从这儿下去比较安全（ここから下りて行くほうが安全だ）▶积水已经下去了一半（たまり水がもう半分ほどはけた）▶你下得来下不来？（下りて来られますか）▶太高了，我下不去（高すぎて下りて行けないよ）

ⓐ動作の主体を客語にともなえる。▶从楼上下来一个人（階上から１人下りて来た）▶对面山上下去了几个人（向かいの山から数人下りて行った）

ⓑ下＋名（場所を表す）＋来〈去〉▶老杨下山来了（楊さんが山を下りて来た）▶小刚下楼去了（剛くんは階下に下りて行った）

❷人・事物が上の部門から低い部門に下りる：《付》了・过　名詞の客語をともなえる。▶任务下来了（任務が下りて来た）▶你亲自下去调查一下（自分で下部に下

りて行って調査したまえ）▶上面下来一道命令（上から命令が下りて来た）

❸前線から後方へ下がる，舞台から楽屋へ引っ込む：《付》了　動作の主体を客語にともなえる。▶演员刚从前台下来（俳優がたったいま，舞台から降りて来た）▶连长受伤下去了（中隊長は負傷して後方に退いた）▶刚从前线下来一个通讯员（今しがた前線から通信兵がやって来た）

❹'下来'が農作物を取り入れることを表す。▶那时候是麦子下来吃麦子，高粱下来吃高粱（あのころは麦を収穫すれば麦を食べ，コーリャンを収穫すればコーリャンを食べたものだった）

❺'下来'がある時期の終結を表す。▶一年下来，他的技术大有提高（１年たつと彼の技術はとても進歩した）

❻'下去'が食物をすでに消化したこと，腫瘤が治癒すること，気分が落ち着くことなどを表す。▶我不饿，中午吃的还没下去呢（お腹はすいていません。昼に食べた物がまだ消化されていないのです）▶肿的地方还没下去（腫れはまだひいていない）▶肚子还没下去（まだ消化していない）▶脸上的疙瘩全下去了（顔のおできはすっかり治った）▶你的气还没下去吗？（君，まだ腹立ちがおさまらないのか）

【趨向動詞】'動＋下来'は動作が話し手のほうに向かってなされる。'動＋下去'は動作が話し手から離れて行くことを表す。

❶動＋下来〈下去〉［＋名］　名はふつう動作の対象だが，主体のこともある。名のない場合は動詞と'下来〈下去〉'の間に'得〈不〉'を挿入できる。

ⓐ人・事物が動作と共に高い所から低い所へ移ることを表す。▶他从楼上走下来（彼は２階から下りて来た）▶把胳膊放下来（腕を下ろせ）▶夕阳从地平线上渐渐沉下去了（夕日は地平線から徐々に沈んで行った）▶扔一根绳子下去（なわを投げ下ろす）▶掉得下去掉不下去？（落ちるだろうか）▶山上跑下来一只老虎（山

から1頭の虎が駆け下りて来た）▶田埂上跳下两只青蛙去（あぜ道からカエルが2匹飛び下りた）

ⓑ人・事物が動作の結果，高い部門から低い部門に移ること，あるいはもとの職務から離れることを表す。▶他是上边派下来的（彼は上部から派遣されてきた人です）▶我们的计划批下来了（我々の計画は許可された）▶温度已经降下来了（温度はもう下がった）▶会议的精神已经传达下去了（会議の精神はすでに下部に伝えられた）▶把那个车间主任撤下去了（あの現場主任を免職にした）

ⓒ '下来' が動作の完成を表す。離脱の意味を含むこともある。▶把零件卸下来（部品をはずす）▶从本儿上撕下来一张纸（ノートを1枚引きちぎった）▶我昨天才脱下棉衣来（私は昨日になってから綿入れを脱いだ）▶这棵小枣树也能打下十几斤枣来（この小さなナツメの木からも十数斤の実がとれる）▶摘几个苹果下来（リンゴをいくつかもぎとった）▶钉子怎么起不下来？（この釘はどうしてぬけないのだろう）

——固定の意味を含むこともある。▶车停了下来（車が止まった）▶这个要求他已经答应下来（この要求は彼がもう承諾した）▶把你的想法写下来吧（あなたの考えを書きなさい）▶经过讨论，已经定下一个方案来（討議の結果，計画が決定された）▶你可以照着这个图描一份下来（この図面を写しておきなさい）▶方案定得下来定不下来？（案は決まったか）

——ときには完成の意味のみを表す。▶这篇文言文他到底念下来了（この古文を彼はついに読み終えた）▶算下来，用这种代用品还是合算的（計算してみると，この代用品を使うほうがやはり採算がとれる）

ⓓ '下来' は動作が過去から現在まで続いていることを表す。▶所有参加长跑的人都坚持下来了（マラソンに参加した人はみんな最後までがんばり通した）▶这是古代流传下来的一个故事（これは昔から伝えられてきた物語である）▶有几个人坚持不下来，中途退出了（何人かはもちこたえられなくなって，途中で脱落した）

ⓔ '下去' は動作が今なお継続中であることを表す。動作の対象となる語はふつう動の前に置く。▶你再讲下去（話を続けなさい）▶少了两个人，工作还得搞下去（2人減っても仕事は続けなければならない）▶这小说没意思，我不想看下去了（この小説はつまらない，もう読み続ける気がしなくなった）▶事实还不清楚，再讨论下去也没用（事実がはっきりしないので，これ以上論議を続けても意味はない）▶他忍耐不下去了（彼はもうがまんができなくなった）

❷ 動＋下＋名（場所を表す）＋来〈去〉
人・事物が動作と共に高い所から低い所へ移ることを表す。

——名が高い所を表す。▶他们走下飞机来（彼らは飛行機から降りて来た）▶泉水流下山来（泉は山から流れて来る）▶跑下楼去（階上から駆け下りる）▶搬下车去（車から運び下ろす）

——名が低い所を表す。▶你跳下水来和我们一块儿游吧！（君，飛び込めよ，一緒に泳ごう）▶奋不顾身地跳下河去抢救（わが身も顧みず勇敢にも川に飛び込んで助けようとした）▶把它推下山沟去（それを押して谷間に突き落とせ）

❸ 形＋下来〈下去〉 ⓐ '下去' はある状態がすでに存在し，かつ引き続き発展していることを表す。引き続き発展することを強調する。形は消極的な意味のものが多い。▶坏下去（悪くなっていく）▶少下去（減っていく）▶冷淡下去（冷淡になっていく）▶松懈下去（ゆるんでいく）▶软弱下去（弱くなっていく）▶他日夜操劳，一天一天地瘦下去了（彼は日夜苦労したため，日一日とやせ細っていった）

ⓑ '下来' はある状態が出現しずっと発展し続けてきたことを表す。出現を強調する。形は消極的な意味の語に限る。▶天色渐

渐黑下来（だんだんと暗くなってくる）▶碰到困难就软下来，那还行？（困難にぶつかってたちまちへたれるようじゃだめじゃないか）▶声音慢慢低了下来（声がしだいに低くなってきた）

慣用句 下不来［台］ 人前でつらい目にあう。▶这样开玩笑，真叫我下不来［台］（そんなふうにからかわれて，まったく困りはてた）

比較 動+下去：動+起来 ☞起来 qǐlái
形+下去：形+起来 ☞起来 qǐlái

下面 xià·mian ☞下¹ xià

下头 xià·tou ☞下¹ xià

先后 xiānhòu

【副詞】ある期間内に起こった事柄の順序を表す。

ⓐ先后+動 同じ主語の異なった動作に用いる。▶去年我～到过昆明，桂林和杭州（去年私は前後して昆明・桂林・杭州へ行った）▶这学期我们学校～举办了文学，语言学和历史学的学术讨论会（今学期，我々の学校では前後して，文学・言語学それに歴史学のシンポジウムを開催した）

— 異なった主語の同一動作に用いる。▶去年我和他～去昆明开会（去年私と彼とは相前後して会議で昆明へ行った）▶厂里，家里～来电报催我回去（工場と家から，私に家に帰るようにという電報が相前後して来た）

ⓑ先后+数量+動▶～三次当选（前後3回当選した）▶～两次发言（前後2回発言した）▶～几次问我（前後何度か私にたずねた）

ⓒ先后+動+数量▶～当选三次（前後3回当選した）▶～问我几次（前後何度か私にたずねた）▶～发言两次（前後2回発言した）▶～发了两次言（前後2回発言した）

ⓓ先后+動₁+数量+名+動₂▶～有三个人发言（あいついで3人が発言した）▶～派出两个小组去调查过（あいついで3つのグループを派遣して調査させた）

ⓔ先后+名 《少用》▶～同学（在学期間を異にする先輩と後輩）▶～同事（入社時期の異なる同僚）

比較 先后：前后 ☞前后 qiánhòu

先前 xiānqián

【名詞】広い意味で以前，またはある時点より前の時を指す：むかし。

ⓐ主語の前後どちらに置いてもよい。▶～他学中国历史，后来改学法律了（以前彼は中国の歴史を学んでいたが，その後学ぶ対象を法律に変えた＝他～学中国历史，后来改学法律了）▶我们家～住在城里（わが家は以前市街地に住んでいた＝～我们家住在城里）▶～我们院子里有好些枣树（以前うちの中庭にはナツメの木がたくさんあった）▶～我会，现在都忘了（むかしはできたが，今はすっかり忘れた）

ⓑ比+先前+形▶她的身体比～强多了（彼女の身体は以前よりずっと丈夫になった）▶这孩子比～高了不少（この子は前よりかなり背がのびた）▶他写的字比～好看多了（彼の書く字は前よりずっときれいになった）

ⓒ定語になる。▶～的事你都忘了（あなたは前のことをみんな忘れてしまったんですね）▶～的样子又浮现在眼前（以前の様子がまた目の前に浮かんできた）▶又恢复了～的记忆（むかしの記憶がまたよみがえった）

嫌 xián

【動詞】きらいだ，不満足だ。

ⓐ嫌+名 《付》过▶你～我，我就走（私がきらいなら，私は行く）▶谁～过他呢？全是多心（誰が彼をいやがったことがある。まったく思いすごしだ）

— 名詞客語は人を指すものに限られ，物

を指す場合は'不喜欢'を用いなければならない。▶我不喜欢这个电影（私はこの映画がきらいだ ×嫌）
ⓑ嫌+形／動 ▶为大家服务，不〜麻烦（みんなのために奉仕する以上，わずらわしさをいとわない）▶给了那么多，他还〜少（あんなにたくさんやったのに彼はまだ少ないと言う）▶我都喘不过气来了，你还〜慢（私は息もつけないというのに君はまだ遅いと言うのか）▶你〜闹我不〜闹（君はにぎやかなのがきらいらしいが，私は気にならない）
ⓒ兼語をともなう。▶〜小孩闹（子供のさわぐのがいやだ）▶〜你讲话罗唆（君の話はくどいからきらいだ）▶〜袖子长（そでの長いのがきらいだ）▶他〜这篇文章不够精练（彼はこの文章があまり練れていないので不満に思っている）
— 兼語を取り出して主語にできる。▶袖子［我］〜长（私はそでの長いのがきらいだ）▶这篇文章［他］〜不够精练（［彼は］この文章があまり練れていないので不満に思っている）

现成 xiànchéng

【形容詞】すでに用意されている，その場で作ったり探したりする必要がない，もとからある：口語では常に《儿》。
ⓐ述語になる。▶在我家吃吧，饭菜都〜，一点不费事（うちで食事しましょう，ご飯もおかずもあるので，手間がかからないから）▶我这里什么东西都〜儿，不用现准备（私のところではみんな用意できていて，これから準備する必要はない）▶资料〜儿，只要稍加整理就行了（資料はできているのがあるから，少し整理するだけでよい）
ⓑ是+现成+的 ▶你要做家具，木料是〜的（家具を作るなら，木材はそろってますよ）▶答案是〜儿的，往上一抄就行了（答えはできあいのがあるから，それを用紙に写せばいい）▶房子是〜的，不用另找了（家は用意してあるから，他に探す必要

はない）
ⓒ名詞性の成分を修飾する。▶〜儿饭（できあいの食事）▶〜儿材料你不用，非要自己去找（あなたは今ある材料は使わずに，どうしても自分で探すというんですね）▶〜儿的房间（住めるようになっている部屋）▶〜儿的工具（すぐ使える道具）
ⓓ现成儿+的 ある物を指す機能を持ち，「すでにできている品物」に相当する。客語になる。▶回家就吃〜儿的（家に帰ってできあいのものを食べる）▶他什么都等〜儿的（彼は何でもできている物に頼る）

限于 xiànyú

【介詞】制限を受ける条件や状況を導入する。主語の前後どちらに用いてもよい。必ず名詞と組み合わせる。▶〜身体条件，我不能参加这次长跑（健康上の理由で，私は今回の長距離競争には出られない）▶〜年龄，他不能参加老年组（年齢の制限によって，彼は高齢者グループには入れない）▶我们〜经济实力，决不能勉强去做能力达不到的事（経済的の実力には限度があるのだから，我々は能力の及ばない事は決してやってはいけない）▶他们〜时间，只好提前回去了（彼らは時間が限られていたため，しかたなく早めに帰って行った）

【動詞】一定の範囲内に限定する。必ず名詞の客語をともなう。副詞の修飾を受けられる。▶这种习惯用法只〜一些广告用语（こういう慣用的な用法は広告用語のいくつかに限られる）▶本公司招聘的仅〜五十岁以下的技术人才（わが社が募集するのは50才以下の技術系の人材に限る）▶今天的问题已经不仅仅〜这几个了（今日の問題はもはや単にこのいくつかだけにはとどまらなくなっている）

相 xiāng

【副詞】❶互いに：動詞を修飾する。'相'と動詞の間に他の要素を置くことはできな

い。《書》
ⓐ主に単音節の動詞を修飾する。▶隔岸～対（岸を隔てて相対する）▶奔走～告（駆けずり回って互いに知らせる）▶互不～识（互いに知らない）▶首尾～接（終わりと始めが結び付く）▶～持不下（互いに固持して譲らない）▶彼此以兄弟～称（互いに兄弟と呼び合う）▶两个物体～碰（2つの物体が互いにぶつかる）▶几个数字～加（いくつかの数字を加える）
ⓑ2音節の動詞を修飾する。若干の熟語に限る。▶两～情愿（双方が互いに希望する）▶两～配合（双方が互いに協力し合う）▶不～符合（互いに合致しない）▶患难～救助，疾病～扶持（艱難には互いに助け合い、病気には互いにいたわり合う）
ⓒ同〈和、跟、与〉…相+動▶创作应该同群众的需要～符合（創作は大衆の要求に合致しなければならない）▶理论与实际～联系（理論と実際とが互いに結び付く）▶这里的山水和我老家～仿佛（ここの山や川は私の故郷そっくりだ）▶成昆铁路北与宝成线～连，南与贵昆线～接（成昆鉄道は北では宝成線とつながり、南は貴昆線と連絡している）
❷一方から他の一方に対する行動・態度を表す。主に単音節の動詞を修飾する。▶实不～瞒（本当のことを申し上げますと…＝…不瞒你）▶好言～劝（言葉たくみになだめる＝…劝某个人）▶拿他当好朋友～待（彼を親友として遇する＝…待他）▶还有一些人～随而来（まだ何人かの人があとに付いてやって来る＝…跟随某个人而来）

比較 相：互相① '相'は書き言葉に用いることが多いが、'互相'はそうではない。
② '相'は単音節の動詞を修飾することが多い。'互相'は単独で使われた単音節の動詞を修飾できない。
③ '相'が2音節の動詞を修飾するときには制限があるが、'互相'はない。
④ '互相'には'相'❷の用法はない。

相当 xiāngdāng

【形容詞】❶対比できる2つの面について用いる。2つの面にはほとんど差がない（数量・価値・条件などの面を指すことが多い）。
ⓐ単独で述語になる。程度副詞の修飾を受けない。▶他们两个人水平～（彼ら2人のレベルはほぼ同等だ）▶我觉得你们俩年龄～，条件也～（あなたがた2人は年齢も条件も大差がないと思う）▶两个队的实力～（2つのチームの実力は伯仲している）▶旗鼓～（力量に大差がない）
ⓑ相当＋于… '于'は省略できることもある。▶这部丛书的价钱～于我一个月的工资（この双書の値段は私のひと月の給料にあたる）▶这孩子已经十岁了，可是身体发育情况只～于七、八岁的孩子（この子は10才だというのに、体の発育状態は7～8才の子供程度にしか達していない）▶面积～于一个足球场（面積はサッカー場1つ分に相当する）▶他的文化水平～大学本科（彼の学歴は大学学部卒に相当する）
❷ふさわしい，適当である：定語になるのみ。名詞を修飾する。▶～的人选（適切な人選）▶～的专业（ふさわしい専攻）▶要挑选一个具有～能力的人担任这一职务（この職務を担当するにふさわしい能力を備えた人を選ばねばならない）▶当时我真想不出～的字眼来反驳他（そのとき私は彼に反駁する適当な言葉がまったく思いつかなかった）

【副詞】❶形容詞の前に用い，程度が高いことを表すが、程度は '很' よりやや低い。▶问题～严重（問題はかなり深刻だ）▶他的论文～不错（彼の論文はなかなかよい）▶他的脾气～倔强（彼は相当強情な気性だ）▶手术～成功（手術はかなりの程度成功した）▶小姑娘说话～快（この女の子のはかなり早口だ）▶对这里的

情况,他~熟悉(彼はここの状況について,ずいぶんよく知っている)
❷動詞句の前に用い,程度が高いことを表すが,程度は'很'よりやや低い。▶他~会说话(彼はなかなか話がうまい)▶我弟弟~用功(私の弟はなかなかよく勉強する)▶小伙子~能吃苦(その若者はかなり我慢強い)▶~有水平(相当なレベルだ)

相反 xiāngfǎn

【形容詞】事物が互いに対立したり,排斥したりすることを表す。

ⓐ述語になる。▶这两种意见完全~(この2つの意見は完全に対立している)▶我们的目的是为了增强团结,而决不是~(我々の目的は団結を強めることであり,決してその逆ではない)▶宿命论是同科学完全~的(宿命論は科学と完全に相容れない)

ⓑ名詞を修飾するときは後ろに必ず'的'をともなう。▶两种~的看法(2つの対立した見方)▶向~的方向走去(逆の方向に進む)

ⓒ挿入句として用いる。2つの文の間に挿入し,深い内容へと進める働きをする。前に'恰恰・正好・正・刚好'を付けることができる。▶集体的利益和个人利益从根本上说不但没有矛盾,正~,是紧密地联系在一起的(集団の利益と個人の利益は本質的には矛盾しないばかりか,逆にぴったりと結び付いている)▶我父亲非但没有责怪我,恰恰~,还给了我不少鼓励(父は私をとがめなかったばかりか,逆に私を大いに激励してくれた)▶在具体的工作中不可轻视困难,~,应该重视困难,要认真对待(個々の仕事においては困難を軽視してはいけない。むしろ困難を重視し,真剣に対処しなければならない)

ⓓ挿入句として用いる。2つの文の間に挿入し,逆接・対比の働きをする。▶错过了战机,就可能打败仗,~,抓住了战机,就可能打胜仗(戦機を逃がせば負けいくさになるだろうが,反対に戦機をつかめば,勝ちいくさができるだろう)

相互 xiānghù ☞互相 hùxiāng

相同 xiāngtóng

【形容詞】互いに一致している,違いがない。

ⓐ述語になる。▶他们俩的观点完全~(彼ら2人の観点は完全に同じだ)▶这两种药的疗效~,都是起镇静作用的(この2種類の薬の治療効果は同じで,どちらも鎮静作用がある)▶这两个人的经历~(この2人の経歴は同じだ)▶两次考试的内容基本~(2回の試験の内容はだいたい同じだ)

ⓑ跟/和…相同▶弟弟的爱好跟哥哥大致~(弟の趣味は兄とだいたい同じだ)▶我的看法和你基本~(私の考えはあなたとおおむね同じだ)▶今年的产量跟去年大体~(今年の生産量は去年とほぼ同じだ)

ⓒ是+相同+的▶两篇文章的写法不同,但观点是~的(この2つの文章は書き方は異なるが,観点は同じだ)▶两间屋子的面积是~的(2つの部屋の面積は同じだ)▶我和他的看法是~的(私と彼の見方は同じだ)

ⓓ名詞を修飾する。ふつう'的'をともなうが,ともなわなくてもよい。▶~的答案(同じ解答)▶~的笔迹(同じ筆跡)▶~经历的人(同じ経歴の人)▶以~分数考入北京大学(同じ点数で北京大学に合格した)

相应 xiāngyìng

【形容詞】互いに呼応あるいは対応する,応じ合う。

ⓐ述語になる。▶写文章要注意前后一致,首尾~(文章を書くには前後に食い違いがなく,首尾が相応じるよう注意しなけれ

ばならない）▶内容与形式要～（内容と形式とはつり合いがとれていなければならない）

ⓑ名詞を修飾する。'的'をともなえるが，なくてもよい。▶许多国家都在研究和推广太极拳，并成立了很多～的组织（多くの国々が太极拳の研究と普及を進めており，それに応じた組織も数多く創設された）▶为提高教育水平采取～措施（教育水準を上げるために相応の措置がとられた）▶持有～的态度（ふさわしい態度を具えている）

ⓒ動詞を修飾する。'的・地'をともなってもともなわなくてもよい。▶温度升高后，物质内部也会～地变化（温度が上昇すると，物質の内部もそれに応じて変化する）▶工作条件也得到了～的改善（仕事の条件も相応に改善された）▶人民生活水平也～提高了（人々の生活水準も相応に向上した）

ⓓ副詞の修飾を受ける。▶他的才能和职称极不～（彼の才能は肩書きにつり合っていない）▶限于条件，他的住房条件和他家的人口一时还很难～（目下のところ，彼の住宅状況を直ちに家族数に見合ったものにすることはむずかしい）

想 xiǎng

【動詞】❶考える：《付》了・着・过《重ね型》名詞・動詞・節を客語にできる。▶～主意（あれこれ考える）▶他心里～着事儿呢（彼は何か考え事をしている）▶他～了一会儿才回答（彼はしばらく考えてからやっと答えた）▶我在～下一步棋怎么走（次のコマをどう進めようかと考えているところだ）▶你好好～～这句话有没有道理（この言葉に道理があるかどうかよく考えてごらんなさい）▶我什么也不～（私は何も考えない）▶我们～办法帮助他（我々は何とかして彼を助ける）▶这种办法一般人～也～不出来（このような方法は普通の人には考えもつかない）▶把话～好了再说（言うことをよく考えてから話す）▶他们～得真周到（彼らは本当に細かい所までよく考えている）

❷回想する，思い出す：《付》了・着・过《重ね型》名詞・動詞・節を客語にできる。▶～～过去，看看今天，展望将来（過去を振り返り，今日を見つめ，将来を展望する）▶～了半天才～起来（ずいぶん考えてやっと思い出した）▶你仔细～～他到底说没有？（彼が本当に言ったのかどうかよく思い返してみなさい）▶他提到的这几个人，我怎么一个也～不起来？（彼があげたこの何人かの人を私はどうして1人も思い出せないのだろう）

❸推量する，おしはかる：節を客語にできる。▶我～他一定会来的（私は彼がきっと来ると思う）▶你～五点前咱们做得完吗？（私たちは5時までにやり終えられると思いますか）▶小华～，妈妈知道了一定很高兴（おかあさんが知ったら，きっと喜ぶだろうと華ちゃんは思った）▶一会儿可能要下雨，他～（しばらくしたら雨が降るかもしれない，と彼は思った）▶我～，不至于吧（私が思うには，そんなことはないでしょう）▶你～没～过她会亲自来？（あなたは彼女がみずからやって来るだろうと考えたことがありますか）

ⓐ'A不A'の形で質問することはできない。
ⓑ'没想'はすでに起こった事件について，予想外であったことを表す。後ろにはふつう'到'を付ける。▶没～三月份会这么冷（3月がこんなに寒いなんて思いもよらなかった）▶没～到第一次试验就成功了（最初のテストで成功するとは思いもよらなかった）

❹希望する，…するつもりだ：必ず動詞の客語をともなう。程度副詞の修飾を受けることができる。▶我～当探险家（私は探険家になりたい）▶他很～上大学（彼はぜひとも大学へ行きたいと思っている）▶她也非常～去（彼女もとても行きたがっている）

❺なつかしむ，心にかける，会いたいと願う：《付》了・着・过 名詞を客語にともなえる。▶海外侨胞日夜～着祖国（海外に住む同胞は日夜祖国に思いをはせている）▶离家这几个月，他谁都不～（家を離れてこの数か月，彼は誰のことも思い浮かべなかった）▶～亲人～得要命（肉親を思う気持ちで心は張り裂けそう）
ⓐ'想＋死〈苦…〉'は使役の用法を持つ。▶你可～死我们了（私たちはあなたのことがとても気がかりだ＝你可叫我们想死了）▶你可把我们～苦了（私たちはあなたのことがとても気がかりだ）
ⓑ程度副詞の修飾を受けられる。▶很～他（とても彼に会いたい）▶奶奶可～你了（おばあちゃんはあなたにとても会いたがっているよ）▶～极了（とても会いたい）
❻覚えている，忘れないようにする：必ず'着'をともなう。名詞・動詞の客語をともなえる。ふつう命令文に用いる。▶你可～着这件事（君はこの事を忘れないように）▶到了那里～给我们写封信（向こうへ着いたら，忘れず私たちに手紙を書くんですよ）▶心里～着点儿（心にとどめておきなさい）

動結 想//好　想//通　想//周到　想//明白　想//清楚

動趨 想上▶看着看着信，他又想上心事了（手紙を読んでいるうちに彼はまた心配事を思い出した）
想//下去▶这个思路很好，可以这么想下去（この考え方はよい，この方向で考えればよい）▶脑袋都发胀了，想不下去了（頭がボーッとして，これ以上考え続けられない）
想//出　必ず客語をともなう。▶想不出办法（方法が思いつかない）▶想出了一条妙计（よい方法を考えついた）
想//出来ⓐ▶他终于想出来一个主意（彼はついにある考えを思いついた）
ⓑ大娘想女儿都想出病来了（おばさんは娘を思うあまり病気になってしまった）

想//起　思い出す：必ず客語をともなう。▶他忽然想起一件事（彼は突然ある事を思い出した）▶这人很面熟，可就是想不起他的名字（この人の顔は見覚えがあるんだが，名前が思い出せない）
想起来▶想起来也真奇怪，这事儿他居然不知道（この事を彼が知らないなんて，いま考えても本当におかしなことだ）
想//起来ⓐ▶隔了这么久，还想得起来吗？（ずいぶんたっているけど，まだ思い出せますか）▶我想起来了，是有这么一回事（思い出しました。確かにそんな事がありました）
ⓑ▶一看到五星红旗，就想起祖国来了（五星紅旗を目にするたびに祖国を思い出す）
想//开　気にかけない。▶小事情要想开点，别老放在心里（ささいな事をいつまでも気にかけないほうがいい）▶他这人非常想不开，芝麻大的一点事也放不下（彼って人はほんのささいな事でさえ気にかけて，うっちゃっておけない）
想来　おしはかる：挿入句になる。▶这事想来不大可能（この事は私が思うには，あまり可能性はない）
想到▶我们在讨论问题，你想到哪里去了？（私たちは問題を討論しているのに，あなたは何を考えているのか）
想//到　予想がつく。▶事先我们就想到这一点了（この点について，私たちは事前に予想がついていた）▶想不到人来得这么多（こんなにたくさんの人がやって来るとは思わなかった）

向 xiàng

【動詞】ちょうどある方向に対している：必ず客語をともなう。▶面～东（顔が東に向いている）▶这个房间～阳（この部屋は南向きだ）▶葵花是～着太阳开的，所以学名叫向日葵（ヒマワリは太陽に向かって咲くので，学名を「向日葵」と言う）
【介詞】❶名詞と組み合わせて，動作の方

向を示す。

ⓐ'向…'を動詞の前に用いる。'向'の後ろに'着'を付けることができるが、単音節の方位詞と組み合わせるときには付けることはできない。▶～前看（前を見る）▶～左转（左にまがる）▶水～低处流（水は低いほうへ流れる）▶列车～北京奔驰（列車は北京に向かって走る）▶～着西南飞去（西南に向かって飛んで行く）▶～着前面大声叫喊（前に向かって大声で叫ぶ）

ⓑ'向…'を動詞のあとに用いる。'向'と組み合わせることのできる動詞は、'走・奔・冲・飞・流・飘・滚・转・倒・驶・通・划・指・射・杀・刺・投・引・推・偏'などの若干の単音節の動詞のみ。'向'の後ろに'了'を付けられる。▶飞～东南（東南のほうへ向かって飛ぶ）▶流～大海（大海に流れ入る）▶小路通～果园（この路地は果樹園に通じている）▶杀～敌后（敵の後方に突撃する）▶奔～前方（前方に向かって走る）▶从胜利走～胜利（勝利から勝利へと進む）▶目光转～了我（視線が私のほうに向いた）

❷動作の対象を導く。人を指す名詞・代詞との組み合わせは、動詞の前にだけ用いる。▶～人民负责（人民に責任を負う）▶～先进工作者学习（先進的な労働者に学ぶ）▶～老师借了一本书（先生から本を1冊借りた）▶你们需要什么，～我们要好了（必要なものがあれば、私たちに要求してください）

[比較] 向：朝 ☞朝 cháo

向来 xiànglái ☞从来 cónglái

项 xiàng

【量詞】いくつかに分かれる事物に用いることが多い。

ⓐ規則・図表・公文書・文章に用いる。▶一～公报（1つのコミュニケ）▶两～声明（2つの声明）▶三～决议〈決定、規定〉（3項の決議〈決定・規定〉）▶这份表格包括三～内容（この図表には3つの内容が含まれる）▶这是第十条第二款第一～的规定（これは第10条第2款第1項の規定だ）▶以上各～请予注意（以上の各項にご注意願います）▶一～一～地仔细填写（1項目ずつ気をつけて書き込む）

ⓑ体育活動に用いる。▶他是十～运动全能冠军（彼は10種競技の全種目に優勝した）▶打破了一～世界记录（ある世界記録を破った）

ⓒ議事日程・任務・措置・成果などに用いる。▶会议有三～议程（会議には3つの議事次第がある）▶完成了两～任务〈工作〉（任務〈仕事〉を2つやり遂げた）▶采取了几～措施（いくつかの措置をとった）▶这是一～最新的研究成果（これは最新の研究成果です）▶各～指标都已达到（すでにそれぞれの目標にすべて到達した）

ⓓ金銭・交易に用いる。▶一～贷款（貸付金）▶一～交易〈买卖〉（交易〈商売〉）▶有好几～收入〈支出〉（たくさんの方面からの収入〈支出〉がある）

ⓔその他。▶外语教学包括听、说、读、写四～（外国語教育には、聞く・話す・読む・書くの4つの面が含まれる）▶他生活俭朴，吃穿这两～向来十分简单（彼の生活は質素で、衣食については一貫して簡素なものだ）

像 xiàng

【動詞】❶2つの事物に共通点が多いことを表す：名詞を客語にともなえる。▶他～他哥哥（彼はお兄さんに似ている）▶看样子他一个教师（見たところ彼は教師のようだ）▶哥儿俩连说话的声音都～（あの兄弟2人は話し声まで似ている）▶脸再画胖一点就～了（顔をもう少しふっくら描けばそっくりだ）▶他说～，可是我越看越不～（彼は似ていると言うが、見れば見るほど私は似ていないと思う）▶这个角色演得不十分～（この役は演技が役柄とあまり

合っていない）

ⓐ '像'を比喩に用いることもある。▶他～［是］一只好斗的公鸡（彼はまるで戦い好きのオンドリのようだ）

ⓑ像＋名＋一样〈这样，那样〉＋形／動 ▶他不～你这样聪明，但是～你一样勤奋（彼はあなたほど頭の回転は速くないが、あなたと同じくまじめで努力家だ）▶～前次一样，还是我们几个人一块儿去（前回と同じくやはり我々数人が一緒に行く）▶这一次我们没～上次那样坐火车，而是走的水路（今回私たちは前回とは違って汽車に乗らず船で行った）▶人群～潮水一般涌向广场（人の群れは潮のようにどっと広場に押し寄せた）

❷例を挙げる。▶～天牛、磕头虫、瓢虫等都是甲虫（例えばカミキリムシ・コメツキムシ・テントウムシなどはすべて甲虫だ）▶我国的大城市很多，～北京、上海、天津、广州、南京等都是（わが国の大都市は多い。例えば北京・上海・天津・広州・南京などはすべてそうである）

【副詞】あたかも（…のようだ），まるで（…のようだ）：'似的・一样・一般'と組み合わせることができる。▶我～在哪儿见过他［似的］，可是想不起来了（彼はどこかで会ったことがあるような気がするが、思い出せない）▶刚才～有人往屋里探了一下头［似的］（さっき誰かが家の中をのぞき込んだようだ）▶老人疼我～疼自己的儿子一样（老人の私に対するかわいがりようは、まるで自分の息子をかわいがるのと同じだ）

小 xiǎo

【接頭語】名詞を作る。
ⓐ小＋名▶～孩儿（子供）▶～字（小さな字）▶～报（タブロイド判の新聞）▶～传（zhuàn）(小伝)▶～米儿（アワ）▶～豆（アズキ）▶～麦（小麦）▶～枣儿（小さなナツメ）▶～菜（小皿に盛って出される漬物の類）▶～路（こみち）▶～脑（小脳）▶～肠（小腸）▶～腿（すね）▶～人（小人）▶～费（チップ）▶～提琴（バイオリン）▶～数儿（小数）▶～名儿（幼名）▶～灶儿（個人のために作った特別料理）▶～意思（寸志）

ⓑ小＋動▶～说（小説）▶～吃（軽食）▶～卖（一品料理）▶～学（小学校）▶～偷儿（泥棒）

ⓒ小＋形▶～寒（小寒）▶～暑（小暑）▶～便宜（ちょっとした得）▶～丑儿（道化）

ⓓ姓の前に付け，若い人を指す。名前の前に付け子供を指す。▶～张［儿］（張さん）▶～王［儿］（王さん）▶～华（華ちゃん）▶～强（強ちゃん）

注意 '小…'はすでに1つの単語になっているので，必要なときにはさらに前に形容詞の'小'を付けてもよい。▶小小孩儿（小さい子）▶小小说（掌篇小説，ショートショート）▶小小鸡儿（小さなヒヨコ）▶小小偷儿（こそ泥）

些 xiē（一些）

【量詞】事物あるいは性状が少ないことを表す。前に用いる数詞は'一'のみで，ふつうは省略する。

ⓐ些＋名▶多种～糧食（穀物を多めに作る）▶说了～什么？（どういった事を話したか）▶作了～重要的补充（いくつか大切な補足をした）

一 '些＋名'は主語にならず，ふつう'有些＋名'がその代わりをする（☞ⓑ）。介詞の後ろにも用いず，ふつう'有些＋名'，あるいは'某些＋名'がその代わりをする（☞ⓑⓒ）。

ⓑ有＋些 '有些＋名'が主語になる。▶有～人喜欢跑步，有～人喜欢踢球（駆け足が好きな人もいれば、サッカーが好きな人もいる）▶有～问题还要研究（まだ研究しなければならない問題がいくつかある）▶天气暖和起来了，有～花儿已经开了（気候が暖かくなってきて，もう咲いた花も

ある）
— '有些＋名'をその他の位置に用いる。▶有～人的发言稍微长了一些（一部の人の発言は少し長かった）▶有～化验的结果正常，有～化验的结果又不正常，所以还不能确诊（検査の結果は正常なものもあれば，正常でないものもいくらかあるので，まだ確かな診断をすることはできない）▶据有～人说，这一带山区有老虎（なんでも一部の人の話では，ここ一帯の山間地区には虎がいるということだ）

— 有些＋動／形▶有～看不过去（少々気にくわない）▶有～生我的气（私に少し腹を立てている）▶有～危险（少し危ない）▶他这几天有～不舒服（彼はここ数日少し調子が悪い）▶有～有口难言（口に出して言えない苦い気持ちが少しある）

ⓒ某＋些　某～人这样看，某～人又那样看，意见很不一致（このように考える人たちもいれば，別の考えを持った人たちもいて，意見はまったく一致しない）▶某～问题还有待讨论（いくつかの問題はさらに討論が必要だ）▶某～地区的灾情还真不轻（いくつかの地方の災害の状況はやはり深刻だ）▶根据某～现象来看，案情比较复杂（いくつかの現象に基づいて考えると，事件は比較的複雑だ）

ⓓ这〈那〉＋些　这〈那〉の複数として用いる。▶这～东西（これらの品物）▶那～事情（あれらの事）▶这～年我一直在南方（ここ数年私はずっと南方にいた）▶那～书我都看过（あの何冊かの本を私はすべて読んだことがある）

ⓔ前＋些＋时候〈年，日子〉　しばらく前のある期間を表す。▶前～时候他曾找过我一次（つい先ごろ彼は私を1度訪ねて来たことがある）▶前～日子我闹过一场病（しばらく前，私は病気した）▶前～年他住在重庆（数年前，彼は重慶に住んでいた）

ⓕ動／形＋些　少ないことを表し，ふつう'稍微・略微'と共に用いる。▶快～（少し速く）▶留神～（少し用心しなさい）▶大声～（もう少し大きな声で）▶小声～（もう少し小さな声で）▶要看得远～（もう少し先のことを考えなければいけない）▶烧稍微退了～（熱は少し下がった）▶他比我略微高～（彼は私よりやや背が高い）

〘一些〙用法は基本的に'些'と同じで，話し言葉ではふつう'些'を用い，'一些'はあまり用いない。'有些＋動／形''这〈那〉＋些''前＋些＋时候'などの形式の中ではふつう'一些'を用いない。しかし少ない回数や種類を表すときはふつう'一些'を用いる。▶他的确做了一些有益于群众的事情（彼は確かに大衆にとって有益なことを少しやった）▶他担任过一些比较重要的职务（彼は比較的重要な職務を少しばかり受け持ったことがある）

比較　些：点①'些'は数を数えられる事物に用いることができる。'点'は数を数えられる事物にはあまり用いない。'这・那・这么・那么'を'点'に付ければ用いることができる。▶一些人在下棋，一些人在散步（将棋をする人もいれば，散歩をしている人もいる ×一点人）▶这点人哪儿够用？（これっぽっちの人でどうして足りるのですか）

②'些'が表す量は必ずしも少ないとは限らない。'点'はすべて量が少ないことを表す。▶有点儿事（少し用がある：おそらく1つの用件）▶有些事（少し用がある：1つ以上の用件）

③'这些〈那些〉＋名'は単純な複数（中立）であり，数の多い少ないには関係しない。'这点＋名'は少ないことを強調し'这么点＋名'と同じである。'那点＋名'はまれにしか見られない（関連箇所を参照せよ）。

④'有些＋名'はふつう文頭に用い（主語として），ある事物を引き出して説明を付ける。'有点＋名'にはこのような用法がない。▶有些情况还不清楚（まだはっきりようすがわからないところがある ×有点情况）

一 '有+些+名' と '有+点+名' はどちらも述語として用いることができ，それだけで文を終結させたり，後ろに何かを続けて説明を加えることもできる。▶这段文字里边有些错误（この段落の文章の中には誤りがいくつかある＝有点错误）▶前边有些孩子在玩足球（前で何人かの子供がサッカーをして遊んでいる）▶我有点事情想找你（私は用事があるので君を訪ねたい）

写 xiě

【動詞】字を書く，著作する，描写する：《付》了・着・过《重ね型》～了一封信（手紙を1通書いた）▶他擅长～人物的心里活动（彼は人物の心理活動を描写するのに優れている）▶他短篇小说也～，长篇小说也～（彼は短篇小説も書くし，長篇小説も書く）▶墙上～着'好好学习，天天向上'八个大字（壁に「しっかり勉強し，日々向上しよう」と大きな文字で書いてある）▶他～着～着笑了起来（彼は書き進むうちに笑い出した）▶《红楼梦》里每个人物都～得很生动（『紅楼夢』の中のそれぞれの人物はすべていきいきと描かれている）

一 動作の対象でない客語をともなえる。道具を表す。▶～狼毫（イタチの毛の筆で書く）▶我喜欢～钢笔，不喜欢～毛笔（私は万年筆で書くのが好きで，筆で書くのはきらいだ）

一 場所を表す。▶～道林纸（ドーリング紙に書く）▶老师一边讲，一边～黑板（先生は説明しながら黒板に書く）

一 字体を表す。▶他～魏碑～得不错（彼は北魏の碑の書体を書くのがうまい）▶～一笔漂亮的小楷（きれいな楷書体の細字を書く）

[動結] 写∥成　写∥惯　写∥清楚　写∥整齐

写∥好 ⓐ ▶这篇文章一定要写好，不能写坏（この文章は必ずよい内容にしなければならない，へんなものを書くわけにはいかない）

ⓑ 書きあげる。▶文章写好了吗？（文章は書きあげましたか）▶明天写得好吗？（明日書きあげられますか）

写∥活　書き方がいきいきして真に迫っている。▶这个人物叫他写活了（この人物は彼によっていきいきと描かれた）

写得〈不〉了（liǎo）▶一天写不了几页（1日に何ページも書けない）▶手好了吗？写得了字吗？（手はよくなったか，字を書けるか）

[動趣] 写∥上 ▶在书皮上写上名字（本の表紙に名前を書きつける）▶玻璃板太光，写不上字（ガラス板はつるつるしていて，字が書けない）

写∥上来　記憶していて，書き出す。▶这个字我一时写不上来（その字は私は急には思い出せない）

写∥上去 ▶在报名簿上把我的名字也写上去（応募者名簿に，私の名前も書き入れてくれ）▶纸上有油，字写不上去（紙の上に油が付いていて字が書けない）

写下　必ず客語をともなう。▶战士们用自己的鲜血写下了英雄的篇章（兵士たちは自分の血で，英雄的な事績を書き残した）

写∥下　面積が十分で（書き）入れることができる。▶格子太小，写不下（マス目が小さすぎて書けない）▶这么点篇幅能写下这么些内容吗？（こんなにわずかな紙幅にこれだけの内容が書けますか）

写∥下来 ▶把你看到的事写下来（あなたが見たことを書きなさい）▶想得很多，就是写不下来（いろいろ考えたが，結局書けない）

写∥下去　心情不好，实在写不下去了（気分がのらないので，どうしてもこれ以上書き続けられない）

写∥进去 ▶这个细节也应该写进去（このこまごました部分も書き入れなければならない）▶你讲的那个内容写不进去了（君が言ったあの内容は書き入れられなくなった）

写∥出　必ず客語をともなう。▶这篇散文

写出了作者对生活的热爱（この散文は生活に対する作者の情熱を描き出している）▶没有真实感情写不出好诗（真実の感情がなければ、よい詩は書けない）

写∥出来▶总结报告已经写出来了（総括報告はすでに書いてある）▶这篇文章写出水平来了（この文章の内容はレベルが高い）

写起来 書き始める。▶说起来还容易些，写起来可难了（話すのはまだ簡単だが、書くのは本当にむずかしい）▶他写起作文来，可认真呢（彼は作文を書き出すとまったく真剣そのものだ）

新 xīn

【形容詞】❶現れたばかりの、あるいは経験したばかりの状態。↔旧・老
ⓐ述語になる。程度副詞の修飾を受けられる。▶服装用料讲究，款式也～（その服は材料が凝っていて、デザインも新しい）▶式样很～（型が新しい）
ⓑ名詞性の成分を修飾する。'的'をともなえるが、ともなわなくてもよい。▶～产品（新製品）▶～型号（新しい規格とサイズ）▶～品牌（新商標）▶～北京（新しい北京）▶～中国（新しい中国）▶～的工作岗位（新しい部署）▶～的社会风气（新しい社会の気風）▶股市出现了～行情（株式市場に新しい相場模様が現れた）▶在几何运算中增加了一个～条件（幾何の演算に新しい条件が加わった）
❷性質の点でよりよく変わる、新しくする。↔旧 名詞性の成分を修飾する。'的'をともなえるが、なくてもよい。▶他已经改造成为一个～人（彼はすでに新しい人間に更正した）▶～的计分标准（新しい計算基準）▶～的时代（新しい時代）▶～风尚（新しい流行）▶～观点（新しい観点）▶～社会（新しい社会）
❸未使用である。↔旧
ⓐ述語になる。▶这件外衣不那么～了（このコートはもうそれほど新しくなった）▶这个书包还很～，不必再买～的了（このかばんはまだ新しいから、また新しいのを買う必要はない）
ⓑ客語になる。動詞はふつう心理活動を表す動詞である。▶你认为太旧，可我觉得～（あなたは古すぎると思っているが、私は新しいと思う）
ⓒ名詞性の成分を修飾する。'的'をともなえるが、なくてもよい。▶一套～家具（1組の新しい家具）▶～房子（新しい家）▶～的课桌（新しい教室用机）▶～的被褥（新しい布団）
ⓓいくつかの副詞の修飾を受ける。▶全～的装备（完全に新しい設備）▶特～的机器（真新しい機械）▶半～的自行车（中古自転車）▶半～不旧（中古の）
ⓔ補語をともなう。▶装备～极了（設備は極めて新しい）▶皮鞋～得直发光（革靴は新しくてピカピカ光っている）

❹新しい人物あるいは事物：客語・定語になる。▶带来些当地特产，请你们尝尝～（当地の特産品をいくつか持って来ました、みなさん新しい味をあじわってみてください）▶花样翻～（新機軸を打ち出す）▶推陈出～（古いものを退けて新しいものを創造する）▶这是近年来出现的一种～气象（これは近年現れてきた新しい気風だ）▶改革造就了一代～人（改革が新しい世代を育成した）▶刚入学的～学生（入学したての新しい学生）

❺結婚の、結婚したての：名詞性の成分を修飾する。ふつうは'的'をともなわない。▶～女婿（新しいお婿さん）▶～媳妇（新しいお嫁さん）▶～郎官（新郎）▶～嫁娘（花嫁）▶一对～人（新婚カップル）

【副詞】近ごろ、…したばかり。▶～参加工作（最近就職した）▶～分配来的大学生（新たに配属されてきた大学生）▶～上市的水果（店頭に出まわったばかりの果物）▶～盖了一座大楼（ビルが1つ新しく建った）▶～建的立交桥（新しく造られ

た立体交差橋)

兴 xīng

【動詞】❶初めて作る，始まる：ふつう'是…的'の中に用いる。'式样・花样・方法・规矩・办法'などの語と組み合わせることが多い。▶这种上衣是从上海～起来的（この手の上着は上海から起こったものだ）▶这是谁～的新花样？（この新しいデザインは誰が作ったものか）▶这是一种新～的喷漆方法（これは新式のラッカー吹き付け法だ）

❷流行する：《付》了・过　名詞・動詞を客語にできる。▶前几年～长辫子，现在又～短发了（数年前は長いおさげが流行し、今度はショートカットが流行している）▶这种帽子眼下不～了（こういう帽子は今ははやらない）▶这里的中小学生中间很～打乒乓球（ここの中学生・小学生の間ではピンポンがとてもはやっている）

❸許す：必ず動詞・節を客語にともなう。ふつう否定文（'不'をともなう）に用いる。▶要讲道理，不～打人（道理を説くべきで、なぐることは許さない）▶打球的时候不～故意犯规（球技の最中に故意に反則をするのはいけない）▶公园的湖里不～钓鱼（公園の池では魚を釣ってはいけない）

兴许 xīngxǔ ☞或许 huòxǔ

行 xíng

【形容詞】❶能力がある：述語にだけなる。程度副詞の'很・真'を付けてもよい。'最・极・有点儿'は付けられない。▶老张搞起实验来真～（張さんは実験をやり出すと、本当にすばらしい）▶这个小组的成员都很～（このグループのメンバーはすべて有能だ）

❷よろしい：多くは文末に'了'を用いる。▶馒头～了，可以揭锅了（マントウはもうできあがった、なべを空けてよい）▶把问题说清楚就～了（問題をはっきり話せばよろしい）▶做这么多的事，一个人怎么～？（こんなにたくさんの事をするのに1人でなんでよいものか）

ⓐ動詞句あるいは節を主語にすることが多い。▶没有铅丝，用绳子也～（針金がなければなわを使ってもよい）▶走着去也～（歩いて行ってもよい）▶他不来不～（彼が来なければだめだ）

ⓑ応答あるいは制止に用いる。▶劳驾，这条胡同穿得过去吗？——～，穿得过去（すみません、この路地は通り抜けられますか——大丈夫、通り抜けられます）▶～了！～了！够喝了，别倒了（もういい、もういい。もう十分だからこれ以上つがないでくれ）

醒 xǐng

【動詞】❶睡眠状態を終わらせる：《付》了・过《重ね型》'A不A'の形で疑問文を作ることはできない。▶弟弟～了（弟は目が覚めた）▶三点钟～过一次，后来又睡着了（3時に1度目が覚めたが、それからまた眠ってしまった）▶我每天都～得很早（私は毎日、目を覚ますのが早い）▶你～～，有人叫门（起きなさい、誰か玄関で呼んでいる）

❷まだ眠っていない：必ず'着'をともなう。'A不A'の形で疑問文を作ることはできない。▶我～着呢，进来吧（私は起きているから、入って来なさい）▶早一会儿他还是～着的（少し早ければ彼はまだ起きていた）▶他～没～着？（彼はまだ目を覚ましていますか）

❸酒に酔ったり、麻酔あるいは意識不明の状態から意識を取り戻す。▶酒～了（酔いがさめた）▶病人从昏迷中～了过来（病人は意識を取り戻した）▶吃点水果～～酒（少し果物を食べて酒の酔いをさます）

❹（迷いから）覚める。よく'过来'と組み合わされる。▶经你这么一指点，我才～

过来（君に指摘されて，私はやっと目が覚めた）▶半天才〜过味儿来（だいぶたってからやっと意味がわかってきた）

❺ふつう動結形の結果を表す要素となる。▶喊〜（大声で叫んで目を覚まさせる）▶叫〜（呼んで目を覚まさせる）▶闹〜（さわいで目を覚まさせる）▶吵〜（話し声がやかましくて目を覚まさせる）▶推〜（押して目を覚まさせる）▶摇〜（揺すって目を覚まさせる）

[動趣] 醒∥过来▶他刚睡着，一会儿还醒不过来（彼はいま寝たばかりだから，しばらくは目を覚まさない）

醒来▶清晨醒来，林中一片杜鹃声（早朝目を覚ますと，林の中のあちこちからホトトギスの声が聞こえてくる）

性 xìng

【接尾語】事物の性質や性能を表す。

❶抽象名詞を構成する。

ⓐ[名]＋性▶党〜（党派性，党の精神）▶人民〜（人民性）▶阶级〜（階級性）▶纪律〜（紀律性）▶科学〜（科学性）▶时间〜（時間性）▶技术〜（技術性）

ⓑ[動]／[形]＋性▶弹〜（弾性）▶遺传〜（遺伝性）▶计划〜（計画性）▶斗争〜（闘争性）▶创造〜（創造性）▶适应〜（適応性）▶传染〜（伝染性）▶放射〜（放射性）▶排他〜（排他性）▶耐寒〜（耐寒性）▶可塑〜（可塑性）▶主观能动〜（主観能動性）▶单向导电〜（整流作用）▶毒〜（毒性）▶粘〜（粘性）▶自觉〜（自覚）▶普遍〜（普遍性）▶优越〜（優越性）▶实用〜（実用性）▶共〜（共通性）▶特殊〜（特殊性）▶可靠〜（信頼性）▶严重〜（深刻さ）▶可能〜（可能性）

❷述語にならない形容詞を構成する。'性'の後ろはふつう'的'をともなえる。

ⓐ[名]＋性▶线〜排列（線型排列）▶经典〜著作（経典的著作）▶历史〜事件（歴史的事件）▶大叶〜肺炎（大葉性肺炎）

▶动物〜蛋白质（動物性蛋白質）▶风湿〜心脏病（リューマチ性心臓病）▶地区〜卫星通讯线路（地域衛星通信ネットワーク）▶窦〜心律不齐（洞性不整脈）▶细菌〜食物中毒（細菌性食中毒）▶先天〜病变（先天性病変）

ⓑ[動]／[形]＋性▶综合〜刊物（総合的出版物）▶化脓〜脑膜炎（化膿性脳膜炎）▶嗜酸〜白细胞（エオジン好性白血球）▶硬〜规定（融通のきかない規定）▶流行〜感冒（流行性感冒）

幸而 xìng'ér ☞幸亏 xìngkuī

幸好 xìnghǎo ☞幸亏 xìngkuī

幸亏 xìngkuī（幸好・幸而）

【副詞】幸いにも：よくない結果を回避したことを表す。ふつう主語の前に用いる。▶〜他眼急手快，拉住了我（幸い彼がすぐ気がついて，私を引き止めてくれた）▶洪水来势很猛，〜坝已经加固，没有造成灾害（洪水の勢いはすさまじかったが，幸いにも堤防がすでに補強されていたので災害に至らなかった）

ⓐ幸亏…，才…▶〜碰见几个猎人，才把我们带出森林（幸いにも猟師たちに出会ったので，私たちは彼らの案内でやっと森から出ることができた）▶我们〜走这条道，才没碰上老虎（我々はこの道を行ったおかげで虎に出会わずにすんだ）

ⓑ幸亏…，不然〈否则、要不〉▶〜你提醒了我，不然我就忘了（よく注意してくれました。そうでなければ忘れるところだった）▶〜发现得早，否则就无法挽救了（発見が早かったからよかったが，そうでなければ救いようがなかった）▶〜带了雨衣，要不全身都得湿透（幸いレインコートを持っていたからよかったものの，そうでなければ体中びしょぬれになるところだった）

ⓒ前の部分によって文意が明らかなときは後節を出さなくてよい。▶没想到明天就出

发，～我们早有准备［不然就来不及了］（急に明日出発することになったが，幸い我々は早くから準備していた［そうでなければ間に合わないところだった］）▶当时情况十分危急，～你们及时赶来了［才转危为安］（当時状況は非常に切迫していたが，幸い君たちの到着が間に合った［それでやっと危険をまぬがれることができた］）

比較 幸亏：好在 ☞好在 hǎozài

〖幸好〗'幸亏'に同じ。▶他不小心摔了下来，幸好下面是块沙地，才没有摔伤（彼は不注意で落っこちたが，幸い下が砂地だったので，けがをせずにすんだ）

〖幸而〗'幸亏'に同じ。《書》▶上文说到孔乙己愈来愈穷，弄到将要讨饭了，幸而写得一笔好字，便替人家抄抄书换一碗饭吃（先に述べたように，孔乙己はますます貧乏になり，乞食一歩手前まで落ちたが，幸い字が上手だったので人に頼まれて本を書き写し，飯の糧にしていた）

需要 xūyào

【名詞】事物に対する要求。▶我们要了解群众的～（我々は大衆が必要とするものをよく知らなければならない）▶应该适应形势发展的～（進展する情勢の求めるものに応えていかなければならない）▶既要顾到～，也要顾到可能（要求を考慮すると共に可能性についても考慮しなければならない）

【動詞】❶獲得したい，必要とする：名詞の客語をともなえる。程度副詞の修飾を受ける。▶他～一本词典（彼は辞典を1冊必要としている）▶这儿正～你（ここはちょうど君が必要だ）▶我一样东西也不～（私は何も必要ではない）▶这本书我非常～（この本は私はとても必要だ）▶目前工地上很～水泥（目下工事現場ではセメントをとても必要としている）

❷当然…しなければならない，必ず…しなければならない：動詞・形容詞・節を客語にできる。用法は助動詞に似ている。▶我们～研究一下才能决定（決定する前にひととおり検討する必要がある）▶这里也～有人照应（ここも世話をする人が必要だ）▶速度～再快一点（速度はもう少し速くなくてはいけない）▶在这紧急关头，特别～冷静（このさし迫った状況では特に冷静さが必要だ）▶这件事～老张去办一下（この件は張さんに行ってやってもらわなければならない）▶我亲自去一次，你看～不～？（自分で1度行ってみようと思うが，その必要はあるだろうか）

比較 需要：须要 ☞须要 xūyào

须要 xūyào

【助動詞】必ず…しなければならない：単独では述語にならない。客語は動詞性の語句あるいは形容詞性の語句に限られる。▶做工作就～认真（仕事をやるには真剣でなければならない）▶养病～安心（療養には精神の安らぎが必要だ）▶这种病～卧床休息（この病気はベッドで休養することが必要だ）▶医务工作者～有奉献精神（医療従事者には奉仕の精神がなければならない）▶你跟他谈话～心平气和（彼とは冷静で穏やかに話す必要がある）▶这个问题～认真对待（この問題には真剣に対処しなければならない）

比較 须要：需要 '须要'は助動詞で，動詞性の語句・形容詞性の語句の前にしか用いられず，名詞に相当する用法はない。'需要'は動詞であるが，名詞用法も兼ねている。名詞・動詞・節を客語にともなえる。定語になれる。使用の際混同してはならない。▶他需要书架（彼には書棚がいる ×他须要书架）▶我需要他来帮助（私は彼に手伝いに来てもらわなければならない ×我须要他来帮助）▶这是工作的需要（これは仕事上の必要である ×这是工作的须要）▶这正是他需要的东西（これこそ彼が必要としている物だ ×这正是他须要的东西）

许多 xǔduō

【数词】数が多い：《書》

ⓐ 许多［+量］+名 ▶～人（たくさんの人）▶～城市（多くの都市）▶～车辆（たくさんの車輛）▶～书报杂志（たくさんの本・新聞・雑誌）▶～位来宾（多くの来賓）▶～种花色（多くの銘柄）▶说了～遍（何回も話した）▶去了～次（何回も行った）

ⓑ 许多［+量］ 名詞のように用いる。▶他讲的内容，～是我不知道的（彼が話した内容の多くは私の知らないことだった）▶各方面的宾客来了～（各界の来賓が大勢来た）▶图案设计看了～种，都不太满意（図案のデザインを何種類も見たが、どれもあまり満足のいくものではない）

— '许多'の前に指示詞'这・那・这么・那么'を用いてもよい。▶现在也顾不得这～了，先送病人去医院要紧（今はもうこんなに多くのことをかまってはいられない。まず病人を病院へつれて行くことが肝要だ）▶一下子就拣了这么～［贝壳］（1度にこんなにたくさん［の貝殻を］拾った）

ⓒ 重ね型には'许多许多'と'许许多多'の2種類があり，数が多いことを強調し，名詞のように用いたり，名詞を修飾する。▶他讲了许多许多（彼は実にたくさん話した）▶这样好的电影我看过许许多多（こういういい映画を私はたくさん見た）▶已经有许多许多年了（すでに何年も何年もたった）▶许许多多的鸽子和气球飞向天空（たくさんのハトと風船が空に舞い上がった）▶许许多多的人都围在那里看（とてもたくさんの人々がそこを取り囲んで見ている）

ⓓ 動/形+许多 程度あるいは数量の変化が大きいことを表す。形容詞は多くが単音節で後ろにはふつう'了'を付ける。▶大了～（ずいぶん大きくなった）▶瘦了～（ずいぶんやせた）▶心里觉得踏实了～（気持ちがずいぶん落ち着いた）▶样子改变了～（ようすがずいぶん変わった）

选 xuǎn

【動詞】❶ 選ぶ：《付》了・过 名詞の客語をともなえる。▶我～这一种（私はこの種類を選ぶ）▶～几篇登在墙报上（何篇かを選んで壁新聞に載せる）▶～了半天，一件也没～出来（ずいぶんあれこれ見てみたが，1つも選び出せなかった）▶把颗粒饱满的～出来做种籽（粒のはちきれそうなのを選んで種にする）

❷ 選挙で選ぶ：《付》了・过

ⓐ 选+名 ▶我～张平（私は張平を選ぶ）▶下午开全体会～班里的干部（午後全体会議を開いて班の幹部を選出する）▶你们～了室主任了吗？（あなたがたは室の主任を決めましたか）

ⓑ 兼語をともなう：…を…に選ぶ。▶我们都～他作组长（私たちはみな彼を組長に選んだ）▶会上一致～赵岚当主席（全会一致で趙嵐を議長に選んだ）

ⓒ '被…选+为' ▶他被～为本届人民代表（彼は今期人民代表に選ばれた）

[動結] 选∥好 选∥中 选∥准

[動趨] 选∥上 ▶小刘报名参军，已经选上啦（劉さんは解放軍に応募し，すでに選ばれた）▶选得上固然好，选不上也没什么（選ばれればそれにこしたことはないが，選ばれなくてもどうということはない）

选∥进来〈进去〉▶把老李选进领导班子里来〈去〉（李さんを指導者グループの一員に選ぶ）

选∥出来 ▶经过充分讨论，代表已经选出来了（十分に討論したあと，代表が選出された）

Y

呀 ·ya ☞啊 ·a

沿 yán

【名詞】へり：《儿化》▶边~（へり）▶前~（陣地の最前線）▶炕~儿（オンドルのへり）

【介詞】経過する道筋を示す。《付》着▶~河边走（川に沿って歩く）▶~墙根种一行鸡冠花（塀に沿って1列にケイトウを植える）▶~着公路走不多远，就到了荷花池（道路沿いに少し歩くと蓮池に着いた）▶最近我们~着京九路旅行了一趟（最近ぼくたちは京九鉄道沿線を旅行した）
ⓐ後ろの名詞句が長いとき，または抽象的意味の語句のときには必ず'着'を付ける。▶~着泰美化肥厂的围墙一直往前走（泰美化学肥料工場の囲いに沿ってずっとまっすぐ歩く）▶~着历史遗留的足迹前进（歴史の足跡をたどって進む）
ⓑ単音節の名詞と共に用いて場所を表す。'是''有'を用いた文や他の描写文に用いることが多い。▶~湖都是垂柳（湖のほとりにはシダレヤナギがずっと植わっている）▶~路有不少商店（道沿いに多くの店がある）▶~河一带景色如画（川沿いの一帯は絵のような景色だ）▶~街张灯结彩，一片节日景象（通りはちょうちんと五色の布で飾られ，祝日の様相を呈していた）

[比較] 沿：顺 ☞顺 shùn

眼看 yǎnkàn

【動詞】❶今まさに起こりつつある状況を指す。《付》着　否定形はない。必ず節を客語にともなう。▶~那只兔子钻进了草地，不见了（見る間にそのウサギは草むらにもぐり込み，見えなくなった）▶武松~着老虎快断气了，才松了手（武松は虎が虫の息になったのを見てやっと手をゆるめた）

❷（意のままにならないことが起きたり発展したりするのを）黙って見ているだけでなすすべがない：必ず《付》着　必ず節を客語にともなう，あるいは別の動詞と連用する。▶天再旱，[我们]也不能~着庄稼干死（どんなに日照りになっても，みすみす作物を枯らすわけにはいかない）▶这么重要的事情，我怎么能~着不管（こんな重要な事をみすみすほうっておけるか）

【副詞】早く，すぐに：主語の前後に置ける。▶~天就要黑了，早点儿回去吧（もうすぐ暗くなる，早く帰りなさい）▶~天气暖和起来了（あっという間に暖かくなった）▶国庆节~就要到了（もうすぐ国慶節だ）

样 yàng

【量詞】❶個体量詞。基本的な意味は'件'に同じ。ただし同類の事物との違いをより強調する。▶桌子上摆了四~菜（テーブルの上に4品の料理が並んでいる）▶买了两~家具（2種の家具を買った）▶你替我带两~东西（君，ぼくの代わりに物を2つ持ってくれ）▶这孩子干活，~都能拿得起来（この子はどの仕事もこなすことができる）

❷集合量詞。グループ内で一致し，外部に対して相違を持つ若干の個体について用いる。▶许多~动物（多種類の動物）▶四~点心配成一盒（4種類の菓子を1箱に詰め合わせる）▶汽车的颜色有七，八~（車の色には7～8種類ある）▶这

几~稻种成活率都高（この種類の稲は活着率が高い）▶各种商品都有，～～儿俱全（各種の商品があり，何でもそろっている）

[注意]同じ名詞と組み合わせても，文が違えば'样'にも違いが生じる。▶桌子上摆了三样菜（テーブルに３品の料理が並んでいる：個体量詞）▶食堂里今天有四样菜（食堂に今日は４種類の料理がある：集合量詞）

[比較] 样：种　共通点は同類の事物との相違を強調すること。'一种'を用いたときには別の'一种'や'几种'があることを意味する。'一样'も別の'一样'や'几样'があることを意味する。だから'种''样'のどちらも用いてもよい場合がある。▶好多样〈种〉商品（数多くの商品）▶商店里十几样〈种〉蔬菜（店の十数種類の野菜）——ただし'种'は内在的性質や働きに基づき区別する。'样'は表面的・形式的な面から区別する。したがって'种'と'样'を入れ替えてはいけない場合もある。▶两样〈×种〉菜都是豆腐（２つの料理はどちらも豆腐を使っている）▶两种〈×样〉人（２種類の人間）▶一种〈×样〉思想（１つの思想）

要　yào

【動詞】❶獲得，保持したいと願う：名詞を客語にともなえる。▶我～一支英雄金笔（英雄印の万年筆が１本欲しい）▶这本词典我还～，那本我不～了，你拿去吧（この辞典はまだ必要だが，そっちはもういらない，持って行きたまえ）

❷人から求める：《付》了・过　名詞の客語をともなえる。▶昨天我跟老张～了两张票（昨日ぼくは張さんから切符を２枚もらった）▶我已经～了一个菜，你再～一个（ぼくはもう料理を１品頼んだ，君もう１品注文しなさいよ）▶他没跟我～过什么（彼はぼくに何ひとつ求めたことはない）

❸頼む，要求する：必ず兼語をともなう。▶他～办公室给他开个介绍信（彼は事務室に彼のために紹介状を書いてくれるよう頼んだ）▶是你～我先别走的吗？（ひとまず出かけるなと言うのだね）

❹必要だ，…すべきだ：必ず兼語をともなう。▶这些地方就～你认真考虑（これらの点を真剣に考慮してもらいたい）▶这个柜子～四个人抬才抬得动（この戸棚は４人がかりでやっと動かせる）

【助動詞】❶あることを行う意志を示す。ふつう質問に対する回答として単独で用いることはない。▶他～学游泳（彼は泳ぎを習いたがっている）▶我有话～对他讲（彼に言いたいことがある）▶你～看吗？——～看（見たいですか——ええ見たいです）

ⓐ否定は'不想''不愿意'。ふつう'不要'とは言わない。▶我不想进去（入りたくない ×我不要进去）▶他不愿意和我们一起去（彼は私たちと一緒に行きたがらない）

ⓑ前に'想・打算'などを付けてもよい。▶他想～来北京参观（彼は北京に参観に来たいと思っている）▶你打算～干什么？（君は何をするつもりですか）

❷…する必要がある，…すべきだ。▶说话、写文章都～简明扼要（話や文章は簡明かつ要点をつかんでいなくてはならない）▶借东西～还（物を借りたら返さなくては）▶水果～洗干净才能吃（果物はきれいに洗ってから食べなさい）▶我～不～留下来？（私は残るべきでしょうか）

ⓐ否定は'不要'。禁止や忠告に用いることが多い。▶不～浪费水（水をむだ使いしてはいけない）▶不～随地吐痰（所かまわず痰を吐いてはいけない）▶不～大声喧哗（大声でさわぐな）▶你可不～瞎说（でたらめを言ってはだめだ）▶大家不～闹（みなさん，さわがないで）▶这件事不～声张出去（この事を言いふらしてはいけない）▶请他不～多管闲事（よけいな事にかまわないよう彼に頼む）▶你告诉他，

千万不～麻痺大意（絶対に油断してはならないと彼に伝えなさい）以上の'不要'はすべて'別'に置き換えられる。
ⓑ前に'应该・必须・得（děi）'などを加えてもよい。▶应该提倡节约，必须～花的钱才花（節約を奨励し、どうしても必要な金だけ使うように）▶任何事情总得～先调查研究再下结论（どんな事でもまず調査研究を行ってから結論を下さなくてはならない）

❸可能性があることを表す。前に'会'を、文末に'的'を付けてもよい。▶看样子［会］～下雨（どうやら雨が降りそうだ）▶不顾实际一味蛮干～失败的（現実をかえりみず、あくまでむちゃを通すならば失敗するだろう）▶会议大概～到月底才能结束（会議はおそらく月末に終わるだろう）
― 否定は'不会'であって、'不要'ではない。▶他这数字是有根据的，不会错（彼のこの数字は根拠のあるものだ、間違っているはずはない）

❹もうすぐ…するだろう：前に'快・就'を付けてもよい。ふつう文末に'了'を付ける。▶他～回来了（彼はもうすぐ戻って来る）▶麦子眼看就～割完了（もうすぐ麦刈りが終わろうとしている）▶他快～毕业了（彼はもうすぐ卒業だ）

❺推察を表す。比較の文に用いる。'要'を'比…'の前後、あるいは'得'の後ろに用いてもよい。意味は同じ。▶他～比我走得快些（彼は歩くのがぼくより少し速い＝他比我要走得快些、＝他比我走得要快些）▶你比我～了解得多（君はぼくよりずっとよくわかっているはずだ）▶地是同样的地，在他们那儿产量却～高好多（土地は同じだというのに、彼らの所の生産高はずっと高い）▶这两张照片前一张～清楚些（この２枚の写真では前のほうが少しばかりはっきりしているようだ）

注意❸❹❺の疑問形はふつう'是不是要'を用いる。'要不要'とはしない。▶天是不是要下雨？（雨が降りそうなんじゃない）

▶今年他是不是要毕业了？（彼は今年卒業ではないだろうか）▶这两张照片前一张是不是要清楚些？（この２枚の写真では前のほうが少しはっきりしているのではないですか）

【接続詞】❶仮定を表す：もし…なら。《口》
ⓐ述語や節をつなぐ。▶你～能来，那该多好啊！（あなたが来られるなら、どんなにすばらしいでしょう）▶～明儿个天儿好，上香山玩去（明日天気がよかったら香山へ遊びに行きます）▶～见着小蔡的话，问她收到老李的信没有（蔡さんに会ったら、李さんの手紙を受け取ったかどうか聞いてください）▶小王会通知你的，～临时有事儿的话（王くんがあなたに知らせるはずですよ、もし急用ができたときには）
ⓑ要+名▶这怕什么？～我就不怕（こんなの何が恐いの、私だったら何ともないのに）▶您倒还记得，～我爸爸早忘了（まだ覚えていらしたんですね、父ならとっくに忘れていたでしょう）
ⓒ要+不是▶～不是你，我哪儿知道（君が教えてくれなかったら、わからなかったよ）▶～不是下雨，我们早就出门了（雨が降らなければ、私たちはとっくに出かけているはずだった）▶～不是路太远，奶奶本来也想来看看您的（遠くさえなければ、祖母もご挨拶にうかがうのですが）

❷２つの'要+就［是］'を連用し、「これでなければあれである」という意味を表す。文の３つ目の節で結論を述べる。'要么'とも言う。▶～就是你，～就是我，总有人管才行（君でもぼくでもいいが、どうしても管理する人がいなくては）▶～就去跳舞，～就去听音乐，别处我不去（踊りに行くか音楽を聞きに行くかだ。そのほかなら行きません）▶～就前进，～就后退，没有别的选择（前進するか後退するかだ。ほかに選択の道はない）

要不 yàobù ☞不然 bùrán

要不然 yàobùrán ☞不然 bùrán

要么 yào·me

【接続詞】2つの願望の選択を表す。相談の気持ちをともなう。▶火车票没买到，～乘飞机吧（汽車の切符は買えなかったので，よければ飛行機に乗りましょう）▶打电报说不清，～打电话向他详细解释一下吧（電報でははっきりと言えないなら，電話で彼に詳しく説明しましょう）▶今天我还有事，～咱们明天再谈吧（私は今日まだ用事があるので，なんなら明日話すことにしましょう）▶～你去，～我去，总而言之咱俩得去一个人（あなたが行くか私が行くか，いずれにしろ2人のうちどちらかが行かなければならない）

ⓐ'要么'を単独で用いるときは，後節の先頭に置く。前節で状況を提示し，後節では話し手の願望を表す。▶说好大家聚一聚，可是一直没时间，～元旦大家都去我家吧（みんなで集まろうと約束したけど，ずっと時間がなかったので，なんなら元旦にみんなでわが家に来たらどうだろう）▶他们要人要了好几次了，～让小王过去吧（彼らは人をよこしてくれと何度も言ってきているから，王さんを行かせることにしたらどうだろうか）▶大家都喊累，～休息两天吧（みんなが疲れた疲れたといっているから，2日ほど休みにしようか）▶最好咱们两个一起去，～你一个人去也行（私たち2人が一緒に行くほうがいいのだけれど，なんなら あなた1人で行くのでもいいですよ）

ⓑ2つの'要么'を連用するときは，2つの前節の前に置く。2つの異なる選択肢を表すことが多い。▶～你去，～他来，否则你们没法面谈（あなたが行くか彼が来るかしなければ，2人が直接会って話すことはできない）▶～胜，～负，没有和棋的可能（勝つか負けるかどちらかで，引き分けの可能性はない）▶～买，～回家，总不能老在商店里瞎遛啊（買うか家に帰るかどちらかにしよう，いつまでも店の中をぶらぶらしてはいられない）▶～去杭州，～去桂林，除了这两个地方我哪儿也不去（杭州に行くか桂林に行くかどちらかで，この2か所以外には，私はどこにも行きたいと思わない）

[比較] 要么：或者　両方とも接続詞として選択関係を表す。用法上，'要么'はふつう文を接続するだけである。'或者'は文を接続するほかに，名詞性の語句を接続することもできる。▶老马或者小刘，谁来都行（馬さんあるいは劉さんのどちらが来てもいい）▶他每天午饭都要喝点儿汤或饮料（彼は毎日昼食にスープかあるいは何か飲み物を飲むことにしている）

—口調の点では，'要么'は'或者'より婉曲で，相談の気持ちがある。

要是 yào·shi

【接続詞】仮定を表す：もし…ならば。

ⓐ前節に用いる。▶～看见《汉英词典》，替我买一本（もし『漢英詞典』を見つけたら，私に1冊買ってください）▶～他不去，你去吗？（彼が行かないとしたら，あなたが行きますか）

ⓑ'要是…'の後ろに'的话'を付けることができる。'要是…的话'は後節に用いてもよい。▶～有人问的话，说我在老马家（もし人がたずねたら，私は馬さんの家にいると言いなさい）▶坐船去好，～来得及的话（船で行ったほうがいいよ，もし間に合うなら）

ⓒ要是+[名]▶～别人（=如果换了别人），这事不一定能办成（もしほかの人なら，この件は成功するとは限らない）▶老同学聚会真不容易，～去年，咱们还聚不齐呢！（同窓生が集まるのは本当にたいへんなことだ。もし去年ならそろわなかったろう）

也 yě

【副詞】❶2つの事柄が同じであることを表す。'也'は文の前節・後節両方に用いるか、後節のみに用いる。

ⓐ主語は異なり、述語が同じか同義である。▶你去北京参观访问，我们～去北京参观访问（あなたは北京へ参観訪問されますが、私たちも北京参観のため訪問します）▶大人～好，孩子～好，没有不夸她的（大人も子供も彼女をほめない者はいない）▶来～可以，不来～可以，你总得给我个信儿（来ても来なくてもいいが、どちらにしても私に連絡してください）▶我说的话，听～由你，不听～由你（私の言うことを聞くのも聞かないのも君しだいだ）▶风停了，雨～住了（風がやんで、雨もやんだ）

— 場合によっては一方は言わなくてもよい。▶昨天你～去颐和园了？（昨日君も頤和園に行ったの）▶将来我～去边疆工作（将来ぼくも国境地帯に仕事をしに行くつもりだ）

ⓑ主語は同じで述語が異なる。▶老师～讲课，～提问题（先生は説明もするし、質問も出す）▶我们～划船，～游泳（ぼくたちはボートもこぐし、泳ぎもする）

ⓒ主語も述語も異なる。▶天亮了，风～停了（夜が明け風もやんだ）▶他的个儿～高，力气～大（彼は背も高く力も強い）▶地～扫了，玻璃～擦了，东西～整理了（床も掃き、ガラスもふき、荷物も整理した）

ⓓ主語・動詞が同じで客語が異なる。客語は前に置いてもよい。▶他会车工，～会钳工（彼は旋盤作業ができ、機械組み立て作業もできる）▶馒头我～吃，米饭我～吃（マントウも食べるし、ご飯も食べる）▶我们～唱中国歌，～唱外国歌（ぼくたちは中国の歌も歌うし、外国の歌も歌う）▶我们中间有南方人，～有北方人（我々の中には南方出身者もいれば北方出身者もいる）

ⓔ主語・動詞が同じで、動詞を修飾する成分が異なる。▶他前天～来了，昨天～来了（彼はおとといも来て、昨日も来た）▶这里的气候我～喜欢，～不喜欢，看怎么说（ここの気候は好きでもあり、きらいでもあり、どう言ったらいいのだろう）▶他有人看着～认真干，没人看着～认真干（彼は人が見ていても見ていなくてもまじめにやる）

❷仮定が成り立つかどうかにかかわりなく結果が同じことを表す。

ⓐ'虽然〈尽管，既然，宁可など〉…也…'（…ではあっても）。▶虽然已经下起大雨来了，足球赛～要按时举行（大雨が降ってきたが、サッカーの試合はそれでも時間通りに行う）

— 接続詞を用いないときもある。▶你不说我～知道（君が言わなくてもぼくは知っている）▶拼命～要拿下大油田（命をかけても大油田を手に入れなくては）▶跑最后一名～要坚持跑完（最下位であっても完走しなければならない）▶三十人～没这台打谷机快（30人でかかってもこの脱穀機のスピードには及ばない）

— これらの用法は'也'の基本的用法から派生したもの。すなわち［你说了我当然知道］你不说我也知道（［君が言ったから当然わかってはいるが］君が言わなくてもぼくは知っていた）。

ⓑ'也'の前が不定を表す指示代詞のときには'无论…'（…にかかわりなく）の意味を表す。'也'の後ろは否定形が多い。▶谁～不说话，眼睛都盯着黑板（誰ひとりものを言わず、じっと黒板を見つめている）▶说什么咱们～不能灰心（何と言われてもぼくらはがっかりしない）▶只要大家团结一致，什么困难～能克服（みんなが団結しさえすれば、どんな困難だって克服できる）▶怎么扳～扳不动（どう引いてもピクリともしない）

— これらの用法も'也'の基本的用法から派生したものである。'谁也不说话'は'老张也不说话，老李也不说话…'に同じ。

ⓒ'也'の前後に同じ動詞を用いる。「たとえ…であろうと」「どんな…にもかかわりな

く」の意味を表す（'也'の後ろの動詞はふつう動結形か動趨形あるいは付加要素を持つ）。▶洗～洗不干净（洗ってもきれいにならない）▶跑～跑不动了（走ろうにも走れない）▶听～没听进去几句（聞こうとしてもほとんど聞こえてこない）
ⓓ再〈最、顶、至など〉…也…▶一个人再聪明～是有限的（1人の人間がどんなに聡明だとしても限りのあるものだ）▶再修理～只能这样了（どんなに修理してもこれ以上にはならない）▶最远～就是二十米左右（いちばん遠くても20メートルほどです）▶顶多～不过十公里（せいぜい10キロにすぎない）▶至多～只有五斤（せいぜい5斤だ）▶至少～有五十人（どんなに少なくても50人はいる）
ⓔ「…にかかわりなく」の意味はいくつかの副詞を用いた文にも見られる。▶他永远～不知道什么是累（彼はいつになっても疲れを知らない）▶反正～是晚上了，你们就明天回村吧（どっちにしてももう夜だ，君たち村へ帰るのは明日にしなさい）▶你大小～是个负责人，怎么一句话不说？（あなたは何といっても責任者なんですよ，なぜ一言も口をきかないんですか）
❸'甚至'（はなはだしきは）の意味を表す。意味を強め，前に'连'（…でさえ）の意味を暗に含む（☞连 lián）。否定文に用いることが多い。
ⓐ前が名詞のとき。▶人们都下地干活儿去了，街上人影儿～没有（人々は畑へ仕事に出かけ，町には人影さえもない）▶他一心扑在工作上，有时候饭～忘了吃（彼は一心に仕事に打ち込み，ときには食事をとることさえ忘れてしまう）▶他头～不抬，专心学习（彼は頭も上げず勉強に夢中だ）
ⓑ前が 数量 ［＋名］のとき。数詞は'一'のみ。▶一颗粮食～不浪费（1粒の穀物もむだにしない）▶一张纸～没丢（1枚の紙も捨てなかった）▶一天假～没请过（1日の休みもとったことがない）▶这儿一点儿～晒不着（ここはちっとも日が当たら

ない）▶他那小胳膊小腿儿一会儿～不停（彼の小さな手足はひとときも休んでいない）
ⓒ前が動量詞のとき。数詞は'一'のみ。▶树叶一动～不动（木の葉はピクリともしない）▶一次～没去（1度も行っていない）
━ 動量詞と動詞が同形のとき'一'を省略してもよい。▶动～不动（ビクともしない）▶看～不看（一べつも与えない）
❹婉曲を表す。'也'をとると直接的になりすぎ，生硬な印象さえ与える。▶音量～就是这样了，不能再大了（音量はこんなものでしょう，これ以上大きくはできませんよ）▶这张画～还拿得出去（この絵なら，まあ人前に出せる）▶我看～只好如此了（私はこれでしかたないと思います）▶～难怪她不高兴，你～太不客气了嘛！（彼女が不機嫌になるのも無理はないよ，君も無遠慮すぎたんだ）▶情况～不一定会像你说的那样呢！（状況は必ずしも君の言うようなことではないだろう）▶你～不是外人，我都告诉你呢（あなたも外部の人ではないし，洗いざらいお話しましょう）▶节目倒～满不错（出し物は思ったよりよかった）▶写了几次，总～写不好（何度も書いたが，どうしてもうまく書けない）

【助詞】'…也似的'（…のように）の形でのみ用いる。《書》▶飞～似的跑了进来（飛ぶように駆け込んで来た）▶猫～似的悄悄地走过去（まるで猫のように音もなく歩いて行った）

比較 也：又①'也'は他の人の動作と同じことを表し，'又'は同一の人の以前の動作と同じことを表す。▶［他来了，］你也来了（［彼が来た，］君も来た）▶［昨天你来了，今天］你又来了（［君は昨日来て今日］また来た）
②共に2種類の動作・状態が同時に存在することを表す。'又…又…'は動詞・形容詞どちらにも使える。'也…也…'はふつう動詞にしか使わない。▶又快又好（速く

て立派だ ×也…也…）▶又白又胖（白くてまるまるしている ×也…也…）▶又干浄又整齐（きれいで整っている ×也…也…）▶又跑又跳〈也…也…〉（走ったり飛んだりする）▶又学英文又学日文〈也…也…〉（英語も学び日本語も学ぶ）

— 主語が同じときはふつう'又…又…'を用いる。主語が異なるときふつう'也…也…'を用いる。▶他又会写诗又会写小说，本事大着呢（彼は詩も書けるし小説も書ける。才能があるんだよ）▶你也来了，他也来了，可以开始了（君も来たし彼も来たから始められる）

也：都　❷ⓑと❸の各例は'也''都'どちらを用いてもよく、意味は同じ。その他の'也'は'都'とは入れ替えられない。

也罢 yěbà（也好）

【助詞】❶容認あるいは「やむをえない」の意味を表す。
ⓐ否定文の文末に用いることが多い。▶他既然没有时间，我们暂时不去见他~（彼にひまがないのだから、ぼくたちしばらく会いに行かずにおくしかない）▶他大概不来了，不来~（彼はおそらく来ないだろう、来なくてもよい）▶他不同意~，不必勉强（彼が同意しなくてもかまわない、無理強いすることはない）
ⓑ'即使…也罢'（たとえ…しても）の形で用いる。肯定文に使える。▶即使你没有作完~，以后再补吧！（やり終わってなくてもかまわない、あとで補えばいいのだから）▶即使你答应了他~，没关系（君が彼に承諾したとしてもさしつかえないよ）
ⓒ文頭に単独で用いる、節に近い。▶~，你一定要走，我也不留你了（しかたない、君がどうしても行くと言うなら引き止めないよ）

❷2つ（以上）使用し、あらゆる状況の下でも変わらないことを表す。ふつう前の'不管・无论'など、および後ろの'都・也'などと呼応させる。▶领导干部~，普通工作人员~，都是人民的勤务员（指導幹部でも一般の工作員でも、誰もが人民の公僕である）▶要提高警惕，搞好防汛。不管洪水来~，不来~，我们都有备无患（警戒心を高め、洪水対策をしっかりやらなければならない。洪水が来ようと来まいと、備えあれば憂いなしだ）▶花~，鸟~，什么也引不起他的兴趣（花も鳥も、いかなるものも彼の興味を引かない）

〖也好〗'也罢'に同じ。ただし意味合いは少し軽い。

也好 yěhǎo ☞也罢 yěbà

也许 yěxǔ

【副詞】❶推測あるいは確実ではないことを表す。
ⓐ也许+動▶今天阴天，~会下雨（今日は曇っているから、雨が降るかもしれない）▶我明天~去他家一趟（私は明日彼の家に行くかもしれない）▶晚饭她~做好了（夕飯は彼女が用意しているかもしれない）▶星期天~加班（日曜日に残業があるかもしれない）
ⓑ也许+形▶今年倒春寒，三月份~更冷（今年は春が寒い、3月にはもっと寒くなるかもしれない）▶吃了药~就不疼了（薬を飲んだら痛くなくなるかもしれない）▶汽车开得~太快了，我有些头晕（車がスピードを出しすぎているようだ。少し目まいがする）▶经过锻炼，他~更成熟了（彼は鍛えればもっと成熟するかもしれない）
ⓒ主語の前に置く。▶~他能考上名牌大学（もしかしたら彼は有名大学に合格するかもしれない）▶~他早把大家给忘了（ひょっとして彼はとっくにみんなのことを忘れたのかもしれない）▶很长时间没回家了，~妈妈的病已经好了（長い間家に帰っていないんだ、母の病気はもうよくなっているかもしれない）▶~明天张经理就回来了（張支配人は明日もどってくるかもしれない）

❷婉曲な口調を表し、話し手に相談の意図がある。▶这种分析方法~更科学些（この分析方法はより科学的かもしれないですね）▶做母亲的和孩子谈这种事~更好一些（母親は子供にこうした事を話したほうがよりいいのかもしれませんね）▶事先和他打一下招呼~是必要的（事前に彼にちょっとことわっておく必要があるかもしれませんね）▶我看~先把东西买回来更好（先に品物を買って来ておくほうがいいと思いますが）▶强调学风问题~更有必要（学風の問題を強調することのほうがより必要かもしれませんね）▶~称他为先生更好（彼を先生と呼ぶほうがいいのかもしれませんよ）▶~我们明天去一趟他就满意了（明日私たちが行けば彼は満足するかもしれませんね）

❸'也许'は単独で問いの答えとなる。後ろに'吧'をともなうことが多く、'吧'をともなわないときより婉曲になる。▶你能来吗？——~吧（あなた来られますか——ええ、たぶん）▶小张星期天还出去吗？——~吧（張さんは日曜日にも出かけるの——たぶんね）

一 yī

【数詞】最小の整数。
❶量詞の前に用いる。▶~个（1個）▶~只（1匹）▶~次（1度）▶~趟（1往復）▶~种办法（1種の方法）▶~堆苹果（1山のリンゴ）
❷名詞の前に用いる。
ⓐ这+一+|名|（抽象的な事物）▶你说的这~情况很重要（あなたの言うこの状況はとても重要だ）▶这~事故相当严重（この事故はかなりひどい）▶这~办法很解决问题（この方法はうまく問題を解決する）
ⓑ動量を表す。▶~脚（ひと蹴り）▶~刀（ひとたち）▶看了~眼（ちらりと見た）▶打了我~拳头（ぼくを1回なぐった）
❸動詞・形容詞の前に用いる。

ⓐ動作・変化が突然現れたこと、あるいは徹底したものであることを表す。意味を強める。▶精神为之~振（精神が奮い立つ）▶房间粉刷~新（部屋の壁を塗り替え一新する）▶那马猛然~惊，直立起来（その馬はとっさのことに驚き、後足で立ちあがった）▶这部电影值得~看（この映画は一見の価値がある）▶这件事不值得~提（この件はとりあげるに足りない）

ⓑ……就…… 前後2つの動作は異なる。ある動作や状況が現れてからすぐに別の動作や状況が発生することを表す。1つの主語を共有する場合と、2つの主語に分かれる場合とどちらも可能である。▶~请就来（招くとすぐにやって来る）▶~说就成（一声かければ話がつく）▶他只要~有空就学习（彼はひまがありさえすれば勉強している）▶这个活儿你~学就会（この仕事はちょっと習えばすぐ覚えられる）▶门~推就开（扉はちょっと押すとすぐ開く）▶他~解释我就懂了（彼の説明で私はすぐにわかった）

ⓒ一……就…… 前後2つの動詞が同じで共通の主語を持つ。動作が起きるやいなやある程度、またはある結果まで到達することを表す。後ろの動詞はふつう動結形・動趨形または数量句をともなう形をとる。▶只要~讲就能讲上两个小时（話し出せば2時間は話せる）▶我们在西安~住就住了十年（私たちは西安に住んでからもう10年たった）▶由于坡陡路滑，~滑就滑出了老远（急坂ですべりやすいので、すべり出すとどこまでも行ってしまう）▶居然~射就射中了（意外にも撃つなり命中した）

— 後ろの動詞は省略するか、'是'で代用させることが多い。▶~写就一大篇（書き始めると大作になる）▶~讲就是两个小时（話し出せば2時間はかかる）

ⓓ一+|動| ある短い動作から何らかの結果や結論が得られることを表す。▶我~说，你必定乐意（ぼくが一言いえば君は絶対喜ぶよ）▶医生~检查，果然是肺炎（医

者が検査してみると，やはり肺炎ということだった）▶我～想，他回去一趟也好（ふと思ったんだが，彼が1度帰るのもいいだろう）

一般 yībān

【形容詞】❶同じだ，同様の（に）。
ⓐ積極的意味を持つ若干の単音節の形容詞を修飾する。▶姐妹俩～高（姉妹2人の背丈は同じだ ×～矮）▶两根钢管～长（2本の鉄パイプは同じ長さだ ×～短）▶他和你～大（彼と君は同じ年だ ×～小）
ⓑ名／動＋一般 句全体で名詞あるいは動詞を修飾する。▶钢铁～的意志（鋼鉄のような意志）▶飞～地向前跑去（飛ぶように走っていく）▶那乌鸦也在笔直的树枝间，缩着头，铁铸～地站着（そのカラスもまっすぐな枝の間で首をすぼめ，鋳物のように止まっている）
— 2音節以上の語句の後ろでは'一般'は'般'とすることができる。
ⓒ像〈如同〉…一般▶像雷鸣～的掌声（雷鳴のような拍手の音）▶眼睛像秋水～明亮（瞳が秋の澄んだ水のように明るい）▶火箭像流星～地划破了夜空（ロケットが流星のごとく夜空をよぎった）▶掌声如同暴风雨～（拍手はまるで嵐のようだ）
❷ふつうだ，通常の。↔特殊
ⓐ名詞を修飾する。▶这是～情况，特殊情况不在此例（これは一般的な状況であり，特殊な状況はこの限りでない）▶～的字典都有音序和部首两种检字法（ふつうの字典は音順と部首の2種類の引き方を備えている）
ⓑ述語となる。前に程度副詞を付けられる。▶这篇文章的内容很～，没有什么新见解（この文章の内容はありきたりで，新しい見解など盛り込まれていない）▶他的学习成绩也就是～而已（彼の成績はごく人並みだ）
ⓒ動詞を修飾する。'地'を付けることもある。▶他一早出去，～要到天黑才回来（彼は朝早く出かけ，ふだんは暗くなったころやっと戻って来る）▶～地说，这种可能性不大（一般的に言って，こうした可能性は小さい）▶下午我～在图书馆看书（午後はふつう図書館で本を読む）

一边 yībiān（一旁）

【方位詞】そば，かたわら：《儿化》名詞のように用いる。
ⓐ単独で用いる。▶长沙发上～坐着老黄，～坐着老赵（長いソファーの一方に黄さんが座り，一方に趙さんが座っている）▶大楼的～是个花园，另～是个网球场（ビルの片側は花壇，もう一方にはテニスコートがある）▶小韩～站着什么话也没说（韓くんはかたわらに立って何も言わなかった）▶男同学站～，女同学站～（男子学生が一方に立ち，女子学生が一方に立つ）
ⓑ介＋一边▶我们玩的时候，他在～坐着（ぼくたちが遊んでいるとき，彼はそばに座っていた）▶来汽车了，快往～躲躲（車が来た，早く端に寄ってよけるんだ）▶他一下打空，球落到～去了（彼は空振りしてボールはわきに落ちた）
注意 '一边…'は2つの意味を持つことがある。例えば'一边坐着一个小孩'は，ある一方だけに1人座っていると考えることも可能であり，こちら側に1人，あちら側に1人，合計2人座っていると考えることもできる。

【副詞】'一边……一边…'の形で用いる。連結の副詞。2つ以上の動作が同時に進行することを表す。動詞の前に用いる。▶孩子们～唱，～跳（子供たちは歌いながら踊っている）▶他～说着话，～收拾工具（彼は話をしながら道具をかたづけている）▶他～听电话，～记，～招呼客人坐下（彼は電話の応待をしながらメモをとり，客に腰を下ろすよう促している）
— 前節の'一边'は省略できるときがある。▶小赵沿着河边走着，～想着自己的发言稿（趙くんは川べりを歩きながら発言の内

容を考えていた）▶她说着话，～打着毛衣（彼女は話しながらセーターを編んでいる）

[注意] '一边'の'一'は省略できる。'一'を省略し単音節の動詞と組み合わせたときは中間にポーズが入らない。▶边走边说（歩きながら話す）▶边干边学（働きながら学ぶ）

→ '边'は同一の主語に対してしか用いないが'一边'は異なった主語にも用いられる。▶我边听边记（私は聞きながら書く）▶我一边听，一边记（私は聞きながら書く）▶你一边说，我一边记（あなたが話し、私が書く ×你边说，我边记）

[比較] 一边：一面：一方面
☞一方面 yīfāngmiàn

《一旁》【方位詞】の'一边'に同じ。▶院子的～栽了些小树（庭の端に小さな木を植えた）▶他接过去，随手放在～（彼は受け取ってそのままかたわらに置いた）

一带 yīdài

【名詞】❶場所を表す名詞の後ろに付け、その場所およびその付近を指す。'一带'の前に'这・那'を付けるときもある。▶一九七六年夏天，唐山、丰南～发生了强烈地震（1976年夏、唐山・豊南一帯で強い地震が発生した）▶在我们这里，十里堡～的土地最好（私たちの所では十里堡一帯の農地が最もよい）▶那时，地质勘探队正在山南～的农村里（当時、地質調査隊はちょうど山南一帯の農村にいた）▶黑龙江那～，十一月初天气已经很冷了（黒竜江の一帯では11月初旬にはもうたいへん寒い）

❷前文にすぐ続けて言うとき、または聞き手に直接言うときは単独で'这一带・那一带'と言うことができる。▶他是这～出名的猎手（彼はこのあたりで有名な猟師だ）▶这～，环境十分幽静（このあたりは非常に静かだ）▶他在那～工作过（彼はあの一帯で仕事をしていたことがある）▶我会讲他们那～的方言（ぼくは彼らの土地の方言を話せる）▶我们这～今年又获得了大丰收（私たちの所では今年もまた大豊作だ）

一旦 yīdàn

【名詞】1日の間、《派》短い時間の内。'毀于'の後ろに用いることが多い。▶这场大火，使博物馆多年珍藏的文物毁于～（この大火で、博物館の長年秘蔵してきた文物が一朝にして灰燼に帰した）▶山洪暴发使多年建起的大坝毁于～（突然の山津波で長年かかって建設したダムが1日にして崩壊した）

【副詞】新しい状況の出現、あるいは新しい状況の出現を仮定する場合に用いられることが多い。動詞の前に用いられ、状語となる。後節には'就'が呼応することが多い。▶相处多年，～离别，怎能不思念呢？（長年つき合っていたので、ひとたび別れてみると、懐かしく思わないでいられない）▶消火栓多年失修，～着火，那损失就大啦（消火栓が長年壊れたままになっている、ひとたび火災になったら、損害は大変なものですよ）▶孩子过马路要非常小心，否则，～被车撞着，后悔也来不及了（子供が大通りを渡るときは十分注意しなければならない、そうでないと、いったん車にひかれたら後悔しても遅い）▶理论～为群众所掌握，就会产生巨大的物质力量（理論がひとたび大衆によって実践に移されたら、巨大な物質的力が生まれるはずだ）▶病人～有什么变化，你就立即通知我（病人に何かの変化が起きたら、すぐさま私に知らせるように）▶商场没人值班，～失窃，领导就要负主要责任（デパートには当直がいない、もし盗難に遭ったら、上の者が主な責任を負わねばならない）▶～山洪暴发，山下的村庄就会受损失（いったん山津波が起こったら、ふもとの村は損害を被るに違いない）

一点儿 yìdiǎnr

【数量词】❶数量が少なく不確定であることを表す。
ⓐ定語・客語・主語になる。▶买了～东西（品物を少し買った）▶就剩～菜了（少しの料理が残っただけだ）▶～花生米（少しの落花生）▶拿了～（少し取った）▶～也没动（少しも動かない）▶～也不给他（少しも彼にやらない）▶～钢材也没有了（少しの鋼材もなくなった）▶～不给他行吗？（彼に少しもやらなくていいのか）▶只有～了，大家分掉算了（少ししかなくなった、みんなで分けてしまおう）▶我的那部分稿子抄完了，你再分给我～（受け持ち分の原稿は写し終えたので、私にもう少しください）▶他花钱像流水似的，一千块钱只用了一个月，现在～也没有了（彼は水のごとくお金を使う、1000元あっても1月ももたない、もう何にもなくなってしまった）▶周围～声音也没有（周囲には少しの物音もしない）▶马上就要开工了，可是工地上～钢材也没有（まもなく工事が始まるというのに、工事現場には鋼材が全然ない）
ⓑ形容詞の後ろに用いて補語となり、程度の軽いことを表す。▶毛衣织得长了～（セーターを編んだが少し長めだった）▶生活现在好了～也不能乱花钱（いま生活が少しよくなったからといってお金をむだ使いしてはならない）▶要教育孩子把学习基础打得扎实～（学習の基礎を少ししっかり身につけるよう子供に教えなければならない）
ⓒ重ね型は状語になる。▶他现在只能架着双拐～～地向前挪动（彼はいま2本の松葉杖をついて少しずつ前に動けるだけだ）▶无情的沙漠～～地蚕食着我们的土地（容赦ない砂漠は我々の土地を少しずつ蚕食している）
ⓓ'[就]这么''[就]那么'と共に用い、少ないことを強調する。▶就这么～东西，够谁吃的？（これっぱかりじゃ、誰が食べるにも足りはしない）▶只有这么～啦，够干什么用的？（たったこれっぱかりしかないのじゃ、何をするにも足りない）▶就那么～货，能卖几个钱啊！（あればかりの品物では、売ってもいくらにもならない）▶钱就那么一点儿点儿啦，还能花到月底吗？（お金がこれっぽっちになってしまって、月末までもたないでしょ）▶就这一点儿点儿东西了，你都拿走吧（たったこれだけになったから、みんなあなたが持っていきなさい）

❷'这么'、あるいは'那么'と共に用いて、形・面積が小さいことを表せる。▶就这么～地，能盖起大楼吗？（こればかりの土地で、ビルが建てられるものですか）▶我以为有多大呢，原来就这么～（どのくらいの大きさかと思っていたら、たったこれだけですか）▶蚂蚁就那么～，竟能拉动比它大好多倍的东西（蟻はあんなに小さいが、自分の何倍もの物を引っぱることができる）

❸'不・没'の前に用いて、完全な否定を表す。'的确・确实'の意味に相当する。'一点儿'と'不・没'の間に'也・都'などを挿入できる場合もある。▶刚才老李讲的～不错，应该引起大家的注意（さっき李さんが話したことは少しも間違っていない、みんなも注意すべきだ）▶这种保鲜法很好，储存的蔬菜～没烂（この鮮度保持方法はとてもよい、貯蔵野菜が少しも腐っていない）▶他那天不在，这里发生的情况，他～也不知道（彼はその日いなかったから、ここで起こった事をまったく知らない）▶我敢保证，那里的东西他～都没动（私が保証しますよ、彼はあそこの物にはまったくさわっていません）

比較 一点儿：丝毫　☞丝毫 sīháo

一定 yīdìng

【形容詞】❶決まった：名詞のみを修飾し必ず'的'をともなう。▶～的成分（一定の

成分）▶～的规章制度（はっきりした規則制度）▶农作物的生长和土壤，水分，日光等都有～的关系（農作物の生育は土壌・水分・日光などと一定の関係がある）
❷ある程度の，適当な：名詞のみを修飾し必ず'的'をともなう。▶技术已经有了～的提高（技術はすでにある程度の進歩を遂げた）▶我准备在～的场合发表我的意见（私は適当な機会に自分の意見を発表するつもりだ）

【副詞】❶意志の固いことを表す。第1人称に用いることが多い。第2・第3人称に使うとき，多くは他人に必ずやり遂げるよう要求することを表す。動詞や助動詞'要・得(děi)'の前に用いる。▶我～照办（必ず言われた通りにやります）▶你明天～来啊！（君，明日必ず来なさいよ）▶你～得抽时间去看看他（必ず時間を作って彼に会いに行きなさい）▶他～要去，就让他去吧（彼がどうしても行くというなら行かせてやりなさい）▶领导～要深入群众（指導者は必ず大衆の中に深く入らなければならない）

─'一定不'は第1人称にのみ使う。第2・第3人称には'一定+别〈不要、不能〉'を用いる。▶我～不忘记你的嘱咐（あなたの言いつけは絶対に忘れません）▶[你]～别忘了！（絶対に忘れてはいけませんよ）▶叫他～别说出去（彼に絶対しゃべらないように言いなさい）▶这种药～不能乱吃（この薬は絶対むやみに飲んではいけない）

❷必ず，間違いなく。
ⓐ一定+動／形▶他～会同意（彼はきっと同意するに違いない）▶～能找到（必ず探しあてられる）▶这儿～有人来过（ここに絶対誰か来たことがある）▶～是记错了（絶対に記憶違いだ）▶这种材料～结实（この種の材料はきっと丈夫だ）▶他身体～很好（彼はきっと丈夫に違いない）▶这件事他～不知道（この件は彼は絶対にしらないはずだ）▶你放心，我～不说（安心しなさい，ぼくは絶対に言わないから）▶有你帮助，～没问题（あなたの手助けがあれば，きっとうまくいくに違いない）▶他～不能去（彼は絶対行けないだろう）

ⓑ'不一定'は事態が肯定できないこと，むしろ否定に傾いていることを表す。言いつけや協議の場において用いるときは「しなくてもよい」という意味を含む。▶我不～来（ぼくは来るとは限らない：たぶん来ない）▶我不～不来（ぼくは来ないとは限らない：おそらく来るだろう）▶不～好（いいとは限らない：たぶんよくない）▶不～不好（よくないとは限らない：おそらくいい）▶这些书我不～要看（これらの本をぼくはどうしても読もうというわけではない）▶可以口头汇报，不～要写成书面材料（口頭で報告してもかまわない，必ずしも書類にしなければならないわけではない）▶不～开会，个别谈谈就行了（会議を開かなくてもよい。個別に話せば十分だ）

一度 yīdù

【数量詞】1回，ひとしきり：'一年'と共に用いることが多く，'一年一度'形式で名詞を修飾し，定語になる。▶一年～的春节马上就要到了（年に1度の旧正月がまもなくやってくる）▶一年～的升学考试真够教师们忙的（1年に1度の進級試験で教師たちは大忙しだ）▶一年～的麦收，既是收获的季节，又是劳累的季节（年に1度の麦の刈り入れは，収穫の季節でもあり，また働きづめで疲れる季節でもある）▶他们俩有过～交往（彼ら2人は1度交際していたことがある）

【副詞】過去に発生したことがあることを表す。動詞を修飾し，状語になる。▶他们年轻的时候曾～失学（彼らは若いとき1度学業を中断したことがある）▶场上的局势变化莫测，～压着白队打的红队现在已经溃不成军（試合の変化は予測がつかない，ひとたび白チームを圧倒していた赤チ

ームが，今はもう総くずれになってしまった）▶他们～互不往来（彼らは一時期互いに行き来をしていなかった）

一方面 yīfāngmiàn

【数量詞】'一方面…，一方面…'の形で用いる。連結に用いる句。並列された2つの関連を持つ事物，あるいは1つの事物の2つの側面をつなぐ。後ろの'一方面'には前に'另'を付けることができる。後ろによく副詞'又・也・还'がくる。

ⓐ2つの節をつなぐ。▶～增加生产，～厉行节约（一方で生産を増やし，一方で節約に努める）▶我们～要肯定成绩，另～也要指出缺点（私たちは成果を認める一方で欠点も指摘しなくてはならない）▶～，我们要有冲天的干劲，另～，我们也必须有实事求是的科学态度（一面において我々は天を突くような意気込みが必要であり，一面において真理を追求する科学的な態度も欠くことはできない）

ⓑ2つの介詞句をつなぐ。▶～由于土质，～还由于气候，使同一品种的植物在不同的地区发生不同的变异（地質により，また気候により，同一品種の植物も異なる土地では異なった変化を遂げる）▶一九四七年下半年，华东野战军～在胶东地区，另～在苏北地区发动了强大攻势（1947年後半，華東野戦軍は一方では膠東地区において，また一方では蘇北地区において猛烈な攻勢をかけた）

比較 一方面：一边：一面 '一方面'は並存する2つの側面を表すときに主として用い，時間的に前後することも許される。'一边・一面'は同時に進行する2つの動作を表すときに主として用いる。▶我们打算一方面抓紧基础理论研究，另一方面也抓应用研究（我々は一方でしっかりと基礎理論に取り組み，また一方で応用研究にも取り組むつもりだ）▶我们一边〈一面〉抓紧基础理论研究，一边〈一面〉也抓应用研究（我々はしっかりと基礎理論の研究に取り組む一方で応用研究にも取り組む）

一概 yīgài

【副詞】例外のないことを表す。'一概'の後ろは単音節語1つだけでは不可。

ⓐ一概+動▶不分好坏，～都要（善し悪しにかかわらず全部必要だ）▶外文期刊～在第二阅览室（外国語の定期刊行物はすべて第2閲覧室にある）▶改进工作的建议我们～欢迎（仕事を改善するための提案なら我々は何でも受け付ける）▶各有各的特点，不能～而论（それぞれに特徴があり，十把ひとからげに論じることはできない）

ⓑ一概+形《少用》▶心、肺、血压～正常（心臓・肺・血圧どれも正常だ）▶这些事情我～不清楚（これらのことはどれも私にはわからない）

比較 一概：一律 通知・規定に用いて，事物を概括するとき，どちらも使える。人を概括するときは'一律'を用いることが多い。▶过期一概〈一律〉作废（期間を過ぎたものはすべて廃棄する）▶后勤问题一概〈一律〉由老赵负责（第2線の仕事の問題についてはいっさい趙さんが責任を持つ）▶一律〈×一概〉凭票入场（誰しも切符を買って入場すること）▶演出回来的同志一律〈×一概〉休息两天（公演から帰った人は一律に2日休暇をとる）

一块儿 yīkuàir

【名詞】同じ場所:《口》▶他们俩老在～（彼ら2人はいつも一緒だ）▶这两份材料合到～也好（この2つの材料は1つにまとめてもよい）▶两个人说不到～（2人は意見が合わない）▶我和他在～办公（私と彼とは同じ所で仕事をしている）

【副詞】「一緒に，一緒にして」の意味を表す。前に介詞句'跟…'を用いることが多い。▶我们～到上海去（ぼくたちは一緒に上海へ行く）▶这两个问题最好～研究（この2つの問題は合わせて検討すること

が望ましい）▶不跟他～走（彼とは一緒に行かない）

比較 一块儿：一起　☞一起 yīqǐ

一来 yīlái

【接続詞】ふつう'一来…，二来…'さらには'三来…，四来…'の形で用い，原因や目的を表す節をつなぐ。書き言葉では'一则…，二则〈再则〉…'をよく用いる。▶我对北京特别有感情，～那里是首都，二来我在那里住过好几年（私は北京に対して特に思い入れが深い。なぜなら1つにはそこは首都であること，2つには私自身何年も住んだことがあるからだ）▶王先生决定马上就回国，～为了看望久别的亲友，二来准备在当地筹建一所高水平的学校（王先生はただちに帰国することに決めた。それは1つには別れて久しい親戚や友人に会うため，2つにはその地にレベルの高い学校の建設計画の準備をするためである）▶我决定提前跟他一起走，～路上有个伴儿，二来可以早去早回，三来手头的工作正好结束（ぼくは予定を繰り上げて彼と一緒に行くことにした。なぜなら，1つには道連れができること，2つには早く行き早く帰って来られること，3つには手がけていた仕事がちょうど終わったからだ）

一连 yīlián

【副詞】同一の動作・状況が引き続き発生することを表す。後ろに回数を示す数量が組み合わされることが多い。▶～下了三天雨（3日続けて雨が降った）▶他刚才～打了七八个喷嚏（彼はいましがた7～8回続けざまにくしゃみをした）▶接到北大的录取通知书，小妹高兴得～几夜没睡好觉（妹は北京大学の合格通知を受けとり，うれしくて何日もよく眠れなかった）▶我们到他家以后，他～打开了三个西瓜（私たちが彼の家に行くと，彼はスイカを3つ続けに切った）▶小李～跑了四、五个商场，才买到洗衣机配件（李さんは続け

て4～5か所のデパートを駆け回って，ようやく洗濯機の部品を買った）▶～讨论了四、五次（続けて4～5回討論した）

— '一连'は話し言葉では単に'连'ということがある。'连'は単音節動詞を修飾するのみ。'连'は重ね型にできる。
☞连 lián

一律 yīlǜ

【形容詞】同一である：名詞を修飾しない。▶千篇～（千篇一律だ）▶式样相同，规格～（形が同じで，規格も同一）▶各地情况不一，不必强求～（各地の状況は一様ではないから，強いて一致を求める必要はない）

【副詞】全部を概括して例外のないことを表す。'一律'の後ろには少なくとも2つの音節が必要である。

ⓐ一律＋動▶所发文件会后～收回（配布した書類は会議終了後すべて回収する）▶值勤人员～佩戴臂章（当直勤務者はすべて腕章を付けること）▶损坏公物～照价赔偿（公共の物を破損した場合，一律にその価格どおり弁償する）

ⓑ一律［＋是］＋名▶到会的少先队员～［是］白衬衫蓝裤子（集会に参加した少年先峰隊員はみんな白シャツに青ズボンといういでたちだ）

ⓒ一律＋形《少用》▶国家不分大小，应该～平等（国家は大小にかかわらず，一律に平等であるべきだ）

比較 一律：一概　☞一概 yīgài

一面 yīmiàn

【副詞】'一面…，一面…'の形で用いる。連結の副詞。2つ以上の動作が同時に進行することを表す。動詞の前に用いる。▶～跳着，～唱着（踊ったり，歌ったりしている）▶～听，～作笔记（聞きながら筆記する）▶他们～走，～挥舞花环，～欢呼（彼らは歩きながら花輪をふり，そして歓呼の声をあげた）

442　一面　一旁　一齐　一起

━ 前節の'一面'は省略してよいときもある。▶小洪用心地听着，～记着笔记（洪くんは熱心に聞きながらノートをとっている）

注意 '一面'はときに'数+量'であることがある。▶这种布料～是斜纹，～是平纹（この布は一面があや織りで、もう一面は平織りだ）▶说明书上～印的是中文，另～印的是英文（説明書の一面は中国語で印刷してあり、もう一面は英語で印刷してある）

比較 一面：一边：一方面
☞一方面 yīfāngmiàn

一旁 yīpáng ☞一边 yībiān

一齐 yīqí

【副詞】同時に：《書》
ⓐ異なった主体が同時に同一のことをする。▶大家～动手（みんな一緒にやる）▶几十只手～伸了出来，争着跟他握手（何十本もの手がいっせいに伸びて、先を争って彼に握手を求めた）▶大家听我的口令～拉（みんな、ぼくの号令に合わせていっせいに引け）▶他一走进来，在座的人～站了起来（彼が入って来るや、その場にいた人々はいっせいに立ち上がった）
ⓑ同一の主体が同時にいくつかのことをする。▶要分个轻重缓急，不能所有的工作～抓（重要・緊急の程度を考えなくてはならない。すべての仕事を一度にやろうとしてはいけない）▶这些问题可以提出来～研究（これらの問題を提起し、合わせて検討してよい）

比較 一齐：一起 ☞一起 yīqǐ

一起 yīqǐ（一同）

【名詞】同じ場所。
ⓐ'在・到'など若干の動詞の後ろに用いる。▶这些年来，我们一直在～（この何年か私たちはずっと一緒だった）▶他始终同父母在～（彼は常に父母と共にいる）▶我们到～不久，他又调走了（ぼくたちが同じ職場になって間もなく彼はまた転勤になった）
ⓑ動+在〈到〉+一起▶大学四年，我们生活在～，学习在～（大学の4年間、我々は共に生活し、共に学んだ）▶这些问题应该放在〈到〉～来考虑（これらの問題は一緒にして考えるべきだ）▶两件事碰到～了（2つの事がぶつかった）▶他们两个人谈不到～（意见不合）（彼ら2人は意見が合わない）
ⓒ在+一起+動▶我们俩在～工作（ぼくたち2人は一緒に仕事をしている）▶我们几个在～住（私たち数人は同じ所に住んでいる）

【副詞】同一場所で、一緒に、合わせて：前に'同・跟・和'を用いた介詞句を置くことが多い。▶我们～工作了八年（我々は8年間一緒に仕事をした）▶他跟农民～劳动了三个月（彼は農民と3か月間共に労働した）▶我不跟他～走（私は彼とは一緒に行きません）▶明天我把词典和学习材料～带给你（明日、辞典と教材を君に持ってきてあげよう）▶他曾和解放军战士～，参加了抗震救灾工作（彼はかつて解放軍兵士と共に地震災害救助活動に参加した）

《一同》【副詞】の'一起'に同じ。《書》
▶我们几个人一同登上了山顶（我々数名は共に山頂に達した）▶书和衣服一同寄走了（本と服を一緒に送った）

比較 一起：一齐 '一齐'は時間的に同時に起きたことを表す。それに対して'一起'は空間的に一致すること、あるいは同一地点で起きたことを表す。この2つは互換できない。▶他跟农民一起〈×一齐〉劳动了三个月（彼は農民たちと3か月間共に労働した）▶我们跟你一起〈×一齐〉走（私たちはあなたと一緒に行きます）▶大家一齐〈×一起〉鼓起掌来（みんなはいっせいに拍手した）▶人和行李一齐〈×一起〉到达（人と荷物は同時に到着した）

一起：一块儿　用法は同じ。'一起'は書き言葉として使うことが多く，'一块儿'は話し言葉にしか用いない。

一切 yīqiè

【指示詞】全部の，各種の：ふつう'都'と呼応させる。名詞を修飾するとき，ふつう'的'をともなわない。▶要藐视～困难（すべての困難を小さく見なければならない）▶～空话都是无用的（口先だけの話はいっさい役に立たない）▶～手续都办好了（いっさいの手続は終わった）

【代詞】いっさいの事物，あるいは当面の問題にかかわるすべての事物を指す。その他の語の修飾を受けられる。▶这里～都好，请你放心（ここではすべてがうまくいっています。安心してください）▶山谷里的～都那么寂静（谷間のすべてがひどくひっそりしている）▶所有这～，都使我感到无比温暖（これらすべてが私に限りない温かさを感じさせる）

慣用句　一切的一切　事物のすべてを含むことを強調する。▶～的～，他都在所不顾了（いっさいのすべてのものを彼はかえりみなくなった）

比較　一切：所有　☞所有 suǒyǒu

一同 yītóng　☞一起 yīqǐ

一些 yīxiē　☞些 xiē

一样 yīyàng

【形容詞】❶同じだ，違いがない。

ⓐ一样+的+名▶两个村子～的地，～的条件，为什么产量差别这么大？（2つの村は同じ耕地，同じ条件で，どうして生産量の差がこんなに大きいのか）▶这两句话没有什么不～的地方（この2つの言葉にはなんら異なる所がない）

ⓑ述語となる。▶现在男女都～了（今や男女は平等だ）▶我俩的意见很不～（我々2人の意見はまったく異なる）▶谁去都～（誰が行っても同じだ）

ⓒ一样+形▶他们俩的汉语说得～好（彼ら2人は中国語をしゃべるのが同じようにうまい）▶这两根铁丝不～粗（この2本の鉄線は同じ太さではない）

ⓓ一样［+可以］+動　前で述べた状況の影響を受けないことを表す。いつものように，依然として。▶我右手虽然受过伤，但是影响不大，～可以干活，写字（右手に傷を負ったが，たいして支障はなく，ふつう通りに働けるし，字も書ける）▶没座位站着～看（席がなくても立ったままで同じように見られる）

ⓔ跟〈和，同〉…一样▶我跟小田～高（私は田くんと背の高さが同じだ）▶我妹妹长得和我母亲～（妹は母とそっくりになった）

❷類似していることを表す。用法は'似的'（…のようだ）に近い。

ⓐ名+一样+的+名　ある事物を用いて，他の事物のたとえとする。▶旧社会广大劳动人民过着牛马～的生活（旧社会では広範な勤労人民は牛馬のような生活を送っていた）▶下了一夜雪，校园里松树和柏树上堆满了梨花～的积雪（一晩雪が降って，校庭の松とコノテガシワにナシの花のような雪がいっぱいつもった）

ⓑ…と同じように，…と同じようにみなす。▶像鲜血～的颜色（血のような色）▶他跑得真快，好像飞～（彼は飛ぶように速く走る）▶她把我们看做自己的亲儿女～（彼女は私たちを実の子のように思ってくれている）

一直 yīzhí

【副詞】❶ずっとある方向に進むことを表す。ふつう'一直'または動詞の後ろに方向を示す語句をともなう。▶～走，别拐弯（まっすぐ行きなさい，曲がらずに）▶出了北京站口～往西走，就是王府井大街（北京駅を出てまっすぐに西へ行くと，王府井通りです）▶～顺着河沿往南，有一座小桥（川

岸に沿ってまっすぐ南へ行くと，小さな橋がある）▶从窗口～望出去，远处是一片森林（窓からまっすぐながめると，遠くに森がある）

❷指す範囲を強調する。'到'の前に用いる。ふつう後ろには'都・全'がきて呼応する。▶会场里座位上，过道上，～到门口，全挤满了听众（会場は座席・通路・出入りロまで，すっかり聴衆でいっぱいだ）▶全村从老人～到小孩，都对我们非常热情（村中，老人から子供まで，みんな我々にとても親切だ）

❸動作が持続して中断しないこと，状態が持続して変わらないことを表す。

ⓐ一直+動/形 '一直'のあとには音節が少なくても2つ必要。▶雨～下个不停（雨がずっと降っていてやまない）▶速度～很快（速度は一貫して非常に速い）▶水位～上升（水位はたえまなく上昇し続けている）▶这件事我～怀疑（この事を私はずっと疑っていた）▶两个人～配合得很好（2人はこれまでずっと呼吸がぴったり合っている）▶机器运转情况～正常（機械の運転状況はずっと正常だ）

ⓑ一直+在+動［+着］；一直+動+着〈下去〉▶我～在等你（ぼくはずっと君を待っていた）▶晚饭前他～在做功课（夕食前，彼はずっと宿題をしていた）▶眼睛～盯着门口（目でじっとドアを見つめている）▶老李～在沉思着，一声不响（李さんは深く考え込んだまま，一言も発しない）▶这样～坚持下去，将来必有成效（このようにずっとがんばり続ければ，将来必ず成果が現われる）

ⓒ一直+動+了+時量/物量▶这个问题～讨论了两个多小时（この問題は2時間余りずっと討論された）▶大雨～延续了三天（大雨が3日間降り続いた）▶～走出七、八里地才天亮（7～8里も歩き続けて，やっと夜が明けた）

ⓓ一直+動+到… 動作の終わった時間，あるいは到達した場所・程度を表す。▶我们～谈到深夜（私たちは深夜まで話し続けた）▶《汉语讲座》打算～办到年底（「中国語講座」は年末まで続ける予定だ）▶大娘～送我到村口（おばさんは村のはずれまで私を送ってくれた）▶受寒潮影响，气温将～下降到零度（寒波の影響で気温は0度まで下がるだろう）

ⓔ一直+不〈没有〉+動 動作や状態がずっと変化しないことを表す。▶病人～不退烧（病人はずっと熱が下がらない）▶我～没想到（ぼくはずっと思いつかなかった）▶他～没离开这儿（彼はずっとここを離れたことがない）

ⓕ'一直'を用いた文は'就'を呼応させることが多いが，単独で'一直'を用いた場合よりやや強調される。▶我～就不紧张（私は全然緊張しなかった）▶从那以后，我们～就没见过面（それからあと，まったく顔を合わせたことがない）▶他的成绩～就很好（彼は成績はずっとよい）

比較 一直：始终 ☞始终 shǐzhōng

一直：从来①過去から現在までの継続を表すとき，どちらを用いてもよい。'从来'は意味がより強い。▶他一直〈从来〉就很随便（彼はいつも自由気ままだ）▶我一直〈从来〉没学过法语（ぼくはこれまでフランス語を学んだことはない）

━ 持続する時間が短く，現在に近い場合は'一直'を用いる。▶最近一直很热（このところずっと暑い ×从来）▶今天我一直没看见他（今日はずっと彼を見ていない ×从来）

②'从来'は否定文に用いることが多く，肯定文に用いることは少ない。'一直'はこのような違いがない。

③その他の用法では両者に違いがある。

依 yī（依照）

【動詞】…に従う，言うことを聞く。▶你就～了我吧！（ぼくの言う通りにしたまえ）▶劝他休息，他怎么也不～（休むように言っても，どうしても聞かない）▶～着你

依 依照 已经 以

的意思该怎么办？（君の考えでは，どうやったらいいのかね）

【介詞】ある規準に基づくことを表す。

ⓐ依＋名▶～此类推（これをもとに類推する）▶～次就座（順序に従って座る）▶～法惩处（法に照らして処罰する）

—《付》着 ただし後ろの名が単音節のときは不可。▶～着图样剪裁（型紙に合わせて裁断する）▶这件事就～着你的意思去办（この事は君の考え通りにしよう）

ⓑ依＋名＋看〈说〉 ある人の見方に基づくことを表す。主語の前に用いる。ポーズを置く。▶～我看，这问题不难解决（私が見たところでは，この問題の解決はむずかしくない）▶～你说，该怎么办？（君の考えでは，どうしたらいいのか）

〖依照〗①動詞としての用法は'依'に同じ。必ず名詞の客語をともなう。▶我们报销旅差费，向来依照这个规定（出張旅費の清算は前からずっとこの規定によって行っている）

②介詞としての用法は'依'に同じ。単音節の名詞の前には用いない。▶依照法律办理（法に基づいて処理する ×依照法办理）▶依照计划执行（計画に基づいて行う）

依照 yīzhào ☞依 yī

已经 yǐ·jing

【副詞】動作や変化が完了している，あるいはある程度にまで到達していることを表す。

ⓐ已经＋動 単独で用いる単音節の動詞には必ず'了'を付ける。▶他～走了（彼はすでに出かけた）▶风～停了（風はもうやんだ）▶票～买了（切符はすでに買った）▶门～开了（門がすでに開いている）▶问题～讨论了（問題はすでに討論された）▶我们～注意了（私たちはもう気をつけている）▶前两年～处理过一次（2年前すでに1度処理したことがある）▶事情～结束（事はもうケリがついた）▶问题～解决（問題はすでに解決された）▶我们～同意（我々はすでに同意した）

ⓑ已经＋形 形は'了'か'下来・起来・过来'などが付く形容詞に限る。▶孩子～大了（子供はすでに大きくなった）▶苹果～红了（リンゴはもう赤くなった）▶心情～平静下来（もう気持ちが落ち着いた）▶我～明白过来了（私はもうわかった）

ⓒ已经＋動＋数量▶我们～走了八十里地了（すでに80里の道を歩いた）▶温度～下降了六度（温度はもう6度下がった）▶亩产～突破一千斤（1ムーの生産量はすでに1000斤を超えた）

ⓓ已经＋数量▶他才二十八岁，我都～五十了（彼はやっと28歳だが，私はもう50になったよ）▶～两点了，该走了（もう2時だ，出かけなければならない）

ⓔ否定形に用いる。▶天气～不热了（もう暑くなくなった）▶现在～不能改变计划了（もう計画を変更できない）

ⓕ'已经'の後ろに'快・要・差不多'などの副詞があるときは「ほどなく完成するが，まだ完成していない」ことを意味する。▶火车～快开了，他才急急忙忙赶到（彼は，汽車が間もなく出るときになって，やっとあわててかけつけて来た）▶稍等一会儿，我～要写完了（しばらく待ってください，もう間もなく書き終わりますので）▶天～快黑了，咱们走吧！（もうすぐ日が暮れそうだ，行こうよ）▶～差不多两点了，怎么他还不来？（もう間もなく2時になるのに，どうして彼はまだ来ないの）

比較 已经：曾经 ☞曾经 céngjīng

以 yǐ

【動詞】…を用いて，…をもって：《書》

ⓐ以…＋動▶～合成橡胶代替天然橡胶（合成ゴムを天然ゴムの代用とする）▶～一当十（一騎当千）

ⓑ以…为… '把…作为…''认为…是…'（…を…とする，…と考える）に同じ。

▶～实现四个现代化为目标（四つの近代化を実現することを目標とする）▶文娱活动要～不妨碍工作为原则（娯楽活動は仕事に支障を与えないことを原則とする）

― '以…为…'を２つ並列して用いるとき，あとの'以'は省略できる。▶这个活动以五年级为主，四年级为辅（この活動は5年生を主体とし，4年生は補助とする）

ⓒ以…为… '为'の後ろは形容詞で，比較の結果を表す。▶这块地～种花生为宜（この畑は落花生を植えるとよい）▶这部短篇小说集里～描写农村的作品为多（この短篇小説集には農村を描いた作品が多い）

【介詞】❶以…＋動ⓐよりどころを表す：…を用いて，…で。▶～实际行动支援灾区（実際行動で被災地区を支援する）▶我～老朋友的身份劝你不要这样固执（ぼくは昔からの友人として，そんなに固執しないよう君に忠告するよ）

― '以…而论'は'拿…来说'（…について言えば）に同じ。▶～我个人而论，力量是微小的（私個人について言えば，力はごくわずかである）▶～写文章而论，小郑的能力比小王更强一些（文章を書くことについて言えば，鄭さんの能力は王さんよりいっそうすぐれている）

ⓑ方法・形式を表す：…に照らして，…に基づいて。▶平均每户～四口人计算（1戸平均4人として計算する）▶我们要～高标准来严格要求自己（我々は高い水準をかかげ厳しく自分に対処しなければならない）▶客观规律不～人们意志为转移（客観的な法則は人間の意志によって変えられない）

ⓒ原因を表す：…なので，…によって。後ろに'而'を呼応させることもある。▶安徽祁门～盛产红茶而著名（安徽省祁門県は紅茶がよくできるので有名である）▶我们～这样的英雄而自豪（我々はこのような英雄がいることを誇りとする）

❷動＋以…ⓐ｛動＋客｝＋以…　動は「与える」意味を持つ動詞に限る。'以'を用いなくてもよい。そのときは二重客語の文に変わるが意味は同じ。'以'を用いると書き言葉の色あいが濃くなる。▶我们供给他们～大量的急需物资（私たちは彼らに大量の緊急物資を供与した）

ⓑ動＋以…　動は単音節。▶四面围～红墙（四方は赤い壁に囲まれている）▶六乘～五等于三十（6に5を掛けると30である）▶请代向朋友们致～衷心的感谢（どうか友人のみなさんに心からの感謝を伝えてください）

注意 '予以・借以・用以・难以'などは1語の動詞。分解して解釈する必要はない。後ろの客語は必ず動詞。▶予以解决（解決する）▶借以教育大家（みんなを教育するのに役立てる）▶用以提高觉悟（自覚を高めるのに用いる）▶难以平息（静まりにくい）

【接続詞】目的を表す。2つの動詞句の間に用いる。▶应该节约开支～降低生产成本（支出を節約し，コストダウンを図らなければならない）▶必须调动一切积极因素，～利于实现四个现代化（四つの近代化の実現に有利になるように，あらゆる積極的要素を動員しなければならない）

注意【介詞】【接続詞】の'以'は文語の虚詞。《書》

以便 yǐbiàn

【接続詞】「次に述べる目的の実現を容易にするために」という意味を表す。後節の初めに用いる。前後2節の主語が同一のとき，後節には主語を出さない。▶我们要努力掌握科学技术知识，～更好地为实现四个现代化服务（私たちはさらに十分に四つの近代化実現に挺身するために，科学技術知識の習得に努めねばならない）▶你先把材料准备好，～小组开会研究（グループが会を開いて検討するのに便利なように，君はまず材料を準備したまえ）

以后 yǐhòu（之后）

【方位詞】現在，またはある時点よりも遅い時間。

❶名詞のように用いる。▶他去年来过，~再没见过他（彼は去年来たことがあったが，それ以後会っていない）▶等~我再慢慢告诉你吧（しばらくしたら，君にゆっくりと説明しよう）▶做事情不能只顾眼前方便，要多为~想想（事を行うときには目前の都合だけ考えてはいけない。あとのことを十分考慮する必要がある）▶这件事留在~处理（この件はあとで処理しよう）▶那么，~呢？（それで，それからあとは）

❷ 名+以后 名は時間を示す数量詞も含む。▶春秋战国~，秦朝统一了全国（春秋戦国ののち，秦朝が全国を統一した）▶五四运动~，白话文才兴盛起来（五四運動のあと，白話文がようやく盛んになった）▶五分钟~，他果真来了（5分後，彼ははたして本当にやって来た）▶一九四九年~，中国人民走上了社会主义道路（1949年から中国人民は社会主義の道を歩き始めた）▶从那~，他们学习都很努力（それ以後，彼らは学習熱心になった）

❸ 動／節+以后 ▶各种意见都应该听，听了~要作分析（種々の意見をすべて聞くべきだ。聞いてから分析を行うべきだ）▶起床~，应该到室外活动活动（起きたら戸外に出て少し体を動かすべきだ）▶小赵说完~，大家都笑了起来（趙くんが言い終わると，みんなは笑い出した）▶这里的工程完成~，我们还要到另一个工地去（ここの工事が完成したら，私たちはまた別の工事現場へ行かなければならない）▶他担任厂长~，各方面的工作都很有起色（彼が工場長になってから，各方面の仕事がいずれも好転した）

❹ 很久+以后 現在，あるいはある時点よりずっと遅い時間を指す。▶离开加拿大很久~，我才和他又见了面（カナダを離れてからずっと後になって，私はやっと彼と再会した）▶那是很久~的事情，现在谁也无法预料（それはずっと先の事だから，今は誰も予想のしようがない）

❶ 不久+以后 現在，あるいはある時点よりあまり遅くない時間を指す。▶不久~，他又回到了自己的家乡（ほどなくして，彼は再び自分の村へ戻った）

慣用句 从此以后 前に示した時点よりもあとで。▶从此以后，我们的生活越来越好了（それ以後，私たちの暮らしはしだいによくなった）

〘之后〙 '以后'❷❸の用法に同じ。《書》場所や順序を指すこともある。▶大厅之后，才是饭厅（大広間の後ろが食堂だ）▶仪仗队之后是少先队（儀仗隊のあとは少年先鋒隊だ）

比較 以后：后 '后'には'以后'❷❸の用法があるのみ。

以及 yǐjí

【接続詞】連結を表す。並列する名詞・動詞・介詞句・節をつなぐ。《書》

ⓐつなぐ成分に主副・軽重の別があり，主要なものを前にあげる。▶拖拉机，收割机，~各种小农具（トラクター・コンバインおよび各種の小型農機具）▶本店经销电视机，收音机，录音机，~各种零件（当店はテレビ・ラジオ・テープレコーダーおよび各種部品を販売している）

ⓑつなぐ成分に時間の前後の別がある。▶老陈，小李~另外两位同志在会上先后发言（陳さん・李くんそして他の2名の同志が会の席上，相前後して発言した）▶问题是如何产生的，~最后该如何解决，都需要调查研究（問題はいかにして生じたのか，そして最後にはどのように解決すべきか，いずれも調査研究が必要である）▶至于分不分组，~如何分组，全由你们自己去考虑（グループに分けるか分けないか，そしてどのようにグループに分けるかは，すべて君たち自身の考えにまかせる）

ⓒつなぐ事物を2種類に分けてもよい。▶鸡、鸭、鱼、肉、蛋，〜糖果、糕点等商品应有尽有（ニワトリ・アヒル・魚・肉・タマゴおよびあめ類・菓子類・餅菓子などの商品は何でもそろっている）▶钢铁、煤炭、石油，〜纺织、造纸等工业部门都有很大发展（鉄鋼・石炭・石油および紡織・製紙などの工業部門はいずれも大きく発展した）

[比較] 以及：及：和①'及'は名詞的な成分だけをつなぐ。
②'以及'はその前にポーズを置ける。'及'は不可。
③'及'の後ろには'其'を，'以及'の後ろには'其他'を用いられる。
④'以及・及'でつなぐものは，ふつう前が主要で，あとは副次的なものである。
⑤'以及'は節を接続できる。'及・和'は不可。▶他问了我许多问题：那里的气候怎么样，生活过得惯过不惯，以及当地的风俗习惯怎么样，等等（彼はあちらの気候はどうか，生活に慣れたかどうか，そして風俗習慣はどんなふうかなど，私にたくさん質問した）

以来 yǐlái（来⁴）

【方位詞】過去のある時点から話をしている時点（または特に指定する時点）までの1区切りの時間を表す。'以来'で構成した句は名詞や文を修飾できる。ふつう'以来'の前に'从・自・自从'などを用いる。▶自古〜（昔から）▶有生〜（生まれてよりこのかた）▶有史〜（有史以来）▶解放〜（解放以降）▶今年年初〜已经出差三次（今年初めからすでに3回出張した）▶展览会开幕〜，每天接待几万名观众（展覧会が開幕してから，毎日数万人の観客を受け入れている）▶勤俭持家，这是我国劳动人民长期〜的优良传统（勤勉・倹約して家を守る，これはわが国の勤労大衆の長年来の優れた伝統である）▶我们厂自从开展技术革新运动〜，新的创造越来越多（我々の工場では技術革新運動を展開して以来，新しい発明・創造がますます増加している）

〖来⁴〗用法は基本的には'以来'に同じ。ただし時間の区切りを表す語句の後ろにのみ用いる。前に'从・自・进入'などを用いない。▶几天来（数日来）▶三个月来（この3か月というもの）▶经过几个月来的努力，这个车间已经建成投产（数か月来の努力の結果，この作業現場は建設され操業を始めた）▶这个问题，多少年来都没有很好解决（この問題は何年もずっと解決されないでいる）

以免 yǐmiǎn ☞省得 shěng·de

以内 yǐnèi（之内）

【方位詞】一定の限界を越えない：単独で用いない。

❶[名]＋以内　[名]は単音節は不可。
ⓐ場所を指す。▶学校〜（校内）▶围墙〜（塀の中）▶会场〜，座无虚席（会場の中は空席がない）
ⓑ時間を指す。▶今年〜（年内）▶他本月〜可能来北京（彼は今月中に北京に来るかもしれない）
ⓒ範囲を示す。▶这项工程已经列入计划〜（この工事はすでに計画の中に入っている）▶临时工作人员不在编制〜（臨時の勤務員は職員定員の中に入っていない）

❷[数量]＋以内ⓐ距離を指す。▶有效射程在三千米〜（有効射程は3000メートル以内）▶方圆百里〜，丘陵起伏（周囲100里以内は，丘陵が起伏している）
ⓑ時間を指す。▶要求在一小时〜完成（1時間以内に完成することを要求する）▶三天〜把资料汇总起来（3日以内に資料を集計する）
ⓒその他の数量を指す。▶随身行李限制在二十公斤〜（手荷物は20キロ以内に限られる）▶写一篇两千字〜的通讯（1篇2000字以内の通信記事を書く）▶三十人

～可用这辆轿车（30人以内ならこのバスに乗れる）
〖之内〗'以内'に同じ。

以前 yǐqián（之前）

【方位詞】現在，またはある時点より早い時間。

❶名詞のように用いる。▶～我们并不认识（以前、私たちはまったく知らなかった）▶你～在哪儿工作？（前はどこで働いていたの）▶想起～的困苦生活，他更加热爱新中国（以前の苦しい生活を思い起こすと、彼はますます新中国を熱愛するのだった）▶这个地方跟～大不一样了（ここは以前とはすっかり変わってしまった）

❷名+以前 名は時間を表す数量詞を含む。▶去年国庆节～我还在上海呢（昨年の国慶節の前はまだ上海にいた）▶抗日战争～你在什么地方？（抗日戦争前はどこにいたのですか）▶这～，我们从没见过面（それ以前、私たちは会ったことがなかった）▶十点～我不在家，别来找我（10時前は家にいないので、訪ねて来ないでくれ）

❸動／形+以前 ▶解放～（解放前）▶天黑～（日が暮れる前）▶你去青岛～一定到我这里来一趟（青島へ行く前に必ず私の所へ1度来てください）

❹很久〈很早〉+以前 遠い過去を指す。▶很久～，这里还是一片荒地（ずっと以前、ここはまだ一面の荒地であった）▶这是很久很久～的事情了，我已经记不清楚了（これはずっとずっと昔のことなので、私はもうはっきりと覚えていない）▶很早～，有这么一个美丽的传说（昔、次のような美しい伝説があった）

─ 不久+以前 遠くない過去を指す。▶不久～，他来过一趟北京（少し前、彼は1度北京に来たことがある）

〖之前〗'以前'❷❸の用法に同じ。《書》場所を指すこともある。▶大山之前是新建的水库（大きな山の前に新しく建造したダ

ムがある）

比較 以前：前 '前'には'以前'❶❹の用法がない。

以上 yǐshàng（之上）

【方位詞】ある一点より高い、ある一点より前。

❶単独に用いる。前文を総括する。名詞のように使う。▶～是我对这个问题的看法（以上が私のこの問題に対する見方です）▶难道我～的话都不对吗？（まさか私の今までの話がまったく間違いだというのではあるまい）

❷名+以上 名は単音節は不可。▶云层以下大雨滂沱，云层～却是万里晴空（雲の層より下は大雨がさかんに降り、上は逆に快晴である）▶雪线～终年积雪（降雪線より上は1年中雪が積もっている）

❸数量+以上 ▶这件事三十岁～的人可能还记得（このことは30歳以上の人ならまだ記憶しているだろう）▶今年比去年增产百分之十五～（今年は去年に比べて15パーセント以上増産した）▶登山队已经到了六千米～的高度（登山隊はすでに6000メートル以上の高度に達した）▶六十分～为及格（60点以上を合格とする）

注意 '六十分以上' '三十岁以上'などは'六十分'や'三十岁'を含むかどうか不明なことがある。正確に伝達する必要があるときは'六十分及六十分以上' '满三十周岁'などの言い方を用いることがある。

〖之上〗'以上'❷の用法に同じ。

以外 yǐwài（之外）

【方位詞】一定の境界を超えた所：単独では用いない。

❶名+以外 名は単音節は不可。
ⓐ場所を指す。▶大门～（正門の外）▶长城～（万里の長城の外）▶山海关～（山海関の外）
ⓑ範囲を指す。▶预算～的收入（予算外の収入）▶正文～还有两个附录（本文の

ほかにさらに2つの付録が付いている)
❷数量+以外 ⓐ距離を指す。▶一下跳到两米～（いっぺんに2メートル余り飛んだ）▶不觉已走出十里～（気がつかないうちにすでに10里以上を歩いた）
ⓑ時間を指す。▶免费保管三天，三天～酌收保管费（3日間は保管費無料，3日以上は適宜徴収する）
ⓒ年齢を指す。▶他恐怕已经四十～了（彼はおそらくもう40過ぎだ）
❸除[了]…以外 ⓐ除[了]+名+以外 ▶昨天跟我一起去的，除老王～，还有老张（昨日私と一緒に行ったのは，王さんとそれに張さんです）▶这事除你我～，只有他一人知道（この事はあなたと私のほかには，彼1人しか知らない）
ⓑ除[了]+動／形+以外 ▶今天除讲课～，还要给学生辅导（今日は講義以外にも，学生に補習してやらねばならない）▶这件衣服除了稍长一点～，别的都合适（この衣服はやや長いことを除けば，ほかはちょうどいい）
ⓒ除[了]+節+以外 ▶除老刘来过～，没人来过（劉さんが来たことがあるほかは，誰も来たことがない）▶这种稻种除了产量高～，抗旱能力也比较强（この種の稲は収穫高が多いほか干害に対する抵抗力も比較的強い）
〘之外〙基本的に‘以外’に同じ。年齢を指すときは‘之外’を用いない。

以为 yǐwéi

【動詞】…と考える：人や事物に対してある判断をすること。動詞・形容詞・節を客語にともなう。▶我～水的温度很合适（水温はちょうどよいと思う）▶他们～，只要能进入半决赛，冠军还是有可能争取到的（彼らは，準決勝に残れれば，優勝も勝ち取れるかもしれないと思った）
ⓐ客語が長いときは‘以为’の後ろにポーズを置ける。▶他～，人的资质固然有差别，但主要的还是靠勤奋（彼は，人の資質は本来違いがあっても，大事なことはやはり勤勉と努力であると考えている）▶我～，要按不同的规格进行分类评比，才能比出产品质量的高低来（私が思うに，規格ごとに比較してこそ，製品の質の優劣が比べられる）
ⓑ客語を主語の前に置き，後ろにポーズを置くことができる。▶这都是天经地义的，他～（これはすべて疑うべくもない道理だと彼は思った）▶一定要在黎明前动身，我～（必ず夜明け前に出発しなくてはと私は考えた）
ⓒ‘以为’はしばしば事実と合わない判断を述べる。事実は別の節の中で明らかにする。▶我～有人敲门，其实不是（誰かがノックしたと思ったが，実際はそうではなかった）▶原来是你，我还～是老王呢（君だったのか。僕はまた王さんだと思った）▶都～你回贵阳了，原来还没走（君は貴陽に帰ったとばかり思っていたのに，まだ出かけていなかったのか）▶你～只有你才行吗？小王比你还行（君だけができると思っているの？ 王くんは君よりすごいよ）
—このような用い方をする‘以为’の前には‘满・很’などいくつかの程度副詞を付けてもよい。▶他满～这次能见到她，谁知又扑了空（彼は今度は彼女と会えるとばかり思っていたのに，また肩すかしをくった）▶我很～自己是对的，结果还是错了（自分は正しいと思い込んでいたが，結局はやはり間違っていた）

慣用句 自以为是 自分の考えが正しいと思い込み，他人の意見を受けつけようとしない。
不以为然 同意しない，賛成しない，間違っていると思う。

比較 以为：认为 どちらも判断することを表す。ただし‘以为’の気持ちはやや軽い。
①‘以为’は事実に合わない判断に用いることが多い。‘认为’はふつう肯定的な判断にのみ用いる。
②‘认为’の前には‘被’を用いてもよい。

'以为'の前には'让'しか用いない。▶游泳被当地的孩子们认为一项必不可少的运动（水泳は，ここの子たちには欠かせないスポーツと考えられている）▶你的态度让别人以为你不同意这样办（君の態度では，他人には君がこうするのに不賛成なのだと思われるよ）

以下 yǐxià（之下）

【方位詞】ある一点より低い，もしくはある一点より後ろにある。

❶単独で，名詞のように用いる。▶我就谈这些，～由老陈来谈（私の話はここまでし，あとは陳さんから話します）▶～是古汉语里的例子（以下は古代中国語の例です）

❷名+以下　名は単音節は不可。▶针刺这个穴位，膝盖～有酸麻的感觉（このツボに針を打つと，ひざから下がしびれたような感じがする）▶宜昌～，江面逐渐放宽（宜昌から下流は，川幅がしだいに広くなる）▶总指挥部～的各级领导班子都应健全起来（総指揮部以下の各クラスの指導スタッフは建て直すべきだ）

❸数量+以下▶气温降到零度～（気温が零度以下まで下がった）▶一公尺～儿童免费乘车（身長１メートル以下の小児は乗車賃無料）▶双季稻面积占百分之六十以上，单季稻占百分之四十～（２期作米の面積は60パーセント強を占め，１期作米の面積は40パーセント弱だ）

注意 '六十分以下''三十岁以下'などは'六十分'や'三十岁'を含んでいるかどうか不明確なことがある。正確に伝達するときは'六十分及六十分以下''不满三十周岁'などの言い方を用いることがある。

〖之下〗'以下'❷の用法に同じ。

以至 yǐzhì（以至于）

【接続詞】❶…まで：一般に，小から大，少から多，浅から深，低から高を表すが，反対方向に対して用いることもある。つなぐ成分が２項目以上のときは最後の２項目の間に用いる。▶看一遍不懂，就看两遍、三遍、～更多遍（１度読んでわからないときは，２度，３度，さらに何度も読む）▶生产效率提高几倍～十几倍（生産効率は数倍から十数倍にまで高まった）▶做工作不要要考虑到今年，而且还要考虑到明年，～今后几年（仕事をするには今年のことを考慮するばかりでなく，来年，さらに今後数年先のことまで考慮しなければならない）▶决不允许有任何不重视～限制群众批评的现象发生（大衆の批判を軽視，はては規制するようないかなる現象の発生も決して許しはしない）

─ 前に'自・从'を用いて呼応させてもよい。▶所谈的内容很广，自人类社会～天地，宇宙，无所不包（話された内容は非常に広範で，人類社会から天地宇宙に至るまでふれないものはなかった）

❷前に述べた状況によって発生した結果を表す。▶形势发展得这样快，～很多人都感到很难适应（情勢の発展がこんなに速いので，多くの人が適応するのはむずかしいと感じている）▶现代科学技术的发展日新月异，～从前神话、童话中的一些幻想故事，现在都有可能成为现实（現代の科学技術の発展は日進月歩の勢いなので，かつての神話や童話の中の空想的な物語も，今では現実となる可能性がある）

〖以至于〗'以至'に同じ。▶想到十年、二十年以后，以至于更遥远的将来（10年先，20年先，もっと遠い将来まで考える）▶这篇文章他读了许多遍，以至于全文都能背下来（この文章を彼は全文を暗誦できるほど何回も読んだ）

比較 以至：以致　☞以致 yǐzhì

以至于 yǐzhìyú　☞以至 yǐzhì

以致 yǐzhì

【接続詞】ある結果をもたらす。上述の原因によって引き起こされた結果を表す。大

半は好ましくないか，話し手の希望しない結果である。▶他的腿受了重伤，～几个月都起不来床（彼は足に重傷を負って，数か月もベッドにふせっている）▶这是她近来老想不通，～非常苦闷的问题（これは彼女が近ごろずっと納得できなくて，非常に頭を悩ませている問題です）

[比較] 以致：以至　'以致'は基本的には'以至'❷の用法に同じ。よくない結果や話し手の希望しない結果に用いることが多い。

意识到 yì·shídào

【動詞】気がつく：動趨形の動詞。《付》了　名詞や節を客語にともなえる。▶他已经～了问题的严重性（彼はすでに問題の重大性に気がついている）▶他～一场激烈的争论就要开始了（彼は激しい論争が間もなく始まることをさとった）▶病情逐渐恶化，他可能也～了（病状がだんだんに悪化していることは彼も気がついているかもしれない）▶你们是否～自己是生活在幸福之中呢？（あなたがたは自分が幸福に暮らしていることに気がついているのか）
— 否定形は'不'を用い，'没'も用いる。▶这一点当时我还没～（この点について当時はまだ気がついていなかった）▶他还意识不到他将遇到的困难（彼はやがて遭遇する困難にまだ気づいていなかった）

意味着 yìwèi·zhe

【動詞】必ず動詞（または動詞から転じた名詞）や節を客語にともなう。主語も動詞（または動詞から転じた名詞）や節が多い。《書》

❶表す，示している。▶科学的发展～人类的进步（科学の発展は人類の進歩を示している）▶人造卫星发射成功～我们在征服宇宙的道路上又跨进了一大步（人工衛星の打ち上げ成功は，我々の宇宙征服の歩みを１歩大きく進めたことを意味している）▶中年人逐渐发胖不见得是好现象，常常～衰老（中年の人がしだいに肥満する現象は好ましいとはいえない。しばしば老化を意味している）

❷ある意味を含んでいる，…と理解できる。▶我们提倡科学研究为生产服务决不～可以放松基础理论的研究（我々は，科学研究は生産のために奉仕せよと提唱するが，それは決して基礎理論の研究をゆるがせにしてよいということではない）

因 yīn　☞因为 yīnwèi

因此 yīncǐ（因而）

【接続詞】結果や結論を表す節に用いる。前節に'由于'を用いて呼応することもある。主語の後ろに用いてもよい。また２つの文をつなげる。▶我跟他在一起工作许多年了，～很了解他的性格和作风（私は彼と一緒に何年も仕事をしたので彼の性格ややり方をよく知っている）▶由于事先作了充分准备，～会议开得很成功（事前に十分準備をしたので，会議は大成功であった）▶工作方案确定以后，一定要保证贯彻执行。～必须按期检查（仕事のプランが確定したら，必ず実行の貫徹を保証しなければならない。したがって定期的なチェックが必要だ）▶雪融化时吸收热量，气温～下降（雪はとけるとき熱を吸収するので，気温が下がる）▶试验虽然遭受到一些挫折，但是我们并未～丧失信心（実験は順調にいってはいないが，我々は決してそのために自信を失ったりしていない）

〖因而〗基本的には'因此'と同じ。文は接続しない。つまり句点の後ろには用いない。▶由于上学期着重抓了课堂教学，因而学习成绩有了显著提高（先学期は授業に重点を置き，そのため学習成績に著しい進歩があった）

[比較] 因此・因而：所以　☞所以 suǒyǐ

因而 yīn'ér　☞因此 yīncǐ

因为 yīnwèi（因）

【介詞】原因を表す。
ⓐ '因为'を用いた句は主語の前後どちらに置いてもよい。▶小田〜这件事还受到了表扬（田くんはこの事で表彰もされた）▶〜这件事，小田还受到了表扬（この事によって、田くんは表彰も受けた）▶我们〜这个问题讨论了一上午（この問題のために午前中いっぱい討論した）▶〜天气的关系，飞机不能按时起飞（天候のせいで、飛行機は時間通りには離陸できない）
ⓑ因为…而… 動詞句を作る。ふつう助動詞か'不'の後ろに用いる。▶他们并不〜工作受了挫折而丧失信心（彼らは決して仕事の挫折によって自信を失いはしなかった）▶植物可以〜缺水而枯死（植物は水が足りないと枯れることがある）▶我们能〜这么点困难而撒手不干吗？（これぐらいの困難で手を引くなんてできるか）

【接続詞】原因を表す。
ⓐ '因为'は文の前節に用いる。後節の頭ではふつう'所以'，中では'就・才'が呼応する。前後2節の主語が異なるときは主語を'因为'の前に置く。主語が同じときは主語を'因为'の前に置いても後節の中に置いてもよい。▶〜天气不好，飞机改在明天起飞（天候が悪いので、飛行機のフライトは明日になった）▶难道〜前人没做过，我们就不能做吗？（まさか前にやった人がないといって、我々がやっていけないわけではあるまい）▶〜事情太多，也〜身体不好，所以直到今天才来看你（用事は多いし、体の具合も悪かったので、今日になってやっと会いに来たんだ）▶他的伤〜治疗及时，所以很快就好了（彼の傷はすみやかに治療したので、非常に早く治った）▶〜治疗及时，所以他的伤很快就好了（すみやかに治療したので、彼の傷は非常に早く治った）
ⓑ '因为…'を後節に置く。▶这里无法过江，〜水流太急（流れがとても急なので、ここでは川を渡れない）▶昨天我没去找你，〜有别的事（昨日は用事があったので、君に会いに行かなかった）▶我要的是世界地图，不是中国地图，〜中国地图我已经有了（中国の地図はもう持っているから、ぼくが欲しいのは中国地図ではなく、世界地図だ）

《因》基本的に'因为'に同じ。《書》▶因病请假（病気で休みをとる）▶因故改期（都合により期日を改める）▶因缺乏经验而失败（経験不足から失敗する）

比較 因为：由于 ☞由于 yóuyú
因为：既然 ☞既然 jìrán

应 yīng ☞应该 yīnggāi

应当 yīngdāng ☞应该 yīnggāi

应该 yīnggāi（应当・应）

【助動詞】❶「道理上…でなければならない」意味を表す。単独で問いの答えに用いてもよい。否定は'不应该'。▶〜清醒地看到，我们的任务还是相当艰巨的（我々の任務はやはり相当に困難であることを冷静に見きわめるべきだ）▶学习〜认真（学習は真剣にやらねばならない）▶遇事〜冷静（思わぬことにぶつかっても冷静であるべきだ）▶太晚了，还〜早点儿（遅すぎるよ、もう少し早くなければだめだ）▶不拿群众一针一线，这是我们解放军的纪律，〜这样（大衆のものは針1本・糸1本取らない、これが我々解放軍の規律だ、こうでなければならない）▶我们年纪轻，多干点儿，〜不〜？——〜（ぼくたちは若いのだから余分に仕事すべきではないだろうか——その通りだ）

ⓐ应该+節▶我是队长，出了问题〜我来负责（私は隊長だから、問題が起こったら私が責任を取るのは当然だ）▶大家的事情〜大家办（みんなのことはみんなでするべきだ）

ⓑ '不应该'を述語に用いるとき，ふつう前に'很'を付けてもよい。'应该'の前ではふつう用いない。▶他这样做，很不〜（彼

のこういうやり方はまったくいけない）▶对别人的困难一点不管,确实很不〜（他人の困難に知らん顔しているのは,実にあってはならないことだ）
❷状況が必ずそうだろうと推定する。▶他昨天动身的,今天〜到了（彼は昨日出発したから,今日は当然着くはずだ）▶这是尼龙的,〜比较结实（これはナイロン製だから,かなり丈夫なはずだ）

〖应当〗'应该'に同じ。▶说话、写文章都应当简明扼要（話や文章は簡明で要領よくなければいけない）▶大家的事情应当大家出主意办（みんなのことはみんなで考えを出し合ってやるべきだ）▶这个目标,经过努力应当可以达到（この目標は,努力すれば到達できるに違いない）

〖应〗意味・用法共に'应该・应当'に近い。ただし次のような相違がある。
①'应该・应当'は単独で質問の回答に用いてもよい。'应'は不可。
②'应该・应当'は話し言葉・書き言葉のどちらに用いてもよい。'应'は書き言葉のみ。
③'应该・应当'のあとには節を用いてもよい。'应'は不可。
④四字句では'应'のみを用いる。'应该・应当'は用いない。▶理应如此（当然そうあるべきだ）▶罪有应得（悪事を働けば報いがある）▶应有尽有（あるべきものは全部そろっている）

比較 应该・应当：该³ '应该・应当・该³'は互いの意味が近く,用法が似ているが次のような相違がある。
①'该'は仮定文の後節に用いてもよい。道理上の推測を表す。'应该・应当'は不可。▶如果你再不回去,老王该〈×应该、×应当〉说你了（君,もう帰らないと王さんにしかられるよ）
②'该'は'会'と連用できる。'应该・应当'は不可。▶你这样说,该〈×应该〉会造成什么影响呢？（君のこんな言い方はいったいどんな影響を与えると思う）
③'该'は'有多…'の前に用いてもよい。'应该・应当'は不可。▶他要是还在这儿,该〈×应该〉有多好啊（彼がもしまだここにいてくれたら,どんなによかっただろう）
④'该'の前に'又'を用いてもよい。'应该・应当'の前に用いられるのは'也'のみ。▶小心闯了祸,又该〈×应该〉挨批评了（面倒を引き起こさないよう気をつけなさいよ,またしかられるよ）▶你也该〈应该〉出去跑跑了（あなたも外へ出て体を動かしてきなさいよ）

影响 yǐngxiǎng

【名詞】人・事物に対して働く作用：主語・客語になる。▶这种〜不是立刻就能看清楚的（こういう影響はすぐはっきりと目に見えるものではない）▶这篇文章很有〜（この文章は影響力がある）▶这对整个工作并没有多大〜（これは全体の仕事にはどれほどの影響もない）▶在他的〜下,我学了生物学（彼の影響によって私は生物学を学んだ）

【動詞】思想・行動などに対して（よい・悪い）作用を生じる：《付》了・着・过 客語または兼語をともなえる。▶他的模范行为〜着周围的同志（彼の模範的行為は周囲の同志によい影響を与えている）▶这样做已经〜了他的健康（そういうふうにすることがもう彼の健康にひびいている）▶这些事从来就没有〜过我的工作（これらの事がこれまで私の仕事に影響したことは1度もなかった）▶别〜他复习功课（彼が勉強のおさらいをするのを妨げないように）▶二者互相〜,互相制约（2者は互いに影響し合い,互いに束縛し合う）

動結 影响得〈不〉了(liǎo) ▶这影响得了学习吗？（これが学習にひびくだろうか）▶我看影响不了学习（学習にひびくわけないと思う）

影响得〈不〉着(zháo) ▶我们在这儿说话,影响得着他吗？（ここで話をしていて彼のじゃまになるだろうか）▶影响不着他

（じゃまにならない）

動趣 **影响到**▶灯光不好就会影响到演出效果（照明が悪いと舞台効果に影響する）▶个别字句的更改影响不到文章的主要内容（多少の字句の変更は文の主旨には影響を及ぼさない）

永 yǒng ☞永远 yǒngyuǎn

永远 yǒngyuǎn（永）

【副詞】時間が長く，終わりがないことを表す。将来を指す。▶～怀念（永遠にしたう）▶～前进（永遠に前進する）▶～乐观（永遠に楽観的である）▶～不停止（永久に止まらない）▶～不向困难低头（永遠に困難にくじけない）▶事情并非～如此（ものごとは永遠にかくあるわけではない）▶人家并不是～落后, 不是已经赶上来了？（あの人だっていつまでも遅れているわけじゃない, もう追いついてきたじゃないか）

— 動詞'没有'の前には'永远'を置いてもよいが, 副詞'没有'の前は不可。▶无原则的争论～没有好处（原則のない論争というのは永遠に得るものがない）▶'牛郎织女'七夕相会是民间故事, 实际上这两颗星～没有相遇的机会（民話では彦星と織姫が七夕に会うことになっているが, 実際はこの２つの星が会う機会は永遠にない）▶×～没有注意→从来没有注意（ずっと気づかなかった）▶×～没有收到过→一直没有收到过（ずっと受け取ってない）

〖永〗'永远'に同じ。《書》▶永垂不朽（永遠に不滅である）▶永放光芒（永久に光り輝く）▶永不后退（永遠に後退しない）▶永无止境（永遠に終点がない）▶永葆青春（いつまでも青春を保つ）▶在烈火中永生（烈火の中に永遠に生きる）

用 yòng

【動詞】❶使用する：《付》了・着・过《重ね型》名詞の客語をともなえる。▶你～镐, 我～铁锹（君はツルハシを使え, ぼくはスコップを使う）▶买这套设备～了不少钱（この設備の購入にたくさんの金を費した）▶你先～, 我后～（君が先に使え, ぼくがあとから使う）▶这种计算机我会～（私はこの種の計算機を使いこなせる）▶把手推车都～上了（手押し車はみんな出払っている）▶这把刀子～得刀刃都没有了（この包丁は刃がすり減ってしまうほど使った）

ⓐ連動文の前部の動詞句に用いる。'用＋名'はあとの動作に用いる道具・方式・手段を表す。▶～开水沏茶（お湯でお茶を入れる）▶两句话之间应该～句号隔开（２つの文の間は句点で切らねばならない）▶同一个题材可以～不同的文学形式来表现（同じ題材でも異なる文学形式で表現してよい）

ⓑ用＋来＋動▶煤可以～来作化学工业的原料（石炭は化学工業の原料になる）▶种羊主要～来改良品种（種羊は主に品種改良に用いる）▶中国人把油烟和松烟～来作墨（中国人は油のススと松をもやしたススで墨を作る）

ⓒ用＋作＋名 「…として用いる」という意味を表す。▶在中药里, 黄连常～作清热解毒剂（漢方薬では, オウレンはよく解熱・解毒剤として用いられる）▶临时把食堂～作会场（臨時に食堂を会場にする）▶把磁碗～作演奏的乐器倒也别有风趣（磁器のお碗を楽器として用いるのも特別の味わいがある）

ⓓ用＋在〈于〉…▶上等料～在关键的部分, 次等料～在无关紧要的部分（上等の材料は重要な所に用い, ２級の材料はたいして重要でない部分に用いる）▶要把精力～在学习上（精力を学習にそそぎなさい）▶有些词语只～于外交场合（外交という分野においてのみ用いられる言葉もある）▶要把三分之一的时间～于复习（３分の１の時間は復習にあてなさい）

ⓔ用＋以＋動 「これによって…する」と

いう意味を表す。▶不断开展批评和自我批评，～以增强团结（絶えず批判と自己批評を展開し，それによって団結を強める）▶大力提倡体育运动，～以提高群众的健康水平（体育活動を大いに提唱して，大衆の健康レベルを引き上げる）
❷飲食する（敬語）。▶～茶（お茶をいただく）▶～烟（タバコを一服いただく）▶请～饭吧（ご飯をめしあがってください）

[動結] 用得〈不〉了（liǎo）　使いきれる〈きれない〉。▶这么多笔记本我一个人用不了（こんなにたくさんのノートを私1人では使いきれない）

用得〈不〉成　使用するという目的を達成できる〈できない〉。▶我想用他的车，可是他还没回来，看样子是用不成了（彼の車を使いたいが，彼がまだ帰って来ない。どうも使えそうにない）

用得〈不〉着（zháo）　ⓐ使い道がある〈ない〉。▶留着吧，到时候用得着（とっておきなさい，そのうち使える）
ⓑ必要がある〈ない〉（ふつう後ろには動詞句か節がくる）。▶用不着请别人帮忙（ほかの人に手伝ってもらう必要はない）▶用得着我亲自去吗？（私が自分で行く必要があるか）

[動趨] 用上　目的を達成する。▶这些资料今天才用上（これらの資料は今日になって役に立った）

用∥上▶他有不少好主意，就是用不上（彼にはたくさんのアイデアがあるのに，うまく利用できない）

用∥上去▶为了这事，他把力气全用上去了（この事のために，彼は力をすべて使い尽くした）

用∥出来ⓐ▶你把你的本领都用出来吧（君の力をぜんぶ出しきりなさい）
ⓑ一定期間使用したのち，使いやすくなる。▶这台缝纫机刚买来的时候不好用，现在才用出来了（このミシンは買ったばかりのころは使いにくかったが，このごろやっと使いやすくなった）

用得〈不〉起　買って使う能力がある〈ない〉。▶我用不起这样高级的东西（こんな高級のものは使えない）

用起来ⓐ使い始める。▶怎么你又用起泻药来了（どうしてまた下剤を使い出したの）
ⓑ使ってみると。▶车虽旧，用起来挺好使（車は古いが，使ってみるととても使いやすい）

用开　使い始める。▶起先用飞马牌的，现在又用开双箭牌的了（初めは飛馬マークを使っていたが，今は二矢マークを使い出した）

用∥开［了］　広く使用される。▶这种热水器很快就用开了（この種の湯沸かし器はまたたく間に普及した）▶新换的街道名称始终用不开（新しく付けた道路名がいつまでも普及しない）

尤其　yóuqí

【副詞】全体あるいはほかの事物と比較して特にとびぬけていることを表す。ふつう文の後半部に用いる。

ⓐ尤其+[形]/[動]▶多喝酒对身体不好，～影响心脏（酒の飲みすぎは体によくない。特に心臓に悪い）▶青年们表现都挺好，小刚的进步～令人高兴（青年たちの態度はみなとてもよい。剛くんの進歩はわけても喜ばしい）▶今年各季度钢产量都比去年同期高，第四季度～显著（今年各4半期の鋼鉄生産量はいずれも去年の同期より高い。第4期は特にめざましい）▶想不到老方会去，～没想到你也会去（方さんが行くとは思わなかったが，あなたも行くなんてなおさら思いもよらなかった）

ⓑ尤其+是　主に同類の事物の中から強調すべきものを取り出す。▶同志们的意见，～是老张的意见，对我的启发非常大（同志たちの意見，とりわけ張さんの意見は私に非常に大きな示唆を与えた）▶当了班干部要团结全班同学，～［是］要团结跟自己意见不同的同学（クラスのリーダーになったらクラスの学生みんなと団結しなけれ

ばならない。特に自分と意見の異なるクラスメートとの団結を図らねばならない）

— その他の用法もある。▶北方的风沙很大，～［是］在春天（北方の砂あらしはひどいが、特に春は格別だ）▶要注意饮食卫生，～是生吃瓜果，一定要洗干净（飲食衛生には気をつけること。特に野菜・果物を生で食べるときは必ずきれいに洗いなさい）

由 yóu

【動詞】従う，勝手にさせる：必ず名詞の客語か兼語をともなう。▶信不信～你（信じる信じないは君の勝手だ）▶他不同意，只好～他（彼は同意しないので，好きなようにやらせるしかない）▶花色很多，～你挑选（色柄はたくさんありますから，あなたが好きなように選びなさい）▶没关系，～他说去（かまうな，彼に言わせておけ）▶別～着性儿乱说（感情にまかせてとんでもないことを口走ったりするものではない）

【介詞】❶動作の主体を導く。名詞と組み合わせる。動作の対象を表す名詞は前にあって主語となる。あるいは動詞の後ろに置いて客語とする。▶运输问题～他们解决（運輸問題は彼らが解決する）▶专机～三架战斗机护航，在机场降落（専用機は3機の戦闘機に守られて，飛行場に降りた）▶现在～老张介绍详细经过（これから張さんが詳しい経過を説明します）

注意 動詞として用いるときは'由'を強く読む。介詞のときは後ろの名詞を強く読む。比較せよ。▶花色很多，由你挑选（色柄は豊富だ，君が自由に選びなさい：動詞で制限を付けないことを表す）▶花色样式，由你决定（色柄は君が決めなさい：介詞で動作の主体を導く）

❷方式・原因または来源を表す。名詞や動詞と組み合わせて用いる。▶大会代表～民主协商，选举产生（大会代表は民主的協議に基づき選挙で選ばれる）▶～感冒引起了肺炎（かぜから肺炎をまねいた）▶原子核～质子和中子组成（原子核は陽子と中性子からなる）

❸…から。

ⓐ場所の起点または来源を表す。場所を表す語句と組み合わせる。▶～南到北（南から北まで）▶～会场出来（会場から出て来る）▶明晨七时～首都机场起飞（明朝7時に首都空港から飛び立つ）▶～学生中间选出五名代表参加卫生检查（学生の中から5名の代表を選んで衛生検査に参加させる）

— 由…及… 《書》▶～此及彼（此処より彼処まで）▶～表及里（表面から中まで）

ⓑ時間の起点を表す。時間を表す語句と組み合わせる。▶～早上九点到晚上八点（朝9時から晩8時まで）▶我们打算～明年开始大面积种植水稻（来年から広大な面積に水稲を栽培するつもりだ）▶～十五岁参军算起，整整十八年了（15歳で従軍したときから数えて，まるまる18年になる）

ⓒ発展・変化・範囲の起点を表す。名詞・動詞・形容詞と組み合わせる。▶～蝌蚪变成青蛙（オタマジャクシからカエルになる）▶～不懂到懂（理解できない状態から理解するまで）▶～浅入深，～简到繁（やさしい所から始めて深く入っていく，簡単なものから複雑なものへと向かう）▶晚霞～殷红变成淡紫（夕焼けは真っ赤な色から淡い紫に変わった）▶皮棉亩产～八十斤提高到一百二十斤（原綿の1ムーあたりの収穫高は80斤から120斤に上がった）

— 由…而…▶～近而远（近くから遠くへ）▶～弱而强（弱から強）▶～模糊而清晰（ぼんやりからはっきりへ）▶～互相争论而取得一致意见（相互の論争を経て意見の一致を得る）

ⓓ経過した路線・場所を表す。場所を表す語句と組み合わせる。▶～这条路走近多了（この道を行けばずっと近い）▶参观

美术展览请～东门入场（美術展の参観には東の門からお入りください）
ⓔ「…による，…に基づく」という意味を表す。名詞と組み合わせる。▶～试验结果看，效果很好（テストの結果から見ると、効果はとてもよい）▶～地球应力场的变化探测地震发生的可能性（地球の応力場の変化から地震発生の可能性を探測する）

慣用句 **由此** これから：前を受けて，推論を加える。《書》▶由此可见（これからわかる通り）▶由此可知（これからわかる通り）▶由此看来（これからみると）▶由此得出结论（ここから結論を出す）

比較 **由**：**归** ☞归 guī

由于 yóuyú

【介詞】原因を表す。'由于…'は'是'の後ろ，主語の前後いずれに置いてもよい。▶生物的演变，社会的发展，主要地不是～外因而是～内因（生物の進化，社会の発展は主には外因ではなく，内因によるものである）▶这次试验的成功，完全是～全体人员的共同努力和密切合作（今回のテストの成功はまったく全員共同の努力と密接な協力によるものである）▶～工作关系，我在长沙逗留了几天（仕事の関係で、私は長沙に何日か滞在した）▶工程计划～各种原因而有所变动（工事計画はさまざまの原因によって多少変更が生じる）

【接続詞】原因を表す：…のために。後節の初めには'所以'のほか，'因此・因而'を用いてもよい。《書》▶～教练指导正确，因此大家的游泳成绩提高得相当快（コーチの指導が正しかったので、みんなの水泳の成績はすみやかに向上した）▶～事情比较复杂，又～各人的观点不同，因而意见不完全一致（事情がわりに複雑で、また各人の観点が異なるため、意見は完全には一致しない）

比較 **由于：因为** ①話し言葉では'因为'を用い，'由于'はまれ。
②接続詞'由于'は'因此・因而'と呼応できるが，接続詞'因为'は不可。
③接続詞'因为'は後節に使用できるが，接続詞'由于'は不可。▶这里无法过江，因为水流太急（ここは渡りようがない、なぜなら水の流れが速すぎる ×…，由于水流太急）

有 yǒu

【動詞】❶所有していることを表す。《付》了・过 否定形は'没有・没'。▶我～一部《现代汉语词典》（私は『現代漢語詞典』を1冊持っている）▶他～两个孩子（彼は2人の子供がいる）▶他母亲～病（彼の母親は病気にかかっている）▶情况已经～了变化（状況にはすでに変化が見えた）▶我思想上～过一些波动（私は思想的にぐらついたこともあった）▶这种圆珠笔我也～（このタイプのボールペンは私も持っている）▶你～没有字典？（君は字典を持っているか）▶你～字典没有？（君は字典を持っているか）

ⓐ'着'を付けることもある。《書》▶他～着艺术家的气质（彼は芸術家かたぎだ）▶中国在两千年前就与伊朗等国～着贸易往来（中国は2000年前からイランなどの国と交易があった）▶这二者之间也是～着内在联系的（この2者の間にも内在的なつながりがあるのだ）

ⓑ'有+名'は'很・挺・最'などの程度副詞の修飾を受けられる。評価を表す。▶这孩子很～音乐天才（この子にはとても音楽の才能がある）▶他挺～办法的（彼はとても腕ききだ）▶这种木头最～用处（この種の木材は最も使い道が多い）▶他对历史不但很～兴趣，而且很～研究（彼は歴史にたいへん興味を持っているだけでなく、相当に研究している）▶他很～两下子（彼は相当な腕前だ）

— いくつかの名詞は'有'と結合するとき，程度副詞は用いなくても程度が深いことを表せる。▶他可是～年纪了（彼は年だ）▶这个人～学问（この人は学問がある）

▶你比我～经验（君は私より経験がある）
ⓒ有＋所＋動　動は2音節が多い。《書》
▶今年的产品在数量上～所增长,在质量上也～所提高（今年の製品は量のうえで増加し、質も向上した）▶～所准备（備えがある）▶～所不为才能～所为（これぞと思うことだけに打ち込んでこそ立派な仕事ができる）
ⓓ'有＋名'を連動式の前部とする。▶我～事到上海去一趟（私は用事で上海に行ってくる）▶我～件事跟你商量（あなたに相談することがある）

─ '有'の後ろの名が'能力・可能・办法・理由・时间'などのときは'有＋名＋動／節'はほぼ'有＋動／節＋的＋名'と同じ。▶～可能我不去广州（私は広州に行かないかもしれない＝我～不去广州的可能）▶你一定～能力解决这个问题（この問題を解決する能力を君は必ず持っている）▶我～办法修好这台机器（私にはこの機械を直す方法がある）▶我现在～充分时间从事科学研究（科学研究に従事する時間がいま十分ある）

─ '有'の後ろの名の多くはあとの動の動作の対象である。▶我还～很多事情要做呢（私にはまだやらねばならない多くのことがある）▶你～活儿干吗？（君にはやる仕事があるのか）▶你还～什么别的问题要问？（まだ何かほかに聞きたい問題があるか）

ⓔ単音節動詞の後ろに用いたときは結びつきが強く1語に近い。▶鲁迅先生著～《阿Q正传》、《狂人日记》等许多作品（魯迅先生には『阿Q正伝』、『狂人日記』など多くの作品がある）▶这家伙怀～不可告人的目的（こいつは人に言えないような目的を持っている）

❷存在を表す。文頭は時間か場所を表す語句に限られる。存在の主体は'有'の後ろに置くが、'有'の前に置いてもよい。否定形は'没有・没'。▶～风（風がある）▶树上～两只小鸟（木の上に2羽の小鳥がいる）▶这种情形其他地区也［是］～的（このような状況は他の地区にもある）▶屋子里桌子也～，椅子也～，就差几个书架（部屋には机もあれば、椅子もある。ただ本棚がいくつか足りない）▶～人吗？▶～人没有？▶～没有人？（誰かいますか）

ⓐしばしば兼語式の前半部に用いる。▶屋里～人说话（部屋の中で誰か話している）▶河面上～几条小船开过来了（川を何隻かの小船がやって来た）▶百货大楼～这种尼龙伞卖（デパートでこういうナイロンがさを売っている）

ⓑ前に場所を示す語句がないとき、'有'は'某'または'某些'に近い。▶你不爱看,～人爱看（あなたは見たくなくても、見たがる人はいる）▶～人这么说过（ある人はこう言っている）▶～一天他来的特别早（ある日彼はとりわけ早くやって来た）▶他～一次提到过这件事（彼は1度この事を持ち出したことがある）

ⓒ2つ（以上）の'有'を用い、いくつかの部分を表す。合わせて全部を表すこともある。'有'の後ろに'的'を付けることもある。▶～［的］人爱看京剧，～［的］人爱看话剧（ある人は京劇を好み、ある人は新劇を好む）▶～的地方雨大，～的地方雨小（大雨の所もあれば、たいして降らなかった所もある）▶他们～［的］时候上午有课，～［的］时候上下午都有课（彼らは午前に授業があることもあるし、午前・午後どちらも授業があることもある）

ⓓ動詞の後ろに用いる。結びつきが強く1語に近い。▶铜镜上刻～花纹（銅鏡には模様が彫ってある）▶墙上写～'肃静'两个大字（壁には大きく「静粛」の2文字が書かれている）▶这种水果含～多种维生素（この果物にはいく種類ものビタミンが含まれている）

❸性質・数量がある程度に達することを表す。
ⓐ有…［＋那么］＋形　比較の表現に用い，

似ていることを表す。▶这花开得～碗口那么大（この花はお碗のように大きく咲いた）▶这孩子已经～我［那么］高了（この子はもう私ぐらい背が高くなった）▶谁～他认得的人那么多？（彼ほど顔のひろい人がいるだろうか）
ⓑ有+数量 その数量に達することを表す。▶他走了～三天了（彼が行ってから3日になる）▶这块地估计～四十亩（この土地は40ムーあると考えられる）▶从这里到天安门大概～五公里（ここから天安門までだいたい5キロある）▶这条鱼足足～四斤［重］（この魚は4斤は十分ある）

有点儿 yǒudiǎnr

【副詞】程度が高くないことを表す：少々。意にそわない事柄に用いることが多い。
ⓐ有点儿+形/動　形・動の多くは消極的意味かマイナスの意味のもの。形・動の前には'太'を付けてもよい。▶这个人～糊涂（この人はちょっとばかだ）▶他的情绪～紧张（彼はちょっと緊張している）▶这个问题提得～太突然（この問題は出し方がちょっと突然すぎる）▶这个人～面熟（この人はどこかしら見覚えがある）▶他～后悔（彼は少々後悔している）▶我～想去又～不想去（ちょっと行ってみたくもあり、あまり行きたくもない）▶小王～爱埋怨人（王さんは何でも人のせいにするところがある）▶你这样做，～太说不过去（君がそうするのは、ちょっとすじが通らなさすぎる）▶～装腔作势（ちょっともったいをつけている）▶～骄傲自大（多少おごりたかぶっている）▶～小题大作（少しばかり大げさだ）
ⓑ有点儿+不+形/動　形・動は積極的な意味かプラスのものが多い。▶心里～不安（心中ちょっと不安だ）▶他今天～不高兴（今日彼は少し不機嫌だ）▶天气～不大好（天気はあまりよくない）▶这个人真～不懂事（この人はほんとにちょっとわからずやだ）▶这种做法可～不顾大局（こういうやり方は全体の見通しをちょっと欠いている）▶你这句话～太不讲道理（君のこの言葉はちょっと道理をはずれすぎている）
ⓒ'有点儿'を'稍微'と共に用いることもある。▶我学习稍微～吃力（少し勉強に苦しんでいる）▶稍微～不满意（若干不満だ）▶老王稍微～生气（王さんは少々怒っている）▶我稍微～后悔（私は少し後悔している）
ⓓ'有点儿'は単独で質問に答えることができる。▶你不觉得疼吗？——～（痛くないの——ちょっと）▶他是不是后悔了？——～（彼は後悔したのでは——少しね）
注意 '有点儿'は「動詞+量詞」のことがある。▶碗里有点儿水（お碗の中には少し水がある）▶这幅漫画倒有点儿意思（この漫画はちょっとおもしろい）▶这要有点儿勇气（これは少し勇気がいる）▶工作有了点儿起色（仕事に少し活気が出た）

有些 yǒuxiē

【代詞】あるもの，ある一部分（数量は多くない）：定語・主語になる。▶我们当中，～是北京人，～是上海人，其他地方的人很少（我々の中，一部の人は北京出身で一部は上海出身で，他の地方の人はほんの少しだ）▶他～旧书想处理掉，你看有没有你需要的（彼は古本を一部始末するつもりだから，あなたのいるものがあるか見てごらんなさい）▶屋子里～人在看书，～人在写东西（部屋の中には，本を読んでいる人もいるし，何か書いている人もいる）▶他手头儿～钱，打算捐助失学儿童（彼は手元にあるいくらかのお金を学業を中断した児童に寄付するつもり）▶我们班的同学，～是自费生（クラスメートの何人かは私費学生だ）▶这些书，～实在没意思（これらの本の中，一部のものは本当に面白くない）▶这些字当中，～写得好，～写得差点儿（これらの字の中には

上手に書けているのもあるし、少しへたなのもある）▶公园里～人在打拳，～人在散步（公園では、拳術の練習をしている人もあり、散歩をしている人もある）▶家里～东西用不着，拿出去处理掉算啦（家にはいらない物がいくつかあるので、持って行って始末してしまおう）▶她的衣服很多，就是～式样旧了点儿（彼女の服はたくさんあるが、ただ、一部型が少し古くなっているものがある）▶～话你也不要轻信（一部の話は、あなたも軽々しく信じたりしないように）

— '有些'の前に'很'をつけると、数量が多いことを表す。▶他很～财产，可是生活却十分俭朴（彼は財産をたくさん持っているが、暮らしぶりはたいそう質素だ）▶他们家以前很～钱，后来由于受灾，家人生病，全折腾光了（彼らの家は以前は金持ちだったが、のちに災害にあったり、家族が病気になったりして、財産をすっかり使い果たしてしまった）

【副詞】わずか、少しばかり。程度が軽いことを表す。動詞・形容詞の前に置き、状語になるのみ。▶当时，我的心情也～不安（当時は、私も気持ちがいささか不安定だった）▶那天，我～头疼（その日、私は少し頭が痛かった）▶心里～怕（内心いささか恐かった）▶分别以后，真的～想（別れたあとで、本当に少し恋しくなった）▶我已经看出来了，他心里～不高兴（彼が内心いささか面白くないことを、私はすでに見抜いていた）▶事后他也～后悔（あとで、彼も少し後悔した）

又 yòu

【副詞】'又'の用法はほぼ3つに分かれる。(1)時間的な継続関係を表す。(2)累積を表す。時間には無関係。(3)話し手の気持ちを表す。

❶ 1つの動作（状態）が繰り返し発生する、または2つの動作（状態）が相継いで発生するか、反復交替することを表す。

ⓐ文の前後2節で同一の動詞が用いられる。主語は同じこともあるし異なることもある。動作が再び発生したことを表す。▶这个人昨天来过，今天～来了（この人は昨日も来たが、今日もまた来た）▶他去年犯过这种病，今年～犯了（彼は去年この病気が再発したが、今年もまたぶり返した）▶哥哥猜错了，弟弟～猜错了，这个谜语可难了（兄も当たらず、弟も当たらなかった。このナゾナゾはとてもむずかしい）▶我找过一遍，他～找了一遍，还是没找着（私が1度探し、彼がもう1度探したが、やはり見つからなかった）▶他低着头走过来～走过去（彼はうつむいて行ったり来たりしている）

— ときには前節がなく、後節のみのことがある。暗に「以前この種の事があった」また「この種の事が起きるはずだ」（この場合ふつう'又'の後ろには'该・要'がくる）の意味を含む。▶今年～是个丰收年（今年もまた豊作だ）▶海面上～起雾了（海上にまた霧が出た）▶你～生我的气了（君はまたぼくに腹を立てた）▶冬天一到，我爷爷～该犯气喘病了（冬がきたら、私のおじいさんはまた喘息が出るだろう）

ⓑ 1つの文の中で、'又'の前後に同一の動詞を繰り返す。何回も反復することを表す。▶洗了～洗（洗ってはまた洗う）▶解释了～解释（説明を繰り返す）▶讲了一遍～讲一遍（繰り返し話す）▶他练了～练，一直练到合乎要求为止（彼は練習に練習を重ねて、要求に合うまでやり直した）

ⓒ '又'の前後に同一の'一＋量'を繰り返し用いる。何回も反復することを表す。▶我们一次～一次地试验（1回また1回とテストを繰り返した）▶一天～一天，不知等了多少天（1日また1日と、どのくらい待ったか知れない）▶我们取得了一个～一个胜利（ひとつまたひとつと勝利を勝ち取った）▶一座～一座的工厂正在修建起来（次々と工場が建設されている）▶一群～一群的燕子飞回来了（ひと群れまた

ひと群れとツバメが舞い戻って来た)
ⓓ節の動詞が異なり,後節に'又'を用いる。2つの動作が引き続いて起こることを表す。▶看完了《西游记》上册,～去借下册(『西遊記』の上巻を見終わり,下巻を借りに行った)▶秀英让老人坐下以后,～给他端来热茶(秀英は老人を座らせると,熱い茶を運んで来た)▶刚洗完衣服,他～去忙别的(服を洗い終わると,彼はすぐほかのことをやりだした)
ⓔA又B,B又A 2つの動作が交替で繰り返し発生することを表す。▶装了～拆,拆了～装,直到自己觉得十分满意才罢手(組み立ててはばらし,ばらしてはまた組み立て,自分で満足するまでやめない)▶他跑一阵～走一阵,走一阵～跑一阵,提前赶到了工地(彼はしばらく走っては歩き,歩いてはまた走って,早めに現場に着いた)
❷いくつかの動作・状態・状況が重なることを表す。
ⓐ'又'を文の第2項目以降に用いる。▶他是个聪明人,～肯努力,所以不到半个月就都学会了(彼は頭がいい,それに努力家だし,だから半月もたたずにすぐ身に付けた)▶那一天正好是三伏的第一天,～是中午,～没有风,不动也会出汗(あの日はちょうど三伏の1日目で,正午でもあったし,風もなくて,じっとしていても汗が出た)▶吕老师是县里的模范教师,～是人民代表(呂先生は県の模範教師で,人民代表でもある)▶我想看～不想看,决定不下(私は見たい気もすればまた見たくない気もして,決めかねる)
ⓑ項目ごとに'又'を用いる。▶这孩子～会写～会算(この子は字も書けるし計算もできる)▶山～高,路～滑,困难是不少(山は高いし,道はすべりやすい,とてもたいへんだ)▶他的话～恳切,～说得在理(彼の話は真心がこもっており,また理屈も通っている)▶同一台机器～翻地,～耙土,～下种(1つの機械で土地を掘り起こし,ならし,そして種まきもする)▶这儿的街道我好像～认得～不认得(ここの町並みは見覚えがあるようでもあり,ないようでもある)▶孩子们～是害怕,～是喜欢(子供たちはこわがりながらも喜んでいる)
ⓒ形₁+而+又+形₂。▶美观而～大方(見た目がよくて,品もよい)▶使用方便而～安全(使用に便利でしかも安全だ)▶投递迅速而～准确(配達は迅速かつ正確)
ⓓ'又'の前後に同じ形容詞を繰り返し,程度の高いことを表す。形容詞が単音節であれば必ず'又'の前に'而'がくる。'又'だけで'而'がない形は歌詞にのみ見られる。形容詞が多音節のときは'又'の前に'而'を付けても付けなくてもよい。▶他对待子女真是严而～严(彼は子女に対してとことん厳しい)▶小皮球,圆～圆(ゴムボール,まんまるだ)▶希望工作顺利[而]～顺利,这只是一种空想(仕事がどこまでも順調であることを望むのは,1種の空想にすぎない)
ⓔ既+形₁/動₁+又+形₂/動₂。▶既有远期目标～有近期目标(長期目標を持っているだけでなく,短期目標も持っている)▶既节约成本,～能提高产品质量(コストをおさえたうえ,なお品質も上げられる)▶既干净～轻便(清潔だし便利だ)▶～经济～实惠(価格は手ごろで,実用的だ)
❸気持ち・感情を表す。
ⓐ逆接を表す。ふつう'可是・但是・却・而・虽然'と呼応する。▶心里有千言万语,[可是]嘴里～说不出来(心ではたくさん言いたいことがあるが,口には出せない)▶生活经历虽然并不一样,但往往～有共同的体会(生活体験は違っても往々にして共通の認識があるものだ)▶既怕冷～不愿多穿衣服(寒がりなのに厚着もきらいだ)
ⓑ否定を強調する。▶他～不会吃人,你怕什么?(彼が人をとって食うというわけでなし,何がこわいのだ)▶事情是明摆

着的，人家～不是没长眼睛，难道看不出来？（事ははっきりしているのだ。目が見えないわけでなし，わからないはずはない）▶他怎么会知道的？我～没告诉他（彼が何で知っているのだ。私は彼に言わなかったのに）
ⓒ反語を強調する。文中に疑問指示代詞を用いる。▶下雪～有什么关系？咱们照常锻炼（雪が降ったって関係ない。いつもの通り鍛練しよう）▶这点花招～能骗谁？（こんな手管で誰をだませるというのだ）▶这点小事～费得了多大工夫？（こんなさいな事に多くの時間をかけられるものか）
❹整数＋又＋端数 '又'は加算することを表す。▶一年～五个月（1年と5か月）▶三小时～十五分（3時間と15分）▶三～二分之一（＝ $3\frac{1}{2}$）（3と2分の1）
❺「追伸」「追補」の意味に用いる。手紙や文章を書き終わったあとに加える文の前に付ける。後ろにコロン（：）かコンマ（，）を付ける。▶又：前次所寄之书已收到，勿念（追伸：先回送っていただいた本は受け取りましたのでご安心ください）

比較 又：再 ☞再 zài
又：还 ☞还 hái
又：也 ☞也 yě

于 yú

【介詞】《書》

❶ '于…'を動詞の後ろに用いる。

ⓐ…にて，…より，…から：場所や来源を表す。場所を表す語句または一般の名詞と組み合わせる。▶熊猫产～中国西南山区（パンダは中国西南部の山間地帯に生息する）▶黄河发源～青海（黄河は青海に源を発する）▶一九五八年毕业～北京大学（1958年北京大学を卒業した）
ⓑ…に：時間を表す。▶中华人民共和国成立～一九四九年（中華人民共和国は1949年に成立した）▶马克思生～一八一八年（マルクスは1818年に生まれた）
ⓒ方向・目標を表す。後ろに名詞・動詞・形容詞を用いる。▶献身～革命（革命に身をささげる）▶从事～科学研究（科学研究に従事する）▶致力～技术革新（技術革新に力を尽くす）▶工程接近～完成（工事は完成に近づいた）▶气候趋向～暖和（気候は暖かくなりつつある）▶集中精力～学习（学習に精力を集中させる）
ⓓ…に対して，…に向かって：対象を表す。名詞と組み合わせる。▶有求～人（人に援助を求める）▶忠～职守（職務に忠実である）▶不满足～现状（現状に満足しない）▶大赛的形势有利～我们（競技会の形勢は我々に有利だ）▶我不大习惯～这种方式（私はこの方法にあまり慣れていない）▶对历史人物要根据当时条件具体分析，不要苛求～前人（歴史上の人物に対しては当時の条件に基づいて具体的に分析すべきで，厳しすぎる評価を下すべきではない）
ⓔ方面・原因・目的を表す。前には形容詞か動詞を用い，後ろに動詞を用いる。▶勇～负责（勇敢に責任を負う）▶便～计算（計算に便利）▶敢～承担（あえて引き受ける）▶忙～收集资料（資料収集に忙しい）▶苦～没有时间（時間不足に苦しむ）▶乐～帮助大家（喜んで人を助ける）
ⓕ受身を表す。▶限～篇幅，暂不刊登（ページが足りないので，しばらく掲載を見合わせる＝为篇幅所限）▶篮球友谊赛，主队败～客队（バスケットの交歓試合は地元チームが招待チームに敗れた）▶女子乒乓球单打，张英负～范莉（女子卓球シングルは張英が范莉に負けた）
ⓖ比較を表す。名詞・形容詞・動詞または数量詞の後ろに用いる。▶国家利益高～一切（国家の利益はすべてに優先する）▶为人民而死，重～泰山（人民のための死は泰山よりも重い）▶一英尺相当～市尺九寸（1フィートは中国尺の9寸にあたる）▶这是我们区别～他们的一个重要标

志（これは我々を彼らと区別する重要な1つのしるしである）
❷ '于…'を動詞の前に用いる。
ⓐ …に：時間を表す。▶中国共产党～一九二一年在上海建立（中国共産党は1921年に上海で創立された）▶来信～昨日收到（お便りは昨日受け取りました）▶报表已～三日前呈送上级（報告表はすでに3日前に上部に送った）
ⓑ …に対して，…に向かって：対象を表す。名詞と組み合わせる。▶操之过急，～事无益（せいては事を仕損じる）▶形势～我们有利（情勢は我々に有利である）▶储蓄～公～私都有好处（貯蓄は社会にも個人にも利益をもたらす）
ⓒ …で：範囲を表す。方位を表す語句と組み合わせる。動詞または主語の前に用いる。▶～无意中流露出怀念之情（無意識のうちになつかしく思う気持ちが現れた）▶～攻读专业书籍之外，我也不时阅读一些文艺作品（専門書を勉強するほかに，私はいくつかの文芸作品もよく読む）

于是 yúshì

【接続詞】後ろの事柄が前の事柄を受けていることを表す。後ろの事柄は往々にして前の事柄から引き起こされるもの。主語の後ろに用いてもよい。▶在老师的帮助下，同学们决定组织起来，～一个课外学习小组就这样成立了（先生の援助の下に，学生たちは組織化することを決めた。こうして課外学習グループができあがったのだ）▶大伙儿这么鼓励，我～又恢复了信心（みんなが励ましてくれて，それでまた自信を取り戻した＝～我又…）
━ 話し言葉では'于是'をふつう'于是乎'という。

与 yǔ

【介詞】…と，…に対して：《書》▶～此事有关（この事と関係がある）▶～此相同（これと同じ）▶目前的情况～去年不同（目下の状況は去年と異なる）▶成渝铁路北端～宝成铁路相连（成渝鉄道の北端は宝成鉄道とつながっている）▶～困难作斗争（困難と闘う）
【接続詞】…と：《書》書名・標題に用いる。▶父亲～母亲（父と母）▶人群是何等兴奋～激动（人々がいかに興奮し，感動したか）▶成～不成，在此一举（成功も不成功もこの行動にかかっている）▶《教学～研究》（『教学と研究』）▶电流～磁场（電流と磁場）
慣用句 与此同时 同時に：挿入句として節や文をつなぐ。▶我厂开展了群众性的增产节约运动，与此同时，还广泛组织工人大搞技术革新（我々の工場は大衆的な増産節約運動を繰り広げ，これと同時に広く労働者を組織して技術革新を大いに行った）
比較 与：和：跟：同 ☞跟 gēn

与其 yǔqí

【接続詞】比較したのち，一方を選ばずに他方を選ぶことを表す。
ⓐ 後節に'宁可・宁愿・宁肯'を用いる。▶对待工作，～看得容易些，宁可看得困难些（仕事に対しては容易とみるよりは困難とみよ）▶～多而质量不好，宁肯少而质量好些（多くて質が悪いより，少なくても良質のほうがよい）
ⓑ 後節に'不如・毋宁'を用いる。'不如'の前に'还・倒・真'を付けてもよい。'毋宁'は《書》。▶～这样等着，不如找点事情做做（ただ待っているより，何か仕事をやったほうがよい）▶～你去，还不如我去（君が行くより私が行くほうがよい）▶天气这么好，～呆在家里，倒不如出去走走（天気がこんなによいのだから，家にいるより出かけたほうがよい）▶～临渊羡鱼，毋宁退而结网（淵に立って魚を欲しがるより退いて網を作れ）
ⓒ 与其说…不如〈毋宁〉说… 客観状況に対する判断を表す。話し手の判断は，

あとの言い方がより正しいとする。▶～说是鼓励，不如说是责备（はげましというより，とがめというほうが合っている）▶～说你没学好，倒不如说我没教好（君がちゃんと学ばなかったというより，私がちゃんと教えなかったというべきだ）▶他的学习成绩有所下降，～说老师同学对他帮助不够，不如说他自己努力不够（彼の学習成績が低下したのは，先生や同級生の彼に対する援助が十分でないというより，むしろ彼自身の努力が足りなかったといえる）

愈 yù ☞越 yuè

愈加 yùjiā ☞越发 yuèfā

员 yuán

【接尾語】ある集団の中の成員，またはある職業に従事し，ある職務を担う人を表す。

ⓐ 名 + 员 ▶队～（隊員）▶组～（組員）▶会～（会員）▶团～（団員）▶党～（党員）▶店～（店員）▶科～（課員）▶乘务～（乗務員）▶勤务～（作業員）▶公务～（公務員）▶报务～（通信員）▶资料～（資料係）▶材料～（資材係）▶炊事～（炊事係）▶列车～（車掌）

ⓑ 動 + 员 ▶教～（教員）▶学～（学生）▶演～（俳優）▶议～（議員）▶雇～（雇員）▶随～（随員）▶检查～（検査係）▶指挥～（指揮官）▶战斗～（戦闘員）▶警卫～（警備員）▶服务～（ボーイ，接客係）▶保育～（保母・保父）▶保管～（保管係）▶管理～（管理人）▶实习～（見習い）▶研究～（研究員）▶裁判～（審判員）▶运动～（運動選手）▶飞行～（パイロット）

ⓒ 動 + 名 + 员 ▶办事～（事務員）▶理发～（理髪師）▶售货～（店員）▶记分～（採点記録係）▶潜水～（ダイバー）▶守门～（ゴールキーパー）

注意 ① '员'を用いるか否かは習慣による。例えば'守门员'に対して'看门员'とはいわない。'店员'に対して'铺员'ということはない。'提琴手'（バイオリニスト），'坦克手'（戦車兵）とはいうが'提琴员''坦克员'とはいわない。

② '员'を付けても付けなくても意味が同じ言葉もある。▶司令（司令官＝司令～）▶裁判（審判員＝裁判～）▶记录（記録係＝记录～）▶助理（助手＝助理～）▶保管（保管係＝保管～）

原来 yuánlái

【形容詞】もとの通りだ：単独では述語にならない。名詞を修飾するときは'的'を付ける。▶还是按～的计划进行（やはりもとの計画どおりに行おう）▶他还住在～的地方（彼はまだ以前の所に住んでいる）▶她～的名字叫吴小莉，现在叫吴宇华（彼女のもとの名前は呉小莉だが，今は呉宇華という）▶那份图样是～的，这是修改过的（あの図案は前ので，これは修正したものだ）

【副詞】❶以前には，当初は：「今はもうそうではない」の意味を含む。▶这件衣服和裤子～都挺合适的（この服とズボンは前はピッタリだった）▶我家～有六口人，现在只有母亲和我两个了（私の家はもとは６人家族だったが，今は母と私の２人だけになった）▶～这个地区的交通很不方便，现在才修起了高速公路（以前この地区の交通はとても不便だった，現在やっと高速道路が敷かれた）▶～还有几个人要来参加，因为有事不来了（もともとはまだ何人か参加するはずだったが，用事があって来られなくなった）▶我现在不是司机，～是（私は今は運転手ではありません，前はそうでした）

❷以前は気がつかなかったことに気がついたことを表す。「ハッと気づく」の意味を含む。主語の前あるいは後ろに用いる。▶我说是谁，～是你（誰かと思ったら，なんだ君だったのか）▶～他们并没走，我还

以为他们走了（なんだ，彼らは出かけていなかったのか，出かけたものとばかり思っていたよ）▶这屋里怎么这么安静，～没人（部屋がなぜこんなに静かなのかと思ったら，誰もいなかったのだ）

愿意 yuàn·yi

【動詞】ある行為，またはある状況の発生が望ましいものであることを表す。動詞・形容詞・節を客語にともなえる。否定には'没'を用いない。用法は助動詞に近い。▶你～去就去（行きたいのなら行きたまえ）▶他～学汉语（彼は中国語を学びたがっている）▶我～安静一点儿（私は静かなのがよい）▶人家不～让我们听（あの人は私たちに聞かせたくないのだ）▶我参加，你～不～？（私は参加しますが，君はどうしたいのですか）▶留下是他自己～的，不是别人强迫的（残ることは彼がみずから望んだことで，人に強要されたのではない）▶你～大家都去吗？（みんなに行って欲しいですか）
ⓐ名詞の客語はともなえない。▶他～办这件事（彼はこの事をやりたいと望んでいる ×他～这件事）
ⓑ程度副詞の修飾を受けられる。▶我非常～跟你们在一起（あなたがたと一緒にいたいと切に願っています）▶看样子，他好像不太～（どうも彼はあまり気が進まないようだ）▶～得很（一心に乞い願う）
ⓒ前に助動詞'会・可能・能'を用いてもよい。'能'は反語にのみ用いる。▶我想这么办，你看他会～吗？（こうしようと思うが，彼が同意してくれると思うかい）▶我估计，他可能不～（思うに，彼はおそらく気に入らないだろう）▶你想想，这样做我能～吗？（考えてみてくれ，このようにするのをどうして私が喜ぶだろうか）

约 yuē ☞大概 dàgài

约莫 yuē·mo ☞大概 dàgài

越 yuè（愈）

【副詞】越A越B　程度のうえでBがAの変化とともに変化することを表す。
ⓐAとBの主語が異なる。▶你～［是］劝他休息，他～［是］干得起劲（君が彼に休むようにと勧めれば勧めるほど，彼はますますがんばる）▶不知怎么回事，你声音～大，我们反而～听不清（どういう訳か，君が声を張り上げれば張り上げるほど，かえってはっきりと聞きとれない）▶大家～讨论，问题就～明确（みんなが討論すればするほど，問題はますます明確になる）
— Aの中で'越…'を重ねて用いてもよい。▶研究得～细致，讨论得～深入，问题也就解决得～好（研究が精緻になり，討論が深まるほど，問題の解決もうまくいく）
ⓑAとBの主語が同じである。▶我～看～喜欢（見れば見るほど好きになる）▶风～刮～大（風はしだいにはげしくなる）▶姜～老～辣（ショウガは古いほどからい）▶文章～罗唆～不能说明问题（文は長くだらだらしているほど問題の所在がはっきりしなくなる）▶～是在情况紧急的时候，～［是］需要冷静（情勢が緊迫しているときほど，ますます冷静さが必要だ）
ⓒ越来越…　程度が時間の推移にしたがって変化することを表す。主語は1つ。▶天气～来～热（ますます暑くなる）▶声音～来～小（声がますます小さくなる）▶事情～来～有希望（事態はますます希望がもてる）▶这歌声～来～响亮，也～来～有力（この歌声はますますひびき渡り，どんどん力強くなっていく）
〖愈〗'愈…愈…'は'越…越…'に同じ。《書》▶愈演愈烈（演じれば演じるほどはげしくなる）▶风雨愈大，雨中青松愈显得挺拔（風雨がはげしければはげしいほど，雨の中の青い松はそそり立って見える）▶听到表扬愈多，愈应谦虚谨慎（ほめられることが多いほど，謙虚に慎むべきだ）

越发　云云　467

越发 yuèfā（愈加）

【副詞】❶程度がさらに増加することを表す：一段と。比較の対象が文中に表れるとは限らない。

ⓐ越发+形▶过了中秋，天气～凉爽了（中秋節を過ぎて、一段と涼しくなった）▶条件比以前～好了（条件は前よりさらによくなった）

ⓑ越发+動　動は動詞句でなければならない。▶姑娘～长得标致了（娘は一段と美しくなった）▶往后～没有时间了（今後はさらに忙しくなる）▶如果情况真是这样，那就～值得我们注意了（状況が本当にこうならば、いっそう注意に値する）▶～沉不住气了（なおのこと落ち着いていられなくなった）▶～说不出口了（なおさら口に出せなくなった）▶～看不惯了（よけい目ざわりだ）▶再晚就～赶不上了（これ以上遅れるとさらに追いつけなくなる）▶～讲不清楚了（なおのことはっきり話せなくなった）

ⓒ越发+不+形／動▶～不高兴了（いっそう不愉快になった）▶～不老实了（一段とふまじめになった）▶～不懂事了（さらにものわかりが悪くなった）▶～不成问题了（なおのこと問題にならなくなった）▶～不应该了（なおさらけしからぬことだ）▶～不愿意讲了（ますます話したくなくなった）

❷越［是］…，越发…　意味・用法は基本的に'越…越…'に同じ。中間にポーズがある2つの節だけに用いる。▶心里越［是］兴奋，就～说不出话来（興奮すればするほど、ますます言葉が出なくなってしまう）▶越是艰苦的地方，～需要我们去工作（条件が厳しい所であればあるほど、なおさら我々が働きに行くことが必要なのだ）▶ ×风越刮～大▶ ×时间越早～好

比較　越发：更加　'越发'は同じ事物の変化について用いる。2つの事物を比較するときは'越发'を用いない。必ず'更・更加'を用いる。▶小刘下乡以后，身体越发〈更加〉结实了（劉さんは下放してから、体がいっそう丈夫になった）▶小刘身体很结实，小张更加（×越发）结实（劉さんは体が丈夫だが、張さんはもっと丈夫だ）

《愈加》意味と用法は基本的に'越发'に同じ。《書》▶听到了这个消息，我们的心情愈加不能平静了（この知らせを聞いて、我々はなおさらに平静でいられなくなった）▶工作愈紧张，心中反而愈加感到愉快（仕事が忙しければ忙しいほど、かえって愉快に感じる）

云云 yúnyún

【助詞】引用文あるいは伝達内容の末尾に用い、その終了や、以下省略することを表す。《書》▶他们所谓'和平'、'友谊'～，完全是骗人的鬼话（彼らが言ういわゆる「平和」とか「友情」とかは、まったく人をたぶらかすたわごとだ）▶而我久生大病，体力衰惫，不能为文，以上～，几同塞责（私は長いことわずらっており、体力もおとろえ、文を書くことができませんでした。以上のうんぬんは責任逃れの言い訳と言われてもしかたありません）▶文件上有批语，大意是既经有关单位研究可行，准予照办～（書類には評語があり、その大意は、すでに関係部門が検討のうえ可としたのであれば、申し越しの通り許可するうんぬんというものです）

Z

再 zài

【副詞】❶動作（あるいは状態）の繰り返しまたは継続を表す。まだ実現していない動作あるいは経常的な動作に多く用いる。
ⓐ再＋動 '再'の前後にはふつう同じ動詞を用いる。▶我们要学习、学习、～学习（我々は一にも勉強、二にも勉強でなければならない）▶去过了还可以～去（行ったことはあるが、もう1度行ってもいい）▶这次失败了，下次～来（今回失敗したらまたやるさ）▶别急，～坐一会儿（そんなに急がないで、もう少しゆっくりなさってください）▶我还能～见到你吗？（もう1度君に会えるだろうか）▶你敢～赛一场吗？（君、まだ勝負する気があるかい）
ⓑ一…再… '再'の前後に同じ単音節の動詞を用いてすでに起こったことを表せる。▶不能一错～错了（間違いに間違いを重ねてはならない）▶这事情一拖～拖，到现在还没结束（この件は延ばしに延ばして、今になってもまだ結着がつかない）▶人员一换～换，就是固定不下来（人が何度も入れ替わっていつまでも固定しない）
ⓒ仮定文に用い、ふつう'就・都'などと呼応する。仮定を示す接続詞はあってもなくてもよい。▶你［要是］～哭，小朋友就不跟你玩儿了（いつまでも泣いていたら、お友だちはもう遊んでくれなくなるよ）▶你［如果］～推辞，大家就有意见了（君がこれ以上辞退したら、みんな文句を言うよ）
ⓓ譲歩の仮定文に用い、'即使'あるいは'无论怎么'の意味を含む。ふつう'也・还是'と呼応する。▶你～怎么劝，他还是不听（あなたがいくら勧めても、彼はやっぱり聞き入れまい）▶～等也是这几个人，别等了吧（いくら待ってもせいぜい数人だ、待つのはやめよう）▶［即使］你～解释，他也不会同意的（あなたがどんなに説明しても、彼は同意しないよ）
❷ある動作が、近い将来ある状況の下で発生することを表す。
ⓐ動作が近い将来のある時間に行われる。▶今天来不及了，明天～回答大家的问题吧（今日はもう時間がないので、明日みなさんの質問に答えることにしましょう）▶下午～开会吧，上午先让大家准备准备（会議は午後に開きましょう、みなさんには午前中に準備しといてもらいましょう）
ⓑある動作が他の動作のあとに行われる。▶好好休息，等伤完全好了之后～参加大赛（ゆっくり休養して、傷がすっかりよくなってから試合に参加しなさい）▶先把问题调查清楚，［然后］～研究解决的办法（まず問題をはっきりさせてから、解決方法を考える）▶别着急，一个说完，一个～说（あわてないで、1人1人発言しなさい）
❸形容詞の前に用い、程度の増加を示す。
ⓐ［比…］＋再＋形 形の後ろにはふつう'一些・一点儿'をともなう。▶难道没有［比这个］～合适一点儿的吗？（これよりもっと適当なものがないわけではあるまいに）▶还可以写得［比这］～精练些（文章をもっと練ってもよい）
ⓑ再＋形＋［也］没有了〈不过了〉＝没有比…更…▶你跟我一块儿去吗？——那～好也没有了〈不过了〉（私と一緒に行きませんか——願ってもないことです）▶把军民关系比作鱼水关系，是～恰当不过了〈也没有了〉（軍隊と人民の関係を魚と水の関係にたとえるが、これほどぴったりした比喩はない）

ⓒ 形+得+不能+再+形+了＝形+到极点了　形は前後とも同じもので単音節のものが多い。▶已经甜得不能～甜了（もう十分に甘い）▶气球已经大得不能～大了，再吹就要炸了（風船はもうこれ以上ふくらませられないほどふくらませた，このうえ空気を入れたら破裂してしまう）▶他们俩好极了，好得不能～好了！（あの人たちは実に仲がよい，これ以上ないくらいの仲よしだ）

ⓓ 再+形　'无论多…'（どんなに…でも）の意味を表す。譲歩の仮定文に用いる。▶即使天～冷，风～大，我们也不怕（我々はどんなに寒かろうと，風が強かろうと，平気だ）▶情况～严重，我们也能想法对付（状況がどんなに厳しくとも，我々は対応策を講じることができる）▶～好的笔也禁不起你这么使呀（いくらいいペンでもおまえさんのような使い方をしてたらもたないよ）

❹ '再'を否定詞と共に用いる。

ⓐ 否定詞が前にくる。動作が繰り返されない，あるいは継続しないことを表す。▶唱了一个，不～唱了（1曲歌ったからもう歌わない）▶他走了之后没～来（彼はここを去ってから2度と来なかった）

ⓑ 否定詞が後ろにくる。間に'也'を置くこともある。ⓐと意味は同じだが，表現はずっと強く，'永远不'の意味を込める。▶他～也不来了（彼はもう2度と来ないわ）▶他～没说什么，掉头就走了（彼はそれ以上何も言わずにくりっと向きを変えて行ってしまった）▶您～〔也〕别说这些客气话了，这是我们应该做的（どうかもうそんな遠慮をおっしゃらないでください，当然のことをしたまでですから）

❺ ほかに，もう1度。

ⓐ 再+一个 ▶超额完成任务的，一个是印染厂，一个是变压器厂，～一个是齿轮厂（任務を超過達成したのは，捺染工場・変圧器工場，それと歯車工場だ）

ⓑ 再+一次 《書》 ▶我国政府就此事～一次发表声明（わが国政府はこの件について再度声明を発表した）▶这件事～一次说明了一个真理（この事は再度1つの真理を証明している）

ⓒ 再+没有；再+还有；再+就是 ▶只有这一条路通向山顶，此外～没有别的路（山頂に通じるのはこの道だけで，ほかの道はない）▶我们村今年种了三百亩小麦，～还有四十亩大豆（我々の村は今年小麦を300ムー作った，そのほかに大豆も40ムー作った）▶懂英语的有小王、小李、老张，～就是老孙（英語がわかるのは王くん・李くん・張さんと，あとは孫さんだ）

慣用句 首先…其次…再［其］次… '第一…第二…第三…'に同じ。

一而再，再而三 一度ならず。▶他一而再，再而三地解释这件事（彼は再三再四この事を説明した）

比較 再：又　動作の繰り返しと継続を表す。'再'はまだ実現されてないことに用い，'又'はすでに実現されたことに用いる。▶再唱一个（もう1曲歌ってくれ：これから繰り返される）▶又唱了一个（もう1曲歌った：すでに繰り返された）▶再躺一会儿（もう少し横になっていよう：これからも継続する）▶又躺了会儿（またしばらく横になった：すでに継続している）

再：才　'再'は動作がまだ実現していないが，近いうちに実現することを表す。'才'は動作がすでに実現したことを表す。同時に動作の実現が遅かったことを強調する。▶你明天再来吧（明日またいらっしゃい：まだ実現されていない）▶你怎么今天才来？（どうして今日になってやっと来たの：来るのが遅すぎる）▶看完了电影再走吧，好不好？（映画を見てから行くことにしたらどうだね：まだ実現されていない）▶他看完了电影才走的（彼は映画を見てからやっと行ったのです：実現が遅い）

再：更　'再'と'更'は，共に程度が高まることを表す。ただし❸ⓐの'再'は'更'に置き換えられるが，そのほかはできない。

逆に'比…'と共に用いた'更'は'再'に置き換えられない。動詞の前の'更'と否定詞の前の'更'も'再'に置き換えられない。

再：最：至 ☞最 zuì

再三 zàisān

【副詞】1回また1回と：頻繁に繰り返すことを表す。動詞の前に置き状語になる。▶对方～表示感谢（相手は何度も感謝の意を表した）▶大家～挽留，可是仍然没把他留住（みんなは再三引き留めたが、やはり彼を引き留めることはできなかった）▶经过～考虑，我认为还是不去为好（何度も考えたすえ、私はやはり行かないほうがいいと判断した）▶妈妈～嘱咐我要当心身体（母は体に気をつけるように再三私に言い聞かせた）

— '再三再四'と言うこともある。▶队长再三再四地强调了注意事项（隊長は何度も繰り返して注意事項を強調した）

在 zài

【動詞】❶存在する，生存する。▶父母健～（父母は健在です）▶精神永～（精神はいつまでも生きている）▶那张相片现在还～（あの写真は今でも残っている）▶祖母已经不～了（祖母はもう亡くなりました：死亡したことを表す。必ず'了'を付ける）

❷人あるいは事物が存在する場所・位置を示す：ふつうは客語をともなわねばならない。▶文件～桌上（書類は机の上にある）▶小陈～图书馆（陳くんは図書館にいる）▶老刘不～家（劉さんは留守だ）

— 場所が既知のものである場合は客語をともなわなくてもよい。▶老张～吗？——～，请进！（張さんはいらっしゃいますか——おります、どうぞお入りください）▶我刚才去了一趟，他没～（さっき1度行ったんだが、彼はいなかったよ）

❸…にある，…によって決定される：名詞・動詞あるいは節を客語にともなえる。▶体育锻炼贵～坚持（スポーツの鍛練はしっかりとがんばりぬくことに意味があるのだ）▶这事～你自己（これは君しだいだ）▶得肠胃病的原因，多半～平时不注意饮食卫生（胃腸病の原因の大半は平素飲食の衛生をなおざりにしていることによる）▶要学习好，主要～自己努力（学習成績をあげるかどうかは，主として本人の努力にかかっている）▶学汉语难就难～一些虚词的用法不好掌握（中国語がむずかしいのは，いくつかの虚詞の用法がなかなか理解しにくい点にある）

【副詞】…している。▶红旗～飘扬（赤旗がひるがえっている）▶火车～飞奔（汽車が飛ぶように走っている）▶时代～前进（時代は前進している）▶风～吼，马～叫，黄河～咆哮（風がうなり，馬がいななき，黄河が咆哮している）

【介詞】時間・場所・方位などの語句と組み合わされる。

❶時間を示す。

ⓐ一般の動作が行われる時間を指す。'在…'は動詞・形容詞あるいは主語の前に置く。▶专车～下午三点半到达（専用列車は午後3時半に着く）▶我是～到了上海以后才听说的（私は上海に着いてから初めて聞いたんです）▶～当时，问题还不严重（当時においては、問題はまだそれほど深刻ではなかった）

ⓑ出現・消失および明確な形を持たない動作の発生した時刻を指す。'在…'は動詞の後ろに置かれる。単音節の動詞は'生・死・定・处・改・放・排'などに限る。▶生～一八九九年（1899年に生まれた）▶处～紧急关头（危急の瀬戸際に臨んでいる）▶时间定～后天上午（時間は明後日の午前とする）▶这事放～以后再谈（この件はいずれまた話すとしよう）▶参观改～星期四（見学は木曜日に変更した）

— 2音節動詞は'出生・诞生・发生・出现・发现・布置・安排・确定・固定'などに限る。▶出生～一九一〇年（1910年

に生まれた）▶故事发生~很久以前（この話はずっと昔に起こった）▶运动会安排~四月份（運動会は4月に行うように組まれた）▶小组讨论固定~每星期五（グループ討論は毎週金曜日に定期化された）

❷場所を表す。

ⓐ動作の発生あるいは事物の存在する場所を指す。'在…'は動詞・形容詞あるいは主語の前に置く。▶~高空飞翔（高い空を飛ぶ）▶~黑板上写字（黒板に字を書く）▶养蚕~南方很普遍（養蚕は南方で広く行われている）▶~休息室里，大家谈得很高兴（休憩室では，みんながとても楽しそうに話している）▶~草地的中央有一个喷水池，~喷水池的两边是两个精致、美丽的花坛（芝生の中央に噴水があり，その両側に手入れの行き届いた美しい花壇がある）

ⓑ出生・発生・産出・居留の場所を指す。'在…'は動詞の前後どちらに置いてもよい。▶住~东城（東城に住む）▶出生~北京（北京で生まれる）▶生长~广东（広東で生まれ育つ）▶竹笋产~南方（タケノコは南方で産出される）▶事情发生~老张家里（事件は張さんの家で起こった）▶~东城住（東城に住む）▶~北京出生（北京で生まれる）▶~广东生长（広東で生まれ育つ）▶~老张家里发生了一件事（張さんの家で事件が起こった）

ⓒ動作の到達する場所を指す。'在…'は動詞の後ろに用いる。▶跳~水里（水の中に飛び込む）▶掉~地上（地面の上に落ちる）▶看~眼里，记~心上（しかと見，心にきざむ）▶窗户开~东墙上（窓は東の壁に付いている）▶一枪打~马肚子上（銃弾は馬の腹に当たった）▶平躺~床上（ベッドにあおむけになる）▶阳光照射~水面上（太陽が水面を照らす）▶行李寄存~你家（荷物はあなたの家にあずける）▶疗养所坐落~半山腰（療養所は山の中腹にある）▶病人昏倒~地上（病人は地面に昏倒した）▶全家团聚~一起（家族全員が一緒になる）

— 動詞が受事客語をともなうとき客語には数量詞が必要である。さもなければ'把'を用いた文あるいは客語前置文を用いねばならない。▶写一个名字~上头（上に名前を書く）▶把名字写~上头（名前を上に書く）▶名字写~上头（名前は上に書く ×写名字~上头）

注意 ①いくつかの文では'在…'は動詞の前後どちらにも置ける。しかし意味は異なる。▶在地上跳（地面の上で飛びはねる：'跳'の動作は地上で行われる）▶跳在地上（地上に飛び下りる：ほかの場所から地上に飛び下りる）▶在马背上打了一枪（馬上から銃を撃つ：馬の背の上でほかの場所に向けて射撃する）▶一枪打在马背上（馬の背に命中した：銃弾が馬の背に当たった）

②動詞に後置要素が付く場合，'在…'は動詞の前にしか置けない。▶在屋里坐着（部屋の中で座っている ×坐着在屋里）▶在上面写清楚（表にはっきりと書く ×写清楚在上面）

❸範囲を表す。

ⓐ動詞・形容詞あるいは主語の前に用いる。▶我们~工作中取得了很大成绩（我々は仕事のうえで立派な成果をあげた）▶他~学习上很努力（彼は勉強にはげんでいる）▶~这方面，你要多帮助他（この面で，君は彼にもっと援助してあげなくてはいけないよ）

ⓑ動詞の後ろに用いる。▶参军年龄控制~二十二岁以下（入隊年齢は22歳以下とする）▶旅客随身行李限制~二十公斤以内（旅客の手荷物は20キロ以内とする）▶室温保持~二十四到二十六度之间（室温を24度から26度に保つ）

❹条件を表す。'在+[動名詞句]+下'の形式を構成し，動詞あるいは主語の前に用いる。▶~大家的救助下，把落水儿童救上了岸（みんなの救助によって，水に落ちた子供は岸に助け上げられた）▶~大家

的帮助下，小周的进步很快（みんなの援助によって，周くんは著しい進歩を見せた）❺行為の主体を表す。▶这种生活～他已经十分习惯了（こうした生活に彼はもうすっかり慣れた＝対他来说）▶～我看来，问题不难解决（私の見るところでは，それほどむずかしい問題ではない＝依我看）

[注意]'在那里・在这里'などで場所の意味が著しく不鮮明なときは，主として'正在进行'を表す。▶人的身体时时刻刻在那里消耗水分（人体は絶えず水分を消耗している）▶我在这里想明天的工作怎么安排（私は今，明日の仕事の段どりを考えているところだ）

[比較] 在：正：正在 ☞正在 zhèngzài
在：当 ☞当 dāng

在乎 zài·hu

【動詞】❶…にある：必ず名詞・動詞・形容詞・節を客語にとる。▶背景的作用～衬托（背景は引き立てるためにある）▶进步完全～自己努力（進歩はひとえに本人の努力による）▶诗之所以为诗，～意境，并不～堆砌词藻（詩の詩たるゆえんは詩境にあるのであって，決して言葉を飾りたてることにあるのではない）

❷こだわる，気にかける：名詞の客語をともなえる。程度副詞の修飾を受けられる。否定文や反語文に多く用いる。▶我不～这点东西（こんなもの，ぼくは目じゃあないよ）▶对这一点，他倒不十分～（この点については，彼はそれほどこだわっていない）▶难道你还～这几个钱？（君はまさかまだこれしきの金を問題にしているわけではあるまい）▶人家笑你，你～不～？（人が笑ってるよ，君，気にならないのかい）▶你不～，他可是～（君はこだわらなくても，彼は気にしているよ）

[慣用句] 满不在乎 まったく気にしない，いいかげん。▶我替他着急，他倒满不在乎（彼のために心配してやってるのに，彼のほうはまったく気にしていない）▶什么事他都满不在乎，所以老是出差错（彼は何事についてもいいかげんなので，いつもしくじってばかりいる）

在于 zàiyú

【動詞】❶事物の本質の所在を示す：まさに…である，ほかでもなく…だ。必ず名詞・動詞・節を客語にとる。主語は名詞句が多い。▶他们的错误就～此（彼らの間違いはほかでもなくこの点にあるのだ）▶出事故的原因就～他们根本没有把安全生产放在第一位（事故を起こした原因は彼らが安全操業を第1に考えていない点にある）▶这个工程的问题不～进度，而～质量（この工事の問題は進度にあるのではなく質の善し悪しにある）

❷キーポイントの所在を示す：…によって決定される。必ず名詞・節を客語にとる。主語は選択を表す疑問節が多い。▶一年之计～春（1年の計画は春にある）▶去不去～你自己（行くかどうかは君しだいだ）▶这件事成功与否就～他了（これが成功するかどうかは彼しだいだ）▶这次能不能获得冠军就～这最后一盘了（今回優勝できるかどうかは，この最後の1局にかかっている）

咱们 zán·men

【代詞】❶話し手と聞き手の双方を指していう。《口》▶你在工厂干活儿，我在农村劳动，～都为社会主义建设出力（君は工場で仕事をし，ぼくは農村で働いているが，ぼくたち2人はどちらも社会主義建設のために尽くしている）▶他们给～写来两封信了，～得给他们写封回信（彼らは私たちに手紙を2通くれた，私たちも返事を書かなければ）

ⓐ所有関係を表すとき，'咱们'の後ろには'的'を付けても付けなくてもよい。▶～[的]卡车（我々のトラック）▶～[的]行李（ぼくたちの荷物）▶这是～[的]电视机（これはぼくらのテレビです）▶～

[的] 电话有点毛病（私たちの電話，ちょっと調子がおかしいわね）
━ ただし人・団体・場所の名称の前には，ふつう'的'を付けない。▶〜县（わが県）▶〜厂（ぼくらの工場）▶〜班（私たちのクラス）▶〜车间（わしらの現場）▶〜校园（ぼくたちの校庭）▶〜球场（ぼくたちの球技場）▶〜主任（私たちの主任）▶〜队长（我々の隊長）▶〜王老师（ぼくたちの王先生）▶〜经理（うちの社長）▶〜小李可是个好样儿的（ぼくたちの仲間の李くんはなかなか見あげたものだ）
━ '家・家里・这里・那里'および方位詞の前や，'这〈那〉+数量'の前ではふつう'的'を付けない（☞我❶ⓐ，你❶ⓐ）。
ⓑ身分を表す名詞と共に用いる場合は'咱们'は前に置く。▶〜工人有力量（ぼくら労働者には力がある）▶〜当领导的要带头（我々指導者は率先してやらなければならない）▶〜老年人要做个好榜样（我々年寄りはよいお手本にならねばならない）
━ 数量句（名詞に続くこともあり，続かないこともある）と共に用いるときもある。▶〜俩（私たち2人）▶〜三个（ぼくら3人）▶〜这几个人干得了吗？（私たち数人でやり通せるだろうか）
❷'你'あるいは'你们'を指す。'你'や'你们'を用いるよりも親しみがこもる。▶〜乖，〜不哭（ボクいい子だもんね，泣かないよね：幼児に対して）▶谁欺负〜了，找他说理去（誰にいじめられたんだ，その子を見つけてしかってやろう：子供に対して）▶同志，〜这儿有红旗牌收音机吗？（あの，こちらには紅旗マークのラジオはありますか：店員に）
注意北方語では'咱们'と'我们'とでは違いがある。前者は相手を包括し，'他们'と対立する。'我们'は相手を含まず，'你们'と対立する。'咱们'はすでに共通語の中にとけ込んでいるが，共通語を話す人がすべて使いなれているわけではない。ことにかしこまった場面では，ふだん'咱们'と'我们'を使い分けている者でも，総じて'我们'を用いる。書き言葉で'咱们'を用いることは少ない。

遭 zāo

【動詞】ひどい目にあう：《付》了・着・过　名詞・動詞を客語にともなえる。▶〜了毒手（ひどい仕打ちを受けた）▶〜过水灾（水害にあった）▶那儿现在还〜着旱灾呢（あそこは今もかんばつに見舞われている）▶别让我〜这个罪了（もうこんなつらい目にあわせないでくれ）▶闻一多在昆明惨〜暗杀，激起了全国人民的愤怒（聞一多が昆明で痛ましくも暗殺され，全国人民の激しい怒りを引き起こした）
━ 兼語をともなえる。その場合，'遭'の後ろによく'人・人家'などの代名詞を用いる。▶〜人虐待（虐待される）▶〜人白眼（人からのけものにされる）▶别〜人家骂（人に文句をつけられないようにしろよ）▶你是〜他骗了（君は彼にだまされたんだよ）▶水库修好以后，这里再也不〜水淹了（ダムができてから，このあたりはもう水をかぶることがなくなった）
動趨 遭到▶这种错误主张遭到坚决的反对（こうした誤まった主張は断固たる反対にあった）▶一家遭到不幸，大家都来关心（どこかの家が不幸に見舞われると，みんなが心配してくれる）

早 zǎo

【名詞】朝▶从〜到晚（朝から晩まで）▶〜晚温度相差很大（朝晩の温度差が大きい）▶今儿起了一个大〜，四点半就出门了（今日は朝早く起きて，4時半にはもう家を出た）
【形容詞】❶時間・時期が早い。
ⓐ名詞を修飾する。▶〜稻（早稲）▶〜班（早番）▶〜期（早期）▶他〜年在四川任教（彼は以前，四川で教師をしていた）

ⓑ動詞を修飾する。▶~去~回（早く行って早く帰る）▶日子定了，~点儿告诉我（日が決まったら早めに知らせてください）▶~点儿吃饭，~些动身（早めに食事をすませて、早めに出発する）▶~去晚去都没关系（早く行こうと遅く行こうとかまわない）

ⓒ述語となる。▶天还~，再坐会儿（まだ早いですよ，どうぞごゆっくり）▶要去，时间就~点儿（行くなら早めに行く）▶不~了，该动手了（もうこんな時間だ，さ，始めよう）▶这么~，哪儿去呀？（こんなに早く，どこに行くの）

ⓓ補語となる。▶起得很~（早く起きる）▶他来得最~（彼はいちばん早く来た）

ⓔ朝の挨拶語。▶老师~！（先生おはようございます）▶同学们~！（みなさんおはよう）

❷やや早い，より早い（現在あるいはある時点と比較して）。

ⓐ比較文に用いる。▶你来得比我~（あなたは私より来るのが早かった）▶他上大学比我~一年（彼はぼくより1年早く大学に入った）▶这里的季节比北京~一个月（ここの気候は北京より1か月早い）

ⓑ'早'の後ろに時間数量詞がくる。▶~两天我还看见他的（2，3日前に私は彼を見かけましたよ）▶他~两个星期来过（彼は2週間前に来たことがある）

ⓒ動詞の後ろに直接用いる。'太早了'の意味がある。▶来~了，还没开门（早く来すぎた，まだ門が開いていない）▶买~了，应该过几天再买，可能有新产品（買うのが早すぎた，何日かあとに買えば新製品が出たかもしれないのに）

ⓓ動詞の前に直接用いる。仮定を表し，'现在太晚了'の意を含む。▶你干嘛不~说？（君どうして早く言わなかったんだ）▶要~去就好了（早く行けばよかった）▶~知道你要来我就不去了（あなたが来ると知ってたら私は行くのをやめたのに）▶~知今日，何必当初（こんなことになるとわかっていたら，ああすべきではなかった）

【副詞】事柄が発生してから現時点まで一定の時間が経過していることを強調する。文末には'了'を用いることが多い。▶他~来了（彼はとっくに来ている）▶我们~知道了（我々はとっくに知っていた）▶来信~已收到了（手紙はずっと前に受け取った）▶你的心思我~看出来了（ぼくは君の気持ちはとうから見抜いていた）

— '早'の後ろには副詞'已・就'などを用いることが多い。▶他~已不在这儿了（彼はもうとっくにここにはいないよ）▶我~就准备好了（ぼくはとっくに準備をすませたよ）▶要在旧社会，遇到这么大的灾害，我们~就饿死了（解放前にこんなに大きな災害にあったとしたら，我々はとっくに餓死していたよ）

早晩 zǎowǎn

【名詞】朝晩：ふつう朝と晩に同じことをやるのに用いる。▶他每天~都打太极拳（彼は毎日朝晩太極拳をやる）▶他一日一餐，~不吃（彼は1日1食で，朝晩は食べない）▶我~都要读一会儿外语（私は朝晩外国語を少し読むことにしている）▶这种营养液~各服一支（この液体栄養剤は朝晩1本ずつ服用する）

【副詞】「遅かれ早かれ」の意味に相当し，予想される状況の出現が避けられないことを表す。'会・要・得（děi）'と共に用いることが多い。▶他不听别人劝说，~要吃亏的（彼は人の説得を聞かないから，いずれは損をするだろう）▶你一意孤行，~得犯错误（あなたが独断専行すれば，いずれはきっと間違いを犯すことになる）▶这个小伙子头脑清楚，办事干练，~会有成就的（この若者は頭脳明晰で，仕事の腕もたつから，いずれは成功するにちがいない）▶就这样折腾，买卖~得让他搞黄了（こんなに無茶ばかりやっていたら，商売は遅かれ早かれ彼のせいで立ち行かなくなる）▶兄弟~要分家（兄弟はいず

れは別々になるものだ)

怎么 zěn・me (怎么着)

【指示詞】❶怎么+動　方法をたずねる。動には否定形を用いない。▶这事我该~去跟他说?(このことを彼にどう言ったらいいのか)▶他~学会说广州话的?(彼はどのようにして広東語を話せるようになったのだろう)▶棉花是~种出来的?棉花~纺成棉纱?棉纱又~织成棉布?这个过程你知道不知道?(綿はどのようにしてできるか,どうやって綿糸になるのか,またどうして綿布にするのか,この過程をあなたは知っていますか)

― '怎么+動'は'怎么个+動+法'ともいう。▶棉花是~个种法?(綿はどうやって栽培するのか)▶这种笛子~个吹法?(この笛はどうやって吹くのか)

❷怎么+動/形　原因をたずねる。'为什么'と同じ。動詞・形容詞は否定形をとれる。▶你~来了?(君どうして来たの)▶他~这样高兴?(彼はなぜこんなに喜んでいるの)▶屋里~这么黑?(この部屋どうしてこんなに暗いの)▶水~不热?(このお湯どうしてぬるいの)▶你~不打打太极拳呢?(君はなぜ太極拳をやってみないの)▶小李~没报名?(李くんはどうして申し込まなかったんだろう)▶你~会知道这件事?(あなたはどうしてこのことを知っているのですか)

― '怎么'は主語の前に置ける。▶~他还不出来?(彼どうしてまだ出て来ないのだろう)▶~今天这么冷?(今日はなんでこう寒いんだろう)

❸怎么[+一]+量+名　性質・状況をたずねる。意味は'一+量+什么+名'とほとんど同じ。量詞には'个・回'を用いることが多く,名詞は'人・东西・事'が多い。▶大家都想看看新来的老杨是~一个人(新しく来た楊さんはどんな人かみんな見たがっている)▶这是~[一]回事?(これはどういうことだ)▶你给我说说,那儿是~[一]个情况?(あそこはどんなようすか話してくれ)

❹不定を表す。▶不知道~一来就滑倒了(どうしたわけかすべって転んでしまった)▶你没想出~个解决方法吗?(何か解決方法が思いつかなかったのかね)▶新品种~~好,老品种~~不行,他当着众人详细地做了比较(新種はどこがどうよいか,以前のものがどうよくないのか,彼はみんなの前で詳しく比較して話した)▶他把~来~去都告诉了大家(彼は事の次第を洗いざらいみんなに話した:ここでの'~来~去'は事柄のすべての過程を指す)▶这种花~繁殖,~种,~管理我都知道(この花はどうやって繁殖させるか,どう栽培するか,手入れはどうしたらいいか,私はみんな知っている)

❺任意の内容を表す。

ⓐ後ろにふつう'也・都'を用い,呼応させる。前に'不论・无论・不管'などを置ける。▶~让他唱他也不唱(どんなに歌わせようとしても彼は歌わない)▶~修都修不好(どう修理してもうまくいかない)▶不论〈无论,不管〉~困难都得按时赶到预定地点(いかにたいへんでも,時間どおりに予定地に到着しなければならない)

ⓑ'怎么'を前後に2つ用いて呼応させ,条件関係を表す。▶上次~做的,这次还~做(前回やったとおりに今回もやる)▶该~办就~办(規準どおりにやる)

❻不+怎么+動/形　'怎么'は程度を表し,'很'とほぼ同じだがやや軽い。'怎么'の働きは'不'の力を弱めることにあり,語調がやわらかくなる。'不怎么冷'は'不冷'ほどきっぱりした口調ではない。▶他刚学,还不~会唱(彼はならったばかりなので,まだそれほどうまく歌えない)▶今天不~舒服(今日はそれほど気分がよくない)▶学会一门技术也并不~难(1つの技術をマスターすることはそれほどむずかしいことではない)

【代詞】❶'怎么'が述語になる。状況をた

ずねる。文末に'了〈啦〉'を用いる。▶你～啦？（君どうしたんだ）▶参观的事～了？都安排好了吗？（見学の件はどうなりましたか，手はずは整いましたか）▶你是～了？从来没见你这么高兴过（いったいどうしたんです，あなたがこんなに喜んだのを見たことがありません）

❷ '怎么'を文頭に用いる，後ろにポーズを入れて驚きを表す。▶～，我离开这里才两年，就新建了这么多高楼！（どうだいこれは，ここを離れてまだ2年しかたっていないのにもうこんなにたくさんのビルが建っちまったとは）▶～，你不认识我了？（おや，君はぼくを忘れちまったのかい）▶～，他又改变主意了？（なに，彼はまた考えを変えたって）

比較 怎么 : 如何 ☞如何 rúhé

〚怎么着〛'怎么'【代詞】に同じ。指示詞として用いることは少なく，指示詞としては'怎么'を用いることが多い。

怎么样 zěn·meyàng
☞怎样 zěnyàng

怎么着 zěn·me·zhe
☞怎么 zěn·me

怎样 zěnyàng（怎么样）

【指示詞】❶性質をたずねる。'的'をともなって名詞を修飾する。名詞の前に'一＋量'があるときは'的'を省略できる。▶～的结构？（どのような構造ですか）▶～的方法？（どんな方法ですか）▶请告诉我这是一个～的民族？（これはどんな民族か教えてください）▶下一步应采取～的行动？（次はどんな行動をとるべきか）▶橡胶树是～一种树呢？（ゴムの木とはどんな木なのですか）

❷怎样＋動 方法をたずねる。話し言葉では'怎么'あるいは'怎么样'を用いる方が多い。▶你们～消灭虫害？（あなたがたはどのようにして虫害を消滅するんですか）▶你在水里是～游的？（あなたは水中をどうやって泳いだのですか）▶这个九层的象牙球是～雕刻出来的？（この九層の象牙の球はどうやって彫ったのだろう）▶螃蟹～走路？（カニはどのように歩くか）

❸不定を表す。話し言葉では'怎么'を用いることが多い。▶不知道他～一变，就变出一盆金鱼来（彼がどんな手品を使ったのかわからないが，1鉢の金魚が出てきた）▶我没感到～冷（私はそれほど寒いとは感じなかった）▶他说那地方的风景～～好，引得大家都想去（彼はそこの景色がどういうふうにいいかを話し，みんなは行ってみたい気持ちになった）

❹任意の内容を表す。話し言葉では'怎么'を用いることが多い。

ⓐ後ろにふつう'也・都'を用いて呼応させる。前に'不论・无论・不管'などを置ける。▶他非要冒雨回家，～留也留不住（彼は雨の中をどうしても帰宅すると言って，いくら引き止めてもきかない）▶～洗都洗不干净（どんなに洗ってもきれいにならない）▶不论周围的环境～乱，都不影响他学习（どんなにやかましい環境も彼の勉強に影響しない）

ⓑ2つの'怎样'を呼応させ，条件関係を表す。▶我～学来的，我还～教你们（私が学んだとおりに，あなたたちにも教えてあげる）▶人家～做，你也～做，不就行了吗？（君も人がやるようにやればいいじゃないか）

【代詞】状況をたずねる。

ⓐ述語・補語となる。▶你的身体～？（体の具合はいかがですか）▶实际状况究竟～？（実際の状況はいったいどうなんだね）▶准备工作做得～了？（仕事の準備はどうなりましたか）

ⓑ客語となる。▶现在感觉～？（今どんな感じがしますか）▶以后打算～？（今後どのようにするつもりですか）

〚怎么样〛①質問・不定・任意の内容に用いる。'怎样'と同じ。

②表現しにくい動作や状況に代えて用いる。婉曲な言い方。否定文や疑問文のみに用

いる。▶这篇文章不～（この文章はたいしたことはない：よくない）▶天气还能把咱们～？（天気なぞに左右されるものか：我々が出かけるのをさまたげることはできない）

张 zhāng

【量詞】❶開くことのできるもの，つぼめたり閉じたりできるもの，巻くことのできるものに用いる。▶一～嘴（1つの口）▶一～纸〈票、画片、卡片、相片、地图〉（1枚の紙〈切符・絵カード・カード・写真・地図〉）▶一～凉席（ござ1枚）▶两～烙饼（ラオピン1枚）▶这～弓谁都拉不动（この弓は誰も引けない）

❷平たいもの，あるいは平面を持つものに用いる。▶三～桌子（テーブル3つ）▶两～凳子〈沙发、躺椅、床〉（腰かけ〈ソファー・寝椅子・ベッド〉2つ）▶～～笑脸迎亲人（どの人も笑顔で肉親を迎える）▶一～～的桌子摆满了大厅（たくさんのテーブルがホールいっぱいに並べられている）

❸一部の農具や楽器に用いる。▶一～步犁〈耧〉（新式畜力プラウ〈種まき車〉1台）▶一～古琴（古琴1面）

着 zháo

【動詞】❶接触する：《付》了・过　必ず'地・水・边际'などの若干の客語をともなう。▶手上的烫伤一～水就疼（手のやけどは水にちょっとふれただけで痛む）▶扶着点，我的脚还没～地，～了地你再放手（もうちょっと支えていてくれ，まだ足が地面に届かないんだ，足がついたら手を放していいよ）▶他说话总是不～边际（彼の話はいつだってつかみどころがない）

❷影響を受ける：《付》了・过　必ず名詞・形容詞を客語にともなう。▶～凉了（かぜをひいた）▶心里～了慌（内心あわてた）▶别～急（そうあせるな）▶夜里～了风，两肩酸疼（夜風にあたったので肩が痛む）

❸火がつく：《付》了・着・过　客語'火'をともなえる。▶汽油一点就～（ガソリンはちょっと火をつけるとすぐ燃える）▶～火啦！（火事だ）▶小心点，～了火可不是玩的（気をおつけ，火がついたらそれこそただじゃすまないよ）

━《派》明かりがつくことに用いる。客語はとらない。▶这儿的灯没～（ここの明かり，ついてないよ）▶屋里的灯还～着（部屋の明かりはまだついている）

❹動結形の結果を表す要素となる。
ⓐ他動詞の後ろに置かれ目的を達成したことを表す。《付》了・过　'得・不'を挿入できる。▶猜～（当てる）▶打～了（命中した）▶逮不～（つかまえられない）▶找得～（探し当てられる）▶这批材料今天可用～了（これらの材料は今日たいへん役に立った）▶我个子高，够得～（ぼくは背が高いから届くよ）
ⓑ自動詞あるいは形容詞の後ろに置かれ，結果や影響が生じたことを表す。《付》了・过　'得・不'を挿入できる。▶睡～过（寝ついてしまった）▶饿～了（ひもじくてならない）▶累不～（疲れはしない）▶冻～了（冷え込んでしまった）
ⓒいくつかの動詞の後ろに必ず'得・不'を挿入し，固定的な句を構成する。ふつう疑問文や否定形に用いる。▶犯得〈不〉着（～するだけのことはある〈ない〉）▶怪得〈不〉着（とがめることができる〈できない〉）▶数得〈不〉着（数に入る〈入らない〉）▶顾得〈不〉着（かまっていられる〈いられない〉）

照 zhào

【動詞】❶照らす。▶阳光～在窗台上（陽が窓かまちを照らしている）

❷像を映す。▶～镜子（鏡に映す）▶平静的湖面～出了岸边杨柳的倒影（静かな湖面に岸辺の楊柳の影が映っている）

❸写真を撮る。▶～一张相片（写真を1

枚写す）▶这张相片没~好（この写真はよく撮れていない）

【介詞】❶…に向かって，めがけて：《付》着▶~靶子打了一枪（的をねらって1発撃った）▶~着这个方向走（この方向に行く）

❷…に照らして，…のとおりに。
ⓐ照＋名 《付》着▶~计划执行（計画どおり実行する）▶~尺寸剪裁（寸法に合わせて裁断する）▶就~你说的办（あなたの言うとおりにやりましょう）▶~着这个进度下去，不出十天就能完成（このままの進度でいったら，10日たらずで完成です）▶~直走（まっすぐ行く＝~直路走）▶~实说（正直に言う＝~实话说）
ⓑ照＋節 《付》着▶~每年增产百分之十计算（毎年10パーセントの増産として計算する）▶~着两个人住一间房安排（2人で1間のわりで部屋わりする）
ⓒ照＋名＋看〈说〉 ある人がある見方を持っていることを表す。▶~我看，原文在这儿漏了一个字（私が思うに，原文はここが1文字ぬけている）▶~你这么一说，我心里也就踏实了（あなたにそう言われて，私の気持ちも落ち着いた）

慣用句 照说 道理から言えば。▶照说该我去看他的，他倒先来了（本来なら私のほうから出向かなければならないのに，彼のほうが先に来てしまった）

【副詞】もとのもの，あるいは何らかの基準に基づいて行うことを表す。▶~办（そのとおりにする）▶~转（そのとおりに転送する）▶此件~发（規定どおりに発送する）▶根据文稿~抄一份（草稿どおりに1部写し取る）▶别人的经验不能生硬地~搬（他人の経験をそのまま当てはめることはできない）

比較 照：按① ‘照’は期限・時間・その他の限界を示す語と組み合わせられない。以下の例は‘按'を用い，‘照'は用いない。▶按期举行（期日どおり行う）▶按时完成（時間どおりに仕上げる）▶按月结算（月ごとに決算する）▶按季度上报（1季ごとに上に報告する）▶按年龄分组（年齢別に組分けする）▶按地区划分（地区別に分ける）

② ‘照'には「模倣する，模写する」の意味があるが，‘按'にはない。以下の例では‘照'を用い，‘按'は用いない。▶照猫画虎（猫をまねて虎を描く，模倣する）▶照教练的样儿踢球（コーチのやるようにキックするのだ）▶照着字帖一笔一笔地写（お手本のとおりに1画1画丁寧に書く）

者 zhě

【接尾語】❶ある信念を持つ人，ある仕事に従事する人，ある特性を持つ人を指す。名詞を構成する。
ⓐ名＋者▶笔~（筆者）▶马列主义~（マルクス・レーニン主義者）▶唯物论~（唯物論者）▶乐观主义~（楽観主義者）▶语文工作~（言葉と文字の仕事に携わる人）▶医务工作~（医療従事者）
ⓑ動／形＋者▶记~（記者）▶读~（読者）▶编~（編者）▶译~（訳者）▶作~（作者）▶侵略~（侵略者）▶消费~（消費者）▶文艺工作~（文学や芸術活動に携わる人）▶无产~（無産者）▶革命~（革命家）▶胜利~（勝利者）▶合格~（合格者）▶老~（老人）▶弱~（弱者）▶强~（強者）▶长~（年長者）
❷事物あるいは人を指す。名詞を構成する。
ⓐ前／后＋者▶在这两个条件中，前~是主要的，后~是次要的（この2つの条件の中では，前者が主要なものであり，後者は副次的なものである）
ⓑ数＋者▶二~必居其一（2つに1つ，必ずどちらかである）▶三~都很重要（3者とも重要である）

这 zhè

【指示詞】❶近くの人，あるいは事物を指す。

ⓐ名詞・数量詞の前に用いる。▶～孩子（この子）▶～几个人（この何人か）▶～车结实耐用（この車は丈夫で耐久性がある）▶～事情好办（この件の処理は簡単だ）▶我们都同意～三点意见（我々はみなこの3つの意見に賛成だ）▶～一回我赢了（今回は私が勝った）

ⓑ这［+数量］+名 他の語句の後ろに用い、その語句の表す事物を指す。▶他们～几位是新来的（あの方々数名は新しく来られたのです）▶牙雕、玉雕、雕漆～几种展品最吸引观众注意（象牙の彫りもの・玉の彫りもの・うるし細工などの展示品が最も見学者に注目されている）▶茶叶～东西最容易染上别的气味（茶の葉というものはほかのにおいに染まりやすい）▶在北京我就认识王平和田中明～两个人（北京で私は王平と田中明の2人と知り合った）

ⓒ这+一+名 名は2音節の抽象名詞に限る。前に述べたことを受ける。《書》▶～一事实（この事実）▶～一分析（この分析）▶～一现象（この現象）▶我国自行设计、自行建造的悬拉索大桥已经不止一座，～一成就是以前根本不能想象的（わが国が自力で設計し、自力で建設した大吊橋は、すでに1つだけではなく、このような成果は以前はとても想像できなかったことだ）

ⓓ名詞の前に'这'があり、さらに所有を示す修飾語（ふつう'的'が付かない）があるときは'这'をそのあとに置く。▶我们～一带（私たちの住んでいるこの一帯）▶屋里～人是谁？（部屋の中のこの人は誰）

— 名詞の前に'这'と所有を示さない修飾語（ふつう'的'が付かない）があるときは'这'をその前に置く。▶～空酒瓶子（この空の酒瓶）▶～缎子被面（このどんすの布団表）

❷这+一+動／形 '这'は意味を強める。'这么・这样'に同じ。▶～一转眼才几年，你都成大人了（このわずか数年間に、おまえはすっかり大人になったな）▶你～一说我就明白了（君にそう言われて私はわかった）▶工作～一紧张，那些小事儿也就忘了（仕事がこんなに忙しくなると、あんなささいな事は忘れてしまった）▶你～一胖，我都认不出来你了（こんなに太ってしまったので、まったく君だとはわからなかった）▶心里～一急，本来想说的话也说不出来了（こんなにあせっては、もともと話したかったことも話せなくなった）

❸《口》動詞・形容詞の前に用いる。誇張を表す。'这个'に同じ。▶他干起活儿来～猛啊，谁也比不上（彼が仕事をやるときの勢いは誰もかなわない）▶看到年轻人的进步，老王～高兴啊，就别提了（若者の進歩を見て、王さんが喜んだことは言うまでもない）▶瞧你～喊，谁听得清你说的什么？（そんなに大声でわめいては、何を言っているかさっぱりわからないじゃないか）

【代詞】❶近くの人・事物に代えて用いる。

ⓐ人の代わりに用いる。'是'を用いた文の主語に限る。▶～是张同志（こちらは张さんです）▶～是新来的医生（このかたは新しく来たお医者さんです）

ⓑ事物の代わりに用いる。ふつう主語に用いる。▶～很便宜（これは安い）▶～倒不错（これはなかなかいける）▶～最受欢迎（これは最も人気がある）▶～是一种新产品（これは新製品だ）▶～给你（これは君にあげる）▶～我知道（これは私は知っている）▶～不解决问题（これは問題の解決にならない）

— 客語になるときは'那'と対で用いるときを除いて、ふつう後ろに語句が続く。▶你问～做什么？（こんな事をたずねてどうするの）▶他们拿～做原料（彼らはこれを原料にする）

ⓒ事物の代わりに2音節の方位詞の前に用いる。▶～上面有花纹（この表面には模様がある）▶～里面装的是放射性物质（この中に入れてあるのは放射性物質だ）

▶铃铛挂在～后面（鈴はこの後ろに掛けてある）
ⓓ節の初めに用いる。前に述べたことを受ける。▶你觉得热,～是因为你第一次到南方（君が暑く感じるのは南方へ初めて来たからだ）▶先栽苗后浇水,～也可以（先に苗を植えてから水をかける,それでもよい）▶你要是能帮我一把,～就快多了（君がもし私を助けてくれるなら,ずっと速くなる）

❷ '那'と対にして用いる。多数の事物を表し,特定の人や事物を指さない。▶怕～怕那（あれこれ恐れる）▶到了植物园,～也看,那也看,一双眼睛都忙不过来了（植物園に着くとあれこれ見る物がたくさんあって,とても見きれない）▶姐儿俩～啊那的,说了不少话（姉妹2人で,あれこれとたくさんおしゃべりした）▶采点儿～,摘点儿那,一会就装满了一小筐（次から次へと摘み取って,小さなかごはすぐにいっぱいになった）▶请～请那,街坊四邻都请到了（あの人もこの人もと,隣近所の人をみな招いた）

❸ '这些'に同じ。▶～都是一等品（これらはすべて1級品だ）▶～都是平时努力才取得的成绩（これらはすべて日ごろの努力によって得た成果だ）

❹《口》现在を指す。意味を強める。ふつう後ろには '就・才・都' などを用いる。▶他～就来（彼は今すぐ来る）▶～都几点了,你还不休息？（もう何時だと思うの,まだ休まないの）▶凉风一吹,～才清醒过来（涼しい風が吹いて,やっと頭がすっきりした）▶直玩到尽兴之后,～才分手回家（思いきり遊んで,やっとそれぞれ家に帰る）

这点儿 zhèdiǎnr
☞这么点儿 zhè·mediǎnr

这个 zhè·ge; zhèi·ge

【指示詞】❶近くの人・事物を指す。
ⓐ名詞の前に用いる。▶～孩子真懂事（この子は本当に聞きわけがよい）▶～人就是爱钻研（この人は実に研究熱心です）▶～问题比较复杂（この問題はかなり複雑だ）▶当年红军就是在～地方渡过金沙江的（当時,紅軍はここで金沙江を渡った）▶小孩儿最喜欢听～故事（子供はこの話を聞くのがいちばん好きだ）

ⓑ '这个＋図' を他の語句の後ろに用い,その語句の表す事物を繰り返し指す。▶晚上九点钟～时间不好,改在八点（夜9時という時間は都合が悪いから,8時に変える）▶老叶～人就有股傻劲儿（葉さんという人は馬力はある）▶绣花～活儿咱可干不了（刺繡という仕事は私はまったくできない）

ⓒ名詞の前に '这个' があり,さらに所有を表す修飾語（ふつう '的' が付かない）があるときは,'这个' をあとに置く。▶我～女孩儿跟男孩儿一样淘气（うちの娘は男の子みたいにわんぱくだ）▶北京～鼓楼和西安那个鼓楼不大一样（北京のこの鼓楼と西安のあの鼓楼とは同じではない）

— 名詞の前に '这个' があり,さらに所有を表さない修飾語があるとき,修飾語が2音節の形容詞（'的' が付く付かないを問わず）ならば,ふつう '这个' を前に置く。▶～普遍的规律（この普遍的な法則）▶～聪明的小孩儿（このりこうな子）▶～奇怪现象目前还无法解释（この不思議な現象は今のところまだ説明がつかない）▶～严重事件必须立即处理（この重大な事件は即刻処理しなければならない）

— 修飾語が動詞句あるいは程度を比較する形容詞句（必ず '的' が付く）で,区別を強調しないときは '这个' を前に置く。区別を強調するときは '这个' をあとに置く。
— 区別を強調しない。▶～穿红裙子的女孩儿真可爱（この赤いスカートをはいた女の子は本当にかわいい）▶～比较大的房间光线很好（この大きいほうの部屋は日当たりがよい）

— 区別を強調する。▶穿红裙子的～女孩

儿是小芳，穿绿裙子的是小芬（赤いスカートをはいたこの女の子が芳ちゃん，緑のスカートをはいたのが芬ちゃんだ）▶比较大的～房间做书房，比较小的那间做卧室（大きいほうのこの部屋を書斎にし，小さいほうのあの部屋を寝室にする）
❷《口》動詞・形容詞の前に用いる。誇張を表す。▶大伙～高兴啊！（みんなのこの喜びようときたら）▶他刚说了两句，她脸上～红啊！（彼がたった二言，三言話したとたん彼女の顔は赤くなった）▶瞧他～一路小跑，连气都喘不过来了（ほら，彼はずっと小走りで駆けて来たものだからハーハー言っている）
【代詞】❶名詞の代わりに用いる。事物・状況・原因などを言う。▶～是我借的（これは私が借りた物だ）▶不要玩儿～（これで遊ぶな）▶～还得问问他才能决定（これはさらに彼にたずねたうえでないと決められない）▶就因为～，大家今天才特别高兴（ほかでもなくこのことのためにみんなは今日特にうれしいのだ）
❷'那个'と対に用い，多くの事物を表す。特定の事物は指さない。▶看看～，又看看那个，不知派谁去才好（いろいろな人の顔を見渡してみたが，誰をやったらいいものかわからない）▶他摸摸～，敲敲那个，满心喜欢这些新机器（彼はあちこちさわったり，たたいたりして，これらの新しい機械をすっかり気にいっている）▶大伙儿～凑一句，那个凑一句，一封感谢信很快就写好了（みんなであれこれと言葉を加えて，またたく間に感謝の手紙が書きあがった）▶你～那个地说些什么呀？（なんだかんだと君は何を言っているのですか）

这会儿 zhèhuìr; zhèihuìr

【代詞】❶今，目下。
ⓐ動詞の前に用いる。▶你～到哪儿去？（これからどこへ行くの）▶老董～才有空跟我说几句话（董さんは今になってやっと私とすこしゃべるひまができた）▶大伙儿～都在五龙亭玩儿呢（みんなは今ごろ五竜亭で遊んでいるよ）
ⓑ主語の前に用いる。▶～你跑来干吗？（今ごろやって来てどうするのか）▶～雾已经散了（今はもう霧は晴れた）▶～人全走了（今，全員出かけている）
ⓒ主語・客語になる。▶～不是聊天儿的时候（今は世間話をしているときではない）▶～已经很晚了（今はもう遅い）▶直到～他还没弄明白（今になっても彼はまだはっきりわからないでいる）
ⓓ名詞を修飾する。'的'が付く。▶～的事这会儿办，不要拖拉（今の仕事は今やって，あとに延ばしてはいけない）
❷この（その）時。文脈によっては過去・未来のある時を指す。▶去年～我正在广州（去年の今ごろ私はちょうど広州にいた）▶等到后天～你就到家了（あさっての今ごろには君は家に着いている）▶～他才看清楚是谁（このとき彼はやっと誰であるかはっきりわかった）

这里 zhèlǐ（这儿）

【代詞】近くの場所を指して言う。
ⓐ主語・客語になる。▶～是职工俱乐部（ここは職員労働者のクラブだ）▶～陈列着许多出土文物（ここにたくさんの出土品が陳列してある）▶～冷，还是到屋里去吧（ここは寒いから部屋の中へ行こう）▶～我不是第一次参观了（ここを見学するのは初めてではない）▶你用手扶着～（ここにつかまっていなさい）
ⓑ人称代名詞あるいは名詞のすぐ後ろに置く。本来は場所を表さない語を場所を表す語にする。▶我～有一部《唐宋名家词选》（私の所に『唐宋名家詞選』が1部ある）▶我们～今年又获得了农业大丰收（我々の所では今年もまた大豊作を勝ち取った）▶窗台～阳光充足（窓かまちには太陽の光が満ちあふれている）
ⓒ名詞を修飾する。ふつう'的'を付ける。▶～的老师都是师范学院毕业的（ここの

先生はみな師範学院出身だ）▶～的景致真好！（ここの景色はまったくすばらしい）▶他曾把～的茶树苗带到北方试种，但是没成功（彼はかつてここの茶の木の苗を北方へ持って行き試験栽培したが成功しなかった）

ⓓ介詞の後ろに用いる。▶朝～走（ここへ向かって来る）▶从～出发（ここから出発する）▶由～往南（ここから南へ向かう）▶打～一直往前（ここからずっと前へ進む）▶在～坐着（ここに座っている）▶坐在～（ここに座っている）▶到～来（ここへ来る）▶来到～（ここへやって来る）▶向～跑来（ここへ向かって走って来る）

〖这儿〗用法は'这里'と同じ。《口》特に次の２つの場合はふつう'这儿'を用い'这里'は用いない。

①動詞の前。▶你跟我～来（私についてここへ来なさい）▶来，～坐（さあ、ここにお座りなさい）▶就～谈吧（ここで話そう）

②打〈从、由…〉+这儿+起〈开始〉 時間あるいは場所を表す。▶打～起，他们俩就成了知心朋友（その時から彼ら２人は気心の知れた友となった）▶从～开始，一周学一课，不到一年就能学完（ここから１週間に１課進めば、１年もたたないうちに学び終わる）▶由～开始，他坚持锻炼身体，一天也没间断（その時から彼はずっとトレーニングを続け、１日たりとも休んでいない）▶打～起，往北就进入河北省地界了（ここから北へ行くとすぐ河北省の中に入ります）▶这根木头从～开始锯（この丸太はここからノコギリを入れます）

这么 zhè·me

【指示詞】❶程度を指す。

ⓐ有〈像〉…+这么+形／動 前には比較の対象を置く。▶小莉已经有你～高了（莉さんはもう君ぐらいの背たけになった）▶书柜有床～宽，这儿放不下（本棚はベッドと同じ幅があるから、ここには置けない）▶我的书房也就像你的～大（私の書斎も君のと同じくらいの広さだ）▶事情哪儿像你说的～容易？（事は君が言うほど簡単なものか）▶他就像你～爱管闲事儿（彼は君と同じようにつまらぬことをかまいたがる）

ⓑ这么+形／動 前に比較の対象を置かない。もし手まねで示すのでなければ'这么'は特に指すものはない。やや誇張をともない、言葉をいきいきとさせる。▶真的，就是～大（本当だ、こんなに大きいんだ）▶嗬！飞得～高（ほお、あんなに高く飛んでいる）▶今儿个怎么～热闹？（今日はどうしてこんなににぎやかなんだろう）▶你～不放心，我只好留下不走了（君がそんなに心配するなら、私は行くのをやめるしかない）

— '这么'が比較の程度を表さず、'多么'のように話し手の感嘆の気持ちだけを強調することがある。▶这小孩儿的字写得～漂亮！（この子供の書いた字はとってもきれいだ）▶山上空气～新鲜！（山の上の空気はとても新鮮だ）

ⓒ'这么'の強調作用は、積極的な意味の形容詞'大・高・多'などにも、消極的意味を持つ形容詞'小・低・少'などにも同様に働く。ただし文中に'只・就・才'などの副詞があると、「'这么'＋積極的意義の形容詞」と「'这么'＋対応する消極的意義の形容詞」とは同意義である。つまり'只有这么大'（これくらいの大きさしかない）は'[只有]这么小'に同じ。

ⓓ这么+形／動+的+名▶～好的人（こんなによい人）▶～凉的水（こんなに冷たい水）▶～热的天（かくも暑い日）▶～红的脸蛋儿（なんて赤いほっぺ）▶～难的题目（このようにむずかしい試験問題）▶～鲜美的鲫鱼（とてもおいしいヒラコノシロ）▶～感动人的歌曲（これほどまで人を感動させる歌）▶～讨人嫌的家伙（こんなにも人にきらわれる奴）

— 単音節の形容詞'大・长・多'などの後

ろでは'的'を省略してもよいことがある。▶
～大［的］岁数（こんな高齢）▶～大
［的］力气（これほど大きな力）▶～短
［的］时间完成了～多［的］工作（こん
なに短い時間でこんなにたくさんの仕事を
やり遂げた）▶～长［的］时间没收到他
的信了（こんなにも長い間彼から手紙をも
らっていない）▶～多［的］人，吵死
了！(こんなにたくさんの人では，やかましく
てしかたがない）▶～小尺寸没法儿穿(こ
んな寸づまりでは着ようがない）
ⓔ否定はふつう'没［有］'を用いる。ⓐの
否定のときは後ろの動詞は心理活動を表す
ものに限る。▶没～高（こんなに高くな
い）▶没～宽（そんなに広くない）▶没
～大（そんなに大きくない）▶没～容易
（それほど簡単ではない）▶没～喜欢（そ
んなに好きではない）▶没～动人（それほ
ど感動的ではない）▶事情没有你说的～
难办（君が言うほどやりにくくはない）
❷方法・形式を指す。
ⓐ这么+動▶这件事就～办吧（この件は
このように処理しよう）▶～走，什么时候
才能走到？（こんな歩き方では，いつにな
ったら着くことか）▶你就～认认真真学下
去，一定可以学会的（こういうふうにまじ
めに勉強し続けるなら必ずマスターできる）
ⓑ这么+一+動 '这么'は意味を強める。
▶手～一甩就走了（手をさっとふりきるよう
にして行ってしまった）▶腿～一抬就跳过
了横竿（足をさっとふりあげるやバーを飛び
越えた）▶他就～一摆头，什么也没有说
（彼は頭を横にふっただけで何も言わなかっ
た）
ⓒ動+这么+動量／時量 '这么'は動作
が達した数量を強調する。▶我就练过～
两次，还不熟（私は2～3度練習しただ
けなので，まだうまくできない）▶看了～一
眼，心里就明白了（ひと目見ただけでわ
かった）▶等了～半天了还不见人影儿
（こんなにも長く待ったのに，まだ影も見え
ない）

❸数量を指す。数量の多さあるいは少なさ
を強調する。あるいは何も強調しない。こ
れらは文脈から判断する（☞❶ⓑⓒ）。
— 数量の多さを強調。▶都～二十好几了，
还说小孩儿话（もう20いくつにもなるのに，
まだ子供みたいなことを言っている）▶完
成这项工程得一年多时间（この工事を
完成するには1年余りかかる）▶病了～
半个多月，耽误了好些事（半月余りも病
気をして多くの仕事に支障を与えた）
— 数量の少なさを強調。▶～几句话就概
括了全部经过，真是言简意赅（すべての
経過をたった数言で概括するなんて，本当
に簡潔にして要点を得たものだ）▶小时候
才念过～两年书（小さいころにたった2～
3年間勉強しただけだ）
— 数量の多少を強調しない。▶就是～回
事（つまりこういうことだ）▶是有～两个
人来过（2人が来ただけだ）▶有了～几
个帮手才轻松了一些（何人か手助けがで
きたので，やっと少し気が楽になった）
【代词】ある動作あるいは方法に代えて用
いる。この用法は'这么'より'这么着'が多
い（☞这么着 zhè・me・zhe）。▶～好不
好？（こういう具合でどうですか）▶～不
行（こんなではだめだ）▶～不就解决了
吗？（これで解決ではないですか）▶别
～（そんなふうではいけない）▶好，就～
吧！（よし，こうしよう）▶～也成，那么
也成，怎么都成（こうしても，ああしてもど
のようにしてもよい）
注意'这么不干脆'には2つの意味がある。
'很不干脆'（実にすっきりしない）の意味
では'这么'は程度を指す。また'这种方式
是不干脆的'（このやり方はすっきりしな
い）の意味もあり，'这么'はある方法・動
作の代用。'这么合适''这么麻烦''这
么不好'なども同様に2つの意味を持つ。
比較 这么：这么着：这样 ①指示詞のとき。
'这么'は程度・方法・数量を指す。性状
は指せない。'这样'は程度・方法・性状
を指す。数量を指せない。'这么着'は方

法だけを指す。'这样'は名詞・動詞・形容詞を修飾できる。'这么''这么着'は動詞・形容詞を修飾できるだけで、名詞は修飾できない。
②代詞のとき。3者の用法は同じ。北京の話し言葉では'这么着'を多く用い、'这么'は少ない。'这样'は話し言葉、書き言葉いずれにも用いる。

这么点儿 zhè·mediǎnr
（这点儿）

【指示詞】❶わずかな数量を指す。'这么一点儿'とも言う。名詞を修飾するとき，'的'を付けても付けなくてもよい。▶～的事儿，我一个人能做完（これくらいのことは私1人でやれる）▶～路，走着去就行（これくらいの道のりなら，歩いて行けばよい）▶～岁数，说出话来可不像个孩子（こんなに幼いのに，話し方は大人びている）
❷小さな個体を指す。名詞を修飾し，'的'を付けることが多い。▶～的小厂产品可不少（こんな小さな工場なのに，製品は実に多い）▶～的象牙上刻了那么多山水人物（こんな小さな象牙の上にあんなにたくさんの風景や人物が刻み込まれている）▶～的个儿跑得还真快（こんなに背が小さいのに走るのは本当に速い）

【代詞】数の少ない事物の代わりに用いる。▶票都分了，就剩下～了（切符はすっかり配ってしまい，ほんの少ししか残っていない）▶～就够了吗？（これだけで足りますか）▶我只有～，再多一点儿也没有了（これだけだ，これ以上持っていない）▶～没多大分量，最多二斤（これっぽっちではたいした重さはない，せいぜい2斤だ）
〘这点儿〙ほぼ'这么点儿'に同じ。しかし名詞を修飾するときは'的'を付けられない。また小さな個体は指せない。▶就这点儿事儿，明儿就能完（これっぽっちのことなら明日にはやり終えられる）▶这点儿不够（これだけでは足りない）▶我只有这点儿了（私はもうこれっぽっちしか残っていない）

[注意]'这点儿'には，このほかに数量とは関係のない'这地方'の意味がある（同様に'那点儿'は'那地方'を指し，'哪点儿'は'哪个地方'を指す）。▶这点儿人多，咱们到那边儿去坐（ここは人が多いから，向こうへ行って座ろう）

这么些 zhè·me·xiē

【指示詞】近くの人・事物を指す。名詞の前に用いる。名詞は前に量詞が付いてもよい。文脈しだいで「多い」または「少ない」を強調できる。「多い」ほうが主で，「少ない」には'这么点儿'あるいは'这+几+量'を用いることが多い。多少を強調するときは，ふつう'这些'を用いる。
— 多いことを強調する。▶～事一天办不完（こんなに多くのことは1日でやりきれない）▶～列火车，一时调度不开（こんなに多くの汽車は急には動かせない）▶～位同志都可以做我的老师（これら多くの同志はみな私の師とすることができる）
— 少ないことを強調する。▶就～话我都讲不清楚，更别说讲长篇大套的了（これぐらいのこともはっきり話せないのだから，長い話はなおさらだ）▶说了半天，才请了～个人呀（いろいろ言ってたけれど，たったこれっぽっちの人しか来なかったのか）

【代詞】近くの人・事物の代わりに用いる：主語・客語になる。後ろには量詞を付けられる。多さを強調するか少なさを強調するかは前の場合に同じ。
— 多いことを強調する。▶屋里哪儿坐得下～位呀？（この部屋にこれだけの人が座れるものか）▶搁～就太咸了（こんなに入れてはからすぎる）
— 少ないことを強調する。▶一大棵树才开～朵，太少了（大木なのにこれだけしか花が咲かないとは少なすぎる）▶这么个大瓶子只装～呀（こんな大きな瓶にこれだけしか入っていないのか）

这么样 zhè·meyàng
☞这样 zhèyàng

这么着 zhè·me·zhe
【指示詞】方法・形式を指す。動詞を修飾する。この用法では'这么着'より'这么'を多く用いる。▶你~说我可不同意（君のこんな言い方にはまったく同意できない）▶~解决你看妥当不妥当？（こういうふうに解决するのは適切だと思うか）▶你~看书眼睛要看坏的（そんな読み方をしていると目を悪くするぞ）

【代詞】ある種の動作・状況の代わりに用いる。この用法では'这么着'を'这么'より多く用いる。

ⓐ主語・客語になる。▶~好不好？（これではどうですか）▶~更痛快（これだといっそう気持ちがすっきりする）▶我喜欢~，你管得着！（私はこうするのが好きなのだ。かまわないでくれ）

ⓑ述語になる。▶你总~，事情就不好办了（君がいつまでもそんなふうなら、うまくいかないよ）▶行，咱们就~吧（よろしい，このようにしよう）▶别~！小心摔下去（そんなふうにしてはいけない，ころげ落ちてしまうよ）▶我看得~，你说呢？（こう思うんだが，君どう思う）

ⓒ節に相当する。前を受け，下に続ける。▶他说得对，~才不会出毛病（彼の言うとおりだ，このようにすれば問題は起きないだろう）▶就~，一所医院办起来了（こうして1つの病院が作られた）▶我读了两遍，又请人讲了一遍，~，我才算懂了（自分で2回読み，人にも説明してもらい，そうしてやっとなんとかわかった）▶~：一班和二班割麦子，三班到场院干活儿（こうしよう。1班と2班は麦をかり，3班は脱穀場へ行って仕事をする）

|比較| 这么着：这样：这么
☞这么 zhè·me

这儿 zhèr ☞这里 zhèlǐ

这些 zhè。xiē；zhèi。xiē
（这些个）
【指示詞】近くの2つ以上の人・事物を指す。▶~青年表现都很好（これらの青年の態度はみなよい）▶~旅客来自祖国各地（これらの旅行客は祖国の各地からやって来た）▶~机器我们山区也用得上（これらの機械は我々の山間地区でも使える）▶目前我还没有时间研究~问题（今のところまだこれらの問題を研究する時間がない）▶把~书放在我的抽屉里（これらの本を私の引き出しにしまいなさい）

— '这些+名'は前に出現した事物を指す。'这些'と他の修飾語の位置関係はすべて'这个'に同じ（☞这个 zhè·ge）。

【代詞】名詞の代わりに用い，主語・客語になる。▶~都是新入学的学生（こちらはすべて新入生です）▶~就是我的意见（以上が私の意見だ）▶刚才我讲的~不一定对（いま話したことは必ずしもすべて正しいとは限らない）▶别说~了（そういうことは言うな）▶只剩下~了（これだけになった）

|注意| '这些'を主語として疑問文を作るとき，ふつうは物を指し，人を指さない。例えば'这些是什么？'は事物をたずねる。人をたずねるときは'这些是谁？'とは言わない。'这些人是谁？'あるいは'这些人是什么人？'と言う。

《这些个》'这些'に同じ。《口》

这些个 zhè。xiē·ge；zhèi。xiē·ge
☞这些 zhè。xiē

这样 zhèyàng；zhèiyàng（这样）
【指示詞】❶性状を指す。'的'を付けて名詞を修飾する。名詞が前に'一+量'をともなうときは'的'を省略できる。▶~的事情经常发生（こんな事はいつも起こっている）▶~的风沙在南方没见过（このような砂ぼこりは南方では見たことがない）▶您看~的图案好不好？（こういう図案はどうで

すか）▶原来他是～一种人（彼はこういう人だったのだ）▶今天要办的有～几件事…（今日やらなくてはならない事は次のいくつかの事だ）
❷程度と方式を指す。《書》話し言葉では'这么'を用いることが多い。▶就～处理（このように処理する）▶应该～认真学习（このようにまじめに勉強しなくてはいけない）▶～看来，时机还不成熟（こう考えると、時機はまだ熟していない）
【代詞】ある種の動作・状況の代わりに用いる。文の各種の成分になる（☞这么着 zhè·me·zhe）。▶～不好（こういうふうではよくない）▶～是对的（こんなふうにするのはよい）▶照～去做（このようにする）▶好，就～吧！（よし、こうしよう）▶当然应该～（当然こうでなくてはならない）▶只有～，才能把工作做好（これでこそ、立派に仕事をやれる）▶我读了两遍，又请人讲了一遍，～，我才算懂了（自分で2回読み、人にもう1度説明してもらって、これでやっとなんとか理解できた）
〖这么样〗'这样'に同じ。
比較 这样：这么：这么着
☞这么 zhè·me

这阵儿 zhèzhènr；zhèizhènr

【代詞】❶今，現在：'这会儿'に同じ。使用頻度は'这会儿'ほど多くない。▶他们几个～都去参观了（彼ら何人かが今、見学に行っている）▶～你们忙不忙？（今あなたがたは忙しいですか）▶～的孩子比我们小时候能干多了（今の子供たちは我々の小さいころよりずっと有能だ）
❷近い過去のある期間を指す：'这阵子'とも言う。'这会儿'にはこの用法はない。▶前些日子我总失眠，～好多了（しばらく前はずっと眠れなかったが、最近はずいぶんよくなった）▶～天气不错，老是晴天（近ごろは天気はよく、いつも晴天だ）
❸この時：はっきりした文脈があれば、過去あるいは将来のある時間を指す。▶前年～，沈阳的雪有二尺厚（おととしの今ごろ、瀋陽の雪は2尺もあった）▶明年～我就该毕业了（来年の今ごろは卒業しているはずだ）

着 ·zhe

【助詞】アスペクトを表す助詞。動詞・形容詞の後ろに直接付ける。動詞・形容詞と'着'の間にはいかなる要素も入れない。
❶動作が今進行していることを表す。動詞の後ろに用いる。動詞の前に副詞'正・在・正在'を付けられる。文末にふつう'呢'を置く。▶人们跳～，唱～（人々は踊ったり歌ったりしている）▶妈妈读～信，脸上露出高兴的神色（母は手紙を読んでいるうちに、顔に喜びの表情があふれた）▶雪正下～呢（今、雪が降っている）▶他们正看～节目呢（彼らは今、番組を見ているところだ）▶一场热烈的讨论正在进行～（白熱した討論が行われている）
❷状態の持続を表す。動詞・形容詞の後ろに用いる。動詞・形容詞の前に'正・在・正在'を付けられない。▶门开～呢（ドアが開いている）：他正开～门呢（彼はドアを開けているところだ）▶他穿～一身新衣服（彼は新しい服を着ている）：他正穿～衣服呢（彼は今、服を着ている）▶夜深了，屋里的灯却还亮～（夜が更けたのに部屋の明かりはまだついている）
❸存在文に用いる。どのような状態・姿で存在しているかを表す。この'動+着'は動作が進行していることも表せるが、多くは動作が生みだした状態を表す。
ⓐ 名（場所）+動+着+名（動作の主体）
▶门口围～一群人（門口を大勢の人が囲んでいる）▶路旁长椅子上坐～一对老年夫妇（道端のベンチに老人夫婦が座っている）▶外面下～蒙蒙细雨（外は霧のような雨が降っている）
ⓑ 名（場所）+動+着+名（動作の対象）
▶手上拿～一本汉语词典（手に中国語辞典を1冊持っている）▶墙上挂～一幅水

墨画（壁に水墨画が1枚かかっている）
▶水渠两旁栽～高高的白杨树（用水路の両側には丈の高いポプラの木が植えてある）

❹[動]₁+着+[動]₂　連動式を構成する。[動]₁の多くは単音節の動作動詞。[動]₁は同じ動詞を繰り返したり、2つの動詞を重ねて用いることもある。[動]₁と[動]₂の意味関係は多様である。
ⓐ2つの動作が同時に進行することを表す。中には[動]₁が[動]₂の方式を表すととれるものもある。▶坐～讲（座ったままで話す）▶抿～嘴笑（口をすぼめて笑う）▶红～脸说（顔を赤らめて言う）▶硬～头皮回答（思いきって答える）▶低～头不作声（うなだれて声も立てない）▶冒～大雪上山（大雪をものともせず山に登る）▶说～看了我一眼（言いながら私をちらっと見た）▶拿～掂了掂份量（手にとって重さをはかった）▶争～抢～报名（競い合って名乗りをあげる）▶笑～闹～跳进了游泳池（笑ったり大声をあげたりしながらプールに飛び込んだ）
ⓑ[動]₁と[動]₂は一種の手段と目的の関係にある。▶急～上班（急いで出勤する）▶忙～准备出发（忙しく出発の準備をする）▶藏～不肯拿出来（隠して出そうとしない）▶领～孩子朝外走（子供を連れて外へ行く）▶赶～羊群往东边去了（羊の群れをかりたてて東へ行った）▶这碗菜留～给爸爸吃（この料理はお父さんのために残しておく）
ⓒ[動]₁の進行中に[動]₂の動作が現れる。▶想～想～笑了起来（考えているうちに笑い出してしまった）▶说～说～不觉到了门口了（話をしているうちに、いつの間にか入口に来ていた）▶走～走～天色已经暗了下来（歩いていくうちにもう空が暗くなってきた）

[慣用句] 说〈闹〉着玩儿　冗談を言う。
瞧〈看〉着办　状況を見て処理する。
走着瞧　今後の様子を見ればはっきりする。

❺[形]+着+[数量]▶穿在身上短～一大截（着てみるとかなり短い）▶他比我高～两公分呢（彼は私より2センチ背が高い）
❻[動]／[形]+着+点儿　命令・注意などに用いる。▶过马路看～点儿（大通りを横ぎるときは注意しなさい）▶这事儿你记～点儿（この事を君は覚えておきなさい）▶慢～点儿，别摔了！（気をつけなさい、転ばないように）▶机灵～点儿！（機敏にやりなさい）▶快～点儿！（速くしなさい）▶光圈小～点儿！（絞りをもう少し絞って）

着呢　·zhe·ne

【助詞】形容詞あるいは形容詞に類似した句の後ろに用いる。ある種の性質・状態を確認する。誇張の気持ちを多少含む。《口》▶珠穆朗玛峰高～（チョモランマは実に高い）▶长安街宽～（長安街は本当に広い）▶小伙子结实～（その若者は実に丈夫だよ）▶北京烤鸭有名～（北京ダックはとても有名だわよ）▶这条路难走～（この道はまったく歩きにくいよ）▶西湖的景致好看～（西湖の風景はとてもきれいだ）▶这个小姑娘逗人爱～（この女の子はかわいらしいわ）
— 形容詞に'着呢'を付けると程度副詞の修飾を受けられない。程度を表す補語ともなえない。
[注意] '[動]+着+呢'は動作の持続を表す。助詞'着呢'とは異なる。▶他在屋里坐着呢（彼は部屋の中に座っている）▶他在屋里坐着看书呢（彼は部屋で座って本を読んでいる）

真　zhēn

【形容詞】❶本当だ。
ⓐふつう'的'を付けないで名詞を修飾する。▶～人～事（実在する人物や本当にあった事）▶～刀～枪（真剣勝負の、命がけの）▶说～话（本当のことを話す）▶一片～心（真心）▶这才是～功夫（これに

そ本当の技だ）▶画得像〜的人一样（まったく本物そっくりに描かれている）

ⓑ単独では述語にならない。'是…的'の間に用いるのみである。▶这件事是〜的（この事件は本当にあったことだ）▶那幅画不是〜的，是临摹的（あの絵は本物ではなく，摸写したものだ）▶［是］〜的，不是假的（本物だ，作りものではない）

ⓒ動詞・形容詞を修飾するときは，ふつう'的'を付ける。▶我〜的要走，不骗你（うそじゃない，私は本当に行くつもりだ）▶他〜的不想去（彼は本当に行きたくないんだ）▶你〜的有意见？（君は本当に文句があるのですか）▶事情〜的很顺利（まったく順調です）▶昨天来的〜是老李吗？（昨日来たのは本当に李さんか）

ⓓ'真的'が全文を修飾する。主語の前に用いてもよい。後ろにポーズを置く。▶〜的，手术后恢复得比别人都快（本当に手術後の回復がほかの人より早い）▶〜的，我们厂今年提前两个月完成了全年计划（我々の工場が今年2か月繰り上げて年間計画を達成したのは本当だ）

❷はっきりしている，確かだ，明らかだ：'動+得'の後ろに用いる。動は'看・听'など若干の動詞に限る。▶看得很〜（はっきりと見える）▶没错儿，我听得特别〜（間違いない，私はとてもはっきり聞いた）

【副詞】まったく，確かに：認定を強調する。▶〜不错（まったくすばらしい）▶〜不简单（まったくたいしたものだ）▶这个工厂〜大（この工場は本当に大きい）▶宿舍收拾得〜干净（宿舎はとてもきれいにかたづけられている）▶演出〜太好了（公演はまったくすばらしかった）▶〜让人听了高兴（聞いて本当にうれしい）▶〜能说（本当に弁舌がたくみだ）▶〜肯干（心から進んでやる）▶〜该批评（確かに批評しなくてはならない）▶这话〜有意思（この話はまったくおもしろい）▶这办法〜解决问题（この方法は本当に問題の解決に役立つ）▶他〜沉得住气（彼は実に沈

着冷静だ）▶我〜过意不去（まったくすまないと思っている）▶你〜是好脾气（君は本当によい性格をしている）▶〜是一派丰收景象（本当に見渡す限り豊作だ）

慣用句 真是 不満あるいはすまない気持ちを表す。後ろにポーズを置く。▶真是，你这样做太不应该了！（君がこのようにするのはまったく道理に反している）▶他怎么还不来，真是的（彼はどうしてまだ来ないのだ，まったくもう…）▶你也真是，何必这么斤斤计较呢！（君って奴は本当にもう，こんなに細かいことをとやかく言うことはないじゃないか）

阵 zhèn

【量詞】❶一定の時間継続する動作に用いる。《儿化》ときには'子'を付けてもよい。数詞は'一'のみ。

ⓐ 動/形＋一＋阵▶雨下了一〜儿又停了（雨がひとしきり降ってやんだ）▶他等了一〜儿就走了（彼は少しだけ待ったが行ってしまった）▶走一〜儿歇一〜儿（しばらく歩いてはしばらく休む）▶脸上红一〜儿白一〜儿（顔が赤くなったり青くなったりする）▶我的病好一〜儿坏一〜儿（私の病気は一進一退を繰り返している）

ⓑ 動＋一＋阵＋名▶刮了一〜风（風がひとしきり吹いた）▶干了一〜活儿（しばらく働いた）▶说了一〜子话（しばらく話をした）

ⓒ 一＋阵＋動/形▶雨一〜儿紧一〜儿松地下个不停（雨ははげしくなったり小降りになったりしながら降り続いている）▶脸上一〜儿红一〜儿白（顔が赤くなったり青くなったりする）

❷一定の時間継続する事物・現象に用いる。主に風雨や音・感覚など。ときに《儿化》。▶一〜儿冷风（ひとしきりの冷たい風）▶下了几〜雨，一〜比一〜大（何度か雨が降ったが，ひと雨ごとに激しくなった）▶响起了一〜枪声（ひとしきり銃声が鳴りひびいた）▶一〜心酸（胸がじんとし

た）▶一～剧烈的疼痛（ひとしきりのはげしい痛み）▶一～～热烈的掌声（何回もなく起こる盛んな拍手）

整 zhěng

【形容詞】❶すべてを含み残すところがない、欠けたところがない：ふつう程度副詞の修飾を受けない。常に量詞あるいは名詞と共に用い、合わせて文の成分となる。
ⓐ直接名詞を修飾し、定語となる。▶他最近～天忙碌（彼は最近一日中忙しくしている）▶只带了五张一百元的～钱（5枚の100元札ちょうどだけもった）▶修一台电视机用了～三天的时间（テレビを1台修理するのにまるまる3日かかった）▶～套设备全运到了（設備全体をすべて運んだ）
ⓑ単独で状語になる、あるいは名詞相当語と複合語を構成する。▶哪个银行都有零存～取的业务（どこの銀行でも積立預金の業務がある）▶这几种商品都是～买～卖（この数種類の商品はすべてまとめて仕入れてまとめて売る）▶这些中间商只是转手买卖，他们的商品都是～进～出，绝不拆整卖零（これらのブローカーはただ品物を転売するだけの商いで、商品はすべてまとめて仕入れてまとめて出すから、決してばら売りはしない）▶～批地进货（商品をまとめて仕入れる）▶这里的商品房都是～幢楼～幢楼地出售（ここの分譲住宅は1棟1棟で売りに出している）
ⓒ数量詞の後ろに用いて、整数であり、端数のないことを表す。▶他在山西呆了十年～（彼は山西省にまる10年いた）▶现在是九点～（今9時ちょうどだ）▶今年赢利一亿～（今年の利潤は1億ちょうどだ）▶这棵白菜八斤～（この白菜は8斤ちょうどある）
ⓓ'是＋整＋的'形式で用いる。▶只有那几块砖是～的（あの数枚のレンガだけが完全なものだ）▶碗都打碎了，没有一个是～的（お椀はみんな壊れて、完全なのは1つもない）▶端上来的包子没有一个是～的（運ばれて来たパオズは1つも完全なものがない）▶饺子全煮破了，没有几个是～的（ギョウザは全部煮くずれて、ちゃんとしたのはいくつもない）
ⓔ客語として固定的な四字句の中に用いる。▶化～为零（まとまったものをばらばらにする）▶集零为～（ばらばらのものを集めてまとまったものにする）
❷整然としている、きちんとしている：単語を作る成分となることが多い。単独では否定形式に用いることが多い。▶衣冠不～（身なりがだらしない）▶仪容不～（容貌が整っていない）

【動詞】❶整理する、修理する、整頓する：単語を作る成分になることが多い。単独では固定した四字句に用いることが多い。▶～旧如新（古いものを新品のごとくに修復する）▶～装待发（仕度を整えて出発を待つ）
❷つらい目にあわせる：述語になる。《重ね型》人を表す名詞を客語にともなえる。補語をともなえる。《付》了・着・过 ▶他从没～过人（彼は今まで人をつらい目にあわせたことがない）▶那帮人～了我两个星期（あの連中は私を2週間苦しい目にあわせた）▶他们正～着他呢（彼らは彼をつるしあげているところだ）▶非得好好～～他不可（彼をうんととっちめてやらねばならない）▶～得他家破人亡（いじめられて彼の一家は離散し、肉親も失くなってしまった）▶旧社会他被～得太惨了（旧社会で彼はひどく苦しめられた）▶那年月他被～得死去活来（あの当時彼は死にそうなほど苦しめられた）

[動結] 整死　整坏　整破
[動趨] 整上 ▶他们又整上人了（彼らはまた人をとっちめ出した）
整下去 ▶这么整下去，要出问题的（こんなふうにいじめ続けていたら、問題が起こるだろう）

正 zhèng

【副詞】❶動作が進行中か，状態が持続中であることを表す。
ⓐ正+動/形+着+呢　単音節の動/形は'着'を付けなくてはならない。2音節以上のときは'着'がなくてもよい。▶我～等着呢（私はちょうど待っているところです）▶他～忙着呢（彼は今，忙しい最中だ）▶现在～上着课呢（今ちょうど授業中だ）▶我们～讨论呢（我々は今，討論しているところだ）▶老潘～发言呢（潘さんがちょうど今，発言している）▶胃里～难受着呢（今，胃が苦しい最中だ）
━ 2音節の動詞あるいは動詞句の前後に介詞句があるときや，単音節の動詞の後ろに介詞句があるときは，文末に'呢'を付けなくてよい。▶他们～在楼上讨论（彼らは2階で討論しているところです）▶他俩～在屋里谈话（彼ら2人は今，部屋で話している）▶我去的时候，他～从楼上下来（私が行ったとき，彼はちょうど2階から降りて来た）▶敌人～往东北方向撤退（敵は現在東北の方向へ撤退している）▶问题～摆在我们面前（問題はまさに我々の前に置かれている）▶列车～开往上海（列車はちょうど上海へ向かっている）
ⓑ正+動/形+着　複文の前節に用いる。ある動作が進行中に別の動作が発生することを表す。▶～走着，听见后头有人叫我（歩いていると後ろから誰かが私を呼ぶのが聞こえた）▶我～看着电视，突然感觉一阵头晕（テレビを見ているそのとき，突然めまいがした）▶大伙儿～忙着，客人已经到了（みんながちょうど忙しく働いているときに，客がもう来てしまった）
ⓒ否定形はない（☞正在 zhèngzài）。
❷「偶然に一致する」「ちょうどよく」「うまい具合に」の意味を表す。
ⓐ正+動▶你来得真巧，我～要找你（まったくよいときに来た，ちょうど君を訪ねようと思っていたところだ）▶～出门，车就来了（ちょうど外へ出たところへ車が来た）▶到剧场～赶上开演（劇場へ着くとちょうど始まるところだった）
ⓑ正+形▶大小～好（大きさはぴったりだ）▶长度～够（長さはちょうど十分だ）▶时间～合适（時間がちょうどよい）▶年龄～相当（年齢はうまくつりあいがとれている）
❸認定の気持ちをさらに強める。▶问题～在这里（問題はまさにここにある）▶小刚～像他爸爸一样，心直口快（剛くんはまったく彼の父さんとそっくりだ，心に思ったことは率直にすぐ口に出す）▶～如上文所述，实验成功是有把握的（まさに前述したように，実験の成功は確実である）▶有事和群众商量，～是我们一贯的优良传统（問題があれば大衆にはかるというのは，まさしく我々の一貫したすぐれた伝統だ）▶～由于不怕困难，才战胜了困难（まさに困難を恐れなかったからこそ，困難に打ち勝った）▶～因为如此，所以不能轻易下结论（まさにこうだからこそ，軽々しく結論を出してはいけない）

比較 正：在：正在　☞正在 zhèngzài

正好 zhènghǎo

【副詞】偶然の一致を表す（時間・状況・機会などのことが多い）。'恰好・正巧'の意味に相当する。
ⓐ正好+動▶我没想到第二天就见到了她，～当面向她解释了一下（まさか次の日に彼女に会うとは思っていなかったが，ちょうどよかったので彼女に直接説明した）▶我去王老师家的时候，～遇到他们俩（王先生のお宅に行ったとき，折よく偶然彼ら2人と出会った）▶你要的那本英语书，我～有一本（あなたが必要なその英語の本は，ちょうど私が1冊もっています）
ⓑ正好+数量［+名］▶他今年～二十［岁］（彼は今年ちょうど20歳になる）▶这根绳子～三十米（この縄はちょうど30メートルだ）▶不多不少，～五十页（ぴったり

だ，ちょうど50ページだ）
ⓒ正好+形▶这两个人的爱好～相同（この2人の趣味はまったく同じだ）▶这件衣服我穿着～合适（この服は私にぴったりだ）▶我的想法和他的提议～相反（私の考えと彼の提案はちょうど反対だ）
ⓓ主語の前に用いる。▶听说你也乘坐明早去南京的火车，～老张跟你同行（あなたも明日の朝南京に行く汽車に乗るそうですが，張さんもたまたまあなたと同じ列車で行きますよ）▶我刚刚进屋，～老丁来找我（私が部屋に入ったところに，タイミングよく丁さんが私をたずねて来た）
【形容詞】客観的状況と実際の必要が一致する（時間・空間・数量などを指して言うことが多い）。'正合适'の意味に相当する。文中で補語・述語になれる。単独で文となることもあるが，前に'很'を加えられない。否定形はない。述語となるとき，主語は動詞句・主述句であることが多い。▶你们俩来得～（2人ともちょうどいいところに来た）▶这把椅子放这儿～（この椅子はここに置くちょうどいい）▶这块布有四米长，做窗帘～（この布は4メートルあるから，カーテンにちょうどいい）▶这双鞋合适吗？——～（その靴は合いますか——ちょうどいいです）

比較 正好：恰好　'恰好'は副詞の場合'正好'と用法が同じだが，'正好'に比べ事態の偶然の一致をより強調する。'恰好'はふつう補語・述語になれない。

正在 zhèngzài

【副詞】動作が進行中である，または状態が持続していることを表す。
ⓐ正在+動／形▶我们～学习（私たちはいま勉強しています）▶现在～上课（今ちょうど授業中だ）▶同学们～准备考试（学生たちは試験勉強をしているところだ）▶一轮红日～从地平线上升起（赤い太陽が今まさに地平線を昇りつつある）▶老张～忙着（張さんは今ちょうど忙しい）▶速度～慢下来（速度はいま落ちてきているところだ）▶队伍～一天天壮大起来（部隊は1日1日と強大になっている）▶小芳～不高兴，姐姐进来把她带走了（芳ちゃんがぐずっているところへ，お姉さんが入って来て連れて行った）
ⓑ否定形には'不是'を用いる。'不・没有'は用いない。▶他去的时候，你～发言吧？——我不是～发言，我已经发过言了〈我还没有发言呢〉（彼が行ったとき，君がちょうど発言していたでしょう——私は発言していなかった。もう発言したあとだった〈まだ発言していなかった〉）

比較 正：在：正在　動作の進行あるいは持続の意味を表す点では基本的に意味は同じ。
① '正'は時間を指すことに重点がある。'在'は状態を指すことに重点がある。'正在'は時間・状態のどちらも指す。
② '正'は後ろに動詞の単純形を用いられない。'在・正在'はかまわない。▶我们在讨论▶我们正在讨论▶我们正讨论着呢（我々は討論中だ ×我们正讨论）
③ '在'の後ろには介詞'从'を用いられない。'正・正在'はかまわない。▶红日正从地平线升起▶红日正在从地平线升起（ちょうど赤い太陽が地平線から昇るところだ ×红日在从地平线升起）
④ '在'は反復して進行すること，または長期にわたる持続も表す。'正・正在'は不可。▶经常在考虑（常に考えている）▶一直在等待（ずっと待ち続けている）▶ ×经常正〈正在〉注意▶ ×一直正〈正在〉考虑

之¹ zhī

【代詞】古代中国語に源をもつ代詞。客語として使用する'他・它'にほぼ相当する。
❶人・事物の代わりに用いる。▶影片情节十分悲惨，观众无不为～感动（映画の内容はとても悲劇的で，観衆で心を動かされない者はいなかった）▶设法改装拖拉

机，使～适合山区使用（手を尽くしてトラクターを改良し，山間地区で使用できるようにする）▶对于任何胆敢来犯的侵略者，必须坚决、彻底、干净、全部歼灭～（あえて侵犯を試みる者に対しては，必ずこれを断固として，徹底的に，きれいさっぱりと，全滅させなければならない）

❷形式のみの用法。実際の事物の代わりをしない。一部の固定的語句に限る。▶久而久～（それからずいぶんたって）▶我们三个人老孙最年长，老李次～，小孟又次～（我々3人の中では孫さんが最年長で，李さんが次，孟さんはその次だ）

慣用句	
求之不得	願ってもない。
当之无愧	その名に恥じない。
等闲视之	等閑視する。
战而胜之	戦って勝つ。
取而代之	取って代わる。
操之过急	処理するのに性急すぎる。
古已有之	昔からあった。
听之任之	ほうって見すごす。
置之度外	度外視する。

之² zhī

【助詞】古代中国語に源を持つ構造助詞。用法は現代の'的'にほとんど同じ。ただし'之'しか使えない場合がある（☞❸）。またふつう'的'を用いるが習慣上しばしば'之'を使うこともある（☞❶❷）。語句中の'之'を'的'に置き換えるとき，多くは'之'の後ろの単音節を2音節に改めるなど音節数の調整が必要となる。

❶修飾語と被修飾語の間に置く。▶赤子～心（純粋な心）▶光荣～家（光栄ある家）▶大旱～年夺得大丰收（大旱魃の年に大豊作を勝ちとる）▶粮食是宝中～宝（穀物は宝の中の宝である）▶公民有受教育和参加政治活动～权利（公民は教育を受け政治活動に参加する権利を有する）

― 以上の'之'はすべて'的'に等しい。しかし'之'は以下の'的'のような使い方はできない。▶美丽的、富饶的西双版纳（美しく豊かなシーサンパンナ）▶这个桌子不是木头的（この机は木製ではない）

❷節の中の主語と述語の間に'之'を挿入して全体を名詞的なものに変える。▶这次技术革新运动范围～广泛，影响～深远，都是前所未有的（今回の技術革新運動の範囲の広さ，影響の深さは，これまでなかったものである）▶各地有发展先后～不同（地域ごとに発展の速さに違いがある）

❸以下は'之'のみを用い，'的'を用いない形式である。

ⓐ…之一，…之二▶这是亟待解决的问题～一，…这是亟待解决的问题～二（これが早急な解決を待つ問題の1つ目で，…これが早急な解決を待つ問題の2つ目だ）▶有几个学生的学习成绩最好，其中一是赵大章（学習の成績が最もよい学生が数名おり，そのうちの1人が趙大章です）

ⓑ…〔分〕之…▶三分～一（3分の1）▶百分～八十（80パーセント）▶十～八九（十中八九）▶十～二、三（10のうち2～3）

ⓒ 動＋…之+所+ 動 ▶想群众～所想，急群众～所急（大衆の思うことを思い，大衆の必要・困難に手をさしのべる）

ⓓ…之于（＝对于）…▶进化学说～于中国，输入是颇早的（進化論は中国にかなり早い時期にもたらされた）▶学习～于我们，就像阳光和空气一样重要（学ぶことは我々にとって日の光と空気と同じように重要だ）

ⓔ…之所以…▶鲁迅先生～所以放弃医学，从事文学活动，正是为了唤醒人民，有力地同反动势力作斗争（魯迅先生が医学を放棄し文学活動に従事したのは，まさに人民を呼び覚まし，反動勢力に対して強力に闘争を行うためであった）

ⓕ之流；之类▶秦桧～流的人物，历史上屡见不鲜（秦檜のような人物は歴史上数多くめずらしいものではない）▶由于弦的振动而发音的乐器叫弦乐器，如琵琶、二胡、提琴～类（弦の振動によって音を出

す楽器を弦楽器といい，琵琶・二胡・ヴァイオリンなどがその類である)
ⓖ…之多；…之久；…之极；…之至▶产量已达三亿斤～多（生産高はすでに3億斤にも達した）▶我国有文字可考的历史已有大约四千年～久（わが国は文字による記載のある歴史だけでも4000年の長さに及んでいる）▶丰富～极（豊かさの極み）▶兴奋～极（興奮の最高潮）▶得意～极（得意の絶頂）▶感激～至（感激の極み）▶抱歉～至（申しわけない限りだ）▶不胜荣幸～至（光栄の至りに存じます）
ⓗ非常之…▶非常～正确（非常に正確である）▶非常～厚（たいへんあつい）▶非常～需要（たいへん必要である）▶速度非常～慢（速度がひどくのろい）▶这种作法非常～不合适（こうしたやり方は非常に不適当だ）

之后 zhīhòu ☞以后 yǐhòu

之间 zhījiān

【方位词】❶ 名₁ ［＋和］＋ 名₂ ＋之间；数量 ＋ 名 ＋之间　両端の間にあることを表す。単独に用いることは不可。
ⓐ場所。▶苏州在上海和南京～（蘇州は上海と南京の間にある）▶两栋楼房～有一道矮墙（2棟の建物の間に低い塀がある）▶两点～距离以直线为最短（2点間を結ぶ距離は直線がいちばん短い）
ⓑ時間。▶春夏～（春と夏の間）▶元旦和春节～我打算到桂林去一趟（元旦と春節の間に桂林に1度行って来るつもりだ）▶约好在两点和两点半～碰头（2時と2時半に会うよう約束する）
ⓒ範囲。▶彼此～（お互いの間）▶两者～有一定内在联系（2者の間には一定の内部的関連がある）▶上级和下级～要通气（上司と部下はお互いに意思を通じ合う必要がある）
ⓓ数量。▶室温保持在二十二度和二十四度～（室温は22度と24度の間を保っている）▶价格大约在一块和一块五～（価格はだいたい1元と1元5角の間だ）
❷ 動/副 ＋之间　多くの場合，時間が短いことを表す。若干の2音節の動詞句と 副 のみ。▶眨眼～（またたく間）▶转瞬～（瞬間）▶说话～就做好了（話しているうちにできあがった）▶忽然～（たちまちのうちに）▶突然～（突然に）

比較 之间：中间：中　☞中间 zhōngjiān

之内 zhīnèi　☞以内 yǐnèi

之前 zhīqián　☞以前 yǐqián

之上 zhīshàng　☞以上 yǐshàng

之外 zhīwài　☞以外 yǐwài

之下 zhīxià　☞以下 yǐxià

之中 zhīzhōng　☞中 zhōng

支 zhī

【量詞】❶棒状のものに用いる。▶一～笔〈粉笔、钢笔、铅笔〉（1本の筆記具〈チョーク・万年筆・鉛筆〉）▶一～枪〈步枪、手枪、长枪〉（1丁の銃〈歩兵銃・ピストル・鉄砲〉）▶三～笛子（3本の笛）▶两～箭〈蜡烛〉（2本の矢〈ろうそく〉）▶几～香烟〈雪茄烟〉（何本かのタバコ〈葉巻〉）

❷队伍などに用いる。▶一～军队〈队伍、部队〉（1つの軍隊〈隊列・部隊〉）▶一～船队〈舰队、运输队〉（1つの船隊〈艦隊・輸送隊〉）▶我们是一～不可战胜的力量（我々は決して打ち負かされることのない勢力である）

❸歌曲や楽曲に用いる。▶一～歌〈曲子、乐曲〉（1曲の歌〈曲・楽曲〉）▶这～歌很好听（この歌はとてもすばらしい）

❹何本かに分かれる木綿糸や毛糸に用いる。▶一～棉线（1本の木綿糸）

❺綿糸など繊維の太さを示す計算単位。単位重量の長さによって表し，繊維が細いほど支数は多くなる。▶八十～纱的府绸（80番手のポプリン）
❻電灯の明るさに用いる。電力効率1ワットの電気エネルギーが発する光を'一支'または'一烛'と言う。▶四十～光的灯泡（40燭光の電球）▶这个日光灯是二十～光的（この蛍光灯は20燭光だ）

只 zhī

【量詞】❶対をなすもののうちの1つについて用いる。▶一～手（1本の手）▶一～眼睛（片方の目）▶两～耳朵（両耳）▶两～胳臂（2本の腕）▶一～袜子〈鞋、手套、袖子〉（片一方の靴下〈靴・手袋・袖〉）▶×一～枕头▶×一～眉毛
❷ある種の動物に対して用いる。▶一～鸟〈夜莺、喜鹊、鸭子、鹅、鸡〉（1羽の鳥〈ヨナキウグイス・カササギ・アヒル・ガチョウ・ニワトリ〉）▶一～老虎〈狮子、狼、象、熊、羊、兔子、猫、老鼠〉（1匹のトラ〈ライオン・オオカミ・象・クマ・羊・ウサギ・猫・ネズミ〉）▶两～蜜蜂〈苍蝇、蜻蜓〉（2匹のミツバチ〈ハエ・トンボ〉）
❸船に用いる。▶一～船〈帆船、汽艇〉（1隻の船〈ヨット・モーターボート〉）
❹ある種の日常的な器物に用いる。▶一～箱子（1つの箱）▶一～竹篮（1個の竹かご）▶两～手表（2個の腕時計）

枝 zhī

【量詞】❶花や葉をつけた木の枝に対して用いる。▶一～花〈梅花、桃花、丁香〉（1枝の花〈梅・桃・ライラック〉）▶手里拿着几～杨柳（手に何本かの楊柳の枝を持っている）
❷棒状の器物に用いる。'支'と書いてもよい。▶一～笔〈毛笔、铅笔、钢笔〉（1本の筆記具〈毛筆・鉛筆・万年筆〉）▶一～箭（1本の矢）▶一～笛子（1本の笛）▶一～蜡烛（1本のろうそく）▶一～香烟（1本のタバコ）▶墙边摆着一～～钓鱼竿儿（塀沿いに1本ずつ釣竿が並べてある）

知道 zhī·dao

【動詞】❶事実を理解している：《付》了《重ね型》名詞・動詞あるいは節を客語にともなえる。否定には'不'のみを用いる。▶我～这件事（私はこの事を知っている）▶他～要来客人（彼は来客があるのを知っている）▶我～你爱打羽毛球（君がバドミントンが好きなのをぼくは知っている）▶告诉我，让我也～～（教えてください，私も知っておきたいのです）▶这些事我不～（こういった事はぼくは知らない）▶这件事他～得很清楚（この事は彼がはっきりと知っている）

— ある種の名詞を客語とする場合，程度副詞の修飾を受けることができる。▶很～底细（内情をよく心得ている）▶很～其中的奥秘（その中の秘密についてよく知っている）▶我不大～这件事儿（この一件を私はあまり知らない）

❷問題の答えを知っている：疑問詞を含む動詞句や節を客語とする。▶你～他是谁？（彼が誰だか知ってるの）▶他～怎么安电灯（彼は電灯の取り付け方を知っている）▶我～上哪儿去找他（私はどこに行って彼に会えばよいかわかっている）▶你应该～什么事情可以说，什么事情不能说（君は言っていいことと悪いことをわきまえるべきだ）▶谁也不～哪天又要来寒流（寒流がいつまた来るのか誰にもわからない）▶这道题怎么答我不～（この問題にどう答えるか，ぼくにはわからない）

❸何をするべきかわきまえている：動詞や節を客語にする。▶刚五岁就～帮大人做事了（5歳になったばかりというのに大人の手伝いをすることを知っている）▶十几岁的人了，应该～严格要求自己了（十歳になったのだ，自分に厳しくすることを知

るべきだ）▶小孩儿哪儿～怎么做？（子供にどうするのかわかるものか）▶难道你不～，这种作法违反操作规程吗？（こうしたやり方が操作規定に違反するのを知らないとでもいうのか）

|慣用句| 谁知道①予想しなかった。▶刚才还是大晴天，谁知道这会儿又下起这么大的雨来了（たった今まで快晴だったのに，ちょっとの間に大雨が降り出すなんて思いもよらなかった）
②誰も知らない（＝自分は知らない）。▶谁知道这是怎么回事（これがいったいどういうことなのか誰もわからない）

直接 zhíjiē

【形容詞】間に媒介や事物を通さずに関係が生じることを表す。↔间接
ⓐ直接＋|動|▶你最好～去采访他本人（あなたは本人に直接インタビューに行ったほうがいい）▶这些资金由你个人～支配（これらの資金はあなたが自分で直接使い道を決めるように）▶把这包东西～交给老张（この包みの品物は直接張さんに渡す）
ⓑ直接［＋的］＋|名|▶我们这个小厂与华北公司没有～［的］关系（我々のこの小工場と華北公司とは直接の関係はない）▶他是我们部门的～领导（彼は我々の部署の直接の指導者だ）▶我们之间没有～［的］联系（我々の間には直接の関係はない）
ⓒ述語になる。'直接'の前に程度副詞'很'を置くことができる。▶我们和这位老板的关系很～（我々とこの店長との関係は直接的だ）▶如果不经过他们，我们之间的联系更～了（もし彼らを通さなかったら，我々の連絡はもっと直接的になる）

值得 zhí·de

【動詞】❶値段が適当である，そろばん勘定に合う：動詞の客語をとる。▶这鱼一块钱一斤～（この魚は１斤あたり１元の値がつけられる）▶五十块钱一米的混纺衣料～买（メートルあたり50元の混紡衣料なら買って損はない）
❷よい点がある，意義がある，価値がある。
ⓐ単独で述語となるか，'是…的'の中に置く。主語はふつう動詞句か節である。▶出去一趟很～，长了不少见识（行くだけの価値はあった，見識を広めたよ）▶现在下点功夫学外语～，将来用处很多（今，外国語の勉強に力を入れるのは有益なことだ，将来大いに役に立つから）▶要学就学好，多花点时间也是～的（学ぶなら徹底的に学ぶべきで，多少時間をかけても意義のあることだ）
ⓑ值得＋|動|／|節|▶这个经验～推广（この経験は広めるに値する）▶老赵的建议～认真研究（趙さんの提案は真剣に検討する価値がある）▶这种刻苦钻研的精神～我们学习（こうした骨身をおしまず研究を行う精神は我々が学ぶに値するものである）
ⓒ程度副詞の修飾を受ける。▶自然博物馆很～参观（自然博物館は参観する価値が大いにある）▶抽出一部分人专门研究这个问题，看来相当～（何人かの人をさいて，もっぱらこの問題を検討させるのはたいへん意義があると思う）
ⓓ'值得'の否定形は'不值得'だが，'值不得'ということもある。▶花这么多时间不～（こんなに長い時間をさく価値はない）▶这点小事值不得争吵（こんなささいなことは口論するに値しない）

只 zhǐ

【副詞】これ以外に別のものがないことを表す。
ⓐ動詞と関係ある事物を制限する。▶我～学过英语（私は英語しか学んだことがない）▶我～到过天津（ぼくは天津にだけ行ったことがある）▶你～看到事情的一个方面就下结论，太片面了（君が物事の１つの面だけを見て結論を下したのは非常にかたよっている）

一 '只'はよく'不〈没〉'と対にして用いる。▶～见树木,不见森林(木を見て森を見ない)▶他～会讲汉语,不会讲英语(彼は中国語が話せるだけで英語は話せない)▶我～通知了老赵,没通知别人(ぼくは趙さんに伝えただけでほかの人には伝えていない)

ⓑ動作と関係ある事物の数量を制限する。▶我去晚了,～看了最后两幕(私は遅刻して最後の2幕を見ただけだった)▶他长这么大,～害过一场病(この子はこんなに大きくなるまで1度しか病気をしたことがない)▶教室里～有三、四个人(教室にはわずか3,4名しかいない)▶这件事情～有他一个人知道(このことは彼1人しか知らない)

ⓒ動作自体および動作の可能性などを制限する。▶这本书我～翻了翻,还没详细看(この本はざっと見ただけで、まだ詳しく読んでいない)▶这件工作～能慢慢地做,不能操之过急(この仕事はゆっくりとしかできない,あせってはだめだ)

ⓓ直接名詞の前に置き、事物の数量を制限する。'只'と名詞の間に1つの動詞('有・是・要'など)が隠れていると考えてよい。▶屋子里～老王一个人(部屋には王さん1人だ)▶～你一个人去行吗?(君1人で行ってかまわないの)▶～玉米就收了二十万斤(トウモロコシだけでも20万斤とれた)

只得 zhǐdé ☞只好 zhǐhǎo

只好 zhǐhǎo (只得)

【副詞】別の選択がないことを表す。やむなく。

ⓐ只好+動▶明天要下大雨,运动会～推迟(明日大雨が降ったら運動会は延期するしかない)▶我不懂法语,～请他翻译(ぼくはフランス語がわからないので、やむなく彼に通訳を頼んだ)▶我那儿搁不下,～暂时寄存在这里(私の所には置く場所がないので、しばらくここに置いておくしかない)

ⓑ只好+形 形の後ろに'点儿・一点儿・一些'あるいは'下来・起来'などを置かなくてはならない。▶小孩儿走不快,咱俩～慢点儿(子供は速く歩けないので私たちはゆっくりと歩くしかなかった)▶布料不够,身长～短一些(布地が足りないので着丈を少し短くするしかない)▶来不及做什么好菜,～简单一点儿了(ごちそうと言えるほどのものを作る時間がなくて、簡単なものとならざるをえなかった)▶人家已经道歉了,我～缓和下来(相手がすでに謝った以上、私は怒りを収めるよりほかなかった)

ⓒ'只好'を主語の前に用いる。▶他还不来,～我一个人先去了(彼がまだ来ないので、1人で先に行くしかない)▶右手摔坏了,～左手拿着勺儿吃饭(転んで右手をけがしたので、しかたなく左手でスプーンを使って食事をする)

〖只得〗'只好'に同じ。▶昨天没找到,今天只得再跑一趟(昨日見つからなかったので、今日もう1度行くしかない)▶着急没用,只得冷静一点(あせってもしかたない、少し冷静にならなくては)▶别人都走不开,只得我自己去试试(ほかの人は行けないので、自分で出かけて試してみるしかない)

只是 zhǐshì

【副詞】❶範囲を限定する:ただ。前後に、状況を説明したりより進んだ説明を加える語が置かれる。▶我～听说,并没有亲眼看见(ぼくは聞いただけで、自分の目で見たわけではない)▶我们～想大概了解一下,用不了多少时间(私たちはおよそのことを知りたいと思っているだけだから、そんなに時間はかからない)▶以上～一点不成熟的意见,仅供参考(以上は未整理な意見にすぎず、ご参考に供するだけです)

一 文末に'罢了・而已'などを呼応させ、

意味をさらにやわらげることができる。▶他不是不会写，〜不肯写罢了〈而已〉（彼は書けないのではなくただ書きたくないだけなのだ）

❷いかなる条件の下でも状況に変わりのないことを強調する：たとえ。否定文に用いる。▶随便你怎么问，他〜不吭声（あなたがどう聞いたところで彼はただ黙っているだけだ）▶无论我们怎么劝说，他〜不理睬（我々がどんなに忠告しても彼はまったくとりあわない）

【接続詞】軽い逆接を表す。意味の重点は文の前節にあり，後節は前節を修正し補う。婉曲な表現で'不过'に近い。▶小赵各方面都很好，〜身体差一些（趙くんはいろいろな点で優れているが，ただ体が少し弱い）▶他讲的是对的，〜说话不大讲究方式方法（彼の言うことは間違っていない，ただ言い方が適切でないだけだ）▶这东西好是好，〜贵了些（これはいいにはいいが少し高い）▶我也很想去看看，〜没有时间了（ぼくだって行って見たいのはやまやまだが時間がなくなった）

[注意]下記の例は副詞'只'が動詞'是'を修飾しているのであって，副詞の'只是'とは異なる。▶这只是许多事情中的一件（これは多くの事柄の中の1つにすぎない）▶他只是一个小孩儿（彼はただの子供にすぎない）

[比較] 只是：不过 '只是'【接続詞】と'不过'【接続詞】ⓐは用法において近い。'只是'の逆接の口調は'不过'よりさらに軽く，後ろにポーズを置けない。

只要 zhǐyào

【接続詞】必要条件を示す。
ⓐ只要…就〈便〉… '只要'は主語の前あるいは後ろに置くことができる。▶我们〜打个电话通知他，他就可以把东西送来（ぼくたちが彼に電話して知らせさえすれば彼は品物を届けてくれる）▶〜下功夫，你就一定能学会（努力さえすれば君は絶対にマスターできるに違いない）▶〜你愿意，便可以去（君が望むのでありさえすれば行ってもかまわない）▶字〜清楚就行（字ははっきりしていればよい）

ⓑ文の後節が反語文あるいは'是…的'の文のときは'就・便'は使わない。▶〜你提出来，难道他还能不帮你的忙？（君から言えば，彼が手伝わないなんてことがあろうか）▶〜肯下功夫，哪儿有学不会的道理？（努力するのをいとわなければ，身につかないわけはない）▶〜你细心一点，这些错误是可以避免的（君が少し注意すれば，こうした過ちは避けることができた）

ⓒ'只要…'が文の後節となる。▶他会同意的，你〜把道理给他讲清楚（彼は賛成するだろう，君がはっきりとわけを話しさえすれば）▶我可以替他带点儿什么，〜东西不太多（彼の代わりに何か持って行ってもいい，品物があまり多くないなら）

ⓓ'只要是…'は'凡是'（…はすべて）の意味を持つ。▶〜是去过杭州的人，没有不赞美西湖的（杭州に行ったことのある人で西湖を賛美しない者はない）▶〜是报了名的，都要交两张相片（登録した者は全員2枚ずつ写真を提出する）

[注意]下記の例は副詞'只'が動詞'要'を修飾しているのであり，副詞'只要'ではない。▶我只要一本，剩下的给别人（ぼくは1冊だけあればいいから，残りはほかの人にあげる）▶他什么都不要，只要一杯水（彼は何も欲しがっていない，ただ1杯の水を求めている）

[比較] 只要：只有 '只要'はある条件を備えれば十分であることを表す。ただし他の条件から同様の結果が生じてもよい。'只有'はある条件が唯一有効で，他の条件は無効であることを表す。▶只要打两针青霉素，你这病就能好（ペニシリンを2本打ちさえすれば，あなたの病気は治ります：他の薬で治癒できることも否定していない）▶只有打青霉素，你这病才能好（ペニシ

リンを打ってこそ,あなたの病気は治ります：他の薬では治癒できない)

只有 zhǐyǒu

【接続詞】唯一の条件を示す：こうでなければならない。後ろに副詞'才'を置いて呼応させるが，'还'を用いることもある。
ⓐ只有+名▶～我才最了解他的脾气（私だけが彼の気性を心得ている）▶～最后这个方案还比较切实可行（最後のこの案だけはわりあい現実的で実行しうる）▶我～这一本书没看过（ぼくはこの本だけは読んだことがない）
ⓑ只有+動▶～改变以前的办法才行（以前のやり方を改めるしかない）▶你～去跟他当面谈，才能消除误解（君が出かけて彼とじかに話し合ってのみ誤解を解くことができる）
ⓒ只有+介+名▶～在紧急情况下，才能动用这笔款项（緊急の場合のみ，このお金を使うことができる）▶～通过实践，才能检验出是否符合客观规律（実践を通じてこそ客観的法則にかなうか否か検証することができる）
ⓓ只有+節▶～你去请，也许他还能来（あなたが行って頼めば彼は来るかもしれない）▶～铁路修通了，这些木材才运得出去（鉄道が通って初めて，これらの木材を運び出せる）
ⓔ'只有…'が文の後節になる。前節に'才'を用いることは不可。▶要上山,～这一条路（山に登るには，この道しかないのだ）▶如果下大雨，比赛～延期（大雨が降ったら試合は延期するよりほかない）▶电话打不通，～我自己去一趟（電話が通じないから自分で行って来るしかない）
注意 '只有'は副詞'只'に動詞'有'を加え転化してできた接続詞であるため，多少の差はあれ副詞の働きを残している。例えば'只有'の後ろが名詞1つだけであれば文全体は単文に近い。ある文中の'只有'は'只'に動詞'有'を付けたものと解釈するのが妥当である。次の例を比較せよ。▶你只有从头学习才能学好（初めから勉強してこそ身に付けることができる：'只有'は接続詞）▶你只有采取这个办法才能学好（君はこの方法をとってこそマスターできる：'只有'は接続詞）▶你只有采取这个办法了（君はこの方法をとるしかない：'只有'は副詞）▶你只有这一个办法了（君にはこの方法しかない：'只'+'有'）

比較 只有：只要 ☞只要 zhǐyào
只有：除非 ☞除非 chúfēi

指 zhǐ

【動詞】❶指や指に類するものを向ける：《付》了・着《重ね型》名詞の客語をともなえる。▶他～着黑板上的字问：'这是什么字？'（彼は黒板の字を指して「これは何という字」と聞いた）▶'老蔡在那边'，他用拐棍儿朝工地～了一下（「蔡さんはあそこにいる」，彼はつえで現場の方を示した）▶时针～着八点（時計の針が8時を指している）
ⓐ指+给▶新来的吴老师是谁？你～给我看看（新しく来た呉先生はどの方ですか，私に指さして教えてください）
ⓑ指+向▶墙上画了一个箭头，～向地铁的入口（壁に矢印を描いて地下鉄の入り口を指し示している）
❷何を指して言うかを表す。既述の事柄に説明を加える。必ず名詞・動詞・節を客語にともなう。▶你这话～谁？（君のこの話は誰のことを言ってるの）▶文学史上谈到李杜，～的是李白和杜甫（文学史上李杜と言えば，李白と杜甫を指している）
❸指摘する：必ず動結形あるいは動趨形を構成する。▶～明方向（方向を明らかに指示する）▶～出缺点（欠点を指摘する）▶同志们把问题都～出来了（人々は問題を全部指摘した）
❹望みをかける，頼る：必ず《付》着必ず名詞・動詞・節を客語にともなう。▶好好干，大家都～着你呢！（しっかりやっ

てくれ，みんながおまえに望みをかけているんだ）▶旧社会我全家就~着背煤过日子（旧社会ではわが家が石炭かつぎで生計を立てていた）▶别~着我一个人出主意，要大家想办法（ぼく1人にアイデアを出させるのはよくない。みんなで考えなくては）

至多 zhìduō

【副詞】最大の限度を示す。

ⓐ 至多＋動＋数量 ▶内容不长，~讲半小时（内容は長くない，せいぜい30分で話せる）▶我跟他不常往来，每年~见两三次（私と彼はあまり往き来をしていない，せいぜい1年に2～3度しか会わない）▶前面就是张家庄，~还有八里地（前方が張家荘です。あと8里もないでしょう）

ⓑ 至多＋数量 ▶来人很年轻，~二十五岁（来た人はとても若く，25歳以下だろう＝~有二十五岁）▶在长沙住不久，~三天（長沙では長く滞在できない，3日が限度だ＝~住三天）▶文件没有富余，~一人一份（書類は数に余裕がないので，1人1部だけだ）

ⓒ 至多＋動 ▶小陈腿伤还没好，现在~能扶着拐杖走（陳くんの足のけがはまだ治らず，今でもつえを頼りに歩くのがやっとだ）▶他不会参加的，~只给咱们出出主意（彼は参加するはずがない，ぼくたちにアイディアを出すのが関の山だ）

至少 zhìshǎo

【副詞】最低限度を示す。

ⓐ 至少＋動＋数量 ▶写完以后~看两遍（書き終えてから少なくとも2度読み直す）▶我们每个月~通一次信（ぼくたち，毎月1回は手紙のやり取りをしている）▶从这儿到北海公园~得走二十分钟（ここから北海公園まで少なくとも20分は歩かねばならない）

ⓑ 至少＋数量 ▶这篇文章~两万字（この文章は少なくとも2万字ある）▶他~五十岁了（彼は少なくとも50の坂を超えている）▶这次出差，~两个月才能回来（今度の出張は短くても2か月たたないと戻れない）

ⓒ 至少＋動 ▶你虽然没有见过他，但~听说过他的名字吧？（彼に会ったことはなくても名前ぐらい聞いたことがあるだろう）▶写文章，~要言之有物（文章は少なくとも内容がなくてはならない）▶话要说清楚，~让人能听懂你的意思（話ははっきりと話さなければいけない，最低限，人に自分の意志をわかってもらえなくては）▶你放心，他~不会把事情办坏（安心しなさい，彼は少なくとも事をぶち壊すようなことはしないから）

ⓓ '至少'を主語の前に用いる。ポーズを置くことが多い。▶~，你应该听听他的意见（彼の意見ぐらいは聞くべきだ）▶~，你一个星期得到郊外去休息一次（君は少なくとも週に1回は郊外に行って休養しなければならない）▶别人怎么样我不知道，~我没听说过这件事（ほかの人は知らないが，少なくともぼくはこの件について聞いたことがない）

至于 zhìyú

【動詞】ある程度まで発展したことを表す。…に至る。

ⓐ 否定形'不至于'の形でよく用い，ある段階に発展する可能性のないことを示す。前に'才・还・总・该'などの副詞を付けることが多い。後ろによく動詞の客語をともなう。▶他耳朵不太好，但是当面谈话还不~听不清（彼の耳はあまりよくないが，面と向かって話して聞こえないほどではない）▶只要好好想想，不~答不上来（よく考えさえすれば答えられないことはない）▶要走，也不~这样匆忙吧（行くにしても，そんなに急ぐ必要はないよ）

— 前文あるいは会話を受けるとき，'不至于'は単独で述語となれる。▶他可能有些不大愿意，要说他根本拒绝，那倒不~（彼はあまり望んでいないかもしれないが，

頭から拒むことはないだろう）▶老秦不会反对吧？——我看，不～（秦さんは反対しないだろうね——そこまではしないと思うよ）

ⓑ反語に用いることもよくある。▶要是早请大夫看，何～病成这样？（早めに医者に見てもらっていたら、病気はこんなにひどくなっただろうか）▶当初要是按你的意见办，今天哪～大返工呢！（始めるとき、あなたの意見に従ってやっていたら、今やり直すことになったろうか）

慣用句 **大而至于　小而至于**　'大到'，'小到'に相当する。名詞句の前に用い、例をあげる。▶大而至于长远规划，小而至于年度计划，都应该充分考虑主客观条件（大は長期計画から小は年度計画に至るまで、すべてに十分に主観的・客観的条件を考慮すべきである）

【介詞】別の話題を導く。節や文の始めに用いる。'至于'の後ろの名詞・動詞などは話題となるもので、その後ろにポーズを置く。▶熊是杂食动物，吃肉，也吃果实块根。～熊猫，则是完全素食的（クマは雑食性の動物で、肉も果実・根も食べる。しかしパンダは完全に草食性である）▶他在危急关头想到的是人民的利益，～个人的安危，他从来没有放在心上（彼が危急のときに思いをはせたのは人民の利益であり、個人の身の危険など1度として気にかけたことはない）▶这仅仅是我个人的一点意见，～这样做好不好，请大家再考虑一下（これは私個人の意見にすぎませんから、こうすることの是非については皆さんにお考えいただきたい）

比較 **至于：关于**　'关于'を用いた文は話題が1つだけで、もとの話題のほかに別の話題を導くわけではない。'关于'は書名・文章名についても用いられるが、'至于'は用いることができない。▶关于激光在医学上的应用，我们打算在下星期向大家介绍（レーザー光線の医学上の応用については、来週皆さんに紹介するつもりです）▶《关于生命的起源》（「生命の起源について」）

中　zhōng（之中）

【方位詞】一定の境界以内，内：単独で用いることは不可。

❶|名|+中　《書》話し言葉では'里'を使う。

ⓐ場所を指す。▶家～无人（家には人がいない）▶跳入水～（水中に飛び込む）▶森林～一片静寂（森の中は静まりかえっている）▶会场～灯火通明（会場内はこうこうと明かりがともっている）

ⓑ時間を指す。▶假期～（休暇中）▶这两年～，我只写了三篇文章（この2年の間、私は3篇の文章を書いただけだ）

ⓒ範囲を指す。▶计划～没有这个项目（計画の中にこの項目はない）▶言谈～流露出不安的情绪（言葉のはしに不安な気持ちがもれている）▶从群众～来，到群众～去（大衆の中から出発し、大衆の中に戻る）

ⓓ状況・状態を指す。介詞'在・从'などの後ろに使うことが多い。▶沉浸在欢乐的气氛～（楽しい雰囲気にひたる）▶病人从昏迷～苏醒过来（病人が人事不省の状態から意識を取り戻した）▶蒙眬～仿佛听见有人敲门（もうろうとした中でかすかに戸をたたく音が聞こえた）▶舰队在风浪～急驰（艦隊は風と波の中を、飛ぶように進んでいく）

❷|動|+中ⓐ過程を指す。▶讨论～发现了一些新的问题（討論の中で新たな問題を見い出した）▶会谈～双方友好地交换了看法（会談において相方は友好的に意見の交換を行った）

ⓑ持続状態を指す。介詞'在'の後ろに用いる。▶球赛在进行～（試合は進行中だ）▶剧本正在写作～（脚本は執筆中だ）

❸中+|名|　どちらの端にもかたよらないことを示す。形容詞に類似する。

ⓐ位置を指す。▶～途（途中）▶～指（中指）▶长江～游（長江中流）
ⓑ時間を指す。▶～旬（中旬）▶～秋（中秋）▶～年（中年）▶～古时期（古代中期）
ⓒ等級・規模を指す。▶～学（中学）▶～等（中等）▶～型（中型）▶～篇小说（中篇小説）

〖之中〗'中'❶❷の用法に同じ。ふつう単音節の後ろには用いない。▶家庭之中（家庭の内 ×家之中）▶海水之中（海水中 ×水之中）

比較 中：中间：之间　☞中间 zhōngjiān

中间 zhōngjiān（当中）

【方位詞】❶両端から等距離の位置、あるいは両端の内側。
ⓐ単独で用いる。▶相片上左边是我和妹妹，右边是我的两个表哥，～是我爸爸（写真の左側は私と妹で、右側は私の2人の従兄、真ん中は父だ）▶报告长达五小时，～休息了两次（報告は5時間にも及び、途中2回休憩した）▶九次列车从北京直达重庆，～不用换车（9番列車は北京から重慶へ直通で、途中乗り換えの必要はない）
ⓑ介+中间▶这两句话不应该连着写，要在～加个逗号（この2つの言葉は続けて書くべきではない、間に読点を入れなくてはいけない）
ⓒ名+中间
— 場所を指す。▶地球走到太阳和月亮～就发生月食（地球が太陽と月の間に来ると月食が起こる）▶你的座位在第三排的～（あなたの座席は第3列の真ん中です）
— 時間を指す。▶假期～（休みの間）▶这一年～他病了两次（この1年の間、彼は2回病気をした）
ⓓ中间+名　どちらの端にもかたよらないことを表す。形容詞に近い。▶～人（仲介者、中等の人）▶～状态（中間状態）▶～势力（中間勢力）

❷周囲から等距離の位置、あるいは周囲の境界以内。
ⓐ単独で用いる。▶四面都坐满了人，～只有一丈见方的空地（周囲はすべて席が埋まったが、真ん中の1丈四方があいている）▶这只是初步方案，～有些问题还要研究（これは第1次の案にすぎず、さらに検討を要する問題がいくつかある）
ⓑ介+中间▶要不断总结工作，从～吸取经验教训（絶えず活動を総括し、そこから経験や教訓をくみ取らねばならない）▶这一段没写清楚，应该在～加几句话（このくだりは意味がはっきりしない、もう少し言葉を加えるべきだ）
ⓒ名+中间
— 場所を指す。▶小华从人群～挤了出来（華くんは人ごみをかきわけて出て来た）▶进门是一片草地，草地的～有一个喷水池（門を入ると芝生があり、芝生の中に噴水があった）
— 範囲を指す。▶教师～他最年轻（教師の中で彼がいちばん若い）▶这些意见～有一点很值得重视（これらの意見のうち注目に値するものが1つある）▶在我们生活～，到处都能见到好人好事（我々の生活の中でどこででも立派な人やよい行いに出会うことができる）

〖当中〗'中间'に同じだが、❶ⓓの用法はない。

比較 中间：之间：中　'中间'は両端の間（2点間）に用いられるのみでなく、囲みの境界内（面あるいは立体内）にも使うことができる。'之间'は両端の間についてしか用いられない。また'中'は囲みの境界内にしか用いられない。▶廊房在北京和天津中间▶廊房在北京和天津之间（廊房は北京と天津の中間にある）▶ ×廊房在北京和天津中▶人群中间发出一声喊叫（人ごみの中から叫び声が聞こえた）▶ ×人群之间发出一声喊叫▶人群中发出一声喊叫（人ごみの中から叫び声が聞こえ

中间 终归 终究 终于 种

た）

终归 zhōngguī ☞总归 zǒngguī

终究 zhōngjiū

【副詞】❶つまりは，結局のところ：事物の本質的特徴は変わり得ない，事実は否認できないことを強調する。話し手の気持ちを強調する働きがあり，評価の意味を持つ平叙文に用いられることが多い。

ⓐ '是…'の前に用いる。▶孩子虽然惹了祸，但～是个孩子，怎么能动手打他呢？（この子は確かに面倒なことをしでかしたが，しょせん子供のことだからぶったりはできない）▶老虎～是老虎，它总是要吃人的（虎はしょせん虎だから，いつだって人を食おうとするものだ）

ⓑ 一般の動詞性の語句の前に用いる。▶尽管他做了很大的努力，但一个人的力量～很有限（彼は大変に努力はしたが，1人の力には結局限りがある）▶虽然还有点儿寒意，但春天～来到了（まだ少し寒さが残っているものの，いずれにしろ春はやって来ている）

❷最後には，ついには：ふつう助動詞の前に用いる。起こるべき事が必ず起こると推測・期待あるいは肯定する。▶你们对工作这么不负责任，～会出问题的（あなたがたが仕事に対してこんなに無責任だと，いつかは問題が起こるにちがいない）▶大家～会明白事情的真相（みんなはついには事の真相を知るはずだ）▶进步～要战胜落后（進歩はついには遅れに打ち勝つのである）

比較 终究：毕竟 '毕竟'は '终究' ❶の用法と同じであるが '终究' ❷の意味と用法はない。

终于 zhōngyú

【副詞】長い過程を経て最後にある結果が出ることを表す。願望が達成された場合に使うことが比較的多い。

ⓐ 终于+動 '终于'の後ろに少なくとも2つの音節が必要。▶反复试验，～成功了（テストを繰り返し，ついに成功した）▶等了很久，他～来了（ずいぶん待たされたが，彼はとうとうやって来た）▶几经周折，案情～大白（紆余曲折を経て事件の真相がついに明らかになった）▶尽管多方医治，～还是把受伤的腿锯了（さまざまな治療をしたが，最終的には負傷した足を切断せざるをえなかった）

ⓑ 终于+形 形は状態の変化を表す形容詞句のみ。▶天色～暗了下来（空はやっと暗くなった）▶由于长期坚持锻炼，身体～强壮起来（長い間体を鍛え続けたので，ようやく丈夫になってきた）▶赶了八，九十里路，小刘～疲倦了（80〜90里の道を急いでから，劉くんはようやく疲れを覚えた）

比較 终于：到底 ① '终于'は書き言葉に用いることが多く，'到底'は書き言葉・話し言葉どちらにもよく用いる。

② '到底'が修飾する動詞あるいは動詞句は必ず '了'をともなう。'终于'はこうした制限を受けない。▶问题终于解决（問題がやっと解決した）▶暴风雪终于过去（大吹雪はついに去った）▶问题到底解决了（問題はようやく解決した）▶暴风雪到底过去了（大吹雪はやっと去った）

③ '到底'は疑問文に用いて口調を強める働きがあるが，'终于'にはそれがない。你到底〈×终于〉去不去？（いったい行くの，行かないの）▶那封信到底〈×终于〉收到了没有？（はたしてあの手紙を受け取ったのだろうか）

④ '到底'には '毕竟'（つまり，ひっきょう）の用法があるが，'终于'にはない。▶他到底〈×终于〉有经验，很快就解决了（要するに彼に経験があったから，すぐに解決したのだ）

种 zhǒng

【量詞】❶集合量詞。内部的には同一で，

他のものとの間に区別のあるひとまとまりの事物に用いる。▶一~动物（1種類の動物）▶一~商品（1種類の商品）▶三~机器（3種の機械）▶十~期刊（10種の定期刊行物）▶柜台上摆着好多~蔬菜（売り場の棚には何種類もの野菜が並んでいる）▶这一带主要就是这几~鸟（このあたりには主にこれら数種の鳥がいる）▶谁也不愿和这~人打交道（誰もこうした人とつき合いたいと思わない）

❷個体量詞。基本的意味は'个'と同じだが、同類の事物と区別のあることを強調する。抽象的事物に用いることが多い。▶一~现象（1つの現象）▶两~思想（2つの思想）▶三~看法（3つの見解）▶屋里有一~气味（部屋に1種のにおいがある）▶墙上挂着十几~衣服样式（壁に十数種の洋服のデザインがかけてある）▶提出了几~解决问题的办法（いくつか問題解決の方法を出した）▶那两~组织形式都比较好（あの2つの組織形態はどちらもなかなかよい）▶这一~意见比那一~好（この意見はあの意見よりよい）▶克服了~~困难（さまざまの困難を克服した）▶遇到了~~不同的情况（数々の異なった状況にぶつかった）

比較 种：样 ☞样 yàng

中 zhòng

【動詞】❶目的に合致する、的中する：《付》了・过　名詞・動詞を客語にともなう。▶~选（選ばれる）▶百发百~（百発百中）▶一箭就~了靶心（矢を射るなり的に当たった）▶打三枪~了两枪（3発撃って2発当たった）

❷（悪い結果を）こうむる：《付》了・过　必ず名詞の客語をとる。▶~毒（毒にあたる）▶~煤气（ガス中毒にかかる）▶~了奸计（悪だくみにかかる）▶腿上~过一枪（足を鉄砲で撃たれた）▶我不会~你们的圈套（君たちのわなにはかからないぞ）

❸動結形の結果を表す要素となり、目的を達したことを表す。少数の単音節の他動詞の後ろに用いる。'得・不'を挿入できる。▶看~了这幅油画（この油絵が気にいった）▶这个谜语他猜~了（このなぞなぞを彼は当てた）▶一箭射~靶心（矢を射るや的に当たった）▶这话打得~要害打不~要害？（この言葉は急所を突くことができるかどうか）

逐渐 zhújiàn

【副詞】緩やかに秩序よく進むことを表す。《書》

ⓐ逐渐＋動　'逐渐'の後ろには2音節以上置かなければならない。▶病情~好转（病状はしだいに好転した）▶气候已~转暖（気候はもうだんだんと暖かくなってきた）▶各类流行病的发病率在~地减少（各種の流行性の病気の発病率はしだいに低下してきている）▶在实践中~改变了原来的看法（実践の中でしだいにもとの考え方を改めた）

ⓑ逐渐＋形　形はふつう後ろに'了・起来・下去'などをともない、動作のアスペクトを表す。▶来的人~多了（来る人はしだいに多くなった）▶歌声~高了起来（歌声はしだいに高くなってきた）▶心情~平静下来（気持ちがしだいに落ち着いてきた）▶天色~地暗了下来（空はしだいに暗くなってきた）

比較 逐渐：逐步 ①ひとりでに変化する場合はふつう'逐渐'を用い、意識的かつ段どりを踏んで変化するときは'逐步'を用いる。▶逐渐＜ˣ逐步＞忘了这件事（しだいにこのことを忘れた）▶逐步＜ˣ逐渐＞提高机械化的程度（しだいに機械化の程度を高める）▶我已逐渐认识到实践的重要性（私はすでにだんだんと実践の重要性がわかってきた）▶对一个事物总是有一个逐步认识的过程（ある事物の認識は必ず漸次的に段階を追って進むものである）

② '逐渐'は形容詞を修飾できるが、'逐

步'は不可。▶天气逐渐〈×逐步〉冷了起来（気候はしだいに寒くなってきた）

住 zhù

【動詞】❶居住する，宿泊する：《付》了・着・过▶这间屋我～（この部屋にぼくは住んでいるんだ）▶对面没人～（向かいは誰も住んでいない）▶他～了一夜就走了（彼は1晩泊まるとすぐ出かけてしまった）▶在这儿～得很舒服（ここは住み心地が快適だ）

ⓐ非受事客語をともなえる。
—場所を表す。▶我～东城（私は東城に住んでいる）▶我～楼上，他～楼下（私は2階に住んでいるが，彼は1階に住んでいる）▶他喜欢～平房，不喜欢～楼房（彼は平屋が好きで，2階建てはきらいだ）
—面積を表す。必ず数量をともなう。▶他～三间屋（彼は3間の部屋に住んでいる）▶一家四口人，～了五十平方米（一家4人で50平方メートルの所に住んでいる）
—動作の主体を表す。▶这屋～人，那屋放东西（この部屋は人が住んでいるが，あの部屋は物を置いている）▶楼上～着两个客人（2階にはお客が2人泊まっている）

ⓑ住+在（＝在…+住）▶～在北京（北京に住んでいる＝在北京～）▶～在三楼（3階に住んでいる＝在三楼～）▶我～在这儿三年了（私はここに住んで3年になる＝我在这儿～了三年了）

❷停止する：《付》了 主語は'雨・风・雷・声'などのみ。▶风停雨～（風雨がやんだ）▶喧闹声渐渐～了（ざわめきはしだいにやんだ）

❸停止させる：《付》了・过《重ね型》必ず動作の主体となる客語をともなうが，'口・嘴・手・脚・声'などの若干の単音節の名詞のみ。▶～手！不许打人（やめろ。人をなぐるのはいかん）▶他刚说到这儿就～了口（彼はここまでしゃべった途端，口をつぐんだ）▶这孩子就没～过声儿（この子ったら黙っていたことなんかないんだから）▶～嘴！不许你胡说！（だまれ。でたらめ言うな）

❹動結形の結果を表す要素となる。
ⓐ停止すること，あるいは前進させないことを表す。'得・不'を挿入できる。▶停～（停止する）▶挡～去路（行く手をさえぎる）▶拖～后腿（あと足を引っ張る）▶遮～了视线（視線をさえぎった）▶抑止～激动的心情（高ぶった心をおさえた）▶客人留得～吗？（お客様を引き止められる？）▶我站不～了（私は立っていられなくなった）

ⓑ堅固であること，安定していることを表す。'得・不'を挿入できる。▶拿～，别撒手（しっかり持て，手をはなすな）▶捉～了一只蝴蝶（1匹の蝶をつかまえた）▶悠扬的琴声把我吸引～了（ゆったりした琴の音が私を強く引きつけた）▶这个号码你记得～吗？（この番号を君はしっかり覚えたかい？）▶这木架恐怕支持不～这么大的重量（この木の棚はこんな重さを支えきれないだろう）

ⓒ必ず'得・不'をともない，いくつかの動詞と結合し，固定的な連語を作る。中にはすでに単語となったものもある。▶这人靠得～（この人は信頼できる）▶天热了，毛衣穿不～了（気候が暑くなって，セーターは着ていられなくなった）▶他对得～你，是你对不～他（彼は君にやましいことはないんだよ，彼に顔を合わせられないのは君のほうなんだ）▶温室里的花朵禁不～风吹雨打（温室の中の花は風雨に耐えられない）▶一时忍耐不～，笑了起来（急にがまんしきれなくなって笑いだした）

[動結] 住∥久　住∥长

[動趨] 住∥上ⓐ▶在这儿先住上几天看看（ここにまず数日住んでみよう）
ⓑ▶时间太晚，好旅馆住不上了（時間がひどく遅いので，よい旅館には泊まれなくなった）

住下▶他在张大娘家住下了（彼は張おば

さんの家に落ち着いた)

住//下 居住できるだけの広さがある。▶这屋不小,再来两个也住下了(この部屋は大きいからあと2人来ても住める)▶人太多,住不下(人が多すぎて泊まれない)

住下来▶今晚先住下来,明天再收拾(今晚はまず泊まって,明日からかたづけよう)

住过来▶你还是住过来方便些(君はやっぱり泊まりに来たほうが便利だよ)

住过去▶老陈要我住他家,明天我就住过去了(陳さんが私に彼の家に泊まってもらいたいというので,明日泊まりに行くことにした)

住得〈不〉起 部屋代を払って宿泊する能力がある〈ない〉。▶房租不贵,咱们都住得起(部屋代が高くないので,我々にも泊まれる)

住得〈不〉开 収容できる〈できない〉。▶两间房住不开那么些人(2間の家にそれだけの人を泊まらせることはできない)

注意 zhùyì

【動詞】心を1つの方向に注ぐ,気をつける:《付》了・着・过《重ね型》名詞・動詞・節を客語にできる。命令的な文意の中で用いることが多い。▶~安全(安全に注意しなさい)▶~火车(汽車に注意しなさい)▶你~着东边儿,我~着西边儿(君は東側を注意しなさい,ぼくは西のほうを注意しているよ)▶~走白线里边(白線の中を歩くようご注意ください)▶~!不要出界(気をつけろ。ラインアウトになるな)▶他的面貌很惹人~(彼の顔つきはとても人々の注意を引いた)▶要~他从哪个门出来(彼がどのドアから出て来るか気をつけなければならない)

ⓐ程度副詞の修飾を受けることができる。▶很~礼貌(非常に礼儀正しい)▶非常~清洁(衛生にたいへん注意する)▶听讲的时候~极了(授業を聞くとき,極めて注意をかたむける)

ⓑ動詞を修飾することができる。▶我~看了一下,没发现什么问题(私は注意しながらしばらくながめたが,どんな問題も発見できなかった)▶他很~地涂去写错的字(彼は書き損じた字を注意深く塗りつぶした)

ⓒ'注'と'意'の間に他の要素を挿入できる。▶注点儿意(少し注意する=~点儿)▶这回我可注了意了(今回,私はちゃんと気をつけた)

動趣 注意上 注意し始める。▶你上课老说话,老师已经注意上你了(君は授業でしょっちゅうしゃべっているので,先生はもう君に目をつけているよ)

注意得〈不〉过来 すみずみまで注意を払うことができる〈できない〉。▶事情太多有时注意不过来(事が多すぎて,注意が行き届かないこともある)

注意起来 注意し始める。▶直到最近才注意起这件事来(最近になってやっとこの事に注意し始めた)

注意//到▶事先没注意到这一点(事前にこの点にまで注意が及ばなかった)

抓 zhuā

【動詞】❶指でにぎって物を手の中に固定する:《付》了・着・过 名詞の客語をともなえる。▶这孩子一看有那么多好吃的,伸出手来就~(その子はたくさんのおいしいものがあるのを見ると,すぐさま手を伸ばしてつかんだ)▶~几块糖给小弟弟吃(あめをいくつかつかんで弟にやった)▶~了好几把枣儿(ナツメを何回もつかんでとった)▶她紧紧~着我的手(彼女はしっかりと私の手を握っていた)▶为这事儿,我们还~过阄儿呢(この事のために,私たちはくじまで引いたことがある)

ⓐ抓+在 後ろに場所を表す成分をともなう。▶他把那封信~在手里(彼はその手紙を手につかんでいる)▶他有把柄让人家~在手里(彼は人に弱みを握られている)

ⓑ抓+给▶他把剩下的糖果都~给小表妹

了（彼は残ったお菓子をみんなひとつかみにして従妹にやった）▶奶奶～给我好几把花生（おばあさんは落花生をひとつかみまたひとつかみと私にくれた）
❷指の爪，動物の爪，歯のある物などでひっかく，かく：《付》了・着・过 名詞の客語をともなえる。《重ね型》▶我后背很痒，帮我～几下（背中がかゆいので，ちょっとかいてください）▶小心！ 这只猫～人（気をつけて！ このネコは人を引っかくから）▶长水痘的地方可不能～（水ぼうそうはかいてはいけない）▶～了好几道血印儿（ひっかいて何本も血の跡ができた）▶～着痒痒（かゆいところをかく）▶小宝宝～过我（この赤ん坊は私を引っかいたことがある）▶再帮我～～（もっとかいてちょうだい）
❸とらえる，捕まえる：《付》了・着・过 名詞の客語をともなえる。▶～小偷（泥棒を捕まえる）▶～了两名罪犯（犯人を2人逮捕した）▶大娘一边～着小鸡，一边叨唠着（おばさんはヒヨコをつかまえながら，愚痴をならべていた）▶我们一起～过贼（私たちは一緒に泥棒を捕まえたことがある）
❹しっかりととらえる，（ある面に）特に重点をおく：《付》了・着・过 名詞・動詞を客語にともなえる。補語をともなえる。▶～学习（学習に特に力を入れる）▶负责～生产（生産面の強化を担当する）▶～落实（実行に重点をおく）▶上个月主要～了产品质量问题（先月は製品の品質の問題に重点をおいた）▶学校正在～着纪律问题（学校ではいま規律の問題に力を入れている）▶他～过两年教育工作（彼は教育の仕事に2年間力を注いだ）▶～紧时间（時間をむだにしない）
[動結] 抓光了　抓//破　抓//走　抓//住
抓//着（zháo）　とらえることができる〈できない〉。▶抓着那个小偷了吗？（その泥棒を捕まえましたか）▶坏人要是抓不着怎么办？（悪人をもしとらえられなかったらどうするか）
抓得〈不得〉　とらえられる〈られない〉。▶这个人现在还抓不得（こいつは今はまだ捕まえられない）
[動趨] 抓得〈不〉过来　すべてを引き受けられる〈られない〉。▶这么多工作只靠我一个人怎么抓得过来（こんなにたくさんの仕事は私1人でどうして担当することができるだろう）▶事情太多，我一个人抓不过来（仕事が多すぎて，私1人では引き受けられない）
抓起▶他抓起一个手电筒赶紧跑了出去（彼は懐中電灯を握ると急いで駆け出して行った）
抓起来▶先把这个坏蛋抓起来（まずこの悪者を捕まえる）
抓//到▶抓到一个逃犯（手配中の犯人を捕まえた）▶那个流氓一直抓不到（そのならず者はずっと捕まえられないままになっている）

装作　zhuāngzuò

【動詞】ふりをする，…を装う：必ず客語をともなう。
ⓐ装作＋[名]▶～哑巴（口がきけない人のふりをする）▶～放羊的（羊飼いのふりをする）▶～生气的模样儿（怒ったふりをする）▶～十分神秘的样子，一句话也不说（極めていわくありげなふりをして，一言も発しなかった）
ⓑ装作＋[動]▶他明明知道，就是～不知道（彼ははっきりと知っていて，知らないふりをしていただけだ）▶小铁柱哭的时候，爷爷故意～没看见（小鉄柱が泣いたとき，おじいちゃんはわざと知らないふりをした）▶小李～找东西，跑了！（李くんは物を探すふりをして，逃げた）▶我～睡着了，不吭声儿（私は寝こんだふりをして，声を出さずにいた）▶他～吃饱了，再也不吃了（彼は腹いっぱいのふりをして，もう食べようとしない）

准 zhǔn

【接頭語】そのレベルに達していないが、一応その類の事物と見なせることを表す。名詞の前に付けて名詞を構成する。▶～尉（准尉）▶～将（准将）▶～平原（準平原）▶～宾语（準客語）▶～静态过程（準静態過程）

— 臨時にある名詞の前に用い、標準でない、典型でないことを表す。▶我只能算是一个～大学生（私はせいぜい準大学生というところだ）▶我五岁就来北京，现在也可算个～北京人了（私は5歳で北京に来たので、今では準北京人と言える）

着想 zhuóxiǎng

【動詞】ある人あるいはある事の利益のために考慮する：《付》过《重ね型》前に必ず'为…''替…''从…'などを用いる。後ろに客語をともなうことは不可。▶我们应该多为下一代～（我々は次の世代のために思いを十分めぐらさなければいけない）▶你什么时候儿替我～过？（あなたはいつ私のために考えてくれたことがあって）▶一定要从大局～（必ず大局から考えなければいけない）

ⓐ 'A不A' 'A没A'という形式を使って質問することは不可。前に'为不为…''是不是…''要不要…''应该不应该…'を用いてのみ質問できる。▶你为不为年轻人～？（あなたは若者のために思いをめぐらしたか ×你为年轻人～不～？）▶我们是不是应该替孩子们～？（我々は子供たちのために考えるべきであろうか）▶光顾眼前，要不要为今后的长远利益～？（ただ目前のことのみにとらわれているが、これから先の利益を考えることが必要ではなかろうか）

ⓑ '不・没'などの否定詞は直接'着想'の前に用いることができず、'为・替'などの介詞の前に用いなければいけない。▶我们不为下一代～，谁为下一代～？（我々が次の世代のためを考えなければ、誰が考えるのか）▶人家可没有为我们～（あの人は我々のために心を配ったりはしなかった）

着眼 zhuóyǎn

【動詞】（ある方面から）観察する、考慮する：'着眼'の前に'从…'を用いることが多い。▶大处～，小处着手（大局に着眼し、細部からとりかかる）▶从全局～，通盘考虑一下（全局面から観察し、総合的に考えてみよう）

ⓐ 着眼+于▶不只是考虑眼前，还要～于未来（目先のことを考えるだけでなく、将来についても考えなければならない）▶不能只～于一个方面，忽略另一方面（ただ１つの側面にのみ着眼して、別の側面をおろそかにしてはいけない）

ⓑ '着眼'の前に'从…'があるとき、否定詞は'从'の前にのみ用いる。▶不从积极方面～，难道从消极方面～？（積極的な方向から考えないで、まさか消極的な方向から考えるつもりではあるまいね）▶评价一部作品，不能单从形式～，更重要的是内容（１つの作品を評価するには単に形式から見てはいけない。より重要なのは内容である）

自¹ zì

【接頭語】動詞を構成する。

❶動作が自分から発して自分自身に及ぶことを表す。▶～爱（自愛する）▶～给（自給する）▶～救（自力救済する）▶～杀（自殺する）▶～拔（みずから抜け出す）▶～勉（みずからはげむ）▶～问（自問する）▶～夸（自慢する）▶～封（自認する）▶～治（みずから治める）▶～卫（自衛する）▶～欺（みずからをあざむく）▶～尊（みずからを尊重する）▶～卑（卑下する）▶～咎（みずからを責める）▶～慰（みずからを慰める）

❷動作が自身から発したもので、外力によ

って動かされたものでないことを表す。▶～动（みずから動く）▶～发（みずから発する）▶～学（独学する）▶～流（なるがままにまかせる）▶～转（自転する）▶～满（自己満足する）▶～负（自負する）▶～豪（みずから誇りに思う）▶～觉（自覚する）▶～绝（みずから絶つ）▶～立（自立する）▶～燃（自然燃焼する）▶～习（自習する）▶～主（自分の意志で決める）▶～修（自修する）▶～备（自分で用意する）▶～愿（自分から望む）

【副詞】自然に，当然に：動詞句を修飾する。《書》久别重逢，～有许多话说（久々の再会で，当然つもる話がある）▶现在储备一些，将来～有好处（現在いくらか蓄えておけば，いつか当然役に立つ）▶抓住了主要矛盾，问题～可迎刃而解（主要な矛盾をしっかりつかめば，問題は当然簡単に解決できる）▶成绩不够理想，今后～当努力（成績は十分とは言えないので，今後当然努力すべきだ）▶青年抢先干活～不用说，连六、七十岁的老大娘也不甘落后（青年が先を争って働くのは当然言うまでもなく，60～70歳のおばあさんさえ，人におめおめと遅れをとっていない）

自² zì

【介詞】…から：《書》
❶場所の起点を表す。場所を表す語句，方位を表す語句と組み合わせる。
ⓐ動詞の前に用いる。▶慰问信～全国各地纷纷寄来（慰問の手紙が全国各地から次々と寄せられた）▶本次列车～北京开往乌鲁木齐（この列車は北京からウルムチへ行きます）
ⓑ動詞の後ろに用いる。'寄・来・选・出・抄・录・摘・译・引・转引'などいくつかの動詞のみ。▶寄～上海（上海から郵送する）▶来～农村（農村から来る）▶引～《人民日报》（『人民日報』から引用する）▶选～《列宁全集》（『レーニン全集』から選ぶ）▶'青出于蓝'这条成语出～《荀子・劝学》（「出藍の誉れ」という成語は『荀子・勧学篇』から出ている）
ⓒ自…而…▶～上而下（上から下まで）▶～下而上（下から上まで）▶～远而近（遠くから近くまで）▶～左而右（左から右まで）
❷時間の起点を表す：名詞・動詞・節と組み合わせる。▶～古以来（いにしえより）▶～此以后（これ以後）▶本办法～公布之日起施行（当措置は公布の日より施行する）▶～今年起，本部门采取岗位责任制（今年から，当部門は持ち場責任制を採用する）▶小刘～出学校门，一直在研究所里工作（劉くんは学校を出てから，ずっと研究所で仕事をしている）▶～你走后，村里又修建了一座水库（あなたが行ってから，村にはまたダムが１つできた）

自从 zìcóng

【介詞】…から：過去の時間的な起点のみを指す。▶～五月份以后，我就没收到他的信（５月以降，私は彼の手紙を受け取っていない）▶～他离开北京，我们一直没见面（彼が北京を離れてからずっと会っていない）▶～水库开始动工，他就搬到工地住去了（ダムが着工してから，彼は工事現場に移り住んだ）

自个儿 zìgěr ☞自己 zìjǐ

自己 zìjǐ（自个儿）

【代詞】❶文中にすでに登場した人を指す。↔别人
ⓐ人称代詞や人名と結合して主語や客語となる。▶让我～来搬（私が自分で運びましょう）▶他～知道是怎么回事（彼自身はどういう事なのか知っていた）▶你这样固执，只会害了你～（君がこのようにがんこだと，君自身をだめにしてしまうだけだよ）▶也怪小刘～不好，没把话说清楚（はっきり言わなかったから劉くん自身もよくない）

ⓑ単独で用いて主語や客語となったり，動詞を修飾したりする。▶我看了半天，～都没看懂，怎么讲给你听？（よく読んでみたわ，でも私自身まるっきりわからないのに，どうしてあなたに話してあげられて）▶一个人有时候会叫～骗了（人はときには自分にだまされることがある）▶你这样固执，害了别人，也害了～（君がこのようにがんこだから，人を傷つけるうえに，自分も傷つけてしまう）▶我难得～上街买菜（私はめったに自分で町に野菜を買いに行かない）▶你不会～跟他说去？（自分で彼に話しに行けないのか）

── '自己+動/介+自己'の形式を用いることが多い。▶他只好～安慰～（彼は自分で自分を慰めるよりしかたがなかった）▶你怎么老是～哄～？（君はどうしていつも自分で自分をごまかすのだ）▶可别～跟～过不去（決して自分で自分を追いつめてはいけない）

── 動詞を修飾する。事物に用いることもできる。▶泉水～喷了出来（泉がひとりでに湧き出た）▶有些事情，你不去理它，它也会～了结（ほうっておけばひとりでにかたのつく事もある）

ⓒ単独に用い，名詞を修飾する。▶～的孩子（うちの子）▶～的事情（自分の事）▶学习主要靠～的努力（学習は主に自分の努力による）

── 当人に属する人間・場所・所属機関を表すには'的'をともなわなくてもよい。▶～人（仲間，身内）▶～弟兄（近しい兄弟）▶～家里（自分の家）▶～身上（自分の体）▶～学校（自分の学校）

❷文中に出ていないある主体を総称する。▶～动手，丰衣足食（みずから労働して衣食の必要を満たす）▶越是有成绩，越要严格要求～（成果があがればあがるほど自分に厳しく要求しなければならない）▶把困难留给～，把方便让给别人（むずかしい事は自分に残し，たやすい事を他人に譲る）▶～的事～做，不要依赖别人（自分のことは自分でやり，他人に頼ってはいけない）

〖自个儿〗用法は'自己'と同じ。《口》

子 ·zi

【接尾語】名詞・動詞・形容詞の性質を持つ要素の後ろに付けて，名詞を作る。

❶名+子ⓐ前の要素は単独で用いることが不可。▶橘～（ミカン）▶桌～（テーブル）▶胡～（ひげ）▶褂～（中国服の上着）▶帽～（ぼうし）▶缎～（どんす）▶饺～（ギョウザ）▶筷～（はし）▶婶～（叔父の妻，叔母）▶命根～（何よりも大事なもの）

ⓑ前の要素は単独で用いられる語。▶旗～（旗）▶刀～（ナイフ）▶厂～（工場）▶鱼篓～（びく）▶门帘～（のれん）▶新娘～（花嫁）

❷量+子▶本～（ノート）▶片～（かけら，フィルムまたはレコード）▶个～（背丈）▶份～（祝儀・香典などのわりまえ）▶团～（だんご）▶根～（根）

❸形+子ⓐ形が人の生理的特徴を指す。軽蔑の意を含むことが多い。▶胖～（デブ）▶瘦～（ヤセ）▶麻～（あばた）▶疯～（気狂い）▶聋～（耳の聞こえない人）▶瞎～（目の見えない人）▶秃～（はげ）▶傻～（ばか）

ⓑ人の幼名，あるいは飼っている犬・猫の名前。▶小顺～（小順子：人名）▶二柱～（二柱子：人名）▶黑～（クロ）▶黄～（アカ）

ⓒ事物を指す。人を指すこともある。▶乱～（ごたごた）▶辣～（トウガラシ，荒々しい人）▶单～（ポスター，チラシ，メモなど）▶豁～（裂け目）▶（扎）猛～（頭を下にして水にもぐる）▶（抽）冷～（やぶからぼうに）▶（钻）空～（すきにつけ込む）▶（卖）关～（もったいをつける）▶他是我们的业务尖～（彼は業務については我々の中で最も優秀だ）

❹動+子▶推～（バリカン）▶滚～（ロー

ラー）▶钳～（ペンチ・やっとこなどのように物をはさんだり切ったりする道具）▶剪～（ハサミ）▶梳～（くし）▶钩～（手かぎ，釣針）▶拍～（ハエたたき，ラケットのように物を打つとき使う道具）▶弯～（まわり道）▶骗～（ペテン師）▶挑～（天秤棒の両端の荷物）▶（打）摆～（マラリヤ，マラリヤにかかる）

❺{名＋動}＋子▶灯罩～（電灯のかさ）▶鞋拔～（靴ベラ）▶笔洗～（筆洗）

注意 '子'を使うかどうかには習慣上の決まりがある。比較せよ。▶肚～（腹）▶肠～（腸）▶ ×肺～ ▶ ×肝～ ▶李～（スモモ）▶柿～（カキ）▶ ×枣～ ▶狮～（獅子）▶ ×虎～

比較 子：儿① '子'は❶ⓑ以外の例では，いずれも絶対欠くことのできない構成要素で，省くことができない。'儿'にはある程度の自由があって，文章上にはふつう書き表さない。
② '儿'は付加的意味（例えば'小'を指すなど）を持っているが，'子'はマイナスの意味（❸ⓐ）を含むものがいくつかあるだけである。また少数の'子'は'儿'をともなう語に比べ，軽蔑の意味を含んでいる。比較せよ。▶老头儿（おじいさん）：老头子（じじい）▶小孩儿（子供）：小孩子（子供，ガキ）

总 zǒng

【副詞】❶推測・推定を表し，数量について用いることが多い：'大概'と共に用いることが多い。▶这房子盖了～有二十多年了（この家は建ておよそ20年余りになるだろう）▶看样子大概～得四、五吨煤才够用（このようすではおよそ4，5トンの石炭がなければ間に合わないだろう）▶这回出去大概～要个把月时间（今回出かけるとおよそほぼ1か月かかるだろう）▶妹妹还小，大概～不见得是她欺负你吧（妹はまだ小さいから，たぶんあなたをいじめることはないでしょう）▶他到现在还没来，～是有什么事情吧（彼は今になってもまだ来ないから，おそらく何か用事ができたのだろう）▶不听我的话，～有一天你会后悔的（私の言うことを聞かないと，いつか君は後悔するに違いない）

❷持続して変わらないことを表す。今までずっと，いつも。
ⓐ总［＋是］＋動▶中秋的月亮，～［是］那么明亮（中秋の月はいつも明るい）▶一再相劝，他～［是］不听（再三再四忠告したが，彼はいつも聞こうとしない）▶我每天早晨～［是］在那几棵松树底下打拳（私は毎朝いつも，あの何本かの松の木の下で太極拳をする）
ⓑ总［＋也］＋動 否定形でのみ用いる。▶算了几遍，～［也］没算对（何回計算してもいつも計算が合わない）▶最近你上哪儿去了？怎么～［也］没碰见你呀（最近君はどこへ行ってたんだい。ずっと君にお目にかかっていなかったなあ）▶早就想跟你多聊聊，～［也］没时间（前から君とゆっくりおしゃべりをしたいと思っていたのに，まるっきり時間がない）
ⓒ总＋是＋这么〈那么，这样，那样〉＋形▶昆明～是这样温暖宜人（昆明はいつも温暖で快適だ）▶他说起话来～是这么慢条斯理（彼の話し方はいつものんびりしている）▶吴老师待人～是那样亲切、和蔼（呉先生は人に対して常に非常に親身でおだやかである）▶小英一天到晚～是乐呵呵的（英くんは朝から晩までいつもにこにこしている）▶这孩子~倒～是规规矩矩的（この子は案外いつもきちんとしているよ）

❸結局，つまり。▶不要着急，问题～会解决的（あせるなよ，問題は結局は解決するはずだ）▶成绩虽然还不理想，但～是一个进步（成果は期待したほどではないが，ともかくひとつの進步ではある）▶严冬～会过去，春天～是要来临的（厳しい冬は過ぎ去り，春は必ずやって来る）▶等了你一天，～算把你等来了（まる1日

总　总而言之　总共　总归　总之　纵然　*511*

待っていたよ，やっと来たね）▶一个人～要有一技之长，才能服务于社会（人は一芸に秀でていてこそ社会に貢献できる）▶事实～是事实，你～不能歪曲事实（事実はなんといっても事実だ。君は結局事実を曲げることはできない）

比較　总：老¹　'老'は'总'❷の用法があるだけである。'总'には程度が甚だしいことを表す'老'の用法'老高的个子'（とても高い背丈）はない。

总而言之 zǒng'éryánzhī
☞总之 zǒngzhī

总共 zǒnggòng

【副詞】数量の総和を表す。合計して，全部で：後ろに数量を示す語句が必要。
ⓐ数量を表す語を含む動詞句の前に用いる。▶我们研究所～有二百多人（我々の研究所は総勢200人余りいる）▶他们编写这部词典，～用了四年多的时间（彼らはこの辞書を編纂するのに，全部で4年余りの時間を費やした）▶你在这里工作～有几年了？（あなたはここで仕事をして何年になりますか）
ⓑ数量を表す語句を直接修飾する。▶这家公司很大，～五千多人（この会社は大きくて，全部で5000人余りいる）▶参加这个大会的代表～六百多人（この大会に参加した代表は600人余りだ）

总归 zǒngguī（终归）

【副詞】最後には必ずそうなることを表す。
ⓐ動詞の前に用いる。▶雪～要停的，你就等雪停了再走吧！（雪はいつかはやむから，雪がやんでから出かけたら）▶问题～会得到解决的（問題は結局は解決をみるはずだ）
ⓑ主語の前に用いる。《少用》▶不管技术多复杂，～我们是能掌握的（技術がどんなに複雑であろうとも，最後には我々はものにすることができる）
ⓒ名＋总归＋是＋名　前後の名は同じもので，その事物の特徴を強調する。▶事实～是事实，谁也不能否认（事実はなんといっても事実で，誰も否認することはできない）▶孩子～是孩子，看着什么都好玩（子供は結局子供だ。何を見てもおもしろがる）

〖终归〗'总归'に同じ。▶问题终归会得到解决（問題は結局解決するものだ）▶事实终归是事实（事実はとどのつまり事実だ）▶你也不必强留，终归他是要走的（無理に引き止めてはいけないよ，いずれにしても彼は行くのだから）

总之 zǒngzhī（总而言之）

【接続詞】総括して言う。
ⓐ前述の部分を総括する。▶工厂、农村、商店、部队、学校、机关，～，各行各业都在为四个现代化奋斗（工場・農村・商店・軍隊・学校・役所，つまりいろいろな業種がすべて四つの近代化のために奮闘している）▶对于新事物，有的人赞成，有的人反对，有的人怀疑，～，不可能完全一样（新しい事物に対して，ある人は賛成し，ある人は反対し，ある人は疑いを持ち，つまり完全に一致するはずがない）
ⓑ概括的な結論を表し，'反正'（いずれにせよ）の意味を含む。▶详细地址记不清了，～是在颐和园附近（詳しい住所ははっきり覚えていないが，要するに頤和園のそばだ）▶这时候的心情是很难形容的，～非常激动（そのときの気持ちはまことに形容しがたいが，つまり非常に感動していたのだ）▶不管你怎么讲，～我不同意这种办法（あなたがどのように説明しても，要するに私はこのやり方に賛成でない）

〖总而言之〗'总之'に同じ。

纵然 zòngrán

【接続詞】仮定の譲歩を表す：たとえ…でも。節を接続し，主語の前に置くことができる。《書》▶名家诗作，或意境高超，或气势磅礴，～韵律稍欠斟酌，也无损于

艺术的完美（名家の詩は，あるものは詩境ひときわ高く，またあるものは気勢が詩中に激しくみなぎり，たとえ韻律にやや配慮を欠くことがあっても芸術の完璧な美しさをそこなうことはない）▶問題至关重要，～一时无法处理，短期内仍需加以解决（問題は非常に重大なので，たとえすぐには処理する方法がなくとも，やはり短期間で解決しなければならない）▶您亲自和我们一起去邀请，～他有些碍难，还不至于当面拒绝（あなたご自身が私たちと一緒に行って招請すれば，たとえ彼に少々支障があろうとも，面と向かって拒絶することはないでしょう）

走 zǒu

【動詞】❶人や鳥・動物の足が交互に前へと移動する：《付》了・着・过 《重ね型》名詞の客語をともなえる。▶～了好几步（何歩も歩いた）▶我正～着，突然听见有人叫我（私が歩いていると，突然誰かが私を呼ぶのが聞こえた）▶我从来没～过这条路（私はこれまでこの道を通ったことがない）▶咱们出去～～吧（ちょっと表に出てぶらぶらしましょう）▶雪地上不知是什么鸟～过的脚印（雪の上に何の鳥だかわからない鳥の足跡がある）

━非受事客語をともない，場所・方法を表す。▶～草地（野原を歩く）▶～山路（山道を歩く）▶～夜路（夜道を歩く）▶～正步（観兵式風に歩調をとって歩く）▶～十字（十の字形にステップを踏んで歩く）
ⓐ走＋在　後ろに場所を表す要素をともなう。▶～在大路上（広い道を歩く）▶～在队伍的前边（隊列の前方を歩く）▶～在一起（一緒に歩く）
ⓑ走＋向　後ろに目標を表す要素をともなう。▶～向胜利（勝利を目指して進む）▶～向美好的明天（素晴らしい明日に向かって進む）

❷移动する，動かす：《付》了・着・过 《重ね型》若干の名詞を客語にともなえる（ふつう囲碁や将棋などの用語に限られる）。▶～黑棋（黒の碁石を動かす）▶～炮（'炮'を動かす）▶～马（'马'を動かす）▶那块表～了一会儿就停住了（その腕時計はしばらく動くとすぐに停まってしまった）▶我的表一直～着呢（私の腕時計はずっと動いています）▶刚才～过一步马（さっき'马'を1手動かした）▶这块破表总是～～停停（このボロ腕時計はしょっちゅう動いたり停まったりしている）

❸通る，通過する：《付》了・着・过 《重ね型》名詞の客語をともなえる。▶这道沟是～水的（この溝は水を流すものです）▶汽车通过这条隧道只～了三分钟（このトンネルは車だとたった3分で通過してしまう）▶桥上～着一辆马车（橋の上を馬車が1台通っている）▶我开大客车可没～过这条路（私は大型バスを運転しているがこの道は通ったことがない）▶你也想～～后门吗？（あなたもコネを使おうと思いますか）

━非受事客語をともない，通過する場所を表す。▶货车只能～三号公路（貨物を運ぶ車は3号道路しか通れない）▶下午六点以前，自行车不许～西街（午後6時まで，自転車は西街を通ることができない）▶四次列车～沪宁线（滬寧線を1日4往復列車が走っている）

❹離れる，去る：《付》了　非受事客語をともなえる。客語は動作の主体を表す。▶～了两个客人（客が2人帰った）▶～了三辆车（自動車が3台去った）▶～了不少观众（たくさんの観客が帰った）

━動結形の結果を表す要素になれる。'得・不'を挿入できる。▶把这张桌子搬～（このテーブルを運び去る）▶赶紧把病人抬～（急いで病人を担いで行く）

❺（親戚・友人間で）行き来する：《付》了・过 《重ね型》名詞の客語をともなえる。▶～娘家（里帰りをする）▶～了几家亲戚（何軒かの親戚を訪ねる）▶我有日子没～过亲家了（私はしばらく配偶者

の親を訪ねていなかった）▶他打算去姑妈家~~（彼はおばさんの家をちょっと訪ねてみるつもりだ）

❻漏れる，漏らす：《付》了・过 名詞の客語をともなえる。▶这个车胎有点儿~气（このタイヤは空気が少し漏れる）▶别~了风声（口外してはいけない）▶我也~过嘴（私も口をすべらせたことがある：'走嘴'は話のとき不注意から機密をもらしたり，間違いを起こしたりすること）

❼もとの姿を変える，または失う：《付》了・过 必ず名詞の客語をともなう（'样儿・调儿・形儿・题儿・味儿'など少数に限られる）▶他一唱歌儿就~调儿（彼は歌をうたうとすぐに調子がはずれる）▶有些话从她嘴里说出来就~了样儿（いくつかの話は，彼女の口から語られると事実と違ってしまった）▶这双鞋刚穿了几天就~形儿了（この靴は何日か履いたばかりですぐに形がくずれてしまった）▶我唱歌儿可没~过调儿（私は歌を歌って調子はずれになったことなどない）▶茶叶~了味儿（お茶の葉は香りがぬけてしまった）▶你在课堂上怎么老是~神儿？（あなたはどうして教室でいつもぼんやりしているんですか）

❽出会う，（運に）めぐり会う：《付》了・过 必ず名詞の客語をともなう。▶祝你~好运（あなたが好運にめぐまれますように）▶他可是~了桃花运（彼は急に女運が向いてきた）▶我这个人没~过好运（私という人間は好運に恵まれたためしがない）

動結 走//稳 走//准 走//快 走//远 走//好

走//成ⓐ離れられる〈られない〉。▶今天咱们可走不成了（今日私たちは出かけられなくなってしまった）▶这么晚了，他还走得成吗？（こんなに遅くなったけど，彼はそれでも行けますか）

ⓑ歩き方が変わる。▶怎么走成方步了？（どうしてゆっくり歩きになったんですか）

走得〈不〉动▶我累得实在走不动了（私は疲れてほんとに動けなくなった）▶你还走得动吗？（あなたはまだ歩けますか）

走得〈不〉了(liǎo)ⓐ歩く能力がある〈ない〉。▶他的脚扭伤了，现在还走不了路（彼は足を捻挫して，今はまだ歩けません）▶他的脚还需要多长时间才走得了路呢？（彼の足はあとどのくらいしたら歩けるようになるんですか）

ⓑある距離を歩き通せる〈せない〉。▶一天走不了八十里（1日に80里は歩けない）▶我不相信他一天走得了八十里（私は彼が1日に80里歩けるとは信じられない）

動趨 走上▶走上新的工作岗位（新しい部署についた）

走//下来 最後まで歩きとおすことができる〈できない〉。▶一天走百十里路，我可走不下来（1日に100里ほども歩くなど，私にはとても歩きとおせない）▶这么长的路总算走下来了（こんな長い道のりをなんとか歩きとおした）

走下去 歩き続ける。▶沿着这条路一直走下去（この道に沿ってずっと歩いて行く）

走得〈不〉过 歩く能力が人を超えられる〈られない〉。▶论走路，我可走不过他（歩くことについて言えば，私はとても彼には勝てない）▶你能走得过他吗？（あなたは歩きで彼に勝てますか）

走得〈不〉过来 （親戚・友人を）全部訪問できる〈できない〉。▶这么多亲戚三两天可走不过来（こんなにたくさんの親戚を2~3日ですっかりたずねることなどとてもできない）▶这几家你都要去，哪里走得过来呢？（この数軒を全部回ろうとしても，全部は回りきれるものじゃない）

走得〈不〉开ⓐ離れられる〈られない〉。▶家里事情太多，我暂时走不开（家で用事がたくさんあるから，私はしばらく家を離れられない）▶你下个月走得开吗？（あなたは来月は出かけられますか）

ⓑ収容できる〈できない〉。▶路太窄，两

辆车并排可走不开（道が狭すぎて，車2台はとても並んで走れない）▶谁说三辆车也走得开？（車3台でも並んで走れるなんて誰が言ったのですか）

走 // 到 ▶走到车站（駅に着く）▶估计六点以前走不到（6時までには着かないだろうと思う）

足够 zúgòu

【動詞】あるべき程度または必要な程度に達する：単独で問いの答えとなる。否定形はない。▶买上五斤水果～了（5斤の果物を買えば足りる）▶这桶油漆～用的了（この桶のペンキで間に合う）▶这些钱够花吗？――～（お金はこれで足りますか――足ります）

ⓐ名詞・動詞・節を客語にともなえる。▶他的才干～工程师的水平（彼の腕前は技師のレベルに十分だ）▶这些资金～一个月的开销（この資金は1か月の費用に十分だ）▶这块布～做两件上衣（この布は上着を2枚つくるのに足りる）▶这几支笔～你用一个学期（これらの鉛筆はあなたが1学期間に使うのに十分間に合う）

ⓑ客語に用いる。前の動詞はふつう心理活動を表すものに限る。▶去这么多人我认为～了（これだけ多くの人が行けば十分だと思う）▶已经休息三天了，我感觉～了（もう3日休んだから，私は十分だと思う）▶爸爸给了我二百块钱，我觉得～了（父は私に200元くれた，私は十分だと思う）

ⓒ副詞の修飾を受ける。▶有他这句话就～了（彼のこの一言があれば大丈夫だ）▶有这么好的条件已经～了（こんな好条件があればもう十分だ）

ⓓ名詞を修飾する。▶我有～的理由（私には十分な理由がある）▶我们已经掌握了～的证据（私はすでに十分な証拠を握っている）▶这些花缺少～的阳光和水分（ここの花には十分な陽光と水分が不足している）

ⓔ補語に用いる。▶货物已经准备～了（商品はもう十分に準備できている）▶内容写得～了（内容は不足なく書けている）

足以 zúyǐ

【助動詞】十分に可能である，十分にできることを表す。単独で問いの答えになる。▶这件事～证明你的想法是错误的（この事はあなたの考えが間違っていることを十分に証明している）▶这些材料～说明事情发生的起因（これらの材料は事件発生の原因を説明するに足りる）▶这些经费够用吗？――～（この経費で足りますか――十分です）

━ 否定を表すときは，ふつう'不足以'と言い，'不可以''不能够'の意味を表す。《書》否定形式は単独では問いの答えにならない。▶对这些坏人如不加以严惩，就不～平民愤（これらの悪人に厳罰を与えなければ，人民の怒りをなだめることができない）▶仅靠这些材料，不～说明他的犯罪事实（これらの材料だけに頼っていたのでは，彼の犯罪の事実を説明するのに不十分だ）

最 zuì

【副詞】極限に達している，ほかより勝っていることを表す。

❶最+形ⓐ名詞を修飾する。ふつう'的'をともなう。否定形を修飾することは少ない。▶～尖端的产品（最も先端をいく製品）▶～本质的因素（最も本質的な要素）▶～关键的地方（いちばんキーポイントとなる所）▶～根本的原因（最も根本的な原因）▶～重要的部门（最も重要な部門）▶一大筐～大～红～好的苹果（大かごいっぱいのいちばん大きくて赤く，最も品質のよいリンゴ）▶珠穆朗玛峰是世界上～高的山峰（チョモランマ峰は世界の最高峰です）▶这是～不好的办法（これは最悪の方法だ）

━ '的'をともなわずに直接，名詞を修飾

するときは，結合が固く1つの複合語に近い。形容詞は単音節に限る。否定形はない。▶～高阶段（最高段階）▶～低纲领（最低綱領）▶～大限度（最大限度）▶～大降水量（最大降水量）▶～大公约数（最大公約数）▶～小范围（最小範囲）▶～小公倍数（最小公倍数）▶～后胜利（最後の勝利）▶～终目的（最終目的）▶～近距离（最短距離）▶～远目标（最終目標）▶～快速度（最高速度）▶～高气温（最高気温）▶～低水位（最低水位）

ⓑ述語・補語となる。否定形がある。▶今年我们队的羊羔成活率～高（今年の我々の隊の子羊成育率は最も高い）▶他的嗓音～洪亮（彼の声がいちばんよく通る）▶黑龙江的冬天来得～早（黒竜江は冬が来るのが最も早い）▶这块地的麦子收得～干净（この畑の麦がいちばんきれいにとり入れられた）▶这里的东西～不全了（ここは品物がいちばんそろっていない）▶这个问题～不简单（この問題が最もむずかしい）▶这个地方～不干净（この場所が最もきたない ×～不脏）▶这种花色～不好看了（この色柄は最も美しくない ×～不难看了）

ⓒ時間や数量をともなう動詞句を修飾し，最大限度を表す。▶～多一个星期就能办妥（多くとも1週間できちんと処理することができる）▶我看一亩～少也得产八百斤（ぼくは1ムーあたり少なくとも800斤生産できると考える）▶～快也得三个钟头才能赶到（最も急いでも3時間かからなければ着けない）▶随身携带的物品～重不得超过二十公斤（手まわり品は最高20キロを超えてはならない）▶～贵也要不了十块钱（高くても10元はかからない）▶～便宜也得十块钱才买得下（安くても10元なければ買えない）▶～早也得明天才能写完（書き終わるのに早くとも明日までかかる）▶～晚不能超过十二点钟（遅くとも12時を超えてはいけない）

❷最＋動　動は感情・評価・印象・態度など内心の抽象的な活動を表すものに限る。▶～喜欢（最も好む）▶～愿意（最も希望する）▶～了解（最も理解している）▶～应该（最も当然である）▶～守纪律（最も規律を守る）▶～说明问题（問題を最もよく説明する）▶～同情我（最も私に共鳴している）▶～赞成这么做（こうするのに最も賛成だ）▶～富于战斗精神（最も戦闘精神にあふれている）▶～受人欢迎（最も人気がある）▶～爱帮助别人（他人を援助することが何より好きだ）▶～愿意打篮球（いちばんバスケットをしたい）▶～沉得住气（最も落ち着いていられる）▶～靠不住（最も頼りにならない）▶～不讲道理了（最もわけがわからない）▶～不止让人放心了（最も人に心配をかける）▶我～不会动脑子（ぼくは頭を働かせるのが最も苦手だ）▶～爱学习的孩子（最も勉強が好きな子供）▶那天是个～讨厌的天气（その日は最もいやな天気だった）▶这几位都是～受欢迎的人（この数人の人たちは最も人気のある人だ）

❸最＋方位（あるいは個々の場所を表す名詞）▶～上边（最も上方）▶～下层（最も下層）▶～东头儿（最も東の端）▶～西头儿（最も西の端）▶～左边（最も左）▶～右边（最も右）▶～前方（最も前方）▶～前列（最前列）▶～前线（最前線）▶～顶上（いちばんてっぺん）▶～外边（最も外側）▶～里头（最も内側）▶站在场子的～中间（＝正中間）（広場の最も中央に立つ）

慣用句　最好　最も理想的な選択，最も大きな希望を表す。▶你最好亲自去一趟（あなたは自分で1度行くのがいちばんよい）▶最好也不下雨，也不刮风，能够痛痛快快玩一天（雨も降らず風も吹かないで，愉快に1日遊べたらいちばんよい）

比較　最：顶　用法は基本的に同じであるが，'顶'は《口》のみ。'最＋形'は直接名詞を修飾できるが，'顶'はできない。▶

最〈×顶〉大限度（最大限度）▶最〈×顶〉小范围（最小範囲）
━ '先・后・前・本质・新式'などの形容詞の前には'最'を用いて，'顶'は用いない。

最：再：至①❶ⓒの'最'はふつう'再'に置き換えられる。意味は変わらない。▶最〈再〉快也得三个钟头才能赶到（最も急いでも3時間かからなければ着けない）
② 形容詞が'多'か'少'のとき，'最'を'至'にも換えられる（☞至多 zhìduō, 至少 zhìshǎo）。▶一亩地最〈至〉少也能产八百斤（1ムーの畑で少なくとも800斤は生産できる）

最初 zuìchū

【名詞】最も早い時期，始めのころ。
ⓐ最初［+的］+名▶～［的］印象还是不错的（最初の印象はなかなかよかった）▶这是我们～［的］想法（これは私たちの最初の考えです）▶～［的］情况很糟糕（始めの状況はひどかった）▶～几天他没来（彼は始めの何日か来なかった）
ⓑ最初+動／節▶我们～住在一个小镇上（私たちは最初小さな町に住んでいた）▶他～当工人，以后当了干部（彼は始めは労働者だったが，その後事務職員になった）▶～他并不经商（彼は最初まったく商売はやっていなかった）▶～我没有打算学医（始め私は医学を学ぶつもりはなかった）

最近 zuìjìn

【名詞】発話の日の以前あるいは以後で，あまりへだたっていない期間を指す。
ⓐ最近［+的］+名▶～［的］天气不大正常（最近気候が少し異常だ）▶他～的情绪很不稳定（彼は最近とても気持ちが落ち着かない）▶～一段时间他常常回来很晚（このところ彼はしょっちゅう帰宅が遅かった）▶～几天你为什么总是迟到？（この数日あなたはどうして遅刻ばかりしているの）
ⓑ最近+動／節▶我们班～又来了一个新同学（私たちのクラスに最近また1人新しい学生がやってきた）▶～还会有什么新变化吗？（近いうちにまた何か新しい変化が起こるだろうか）▶～他一直没去上班（彼は最近ずっと出勤していない）▶～我到新疆去了一趟（最近私は新疆へ行って来た）

左右 zuǒyòu

【方位詞】❶空間を示すのに用いる。事物の右側と左側を指す。
ⓐ単独で用いる。▶～摇摆（左右にゆれる）▶～有两行垂柳（左右にシダレヤナギが2列ある）▶站队时，前后～要看齐（整列のときは，前後左右に合わせなければならない）▶形影相随，不离～（影の形に従って左右に離れないのと同様，常に一緒で少しも離れない）▶～都是平房，中间有一座楼房（左右どちらも平屋で，真ん中に1軒の2階家がある）
ⓑ名+左右▶房屋～（建物の左右）▶铁路线～（線路の左右）▶两个孙女儿坐在奶奶～（2人の孫娘はおばあちゃんの左右に座った）
ⓒ左右+名▶～两岸（左右の両岸）▶～两翼（左右の両翼）▶～厢房（母屋の左右の建物）▶～邻居（左隣と右隣）
❷数量に対して用いて，ある数量よりやや多いか，やや少ないことを表す。数量詞の後ろにのみ用いる。▶三百元～（300元ぐらい）▶十点～钟（10時前後）▶二十岁～（はたち前後）▶百分之三十～（30パーセント前後）▶二、三百人～（200～300人ぐらい）▶身高一米七～（身長1メートル70前後）
❸'左'と'右'を離して用いる。動作が何回も重複することを指す。
ⓐ左+動₁+右+動₂ 動₁と動₂は同じものか意味が近いものである。▶左思右想（何回も考える）▶左说右说，总算说通了

(ああ言ったりこう言ったりして、やっと説得した) ▶左看右看，越看越喜欢（あっちから見たりこっちから見たり、見れば見るほど気に入った） ▶左也不是，右也不是，怎么办？（あれもだめだしこれもだめだし、どうしよう）
ⓑ左+一+量［+名₁］+右+一+量［+名₂］ ▶左一封信，右一封信，催他回去（1通また1通と何度も手紙を出して彼に帰るようせきたてた） ▶左一天右一天地等，等到什么时候？（1日また1日と待って、いつまで待つんだい） ▶拿着相机，左一张右一张地照个没完（カメラを持って、あっちを1枚、こっちを1枚とひっきりなしに撮る） ▶左一趟，右一趟，跑了足有十几趟（1回また1回と、たっぷり十数回は往復した）

比較 左右：上下 ☞上下 shàngxià

撮 zuǒ

【量詞】ひとまとまりの少量の毛髪に用いる。《儿化》 ▶留着一～儿山羊胡子（ひとつまみのやぎひげをたくわえている） ▶脸上有一小～儿毛（顔にはほんのひとつまみの毛が生えている） ▶左边有一～儿白头发（左側に白髪がひとつまみ生えている）

☞撮 cuō

坐 zuò

【動詞】❶臀部を椅子や腰かけやその他の物体の上に乗せて、体の重量を支える：《付》了・着・过　場所・時間を表す名詞を客語にともなえる。《重ね型》 ▶快请～！（さあ、おかけください） ▶～沙发（ソファに腰かける） ▶～板凳（腰かけに腰かける） ▶～了几分钟（数分座っていた） ▶他还在那儿～着呢（彼はまだあそこに座っています） ▶我刚才～过这把椅子（私はさっきこの椅子に腰かけた） ▶你要是有时间就在我这儿多～～（お時間があったらここで少しゆっくりしていってください）
ⓐ名（場所）+坐+着+名（動作の主体）▶台上～着几个人（壇上に数人座っている） ▶后边～着一男一女（後ろに1組の男女が座っている）
ⓑ坐+在　後ろに場所を表す要素をともなう。 ▶～在沙发上（ソファに座っている） ▶～在石头上（石の上に座っている） ▶～在树下（木の下に座っている） ▶～在床边（ベッドのへりに座る） ▶～在一起（一緒に座る）
ⓒ坐+的+名 ▶～的姿势不大好（座った姿勢があまりよくない） ▶怎么没有～的地方？（どうして座る場所がないのだろう） ▶你每天～的时间不要太长（毎日座っている時間があまり長いのはよくありませんよ）
ⓓ願望あるいは許可を表す助動詞の後ろに用いることができる。 ▶我不想～（私は腰かけたくない） ▶他当然愿意～（彼はもちろん腰かけたいんですよ） ▶这里不许～（ここは座ってはいけない）

❷乗る：《付》了・着・过　名詞の客語をともなえる。 ▶～火车（汽车に乗る） ▶～小汽车（乗用車に乗る） ▶～了三个小时（3時間乗った） ▶～着小吉普来到工地（小型ジープに乗って工事現場にやって来た） ▶我还没～过轮船（私はまだ船に乗ったことがない）
ⓐ坐+名（場所） ▶～马车（馬車に乗る） ▶～飞机（飛行機に乗る） ▶～轿子（かごに乗る）
ⓑ坐+名（動作の主体） ▶这辆车可以～十来个人（この車は10人ほど乗れる） ▶大客机可以～三百多人（大型旅客機には300人余り乗れる）
ⓒ坐+在　後ろに場所を表す要素をともなう。 ▶～在前排（前列に座る） ▶～在飞机上（飛行機に乗っている） ▶～在长途汽车上（長距離バスに乗っている）
ⓓ願望あるいは許可を表す助動詞の後ろに用いることができる。 ▶这种车太慢，我不想～（この車はスピードが出ないので、私は乗りたくない） ▶他不喜欢～这种大轿车（彼はこの種の大型乗用車に乗りた

がらない）▶你的月票只准~汽车，不准~地铁（あなたの定期券はバスに乗れるだけで，地下鉄には乗れない）

❸なべややかん・ポットなどをコンロにかける：《付》了・着・过 名詞の客語をともなえる。▶~了一壶开水（やかんのお湯を火にかけた）▶~着一锅鸡汤（鶏スープのなべが火にかけてある）▶他就没帮我~过一壶开水（彼はお湯のやかんを火にかけるのさえ手伝ってくれたことがない）
ⓐ坐+图（道具）▶~大锅（大なべを火にかける）▶~水壶（やかんを火にかける）▶~汤盆（スープの鉢を火にかける）
ⓑ坐+图（場所）▶~炉子上（コンロにかける）▶~火上（火にかける）
ⓒ坐+在 後ろに場所を表す要素をともなう。▶~在炉子上（コンロにかけてある）▶~在火上（火にかけてある）

❹ウリなどの植物が実をつける：若干の名詞客語をともなえる。《付》了・着・过▶~果儿（実をつける）▶~瓜（ウリがなる）▶~了几个果儿（実をいくつかつけた）▶~着不少果儿（たくさんの実がなっている）▶这棵树就没~过果儿（この木は実をつけたことがない）

[動結] 坐//住　坐//稳　坐//直　坐//久
坐得〈不〉了 (liǎo)　乗る能力がある〈ない〉。▶我爱晕车，坐不了长途汽车（私は車酔いをするので，長距離バスには乗れない）▶飞机你坐得了吗？（あなたは飛行機に乗れますか）
[動趨] 坐//上　咱们还坐得上这趟车吗？（私たちもこのバスに乗れますか）
坐得〈不〉起　乗るお金の支払い能力がある〈ない〉。▶一张飞机票要两千多元，我可坐不起（飛行機の切符は1枚2000元余りするので，私にはとても乗れない）▶这种豪华车谁坐得起？（こんな豪華な車に誰が乗れるのだろう）
坐起来▶怎么又坐起开水来？（どうしてまたお湯をわかすんですか）
坐//到▶~到广州（広州まで乗る）▶~到半夜（夜中まで乗った）
【名詞】座席を指す。'座'とも書く。《口》《儿化》▶这里有~儿（ここに席がある）▶把~儿让给老人（お年寄りに座席を譲る）

作为　zuòwéi

【動詞】❶…とする：必ず名詞の客語をともなう。▶~罢论（中止にする）▶暂不~定论（今のところ結論としない）▶我的专业是古典文学，音乐只是~一种业余爱好（私の専門は古典文学で，音楽は余暇の趣味の1つにすぎない）

❷人のある身分，事物のある性質について言う。必ず名詞の客語をともなう。否定形はない。
ⓐ一般的な状況を総括して論ずるとき，'作为…'を文頭に用い，その後ろでは'作为'の客語を主語として借用し重複させない。▶~一个青年，当然应该有远大的理想（青年たるものもちろん遠大な理想を持つべきだ）▶~领导，就要以身作则（指導者たるもの身をもって手本とならなければいけない）▶~观念形态的文学作品，都是一定的社会生活在人头脑里的反映（イデオロギーとしての文学作品は，いずれもなんらかの社会生活が人の頭の中に反映されたものである）
ⓑ特別にある状況を指すとき，主語（人称代名詞や人名が多い）は省けず，'作为…'の後ろに現れることが多い。'作为'の前に置いてもよい。▶~业务部门的领导人，我有责任把生产搞上去（業務部門の指導者として，私は生産を向上させる責任がある）▶你~一个国家干部，应当爱护国家财产（あなたは国家公務員の1人として，国家の財産を大切にすべきだ）▶~艺术品，石雕、木雕、牙雕各有特色，难分高低（芸術品として，玉の彫刻・木彫・象牙彫刻はおのおの特色があって甲乙つけがたい）

— ただし主語が'作为'の客語と同一の事

物でないとき，主語は'作为'の前に置けない。▶～一种假设，你当然也可以这么说（1つの仮定として，あなたはもちろんそう言ってもかまわない）▶～他的个人爱好，别人用不着去干涉（彼の個人的な好みとして，ほかの人は干渉する必要はない）

做 zuò

【動詞】❶製造する，制作する：《付》了・着・过《重ね型》名詞の客語をともなえる。▶～双布鞋（布靴を1足作る）▶～了一对沙发（1対のソファーを作った）▶饭菜我都～好了（食事は私がちゃんと作った）▶衣服让他～坏了，太瘦了（彼は服を作りそこなった。窮屈でかなわない）

❷ある仕事や活動に従事する，文章を書く：《付》了・着・过 名詞を客語にともなえる。▶～工作（仕事をする）▶～文章（文章を作る）▶～了一首诗（詩を1首作る）▶这个报告～得很好（この報告はよく書けている）▶把工作～深入一些（仕事を1歩深く掘り下げてやる）

❸…になる，担当する，…に用いる：《付》了・过《重ね型》名詞の客語や兼語をともなえる。▶只有先～群众的学生，然后才能～群众的先生（まず大衆の学生になってこそ，初めて大衆の先生になれる）▶～母亲的怎么能不为儿女操心呢！（母親たるものどうして息子や娘のために心を砕かないでいられようか）▶售货员、采购员他都～过（販売係も仕入係も彼はやったことがある）▶拜你们～老师（あなたがたを先生としてうやまう）▶选他～代表（彼を選んで代表とする）▶那间屋子现在～了库房（その部屋は今は納戸にしてしまった）▶这笔钱～什么用？（このお金，何に使うんだい）

[動趨] 做//出 必ず客語をともなう。▶做出两道题（問題を2題解いた）

做//出来▶做出来两道题（問題を2題解いた）▶做出两道题来（問題を2題解いた）▶几个题全做出来了（いくつかの問題が全部できた）

做起来▶说起来容易，做起来难（言うは易く，行うは難し）▶他也做起诗来了（彼も詩を作り始めた）

做//到 说到就要做到（言ったことはやらねばならない）

[注意] '做'と'作'の両者は共通語では発音上すでに区別がなくなっている。習慣的には具体的な品物の製造はふつう'做'と書く。例えば'做桌子、做衣服、做文章'（テーブルを作る・服を作る・文章を作る）。やや抽象的なものや，文章語の色あいの濃い言葉，とりわけ成語の中ではふつう'作'と書く。例えば'作罢、作废、作对、作怪、作乱、作价、作曲、作文、作战、装模作样、认贼作父'（やめにする・ほごにする・対立する・じゃまする・乱を起こす・評価する・作曲する・文を作る・戦争する・もったいぶる・仇敵を父とみなす）。

［付録1］名詞・量詞組合せ一覧表

　本表は400余の名詞をＡＢＣ順に配列し、それらの名詞と組み合わせて用いる量詞をその右に列挙した。
　ここにとりあげた名詞は以下の基準で選んだ。
1．常用される具体名詞を主とし、抽象名詞は少なくする。
2．特殊な量詞を用いる名詞をできるだけ多く収録する。'个'または'种'のみをともなう名詞は原則として省く（例：国家・阶级・政党・苹果・梨・情绪・印象など）。
3．液体・粉末状物体・気体を表す名詞で、ふつう臨時量詞を単位とするものは、原則として省く（例：水・墨水・粥・面粉・石灰・氧气など）。
4．動物・植物の名称は日常よく使われるもののみを収録し、さらに同類のものは適宜省くことを原則とした。すなわち、類名だけをあげたり（例えば'树'をあげ、'树'の量詞は'桃树・松树'などにも用いることを示す）、あるいは1つの名詞のみを代表としてあげた（例えば'教室'をあげ'办公室・卧室'などはあげない。'老虎'をあげ、'狮子・豹子'などはそれから類推させる）。
　量詞は以下の原則に基づき収録した。
1．臨時量詞（例：瓶・车・碗・筐）と集合量詞（例：堆・捆・群）は原則として収録しない。度量衡量詞（例：斤・尺・升）はすべて省く。
2．単に修辞の働きをしている量詞、例えば'一线希望・一轮红日・一丝留恋・一团和气'などの'线・轮・丝・团'などは省く。
3．量詞の前に'一'しか用いないものには（　）を付けて注記する（例：'心意　（一）片・（一）番'）。
4．かなり幅広い組合せ例を持つ量詞（例：个）と、独特な使用法をもついくつかの量詞については、本文中の見出し項目において説明してある。

名詞	量詞	名詞	量詞	名詞	量詞
B		铲子	把	灯	盏, 个
		肠子	根, 条	灯管	根, 支
板	块	唱片	张, 套	凳子	张, 个, 条(長い物)
办法	个, 套	钞票	张, 沓, 叠		
报社	家, 个	车	辆	笛子	枝, 支, 管
报纸	张, 份	车床	台	地	块, 片
碑	块, 个, 座	车厢	节, 个	地雷	颗, 个
被单	条, 床	车站	个, 座	地图	张, 幅, 本, 册
被面	条, 床, 幅	成绩	分, 项		
被子	条, 床	城	座	点心	块
鼻涕	条, (一)把	城市	座, 个	电池	节, 对
鼻子	个, 只	秤	杆, 台	电线	条, 段, 截, 卷
比赛	场, 项	尺	把		
笔	枝, 支, 管	翅膀	只, 个, 对, 双	电影	个, 场, 部
鞭炮	个, 挂, 串			钉子	个, 颗, 枚
鞭子	条, 根	虫	条(長い物), 个(長くない物)	东西	件, 样
扁担	根, 条			豆腐	块
标语	条, 幅			豆子	粒, 颗
表(表)	张, 个	锄头	把	队伍	支, 路
表(腕時計)	只, 块, 个	船	条, 只, 艘, 个	**E**	
冰	块, 层				
冰雹	场, 颗, 粒	窗户	扇, 个	耳朵	个, 只, 对, 双
饼干	块	窗帘	块		
病	场	床	张, 个	耳环	个, 只, 对, 副
玻璃	块	词(語句)	个, 条		
布	块, 幅, 匹	词(詩詞)	首, 阕	**F**	
布告	张, 个	葱	棵, 根	饭	顿, 餐, 份, 桌, 口
布景	堂, 套, 台	锉	把		
C		**D**		饭店	家, 个
				房间	个
菜	棵	掸子	把	房子	所, 间, 栋, 幢
蚕	条	刀	把		
苍蝇	只, 个	岛	个, 座		
草	棵, 株, 根, 墩, 丛, 片	稻草	根	飞机	架
		稻子	株, 墩	肥皂	块, 条

名詞	量詞	名詞	量詞	名詞	量詞
坟	座，个	光	道	家具	件，样，套，堂
风	场，阵，股	锅	口，个	肩膀	个，双
风景	处	**H**		剪子	把
缝纫机	台，架	汗	滴	剑	口，把
斧子	把	汗珠	颗，滴	箭	枝，支
G		河	条	江	条
甘蔗	根，节	河堤	道	姜	块
缸	口，个	虹	条，道	交易	笔，宗
膏药	张，块，贴	狐狸	只，个	教室	间，个
镐	把	胡子	撇，撮，绺，把	角	个，只，对
胳臂	条，只，个，双			脚	只，双
		蝴蝶	只，个，对	轿子	顶，乘，抬
歌	首，支，个	花儿	朵，枝，瓣，束，簇	街	条，道
革命	场，次			筋	根，条
工厂	个，家，座	花生	粒，颗	劲儿	把，股
工具	件，样	话	句，段，(一)席，(一)番	井	眼，口，个
工人	个，名			镜子	面，块，个
工序	道			橘子	个，瓣
工资	份	画	张，幅，轴，套	剧院	家，座
工作	件，项，个	黄瓜	条，根	锯	把
弓	张	灰	把，撮，层	军队	支
功课	门	火	团，把	军舰	艘，只，条
宫殿	座	火柴	根，盒，包	**K**	
沟	条，道	火车	列，节	炕	铺，个
狗	条，只	火箭	支，枚	客人	位，个
骨头	根，节，块	货物	件，批	课	堂，节，门
鼓	个，面	**J**		课程	门
故事	个，段，篇	机器	台	口袋	条（大きい物），个（小さい物）
瓜	个	机枪	挺		
瓜子儿	颗，粒	鸡	只，个	口号	个，句
挂面	把	计划	个，项	裤子	条
关口	道	技术	门，项	筷子	枝，支，根，
棺材	口，个，具				
管子	根，段，截				

名詞	量詞	名詞	量詞	名詞	量詞
	双，把	**M**		藕	节，根
筐	个，副			**P**	
矿山	个，座	麻	株，缕		
L		麻袋	条，个	螃蟹	只，个
		马	匹	炮	门，尊
垃圾	堆	马达	台，个	炮艇	艘，只
喇叭	个，支	码头	个，座	皮	块，张，层
蜡烛	枝，支，根	麦子	棵，株	琵琶	面，个
篮子	只，个	馒头	个	劈柴	块
狼	只，条，个	猫	只，个	票	张
老虎	只，个	毛	根，绺，撮	牌	副，张
老鼠	只，个	毛线	根，支，团，股	葡萄	粒，颗，串，架，棵
烙饼	张，块，牙			**Q**	
雷	个，声	矛盾	个，对		
犁	张	帽子	顶，个		
篱笆	道	眉毛	道，双，对	棋	副，盘
礼堂	个，座	门	扇，个，道	棋子儿	个
礼物	件，份	米	粒	旗	面，杆
理由	个，条，点	蜜蜂	只	企业	个，家
力量	股	棉花	株，棵，团	气	股，团，缕，口
帘子	个，挂	名胜	处		
粮食	颗，粒	命	条	钱	笔
楼	层	命令	道，个，条	枪	枝，支，杆，条
楼房	座，栋，所，幢	磨	盘，个，眼		
		墨	块，锭	墙	堵，垛，道
路	条	木头	块，根	锹	把
路线	条，个	**N**		桥	座，个
露水	滴，颗			亲戚	个，门，家，处
驴	头，条	泥	块，滩，坨		
旅馆	家，个，座	碾子	盘，个	琴	把（'胡琴' '提琴'），个，架（'钢琴' '风琴'）
轮子	只，个	鸟	只，个		
锣	面，个	尿	泡		
骡子	匹，头	牛	头，条		
骆驼	匹，峰，个	**O**		青蛙	只，个
				蜻蜓	只，个

名詞	量詞	名詞	量詞	名詞	量詞
蛆	条	尸体	个，具	痰	口
裙子	条	诗	首，句，行	坦克	辆
R		石头	块	毯子	条
		屎	泡	糖（あめ）	块，颗
人	个，帮，伙，口（人数計算用）	收入	笔，项	梯子	个，架
		收音机	台，个	题	道，个
		手巾	块，条	蹄子	个，只
人家	个，户，家	手榴弹	颗，个	田	块
任务	项，个	手套	副，双，只	铁丝	根，段，条，截，卷
日记	篇，段，本	手镯	个，只，对，副		
肉	块，片			头发	根，绺，撮
S		书	本，册，部，卷，套，摞	头巾	块，条
				图章	个，颗，方
伞	把	书店	家，个	土	把，撮，层
嗓子	副，个，条	梳子	把	兔子	只，个
扫帚	把	树	棵，株，行	腿	条，只，双
森林	个，处，片	树枝	根，枝	拖拉机	台
砂子	粒，把，撮	刷子	把，个	唾沫	口
山	座	霜	场	**W**	
山口	道，个	水	滴，汪，滩		
山脉	条，道	水泵	台	瓦	块，片，垄
闪电	道	水车	台，架	碗	个，摞
扇子	把	水库	个，座	围巾	条
伤	处，块	水桶	个，只，副	尾巴	条，根
伤疤	块，条，道	丝	根，缕	味儿	股
商店	个，家	塑像	个，座，尊	文件	个，份，叠
商品	个，件，批件	蒜	头，瓣	文章	篇，段
上衣	件	算盘	把，个	蚊帐	顶，个
烧饼	个，块	隧道	个，孔	蚊子	只，个
勺子	把，个	唢呐	个，支	屋子	间
舌头	条，个	锁	把	武器	件，批
蛇	条	**T**		**X**	
神经	根，条				
牲口	头	塔	座	西瓜	个，块，牙
绳子	条，根	台阶	级，个	席子	领，张，卷

名詞	量詞	名詞	量詞	名詞	量詞
戏	出，台，个，场	学问	门	椅子	把，个
		学校	所，个	意见	个，条，点
虾	只，个	血	滴，滩，片	影片	部，个
霞	片，朵	雪	场，片	影子	条，个
弦	根			银行	个，所，家
线	条，根，股，支，轴，子，团，桄，条（引いた線）	**Y**		邮票	张，枚，套
		鸭子	只，个	鱼	条，尾
		牙齿	颗，个，排，口	鱼网	个，副，张
				雨	阵，场，滴
香	盘（渦巻き線香），支，根，子（棒状の線香）	牙膏	支，管	鸳鸯	对，只，个
		牙刷	把，支	原则	个，项，条
		烟	股，缕	月饼	个，块，牙
		眼睛	只，个，双，对	乐器	件
香肠	根			乐曲	首，支，段
香蕉	根，个，把	眼镜	副	云	朵，块，片，团
香烟	支，根，盒，包，条，筒	眼泪	滴，串，行（一）把		
				运动（体育）	场，项
箱子	个，口	砚台	块，个，方	运动（政治）	场，次
相片	张，帧，幅	雁	只，行		
象	头	秧苗	根，棵，株	**Z**	
消息	个，条，则	羊	只，头	杂志	本，份，期，卷
箫	枝，支	腰带	根，条		
小说	篇，本，部	药	副，服，剂，味，丸（以上は漢方薬），片，粒（以上は錠剤）	灾荒	场，次
笑容	（一）丝，（一）副			水闸	道，座
				炸弹	颗，个
				债务	笔
笑脸	（一）副			战斗	场，次
鞋	双，只			战线	条
心	颗，个，条			战争	场，次
心意	（一）片，（一）番	钥匙	把	账	本，笔
		叶子	片，张	针	根，个，枚
信	封	衣服	件，身，套	枕头	个，对
信箱	个，只	医院	所，家，个，座	政策	项，个，条
星	颗，个			职业	项
行李	件	仪器	台，架，件		
凶器	件，把	仪式	项	纸	张，片，刀，

名詞	量詞	名詞	量詞	名詞	量詞
制度	沓 条，项，个	猪 竹子	口，头 根，节	桌子 子弹	张，个 粒，颗，发
钟	个，座	主张	项，个	字	个，行，笔
种子	颗，粒	柱子	根	钻	台，把
珠子	粒，颗，串，挂	砖 锥子	块，摞 把	钻石 嘴	粒，颗 张，个

[付録2] 形容詞強調形一覧表

形容詞の強調形式を4表に分けて示す。表1は，単音節形容詞Aの重ね型AAで，130余りある。表2は，単音節形容詞Aに2音節または3音節の接尾語を付けて，ABB・ABC・AXYZなどの形をとるもので，130余りを収める。表3は，2音節形容詞ABが繰り返されて，AABB，もしくはA里ABとなる形で，収録語数は230余りである。表4は，2音節形容詞BAが繰り返されてBABAとなる形で，収録語数は70余り。配列はアルファベット順である。

各形式の構造とその機能は以下のごとくである。

① 構　造
(1) 単音節形容詞A→AA的
　　▶紅紅的 ▶白白的 ▶高高的 ▶大大的 ▶圓圓的
　北京語の話し言葉では，2番目のAはふつう第1声となり，儿化する。
　　▶紅紅儿的　hónghōngr・de
　　▶小小儿的　xiǎoxiāor・de
　　▶慢慢儿的　mànmānr・de
(2) 単音節形容詞A＋BB→ABB的
　　▶紅通通的 ▶圓乎乎的 ▶慢騰騰的 ▶緑油油的
　(a) 北京語の話し言葉ではBBはふつう第1声に発音する。
　　▶慢騰騰的　màntēngtēng・de
　　▶沉甸甸的　chéndiāndiān・de
　(b) 単音節形容詞Aと接尾語BBとの組合せは習慣的なものである。方言や人により異なることがある。時には，修辞上の必要から新しい組合せを作ることも許される。表2は北京語の話し言葉を主とした例であり，このタイプの例を示すものであって，すべてを尽くしているわけではない。いくつかのBBは特定のAの後ろにのみ付けられる。
　　'歪歪'は'病'の後ろにのみくる ▶病歪歪的
　　'噴噴'は'香'の後ろにのみくる ▶香噴噴的
　　'答答'は'羞'の後ろにのみくる ▶羞答答的
　比較的多数のAの後ろに付けられるBBもある。
　　▶洋洋：喜洋洋的・懶洋洋的・暖洋洋的
　　▶生生：怯生生的・活生生的・好生生的・脆生生的
　　▶墩墩：矮墩墩的・胖墩墩的・肥墩墩的・厚墩墩的
　いくつかのBB，例えば'乎乎・溜溜・巴巴'などは結合能力が強い。'溜溜'は'直・

細・酸・光・滑・圓・稀'などの後ろに付けられ, '乎乎'は'黄・黒・粉・灰・辣・潮・湿・稠・稀・毛・软・烂'などの後ろに付けられる。

(c)同じBB形でも, 漢字表記が異なる場合がしばしばある。

▶黄糊糊・黄胡胡・黄乎乎
▶湿渌渌・湿漉漉
▶美孜孜・美滋滋

意味が同じ場合は, そのうちの1つをとった。

(d)単音節形容詞Aは組み合わされるBBにより, しばしば意味やニュアンスが異なってくるので, 表中に注釈・説明を付けた。字づらから意味のわかるもの, また特殊な使用法をもたないものについては注釈を省いた('悲惨惨・光灿灿・乱纷纷'など)。

(e)ABB形の, Aの大部分は形容詞であるが, 名詞と動詞の中にも, 少数だがABB形を作るものがある。そのいくつかを適宜収録した('水淋淋・血乎乎・笑哈哈・醉醺醺'など)。

(f)ABB形の, Aのほとんどは単独で語として使用できるが, 少数のものは単独では使用できない。

▶雄:雄纠纠▶悲:悲惨惨▶赤:赤条条▶喜:喜冲冲

(g)ほとんどのABB形は, AにBBを付けて構成されたものであるが, 中にABのBを繰り返して作られたと認められるものもある。

▶孤单:孤单单的▶空旷:空旷旷的▶光溜:光溜溜的▶稳当:稳当当的

(3)北京語の話し言葉において, 単音節形容詞AにBCを加えてABC形を作ることがある。Bはほとんどの場合deまたはbuで, 軽声に読む。Cは第1声に発音する。

▶臊不答的▶肥得噜儿的▶美不滋儿的▶冷古丁的▶圆得乎儿的▶酸不叽的▶甜不叽儿的

'得乎'の使用範囲は'乎乎'と等しく, '不叽'の使用範囲は'了呱呱'と等しい。表中では'-得乎・-不叽'は省いた。

'乎乎〈得乎〉・不叽〈不叽叽〉'には, ふつうマイナスの意味があるが, 儿化して'乎儿乎儿〈得乎儿〉・不叽儿〈不叽儿叽儿〉'となるとプラスの意味に用いられる。

▶这个人长得胖乎乎的(その人はぶくぶくに太っている)
▶小脸儿胖乎儿乎儿的(このちっちゃな顔はポチャポチャとしている)
▶葡萄没熟, 酸不叽的(ブドウはまだ熟していない, 酸っぱくてたまらない)
▶红玉苹果酸不叽儿的挺好吃(紅玉は酸味があってとてもおいしい)

(4)単音節形容詞A+XYZ→AXYZ的

各地の方言により異なるが, 表中では北京語の話し言葉を主とした。

▶白不呲咧的▶干不呲咧的▶黑不溜秋的▶圆咕龙冬的▶傻不愣登的▶酸不溜丢的▶滑不叽溜的▶苦了呱呱的

'了呱呱'の結合能力は強く, 多くの単音節形容詞と結びつく。例えば, 表2中の'暗・白・潮・沉・稠・臭・粗・脆・呆・淡・短・肥・疯・干・黑・厚・滑・黄・灰・

假・尖・娇・紧・空・苦・辣・蓝・懒・烂・冷・愣・凉・亮・绿・乱・慢・面・粘・胖・平・轻・穷・热・软・臊・湿・瘦・水・死・松・酸・甜・秃・弯・稀・咸・香・硬・油・圆・晕・脏・贼・直・皱・醉' などはすべて '了呱叽' をともなえる。

紙面節約のため '-了呱叽' は原則として表中には出さない。'了呱叽' はともなえるが、他の接尾語とは結合しない単音節形容詞（他の品詞にも同類がある）は多いが、表2にはそのうち5つ（'笨・蠢・贫・素・瞎'）だけをあげた。

'了呱叽' は北京語の話し言葉の接尾語で、異形態が多い。ただし発音は異なっても用法は同じである。異形態は次のごとくである（'脏' を例とした）。

　　脏了(里)呱叽—脏了(里)咕叽—脏了(里)各叽—脏了(里)巴叽—脏了(里)不叽—脏不叽—脏不叽呱叽

(5) 2音節形容詞AB→AABB的

　　▶干干净净的▶壮壮实实的▶和和气气的▶随随便便的

(a) 話し言葉ではBBはふつう第1声に発音し、2番目のAは軽声、2番目のBは儿化する。

　　▶慢慢腾腾的　màn·manténgtēng·de
　　▶干干净净儿的　gān·ganjīngjīngr·de

(b) 2音節動詞の中にもAABB形をとることのできるものがある。その例をいくつか表中にあげた。

　　▶商商量量儿的▶凑凑合合的▶对对付付的▶吵吵嚷嚷的▶来来往往的

(6) 2音節形容詞AB→A里AB的

　　▶胡里胡涂的▶马里马虎的▶慌里慌张的▶俗里俗气的▶古里古怪的

(7) 2音節形容詞BA→BABA的

　　▶笔直笔直的▶冰凉冰凉的▶通红通红的

BABAの4つの音節中、ストレスはふつう最初の音節であるBの上に置かれる。BA形の2音節形容詞は、単音節形容詞Aの前に修飾の働きをするBを付けて作られたものである。本表にあげたものはその例であり、すべてではない。

②機　能

(1) 名詞的要素を修飾する。どんな形にせよ、ふつう必ず '的' をともなう。

　　▶清清的水，蓝蓝的天▶水汪汪的一对大眼睛▶干干净净的床单▶通红通红的小脸

数量の修飾が付いた名詞の前に置く場合は、'的' をともなわなくてもよい（BABA形は除く）。

　　▶薄薄一层冰▶短短两小时▶小小一个孩子会这么懂事▶乱七八糟一大堆东西▶绿油油一片麦田

(2) 動詞句を修飾するときは、ふつう '地' をともなう。

　　▶慢慢地走过来▶笑嘻嘻地说▶酽酽地沏壶茶喝▶高高兴兴地唱了起来▶随随便便地说▶粘乎乎地熬了一锅粥

動詞を修飾するとき，AA形とAABB形のうち，いくつかは'地'をともなわない。
　▶轻轻一推▶慢慢说▶足足有5斤重▶白白跑了一趟▶快快跑▶重重打了一拳▶满满盛了一筐▶痛痛快快洗个澡▶热热闹闹过个年

BABA形はふつう，動詞句を修飾できない。

(3)述語となる。ふつう'的'をともなう。
　▶小河的水清悠悠的▶空气潮乎乎的▶小脸红红的，眼睛大大的▶屋里干干净净的▶田野碧绿碧绿的

(4)'得'の後ろに付いて補語となる。AABB形は'的'を省いてもよいが，その他の形は省けない。
　▶收拾得整整齐齐[的]▶洗得干干净净[的]▶烫得平平的▶晒得暖洋洋的▶显得慌里慌张的▶脸气得煞白煞白的

(5)前に指数句か数量句を加えて，主語や客語となることができる。必ず'的'をともなう。
　▶说着说着那个胖乎乎的走过来了▶买了一个结结实实的▶今天又碰上这位瘦高瘦高的了

表1

A	AA	AA的	第2音節がル化し1声に変わる	A	AA	AA的	第2音節がル化し1声に変わる	A	AA	AA的	第2音節がル化し1声に変わる
矮		+	+	脆		+	+	狠	+	+	+
暗	+	+	+	大	+	+	+	红		+	+
白	+	+	+	单	+			厚		+	+
棒		+	+	淡	+	+	+	黄		+	+
薄		+	+	低		+		灰		+	
饱		+	+	毒		+		活	+	+	+
扁		+	+	短	+	+	+	尖		+	+
瘪		+		多	+	+	+	僵		+	
糙		+	+	方		+	+	焦		+	
草	+	+	+	肥		+	+	紧	+	+	+
颤		+	+	粉		+	+	近		+	+
长		+	+	干		+	+	净			+
潮		+	+	高	+	+	+	静		+	
稠		+	+	鼓		+	+	俊			+
臭		+	+	乖	+	+	+	空		+	+
纯		+		光		+	+	苦	+	+	
蠢		+		好	+	+	+	快	+	+	+
粗	+	+	+	黑		+	+	宽		+	+

注:'+'はその形式があることを示し,空白はないことを示す.'AA''AA的'の両欄とも空白で第3の欄に'+'がある場合は,Aが重ね型になると,第2音節が必ずル化し,1声に変わることを示す.

表1

A	AA	AA的	第2音節がル化し1声に変わる	A	AA	AA的	第2音節がル化し1声に変わる	A	AA	AA的	第2音節がル化し1声に変わる
辣		+	+	暖		+	+	素			+
蓝		+	+	胖		+	+	酸		+	+
烂		+	+	平		+	+	碎		+	+
老			+	浅		+	+	烫			+
冷		+	+	悄	+	+	+	甜		+	+
凉		+	+	青		+	+	秃		+	
亮		+	+	轻	+	+	+	歪		+	
绿		+	+	清		+	+	弯		+	
乱		+	+	全			+	晚		+	+
满	+	+	+	热		+	+	旺		+	+
慢	+	+	+	软		+	+	微	+	+	
美		+	+	傻			+	稳		+	+
闷		+	+	深	+	+	+	稀		+	+
猛			+	生		+	+	细	+	+	+
密		+	+	湿		+		咸		+	+
面			+	熟			+	香		+	+
难			+	瘦		+	+	响		+	+
嫩		+	+	死	+	+		小		+	+
蔫			+	松		+	+	斜			+
粘		+	+	酥		+		新		+	+

表1

A	AA	AA的	第2音節が儿化し1声に変わる	A	AA	AA的	第2音節がリ化し1声に変わる	A	AA	AA的	第2音節が儿化し1声に変わる
严		+	+	匀		+	+	正		+	+
酽		+	+	脏		+		直		+	
阴			+	早	+	+	+	皱		+	
硬		+	+	窄		+	+	重		+	+
油			+	涨		+		准			+
圆		+	+	真	+	+					
远	+	+	+	整	+	+	+				

表2（発音及び「注解」欄の※印を付した訳は、日本語版において補充したものである。）

A	A＋接尾語	注　解	A	A＋接尾語	注　解
矮	矮墩墩 ǎidūndūn	背が低くずんぐりしている人・物のさまの形容。	碧	碧油油 bìyōuyōu	緑色でつやつやしている。
暗	暗沉沉 ànchénchén	暗くどんよりしたさま（例えば空模様など）。	病	病歪歪 bìngwāiwāi	病気がちで弱々しいようす。
白	白皑皑 bái'ái'ái	雪の色の形容。		病恹恹 bìngyānyān	病気がちでぐったりしたようす。
	白苍苍 báicāngcāng	頭髪や顔色の形容。		病殃殃 bìngyāngyāng	病でやつれたようす。
	白乎乎 báihūhū	※ぼんやりと白いさま。	颤	颤巍巍 chànwēiwēi	老人または病人の動作の形容。
	白花花 báihuāhuā	銀や水などの色の形容。		颤悠悠 chànyōuyōu	※上下にゆらゆらするさま。
	白晃晃 báihuānghuāng	白くてぴかぴか光るさま。	潮	潮乎乎 cháohūhū	かすかに湿り気をおびているさま。
	白净净 báijìngjìng	人の皮膚の形容。	赤	赤裸裸 chìluǒluǒ	裸体の形容。むき出しであるさまの比喩。
	白茫茫 báimángmáng	見渡す限り白い、雲・霧・大水などの形容。		赤条条 chìtiáotiáo	裸体の形容。
	白蒙蒙 báiméngméng	霧や水蒸気などの形容。	沉	沉甸甸 chéndiāndiān	ずっしり重いさま。
	白不呲咧 bái·bucīliē	色がうすくあわい。味が淡白だ。	稠	稠乎乎 chóuhūhū	※液体のねばっこいさま。
悲	悲惨惨 bēicǎncǎn	※境遇や状況が悲惨なさま。	臭	臭乎乎 chòuhūhū	※においが少しくさい。
	悲凄凄 bēiqīqī	《書》※悲しいさま。		臭烘烘 chòuhōnghōng	※悪臭がぷんぷんする。
	悲切切 bēiqièqiè	《書》※たいへん悲しんでいるさま。	喘	喘吁吁 chuǎnxūxū	※はあはあと息せききるようす。
笨	笨了呱叽 bèn·leguājī	※動作や頭の働きがにぶい。のろま。	蠢	蠢了呱叽 chǔnleguājī	※動作や頭の働きがにぶいようす。

表2

A	A＋接尾語	注　解	A	A＋接尾語	注　解
粗	粗墩墩 cūdūndūn	太く低い。	肥	肥得噜儿 féi·delūr	肉がついてよく太っているさま。
脆	脆生生 cuìshēngshēng	声がはっきりと澄んでいる。食べ物がポロポロと柔らかくもろい。		肥咕囊 féigūnáng	太ってむくんでいるさま。
大	大咧咧 dàliēliē	人柄が自由気ままで小さなことにこだわらないさま。	粉	粉乎乎 fěnhūhū	※ピンク色でうすぼんやりと見えるさま。
呆	呆愣愣 dāilènglèng	※驚きや恐れで芒然自失しているさま。		粉扑扑 fěnpūpū	皮膚などがさくら色で美しい。
淡	淡巴巴 dànbābā	※味がうすい。表情が冷淡。文章が無味乾燥。	疯	疯颠颠 fēngdiāndiān	※気の狂った異常なさま、またはその言動。
毒	毒花花 dúhuāhuā	太陽光がひどく熱い形容。		疯了呱叽 fēng·leguājī	※気の狂ったような言動をするさま。
短	短巴巴 duǎnbābā	※衣服が寸たらずの形容。	干	干巴巴 gānbābā	※からからに乾いたようす。
	短出出 duǎnchūchū	※衣服や物の短いさま。		干瘪瘪 gānbiěbiě	※ひからびてしわくちゃになっているさま。
	短撅撅 duǎnjuēatjuē	（ひげ・山羊の尾・着物のえりなど）短くぴんと立っているさま。	孤	孤单单 gūdāndān	孤独の形容。
	短秃秃 duǎntūtū	※しっぽが短くちびているさま。		孤零零 gūlínglíng	孤独の形容。
恶	恶狠狠 èhěnhěn	人間が凶暴なさま。	鼓	鼓囊囊 gǔnāngnāng	ポケット・包みなどに物をつめ込んでデコボコしているようす。
肥	肥墩墩 féidūndūn	太って背が低い。	光	光灿灿 guāngcàncàn	※きらきらと光るさま。
	肥滚滚 féigǔngǔn	太ってまるまるしているさま（豚など）。		光乎儿乎儿 guānghūrhūr	※つるつるでなめらかなさま。
	肥乎乎 féihūhū	※肥えているさま。		光亮亮 guāngliàngliàng	※ぴかぴかに光るさま。
	肥囊囊 féināngnāng	太ってむくんでいるさま。		光溜溜 guāngliūliū	表面が滑らかでぴかぴかしているさま。

表2

A	A＋接尾語	注　解	A	A＋接尾語	注　解
光	光闪闪 guāngshǎnshǎn	※きらきらと光るさま。	黑	黑不溜秋 hēi·buliūqiū	顔色・物の色が黒いさま。
	光秃秃 guāngtūtū	※地肌があらわに現れているさま。		黑咕隆冬 hēi·gulōngdōng	光線の暗いさま。
汗	汗津津 hànjīnjīn	うっすらと汗ばんでいる。	红	红光光 hóngguāngguāng	赤くて，つやつやしているさま。
好	好端端 hǎoduānduān	正常状態にあったさま。		红乎乎 hónghūhū	※赤色でおおわれているさま。
	好生生 hǎoshēngshēng	もともとは，まともな状態にある。		红扑扑 hóngpūpū	顔色が健康的で血色のよい形容。
黑	黑糁糁 hēicǎncǎn	顔色・ひげの黒いさま。		红通通 hóngtōngtōng	※真っ赤な色の形容。
	黑墩墩 hēidūndūn	人の色が黒くて背が低いさま		红彤彤 hóngtōngtōng	ふつう朝日・夕焼けの形容。
	黑洞洞 hēidōngdōng	あたりがまっ暗なさま。		红艳艳 hóngyànyàn	はっとするほど濃い赤さ。
	黑乎乎 hēihūhū	暗くて一面にぼんやりしているさま。	厚	厚墩墩 hòudūndūn	分厚くこんもりしている。
	黑茫茫 hēimángmáng	暗い夜の形容。		厚实实 hòushíshí	分厚くがんじょうだ。
	黑漆漆 hēiqīqī	※真っ暗な状態，真っ暗なようす。	花	花里胡梢 huā·lihúshào	色のけばけばしいさま。華やかではあるが堅実でないことの比喩。
	黑黢黢 hēiqūqū	※黒い・暗いさま。	滑	滑溜溜 huáliūliū	表面がなめらかでつるつるしているさま。
	黑压压 hēiyāyā	人がぎっしり集まっているさま。		滑不唧溜 huá·bujīliū	（魚などが）つるつるすべって，つかむのがむずかしいさま。道が滑って歩きにくいさま。
	黑魆魆 hēixūxū	まっ暗なさま。	慌	慌乱乱 huāngluànluàn	※あわてふためき混乱しているさま。
	黑油油 hēiyōuyōu	黒光りするさま。			

表2

A	A+接尾語	注　　解	A	A+接尾語	注　　解
慌	慌张张 huāngzhāngzhāng	※あわてふためくさま。	急	急喘喘 jíchuǎnchuǎn	急いであえいでいるようす。
黄	黄澄澄 huángdēngdēng	黄金や穀物などが黄色くまぶしいさま。		急乎乎 jíhūhū	※あわてて急ぐようす。
	黄乎乎 huánghūhū	ぼんやりと黄色く見えるさま。	假	假惺惺 jiǎxīng·xīng	まごころのないようす。
灰	灰沉沉 huīchénchén	※灰色でほの暗いさま。	尖	尖溜溜 jiānliūliū	声が鋭くとげとげしいさまや，物が鋭く細いことの形容。
	灰乎乎 huīhūhū	※灰色一色のさま。	娇	娇滴滴 jiāodīdī	女性のなまめかしいようす・声を形容。
	灰溜溜 huīliūliū	しおれて気力のないさま。		娇嫩嫩 jiāonennen	※(体が)きゃしゃである。(花が)みずみずしい。
	灰蒙蒙 huīmēngmēng	雲や霧のある空や，土ぼこりの舞い上がっている空の形容。	金	金灿灿 jīncàncàn	※金色にかがやくさま。
	灰了呱叽 huī·leguājī	※灰色またはうす暗いさま。		金煌煌 jīnhuánghuáng	※黄金のようにかがやくさま。
	灰不溜秋 huī·buliūqiū	※うす暗くて見にくい色の形容。		金晃晃 jīnhuǎnghuǎng	※金色にかがやくさま。
浑	浑得噜儿 hún·delūr	児童・少年が質朴でかわいいさま。		金闪闪 jīnshǎnshǎn	※金色にぴかぴか光るさま。
活	活生生 huóshēngshēng	現実の，なまなましい。眼前に発生している。生きたままで。	紧	紧巴巴 jǐnbābā	※窮屈だ，きつい，つらい。
火	火辣辣 huǒlālā	※ひどく暑いさま。ひりひりと痛い形容。		紧梆梆 jǐnbāngbāng	※ぎっしりつまっている，ぴんと張っている。
急	急湍湍 jítuāntuān	水の流れが急なさま。		紧绷绷 jǐnbēngbēng	※表情がこわばっているさま。ぎゅっとしばっている。
	急冲冲 jíchōngchōng	急いでいて行動の迅速なようす。		紧箍箍 jǐngūgū	ふつう，衣服・帽子がきつくて小さいさま。
			净	净光光 jìngguāngguāng	きれいにすっかりなくなったさま。

表2

A	A＋接尾語	注　解	A	A＋接尾語	注　解
静	静悄悄 jìngqiāoqiāo	しんと静かなさま。	懒	懒洋洋 lǎnyāngyāng	※けだるく、ものういさま。
	静悠悠 jìngyōuyōu	※ひっそりとしたさま。	烂	烂乎乎 lànhūhū	※よく煮たり、熟したりした食べ物の形容。
空	空荡荡 kōngdāngdāng	すっかりからっぽなさま。	乐	乐呵呵 lèhēhē	楽しいようすの形容。
	空洞洞 kōngdòngdòng	部屋・洞窟などの空間がからっぽのさま。文章や話などに内容のないさま。		乐悠悠 lèyōuyōu	楽しくゆったりしたさま。
	空旷旷 kōngkuàngkuàng	※がらんとした状態の形容。		乐滋滋 lèzīzī	内心わくわく喜んでいるさま。
	空落落 kōngluōluò	※心がむなしく寂しい。あたりががらんと寂しい。	泪	泪汪汪 lèiwāngwāng	目に涙があふれているさま。
苦	苦英英 kǔyīngyīng	かすかに苦味がある形容。	冷	冷冰冰 lěngbīngbīng	人に冷たく不親切にするさま。物の冷たいさま。
	苦森森 kǔsēnsēn	※苦しいさま。		冷清清 lěngqīngqīng	もの寂しくひっそりしているさま。
辣	辣乎乎 làhūhū	※ひりひりするほど辛い。		冷森森 lěngsēnsēn	ぞくっとするような寒さ。
	辣丝丝 làsīsī	かすかに辛みがある形容。		冷丝丝 lěngsīsī	かすかに冷気のあるさま。
	辣酥酥 làsūsū	かすかに辛みがある形容。		冷飕飕 lěngsōusōu	風が冷たいさま。
蓝	蓝英英 lányīngyīng	青色を呈しているさま。		冷古丁 lěnggǔdīng	突然の動作の形容。
	蓝莹莹 lányīngyīng	青くて透明で美しい。サファイアなどの色の形容。	愣	愣磕磕 lèngkēkē	※軽卒でそそっかしい、ぼんやりしたさま。
	蓝闪闪 lánshǎnshǎn	※青く光るさま。	凉	凉丝丝 liángsīsī	わずかに涼しい。（飲食物が）さめている。
懒	懒散散 lǎnsǎnsǎn	※きままでだらだらしているさま。		凉飕飕 liángsōusōu	※風が冷たくてぞくぞくと寒気がする。

表2

A	A＋接尾語	注　解	A	A＋接尾語	注　解
凉	凉苏苏 liángsūsū	わずかに涼しい。（飲食物が）さめている。	麻	麻酥酥 másūsū	舌が少ししびれる。体にしびれを感ずるさま。
亮	亮光光 liàngguāngguāng	※ぴかぴか光るさま。	满	满当当 mǎndāngdāng	容器・空間が物・人でいっぱいに満ちるさま。
	亮晶晶 liàngjīngjīng	光って明るくきらめくものの形容（例えば星など）。		满登登 mǎndēngdēng	容器・空間が物・人でいっぱいに満ちるさま。
	亮堂堂 liàngtāngtāng	多くは部屋に光線が十分さすさま。	慢	慢腾腾 màntēngtēng	ゆっくりとゆるやかなようすの形容。
绿	绿葱葱 lǜcōngcōng	植物が緑豊かに生い茂っているさま。		慢吞吞 màntūntūn	動作がのろのろしているさま。
	绿茸茸 lǜrōngrōng	多くは作物の若芽や細かい草がびっしり緑の絨毯のようであるさま。		慢悠悠 mànyōuyōu	動作がゆっくりでゆったりとしたさま。
	绿茵茵 lǜyīnyīn	多くは、草むら・草地の形容。	毛	毛糙糙 máocāocāo	物が粗悪なさま、人の動作が粗雑なさま。
	绿莹莹 lǜyīngyīng	緑に輝いている。		毛烘烘 máohōnghōng	毛がびっしりと多いさま。
	绿油油 lǜyōuyōu	緑がつややかだ。多くは作物や野菜、木の葉などの形容。		毛乎乎 máohūhū	毛がびっしりと多いさま。
乱	乱纷纷 luànfēnfēn	※乱れてごたごたしているさま。		毛茸茸 máorōngrōng	細かい毛がびっしり生えているさま。
	乱哄哄 luànhōnghōng	ごった返して、やかましい。多くは人の集まる所の形容。		毛楂楂 máocháchá	多くはかたくて乱れている毛髪を形容。
	乱乎乎 luànhūhū	※がやがやして乱れているさま。	美	美丝丝 měisīsī	内心得意な、または喜んでいる形容。
	乱蓬蓬 luànpéngpéng	多くは髪が乱れているさま。		美滋滋 měizīzī	内心得意な、または喜んでいる形容。
	乱腾腾 luàntēngtēng	※心が乱れている形容。部屋などが乱雑なさま。		美不滋儿 měi·buzīr	内心得意な、または喜んでいる形容。
	乱糟糟 luànzāozāo	※心が乱れている形容。物が雑然としているさま。	密	密麻麻 mìmāmā	多くてぎっしりしたようす（例えば紙の上の字、皮膚の上の斑点、広場の群衆など）。

表2

A	A＋接尾語	注　解	A	A＋接尾語	注　解
密	密匝匝 mìzāzā	ぎっしりつまったようす（例えば麦の穂、トウモロコシの粒など）。	胖	胖墩墩 pàngdūndūn	太っていて背が低いさま。
面	面乎乎 miànhūhū	デンプンを多く含み、食べると柔らかく歯ごたえがないさま。		胖乎乎 pànghūhū	太っているようす。
	面团团 miàntuántuán	顔がまるく太っているさま。		胖不伦墩 pàng·bulúndūn	太って愚鈍なさま。
明	明灿灿 míngcàncàn	多くは太陽光がキラキラと輝くさま。	蓬	蓬茸茸 péngrōngrōng	毛髪が伸び、ぼさぼさしているさま。
	明光光 míngguāngguāng	明るく透明なさま（例えばガラス窓など）。		蓬松松 péngsōngsōng	多くは毛髪やひげがぼうぼうと伸びているさま。
	明晃晃 mínghuānghuāng	多くは電灯や刀の先など物がキラキラ輝き明るいさま。	贫	贫了呱叽 pín·leguājī	※とてもおしゃべりなようす。
	明亮亮 míngliàngliàng	明るく透明なさま（例えばガラス窓など）。	平	平稳稳 píngwěnwěn	※平穏で安定しているさま。
闹	闹哄哄 nàohōnghōng	にぎやかでさわがしい。多くは人声のする所のさま。		平展展 píngzhǎnzhǎn	多くは地勢や道路が平坦なさま。
	闹嚷嚷 nàorāngrāng	にぎやかでさわがしい。多くは人声のする所のさま。	凄	凄惨惨 qīcǎncǎn	※悲惨で痛ましいさま。
粘	粘乎乎 niánhūhū	ねばつく。ねばって糊状になるさま。		凄凉凉 qīliángliáng	※ひっそりとしてもの寂しいさま。
怒	怒冲冲 nùchōngchōng	怒ったようす。		凄切切 qīqièqiè	多くは、声が悲しく寂しいさま。
暖	暖烘烘 nuǎnhōnghōng	暖かいさま。	气	气昂昂 qì'áng'áng	※気勢があがっているさま。
	暖乎乎 nuǎnhūhū	暖かいさま。		气冲冲 qìchōngchōng	怒ったようす。
	暖融融 nuǎnróngróng	《書》多くは太陽光の暖かさの形容。		气喘喘 qìchuǎnchuǎn	急ぎあせって、あえぐようす。
	暖洋洋 nuǎnyángyáng	多くは太陽の下で暖かく感じるさま。		气鼓鼓 qìgǔgǔ	怒ったようす。

表2

A	A+接尾語	注　解	A	A+接尾語	注　解
气	气哼哼 qìhēnghēng	怒ったようす。	热	热腾腾 rètēngtēng	熱く、ゆげの立つようす。
	气乎乎 qìhūhū	怒ったようす。	软	软和和 ruǎnhuōhuō	柔らかいさま。
	气囊囊 qìnāngnāng	怒ったようす。		软乎乎 ruǎnhūhū	柔らかいさま。
	气吁吁 qìxūxū	急ぎあせってあえぐようす。		软溜溜 ruǎnliūliū	柔らかいさま。
怯	怯生生 qièshēngshēng	肝が小さく用心深いようす。		软绵绵 ruǎnmiánmián	綿のように柔らかい。物の柔らかいさま。力のない感覚、動作・歌の調子に力のないさまなど。
清	清凌凌 qīnglínglíng	水面が澄んで、波紋のあるさま。			
	清幽幽 qīngyōuyōu	静寂である形容。		软囊囊 ruǎnnāngnāng	柔らかく、腫れているようす。
轻	轻悄悄 qīngqiāoqiāo	※動作が軽く静かなさま。		软塌塌 ruǎntātā	物が力なく、ぐんにゃりしていて、ぴんとしていないさま。
	轻飘飘 qīngpiāopiāo	物が軽いさま。得意で有頂天になることの比喩。		软不塌 ruǎn·butā	物が力なく、ぐんにゃりしていて、ぴんとしていないさま。
晴	晴朗朗 qínglǎnglǎng	※空がからりと晴れわたっているさま。		软古囊 ruǎngūnāng	柔らかく、腫れているようす。
穷	穷光光 qióngguāngguāng	貧しいさま。無一文。	臊	臊烘烘 sāohōnghōng	ぷんぷん臭うさま。
热	热滚滚 règǔngǔn	熱い湯、熱い涙などの形容。		臊乎乎 sāohūhū	ぷんぷん臭うさま。
	热辣辣 rèlālā	激しく刺すような痛み（例えば、きつい日射しの下での感覚や内心の激しく動揺するときの感覚）を感じる。	臊	臊不答 sào·budā	※はずかしがるさま。
			沙	沙朗儿朗儿 shālāngrlāngr	食品の質がサクサクと口当たりのよいさま（例えばスイカのような）。
	热烘烘 rèhōnghōng	※ぽかぽかと暖かい。	傻	傻呵呵 shǎhēhē	ばかみたいなようす。
	热乎乎 rèhūhū	※心あたたかい感じ。食物が熱い。			

表2

A	A+接尾語	注　解
傻	傻乎乎 shǎhūhū	ばかみたいなようす。
	傻不愣登 shǎ·bulēngdēng	おろかなさま（軽蔑する意味）。
湿	湿乎乎 shīhūhū	※しめっぽい。
	湿淋淋 shīlínlín	物がしめっていて、水がしたたるさま。
	湿漉漉 shīlūlū	物がしめって水を含んだようす。
瘦	瘦溜溜 shòuliūliū	すらりとしてやせているようす。
水	水叽叽 shuǐjījī	物が水を含み過ぎているさま。
	水淋淋 shuǐlínlín	しめって、水がしたたるさま。
	水灵灵 shuǐlínglíng	食物が新鮮で汁が多いさま。植物が新鮮でみずみずしいさま。または女性の皮膚の色・目の形容。
	水汪汪 shuǐwāngwāng	目が明るくいきいきしているさま。
顺	顺当当 shùndāngdāng	順調なさま。
	顺溜溜 shùnliūliū	おとなしく従順に言うことをきくさま（例えば家畜など）。
死	死巴巴 sǐbābā	杓子定規で融通がきかないようす。
	死板板 sǐbǎnbǎn	杓子定規で融通がきかないようす。

A	A+接尾語	注　解
松	松垮垮 sōngkuǎkuǎ	衣服の打ち合わせがゆるんでしっかりしないなどのさま。人物の態度がだらしないさまにも用いる。
	松散散 sōngsǎnsǎn	ばらばらなようす。
素	素了呱叽 sù·leguājī	食品に油や肉のないさま。衣服などの地味なさま。
酸	酸乎儿乎儿 suānhūrhūr	酸っぱい味の形容。
	酸溜溜 suānliūliū	酸っぱい味の形容。
甜	甜乎儿乎儿 tiánhūrhūr	甘い味の形容。
	甜津津 tiánjīnjīn	甘い味の形容。
	甜溜溜 tiánliūliū	甘い味の形容。
	甜蜜蜜 tiánmìmì	甘い味の形容。
	甜丝丝 tiánsīsī	甘い味の形容。
	甜滋滋 tiánzīzī	甘い味の形容。
	甜不丝儿 tián·busīr	甘い味の形容。
秃	秃光光 tūguāngguāng	すっからかんで何もないさま。
弯	弯曲曲 wānqūqū	※まがっているさま。くねくねしたさま。
雾	雾蒙蒙 wùmēngmēng	雲や霧が立ち込めてぼんやりしているようす。

表2

A	A+接尾語	注　解	A	A+接尾語	注　解
雾	雾腾腾 wùtēngtēng	雲や霧が立ち込めてぼんやりしているようす。	瞎	瞎了呱叽 xiā·leguājī	※目がはっきり見えないさま。いいかげんなことをする。
文	文绉绉 wénzhōuzhōu	動作・言葉遣いが上品ぶったようす。	咸	咸乎乎 xiánhūhū	※塩からい感じ。
稳	稳当当 wěndāngdāng	落ち着いているさま。		咸津津 xiánjīnjīn	少し塩からい。
	稳扎扎 wěnzhāzhā	安定して手固いさま。多くは人物の態度が着実なさま。または物をしっかり据え付けたり、くくるなどの形容。		咸不丝儿 xián·busīr	少し塩からい。
稀	稀乎儿乎儿 xīhūrhūr	液体がうすいさま（かゆやスープなど）。	香	香馥馥 xiāngfùfù	《書》香りの濃厚なさま。
	稀拉拉 xīlālā	まばらなようす。例えば人影が少ない、物が少ない、雨がばらつくなどのさま。		香乎儿乎儿 xiānghūrhūr	※よい香りがただようさま。
	稀溜溜 xīliūliū	液体がうすいさま（かゆやスープなど）。		香喷喷 xiāngpēnpēn	においが鼻をつくさま（例えば花の香・料理のにおいなど）。
	稀得溜儿 xīdeliūr	液体がうすいさま（かゆやスープなど）。		香扑扑 xiāngpūpū	においが鼻をつくさま（例えば花の香・料理のにおいなど）。
喜	喜冲冲 xǐchōngchōng	とてもうれしいようすの形容。「歩く」「走る」たぐいの動作に用いることが多い。	响	响当当 xiǎngdāngdāng	※れっきとした人の形容。ひびきがよいさま。
	喜洋洋 xǐyángyáng	喜ばしい気分や態度の形容。	笑	笑哈哈 xiàohāhā	※声を立てて笑うさま。
	喜滋滋 xǐzīzī	内心喜ぶようす。		笑呵呵 xiàohēhē	※にこにこ笑うさま。
细	细溜溜 xìliūliū	細くて長いさま（例えば棒や体格など）。		笑乎儿乎儿 xiàohūrhūr	※にこにこ笑うさま。
	细条条 xìtiáotiáo	細くて長い。多くは体の形容。		笑眯眯 xiàomīmī	微笑するとき目を細めるようすの形容。
				笑嘻嘻 xiàoxīxī	微笑するようすの形容。
				笑吟吟 xiàoyínyín	微笑するようすの形容。

表2

A	A＋接尾語	注　　解	A	A＋接尾語	注　　解
笑	笑盈盈 xiàoyīngyīng	微笑するようすの形容。	硬	硬朗朗 yìnglǎnglǎng	老人の体が丈夫なさま。
斜	斜不呛儿 xié·buqiāngr	位置や方向が一方にかたむいているようすの形容。	油	油光光 yóuguānggguāng	つやつやと光っているさま。
血	血乎乎 xiěhūhū	※べっとりと血の付いたさま。		油乎乎 yóuhūhū	※油だらけのさま。
	血淋淋 xiělīnlīn	鮮血がだらだらと流れるさま。		油花花 yóuhuāhuā	物の表面に油が多いさま（煮たり揚げたりした食物など）。
	血丝胡拉 xiěsīhūlā	血がだらだらと流れるさま。		油腻腻 yóunìnì	油っこく、しつこいさま。
兴	兴冲冲 xìngchōngchōng	うれしくて動作が迅速なさま。		油汪汪 yóuwāngwāng	油が多く浮いているさま（例えば料理の皿に油が多いなど）。
羞	羞答答 xiūdādā	はずかしがるさま。	圆	圆滚滚 yuángǔngǔn	まるまると太っているさま（小猫や子供の小さな手など）。
虚	虚飘飘 xūpiāopiāo	※ふわふわして足が浮いているさま。		圆乎乎 yuánhūhū	まんまるのさま（顔つきなど）。
雄	雄纠纠 xióngjiūjiū	威厳があって堂々たるさま。		圆溜溜 yuánliūliū	※まんまるいさま。
喧	喧腾腾 xuāntēngtēng	人が集まってやかましくさわぐさま。		圆得乎儿 yuán·dehūr	ややまるいさま。
暄	暄腾腾 xuāntēngtēng	ふんわりと柔らかく、たくさんの穴があり弾力性があるさま（例えばマントウやパンなど）。		圆得溜儿 yuán·deliūr	ややまるいさま。
眼	眼巴巴 yǎnbābā	切実に望むさま。何ともいたし方がないさま。		圆咕隆冬 yuán·gulōngdōng	円満で鈍重なさま。
	眼睁睁 yǎnzhēngzhēng	どうしようもないさま。平気なさま。	晕	晕乎乎 yūnhūhū	頭がくらくらするさま。
硬	硬梆梆 yìngbāngbāng	堅固で丈夫なさま。	匀	匀乎儿乎儿 yúnhūrhūr	太さ・密度・大きさがちょうど中庸を得ているさま。
	硬撅撅 yìngjuējuē	ひげなどの硬くぴんと立つさま。		匀溜溜 yúnliūliū	太さ・密度・大きさがちょうど中庸を得ているさま。

表2

A	A＋接尾語	注　解	A	A＋接尾語	注　解
匀	匀得溜儿 yún·deliūr	太さ・密度・大きさがちょうど中庸を得ているさま。	直	直溜溜 zhíliūliū	まっすぐなさま。
脏	脏乎乎 zānghūhū	※きたならしいさま。		直挑挑 zhítiāotiāo	多くは背が高くまっすぐに伸びた体つきの形容。
贼	贼咕咕 zéigūgū	こそこそとずるがしこいさま。		直挺挺 zhítǐngtǐng	直立するか，まっすぐに寝て動かないさま。
	贼溜溜 zéiliūliū	こそこそとずるがしこいさま。		直统统 zhítǒngtǒng	直截なさま。性格のさっぱりしたさま。
直	直瞪瞪 zhídēngdēng	目を大きく見はっているさま。	皱	皱巴巴 zhòubābā	衣服・紙・皮膚などがしわくちゃのさま。
	直盯盯 zhídīngdīng	目を大きく見はっているさま。		皱古囊 zhòugūnāng	しわがよってぶくぶくと大きい形容。
	直勾勾 zhígōugōu	目を大きく見はってぼうっとしているさま。	醉	醉醺醺 zuìxūnxūn	酒に酔ったさま。
	直撅撅 zhíjuējuē	まっすぐに前に向いているさま（例えばひげ）。			

形容詞強調形一覧表 547

表3

AB	AABB	A里AB	BBは1声で発音	2番目のBは儿化	AB	AABB	A里AB	BBは1声で発音	2番目のBは儿化
矮小	+				从容	+			
安定	+				匆忙	+			
安分	+				粗糙	+			
安静	+		+	+	粗拉	+		+	
安全	+				粗实	+		+	+
安稳	+				粗壮	+			
暗淡	+				脆生	+		+	+
肮脏		+			搭讪	+			
白净	+		+	+	打闹	+			
别扭	+	+	+		大方	+		+	+
草率	+				道地	+			
颤悠	+		+	+	地道	+		+	
吵闹	+				对付	+		+	
吵嚷	+		+		墩实	+	+		
诚恳	+				哆嗦	+	+	+	+
迟疑	+				恩爱	+			
充裕	+				方正	+			
稠密	+				肥胖	+			
纯粹	+				肥大	+		+	+
瓷实	+		+	+	肥壮	+			

表3

AB	AABB	A里AB	BBは1声で発音	2番目のBはル化	AB	AABB	A里AB	BBは1声で発音	2番目のBはル化
肥实	+		+	+	规矩	+		+	
敷衍	+		+	+	鬼祟	+			
伏帖	+		+	+	憨厚	+			
富泰	+		+		寒酸	+			
富裕	+		+		含胡	+		+	
疙瘩	+	+	+		含混	+			
干巴	+				浩荡	+			
干脆	+				和蔼	+			
干净	+		+	+	和睦	+			
高大	+				和气	+		+	
高兴	+				和顺	+			
工整	+				厚道	+		+	+
公平	+				厚实	+		+	+
公正	+				糊涂	+	+	+	
恭敬	+				花梢	+		+	+
勾搭	+		+		欢实	+		+	+
孤单	+		+	+	缓慢	+			
孤零	+		+	+	荒凉	+			
古怪	+	+			恍惚	+			
光溜	+		+	+	晃荡	+	+	+	

表3

AB	AABB	A里AB	BBは1声で発音	2番目のBはル化	AB	AABB	A里AB	BBは1声で発音	2番目のBはル化
活泼	+		+		烂胡	+		+	+
豁亮	+		+	+	跟跄	+			
机灵	+		+	+	牢靠	+		+	+
简单	+		+		老气		+		
娇气	+	+			冷淡	+			
结实	+		+	+	冷静	+			
结巴	+	+			冷落	+			
紧凑	+				冷清	+		+	
谨慎	+				利落	+		+	+
精神	+		+	+	利索	+			
客气	+		+		凉快	+			
恳切	+				亮堂	+		+	+
空洞	+				了草	+			
空旷	+				伶俐	+			
快乐	+		+	+	零碎	+			
宽敞	+		+	+	零星	+		+	+
宽绰	+		+	+	蹓跶	+		+	+
拉扯	+				笼统	+			
拉杂	+				流气			+	
来往	+				搂抱	+			

表3

AB	AABB	A里AB	BBは1声で発音	2番目のBは儿化	AB	AABB	A里AB	BBは1声で発音	2番目のBは儿化
罗唆	+	+	+		念叨	+			
麻利	+		+	+	扭捏	+			
马虎	+	+	+		蓬勃	+			
蹒跚	+				蓬松	+			
莽撞	+				漂亮	+		+	+
毛糙	+	+	+		拼凑	+			
冒失	+		+		平安	+		+	
蒙眬	+				平淡	+			
懵懂	+		+		平静	+		+	+
迷胡	+	+	+		平坦	+			
密实	+		+		平稳	+			
勉强	+		+		平庸	+			
苗条	+				破烂	+			
渺茫	+				普通	+		+	
明亮	+				朴实	+		+	
模糊	+	+	+		朴素	+			
摸索	+		+		凄凉	+			
磨蹭	+		+		凄惨	+			
磨咕	+		+		凄切	+			
粘乎	+	+	+		齐全	+		+	

表3

AB	AABB	A里AB	BBは1声で発音	2番目のBはル化	AB	AABB	A里AB	BBは1声で発音	2番目のBはル化
齐整	+				实在	+			
奇怪	+				爽快	+			
敲打	+				顺当	+		+	+
切实	+				顺溜	+		+	+
亲密	+				斯文	+			
亲切	+				死板	+			
亲热	+		+	+	松快	+		+	+
勤快	+		+	+	松软	+			
清白	+				素净	+		+	+
清楚	+		+		琐碎	+			
清静	+		+	+	随便	+			
清凉	+		+	+	踏实	+		+	
清爽	+				太平	+		+	+
轻松	+		+	+	堂皇	+			
轻易	+				甜蜜	+			
曲折	+				痛快	+		+	+
热乎	+		+	+	吞吐	+			
软乎	+		+	+	拖沓	+			
散漫	+				妥当	+		+	+
商量	+		+	+	弯曲	+			

表3

AB	AABB	A里AB	BBは1声で発音	2番目のBはル化	AB	AABB	A里AB	BBは1声で発音	2番目のBはル化
完全	+		+		隐约	+			
完整	+				硬朗	+		+	+
畏缩	+				庸碌	+			
温和	+				犹豫	+		+	
文雅	+				圆满	+			
稳当	+		+	+	扎实	+		+	
稳妥	+				遮掩	+		+	
稳重	+				争吵	+			
详尽	+				整齐	+		+	
详细	+				正当	+		+	
辛苦	+				枝节	+		+	
虚假	+				支吾	+		+	
严密	+				忠厚	+			
严实	+		+	+	壮实	+		+	
阴沉	+				仔细	+			
阴森	+				自然	+		+	

表4

BA	BABA	BA	BABA	BA	BABA	BA	BABA
矮胖	+	滚圆	+	黢黑	+	细长	+
梆硬	+	黑红	+	傻高	+	细高	+
绷硬	+	黑亮	+	傻愣	+	腥臭	+
笔挺	+	黑瘦	+	煞白	+	鲜红	+
笔直	+	齁咸	+	瘦长	+	血红	+
碧绿	+	焦黄	+	瘦干	+	雪白	+
冰冷	+	金黄	+	瘦高	+	雪亮	+
冰凉	+	精光	+	刷白（shuà）	+	阴冷	+
惨白	+	精瘦	+	死沉	+	阴凉	+
翠绿	+	蜡黄	+	死咸	+	荫凉（yìn）	+
短粗	+	烂熟	+	死硬	+	油光	+
飞薄	+	溜光	+	酸臭	+	油黑	+
飞快	+	溜滑	+	酸疼	+	油亮	+
粉白	+	溜圆	+	通红	+	燥热	+
粉红	+	麻辣	+	通亮	+	崭新	+
粉嫩	+	闷热	+	通明	+	湛蓝	+
干冷	+	嫩白	+	瓦蓝（wǎ）	+	贼亮	+
干瘦	+	嫩绿	+	乌黑	+		
滚热	+	喷香	+	稀烂	+		
滚烫	+	漆黑	+	细白	+		

部首一覧

部首の右側の数字は部首索引の部首番号を表す。

一 画		冂	23	彡	47	止	71	六 画	
一	1	阝〔左〕	24	夕	48	日（曰）	72	老	95
丨	2	阝〔右〕	25	夂	49	見	73	羊（⺷）	96
ノ	3	刀（⺈）	26	犭	50	牛（牜）	74	米	97
丶	4	力	27	ヨ	51	气	75	耳	98
乙（乚丁）	5	三 画		尸	52	攵	76	頁	99
二 画		氵	28	己（巳已）	53	片	77	缶	100
亠	6	忄	29	弓	54	斤	78	竹（⺮）	101
冫	7	宀	30	女	55	爪（爫）	79	艮（⾉）	102
冖	8	扌	31	子	56	月（⺼）	80	自	103
辶	9	广	32	糸	57	欠	81	七 画	
二	10	門	33	马	58	殳	82	走	104
十	11	辶	34	四 画		五 画		酉	105
厂	12	工	35	文	59	穴	83	里	106
刂	13	土	36	灬	60	立	84	足（⻊）	107
冂	14	艹	37	方	61	衤（衣）	85	身	108
八（⺍）	15	大	38	火	62	石	86	八 画	
人（入）	16	寸	39	心	63	目	87	雨（⻗）	109
亻	17	扌（手）	40	戸	64	田	88	九 画	
勹	18	小（⺌）	41	礻（示）	65	皿	89	鬼	110
儿	19	口	42	王	66	钅（金）	90		
几	20	囗	43	木	67	矢	91		
厶	21	巾	44	車	68	禾	92		
又（⼜）	22	山	45	戈	69	白	93		
		彳	46	比	70	用	94		

部首索引

漢字の右側の数字は本文の記載ページ数を表す。同一部首内の漢字は筆画順に排列した。
（　）内は品詞の略称。

1　一

一（数）……………435
一切（指・代）………443
一方面（数量）………440
一旦（名・副）………437
一边（方位・副）……436
一同（副）……………443
一齐（副）……………442
一块儿（名・副）……440
一来（接）……………441
一连（副）……………441
一直（副）……………443
一些（量）……………443
一定（形・副）………438
一面（副）……………441
一带（名）……………437
一点儿（数量）………438
一律（形・副）………441
一度（数量・副）……439
一样（形）……………443
一般（形）……………436
一起（名・副）………442
一旁（方位）…………442
一概（副）……………440
于（介）………………463
于是（接）……………464
亏（動）………………231
亏得（副）……………232
才（副）………………48
下¹（方位）……………407
下²（量）………………408

下³（動・趣）…………409
下来（動・趣）………411
下去（動・趣）………411
下头（方位）…………413
下边（方位）…………411
下面（方位）…………413
万一（名・副・接）　394
万万（副・数）………393
与（介・接）…………463
与其（接）……………464
上¹（方位）……………334
上²（動・趣）…………335
上下（方位）…………339
上来（動・趣）………337
上去（動・趣）………337
上头（方位）…………339
上边（方位）…………337
上面（方位）…………339
丰富（形・動）………129
开（動・趣）…………220
开外（方位）…………223
开来（趣）……………222
开始（動）……………222
无（頭）………………403
无论（接）……………404
无非（副）……………403
无所谓（動）…………404
无须（副）……………405
云云（助）……………467
不（副・助）…………35
不及（動）……………42

不比（動）……………37
不止（動）……………46
不见得（副）…………43
不仅（接）……………43
不只（接）……………47
不用（副）……………46
不外（動）……………45
不外乎（動）…………45
不必（副）……………37
不过（副・接）………42
不在乎（動）…………46
不成（助）……………38
不至于（動）…………47
不光（接）……………42
不论（接）……………44
不如（動）……………44
不时（副）……………45
不但（接）……………38
不免（副）……………44
不妨（副）……………41
不单〔是〕（接）………38
不定（副）……………41
不宜（動）……………46
不便（形・動）………38
不独（接）……………41
不致（動）……………47
不料（動）……………43
不得了（形）…………39
不得已（形）…………40
不然（形・接）………44
不曾（副）……………38

不愧（副）……43	甚至（副·接）……345	丢（動）……101
不管（接）……41	甚至于（副·接）……346	后（方位）……176
尤其（副）……456	甚而至于（副·接）345	后头（方位）……178
互（副）……178	甫（副）……20	后边（方位）……177
互相（副）……178	面（量）……266	后面（方位）……178
未必（副）……398	面对（動）……266	后悔（動）……177
未免（副）……399	面临（動）……267	我（代）……401
未始（副）……400	面前（方位）……267	我们（代）……402
未尝（副）……399	**2** |	每（指·副）……265
未曾（副）……399	中（zhōng）（方位）500	重（副）……58
正（副）……490	中（zhòng）（動）……503	重新（副）……58
正在（副）……491	中间（方位）……501	乘（介）……57
正好（副·形）……490	内（方位）……288	**4** 、
平（形·動）……302	且（副·接）……318	之¹（代）……491
丝毫（量·副）……366	由（動·介）……457	之²（助）……492
再（副）……468	由于（介·接）……458	之下（方位）……493
再三（副）……470	出¹（量）……59	之上（方位）……493
而（接）……114	出²（動·趋）……59	之中（方位）……493
而已（助）……117	出来（動·趋）……60	之内（方位）……493
而且（接）……116	出去（動·趋）……60	之外（方位）……493
而况（接）……116	非¹（動·副）……125	之后（方位）……493
死（動·形）……367	非²（頭）……126	之间（方位）……493
求（動）……320	非常（形·副）……126	之前（方位）……493
更（副）……146	临（動·介）……252	为（wéi）（動·介）396
更加（副）……147	**3** 丿	为（wèi）（介）……397
两（数）……250	乃至（接）……282	为止（動）……397
否则（接）……130	千万（数·副）……315	为什么（副）……398
来¹（動·趋）……234	及（接）……189	头¹（量）……387
来²（助）……236	及至（接）……190	头²（形）……387
来³（助）……236	长于（動）……53	头³（尾）……388
来⁴（方位）……236	长期（形）……53	头里（方位）……388
来不及（動）……236	长短（名）……52	永（副）……455
来的（助）……237	生¹（動·形·名）…346	永远（副）……455
来得及（動）……237	生²（形）……347	举行（動）……217
来着（助）……237	生³（副）……347	**5** 乙（一乚）
表示（動）……29	生怕（動·副）……347	了（liǎo）（動）……251
表现（動·名）……29	生恐（動）……348	了（·le）（助）……239
甚而（副·接）……345	乐得（動）……239	了不起（形）……252

部首索引（5～16）

5

了不得（形）……251
了得（形）……252
也（副・助）……431
也许（副）……434
也好（助）……434
也罢（助）……434
买（動）……258

6 亠

交（動・名）……200
交互（副）……201
充满（動）……58
高兴（動・形）……136
离（動）……245
就¹（副）……211
就²（介）……213
就³（接）……214
就是¹（副）……214
就是²（接）……215
就是了（助）……215
就算（接）……216

7 冫

次¹（量）……65
次²（形）……66
决（副）……218
况且（接）……231
净（副）……209
准（頭）……507

8 冖

写（動）……422

9 讠

计（名・動）……193
认为（動）……328
让（動・介）……326
许多（数）……427
论（介）……256
评（動）……303
诚然（副・接）……56
该¹（動）……132

该²（動）……132
该³（助動）……132
误（動・副）……405
说（動）……364
请（動）……320
谁（代）……363

10 二

些（量）……420

11 十

十分（副）……351
支（量）……493
直接（形）……495
卖（動）……259

12 厂

历来（副）……248
原来（形・副）……465

13 刂

刚（副）……134
刚才（名）……135
刚刚（副）……136
刚好（副）……136
别（副）……30
别的（指・代）……30
别是（副）……31
别说（接）……31
别提（動）……31
别管（接）……30
到（動・趣）……83
到处（副）……84
到底（副）……84
副（量）……131
剩（動）……348

14 冂

同（動・介・接）……385
同时（副・接）……386
同样（形）……386

15 八（丷）

半（数・副）……12

共（形・副）……147
共同（形・副）……148
共通（形）……148
并（副・接）……32
并且（接）……32
关于（介）……153
关系（名・動）……152
兴（動）……424
兴许（副）……424
其中（方位）……308
其他（指・代）……307
其次（指・代）……307
其余（指・代）……308
其实（副）……307
具（尾）……217
具体到（動）……217
单（形・副）……78
前（方位）……315
前头（方位）……317
前边（方位）……316
前后（方位）……316
前面（方位）……317
首先（副）……360
真（形・副）……487
曾经（副）……50

16 人（亻）

人次（量）……327
人家（代）……328
个（量）……138
从¹（介）……66
从²（副）……67
从而（接）……67
从此（副）……67
从来（副）……67
从新（副）……69
以（動・介・接）……445
以下（方位）……451
以上（方位）……449

以及（接）……447	何不（副）……172	包（動·名·量）……13
以内（方位）……448	何必（副）……172	包括（動）……14
以为（動）……450	何况（接）……173	够（動·副）……148
以外（方位）……449	何苦（副）……173	**19 儿**
以至（接）……451	何尝（副）……172	儿（尾）……114
以至于（接）……451	但（接）……79	先后（副）……413
以后（方位）……447	但是（接）……79	先前（名）……413
以来（方位）……448	作为（動）……518	**20 几**
以免（接）……448	你（代）……290	几（数）……193
以便（接）……446	你们（代）……291	几乎（副）……189
以前（方位）……449	住（動）……504	几时（代）……193
以致（接）……451	供（動）……147	凡是（副）……119
全（形·副）……322	使（動）……352	凭（動·介·接）……304
全部（名·副）……323	使得（動）……352	**21 厶**
会（動·助動）……183	例如（動）……248	去（動·趨）……321
舍不得（動）……342	依（動·介）……444	台（量）……378
拿（動·介）……271	依照（動·介）……445	私下（副）……366
17 亻	便（副）……28	私自（副）……366
什么（指·代）……343	俩（数）……248	参与（動）……50
化（尾）……179	保（動·名）……15	参加（動）……49
仍（副）……330	借（動）……204	能（助動）……289
仍旧（副）……330	值得（動）……495	能够（助動）……290
仍然（副）……330	倒（副）……85	**22 又（又）**
代¹（動）……77	倒是（副）……86	又（副）……461
代²（名·量）……78	倘若（接）……378	反¹（頭）……120
代替（動）……78	倍（量）……18	反²（副）……120
们（尾）……263	做（動）……519	反之（接）……121
他⊂她（代·指）……376	偶尔（副）……295	反正（副）……120
他们⊂她们（代）……377	偶然（形·副）……295	反而（副）……120
件¹（量）……199	停（動）……383	反倒（副）……120
件²（尾）……199	偏（形·副）……300	双（形·量）……362
任（動·接）……329	偏巧（副）……301	发（動）……118
任何（形）……329	偏偏（形·副）……301	发生（動）……119
任凭（動·接）……329	假如（接）……196	对¹（量）……106
伤（動·名）……334	假使（接）……196	对²（形）……106
份（量）……129	催（動）……69	对³（動·介）……107
仿佛（動·副）……122	像（動·副）……419	对于（介）……108
似的（助）……359	**18 勹**	受（動）……360

变（動）……27	那阵儿（代）……281	**29** 忄
难（形・動）……282	那里（代）……276	忙（形・動）……262
难于（副）……285	那些（指・代）……281	快（形・副）……230
难为（動）……285	那些个（指・代）……281	快要（副）……230
难以（副）……285	那点儿（指・代）……275	性（尾）……425
难免（形）……284	那样（指・代）……281	怕（動）……296
难怪（形）……283	都（副）……103	怪（動・形・副）……151
难说（動）……284	部（名・量）……34	怪不得（動・副）……152
难道（副）……283	部分（名・量・形）……35	恰（副）……313
难道说（副）……283	**26** 刀（⺈）	恰巧（副）……314
23 卩	分（量）……126	恰似（動）……314
却（副）……324	分头（副）……128	恰如（動）……314
即（動・副）……191	分别（名・動・副）127	恰好（副）……313
即使（接）……192	分配（動）……127	恰恰（副）……314
即便（接）……192	免不了（動）……265	恨（動）……176
24 阝〔左〕	免不得（動）……265	恨不得（動）……176
阵（量）……488	免得（接）……266	情愿（動・助動）……319
限于（介・動）……414	**27** 力	惯（動）……154
除（介）……62	加以（動）……195	惯于（動）……155
除了（介）……63	动（動）……102	慌（形・動）……181
除开（介）……63	努力（動）……293	慢（形）……261
除去（介）……63	势必（副）……353	慢说（接）……262
除非（接）……62	勉强（動・形）……266	懒得（動）……238
随（動）……371	**28** 氵	**30** 宀
随后（副）……372	没（動・副）……263	宁（副）……292
随时（副）……372	没有（動・副）……263	宁可（副）……292
随即（副）……372	沿（名・介）……428	宁肯（副）……293
随便（形・接）……371	注意（動）……505	宁愿（副）……293
25 阝〔右〕	活（動・形・副）……184	它（代）……376
那（指・代）……274	活动（動）……185	它们（代）……376
那儿（代）……274	活跃（形・動）……186	安（形・動）……3
那个（指・代）……275	活像（動）……185	定（動・形・副）……100
那么（指・代・接）277	派（動）……296	实在（形・副）……350
那么些（指・代）……280	渐渐（副）……199	实行（動）……350
那么点儿（指・代）279	淡（形）……79	实际（名・形・副）349
那么样（指・代）……280	深（形・副）……342	实际上（副）……350
那么着（指・代）……280	满（形・動）……260	害（名・動）……166
那会儿（代）……276	满足（動）……261	家（尾）……196

容易（形）……330
31 丬
将（副・介）……200
将将（副）……200
32 广
应（助動）……453
应当（助動）……453
应该（助動）……453
底（・de）（助）……87
度（尾）……104
33 门
问（動・介）……400
问题（名）……400
间接（形）……197
闹（形・動）……286
34 辶
边（名・副）……26
过¹（動・趋）……157
过²（助）……158
过于（副）……162
过去（動・趋）……160
过来（動・趋）……160
达到（動）……71
进（動・趋）……206
进去（動・趋）……207
进而（接）……207
进行（動）……208
进来（動・趋）……207
还（副）……163
还是（副・接）……165
连（副・介）……248
连同（接）……249
连忙（副）……249
这（指・代）……478
这儿（代）……485
这个（指・代）……480
这么（指・代）……482
这么些（指・代）……484

这么点儿（指・代）484
这么样（指・代）……485
这么着（指・代）……485
这会儿（代）……481
这阵儿（代）……486
这里（代）……481
这些（指・代）……485
这些个（指・代）……485
这点儿（指・代）……480
这样（指・代）……485
选（動）……427
送（動）……368
逐渐（副）……503
透（動・形）……388
通（tòng）（量）……387
通共（副）……384
通过（動・介）……384
通知（動・名）……385
通常（形）……384
逼（動）……21
道（量）……86
遍（量）……28
遭（動）……473
避免（動）……26
35 工
左右（方位）……516
差不多（形・副）……51
差点儿（副）……52
36 土
地（・de）（助）……87
场（cháng）（量）……53
场（chǎng）（量）……54
在（動・副・介）……470
在于（動）……472
在乎（動）……472
至于（動・介）……499
至少（副）……499
至多（副）……499

坏（名・形）……179
块（量）……230
坚持（動）……196
坐（動）……517
幸亏（副）……425
幸而（副）……425
幸好（副）……425
堆（量）……106
37 艹
莫不是（副）……269
莫如（動）……269
莫非（副）……269
薄（形）……15
38 大
大（形・副）……73
大伙儿（代）……76
大约（副）……77
大家（代）……76
大家伙儿（代）……76
大概（形・副）……75
太（副）……378
奇怪（形・動）……308
套（量）……379
39 寸
封（動・名・量）……130
将（副・介）……200
将将（副）……200
40 扌（手）
手（尾）……360
打¹（動）……71
打²（介）……73
打算（名・動）……73
批（量）……300
抓（動）……505
把¹（量）……6
把²（介）……7
报（動）……16
担心（動）……78

抱（動·量）……………16
拉（動）………………233
拔（動·量）……………33
挺（副）………………383
拿（動·介）……………271
指（動）………………498
按（動·介）………………4
按照（動·介）……………5
换（動）………………180
捱⊂挨（動）………………2
掉（動）…………………99
推（動）………………389
据（介）………………217
据说（動）……………218
摆（動）…………………11
搞（動）………………137
撮（cuō）（量）…………69
撮（zuǒ）（量）………517

41　小（⺌）

小（頭）………………420
少（形·動）……………341
光（副）………………155
当（dāng）（介）…………80
当（dàng）（動）…………82
当中（方位）……………82
当做（動）………………82
当然（形·副）……………81
尚且（接）……………339
常常（副）………………54

42　口

口（量）………………229
可¹（助動·副）…………225
可²（接）………………226
可³（頭）………………226
可见（接）……………227
可以（助動·形）………228
可是¹（接）……………227
可是²（副）……………228

可能（形·副）…………227
可惜（形·副）…………228
只（zhī）（量）…………494
只（zhǐ）（副）…………495
只有（接）……………498
只好（副）……………496
只要（接）……………497
只是（副·接）…………496
只得（副）……………496
叫¹（動）………………202
叫²（介·助）……………203
叫做（動）……………203
另外（指·副·接）…253
加以（動）……………195
台（量）………………378
吃（動）…………………57
吗（助）………………257
向（動·介）……………418
向来（副）……………419
否则（接）……………130
呀（助）………………428
呗（助）…………………18
员（尾）………………465
听（動）………………381
听说（動）……………382
吧（助）…………………9
告诉（動）……………137
呢（助）………………287
和（介·接）……………173
哇（助）………………392
品（尾）………………302
虽（接）………………370
虽说（接）……………371
虽说是（接）…………371
虽然（接）……………370
咱们（代）……………472
哪（指·代·副）…272
哪（助）………………273

哪儿（代）……………273
哪里（代）……………273
哪些（指）……………274
哪怕（接）……………273
啊（助）…………………1
唯恐（動）……………397
喜欢（動）……………407
嘛（助）………………258
噢（助）………………263

43　囗

因（介·接）……………452
因为（介·接）…………452
因而（接）……………452
因此（接）……………452
回¹（量）………………181
回²（動·趨）……………182
回来（動·趨）…………183
回去（動·趨）…………183
固然（接）……………150

44　巾

帮（動）…………………13
带（動）…………………77
常常（副）………………54

45　山

岂（副）………………312

46　彳

行（形）………………424
往（動·介）……………394
往往（副）……………394
往⊂望（介）……………395
彼此（代）………………24
很（副）………………174
得（dé）（動）……………86
得（děi）（助動）………94
得¹（·de）（助）………92
得²（·de）（助）………93
得了（動·助）……………86
得以（助動）……………87

47 彡
影响（名·動）………454
48 夕
外（方位）…………392
外头（方位）………392
外边（方位）………392
外面（方位）………392
名（量）……………267
多¹（数）……………108
多²（形·動）………109
多³（副）……………110
多一半（副）………113
多亏（動）…………112
多么（副）…………112
多少¹（副）…………112
多少²（代）…………112
多半（副）…………111
多会儿（代）………112
49 夂
处于（動）……………63
处处（副）……………63
各（指·副）…………139
各个（代·副）………140
各自（代）…………141
各别（形）…………140
条（量）……………381
50 犭
犯（動）……………121
51 彐
归（動）……………155
归于（動）…………156
52 尸
尽量（副）…………206
尽管（副·接）……205
层（量）………………50
局限（動）…………216
居然（副）…………216
53 己（巳已）
已经（副）…………445
巴不得（動）…………6
54 弓
张（量）……………477
55 女
如¹（動）……………331
如²（接）……………331
如此（指）…………331
如何（指·代）……333
如果（接）…………332
好（形·副·助動·名）
………………………166
好不（副）…………168
好歹（名·副）……169
好比（動）…………168
好在（副）…………171
好多（数）…………169
好些（数）…………171
好赖（名·副）……170
好像（動·副）……170
好意思（動）………171
始终（副）…………353
要（動·助動·接）429
要么（接）…………431
要不（接）…………430
要不然（接）………431
要是（接）…………431
嫌（動）……………413
56 子
子（尾）……………509
57 幺
约（副）……………466
约莫（副）…………466
纵然（接）…………511
终于（副）…………502
终归（副）…………502
终究（副）…………502
经（動）……………208
经过（名·動）……209
经常（副）…………209
给（動·介·助）…141
给以（動）…………143
绝（形·副）………218
绝对（形·副）……219
统共（副）…………387
继续（名·動）……195
58 马
马上（副）…………257
59 文
齐（形·動·副·介）
………………………306
60 灬
点（動·量）…………97
然而（接）…………326
然后（接）…………326
照（動·介·副）…477
61 方
方才（形·副）……121
放（動）……………122
放手（動）…………124
放心（動）…………124
旁（形·方位）……296
旁边（形·方位）…297
62 火
烧（動·名）………340
63 心
必定（形）……………25
必须（副）……………25
必然（形）……………25
忘（動）……………395
忘记（動）…………395
忽（副）……………178
忽而（副）…………178
忽然（副）…………178
怎么（指·代）……475
怎么样（指·代）…476

怎么着（指・代）····476	标志着（動）··········28	时而（副）··········351
怎样（指・代）····476	相（副）············414	时时（副）··········352
总（副）············510	相互（副）··········416	时刻（名・副）······351
总之（接）··········511	相反（形）··········416	时常（副）··········351
总归（副）··········511	相当（形・副）······415	者（尾）············478
总共（副）··········511	相同（形）··········416	明明（副）··········268
总而言之（接）······511	相应（形）··········416	明确（形・動）······268
您（代）············292	架（量）············196	是（動）············354
想（動）············417	架次（量）··········196	是否（副）··········359
感到（動）··········134	格外（副）··········137	替（動・介）········380
愁（動）·············58	样（量）············428	最（副）············514
愈（副）············465	根（量）············143	最近（名）··········516
愈加（副）··········465	根本（名・形・副）143	最初（名）··········516
意识到（動）········452	根据（名・動・介）144	**73 见**
意味着（動）········452	**68 车**	见（動）············198
愿意（動）··········466	轮（動）············255	觉得（動）··········218
64 户	轻易（形）··········319	**74 牛（牜）**
扁（形）·············27	较（副）············204	物（尾）············405
65 礻（示）	较为（副）··········204	特为（副）··········380
禁不住（動）········205	**69 戈**	特地（副）··········380
禁得住（動）········205	成（動）·············55	特别（形・副）······379
66 王	成为（動）···········56	特意（副）··········380
弄（動）············293	或（副・接）········186	**75 气**
玩儿（動）··········392	或则（接）··········186	气（動）············313
现成（形）··········414	或者（副・接）······187	**76 攵**
理想（名・形）······247	或许（副）··········186	改（動）············133
67 木	**70 比**	败（動）············11
本¹（指・形・副）····19	比（動・介）·········21	故意（副）··········150
本²（介）············19	比方（動・名・副）···23	教（動）············201
本来（形・副）·······19	比如（動）···········24	救（動）············210
本着（介）···········20	比较（動・副）·······23	敢（助動）··········133
极（副）············190	毕竟（副）···········26	敢于（助動）········134
极为（副）··········191	**71 止**	数（動）············361
极其（副）··········191	此外（接）···········65	整（形・動）········489
枝（量）············494	肯（助動）··········229	**77 片**
果真（副・接）······157	**72 日（日）**	片（量）············301
果然（副・接）······156	早（名・形・副）····473	**78 斤**
某（指）············270	早晚（名・副）······474	所（助）············373

所以（接）……374
所有（形）……374
所谓（形）……374
断（動）……105
新（形·副）……423
79 爪（爫）
采用（動）……49
采取（動）……49
受（動）……360
爱（動）……3
80 月（⺼）
有（動）……458
有些（代·副）……460
有点儿（副）……460
肯（助動）……229
股（量）……150
背（動）……17
胜[1]（動·形）……349
胜[2]（動）……349
朝（動·介）……54
81 欠
欠[1]（動）……317
欠[2]（動）……317
82 殳
股（量）……150
段（量）……106
83 穴
究竟（副）……210
突然（形·副）……389
穿（動）……64
84 立
立即（副）……247
立刻（副）……247
产生（動）……52
亲（副）……318
亲自（副）……319
竟（副）……210
竟然（副）……210

端正（形·動）……104
85 衤（衣）
补充（動·名）……34
初（頭）……62
被（介·助）……17
装作（動）……506
86 石
破（動·形）……304
确实（形·副）……325
碰（動）……298
87 目
省得（接）……348
看（動·助）……223
眼看（動·副）……428
88 田
界（尾）……204
留（動）……254
留心（動）……255
留神（動）……254
番（量）……119
89 罒
罢了（助）……9
90 钅（金）
鉴于（介·接）……198
错（形·動·名）……69
91 矢
知道（動）……494
短（形·動）……104
矮（形）……2
92 禾
私下（副）……366
私自（副）……366
和（介·接）……173
种（量）……502
称（動）……55
稍（副）……340
稍稍（副）……340
稍微（副）……340

程度（名）……57
93 白
白（形·副·動）……10
的（助）……87
的话（助）……92
的确（副）……96
94 用
用（動）……455
95 老
老[1]（副）……238
老[2]（頭）……238
老是（副）……239
96 羊（⺶）
差不多（形·副）……51
差点儿（副）……52
着（zháo）（動）……477
着（·zhe）（助）……486
着呢（助）……487
着眼（動）……507
着想（動）……507
群（量）……325
97 米
类似（動·形）……245
98 耳
取决于（動）……321
99 页
顶（副）……99
项（量）……419
顺（形·動·介）……363
须要（助動）……426
顾（動）……151
顿（量）……108
100 缶
缺（動）……323
101 竹（⺮）
笔（量）……25
第（頭）……96
等[1]（動）……94

等²（助）……95	104 走	里边（方位）……247
等于（動）……96	走（動）……512	里面（方位）……247
等等（助）……96	赶（介）……133	107 足（⻊）
简直（副）……197	起（動・趣）……309	足以（助動）……514
算（動）……369	起来（動・趣）……310	足够（動）……514
管（介・接）……154	起码（形・副）……312	跑（動）……297
管保（動）……154	越（副）……466	跟（動・介・接）……145
102 自	越发（副）……467	跟前（方位）……146
自¹（頭・副）……507	趁（介）……54	108 身
自²（介）……508	趟（量）……378	躲（動）……113
自己（代）……508	105 酉	109 雨（⻗）
自个儿（代）……508	配（助動）……298	零（名・形・数）……252
自从（介）……508	醒（動）……424	需要（名・動）……426
103 艮（⻖）	106 里	110 鬼
既（副・接）……194	里（方位）……246	鬼（名・形）……156
既然（接）……195	里头（方位）……247	

牛島　徳次（うしじま　とくじ）
1918年～1999年。東京生まれ。1941年東京文理科大学卒業。主要著書：『漢語文法論(古代編)』1967,『漢語文法論(中古編)』1971,『日本における中国語文法研究史』1989等。

菱沼　透（ひしぬま　とおる）
1941年東京生まれ。1964年早稲田大学文学部卒業。現在,創価大学教授。

伊藤　真佐子（いとう　まさこ）
東京女子大学日本文学科卒業。

上野　由紀子（うえの　ゆきこ）
愛知大学大学院修士課程修了。現在,愛知大学講師。

江田　いづみ（えだ　いづみ）
慶応義塾大学文学部卒業。現在,慶応義塾大学講師。

木野井　美紗子（きのい　みさこ）
東京都立大学大学院修士課程修了。現在,日中学院・青山学院大学他講師。

平松　正子（ひらまつ　まさこ）
愛知大学文学部,日中学院本科研究科卒業。現在,大東文化大学・早稲田大学講師。

麦谷　誠子（むぎたに　せいこ）
お茶の水女子大学大学院修士課程修了。現在,同志社大学講師。

原著：『現代漢語八百詞』北京・商務印書館　1980
　　　『現代漢語八百詞　増訂本』北京・商務印書館　1999
主　　編　呂叔湘
編　　著　李臨定／劉　堅／范継淹／史有為／
　　　　　范方蓮／孟　琮／馬樹鈞／李　珠／
　　　　　陳建民／詹開第／鄭懐徳／陶宝祥
資　　料　劉凱蒂／王健慈／蔡文蘭／孟慶海
増訂編著　蔡文蘭／李臨定／劉　堅／孟慶海
　　　　　沈家煊／王健慈／鄭懐徳

中国語文法用例辞典──《現代漢語八百詞増訂本》日本語版

1992年 4月30日 初版第1刷発行
2003年 6月30日 改訂版第1刷発行
2021年10月30日 改訂版第6刷発行

主 編●呂　叔湘

監訳者●牛島徳次・菱沼透

訳 者●菱沼透／伊藤真佐子／上野由紀子／江田いづみ／
　　　　木野井美紗子／平松正子／麦谷誠子

発行者●山田真史

発行所●株式会社東方書店
　　　東京都千代田区神田神保町1-3　〒101-0051
　　　電話(03)3294-1001　営業電話(03)3937-0300

装　幀●鈴木一誌＋仁川範子

印刷・製本●凸版印刷株式会社

※定価はカバーに表示してあります

Ⓒ2003 北京・商務印書館＋牛島徳次／菱沼透／伊藤真佐子／上野由紀子／
江田いづみ／木野井美紗子／平松正子／麦谷誠子　　Printed in Japan
ISBN978-4-497-20303-8 C3587

乱丁・落丁本はお取り替えいたします。恐れ入りますが直接小社までお
送りください。
Ⓡ本書を無断で複写複製(コピー)することは、著作権法上での例外を除き、
禁じられています。本書をコピーされる場合は、事前に日本複製権センター
(JRRC)の許諾を受けてください。
JRRC〈http://www.jrrc.or.jp　Eメール: info@jrrc.or.jp　電話: 03-3401-2382〉
小社ホームページ〈中国・本の情報館〉で小社出版物のご案内をしてお
ります。https://www.toho-shoten.co.jp/

好評発売中
＊価格 10％税込

東方中国語辞典

相原茂・荒川清秀・大川完三郎主編／中国人の身近なことばや用例を多数収録。付録も充実した引き易い中国語辞典。
………… 四六判 2120 頁◎税込 5500 円（本体 5000 円） 978-4-497-20312-0

動詞・形容詞から引く
中国語補語 用例20000

侯精一・徐枢・蔡文蘭著／田中信一・西槙光正・武永尚子編訳／常用の動詞・形容詞を見出し語とし、補語との組み合わせ約2万例を収録。
………………… A5 判 640 頁◎税込 2970 円（本体 2700 円） 978-4-497-21505-5

やさしくくわしい
中国語文法の基礎
改訂新版

守屋宏則・李軼倫著／充実した検索機能など、旧版の長所はそのままに、例文を全面的に見直し、解説もアップデート。
…………… A5 判 380 頁◎税込 2640 円（本体 2400 円） 978-4-497-21918-3

つたわる中国語文法
前置詞・副詞・接続詞を総復習

林松濤著／カテゴリーごとに虚詞（前置詞・副詞・接続詞）の用法や使い分けをすっきり解説。そのまま覚えて使いたい「つたわる例文」も満載。……… A5 判 376頁◎税込 2640 円（本体 2400円） 978-4-497-21709-7

東方書店ホームページ〈中国・本の情報館〉https://www.toho-shoten.co.jp/

A	O
B	P
C	Q
D	R
E	S
F	T
G	W
H	X
J	Y
K	Z
L	
M	付録
N	索引